(a.)

DICTIONNAIRE UNIVERSEL

DES CONNAISSANCES HUMAINES

PARIS. — TYPOGRAPHIE MORRIS ET COMPAGNIE
rue Amelot, 64.

DICTIONNAIRE

UNIVERSEL

DES CONNAISSANCES HUMAINES

avec la collaboration ou d'après les ouvrages de

MM. Adde-Margras (de Nancy), Azémard, Barbot (C.), Bécherand, Becquerel, Biot, Blanc, Boitard, Bossu,
Bouillet, Bourgain (E.), Bourdonnay, Brierre de Boismont, Brongniart, Castaing, Cazeaux,
Champollion, Charma, Chasles (Ph.), Chomel, Conte, Cruveilher, Delacour, Delahaye, Descoings (A.),
Dubocage, Desparquets, Dupasquier, Edwards (Milne), Elwart, Esquirol, Favre, Flourens,
Gaillard (X.), Garnier (Ch.), Geoffroy-Saint-Hilaire, Gossart, Heinriech, Hervé, Jemonville,
Joissel, Jomard, Kramer, Larivière, Lagarrigue, Le Roi, Lesson, Lévy Alvarez, Louyet, Lunel mère (Mme),
Menorval, Mercé, Montémont (A.), Nodier (Ch.), Rédarez Saint-Remy, Orbigny (D'),
Pariset, Payen, Pelouze, Pétron, Piorry, Prodhomme, Richard (du Cantal), Rambosson,
Sirven (de Toulouse), Thénot, Valenciennes, Vallin, Yvon, etc.

ILLUSTRÉ D'UNE GRANDE QUANTITÉ DE DESSINS

SOUS LA DIRECTION DE

B. LUNEL

MEMBRE DE L'ACADÉMIE IMPÉRIALE DES SCIENCES DE CAEN,

Ancien Médecin commissionné par le Gouvernement pour l'épidémie cholérique de 1854; ex-vice-Président de la classe des Sciences
à l'Académie des Arts et Métiers, Industrie, Sciences et Belles-Lettres de Paris; ancien Secrétaire général de l'Athénée des Arts;
Membre honoraire et Secrétaire perpétuel de la Société des Sciences industrielles, de la Société des Sciences
et des Arts, etc.; Membre de la Société des Archivistes de France; de la Société universelle des Sciences, des Lettres,
des Beaux-Arts de Paris; Membre de la Société de Secours des Amis des Sciences ,
fondée par le baron Thénard ; Membre correspondant de l'Académie royale de Chambéry ;
de la Société universelle de Londres pour l'encouragement des Arts
et de l'Industrie; de la Société d'Émulation littéraire de Joigny ; de la Société de l'Union des Arts de Nancy, etc.

LAURÉAT DE PLUSIEURS ACADÉMIES ET SOCIÉTÉS SAVANTES.

Ouvrage honoré de 3 Médailles d'Or.

TOME QUATRIÈME

ANCIEN COMPTOIR
DES IMPRIMEURS-UNIS

PARIS

ANCIENNE MAISON
L. MATHIAS (Augustin)

LIBRAIRIE SCIENTIFIQUE, INDUSTRIELLE ET AGRICOLE

DE LACROIX-COMON

15, QUAI MALAQUAIS

1858

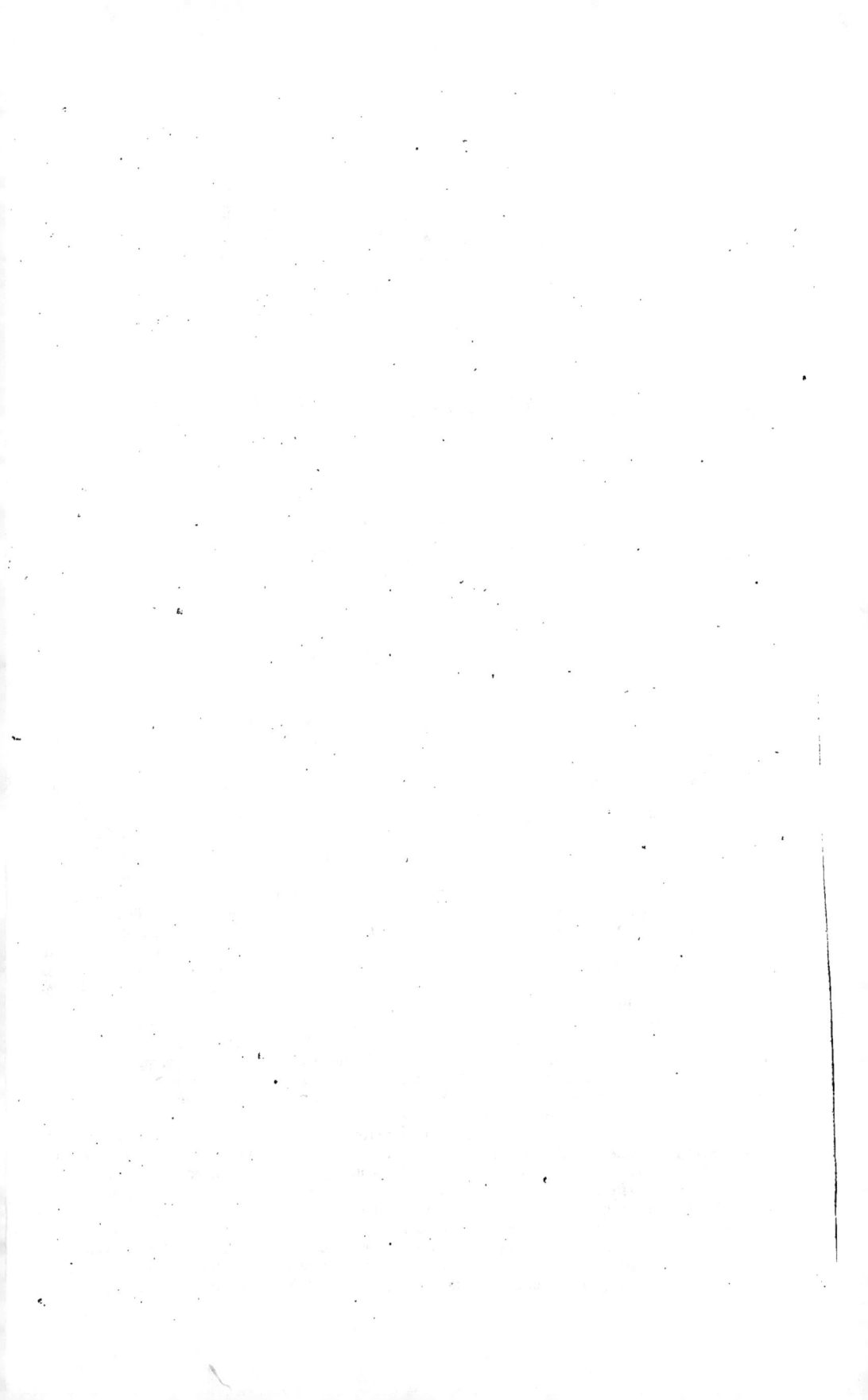

DICTIONNAIRE

UNIVERSEL

DES CONNAISSANCES HUMAINES

C

SUITE

CHÂSSE [du latin *capsa*, caisse]. — Sorte de grand coffre religieux, de métal ou de bois, destiné à contenir les reliques ou ossements des saints.

Ce ne peut être qu'aux premiers temps chrétiens qu'on puisse attribuer l'invention des châsses. Quand l'Église catholique s'établit et fut tant persécutée, il y eut un grand nombre de martyrs dont les ossements furent sauvés; les prêtres qui professaient ce culte s'enfuirent avec ces dépouilles dans les catacombes et les forêts pour y célébrer les saints mystères.

Mais quand le sentiment de la foi eut chassé les faux dieux, l'Église renaquit avec une magnificence grandiose; on songea alors à inventer quelque monument qui pût recéler ces souvenirs précieux de la lutte, du désintéressement et de la foi. C'est de cette époque qu'il faut dater l'extension de l'orfévrerie religieuse dans les Gaules et le monde chrétien. Ce fut à Limoges, centre du travail de l'orfévrerie, que se formèrent les premiers artistes en cet art. Ce fut saint Éloi, orfévre et ministre de Dagobert, vers le septième siècle, qui le premier fit des châsses pour les saints, avec de l'or, de l'argent, des pierreries et des émaux. Une chronique du temps rapporte qu'ayant découvert dans son diocèse (Rouen) les corps de saint Quentin, de saint Piat et de plusieurs autres saints inconnus jusqu'à lui, il fabriqua des châsses d'orfévrerie et couvrit d'or leurs tombeaux.

Cette industrie artistique s'élaborait presque exclusivement dans les monastères. L'abbaye de Solignac, près Limoges, celle de Saint-Loup ou de Saint-Éloi, à Noyon, la maison de Saint-Paul-des-Champs, à Paris, et plusieurs autres retraites monastiques, que le saint avait fondées, renfermaient des ateliers, d'où sortirent ces magnifiques ouvrages qui ont signalé l'époque de Charlemagne.

Une fois la châsse créée, ce fut à l'envi; c'était une sorte d'émulation chez les évêques comme chez les rois, et un moyen de perpétuer la mémoire des saints, que faire force châsses pour disséminer leurs reliques et en doter les nombreuses églises et basiliques qui s'établirent dans la suite.

Cet honneur rendu au martyr, qui émanait d'un sentiment louable et juste, dégénéra dans la suite en abus; n'ayant pas une quantité suffisante de restes ou d'ossements, le clergé en créa de nouveaux pour subvenir et répondre aux jalousies qui naissaient de tous côtés. C'est ainsi qu'on vit à une époque s'élever une grande discussion entre différents monastères et églises, et notamment celle de Saint-Denis, où chacun des partis prétendait avoir le véritable corps ou la tête du saint de cette dernière.

Une chose digne de remarque était la pompe qui présidait dans les cérémonies et processions où l'on portait les châsses. C'étaient les confréries qui en étaient chargées. La confrérie des orfèvres s'y distinguait; vers le seizième siècle, la garde de la châsse de saint Marcel leur était conférée. Sa vieillesse et son style pouvant dater du septième siècle, elle était, disait-on, due à saint-Éloi. Elle était à Notre-Dame. C'était de ce point, à travers les rues tortueuses, la multitude, et au tintement des cloches, que la châsse était portée solennellement par douze délégués de la confrérie, qu'on appelaient Messieurs Saint-Michel. Elle accompagnait ou précédait, selon les circonstances, la châsse de sainte Geneviève, patronne de Paris; ils allaient ainsi, comme en pèlerinage, jusqu'à l'abbaye de Sainte-Geneviève, et revenaient ensuite à Notre-Dame, marchant nu-pieds et nu-tête, couronnés de fleurs, un bouquet à la main. C'était un curieux morceau de vermeil doré en forme d'église (selon un procès-verbal dressé en 1699), « avec deux bas-côtés couverts de fleurs de lis, ciselés d'applique dans des compartiments à losanges, dont les enfoncements sont de lames d'or, enrichis tout autour de plusieurs figures d'or représentant la vie du saint, et de vitrages d'or émaillé, » le tout orné d'un grand nombre de pierres précieuses. Le port de ces châsses avait pour but d'obtenir de la pluie et d'intéresser le ciel à la conservation des biens de la terre.

On peut voir encore quelques vestiges de ces anciennes choses. Le musée de Cluny possède une châsse émaillée du douzième siècle; la salle de l'orfévrerie, au Louvre, en possède une qui est aussi très-ancienne. Celles qui offrent le plus d'intérêt sont celles qui se fabriquèrent du douzième au quinzième siècle. L'architecture gothique modifia les formes de l'orfévrerie; l'ogive remplaça le plein cintre; le monument, de sévère et massif qu'il était, devint léger, élégant et capricieux. C'était toujours la Sainte-Chapelle et les motifs d'ornements qu'elle contient que les artistes cherchaient à reproduire, non-seulement dans les châsses, mais encore dans l'orfévrerie de table et de cérémonial; ainsi, presque toutes les châsses de ce temps étaient des petites églises, avec clochers et clochetons, flèches et girandoles, monstres, gargouilles, machicoulis, statues dans les niches, chicorées, etc. Quelques-unes pouvaient, par leur dimension, contenir le corps d'un saint tout entier. Ce style domina jusqu'à nos jours. Nos châsses modernes, sauf la différence du métal (elles sont en majeure partie en cuivre doré), surpassent de beaucoup l'exécution de celles de ces temps. Quelques orfévres artistes, et notamment Bachelet, étudient avec assez de bonheur ce style barbare, mais gracieux, et peuvent ainsi concourir à l'ornementation des églises ayant ce caractère, qui tend à se perpétuer.

Nous regrettons que tous ces trésors aient été détruits par les orages et les tourmentes des famines, des guerres et des révolutions. Peut-être encore ici pourrions-nous interroger et lire sur ces témoins muets d'un autre temps l'histoire de nos ancêtres; car il semble, quand on s'identifie et se recueille devant quelque vieux débris, qu'un vague bruisse-

ment, que des voix confuses viennent par secousses, comme un vent du soir, vous jeter à l'oreille quelque vieille légende.   E. PAUL.

CHASTETÉ (philosophie morale) [du latin *castitas*, même sens]. — Sévère délicatesse de sentiment, d'action et de langage. La chasteté est en effet la pratique des lois de la pudeur et de la morale, qui ne permettent rien de ce qui peut porter atteinte à la pureté des mœurs et souiller la virginité de l'âme. Elle n'est pas, dit un auteur, ce continuel combat de l'homme contre la nature, ni cette entière abnégation des plaisirs qu'elle nous offre dans une union avec une douce compagne. Les prêtres et les religieuses qui se vouent au célibat ne sont donc pas les seuls dépositaires de la chasteté. Cette vertu était d'ailleurs connue et pratiquée chez les plus anciens peuples, témoin cette Spartiate à qui une femme d'Athènes demandait ce qu'elle avait apporté en dot à son mari, et qui répondit : la *chasteté*. Les Chinois, dont les annales ne comprennent pas moins, selon eux, de quatre-vingts à cent mille ans, poussaient si loin l'observance de la chasteté, qu'ils ne permettaient jamais aux femmes de convoler à de secondes noces. — Les Romains représentaient la chasteté sous l'habit d'une dame romaine tenant un sceptre en main, et ayant à ses pieds deux colombes, emblèmes de la douceur, de la simplicité et de l'innocence. D'autres la représentaient encore sous la figure d'une jeune femme vêtue de blanc et voilée, et ayant à ses pieds un Amour dont l'arc est rompu et dont les yeux sont couverts d'un bandeau.

Chez le peuple qui fut le maître de l'univers, les prêtresses de Vesta étaient vierges et veillaient à la garde du feu sacré, qui devait être entretenu jour et nuit. Si ce feu venait à s'éteindre, on croyait l'État menacé de quelque malheur, et la vestale était punie de sa négligence par le fouet. Celle qui violait son vœu de chasteté était enterrée vive. Mais en revanche, les vestales jouissaient de grands privilèges : elles n'étaient point assujetties à l'autorité paternelle ni à la tutelle; elles étaient crues sans serment en justice; leur présence sauvait la vie au criminel qu'elles rencontraient par hasard.

La chasteté peut être considérée comme le sanctuaire de la sagesse, comme une arche sainte renfermant toutes les vertus. Aussi les personnes chastes doivent-elles avoir une âme capable de s'élever au-dessus des plaisirs mondains.

Mais, de même qu'une fleur aux couleurs délicates craint le moindre souffle délétère, de même la chasteté doit être sans cesse en garde contre tout ce qui pourrait lui porter atteinte. Du reste, les âmes chastes préfèrent la contemplation de la belle nature aux plaisirs matériels de l'existence; elles sont frappées de l'aspect majestueux de la terre, de sa richesse, de sa fécondité; en admirant les végétaux dans l'éclat de leur floraison, de leur brillante verdure, et chargés de leurs fruits délicieux; en considérant leur port élégant, les harmonies délicates qui rassemblent les espèces, les rapports qui les lient, et les ressemblances qui les unissent; en observant cette multitude d'êtres qui nous environnent de toutes parts, leurs mœurs, leurs habitudes, l'instinct qui les dirige, enfin en élevant les yeux vers la voûte céleste, sanctuaire de la Divinité, séjour des justes et des bienheureux, le cœur éprouve d'ineffables joies, et l'âme remonte jusqu'au ciel, d'où elle est descendue !

C'est bien dans ces moments de contemplation, d'admiration pour le Créateur de tant de merveilles, qu'on sent que la vertu est préférable à tous les intérêts de la fortune ou des grandeurs, aux séductions de tous les plaisirs terrestres. C'est surtout à l'âme poétique de la femme qu'il est donné de goûter les plaisirs de la chasteté. Le philosophe de Genève l'a bien compris lorsqu'il a dit «que la chasteté doit être une vertu délicieuse pour une belle femme qui a quelque élévation dans l'âme; tandis qu'elle voit toute la terre à ses pieds, elle triomphe de tout et d'elle-même. Elle s'élève dans son propre cœur un trône auquel tout vient rendre hommage; les sentiments tendres ou jaloux, mais toujours respectueux des deux sexes, l'estime universelle et la sienne propre, lui payent sans cesse, en tribut de gloire, les combats de quelques instants. Les privations sont passagères, mais le prix en est permanent.»

Telle est, en effet, la sublime vertu qu'on appelle chasteté. Dans les siècles et les pays divers, tous les hommes qui vivent en société ont dû s'en former la même idée, et si les peuples l'ont figurée sous des emblèmes différents, c'est qu'ils ont pris pour la chasteté même les divers moyens dont elle se sert pour remplir son objet.

Supérieure aux considérations arbitraires des gens du monde, la chasteté n'a pour mobile que le respect d'elle-même, la noble fierté dont elle s'honore, la sensibilité généreuse qu'elle se plaît à prouver, la sévérité de mœurs qu'aucune circonstance ne saurait ébranler. Les passions humaines peuvent se trouver dans le cœur de l'homme chaste, l'élévation, la fortune, etc., et, loin d'exciter ses dédains, fixer quelquefois ses regards; mais toujours semblable à lui-même, par les moyens de s'en occuper, tout s'épure dans ses mains, tout s'ennoblit par ses vues, tout est estimable par la modération qu'il apporte à les satisfaire.

La chasteté, d'ailleurs, doit être commune aux deux sexes; néanmoins, il faut convenir que la femme a des lois plus sévères encore à observer, et qu'aucune pensée, aucune parole ne doit altérer cette virginité morale imposée à l'épouse aussi bien qu'à la jeune fille.

Les souvenirs de l'enfance étant ceux qui exercent le plus d'influence sur la vie entière, il importe essentiellement que la conduite des parents offre à leurs enfants non-seulement de sages instructions, mais encore de chastes exemples. L'exemple est un enseignement utile ou pernicieux donné par nos actions, et qui confirme les doctrines que nous professons. L'âme de l'enfant est un temple dont il faut fermer l'entrée à tout ce qui pourrait le profaner; ses regards ne doivent jamais être frappés par des objets impurs, ni ses oreilles par des propos odieux ou même équivoques. En un mot, il faut, en présence des enfants, s'abstenir dans les discours et dans les actions de tout ce qui pourrait faire rougir leur âme timide, de ce qui offrirait quelque danger pour leur innocence.

Mᵐᵉ LUNEL, mère.

CHASUBLE [du latin *casula*]. — Ornement qui concourt à l'habillement du prêtre qui officie, et qui s'endosse par-dessus l'aube et l'étole.

La chasuble est le suprême insigne du costume dans les cérémonies religieuses. La croix et le Saint-Esprit y sont souvent représentés en broderies d'or et d'argent.

On ne peut guère préciser d'époque à cet ornement, mais on peut supposer avec raison qu'il doit appartenir à la première période chrétienne. Ce fut en effet sous Clovis que l'Église prit de grandes proportions, et déploya un luxe inouï. Des sommes et des trésors considérables furent enfouis dans la fondation de ce culte. Il fallut aussi adopter un costume digne et qui pût imposer aux populations par sa forme ou sa richesse.

Ce costume ne changea pas, ou que fort peu, car les plus anciens dessins qui nous sont parvenus ne présentent que de légères modifications. On peut donc dater aussi l'invention de la chasuble dès ce temps.

Les chasubles étaient de camelot, de damas, de toile d'or et d'argent. Le progrès industriel du dix-neuvième siècle et l'absence d'aussi grandes richesses ont changé l'or en verre, et c'est avec des tissus de cette matière, colorée de toutes nuances, qu'on remplace avantageusement les métaux précieux. Sa transparence et son brillant les simulent à s'y méprendre, et s'harmonisent grandiosement avec ce genre d'apparat.

E. PAUL.

CHAT (zoologie) [du latin *catus*, fin]. — Genre de mammifère de l'ordre des carnassiers, famille des carnivores, sous-famille des digitigrades, tribu des féliens; ce genre renferme un grand nombre de quadrupèdes ainsi caractérisés : museau court et arrondi; mâchoires également courtes, mais très-fortes; ongles rétractiles, c'est-à-dire pouvant, à la volonté de l'animal, se replier en dessous de la patte et rentrer dans une sorte de gaîne membraneuse, s'allonger ou se redresser. Ce sont des carnassiers par excellence et les plus fortement armés de griffes et de dents; ils réunissent de plus à cette organisation la défiance, la souplesse, le courage. Leurs yeux, grands et ronds, ont généralement la pupille verticalement oblongue, et très-dilatable, ce qui leur permet de voir dans la nuit la plus obscure; ils ont l'ouïe très-fine, mais l'odorat médiocrement développé; leurs moustaches ou longs crins raides, dont chaque racine correspond à un épanouissement nerveux, constituent leur principal organe de tact. Ces animaux sont propres; ils craignent l'eau, bien qu'ils aiment assez le poisson. Les femelles sont lascives et très-attachées à leur progéniture, qu'elles protégent souvent, au temps des amours, contre la cruauté du mâle.

Les espèces principales sont le lion, le cougouar, le

tigre, la panthère, le léopard, l'once, l'ocelot, le serval, le chat (voir les figures 1, 2, 3, 4 et 5).

CHAT DOMESTIQUE (*felis catus*). — Le chat, dit Buffon, est un domestique infidèle qu'on garde par nécessité, pour s'opposer à un autre ennemi domestique encore plus infidèle et qu'on ne peut chasser; car nous ne comptons pas les gens qui, ayant du goût pour toutes les bêtes, n'élèvent les chats que pour s'en amuser : l'un est l'usage, l'autre l'abus, et quoique ces animaux, surtout quand ils sont jeunes, aient de la gentillesse, ils ont en même temps une malice innée, un caractère faux, un naturel pervers, que l'âge augmente encore, et que l'éducation ne fait que masquer.

La forme du corps et le tempérament sont d'accord avec le naturel; le chat est joli, léger, adroit, propre et voluptueux; il aime ses aises, il cherche les meubles les plus mollets pour s'y reposer et s'ébattre; il est aussi très-porté à l'amour; et, ce qui est rare dans les animaux, la femelle paraît plus ardente que le mâle; elle l'invite, elle le cherche, elle l'appelle, elle annonce par de hauts cris la fureur de ses désirs, ou plutôt l'excès

Fig. 1. — Chat domestique.

de ses besoins, et lorsque le mâle la fuit ou la dédaigne, elle le poursuit, le mord, et le force, pour ainsi dire, à la satisfaire, quoique les approches soient accompagnées de vives douleurs [1].

Comme les mâles sont sujets à dévorer leur progéniture, les femelles se cachent pour mettre bas; et lorsqu'elles craignent qu'on ne découvre ou qu'on n'enlève leurs petits, elles les transportent dans des trous et dans d'autres lieux ignorés ou inaccessibles.

Les jeunes chats sont gais, vifs, jolis, et seraient aussi très-propres à amuser les enfants, si les coups de patte n'étaient pas à craindre; mais leur badinage, quoique toujours agréable et léger, n'est jamais innocent, et bientôt il se tourne en malice habituelle;

[1] Cette douleur que les chattes expriment par des cris si aigus est produite par les papilles cornées et dirigées en avant dont l'organe mâle est garni à sa pointe.

et comme ils ne peuvent exercer ces talents avec quelque avantage que sur les plus petits animaux, ils se mettent à l'affût près d'une cage; ils épient les oiseaux, les souris, les rats, et deviennent d'eux-mêmes, et sans y être dressés, plus habiles à la chasse que les chiens les mieux instruits. Leur naturel, ennemi de toute contrainte, les rend incapables d'une éducation suivie. On raconte néanmoins que les moines grecs de l'île de Chypre avaient dressé des chats à chasser, prendre et tuer les serpents dont cette île était infestée. Ils n'ont aucune docilité, ils manquent aussi de la finesse de l'odorat qui, dans le chien, sont deux qualités éminentes, aussi ne poursuivent-ils pas les animaux qu'ils ne voient plus; ils ne les chassent pas, mais ils les attendent, les attrapent par surprise, et, après s'en être joués longtemps, ils les tuent sans aucune nécessité, lors même qu'ils sont le mieux nourris et qu'ils n'ont aucun besoin de cette proie pour satisfaire leur appétit. (*Buffon.*)

Kolbe dit qu'il se trouve des chats de la couleur bleue, au Cap de Bonne-Espérance. Cette race de chats bleus, ou plutôt couleur d'ardoise, se retrouve en Asie, dans la province du Chorazan. Le poil de ceux-ci est fin, lustré, délicat comme de la soie, et long de cinq à six doigts sur la queue. Ces chats ressemblent par la couleur à ceux que nous appelons *chats chartreux*, et, à la couleur près, ils ne diffèrent pas de ceux que nous appelons *chats d'Angora*, dont la beauté vient de l'influence particulière du climat de l'Anatolie, d'où ils sont originaires; comme les *chats d'Espagne*, qui sont rouges, blancs et noirs, et dont le poil est aussi très-doux et très-lustré, doivent cette beauté à l'influence du climat d'Espagne.

Il passe pour constant que l'on ne trouve point de chat mâle de trois couleurs; mais cette observation, si elle est exacte, ne peut s'appliquer qu'à la race d'Espagne. Dans les chats domestiques de la race commune, ce mélange de trois couleurs, quoique rare, se remarque quelquefois sur le pelage des mâles.

En Chine, il y a des chats à long poil avec les oreilles pendantes, que les dames chinoises aiment beaucoup, et qui ne paraissent pas différer de l'animal que les voyageurs nomment *sumxa*. Leur couleur est noire ou jaune, et leur poil extrêmement luisant. Les Chinois mettent à ces animaux des colliers d'argent au cou, et les rendent extrêmement familiers. Comme ils ne sont pas communs, on les achète fort cher, tant à cause de leur beauté, que parce qu'ils font aux rats la plus cruelle guerre.   Gossart.

CHATAIGNIER (botanique). — Grand arbre de la famille des *amentacées*. Cultivé pour son fruit, il fait partie de l'économie rurale, et rentre dans l'économie forestière, comme fournissant du bois de charpente. Cet arbre, aussi beau qu'utile, est originaire de France. On le trouve dans nos anciennes

Fig. 2. — Genre chat : tête de lynx.

forêts gauloises. Maintenant, il n'est presque plus pour nous qu'un arbre fruitier. « Nous avions autrefois en France, dit l'auteur de l'*Histoire des Arbres*, de vastes forêts de châtaigniers. A présent, il n'en reste plus que de faibles débris. Le Jura, les Vosges, les environs de Lyon, les Alpes, les Pyrénées, les Cévennes, etc., offrent encore des traces de ces forêts antiques que les druides faisaient retentir de leurs hymnes sacrés. L'égoïsme et la cupidité plutôt que les variations atmosphériques ont fait disparaître depuis longtemps ces sources de la fécondité. Il est à désirer qu'un autre sentiment leur succède. Com-

Fig. 4. — Genre chat : tête de panthère.

bien de fois, en parcourant nos campagnes, ai-je entendu les plaintes et les regrets des vieillards sur la destruction de ces témoins des jeux de leur enfance! » Si cet arbre était estimé de nos pères, c'est qu'il leur était utile. Son fruit leur était d'une grande ressource, dans les temps de guerres continuelles et d'agriculture arriérée qui amenaient si souvent des disettes de graines. Il est à remarquer que la culture de cet arbre ne s'est conservée que dans les pays de petite culture, où la récolte de grains est souvent incertaine. Le châtaignier atteint quelquefois une

énorme grosseur. On parle beaucoup du châtaignier de l'Etna, près de la ville d'Aci, dont le tronc, qui est creux, présente une circonférence de cent cinquante pieds. On a construit, dans l'intérieur, une habitation où peuvent se réfugier un berger et son troupeau.

Comme presque tous les arbres cultivés, le châtaignier donne plusieurs variétés. La plus connue et la plus estimée est le *marron*, qui apporte le fruit le plus gros. Il est presque toujours seul dans le *brou*. La qualité de son fruit dépend du sol où il se trouve. Les marrons du Dauphiné, connus sous le nom de marrons de *Lyon*, ceux des Vosges, du Limousin, du

Fig. 3. — Genre chat : tête de tigre.

Périgord, de l'Auvergne et surtout ceux du Luc, en Provence, produisent des fruits justement estimés. Cependant, quoiqu'on fasse une distinction bien marquée du marron avec la châtaigne, en réalité le premier ne s'éloigne de cette dernière que par des nuances peu sensibles; car les châtaignes d'Italie, de Périgord, d'Espagne, etc., sont souvent meilleures que les marrons de Lyon, qui ont plus de renommée.

Le châtaignier planté isolément, et dans les lieux où il ne craint pas la gelée, est une propriété très-

Fig. 5. — Genre chat : tête de lion.

productive. Un hectare de terre peut nourrir quatre-vingts à cent châtaigniers. Arrivé à sa maturité, chaque arbre, en Sologne, rapporte deux francs cinquante centimes chaque année. Ainsi, un hectare de terre, souvent de mauvaise qualité, peut produire un revenu de deux cents francs, et une bonne châtaigneraie plus du triple de cette somme. En taillis, il est aussi d'un excellent rapport, pourvu que les gelées ne nuisent pas aux sujets. On les coupe à sept ans, pour faire des échalas, des cercles de tonneaux; à quinze ans, pour faire des pieux, des cercles de cuves, des échalas de refentes, et à vingt et vingt-cinq ans pour faire de la charpente légère. Au bout de quinze ans, la coupe vaut communément douze cents francs l'hectare.

Comme arbre d'agrément, le châtaignier est peut-être préférable au chêne. Ses feuilles, rarement attaquées par les insectes, ne tombent qu'à la fin de l'automne, et, vieux et isolé, son aspect est plein de majesté. Pour la charpente et la menuiserie, son bois est moins bon que celui du chêne ; on l'emploie cependant aux mêmes usages. Une de ses propriétés est de ne se resserrer ni de se gonfler, et il se pourrit difficilement, soit dans la terre, dans l'eau ou à l'air. De même il est plus élastique que la plupart des autres bois. Ces diverses qualités le font rechercher pour les conduites souterraines d'eau, pour les futailles, les échalas, les baguettes de treillage, etc. Il est médiocre à brûler ; mais, pour la charpente légère, il est d'un emploi général. Nos grandes cathédrales n'ont pas d'autre bois dans leurs charpentes.

Culture. Le châtaignier se plaît sur les coteaux, à la base des montagnes, et vient bien dans les terres sablonneuses. Il croît aussi dans les plaines, mais réussit peu dans les lieux aquatiques. Il est très-sensible aux gelées, et les hivers rigoureux en détruisent beaucoup, surtout les vieux pieds. Les jeunes sujets que l'on plante reprennent difficilement, et il faut s'attendre à en perdre une partie. Cependant un semis fait avec soin et dans une terre bien préparée réussit assez ordinairement. Le terrain de la châtaigneraie doit être chaque année nettoyé des ronces, bruyères et autres plantes nuisibles. On émonde l'arbre tous les deux ou trois ans, en mars et en septembre. Les rameaux coupés se mettent en fagots, qu'on conserve pour nourrir les chèvres en hiver et pour chauffer les fours. L'entretien d'une bonne châtaigneraie demande qu'on fasse chaque année des plantations nouvelles. Cependant, certains agronomes conseillent de remplacer un arbre mort par un arbre d'une autre espèce, parce qu'à la place de l'arbre enlevé le terrain qui convient au châtaignier est épuisé. Il est aussi un moyen de préserver les souches de la destruction : c'est de les recouvrir de deux ou trois pouces de terre après l'abattage. C'est une manière simple et peu coûteuse de renouveler l'arbre ; et, en ne laissant sur les couches que trois ou quatre rejetons, ils produiraient du fruit plus vite que s'ils avaient été remplacés par de jeunes plants.

Pour une châtaigneraie destinée à être exploitée en taillis, les plants sont placés à un mètre trente centimètres en tous sens ; mais pour une plantation de grands arbres propres à rapporter des fruits, il faut les espacer à quinze ou vingt mètres l'un de l'autre. On sème quelquefois les pépinières avec du blé, alors la terre est cultivée avec les jeunes plants.

Tant que l'arbre est jeune il demande des soins. Il faut le fossoyer au mois de juin, ménager un petit creux autour du pied pour recevoir les eaux pluviales, élaguer les pousses qui sortent de la tige ; l'entourer de paille en été pour le garantir du soleil,

et garnir sa tige d'épines pour le préserver des chèvres. Avec de bons labours et des élagages bien faits, ces arbres s'élèvent à une très-grande hauteur, et au bout de trois ou quatre ans, ils peuvent donner du fruit. La greffe se fait en mai ou fin d'avril.

Châtaignes. Les espèces les plus connues sont :

1° La *châtaigne des bois.* Petite, elle a peu de saveur et se conserve peu. C'est la châtaigne des taillis.

2° La *châtaigne ordinaire.* Petite aussi, elle est néanmoins meilleure que la précédente. C'est le premier degré de culture. L'arbre qui la porte est grand, vigoureux et fournit beaucoup.

3° La *châtaigne printanière.* Elle a peu de saveur. C'est celle qu'on mange la première.

4° La *châtaigne commune à gros fruit.* Quelquefois très-grosse. On cultive beaucoup cette espèce, l'arbre qui la porte étant très-utile.

5° La *châtaigne exalade.* C'est la meilleure pour le goût ; l'arbre qui la produit s'élève peu, charge beaucoup et est facilement épuisé.

6° La *verte du Limousin.* Elle est grosse, bonne et se conserve longtemps.

7° La *châtaigne de Curs.* Peu grosse, mais très-bonne. Elle se conserve plus longtemps que les autres. Son arbre pousse bien et est recherché.

8° La *châtaigne noisillarde.* Les villes de Poitiers et de Tours donnent ce nom à deux châtaignes différentes, l'une bonne, l'autre médiocre. La noisillarde est très-petite et à goût de noisette.

Les marrons de Lyon, d'Aubray, d'Agen, etc., et celui du Luc, qui est le plus gros, sont l'objet d'un grand commerce.

En général, le châtaignier, ainsi que presque tous les autres arbres, ne donne guère de bonne récolte que par deux ans. Un mois d'août froid empêche les fruits de grossir ; un mois d'octobre pluvieux leur est contraire. Mais si novembre est sec et chaud, elles finissent de mûrir et de se perfectionner. Comme la châtaigne n'est bonne que bien mûre, c'est-à-dire quand elle tombe d'elle-même de l'arbre, le moyen du *gaulage* n'est pas à conseiller.

Usages de la châtaigne. Ce fruit est de première utilité pour les habitants des montagnes, qui s'en nourrissent pendant plusieurs mois de l'année. Dans plusieurs contrées on la fait sécher sur des claies et on la met au moulin pour la transformer en farine. Les galettes appelées *polenta,* en usage chez les Corses, se font avec cette farine. Les marrons bouillis se digèrent plus facilement que les marrons rôtis. Mais la manière la plus saine de les manger est celle employée en Limousin. Elle consiste à ôter cette eau amère où ils ont commencé à cuire en en substituant d'autre pour finir leur cuisson. Cette eau âcre est nuisible aux personnes sujettes aux calculs des reins, aux coliques, etc. Dépouillées de leur peau, les châtaignes sont bonnes pour les convalescents des maladies d'automne. Elles calment l'irritation des bronches et de différentes toux. Mais on les conseille surtout aux enfants qui manquent d'appétit, qui sont pâles, maigres, qui ont un gros ventre, etc. — La chair des volailles à qui l'on en donne est ferme et d'un goût délicat. Broyée avec du vinaigre et de la farine d'orge, la châtaigne est employée pour amollir les duretés des mamelles et dissiper le lait grumelé qui les engorge. Hervé.

CHAT-HUANT (zoologie) [ce nom, composé de deux mots français, signifie chat criant]. — Genre d'oiseaux de l'ordre des accipitres, sous-ordre des accipitres nocturnes, famille des ulalinés, caractérisé par un bec médiocre, court, comprimé, courbé à partir de l'origine jusqu'à la pointe, qui est aiguë; ailes arrondies, queue courte, tête grosse, ressemblant un peu à celle du chat.

Il renferme quinze espèces. Ces oiseaux fréquentent les grandes forêts, nichent dans les trous des arbres ou dans des nids abandonnés par des corneilles ou des pics. La femelle pond trois ou quatre œufs.

Une seule espèce appartient à l'Europe, c'est le chat-huant hulotte, qui a quarante centimètres de longueur, le fond du plumage grisâtre et l'iris brun roux ; il se nourrit de petits rongeurs, d'écureuils, de chauves-souris. La femelle est un peu plus grosse que le mâle.

CHATON (botanique). — Sorte d'épi qui ne porte que des fleurs unisexuelles, sans corolle, et dont la forme a quelque ressemblance avec la queue d'un chat.

Tout chaton a des folioles écailleuses; une seule fleur n'a jamais plus d'une écaille, mais une écaille peut être commune à plusieurs fleurs, comme dans le bouleau, et, dans ce cas, chaque fleur peut avoir de petites écailles latérales.

Pour caractériser le chaton, on considère :

1° Sa forme ; il est pendant pour le noisetier, droit dans le pin, ové chez le mûrier, court dans le cyprès, globuleux dans le platane ;

2° La disposition des fleurs : on dit chaton lâche pour le chêne, dense pour le platane ;

3° La disposition des écailles, qui sont éparses dans le chêne, imbriquées dans le coudrier, écartées dans le charme. Gossart.

CHATOUILLEMENT. — Mode d'excitation de la sensibilité qui peut devenir funeste lorsqu'il est porté à l'excès. Il consiste dans un ébranlement de l'organe du toucher, léger comme l'ébranlement qui produit toutes les sensations voluptueuses, mais plus vif cependant, et même assez vif pour agiter, irriter les nerfs au delà de la limite qui sépare le plaisir de la douleur. L'histoire nous a conservé le terrible souvenir du genre de supplice qu'endurèrent un grand nombre d'habitants des Cévennes qui ne voulurent point abjurer leur foi religieuse. On les attachait, puis on leur chatouillait la plante des pieds, le nombril, les aisselles, etc., et la mort survenait, précédée d'affreuses convulsions. Le chatouillement porté à l'excès est donc fort dangereux, et peut déterminer chez les personnes nerveuses des affections épileptiques, hystériques et convulsives. Ces quelques mots suffisent pour que les personnes un peu raisonnables se privent d'un plaisir qui peut être si subitement changé en une douleur amère. B. L.

CHAUDIÈRE A VAPEUR (mécanique). — Chaudière dans laquelle on produit la vapeur qui met en mouvement les machines : elle est ordinairement en tôle. La forme des chaudières à vapeur varie beaucoup.

« Celle des machines fixes est généralement formée d'un long cylindre terminé par deux calottes hémisphériques, et communiquant, par deux ou trois larges tubulures, avec deux appendices ou *bouilleurs*, également cylindriques, qui reposent sur les briques du fourneau. L'eau remplit complétement les bouilleurs, et son niveau doit être maintenu vers le milieu de la hauteur de la chaudière. L'espace au-dessus du niveau de l'eau, est occupé par la vapeur, s'appelle la *chambre à vapeur*. On appelle *surface de chauffe* d'une chaudière l'étendue de la surface qui se trouve en contact avec le combustible placé sur la grille. Plusieurs causes peuvent déterminer l'explosion des chaudières à vapeur : l'abaissement du niveau de l'eau au-dessous de la ligne de chauffage, la formation d'incrustations pierreuses dues aux matières salines tenues en dissolution par l'eau, la mauvaise circulation de ce liquide, et, en général, la production subite d'un excès de vapeur par l'effet d'une surchauffe. On prévient l'abaissement du niveau principalement à l'aide des *flotteurs*. Les *manomètres* fixés aux chaudières indiquent la tension de la vapeur; les *soupapes de sûreté* fournissent la même indication, et ont en outre l'avantage de se soulever quand la tension arrive à une certaine limite, et de donner issue à tout l'excédant de vapeur. Enfin, on évite les incrustations de la chaudière soit en l'alimentant avec de l'eau distillée, qu'on recueille dans des condenseurs particuliers annexés aux machines, de manière que la même eau sert toujours, soit en jetant dans la chaudière des rognures de pommes de terre ou de l'argile fine, qui empêchent l'agrégation des dépôts et permettent d'en débarrasser aisément la chaudière. »

CHAUFFAGE (hygiène). — Nom collectif des matières combustibles employées pour échauffer l'air des appartements pendant l'hiver. Il est inutile de dire que le bois est le combustible par excellence, car il n'a pas la fumée et l'odeur désagréables des diverses espèces de charbon de terre. — Quant aux divers systèmes de chauffage, les cheminées, les poêles et les calorifères sont à peu près les seuls en usage en Europe. Les *cheminées* ont l'avantage de renouveler constamment l'air de la chambre où elles se trouvent, et par conséquent donnent moins de chaleur. On remédie à la fumée soit en rétrécissant l'ouverture et le conduit de la cheminée, soit à l'aide de ventouses qui amènent l'air du dehors sur le devant du foyer.

Les *poêles* donnent une chaleur plus égale et plus douce, mais qui est moins saine et cause des céphalalgies. Ils ne chauffent guère que les parties moyennes et élevées des habitations, et ont surtout le désavantage de rendre sensible au froid extérieur. En plaçant sur les poêles un vase rempli d'eau, la chaleur vaporise ce liquide, qui vient alors rendre à l'air une partie de l'humidité que lui enlève ce mode de chauffage.

Les *calorifères* constituent un excellent mode de chauffage. Les tuyaux sont en terre, en fonte ou en cuivre. Dans les habitations, les tuyaux de fonte sont préférables aux tuyaux de cuivre, qui portent une odeur désagréable. Ceux-ci sont employés de préférence dans les séchoirs des fabriques, attendu qu'ils sont meilleurs conducteurs du calorique, et n'ont pas l'inconvénient de tacher les étoffes. Le foyer est ordinairement placé dans une cave; il en part des tuyaux qui se ramifient dans toutes les pièces du local, et tout l'appartement se trouve ainsi chauffé d'une manière tout hygiénique.

Il a aussi le système de chauffage à la vapeur. Dans ce système, « la vapeur circule au-dessous de plaques, ou dans l'intérieur de tuyaux qui traversent l'espace : la fonte, le fer et le cuivre sont les seules substances que l'on puisse employer pour l'exécuter. La surface échauffée peut varier entre certaines limites; on s'est arrêté à une moyenne qui paraît offrir de bons résultats; c'est 1 mètre carré pour 60 mètres cubes d'atmosphère à échauffer. Pour obvier à l'obstruction des tuyaux par l'eau qui résulte de la condensation de la vapeur, on a recours à un second système de tuyaux par lesquels cette eau se perd ou est ramenée à la chaudière. Comme l'air mêlé à la vapeur empêche sa condensation, on évacue celui qui se trouve dans les tuyaux au commencement du chauffage par des robinets placés à leur extrémité. Deux exemples de chauffage à vapeur ont donné des résultats complétement satisfaisants, celui de la Bourse et celui du dépôt de la Préfecture de police. »

CHAUFFEURS. — On appelle ainsi les ouvriers chargés d'alimenter le feu d'une forge, d'un bateau à vapeur, d'une locomotive, etc.

Ce nom est devenu célèbre à la fin du dix-huitième siècle et au commencement du dix-neuvième: il fut donné à une troupe de brigands qui dévastaient et pillaient une partie du territoire au moyen du feu.

Au moment où, sous l'empire des idées nouvelles et progressives, tout en France se transformait d'un jour à l'autre d'une manière gigantesque, et empêchait ainsi de s'établir la stabilité nécessaire à l'ordre dans tout état normal, une bande de mauvais citoyens, de scélérats, agissant soit de leur propre instinct ou par suggestion, employèrent, pour satisfaire leurs penchants au pillage, au meurtre, au viol, à l'incendie, les plus effroyables tortures que les siècles barbares eussent jamais mises en œuvre pour arriver à la connaissance de la vérité. Le visage couvert d'un masque, ils s'introduisaient dans les maisons des propriétaires, les fermes isolées, garrottaient les hommes, épouvantaient et violaient les femmes, les forçaient ensuite par des menaces et par la question du feu qu'on leur faisait subir à révéler le lieu où étaient l'argent et les objets précieux.

Parmi les moyens qu'ils employaient, il en était un terrible : c'était d'oindre d'huile les pieds des victimes, de les en arroser sans cesse et de les présenter

en cet état à l'action immédiate d'un feu ardent, jusqu'à ce que la douleur atroce provenant de la cuisson des chairs vives eût fait tout avouer au patient.

Quelquefois on mettait au supplicié de longues bottines de cuir, que l'on remplissait et qu'on frottait constamment d'huile pour qu'elles ne prissent pas feu; on chauffait jusqu'à ce que l'huile fût bouillante, et on renouvelait ce supplice deux ou plusieurs fois si une seule ne suffisait pas. Telles étaient les deux principales manières d'appliquer la question par le feu; elles variaient, du reste, avec chaque localité, et, le plus souvent, dans bien des endroits, les chauffeurs se contentaient de faire griller les pieds, ou bien de les faire bouillir dans l'huile. Ce fut ce supplice atroce que des scélérats mirent en usage sous la révolution française et même sur la fin du règne de Louis XVI; car on en trouve déjà en 1788. Ces monstres, dénués de toute espèce de sentiments et d'intelligence, commirent ces excès à l'ombre des dissensions qui divisaient le pays; quand toutes les poitrines se gonflaient d'un noble et saint enthousiasme pour la conquête de la liberté et l'avenir du monde entier, quand l'amour et le désintéressement le plus absolu débordaient de toutes les âmes, il surgissait d'exécrables êtres qui venaient jeter une désolation incessante!

Pauvre humanité! destinée sans cesse à se débattre entre le bien et le mal! aspirant toujours vers l'infini, mais fatalement liée à cette partie intégrante d'elle-même qui est au-dessous, la lie, dont le mélange vient troubler la partie saine quand elle s'agite ou se révolutionne pour les conquêtes les plus généreuses; en la forçant de rétrograder, par une espèce de réaction, elle ressemble à un liquide en fermentation qui ne s'éclaircit qu'après un combat violent entre toutes les molécules, dont les plus grossières finissent par être rejetées ou mises à un étage inférieur par celles qui ont le plus d'homogénéité et d'affinité; mais ce travail que nous pouvons observer et suivre dans ce cas, et dont la durée est de quelques jours, exige pour l'humanité des myriades de siècles!

Les chauffeurs, répandus en nombre considérable dans la Vendée, l'Anjou, le Maine, etc., y causèrent une terreur générale. Leurs bandes formidables se composaient de vagabonds de toute espèce, de déserteurs, de malfaiteurs expérimentés et hardis. Le Directoire ne prit contre eux que des mesures insuffisantes; lorsqu'on saisissait quelques chauffeurs, les juges devant lesquels on les traînait étaient tellement dominés par la crainte, qu'ils n'osaient les condamner. L'ancienne législation était muette sur ce crime d'invention récente; les châtiments dont on pouvait les atteindre étaient impuissants pour les arrêter.

Bientôt arrivèrent de toutes parts à la Convention des pétitions demandant une augmentation de peine pour ces brigands redoutés. Après de longues discussions, les députés finirent par introduire dans le code des dispositions plus sévères. Il fut décrété la peine de mort contre tous les chauffeurs qui auraient été pris les armes à la main; qui, en se défendant ou en attaquant, auraient fait des blessures, et qui enfin se seraient introduits par force dans une habitation. Malgré ces dispositions, ils ne firent que croître en nombre et en audace pendant ces années d'enfantement, mais dès qu'une fois la Vendée fut pacifiée, que l'étranger repoussé loin de nos frontières permit à la République de s'occuper activement de réparer les maux causés par les discordes civiles, les chauffeurs diminuèrent rapidement. Nous n'en finirions pas si nous voulions raconter les scènes de la plus atroce cruauté qu'ils commirent dans certaines provinces, surtout dans le bas Poitou; les journaux du temps et la tradition populaire en sont remplis. L'effroi qu'ils inspiraient était tel que l'apparition de ces nouveaux Attilas dans un canton était le signal de son abandon par presque toutes les familles aisées. Les derniers chauffeurs disparurent en 1803, après un procès célèbre qui occupa vivement plusieurs mois l'attention du public. La manière dont un de leurs repaires fut découvert mérite d'être rapportée : « Deux gendarmes à cheval côtoyaient la forêt d'Orgères, située à dix lieues de Chartres; l'un d'eux, pénétrant un peu dans le taillis, aperçut un enfant d'une dizaine d'années singulièrement accoutré, et qui vint à sa rencontre en lui demandant du pain. Le gendarme le fit monter en croupe et l'emmena dans une auberge voisine. Après avoir apaisé sa faim, l'enfant s'empara d'un couvert d'argent, d'un couteau et de divers autres objets qu'il ramassa sans essayer de les cacher. Interrogé sur les motifs de sa conduite, il répondit naïvement que ces objets lui plaisaient et que sa mère en recevait souvent de semblables de son père. C'en fut assez. L'enfant, ayant été travesti, est conduit dans un marché où on lui fait indiquer du doigt tous ceux qu'il reconnaît. On renouvelle l'opération dans les villes voisines, et l'on s'empare de la sorte de cent dix de ces brigands. Ils comparurent devant le jury, à Chartres, et la plupart furent condamnés à mort. Ces misérables avaient leurs repaires dans les carrières de la forêt d'où avaient été tirées les pierres qui ont servi à bâtir la cathédrale de cette ville. » L'Empire et la Restauration ne revirent plus de ces crimes, mais lorsque la révolution de 1830 arriva, cette bourbe qui, comme le polype, s'éteint difficilement et ne peut trouver accès que dans ces temps, se ranima; quelques-uns reparurent en Vendée. Cette commotion politique ayant été rapidement terminée, ils disparurent avec elle.

Il est probable que la civilisation avançant, nous n'aurons plus à redouter de semblables fléaux; depuis, la révolution de 1848 est venue témoigner du progrès et du respect des propriétés et des gens.

On attribua la cause de ces crimes à quelques nations et aux partis contraires à l'état de choses d'alors; nous ne savons jusqu'à quel point cela a été confirmé; nous voyons cependant que sous le gouvernement de Louis XVI même, ces faits eurent lieu, alors qu'il n'y avait aucun intérêt de perturbation pour le parti auquel on a adressé ce reproche; puis

encore, lors de la révolution de juillet, quand trente et quelques années avaient englouti pour une certaine période la république naissante.

Il est plus probable, comme nous l'avons déjà dit, que les commotions politiques réveillent les passions de toutes sortes, et que malheureusement celles qui sont dépravées savent profiter habilement des quelques heures de désorganisation qui sont à leur merci. En un mot, on a dû confondre la cause des Vendéens avec celle des chauffeurs. Les premiers, il est vrai, furent soulevés et soudoyés pour combattre en partisans d'un régime déchu, ce qui jusqu'à un certain point pourrait se justifier; mais les derniers ne furent que de véritables bandits.   E. PAUL.

CHAULAGE (agriculture) [rad. *chaux*].—Opération qui a pour but de détruire, au moyen de la chaux, les germes des deux plus graves maladies des grains, la *carie* et le *charbon*. Le *chaulage* ordinaire consiste à répandre le blé sur l'aire et à l'arroser d'eau de chaux tiède. Voici le procédé le plus nouveau : On fait un lait de chaux en éteignant de la chaux vive, d'abord dans une petite quantité d'eau, qu'on étend ensuite dans un plus grand volume; la proportion est de trois kilogrammes de chaux et de 15 kilogrammes d'eau sur 1 hectolitre de grains. On verse le grain par portions dans un cuvier qui contient une quantité de lait de chaux suffisante pour surnager de deux travers de doigt. Après avoir ainsi laissé infuser, macérer le grain pendant un quart d'heure, on le retire pour le faire égoutter; à cet effet, on le met dans de petits paniers ou cuviers, puis on l'étend sur l'aire de la grange pour l'y faire sécher. Par ce procédé simple, économique et expéditif, une seule personne peut, en se servant d'un cuvier qui contient seulement une demi-sac de grain, en chauler aisément 12 hectolitres par jour. Si l'on compare les soins que ce *chaulage* entraîne avec les avantages qui en résultent, on n'hésitera point à lui donner la préférence. (*Cours d'Agric.*)

CHAUME (botanique) [du latin *culmus*, tige de blé]. — Le caractère essentiel du chaume, c'est d'avoir des nœuds, d'où partent des feuilles engaînantes. Il y a cependant des graminées dont la tige est sans nœud; les feuilles partent de la racine et sont embrassantes jusqu'à une certaine hauteur; on a proposé de donner à ces dernières le nom de chalumeau; mais cette distinction n'a pas toujours été observée.

Lorsque le chaume est creux, sa paroi intérieure paraît doublée d'une couche de moelle très-mince.

Pour caractériser le chaume, on considère :

1° Sa direction. Il est droit dans le froment d'hiver, oblique dans le pâturin annuel, courbé dans le paturin des bois, genouillé dans le vulpin genouillé, traçant dans le chiendent, etc.

2° Sa division. Il est simple quand il ne porte qu'un épi, dicotome quand il en a deux, rameux dans le paturin des Alpes.

3° Sa forme. Cylindrique dans le seigle, comprimé (paturin annuel), demi-cylindrique (fétuque rouge), tétragone dans la fétuque ovine.

4° Sa consistance. Il est fistuleux dans l'avoine, plein dans le maïs, grêle dans la mélique menue.

5° Sa surface. Il est strié dans la mélique penchée, rans l'*incoleus racemosus*, etc.

En agriculture, on appelle chaume ce qui reste de la tige des céréales après la récolte.

On l'emploie diversement. Quelques cultivateurs arrachent le chaume pour le brûler dans la maison, d'autres pour le faire pourrir dans les étables ou dans les bergeries. Quelques-uns le brûlent sur place. D'autres enfin l'enterrent en donnant un coup de charrue. A moins que ce ne soit dans un pays complétement dénué de bois, le premier moyen est tout à fait à rejeter. Le second est une opération faite en pure perte, puisque la paille récoltée suffit à la nourriture de la litière. Mais souvent le cultivateur aime mieux porter cette paille à la ville pour la vendre. Peu lui importe que le sol s'épuise. Pauvre manière de calculer ses intérêts, car les années suivantes, pour remettre la terre en état, il lui faudra dépenser bien plus qu'il n'aura reçu par la vente de sa paille. Les propriétaires devraient avoir l'œil là-dessus, et stipuler, dans les baux qu'ils passent avec leurs fermiers, que la paille doit se consommer dans la métairie.

Quant au mode de brûler le chaume sur place dans le but de se servir de la cendre, il est de peu d'utilité, parce que la flamme en détruit presque tous les principes fertilisants. Cette méthode ne saurait être adoptée qu'après avoir coupé les chaumes très-bas et seulement en vue de détruire les insectes qui reposent au pied des blés.

Le moyen à conseiller, comme le plus profitable, c'est de donner un labour, après la récolte, avec la charrue à versoir. Le chaume renferme encore les principes constituants de sa végétation, que le soleil n'a pas eu le temps d'enlever. De plus, c'est un moyen rapide pour détruire les mauvaises herbes.

Il y a certains champs qui sont si surchargés d'herbes, que, pour n'en pas mêler les graines avec le blé, on moissonne à un pied et même plus de terre. Quinze jours après la récolte, on coupe alors ce chaume avec l'herbe : fourrage qu'on peut donner aux vaches ou aux moutons pendant l'hiver. Mais ce sont de petits avantages. Ne vaudrait-il pas mieux qu'il y eût moins d'herbes? Est-ce que ce fourrage peut valoir le produit du blé?

Nous dirons donc aux cultivateurs : Donnez-vous de la peine. L'argent est au bout de la peine. Tenez vos terres bien nettes. Binez plusieurs fois et coupez votre blé à ras terre. De cette manière vous aurez plus de grain, plus de fumier, ce qui facilitera le moyen de faire des prairies artificielles pour nourrir vos bestiaux.

Dans beaucoup de contrées, le chaume sert à la couverture des bâtiments; cet usage tend à diminuer, et il faut s'en féliciter, car ces toits bas étaient trop exposés aux incendies; aussi l'autorité a-t-elle interdit, dans divers lieux, l'emploi du chaume ou de la paille pour en faire des couvertures.   GOSSART.

CHAUSSURE [du latin *calcearium*]. — Les Grecs et les Romains ont eu des chaussures de cuir; les Égyptiens, de papyrus; les Espagnols, de genêt tissu; les Indiens, les Chinois et d'autres peuples, de jonc, de soie, de lin, de bois, d'écorce d'arbres, de fer, d'airain, d'or, d'argent. Chez les Romains, les magistrats et les empereurs portèrent des chaussures de soie rouge, et aussi de toile de lin fort blanche, brodée et enrichie de perles et de diamants. Telle était la chaussure d'Antonin, surnommé le Philosophe, et de ses successeurs jusqu'à Constantin.

Les Romains de la classe ordinaire portaient des chaussures noires, et leurs femmes des chaussures blanches. On distinguait celles des sénateurs, des patriciens et de leurs enfants, par un croissant fait en forme de C; ce qui donnait à connaître qu'ils descendaient du nombre des cent sénateurs ou patriciens que Romulus institua avec sa nouvelle ville. Ces croissants étaient les uns d'or, les autres d'argent ou d'ivoire, tous ornés de diamants et d'autres pierres précieuses.

Les grands magistrats et les généraux, aux jours de cérémonies et de triomphe, portaient des souliers rouges; les esclaves marchaient nu-pieds.

Les anciens Français avaient des chaussures dorées en dehors et ornées de courroies et de lanières longues de trois coudées. Telle était la chaussure de Charlemagne et de Louis le Débonnaire.

Sous le règne de Philippe le Bel, on vit s'établir une chaussure bizarre, qu'on nommait souliers à la poulaine, du nom de Poulain, son inventeur. Elle finissait en pointe plus ou moins longue, selon la qualité des personnes. Elle était de deux pieds (six décimètres) pour les princes et les grands seigneurs; d'un pied (trois décimètres) pour les riches; d'un demi-pied (seize centimètres) pour les gens du commun. C'est de là qu'est venu le proverbe : *Il est sur un bon pied*. Cette chaussure attira l'attention des évêques, des magistrats et des conciles, qui fulminèrent longtemps contre elle, mais inutilement.

Cette mode fut suivie d'une autre aussi ridicule : on fit des pantoufles qui avaient plus d'un pied (trois décimètres) de large.

Les dames vénitiennes ont porté, pendant un temps, une chaussure extrêmement élancée; il y en avait qui étaient montées sur des souliers hauts de quatre-vingt-dix centimètres.

CHAUVE-SOURIS (zoologie) [étymologie française: *chauve*, sans plumes aux ailes; *souris*, ressemblance de forme]. — Animaux qui ont quelque affinité avec les quadrumanes; ils sont compris dans l'ordre des carnassiers, et forment, avec les galéopithèques, la famille des chéiroptères. Ce sont des mammifères de la grosseur d'une souris, et qui volent par le moyen d'ailes membraneuses soutenues par les doigts, qui sont excessivement allongés. (Voir pour plus de développements au mot chéiroptères.)

CHAUVINISME (néologisme). — Fidélité à un principe poussée jusqu'à l'exagération. On a prétendu qu'après le licenciement de l'armée de la Loire, en 1814, il se trouva bon nombre d'anciens soldats du nom de Chauvin, qui, rentrés dans la vie commune, se firent remarquer par une admiration sans bornes, par une foi aveugle et stupide pour tout ce qui avait appartenu à Napoléon et tout ce qui était émané de lui. Cette niaise ferveur, qui fut habilement mise en scène par Scribe dans la pièce du *Soldat laboureur*, a encore été ridiculisée par le spirituel crayon de Charlet. Dès lors, le nom de *chauvinisme* a été donné à toute affection collective qui se refuse à l'examen parce qu'elle procède d'un sentiment exclusif. C'est du fanatisme stationnaire. Le chauvinisme a eu ses orateurs et, chose plus triste, ses poëtes. « Ce qu'il y a de plus matériel et de plus brutal a été chanté dans l'harmonieuse langue des vers. Béranger a fait chorus avec toute la cohue. Le chauvinisme s'exalte encore aujourd'hui dans la boutique et dans la chaumière, et s'escrime belliqueusement contre les Cosaques et autres moulins à vent, toutes choses qu'on pourfend en paroles et à distance.»

CHAUX (chimie) [du latin *calx*]. — Oxyde de calcium, alcali minéral composé de calcium et d'oxygène, blanc, soluble dans beaucoup d'eau, attirant promptement l'humidité et l'air. « On obtient la chaux en chauffant au rouge

Fig. 6. — Chauve-souris.

les calcaires, même les coquilles et les madrépores vivants; dans les arts, on emploie particulièrement à cet usage le calcaire grossier ou *pierre à chaux*. Cette opération s'exécute dans les *fours à chaux*, qui sont ou des trous de forme ovoïde, creusés dans les flancs d'une colline, ou des chambres construites en briques; elle a pour effet d'expulser du calcaire, à l'aide du feu, l'acide borique uni à la chaux. Le produit de cette calcination s'appelle *chaux vive* ou *caustique*; la chaux a une si grande affinité pour l'eau, qu'elle l'absorbe avec rapidité, en s'échauffant considérablement; elle se fendille alors, augmente beaucoup de volume (*foisonne*), et finit par se réduire en une poudre blanche et légère, qui est une combinaison chimique de chaux et d'eau, appelée *chaux éteinte*. Délayée dans beaucoup d'eau, la chaux donne ce qu'on nomme le *lait de chaux*. La nature des calcaires soumis à la calcination influe sur les propriétés de la chaux caustique qu'on

en obtient; on distingue, sous ce rapport, les *chaux grasses*, les *chaux maigres* et les *chaux hydrauliques*. On nomme *chaux grasse* celle qui provient de la calcination complète de la craie, du marbre et des calcaires les plus purs; elle est ordinairement très-blanche et foisonne beaucoup par l'effet de l'extinction; elle donne d'excellents mortiers. Les *chaux maigres* proviennent des pierres calcaires qui renferment des proportions assez fortes de carbonates de magnésie et de fer; elles sont grises, augmentent moins de volume par l'extinction, et donnent avec l'eau une pâte courte et peu liante; les mortiers dans lesquels on les fait entrer n'ont que peu de ténacité. Les *chaux hydrauliques* forment avec l'eau une pâte courte qui, à l'air, ne prend qu'une médiocre consistance, mais qui durcit considérablement sous l'eau; ces chaux sont précieuses pour les constructions hydrauliques; elles doivent leurs propriétés à une certaine quantité d'argile qu'elles renferment. Les meilleures chaux hydrauliques proviennent des calcaires argileux de Nîmes, de Metz, de Lezoux (Puy-de-Dôme), de Sénonches, (Eure-et-Loir). » Les chaux hydrauliques artificielles se préparent en ajoutant une certaine proportion d'argile aux chaux ordinaires. On doit à M. Vicat (1846) le procédé de fabrication de la chaux hydraulique artificielle, et M. Kuhlmann découvrit, en 1854, le moyen de transformer les chaux grasses en chaux hydraulique par la silice.

Sels de chaux. Le docteur Hœfer les décrit ainsi dans son *Dictionnaire de Chimie*.

CHAUX (sels). — Les sels de chaux sont tous blancs ou incolores, à moins que l'acide ne soit coloré. Ils ont une saveur piquante et légèrement amère. Ils communiquent à la flamme de l'alcool une légère teinte rougeâtre, probablement due à la présence d'une certaine quantité de strontiane. Les sels de chaux solubles les plus employés sont le nitrate et le chlorure.

Caractères généraux des sels.

1° Les carbonates solubles précipitent les sels de

chaux en blanc; le précipité est soluble (avec effervescence) dans l'acide azotique, ce qui distingue les sels de chaux des sels de baryte. Le précipité est, en outre, soluble dans l'acide carbonique.

2° L'acide sulfurique et les sulfates solubles y produisent un précipité blanc, qui devient complet par l'addition de l'alcool.

3° L'oxalate d'ammoniaque précipite *complétement* les sels de chaux. Le précipité blanc d'oxalate de chaux est soluble dans les acides minéraux, et insoluble dans tous les acides végétaux, à l'exception de l'acide oxalique et de l'acide acétique, qui en dissolvent un peu.

4° L'acide oxalique les précipite également en blanc, mais ce précipité est *incomplet*; car en opérant, par exemple, sur l'azotate de chaux, on élimine une certaine quantité d'acide azotique, qui redissout une partie du précipité.

5° Le cyanoferrure de potassium précipite les sels de chaux, ce qui permet de les séparer des sels de strontiane, qui ne sont point précipités par ce réactif.

Dans les analyses, on dose la chaux à l'état d'oxalate, en employant l'oxalate d'ammoniaque comme précipitant. L'oxalate de chaux est ensuite converti, par la calcination, en carbonate neuve, dont la composition est exactement connue (56,29 de chaux). Les principales espèces de sels de chaux sont :

Le carbonate. — On trouve le carbonate de chaux cristallisé dans la nature sous deux formes différentes : 1° sous la forme rhomboédrique, exemple : le *spath calcaire*, qui cristalise en rhomboèdres dont les angles sont 105° 50 et 75° 55; 2° sous la forme prismatique; exemple : l'*arragonite*, qui, sous l'action de la chaleur, se divise en lamelles affectant la cristillisation du spath calcaire. Le carbonate de chaux obtenu artificiellement se présente sous forme d'une poudre blanche, presque insoluble dans l'eau. Lorsqu'on verse à froid, dans une dissolution d'un sel de chaux, un carbonate alcalin, ont obtient un précipité blanc de carbonate de chaux, qui, par suite d'un séjour prolongé dans l'*eau froide*, se ramasse en petits grains présentant la forme rhomboédrique du spath calcaire. Si le précipité a été fait à chaud (à la température de l'eau bouillante), il ne tarde pas à prendre la forme prismatique de l'arragonite; mais, par suite d'un séjour prolongé dans l'eau, il perd la forme prismatique de l'arragonite, pour reprendre la forme rhomboédrique du spath calcaire. Le carbonate de chaux a une densité qui varie de 2,3 à 3,8. Il raye le sulfate de chaux hydraté. Les lames du carbonate cristallisé (*spath d'Islande*) présentent un phénomène d'optique remarquable. Lorsqu'on regarde à travers ces lames, on aperçoit deux images (effet de double réfraction de la lumière). Le carbonate de chaux est presque insoluble dans l'eau : elle n'en dissout que 3 à 4 millièmes. A la chaleur rouge, il perd tout son acide carbonique, et donne pour résidu de la *chaux vive*. Cette décomposition s'effectue rapidement, quand on fait passer sur le carbonate un courant de vapeur d'eau ou un courant d'air, de manière à diminuer la pression à laquelle se trouve soumis l'acide carbonique. On doit à M. Chevalier une expérience

curieuse : On chauffe, à la température blanche, de la craie placée dans un canon de fusil hermétiquement fermé; la chaux entre en fusion : l'acide carbonique, ne pouvant se dégager, se combine plus intimement avec la chaux. Après l'expérience, on trouve dans le canon un corps grenu, cristallisé, ressemblant parfaitement à du marbre. Cette expérience doit intéresser au plus haut point les géologues. Le carbonate de chaux se dissout dans un excès d'acide carbonique (Voy. *Bicarbonate*). Formule : Ca O, CO^2 — 1 éq. de carbonate de chaux.

Dans l'arragonite et le spath calcaire, le carbonate de chaux est isomorphe avec le carbonate de plomb et avec l'azotate de potasse. Le carbonate de chaux est peut-être, de tous les corps, le plus abondamment répandu dans la nature. Il constitue une grande partie de la croûte terrestre. L'arragonite renferme toujours un peu de strontiane et de nitrate de potasse, qui, probablement, influent sur les propriétés du carbonate de chaux. La craie, les bancs de coraux, les madrépores, les stalactites, les marbres les moellons la brèche, toutes ces substances sont du carbonate de chaux mêlé avec quelques substances étrangères. Les écailles d'huîtres, les enveloppes des crustacés, les coquilles d'œufs, etc., se composent en grande partie de carbonate de chaux.

Les usages du carbonate de chaux sont nombreux dans les arts et dans l'industrie. Il sert à la construction des bâtiments. On connaît l'utilité du marbre et de la craie.

Bicarbonate de chaux. Le carbonate de chaux, en se dissolvant dans l'acide carbonique, passe à l'état de bicarbonate. Ce dernier n'existe qu'en dissolution dans l'eau. On ne l'obtient point cristallisé; et quand on cherche à l'obtenir à l'état solide, il se décompose en acide carbonique qui se dégage, et en carbonate neutre qui reste. Le bicarbonate de chaux n'est donc point une véritable combinaison à proportions définies.

Presque toutes les eaux communes contiennent une quantité notable de carbonate de chaux. Ces eaux se troublent par l'ébullition, en dégageant de l'acide carbonique. Les eaux d'Arcueil et les eaux de la Seine en contiennent. Il existe des sources, comme en Auvergne, près de Clermont, dont les eaux sont complétement saturées de bicarbonate de chaux. Lorsqu'on fait tomber ces eaux d'une certaine hauteur, de manière à les répandre sur une large surface, elles abandonnent de l'acide carbonique, à la température ordinaire; et le carbonate neutré de chaux insoluble se dépose sur les objets qu'il rencontre, en produisant des incrustations qu'on livre au commerce comme objets de curiosité.

Sulfate de chaux. Ce sel se présente sous différentes formes. On le rencontre cristallisé en prismes droits à base rhomboïdale, dont les angles sont 113° 5′, et 60° 3²′. On le raye avec l'ongle, et on le désigne en minéralogie sous le nom de *spath calcaire*. Il contient alors 2 ép. d'eau (20,78 pour 100 d'eau).

Sous l'influence de la chaleur (à 130°), il perd son eau en même temps que sa transparence. Dans cet état, on l'appelle *plâtre cuit* ou *calciné*, et il se trouve toujours mêlé avec du carbonate de chaux. Ainsi calciné, il attire l'humidité de l'air. Uni à une certaine quantité d'eau, il constitue le *plâtre gâché*, employé dans les arts pour fabriquer des moules, des statues, etc. Si le plâtre est trop calciné, il n'attire l'humidité que lentement. Le marbre artificiel (*stuc*) est du plâtre calciné, qu'on recouvre d'ichthyocolle et de diverses couleurs. Le sulfate de chaux n'est pas très-soluble dans l'eau; il faut 132 parties d'eau pour en dissoudre 1 partie. Il est *complétement insoluble* dans l'eau alcoolisée. Exposé à la température blanche, il fond en une sorte d'émail blanc sans se décomposer; chauffé avec du charbon, il se transforme en sulfure de calcium. Formule : Ca O, SO³ — 1 éq. de sulfate de chaux anhydre.

Composition en centièmes : 41,53 de chaux
58,47 d'acide sulf.
100,00

Le sulfate de chaux est abondamment répandu dans la nature. Il existe dans les eaux des puits de Paris. Les eaux sont, dans certaines localités, de véritables dissolutions saturées de sulfate de chaux. Lorsqu'on y verse de l'eau de savon, il se forme aussitôt un précipité blanc cailleboté de stéarate et d'oléate de chaux, qui par leur insolubilité, s'opposent à l'action du savon. Les mêmes eaux donnent également d'abondants précipités avec le nitrate de baryte ou chlorure de baryum et avec l'alcool. Du reste, toutes les eaux traversant des terrains gypseux contiennent une grande quantité de sulfate de chaux en dissolution. On a donné à ces eaux le nom de *séléniteuses*; elles produisent chez certains individus une action purgative. Les pierres à plâtre (*sulfate de chaux hydraté*) sont très-communes. La karsténite (sulfate de chaux anhydre) se rencontre dans la nature, cristallisée en prismes droits, dont la base est un parallélogramme rectangle. Ce dernier corps est remarquable par sa dureté. Il raye le marbre, qui cependant raye la pierre à plâtre ordinaire. Sa densité est aussi plus grande; elle est de 2,98, celle du sulfate hydraté étant 2,264. L'*albâtre* est une variété de sulfate de chaux très-tendre; on le travaille facilement pour en faire des vases, des statues, etc. Cet albâtre est différent de l'albâtre des anciens, lequel est du carbonate de chaux. La glaubérite, qu'on trouve à Villa-Rubia, en Espagne, et dans beaucoup d'autres pays, est un composé anhydre de parties égales de sulfate de chaux et de sulfate de soude. Elle absorbe l'humidité et devient opaque à l'air. Le sulfate de chaux est très-utile aux statuaires. On l'emploie dans la fabrication du marbre artificiel (*stuc*), qu'on distingue du marbre naturel par le simple toucher. Une colonne de marbre artificiel qu'on touche fait éprouver une sensation de froid moindre que celle que ferait éprouver une colonne de marbre naturel; ce qui tient à ce que le dernier est beaucoup meilleur conducteur du calorique que le premier. On se sert du plâtre comme engrais, surtout en Angleterre et dans les États-Unis.

Azotate de chaux. Ce sel est très-déliquescent, très-soluble dans l'eau et dans l'alcool. On l'obtient difficilement à l'état cristallin. L'azotate de chaux anhydre devient phosphorescent après avoir été exposé pendant un certain temps à l'action de la lumière directe du soleil. Il portait autrefois le nom de *phosphore de Baudoin*. C'est probablement la présence de ce sel qui rend lumineux (dans l'obscurité) de vieux troncs d'arbres qui ont fourni matière à tant de contes superstitieux. Formule :

Ca O, N² O⁵ = 1 éq. d'azotate de chaux sec. Composition en centièmes : 34,46 de chaux
65,54 d'acide azotique.
100,00

L'azotate de chaux accompagne le salpêtre dans les vieux plâtras, sur le mur des étables, etc. L'eau de puits en contient souvent une quantité notable, surtout si les puits se trouvent dans le voisinage des habitations.

Fluorure de calcium (fluate de chaux, spath fluor). Ce sel cristallise en cubes ou en octaèdres. Il est anhydre, et tout à fait insoluble dans l'eau. Dans les laboratoires on ne l'obtient jamais que sous forme de poudre blanche; à l'état de pureté, il est très-blanc; il est quelquefois coloré en violet. Il décrépite sur les charbons ardents. Projeté sur un corps incandescent, il devient phosphorescent dans l'obscurité, en répandant une lumière violette. Il perd sa phosphorescence par la calcination. Il existe dans la nature une espèce de fluorure de calcium qui, simplement chauffé dans la main, acquiert une phosphorescence bleue; à 100°, la phosphorescence devient verte; et à une température plus élevée, elle devient violette. Scheele a en vain essayé d'expliquer ces singuliers phénomènes. Le fluorure de calcium est très-stable. L'affinité du fluor pour le calcium est très-grande; aussi le fluorure n'est-il décomposé que par un petit nombre de corps. L'acide chlorhydrique le décompose à peine; et l'acide sulfurique concentré lui-même ne le décompose qu'à chaud. Formule : Ca Fl.

Le fluorure de calcium se trouve abondamment dans la nature. Il existe dans les dents des animaux fossiles. Il sert à préparer l'acide fluorhydrique employé pour graver sur verre.

Chlorure de calcium. Ce sel cristallise en prismes à 6 pans, terminés par des pyramides à 6 faces. Sa saveur est piquante et amère. Il peut éprouver successivement la fusion aqueuse et la fusion ignée. Il ne se volatilise pas. Le chlorure de calcium fondu et anhydre attire fortement l'humidité; il est très-déliquescent. Au contact de l'eau, il produit une élévation de température capable de chauffer un kilogr. d'eau de 0° à 75°. Le chlorure de calcium ordinaire, non fondu, mis dans l'eau, produit, au contraire, un abaissement de température qui va jusqu'à — 40°; aussi entre-t-il dans les mélanges frigorifiques. L'eau dissout quatre fois son poids de chlorure de calcium. À 100°, il est soluble en toutes proportions; il est également soluble dans l'alcool. Le chlorure de calcium fondu devient phosphorescent par l'exposition à la lumière directe du soleil (*phosphore de Homberg*).

Traité par l'eau de chaux, le chlorure de calcium laisse déposer des cristaux composés de 1 équivalent de calcium, de 1 équivalent de chlore, de 3 équivalents de chaux et de 15 équivalents d'eau (Ca Cl, 3 Ca O + 15 HO). Formule : Ca Cl ou Ca Cl².

On prépare le chlorure de calcium directement en traitant le carbonate de chaux par l'acide chlorhydrique, ou en faisant arriver un courant de gaz de chlore sur de la chaux. Dans ce dernier cas, il y a dégagement d'oxygène. La baryte, la strontiane et la magnésie, traitées par le chlore, se comportent de la même manière. Le chlorure de calcium est fréquemment employé comme moyen dessiccatif.

Chlorure de chaux (*hypochlorite de chaux*). Il a l'aspect d'une poudre blanche, soluble dans 10 parties d'eau, avec dépôt de chaux, hydratée. Il exhale à l'air l'odeur du chlore et absorbe de l'acide carbonique. Le chlorure de chaux réagit à la manière des alcalis, et possède la propriété de blanchir les étoffes et de désinfecter les substances animales. Par l'action de la chaleur, il se convertit en chlorure de calcium, avec dégagement d'oxygène. Une exposition prolongée à l'air et à la lumière agit comme la chaleur. Les acides en dégagent du chlore. On n'est pas encore entièrement d'accord sur la composition exacte du chlorure de chaux, que beaucoup de chimistes regardent comme une combinaison intermédiaire de chlorure de calcium et d'hypochlorite de chaux.

On prépare le chlorure de chaux en grand en faisant arriver du chlore gazeux sur des couches de chaux hydratée. On continue l'opération jusqu'à ce que le chlore ne soit plus absorbé. L'hydrate de chaux desséché absorbe environ son poids de chlore. Le chlorure de chaux, qui contient 48 pour 100 de chaux, est estimé de bonne qualité. On évalue la bonté du chlorure de chaux par la quantité d'une solution acide d'indigo qu'il est capable de décolorer (*chlorométrie*). Le chlorure de chaux est souvent employé comme moyen désinfectant, et dans le blanchiment des étoffes. Ces propriétés précieuses sont exclusivement dues au chlore; car le chlorure de chaux, comme en général tous les chlorures d'oxydes, n'est autre chose qu'un réservoir commode de chlore.

Sulfure de calcium. Il se présente sous la forme d'une matière terreuse jaunâtre, répandant à l'air l'odeur de l'hydrogène sulfuré. Il est peu soluble dans l'eau, et devient phosphorescent sous l'action des rayons directs du soleil (*phosphore de Canton*). On obtient le sulfure de calcium en calcinant le sulfate de chaux avec du charbon.

Le *phosphate de chaux* se rencontre (avec un excès de base) dans les os de tous les animaux. Il est insoluble dans l'eau; mais il devient soluble par l'addition d'une certaine quantité d'acide phosphorique. C'est pourquoi quelques médecins ont attribué le ramollissement des os, c'est-à-dire la destruction de leur squelette calcaire, à la présence d'un excès d'acide phosphorique.

CHEF-D'OEUVRE (beaux-arts). — Œuvre placée au premier rang par son mérite et sa perfection.

Le mot *chef-d'œuvre* est un mot complet par lui-même, qui ne peut être qualifié qu'en perdant une partie de sa signification propre. Ainsi, lorsque l'on dit : Ce tableau est le *chef-d'œuvre de tel peintre*; *cet ouvrage est un chef-d'œuvre de patience ou d'exécution*, cela veut dire seulement que le tableau est la meilleure production du peintre, ou que la patience et l'exécution sont très-remarquables, mais non pas que l'œuvre, prise d'une manière absolue, soit pour cela un chef-d'œuvre. Cependant, lorsqu'on dit en général : *les chefs-d'œuvre des arts ou de la littérature*, on indique ainsi une classification, et le mot chef-d'œuvre n'en conserve pas moins toute sa valeur. Quant aux superlatifs ajoutés à ce mot, ils peuvent quelquefois donner plus de force au discours, mais ne sauraient en donner à la pensée. Ainsi, *un beau*, *un superbe chef-d'œuvre* ne veut dire rien de plus qu'un chef-d'œuvre, comme *une longue éternité, un grand infini* ne veulent rien dire de plus que l'éternité, que l'infini.

Le mot chef-d'œuvre a donc deux acceptions distinctes : l'acception *relative*, qui est souvent employée et qui n'indique seulement que la plus ou moins grande beauté de l'œuvre d'un artiste, d'une époque, d'un pays, relativement à d'autres, et l'acception *absolue*, qui seule se rapporte au chef-d'œuvre proprement dit.

Parmi les nombreuses œuvres de l'intelligence et du génie des hommes, il y en a qui, pour tous et sans discussion possible, sont certainement des chefs-d'œuvre, parce que toutes les autres ne peuvent prétendre à ce titre et ne sont que plus ou moins recommandables; et enfin il s'en trouve qui, placés entre les deux, sont chefs-d'œuvre pour les uns et seulement productions remarquables pour les autres. Nous croyons que ces derniers ouvrages ne doivent pas alors être regardés comme des chefs-d'œuvre; dès qu'ils présentent un point vulnérable, ils ne sont plus aussi parfaits que les premiers, et prennent naturellement un rang secondaire. Ainsi, dans la nomenclature que nous donnons, nous n'avons admis que les œuvres qui rallient l'approbation de tous les temps et surtout de toutes les écoles.

Nous ne parlerons pas des ouvrages modernes, qui peut-être pourront plus tard occuper la première place, car l'on est en général mauvais juge de ses contemporains, et toute œuvre qui aspire à avoir un nom durable doit passer par plusieurs générations et être acceptée par la masse intelligente des peuples principaux.

Bien que l'on ait fait dans les sciences et dans l'industrie des découvertes et des applications qui montrent souvent un génie supérieur, on n'emploie généralement le nom de chef-d'œuvre qu'en parlant des ouvrages de beaux-arts et de littérature.

La réunion des qualités du beau est nécessaire pour constituer un chef-d'œuvre; mais nous ne pouvons traiter ici une seconde fois cette question, et nous renvoyons à l'article *Beau* de notre *Encyclo-*

pédie; nous dirons seulement que ces principales qualités sont, dans la littérature, une grande conception, des caractères bien marqués et un style noble et élevé, et dans les beaux-arts la grandeur et la simplicité de la composition, la noblesse des formes et l'harmonie des proportions.

Voici la liste des chefs-d'œuvre acceptés généralement par tous les hommes spéciaux. Cette liste est très-courte; mais heureusement qu'après ces œuvres d'élite il y en a une immense quantité d'autres qui à elles seules suffiraient pour immortaliser leurs auteurs :

Chefs-d'œuvre de la littérature.—L'Iliade d'Homère, le Phédon de Platon, l'Enfer du Dante, les Oraisons de Bossuet, le Misanthrope de Molière, Athalie de Racine, Cinna de Corneille, les Fables de la Fontaine.

Paul et Virginie de Bernardin de Saint-Pierre, Don Quichotte de la Manche de Michel Cervantes, Polyeucte de Corneille, et le Tartuffe de Molière sont quelquefois placés parmi les chefs-d'œuvre.

Chefs-d'œuvre de l'architecture. — Le Parthénon d'Ictinus et les Propylées de Mnésiclès, à Athènes; le théâtre de Marcellus à Rome, bâti sous Octavius Auguste, le dôme de Saint-Pierre et le palais Farnesa, tous deux à Rome et tous deux de Michel-Ange.

Le Campanile de Florence, de Giotto, peut être placé à la suite.

Chefs-d'œuvre de peinture. — Le Jugement dernier et la voûte de la chapelle Sixtine, à Rome, par Michel-Ange; la Dispute du Saint-Sacrement et l'École d'Athènes, au Vatican, par Raphael; le Martyre de saint Pierre, du Titien, placé à Venise; les Noces de Cana, de Paul Véronèse, au Musée du Louvre. Après ces peintures, il y en a un si grand nombre qui sont tellement voisines de la perfection, que nous devons nous arrêter ici, sous peine d'aller trop loin.

Chefs-d'œuvre de sculpture.—Le faune du Capitole, attribué à Praxitèle, le torse antique, la Vénus de Milo, le Moïse de Michel-Ange. Quant aux sculptures du Parthénon, exécutées par Phidias, ce sont certainement des chefs-d'œuvre, mais peut-être cependant des chefs-d'œuvre décoratifs et faits avec un style et un parti conventionnels.

Chefs-d'œuvre de gravure. — Le portrait de Philippe de Champagne, par Édelinck; les batailles d'Alexandre, par Andraw.

Chefs-d'œuvre de musique. — Les symphonies de Beethoven et peut-être principalement celle en ut mineur; la symphonie en sol mineur; le Requiem et le Don Juan de Mozart; les symphonies et la Création d'Haydn; Orphée de Gluck; le Freyschutz de Weber.

CHARLES GARNIER.

CHÉILODACTYLE (zoologie) [du grec *cheilos,* lèvre; *dactilos,* doigt]. — Genre de poissons de l'ordre des acanthoptérygiens, de la famille des sciénoïdes, dont le corps est allongé, la bouche petite, la dorsale pourvue de nombreux rayons épineux, les pectorales ayant plusieurs rayons libres qui forment autant de filaments. — Le CHÉILODACTYLE A BANDES (*C. fasciatus*) est l'espèce type de ce genre. Sa dorsale

s'étend sur presque toute la longueur du dos; le dernier rayon de la pectorale, quoique très-allongé au delà de la membrane, est moins long que le 13°, qui lui-même est moins long que le 12°, qui l'est moins que le 11°; caudale un peu en forme de faux; tête petite; lignes verticales brunes sur le corps, au nombre de cinq. — Ce poisson appartient aux mers du Chili.

CHÉIROGALE (zoologie) [du grec *cheir,* main; *galé,* chat]. — Genre de quadrumanes, de la famille des lémuriens, qui ressemble au chat, mais ils en diffèrent en ce qu'ils n'ont pas de moustaches; leurs tarses sont allongés comme ceux des makis, et leurs mains sont pourvues d'un pouce écarté, distinct, susceptible de mouvements propres, sans griffes.

Le CHÉIROGALE DE MILIUS (*C. Milii*) est l'espèce la plus intéressante. Son pelage est gris roux en dessus, blanc cendré en dessous, d'ailleurs épais, soyeux, avec une tache blanche entre les yeux, qui sont très-grands; oreilles petites; organes du mouvement analogues à ceux des makis, etc. Ce petit quadrumane, comme les autres espèces du même genre, habite Madagascar. Il est d'une très-grande agilité. Il passe tout le jour couché et roulé en boule dans un nid de foin; la nuit venue, il se réveille et se met en chasse de sa nourriture, car il paraît avoir la faculté de voir distinctement dans la plus profonde obscurité. Il est frugal; en cage on le nourrit de pain, de biscuits, de fruits.

CHÉIROMYS (zoologie) [du grec *cheir,* main, et *mys,* rat]. — Genre de rongeurs dont l'unique espèce est l'*aye-aye.* — Voir ce mot.

CHÉIROPTÈRES (zoologie) [du grec *cheir,* main; *pteron,* aile, mains changées en ailes]. — Première famille de l'ordre des carnassiers, mammifères qui se distinguent principalement par un repli de la peau commençant aux côtés du cou et s'étendant entre les quatre pieds et leurs doigts; ils présentent encore quelques affinités avec les quadrumanes par la disposition de leurs organes génitaux mâles. Ce

Fig. 7. — Chéiroptères : roussette.

sont ces animaux que l'on désigne par l'expression générale de *chauves-souris,* et qui furent regardés pendant longtemps comme des oiseaux, parce qu'à l'aide de la vaste membrane qui s'étend entre leurs membres et leurs doigts, ils peuvent s'élever dans les airs et exécuter une sorte de vol. Ils ont le corps couvert de poils assez longs, lisses ou frisés; la tête grosse, le cou court, les oreilles nues, longues, pourvues d'un appendice externe assez compliqué; les yeux petits, les narines simples ou composés, mais alors entourées de productions membraneuses plus ou moins compliquées; bouche très-grande, lèvres dilatables, avec des abajoues que ces animaux remplissent d'insectes.

Les chéiroptères sont, par leur organisation, beaucoup plus rapprochés de la nôtre qu'on ne pourrait se l'imaginer; après les singes ce sont les êtres qui

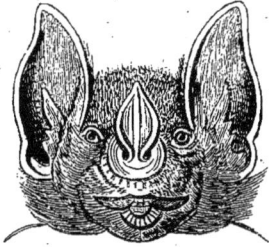

Fig. 8. — Chéiroptères : phyllostome.

approchent le plus de notre espèce, car ils ont les trois sortes de dents (incisives, canines, molaires); de véritables mains dont à la vérité les doigts sont extrêmement allongés, à l'exception du pouce, qui est très-court et libre de la membrane dont il a été parlé; deux fortes clavicules et de larges omoplates consolident leur squelette. Le mâle, nous l'avons déjà dit, a les parties génitales à peu près conformées

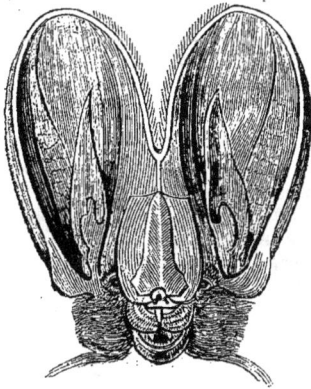

Fig. 9. — Chéiroptères : rhinolophe.

comme les nôtres; son pénis est libre, mais sans prépuce. La femelle porte deux mamelles situées sur la poitrine, et dans quelques espèces elle offre des traces d'un écoulement menstruel; elle fait deux petits à chaque portée, et lorsqu'elle les allaite, elle les tient embrassés comme fait la femme pour son enfant.

Les chéiroptères ont l'ouïe et le toucher extrême-

ment développés : ce dernier sens a pour organes la membrane étendue de leurs ailes et leurs longues oreilles, dont la peau est mince et très-délicate. C'est à ces avantages que ces animaux, nocturne par instinct, doivent de pouvoir poursuivre leur proie au milieu des ténèbres et des obstacles qui les environnent. Ils se retirent dans les carrières, les cavernes, les greniers, où ils passent l'hiver pour la plupart dans une sorte de léthargie.

Les chéiroptères comprennent deux tribus : 1° Les CHAUVES-SOURIS, dont les genres se nomment *roussette, molosse, noctilion, phyllostome, rhinolophe, taphien, vespertilion, oreillard*, etc.; — 2° les GALÉO-PITHÈQUES, que de Blainville réunit aux quadrumanes.

Geoffroy Saint-Hilaire a divisé ces animaux en FRUGIVORES (*roussettes, céphalotes, cynoptères, harpies, macroglosses*), et en insectivores ou CARNASSIERS (*vampires, phyllostomes, glossophages, mirmops, vespertilions, oreillards, nyctères, molosses, noctilions*, etc.)

CHÉLIDOINE (botanique) [du grec *chelidon*, hirondelle]. — Genres de plantes de la famille des papavéracées, vivaces, à suc laiteux jaune; feuilles pinnatiséquées; fleurs jaunes disposées en ombelles pauciflores; calices à 2 sépales un peu colorés; stigmate bilobé; pour fruit, capsule linéaire bivalve.

GRANDE CHÉLIDOINE (*C. majus*), ou simplement *chélidoine, éclaire*. Tiges de 20-70 cent., dressées, rameuses, pubescentes; feuilles molles, glabres, glauques en dessous, 3-7 lobées; 2 sépales colorés jaunâtres, caducs; 4 pétales entiers, ouverts, plans; étamines nombreuses, égales; silique s'ouvrant de la base au sommet.

La chélidoine est très-commune dans les lieux pierreux et incultes, où elle commence à fleurir dès le mois d'avril. Dans son état de fraîcheur elle exhale une odeur désagréable; son goût est amer, âcre, dû au suc jaune orange qui découle de toutes ses parties à la plus légère incision ou pression. Ce suc, irritant et même caustique, a été employé à l'extérieur pour exciter les ulcères, détruire les cors. La plante a été administrée en infusion comme purgative, anti-dartreuse, anti-ictérique, etc.; mais son action dangereuse doit être surveillée.

CHÉLIDOINE GLAUCIENNE (*C. glaucium*), vulg. *pavot cornu*. — Plante bisannuelle de 50-80 cent., à fleurs jaunâtres, grandes, terminales, subsolitaires, qui s'épanouissent au milieu de l'été. Espèce assez rare, qui croît au voisinage des habitations, dans les décombres, etc., et que l'on cultive comme plante d'ornement.

PETITE CHÉLIDOINE. — Nom vulgaire de la *renoncule ficaire*.

CHÉLONÉE (zoologie) [du grec *cheloné*, tortue].— Genre de reptiles de l'ordre des chéloniens (voir ce mot), famille des thalassites ou tortues marines, dont le corps est recouvert d'écailles cornées, les pattes pourvues d'un ou deux ongles, ce qui les différencie des sphargis, lesquels sont sans écailles et sans ongles. — Ce genre comprend la *tortue franche*, le *caret* et le *caouanne*.

CHÉLONÉE FRANCHE (*C. midas*), ou mieux simplement *tortue franche*. Ses caractères sont : carapace presque cordiforme; dos arrondi; écailles vertébrales hexagones, presque équilatérales; longueur totale 1 m. 60 c. à 2 m.; poids, 350 à 400 kil. — Cette tortue, qui était connue des anciens, vit dans l'océan Atlantique et fréquente le voisinage des îles et des côtes désertes. C'est à cette espèce que se rapportent surtout les détails qui sont donnés sur les mœurs des chéloniens. (V. ce mot.) — On peut l'amener vivante en Europe. Elle est servie sur les tables recherchées, et ses écailles sont l'objet d'un grand commerce.

CHÉLONÉE IMBRIQUÉE (*C. imbricata*) ou *caret*. La carapace est presque orbiculaire, à plaques imbriquées; le dos en toit; fortes dentelures sur le bord postérieur du limbe; taille et poids un peu moins consirables que dans l'espèce précédente. — Cette tortue vit dans les océans Indien et Américain. Sa chair est moins recherchée que celle de la tortue franche, mais son écaille est regardée comme préférable à celle des autres espèces du même genre.

CHÉLONÉE COUANNE (*C. couanna*). Carapace

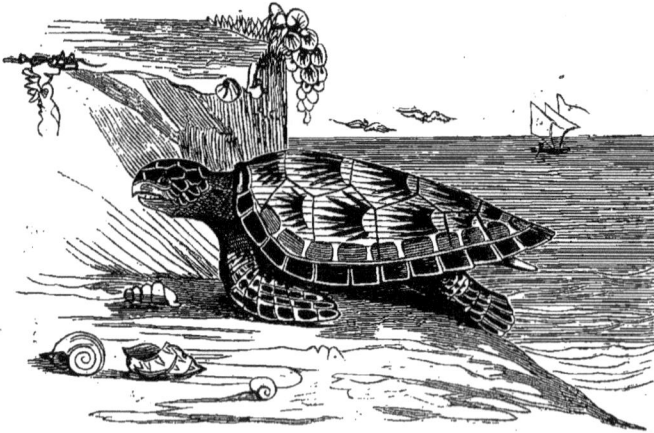

Fig. 10. — Chélonée.

un peu allongée, à plaques non imbriquées; deux ongles à chaque patte; taille plus petite que celle de la tortue franche. — Cette espèce se trouve quelquefois dans la Méditerranée; on la voit accidentellement sur les côtes de France et d'Angleterre. Sa chair est encore moins bonne que celle du caret; mais son écaille est employée dans les arts.

CHÉLONIENS (zoologie) [du gr. *chélôné*, tortue].— Ordre de reptiles comprenant tous les genres de tortues; ordre parfaitement caractérisé par la double cuirasse qui protège le corps de l'animal, en formant une sorte de boîte osseuse dont la partie supérieure se nomme carapace, et l'inférieure plastron.

La *carapace* est formée par un plus ou moins grand nombre de plaques osseuses, unies entre elles par des sutures et formant une espèce de bouclier convexe en dessus, concave en dessous. Examinées sur cette dernière face, les plaques médianes paraissent n'être que des dépendances des vertèbres dorsales, dont les corps immobiles font saillie, et dont la face supérieure, au lieu d'être épineuse comme chez les autres vertébrés, s'épanouit dans la substance de la carapace, laquelle est encore formée en partie par les côtes, qui s'élargissent au point de se toucher dans toute ou presque toute leur étendue, et qui se terminent dans les pièces marginales bordant la carapace.

Le *plastron* est formé par le sternum, qui est large et étendu depuis la base du cou jusqu'à l'origine de la queue. Il se fixe à la carapace, de chaque côté, par un prolongement osseux ou par des cartilages; mais en avant comme en arrière, il en reste écarté pour laisser passer la tête, les membres et la queue. Entre ces deux plans osseux, qui ne sont recouverts que par la peau et qui constituent un véritable squelette extérieur, sont logés tous les organes, même les épaules et le bassin. Les os de l'épaule s'articulent avec la colonne vertébrale d'une part, et avec le sternum de l'autre, de manière à former une sorte d'anneau entre la carapace et le plastron. Quant au bassin, il ressemble aussi beaucoup à la ceinture formée par les os de l'épaule.

Aucun muscle ne s'insère à la surface extérieure des deux boucliers : ceux des membres, dont les os sont les seuls en partie saillants au dehors, prennent leur point fixe à la face interne de la carapace et aux os de l'épaule. Le système nerveux est généralement peu développé; l'organe du goût ne l'est pas davantage, mais l'odorat, l'ouïe et la vue sont mieux partagés; l'intelligence se réduit à la recherche de la nourriture et au rapprochement des sexes. Chacun connaît la lenteur proverbiale de ces animaux; attaqués, ils cherchent bien à mordre, mais ils se hâtent de se réfugier dans leur double cuirasse.

Les tortues se nourrissent généralement de matières végétales et herbacées; plusieurs font la chasse aux crustacées, aux mollusques, aux poissons, aux insectes; leur estomac est peu distinct du petit intestin; ils peuvent se priver d'aliments pendant un temps assez long. Leur système lymphatique est très-développé. Le cœur est à deux oreillettes très-grandes qui donnent dans un seul ventricule, lequel est partagé en plusieurs cavités communiquant toutes ensemble; la circulation s'opère comme nous l'expliquerons au mot *Reptile*. Quant à la respiration, nous ferons remarquer que l'immobilité des côtes rend impossibles les mouvements inspirateurs ordinaires, et que c'est par une sorte de déglutition que l'air est poussé dans les poumons. Du reste, les tortues peuvent suspendre impunément leur lente respiration pendant un temps assez long.

Les organes de la reproduction sont formés sur le même plan que celui de tous les reptiles; l'organe mâle principal est simple, long, cylindrique; l'ovaire est double; l'accouplement a lieu de la manière ordinaire. Au moment des amours, qui ont lieu au printemps, les mâles deviennent assez agiles et se livrent entre eux des combats acharnés, cherchant à renverser leurs rivaux sur le dos et à les mettre ainsi dans l'impossibilité de poursuivre leurs femelles. Celles-ci pondent des œufs sphéroïdaux dont l'enveloppe est membraneuse et coriace, et qui diffèrent de ceux des oiseaux en ce que le fœtus est déjà formé lorsqu'il se sépare de sa mère. Ces œufs sont abandonnés à l'incubation solaire. L'accroissement des nouveau-nés se fait assez lentement et la vie de l'individu est longue. Comme la plupart des reptiles, les chéloniens s'engourdissent à l'approche des saisons froides et pluvieuses; comme eux, ils supportent assez facilement les pertes de substance qui les réparent sans trouble profond dans l'économie : on en a vu se mouvoir pendant plusieurs semaines après avoir eu la tête tranchée. Les chéloniens se divisent en quatre familles: *tortues terrestre*, de *marais*, de *fleuves* et *marines*.— Voy. *Tortues*. (*Bossu*.)

CHEMIN (architecture) [de l'italien *camino*, formé de *campinare*, diminutif de *campare*, qui pourrait venir du grec *campé*, jambes, parce que les jambes servent à marcher]. — Voie, route, espace par où l'on va d'un lieu à un autre. Les règlements des premiers peuples concernant les grands chemins sont inconnus, ceux d'Athènes, de Lacédémone et de Thèbes étaient très-sages. C'est aux Carthaginois qu'on attribue l'honneur d'avoir, les premiers, fait paver les grands chemins. Les Romains suivirent leur exemple, et, comme presque tous les imitateurs, ils renchérirent sur leurs modèles.

Des chemins spacieux, solides et ornés, de mille en mille, de colonnes de marbre, s'étendaient de tous côtés, depuis les extrémités occidentales de l'Europe et de l'Afrique, jusque dans l'Asie Mineure, et faisaient environ 40 mille lieues (15592 myriamètres) de France. Malgré une si prodigieuse étendue, ils étaient entretenus avec autant de soin que le permettait la situation de l'Empire. En France, on ne s'est point occupé des chemins publics avant le règne de Charlemagne; c'est le premier des rois de France qui y ait fait travailler; mais ils furent ensuite négligés pendant près de 400 ans. Philippe-Auguste, après avoir fait payer la ville de Paris, nomma des officiers pour veiller aux ponts et chaussées. Henri IV créa l'office de grand voyer en faveur de Sully.

Chemins militaires. C'étaient, chez les Romains, des chemins pratiqués pour envoyer les armées dans les provinces de l'empire.

Chemin double. Un chemin pour les charrois, à deux chaussées, l'un pour aller, l'autre pour venir. Ces deux chaussées étaient séparées en forme de banquettes, et pavées de briques pour les gens de pied.

Chemin ferré. Un chemin pavé d'une pierre extrêmement dure. On appelle encore chemin ferré un chemin dont le sol est de vive roche, ou formé d'une aire de cailloutage.

Chemin couvert. C'est une espèce de rez-de-chaussée sur le bord du fossé, du côté de la campagne, large de trois à quatre toises (7 mètres environ), couvert d'un parapet qui règne tout autour du fossé.

Chemin de ronde. C'est l'espace qu'on laissait anciennement, pour le passage des rondes, entre le talus extérieur du parapet du corps de l'ouvrage d'une place et la muraille du revêtement exhaussé à hauteur d'appui.

CHEMINS DE FER. C'est l'une des plus belles inventions de l'industrie humaine, que celle qui a pour objet d'abréger tout à la fois l'espace et le temps, ce qui est l'immense résultat des chemins de fer : on pourrait y ajouter l'économie des transports. Le succès de l'application de la vapeur à la navigation devait naturellement engager les mécaniciens à trouver les moyens de l'employer comme moteur des voitures ou des machines locomotives sur terre. Les difficultés qu'ils avaient à surmonter étaient peut-être plus grandes et plus nombreuses que celles des canaux ou de la mer. Il fallait que les inégalités du terrain ou de la route, tant à la montée qu'à la descente, ne missent point obstacle à leur course; il fallait aussi pourvoir à la sûreté des voyageurs et des marchandises, qui auraient pu être en péril et y éprouver des dommages par la rupture de la chaudière, dont on a eu plusieurs exemples dans la navigation à vapeur. On a fait de nombreux essais, et ce n'est que successivement qu'on est parvenu au degré de perfectionnement que les voitures appelées locomotives ont acquis en dernier lieu.

Comme les chemins de fer, quoique moins perfectionnés qu'ils ne le sont maintenant, étaient depuis longtemps en usage en Angleterre pour le transport de la houille à l'endroit le plus voisin pour son embarquement, il ne restait plus qu'à inventer des machines qui, par l'effet de la vapeur, fussent à même de parcourir ces *rails* avec autant de célérité que d'économie. Les plus habiles mécaniciens de Londres, encouragés par le concours établi par les directeurs de la compagnie de Manchester à Liverpool, sont parvenus à en construire qui ont parfaitement rempli toutes les conditions requises.

Ce chemin de fer, devenu célèbre, est le premier qui fut construit en Angleterre, et nous pouvons dire dans le monde entier, où l'on ait employé des machines locomotives pour le transport des marchandises et des voyageurs, avec une promptitude vraiment étonnante. Ce chemin, qui a servi de modèle à la plupart des autres, est considéré à juste titre comme une merveille de l'industrie humaine. Il a démontré d'une manière incontestable la supériorité de ce mode de communication, et présente aux machines locomotives une surface parfaitement unie, qui leur permet de faire le trajet de Manchester à Liverpool en quelques heures.

Il y a une grande idée attachée à ces communications aussi promptes que peu dispendieuses ; on ne doit jamais perdre de vue que la facilité des communications entre les principales villes de commerce doit nécessairement augmenter la consommation, laquelle doit augmenter à son tour les produits agricoles et industriels, qui multiplieront ainsi les travaux et accroîtront le bien-être et la richesse de toutes les classes de la société. Effectivement, lorsqu'on considère l'ensemble et les progrès du système des mécaniques, et leurs immenses produits, il semble que la sphère actuelle de leur activité soit trop limitée pour que les peuples puissent jouir des avantages sans nombre qui doivent en résulter. La France surtout a vu toutes les branches de son industrie s'accroître rapidement par la construction des chemins de fer. Dans une grande partie des départements, le commerce n'a d'autres moyens de communication que la voie de terre ou des rivières, dont le cours est le plus souvent irrégulier (comme celui de la Seine), et la navigation quelquefois périlleuse. Aussi, que de difficultés s'opposaient à l'exploitation de nos magnifiques forêts des Pyrénées et des Vosges! que d'obstacles contrariaient l'approvisionnement des hauts-fourneaux de la Champagne et de la Lorraine! A quoi tenait la souffrance d'un grand nombre de villes industrielles? à la difficulté de se procurer des matières premières par des voies promptes et économiques. Cette difficulté résultait de l'imperfection des moyens de transport. Pourquoi le cultivateur n'avait-il pas plus souvent recours à l'exportation de ses denrées, soit dans l'intérieur, soit à l'extérieur? parce que la difficulté des routes, et la dépense qu'occasionnait le transport à une longue distance, le privaient de l'avantage qu'il aurait eu de placer avantageusement ses productions.

Avec les chemins de fer, plus de nécessité, à Paris et dans les autres grandes villes, de se prémunir, comme on le faisait, contre la disette par d'immenses réserves de grains. A l'approche des besoins, les approvisionnements ne se font pas attendre. Quelle économie n'en résulte-t-il pas pour la seule ville de Paris? Le combustible est cher dans nos grandes villes, éloignées des houillières et des forêts; les chemins de fer rendent, sous ce rapport, un immense service aux mines et à la classe peu fortunée des habitants. L'hiver ferme les rivières, les canaux, délabre les routes, les encombre de neige ; en été, les basses eaux ou les grandes pluies interrompent de temps à autre la navigation ; mais, sur les chemins de fer, les transports ont lieu dans toutes les saisons avec la même rapidité.

Écoutons M. Buchet-Cublize. « On se sert, dit-il, comme moteurs, sur les chemins de fer, de la force animale, de la vapeur et de la gravité. Les chevaux sont généralement employés en les attelant aux voitures. Parfois, lorsqu'on veut élever des charges le long d'une forte rampe, on leur fait tourner un tambour sur lequel s'enroule une corde fixée par une de ses extrémités aux chariots qu'ils attirent à eux. Les machines à vapeur sont placées sur un chariot attaché devant ou derrière les convois qu'elles remorquent ; elles impriment aux roues un mouvement de rotation qui, contrarié par le frottement de la jante sur le rail, ne peut s'exécuter qu'autant que tout le système marche en avant. La gravité seule suffit, lorsque la roue est en ligne droite, pour faire rouler des chariots bien construits sur une pente très-légère. Sur une ligne horizontale, le poids capable d'entraîner un vagon pesant 4,000 kilogrammes est d'environ 20 kilogrammes, c'est-à-dire $\frac{1}{200}$ du poids du vagon. Ce chiffre n'est cependant pas absolu, il est subordonné au soin qu'on a d'entretenir les rails dans leur état de propreté et à la construction plus ou moins parfaite des voies et de leurs coussinets, à leur mode de graissage, etc. La résistance due à l'action de l'air dans lequel le convoi se meut peut avoir une influence retardatrice assez notable. Cette résistance croît proportionnellement au carré de la vitesse. L'influence des courbes sur la force que l'on doit appliquer à la traction est d'autant plus considérable que le rayon de la courbe est plus petit. Les résistances occasionnées dans ce cas tiennent au parallélisme invariable des essieux, à la solidarité des roues avec l'essieu et à la force centrifuge. Un système de *trains articulés*, propre à franchir facilement et sans inconvénient les courbes d'un rayon quelconque, a été inventé par Arnoux, ancien élève de l'École polytechnique. Il serait difficile de savoir à quelle époque on a commencé à faciliter le tirage des voitures en plaçant sous leurs voies des corps unis, durs et résistants, mais pour ce qui est de l'emploi des bandes de fer dans le même but, elles ne paraissent guère avoir été employées avant le dix-septième siècle. Wood, dans son *Traité pratique des Chemins de fer*, dit que des chemins à rails en bois étaient établis à New-Castle-sur-Tyne, dans le comté de Duram, en Angleterre, dès l'année 1649. L'usure rapide du bois fit naître l'idée de le revêtir de bandes de fer, fixées par de simples chevilles ou clous, auxquelles on donna un rebord saillant pour maintenir les roues dans la voie. Ces sortes de chemins furent appelés par les Anglais *tram roads* (*chemins à ornières*). La poussière et la boue s'accumulant dans cette ornière, on imagina de transporter le rebord saillant des bandes aux roues. Cette forme est celle qui subsiste encore aujourd'hui. Ce n'est que vers 1767 que l'on remplaça le bois par la fonte seule ; les premières ornières en fonte furent des bandes plates avec un simple rebord. On substitua, en 1805, le fer malléable à la fonte; mais l'usage du fer ne s'est répandu que lorsque l'expérience en a démontré la supériorité. La force animale fut longtemps employée exclusivement sur les chemins de fer, comme elle l'est sur nos routes ordinaires. En 1788 furent établis les premiers plans automoteurs. Les premiers essais pour appliquer la vapeur aux voitures datent de 1770 et sont dus à un Français nommé Cugnot. Ce ne fut cependant qu'en 1806 qu'on vit fonctionner, sur un chemin de fer auprès de New-Castle, les premières machines locomotives, qui étaient alors bien loin encore du degré de perfection qu'elles ont atteint aujourd'hui. Après avoir subi une série de modifications, dont les plus importantes sont dues au génie de Georges et Robert Stéphenson, ingénieurs anglais, et de Marc Séguins, notre compatriote, elles sont parvenues, en 1830, à réaliser les prodiges de force et de vitesse dont le monde a retenti. Depuis, il s'est construit en Europe et en Amérique d'immenses lignes de voies de fer qui paraissent destinées à se développer de plus en plus et à fournir, par la suite, à la surface du globe, un réseau de communication, dont l'influence sur la civilisation est incalculable. Le résultat économique est le plus immédiat, le plus direct, le plus apparent. Il y a mille ans, et à une époque plus rapprochée de nous, si l'on eût voulu faire transporter par terre cinq cent mille kilogrammes pesant, d'une ville de la Belgique à Paris, comme cela arrive journellement pour les charbons de Mons et de Charleroi, il eût fallu employer cinq cents chariots, cinq cents charretiers, et mille bœufs ou mille chevaux, qui auraient mis de dix à quinze jours pour faire la route, tandis qu'avec le système actuel de la vapeur et des chemins de fer, le transport s'opère en dix ou quinze heures, avec un ou deux convois seulement, c'est-à-dire avec une économie qu'on peut évaluer et fixer, par des calculs modérés, au rapport de 250 fr. à 25 millions de francs. Mais, en outre des avantages matériels, on pressent et l'on espère, avec raison, que les peuples auront, par les voies de fer, des rapports de plus en plus multipliés, qu'il s'opérera une grande diffusion de lumières, et en même temps qu'il s'établira une solidarité d'intérêts très-propre à rendre à l'avenir les guerres impossibles, à favoriser la paix universelle et à établir l'empire de la justice au sein des sociétés.»

CHEMIN DE FER ATMOSPHÉRIQUE. — Chemin de fer dans lequel le convoi est mis en mouvement au moyen du vide atmosphérique, et non par la vapeur. C'est pour franchir des rampes fortement inclinées qu'on y a recours. « Au milieu de la voie ordinaire se trouve un tuyau en fonte dans lequel se meut un piston fortement attaché au premier wagon du convoi; à l'aide d'une puissante machine pneumatique, on fait le vide dans le tuyau; le piston se meut alors, en vertu de la différence de pression atmosphérique exercée sur ses deux faces et entraîne avec lui tout le convoi. » Ce système, inventé par l'Anglais Vallance, a été appliqué, dès 1847, au chemin de fer de Paris à Saint-Germain. Il fonctionne encore aujourd'hui, tandis que toutes les tentatives de ce genre faites en Angleterre ont été abandonnées.   LE ROI.

CHEMIN DE FER (Maladies des chauffeurs). — Dans une communication faite à l'Académie des sciences en février 1857, M. H. de Martinet signalait une ma-

ladie dont seraient atteints les mécaniciens et les chauffeurs, et qui reconnaîtrait pour cause l'inspiration de l'oxyde de carbone et du gaz acide carbonique s'échappant du foyer de la locomotive. Suivant M. de Martinet, « dans cette affection, le système nerveux est lésé, les sujets maigrissent, la faculté génératrice s'éteint, le corps est agité de soubresauts, de convulsions, l'intelligence s'affaiblit. »

Depuis dix-huit ans que M. le docteur Bisson est attaché au service de santé du chemin de fer d'Orléans, il n'a jamais observé de pareils faits, et ses nombreux confrères de la ligne n'ont rien vu de semblable ni d'analogue; leurs rapports hebdomadaires en font foi.

On doit en dire autant d'une autre affection mentionnée dans un ouvrage imprimé du docteur Duchesne, d'une affection de la moelle épinière qui serait déterminée par la secousse que supportent les jambes chez ces employés, que leur service oblige à rester constamment debout, et qui se manifesterait par des douleurs sourdes continues dans les os et les articulations, accompagnées d'un sentiment de faiblesse et d'engourdissement rendant la marche très-pénible. On a observé, dans les premiers temps, certains effets résultant de la trépidation; mais ces effets consistaient dans des adénités aux aines, des varicocèles et quelquefois dans l'induration des testicules; il faut ajouter qu'ils ont presque complétement disparu par suite du perfectionnement apporté dans le système de suspension des locomotives.

M. Bisson ne s'est pas contenté de ce que pouvait lui apprendre sur cette question son observation directe et celle des rapports hebdomadaires dont il a été question ; des recherches ont été entreprises sur sa demande par M. Salone, médecin de la traction à Paris, et par M. Duclos, médecin à Tours. Deux cents mécaniciens, chauffeurs et élèves ont été examinés avec soin; il est résulté de cet examen qu'aujourd'hui ces hommes n'ont guère à redouter que les effets de la vapeur dans les cas de rupture de tubes, et que, du reste, ils ne semblent soumis à aucune autre maladie qui dépende de leur profession. B. L.

DES ACCIDENTS SUR LES CHEMINS DE FER [1].

Quel que soit le mode de transport auquel on ait recours, on a toujours, en voyage, plus ou moins à craindre, soit pour sa vie, soit pour ses membres. Si l'on compare telle époque à telle autre, ce pays-ci à ce pays-là, on reconnaîtra qu'il n'existe et n'a jamais existé, pour le voyageur, qu'une différence dans le degré de danger ou dans la gravité des catastrophes qu'un accident amène. Toujours et partout il en a été ainsi. On en trouve la preuve dans le formulaire de prière adopté par l'Église, formulaire où les voyageurs par terre et par eau sont spécialement, expressément recommandés aux prières des fidèles.

---

[1] Nous empruntons au *Muséum des Sciences et des Arts* du Dr Lardner (traduction d'Ach. Genty) tout ce qui se rapporte aux accidents sur les chemins de fer.

Les progrès de la civilisation, le développement du commerce, l'accroissement de la population, enfin les découvertes de la science, ont stimulé et porté l'amour ou la nécessité des voyages au plus haut point. Les risques dont ils sont entourés, le caractère du péril auquel ils exposent, ont tour à tour changé avec les modifications apportées aux moyens physiques ou mécaniques par l'intermédiaire desquels ils se sont successivement accomplis. Certes, en lisant la description d'une de ces affreuses catastrophes dont les annales des chemins de fer offrent quelques exemples, nos bons aïeux eussent crié à l'extravagance, et n'eussent pas manqué de mettre sur le compte d'une imagination bizarre, désordonnée, un récit de cette nature : de gigantesques véhicules, pesant plusieurs milliers de kilogrammes, mis en pièces; des verges de fer assez épaisses, assez fortes pour supporter tout un vaste édifice, pliées, tordues, recourbées sur elles-mêmes comme des verges de cire; de massives barres métalliques rompues et brisées comme du verre; des cadavres dispersés de toutes parts, au milieu des débris des véhicules et des machines, et mutilés au point qu'on n'en peut établir l'identité; des membres, des têtes même, séparés de leurs troncs et lancés à de telles distances, qu'il n'est pas possible de les rapprocher des corps dont ils faisaient partie; la physionomie des morts,—quand il leur reste encore une physionomie, — où demeure une expression navrante, lugubre, d'étonnement et d'horreur, expression qu'elle a revêtue dans le court intervalle de la catastrophe à la mort; enfin les survivants, blessés, estropiés, gisant sous des monceaux de ruines, en proie à des angoisses mortelles, suppliant, implorant secours et délivrance! Non, nos aïeux n'eussent pas prêté foi à ces récits lamentables. Et cependant ne sont-ce pas là des épisodes que les progrès introduits par la science dans l'art de la locomotion nous ont rendus familiers? Peut-on les mettre en parallèle avec les accidents dont le règne des chariots, des diligences, etc., rendit nos pères témoins?

Mais qu'est-ce à dire? Doit-on en conclure que les grandes inventions mécaniques, la gloire de notre temps, ont ce triste revers de médaille de nous exposer à de plus grands risques, à de plus terribles dangers que celles dont firent usage les hommes d'une époque moins avancée, moins éclairée que la nôtre? Le voyageur qui, au dix-neuvième siècle, fait 50 milles (environ 20 lieues) par heure en chemin de fer, court-il réellement de plus grands risques, a-t-il réellement plus besoin des prières de l'Église que le voyageur du commencement du dix-huitième siècle? Que des catastrophes arrivent aujourd'hui qu'on ne connut pas jadis, soit! c'est incontestable; mais que notre vie et nos membres soient en péril plus imminent, c'est là une de ces conclusions qu'on ne devrait admettre qu'après un examen beaucoup plus rigoureux de la question.

Cependant, on doit le dire à l'honneur de l'instinct public, malgré les frayeurs qui ont pu se répandre, malgré les craintes que des récits de catastrophes semblables à celui qui précède ont pu faire naître, on a généralement, et sans plus ample informé, sans même attendre les statistiques, résisté aux exagérations de la peur; et il est incontestable que les voyageurs par terre du temps passé éprouvaient, au moment de se mettre en voyage, des appréhensions plus grandes que les voyageurs d'aujourd'hui. Il n'y a pas un siècle, aucun homme sensé ne fût parti de chez lui, pour venir d'Exeter à Londres, sans avoir, au préalable, fait de solennels adieux à sa famille, et déposé dans des mains sûres son testament en bonne et due forme.

Pour prévenir toute crainte exagérée du danger, pour confiner les terreurs des timides dans de justes bornes, il n'est besoin que d'examiner quelle est l'étendue du risque à courir, c'est-à-dire de comparer le chiffre des accidents avec le chiffre des voyageurs, et de tenir compte, en même temps, des distances parcourues. On arrivera ainsi à déterminer le risque réel couru par le voyageur, en chemin de fer, avec une précision arithmétique aussi rigoureuse que la durée moyenne de la vie, durée qu'on détermine à l'aide des tables de naissances et de décès. On n'ignore pas, sans doute, que la détermination de cette durée moyenne est si exacte, si certaine, qu'on en a pu faire la base d'institutions commerciales (les assurances sur la vie) qui fonctionnent sur des millions.

Tableau présentant la moyenne du nombre de personnes tuées et blessées dans le transport d'un million de voyageurs sur cent milles de chemin de fer, dans le Royaume-Uni.

	1847-1848		1850-1851	
	TUÉS.	BLESSÉS.	TUÉS.	BLESSÉS.
Voyageurs victimes d'accidents auxquels ils ne pouvaient se soustraire...	1.53	11.75	1.36	23.04
Voyageurs victimes d'accidents auxquels ils pouvaient se soustraire....	1.26	0.71	1.62	1.40
Total.....	2.79	12.46	2.98	24.44
Employés victimes de circonstances qu'ils ne pouvaient prévoir	1.64	3.11	5.63	3 02
Employés victimes de circonstances qu'ils pouvaient prévoir	12.68	4.64	5.08	1.84
Total....	14.32	7.75	10.73	4.86
Imprudents et étrangers	5.25 5.25	1.20 1.20	4.93 4.95	1.05 1.03
Total général.	23.36	21.41	18.66	30.35

Les résultats numériques consignés dans le petit

tableau ci-dessus ont un grand intérêt et une haute importance, non-seulement pour les voyageurs qui courent les risques d'accidents, mais pour les directeurs de chemins de fer; ils fournissent la proportion réelle des accidents aux voyageurs et aux autorités, dont la mission est de veiller à ce que toutes les précautions possibles soient adoptées dans l'intérêt de la sécurité publique. — Pour les personnes moins familières avec les opérations arithmétiques, on examinera ici quelques-unes des conséquences à tirer de notre tableau.

On voit qu'en 1850-1851, 2,98 ou à peu près 3 voyageurs par million d'individus, parcourant 100 milles, ont été tués. Par conséquent, les chances de n'être pas tué ont été, pour chaque voyageur, dans le rapport de 1,000,000 à 3 ou de 333,333 à 1. — De même, 24,44 voyageurs sur 1,000,000 ont été blessés, estropiés, ont plus ou moins souffert. Les chances de n'être pas blessé ont été par conséquent, pour chaque individu, dans le rapport de 1,000,000 à 24,44 ou à peu près de 40,000 à 1.

Malgré la gravité de quelques-uns des accidents, on doit donc reconnaître qu'il n'y a pas, au fond, beaucoup de danger à courir en chemin de fer.

Les accidents dont les voyageurs sont victimes et qui procèdent de causes qu'ils n'ont pu prévoir, ceux qui procèdent de leur imprudence et de leur manque de précautions, méritent une attention spéciale. On voit qu'en 1850-1851, plus de la moitié des accidents fatals à la vie viennent de ces causes. Mais le trait le plus saillant des accidents arrivés, c'est que la plus grande partie ont été mortels. Sur le chiffre des accidents procédant de causes indépendantes des voyageurs, il n'en est 1 qui entraîne mort d'homme, tandis qu'il y en a plus de la moitié de fatals parmi les accidents résultant d'imprudence.

Ces proportions remarquables se révèlent pareillement en 1847-1848, et, comme on les trouve également dans les autres périodes, on peut les considérer comme une loi fixe à laquelle sont soumis les voyageurs par voies ferrées. — Le voyageur fera donc bien de se rappeler que, sur le peu de risques qu'il a à courir, il y en a la moitié dont il peut s'affranchir, s'il est prudent; il devra se rappeler aussi que le risque qu'il court par son imprudence est le plus souvent le risque de la vie, et non pas simplement le risque d'être blessé.

On voit encore par le tableau ci-dessus que le transport d'un million de voyageurs sur 100 milles de chemin donne lieu à la mort de 11 employés et de 5 étrangers qui se trouvent sur la voie, et que 5 employés et 1 étranger reçoivent des blessures plus ou moins graves. — Ce qu'il y a de plus remarquable dans la gravité des accidents qui arrivent à ces deux classes de victimes, c'est la grande proportion des accidents fatals à la vie et procédant d'imprudence personnelle à la victime. Ainsi, sur 15 employés victimes d'accidents, 11 ont été tués; et sur ces 11, la moitié a dû la mort à des imprudences. Sur les 10 étrangers victimes d'accidents, 5 ont été tués.

RÈGLES DE CONDUITE POUR LES VOYAGEURS EN CHEMINS DE FER.

Ire RÈGLE. — *Ne jamais tenter d'entrer dans un wagon ou d'en sortir pendant qu'il est en mouvement, et quelque lent que soit ce mouvement.*

Cette règle est extrêmement importante. Sur cent accidents qui arrivent aux voyageurs, et auxquels donne lieu leur propre imprudence, quarante procèdent de cette cause; sur ces quarante, vingt-sept entraînent la mort.

IIe RÈGLE. — *Ne jamais se tenir dans un endroit ou dans une position insolite.*

Sur cent accidents résultant du défaut de précaution, vingt-huit sont dus à cette cause. Sur ces vingt-huit, dix-sept sont suivis de mort.

IIIe RÈGLE. — *Quand on voyage en chemin de fer, il est généralement excellent de demeurer à sa place sans sortir jusqu'à destination. Quand on ne le peut, il faut sortir le moins possible.*

IVe RÈGLE. — *Ne jamais sortir par le mauvais côté d'une voiture.*

Ve RÈGLE. — *Ne jamais passer d'un côté du chemin à l'autre, excepté quand il est absolument nécessaire de le faire, et en prenant les plus grandes précautions.*

Avant de traverser la ligne, il faut avoir soin de regarder les deux voies, afin de s'assurer s'il ne vient aucun train. On n'a pas seulement à craindre que le train n'arrive avant d'avoir atteint l'autre côté, on peut aussi faire un faux pas, trébucher, tomber d'une manière ou d'une autre, et le train alors peut vous aborder avant que vous vous soyez relevé et que vous ayez quitté la ligne qu'il suit.

VIe RÈGLE. — *Les trains express sont plus dangereux que les trains ordinaires. Ceux qui veulent le plus de sécurité possible n'en doivent faire usage que lorsqu'ils sont absolument obligés d'arriver promptement.*

VIIe RÈGLE. — *Éviter les trains spéciaux, les trains de plaisir, et en général tous trains exceptionnels. Ils présentent moins de sécurité que les trains ordinaires.*

VIIIe RÈGLE. — *S'il arrive au train par lequel on voyage un accident qui l'arrête, pendant un certain temps, sur un point de la ligne où un tel arrêt n'est pas régulier, il est plus sûr de quitter la voiture que d'y rester; mais en la quittant, on devra se rappeler les règles I, IV et V.*

IXe RÈGLE. — *Quand un chapeau s'envole, ou lorsqu'un paquet tombe, on doit prendre garde de céder à son premier mouvement et de s'élancer du wagon.*

On dirait que, chez certaines personnes, il y a un mouvement presque irrésistible qui les porte à sauter du train pour rattraper leur chapeau emporté par le vent ou tombé accidentellement. Les comptes rendus des accidents en fournissent maints exemples.

X⁵ RÈGLE. — *Quand on voyage en chemin de fer, il faut choisir, si l'on peut, un wagon placé au centre du train ou près du centre.*

En cas de collision, ce sont les premiers et les derniers wagons d'un train qui sont le plus susceptibles d'être endommagés. Si les deux trains se heurtent de front, les wagons de devant souffrent. Si le choc a lieu par un train qui vient derrière, ce sont les wagons de derrière qui supportent les conséquences du choc. — Dans la plupart des cas de collision, la justesse de la règle ci-dessus est évidente. Si la locomotive déraille, ce sont encore les wagons antérieurs qui souffrent le plus.

XI⁵ RÈGLE. — *On ne doit rien remettre à un train en marche.*

XII⁵ RÈGLE. — *Quand on voyage accompagné de sa voiture, il n'y faut pas demeurer sur le chemin de fer. On doit de préférence prendre place dans l'une des voitures ordinaires du chemin.*

Les voitures ordinaires des chemins de fer sont moins dangereuses, en cas d'accident, qu'une voiture particulière placée sur un truck. Elles sont plus fortes et plus lourdes. Elles sont moins susceptibles d'être lancées hors des rails ou écrasées, s'il y a collision. Les cendres qui sortent de la cheminée de la locomotive sont généralement en ignition, et si elles tombent sur un objet inflammable, elles y peuvent mettre le feu. Les voitures ou wagons n'ont rien à craindre de ce côté, à cause de leur construction particulière; mais il n'en est pas de même des voitures privées, et lorsqu'elles sont sur un truck, c'est-à-dire plus élevées que les wagons, elles sont plus exposées. De graves accidents ont été dus parfois à cette cause.

XIII⁵ RÈGLE. — *On doit éviter les routes qui traversent une voie ferrée et de niveau avec elle; on ne devra les franchir qu'avec le consentement du gardien.*

XIV⁵ RÈGLE. — *Mieux vaut voyager de jour que de nuit, et par un beau temps que par un temps brumeux.*

Les collisions arrivent plus fréquemment la nuit et par un brouillard que pendant le jour et par un temps découvert.

Certaines personnes, à l'approche d'un convoi, éprouvent, lorsqu'elles se trouvent sur la voie ou à peu de distance, une sorte de fascination; elles sont, pour ainsi dire, attirées sous les voitures. Des exemples de ce genre se présentent si souvent, et dans de telles circonstances, qu'on peut les attribuer tous à une intention de suicide.

CHEMINÉE (architecture, construction). — Foyer disposé dans une salle et muni d'un tuyau permettant à la fumée de s'échapper au dehors.

Les anciens avaient des procédés de chauffage très-imparfaits qui consistaient ou bien en un foyer placé au centre des habitations et situé au-dessous d'une ouverture qui livrait passage à la fumée, ou bien en foyers portatifs qui contenaient des combustibles qui ne donnaient pas de fumée. Ce dernier système est encore conservé dans plusieurs parties de l'Orient, de l'Espagne et de l'Italie.

Dès le commencement de l'empire romain, on construisit des espèces de calorifères à eau chaude distribuée dans des tuyaux en poterie; le chauffage des thermes et des étuves était établi d'une manière analogue.

Ce n'est guère que dans le commencement du quinzième siècle que les cheminées furent mises en usage; elles étaient alors de grandes dimensions et étaient couronnées par un vaste manteau saillant sous lequel pouvaient s'abriter un grand nombre de personnes, mais elles avaient le grand défaut de ne donner que très-peu de chaleur; le foyer large et ardent consumait promptement tout l'air de la pièce, qui était remplacé par l'air froid venant de l'extérieur, et cet air, avant d'être échauffé, était lui-même consumé et rejeté au dehors par le tuyau.

A part cet inconvénient, du reste si important dans un système de chauffage, la cheminée moyen âge avait un aspect assez grandiose, et formant, pour ainsi dire, une petite pièce abritée au milieu de la grande salle, réunissait toute la famille autour de son foyer, et contribuait ainsi à lui donner une douce intimité. Quant à l'ornementation du dessus du manteau, c'était une ornementation souvent mobile et consistant en armes, en ustensiles disposés en trophées le long de la muraille.

Les cheminées de la renaissance, surtout celles des résidences royales, déployèrent un grand luxe de décoration; mais, bien que ces cheminées soient souvent des modèles de goût et d'arrangement, nous trouvons qu'en général leurs rapports avec les trumeaux qui les surmontent ne sont pas très-heureux, et que l'ensemble est presque toujours trop large pour la hauteur.

Les cheminées du siècle de Louis XIV, quoique d'un goût moins pur, sont cependant d'une proportion plus agréable et ont un air de richesse et de grandeur qui s'est bien perdu depuis; les cheminées dessinées par Lepautre, et qui ont le style et l'ornementation de cette époque, sont en général bien composées et bien en rapport avec les pièces où elles sont placées.

La décoration des cheminées offre beaucoup de ressources et de liberté, et contribue beaucoup à la décoration des salles où elles se trouvent; malheureusement, de notre temps, où tout se fait à la hâte et au rabais, on préfère ne pas se mettre en frais d'imagination, et l'on croit avoir fait une cheminée suffisamment ornée lorsque l'on a placé une statuette de marbre sur deux montants plaqués également en marbre; mais comme ce serait en vain que nous nous élèverions contre la mesquinerie et le faux confortable des appartements modernes, nous laisserons l'art de côté pour nous occuper d'une question qui doit intéresser tout le monde, c'est-à-dire de la construction des cheminées et des conditions nécessaires pour qu'elles donnent autant de chaleur que possible.

Pour qu'une cheminée tire bien, il faut que la grandeur de l'âtre soit proportionnée à la grandeur de la pièce et à la largeur du tuyau. Ainsi, pour un âtre de 0^{m}40, il faut un tuyau de 0^{m}19; pour un âtre de 0^{m}55, un tuyau de 0^{m}22; pour un âtre de 0^{m}80, un tuyau de 0^{m}25, etc. Il faut en plus qu'il y ait, au-dessus des contre-cœurs ou briques du foyer, des goussets inclinés dans le sens du tuyau et que des ventouses soient placées sur le devant. Avec ces conditions, deux cheminées placées dans une même chambre, et vis-à-vis l'une de l'autre, pourront même aller parfaitement, surtout si l'on adapte pour alimenter les ventouses deux tuyaux qui prennent l'air au-dessus du comble.

Lorsque la cheminée tire trop, il faut diminuer le passage de la fumée au moyen d'une trappe placée à l'orifice inférieur du tuyau, et qu'on lève ou que l'on baisse à volonté.

Pour qu'une cheminée donne autant de chaleur que possible, il faut prendre de l'air extérieur, l'amener derrière la plaque en fonte du foyer, l'y faire circuler par des compartiments intérieurs pour en retarder la sortie, afin que cette sortie n'ait lieu que lorsque l'air est suffisamment échauffé; il faut encore que le foyer ne soit pas très-profond, afin que le rayonnement de la chaleur soit plus grand.

Quant une cheminée rabat la fumée des autres, il faut placer une trappe à l'orifice inférieur du tuyau; lorsqu'elle rabat la sienne propre par coup de vent, il faut couronner le haut du tuyau ou par un T, ou par une gueule de loup, mais préférablement par une lanterne à lames découpées avec échappement.

Pour les tuyaux eux-mêmes, voici les observations qui s'y rapportent: Toutes choses égales, d'ailleurs, une plus grande longueur de tuyau demande un diamètre un peu plus fort, dans le rapport de deux à dix, c'est-à-dire qu'un tuyau, par exemple, dix fois plus étagé qu'un autre devrait être deux fois plus large. La largeur du tuyau peut être la même dans toute sa hauteur, seulement il faut le couvrir avec un mitron conique qui en diminue cette largeur, afin de laisser moins de prise au vent.

La hauteur moindre que puisse avoir un tuyau est de cinq à six mètres. On doit, autant que possible, préférer les tuyaux ronds en poterie aux tuyaux carrés ou rectangulaires, car ces derniers offrent plus de frottement dans les angles et produisent ainsi quelquefois des mouvements ascendants et descendants de la fumée. Cet inconvénient n'existe pas dans les tuyaux ronds, qui ont encore l'avantage de se nettoyer plus facilement.

Les cheminées connues sous le noms de *cheminées à la prussienne* chauffent plus que les cheminées ordinaires, parce qu'elles avancent davantage le foyer de combustion dans la pièce, et que les parois étant moins épaisses, la chaleur les traverse plus facilement; malgré cela, on ne s'en sert guère que dans les endroits où il n'y a pas d'autres cheminées.

Disons, pour terminer, que chaque cheminée devrait toujours être munie d'une trappe intérieure que l'on pourrait fermer immédiatement lorsque le feu viendrait à se déclarer, ce qui suffirait pour pouvoir l'éteindre très-rapidement. CHARLES GARNIER.

CHÊNE (botanique). — Après les arbres fruitiers, le chêne, de la famille des cupulifères, est peut-être le plus précieux de nos grands végétaux; il occupe avec justice le premier rang parmi les arbres forestiers. L'Europe est sa vraie patrie; sa vie peut parcourir sept à huit siècles et même davantage. Il joint la grandeur à la force; la poésie s'en sert pour peindre la vigueur. Les anciens, qui voyaient dans le chêne l'arbre qui a fourni la première nourriture aux hommes, le vénéraient beaucoup et le consacraient à Jupiter, le roi de leurs dieux. Les Romains distribuaient pour récompense civique une couronne de chêne.

Le chêne porte sur le même arbre des fleurs mâles et des fleurs femelles, séparées les unes des autres. On le range en deux classes: le chêne à feuilles tombantes et celui à feuilles persistantes ou chêne vert.

Le premier fournit un assez grand nombre de variétés, dont l'une des plus estimées est le chêne-rouvre. Placé dans un terrain qui lui convient, il atteint une grande élévation et acquiert en cent vingt et cent cinquante ans les qualités qui le rendent propre à l'industrie. Ses fruits donnent presque tous les ans et sont précoces, mais on ne peut compter sur une abondante glandée que tous les trois ans.

Le bois du chêne-rouvre est ferme, élastique. On l'emploie pour les constructions exposées à l'air et pour les navires. On en fait aussi des poutres, des chevrons, des fûts, des pressoirs, des solives, des portes d'écluse, des essieux, etc. Il est également bon pour le chauffage, mais il ne faut pas qu'il soit trop vieux ni trop sec, car la dessiccation lui fait perdre un peu plus du tiers de son poids. L'écorce de ce bois fournit un tan très-recherché. On en teint les filets des pêcheurs, qui, par ce moyen, se conservent plus longtemps. La sciure teint aussi en noir.

———

Le chêne-rouvre est celui qui fournit la glandée la plus abondante, celle dont on se sert le plus pour les porcs et les sangliers. La nourriture du gland est également du goût des différents quadrupèdes, tels que les chevreuils, les cerfs, les daims, et de celui de différents oiseaux. On les donne cuits ou crus aux poules et aux dindons. On prétend même qu'il est facile d'y accoutumer les moutons, les bœufs et les chevaux. Dans les temps de disette, les hommes y ont eu recours; mais étant amer et astringent, le gland ne peut guère leur servir d'aliment. En le faisant griller et sécher, on en obtient une liqueur qui a du rapport avec le café et dont on se sert en médecine. On en extrait aussi une autre liqueur dont on fait usage dans le Nord et qu'on appelle liqueur de glands. Les feuilles vertes de cet arbre font un bon fourrage d'hiver. Le charbon du chêne est un des meilleurs, quoiqu'il ne vaille pas celui du hêtre.

Culture du chêne. — Bien que l'on voie des chênes

dans presque tous les terrains, il s'en faut pourtant qu'ils réussissent partout. S'ils demandent les fonds les meilleurs, il ne faut pas craindre de les leur abandonner, vu les produits qu'ils donnent. Ceux qui conviennent le mieux doivent être mélangés de terre végétale, de sable et d'argile, réunissant la fraîcheur et la profondeur. Quant à la situation, les chênes se plaisent généralement sur les revers des plaines et des montagnes. Situés trop haut, ils souffrent du froid et des coups de vent, et trop bas, ils souffrent de l'humidité. Il en advient qu'ils ne peuvent parvenir à leur accroissement.

Il est nécessaire, dans un taillis, de mêler d'autres espèces de bois à celle du chêne. Celui-ci composant seul la masse, il croît moins vite et dépérit plus promptement. On peut associer au chêne le hêtre, le charme, et encore mieux des bois blancs; ayant soin d'assortir les espèces qui se conviennent sous le rapport de l'aménagement.

Le chêne se multiplie par souches, par couchages, par plantations. Par semis, il se multiplie soit naturellement, soit artificiellement.

Les couchages ou marcottes consistent à ouvrir, la seconde année après l'exploitation du taillis, de petites fosses autour des souches, dans lesquelles on couche de côté et d'autre plusieurs branches longues. On les y assujettit avec un fort crochet de bois pointu par le haut, que l'on pique en terre. Ensuite on remplit cette tranchée de terre neuve.

Pépinières de chênes. — Une des meilleures manières pour multiplier le chêne est de le semer à demeure. Cependant, diverses raisons font préférer les pépinières. En s'y prenant de cette façon, les produits qu'on en retire sont fort satisfaisants : vingt-huit à trente hectolitres de glands, semés dans un hectare de terre, apportent six cents milliers de plants, lesquels, à l'âge de deux à trois ans, peuvent garnir soixante hectares de bois en massif, à trois pieds de distance, et cent hectares si on les place à quatre pieds. — Que le terrain soit bon, sans quoi ils languissent, et abrité par un bois, si c'est possible. Après l'avoir défoncé à la bêche à dix pouces de profondeur, dépouillé de toutes mauvaises herbes et suffisamment ameubli, on sème les glands à la main, dans des sillons qui se touchent. Il y a, du reste, différentes manières de faire ces semis.

On suit ensuite, pour la transplantation de cet arbre, les mêmes procédés que pour les autres bois durs.

Chêne à feuilles persistantes ou chêne vert. — L'yeuse ou chêne vert vient spontanément dans le midi de la France, en Espagne, en Italie. Il est sensible au froid, par conséquent, dans le Nord, sujet à être endommagé par les gelées. On le multiplie par graines, qu'on sème en automne. Il est nécessaire de le transplanter jeune, car il reprend difficilement quand il a plus de trois à quatre ans. On ne le rencontre point en forêt. Il aime l'isolement et parvient à une hauteur de trente pieds. Sa croissance est très-lente.

Le chêne vert fournit aussi plusieurs variétés. Nous

citerons celle du chêne-liége, dont l'écorce sert à faire des bouchons pour les bouteilles, des semelles pour préserver de l'humidité, des chapelets de pêcheur et d'autres ouvrages. Quand les liéges ont quatorze à quinze ans, on peut les écorcer pour en faire du noir de fumée, des chapelets, etc., mais ce n'est qu'à vingt-six et trente ans que l'écorce est propre à servir pour les bouchons. L'arbre, après avoir été écorcé, peut encore vivre une cinquantaine d'années. Les mois de juin et de juillet sont ceux que l'on choisit pour cette opération.

Le bois du chêne vert, très-compacte, sert à faire des planches, des essieux, des leviers, des poulies de vaisseaux, etc. L'écorce est bonne aussi pour les cuirs.

Récolte des glands. — C'est en septembre et en octobre que les glands arrivent à leur maturité. On les récolte à mesure qu'ils tombent, sans trop tarder, car les gelées leur feraient tort. Les glands destinés à être semés ne doivent pas être pris parmi les premiers tombés, qui sont ordinairement piqués des vers, ce qui les empêcherait de germer. De même on ne doit pas les semer aussitôt ramassés.

Exploitation du chêne. — On l'exploite en futaie, en taillis et en têtards. Quand l'arbre est atteint de quelque maladie, que quelque accident l'empêche de venir, enfin quand on s'aperçoit qu'il ne progresse plus, c'est alors qu'il est bon à couper.

Les futaies doivent se couper le plus bas possible, en se servant de la cognée, et les taillis à fleur de terre, sans les éclater. Qu'on examine de quel côté l'arbre penche, afin qu'il ne rompe pas en tombant du côté où le porte son propre poids, ce qui pourrait entraîner la perte de ses branches. Que le bûcheron fasse donc son entaille du côté qu'il veut le faire tomber.

L'opération de l'écorce a lieu, d'ordinaire, en mai, alors que le chêne est en pleine séve. Les ouvriers font une coupure circulaire en haut et en bas des troncs des jeunes arbres qui peuvent avoir depuis six jusqu'à quinze pouces de circonférence. Ils fendent ensuite l'écorce avec la pointe de leur serpe dans toute la longueur du tronc. Puis ils y passent un outil de fer ou de bois dur qui ressemble à une spatule, et l'écorce se détache aisément du bois. La meilleure est blanche en dehors et rougeâtre en dedans. L'intérieur est sec, rude, cassant.

Le tan le meilleur est le plus nouveau. Cette écorce sert aussi à teindre en noir, en jaune et en brun. HERVÉ.

CHENILLE (zoologie) [du latin *catena*, chaîne]. — Nom donné aux larves des lépidoptères ou papillons, c'est-à-dire à l'état dans lequel se présentent ces insectes depuis leur sortie de l'œuf jusqu'à leur transformation en chrysalides. Les chenilles ont la forme de vers allongés dont le corps se compose de douze segments ou anneaux, non compris la tête, et de dix à treize pattes au plus. Les trois premiers anneaux sont munis de six pattes écailleuses ou *vraies pattes*, qui répondent à celles de l'insecte à l'état parfait; les autres portent un nombre variable d'appendices courts, mais susceptibles de s'allonger et couronnés par de petits crochets qui servent à la progression de la chenille, qu'on désigne sous le nom de *fausses pattes*, parce qu'ils disparaissent après la métamorphose de l'insecte. De plus, le corps de ces insectes, dans un grand nombre de cas, est couvert de poils, qui, quelquefois, se transforment en véritables épines, plus ou moins rares ou nombreuses; de là les épithètes de *rases, pubescentes, velues, hispides, épineuses,* données à ces chenilles. La valve qui termine le dernier segment du corps se nomme *chaperon*; dans plusieurs genres, on voit, au bord antérieur du premier segment, des espèces de tentacules rétractiles qui sortent et rentrent à la volonté de l'animal, comme les tentacules des limaçons. Les couleurs des chenilles sont trop variables pour qu'on puisse rien préciser à cet égard; toutefois, elle est telle généralement qu'elle dérobe ces insectes aux regards de leurs nombreux ennemis. La tête, formée de deux calottes arrondies et écailleuses, offre de chaque côté des points noirs semblables à des yeux lisses, mais qui ne paraissent pas servir pour la vision.

Les organes de relation de la chenille

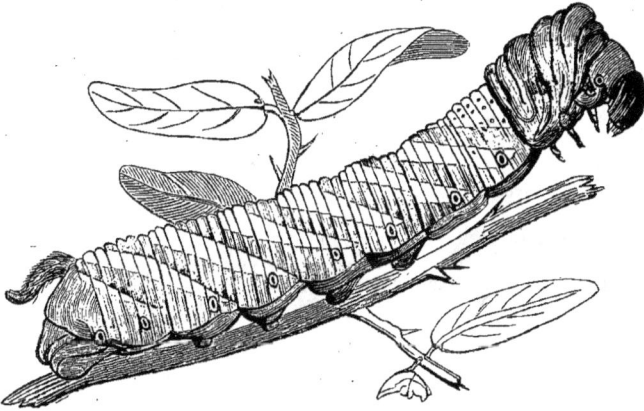

Fig. 11. — Chenille de l'Atropos.

se bornent donc, pour ainsi dire, à ceux de tact et de locomotion.

Mais on trouve une organisation plus avancée dans le système de nutrition. La bouche se compose de deux mandibules cornées, de deux mâchoires latérales portant chacune un palpe très-petite, d'une lèvre inférieure mince, de deux palpes assez grandes, et enfin d'un petit mamelon cylindrique percé d'un seul trou appelé *filière*, qui donne issue à la soie que file la chenille. L'intestin consiste en un gros canal sans inflexion, dont la partie antérieure est quelquefois un peu séparée en manière d'estomac, et dont la partie postérieure forme un cloaque ridé; les vaisseaux biliaires, au nombre de quatre, sont très-longs et s'insèrent fort en arrière. Les organes de la respiration consistent dans de petites ouvertures (*stigmates*) en forme de boutonnières, qui se trouvent près de la base des pattes, au nombre de neuf de chaque côté du corps.

Une grande différence existe entre les chenilles,

suivant la rapidité plus ou moins prononcée de leur accroissement; il en est pourtant qui passent jusqu'à trois hivers sans se changer en chrysalides. Elles sont généralement très-voraces; la plupart prennent leurs aliments pendant la nuit et restent immobiles le jour; d'autres mangent presque constamment. Leur nourriture, toute végétale, est composée du parenchyme des feuilles de nos arbres, auxquels elles causent quelquefois les plus grands dommages, et des plantes herbacées, qu'elles rongent trop souvent jusqu'au point de ne laisser que la tige.

Avant de se transformer en chrysalides, les chenilles changent de peau trois ou quatre fois, et même plus, selon les espèces. Chacune de ces mues, à laquelle elles se préparent par la diète, et qui leur cause un état de malaise et d'engourdissement, a lieu par le dos, qui se fend. Enfin, parvenues à leur complet développement, elles se retirent sous les écorces d'arbres, sous la terre, dans les vieux murs, etc., où elles se filent un *cocon* dans lequel elles sont comme emmaillotées; elles sont alors transformées en *chrysalides.*

Il y a d'innombrables espèces de chenilles; on les distingue, soit par le nom du papillon auquel elles donnent naissance, soit par celui de la plante sur laquelle elles vivent. Elles ne sont pas venimeuses; mais par leur voracité elles causent de graves préjudices à l'arboriculture. Elles constituent un fléau si redoutable, que la loi oblige les propriétaires, dans leur intérêt propre et dans l'intérêt public, de détruire ces animaux et leurs nids. L'*échenillage* se fait à la fin de l'hiver, avant l'éclosion des œufs, que l'on voit suspendus aux branches par milliers. GOSSART.

CHÉNOPODE (botanique) [du grec *chén,* oie, *pous,* pied]. — Genre de la famille des atriplicées, comprenant plus de soixante espèces de plantes annuelles ou rarement suffrutescentes répandues dans les parties tempérées des deux hémisphères et des côtes de la Nouvelle-Hollande. « La plupart des chénopodes n'affectent pas de sol particulier; ils croissent partout et principalement dans les décombres, les champs cultivés, les endroits arides; quelques-uns se plaisent sur les bords de la mer, dans les marais salins. Presque tous sont intéressants par leurs diverses propriétés, tant sous le rapport économique que sous le rapport pharmaceutique ; mais les espèces les plus connues sont le *chénopode botrys*, du midi de la France, exhalant une odeur forte et aromatique et possédant une odeur âcre et amère qui indique des propriétés énergiques ; le *chénopode anthelmintique*, qui croît dans l'Amérique septentrionale, et le chenopode connu vulgairement sous le nom de *thé du Mexique*, dont on prépare, par infusion, une boisson agréable et légèrement excitante, en usage dans toute l'Amérique méridionale sous le nom de *maté*. Cette dernière espèce s'est très-bien multipliée en France.

CHÉNOPODÉES (botanique). — Famille de plantes qui a pour type le chenopode, composée d'herbes et quelquefois de sous-arbrisseaux à racines fibreuses, et en général tortueuses. La tige des chenopodées, presque toujours droite, rarement grimpante, porte des feuilles alternes ; les fleurs, qui sont hermaphrodites, affectent diverses dispositions. — Voy. *Chénopode.*

CHERVI (botanique). — Plante vivace de la famille des ombellifères et du genre *sium*. Ses racines sont composées de cinq à neuf tubérosités, grosses, ridées, disposées en faisceaux, dont les tiges noueuses et striées s'élèvent à la hauteur de deux ou trois pieds ; dont les feuilles sont amplexicaules ailées, à folioles dentées ; les feuilles petites, blanches, en ombelles terminales, nombreux rayons, munis à leur base d'une collerette.

Le chervi est originaire de la Chine. Cultivé jadis dans tous les jardins, il était servi sur la table des rois. C'est à l'excellence de sa racine que cette plante doit son ancienne réputation ; cette racine donne un amidon d'une blancheur éclatante, et, soumise à la fermentation, elle fournit abondamment de l'alcool. Comme médicament, elle convient merveilleusement aux phthisiques et aux personnes affectées de phlegmasie gastro-intestinale.

CHÉTODON (zoologie) [du grec *chaité*, crin, et *odous*, dent]. — Genre de poissons acanthoptérygiens, de la famille des squammipennes, caractérisés par des dents plus ou moins déliées et semblables à des crins, mobiles et élastiques ; par un museau un peu avancé, une ouverture très-étroite à leur bouche, un corps élevé et aplati, de petites écailles sur leurs nageoires dorsales et anales. Ces poissons sont parés des couleurs les plus vives et les plus agréables, qu'ils reflètent en se jouant à la surface de l'eau. Ils aiment à suivre les vaisseaux ; leur chair est un bon manger. Ce genre renferme plus de soixante espèces, qui toutes, pour ainsi dire, appartiennent aux mers des Indes, du Chili, du Brésil, du Japon, etc.

CHEVAL (zoologie) [du grec *kaballès*, cheval; en latin *equus*]. — Nom générique par lequel on désigne non-seulement l'animal que nous connaissons tous, mais encore les mammifères de l'ordre des pachydermes, famille des solipèdes, tels que l'*âne*, le *couagga*, le *dauw*, l'*hémione* et le *zèbre*.

Le genre cheval est parfaitement caractérisé par la forme générale de l'animal, par son sabot unique à chaque pied, et par les trois sortes de dents des autres mammifères : six incisives à chaque mâchoire, rangées régulièrement et creusées d'une petite fossette dans la jeunesse ; six molaires carrées pour broyer les herbes et les grains ; petites canines chez les mâles seuls ordinairement, et, à leur suite, grand espace vide, qu'on appelle les *barres*, correspondant à l'angle des lèvres, et qui reçoit le mors.

Les chevaux sont doués d'organes des sens assez développés ; leur lèvre supérieure est sensible et très-mobile ; ils ont les yeux grands, l'ouïe fine, l'odorat délicat. La langue est douce, l'estomac simple, petit, membraneux ; les intestins sont, au contraire, très-développés, comme chez tous les animaux qui se nourrissent d'herbes ; le cœcum est énorme. Les organes de la génération n'offrent rien de bien remarquable : verge grande, contenue dans un fourreau ; testicules situés au dehors dans un scrotum. La femelle a quatre mamelles inguinales ; elle porte onze à douze mois, et met bas en se tenant sur ses jambes, ce qui ne s'observe que chez un très-petit nombre de mammifères.

« A l'état de nature, les chevaux vivent en troupes nombreuses, habitent les pays de plaines et sont uniquement herbivores. Ces troupes sont conduites par des chefs qui les dirigent et qui sont toujours à leur tête, dans les voyages comme dans les combats. La force et le courage ont seuls élevé ces chefs ; mais à mesure que l'âge les affaiblit, leur autorité passe à celui qui, à son tour, se montre le plus courageux et le plus fort. » Dans toutes les espèces du genre, excepté le cheval proprement dit, le pelage tend à présenter des bandes alternativement claires et foncées. Les espèces à robe uniforme sont asiatiques ; les espèces à pelage zébré sont africaines. Toutes étaient inconnues à l'Amérique avant la découverte de ce continent. Elles s'y rencontrent aujourd'hui à l'état sauvage, en troupes nombreuses de plus de dix mille individus quelquefois, provenant de chevaux espagnols échappés.

CHEVAL ORDINAIRE (*equus caballus*). — Il n'offre point de bandes symétriques de couleur foncée ou claire sur le fond du pelage ; ses oreilles sont moyennes ; sa queue est couverte de longs crins dans toute son étendue.

Le type primitif du cheval ne se trouve plus aujourd'hui dans la nature ; mais on a lieu de croire que le cheval sauvage actuel, qui provient de la même espèce échappée à la domination de l'homme, s'en rapproche beaucoup. Les déserts de l'Asie et de l'Amérique sont peuplés de chevaux libres : les premiers se nomment *tarpons*, les seconds *alzados*. Ils ont les oreilles plus grandes que celles de nos chevaux domestiques, et habituellement couchées en arrière ; la crinière se prolonge au delà du garrot ; le pelage est long, ondoyant, jamais ras ; les formes sont moins gracieuses. Tous mènent une vie errante, voyageant par troupes serrées à la recherche des pâturages ; la colonne, en tête de laquelle marche un chef, est subdivisée en pelotons composés d'un mâle

et de plusieurs femelles. Ils invitent, par des hennis-
sements, les chevaux domestiques qu'ils rencontrent à
les suivre ; et ceux-ci en effet répondent presque toujours à cet appel, lorsqu'ils ne sont pas vigoureusement retenus ou attachés.

« La plus noble conquête que l'homme ait jamais
faite, dit Buffon, est celle de ce fier et fougueux animal qui partage avec lui les fatigues de la guerre et
la gloire des combats : aussi intrépide que son maître,
le cheval voit le péril et l'affronte ; il se fait au bruit
des armes, il l'aime, il le cherche, et s'anime de la
même ardeur : il partage aussi ses plaisirs. A la chasse,
aux tournois, à la course, il brille, il étincelle ; mais,
docile autant que courageux, il ne se laisse point emporter par son feu ; il sait réprimer ses mouvements :
non-seulement il fléchit sous la main de celui qui le
guide, mais il semble consulter ses désirs, et obéissant toujours aux impressions qu'il en reçoit, il se
précipite, se modère, ou s'arrête, et n'agit que pour
y satisfaire : c'est une créature qui renonce à son
être pour n'exister que par la volonté d'un autre, qui
sait même la prévenir ; qui, par la promptitude et la
précision de ses mouvements, l'exprime et l'exécute ;
qui sent autant qu'on le désire, et ne rend qu'autant
qu'on veut ; qui, se livrant sans réserve, ne se refuse
à rien, sert de toutes ses forces, et meurt pour mieux
obéir.

» Voilà le cheval dont les talents sont développés,
dont l'art a perfectionné les qualités naturelles, qui
dès le premier âge a été soigné et ensuite exercé,
dressé au service de l'homme. C'est par la perte de sa
liberté que commence son éducation, et c'est par la
contrainte qu'elle s'achève : l'esclavage ou la domesticité de ces animaux est même si universelle, si ancienne, que nous ne les voyons que rarement dans
leur état naturel ; ils sont toujours couverts de harnais dans leurs travaux ; on ne les délivre jamais de
tous leurs liens, même dans le temps du repos ; et si
on les laisse quelquefois errer en liberté dans les pâturages, ils y portent toujours les marques de la servitude, et souvent les empreintes cruelles du travail
et de la douleur : la bouche est déformée par les plis
que le mors a produits, les flancs sont entamés par
des plaies, ou sillonnés de cicatrices faites par l'éperon ; la corne des pieds est traversée par des clous,
l'attitude du corps est encore gênée par l'impression
subsistante des entraves habituelles ; on les en déli-
vrerait en vain, ils n'en seraient pas plus libres :
ceux mêmes dont l'esclavage est le plus doux, qu'on
ne nourrit, qu'on n'entretient que pour le luxe et la
magnificence, et dont les chaînes dorées servent
moins à leur parure qu'à la vanité de leur maître,
sont encore plus déshonorés par l'élégance de leur
toupet, par les tresses de leurs crins, par l'or et la
soie dont on les couvre, que par les fers qui sont sous
leurs pieds.

» *La nature est plus belle que l'art*, et dans un être
animé la liberté des mouvements fait la belle nature. Voyez ces chevaux qui se sont multipliés dans
les contrées de l'Amérique espagnole, et qui y vivent
libres ; leur démarche, leur course, leurs sauts ne

sont ni gênés, ni mesurés ; fiers de leur indépendance, ils fuient la présence de l'homme, ils dédaignent ses soins, ils cherchent et trouvent eux-mêmes
la nourriture qui leur convient ; ils errent, ils bon-
dissent dans des prairies immenses, où ils cueillent
les productions nouvelles d'un printemps toujours
nouveau : sans habitation fixe, sans autre abri que
celui d'un ciel serein, ils respirent un air plus pur
que celui de ces palais voûtés où nous les renfermons
en pressant les espaces qu'ils doivent occuper ; aussi
ces chevaux sauvages sont-ils beaucoup plus forts,
plus légers, plus nerveux que la plupart des chevaux
domestiques ; ils ont ce que donne la nature, la force
et la noblesse ; les autres n'ont que ce que l'art peut
donner, l'adresse et l'agrément.

» Le naturel de ces animaux n'est point féroce : ils
sont seulement fiers et sauvages ; quoique supérieurs
par la force à la plupart des autres animaux, jamais
ils ne les attaquent ; et, s'ils en sont attaqués, ils les
dédaignent, les écartent ou les écrasent. Ils se réunissent pour le seul plaisir d'être ensemble, car ils
n'ont aucune crainte ; mais ils prennent de l'attachement les uns pour les autres. Comme l'herbe et les
végétaux suffisent à leur nourriture, qu'ils ont abondamment de quoi satisfaire leur appétit, et qu'ils
n'ont aucun goût pour la chair des animaux, ils ne
leur font point la guerre, ils ne se la font point entre
eux, ils ne se disputent pas leur subsistance, ils
n'ont jamais occasion de ravir une proie ou de s'arracher un bien, sources ordinaires de querelles et
de combats parmi les autres animaux carnassiers :
ils vivent donc en paix, parce que leurs appétits sont
simples et modérés, et qu'ils ont assez pour ne se rien
envier.

» Tout cela peut se remarquer dans les jeunes chevaux qu'on élève ensemble et qu'on mène en troupeaux ; ils ont les mœurs douces et les qualités
sociales ; leur force et leur ardeur ne se marquent
ordinairement que par des signes d'émulation ; ils
cherchent à se devancer à la course, à se faire et
même à s'animer au péril en se défiant à traverser
une rivière, à sauter un fossé ; et ceux qui, dans ces
exercices naturels, donnent l'exemple, ceux qui
d'eux-mêmes vont les premiers, sont les plus généreux, les meilleurs, et souvent les plus dociles et les
plus souples, lorsqu'ils sont une fois domptés.

» Le cheval reçoit de l'homme la plus belle éducation ; tous ses mouvements, toutes ses allures sont
dirigés par un art qui a ses principes. C'est au manége qu'il faut voir tout ce que l'on fait apprendre
aux chevaux à force d'habitude, tout ce qu'on leur
fait faire à l'aide du mors et de l'éperon, etc. Cet
art, qui n'est pas dédaigné par les princes et par les
rois, met le cheval dans une carrière glorieuse : c'est
là qu'on donne de la noblesse à son port, et de l'a-
grément à son maintien ; on met à l'épreuve toutes
ses forces et toute sa légèreté ; on le livre à sa plus
grande vitesse, on augmente son ardeur, on anime
son courage, enfin on éprouve sa constance, on cultive sa docilité, et on emploie toutes les ressources de
son instinct.

» De tous les animaux, le cheval est celui qui, avec une grande taille, réunit les plus exactes proportions dans toutes ses parties; l'élégance de sa tête et la manière dont il la porte lui donnent un air de légèreté qui est bien soutenu par la beauté de son encolure. Il semble vouloir se mettre au-dessus de son état de quadrupède en l'élevant, et, dans cette noble attitude, il regarde l'homme face à face; ses yeux sont vifs et bien ouverts; ses oreilles bien faites et d'une juste grandeur; sa crinière accompagne bien sa tête, orne son cou et lui donne un air de force et de fierté; sa queue traînante et touffue termine avantageusement l'extrémité de son corps, et comme il peut la mouvoir de côté, il s'en sert utilement pour chasser les mouches qui l'incommodent; car, quoique sa peau soit très-ferme, et qu'elle soit garnie partout d'un poil épais et serré, elle est cependant très-sensible. »

La taille du cheval est d'un mètre cinquante centimètres. La durée de sa vie est de trente ans. L'inspection de ses dents fait connaître son âge : à six mois, les incisives sont sorties; à deux ans et demi, les antérieures se creusent d'une fossette au milieu de la partie supérieure; à trois ans et demi, les dents mitoyennes se creusent et les canines inférieures sortent; à quatre ans et demi, les canines supérieures paraissent. Jusqu'à huit ans l'âge se reconnaît à la profondeur des fossettes ainsi qu'à la longueur et à la couleur des incisives et des canines ; à partir de cette époque on dit que le cheval *ne marque plus*, quoique certains signes, moins sûrs à la vérité, tirés de la couleur des dents, en fassent encore connaître approximativement l'âge. Rappelons que les canines manquent dans les juments.

La nourriture que le cheval préfère se compose de foin, d'avoine, de paille hachée, de luzerne, de sainfoin et de trèfle. Cet animal est d'ailleurs si doux, obéissant, et les services qu'il nous rend devraient au moins lui épargner les actes de brutalité de ceux qui le conduisent.

Parler des diverses variétés de chevaux, dont le nombre est si considérable, ce serait sortir des limites de cet ouvrage; on peut toutefois citer les chevaux *arabes*, les *andalous*, les *anglais*, comme étant les plus sveltes et les plus légers à la course; les *hollandais* et les *belges*, recherchés pour les équipages; les *allemands*, propres à la cavalerie; ceux du *Maine* et de la *Bretagne*, les meilleurs pour les diligences, les chaises de poste; les *normands* pour le trait et le manège, etc. Toutes ces variétés s'obtiennent par des croisements combinés avec l'influence du climat et des pâturages.

Le cheval et la jument, sa femelle, s'accouplent au printemps; la gestation est d'un an et la mère se délivre debout : le petit porte le nom de poulain; il naît couvert de poil, les yeux ouverts et les jambes assez fortes pour lui permettre de marcher; il tette onze à douze mois et peut se reproduire à l'âge de deux ans et demi ou trois ans, quoiqu'il n'atteigne son développement entier que vers la cinquième année; il vaut même mieux attendre cette époque pour les apparier, afin d'obtenir de meilleurs produits.

On accouple la jument avec l'âne pour avoir des mulets; ceux-ci sont ordinairement stériles : ils atteignent presque la taille des chevaux; mais leur tête est plus grosse et plus courte, leurs jambes sèches, leurs sabots étroits, leur queue presque nue. Ils ont l'encolure, la poitrine, la croupe et les hanches de la jument. Ils sont utiles dans les pays de montagnes.

Le cheval produit aussi avec l'ânesse un mulet nommé *bardeau* qui, comparé avec l'âne, a la tête plus longue et plus petite, les oreilles plus courtes, les jambes plus fournies, la queue mieux garnie de crins : il est plus petit que le mulet de la jument; son encolure est plus mince, son dos plus tranchant, sa croupe moins arrondie. On l'élève surtout en Auvergne.

M. Isidore Geoffroy-Saint-Hilaire a consacré, en 1856, deux leçons du Cours de zoologie qu'il professe au Muséum d'histoire naturelle à une question dont on s'occupe beaucoup aujourd'hui, et qu'il avait déjà traitée l'année précédente. Il s'agit des avantages que pourrait offrir l'introduction de la viande de cheval dans notre régime alimentaire. Voici un résumé des principaux arguments développés par le savant professeur.

On sait combien il est indispensable que nous trouvions, dans nos aliments, des principes azotés. Suivant Liebig, dont le nom fait autorité en pareille matière, la nourriture de l'homme qui travaille doit renfermer une partie de substances azotées pour quatre non azotées. Ces proportions ne sauraient être changées sans porter atteinte à la santé, sans mettre en péril l'activité physique et intellectuelle de l'individu. En cela, le pain de froment est supérieur au pain de seigle; le pain de seigle au riz et aux pommes de terre; la chair des animaux à tous les autres aliments. Aucun n'agit aussi rapidement pour reproduire de la chair, pour réparer les forces perdues. Il en résulte que les animaux carnivores sont en général plus forts, plus hardis, plus belliqueux que les herbivores. La même différence se remarque entre les nations qui vivent de plantes et celles dont la nourriture principale consiste en viande. On s'explique facilement ainsi l'abâtardissement des Indiens, qui vivent presque exclusivement de riz.

Aussi, chaque fois que l'homme fait passer un animal quelconque de l'état sauvage à l'état domestique, le voit-on s'appliquer à faire servir cet animal à son alimentation, en dehors des autres avantages qu'il peut en tirer. Le bœuf, par exemple, est à la fois un auxiliaire industriel et alimentaire; pourquoi le cheval, ce puissant mammifère, essentiellement herbivore, dans l'économie duquel aucun élément nuisible ne s'élabore, dont la chair enfin est richement azotée, ferait-il exception à cette règle? On le comprendrait si sa chair était insalubre ou seulement répugnante; mais de nombreux témoignages, parmi lesquels on peut invoquer celui d'Hippocrate lui-même, le père de la médecine, établissent le contraire. Leibig, dans un Mémoire présenté à l'Académie des sciences, a constaté que la créatine, ce principe vivifiant, découvert dans la chair des animaux par M. Chevreul , existe en quantité plus grande dans la viande du cheval que dans celle du bœuf. Le célèbre chirurgien Larrey obtint, à plusieurs reprises, les meilleurs résultats de l'emploi de cette viande, notamment au siége d'Alexandrie, en Égypte. « Les chevaux de la cavalerie, dit-il, dans ses *Mémoires et Campagnes*, devenant à peu près inutiles par le resserrement du blocus et la pénurie des fourrages, je demandai au général en chef de les faire tuer pour la nourriture des soldats et des malades. L'expérience m'avait appris dans plus d'une occasion que la viande de ces animaux , surtout lorsqu'ils sont jeunes, comme l'étaient nos chevaux arabes, était une chair salubre, très-bonne pour la confection du bouillon, et assez agréable pour manger, moyennant quelque préparation... Je fus assez heureux pour attirer, par mon exemple, une entière confiance sur cet aliment frais, le seul que nous possédions. Les malades s'en trouvèrent bien, et j'ose dire que ce fut le principal moyen à l'aide duquel nous arrêtâmes les progrès de la maladie. »

En 1811, des membres du conseil de salubrité de la capitale, chargés d'étudier la question relative à la consommation de la chair de cheval, formulèrent l'opinion que non-seulement cette viande réunissait les propriétés nutritives de celles des animaux de boucherie, mais qu'elle avait très-bon goût. Ils n'hésitèrent pas à demander, au nom du conseil de salubrité, que des abattoirs spéciaux fussent établis pour exploiter, comme les besoins le commandaient, cet élément précieux de l'alimentation des populations.

Tout le monde sait que la chair des chevaux constitue la principale nourriture des peuples de la Turquie asiatique. On mange du cheval dans la Sibérie, en Perse, et jusqu'en Chine, si l'on en croit certains auteurs. L'usage de la viande de cheval, d'ailleurs, a régné longtemps en Europe ; et l'histoire nous apprend que l'hippophagie fut pratiquée chez les peuples du Nord, jusqu'à ce que le christianisme, pénétrant parmi eux, dut s'appliquer à faire disparaître cette coutume intimement liée aux rites du paganisme.

Actuellement, il existe dans la capitale du Danemark une boucherie privilégiée, qui ne vend que de la viande de cheval, au prix moyen de vingt-cinq centimes le kilogramme. Des établissements semblables se trouvent en Belgique, et dans les principales villes de l'Allemagne. On a débité à Vienne, en 1854, la chair de 1,180 chevaux, et l'on estime à plus de 10,000 le nombre des habitants de cette ville qui font entrer aujourd'hui cette viande dans leur alimentation.

Sur les 3 millions de chevaux que possède la France, a dit M. Isidore Geoffroy-Saint-Hilaire , on en abat annuellement 267,000 environ , déduction faite de ceux atteints par la maladie. Or, le rendement d'un cheval, en chair de bonne qualité, étant en moyenne de 224 kilogrammes, il est facile de se former une idée exacte des ressources que pourrait offrir cette sorte de viande.

Voici, d'après le journal *l'Ami des Sciences* du 1er février 1857, un aperçu des produits qu'on retire ordinairement d'un cheval lorsqu'il ne peut plus rendre d'autres services :

C'est merveille de voir aujourd'hui tout le parti que l'industrie, guidée par la science, a su tirer d'un cheval mort, dont il y a quarante ans à peine on faisait en France si peu de cas.

Rien n'est perdu, tout a son emploi, comme on va le voir.

Aussitôt entré dans l'établissement, l'animal est assommé d'un coup de masse, puis saigné dans une pièce nommée l'échaudoir.

On coupe alors les crins de la queue et du cou. Les plus longs sont convertis en tissus pour confectionner des meubles, des sacs, des crinolines ; les plus courts servent à faire des cordes à l'usage des blanchisseurs, qui n'en connaissent pas de meilleures pour étendre le linge. On les utilise aussi pour garnir les matelas et les siéges.

La peau, soigneusement écharnée, est livrée *en vert*, c'est-à-dire fraîche, au tanneur qui la convertit en un cuir aussi estimé que celui du bœuf et de la vache.

L'animal est ensuite ouvert et vidé. Les issues des intestins sont réservées comme engrais et désinfectées au moyen de poudres préparées pour cet usage et dont le charbon animal forme la base : les viscères sont mis à part pour être cuits, et les intestins sont livrés aux boyaudiers, qui en fabriquent des cordes, des baudruches et une foule d'autres objets employés dans l'industrie.

Le sang, dont la valeur est relativement considérable, est soigneusement recueilli. On le cuit à part pour en séparer le caillot, qui est soumis à la presse et séché ; dans cet état, c'est une des substances les plus propres à la fabrication de l'hydrocyanate ferruré (*prussiate*) de potasse.

Dans certains établissements, le sang est desséché à l'air libre sur de petits bâtons mis en tas, à travers lesquels on le projette au moyen d'une pompe ; il sert alors à la clarification des sirops, et on en consomme de grandes quantités pour cet usage.

Les fers, et les clous qui les attachaient, sont mis en magasin et vendus comme *grain* aux ferrailleurs, qui en font grand cas. On en fabrique des barres d'une qualité remarquable.

Les membres sont ensuite séparés du tronc. On en détache avec soin les tendons, qu'on fait sécher sur des perches pour les convertir en colle forte, et les sabots, dont la corne est mise en plaques par les aplatisseurs pour être travaillée ensuite par les tabletiers, les fabricants de peignes, etc.

Les rognures résultant de ces différents travaux servent aux engrais, ou à la fabrication du prussiate (hydro-ferro-cyanate ou hydro-cyanate ferruré) de potasse.

Restent les chairs et les os.

L'animal coupé par quartiers est mis à cuire dans une immense marmite où l'on fait entrer le plus souvent vingt-cinq chevaux par cuite.

Le bouillon, lorsqu'il est concentré et clarifié, donne une gélatine ou colle tremblante qui sert à divers apprêts, et la graisse qui surnage, et que le refroidissement en sépare, est recueillie précieusement. On en fait des huiles à graisser les machines, de l'acide oléique, de l'acide stéarique et d'excellents savons mous qui ont l'immense avantage de ne point laisser de mauvaise odeur après eux.

Les chairs suffisamment cuites sont aisément séparées des os, puis soumises à l'action d'une forte presse hydraulique qui les réduit en tourteaux. On fait sécher ces derniers au moyen d'un vif courant d'air, et cette substance est jointe au sang cuit et aux rognures de corne, pour être convertie d'abord en charbon, puis en prussiate de potasse, dans des fours appropriés à ce genre de fabrication.

Les jus de viande qui coulent sous la presse hydraulique se composent de gélatine salie par une écume noirâtre et de graisse qui surnage ; on recueille cette dernière, et la gélatine s'utilise dans les engrais, dont elle vient encore augmenter la masse.

De tout ce qui constituait le cheval il ne reste plus que les os, dont la destination varie suivant leur nature.

Les os ronds ou *canons* des quatre jambes et les os plats non spongieux sont employés par les tabletiers, par les couteliers, par les sculpteurs en ivoire.

Les os plats de la tête, les côtes et quelques autres sont traités par l'acide chlorhydrique, qui dissout le phosphate de chaux et met à nu la gélatine qu'ils contiennent en abondance. En cet état ils deviennent flexibles et translucides. On les convertit aisément alors en colle forte plus ou moins pure.

Les os spongieux, les os gras, sont d'abord traités par l'eau bouillante afin d'en extraire la graisse qu'ils contiennent encore, puis on les réunit aux menus os pour les carboniser en vases clos, ou pour les calciner à feu nu.

Dans le premier cas, on en retire de l'hydrogène bicarboné, si précieux pour l'éclairage du sous-carbonate d'ammoniaque, qui, par une double décomposition au moyen du sulfate de chaux et de l'hydrochlorate de soude, fournit du sulfate de soude et de l'hydrochlorate d'ammoniaque, puis une huile grasse connue sous le nom d'huile de Dippel, et finalement un charbon compacte et brillant qui est le noir animal.

Ce dernier, réduit en poudre plus ou moins fine, est très-recherché comme agent puissant de décoloration et de désinfection. Son pouvoir décolorant est principalement utilisé par les raffineurs ; et les fabricants d'engrais tirent un grand parti de la singulière propriété qu'il possède de désinfecter complétement les matières animales en putréfaction et même les matières fécales lorsqu'on le mélange avec elles en de certaines proportions.

Dans le second cas (celui de la calcination à feu nu), les os sont convertis en une poudre blanche qui sert à faire les coupelles et les trochisques, et que la fabrication des allumettes chimiques a rendue précieuse, car c'est avec cette poudre que l'on obtient presque exclusivement aujourd'hui l'énorme quantité de phosphore employée par cette industrie.

Cette rapide énumération des principaux produits que l'on trouve dans un cheval mort suffit pour faire comprendre ce que le travail et l'industrie peuvent donner d'importance et de valeur aux matières les plus abjectes. On ne saurait se dispenser de rendre hommage à la science lorsqu'elle met sous nos yeux des prodiges aussi surprenants !

Les autres espèces du genre cheval sont :

L'*âne*, qui a la tête plus grosse et plus courte, les oreilles plus longues, la queue garnie de crins à l'extrémité seulement, les épaules plus étroites, la croupe moins carrée.

Le *couagga*, taille d'un cheval de moyenne grandeur ; tête petite, oreilles courtes ; sa queue ressemble à celle de l'âne, et il a, comme ce dernier, une bande de couleur foncée sur le dos.

La tête, le cou et les épaules sont bruns avec des rayures blanches en travers. Il habite l'Afrique méridionale.

Le *dauw*. Pelage blanc. La nuque, la crinière et le dos sont rayés de bandes alternativement noires et blanches ou fauves : une ligne noire bordée de blanc sur le dos. Taille d'un petit cheval. On le trouve aux environs du cap de Bonne-Espérance.

L'*hémione*, qui, pour la taille, tient le milieu entre le cheval et l'âne. Pelage isabelle en dessus ; crinière et ligne dorsale noire ; queue terminée par une houppe noire. Vient de la Tartarie.

Et le *zèbre*. Taille d'un cheval de moyenne grandeur, pelage rayé partout de bandes brunes sur un fond blanc. Il se rencontre à l'état sauvage au midi de l'Afrique.   Gossard.

CHEVAL MARIN (zoologie). — Nom vulgaire du morse et de l'hippocampe. — Voy. ces mots.

CHEVAL-VAPEUR (mécanique). — Puissance du cheval adopté comme unité dans l'évaluation de la force des moteurs. « Avant l'invention des machines à vapeur, les manufactures étaient mises en mouvement par des manéges que les chevaux faisaient tourner. Quand la machine de Watt remplaça les manéges, on adopta, pour la commande d'une machine à vapeur, la force que produisait auparavant un cheval, comme unité de mesure. On demanda aux mécaniciens de construire une machine produisant autant de force que tel ou tel nombre de chevaux. Cependant la puissance du cheval est variable. Watt lui donna approximativement une valeur équivalente à la quantité d'action qu'il faut dépenser pour élever soixante-quinze kilogrammes à une hauteur d'un mètre en une seconde. L'usage a accepté cette évaluation, mais la loi ne l'a pas sanctionnée ; aussi le cheval-vapeur donne-t-il lieu à de nombreux procès. Il va sans dire que, dans le calcul de Watt, et dans l'application de ce calcul, le cheval-vapeur a une durée d'action incessante et continue. »

CHEVAU-LÉGERS. — Mot employé d'abord pour désigner tout cavalier armé à la légère, mais qui prit une signification particulière en 1498, lorsque Louis XII créa plusieurs compagnies de cavalerie dési-

gnées sous la dénomination spéciale de *chevau-légers*.
« Ces compagnies, enrégimentées sous Louis XIII, formèrent le principal corps de cavalerie légère de cette époque ; mais elles perdirent la dénomination de *chevau-légers*, qui ne fut conservée que par la cavalerie faisant partie de la maison militaire du roi. On donna ensuite le nom de *chevau-légers* aux escadrons auxiliaires des corps de cavalerie légère, lorsqu'on en forma des régiments spéciaux, qui furent supprimés en 1788. Sous l'Empire, cette dénomination reparut, et servait à désigner un corps de cavalerie légère associée à celle des lanciers, et qui prit le nom de *chevau-légers lanciers*. »

CHEVELURE (histoire). — Ensemble des cheveux. Chez les anciens Gaulois, les cheveux longs étaient une marque d'honneur et de liberté. César, qui leur ôta la liberté, leur fit couper les cheveux. Chez les premiers Français, la longue chevelure fut particulière aux rois et aux princes du sang ; les autres portèrent les cheveux coupés courts autour de la tête. On prétend qu'il y avait des coupes plus ou moins hautes, selon le plus ou le moins d'infériorité dans les rangs ; mais les longues chevelures furent principalement défendues à ceux qui embrassaient l'état ecclésiastique. Autrefois on jurait sur ses cheveux, et c'était un raffinement de politesse de s'arracher un cheveu en rencontrant son ami, et de le lui offrir. Vers l'an 1116, les cheveux longs parurent un luxe et une mollesse. Quatre-vingts ans après, un canon exclut de l'entrée de l'église quiconque en porterait ; et le jour de Noël, à la messe, Godefroi, évêque d'Amiens, refusa, à Saint-Omer, en présence de Robert, comte de Flandre, les offrandes de ceux qui les avaient conservés. François Ier porta les cheveux courts à cause d'une plaie qu'il avait à la tête ; les courtisans suivirent son exemple, et le peuple imita les courtisans. Aujourd'hui les gens du monde portent sans conséquence les cheveux longs ou courts.
ARNAULT.

CHEVEUX (anatomie, hygiène). — Poils de la tête dont les bulbes sont situées dans l'épaisseur de la peau. Ils sont formés de deux parties, d'une enveloppe extérieure tubuleuse, incolore, et, dans l'intérieur, d'une matière cornée plus ou moins colorée en blond, ou rougeâtre, ou châtain, ou noir, qui donne la nuance au cheveu. Les chagrins, les excès, les veilles dessèchent la racine des cheveux et amènent leur chute. Les cheveux peuvent se conserver sans altération pendant plusieurs siècles. L'analyse des cheveux a fourni à Vauquelin : 1° une matière animale formant la plus grande partie ; 2° une huile blanche concrète, en petite quantité ; 3° une huile noire, verdâtre, plus abondante ; 4° du fer dans un état d'oxydation assez incertain ; 5° de l'oxyde de manganèse, 8/9 atomes ; 6° du phosphate de chaux ; 7° du carbonate calcaire, très-peu ; 8° de la silice en quantité notable ; 9° du soufre. Les cheveux étant hygrométriques, c'est-à-dire s'allongeant ou se raccourcissant selon les différents degrés d'humidité, on en a fait des *hygromètres*, ou mesure de l'humidité de l'air. — Voy. *Hygromètre*.

Les cheveux présentent des différences suivant les individus et suivant les races humaines. Ils sont plus longs chez la femme que chez l'homme, et l'on a remarqué qu'ils tombaient bien plus rarement chez les sujets féminins. La coupe des cheveux, chez les enfants bien portants, et par une température douce, augmente la vitalité des bulbes pileuses et surexcite légèrement la peau de la tête. Raser les cheveux chez des sujets qui relèvent de maladie, pourrait amener des accidents. Du reste, lorsque les cheveux tombent après une maladie, on les voit le plus souvent repousser après la convalescence. On attribue quelquefois une action salutaire à la présence des poux à la tête des enfants ; c'est une grave erreur. Il faut détruire impitoyablement ces parasites. (Voy. *Parasites*.) Règle générale, il faut, chez les enfants comme chez les adultes, entretenir les cheveux dans un état de propreté constant, les peigner chaque jour, les brosser et les laver de temps en temps pour enlever ce qui peut s'amasser dans leurs interstices, et rendre ainsi plus facile la transpiration de la tête. Il ne faut pas oublier que les meilleurs cosmétiques sont le peigne, la brosse et les lotions d'eau tiède, pure ou légèrement savonneuse. Quant aux préparations destinées à les teindre, elles sont généralement nuisibles, surtout si elles séjournent sur le cuir chevelu, ce qui est inévitable pour obtenir le résultat voulu.

Les maladies des cheveux sont la *canitie* ou blanchissement des cheveux par suite de l'âge ou d'accidents ; l'*alopécie*, la *calvitie*, c'est-à-dire la chute des cheveux, soit par suite de maladies, soit par le résultat de l'âge ; la *plique* polonaise, affection caractérisée par une espèce de feutrage des cheveux qui présente différents phénomènes ; la *teigne*, dans laquelle les bulbes même sont attaquées par suite de la maladie du cuir chevelu. — Voy. ces mots.
B. LUNEL.

CHEVEUX (commerce des). — Les cheveux sont l'objet d'un assez grand commerce. Les marchands achètent les cheveux bruts, tels qu'ils sont quand on vient de les couper, et leur font subir plusieurs préparations, qui consistent dans le nettoyage, le peignage et le triage. C'est alors qu'on les vend aux tresseurs et à ceux qui s'appellent eux-mêmes *artistes en cheveux*. Les apprêteurs emploient des cardes semblables à celles qui servent à peigner le lin, et dont les unes sont à pointes d'acier et les autres garnies de brosses. On les roule ensuite sur de petits moules, on les met en paquets qu'on recouvre de papier et on les fait bouillir. La difficulté consiste surtout à ne point altérer la couleur, et les étuves nécessaires au séchage sont construites d'une façon toute particulière. Les cheveux blancs ou blonds se vendant plus cher que les autres, on les sèche au soleil, en ayant soin qu'il soit peu ardent. L'Angleterre et la France sont les deux pays où l'on sait le mieux préparer les cheveux. La fabrication comprend les apprêteurs, dont nous venons de parler, les fabricants d'ouvrages en cheveux, et ceux qui font les postiches (barbes, tresses, perruques). Paris occupe à cette seule industrie 973 personnes, sur lesquelles on compte

140 femmes. Dans ce nombre ne sont pas compris les bijoutiers, les sertisseurs, les graveurs, etc., qui montent les bracelets, les bagues et les médaillons. Beaucoup de coiffeurs font les postiches à leur temps perdu. Les ouvriers qui travaillent pour les apprêteurs, les tresseurs ou les artistes en cheveux sont généralement peu rétribués; 37 reçoivent moins de 3 fr. par jour; 100 de 3 à 5 fr., et 2 seulement gagnent plus de 5 fr. Il y en a même quelques-uns dont la journée n'est payée que 1 fr. 50 c. Quant aux ouvrières, elles gagnent de 75 c. à 2 fr. par jour. Le chômage dure trois mois. Ce commerce et cette fabrication sont considérables; en 1847, ils se sont élevés à 3,580,655 fr. (*P. Vinçard.*)

CHÈVRE (zoologie). — Genre de mammifères de l'ordre des ruminants à cornes, qui, avec les brebis, ont tant de rapports par leur organisation et par leurs habitudes, qu'un grand nombre de naturalistes les ont réunies en un seul genre, réunion d'autant plus naturelle que ces deux sortes de ruminants produisent ensemble des métis féconds. D'ailleurs les différences qui les séparent sont si peu importantes et si peu tranchées, qu'il est presque impossible de les distinguer par des caractères bien constants. Ces différences se tirent de la forme du chanfrein qui est plane ou concave dans la chèvre, et convexe dans la brebis; de la direction des cornes, qui dans la première ne présentent qu'une simple courbure et ont la pointe tournée en arrière, et qui dans la seconde sont plus ou moins contournées en spirale et ont l'extrémité dirigée en avant; enfin de la présence ou de l'absence de la barbe au menton. Du reste, ce sont, dans l'une et dans l'autre, les mêmes formes et le même genre de vie; sans être aussi svelte que la plupart des antilopes, des cerfs et des chevrotains, elles ont le corps bien pris, les jambes bien faites, les mouvements agiles, la démarche ferme et altière, les attitudes gracieuses. Si leur regard n'a pas la douceur des animaux qui précèdent, il a autant de vivacité et surtout plus de fierté; leur physionomie a également quelque chose de plus indépendant et de plus farouche.

Du reste, on distinguera facilement le genre ou les deux genres dont nous parlons de tous les autres du même ordre : des cerfs, par la persistance et par l'enveloppe élastique de leurs cornes; des antilopes, par la structure du noyau osseux de ces organes, qui est en grande partie occupé par des cellules; et des bœufs, par le défaut de mufle, ainsi que par la direction verticale et par la forme anguleuse de ces proéminences.

Quant aux habitudes des *chèvres* et des *brebis*, elles sont absolument les mêmes, et ressemblent à celles des autres ruminants. Réunies en troupes plus ou moins considérables, elles habitent les plus hautes montagnes, au milieu des neiges et dans le voisinage des neiges perpétuelles, et se nourrissent des feuilles ou des bourgeons du guénépi, du bouleau nain, du saule sauvage et de quelques autres plantes amères, les seules qui croissent dans ces régions élevées. Leur agilité n'est pas inférieure à celle du chevrotain, du chamois, etc.; elles fuient à travers les précipices avec la rapidité de l'éclair, et sautent de rocher en rocher avec un coup d'œil si juste et avec tant d'assurance, qu'une surface d'un pied carré leur suffit pour s'arrêter subitement au milieu de leur course la plus impétueuse. Aussi leur chasse est-elle très-pénible et même dangereuse, lorsqu'on les pousse à bout. Arrêtées d'un côté par un précipice sans fond et de l'autre par le chasseur, elles délibèrent un instant, et en un clin d'œil elles se décident ou à s'élancer sur ce dernier pour se précipiter dans l'abîme, où à s'y laisser tomber elles-mêmes, avec la précaution de mettre leurs cornes en avant, pour amortir la pesanteur de leur chute. Ce saut périlleux leur coûte quelquefois une corne; mais à quoi ne s'exposeraient-elles pas pour conserver leur liberté?

Malgré cet amour pour l'indépendance, ces animaux s'accoutument aisément à la vie domestique, pourvu qu'on les prenne jeunes; la *brebis* surtout s'identifie tellement avec cette manière de vivre, qu'elle ne peut plus s'en passer; elle y perd presque l'instinct de sa conservation, quoique à l'état sauvage elle ait autant d'activité et d'énergie que la *chèvre*. Pour celle-ci, elle conserve toujours, même dans l'esclavage, des traces de son ancien caractère; elle a toujours l'humeur vagabonde et capricieuse, et se montre bien moins docile à la voix de son maître.

Parmi les neuf espèces de *chèvres* ou de *brebis* que nous connaissons, nous citerons l'*ægagre* et le *bouquetin*, l'*argali* et le *mouflon*. (*Salacroux.*)

CHÈVRE (mécanique).—Machine mobile qui est d'un grand usage, particulièrement dans les ports, pour mouvoir divers fardeaux. Elle est composée de trois pieds, dont deux sont joints solidement ensemble : l'autre sert de support aux deux premiers; au sommet est un palan, et en bas un cric servant de treuil, sur lequel on manœuvre le garant du palan par le moyen des barres dont on le garnit.

CHÈVREFEUILLE (botanique) [formé des deux mots français *chèvre* et *feuille*]. — Charmants arbrisseaux cultivés dans les jardins pour leurs fleurs, qui sont jolies et répandent une odeur agréable. Il en existe plusieurs espèces appartenant au genre *lonicera* et à la famille des caprifoliacées.

Les caractères de ce genre sont : calice à cinq dents, corolle tubuleuse, campanulée ou infundibuliforme à cinq divisions inégales; cinq étamines alternes avec les lobes de la corolle; baie à une, deux ou trois loges polyspermes.

CHEVREUIL (zoologie) [du latin *capreolus*]. — Mammifère de l'ordre des ruminants, famille des cervidés et du genre cerf : il est plus petit que le cerf et que le daim, mais il leur ressemble. Son pelage d'été est fauve doré ou roussâtre, moins foncé sous le corps. En hiver, sa couleur est fauve brunâtre avec une bande blanche sur les cuisses. Le bout du museau brun et une tache blanche à chaque lèvre. Queue très-courte. Bois petits ayant autant d'andouillers que l'animal a vécu d'années; il tombe à la fin de l'automne et repousse pendant l'hiver. Longueur totale 115 centimètres, hauteur au garrot 70 centimètres. (Voy. la figure 12.)

La femelle, nommée *chevrette*, n'a pas de bois; sa portée, qui dure cinq mois et demi, est de deux petits. Ces jumeaux, lorsqu'ils sont mâle et femelle, ce qui arrive presque toujours, s'attachent l'un à l'autre pour la vie.

CHEVROTAIN (zoologie). — Genre de mammifères de l'ordre des ruminants, famille des moschidés, caractérisé chez le mâle par trente-quatre dents, savoir : en haut, deux canines longues, comprimées, tranchantes, qui descendent de la bouche et dépassent la mâchoire inférieure, et douze molaires; en bas, huit incisives et douze molaires; chez la femelle, par trente-deux dents, incisives et molaires, disposées comme celles du mâle : tête légère, sans cornes; oreilles longues, pointues; péroné distinct, sabots bien séparés; deux mamelles inguinales.

Les chevrotains sont originaires de l'Asie. De forme élégante et bien proportionnée, ils ont une agilité extrême; mais leur force ne répond pas à ces avantages, car leurs membres sont tellement grêles que les Indiens parviennent à les forcer à la course et à s'en rendre maîtres sans le secours d'aucune arme offensive, à moins qu'ils ne les chassent sur la cime de quelque montagne escarpée et coupée de précipices, que ces animaux savent franchir avec sûreté. Ils paraissent très-sauvages et sont d'une timidité excessive : le moindre bruit, la vue d'un mammifère carnassier ou d'un oiseau de proie les glace de terreur et paralyse leurs membres. Pour éviter les regards de leurs ennemis, ils ont soin, quand ils broutent l'herbe ou les feuilles d'arbres, de se cacher de leur mieux dans les fentes des rochers ou au milieu de quelque touffe de plantes. Ils constituent un gibier très-recherché. On en compte huit espèces peu différentes, les principales sont :

Le *chevrotain proprement dit* est le plus petit des ruminants, car sa taille ne dépasse pas celle du lièvre : longueur totale du corps, 24 centimètres. Son pelage est d'un brun roux en dessus, fauve sur les

Fig. 12. — Chevreuil.

côtés, blanc en dessous; ses formes sont fines et d'une délicatesse charmante. Cet animal habite les contrées chaudes de l'Afrique et de l'Asie; ses habitudes sont encore peu connues. Sa légèreté est extraordinaire, il fait des bonds et des sauts prodigieux. C'est cette espèce sans doute que les Indiens forcent quelquefois à la course.

Le *chevrotain krankil*. Sa taille est de 50 centimètres de long sur 24 à 28 centimètres de haut; son pelage est d'un brun rouge foncé, presque noir sur le dos, d'un bai brillant sur les flancs, blanc au ventre, avec trois raies sur la poitrine. Le krankil habite Java; il est très-rusé; sa légèreté est telle que, quand il est poursuivi, il peut, dit-on, s'élancer de manière à s'accrocher aux branches d'un arbre par ses deux branches canines.

Le *chevrotain napu* est une espèce un peu plus grande que la précédente, qui se trouve à Sumatra et à Java.

Le *chevrotain de Java* est une autre espèce plus petite qu'un lapin, d'un pelage brun ferrugineux en dessus, ondé de noir, sans aucune tache sur les flancs, mais avec trois bandes blanches placées en long sur la poitrine.

Le *chevrotain porte-musc* est l'espèce la plus intéressante; il diffère des autres en ce qu'il présente une grande poche prépuciale contenant une matière odorante, et en ce que les canines des mâles sont très-développées, courbées en arrière et constituant presque de véritables défenses. Le pelage est d'un gris brun, composé de poils très-gros et cassants; sa taille un peu plus petite que celle du chevreuil. Il habite les montagnes du Thibet, de la Chine et du Tonquin. « Cet animal vit solitaire; il ne se plaît que sur les hautes montagnes et sur les rochers escarpés; tantôt il descend dans les gorges profondes qui séparent les monts les plus élevés, tantôt il grimpe à leur sommet couvert de neige. Il est très-leste et très-agile, et il nage aussi fort bien. Farouche à l'excès, il est très-difficile de l'approcher et de l'apprivoiser, quoique la douceur forme la base de son caractère. Il entre en rut dans le mois de novembre ou de décembre ; cette saison de l'amour est aussi une époque de fureur et de combats acharnés entre les mâles. »

Ce ruminant est recherché pour sa chair et surtout pour le musc qu'il porte dans une poche placée sous le ventre, en avant du prépuce, laquelle forme une saillie prononcée à l'époque du rut, et s'ouvre en dehors par un orifice qui déverse le trop plein, lorsque l'animal se frotte contre les arbres. Cette matière ainsi recueillie est la plus estimée, mais elle est extrêmement rare. C'est presque toujours après la mort du chevrotain qu'on se procure le musc, qui se présente sous forme de grumeaux de différentes grosseurs, d'un rouge noir, assez semblables à du sang desséché. Cette substance est d'ailleurs le plus souvent sophistiquée dans le commerce, avec du sang de l'animal qui la produit. Elle nous vient surtout de la Chine. Chacun connaît l'odeur extrêmement diffusible qu'elle répand et ses usages dans la parfumerie. En médecine le musc est considéré comme antispasmodique; mais ses propriétés thérapeutiques ne compensent pas toujours sa cherté.—Voy. Musc. G.

CHICORACÉES (botanique).—Tribu de la famille des composées, comprenant une vingtaine de plantes caractérisées par des capitules entièrement formés de demi-fleurons, ce qui leur a valu encore le nom de demi-flosculeuses. Les nombreux genres appartenant à cette tribu se partagent en groupes secondaires distingués par l'aigrette du fruit, qui est simple, plumeuse ou écailleuse.

CHICORÉE (botanique) [du latin cichorium]. — Genre type de la tribu des chicoracées, comprenant des plantes bisannuelles ou vivaces, rameuses, à feuilles irrégulièrement dentées; capitules disposées en fascicules axillaires; réceptacle dépourvu de paillettes; demi-fleurons bleus; aigrettes courtes.

La chicorée sauvage (cichorium intybus) est une plante vivace à tige de 6 à 12 décimètres, dressée, anguleuse, assez robuste; feuilles sessiles, les inférieures ovales-oblongues, dentées, les supérieures plus petites, lancéolées, entières; les capitules portent dix-huit à vingt demi-fleurons, prolongés en languette plane à cinq dents, et contenant chacun cinq étamines synanthères; fleurs sessiles.

La chicorée croît dans les pâturages secs, aux bords des chemins, etc. Toutes ses parties ont une saveur fraîche, amère, beaucoup plus prononcée dans la plante sauvage que dans celle qui a été modifiée par la culture. Elle renferme un suc laiteux, savonneux, amer et légèrement styptique, auquel elle paraît redevable des vertus stomachique, stimulante, rafraichissante, fondante, apéritive, résolutive, etc., dont elle a été fastueusement décorée. La racine est la partie presque exclusivement employée soit en tisane, soit en sirop, mélangée avec la rhubarbe, pour purger les enfants, soit comme succédané du café, étant réduite en poudre. Cette poudre de racine de chicorée torréfiée, réunie en grande masse, serait susceptible de s'enflammer. Murray rapporte que cinq maisons d'Augsbourg furent consumées par un incendie qui avait pris naissance dans un magasin, au milieu d'une grande quantité de cette substance.

La chicorée est rustique; les bestiaux mangent ses feuilles. Par la culture, elle se décolore, devient plus douce, moins amère, plus succulente. Étiolée par la culture dans les lieux obscurs, elle donne ce que l'on appelle la barbe de capucin.

La chicorée endive (cichorium indivia) se reconnaît à ses feuilles florales ovales, à base largement cordée, glabres, amplexicaule. Elle est cultivée dans les potagers sous les noms d'escarole et de chicorée frisée, selon les variétés. (Bossu.)

CHIEN (zoologie) [du grec kyôn, en latin canis]. — Genre de mammifères de l'ordre des carnassiers, famille des carnivores, sous-famille des digitigrades, caractérisé de la manière suivante : 42 dents, 6 incisives en haut et autant en bas; 2 canines à chaque mâchoire; 12 molaires supérieures et 14 inférieures; les molaires se subdivisent en 3 fausses en haut, 4 en bas, 2 tuberculeuses derrière chaque carnassière; membres franchement digitigrades, 5 doigts aux pieds de devant, dont 4 seulement touchent la terre; 4 doigts aux pieds de derrière; ongles ni rétractiles ni tranchants, ne pouvant servir d'armes à l'animal comme dans le genre chat; plante des pieds garnie de tubercules; langue douce; tête allongée, yeux médiocres, oreilles grandes et toujours bifides vers la base de leur bord supérieur.

Les chiens sont très-intelligents, ils ont les sens développés, l'odorat fin, la vue susceptible de s'exercer pendant la nuit, l'ouïe délicate. Ils diffèrent des chats par d'autres caractères que leurs griffes non rétractiles, et leur langue non rugueuse; ils ont la clavicule moins considérable, la membrane musculaire plus faible, l'intestin en général plus grand. Ils sont essentiellement carnivores, mais les espèces soumises à la domesticité deviennent facilement omnivores, ce qui n'arrive pas pour les espèces du genre chat. L'organe principal de la génération contient dans son épaisseur un os très-développé. Les principales espèces du genre sont le chacal, le loup, le renard et le chien proprement dit. M. l'abbé Maupied fait remarquer que les diverses étymologies du mot chien (de l'hébreu kaleb, très-affectueux; du grec, kyôn, caressant; du latin caneo, vieillir, par extension être prudent) prouvent que cet animal a été de tout temps fidèle, caressant, prudent, attaché à l'homme. Il a inspiré à Buffon le passage que voici :

« La grandeur de la taille, l'élégance de la forme, la force du corps, la liberté des mouvements, toutes les qualités extérieures, ne sont pas ce qu'il y a de plus noble dans un être animé; et comme nous préférons dans l'homme l'esprit à la figure, le courage à la force, les sentiments à la beauté, nous jugeons aussi que les qualités intérieures sont ce qu'il y a de plus relevé dans l'animal; c'est par elles qu'il diffère de l'automate, qu'il s'élève au-dessus du végétal et s'approche de nous : c'est le sentiment qui ennoblit son être, qui le régit, qui le vivifie, qui commande aux organes, rend les membres actifs, fait naître le désir, et donne à la matière le mouvement progressif, la volonté, la vie.

» La perfection de l'animal dépend donc de la perfection du sentiment; plus il est étendu, plus l'animal a de facultés et de ressources; plus il existe, plus il a de rapports avec le reste de l'univers : et lorsque le sentiment est délicat, exquis, lorsqu'il peut encore être perfectionné par l'éducation, l'animal devient digne d'entrer en société avec l'homme; il sait concourir à ses desseins, veiller à sa sûreté, l'aider, le défendre, le flatter; il sait par des services assidus, par des caresses réitérées, se concilier son maître, le captiver, et de son tyran se faire un protecteur.

» Le chien, indépendamment de la beauté de sa forme, de la vivacité, de la force, de la légèreté, a par excellence toutes les qualités qui peuvent lui attirer les regards de l'homme. Un naturel ardent, colère, même féroce et sanguinaire rend le chien sauvage redoutable à tous les animaux, et cède dans le chien domestique aux sentiments les plus doux, au plaisir de s'attacher et au désir de plaire; il vient en rampant mettre aux pieds de son maître son courage, sa force, ses talents; il attend ses ordres pour en faire usage, il le consulte, il l'interroge, il le supplie; un coup d'œil suffit, il entend les signes de sa volonté : il a toute la chaleur du sentiment; la fidélité, la constance dans ses affections; nulle ambition, nul intérêt, nul désir de vengeance, nulle crainte que celle de déplaire; il est tout zèle, tout ardeur, et tout obéissance; plus sensible au souvenir des bienfaits qu'à celui des outrages, il ne se rebute pas par les mauvais traitements, il les subit, les oublie, ou ne s'en souvient que pour s'attacher davantage; loin de s'irriter ou de fuir, il s'expose de lui-même à de nouvelles épreuves, il lèche cette main, instrument de douleur, qui vient de le frapper; il ne lui oppose que la plainte, et la désarme enfin par la patience et la soumission.

» Plus souple qu'aucun des autres animaux, non-seulement le chien s'instruit en peu de temps, mais il se conforme aux mouvements, aux manières, à toutes les habitudes de ceux qui lui commandent; il prend le ton de la maison qu'il habite; comme les autres domestiques, il est dédaigneux chez les grands et rustre à la campagne : toujours empressé pour son maître et prévenant pour ses seuls amis, il ne fait aucune attention aux gens indifférents, et se déclare contre ceux qui par état ne sont faits que pour importuner; il les connaît aux vêtements, à la voix, à leurs gestes, et les empêche d'approcher. Lorsqu'on lui a confié pendant la nuit la garde de la maison, il devient plus fier, et quelquefois féroce; il veille, il fait la ronde; il sent de loin les étrangers; et, pour peu qu'ils s'arrêtent ou tentent de franchir les barrières, il s'élance, s'oppose, et, par des aboiements réitérés, des efforts et des cris de colère, il donne l'alarme, avertit et combat : aussi furieux contre les animaux carnassiers, il se précipite sur eux, les blesse, les déchire, leur ôte ce qu'ils s'efforçaient d'enlever; et content d'avoir vaincu, il se repose sur les dépouilles, n'y touche pas, même pour satisfaire son appétit, et donne en même temps des

exemples de courage, de tempérance et de fidélité.

» On sentira de quelle importance cette espèce est dans l'ordre de la nature. En supposant un instant qu'elle n'eût jamais existé, comment l'homme aurait-il pu conquérir dompter, réduire en esclavage les autres animaux? comment pourrait-il encore aujourd'hui découvrir, chasser, détruire les bêtes sauvages et nuisibles? pour se mettre en sûreté et pour se rendre maître de l'univers vivant, il a fallu commencer par se faire un parti parmi les animaux, se concilier avec douceur et par caresse ceux qui se sont trouvés capables de s'attacher et d'obéir, afin de les opposer aux autres. Le premier art de l'homme a donc été l'éducation du chien, et le fruit de cet art la conquête et la possession paisible de la terre. La plupart des animaux ont plus d'agilité, plus de vitesse, plus de force que l'homme; la nature les a mieux munis, mieux armés; ils ont aussi les sens et surtout l'odorat plus parfaits. Avoir gagné une espèce courageuse et docile comme celle du chien, c'est avoir acquis de nouveaux sens et les facultés qui nous manquent; les instruments que nous avons imaginés pour perfectionner nos autres sens, pour en augmenter l'étendue, n'approchant pas, même pour l'utilité, de ces machines toutes faites que la nature nous présente, nous ont fourni de grands et éternels moyens de vaincre et de régner : et le chien fidèle à l'homme conservera toujours une portion de l'empire, un degré de supériorité sur les autres animaux; il leur commande, il règne lui-même à la tête d'un troupeau, il s'y fait mieux entendre que la voix du berger; la sûreté, l'ordre et la discipline, sont les fruits de sa vigilance et de son activité; c'est un peuple qui lui est soumis, qu'il conduit, qu'il protége, et contre lequel il n'emploie jamais la force que pour maintenir la paix. Mais, c'est surtout à la guerre, c'est contre les animaux ennemis ou indépendants, qu'éclate son courage, et que son intelligence se déploie tout entière : les talents naturels se réunissent ici aux qualités acquises. Dès que le bruit des armes se fait entendre, dès que le son du clairon, la voix du chasseur a donné le signal d'une guerre prochaine, brillant d'une ardeur nouvelle, le chien marque sa joie par les plus vifs transports; il annonce par ses mouvements et par ses cris l'impatience de combattre et le désir de vaincre; marchant ensuite en silence, il cherche à reconnaître le pays, à découvrir, à surprendre l'ennemi dans son fort; il recherche ses traces, il les suit pas à pas, et par des accents différents indique le nombre, la distance, l'espèce et même l'âge de celui qu'il poursuit.

» Intimidé, pressé, désespérant de trouver son salut dans la fuite, l'animal poursuivi se sert aussi de toutes ses facultés; il oppose la ruse à la sagacité; jamais les ressources de l'instinct ne furent plus admirables : pour faire perdre sa trace, il va, vient et revient sur ses pas; il fait des bonds, il voudrait se détacher de la terre, et supprimer les espaces; il franchit d'un saut les routes, les haies, passe à la nage les ruisseaux, les rivières; mais toujours poursuivi, et ne pouvant anéantir son corps, il cherche à en mettre un autre à sa place, il va lui-même troubler le repos d'un voisin plus jeune et moins expérimenté, le faire lever, marcher, fuir avec lui ; et lorsqu'ils ont confondu leurs traces, lorsqu'il croit l'avoir substitué à sa mauvaise fortune, il le quitte plus brusquement encore qu'il ne l'a joint, afin de le rendre seul l'objet et la victime de l'ennemi trompé.

» Mais le chien, par cette supériorité que donnent l'exercice et l'éducation, par cette finesse de sentiment qui n'appartiennent qu'à lui, ne perd pas l'objet de sa poursuite ; il démêle les points communs, délie les nœuds du fil tortueux qui seul peut y conduire ; il voit de l'odorat tous les détours du labyrinthe, toutes les fausses routes où l'on a voulu l'égarer ; et, loin d'abandonner son ennemi pour un indifférent après avoir triomphé de la ruse, il s'indigne, il redouble d'ardeur, arrive enfin, l'attaque, et, le mettant à mort, étanche dans le sang sa soif et sa haine.

» Le penchant pour la chasse ou la guerre nous est commun avec les animaux ; l'homme sauvage ne sait que combattre et chasser. Tous les animaux qui aiment la chair, et qui ont de la force et des armes, chassent naturellement : le lion, le tigre, dont la force est si grande, qu'ils sont sûrs de vaincre, chassent seuls et sans art ; les loups, les renards, les chiens sauvages, se réunissent, s'entendent, s'aident, se relayent et partagent la proie ; et lorsque l'éducation a perfectionné ce talent naturel dans le chien domestique, lorsqu'on lui a appris à réprimer son ardeur, à mesurer ses mouvements, lorsqu'on l'a accoutumé à une marche régulière, et à l'espèce de discipline nécessaire à cet art, il chasse avec méthode et toujours avec succès.

» Dans les pays déserts, dans les contrées dépeuplées, il y a des chiens sauvages qui, pour les mœurs, ne diffèrent des loups que par la facilité qu'on trouve à les apprivoiser ; ils se réunissent aussi en plus grandes troupes pour chasser et attaquer en force les sangliers, les taureaux sauvages, et même les lions et les tigres. En Amérique, ces chiens sauvages sont des races anciennement domestiques ; ils y ont été transportés d'Europe ; quelques-uns, ayant été oubliés ou abandonnés dans ces déserts, s'y sont multipliés au point qu'ils se répandent par troupes dans les contrées habitées, où ils attaquent le bétail, et insultent même les hommes : on est donc obligé de les écarter par la force, et de les tuer comme les autres bêtes féroces ; et les chiens sont tels en effet tant qu'ils ne connaissent pas les hommes : mais lorsqu'on les approche avec douceur, ils se modèrent, deviennent bientôt familiers, et demeurent fidèlement attachés à leurs maîtres ; au lieu que le loup, quoique pris jeune et élevé dans les maisons, n'est doux que dans le premier âge, il ne perd jamais son goût pour la proie, et se livre tôt ou tard à son penchant pour la rapine et la destruction. On peut dire que le chien est le seul animal dont la fidélité soit à l'épreuve ; le seul qui connaisse toujours son maître et les amis de la mai-

son ; le seul qui, lorsqu'il arrive un inconnu, s'en aperçoive ; le seul qui entende son nom, et qui reconnaisse la voix domestique ; le seul qui ne se confie point à lui-même ; le seul qui, lorsqu'il a perdu son maître, et qu'il ne peut le retrouver, l'appelle par ses gémissements ; le seul qui, dans un voyage long qu'il n'aura fait qu'une fois, se souvienne du chemin et retrouve la route ; le seul enfin dont les talents naturels soient évidents et l'éducation toujours heureuse ; de tous les animaux, le chien est celui dont le naturel est le plus susceptible d'impression, et se modifie le plus aisément par les causes morales ; c'est aussi celui dont la nature est la plus sujette aux altérations causées par les influences physiques : le tempérament, les facultés, les habitudes du corps varient prodigieusement, la forme même n'est pas constante ; dans le même pays, un chien est très-différent d'un autre chien, et l'espèce, pour ainsi dire, se modifie suivant les climats.

» Si l'on considère que le chien de berger, malgré son air triste et sauvage, est cependant supérieur par l'instinct à tous les autres chiens, qu'il a un caractère décidé auquel l'éducation n'a point de part, qu'il est le seul qui naisse, pour ainsi dire, tout élevé, et que, guidé par le seul naturel, il s'attache de lui-même à la garde des troupeaux avec une assiduité, une vigilance, une fidélité singulières ; qu'il les conduit avec une intelligence admirable et non communiquée ; que ses talents font l'étonnement et le repos de son maître ; tandis qu'il faut, au contraire, beaucoup de temps et de peines pour instruire les autres chiens et les dresser aux usages auxquels on les destine, on se confirmera dans l'opinion que c'est le vrai chien de la nature, celui qu'elle nous a donné pour la plus grande utilité, celui qui a le plus de rapport avec l'ordre général des êtres vivants, qui ont mutuellement besoin les uns des autres, celui enfin qu'on doit regarder comme la souche et le modèle de l'espèce entière. »

Le chien se rencontre dans toutes les parties du monde habitées par l'homme, à l'exception de quelques groupes d'îles dans la mer Pacifique, où par compensation on en a trouvé un assez grand nombre à l'état fossile. De tous les animaux, c'est celui dont il est le plus anciennement question dans les auteurs sacrés ou profanes. Les naturalistes ne sont pas d'accord sur la question de savoir si le chien est une espèce type ou une espèce de loup dégénéré. Cette dernière opinion est celle de Zimmerman, qui la fonde sur ce que le loup s'accouple avec la chienne, le chien avec la louve, et que les produits sont féconds. D'autres pensent que notre chien domestique provient du chacal ; pour de Blanville, au contraire, le chien domestique est, partout où il se trouve, distinct des espèces sauvages, puisque, redevenu sauvage en Amérique depuis plus de 200 ans, il reste chien et ne redevient pas loup, comme cela a lieu pour le cochon et le chat, qui redeviennent sanglier ou chat sauvage. Quoi qu'il en soit, la domesticité et les croisements ont fait varier ces animaux dans leur organisation et leur intelligence; la civilisation des peuples influe sur leurs affections et leurs sentiments pour l'homme.

Les chiens sont très-portés à l'acte générateur, ils ne s'accouplent ordinairement que deux fois par an; l'union des sexes dure plus longtemps que chez les autres animaux, ce qui tient à la conformation du pénis, qui offre une espèce de nœud érectile susceptible d'un grand développement dans l'intromission, et qui s'oppose à sa sortie du vagin aussitôt après l'acte copulateur. La femelle porte 63 jours, et met bas 3 à 8 petits qui naissent les yeux fermés.

Il serait à peu près impossible de décrire les nombreuses variétés de l'espèce chien. Cuvier les rapporte toutes à trois races principales, dont il trouve les caractères fondamentaux dans la grandeur relative du crâne. Ce sont :

1° Les MATINS, dont les pariétaux tendent à se rapprocher, mais d'une manière presque insensible. Ils sont de grande taille pour la plupart, à museau long et à oreilles courtes. Tels sont le *chien de berger*, le *chien des Alpes*, le *danois*, le *lévrier*, le *mâtin ordinaire*, etc.

2° Les ÉPAGNEULS, dont les pariétaux, à partir de la section temporale, s'écartent, se dilatent en dehors, ce qui donne plus de capacité à la boîte cérébrale. Ils sont moins grands que les précédents, ont les oreilles longues, larges et pendantes : ce sont le *barbet*, le *braque*, le *chien basset*, le *chien courant*, le *chien d'arrêt*, l'*épagneul*.

3° Les DOGUES, qui ont la capacité cérébrale très-petite, le museau court, le front saillant, comme le *carlin dogue*, le *doguin*.

Voici, d'après le journal *la Science*, ce que disait M. Isidore Geoffroy Saint-Hilaire, en 1856, dans son cours sur l'acclimatation des animaux :

Nous avons aujourd'hui à traiter cette question : *Qu'est-ce que le chien?* Question fort difficile en elle-même, d'après les quelques faits que nous allons rappeler :

1° De tous les animaux domestiques, le chien est celui qui s'est le plus modifié, celui qui s'écarte le plus du type primitif. Ceci peut être dit avant que l'on ne connaisse d'une manière très-précise ce type lui-même; car, par ses dents, par certains détails de son squelette, le chien est un animal que l'on peut ramener au genre *canis* (de Linnée), dont les représentants sont le chacal, le loup, etc. Nous disons donc que c'est l'animal qui présente le plus de variétés, car le basset, le boule-dogue, le carlin, le lévrier, sont plus différents les uns des autres que ne le sont entre elles les espèces de chevaux, de chèvres, de poules, etc. Il est donc très-difficile de se faire une idée abstraite du chien domestique ou, au moins, de s'en faire une telle idée au point de vue scientifique.

2° Le chien est partout, depuis une époque excessivement reculée. Dans presque tous les pays explorés pour la première fois par des voyageurs, on a trouvé des chiens domestiques; ainsi il en existait aux îles Canaries (ce nom vient de l'abondance de

chiens que l'on y rencontrait), dans les régions du nord de l'Europe, dans la plus grande partie de l'Amérique, dans plusieurs îles de la mer du Sud et à la Nouvelle-Hollande. Remarquons bien ces deux dernières localités, parce que, si l'on étudie dans l'état de nature la distribution géographique du genre chien, on le trouve répandu dans toute l'Europe, en Asie, en Afrique, en Amérique, et on ne le voit pas dans cet état aux îles de la mer du Sud ni à la Nouvelle-Hollande. De plus, si l'on examine le chien domestique de ce dernier pays, on lui trouve une analogie extrême avec le chacal, par ses oreilles droites, triangulaires, et par d'autres caractères.

Dans ce cosmopolitisme du chien, comme dans son polymorphisme, il y a de grandes difficultés à résoudre pour la détermination du type primitif. Quelles indications allons-nous recueillir sur cette grave question? Le chien de la Nouvelle-Hollande doit frapper notre attention comme étant un animal domestique réalisant au plus haut degré le type sauvage; car il s'échappe quelquefois de la demeure de son maître pour attaquer les troupeaux. Le chien des Esquimaux a les oreilles droites et les formes du loup; il est un peu plus domestique que celui de la Nouvelle-Hollande; on l'emploie comme bête de trait dans les endroits où le renne n'existe pas. Eh bien! n'est-il pas visible que c'est le peuple le plus sauvage qui possède le chien le plus voisin de l'état de nature? Ce rapport une fois saisi, on le voit se généraliser. L'état du chien est pour chaque peuple en harmonie avec le degré de civilisation de celui-ci. Prenez le peuple de la Nouvelle-Hollande, vous y rencontrez une race de chien peu différente de l'animal sauvage; en Islande, dans les pays des Esquimaux et des Hurons, vous en trouvez également une, mais un peu plus modifiée; enfin, chez les habitants du centre de l'Europe, vous trouvez en grand nombre les races les plus variées et les plus profondément modifiées. Cela s'explique : dans l'état des peuples sauvages, il n'y a pas de professions, par conséquent il n'y a qu'un seul genre de vie pour les chiens.

Tandis que chez nous, autant de professions, autant d'influences qui modifient la race canine. Ajoutons que beaucoup de chiens de races étrangères sont apportés chez nous, par conséquent les croisements sont plus fréquents et produisent de grandes et nombreuses variétés. Ainsi, nous avons le *chien bichon* à longs poils, qui vient du Nord; le *chien turc* à poils nuls, importé de Guinée, etc.

Tout ce que nous venons de dire servira à bien poser la question. Devrons-nous, en effet, chercher l'origine du basset, du boule-dogue, etc.? Non; il faudra nous attacher aux chiens des peuples sauvages, parce que chez eux l'œuvre de la nature est peu modifiée par le travail de l'homme. C'est prendre la rivière à sa source.

Ici, examinons un peu quelles sont les opinions qui peuvent être admises pour l'origine du chien. Toutes ont été indiquées et ont eu des partisans. Nous allons suivre l'ordre chronologique :

I. Aristote, et Pline après lui, ont dit qu'il n'est pas d'espèces domestiques qui ne vivent à l'état sauvage; aussi ont-ils cherché autour d'eux l'origine du chien, et Pline nous la montre dans le loup. Cette opinion faisait loi durant le moyen âge. Cardan, Scaliger et d'autres auteurs l'ont répétée; ils disent même, mais sans s'appuyer sur des expériences, que si l'on soigne un loup on en fait bientôt un chien, et que, réciproquement, un chien abandonné à l'état sauvage devient loup!

II. Au dix-huitième siècle, nous voyons Linnée et Buffon s'accorder à dire que le chien était une espèce particulière n'existant pas actuellement dans son état primitif. Linnée a dit que cette espèce disparue était le *canis familiaris* qui se plaçait à côté du *canis aureus* (chacal) et du *canis lupus* (loup). Le seul caractère qu'il donne de ce *canis*, c'est qu'il porte la queue à gauche. Ce caractère, s'il existait réellement, ce qui n'est pas constant, ne serait, du reste, qu'un effet de l'habitude. Buffon a voulu faire plus que Linnée, et ici aux difficultés de la question viennent s'ajouter des difficultés théoriques : c'est qu'il admet que, lorsque deux espèces différentes se croisent, elles ne donnent pas de produits ou en donnent d'inféconds. Buffon, en annonçant que le loup et le chien ne se reproduisent pas, a cru avoir démontré que c'étaient deux espèces différentes; mais cet argument n'est pas même aussi bon que celui de Linnée. Du reste, Buffon lui-même dit, dans ses *Suppléments*, que de nouvelles expériences lui ont fait obtenir un produit du loup et de la chienne jusqu'à la quatrième génération.

Cependant l'idée a persisté dans notre siècle; elle a été adoptée par Georges et Frédéric Cuvier, Blainville et un grand nombre de naturalistes. Voyons les preuves que donnent ces auteurs; elles se réduisent à deux :

1° Le chien n'a pas, pour certaines parties de son organisme, les proportions du loup et du chacal; mais nous remarquons que toutes ces parties : canal alimentaire, tube respiratoire, etc., ont des longueurs intermédiaires entre celles de ces mêmes organes chez le loup et le chacal. Or, comme entre ces deux derniers animaux il y a peu de différence, on ne voit pas comment on distinguera spécifiquement le chien de chacun d'eux.

2° On a cherché à étendre l'idée de Buffon; on a dit : Le loup produit avec la chienne un métis, et il en produit avec le chacal, d'après les expériences de MM. Geoffroy Saint-Hilaire et celles de M. Flourens.

Remarquez, en passant, que l'argument de Buffon était mal fondé, puisqu'il fallait conclure de là que le chacal était la même chose que le loup. Les modernes ont modifié les vues de Buffon; ils ont dit : La nature a voulu assurer la perpétuité sans mélange des êtres qu'elle a créés; aussi les croisements sont-ils suivis ou de produits nuls, ou de produits inféconds, ou de produits féconds jusqu'à la quatrième génération seulement, puisque MM. Flourens et Geoffroy Saint-Hilaire n'ont pas dépassé ce terme. Voilà un argument de bien faible valeur.

Car il y a un fait général reconnu en physiologie, et surtout en zootechnie : c'est que lorsqu'on croise des animaux issus de mêmes parents entre eux, on voit peu à peu l'abâtardissement, puis l'extinction de la race; c'est ce qui a eu lieu dans ces expériences, où M. Geoffroy n'était parti que d'un seul chacal et d'une chienne. Ajoutons encore à cela les causes de mortalité pour des animaux que l'on tient en captivité, et qui sont telles qu'on voit dans les ménageries toutes les espèces, même pures, s'éteindre au bout de quelques générations.

III. Pallas et Guldenstaedt disent que le chien doit son origine au chacal. Dans le dix-huitième siècle, on a commencé à bien comprendre que les hommes de notre pays sont venus d'Asie. Quelle était la conséquence qu'on en devait tirer à cette époque? C'est que le chien, si anciennement le compagnon et l'ami de l'homme, devait avoir été domestiqué en Asie. Aussi a-t-on cherché dans ce pays le type sauvage du chien, et a-t-on cru le trouver dans le chacal.

IV. Venons enfin à la dernière opinion qui s'est fait jour dans des temps plus rapprochés, et que partagent tous ceux qui tiennent compte des idées admises pour s'en éclairer, mais non pour y croire sans contrôle. Tels sont Blumenbach, Desmoulins, Ehrenberg et M. J. Geoffroy Saint-Hilaire. Cette opinion consiste à admettre que le chien a plusieurs origines, que ces chiens, que l'on regarde comme des animaux d'une seule espèce, sont les descendants mêlés et combinés de plusieurs animaux dont nous pourrons déterminer quelques-uns.

L'exact Daubenton avait manifesté un peu sa tendance vers cette opinion; mais, avec sa circonspection habituelle, il la laisse percer, il ne la déclare pas. Il est vrai qu'il écrit dans l'immortel ouvrage de Buffon, son maître et son ami, et qu'il ne veut pas émettre une opinion contraire à celle de ce naturaliste.

Quels sont donc les arguments en faveur de l'origine multiple du chien? Nous allons faire voir comment il peut descendre des animaux suivants :

1° *Du loup.* — On a, dans les opinions précédemment exposées, invoqué les faits de générations. Nous le ferons aussi et nous insisterons sur des faits auxquels on n'a pas porté d'attention.

On sait qu'en croisant les animaux d'espèces différentes on obtient constamment un être intermédiaire et remarquable par la constance de ses caractères. Par exemple, un cheval avec une ânesse donneront toujours un animal dans lequel on reconnaîtra parfaitement le *mulet*. Au contraire, si l'on croise des animaux qui ne sont que des variétés de la même espèce, on aura des produits qui varieront de mille manières.

Ainsi accouplez un daim blanc avec un noir : croyez-vous que vous obtiendrez un daim toujours blanc et noir? Non; tantôt il aura, il est vrai, cette couleur intermédiaire; tantôt il sera tout noir; tantôt il sera tout blanc. C'est ce principe qui donne quelquefois la chance de créer une nouvelle race au moyen d'un seul individu, soit mâle, soit femelle.

Le Muséum possède deux produits de dogue et de louve où le type paternel domine. L'un d'eux est tel que si l'on ignorait son origine on le prendrait pour un dogue. Il faudrait donc dire que le chien et le loup sont de même espèce.

En Nubie, M. Emprich a vu une race de chien tout à fait semblable au loup de ce pays.

2° *Du chacal.* — On a trouvé en Asie, en Donzolie, en Nubie et au Cap, des chiens qui ressemblent aux chacals du pays. Que le chien descende du loup, nous ne l'affirmerons pas, mais nous sommes sûrs qu'il descend des divers chacals, animaux très-communs, faciles à apprivoiser, et ayant une tendance naturelle à se rapprocher de l'homme. Je vais indiquer maintenant des faits qui justifient cette affirmation. On sait que le chien possède plusieurs voix: devons-nous les mettre toutes sur la même ligne? Non. Le hurlement, le cri de joie, tout cela se retrouve chez les chiens de tous pays, et aussi chez le chacal; mais l'aboiement ne se rencontre ni chez les chiens de l'Amérique, ni chez ceux des peuples sauvages, ni enfin chez le chacal. C'est donc une sorte de langue qui n'est propre qu'aux chiens des peuples les plus civilisés. Or, on sait que lorsqu'on amène en Europe un chien d'Amérique, il apprend peu à peu à aboyer. Eh bien! chose remarquable, on a constaté ce même fait chez le chacal, et il y a eu surtout au Muséum un de ces animaux qui aboyait si bien, qu'il était impossible de distinguer sa voix de celle d'un chien de la même taille.

On a fait à cela une objection : on a dit que le chacal avait une odeur désagréable qui aurait empêché l'homme de s'occuper de la domestication de cet animal; mais remarquons que lorsque le chacal est isolé et tenu proprement, son odeur perd tout caractère repoussant. Il n'en est pas de même, par exemple, de celle du renard, qu'il est impossible de supporter et de modifier.

Du reste, on voit encore aujourd'hui, dans beaucoup de pays, élever le chacal dans les maisons; c'est une sorte de domestication commençante.

3° Est-ce à dire que le chien n'ait pour ancêtres que le chacal et le loup? Non. M. Florent Prévôt a eu l'idée que le corsac et d'autres animaux analogues pourraient aussi avoir donné naissance aux petites variétés de chien. Desmoulins a pensé que le *canis carnivorus* pouvait être la source des chiens d'Amérique. Cet animal est employé à la chasse. Croisé avec des chiens, il donne des produits féconds. Ce ne sont, du reste, là que des conjectures qu'aucun fait n'appuie ni ne dément.

Un argument invoqué en faveur de la deuxième opinion, c'est celui-ci : Puisque le chien s'attache si facilement à l'homme, il a dû être entièrement transformé en animal domestique, et il ne doit plus exister un type sauvage. A cela, nous répondons que, dans plusieurs pays, il y a des chiens sauvages. Et pourquoi le chien primitif serait-il plutôt éteint que ces races sauvages, issues des chiens domestiques, et que nous voyons se perpétuer sur plusieurs parties du globe?

Remarquons que le chien existe dans un état intermédiaire à l'état sauvage et à l'état domestique. Dans la Turquie, en Égypte, on trouve des troupes de chiens sans maîtres, vivant de voiries et de débris de nourriture. Ces chiens seraient intéressants à étudier, mais il n'y a sur eux qu'un petit nombre de documents, tels que quelques phrases de M. Lallemand, dans son livre *sur l'Éducation.*

On a fait à M. Geoffroy Saint-Hilaire l'objection suivante : on dit : Puisque vous faites reproduire le loup et le chien, qui sont de la même espèce, pourquoi ne fait-on pas dans le Midi une race féconde de mulets obtenus par l'union du cheval et de l'âne? On a le tort de généraliser ainsi le fait observé sur ce mulet à tous les mulets des autres animaux; et, d'ailleurs, le mulet de l'âne et du cheval se reproduit quelquefois, comme on l'a observé. De plus, ces deux derniers animaux diffèrent beaucoup plus entre eux que ne diffèrent le chien et le loup. Aussi, quelques auteurs ont-ils voulu en faire deux genres distincts. Et cela est si vrai, que si on accouple deux espèces du genre cheval beaucoup plus voisines, on aura des produits féconds. Il y a au Muséum d'Histoire naturelle un métis de l'âne et de l'hémione nommé *polka*, et qui a donné des produits avec l'âne et avec l'hémione!

On a dit encore que ce qui prouve l'existence du genre chien, c'est son affectuosité envers l'homme, qualité que ne possèdent ni le chacal ni le loup. Il y a là une erreur qu'il faut rectifier. Le genre chien est celui qui possède au plus haut degré l'affection à l'égard de l'homme, unie à une intelligence assez remarquable; cette observation peut même s'appliquer à tous les carnassiers; cet instinct, cette affabilité, que tout le monde connaît chez le chien, existe aussi chez le loup : seulement, vous le développez chez le premier en lui prodiguant des caresses; vous l'arrêtez chez le second en le traquant, en le détruisant partout où vous le trouvez; et s'il arrive que des chasseurs, ayant attrapé de petits loups, les élèvent dans leurs demeures, ce ne sera pas pour les y laisser en liberté, mais pour les tenir continuellement enchaînés. Cela est si vrai, que toutes les fois qu'un loup a été caressé et regardé comme un chien, il a eu pour l'homme cet attachement unique que nous ne croyons exister que chez le chien. En voici un exemple frappant : Il y a plusieurs années, un marin, prêt à partir pour un grand voyage, laissa au Muséum un loup qu'il avait élevé et auquel il tenait beaucoup. Il revint au bout de quelque temps, et son premier soin fut de venir voir son fidèle animal; celui-ci, reconnaissant son maître, lui sauta au cou et manifesta sa joie par des battements de queue, par des cris qui sont très-connus chez le chien. Il fallut se séparer de nouveau. Durant ce second voyage, le loup se fit vieux, ses sens s'émoussèrent, il perdit la vue et devint presque sourd et très-morose. Aussi, au retour de son maître, eut-il de la peine à entendre sa voix; mais aussitôt qu'il l'eut reconnue, il manifesta son contentement par les mêmes caresses que la première fois.

D'un autre côté, comme les carnassiers ont aussi de la férocité, on pourra voir celle-ci exister chez les chiens qu'on ne traite pas bien, et aussi chez ceux qui passent à l'état sauvage.

Examinons maintenant l'emploi que l'on fait des chiens dans divers pays. Plus un animal est rapproché de l'homme, plus il est multiplié et plus on en tire de partis différents. Le chien sert à une infinité d'usages. Il conduit l'aveugle, il garde les habitations et les troupeaux, chasse le gibier et tourne des meules (on a remarqué que des chiens à qui on faisait faire cet ouvrage refusaient de le prolonger au delà du temps ordinaire). Dans les régions septentrionales, où il n'y a pas d'autres animaux domestiques, on attelle le chien aux traîneaux; par exemple, au pays des Esquimaux. On lui apprend à faciliter ou à réprimer la contrebande; il est dressé au sauvetage, soit dans les eaux, soit dans les neiges des montagnes. Enfin, les Espagnols, lors de la conquête de l'Amérique, exerçaient les chiens à courir sur les Américains et à les dévorer. On l'emploie à la recherche de la truffe.

Le chien est d'une utilité tout à fait secondaire comme animal industriel; on se sert de sa peau principalement pour faire des gants.

La chair du chien répugne, en général, aux peuples civilisés; car ils n'aiment pas à se nourrir des animaux qui mangent eux-mêmes de la chair. Du reste, celle du chien ne nous offrirait pas de grandes ressources. Aux îles Canaries, on élevait beaucoup de chiens; on les castrait et on les engraissait pour s'en nourrir. Il en est de même, aujourd'hui, sur plusieurs points de l'Amérique. Enfin, en Chine, un des principaux animaux comestibles est le chien, que l'on engraisse pour cet usage; mais on ne le nourrit que de riz. D'après Hippocrate, on a souvent mangé du chien dans l'antiquité.   GOSSART.

CHIEN DE MER, nom vulgaire du *squale*.

CHIENDENT (botanique) [*triticum repens*]. — Végétal de la famille des graminées et du genre froment; plante herbacée, vivace, à tiges droites, haute de 50 à 90 cent., à feuilles allongées, glabres en dessous, légèrement velues en dessus; épi allongé et comprimé de fleurs verdâtres; épillets sessiles, alternes, sans arêtes, contenant chacun 4 ou 5 fleurs.

Le chiendent croît opiniâtrément dans certains lieux incultes ou cultivés qu'il infeste par ses racines grêles, noueuses, rampantes et vivaces. Ces racines s'emploient en décoction pour tisanes émollientes et apéritives, dans toutes les maladies inflammatoires. Elles servent aussi, étant desséchées et taillées, à faire des vergettes ou brosses grossières.

On donne encore vulgairement le nom de *chiendent* à plusieurs autres plantes appartenant à divers genres, et qu'il est inutile de nommer.

CHIFFONNIER [radical *chiffon*]. — Celui qui fait profession de ramasser les débris de tout genre que l'on jette dans les rues, et dont on peut tirer quelque profit. M. P. Vinçard décrit ainsi l'industrie du chiffonnier : « La recherche et le triage des ordures qui peuvent encore être utilisées constituent une car-

rière assez lucrative pour celui qui a l'instinct du métier. Treize à quatorze cents personnes vivent de cette industrie à Paris. Les gens du métier distinguent les *placiers*, qui exploitent une circonscription sans en sortir, et les *aventuriers*, qui s'en vont butiner par toute la ville. Une petite promenade le soir et une grande tournée depuis quatre heures du matin jusqu'au moment où s'ouvrent les boutiques leur procurent un gain suffisant. Le gain nocturne d'un bon chiffonnier varie de 2 fr. à 5 fr. En général, la nature du travail indique que son produit doit être très-éventuel, car les trouvailles de l'un limitent les gains de l'autre. Les objets trouvés dans les rues devant fournir des matières premières pour diverses industries, le triage est l'opération subtile et importante du chiffonnier. Une hottée se distribue quelquefois en plus de vingt tas. On sépare les linges fins ou grossiers, blancs ou de couleurs. Les papiers ont différents prix, selon qu'ils sont blancs, imprimés ou de pâtes colorées. Dans les laines, on met à part les étoffes bleues, dont on extrait la couleur pour la revendre, et les tricots, qui sont recardés. Même triage pour les os, les cuirs, la ferraille, le cuivre, les bouchons, etc. Cette opération, que le chiffonnier fait subir à sa marchandise avant de la vendre, rend son habitation très-insalubre. Qu'on se figure des ordures de toute espèce, triées et séchées dans une chambre où mangent hommes, femmes et enfants! Presque tous les chiffonniers logent en garni. Leur passion dominante est la boisson, surtout l'eau-de-vie. Du reste, ils vivent, pour la plupart, de ce qu'ils trouvent dans les rues ou de ce qu'on leur donne dans quelques maisons où ils vident le panier aux ordures. Au surplus, le chiffonnier est jovial, goguenard, fier de son indépendance et content de son sort. Tous les chiffonniers ne vivent pas de la même façon et n'ont pas les mêmes mœurs. Il y en a un nombre assez considérable dont les vêtements sont très-propres, qui tiennent même à honneur de se faire respecter. On trouve des familles entières qui pourraient, sous le rapport de la moralité, servir d'exemple à beaucoup de riches bourgeois. Un fait non moins remarquable, c'est qu'il est rare qu'un chiffonnier se rende coupable d'un délit ou d'un crime contre la propriété privée. Les statistiques criminelles sont une preuve de cette assertion. L'explication de ce fait est bien simple : l'homme qui est forcé par la nécessité à accepter une pareille profession a soutenu, avant de s'y déterminer, une terrible lutte pour résister à l'entraînement du vice. Dès que sa résolution a été prise, il n'en est devenu que plus fort contre la tentation. Il en est de même des jeunes filles ou des jeunes femmes qui sont chiffonnières : elles ont voulu rester honnêtes, et, pour celui qui a étudié sérieusement cette classe déshéritée, rien n'est plus touchant ni plus respectable. Nous parlons ici de ceux qui n'ont pas failli; mais il y a encore une autre catégorie de *chiffonniers*. Ce sont ceux qui, ayant commis une première faute et l'ayant expiée, veulent néanmoins rentrer dans le devoir. Aucun atelier n'a pu s'ouvrir pour eux dès qu'on a su qu'ils sortaient de prison, et alors ils ont acheté une hotte, un crochet, et ont obtenu, souvent très-difficilement, le droit de gagner honnêtement leur vie. Ceux-là ne s'enivrent pas, ne portent pas de guenilles pour vêtements; ils sont tristes, mais leur aspect est sévère, et si, en causant avec eux, on leur demande pourquoi ils n'ont pas choisi un autre métier, une larme coule lentement sur leur visage... et ils ne répondent pas. La classe des *chiffonniers* et des *chiffonnières* est une des plus utiles; loin de la condamner tout entière, en ne tenant compte que de la répulsion involontaire causée par leur profession, on devrait, au contraire, chercher à la réhabiliter. Les vices qu'on lui reproche sont-ils bien le résultat de la seule volonté des individus? Ne détournons donc pas la tête avec mépris quand nous voyons un chiffonnier, car le courage nous manquerait peut-être pour lui ressembler. » (P. *Vinçard.*)

CHIFFRE (arithmétique, grammaire et typographie). — On n'est d'accord ni sur l'étymologie de ce mot, ni sur l'origine de nos chiffres.

Étymologie. — On prétend que le mot *chiffre* vient du latin barbare *cyphra*, qui servit d'abord à désigner le zéro; mais il est plus probable qu'il vient de l'arabe *sifr*, qui veut dire vide, et s'applique spécialement au zéro, dans cette langue.

Le mot *chiffre*, détourné de sa signification primitive, s'applique aujourd'hui aux signes quelconques dont on se sert pour figurer les nombres, que ce soient des lettres ou des signes particuliers.

On peut représenter aux yeux les mots qui expriment les nombres en employant des lettres comme pour tous les autres mots de la langue; mais on a senti de bonne heure la nécessité de signes abréviatifs. Les calculs, en effet, n'auraient pas été possibles sans cela.

Des nombres écrits en lettres. — Les mots dont nous nous servons pour désigner les nombres sont de plusieurs natures, je les passerai successivement en revue, et je m'occuperai, en même temps, de quelques irrégularités qu'ils présentent.

Quelques-uns de ces mots sont substantifs ou adjectifs; d'autres sont adverbes.

Nombres cardinaux. — Les mots qui servent seulement à indiquer le nombre, comme *un*, *deux*, *trois*, etc., sont appelés *cardinaux*, du latin *cardo*, gond, pivot, parce qu'ils sont la base des autres nombres. En effet, *un*, *deux*, *trois*, *quatre*, etc., ont servi à former *unième*, *deuxième*, *troisième*, *quatrième*, etc., et *unièmement*, *deuxièmement*, *troisièmement*, *quatrièmement*, etc.

Ces mots nous viennent du latin. *Un*, *deux*, *trois*, *quatre*, *cinq*, *six*, *sept*, *huit*, *neuf*, *dix*, *onze*, *douze*, *treize*, *quatorze*, *quinze*, *seize*, *dix-sept*, *dix-huit*, *dix-neuf*, *vingt*, *trente*, *quarante*, *cinquante*, *soixante*, *septante*, *octante*, *nonante*, *cent*, *mille*, ont été formés de *unus*, *duo*, *tres*, *quatuor*, *quinque*, *septem*, *octo*, *novem*, *decem*, *undecim*, *duodecim*, *tredecim*, *quatuordecim*, *quindecim*, *sexdecim*, *decem et septem*, *decem et octo*, *decem et novem*, *viginti*, *triginta*, *quadraginta*, *quinquaginta*, *septuaginta*, *octoginta*, *nonaginta*, *centum*, *mille*.

Cette nomenclature, comme on le voit, est bien loin d'être régulière. Les mots servant à exprimer les dizaines, au lieu d'être tous empruntés à ceux qui expriment les unités, ont une autre origine. Pour la régulariser, il faudrait, comme le demandait Condorcet, substituer *unante* à *dix* et *duante* à *vingt*, et l'on aurait alors *unante-un*, *unante-deux*, *unante-trois*, *unante-quatre*, *unante-cinq*, *unante-six*, *unante-sept*, *unante-huit*, *unante-neuf*, *duante*, qui remplaceraient avec avantage les mots *dix*, *onze*, *douze*, *treize*, *quatorze*, *quinze*, *seize*, *dix-sept*, *dix-huit*, *dix-neuf*, *vingt*, mots très-irrégulièrement formés, et qui n'indiquent rien, tandis qu'*unante* signifie une dizaine, comme *duante* deux dizaines, *trente*, trois dizaines, etc. Ces mots sont nouveaux, mais ils sont clairs, intelligibles, et ils n'ont contre eux que la routine. Faut-il espérer qu'un jour la raison aura le dessus?

Quelques personnes, dans le même but, ont proposé de dire : *dix-un*, *dix-deux*, *dix-trois*, *dix-quatre*, *dix-cinq*, *dix-six*, *dix-sept*, *dix-huit*, *dix-neuf*. Certainement ces expressions seraient un peu moins irrégulières que celles qui sont aujourd'hui usitées; mais le vice radical subsisterait toujours, et d'ailleurs il serait tout aussi difficile d'introduire une demi-réforme qu'une réforme complète.

Non-seulement on s'obstine à ne pas expulser de la nomenclature les mots irréguliers qui expriment les nombres, de *dix* à *vingt*, mais même, ce qui est bien pis, on a laissé tomber en désuétude les mots *septante*, *octante* et *nonante*, pour les remplacer par les ridicules expressions *soixante-dix*, *quatre-vingts*, *quatre-vingt-dix*. Pourquoi dire *soixante-dix* plutôt que *quarante-dix*, *cinquante-dix*? L'un n'est-il pas aussi grotesque que les autres? Pourquoi *quatre-vingts* et *quatre-vingt-dix*? Après avoir, dans ces nombres, indiqué la quantité de dizaines, tout d'un coup on multiplie par *vingt*, et, dans la dizaine suivante, à la multiplication on ajoute une addition, *quatre fois vingt plus dix*, quatre-vingt-dix. Qui nous délivrera de ces gothiques expressions? Au lieu de rire des personnes qui disent, comme la raison l'indique, *septante*, *octante*, *nonante*, nous devrions les imiter, et les littérateurs en renom devraient bien chercher à restituer ces mots à notre langue. Nous aurions alors une nomenclature régulière : *unante*, *duante* (M. Peigné propose *deuxante*, à cause de *deux*), *trente*, *quarante*, *cinquante*, *septante*, *octante* (M. Peigné propose *huitante*, dont on se servait autrefois), *nonante* (M. Peigné propose *neuvante*, formé régulièrement de *neuf*).

M. Chevallet, dans son remarquable ouvrage sur l'origine de la langue française, nous indique d'où viennent ces expressions; nous les avons empruntées à nos pères les Gaulois.

« Bien que le nombre *dix* soit généralement la base du système de numération chez les peuples de la famille indo-européenne, les Celtes paraissent avoir préféré *vingt* comme nombre fondamental de ce système; en voici des exemples empruntés au breton, au gallois et à l'écossais, langues de la famille celte.

Dix : bret., *dek*; gall., *deç*; écoss., *deich*. Vingt : bret., *ugeñt*; gall., *ugain*, *ugaint*; écoss., *fichead*. Trente : bret., *tregoñt*; gall., *deg ar ugain* (dix en sus de vingt); écoss., *deich ar fichead* (dix en sus de vingt). Quarante : bret., *daou-ugeñt* (deux-vingts); gall., *deugain* (contraction de *dau ugain*, deux-vingts); écoss., *da fichead* (deux-vingts). Cinquante : bret., *hanter-kañt* (demi-cent); gall., *deg a deugain* (dix et deux-vingts); écoss., *da fichead is deich* (deux-vingts et dix). Soixante : bret., *tri-ugeñt* (trois-vingts); gall., *trigain* (contraction de *tri ugain*, trois-vingts); écoss., *tri fichead* (trois-vingts). Soixante-dix : bret., *dek ha tri-ugeñt* (dix et trois-vingts); gall., *deg a trigain* (dix et trois-vingts); écoss., *tri fichead is deich* (trois-vingts et dix). Quatre-vingts : bret., *pevar-ugeñt* (quatre-vingts); gall., *pedwar ugain* (quatre-vingts); écoss., *cheithir fichead* (quatre-vingts). Quatre-vingt-dix : bret., *dek ha pevar-ugeñt* (dix et quatre-vingts); gall., *deg a pedwar ugain* (dix et quatre-vingts); écoss., *cheithir fichead is deich* (quatre-vingts et dix).

» Les peuples, pas plus que les individus, n'abandonnent aisément la manière de compter à laquelle ils sont habitués. Les personnes qui parlent le plus facilement une langue étrangère sont presque toujours obligées de recourir à leur langue maternelle lorsqu'elles veulent faire un compte de mémoire. L'attention que nécessite leur calcul se trouverait partagée mal à propos si elles employaient une façon de compter qu'elles peuvent connaître, il est vrai, mais qui ne leur est pas très-familière. Les Gaulois, tout en adoptant le système décimal des Romains, et les termes de la numération latine, durent perdre difficilement l'habitude du système vicésimal (par vingt). C'est ce qui explique comment ce système put être transmis à nos pères du moyen âge, qui en faisaient un fréquent usage. Ils disaient : *trois-vingts, quatre-vingts, six-vingts, sept-vingts, huit-vingts, neuf-vingts, onze-vingts, treize-vingts, quatorze-vingts, quinze-vingts*, etc. L'usage de ces expressions numériques se perpétua jusque vers la fin du seizième siècle, et même plus tard pour quelques-unes d'entre elles. Il nous reste encore *quatre-vingts* et *quatre-vingt-dix*, qui ont tout à fait remplacé *huitante* ou *octante* et *nonante*. »

Dans les *mille*, nous détruisons comme à plaisir la régularité de la nomenclature, quoique les mots réguliers ne nous fassent pas défaut. Au lieu de *mille cent, mille deux cents, mille trois cents, mille quatre cents, mille cinq cents, mille six cents, mille sept cents, mille huit cents, mille neuf cents*, nous disons : *onze cents, douze cents, treize cents, quatorze cents, quinze cents, seize cents, dix-sept cents, dix-huit cents, dix-neuf cents*. Il n'y a que dans la date des années que l'on ose quelquefois revenir à la nomenclature régulière. Conçoit-on une telle horreur de ce qui est simple, régulier, naturel? Mais on ne s'arrête pas là : on continue l'irrégularité après un million, en disant : *onze cent mille, douze cent mille, treize cent mille, quatorze cent mille, quinze cent mille, seize cent mille, dix-sept cent mille, dix-huit cent mille, dix-neuf cent mille*, pour *un million cent mille, un*

million deux cent mille, etc. Quand se laissera-t-on guider par la logique ou même par le simple bon sens?

Les mots dont nous nous servons pour exprimer les nombres supérieurs à *mille* n'ont pas été empruntés directement au latin; ce sont : *million, billion, trillion, quatrillion, quintillion, sextillion, septillion, octillion* et *nonillion*. Au delà nous n'avons plus de mots pour exprimer les nombres, mais quand avons-nous besoin d'aller même jusque-là? Très-rarement on a recours à des nombres plus grands que les billions. Ainsi, en prenant pour unité l'épaisseur d'un cheveu supposée égale à la vingt-cinquième partie d'un millimètre, on trouve que le tour entier du globe terrestre serait exprimé par une seule unité de trillion.

Si notre nomenclature numérique est assez étendue, puisqu'elle va jusqu'aux nonillions, que l'on exprime par trente-trois chiffres, il y a des peuples chez lesquels elle est extrêmement limitée; tels sont les Groënlandais. Ils n'ont de mots propres pour exprimer les nombres que jusqu'à 5. Pour compter jusqu'à 20, ils emploient les mots désignant les doigts des pieds et des mains. Le mot *homme* leur sert à exprimer les nombres supérieurs à 20; ainsi, pour exprimer 80, ils disent 4 hommes.

Le mot *milliard* signifie la même chose que *billion*, mais on ne s'en sert guère que quand il s'agit de finances. *Il y a longtemps que le budget de la France a dépassé un* MILLIARD. Pourquoi cette distinction? Le nombre n'est-il pas le même qu'il s'agisse d'argent ou de toute autre chose? Pourquoi rompre, sans motif valable, la régularité de la nomenclature? On trouve quelquefois le mot barbare *bimilliard*, deux milliards, mot de la plus complète inutilité. *Milliard* expulsé, il n'y aurait plus que *billion* qui serait formé irrégulièrement de *bis* au lieu de *duo*.

Variabilité des noms de nombre. — Les noms de nombre cardinaux, c'est-à-dire ceux qui ne servent qu'à exprimer le nombre sans aucune autre idée accessoire, comme *un, deux, trois*, etc., ne sont pas soumis, sous ce rapport, aux mêmes modifications que les autres adjectifs. *Un* est le seul qui prenne la marque du féminin. Tous les autres nombres étant nécessairement pluriels ne prennent pas la marque de ce nombre; ainsi, qu'ils soient terminés par un *s* ou par un *x*, comme *deux, trois, dix*, ou qu'ils se terminent autrement, comme *quatre, onze, douze*, etc., cela ne change rien à leur nature.

Quant au mot *quatre*, le peuple l'excepte de la règle générale, en disant *entre quatre-s-yeux*, expression qui a obtenu la sanction de l'Académie, sans doute comme plus euphonique, et qui a fait dire à l'académicien Domergue : *Mille-s-yeux, que c'est beau!*

« Il est vrai, dit M. Bescherelle, qu'il y a un certain usage en faveur de cette prononciation, proposée par Beauzée, et approuvée par plusieurs grammairiens, mais c'est l'usage des personnes à qui notre orthographe est absolument inconnue. De ce qu'un homme grossier se disputant avec un autre lui dit : *Si nous sommes jamais entre quatre-s-yeux, tu me le paieras*, comment un grammairien a-t-il pu conclure de là que, pour la douceur de la prononciation, il faut dire : *entre quatre-s-yeux* ? Si *quatre yeux* offre un son dur à l'oreille, *quatre œufs* n'offre pas un son plus doux; l'euphonie exigerait donc que l'on dît *quatre-s-œufs*; et alors pourquoi, d'euphonie en euphonie, n'irait-on pas jusqu'à dire : *huit-s-yeux*, car enfin le *s* est plus doux que le *t*? *Entre quatre yeux* est donc la seule prononciation qu'on puisse admettre; elle est d'ailleurs conforme à celle qu'ont adoptée la presque totalité des grammairiens. » On peut ajouter que toutes les personnes éclairées s'expriment ainsi, malgré la tolérance inexplicable de l'Académie.

Suivant feu Vanier, mon ancien confrère à la Société grammaticale, l'Académie s'était montrée autrefois plus zélée pour la pureté de la langue, car cette expression *entre quatre-s-yeux* s'étant glissée dans une des éditions de son Dictionnaire, elle en fit suspendre la vente, enleva la page où se trouvait cette faute, et fit faire un carton, pour qu'il n'en restât pas de traces. Mais, depuis 1835, son assentiment a sanctionné cette expression, toujours en honneur à la halle et dans d'autres lieux où la pureté du langage est peu recherchée; cependant toutes les personnes qui parlent correctement s'obstinent à proscrire *entre quatre-s-yeux*, malgré la décision académique, et on ne peut que les approuver.

Cent prend la marque du pluriel lorsqu'il est précédé d'un autre nombre qui le multiplie. *Deux cents, trois cents, quatre cents*, etc., parce qu'il est alors considéré comme l'équivalent du mot *centaine*. Mais si, en ce cas, il est suivi d'un autre nombre, il reste invariable : *deux cent deux*, parce qu'il ne forme plus alors un nombre rond, et que par conséquent il ne pourrait pas être remplacé par *centaine*. *Cent* est encore invariable quand il est employé pour *centième*, *l'an* DEUX CENT, *le chapitre* DEUX CENT, parce qu'il n'est question, dans ce cas, que d'une seule année ou d'un seul chapitre. La même chose a lieu pour tous les autres nombres employés de cette manière.

Le mot barbare *quatre-vingt*, c'est-à-dire quatre fois vingt, est soumis à la même règle. On dit *quatre-vingts hommes* et *quatre-vingt-deux hommes*, le chapitre *quatre-vingt*, l'année *quatre-vingt*. Il en était de même des autres nombres gothiques *cinq-vingt, six-vingt*, etc., que nous avons eu le bon esprit de supprimer.

Le mot *mille*, au contraire, est toujours invariable, parce qu'on ne s'en servait pas autrefois substantivement; *millier* s'employait en ce dernier cas. Chez les Latins, c'était *mille* qui variait, *centum* qui était invariable. Pourquoi toutes ces distinctions inutiles?

Quand le mot *mille* sert à la date des années, on l'écrit alors *mil* : *l'an* MIL *huit cent cinquante-sept*. Des grammairiens prétendent que cette orthographe ne doit être admise qu'à partir de l'ère chrétienne; mais que pour les années qui ont précédé la naissance de Jésus-Christ, il faut écrire *mille* : *l'an du monde trois* MILLE *quatre cent seize*, et qu'il faudra faire de même pour le millésime qui suivra celui où nous sommes. Des distinctions aussi puériles sont-elles admissibles? Il est probable que nos descendants du

vingtième siècle et des suivants n'auront aucun égard à une loi aussi contraire à la raison.

Quant aux nombres *million, milliard, billion* et autres semblables, ils suivent la règle générale des substantifs, parce qu'ils sont toujours considérés comme tels.

Nombres ordinaux. — Les nombres ordinaux sont ceux qui expriment l'ordre et le rang, comme *premier, second* ou *deuxième, troisième*, etc.

Excepté *premier* et *second*, tous les nombres ordinaux se forment des nombres cardinaux, en changeant *f* en *vième* dans ceux qui finissent en *f*, comme *neuvième*, de *neuf*; en changeant en *ième* l'*e* muet de ceux qui ont cette terminaison, comme *millième*, de *mille*, et en ajoutant *ième* à ceux qui finissent par une consonne, *deuxième*, de *deux*, *troisième*, de *trois*.

Dans notre ancienne langue, ils ne se formaient pas tout à fait de la même façon, ils étaient quelquefois plus rapprochés du latin : *primus* forma *prime*; *secundus*, second; *tertius*, tiers; *quartus*, quart; *quintus*, quint; *sextus*, sexte; *septimus*, setième, setiesme, setme; *octavus*, octave; *nonus*, none; *decimus*, disme; *undecimus*, onzime, onzième; *duodecimus*, douzime, douzième; *tertius decimus*, trezime, treizième; *quintus decimus*, quinzième; *sextus decimus*, sezime, sezième; *tricesimus*, trentisme, trentime, trentième; *quadragesimus*, quarantisme, quarantime, quarantième; *quinquagesimus*, cinquantisme, cinquantième, etc. La terminaison *ime, iesme, ième, isme, ième*, était celle de la plus grande partie des adjectifs ordinaux, l'analogie porta naturellement à former de semblables adjectifs, en ajoutant la même terminaison aux autres nombres; ainsi l'on dit *unième, deuxième, troisième, quatrième, cinquième, sixième*, etc.

Toutes les anciennes formes des adjectifs ordinaux n'ont pas été complétement abandonnées, mais on leur a donné un autre emploi. *Prime* nous est resté dans *de prime-abord, prime-saut, prime-sautier*, l'office de *prime*. Tiers nous a été conservé dans *tiers état, tiers ordre, tiers parti*. Quart est encore en usage dans *fièvre quarte*. On dit encore aujourd'hui *Sixte-Quint, Charles-Quint*. Sexte, none sont encore usités dans l'Église.

Les nombres ordinaux s'emploient souvent pour les nombres cardinaux correspondants. C'est ce qui a lieu pour les heures; on dit : *il est* SIX *heures*, et non pas la SIXIÈME *heure*. Il en est de même pour les années : *l'an* MIL HUIT CENT CINQUANTE-SEPT; pour la date du mois : *le* TROIS, *le* QUATRE *septembre*; pour les princes et souverains d'un même nom qui ont gouverné le même pays : *Louis* DOUZE, *Henri* QUATRE.

Pour la date du mois, on dit toujours *le premier*, et jamais *le un*. On est partagé sur l'emploi ou la suppression de la préposition *de* dans ces expressions : *le huit mai* ou *le huit de mai*. L'emploi de la préposition serait plus régulier, mais sa suppression est plus conforme à l'usage.

Pour les princes, on ne dit jamais *François un, Henri un*, mais toujours *François premier, Henri premier*, mais on dit assez indifféremment *Henri deux* et *Henri second*. Quoiqu'on dise *Charles cinq*, pour désigner le roi de France de ce nom, l'usage veut qu'on dise *Charles-Quint*, en parlant du roi d'Espagne contemporain de *François premier*. On dit également le pape *Sixte-Quint*, et jamais *Sixte cinq*.

Il serait à désirer, pour que cette nomenclature fût régulière, qu'au lieu de *premier* on dit *unième*; que *deuxième* fût toujours substitué à *second*, dont l'utilité n'est pas bien démontrée; que l'on supprimât les ridicules expressions *soixante-dixième*, *quatre-vingtième*, *quatre-vingt-dixième*, pour les remplacer par *septantième*, *octantième*, *nonantième*; enfin qu'à *dixième* et aux nombres suivants jusqu'à *vingtième*, on substituât *unantième*, *unante-unième*, etc., *duantième*, etc.

Nombres collectifs ou d'assemblage. — Il n'existe pas, pour ces nombres, une nomenclature complète, on dit : *dizaine*, *douzaine*, *quinzaine*, *vingtaine*, *trentaine*, *centaine*, *millier*, etc.

Là encore, comme dans mille autres circonstances, l'Académie a donné une preuve de son horreur pour la logique et l'analogie : elle écrit : *dix*, *dixième*, *dixièmement*, et elle veut qu'on écrive : *dizain*, *dizaine*, *dizeau*, *dizenier* ou *dizainie*. Pourquoi? Comme à son ordinaire, elle ne daigne pas nous l'apprendre.

Nombres distributifs. — Ils servent à exprimer les parties d'un tout : *demi* ou *moitié*, *tiers*, *quart*, *cinquième*, etc.

Nombres proportionnels. — Quelques nombres seulement ont des mots pour exprimer les idées de proportion : *double*, *triple*, *quadruple*, *décuple*, *centuple*, etc. Ces mots ont ordinairement des verbes correspondants : *doubler*, *tripler*, *quadrupler*, etc.

Adverbes numéraux. — Les noms de nombre fournissent aussi des adverbes en *ment*, formés régulièrement et tout à fait conformes au génie de notre langue; mais la gent latiniste a mis tout en œuvre pour les proscrire. Au lieu de *premièrement*, *secondement* ou *deuxièmement*, etc., elle dit *primo*, *secundo*, etc.

Pour mieux faire sentir l'absurdité de cet usage, je donne ici la nomenclature de ces nombres, telle qu'on la trouve dans le *Complément de l'Académie*, j'y joins les mots français qui y correspondent, les abréviations dont on se sert pour les exprimer, et celles que je propose d'y substituer.

Primo, premièrement, 1°, auquel je substitue 1ᵗ; *secundo*, secondement ou deuxièmement, 2°, 2ᵗ; *tertio*, troisièmement, 3°, 3ᵗ; *quarto*, quatrièmement, 4°, 4ᵗ; *quinto*, cinquièmement, 5°, 5ᵗ; *sexto*, sixièmement, 6°, 6ᵗ; *septimo*, septièmement, 7°, 7ᵗ; *octavo*, huitièmement, 8°, 8ᵗ; *nono*, neuvièmement, 9°, 9ᵗ; *decimo*, dixièmement, 10°, 10ᵗ; *undecimo*, onzièmement, 11°, 11ᵗ; *duodecimo*, douzièmement, 12°, 12ᵗ; *decimo tertio*, treizièmement, 13°, 13ᵗ; *decimo quarto*, quatorzièmement, 14°, 14ᵗ; *decimo quinto*, quinzièmement, 15°, 15ᵗ; *decimo sexto*, seizièmement, 16°, 16ᵗ; *decimo septimo*, dix-septièmement, 17°, 17ᵗ; *decimo octavo* ou *duodevigesimo*, dix-huitièmement, 18°, 18ᵗ; *decimo nono* ou *undevi-*

gesimo, dix-neuvièmement, 19°, 19ᵗ; *vigesimo*, vingtièmement, 20°, 20ᵗ; *vigesimo primo*, vingt-unièmement, 21°, 21ᵗ; *vigesimo secundo*, vingt-deuxièmement, 22°, 22ᵗ, etc.; *trigesimo*, trentièmement, 30°, 30ᵗ; *quadragesimo*, quarantièmement, 40°, 40ᵗ; *quinquagesimo*, cinquantièmement, 50°, 50ᵗ; *sexagesimo*, soixantièmement, 60°, 60ᵗ; *septuagesimo*, soixante-dixièmement, ou mieux septantièmement, 70°, 70ᵗ; *octogesimo*, quatre-vingtièmement, ou mieux octantièmement, 80°, 80ᵗ; *nonagesimo*, quatre-vingt-dixièmement, ou mieux nonantièmement, 90°, 90ᵗ; *centesimo*, centièmement, 100°, 100ᵗ; *centesimo primo*, *centesimo secundo*, etc.; *ducentesimo*, deux centièmement, 200°, 200ᵗ; *trecentesimo*, trois centièmement, 300°, 300ᵗ; *quadringentesimo*, quatre centièmement, 400°, 400ᵗ; *quingentesimo*, cinq centièmement, 500°, 500ᵗ; *sexcentesimo*, six centièmement, 600°, 600ᵗ; *septingentesimo*, sept centièmement, 700°, 700ᵗ; *octingentesimo*, huit centièmement, 800°, 800ᵗ; *nongentesimo*, neuf centièmement, 900°, 900ᵗ; *millesimo*, millièmement, 1000°, 1000ᵗ; *bis millesimo*, deux millièmement, 2000°, 2000ᵗ; *ter millesimo*, trois millièmement, 3000°, 3000ᵗ, etc.

On arrive ainsi à un million. Le *Complément* ne va pas au delà, et c'est bien raisonnable en effet. L'Académie n'a pas dépassé *primo*, et c'était déjà trop. Comment ose-t-on hérisser un dictionnaire français de mots aussi barbares, aussi grotesques, aussi ridicules, aussi inintelligibles pour nous autres Français, bien entendu, quand notre langue nous fournit des mots exactement équivalents, à physionomie française, et intelligibles pour tout le monde? Des personnes qui ignorent le latin, mais qui veulent passer pour le connaître, après avoir commencé cette nomenclature latine, sont obligées de s'arrêter dès les premiers nombres; ainsi elles disent : *primo*, *secundo*, *tertio*, *quatrièmement*, etc.; ou bien, si elles vont plus loin, elles fabriquent des barbarismes latins qui font d'autant plus rire qu'ils montrent l'ignorance et la prétention; elles disent, par exemple, *cinquo* pour *quinto*, *sixo* pour *sexto*, *septo* pour *septimo*, etc. Ayons moins de prétention et plus de bon sens.

C'est pour rappeler sans cesse à l'emploi des mots français que je substitue à l'abréviation ordinaire 1°, 2°, 3°, etc., celle de 1ᵗ, 2ᵗ, 3ᵗ, etc.

Afin que la nomenclature fût régulière, il serait à désirer que l'on dît *unièmement* pour *premièrement*; que *deuxièmement* fût toujours substitué à *secondement*; que l'on rétablît l'emploi des adverbes *septantièmement*, *octantièmement*, *nonantièmement*, pour remplacer *soixante-dixièmement*, *quatre-vingtièmement*, *quatre-vingt-dixièmement*, qui sont désavoués par la logique, et que l'on créât les adverbes *unantièmement* et *duantièmement*, pour tenir la place de *dixièmement* et *vingtièmement*.

Il est une classe d'adverbes de nombre dont notre langue est privée : ce sont les adverbes qui expriment le nombre de fois ou *nombres itératifs*. Les Latins, plus riches que nous sous ce rapport, disent : *semel*, une fois; *bis*, deux fois; *ter*, trois fois; *quater*, quatre fois; *quinquies,* cinq fois; *sexies,* six fois; *septies,* sept fois; *octies,* huit fois; *nonies,* neuf fois; *decies,* dix fois, et ainsi pour tous les autres nombres. Si nos franco-latinistes, aussi ennemis de la langue de leur pays que passionnés pour tout ce qui a une physionomie étrangère, avaient cherché à introduire cette série de mots dans notre langue, leur entreprise aurait été plus excusable que dans le cas précédent, puisque nous n'avons rien de semblable; mais cependant on aurait encore pu leur reprocher l'air étranger qu'auraient toujours conservé ces expressions. Ils n'ont fait la chose qu'à moitié; ils disent comme tout le monde : *une fois, deux fois, trois fois,* etc., quand il s'agit d'exprimer le nombre de fois qu'une action est répétée; mais s'ils veulent indiquer la répétition du même nombre dans une nomenclature, lorsqu'ils ont intercalé un ou plusieurs articles, et qu'ils ne veulent pas changer complétement le numérotage, ils disent, par exemple, 7, 7 *bis,* 7 *ter,* 7 *quater,* 7 *quinquies,* etc. Le *Complément de l'Académie,* qui s'est montré si généreux pour les adverbes précédents, a été en ce cas d'une ladrerie inconcevable, il n'est pas allé au delà de *septies.* Il n'y a que les latinistes renforcés qui se servent de *semel,* tout le monde se contente d'abord du nombre simple, ce n'est que lorsque la répétition commence qu'on a recours aux adverbes latins. On s'en sert assez souvent dans le numérotage des rues, mais il est assez rare qu'on aille au delà de *bis* ou au plus de *ter.* Au lieu de ces mots étrangers, ne vaudrait-il pas mieux se servir de signes ou d'abréviations intelligibles pour tout le monde, comme 7, 7², 7³, 7⁴, 7⁵, ou 7-1, 7-2, 7-3, etc.? Souvent en musique on indique que l'on doit répéter un ou plusieurs vers, en les accompagnant des mots *bis, ter,* suivant qu'on doit le répéter deux ou trois fois. En pareil cas, on pourrait conserver ces mots, considérés comme techniques. L'un d'eux, *bis,* est même si fréquemment employé qu'il est dans la bouche des personnes les plus étrangères au latin, et qu'il a donné naissance au verbe *bisser.*

Emploi du trait d'union dans les nombres.—Les grammairiens sont partagés sur l'emploi du trait d'union dans les nombres : les uns veulent qu'on s'en serve avec tous les mots qui expriment un nombre, quelque nombreux qu'ils soient, les autres ne les admettent que dans certaines circonstances. L'usage s'est, avec raison, déclaré pour ces derniers. En effet, ne semble-t-il pas ridicule d'écrire avec des traits d'union le nombre suivant et autres semblables : *deux-millions-trois-cent-quatre-vingt-dix-neuf-mille-neuf-cent-quatre-vingt-dix-neuf?* L'usage général est de ne mettre le trait d'union qu'aux nombres au-dessous de *cent.* Ainsi l'on écrit : *dix-sept, dix-huit, dix-neuf, vingt-un, vingt-deux, quatre-vingt-un, quatre-vingt-dix-neuf,* etc.; chacun de ces mots *un, deux, trois,* etc., est ainsi rattaché au mot sous la dépendance duquel il est, *dix, vingt, trente, quarante,* etc. Les mots *cent, mille, million,* etc., rejettent le trait d'union parce qu'ils forment des têtes de groupe, et que les nombres qui les suivent

n'en sont pas une dépendance immédiate comme ceux que j'ai cités ci-dessus. Mais quand on dit *vingt et un, trente et un,* on n'emploie pas le trait d'union.

Dans les nombres fractionnaires on est souvent obligé d'employer le trait d'union, pour que l'on sache de suite quel est le nombre dont il est question. Ainsi l'on écrit sans trait d'union *cinq centièmes* pour désigner cinq parties d'un objet divisé en cent parties; mais on dirait *un cinq-centième* si l'on voulait parler d'une des divisions d'un objet partagé en cinq cents parties.

Emploi de la conjonction ET *dans les nombres.*—Le mot *un* et ses dérivés *unième* et *uniémement* sont quelquefois précédés de la conjonction *et.* L'Académie l'admet, mais beaucoup d'écrivains la rejettent avec raison. L'analogie demande cette suppression, puisqu'on ne l'admet pas pour *deux, trois,* etc. Les défenseurs de la conjonction disent que *vingt et un* est plus euphonique que *vingt-un.* Il est probable que cette euphonie existe pour eux parce qu'ils sont plus habitués à la conjonction. Il est rare que l'on emploie *un* au delà de *cent.* Cependant on cite quelques exemples très-rares de *et* dans les nombres supérieurs à *cent : Le Livre des Cent et un, une période de deux cent et un ans, les Mille et une Nuits.*

Un n'est pas le seul nombre avant lequel on place la conjonction, on s'en sert aussi depuis *soixante* jusqu'à *quatre-vingts : soixante et deux, soixante et trois,* etc. Tout cela n'est-il pas trop arbitraire pour être admis par les personnes qui ne consultent que le raisonnement?

Les Latins se servaient comme nous de la conjonction *et.* Après *sexdecim,* seize, ils disaient : *decem et septem, decem et octo, decem et novem.* Cet usage se perpétua dans les langues néo-latines. Nous disions autrefois *dix et sept, dix et huit, dix et neuf,* plus tard nous avons supprimé la conjonction *et* pour avoir une expression plus concise, et nous disons *dix-sept, dix-huit, dix-neuf.* L'italien nous présente la même ellipse : *dieci sette, dieci otto, dieci nove;* mais l'espagnol conserve la conjonction : *diez y sete, diez y ocho, diez y nueve.*

La présence de la conjonction *et* faisait que l'on doutait autrefois si l'on devait dire *vingt et un* CHEVAL ou *vingt et un* CHEVAUX. Ceux qui employaient la première expression prétendaient qu'elle était l'équivalent de *vingt chevaux et un cheval.* Les autres soutenaient, avec beaucoup plus de raison, que ce nombre et les autres analogues, qu'ils fussent employés avec ou sans *et,* ne présentaient toujours qu'une idée unique, et leur avis l'a emporté. Aujourd'hui ces puérilités sont tout à fait tombées dans l'oubli.

Des nombres écrits en chiffres. — Il ne suffisait pas de sentir la nécessité de signes particuliers pour exprimer les nombres, il fallait encore auparavant adopter une échelle de numération; la base décimale a été généralement adoptée, du moins en principe, même par les peuples qui n'ont pas suivi ce système de numération pour leurs chiffres. Cependant, deux autres systèmes ont attiré l'attention des savants : ce sont les systèmes duodécimal et binaire, dont je dirai quelques mots.

Système décimal. — Les Hindous ont neuf signes spéciaux destinés à traduire aux yeux les neuf premiers nombres, et ces signes sont les formes légèrement altérées des premières lettres des mots qui désignent les neuf nombres. Pour écrire les nombres, les Hindous font usage du système décimal que nous possédons et qui se rencontre à la fois chez un grand nombre de peuples. En effet, ainsi que l'a remarqué M. Libri, on retrouve ce mode de numération dans presque tous les anciens systèmes d'arithmétique littérale, dans lesquels les dix premières lettres de l'alphabet exprimaient ordinairement les dix premiers nombres, et où les autres lettres désignaient successivement les dizaines, les centaines, etc. Les nombres intermédiaires se formaient par addition ou par soustraction. C'est, en effet, un module arithmétique dont le nombre des doigts de la main a fourni la première idée; et il n'y a pas besoin de chercher une communauté d'origine pour s'expliquer que les Wolofs et les peuples du nouveau monde le possèdent à la fois. M. Alex. de Humboldt a remarqué que, dans certaines langues américaines, le nombre cinq s'exprime par le mot *main*. Ce mot *main* se retrouve dans la terminaison *ginta*, *ginti*, des noms d'unités décimales chez les Romains : *viginti*, *triginta*, *quadraginta*, etc., dont nous avons fait *vingt*, *trente*, *quarante*, etc., c'est-à-dire deux fois les mains, trois fois les mains, à raison du nombre des doigts. Les Chinois ont aussi des signes pour désigner les dix premiers nombres. Il en est de même des Arabes.

Système duodécimal. — Bien que le système décimal soit la base arithmétique adoptée par tous les peuples, et qu'il soit considéré comme le plus naturel, puisqu'il a pour point de départ le nombre des doigts de la main, on ne peut cependant pas dire que le système décimal a un caractère absolu de supériorité sur les autres. Son principal défaut est de n'avoir que deux diviseurs exacts : 2 et 5. Sous ce rapport, le système duodécimal, c'est-à-dire qui a pour base le nombre douze, présente une grande supériorité, parce qu'il contient un plus grand nombre de diviseurs, ce qui contribue à faciliter les calculs; et Fourier a même démontré que le système duodécimal était aussi naturel que le système décimal, car il ne suffit pas de dire : nous avons dix doigts, il faut observer que nous avons à chaque main quatre doigts composés chacun de trois articulations ou phalanges, et ensuite un cinquième doigt qui est hors ligne, le pouce, destiné aux fonctions de compteur dans le calcul sur les mains. Chacune de nos mains est donc faite de telle que que nous pouvons y marquer les douzaines, de sorte que nous pouvons compter sur nos mains jusqu'à 12 fois 12.

Jusqu'à présent, ces raisons n'ont converti personne, et le système duodécimal n'est admis, en arithmétique et en algèbre, que pour les recherches sur les propriétés des nombres.

Système binaire. — On a trouvé chez les Chinois un système d'arithmétique qui n'admet que deux chiffres, et qu'on appelle pour cela *binaire*, du latin *bis*; il n'a jamais été d'un grand usage, car il a le grave inconvénient de multiplier, outre mesure, la

Fig. 13.   Fig. 14.

Système duodécimal.

quantité des chiffres nécessaires pour exprimer les nombres les plus petits; aussi n'est-il qu'un objet de curiosité.

Origine des chiffres arabes. — A quel peuple devons-nous les chiffres connus sous le nom de *chiffres arabes* ? C'est là une question controversée.

Jusqu'à ces derniers temps, on avait admis assez généralement que nous les devions aux Arabes, d'où leur nom. Cependant les Arabes convenaient eux-mêmes qu'ils les avaient empruntés aux Indiens.

Quelques savants pensent aujourd'hui que ce système remonte beaucoup plus haut, et doit avoir été connu des peuples de l'antiquité la plus reculée. Il n'est guère facile, en effet, de concevoir comment les Égyptiens, les Chaldéens, les Chinois, etc., avaient pu pousser si loin leurs connaissances astronomiques avec des méthodes de calcul aussi imparfaites que celles de Grecs et des Romains.

Cette opinion n'est nullement opposée à celle qui admet l'origine indienne des chiffres arabes, car la civilisation indienne, ainsi que tout le monde le sait, remonte très-haut dans la nuit des temps.

L'idée si simple et si féconde de donner aux chiffres une *valeur relative* ou *de position* en même temps qu'une *valeur absolue*, et l'invention de dix chiffres pour exprimer tous les nombres possibles, sont de véritables traits de génie, que l'on n'admire pas assez, parce qu'on y est habitué, mais dont on sent l'immense avantage quand on les compare aux chiffres romains et autres semblables, qui sont si compliqués, si imparfaits, si incommodes.

Suivant M. Chasles, cette admirable manière d'exprimer les nombres ne doit plus être attribuée ni aux Arabes, ni aux Indiens, et voici les raisons sur lesquelles il se fonde.

Les Romains faisaient usage d'une machine à calcul, l'abaque, inventée, dit-on, par Pythagore, dans laquelle on plaçait des jetons ou des cailloux (*calculi*, d'où notre mot *calcul*) sur des lignes parallèles, où ils prenaient des valeurs de position en progression décuple, comme dans notre système actuel de numération. Comment se fait-il donc qu'avec cette connaissance ils n'aient pas renoncé à leur bizarre et ridicule système de chiffres?

Les Chinois, de leur côté, avaient aussi inventé un instrument analogue, le *suan-pan*, où des cordons correspondaient aux lignes parallèles sur lesquelles se plaçaient les jetons.

On ne saurait dire à quel siècle remonte l'abaque, mais il était en usage du temps de Boëce, qui vivait au cinquième siècle de notre ère, car il en parle dans ses ouvrages. A cette époque et antérieurement, les calculs se faisaient sur une table couverte de poudre. L'abaque était également connu des Grecs. Le nom de l'abaque et son usage persistèrent jusqu'au treizième siècle et au quatorzième. Il paraît même que jusqu'au seizième siècle, le souvenir de l'origine grecque et latine de notre système de numération n'était pas encore complétement perdu.

Voici comment on explique l'origine de l'opinion qui attribue aux Arabes ou aux Indiens l'invention de nos chiffres. Durant le cours du douzième siècle, le système de l'abaque éprouva plusieurs modifications. On renonça à l'usage des colonnes, et l'on se servit exclusivement du zéro pour marquer les places vides. Ce signe ne saurait être aussi ancien que les autres, puisque son besoin ne se fit sentir que lorsqu'on reconnut la possibilité de supprimer la table de poudre et la facilité de calculer de même sur toute espèce de surface. Il doit son origine au petit carré que l'on employa d'abord pour figurer la case vide. On l'indiqua souvent aussi par un simple point; mais à la place de ce point ou de ce carré, on se vit bientôt amené à adopter un chiffre plus simple ou plus saillant, et le cercle vide se présenta assez naturellement. En même temps que l'usage du zéro s'introduisait, quelques notions empruntées aux Arabes pénétrèrent dans le calcul, et les traces de l'ancien système s'effacèrent peu à peu.

Dans tout ce raisonnement, on oublie que les chiffres indiens sont bien plus anciens que tout cela, et que jamais ni les Grecs ni les Romains n'ont eu de chiffre à base décimale, quoique leur manière de compter le fût.

On avait fait valoir en faveur de l'hypothèse de l'origine orientale des chiffres vulgaires l'accroissement de valeur qu'ils reçoivent de droite à gauche, tout à fait en rapport avec la manière d'écrire des Orientaux; mais M. Chasles a fait remarquer que cet ordre se présente naturellement, puisque le tableau de l'abaque commençait à droite et était illimité à gauche; en outre, cet ordre avait un avantage, attendu que, de la sorte, les chiffres suivaient immédiatement le rang des différentes colonnes.

Cette observation ne détruit pas le fait constant de la direction de l'écriture orientale qui, d'ailleurs, est beaucoup plus ancienne que l'abaque.

Les adversaires de l'origine orientale de nos chiffres prétendent que nous ne pouvons montrer un rapport de forme entre les chiffres arabes et les nôtres, au lieu que l'analogie de nos chiffres actuels avec ceux de Boëce et avec ceux qui sont employés dans les traités de l'abaque du moyen âge est incontestable.

C'est là une assertion hasardée. On saisit bien, dans la gravure ci-dessous, la ressemblance des chiffres de Boëce avec nos chiffres arabes.

Fig. 15.

Mais il est facile de montrer la grande ressemblance qu'ils présentent avec les chiffres des Arabes, ainsi que le prouve la gravure suivante, que j'ai empruntée à un ouvrage sur l'écriture des Arabes, des Turcs et des Persans, publié en 1856 par mon savant confrère, M. Pihan, prote de la typographie orientale à l'imprimerie impériale.

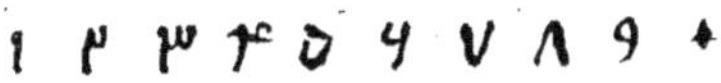

Fig. 16.

Chiffres ghobâr.

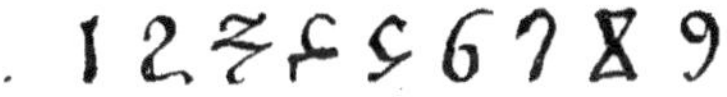

Fig. 17.

Ainsi qu'on peut le voir, notre 1 est tout à fait le même que le chiffre 1 correspondant. Le 2 ressemble au μ ou m grec ainsi couché ⌐, ou plutôt au 2 ghobâr. Le 3 représente notre 3, moins le trait inférieur. Le 4 a subi, comme on voit, quelque modification. Le 5 a été ouvert sur la gauche et augmenté d'un petit appendice à la partie supérieure, ou plutôt c'est le 5 ghobâr. Le 6, le 7 et le 8 représentent exactement les mêmes chiffres que dans le genre ghobâr. Le 9 a la forme arrondie du signe arabe ou c'est le 9 ghobâr. Le zéro est une espèce de petit losange, que les Arabes écrivent souvent de la même manière que nous; dans ce cas, ils remplacent le chiffre 5 du premier modèle de chiffres par le signe ۹. Comme il n'existe pas de zéro dans les chiffres ghobâr, les dizaines s'indiquent par un point sur les chiffres, les centaines par deux points, et les mille par trois points.

Planude, moine grec du treizième siècle, dans l'arithmétique qu'il a publiée, emploie des caractères qu'il dit venir de l'Inde; ils présentent également beaucoup de ressemblance avec les nôtres: 1 et 9 sont les mêmes que ceux de l'arithmétique actuelle; 2 est le *nu* (ν) ou n des Grecs, avec une queue plus ou moins longue; 3 est le μ ou m des Grecs; 4 est fi-

guré par un *rho* (ρ) ou *r* grec, surmonté d'un crochet; le 5 est un B renversé (ჳ); le 6 est une espèce
de *gamma* (γ) ou *g* grec; le 7 ressemble beaucoup
au caractère dont les astronomes font usage pour
désigner le signe du bélier; le 8 est un lambda
majuscule (Λ) ou *l* grec.

On trouve aussi dans Montucla huit manières de
représenter les chiffres. Celles de Sacro-Bosco et
de Roger Bacon se rapprochent beaucoup de la nôtre.

D'après cela, il est évident que, sous le rapport
des formes, la question n'est pas encore bien éluci-
dée; cependant l'origine orientale paraît encore la
plus probable, même sous ce rapport.

Si nos relations continuelles avec les Grecs et les
Romains, notre étude constante de leurs auteurs
nous ont fait emprunter à ces peuples les chiffres
dits arabes, il reste à expliquer comment, possédant
un système de chiffres aussi parfait, ils ont toujours
fait usage de chiffres grossiers, incommodes et peu
intelligibles, et c'est ce que l'on ne fait pas.

D'un autre côté, nos relations fréquentes avec les
Arabes d'Espagne, les croisades et la civilisation
brillante des Arabes au moyen âge suffiraient pour
en démontrer l'origine orientale.

Il me serait facile de pousser plus loin ces rapprochements, mais je m'arrête, pensant que ce que
j'en ai dit est suffisant pour le but que je me propose.

Époque de l'introduction des chiffres arabes. — On
pense généralement qu'ils furent introduits vers le
règne de Charlemagne par les Arabes d'Espagne;
cependant quelques savants en reculent l'époque
jusqu'au treizième siècle. Ils ne furent admis que
successivement dans chaque contrée : les Russes, par
exemple, ne les reçurent que sous Pierre le Grand.

Des différentes formes de chiffres arabes. — Après
avoir adopté les chiffres arabes, chaque peuple en a
modifié la forme, afin qu'ils puissent s'adapter à
tous les genres d'écriture; ainsi il y a des chiffres
d'anglaise, de ronde, de gothique, etc. De même,
dans l'impression, il y a des chiffres pour le romain,
pour l'italique et pour tous les autres caractères
d'impression. Il est assez étonnant que les imprimeurs aient renoncé aux chiffres italiques, qui sont
cependant souvent fort utiles; l'Imprimerie impériale les a seule conservés.

Il y a encore, dans l'imprimerie, une variété de
chiffres arabes, que l'on appelle *chiffres anglais*,
parce qu'on les a reçus des Anglais. Ces chiffres diffèrent des chiffres ordinaires en ce qu'ils sont tous
de la même hauteur, tandis que, dans les chiffres
ordinaires, les uns montent et les autres descendent.

Il y a aussi des chiffres anglais romains et des
chiffres anglais italiques.

Ces chiffres sont d'un grand usage dans les tableaux. On les emploie aussi en arithmétique pour
servir de chiffres barrés, chiffres dont on fait usage
pour obtenir des produits appelés à tort *faux produits*, car ils sont aussi exacts que les autres; on les
appelle avec plus de raison *produits auxiliaires*,
parce qu'ils servent à en trouver d'autres. La barre

indique qu'ils ne doivent être ni additionnés ni
soustraits.

On se sert également, dans les calculs, de chiffres
supérieurs, comme 7^2, 8^3, ou de chiffres inférieurs,
comme 2_8, 4_6.

Puisque l'on a modifié de tant de façons les chiffres
arabes, pourquoi aucun imprimeur ou graveur de
caractères ne songe-t-il à varier leur forme pour
qu'ils s'adaptent parfaitement avec les grandes et les
petites capitales, afin de nous débarrasser pour toujours de ces affreux chiffres romains, qui ne sont
compris que des enfants d'Œdipe, et qui choquent
autant la vue que la raison?

Des chiffres en musique. — On les place au-dessus
des notes de la basse pour indiquer les accords qu'ils
doivent porter. L'accord parfait majeur se chiffre
par un 3, un 5 ou un 8, selon qu'il se termine à la
tierce, à la quinte ou à l'octave. Il y a des accords
qui ont un double chiffre, comme l'accord de sixte
et quarte, $\frac{6}{4}$; celui de sixte et quinte, $\frac{6}{5}$, etc. En 1742,
J. J. Rousseau proposa à l'Académie des sciences une
méthode de notation musicale consistant à exprimer
les notes de la gamme par les chiffres 1, 2, 3, 4, 5,
6, 7, avec l'aide du point, des dièses et des bémols.
Il n'en était cependant pas l'inventeur, car on en
trouve des traces dès le seizième siècle. Cette méthode, abandonnée après la mort de Rousseau, a été
reprise de nos jours par M. Chevé, qui obtient de
grands succès, malgré les anathèmes des partisans
des notes. Les chiffres pourraient-ils remplacer complétement et avec avantage les notes de musique? Ne
peuvent-ils servir que dans certains cas particuliers?
Ce sont là des questions controversées parmi les musiciens, et je ne me charge pas de les résoudre, car
elles ne se rattachent à mon sujet que d'une manière
très-secondaire.

Emploi de la virgule dans les nombres. — Quelque
intelligibles que soient les chiffres arabes, on a l'habitude, quand ils sont un peu nombreux, de les séparer en tranches de trois chiffres par une virgule,
pour qu'il soit plus facile de les énoncer. Il n'y aurait
rien à dire contre cette coutume si l'on n'employait
également la virgule pour les fractions, ce qui donne
lieu à bien des erreurs. Pour les éviter, quelques personnes ont proposé d'employer la virgule dans un cas
et le point dans l'autre; mais cela ne remédierait pas
complétement à la confusion, car déjà il se trouve
des gens qui emploient le point ou la virgule indifféremment. Ce qu'il y aurait de mieux à faire, ce serait
de se servir de la virgule pour les décimales et de séparer les tranches des nombres entiers par un peu
de blanc, comme l'ont fait quelques auteurs; de cette
manière il n'y aurait plus de confusion possible.
Ainsi l'on écrirait 20 300 pour vingt mille trois cents,
et 2,39 pour deux entiers trente-neuf centièmes.
Quand il s'agit de millésimes, comme il n'y a jamais
que quatre chiffres, on ne met jamais de virgule :
1856, 1857.

Lettres numérales. — Par extension, on a donné le
nom de chiffres aux lettres de l'alphabet employées
comme caractères numériques, ainsi que cela avait

lieu chez les Grecs, chez les Romains et chez d'autres peuples. Je ne m'occuperai ici que des chiffres grecs et romains, parce que ce sont ceux que l'on rencontre le plus souvent.

Chiffres des Grecs. — Les Grecs avaient trois manières d'exprimer les nombres.

Quelquefois ils employaient les 24 lettres d'après l'ordre de leur succession dans l'alphabet, depuis α, qui valait 1, jusqu'à ω, qui valait 24. C'est ainsi que sont numérotés les 24 livres de l'Iliade et de l'Odyssée. On dit que ce procédé avait été aussi mis en usage par les Hébreux. Nous nous en servons encore dans certaines classifications. Les imprimeurs s'en sont servi longtemps pour les signatures des livres, mais ils ont eu le bon esprit d'y renoncer; ils ne se servent plus aujourd'hui que de chiffres arabes pour cet usage.

D'autres fois les Grecs divisaient leurs 24 lettres en trois séries : la première, composée des 8 premières lettres, exprimait les unités, moins le 6; la deuxième, les 8 premières dizaines; la troisième, les 8 premières centaines; les nombres 6, 90 et 900 étaient représentés par des caractères particuliers, savoir 6 par le *stigma* (ς), 90 par le *coppa* et 900 par le *sampi*.

Voici la série entière de leurs chiffres : α', 1; β', 2; γ', 3; δ', 4; ε', 5; ς', 6; ζ', 7; η', 8; θ', 9; ι', 10; κ', 20; λ', 30; μ', 40; ν', 50; ξ', 60; ο', 70; π', 80; coppa, 90; ρ', 100; σ', 200; τ', 300; υ', 400; φ', 500; χ', 600; ψ', 700; ω', 800; sampi, 900. Pour les 1000, on recommençait les trois séries, mais en plaçant un accent au-dessous et à gauche : ͵α, 1000; ͵β, 2000; ͵γ, 3000, etc.

Enfin, dans les anciennes inscriptions grecques, on trouve une manière de chiffres analogue à celle des Romains : 1 est représenté par ι; 5 par π, première lettre de *pente*, cinq; 10, par Δ, première lettre de *deca*, dix; 100 par н, première lettre de *hecaton*, cent; 1000, par X, première lettre de *chilioi*, mille; 10000, par м, première lettre do *muria*. Toutes ces lettres peuvent se redoubler elles-mêmes jusqu'à quatre fois, excepté le π, ou se multiplier avec les autres pour faire tous les nombres, comme ΙΙ, 2; ΙΙΙ, 3; ΙΙΙΙ, 4; ΔΔ, 20; ΔΔΔ, 30; ΔΔΔΔ, 40, etc.; ΔΙ, 11; ΔΔΙ, 21; ΔΔΔΙ, 31, etc. Quand, entre les jambes du π, on plaçait une autre lettre, la valeur de cette dernière était quintuplée. L'I ne s'y mettait pas, parce que l'unité ne se multiplie point; π̄Δ vaut 5 fois 10 ou 50; π̄н, 5 fois 100 ou 500; π̄X, 5 fois 1000 ou 5000, etc. On peut également obtenir par ce moyen diverses combinaisons : π̄ΔΙΙ, 51; π̄ΔΙΙΙ, 55; π̄ΔΙ, 60.

Chiffres romains. — Le système des chiffres romains est encore plus imparfait que celui des Grecs. Voici le tableau de ces chiffres tels qu'on les emploie aujourd'hui :

I	1
II	2
III	3
IV	4
V	5
VI	6
VII	7
VIII	8
IX	9
X	10
XI	11
XII	12
XIII	13
XIV	14
XV	15
XVI	16
XVII	17
XVIII	18
XIX	19
XX	20
XXX	30
XL	40
L	50
LX	60
LXX	70
LXXX	80
XC	90
C	100
CC	200
CCC	300
CD	400
D	500
DC	600
DCC	700
DCCC	800
CM	900
M	1000

Je ne pousse pas ce tableau plus loin, parce que, dans l'usage actuel, il est rare que l'on aille au delà de 1000.

Voici quelle est la règle générale sur l'emploi de ces chiffres : toute lettre placée à la droite d'une autre, d'une valeur nominale supérieure, s'ajoute à celle-ci, ainsi LV représente 50 plus 5 ou 55; 11, 15 s'écrivent XI, XV. Au contraire, il faut retrancher de la lettre supérieure en valeur nominale celle de la lettre de moindre valeur quand celle-ci est placée à sa gauche : XL vaut 40 ou 50 moins 10. 90 s'écrit XC ou 100 moins 10.

Ainsi les lettres numérales, chez les Romains, étaient : C, D, I, L, MV, X. Voici la raison qu'en donne Borel : on mit I pour 1, II pour 2, III pour 3, IIII (dont on se servait autrefois) pour 4, parce que ces lignes peuvent représenter les doigts de la main, non compris le pouce. Quand on montre tous les doigts, le pouce et l'index donnent la figure d'un V, voilà pourquoi cette lettre vaut 5. X étant composé de deux V, dont un renversé, 10 est naturellement représenté par cette lettre. C vaut 100, en latin *centum*, comme étant la première lettre de ce mot. L vaut 50, comme étant la moitié d'un C; en effet, cette lettre avait autrefois la figure d'un E sans barre, dont la moitié inférieure figurait un L. 1000 s'écrivait par M, parce que cette lettre est a première du mot *mille*. Dans les éditions anciennes on trouve 1000 écrit ainsi cıɔ, c'est-à-dire avec trois lettres, deux C, dont un renversé, et un I au milieu; voici pourquoi la lettre M avait autrefois la figure d'un I accompagné d'un demi-cercle ou d'une sorte d'anse de chaque côté. D vaut 500, comme étant la moitié de la lettre M, ou plutôt de cıɔ; D peut en effet être considéré comme formé de ı et de ɔ.

Outre la manière de figurer les nombres indiquée ci-dessus et spécialement adoptée chez nous, il y avait quelques différences autrefois pour représenter certains nombres, dont on trouve encore des traces chez quelques peuples étrangers.

Voici ces différences :

iv	se figurait aussi iiii
ix	yjiii
xiv	xiiii
xix	xviiii
cd	cccc
d	ıɔ
dc	ıɔc
dcc	ıɔcc
dccc	ıɔcccc
cm	ıɔcccc ou dcccc
m	cıɔ, ∞ ou ⋈
2 000	est figuré par ii, iicıɔ, cıɔcıɔ, ∞ ∞
3 000	iii, mm, iiicıɔ, cıɔcıɔcıɔ
5 000	v, ıɔɔ, v ∞
10 000	x, ccıɔɔ, ɔmɔ, ımı, x ∞, xm
20 000	xx, xx ∞
100 000	c, cm, c ∞, cccıɔɔɔ
200 000·	cc, ccm, cc ∞
1 000 000·	ccıɔɔcccıɔɔ

Il y a quelques cas, peu nombreux, il est vrai, mais parfaitement constatés, où les Romains ont employé leurs chiffres avec une valeur de position. C'est ainsi que, dans Pline, on trouve : XVI. XX. DCCC. XXIX pour 1 620 829.

Des chiffres romains dans les chartes et dans les anciens manuscrits. — M. Savagner donne, à ce sujet, les renseignements suivants. Dans les chartes et dans les anciens manuscrits, il s'est introduit certains usages qui peuvent faire quelquefois juger de l'antiquité de l'écrit dans lequel on les rencontre. Ainsi on écrit toujours IIII et non IV, VIIII et non IX, etc. Au huitième siècle, au lieu d'employer le V pour 5, on écrivait quelquefois IIIII. Le demi était exprimé par un *s* (abréviation de *semi*, demi) à la fin des chiffres. Ainsi l'on écrivait CIIS pour 102 et demi. Ce s prenait quelquefois la figure de notre 5. On voit dans quelques anciens manuscrits les chiffres LXL pour 90. Sous les rois mérovingiens, on trouvait à peine, dans les dates des années, des nombres rendus tout au long dans les manuscrits; ils y sont toujours exprimés par des chiffres romains. Sous les Carlovingiens, en Allemagne comme en France, on avait coutume de dater avec ces mêmes chiffres. Sous les Capétiens, au moins jusqu'au quinzième siècle, on persista dans cet usage. C'est alors seule-

ment que l'on commença, chez nous, à mêler les chiffres romains avec des chiffres arabes. Les Espagnols se servaient anciennement des mêmes chiffres romains que les Français; mais, chez eux, il faut surtout remarquer un X d'une forme particulière : le haut du jambage droit est en demi-cercle, et vaut 40. Du reste, en Espagne, le chiffre romain s'est maintenu jusque dans le quinzième siècle. Les Allemands ont longtemps fait usage du chiffre romain à peu près comme en France; ils eurent néanmoins quelques signes qui leur étaient particuliers. Dans les dates des chartes, l'usage des chiffres romains fut également universel dans les différents pays; mais il faut remarquer que, dans ces dates, ainsi que dans celles des autres monuments de France et d'Espagne, on omettait quelquefois le millième, en commençant la date par les centaines; que, dans d'autres, on posait le millième et l'on omettait les centaines; enfin que, dans les bas âges, on supprimait également le millième et les centaines, comme quand nous disons 89, 93 pour 1789, 1793. De plus, il ne faut pas oublier que les anciens exprimaient souvent les nombres par des comptes ronds, ajoutant ce qui manquait ou omettant le surplus. Pour la ponctuation après les chiffres romains, il n'y a jamais eu rien de fixe. On ignore quand a pu commencer l'usage de l'*o* supérieur mis après les chiffres romains : *Anno* M° L° V°. Quand les chiffres arabes eurent été introduits, on n'en fit d'abord usage que dans les livres de mathématiques; ensuite on s'en servit dans les calendriers, les chroniques et les dates des manuscrits seulement; car les chiffres arabes n'ont pas été admis dans les diplômes ou les chartes avant le seizième siècle. Si l'on en trouvait quelques-unes avant le quatorzième siècle, ce serait une circonstance des plus rares. Dans le quatorzième siècle et dans le quinzième, on pourrait, quoique assez difficilement, en rencontrer dans des minutes de notaires; mais généralement on ne les admit que dans les actes du seizième siècle. Ces chiffres ne parurent sur les monnaies, pour marquer le temps où elles avaient été frappées, que depuis 1549. Avant le seizième siècle, on entremêlait souvent les chiffres arabes de chiffres romains.

Chiffres financiers. — Outre les chiffres romains, on se servait aussi dans les anciens comptes de chiffres particuliers, qu'on appelait *chiffres financiers*; ils différaient très-peu des chiffres romains. On les écrivait toujours en lettres italiques. Quelquefois le *b* était remplacé par le *v*. *I* ou *j* signifiait 1; *ij*, 2; *ib*, 4; *bj*, 6; *xx*, 20. 120 ou six-vingts, comme on disait autrefois, s'écrivait *vi*ˣˣ au lieu de CXX; 140 ou sept-vingts, *vii*ˣˣ au lieu de CXL; 160 ou huit-vingts, *viii*ˣˣ au lieu de CLX; 300 ou quinze-vingts, *xv*ˣˣ au lieu de CCC.

Vices des chiffres romains. — Quand on a exposé un système de numération aussi compliqué et aussi incommode, il semblerait naturel de n'avoir rien à ajouter pour en démontrer les immenses inconvénients; mais les préjugés faussent tellement l'esprit, que les erreurs les plus évidentes passent pour des vérités incontestables, et que celui qui s'écarte de l'usage général, quelque absurde qu'il soit, passe pour n'être pas dans son bon sens. Est-il cependant rien de plus incohérent, rien de plus irrégulier, rien de plus inintelligible que ces chiffres? Chaque nombre est une énigme que l'on donne à deviner au lecteur, et l'on sait cependant que l'immense majorité ne la devinera pas. Je connais plus d'une personne qui ne lit l'heure sur les cadrans que par la place que les chiffres occupent; quant à ces chiffres, ce sont pour elles de véritables hiéroglyphes.

« La numération romaine, dit Lemare, est si pénible, si embarrassante, si éloignée de la perfection de celle des Arabes, qui est devenue la nôtre, qu'il faut la laisser tout entière aux trissotins déterreurs de médailles et faiseurs d'inscriptions.

» Comment se peut-il faire que P. Didot, qui a réformé tant d'abus typographiques, se serve de chiffres romains et de la manière la plus évidemment abusive? C'est ainsi qu'il numérote les *Maximes* de la Rochefoucauld :

XLIX.

» On n'est jamais si heureux ni si malheureux qu'on se l'imagine.

CCXCIV.

» Il est impossible d'aimer une seconde fois ce qu'on a véritablement cessé d'aimer.

CCCCXLIX.

» La plupart des amis dégoûtent de l'amitié, et la plupart des dévots dégoûtent de la dévotion.

CCCCXCVIII.

» L'envie d'être plaint, etc.

» Nous avons pris notre temps, et nous avons calculé que ces chiffres en lettres signifient 49, 294, 449, 498.

» A moins de refondre toute cette édition, nous ne voyons de remède à un mal aussi considérable que d'ajouter un barème qui nous évalue les 537 chiffres des *Maximes*; car, en conscience, Didot ne peut obliger le public à faire sans cesse des additions et des soustractions qui occuperaient six fois plus de temps que la lecture de l'ouvrage. Encore faudrait-il que chacun fût susceptible de les faire. »

Laissons ces chiffres gothiques et ridicules aux antiquaires de profession, qui s'extasient devant tout ce qui est contraire à l'usage moderne, quelque horrible que ce soit, uniquement parce que c'est ancien, ou que, du moins, cela passe pour tel.

Les chiffres romains sont encore plus blâmables par l'usage arbitraire que l'on en fait que par leur complication.

Vers numéraux et chronogrammes. — Chez tous les peuples qui font usage de chiffres analogues à ceux des Romains, on a fait des *vers numéraux* et des *chronogrammes*.

Les *vers numéraux* ou *chronologiques* sont des vers dont toutes les lettres numérales marquent la date de quelque événement. Dans les vers numéraux, les lettres numérales se dessinent en majuscules et se gravent en rouge. Don Carlos ayant demandé à un astrologue quelle serait la durée de la vie de son père, Philippe II, reçut pour réponse ce vers d'Ovide, qui renferme, par hasard, la date de sa propre mort, 1568 :

FILIVs antè DIeM patrIos InqVIrIt In annos.

Si l'on additionne toutes ces lettres numérales, on trouve :

8	I	8
2	V	10
1	L	50
1	D	500
1	M	1000
		1568

On a beaucoup d'épitaphes en vers numéraux dans lesquelles on désigne l'année de la mort, et beaucoup d'inscriptions pour les monuments, dans lesquelles on désigne l'année de leur érection.

Chronogramme. — Mot formé du grec *chronos*, temps, époque, et *gramma*, lettre; caractère. Composition technique, en vers ou en prose, dont les lettres numérales, prises ensemble par addition, marquent une époque ou une date.

Pierre le Grand, voulant consacrer la mémoire de la victoire de Pultava, arrivée en 1714, fit frapper une médaille avec cette inscription :

PVLtaVa MIra CLaDe InsIgnIs.

L'addition donne :

4	I	4
2	V	10
2	L	100
1	C	100
1	D	500
1	M	1000
		1714

Louis XIV naquit le 5 septembre 1638, jour auquel se fit la conjonction de l'aigle et du cœur du lion. Claude Gaudart ou Godart fit, à cette occasion, en deux vers hexamètres, le chronogramme suivant :

EXorIens DeLpbIn, aqVILa CorDIsqVe LeonIs CongressV, gaLLos spe LætItIaqVe refeClt.

En voici la traduction :

Le dauphin naissant, l'aigle et le cœur du lion étant en conjonction, a ranimé l'espérance et la joie des Français.

L'addition donne :

8	I	8
4	V	20
1	X	10
6	L	300
3	C	300
2	D	1000
		1638

Toutes ces puérilités sont passées de mode.

Des nombres en lettres et en chiffres. — Les nombres peuvent s'écrire soit en lettres, soit en chiffres; cela se fait assez arbitrairement dans l'impression ainsi que dans les manuscrits, et il est assez difficile d'en donner des règles précises. Je ferai seulement à ce sujet les observations suivantes.

Dans les textes ordinaires, on met en chiffres arabes les dates et les millésimes; les autres nombres se mettent en toutes lettres. Cependant il est très-ordinaire de mettre aussi les sommes en chiffres, et quand il y a des millions, on les écrit en lettres et le reste du nombre en chiffres. Cette bigarrure ne semble guère raisonnable.

Dans les modèles d'actes judiciaires ou de procès verbaux, les dates, les millésimes, les sommes, etc., s'expriment en toutes lettres.

Quand un nombre en chiffres commence un alinéa ou une phrase, dans les ouvrages à texte courant, on a l'habitude de l'exprimer en lettres, même s'il se trouve très-près d'un autre nombre qui, d'après la marche adoptée, doit être exprimé avec des chiffres. Pourquoi s'écarter de la règle ordinaire en ce cas?

Dans les ouvrages de statistique et de mathématiques, tous les nombres doivent être en chiffres.

Les fractions à barre horizontale, $\frac{2}{3}$, $\frac{1}{4}$, formées des chiffres qui se parangonnent sur le corps du texte employé, s'emploient de préférence dans les ouvrages de mathématiques; celles à barres diagonales, 2/3, 1/4, dans les autres ouvrages.

Dans le budget et dans d'autres ouvrages de la même nature, la somme est d'abord écrite en toutes lettres, puis elle est répétée en chiffres et placée entre parenthèses.

Les chiffres romains, qui devraient être impitoyablement proscrits comme absurdes, ridicules et inintelligibles, les chiffres arabes pouvant suffire à tout, sont malheureusement trop employés encore. Tantôt on se sert des grandes capitales, IX, X, tantôt des petites capitales, ix, x, et quelquefois, mais plus rarement, des bas de casses romains, ix, x, ou italiques, ix, x.

Les grandes capitales s'emploient dans les titres, CHAPITRE III; dans les nombres qui suivent le nom des princes, Henri IV; dans les années de la république, an III (on les trouve aussi en petites capitales).

Les petites capitales s'emploient dans les titres en petites capitales; pour désigner les siècles, ixᵉ siècle (on les trouve aussi souvent en grandes), etc.

La pagination des préfaces, introductions, etc., est souvent en chiffres romains bas de casse.

Dans les nombres cardinaux exprimés en chiffres romains, soit dans le texte, soit dans les titres courants, lorsqu'on y fait usage des bas de casse, l'unité finale se figure par un j et non par un i.

Pourquoi toutes ces distinctions qui n'ont pas de raison d'être? Pourquoi, par exemple, écrire les années de la république par des chiffres romains plutôt que les années ordinaires? Sont-elles d'une nature différente? Serait-ce un grand crime d'écrire Henri quatre ou Henri 4, plutôt que Henri IV? N'est-il pas ridicule de paginer les préfaces et les introductions avec des chiffres romains et de continuer la pagination en chiffres arabes, quand le texte est compris dans la même feuille? Et lors même que ces parties de l'ouvrage sont imprimées à part, il n'y a encore nulle nécessité de chiffres romains, puisque, quand on fait une citation, on a toujours soin d'indiquer

qu'elle se trouve dans la préface ou dans l'introduction à telle page. Comment les imprimeurs distingués dont la France s'honore, n'ont-ils pas encore songé à nous débarrasser, dans toutes les circonstances possibles, de ces monstrueux chiffres romains, dont chaque nombre est une énigme pour le lecteur et une offense au bon sens, quand nous possédons les chiffres arabes, qui sont si clairs, si simples, si intelligibles pour tout le monde?

N'est-on pas d'ailleurs choqué de l'effet désagréable produit par le défaut d'alignement des chiffres romains dans les tables? Que l'on compare ces mêmes nombres en chiffres romains et en chiffres arabes, et l'on verra quelle différence cela produit à l'œil.

Chap. I.	Chap. 1.
Chap. II.	Chap. 2.
Chap. III.	Chap. 3.
Chap. IV.	Chap. 4.
Chap. V.	Chap. 5.
Chap. VI.	Chap. 6.
Chap. VII.	Chap. 7.
Chap. VIII.	Chap. 8.
Chap. IX.	Chap. 9.
Chap. X.	Chap. 10.
Chap. XXXIX.	Chap. 39.
Chap. XL.	Chap. 40.
Chap. L.	Chap. 50.
Chap. LXXX.	Chap. 80.
Chap. LXXXIX.	Chap. 89.
Chap. XC.	Chap. 90.
Chap. C.	Chap. 100.

Puisque j'en suis aux alignements dans les tables, j'aurai encore une observation à présenter à ce sujet. Pourquoi, dans l'indication de la pagination, rompre sans cesse l'uniformité par les éternels et gothiques id. ou ibid.? Ne vaudrait-il pas mieux répéter le chiffre de la page? Qu'on en juge par l'exemple suivant:

1	1
2	2
id.	2
id.	2
id.	2
3	3
5	5
7	7

Si les imprimés ne sont guère réguliers sous le rapport des nombres, les manuscrits le sont encore bien moins, chacun écrivant au hasard, tantôt en lettres, tantôt en chiffres; il serait cependant important d'en régulariser l'emploi, surtout dans ceux qui sont destinés à l'impression, car, bien que l'on donne des indications aux compositeurs sur la marche à suivre à ce sujet, on ne peut pas prévoir tous les cas, et il en résulte de nombreuses corrections, qui sont préjudiciables au compositeur et à l'auteur ou à l'éditeur.

L'emploi des lettres ou des chiffres dans les actes notariés ou sous signatures privées n'est pas arbitraire; on doit préférer les nombres en toutes lettres, car il est trop facile d'altérer les chiffres. Aussi les notaires n'emploient-ils jamais les chiffres que quand ils ont des calculs à faire, et même en ce cas, ils ont soin d'écrire d'abord la somme en toutes lettres. On devrait bien faire de même dans les actes sous signature privée.

Pour les lettres de change et les billets à ordre, il est toujours préférable de les écrire en lettres ; quelques cours et tribunaux avaient même demandé que l'on exigeât cette énonciation en lettres, sous peine de nullité; mais leur opinion n'a pas été admise. Souvent, quand la somme a été écrite en lettres, on la répète en chiffres comme moyen de contrôle : Bon pour 200 fr.

Les chiffres romains ou arabes étaient autrefois considérés comme des abréviations, et en conséquence toujours suivis de points. Il n'en est plus de même aujourd'hui.

Pour les *écritures secrètes*, ou *écritures en chiffres*, voyez *Cryptographie*.

Autres acceptions du mot Chiffre. — En architecture, en sculpture et en gravure, on appelle *chiffre*, un entrelacement de lettres fleuronnées en bas-relief, incrustées ou à jour, dont on orne quelques dés de piédestaux, des tympans, des panneaux et des caches.

Chiffre s'emploie quelquefois pour total. Ex.: *Je n'en connais pas le* CHIFFRE.

Il se dit encore de certaines façons de parler que quelques personnes ont entre elles, et qui ne sont point entendues des autres. *C'est un* CHIFFRE *entre eux*.

Les commerçants, ceux surtout qui font le détail, appellent *chiffres* ou *marques* des chiffres ou autres caractères écrits sur des étiquettes qu'ils attachent aux marchandises pour en désigner le prix d'achat et de vente.

J.-B. PRODHOMME,
Correcteur à l'Imprimerie impériale.

CHILOGNATHE (zoologie). — Famille d'insectes myriapodes, qui font partie de ces insectes aptères, ou sans ailes, nommés ordinairement *mille-pieds*, dont le corps, très-allongé, a une forme linéaire et est composée d'une suite considérable d'anneaux portant chacun une ou deux paires de pattes. « Les chilognathes marchent très-lentement ou se glissent, pour ainsi dire, sur le plan de position et se roulent en spirale, à la manière des serpents, ou en boule comme les hérissons. Ils se nourrissent de substances végétales ou de matières animales corrompues. Ils pondent sous terre une grande quantité d'œufs. »

CHIMÈRE [du grec *Chimaira*, même sens]. — Imagination vaine, sans fondement et sans réalité. Un désir confus de bonheur nous promène avec complaisance dans le pays des prodiges et des *chimères*. Tous les hommes, dit un auteur, désirent des richesses sans nombre, un pouvoir sans bornes, des voluptés sans fin, et ce désir vole toujours au delà de la possession. Quel bonheur serait le nôtre, disent la plupart des hommes, si nos souhaits étaient remplis aussitôt que formés! Insensés! c'est dans ce plaisir même que consiste en partie votre félicité. Helvétius compare le bonheur à l'oiseau doré envoyé par les fées à une jeune princesse. L'oiseau s'abat à trente pas d'elle. Elle veut le prendre, s'avance doucement, elle est prête à le saisir : l'oiseau vole à trente pas plus loin; elle s'avance encore, passe plusieurs mois à sa poursuite; elle est heureuse. Si l'oiseau se fût d'abord laissé prendre, la princesse l'eût mis en cage, et huit jours après s'en fût dégoûtée. Si nos souhaits étaient à chaque instant réalisés, l'âme languirait dans l'inaction et croupirait dans l'ennui. Il faut aux hommes des désirs et des *chimères*. C'est une loi de leur nature de bâtir sans cesse des châteaux en Espagne; au besoin, ils invoquent des êtres imaginaires, des génies, des dieux. S'ils en désirent l'existence, c'est dans l'espoir confus que, favoris d'un enchanteur, ils pourront par son secours devenir, comme dans les *Mille et une Nuits*, possesseurs de la lampe merveilleuse, et qu'alors rien ne manquera à leur félicité.

CHIMIE [du lat. *chemia* ou *chymia*; tiré du grec *cheméia* ou *chymia*, dérivés de *chéó* ou *chéuó* fondre]. — Science qui a pour objet de faire connaître l'action intime et réciproque des molécules des corps les unes sur les autres, et le résultat de cette action. Elle a pour objet principal de rechercher les principes des corps, d'examiner les propriétés dont jouissent les divers composés produits par l'union de ces principes, et d'étudier la force ou le pouvoir en vertu duquel s'effectuent toutes les combinaisons.

Pour bien comprendre les phénomènes qui sont du domaine de la chimie, il faut les rapprocher des phénomènes physiques et physiologiques. On peut considérer la *physique*, la *chimie* et la *physiologie*, dans leur ensemble, comme ayant pour objet les lois de l'activité moléculaire de la matière. « Ces trois sciences correspondent à trois degrés successifs d'activité profondément distincts entre eux : l'action physique se réduit à modifier souvent d'une manière passagère l'arrangement des particules, sans altérer les corps dans leur nature; l'action chimique détermine un changement profond et durable dans la composition même des particules, et produit une altération dans la nature des corps; dans les phénomènes physiologiques, l'activité moléculaire se montre à un plus haut degré. L'état vital est caractérisé par un mouvement continu de composition et de décomposition, propre à maintenir, entre certaines limites de variation, l'organisation des corps, dont la substance est incessamment renouvelée, tandis que, dans les phénomènes chimiques, dès que la combinaison est effectuée, les corps redeviennent complétement inertes. Toute substance est susceptible d'une activité chimique plus ou moins prononcée : d'où il résulte qu'on doit considérer les phénomènes chimiques comme des phénomènes généraux; mais chaque corps produisant des effets particuliers, les propriétés chimiques des corps sont entièrement spécifiques. Pour que deux substances donnent lieu à une réaction chimique, il faut qu'il y ait contact immédiat entre leurs particules, c'est-à-dire que l'une au moins des deux substances soit à l'état fluide, liquide ou gazeux. C'est ce qu'exprimait le célèbre aphorisme des anciens : *Corpora non agunt, nisi soluta* (les corps n'agissent pas les uns sur les autres, si ce n'est lorsqu'ils sont dissous). Cette condition, bien que souvent insuffisante pour la production des phénomènes chimiques, sert à les distinguer des phénomènes physiques et physiologiques. »

La chimie, ainsi que toutes les branches des connaissances humaines, a été divisée, pour la facilité de l'étude, en plusieurs sections. Fourcroy y établissait les divisions suivantes : 1° chimie philosophique ; 2° météorologique ; 3° minérale ; 4° végétale ; 5° animale ; 6° pharmacologique ; 7° manufacturière ; 8° économique. Il rapportait à la *chimie philosophique* les faits généraux sur lesquels s'appuie la science, et les lois générales déduites de ces faits, telles que la cohésion, l'affinité, la cristallisation, etc. La chimie philosophique indique de plus à l'aide de quelles opérations on peut parvenir à la connaissance intime des corps : parmi ces opérations, on remarque principalement l'*analyse* et la *synthèse*. La *chimie météorologique*, qui rentre plutôt dans le domaine de la physique générale, donne l'explication des phénomènes connus sous le nom de météores. La *chimie minérale* a rapport à tout ce qui appartient au règne minéral ; c'est la branche la plus étendue de cette science : on peut y distinguer la *chimie géologique*, qui a plus particulièrement pour objet l'examen des produits minéraux qui se trouvent dans la nature, tels que les composés métalliques dont sont formés les mines, les eaux minérales naturelles, les produits volcaniques, les sels naturels, comme le borax, le salpêtre, etc. La *chimie végétale* et *animale* s'occupe de la composition et des propriétés chimiques des corps organiques de ces deux règnes. La *chimie pharmacologique* a principalement pour objet les compositions pharmaceutiques. La *chimie manufacturière* se rapporte à la découverte, au perfectionnement, à la simplification des moyens chimiques employés dans les manufactures. Enfin la *chimie économique* a pour but de simplifier et de régulariser une foule de procédés économiques, dont l'usage est continuel dans le cours de la vie.

Ces divisions peuvent encore être augmentées ou réduites, selon qu'on examine la chimie dans un plus ou moins grand nombre d'applications aux sciences et aux arts ; mais la division généralement adoptée par les auteurs, et dans laquelle rentrent tous les faits qui constituent la science, est celle qui distingue la *chimie inorganique* ou *minérale*, et la *chimie organique*, comprenant la *chimie végétale* et la *chimie animale*.

Tous les corps soumis à cette grande loi d'*attraction universelle* qui porte les noms de *gravitation* lorsqu'elle s'applique aux corps célestes, de *pesanteur* lorsqu'elle réagit sur les corps placés à la surface du globe, et d'*attraction moléculaire* lorsqu'elle détermine la réunion des particules des corps, sont appelés corps pondérables. On nomme *corps impondérables* toutes les substances, quelle qu'en puisse être la nature, qui n'indiquent pas leur présence par une augmentation de masse sensible à la balance, qui ne sont pas susceptibles d'être renfermées dans nos vases, et qui ont, par conséquent, comme matière, une existence problématique. On admet cependant la matérialité de ces substances, parce qu'on facilite ainsi l'explication des phénomènes qu'elles produisent. Ces corps sont au nombre de cinq : le *calorique*, les fluides *électrique*, *magnétique*, *galvanique*, et la *lumière*.

Tels que la nature ou l'art les présentent, les corps sont, au point de vue chimique, *simples* ou *composés*. Des premiers, on ne peut tirer qu'*un élément*.

Dans l'état actuel de la science, on connaît *cinquante-six corps simples* ou *éléments*, divisés en *corps simples non métalliques*, ou *métalloïdes*, et en *corps simples métalliques* ou *métaux*.

Les *métalloïdes* sont au nombre de quatorze :
Oxigène, — *hydrogène*, — *bore*, — *silicium*, — *carbone*, — *soufre*, — *sélénium*, — *phosphore*, — *chlore*, — *brôme*, — *iode*, — *fluor*, — *arsenic*, — *tellure*.

Le *fluor* n'a pu encore être isolé de ses combinaisons ; l'*arsenic* et le *tellure* sont mis au nombre des métaux par quelques auteurs.

Il y a quarante et un métaux :
Aluminium, — *antimoine*, — *argent*, — *barium*, — *bismuth*, — *cadmium*, — *calcium*, — *cérium*, — *chrôme*, — *cobalt*, — *colombium*, — *cuivre*, — *dydyme*, — *étain*, — *fer*, — *glucinium*, — *irridium*, — *lantane*, — *lithium*, — *magnésium*, — *manganèse*, — *mercure*, — *molybdène*, — *nickel*, — *or*, — *osmium*, — *palladium*, — *platine*, — *plomb*, — *potassium*, — *rhodium*, — *sodium*, — *strontium*, — *thorinium*, — *titane*, — *tungstène*, — *urane*, — *vanodium*, — *yttrium*, — *zinc*, — *zirconium*.

A ces 56 éléments il faut encore en joindre 6, découverts seulement dans ces dernières années, et dont la nature particulière est moins bien établie ; ces éléments s'appellent : erbium, niobium, norium, pelopium, ruthénium, turbium.

Les *métalloïdes* et les *métaux* s'unissent sans exception à l'oxygène ; mais les premiers ne forment jamais des composés basiques ou électro-positifs, des bases alcalines, des oxydes salifiables, tandis que chaque métal forme au moins un oxyde susceptible de s'unir aux acides et de les neutraliser. Les *métaux* se distinguent généralement des métalloïdes par une plus grande densité, par un éclat plus vif par la propriété de conduire beaucoup mieux le calorique et l'électricité.

On admet en chimie que tous les corps sont composés d'une infinité de petits atomes ou molécules réunis par l'attraction générale qui, agissant à des distances inappréciables, prend les noms de *cohésion* et d'*affinité* : de cohésion lorsqu'elle unit les molécules de même nature ; d'affinité lorsqu'elle unit des molécules de nature différente. La cohésion et l'affinité sont deux forces qui se combattent : la seconde tendant constamment à produire des combinaisons auxquelles s'oppose la cohésion. La cohésion est sans cesse modifiée et quelquefois détruite par d'autres forces, particulièrement par le calorique. Ainsi, la glace est solide, mais elle passe à l'état d'eau ou devient liquide et se réduit ensuite en vapeurs, suivant que la force de cohésion est supérieure, égale ou inférieure à la force répulsive du calorique : l'eau détruit la cohésion qui unissait les molécules d'un sel soluble; l'action de l'alcool sur les résines, celle des huiles sur la graisse sont des phénomènes du même genre. L'affinité est également modifiée par le calorique et par d'autres agents. Ainsi la chaleur désunit l'azote et l'oxygène dans l'acide nitrique; il se dégage de l'oxygène, et l'acide nitrique passe à l'état d'acide nitreux. L'électricité, la lumière, le galvanisme, qui, dans beaucoup de circonstances, déterminent la combinaison des corps, en détruisant la cohésion, agissent quelquefois aussi sur les corps composés, de manière à en séparer les éléments. Souvent aussi la combinaison de deux corps est détruite par le contact d'un troisième qui a pour l'un des deux corps combinés une affinité supérieure à celle qu'ils ont l'un pour l'autre. Ainsi, l'ammoniaque décompose le nitrate de plomb, en d'autres termes détruit l'affinité qui unissait l'acide nitrique à l'oxyde de plomb. Le jeu de ces affinités comprend toute la science chimique.

La chimie a donc pour objet principal de séparer les différents principes des corps pour les examiner à part, et en acquérir la connaissance, puis de les réunir, s'il est possible, et de leur rendre leur première forme. Quelque compliqués que doivent paraître ces moyens, ils se réduisent à deux opérations principales, sur lesquelles roule toute la chimie. Ces deux opérations sont l'*analyse* et la *synthèse* : l'analyse, qu'on nomme aussi la décomposition, est l'action de séparer des corps combinés entre eux ou d'en désunir les principes, et d'en déterminer la nature et la quantité; la synthèse est le contraire de l'analyse, c'est une opération par laquelle on combine plusieurs corps pour en examiner les résultats. On arrive à la preuve de la composition d'un corps par l'analyse et la synthèse : si, par exemple, on a obtenu, par la décomposition de l'eau, de l'oxygène et de l'hydrogène, on complète la preuve en faisant de l'eau avec de l'oxygène et de l'hydrogène.

Les opérations chimiques les plus usitées sont : la *distillation*, la *sublimation*, la *cristallisation*, la *dissolution*, l'*oxydation* ou *calcination*, la *concentration* et la *filtration*. — Voy. ces mots.

Les corps élémentaires peuvent se combiner deux à deux, trois à trois, et même quatre à quatre : le nombre des corps composés est donc très-considérable. Pour les désigner, on a créé une nomenclature qui fait connaître sur-le-champ les substances dont ils sont formés, et souvent la quantité relative de leurs éléments. On entend par *corps combustibles* ceux susceptibles de se combiner avec l'oxygène; *corps brûlés* ceux déjà combinés avec l'oxygène; *oxydes*, corps brûlés qui ne sont pas aigres et ne

rougissent pas la teinture du tournesol; *protoxyde*, *deutoxyde*, *tritoxyde*, c'est-à-dire premier, second, troisième degré d'oxyde de tel ou tel corps; *acides*, corps généralement brûlés, aigres, et rougissant la teinture du tournesol; *acide phosphoreux* ou acide du phosphore peu oxygéné; *acide phosphorique* ou acide du phosphore très-oxygéné, etc.; *sulfate*, composé d'acide sulfurique uni à une base salifiable; *proto-sulfate neutre*, *sous-proto-sulfate*, *sur-proto-sulfate* ou *proto-sulfate-acide*, c'est-à-dire composé d'acide sulfurique et de protoxyde en trois proportions telles que la première est neutre, la seconde avec excès d'oxyde, et la troisième avec excès d'acide; les *carbures*, *hydrures*, etc., représentent des composés de carbone ou d'hydrogène avec un corps combustible; par *gaz hydrogène phosphoré*, *carboné*, on entend les corps composés d'hydrogène à l'état gazeux, uni au phosphore et au carbone. La marche suivie dans la langue chimique consiste donc à réunir les noms des éléments d'un composé, en faisant varier les terminaisons : celles en *é* indiquent des combinaisons gazeuses; celles en *ure*, des combustibles composés; celles en *eux* et *ique*, des acides; enfin, celles en *ite* et *ate*, des sels. — Voy. *Corps*, *Éléments*, *Équivalents*, *Acides*, *Bases*, *Sels*, *Analyse*, *Synthèse*, etc.

La chimie occupe un rang important dans l'ordre des connaissances humaines. Elle fut précédée de l'*alchimie* (voy. ce mot). Il faut arriver au seizième siècle pour trouver des noms dignes de cette science : Paracelse, Agricola, Palissy; dans le dix-septième siècle on remarque Van-Helmont, qui le premier appela l'attention sur l'étude des gaz; Robert Boyle, qui recommanda particulièrement la méthode expérimentale; J. Kundel, qui fit connaître la préparation du phosphore; Fr. Hoffman, qui distingua la magnésie de la chaux; J. Rey, qui observa l'augmentation du poids des métaux pendant la calcination; Jean Mayow, qui connut l'hydrogène avant Cavendish; Moitrel Délément, qui enseigna le moyen de recueillir les gaz; Boerhaave, Stahl, inventeur de la célèbre théorie du phlogistique. Dans le dix-huitième siècle, J. Black découvre l'acide carbonique, et distingue nettement la potasse de la soude; Margraff mérite bien de l'industrie par la précieuse découverte du sucre de betterave; de notre siècle, Sheele, qui possédait au plus haut point le génie des découvertes, et surtout Lavoisier, le véritable père de la chimie moderne, qui découvrit l'oxygène en même temps que Scheele et Priestley. Les chimistes sont très-nombreux; nous devons citer Wollaston, Richter, Davy, Berzelius, Gay-Lussac, Thénard, Dumas, Regnault, Pelouze, Laurent, Gerhart, Cahours, Liebig, H. Rose, Frémy, Peligot, Orfila, Raspail, Ch. Robin, Édouard Robin, etc., etc. Dr HEINRIECH.

CHIMIQUES (PRODUITS).—Les progrès que la chimie a faits dès le commencement de ce siècle ont eu la plus grande influence sur les manufactures. En effet, c'est la chimie qui a complètement renouvelé les arts industriels en France depuis l'époque de la révolution. Lorsqu'une savante analyse eut décomposé les corps en leurs éléments les plus simples, d'habiles chimistes, tels que Lavoisier, Fourcroy, Chaptal en France, et Davy en Angleterre, initiés au secret de la création des agents de la nature, voulurent les recomposer à leur tour; ils parvinrent à créer, par des combinaisons artificielles, les substances que leur refusait le sol natal. La nécessité de repousser l'ennemi sur toutes nos frontières, et plus tard les prohibitions du système continental, forcèrent la France à tirer le plus grand avantage de son propre fonds. Dès lors s'est établie cette étroite alliance des industriels et des savants, laquelle a tellement accru la masse de nos richesses nationales, qu'elle a contribué au bien-être de la société ainsi qu'à l'extension des relations commerciales.

Le bas prix auquel la chimie est parvenue à livrer les acides et autres produits chimiques au commerce a fait une révolution dans les arts qui en font une grande consommation, non-seulement parce que les fabricants ont pu diminuer le prix de leurs produits dans la même proportion, mais encore parce qu'ils en ont multiplié l'usage, et que, dans plusieurs opérations, on a remplacé des agents dispendieux par l'action des sels. Plusieurs fabricants de produits chimiques se sont distingués par leurs préparations mercurielles, divers sels, le chromate de potasse et le camphre raffiné. D'autres fabriquent de l'acide sulfurique à un prix extrêmement modique, de l'alun épuré ou raffiné, du sulfate de cuivre. La société de Bouxevilliers (Bas-Rhin), formée en 1816, a fourni des produits chimiques non-seulement pour l'intérieur de la France, mais encore pour l'étranger. Dans les manufactures de Grenelle, Javelle, Vaugirard et Saint-Denis, on prépare des sels et des acides en très-grande quantité, ainsi que des produits bitumineux où l'on reconnaît une manipulation supérieure. Il se fait un grand commerce de tous ces produits, dont une forte partie est exportée à l'étranger, et l'autre est employée dans toutes sortes de manufactures.

CHIMPANZÉ (zoologie.) — Quadrumane de la famille des singes, de la tribu des primates et du genre *troglodyte*. C'est le plus rapproché de l'homme par l'ensemble de l'organisation et par l'intelligence; ce genre a pour caractères : face nue, oreilles bordées, museau court; front arrondi et fuyant en arrière; arcades sourcilières très-proéminentes; angle facial de 50 degrés, 32 dents, doigts de même longueur que chez l'homme, le pouce excepté; ongles aplatis, membres proportionnés, poils ras sur certaines parties du corps, nuls à la face et à la paume des mains; point de queue ni d'abajoues; callosités étroites mais évidentes aux fesses.

Linnée avait fait du Chimpanzé une espèce du genre *Homo*, sous la dénomination de *Homo sylvestris*, c'est-à-dire *Homme des bois*. Nous ne reviendrons pas sur les différences qui séparent cet animal de l'espèce humaine. Comme il en est le plus rapproché, il en montré aussi les habitudes instinctives les plus semblables. Quoiqu'il soit organisé pour grimper, il marche avec facilité ; il peut s'apprivoiser et même se plier au travail d'un domestique; on en a vu qui étaient habitués à se tenir à table, à saluer et à reconduire les visiteurs; toutefois une telle éducation ne peut être donnée qu'aux jeunes sujets, qui sont doux et dociles. Bien que sa taille n'atteigne que 16 décimètres, le chimpanzé est doué d'une force telle, que dix hommes ne pourraient l'arrêter.

Ces quadrumanes habitent la Guinée et le Congo ; ils s'abritent sous des huttes qu'ils façonnent avec des branches et des feuilles. Ils sont d'un tempérament lascif, aimant et jaloux; en vieillissant ils

Fig. 18. — Chimpanzé.

deviennent tristes et moroses. Les voyageurs assurent que les mâles enlèvent des négresses et les entourent de prévenances dans leur retraite pour obtenir leurs faveurs; on parle même d'une femme qui resta cinq ans dans leur société.

Le chimpanzé se nourrit des fruits que lui fournissent les forêts équatoriales; il mange aussi, sans doute, des œufs et des petits oiseaux. Ses mœurs ne sont pas, d'ailleurs, bien connues, car il vit généralement peu de temps, surtout dans nos ménageries.

Le CHIMPANZÉ NOIR est la seule espèce authentique; Buffon l'avait confondue avec l'orang-outan. Tout ce qu'il dit du jocko s'applique au chimpanzé.

CHINCHILLA (zoologie). — Mammifère de l'ordre des rongeurs. Ce petit animal est voisin du rat et a des rapports avec le lièvre et l'écureuil. Voici ses caractères principaux : taille de l'écureuil, mais beaucoup moins élancée ; oreilles amples, arrondies au bord, presque nues ; moustaches de longues soies touffues ; membres antérieurs de moitié moins longs que les postérieurs, ayant cinq doigts, les postérieurs quatre ; tous revêtus de poils cachant presque les ongles ; queue moyenne couverte de poils abondants, en balai ; pelage excessivement fin et doux.

Les chinchillas, dit Salacroux, étaient depuis longtemps connus dans le commerce de la pelleterie par la beauté et par la finesse de leur fourrure ; mais, jusqu'à ces derniers temps, on n'avait pas pu se procurer l'animal entier, afin de pouvoir déterminer sa place parmi les rongeurs. Il n'y a que quelques années qu'on s'est assuré que les *chinchillas* ont des clavicules complètes, et les molaires au nombre de quatre de chaque côté, ce qui fixe leur place parmi les rongeurs claviculés, et près des loirs. Mais ils se distinguent de ce dernier genre par leur pelage bien plus doux, par leur queue médiocre et par leur taille qui égale presque celle d'un lapin. Leurs habitudes sont peu connues : on sait seulement qu'ils habitent les montagnes

Fig. 19. — Chinchilla.

du Pérou et du Chili, qu'ils vivent dans des terriers, et que leur chasse exige des chiens dressés à les prendre sans endommager leur fourrure. On poursuit ces rongeurs avec tant d'activité, que les gouvernements de l'Amérique du Sud viennent d'être obligés d'en prohiber la chasse momentanément, de peur que la race n'en fût bientôt totalement anéantie.

Leur fourrure cependant a beaucoup diminué de valeur, car les peaux que l'on vendait 20 et 25 francs en 1825 ne valent plus que 5 ou 6 francs en 1857.

Le *chinchilla lanigera* est la seule espèce connue du genre. Son pelage est d'un gris de perle, de nuance suave, ondulé de blanc sur toutes les parties supérieures du corps, et de gris clair sur les régions inférieures. Gossart.

CHINE (empire de la) (géographie). — État le plus peuplé du monde, et celui, qui, après la Russie, occupe la plus vaste étendue ; il est situé entre le 69e et le 141e degré de longitude orientale, et entre le 18e et le 81e de latitude, en y comprenant l'île d'Haï-Nan et la partie septentrionale de celle de Tarrakaï ou Tchoka. Le pays des Tartares Mantchoux, qui, dès le commencement du dix-septième siècle, s'en emparèrent et mirent sur le trône un de leurs chefs dont la dynastie règne encore, forme la première classe des nombreux États dont se compose ce vaste empire, qu'il faut distinguer en pays entièrement soumis, en pays tributaires et en pays vassaux. Cette classe qui comprend la *Chine proprement dite*, forme avec une partie du pays des Mantchoux et une fraction de la *Petite-Boucharie*, les dix-huit provinces de l'Empire de la Chine. Plusieurs de ces provinces sont aussi peuplées que la France entière ; le nombre des habitants de plusieurs villes s'élève de 500,000 à 1,500,000 âmes. Un nombre considérable de Chinois émigre chaque année en Australie et en Californie.

La *Chine proprement dite*, à laquelle ses habitants donnent le nom d'*Empire* ou de *Fleur du milieu* et de *Céleste empire*, est située dans l'Asie orientale, à l'est de la chaîne des monts Gunling et au sud de la grande muraille haute de 8 mètres, large de 5, et qui s'étend sur une longueur de 2,400 kilomètres, construite il y a environ vingt siècles, et qui n'a pu résister aux invasions des Tartares - Mantchoux. L'aspect de ce vaste empire présente un ensemble de grandes plaines entrecoupées de rivières profondes et d'une telle étendue qu'en certains endroits il est impossible de porter la vue d'un bord à l'autre, et qu'en d'autres on distingue à peine ce qui paraît sur les rivages.

La langue généralement parlée est le chinois, qui s'écrit du haut de la page en bas, sans lettres alphabétiques, mais avec des caractères dont chacun, représentant un mot ou du moins une syllabe, en rend l'étude extrêmement difficile. Le nombre de ces caractères est de 80,000.

L'empereur de la Chine, qui prend le titre de *Fils du ciel*, de *Dragon assis sur le trône du monde*, est un monarque absolu, dont le pouvoir n'est limité que par l'empire des coutumes invariables et par l'obligation qui lui est imposée de choisir tous ses agents dans le corps des mandarins ou lettrés. Pour honorer l'agriculture, qui est fort encouragée en Chine, l'empereur met lui-même chaque année la main à la charrue et trace des sillons dans un champ situé près de sa capitale.

La principale nourriture des Chinois est le riz, qui leur tient lieu du blé, qu'ils ne sèment pas, né connaissant pas le pain. Le thé, qui leur sert de breuvage et dont ils font un commerce considérable, les arbres à vernis et à suif, le camphrier, le coton jaune avec lequel on fabrique le nankin, le bambou, l'ami étoilé, la rhubarbe, la laque, et une espèce de mûrier, dont l'écorce sert à faire le papier, sont les principales productions de ce pays. Le ver à soie, qu'ils ont su les premiers utiliser, et le cyprin doré (petit poisson doré qu'on nourrit dans les bocaux) sont originaires de la Chine.

Le culte de Bouddah (ou Fo) est celui que professent la famille impériale et la masse de la nation; la religion de Confucius est celle des savants et des lettrés.

Les Chinois, fourbes, présomptueux, mais laborieux et adroits, rasent leurs cheveux, à l'exception d'une touffe qu'ils portent en longue tresse derrière la tête. La principale beauté des femmes consistant chez eux dans la petitesse de leurs pieds, dès leur enfance on les leur serre fortement avec des courroies, ce qui leur rend la marche très-difficile.

L'histoire convenablement écrite de ce vaste empire exigerait un volume entier; nous ne pouvons donc que citer ici quelques-unes des villes les plus remarquables. *Pékin* (1,300,000 hab.), située dans une grande plaine sur le Yuho, petit affluent du Pelo, se partage en deux villes, dont l'une est habitée par les Tartares et l'autre par les Chinois. C'est la capitale de tout l'empire.— *Nankin* (500,000), cour du sud, ancienne capitale sur le Kiang, ville savante de la Chine, renommée pour ses nankins et les meilleurs satins de la Chine. — *Canton*, au sud de la Chine, ville considérable, dont la population s'élève à 1,500,000 habitants, principal port pour l'exportation des thés, des nankins, de la porcelaine, des soies, du papier, de l'encre de la Chine, etc. — *Macao*, établissement portugais au sud de Canton. L'île de Hong-Kong avec la ville de Victoria appartenant aux Anglais. Il y a en Chine 1,299 villes du troisième ordre, désignées par la finale *cheu*; 221 villes du deuxième ordre, indiquées par la finale *toheou*, et 179 villes du premier ordre, désignées par la finale *fou*. Le nombre des places fortes s'élève à 2,360. La population générale de ce vaste empire est d'environ 300 millions d'habitants. Nous terminerons cet article en faisant des vœux pour que la guerre survenue entre les Indiens et les Anglais se termine d'une manière conforme à l'esprit de pacification et de moralisation qui distinguera, nous devons l'espérer, la direction humanitaire des actes du gouvernement anglais. J. BÉCHERAND.

CHINE (industrie et commerce de la). — Suivant M. Debell, la perfection qu'on remarque dans plusieurs arts cultivés par les Chinois est moins le résultat d'une habileté scientifique que l'effet d'une expérience acquise par un long travail et le laps de temps. Si l'on en excepte ces méthodes routinières, ils ne se sont distingués par aucune découverte dans les connaissances des temps modernes. C'est ainsi que l'éclat et la solidité des couleurs de leurs étoffes de soie sont moins l'effet de quelques secrets dans les procédés

que celui d'une longue expérience et de l'observation, de l'influence du climat et des circonstances qui pouvaient favoriser leurs progrès. Ils emploient un grand nombre d'individus pour accélérer leurs opérations industrielles, et le vent du nord, appelé *pak-fung,* est la seule période pendant laquelle ils teignent leurs soies. Lorsqu'on les emballe pour l'exportation, on évite avec le plus grand soin le temps humide.

Les imprimeurs et libraires de Pékin ont des gravures sur cuivre et même sur bois destinées aux ouvrages de peu d'importance. Des caractères très-nets et très-lisibles, ainsi qu'un papier fin, augmentent le prix d'un livre. Le plus beau papier dont on fasse usage à la Chine est celui du coton. Les boutiques des joailliers renferment aussi des tableaux, des sculptures sur le jaspe, sur l'ivoire et sur le bois rare. Le travail de tous ces ouvrages est tout à fait remarquable. Il y a également de magnifiques magasins de glaces et de porcelaines. On remarque aussi une grande manufacture de poterie et de verres de couleurs, appelée *lieouli-tchang,* laquelle est sous la direction d'un Tartare-Mantchoux et d'un Chinois. On trouve pareillement des fabriques de toiles vernissées de toutes les couleurs dont on se sert pour couvrir les toits des maisons.

Il paraît que les cordonniers forment la classe la plus nombreuse des ouvriers de Canton; on évalue leur nombre à 25,000; celui des tisserands à 15,000; des lapidaires à 7,000; des charpentiers et ébénistes à 16,000. Il y a plus de 18,000 canots trafiquants (*trading boats*) de différentes grandeurs qui naviguent le long des bords de la rivière, depuis Canton jusqu'à Whampoa. Les tankas, ou barques de différentes dimensions habitées par des familles entières, et qui payent un revenu annuel à la police, sont au nombre de 50,000.

Manufactures de soieries. — Les Chinois ont porté plusieurs arts industriels au plus haut degré de perfection. De toutes les manufactures de la Chine, les plus considérables sont celles de soie, dont les étoffes se répandent dans toutes les parties du monde; l'Europe en tire encore une grande quantité. Nankin et Che-Kian sont les provinces où il y a le plus grand nombre de fabriques de soie.

Manufactures de laine et de coton. — Il y a une grande quantité de laine dans plusieurs provinces; mais les Chinois ne savent pas faire des draps comme en Europe; ce qui engage les étrangers à y apporter de leurs draps, qu'ils vendent fort cher, surtout ceux de l'Angleterre.

Les étoffes de coton y sont pareillement fort communes; mais celles fabriquées en Europe sont plus estimées, et, quoique plus chères, ont un grand débit.

Tapisserie. — Les tapisseries sont ordinairement de satin, ornées de grandes fleurs, de figures de broderies en or et en soie, d'un coloris extrêmement brillant, et d'un dessin aussi peu correct que celui de tous les autres ouvrages des Chinois.

Fleurs artificielles. — Ces fleurs imitent parfaitement la nature ; on ne peut rien voir de si joli; les feuilles qui composent le corps de la fleur sont très-déliées, lisses et transparentes ; la matière est un roseau dont on ne met en œuvre que la partie la plus délicate, à laquelle on donne les couleurs les plus naturelles et les plus vives.

Porcelaines. — C'est aux Chinois qu'on est redevable de l'invention de la porcelaine; il n'y a pas de pays où elle soit d'un usage plus ordinaire qu'à la Chine. La plus fine et la plus estimée est celle de Quang-Si; parmi les plus belles de cette province, on en distingue de trois couleurs, qui sont : la jaune, la grise et la blanche peinte en bleu; la jaune, quoiqu'elle n'approche pas de la finesse des autres, est toute réservée pour l'usage du palais de l'empereur; la grise est parsemée d'un grand nombre de petites lignes irrégulières qui, dans leur confusion, font un très-bel effet. On en voit peu en Europe, si ce n'est en Hollande. La porcelaine blanche et bleue est semblable à celle qu'on a introduite en si grande quantité en Angleterre, en France et en Hollande, où on ne les estime guère plus que la faïence. La belle porcelaine, qui est d'un bleu céleste et d'une blancheur éclatante, vient de Kingle-Ching, village ou bourg de la province Kyang, extraordinairement vaste et peuplé, et qui est demeuré en possession de fournir de la porcelaine à tous l'univers, sans en excepter le Japon; mais la consommation en est beaucoup diminuée en Europe, où il s'est établi un grand nombre de manufactures de porcelaine faite avec plus de goût dans les dessins et les ornements. Depuis ce temps, on ne fait presque plus usage de la porcelaine de la Chine.

La laque de la Chine, comme celle du Japon, a toujours été renommée pour son brillant, sa solidité et sa couleur rougeâtre, ainsi que nous le voyons par un grand nombre d'ouvrages admirables, tels que les paravents, les cabinets, les coffres, les cabarets, les éventails, dont la laque, le vernis et la peinture font l'ornement.

Papier. — Quelques Européens, admirant l'extrême finesse du papier chinois, l'ont pris pour une composition de soie, sans songer que la soie ne peut être réduite en pâte. Les Chinois composent leur papier, qu'ils appellent *chi,* de l'écorce de bambou et d'autres arbres; ils n'en prennent que la seconde peau, qui est fort douce et fort blanche; ils emploient beaucoup d'alun dans la fabrication d'une certaine sorte; de là vient le nom de papier *fan,* qui est en usage à la Chine. Le papier chinois est plus blanc, plus doux et plus compacte que celui de l'Europe; mais il se moisit facilement, la poussière s'y attache et les vers s'y mettent. Outre cette espèce, les Chinois font aussi un papier de coton qui est encore plus blanc, plus fin et d'un usage plus général. Il n'est pas sujet aux mêmes inconvénients. Il dure plus longtemps et n'a pas moins de blancheur que celui de l'Europe. La consommation du papier est presque incroyable à la Chine; outre les lettrés, qui en emploient une quantité prodigieuse, on ne s'imaginerait jamais combien il s'en consomme dans

les maisons particulières, où le papier sert à toutes sortes d'ornements.

Encre. — L'art de faire de l'encre n'est point une industrie chez les Chinois; ils le mettent au rang des arts libéraux, sans doute à cause de son utilité pour la science et la littérature. L'encre de la Chine est un composé de divers ingrédiens, dont la plupart ne sont pas connus, ce qui a rendu les efforts inutiles pour la contrefaire; elle est fort précieuse pour le dessin. Les Chinois ont aussi de l'encre rouge qu'ils emploient pour les titres de leurs livres.

Verrerie. — L'art de la verrerie n'a été connu à la Chine que longtemps après la porcelaine. Actuellement, il y a plusieurs verreries dans cet empire, surtout des verres appelés *verres de ris,* très-cassants, mais faciles à travailler. La verrerie n'a pas acquis le même degré de perfection que les autres arts industriels.

Pelleteries. — Les Chinois ont aussi diverses fourrures, même des plus précieuses, telles que sont le petit-gris, les hermines et les martres, qui leur viennent de la Tartarie, et qui se consomment en grande quantité pour la doublure des habillements, tant pour hommes que pour femmes, ainsi que pour celle des bonnets, pour les selles de leurs chevaux et plusieurs de leurs meubles.

Les Chinois travaillent avec beaucoup d'art les métaux depuis la plus haute antiquité, et savent polir les pierres les plus dures. La gravure sur bois et l'imprimerie stéréotype remontent au milieu du dixième siècle. Ils excellent aussi dans la broderie, l'art de travailler l'ivoire, dans la teinture; leurs éventails, ainsi que les ouvrages en filigrane, sont admirables. Les couleurs qu'ils emploient sont aussi vives que naturelles, et presque inaltérables.

COMMERCE. — Le commerce d'un empire d'une aussi grande étendue que la Chine ne peut être que très-considérable, tant à l'intérieur qu'à l'extérieur, par eau et par terre. C'est sous ces différents rapports que nous devons le considérer.

Le commerce intérieur de la Chine se fait principalement par les rivières et les canaux, qui sont en grand nombre et traversent l'empire d'un bout à l'autre. Ce commerce est si considérable, qu'il occupe le plus grand nombre des commerçants chinois; ils s'y livrent avec une telle activité, qu'il leur fait négliger le commerce extérieur et maritime.

Le commerce extérieur se divise en deux parties, celui par terre et celui par mer. Le commerce extérieur par terre se fait sur cinq frontières principales : 1° sur la frontière de la Sibérie; le plus grand entrepôt est à Maïmatchin, située à peu de distance de Kiakhta, place russe où se font les échanges des marchandises, dont la valeur, suivant M. Klaproth, surpasse rarement la somme de 8 millions, et ne s'élève même souvent qu'à 6 millions de francs; 2° sur la frontière du Turkestan, où l'on trouve Yarkand, qui en est l'entrepôt; 3° sur les confins de l'Indoustan : Leh, dans le Petit-Thibet; Takakote, sur la frontière de Lassa; 4° sur les confins de l'empire birman, où

Young-Tchang-Fou en est l'entrepôt; 5° sur les confins de l'empire d'An-Nam, où le commerce se fait par l'entremise des négociants de Knei-lin-Fou. Il y a, dans l'intérieur de l'empire, d'autres villes qui servent aussi d'entrepôt soit au commerce intérieur, soit au commerce extérieur, lequel se fait par les canaux et les fleuves. Ceux-ci communiquent avec les ports de mer qui sont le principal siége du commerce. La saison la plus favorable pour se rendre en Chine est de la fin d'avril à la fin de septembre; plus tard, le passage est sujet à beaucoup d'incertitudes, à moins qu'on ne le fasse sur un navire très-prompt et fin voilier. Quant aux vaisseaux qui vont exclusivement pour charger du thé, rien ne les presse d'arriver avant septembre, puisqu'on ne peut se procurer le thé noir qu'au mois d'octobre, et le thé vert qu'à la fin de novembre. Comme le moindre outrage de la part des marins envers les Chinois est sévèrement puni, et peut occasionner une telle interruption dans le commerce par la navigation, qu'on serait obligé de se servir de mulets très-lourds pour les transports, il faut avoir la précaution de choisir des équipages soumis à la discipline, et commandés par des officiers capables de la faire respecter.

Frais au port de Whampoa. — Le droit de mesurage varie, selon la dimension du navire, depuis environ 650 dollars (piastres de 5 fr. 25 c. à 5 fr. 30 c.) pour un navire de 300 tonneaux jusqu'à 3,000 dollars environ pour un navire de 1,200 tonneaux; mais le tonnage ne sert pas de base certaine pour fixer le montant du droit de mesurage. Les frais suivants sont les mêmes pour les vaisseaux de toutes dimensions : cumsha, 2,223 dol.; pilotage, interprète et acheteur, 350; total, 2,573 dollars.

Les navires qui importent du riz, sans autre chargement, sont exempts du droit de mesurage et du cumsha; mais ils sont sujets, en revanche, à divers frais irréguliers qu'on peut évaluer à environ 1,000 dollars. Ces frais sont ordinairement payés par l'acheteur du riz, qui règle en conséquence le prix qu'il en donne, lequel, dans les temps ordinaires, est rarement au dessous de 2 dol. pour un grand chargement, ou un dol. 3/4 par *picul* de 133 1/3 liv. anglaises pour une petite cargaison. Comme on peut presque toujours se procurer du riz à Java à des prix avantageux, les navires qui n'ont pas leur chargement complet et ne sont pas pressés par le temps peuvent trouver un avantage en touchant à Batavia pour se remplir de cet article; en arrivant en Chine, ils ont à choisir, ou de transporter les autres marchandises en dehors du port, pour n'y entrer qu'avec le riz, qui ne paye ni cumsha ni mesurage, ou d'adopter toute autre marche que les circonstances pourraient leur indiquer comme plus convenable.

Il y a de grandes facilités pour le déchargement et pour le chargement des marchandises exemptes de droits de ports, à l'embouchure de la rivière de Canton, au moyen des navires qui vont à Whampoa ou qui en viennent, ayant de la place disponible, à un fret modéré, et de même en débarquant ou embarquant à Macao, quoique ces facilités y soient quelque-

fois sujettes à des interruptions de la part des autorités chinoises, lesquelles n'admettent dans leur port que les navires espagnols ou portugais, ceux des autres nations ne faisant ce commerce que par connivence, en jetant l'ancre en dehors de la juridiction chinoise. Les marchandises ainsi débarquées payent un droit portugais de 6 p. 0/0 (qu'on s'attend à voir réduit à 1 ou 2) sur une évaluation déterminée, mais aucun droit chinois jusqu'à ce qu'elles soient expédiées de Macao dans l'intérieur, où elles sont alors sujettes à peu près au même tarif que celui imposé à Whampoa.

Droits d'exportation. — On ne paye point de droit d'exportation à la sortie de Macao, toutes les marchandises qui y arrivent de l'intérieur étant sujettes à un droit qui ne diffère pas beaucoup de celui qu'on paye pour l'exportation à Whampoa.

Droits d'exportation. — Ces droits étant excessivement lourds sur beaucoup d'articles, et attendu qu'on est obligé de payer une seconde fois à la réexportation, sur les marchandises qui se trouveraient n'être pas convenables au marché, il est évident qu'à l'égard d'un grand nombre de ces articles, il est prudent de les débarquer à Macao ou de les garder à bord en dehors du port. Ce dernier moyen peut être aisément adopté à la faveur de l'extention que prend la navigation déjà existante dans ces parages pour le commerce de l'opium.

Les navires qui touchent aux présidences de Bombay ou de Calcutta n'éprouveront probablement aucune difficulté pour obtenir du fret en coton pour la Chine. Le taux du fret a été flottant d'environ 7 à 15 roupies par balle; le prix moyen peut être d'environ 10 roupies; mais l'affluence des navires d'Europe doit nécessairement le réduire d'une manière sensible. Les frets de Singapore à la Chine se sont faits, dans une proportion limitée, à environ 3/4 de dollar par picul.

Au moyen de remises sur la Chine, qu'on peut toujours se procurer en traites sur l'Inde, tirées par la compagnie pour le surplus de son revenu, ou par les particuliers pour balances de comptes dus par l'Inde à l'Angleterre, et de l'extension graduelle de la vente des produits manufacturés anglais à la Chine, on a lieu d'espérer que le moyen ruineux des remises en billets du trésor ne sera que rarement ou jamais employé. A cet égard, ce qui est à remarquer, c'est que jamais l'or ou l'argent en lingots n'obtient son entière valeur à la Chine, ni même aucune monnaie, à l'exception pourtant des piastres d'Espagne, lesquelles, avant le règne de Ferdinand VII, obtenaient une préférence dans certaines contrées éloignées de l'empire, et quelquefois même à Canton une prime, qui variait de 1 à 5 p. 0/0.

Soies grèges de Nankin. — Elles arrivent généralement au marché en août, et on reçoit successivement des renforts pendant l'hiver, mais dont la qualité est inférieure à celle des premiers arrivages.

En vertu d'un ancien règlement, il n'est permis à aucun navire de charger plus de 100 picus de soies pour l'exportation; lorsqu'un navire veut en prendre davantage, il faut que le surplus soit embarqué; par connivence, à Macao, ou mis à bord d'un autre navire de Whampoa, pour être ensuite transbordé en dehors de la Bocca-Tigris. Cette place a toujours été remarquable par un grand mouvement d'affaires, même dans l'état de choses le mieux établi. Ce mouvement ne pourra que s'accroître à l'aide du vaste changement qui devra résulter de la cessation des opérations de la compagnie des Indes.

Exportations. — Les principaux articles d'exportation sont le thé, les nankins, la porcelaine, la rhubarbe, la squine, le musc, le gingembre, le mercure, le zinc, le borax, la soie, l'écaille de tortue, la nacre de perle et un grand nombre d'objets de l'industrie chinoise. Le thé est exporté en immense quantité par les Anglais, les Hollandais, les Hambourgeois et les Américains.

Importations. — Elles consistent en draps fins, en plusieurs sortes d'étoffes de lainage, fourrures de Sibérie et de l'Amérique du Nord, fils d'or et d'argent, paillettes, verres de Bohême, miroirs, plumes, corail rouge et pâle, cochenille, bleu de Prusse, cobalt, vin de Champagne et d'Espagne, ouvrages d'horlogerie, bois d'ébène, de sandal et de calambre, ivoire, étain, cuivre, ailerons de requin, nids de salangane, benjoin, encens et opium. Ce dernier article s'introduit en contrebande en une immense quantité. L'argent en barres ou en piastres doit faire la base des échanges.

Le commerce de la Chine ne laisse pas d'être très-considérable avec plusieurs puissances de l'Europe. Les importations de l'Angleterre, des États-Unis de l'Amérique, de la Hollande, de la France, de la Suède, du Danemark, de Manille, de l'Inde, par les vaisseaux européens et américains, s'élèvent, tant en argent qu'en marchandises, à une moyenne annuelle de 35 à 40 millions de dollars (175 à 200 millions de francs). La mauvaise administration des douanes est la cause d'une contrebande immense, qui prive le gouvernement de 4 à 5 millions de dollars de revenu par an.

Les Chinois sont la plus laborieuse, la plus commerçante et la plus industrieuse de toutes les nations de l'Orient. Ils sont toujours disposés à établir des relations de commerce avec tous les pays. Les Américains cherchent à donner la plus grande extension à leur commerce avec la Chine; le nombre de leurs vaisseaux y devient plus considérable chaque année, et ils établissent la concurrence la plus formidable avec les Anglais. De 1813 à 1814, on peut évaluer le tonnage des vaisseaux européens et américains qui ont fait le commerce de la Chine à 35,000 tonneaux, et la valeur totale des exportations et des importations à 5 millions sterl. ou 125 millions de francs, tandis que de 1832 à 1833, le tonnage des bâtiments employés à ce commerce n'a pas été au-dessous de 90,000 tonneaux, et la valeur des exportations et des importations peut être estimée à 15 millions sterl. ou 375 millions de francs. Ainsi, l'on voit que, dans le court intervalle de 17 années, la quantité de tonnage a triplé à peu près, et qu'il en a été de même de la valeur des marchandises.

Importation de l'opium. — On doit attribuer cette exportation de l'argent à l'importation de l'opium à la Chine, qui sera un fait remarquable dans l'histoire générale du commerce. L'opium a été, jusqu'à présent, un monopole qui a appartenu à la compagnie anglaise des Indes orientales. Comme l'importation en est prohibée à la Chine, ce ne peut être que l'objet d'un commerce de contrebande bien plus considérable que le commerce officiel. La passion qu'ont les Chinois pour cet article est si forte, que les lois de l'Empire céleste n'ont pu en empêcher l'introduction même jusque dans le palais impérial. La compagnie elle-même a vu son monopole être impuissant même dans l'Inde, d'où l'opium est exporté; en sorte que le prix en est baissé à la Chine de moitié, et même des deux tiers de ce qu'il était il y a 15 à 20 ans, quoique l'usage s'en répande de district à district, de province à province. Il s'est introduit jusque dans la Tartarie avec les calicots et les draps anglais.

Les Chinois emploient l'opium comme le vin et l'eau-de-vie qu'on boit en Europe, et ils y trouvent un plaisir inexprimable.

Autres articles d'importation. — Il faut ajouter à cet objet principal d'importation les produits des manufactures anglaises, dont la consommation, pour une population qu'on porte à 361,693,879 habitants, peut devenir chaque année plus considérable. C'est ce qui avait fait dire au *Mercantile Journal*, qu'il était presque incroyable que, pendant l'année finissant en mars 1852, on n'eût placé en objets des fabriques britanniques que 4,852 piculs de coton, 2,525 caisses de vaisselles d'étain, 65,298 pièces de tissus blancs de coton, 141,762 pièces de draps de grande largeur, 140,000 de ce qu'on appelle *long-ells*, et 14,624 pièces de camelot. Quelle immense perspective n'offre pas le commerce de la Chine à toutes les nations commerçantes de l'Europe!

Exportation du thé. — Le thé forme sans contredit l'article le plus important du commerce d'exportation de la Chine, depuis que l'usage s'en est répandu presque généralement en Angleterre, en Hollande, ainsi que dans d'autres pays du Nord, où cette boisson est devenue indispensable. Chaque province de la Chine en produit pour sa consommation; mais on le cultive plus particulièrement dans les provinces maritimes situées entre le 25e et le 35e degré de latitude nord. Il y a vingt ans que l'exportation avait été limitée à deux provinces; comme les demandes de l'étranger augmentaient, on l'étendit à quatre provinces. Si elle continue à s'accroître, il est possible qu'on l'étende à une douzaine de provinces, attendu que c'est la principale production des hauteurs escarpées, qui sont en grand nombre en Chine.

Les qualités stimulantes du thé sont restées pendant des siècles inconnues aux Européens; l'usage du thé n'a commencé à devenir considérable en Europe que vers le commencement du dix-huitième siècle; les exportations de la Chine n'ont pas été au delà d'un demi-million de livres pesant. Il n'y a qu'un demi-siècle que ces exportations, tant pour l'Europe que pour les États-Unis, se sont élevées à 20 millions de livres pesant ; mais telle a été l'augmentation rapide de la consommation, qu'il y a quelques années l'exportation totale s'est au moins élevée à 50 millions de livres ; ce qui fait un accroissement de 150 p. 100 en un demi-siècle. Par conséquent, l'industrie des Chinois a dû augmenter dans la même proportion. Ce seul article d'exportation rapporte à la Chine plus de 80 millions de francs, ce qui démontre l'importance du commerce de cet empire.

Les hongs accaparent en Chine le thé *pekoe*, qui, provenant des premières pousses et des bourgeons, est le plus précieux et le plus estimé ; ils en disposaient autrefois en faveur de la compagnie anglaise, avec laquelle ils avaient des rapports continuels ; ce qui empêchait les commerçants des autres nations de s'en procurer, si ce n'est à des prix exorbitants.

Commerce de l'Angleterre avec la Chine. — Les premiers vaisseaux anglais arrivèrent à la Chine en 1634, et ce n'est qu'en 1834 que le commerce de l'Angleterre avec ce vaste empire est devenu libre pour toute la nation britannique. Il est assez singulier que la nation qui possède le plus grand commerce du monde ait été la dernière à abandonner un système aussi contraire à ses intérêts que le monopole du commerce de la Chine. On peut se faire une idée du préjudice qui en est résulté pour l'Angleterre, si l'on considère que, depuis un demi-siècle qui s'est écoulé depuis l'acte de commutation, le peuple anglais a payé à la compagnie des Indes orientales, pour l'importation du seul article de thé, une somme qui s'élève au moins à 100 millions de livres sterl. On a calculé que, pendant cette même époque, sans compter les intérêts, le peuple anglais a payé comme taxes au gouvernement, sur cette seule branche de commerce ou de consommation, environ 120 mille sterl.

Canton est le plus grand entrepôt du commerce de la Chine ; les Hollandais, les Anglais, les Portugais, ainsi que les Américains, y ont des factoreries.

En général, le commerce de cet empire est sujet à de grandes difficultés ; il n'y a aucun tarif pour les droits, à l'exception seulement de quelques articles ; on n'y considère pas la valeur des objets importés. Par exemple, des étoffes de 28 aunes de long, de la valeur de 3 ou bien de 20 dollars, payent le même droit. La perception se fait aussi de la manière la plus irrégulière ou arbitraire ; on exige quelquefois un double droit pour la même marchandise dans un temps plutôt que dans un autre. Il n'existe aucun moyen de vérifier les payements que font les hongs au trésor impérial, ce qui les autorise à élever leurs prétentions pour satisfaire leur cupidité. En conséquence de la conduite arbitraire avec laquelle les autorités chinoises avaient traité les commerçants anglais, ceux-ci ont adressé une pétition à Hoppo-Ching au sujet des droits qu'on exigeait des étoffes des fabriques anglaises ; après une longue négociation, il a été ordonné qu'à l'avenir, les mouchoirs ou

étoffes de fabrique britannique, tant grands que petits, acquitteraient un droit de 25 pour 100 par douzaine.

Régime du commerce anglais avec la Chine. — Un bill, sanctionné le 28 août 1833, par S. M. Britannique, a prescrit, entre autres dispositions, celles qui suivent :

« A partir du 22 avril 1834, tous les sujets anglais pourront faire le commerce avec les pays situés au delà du cap de Bonne-Espérance jusqu'au détroit de Magellan.

» Le roi est autorisé à nommer trois de ses sujets surintendants du commerce anglais en Chine.

» S. M. pourra investir ces surintendants de l'autorité nécessaire dans l'intérêt du commerce anglais en Chine ; créer une cour de justice avec juridiction criminelle et d'amirauté pour le jugement des délits commis par les Anglais ; rendre des ordres pour faire percevoir sur les navires anglais, entrant dans les ports où résideront lesdits surintendants, un droit de tonnage n'excédant pas 10 schel. par 100 livres sterl. de valeur. »

Le roi a de plus ordonné qu'il soit pris des mesures efficaces pour maintenir le bon ordre et la subordination parmi les sujets anglais arrivant à Canton ; que les surintendants pourraient exiger de tout capitaine de navire anglais, entrant à Canton, les droits suivants :

Sur le tonnage du navire, 5 sch. par tonneau ;

Sur les marchandises (sauf les lingots), 7 sch. par 100 livres sterl. de valeur.

La valeur des marchandises sera fixée d'après les prix courants de Canton, droits en dehors.

S'il y a désaccord sur le taux de ces prix, il sera établi par des négociants anglais à Canton, non intéressés dans le débat.

Tout capitaine de navire faisant le commerce avec le port de Canton devra, dans les 48 heures qui suivront son arrivée, remettre auxdits surintendants un état exact, certifié sous serment, et détaillé, de la cargaison du bâtiment complétement ou partiellement déchargé ou à décharger en ce port, et de son consignataire.

Pour assurer la perception des droits, les surintendants sont requis de retenir les permis d'exportation et autres papiers de bord des bâtiments anglais, et de refuser tout permis de départ et passeport jusqu'à ce que le payement soit effectué.

Aucun bâtiment anglais ne sera admis à l'entrée d'un port quelconque des possessions de S. M. britannique sans que le capitaine ne présente à l'employé des douanes ou à tout autre officier compétent les permissions et congés qui doivent être reçus en quittant le port de Canton, ou tout autre port où l'on doit acquitter les mêmes droits.

L'exportation du thé forme un article important du commerce de la Grande-Bretagne avec la Chine. Suivant Mac-Culloch, il a été exporté de la Chine en Angleterre, de 1831 à 1832, par la compagnie des Indes orientales, 30,208,098 livres pesant, et pour les colonies anglaises de l'Amérique septentrionale, 1,276,856 livres, faisant ensemble 31,489,954 livres de thé, dont la valeur primitive était de 1,907,648 livres sterl.

Depuis la suppression du monopole de la compagnie des Indes orientales anglaises, le commerce de la Chine, devenu libre pour tous les commerçants anglais, amène annuellement à Canton de 30 à 40 vaisseaux, et autant d'acheteurs, au lieu de 8 à 10 bâtiments que la compagnie employait annuellement, sans avoir une si grande concurrence dans les achats. Il faut aussi considérer que la consommation du thé s'est considérablement accrue dans la Grande-Bretagne depuis la diminution des droits; on l'a évaluée, pour l'année 1855, à 60 millions de livres pesant.

Commerce de l'Inde anglaise avec la Chine. — Ce commerce est beaucoup plus considérable que celui de la Grande-Bretagne avec cet empire; on peut l'attribuer à la grande étendue des deux pays, au grand nombre de leurs habitants, ainsi qu'à leurs besoins réciproques. Autrefois, l'article le plus important des importations de l'Inde à la Chine était le coton en laine, surtout de Bombay; mais depuis quelque temps l'opium l'a surpassé de beaucoup. Il s'est élevé jusqu'à 13 millions de dollars, environ 65 millions de francs; ce qui est d'autant plus surprenant que c'est un article prohibé sévèrement, et que, malgré tous les édits de l'empereur de la Chine, on l'introduit par contrebande en une immense quantité dans la baie de Lintin.

Les exportations de la Chine à l'Inde consistent en sucre; pour l'Inde occidentale, thé, porcelaine, nankin, casse, camphre, etc. Comme le montant de ces objets ne s'élève pas à une somme considérable, les comptes d'importation sont soldés en lettres de change ou en argent. (*Montbrion.*)

CHIQUÉ (zoologie). — Espèce d'insecte du genre puce, appelé aussi *tique, puce pénétrante,* ou *ton,* fort répandu dans l'Amérique méridionale, et qui, s'introduisant sous l'ongle des pieds et sous la peau du talon, y acquiert promptement le volume d'un gros pois par le développement de ses œufs, qu'elle porte sous son ventre. Elle détermine alors les plus graves accidents, et quelquefois même la mort, si on n'a le soin et l'adresse de l'extraire avant qu'elle ait fait sa ponte.

La couleur noire de la chique la fait aisément remarquer, et aussitôt qu'on l'aperçoit, il faut l'enlever de la chair, à l'aide d'une épingle ou d'un stylet très-pointu. On fait passer la démangeaison que cet insecte cause au moyen de jus de citron ou du vinaigre.

CHIROGRAPHAIRE (jurisprudence) [du grec *chéir,* main, et *graphô,* écrire]. — On appelle ainsi les dettes et les créances contractées en vertu d'un acte sous seing privé, et qui, dès lors, ne peuvent emporter hypothèque, à la différence des dettes et créances fondées sur des actes notariés ou reconnus en justice.

En diplomatie, ce mot s'applique en général à tout acte revêtu de la signature autographe d'un roi ou d'un prince particulier. On a donné le nom de *Chirographes* ou *Chartes chirographaires* à certaines

chartes au haut ou sur le côté desquelles se trouvent des caractères coupés par le milieu. « Pour dresser ces actes, on les écrivait en double sur une même feuille de parchemin, de manière qu'en coupant la feuille par le milieu, chacun des contractants eût un original de la pièce. A l'endroit où la feuille était coupée, il y avait, comme aujourd'hui aux talons de souche, des vignettes ou des lettres majuscules qui se trouvaient partagées en deux. Les chirographes s'appellent aussi *chartes parties, chartes endentées.* »

CHIROMANCIE (sciences occultes) [du grec *chéir,* main, et *mantéia,* divination]. — Art prétendu de deviner, de prédire les destinées de quelqu'un, par l'inspection des lignes de la face palmaire de la main. Ces lignes, simplement dues à la contraction des muscles, sont appelées par les chiromanciens, *lignes de vie.* Ils donnent un nom à chacune d'elles et leur attribuent une influence plus ou moins favorable. Une de ces lignes, qu'ils regardent comme la plus heureuse, est celle dite la *ceinture de Vénus,* qui commence entre l'index et le médius, et s'étend jusqu'à l'auriculaire en décrivant une courbe.

Croirait-on que des auteurs graves, tels qu'Artemidore, Agrippa, Fludd, Hartlied, le jésuite Del Rio, etc., ont consacré un temps précieux à écrire sur cet art mensonger? Comment peut-il jamais entrer dans un esprit sain l'idée de pénétrer, à l'inspection des lignes de la main, ou par tout autre moyen empirique, cet enchaînement inconnu, irrésistible, des événements et des causes? En vérité, dit un auteur, quand on songe que tant de livres pleins de ces assertions extravagantes, de ces idées fantasques, occupaient une large part dans la littérature des derniers siècles du moyen âge, qu'ils étaient comme un second Évangile pour le peuple, sans être regardés comme indignes des méditations des savants, on est tenté de se demander si tous les hommes de ce temps-là mouraient avant l'adolescence, ou si l'enfance perpétuelle était l'état de ces sociétés !

Encouragé par les peuples anciens, passé même dans les institutions de la Grèce et de Rome, l'art prétendu de connaître l'avenir, quel que soit son nom, *chiromancie, nécromancie, cartomancie,* etc., n'est plus regardé aujourd'hui que comme un moyen d'escroquerie puni par les lois. D'après les articles 479, 488 et 481 du Code pénal, ceux qui font *profession* de deviner sont passibles d'amende et de prison. Si l'oracle emploie des moyens illicites pour tirer de l'argent de ses dupes, l'article 405 du Code pénal, relatif aux manœuvres frauduleuses, lui est généralement appliqué sans circonstances atténuantes. Outre l'emprisonnement de un à cinq ans, et l'amende de 50 à 3,000 francs, tout devineur condamné ne peut être admis au bénéfice de cession.   B. LUNEL.

CHIRONECTE (zooologie) [du grec *chéir,* main, et *nectés,* nageur]. — Genre de mammifères de l'ordre des marsupiaux, de la famille des sarigues, caractérisé par la présence de membranes interdigitales aux pieds de derrière, par une queue écailleuse, longue et prenante, par un museau pointu et des oreilles nues et arrondies. — Voy. *Sarigues.*

CHIRURGIE [du grec *cheir*, main, et *ergon*, travail]. — Partie de l'art de guérir qui s'occupe des maladies externes, de leur traitement et surtout des opérations qu'elles réclament. Tel est à peu près le sens qu'on attache à ce mot, car on ne peut guère en donner une définition bien précise, attendu que la limite qui sépare la chirurgie de la médecine proprement dite est assez difficile à déterminer. En effet, si l'on applique cette expression à une plaie qui est extérieure, on l'applique aussi à une fracture, à une luxation, qui ne le sont déjà plus autant, et à un calcul des reins ou de la vessie, à un kyste de l'ovaire, etc., qui ne sont que trop intérieurs; d'un autre côté, la médecine réclame des maladies dont le siége est à l'extérieur et qu'elle traite par des topiques, ou même par de petites opérations chirurgicales, comme la cautérisation : ainsi, les maladies de la peau. On voit donc combien est peu tranchée la ligne de démarcation qui sépare les deux filles du même art.

Nous ne discuterons pas ici la question oiseuse de prééminence de la médecine sur la chirurgie; nous savons qu'autrefois les médecins se regardaient dans leur vanité doctorale comme supérieurs aux chirurgiens; mais le temps a fait bonne justice de ces prétentions ridicules, et à ceux qui pourraient conserver quelques doutes à cet égard, nous dirons qu'il est pour le moins aussi noble de guérir une fracture qu'une diarrhée.

« La chirurgie, dit le professeur Gerdy, est un art parce que c'est un ensemble d'opérations soumises à des règles. Et qu'on ne la croie pas pour cela moins distinguée et moins noble qu'une science proprement dite, comme les sciences naturelles! La noblesse des choses n'est-elle pas proportionnée aux qualités nécessaires pour les posséder, et la chirurgie ne se compose-t-elle pas, comme tous les arts d'une science, de règles et de pratiques? Ses préceptes ne sont-ils pas des déductions de l'anatomie, de la physiologie, de la pathologie, tant externe qu'interne, et même de connaissances d'histoire naturelle, de chimie et de physique? »

La *pratique de la chirurgie* exige des sens fidèles, du sang-froid, un jugement sûr et une main ferme et adroite.

Pour le *diagnostic* des maladies chirurgicales, un tact délicat est nécessaire. Il faut aussi au chirurgien un jugement droit qui ne s'acquiert que par la puissance de l'attention et la réflexion. Ce n'est donc pas sans raison que le vulgaire exige une certaine gravité dans un homme de l'art, et refuse sa confiance à ceux qui, étourdis et légers, lui paraissent incapables d'attention.

Pour le *pronostic* et les *indications thérapeutiques*, c'est encore un jugement sévère et mûri par la réflexion, qu'il faut au chirurgien; l'un et l'autre s'appuient sur la connaissance de la maladie, de sa marche, de ses causes, des influences accidentelles ou thérapeutiques auxquelles elle a été et se trouve encore soumise. Le premier devine, dans tous les éléments, l'avenir de la maladie;

l'autre pèse et juge le traitement qu'elle réclame.

L'utilité de la chirurgie n'est point mise en doute, parce qu'elle ne saurait l'être. Qui oserait nier que l'art n'ait sauvé une partie en levant l'étranglement qui menaçait de la faire mourir de gangrène; qu'il n'ait contribué à la guérison d'une plaie dont il a tenu exactement les lèvres en contact, d'une fracture dont il a eu le soin d'assujettir les fragments dans une position convenable; qu'il ne guérisse des anévrismes par la ligature, des rétrécissements par la dilatation; qu'il ne rende la vue en levant l'obstacle qui l'avait fait perdre, et ne débarrasse l'économie d'une foule de corps étrangers par une opération de chirurgie?

Parallèle de la chirurgie et de la médecine. — La chirurgie exige, pour son diagnostic et ses opérations, des connaissances d'anatomie infiniment plus étendues que la médecine. Comme la médecine, elle a besoin des connaissances de physiologie et de pathologie interne, parce qu'il est peu de maladies chirurgicales qui ne soient compliquées de maladies médicales, inflammations, fièvres, etc.

Le diagnostic chirurgical exige plus de précision que le diagnostic médical. Une erreur pourrait entraîner dans les plus funestes conséquences, car les opérations sont des moyens bien autrement énergiques que les drogues pharmaceutiques, prudemment administrées, à des doses au moins innocentes.

Les indications thérapeutiques sont moins nombreuses en médecine qu'en chirurgie, et les moyens de les remplir bien moins variés : 1° calmer par les antispasmodiques et les narcotiques; 2° éteindre les inflammations par les antiphlogistiques et les contro-stimulants; 3° guérir une maladie au moyen d'une action perturbatrice, de remèdes spéciaux, ou enfin par des révulsifs, émétiques, purgatifs, exutoires, etc.; tels sont les principaux moyens et les principales indications thérapeutiques de la médecine.

En chirurgie, les indications varient autant que les différentes opérations dont on se sert pour les remplir. Ainsi, celles qui réclament l'application du trépan ne sont pas les mêmes que celles qui exigent l'opération de la cataracte; celles d'une fracture ne sont les mêmes que celles d'une luxation; celles de l'ouverture d'un abcès les mêmes que celles de la destruction d'un polype nasal, et ainsi de suite de toutes les opérations qu'on pratique par tout le corps. Ainsi, le champ des indications thérapeutiques de la chirurgie est beaucoup plus vaste que celui des indications de la médecine. Et tandis que l'emploi des médicaments n'exige que des connaissances de doses, d'administration et de propriétés, les opérations réclament des connaissances précises d'anatomie et une grande habileté dans l'exécution, qu'il est toujours difficile et assez souvent impossible d'acquérir, par suite de maladresse naturelle ou faute de courage et de sang-froid.

En résumé, la chirurgie exige beaucoup plus de connaissance d'anatomie que la médecine; comme la médecine, elle a besoin des lumières de la physiologie et de la pathologie interne; la pathologie externe lui est indispensable. Son diagnostic s'étend sur un champ beaucoup plus vaste que celui de la médecine, parce que les maladies médicales entrent comme élément, ou comme complications, dans les affections chirurgicales. En médecine, les indications sont bien moins variées, les différents ordres de maladies moins nombreux qu'en chirurgie; les méthodes et les moyens thérapeutiques s'y réduisent à quelques méthodes très-générales, tandis que la chirurgie se sert habituellement, même pour les maladies purement chirurgicales, des moyens de la médecine, et en outre des moyens qui lui appartiennent exclusivement.

D'après ces observations, il sera facile de conclure que la chirurgie ne le cède en rien à la médecine, et par l'étendue des connaissances qu'elle exige, et par l'importance des services qu'elle rend à l'humanité; et l'on jugera, ainsi que nous l'avons dit, combien était ridicule et peu légitime la prétention des hommes qui voulaient accorder à la médecine la supériorité sur la chirurgie.

CHIRURGIE MILITAIRE. — La chirurgie militaire a brillé en France d'un si vif éclat, et a rendu de si éminents services, que nous ne faisons que payer un bien faible tribut à nos confrères de l'armée en leur consacrant ces quelques lignes.

Restreinte au sens rigoureux de ce terme, la *chirurgie militaire* est la pratique chirurgicale des armées; mais, étendue à une acception générale, elle embrasse l'ensemble des branches de l'art, et comprend avec elle la médecine, l'hygiène et la pharmacie militaires.

La chirurgie militaire paraît être l'origine de l'art; elle a dû précéder la médecine et la chirurgie proprement dites, car, si la guerre a commencé avec le monde, ses premières victimes ont sans doute fait naître ses premiers sauveurs. Esculape, Chiron, Palamède, Thésée, Achille, Patrocle et d'autres héros des temps antiques pansaient leurs compagnons blessés dans les combats. Homère nous parle du rôle que jouèrent les deux fils d'Esculape, Podalyre et Machaon, devant les murs de Troie. Les cinq fils de Machaon savaient comme lui lancer et extraire les javelots; et le fils de Podalyre se montra si habile dans cette chirurgie militante, qu'Hippocrate, le père de la médecine, se faisait gloire de descendre de lui. Diodore de Sicile nous apprend que plusieurs anciens rois d'Égypte s'étaient souvent dévoués au pansement des plaies jusqu'à ce qu'il y eût plus tard des médecins d'armée rétribués par l'État. Xénophon dit que Cyrus, dans l'organisation de son armée, commença par lui assurer des *guérisseurs* de plaies. Alexandre le Grand, d'après Plutarque, avait auprès de sa personne des médecins auxquels il confiait la santé de ses soldats, et lui-même ne dédaignait pas de panser leurs blessures. Des chirurgiens appelés *medici valnerarii* (médecins des blessures) furent attachés aux légions romaines et reçurent d'éclatantes faveurs en récompense de leur dévouement et de leur habileté. Exemptés du logement des gens

de guerre, des taxes et des charges publiques, ils obtinrent encore le droit de cité dans Rome avec l'anneau de chevalier. César parle dans ses *Commentaires* des visites qu'il allait faire aux blessés après une bataille, pour s'assurer des soins qui leur étaient donnés.

On ne retrouve plus rien de l'utile institution romaine sous les premières races des rois de France; et pourtant la nécessité des secours au moment d'une campagne était si bien comprise, que des médecins ou *physiciens* marchaient avec l'armée, mais non pas au service de l'armée. Plus tard, les chapelains d'armée firent leur office en chirurgie, moyennant salaire. Quelques-uns de ces *myres* ou *maîtres-myres*, ainsi qu'on les appelait, furent enrôlés à la croisade de Louis IX par Jean Pitard, premier chirurgien du roi, qui assistait et pansait lui-même ses preux chevaliers.

Miron, à l'exemple de Pitard, suivit Charles VIII à la bataille de Fornoue; Fernel fit avec Henri II la campagne de Flandre, comme Chatelain et Castellan accompagnèrent Charles IX en Saintonge, au siége de Saint-Jean-d'Angely, où ils succombèrent tous les deux à une maladie contagieuse.

Apparut enfin, dans les fastes de notre histoire, une époque mémorable. La découverte déjà ancienne de la poudre à canon, avait été cruellement exploitée pour la première fois contre la France par l'Angleterre à la bataille de Crécy. Il fallut dès lors changer la manière de faire la guerre, et aux armes blanches substituer les armes à feu. Les armures de fer ne résistaient plus; les blessures meurtrières répandaient la consternation parmi les troupes dont les rangs tout entiers étaient décimés quelquefois par un seul projectile.

Il fallait enfin à cet art de destruction opposer l'art de conservation; il fallait une grande réforme dans l'abus des secours empiriques; il fallait une chirurgie rationnelle et efficace, mais aussi un homme pour la préparer. Cet homme vint; il s'appelait Ambroise Paré. Le premier, il comprit qu'il y avait de grandes choses à faire et il les fit; à lui est due la théorie exacte de la commotion des blessures d'armes à feu, et leur traitement simplifié; à lui la suppression de certaines coutumes barbares, telles que de verser de l'huile bouillante sur les plaies prétendues empoisonnées; à lui le précepte des débridements et la suture des grandes plaies; à lui enfin la ligature des vaisseaux, découverte aussi belle en chirurgie que pouvait l'être en physiologie la découverte de la circulation du sang.

A. Paré savait si bien comprendre sa noble mission humanitaire, et son influence dans les armées était telle que sa présence seule, au milieu des soldats, un jour de bataille, était un encouragement pour tous. Quel ascendant nous révèle un trait de sa vie raconté tant de fois! Metz était assiégée en 1552; les blessés périssaient faute de secours, l'alarme se répandait déjà, on allait capituler. Paré n'y était pas; on l'appelle, il arrive, et dès qu'il se montre: « Nous ne craignons » plus rien, s'écrient les soldats, notre Ambroise est

» avec nous. » La chance du combat changea aussitôt, et le succès fut décidé ; il était glorieux, car c'était un succès contre Charles-Quint. En vertu de ses importants services, et surtout, il faut bien le dire, parce qu'il sentait combien il lui était utile, A. Paré, qui était protestant, fut seul épargné par Charles IX dans le massacre de la Saint-Barthélemy.

C'est au digne ministre de Henri IV, c'est à Sully qu'appartient la première institution de la chirurgie militaire. Les hôpitaux créés lors du siége d'Amiens furent si utiles que les grands seigneurs d'alors venaient s'y faire traiter, et que les soldats ne savaient comment manifester leur reconnaissance aux créateurs de cette utile institution.

Richelieu lui donna plus d'extension et d'indépendance en organisant un service de santé dans les régiments : un chirurgien-major et des aides étaient attachés à chaque corps, et le chef des ambulances s'appelait *chirurgien-major des camps et armées;* on peut apprécier dès lors l'importance des services de la chirurgie militaire.

L'accroissement des guerres sous Louis XIV exigea l'accroissement des secours. Chaque place forte fut pourvue d'un hôpital militaire, et la direction du service personnel fut confiée à un conseil supérieur de santé. La hiérarchie des grades comptait dans ses premiers rangs l'élite des chirurgiens de l'époque, membres du collége de Saint-Côme, et plus tard de l'Académie de chirurgie. L'expérience acquise à l'armée était le principal titre d'admission dans cette illustre compagnie, et dans les emplois de la chirurgie civile. J. L. Petit, le plus grand chirurgien de son siècle, avait fait huit campagnes; et son fils en avait fait quatre, tout jeune qu'il était, lorsqu'il mourut.

Sous Louis XV, les choses ne furent pas changées. Les chefs du service de santé furent institués *chirurgiens-consultants,* avec des prérogatives indépendantes de tout autre pouvoir que de celui du ministre de la guerre et du roi.

Louis XVI institua l'utile établissement des écoles d'instruction pour les hôpitaux et les régiments. Quelle longue et brillante époque pour la chirurgie militaire qui s'honorait d'avoir des hommes tels que Ledran, J. L. Petit, Louis, Ravaton, Lafaye, Morand, Lapeyronie, Lamartinière, Lombard et Sabatier ! Leurs travaux se retrouvent en partie dans la collection des *Mémoires et prix de l'Académie de chirurgie.*

La grande Révolution s'était accomplie, et quatorze armées étaient opposées aux efforts de l'Europe. Une levée de chirurgiens fut faite par les inspecteurs du service de santé, au nombre desquels étaient Percy et Larrey. Trois écoles furent constituées, à Paris, à Montpellier et à Strasbourg : elles étaient formellement destinées à fournir des médecins et des chirurgiens pour le service militaire, et s'appelaient *écoles de santé;* mais devenues plus tard *facultés de médecine,* elles changèrent ainsi d'attribution.

C'est donc à dater des guerres de la République que la chirurgie militaire s'agrandit et se régénéra. On sait qu'elle a une part glorieuse dans les mémorables campagnes d'Italie et d'Égypte.

Général, consul ou empereur, Napoléon ne cessa jamais de prêter son appui à la chirurgie militaire et de lui manifester son estime. Il savait apprécier dignement la conduite de ceux qui n'attendaient pas à l'écart la fin d'un combat pour secourir les blessés, comme on le faisait autrefois, et qui s'élançaient sur le champ de bataille, à travers la mêlée, jusque sous le feu de l'ennemi, au risque d'être faits prisonniers, blessés ou tués eux-mêmes. Napoléon les appelait ses braves chirurgiens, avec quelques-uns de ces mots qu'il savait si bien dire et qui vibraient si fortement au cœur; il garantissait l'autorité des chirurgiens en chef inspecteurs indépendante des autorités militaires administratives.

La *chirurgie de bataille,* comme l'appelait Percy, était alors au grand complet. Un inspecteur général, chirurgien en chef de l'armée, avait sa place au quartier général ainsi que la chirurgie de réserve. A chaque division était attaché un chirurgien principal avec une ambulance entière composée d'un chirurgien major, de deux aides et de six ou huit sous-aides, tous pourvus de trousses à giberne, sans parler des caisses d'instruments, d'appareils et de médicaments confiés aux officiers d'administration et à leurs soldats infirmiers. Le jour d'une grande bataille, l'armée comptait cent chirurgiens d'ambulances en outre des chirurgiens de régiment, et il fallait cela, quand on songe qu'à Eylau et à la Moskowa, par exemple, il y eut plus de dix mille blessés !

L'art doit à la chirurgie militaire des progrès incontestables, surtout en ce qui concerne l'appréciation et le traitement des plaies et blessures par armes à feu. Elle a, du reste, les grands enseignement de l'expérience, car c'est une clinique assez vaste que celle des champs de bataille ! Dionis, qui n'était pas chirurgien militaire, a dit, il y a déjà bien longtemps : « C'est dans les armées, c'est dans les » siéges que la chirurgie triomphe ; c'est là que tout » reconnaît son empire. »

La chirurgie militaire française est aujourd'hui la première de l'Europe, aussi excitait-elle l'envie et l'admiration des armées en contact pendant la guerre d'Orient, et notre service hospitalier va-t-il leur servir de modèle.

Veut-on savoir maintenant le jugement que l'armée porte sur le chirurgien militaire? Nous n'avons qu'à citer quelques passages d'un remarquable travail que le colonel Ambert, commandant du 2e dragons, aujourd'hui général, publiait dans le *Constitutionnel* à la fin de 1854, sous le titre de *Quinzaine militaire :*

« Lorsque vous considérez un régiment en marche, » quelque chose vous attire vers cette foule d'hommes » venus de toutes les provinces et réunis sous le » drapeau. Aux accents de la musique militaire, les » cordes les plus sonores vibrent dans votre cœur;

» les chefs, à cheval, fixent un instant vos regards;
» ils ont, pour la plupart, blanchi sous le harnais, et
» beaucoup, en partant de la chaumière, n'avaient
» pour richesse que le bâton et le sac du voyageur.
» Quelques-uns atteindront les plus grands honneurs,
» car l'épée est une bonne compagne. Les soldats
» qui suivent, alignés en pelotons, sont les succes-
» seurs naturels de leurs chefs. Ces épaulettes, ces
» croix, cette autorité, seront l'héritage de ceux qui,
» le sac sur le dos, obéissent en silence. Tout le
» monde marche d'un pas régulier dans les larges
» voies de la carrière militaire; beaucoup y trouve-
» ront la fortune, quelques-uns l'illustration de la
» gloire et les bruits de la renommée.

» Parmi ces milliers d'hommes n'en voyez-vous
» pas un modestement vêtu, suivant à pied les lon-
» gues files de soldats? Comme eux, il est sur le che-
» min des boulets; mais il n'est pas comme eux sur
» le chemin des renommées, des grandeurs et des
» fortunes diverses. Son devoir s'accomplit sans
» éclat, ses veilles ne seront pas toujours comptées.

» Cependant une heure viendra où cet homme
» sera le premier entre tous. C'est l'heure qui sui-
» vra la bataille. Pendant l'action, il bravera la mort
» autant que tout autre; sans les surexcitations du
» commandement, sans les entraînements de la lutte,
» sans les enivrements de la poudre, il est acteur au
» grand drame du combat: il y est calme et réfléchi
» quand tous sont agités. L'émotion même ne lui est
» pas permise, car sa main ne saurait tressaillir; son
» regard doit être pénétrant, ses jugements doivent
» rester aussi prompts et aussi sûrs. Dans cette at-
» mosphère de mitraille et de fumée, il est recueilli
» comme au cabinet de travail. Les cris des blessés,
» les éclats de l'obus ne troublent pas son actif re-
» cueillement, et sa main est ferme comme à l'am-
» phithéâtre. Chacun l'appelle, et il entend aussi
» bien la voix du pauvre soldat que celle du puissant
» général; il va du Français à l'ennemi avec le même
» dévouement. Ses compagnons, ses amis mutilés,
» mourants, sont déposés devant lui, et il refoule au
» fond du cœur les émotions de l'homme pour rester
» maître de soi, car l'œil du chirurgien ne doit pas
» alors se voiler d'une larme. Agenouillé sur la paille
» sanglante de l'ambulance, il donne froidement ses
» ordres, et, de son courage moral, relève souvent
» le courage brisé des blessés. De son regard, dans
» lequel chacun cherche à lire, rayonne un calme
» suprême qui remplit les âmes de confiance et
» répand sur les plaies le baume divin de la foi.

» Dans ces heures solennelles, le chirurgien est
» dépositaire de grands mystères. Le mourant lui
» confie ses adieux si touchants pour la famille loin-
» taine; l'un lui remet ses richesses et l'autre ses se-
» crets. Le général, l'officier, le soldat, après la ba-
» taille, n'entendent que les chants de triomphe, les
» cris joyeux; le chirurgien entend seul le long
» gémissement de l'armée.

» Quand vient la nuit, tout dort au camp excepté
» lui. Sentinelle vigilante, il veille au milieu des
» blessés. Le lendemain, brisé de fatigue, il se remet

» en marche avec l'ambulance, allant de l'un à
» l'autre, sondant une plaie à la hâte, cherchant une
» balle dans le labyrinthe de la poitrine humaine,
» rendant à tous l'espoir, semant pour ainsi dire la
» vie, luttant en désespéré contre la mort, inven-
» tant, improvisant des méthodes, suppléant aux
» moyens matériels à force d'intelligence, transfor-
» mant en appareils les planches et les cordes, enfin
» mettant ses vêtements en lambeaux pour étancher
» le sang de ses malades. C'est la lutte intelligente
» de la conservation contre la lutte aveugle de la des-
» truction.

» Tel est l'homme que vous avez vu marcher
» modestement à la gauche du régiment.

» Honorez donc cet homme qui nous apparaît entre
» la sœur de charité priant et le soldat mourant; sa
» mission dans les armées est mille fois sacrée.
» Épouses, mères et sœurs, qui, dans le silence du
» foyer, tremblez pour celui qu'entraînent loin de
» vous les glorieux devoirs de la guerre, calmez vos
» terreurs: la science et la charité veillent sur celui
» que vous aimez. Citoyens, qui étiez émus au récit
» des souffrances de nos soldats d'Orient, soyez heu-
» reux et fiers, le chirurgien militaire a sauvé vos
» fils, mais lui est mort à son poste, et le courage
» de la science a égalé, s'il ne l'a surpassé, le cou-
» rage de la bataille. . . . .

» Nous regrettons d'être aussi étrangers à la
» science; nous regrettons de voir l'espace nous
» manquer dans cette page, déjà trop étendue peut-
» être, car nous aurions beaucoup à dire encore. Il
» nous a paru que l'expression de la reconnaissance
» de l'armée pour son chirurgien devait sortir de ses
» rangs, et qu'un soldat serait bien venu de parler
» de ce compagnon de guerre.

» Nous ne saurions mieux terminer qu'en rappe-
» lant les paroles éloquentes de M. Dupin sur Larrey,
» paroles qui résument la pensée de l'armée sur la
» chirurgie: « Il s'est montré partout intrépide en
» face du canon comme en face de l'épidémie. Il a
» servi la marine, servi l'armée de terre, servi les in-
» valides. Il a professé avec profondeur l'art qu'il
» avait pratiqué avec tant d'éclat et de dévouement;
» il a bien mérité de l'armée, bien mérité de la
» science, bien mérité de la patrie. Je salue sa gloire;
» il a bien mérité de l'humanité. »

» Et si l'on s'étonnait de voir le chirurgien placé
» par nous à côté des plus illustres capitaines, nous
» rappellerions cette réponse de Jeanne d'Arc à ses
» juges, qui demandaient pourquoi son étendard
» avait été porté dans l'église de Reims plutôt que les
» autres: « Il était à la peine, c'était bien raison
» qu'il fust à l'honneur. »

Historique. — L'histoire de la chirurgie, prise dans
l'étendue que comporte l'histoire d'une science quelconque, considère le passé sous plusieurs aspects
très-distincts et très-divers; mais les bornes de cet
article ne nous permettent de placer ici qu'une esquisse de l'histoire générale de la chirurgie.

Dès la plus haute antiquité, les Égyptiens et les
Grecs eurent des guérisseurs des maladies exté-

rieures, et nous avons déjà dit qu'Homère avait célébré dans ses chants les guerriers qui venaient au secours de leurs compagnons blessés en pansant leurs plaies. Par là se trouve constatée l'existence des chirurgiens à une époque fort reculée dans les temps antiques. Leur art était alors bien grossier, s'il se bornait à ce que nous en fait connaître le prince des poëtes. Il ne dut jamais cesser d'être cultivé depuis lors ; mais les siècles ont effacé toutes les traces de sa culture dans l'intervalle qui s'écoula jusqu'au temps d'Hippocrate. Les œuvres de ce grand homme sont le monument le plus ancien qui nous reste de la chirurgie des Grecs. Ces ouvrages ne peuvent être considérés que comme un résumé des connaissances acquises jusqu'alors, et non comme le produit des travaux personnels d'un seul homme. Les écrits chirurgicaux de la collection hippocratique sont donc une sorte d'histoire de la chirurgie, durant les siècles qui ont précédé le cinquième avant l'ère chrétienne.

On ne s'attend, sans doute, point, à cette époque, à trouver un corps régulier de doctrine chirurgicale. Le respect superstitieux, professé par les Grecs pour les dépouilles mortelles de l'homme, les empêchèrent longtemps d'acquérir des connaissances précises en anatomie. Ils ne possédaient que les notions vagues que pouvaient fournir la dissection des animaux et l'observation des blessures. On a lieu, d'après cela, d'admirer la sagacité et la hardiesse des chirurgiens de ce temps qui possédaient des données exactes sur le traitement du phlegmon, des ulcères, des abcès, des plaies ; exécutaient les opérations de l'empième, de la paracentèse, de la fistule anale, et ne s'arrêtaient que devant l'amputation des membres, dont on attendait la séparation des suites de la gangrène, par crainte des hémorrhagies qu'aurait amenées la section dans le vif. Le traitement des fractures et des luxations avait fait de si étonnants progrès qu'Hippocrate se plaint du luxe d'invention dont les bandages étaient l'objet.

On a prétendu que dès cette époque, en Grèce, la chirurgie était séparée de la médecine proprement dite, et qu'Hippocrate n'avait point exercé la chirurgie. C'est une erreur. Dans les traités qu'on s'accorde à lui attribuer, où il est question de maladies et d'opérations chirurgicales, il parle toujours d'après lui-même, d'après sa propre expérience. Plusieurs médecins, contemporains d'Hippocrate, jouissaient d'un grand renom, et exercèrent, comme lui, la chirurgie. Mais l'histoire se tait sur la part qu'ils eurent au progrès de cet art.

D'Hippocrate à l'école d'Alexandrie, la chirurgie fit peu de progrès. On n'a signalé dans cette période que l'opération hardie de Proxagoras de Cos, maître d'Hérophile, opération qui paraît se rapporter à celle de la hernie étranglée.

L'école d'Alexandrie se distingua par l'étude de l'anatomie, sous les Ptolémées. Celse déclare que la chirurgie, pratiquée avec hardiesse et succès par Hérophile et Erasistrate, fit de grands progrès en Égypte. Si l'on compare la chirurgie de Celse avec celle que l'on trouve exposée dans les traités hippo-

cratiques, on voit que les affections chirurgicales sont mieux et plus complétement décrites ; la thérapeutique est, en général, rationnelle, et s'est enrichie de moyens inusités ou plus puissants : nous citerons le cathétérisme, la lithotomie et les amputations. C'est du temps d'Hérophile et d'Érasistrate que quelques auteurs, d'après un passage mal interprété de Celse, pensèrent qu'avait eu lieu la séparation de la médecine et de la chirurgie. Mais cette séparation n'eut lieu que dans le moyen âge. Lorsque vers le milieu du deuxième siècle, Galien vint se fixer dans la capitale de l'empire romain, il pratiqua presque uniquement la médecine interne, pour se conformer à l'usage suivant lequel chacun embrassait la partie de l'art qui convenait à ses goûts et à ses talents, abandonnant, comme il le dit, les opérations à ceux qu'on nommait *Chirurgiens*. Ce partage du domaine de l'art servait plutôt les intérêts du charlatanisme que ceux de l'humanité et de la science.

Galien ne renonça cependant pas tout à fait à la chirurgie : il traita soigneusement des diverses espèces de bandages, et ses connaissances étendues en anatomie lui permirent de décrire mieux que ne l'avaient fait ses prédécesseurs les hémorrhagies artérielles et les moyens de les arrêter, la compression et la ligature des vaisseaux. Galien fit preuve d'habileté dans le diagnostic et la réduction des fractures et des luxations, et on peut juger de sa hardiesse chirurgicale quand on le voit pratiquer l'extraction de côtes cariées, une autre fois enlever une portion du sternum et mettre à nu le cœur.

Après Galien vécurent deux chirurgiens, Léonides d'Alexandrie et Antyllus. On n'a d'eux que quelques fragments de leurs écrits. C'est dans un de ces fragments d'Antyllus que se trouve la première description d'un procédé de trachéotomie. On rapporte aussi à ce temps les auteurs dont il est fait mention dans Aetius, sous les noms de Philumenus, Aspasie et Moschiou ; ils sont surtout connus par leurs travaux dans l'art des accouchements.

Après Galien, la chirurgie subit le sort de la médecine, entraînée dans la décadence des sciences qui devint de plus en plus sensible. Dans les deux siècles qui s'écoulèrent jusqu'à Oribase, nous n'avons à citer que Philagrius, à qui l'on doit la première description de l'opération de l'anévrisme. Oribase fut surtout un bon compilateur, pourtant on y trouve de bons préceptes pour la réduction des hernies, qui n'existent pas ailleurs. Au septième siècle, vécut Paul d'Égine, qui soutint seul chez les Grecs l'honneur de la chirurgie. Son ouvrage renferme des perfectionnements notables : il a distingué l'anévrisme vrai de l'anévrisme faux. Le petit appareil pour la taille est décrit par lui. Paul d'Égine fut le dernier médecin grec qui cultiva la chirurgie avec quelque distinction.

Chez les Arabes, la chirurgie fut peu cultivée et resta en arrière de ce qu'elle avait été chez les Grecs et les Romains. Cela provient des coutumes et des idées superstitieuses que la religion musulmane imposait à ses sectateurs. Les Arabes ne pouvant pas se livrer à la dissection des cadavres humains, n'apprirent l'anatomie que dans les livres grecs; une connaissance pratique de cette science à laquelle est lié si intimement le sort de la chirurgie leur fut toujours interdite. De plus, une sorte de honte était attachée à la pratique des opérations, dont une pudeur déplacée limitait encore le champ. Quoique dès le neuvième siècle, les Arabes possédassent dans leur langue les ouvrages d'Hippocrate, de Galien et de Paul d'Égine, nous ne voyons pas qu'au temps de Rhazès, au dixième siècle, la pratique de la chirurgie fût beaucoup répandue. Les médecins ne s'y livraient point. Rhazès parle souvent de maladies chirurgicales pour lesquelles il avait été appelé, mais après avoir prescrit le traitement, il en laissait l'exécution à des *chirurgiens*. Les fractures et les luxations étaient réduites avec des machines, comme aux premiers temps de l'art. Toutefois Rhazès signale des opérations hardies dont il fut témoin, entre autres la résection de la mâchoire inférieure, que l'on attribue faussement à notre époque. D'après les œuvres d'Avicenne, la chirurgie n'est pas moins faible que la médecine pratique. Avenzoar, qui vivait vers la fin du douzième siècle, parmi les maures d'Espagne, se fit gloire de réunir à la pratique de la médecine celle de la chirurgie, dont les médecins de son temps avaient honte, et qu'ils abandonnaient à des subalternes. Au commencement de ce même siècle existait chez les Arabes d'Asie le seul des auteurs de cette nation qui ait pratiqué avec ardeur la chirurgie, et qui nous ait transmis un traité étendu sur cette partie de l'art de guérir : c'est Albucasis. Son ouvrage, dans lequel il eut le premier l'idée de décrire et de figurer les instruments dont il se servait, est un curieux monument de cette époque. Il y déplore l'état de langueur dans lequel était la chirurgie chez les Arabes, et qu'il attribue à l'ignorance des médecins en anatomie. Mais à côté des peuples chrétiens leurs contemporains, les chirurgiens arabes ont une supériorité à laquelle on doit la restauration de cet art en Occident.

Les contrées occidentales de l'Europe avaient vu périr les sciences sous le fléau des conquêtes, et tous les monuments des arts renversés par l'invasion des Barbares du nord, la décadence de la médecine avait été des plus rapides, et les moines, pour qui dans les temps d'ignorance la superstition générale fut une sauve-garde, et que les revenus et l'oisiveté de leur état mettaient exclusivement en possession de s'occuper d'études, étaient seuls dépositaires de l'art de traiter les malades. Les prières, l'invocation des saints, l'application des reliques, furent trop souvent les seuls remèdes employés par ces singuliers successeurs d'Hippocrate, et la médecine se trouva réduite dans leurs mains, à peu près à ce qu'elle avait été entre celles des Asclépiades, dans les temps primitifs de la Grèce. Toute opération sanglante leur fut interdite par les papes et les conciles, et la partie la plus importante de la chirurgie ne fut exercée que par des artisans illettrés. Au onzième siècle, on voit poindre un meilleur avenir.

Les relations qu'avaient eues les chrétiens d'Occident avec les Arabes les avaient préparés aux études. Malgré la haine religieuse qui séparait ces deux peuples, les chrétiens ne pouvaient s'empêcher de reconnaître que les mahométans avaient sur eux l'avantage de la civilisation. Les hommes qui se sentaient quelque talent allaient étudier dans les universités des Maures; et les médecins juifs, instruits et habiles dans l'art de guérir, venaient se fixer dans nos contrées, attirés par les récompenses des princes et quelquefois même des papes.

Ces circonstances amenèrent la fondation des universités et des écoles de médecine. L'Italie précéda les autres contrées de l'Europe; l'école de Salerne fut le précurseur et le modèle de celle de Montpellier, et c'est à des Italiens qu'on rapporte la renaissance de la chirurgie en France. L'école de Salerne dut, en grande partie, à Constantin l'Africain, l'éclat dont elle brilla à partir du milieu du onzième siècle. Ses ouvrages sont les premiers en Europe, depuis l'invasion des Barbares, où l'on trouve un tableau régulier des connaissances chirurgicales.

Roger de Parme, Roland, son disciple, Bruno, Hugues de Lucques et Théodoric, quoique ne s'élevant pas au-dessus du rôle de compilateurs, ont le mérite d'avoir acclimaté dans nos contrées la chirurgie d'Albucasis. Guillaume de Saliceto, né à Plaisance, professa avec distinction à Vérone, et fut le digne précurseur de Guy de Chauliac dont il reçut des éloges. On remarque dans son ouvrage un cas de guérison d'intestin blessé d'un coup de couteau, réuni au moyen de la suture et replacé dans le ventre, où il est maintenu par la suture des parois abdominales. Son disciple, Lanfranc de Milan, exerça une heureuse et puissante influence sur la chirurgie, surtout en France. Il vivait à l'époque des troubles des Guelfes et des Gibelins, et comme il avait pris part à ces disputes, Mathieu Visconti l'exila de Milan. Il se réfugia en France, et vint à Paris, en 1395, où il ouvrit des cours publics, et acquit une célébrité extraordinaire.

La France, secouant le joug de la classe religieuse, vit refleurir les sciences et les lettres; l'Université, par son système d'études et la célébrité de ses maîtres, eut le privilège d'attirer de l'Angleterre et des contrées du nord les hommes remarquables par leur savoir, et ceux qui se sentaient du goût pour les travaux de l'esprit. Enfin la chirurgie elle-même y comptait des hommes de mérite. Déjà brillait Jean Pitard, chirurgien de Louis IX, qui suivit son maître aux croisades, et qui, sous ce roi et sous Philippe le Bel, composa et fit approuver les statuts par lesquels le Collège des chirurgiens fut légalement constitué. Un enseignement régulier fut établi; les élèves furent soumis à des examens, et les maîtres tinrent assemblée dans l'église Saint-Jacques de la Boucherie. La chirurgie française se plaça au premier rang dans l'estime des connaisseurs, et le Collège de la chirurgie et la Faculté de médecine de Paris furent la source où les étrangers vinrent puiser des connaissances approfondies. On cite les noms de Henri de Mondaville, Robert le Myre, Jean de Saint-Amand, Arnaud de Villeneuve, Bernard de Gordon, etc., parmi le grand nombre de ceux qui cultivèrent les sciences médicales à cette époque.

Malgré tant de travaux réunis, il restait encore une distance considérable entre la chirurgie du quatorzième siècle et celle de l'antiquité. Guy de Chauliac vint combler cette lacune. Doué d'une heureuse perspicacité, d'un esprit droit, d'une raison sévère, il dut à des travaux constants et à la méthode qu'il mit dans ses études, l'érudition la plus étendue qu'il fût possible d'acquérir de son temps, et une notion des travaux de ses prédécesseurs, aussi complète que l'exigeait le projet qu'il avait formé de tracer le code des connaissances acquises en chirurgie. Un savant et judicieux historien (Ackermann) a dit que la chirurgie de Guy de Chauliac pouvait tenir lieu de tout ce qui avait été écrit jusqu'à cette époque. C'est jusqu'ici le seul auteur à qui on ait accordé un pareil éloge; mais aussi l'ouvrage qu'il a fait est infiniment supérieur à ceux qui parurent vers le même temps et même longtemps après.

Une ère nouvelle s'ouvre pour la chirurgie dans la dernière moitié du seizième siècle. Les admirables tableaux de Vésale, Eustachi, Fallope, etc., ont dévoilé la structure du corps et les rapports des organes; l'opérateur pourra désormais diriger avec hardiesse et sûreté l'instrument tranchant à travers la profondeur des parties. Les esprits n'attendaient plus que cette impulsion du génie qui les pousse à la découverte des vérités nouvelles. Les besoins de la science firent naître Ambroise Paré. Il semble, en effet, avoir été créé pour elle. Doué à un haut degré de toutes les dispositions qu'exige son culte sacré, animé, comme le furent depuis Jean-Louis Petit et Desault, du plus vif enthousiasme pour la chirurgie, en dépit de la fortune, qui semblait le condamner à l'obscurité, il s'éleva rapidement au-dessus de ses prédécesseurs et de ses contemporains, et mérita le titre que lui ont conféré à l'envi les nations même rivales de notre gloire, de *père de la chirurgie moderne.*

Tant que vécut Ambroise Paré, la France eut la gloire de tenir le sceptre de la chirurgie. Cet homme de génie fut, comme nous l'avons dit, le seul protestant épargné par Charles IX, dans le drame sanglant de la Saint-Barthélemy.

Après lui nous citerons Franco, Pigray, ami et disciple de Paré, Guillemeau, Séverin Pineau, Rousset, Barthélemi Cabrol, etc., comme ayant illustré le Collége des chirurgiens. Mais la Faculté de médecine, jalouse de la gloire de ses rivaux, parvint encore à les replonger dans l'obscurité et à les dégrader en faisant prononcer, par surprise et par intrigue, la réunion des barbiers et des chirurgiens en une seule corporation, et en faisant exclure de l'Université la chirurgie, qui y avait été un instant reconnue.

En Italie, nous citerons pendant les seizième et dix-septième siècles, les noms illustres de Vésale, Eustachi, Fallopia, Ingrassia, Aquapendente, Pallazo, Cassario, Durand Sacchi, Marc-Aurèle Severino et Pierre de Marchetti.

En Allemagne, Félix Wurtzen, Guillaume Fabrice de Hilden, Th. Bonet, Scultet, Mathieu-Godefroi Purmann, se distinguèrent par leur savoir et leur habileté dans l'exercice de leur art.

La Hollande, tant qu'elle fut soumise à la domination espagnole, n'eut aucune existence scientifique; mais, dès qu'elle eût conquis son indépendance les armes à la main, elle donna au monde le spectacle le plus frappant de ce que peut la liberté pour le développement de l'industrie et des lumières.

L'Angleterre, jusqu'au milieu du dix-septième siècle, ne prit aucune part au mouvement intellectuel; mais, à partir de cette époque, commence pour la chirurgie anglaise une ère brillante : il suffira de nommer Wisemann, Hunter, Pott, Samuel et Astley Cooper.

Nous n'avons rien à dire de l'Espagne et du Portugal pendant cette période; car les sciences européennes n'ont jamais dû un progrès quelconque au pays des moines et de l'inquisition.

Au dix-huitième siècle, la France entre dans une période de gloire dont la chirurgie ressentit l'heureuse influence. C'est alors qu'on voit se former le caractère philosophique de cette grande époque, qu'il semble aujourd'hui de mode de calomnier, mais que ses admirables résultats politiques et scientifiques défendent assez contre les ennemis des lumières et contre les partisans d'une philosophie mystique et intolérante.

Déjà, en 1671, Louis XIV, en réformant l'École royale de chirurgie du Jardin des Plantes, avait nommé un chirurgien pour enseigner l'anatomie et les opérations. Dionis remplit cet emploi avec distinction. En 1724, Mareschal et Lapeyronie, chirurgiens du roi, obtiennent la création de l'école de Saint-Côme, malgré l'opposition violente de la Faculté de médecine. C'est encore à Lapeyronie qu'on doit la création de l'Académie royale de chirurgie, de ce corps à jamais célèbre qui dicta à l'Europe un code chirurgical. En 1743, Daguesseau rédige la déclaration du roi, qui rejette de la société des chirurgiens la communauté des barbiers, institue des degrés académiques, et prescrit, pour la réception au titre de maître en chirurgie des formes sévères d'examen. En 1750, l'*École pratique de chirurgie* fut établie; c'est là que Desault débuta comme professeur de clinique, et que Chopart enseigna avec tant de zèle. A cet établissement se rattache celui d'un hôpital de perfectionnement fondé par édit du roi, en 1776. A partir de cette époque, la chirurgie française, pour qui les guerres de la Révolution furent encore une cause puissante d'avancement, ne cessa de faire des progrès et de s'illustrer par les hommes remarquables qu'elle produisit, tels que J. L. Petit, Louis, Desault, Chopart, Sabatier, Pelletan, Chaussier, Boyer, Delpech, Dubois, Dupuytren, Larrey, Roux, Lisfranc.

Nous ne pouvons citer ici les chirurgiens qui, de nos jours, illustrent leur art; leurs noms n'appartiennent pas à l'histoire. Mais ce que nous pouvons dire dès aujourd'hui, c'est que, pour la chirurgie comme pour les sciences, les arts et l'industrie, la France tient la première place parmi les nations civilisées.   Dr DESPARQUETS.

CHLAMYDOSAURE (zoologie) [du grec *chlamys*, manteau, et *sauros*, lézard] (*chlamydosaurus*). — Genre de reptiles sauriens de la Nouvelle-Hollande, voisin des dragon, qui ne comprend qu'une seule espèce, remarquable par une membrane large et écailleuse, plissée et dentelée sur les bords, qui s'étend sur le devant et sur les côtés du cou en forme de collerette ou de pèlerine, ce qui lui donne un aspect au moins aussi extraordinaire que celui du dragon. A part cette particularité vraiment remarquable, quoique les appendices latéraux de ce dernier animal nous offrent déjà un exemple d'un semblable développement de la membrane cutanée, le chlamydosaure n'est qu'un agamien privé de fanon, ayant des pores fémoraux, une petite crête sur le cou et une queue plus longue que son corps. Sa taille égale celle de l'iguane et va jusqu'à trois pieds; ses couleurs sont fauves avec des bandes plus claires. (Dr *Salacroux*.)

CHLORATES (chimie).— Sels formés par l'acide chlorique et une base. Ces sels

Fig. 20. — Chlamydosaure.

peuvent être considérés comme de véritables réservoirs d'oxygène : ils dégagent ce gaz par la simple action de la chaleur. Après la décomposition d'un chlorate à l'aide d'une température suffisamment élevée, on a pour résidu un chlorure qui est souvent lui-même volatil.

1° Les chlorates fusent un peu plus sur les charbons que les azotates.

2° Un chlorate réduit en poudre et enveloppé dans un morceau de papier, détone par le simple choc du marteau. Mêlé avec des fragments de soufre ou de phosphore, il donne lieu, par le choc, à une détonation extrêmement violente.

3° L'acide sulfurique, mis en contact avec un chlorate, donne naissance à une teinte jaune et à une odeur de caramel, indiquant l'oxyde de chlore qui se produit. La réaction est très-vive, et des parcelles de sel sont projetées au loin avec une sorte de décrépitation, lorsque l'acide sulfurique est concentré,

4° Tous les chlorates sont solubles dans l'eau, excepté le protochlorate de mercure. Les chlorates ne produisent, dans une dissolution de nitrate d'argent, aucun précipité à froid ; car le chlorate d'argent est soluble. Mais en chauffant, on obtient un précipité blanc de chlorure d'argent provenant d'une réduction partielle de l'acide chlorique. On peut employer ce moyen pour s'assurer si un chlorate est riche en oxygène.

Dans les chlorates, l'oxygène de l'acide est à l'oxygène de l'oxy-base comme 5 à 1. Les chlorates sont employés comme corps oxygénants dans la préparation de l'oxygène et de quelques poudres fulminantes. (Dr *Hœfer*.)

CHLORE (chimie). — Corps simple, gazeux à la température et à la pression ordinaires. Il est d'une couleur jaune verdâtre. Il a une odeur particulière *sui generis*. Sa densité est 2,44634. Un litre de gaz chlore, à la température et à la pression ordinaires, pèse 3gr.17011. L'eau, dans ces mêmes circonstances, dissout deux fois son volume de chlore. Le chlore est de tous les corps simples le plus soluble dans l'eau : car les corps simples sont en général insolubles dans ce véhicule. La dissolution aqueuse du chlore est d'une densité de 1,003 ; elle a les mêmes propriétés que le chlore gazeux. La lumière décompose cette dissolution. L'eau chlorurée laisse, à quelques degrés au-dessous de zéro, déposer des cristaux d'hydrate de chlore de couleur jaunâtre, et d'une densité de 1,2. Les cristaux d'hydrate de chlore contiennent, suivant Faraday, 28 pour cent de chlore. En chauffant ces cristaux jusqu'à 23° dans un tube de verre fermé des deux bouts, on obtient deux couches de liquide : l'une, d'un jaune pâle, qui est de l'eau saturée de chlore; l'autre, plus pesante, d'un vert jaunâtre, qui est du chlore liquide anhydre, réfractant la lumière moins fortement que l'eau. C'est de cette manière que Faraday a obtenu, pour la première fois, du chlore anhydre liquide. Une pression de 4 atmosphères, à la température de 15°, suffit pour faire passer le chlore à l'état liquide. Si nous existions dans une pareille atmosphère, le chlore se présenterait à nous comme un corps liquide; mais, dans les circonstances dans lesquelles nous l'obtenons, il se comporte réellement comme un gaz permanent.

Le chlore, comme corps élémentaire, est représenté par le signe Cl (équivalent = 442,650; 2 volumes de chlore = Cl^2 (atome).

Le chlore ne se trouve pas dans la nature à l'état de liberté, mais il existe à l'état de chlorure de sodium, de potassium, de magnésium, de calcium, dans les eaux de la mer, dans les sources minérales, dans les cendres des végétaux, et à l'état de chlorure de plomb, d'argent et de fer dans quelques minéraux.

Méthode de préparation. — Quand on chauffe de l'acide chlorhydrique étendu avec du peroxyde de manganèse, on obtient un dégagement de chlore. Dans cette action, l'acide chlorhydrique se décompose; son hydrogène forme de l'eau avec l'oxygène du peroxyde de manganèse, et le chlore devenu libre se partage en deux parties : l'une s'unit au manganèse pour former un chlorure de manganèse, et l'autre se dégage. Pour préparer convenablement le chlore, on chauffe dans une cornue, à demi remplie, un mélange fait avec 3 parties de sel marin, 2 parties de peroxyde de manganèse et 2 parties d'acide sulfurique étendu dans 4 parties d'eau. Dans cette réaction, il se forme d'abord de l'acide chlorhydrique aux dépens du chlorure de sodium et de l'acide sulfurique; et l'acide chlorhydrique est ensuite décomposé comme nous venons de le dire. Il faut éviter de recevoir le chlore sur le mercure, car il l'attaque; il ne faut pas non plus le recevoir sur l'eau, puisqu'il s'y dissout. On peut recueillir le chlore dans un flacon rempli d'air, au fond duquel vient plonger le tube par lequel le chlore se dégage. Le gaz, à mesure qu'il y arrive, chasse l'air; et, en vertu de sa densité, il remplit le flacon depuis le fond jusqu'à son ouverture. On reconnaît, par la couleur, si le flacon est à peu près rempli de chlore.

Le chlore est employé, le plus ordinairement engagé dans une oxybase (chlorure de chaux, de potasse), pour blanchir les étoffes tirées du règne végétal, comme le lin, le chanvre et le coton. Il détruit les étoffes animales en même temps qu'il les décolore. On emploie le chlore pour désinfecter l'air miasmatique et prévenir des maladies contagieuses. On l'a également employé, mais sans succès, dans le traitement de la phthisie pulmonaire. Le chlore est le meilleur contre-poison de l'acide prussique et de l'hydrogène sulfuré. (D^r *Hœfer*.)

Du chlore considéré comme désinfectant. — On sait que toutes les matières animales, exposées à l'air, se putréfient et fournissent des produits volatils, tels que l'ammoniaque, l'acide hydro-sulfurique (hydrogène sulfuré). Ces corps, en se répandant dans l'air, entraînent avec eux une certaine quantité de la matière en partie décomposée, et il en résulte une odeur fétide, des miasmes, ou germes de putridité, qui peuvent être détruits par le chlore que l'on fait dégager dans les lieux infectés. Les moyens de se ser-

vir du chlore désinfectant varieront suivant l'usage des lieux dont on voudra purifier l'air.

Si l'on veut détruire les miasmes d'une étable infectée par les cadavres des animaux morts et abandonnés à eux-mêmes, on répandra dans ces lieux, après les avoir bien fermés, du chlore gazeux. Pour cela on mettra dans une terrine une mélange de 250 grammes de sel gris et de 70 grammes d'oxyde noir de manganèse; on versera dessus 125 grammes d'acide sulfurique, préalablement étendu de 125 grammes d'eau; et l'on placera la terrine sur des charbons ardents. Le gaz se répandra dans toute l'étable, se mêlera à l'air et détruira les miasmes. En vingt-quatre heures on peut désinfecter ainsi des localités d'une assez grande étendue. Si cette étendue était trop considérable, on pourrait employer plusieurs terrines chargées du mélange ci-dessus indiqué, au lieu d'une seule. Il est bien entendu que, lorsque l'on fait ces fumigations, qui, autrefois, étaient désignées du nom de Guyton-Morvaux, qui les a découvertes, il est indispensable de faire sortir les animaux, qui, sans cela, seraient suffoqués par l'action du chlore.

Si on voulait désinfecter un appartement, on emploierait le même moyen, mais il faudrait le déménager, afin que les différents objets d'ameublement ne soient pas altérés par le chlore. D'après ce que nous avons dit plus haut sur les inconvénients qu'il y a à respirer du chlore, il est évident qu'il ne faut pas que les lieux soient habités pendant la fumigation.

Si on voulait désinfecter une salle de malades, il y aurait quelques modifications au procédé que nous venons d'indiquer. Au lieu de se servir de terrine, on se servirait d'une fiole dans laquelle on aurait introduit 30 ou 40 grammes seulement de sel marin, avec les quantités suffisantes d'oxyde noir de manganèse et d'acide sulfurique, on chaufferait alors légèrement la fiole, et on ferait le tour de la salle; il faut qu'au bout de quelques minutes, la salle conserve encore une très-légère odeur de chlore, sans cela on pourrait craindre que la désinfection fût incomplète.

Dans le cas où on serait forcé de respirer pendant quelque temps l'air de marais fétides, ou qui se dégage des amas de matières putrides, il serait avantageux de se laver de temps en temps les mains avec une dissolution concentrée de chlore : ce corps s'attache à la peau, au point qu'il s'en dégage encore au bout de quelques heures, de sorte qu'on est exposé à une faible émanation de chlore, qui, tout en décomposant une partie des miasmes, peut donner lieu à une excitation salutaire.

Considéré comme médicament, le chlore a été employé avec succès. Ainsi on a vu la gale disparaître après des immersions des mains dans une dissolution de ce corps : on dit l'avoir employé avec avantage dans des fièvres putrides, des diarrhées et des dyssenteries chroniques entretenues par l'atonie de la membrane muqueuse des intestins. On peut aussi retirer de bons effets de son emploi dans les morsures des animaux venimeux; mais il y a des moyens thérapeutiques plus efficaces en pareils cas. Son utilité est surtout incontestable dans l'empoisonnement par l'acide cyanhydrique; de nombreuses expériences, que j'ai faites sur des animaux vivants, le prouvent d'une manière évidente. Il faut, dans les cas d'empoisonnement par cet acide, faire respirer au malade du chlore liquide, en répandre sur son linge; il y aurait de l'avantage à lui faire prendre quelques cuillerées de ce liquide étendu d'eau; mais l'inspiration du chlore est surtout à employer, car son introduction dans l'estomac ne peut rendre de grands services lorsque le poison est déjà répandue dans l'économie animale. Si on n'avait à sa disposition que du chlore gazeux, il ne faudrait l'administrer que mélangé avec de l'air, car, s'il était concentré, son introduction dans les voies aériennes pourrait donner lieu à une irritation dangereuse.

On a conseillé encore l'usage de ce médicament à des doses très-faibles dans la phthisie pulmonaire; mais on ne peut établir son utilité positive dans ces maladies, et son emploi peut être quelquefois nuisible. (Dr Lesueur.)

CHLOREUX (Acide) (chimie). — Combinaison de chlore et d'oxygène (ClO^3) contenue dans les chlorites.

CHLORHYDRATE (chimie). — Synon. de Chlorure. — Voy. ce mot.

CHLORHYDRIQUE (Acide) (chimie), dit aussi acide hydrochlorique ou muriatique, autrefois esprit de sel fumant. — Combinaison de chlore et d'hydrogène (ClH), gazeuse, incolore, irrespirable, d'une odeur suffocante et d'une saveur très-acide. « L'acide chlorhydrique éteint les corps en combustion; il a la plus grande affinité pour l'eau : lorsqu'on débouche sous ce liquide un flacon rempli de ce gaz bien pur, l'eau s'élance dans le vase avec tant de rapidité, que l'œil ne peut la suivre. L'acide chlorhydrique du commerce est une dissolution de ce gaz dans l'eau, plus ou moins colorée en jaune par des matières étrangères, et répandant des fumées à l'air. On obtient le gaz chlorhydrique en mettant du sel marin ou chlorure de sodium en contact avec l'acide sulfurique; il se produit ainsi du sulfate de soude et de l'acide chlorhydrique. Cet acide se dégage incessamment des volcans, notamment du Vésuve, et se condense avec les vapeurs aqueuses, en formant des ruisseaux ou des sources acides, quelquefois assez abondantes. On le trouve encore dans quelques eaux thermales de l'Amérique du Sud et dans les eaux du Rio-Vinagre, où il est mêlé à l'acide sulfurique. » L'acide chlorhydrique est très-employé dans les arts. Il sert à la fabrication du chlore et des hypochlorites, de l'eau régale, du gaz acide carbonique, du sel d'étain, etc. Baumé en a conseillé l'usage pour le blanchiment de la soie destinée à la confection des blondes et des gazes. Étendu d'eau, la médecine l'ordonne comme antiseptique et diurétique. Sa formule est ClH.

CHLORIDE (chimie). — Combinaison du chlore avec un métal ayant la propriété de se combiner avec d'autres chlorures métalliques pour former des sels. On donne plus communément aujourd'hui ce nom aux combinaisons du chlore avec les corps non métalliques qui donnent des acides au contact de l'eau; le chloride phosphoreux, par exemple, donne, par l'eau, de l'acide phosphoreux et de l'acide chlorhydrique; le chloride phosphorique donne de l'acide phosphorique et de l'acide chlorhydrique, etc.

CHLORITE (chimie). — Sels formés par l'acide chloreux et une base. On obtient les chlorites, en même temps que les chlorates, en faisant passer la vapeur de l'acide hypochlorique dans un alcali. Les chlorites colorés en jaune présentent peu de stabilité.

CHLOROFORME (chimie, matière médicale) [contraction des mots chlore et formique, par allusion à l'une des transformations de ce corps], dit aussi perchlorure de formyle. — Produit de la distillation de l'esprit-de-vin avec le chlorure de chaux, découvert en 1831 par M. Soubeiran. M. Dumas a reconnu, en 1834, qu'il est composé de carbone, d'hydrogène et de chlore, et en 1847, le docteur Simpson, d'Édimbourg, l'a proposé pour remplacer l'éther dans les opérations chirurgicales.

Ce composé organique renferme du carbone, de l'hydrogène et du chlore; sa formule est C²HCl³IB; il est incolore, huileux, d'une odeur éthérée et d'une saveur douceâtre. Sa densité est de 1,48 : il tombe donc au fond de l'acide sulfurique concentré, caractère qui permet d'apprécier la pureté du chloroforme. Il bout à 61°; il ne s'enflamme que difficilement, mais il produit une flamme bordée de vert quand on brûle une mèche de coton qui en a été imprégnée. En contact avec une solution alcoolique de potasse, il se convertit en acide chlorhydrique et en acide formique. L'alcool et l'éther le dissolvent facilement, l'eau le précipite.

Il y a quelques années à peine, le chloroforme, avant l'application merveilleuse qui en a été faite comme agent anesthésique, n'était qu'un de ces innombrables produits de la chimie organique qui n'ont d'intérêt que pour les savants, en raison des réactions curieuses qui leur donnent naissance. Depuis la découverte du professeur d'Édimbourg, ce composé organique a généralement remplacé l'éther pour amener l'insensibilité pendant les manœuvres chirurgicales. Toutefois, l'éther, étant de première date, a laissé son nom au mode d'action que ces deux agents exercent sur l'organisme. Aussi dit-on, aujourd'hui, éthériser, éthérisation, de préférence à chloroformiser, chloroformisation.

Propriétés anesthésiques du chloroforme. — Comme agent anesthésique introduit par inhalation, le chloroforme, dit Bouchardat, possède tous les avantages de l'éther (V. ce mot) sans en avoir les inconvénients. Il faut beaucoup moins de chloroforme que d'éther pour déterminer l'insensibilité : 100 à 120 gouttes suffisent pour l'ordinaire, et chez quelques malades beaucoup moins. Son action est bien plus rapide et plus complète, et généralement plus persistante. Presque toujours, 10 à 20 aspirations suffisent et quelquefois moins. Il y a aussi économie de temps pour le chirurgien, et cette période d'excitation, qui appartient à tous les agents narcotiques, étant réduite de durée ou véritablement établie, le malade n'a pas autant de tendance à l'exhilaration et à la loquacité. La plupart de ceux qui connaissent, par une expérience antérieure, les sensations produites par l'inhalation de l'éther, et qui ont ensuite respiré le chloroforme, ont fermement déclaré que l'inhalation et les effets du chloroforme sont beaucoup plus agréables que ceux de l'éther.

On a employé le chloroforme avec un succès complet dans presque toutes les opérations chirurgicales, ablation de tumeurs, extirpation d'os nécrosés, amputation, ouverture d'abcès, débridement de hernie étranglée, etc., etc. MM. Laugier et Jobert (de Lamballe) à l'Hôtel-Dieu, Velpeau à la Charité, emploient constamment le chloroforme pour prévenir la douleur dans les grandes opérations, et les avantages immenses de ce puissant anesthésique n'ont point été, dans ces services importants, atténués par les morts subites et imprévues qui ont été signalées à plusieurs reprises, et par lesquelles l'attention du chirurgien doit toujours être éveillée[1].

Procédé opératoire pour l'éthérisation.

Verser un peu de chloroforme dans l'intérieur d'une éponge taillée en creux, ou sur un mouchoir de poche, sur un morceau de linge ou de papier, et l'appliquer par-dessus la bouche et les narines du patient, de manière qu'il soit largement respiré.

L'Académie de médecine, dans les conclusions du rapport sur la question du chloroforme, a posé les préceptes suivants pour éviter les accidents (irritation des voies aériennes, syncope, asphyxie) qui peuvent résulter de l'éthérisation :

1° *S'abstenir ou s'arrêter dans tous les cas de contre-indication bien avérée (affection du cœur ou des poumons); vérifier, avant tout, l'état des organes de la respiration;*

2° *Prendre soin, durant l'inhalation, que l'air se mêle suffisamment aux vapeurs du chloroforme, et que la respiration s'exécute avec une entière liberté;*

3° *Suspendre l'inhalation aussitôt l'insensibilité obtenue, sauf à y revenir quand la sensibilité se réveille avant la fin de l'opération.*

Une immense discussion a occupé pendant plusieurs mois les séances de l'Académie de médecine, en 1857, au sujet de l'*éthérisation envisagée au point de vue de la responsabilité médicale.* M. le docteur Devergie, peu satisfait des préceptes généraux qui se rattachent à l'éthérisation, s'est demandé si, au lieu de considérer comme inutiles les appareils proposés pour obtenir l'anesthésie, ces appareils ne garantiraient pas le médecin de la responsabilité qu'il peut

[1] En 1856, nous avons employé jusqu'à 90 grammes de chloroforme, sans accident, pour éthériser un malade atteint d'hémorrhoïdes internes. C'est l'exemple le plus frappant de tolérance du chloroforme que la science possède. (Voir l'observation que nous avons publiée à ce sujet dans *l'Abeille médicale*, année 1857.)

encourir aux yeux de la loi. Cette idée de préconiser un appareil pour l'éthérisation, et alors de rendre responsable le médecin qui ne l'emploierait pas des accidents qui peuvent survenir pendant l'opération, n'a pas reçu un accueil très-flatteur au sein de l'aréopage médical. On reconnaissait l'excellence de l'intention de M. Devergie et du but qu'il avait en vue; mais les moyens qu'il proposait, loin de servir cette bonne intention, ne faisaient, au contraire, que la paralyser et allaient droit contre elle. Un mot heureux de M. Cazeaux résumait cette impression générale : « C'était une arme terrible que M. Devergie livrait à la justice contre les médecins. » Les objections ont été nombreuses; nous allons chercher à les résumer et à les présenter dans toute leur force, comme nous nous attacherons à n'affaiblir en rien les faits et arguments présentés par M. Devergie.

L'un des orateurs qui se sont élevés avec le plus d'énergie contre les propositions de M. Devergie, M. Larrey, dans un remarquable discours, a pris à tâche de condenser l'ensemble de toutes les objections faites par ses collègues.

La prévision du danger de l'éthérisation est difficile, a dit M. Larrey, impossible même, absolument parlant, eu égard aux aptitudes individuelles si variables pour tel genre, tel degré, telle durée, telle conséquence de l'anesthésie, et en admettant même les conditions voulues les meilleures. Que la mort ait été le résultat direct, exclusif même des inhalations de chloroforme, c'est ce que M. Larrey reconnaît avec tous les chirurgiens; mais que, dans tous les cas signalés, la mort ait été due à la faute des opérateurs, c'est ce qu'il ne saurait admettre, assez d'exemples démontrant que diverses causes, souvent même inappréciables et tout à fait indépendantes de l'anesthésie, peuvent déterminer la mort. Il veut, en conséquence, que l'on fasse la part des influences nombreuses qui peuvent compromettre le succès de l'anesthésie, sans que l'on soit en droit de l'attribuer au mode d'application. Telles sont les idiosyncrasies offrant des prédispositions diverses aux syncopes, aux congestions cérébrales, à l'asphyxie, aux émotions morales, et surtout les aptitudes à l'éthérisation aussi variables que les aptitudes à l'ivresse alcoolique; les affections concomitantes ou les complications, telles que certaines maladies des poumons, du larynx, du cœur ou des gros vaisseaux; les contre-indications même passagères dues à un écart de régime, à l'ingestion des aliments et des boissons dans l'estomac, etc.

La mort rapide, souvent instantanée, survenue chez l'homme dans la plupart des cas signalés, suffirait à contredire la théorie de l'asphyxie admise d'une manière trop générale par M. Devergie. Elle ne saurait davantage provenir absolument d'une sorte d'intoxication, si active qu'elle puisse être. Elle paraît due principalement à l'abolition progressive des fonctions des centres nerveux par l'action stupéfiante du chloroforme. La mort, attribuée chez l'homme aux effets seuls de l'anesthésie, peut dépendre d'ailleurs des causes concomitantes, telles que la syncope, si fréquente et si redoutable chez les sujets pusillanimes placés sous l'imminence d'une opération.

La mort par asphyxie ne saurait sans doute être contestée; mais elle ne semble pas aussi fréquente que paraît le croire M. Devergie, en admettant même les deux genres d'asphyxie qu'il distingue, à savoir: 1° asphyxie par paralysie des muscles respiratoires dans l'éthérisation prolongée; 2° asphyxie par défaut d'air ou par une occlusion trop immédiate des ouvertures nasale et buccale. Du moment où l'asphyxie n'est pas la cause la plus fréquente de mort dans l'éthérisation, on ne saurait sans inconséquence faire prévaloir l'opportunité des appareils, en tant que leur indication serait établie sur les dangers de l'asphyxie. Allant plus loin encore, et considérant l'asphyxie comme la cause la plus rare de mort, M. Larrey, loin d'attribuer aux appareils l'avantage de prévenir l'asphyxie, pense qu'ils offrent quelquefois l'inconvénient de la provoquer.

Mais bien plus grave encore est aux yeux de M. Larrey la proposition que M. Devergie émet, comme conséquence de ces prémisses, savoir, que le médecin pourra être considéré comme responsable devant la justice, en cas d'accident, s'il ne peut prouver qu'il a employé, pour l'inhalation, des moyens qui lui permettent de prouver que la mort par asphyxie ne dépend pas de ses actes, ou, en d'autres termes, qu'il a employé des appareils propres à prévenir toute possibilité d'asphyxie. «Un tel jugement, dit-il, s'il pouvait prévaloir auprès de l'Académie, aurait les conséquences les plus regrettables, les plus malheureuses pour la responsabilité médicale vis-à-vis des tribunaux, et ne tendrait à rien moins qu'à déposséder bientôt la chirurgie de l'assistance la plus précieuse contre la douleur des opérations. »

En admettant même que la théorie de l'asphyxie ne fût pas au moins exagérée, sinon même illusoire, M. Larrey, poursuivant les conséquences pratiques qu'aurait la proposition de M. Devergie, s'est demandé si les appareils à ouverture fixe, tels que son collègue voudrait les imposer, offraient une garantie certaine contre la mort. Outre que ces appareils peuvent être mal confectionnés ou défectueux, outre qu'ils sont susceptibles de s'oblitérer ou de se détériorer, ils deviendraient souvent un embarras par la nécessité même d'en faire un usage ou d'en acquérir l'habitude. Appelés à l'improviste pour une opération grave ou douloureuse, mais accidentellement privés d'un appareil d'inhalation, les praticiens seraient fort en peine d'y suppléer par les moyens les plus simples dont ils n'auraient pas encore fait usage; d'où des hésitations, des tâtonnements et des chances d'accidents par timidité ou par maladresse. Un chirurgien, tant soit peu exercé à l'emploi du chloroforme ainsi qu'à la pratique des opérations, connaît et apprécie trop bien toutes les difficultés, toutes les incertitudes de l'art, pour vouloir substituer à son attention, à ses mouvements, à ses yeux

et à sa main, l'action aveugle d'un mécanisme artificiel. Les malades eux-mêmes n'ont pas, à beaucoup près, dans un appareil compliqué, la même confiance que dans un simple linge. Les appareils mécaniques les plus ingénieux, les plus précis, les plus exacts, pour le dosage de l'agent anesthésique et pour le passage de l'air, sont toujours des appareils dont la vue impressionne et inquiète certains malades. Enfin, plusieurs des appareils employés ont l'inconvénient de provoquer des accès de toux et de suffocation; toutes les embouchures ne s'adaptent pas exactement à toutes les bouches, les soupapes d'aspiration et d'expiration ne sont pas toujours bien ajustées; les orifices auxquels elles correspondent n'ont pas quelquefois des dimensions convenables : de là des effets contraires à ceux d'une bonne éthérisation.

La précision même avec laquelle fonctionnent certains appareils peut devenir un danger par la promptitude des effets, si surtout les inspirations sont ou trop fortes ou trop prolongées.

Les chirurgiens les plus exercés à l'emploi des agents anesthésiques doivent redouter, avec un appareil, de dépasser vite le moment où ils auront à suspendre l'inhalation, c'est-à-dire dès les premiers degrés de la résolution musculaire. Enfin l'appareil le meilleur, le plus parfait, soit l'anesthésimètre de M. Duroy, par exemple, ne sera jamais une garantie certaine, infaillible, contre les accidents propres ou étrangers à l'anesthésie elle-même.

En dehors de l'enceinte académique et à part ceux de ses membres qui se sont déjà prononcés contre les appareils, M. Sédillot y a renoncé. La plupart des chirurgiens anglais les ont aussi abandonnés. M. Simpson les déclare inutiles. M. Porta (de Milan), M. Constantini (de Rome), et, à leur exemple, presque tous les chirurgiens de l'Italie préfèrent l'éponge ou la compresse aux différents appareils pour l'éthérisation. Le conseil de santé des armées, dans une décision sanctionnée par l'autorité militaire, a déclaré qu'on pouvait se passer d'appareils pour l'éthérisation; et c'est ce qu'ont fait la plupart des chirurgiens de l'armée d'Orient, qui ont eu de fréquentes occasions de recourir au chloroforme.

Par contre, une éponge, une simple compresse ou un mouchoir sur lesquels on verse 1 ou 2 grammes de chloroforme, et qu'on se contente de placer à quelque distance de la bouche et du nez, de manière à laisser un passage libre et facile à l'air ambiant, en recommandant au malade de respirer naturellement et sans efforts, voilà le meilleur appareil; c'est celui qui est devenu d'un usage vulgaire en chirurgie. Le malade s'accoutume ainsi à l'odeur et à la première impression de l'agent anesthésique, dont on augmente peu à peu la dose; on éloigne, on rapproche alternativement la compresse; il suffit de surveiller le pouls et la respiration. Nul accident ne survient ainsi, et l'éthérisation est aussi sûre que complète.

L'air, bien loin d'être intercepté par cet appareil, circule librement alentour, au-dessous et sur les côtés.

Rien de plus facile, d'ailleurs, que de surveiller le libre accès de l'air dans les voies aériennes, et d'en augmenter ou d'en diminuer à volonté la quantité par le rapprochement ou l'écartement alternatifs de l'appareil simple, tandis que l'appareil composé ne garantit pas cet avantage fondamental de surveiller, de régulariser et de maintenir l'intégrité de la respiration.

Et cela est si vrai, ajoutait M. Larrey, que tous les chirurgiens des grandes villes et des grands hôpitaux qui ont un choix d'appareils à leur disposition ne s'en servent pas, ou, à de très-rares exceptions près, les ont abandonnés.

En résumé, l'emploi des appareils mécaniques, loin de diminuer ou de garantir la responsabilité médicale, l'augmenterait, la compromettrait au contraire.

Telle est la signification générale et la conclusion de l'argumentation de M. Larrey.

Cette argumentation résume, à elle seule, à peu près l'ensemble des objections qui avaient été faites au travail de M. Devergie. En effet, elle reproduit, en les groupant et en les condensant, et en leur donnant ainsi plus de force, les arguments de M. Velpeau, de M. Cazeaux, de M. Jobert, de M. Cloquet, de M. Ricord, et les témoignages de quelques autres chirurgiens qui n'ont pris la parole que pour protester au nom de leur expérience personnelle contre les propositions de M. Devergie.

Il serait superflu de rappeler ici chacun de ces arguments et de ces témoignages. Presque unanimes sur tous les points, ils se résument en ceci : L'asphyxie ne joue pas dans l'éthérisation le rôle que lui attribue M. Devergie. L'usage des appareils, comme moyen de prévenir les chances d'asphyxie, ne remplirait donc pas le but qu'il se propose, et, suivant quelques-uns, il irait même plutôt contre ce but.

Les chirurgiens sont presque unanimes pour donner la préférence aux moyens simples, tels que l'éponge, la compresse ou le mouchoir, sur les appareils mécaniques plus ou moins compliqués ; et ils pensent sauvegarder par là aussi bien, sinon mieux que par le moyen proposé par M. Devergie, la sûreté des malades et leur propre responsabilité.

Voilà ce qui ressort du témoignage de la majorité des chirurgiens qui ont pris part à la discussion. Cependant, les appareils n'ont pas été unanimement repoussés. Deux orateurs, MM. J. Guérin et Robert, sans partager les opinions de M. Devergie sur l'asphyxie comme cause possible d'accident, et en se plaçant à un point de vue différent et même opposé à certains égards, ont néanmoins préconisé l'usage des appareils.

Il est curieux, du reste, qu'après de longues et nombreuses séances consacrées par l'Académie de médecine à la discussion de cette question, ce tribunal suprême ait adopté la naïve proposition suivante :

Dans l'état actuel de la science, on peut se servir ou non d'appareils ; le moyen d'éthérisation peut être laissé au choix du médecin ou du chirurgien.

Cela nous prouve une fois de plus que la science se fait peu à peu ; que rarement les discussions académiques résolvent les grandes questions, et qu'il appartient au temps, au temps seul, d'avoir cet avantage.

Le corps médical eût été bien satisfait, dans cette circonstance, de voir l'Académie aborder la question des moyens à employer contre les accidents causés par le chloroforme. Les seuls moyens signalés sont :

1° L'insufflation de bouche à bouche. (Ricord.)

2° L'action de plonger deux doigts profondément dans la gorge jusqu'à l'entrée de l'œsophage. (Escalier.)

3° L'inspiration du gaz oxygène. (Duroy.)

Il est un quatrième moyen, que nous trouvons à peine conseillé, et qui devrait être mis en première ligne : c'est l'électricité.

En 1851, dans un mémoire adressé à l'Académie des sciences, et contenant la relation de nombreuses expériences exécutées sur des chiens en 1848, et d'un fait observé sur l'homme, M. le docteur Abeille démontrait, ou cherchait à démontrer, que la mort par le chloroforme est le résultat d'une intoxication du système nerveux ; que la cessation de la respiration et de la circulation n'est que le résultat de cette intoxication ; que les poumons et le cœur ne subissent pas d'influence directe de la part de l'agent anesthésique, au moins dans la majorité des cas, et que l'électricité est le plus puissant moyen de rappeler la vie quand les accidents par le chloroforme ne se sont pas produits.

En 1852, M. Jobert (de Lamballe) faisait les mêmes expériences sur les animaux, et arrivait, quant à l'action de l'électricité, à peu près aux mêmes conclusions. Peu après s'ouvrait la discussion sur le chloroforme devant la Société de chirurgie. M. Robert était rapporteur. Toutes les expériences furent reprises une à une par ce chirurgien, à l'hôpital Beaujon, et l'électricité donna, dans ces expériences, les mêmes résultats que ceux obtenus par le docteur Abeille.

Pour le docteur Lecoy, chirurgien de la marine, et pour quelques autres praticiens, l'électricité est le moyen le plus énergique à mettre en usage dans les cas de mort immédiate par le chloroforme ; aussi sommes-nous persuadé, pour notre part, que cette méthode jouira, dans un avenir peu éloigné, d'une faveur que son importance seule lui aura acquise.

Quel est le mode d'action des anesthésiques par inspiration ?

Plusieurs théories ont été tentées pour l'expliquer : les éthers, a-t-on dit, exerceraient directement une action singulière sur le système nerveux ; les autres phénomènes seraient consécutifs ; mais aucune démonstration ne peut rendre compte de cette théorie.

Selon M. Édouard Robin, le pouvoir des anesthésiques se comprend par une action exercée sur l'hématose, tandis qu'on ne leur connaît aucune action sur le système nerveux qui puisse rendre compte des phénomènes produits. — La vapeur d'éther, dit cet habile chimiste, inspirée en quantité suffisante avec l'air atmosphérique, s'oppose d'une manière notable à la transformation du sang noir en sang rouge. Elle fait donc que le sang rouge, dont l'action stimulante entretiendrait la vie, est en grande partie remplacé dans les organes par le sang noir, qui exerce sur eux une action stupéfiante. De là l'insensibilité et les autres phénomènes qu'on observe dans le cas où l'expérience est bien conduite.

M. Robin a voulu expliquer pourquoi l'éther empêche la conversion du sang noir en sang rouge. Il agirait ainsi, selon lui, parce qu'il s'oppose à l'imprégnation du sang par une quantité d'air aussi considérable que dans l'état normal, et parce qu'il brûle en prenant l'oxygène qui, sans cette combustion, servirait à produire l'hématose.

De nombreuses expériences, faites par les grands maîtres, ont démontré que, lorsqu'un sang noir convenablement désoxygéné arrive dans les organes à la place du sang rouge, il produit l'insensibilité et la perte de la contractilité. Or, tels sont les effets que l'éther détermine quand il pénètre à dose suffisante dans la circulation. Et ce qui prouve que l'action de l'éther sur le sang est primitive, c'est, d'abord, qu'à l'occasion de sa vapeur il pénètre nécessairement dans la circulation moins d'air, conséquemment moins d'oxygène que dans l'état ordinaire, et que l'effet est d'autant plus marqué, toutes choses égales, que la température est plus élevée; c'est, en outre, que, l'éther pouvant, à la température ordinaire et surtout au contact des tissus, s'oxyder par l'oxygène libre, il est impossible que, dans la circulation, au contact des matières animales très-divisées et en voie de combustion lente, ce fluide n'éprouve pas une oxygénation qui, suffisamment abondante, nuirait à l'hématose; c'est d'ailleurs que les effets physiologiques produits par l'éther, quand il pénètre à dose convenable dans la circulation, sont ceux qui résultent de l'absence de conversion du sang noir en sang rouge; c'est, enfin, que les autopsies opérées à la suite d'empoisonnement par l'éther ont fait voir que l'état des organes est celui qu'on observe à la suite des asphyxies : le sang est noir, fluide, et il engorge les poumons, le foie, la rate, enfin tout le système vasculaire à sang noir.

Ainsi, d'une part, la circulation du sang noir dans les organes à la place du sang rouge rend compte de l'éthérisation; d'autre part, les propriétés physiques et chimiques de l'éther rendent cette circulation nécessaire, et les autopsies faites tendent à montrer qu'elle a lieu en réalité.

On a voulu substituer, en 1857, un nouveau produit (l'amylène) au chloroforme (1), mais, malgré

(1) L'amylène a été décrit pour la première fois en 1844 par un chimiste français, E. Balard, professeur à la Faculté des sciences. C'est un liquide incolore, très-volatil, qu'on obtient en distillant un mélange d'alcool amylique (essence de pomme de terre) sur du chlorure de zinc. Il est à l'alcool amylique (essence de pomme de terre) ce que l'éthylène (gaz oléfiant) est à l'alcool ordinaire. L'amylène parfaitement pur est seul applicable à la pratique

des expériences concluantes sur son action anesthésique, les accidents auxquels il a donné lieu ont démontré qu'il ne l'emportait nullement sur l'éther et sur le chloroforme.   B. LUNEL.

CHLOROMÉTRIE (chimie) [du grec *chloros*, chlore et *metron*, mesure]. — Art d'évaluer la quantité de chlore qui est en combinaison avec de l'eau et avec une base. La chlorométrie est fondée sur la décoloration de l'indigo par le chlore dans la teinture des différents tissus.

Une partie d'indigo dissoute dans 9 parties d'acide sulfurique, puis étendue de 900 parties d'eau, constitue la liqueur colorée dont on se sert généralement pour l'essai des chlorures (Gay-Lussac). Cette solution est préparée de manière à ce qu'un litre de chlore, dissous dans un litre d'eau, décolore 10 litres de la solution d'indigo. Soit donc un litre d'eau dans lequel on aura fait dissoudre 10 grammes de chlorure de chaux; si ces 10 grammes contiennent 1 litre de chlore, le litre de chlorure liquide décolorera 10 litres de solution d'indigo; et s'ils ne contiennent qu'un demi-litre de chlore, il n'y aura de décoloré que 5 litres de solution d'indigo. Dans le deuxième cas, la puissance décolorante du chlore sera deux fois moindre que dans le premier.

Le chiffre qui indique le nombre de litres décolorés exprime le nombre de degrés chlorométriques; chacun de ces degrés indique 1/10e de litre de chlore gazeux, contenu dans les 10 grammes de chlorure de chaux soumis à l'expérience. Si maintenant on verse rapidement une petite quantité de chlore de 2 1/2 millilitres sur 10 parties égales de la solution d'indigo, et qu'elles soient décolorées, on en conclura que le litre de chlorure est à 10 degrés; et en en prenant la dixième partie pour avoir la quantité de chlore gazeux, on aura 1 litre de chlore gazeux pour 10 grammes de chlorure dissous dans un litre d'eau, et par conséquent 100 litres de chlore pour 1,000 grammes de chlorure = 1 kilogramme; et comme les plus fortes immersions de chlore ne doivent pas dépasser 2/10es de litre, c'est-à-dire 2 degrés chlorométriques, on voit qu'en général, pour avoir une solution de chlore à 1 degré chlorométrique, il faut ajouter à la liqueur de chlorure qu'on essaye le nombre de volumes d'eau nécessaires pour qu'il y ait dans le vase où doit se faire l'immersion autant de fois le volume de la liqueur essayée qu'on aura trouvé de degrés chlorométriques.

Ainsi, à 100 litres de chlorure à 10 degrés, il faudra ajouter 900 litres d'eau pour avoir 1,000 litres de solution à 1 degré; et à 100 litres de chlorure à 5 degrés, ajouter 400 litres d'eau pour avoir 500 litres aussi à 1 degré.

de l'anesthésie; car, lorsqu'il n'est pas bien préparé, il conserve une odeur repoussante de naphte. C'est M. Snow, médecin anglais, qui l'a introduit dans la pratique; il l'a employé, pour la première fois, le 10 novembre 1856, pour l'extraction de dents chez des jeunes gens. — La durée de l'inhalation est en moyenne de 5 à 6 minutes, la dose de 4 à 6 grammes, et le retour à la sensibilité très-rapide.

Comme la liqueur d'épreuve faite avec l'indigo peut s'altérer, et qu'il est assez difficile de saisir avec précision le moment où l'action décolorante du chlore est complète, Gay-Lussac a proposé, en 1833, d'employer une solution de 4 grammes, 42 d'acide arsénieux dans 32 grammes d'acide chlorhydrique, étendue d'une quantité d'eau suffisante pour que le tout fasse un litre de liquide, et légèrement colorée en bleu par quelques gouttes d'indigo ; l'acide arsénieux passe à l'état d'acide arsénique en présence de l'eau et du chlore, et au moment où l'action est complète, la teinte bleue du liquide disparaît. Ce nouveau mode d'essai est préférable.

Voici maintenant le tableau de l'analyse, par M. Berthier, de plusieurs oxydes de manganèse. Ce tableau indique la quantité en poids du chlore produit par chaque sorte de manganèse; il est formé comme il suit :

	Kil. Chlor.
1 kil. manganèse pur produit........	0,7964
Crettnich, près Sarbruck........	0,7325
Calveron (Aude), sans calcaire...	0,7658
Id., avec calcaire..............	0,5754
Périgueux (Dordogne).....	0,5179
Romanech (Saône-et-Loire)......	0,4692
Laveline (Vosges)...............	0,4648
Saint-Marcel (Piémont)..........	0,2789
jusqu'à.................	0,3098

Un gramme de chlore en poids produisant en volume 0 litre 3145 de chlore, et 3 grammes 170 milligrammes de chlore en poids produisant en volume 1 litre de chlore, on ne peut voir de suite combien on doit obtenir de chlore pour le poids de l'oxyde de manganèse employé. Voici, d'ailleurs, le tableau que M. Gréau en a rédigé, savoir :

	Litres.
1 kil. manganèse pur produit........	251,23
de chlore gazeux.	
Crettnich.....................	237,37
Calveron, sans calcaire..........	241,57
Id., avec calcaire..............	181,50
Périgueux......................	163,37
Romanech......................	148,00
Laveline......................	146,62
Saint-Marcel..................	87,98

Nous devons ajouter que 3 grammes 980 de peroxyde de manganèse cristallisés en belles aiguilles, traités par 5 fois et demi leur poids d'acide chlorhydrique à 25 degrés, doivent produire 1 litre de chlore.

D'après ces documents alcalimétriques et chlorométriques, il sera facile de se rendre compte des moyens à employer pour composer des lessives ou des solutions de chlore qui contiennent exactement le nombre de degrés nécessaires pour blanchir les tissus sans en altérer la qualité. Gréau aîné.

CHLOROSE (pathologie) [du grec chlôros, verdâtre] (vulgairement pâles couleurs). — Affection caractérisée par la décoloration, la pâleur excessive de la peau, la flaccidité des chairs, un état de faiblesse, de langueur générale, la dépravation des fonctions digestives, la petitesse et la fréquence du pouls, les palpitations, la gêne de la respiration, la tristesse, etc.

La nature de cette maladie, comme celle de toutes les affections que l'anatomie pathologique n'a pas éclairées de son flambeau, est encore un sujet d'incertitude et de doute. On suppose cependant qu'elle consiste dans un état d'asthénie des organes génitaux, et des considérations assez puissantes protégent cette opinion; ainsi, la chlorose se montre principalement à l'époque de la puberté chez les filles, et lorsque la menstruation ne passe pas s'établir; elle cesse aussitôt que les menstrues coulent et se régularisent; enfin, les excitants de l'utérus sont en général les meilleurs moyens à lui opposer, etc. Il semble, à voir une jeune chlorotique, que tous ses organes soient arrivés à ce point de développement où la puberté doit nécessairement éclore, mais que l'utérus, en retard, ne recevant pas le degré de vie dont il a besoin pour devenir apte à la fonction qui lui est destinée, et ne donnant pas conséquemment l'impulsion sans laquelle ne peut s'opérer l'importante révolution prête à s'accomplir, retienne tout le reste de l'organisme dans son état de langueur et d'inertie. En un mot, une jeune fille atteinte de chlorose peut être considérée comme un être qui se développe et qui, passant d'un état de vie à un autre, est arrêtée dans son évolution commencée et reste en quelque sorte à l'état de chrysalide engourdie, parce que l'organe qui doit présider à sa nouvelle existence ne reçoit ni le développement ni la vitalité nécessaires.

Plus d'une objection s'élève sans doute contre cette hypothèse. Et d'abord, on dira que la chlorose se montre aussi quelquefois à d'autres époques qu'à celle de la puberté; mais presque toujours alors elle est accompagnée d'aménorrhée, et la suspension des règles peut, tout aussi bien que leur non-apparition, dépendre de l'asthénie de l'utérus. On ajoutera peut-être que les jeunes garçons n'en sont pas à l'abri; mais il est facile de répondre que c'est aussi à l'époque de la puberté qu'on les en voit atteints, et qu'il est tout naturel que l'inertie ou l'engourdissement des organes génitaux chez l'homme produise les mêmes phénomènes morbides que chez la femme. On pourra dire encore que la chlorose est quelquefois l'effet de la phlegmasie chronique d'un organe important, et que cela prouve qu'elle n'est pas nécessairement liée à l'asthénie des organes de la génération; la réponse à cette objection est encore facile : si un organe important est en proie à l'inflammation lorsque la puberté commence, sa souffrance s'oppose nécessairement au développement de l'utérus, et c'est alors de cet état d'asthénie sympathique, et non de la plegmasie, que la chlorose est l'effet direct. Enfin, si l'on objecte que dans toutes les chloroses les fonctions digestives sont aussi profondément troublées que celles de l'utérus, ce qui tendrait à faire croire que cette maladie peut tout aussi bien dépendre d'un état morbide de l'estomac que d'un état morbide de l'utérus, je ferai remarquer que toutes les grandes fonctions sont troublées dans cette maladie, ainsi que l'attestent les palpitations et l'œdème des extrémités inférieures, la dyspnée, les étouffements, la tristesse, la mélancolie, etc.; et qu'alors on pourrait à tout aussi bon droit rapporter la chlorose à une affection du cerveau ou du cœur; que, par conséquent, il ne faut voir dans tous ces symptômes que les effets consécutifs de la langueur des organes génitaux, les autres circonstances de la maladie concourant, pour la plupart, à démontrer que sa cause première réside en effet dans ces organes.

Une autre opinion a été émise par le docteur Boisseau sur la nature de la chlorose : il attribue cette maladie à un état d'asthénie du système sanguin, consistant principalement dans l'affaiblissement des qualités stimulantes du sang. J'ai longtemps partagé cette opinion, qu'il est facile d'appuyer de fort bonnes raisons, mais j'avoue que la première me paraît aujourd'hui mieux fondée.

Causes.—La chlorose s'observe surtout chez les jeunes filles à l'époque de la puberté, et, comme nous l'avons déjà dit, c'est principalement lorsque la menstruation ne peut pas s'établir ou ne s'établit qu'avec difficulté, que l'on voit se manifester cette affection. Mais on l'observe aussi quelquefois chez les jeunes garçons à la même époque, probablement produite par la même cause, c'est-à-dire par l'asthénie des organes génitaux. Les femmes mariées, et surtout les femmes veuves, en sont encore assez fréquemment affectées. On dit enfin qu'on l'a observée chez des enfants en bas âge; mais je pense que dans ces cas on s'est trompé sur la nature du mal, et que l'on a pris pour des chloroses des affections vermineuses, ou des névroses de l'estomac, ou des anémies, affections avec lesquelles il est souvent facile de confondre la maladie qui nous occupe. Le tempérament lymphatique et une constitution faible prédisposent à la contracter.

La chlorose se développe assez fréquemment sous l'influence des causes suivantes : l'habitation dans les lieux bas, froids et humides, les aliments peu nourrissants ou de difficile digestion, l'abus des boissons aqueuses froides et surtout chaudes, l'usage immodéré des bains chauds, l'usage prolongé de vins de mauvaise qualité, les veilles excessives, le sommeil trop prolongé et l'oisiveté. Il est presque superflu d'ajouter qu'aucune de ces causes agissant isolément ne peut produire la maladie, et qu'il faut toujours à cet effet le concours de plusieurs d'entre elles. Le plus ordinairement même, il faut encore l'intervention d'autres causes exerçant une action directe sur les organes de la génération, pour que la chlorose puisse se développer; les principales sont : un amour contrarié ou malheureux, la privation des plaisirs vénériens chez une jeune fille très-ardente ou chez une femme qui les a déjà goûtés, la suppression prolongée du flux menstruel, et, dans quelques cas, l'écoulement immodéré des règles. Les affections morales tristes, de quelque nature qu'elles soient, paraissent aussi exercer quelque influence sur la production de cette maladie. Enfin, elle paraît être

quelquefois symptomatique d'une phlegmasie chronique ayant son siége dans un organe important, le plus ordinairement dans les voies digestives; nous avons dit précédemment comment elle se rattachait à ces phlegmasies.

Symptômes, marche, durée, etc.—Les symptômes de la chlorose consistent dans la pâleur extrême, la coloration jaunâtre ou verdâtre et la bouffissure du visage, la lividité des paupières et leur infiltration au réveil, la décoloration de la conjonctive et des lèvres, l'expression morne des yeux, la sécheresse et la teinte terne, plombée et terreuse de la peau, la flaccidité des chairs, l'œdématie des pieds, la diminution graduelle de l'appétit jusqu'à l'anorexie complète, souvent le désir d'aliments fortement sapides, et quelquefois une telle dépravation du goût, que les malades mangent de la craie, du charbon, et mille autres substances entièrement dépourvues de propriétés nutritives. A ces symptômes se joignent ordinairement des nausées et des vomissements, de la dyspnée et des palpitations que le moindre exercice augmente, principalement quand les malades montent un escalier ou une pente un peu rapide, la petitesse et la fréquence du pouls, un sentiment continuel de lassitude et de fatigue, et une grande répugnance au mouvement. En même temps les malades sont tristes, mélancoliques; elles recherchent la solitude, elles soupirent et pleurent involontairement et sans motifs.

Le défaut de menstruation ou la suppression des règles accompagne, avons-nous dit, presque toujours la chlorose. Quelquefois cependant l'écoulement menstruel s'opère encore, mais peu à peu les époques s'en éloignent, le sang qui s'échappe diminue chaque fois de quantité et devient de plus en plus pâle et séreux, jusqu'à ce qu'enfin il cesse tout à fait de paraître. Cette menstruation incomplète, loin de soulager les malades, semble, au contraire, aggraver leur état, et l'on voit presque toujours s'exaspérer les accidents au retour de chaque époque des règles : les malades deviennent encore plus tristes que d'ordinaire, elles sont même assiégées d'idées sinistres, et des syncopes et de la cardialgie s'ajoutent aux accidents habituels. Enfin, la maladie continuant à s'aggraver, il se déclare une douleur fixe de la tête ayant son siége ordinairement à l'occiput, le ventre devient tendu et douloureux, la soif s'allume, le pouls s'accélère, quelquefois une petite toux se déclare, de la diarrhée survient, des exacerbations ont lieu tous les jours, l'amaigrissement fait des progrès rapides, et les malades succombent dans un état complet de marasme.

La chlorose est toujours une maladie de longue durée; elle guérit souvent, mais souvent aussi elle entraîne la mort. En général, on peut s'en promettre la guérison tant qu'elle n'est pas accompagnée d'une phlegmasie viscérale. Simple et récente, c'est-à-dire exempte de complication et n'ayant qu'un ou deux mois d'existence, elle n'offre aucun danger; elle est peu grave encore si la constitution de la malade est forte, et si les règles n'ont pas encore paru; toutes

choses égales enfin, elle est d'autant moins inquié-
tante que la malade peut plus facilement se placer
dans des conditions hygiéniques nouvelles et favorables. Lorsque, au contraire, elle est ancienne et
compliquée, on doit la regarder comme une affection
très-grave en général ; toutefois sa gravité dépend
surtout, dans ce cas, de la nature et de l'intensité de
la maladie chronique qu'elle accompagne. C'est encore un fâcheux augure de voir les règles diminuer
graduellement ou se supprimer tout à fait sous l'influence de cette affection. Enfin, lorsqu'il n'est pas
possible de soustraire les malades à l'action des
causes qui ont provoqué la maladie, on doit craindre
qu'elle n'ait une issue funeste.

Caractères anatomiques. — A l'ouverture des cadavres des individus qui succombent à la chlorose,
on trouve les vaisseaux sanguins vides de sang et les
chairs décolorées, comme à la suite de l'anémie, maladie avec laquelle elle a plus d'un trait de ressemblance; ce sont là les seuls caractères anatomiques
qui lui soient propres. On rencontre bien aussi des
traces diverses de phlegmasie ou d'un autre état morbide, telles que des épanchements de sérosité dans les
plèvres, dans le péricarde ou le péritoine, des tubercules pulmonaires, des désorganisations du foie, de
la rate ou des ovaires, etc.; mais la variété même
de ces lésions prouve qu'elles n'appartiennent pas à
la chlorose, et, presque toujours pendant la vie,
elles se sont manifestées par des symptômes propres,
indépendants de ceux de cette affection. (*Ch. Roche.*)

Traitement. — La première indication est de rendre
au sang ses propriétés, et de combattre la faiblesse
générale. Le traitement doit donc être :

1° *Hygiénique* : séjour à la campagne, habitation
dans des lieux élevés, exposés au soleil, air sec,
exercice à pied, à cheval, en voiture; jardinage,
travail de ménage; vêtement de flanelle sur la peau;
frictions sèches, aromates, sur tout le corps; électricité; régime tonique, chocolat ferrugineux;

2° *Pharmaceutique* : boissons toniques, amères,
infusions d'aunée, de houblon, d'absinthe, de centaurée, de gentiane, de quinquina; médicaments
ferrugineux, surtout employés à l'état élémentaire
ou de sel (sous-carbonate, lactate), associés à l'iode.
Il faut aussi quelquefois réveiller l'excitabilité de
l'utérus (bains de pieds irritants, sangsues en petit
nombre à la vulve, courants électriques à travers le
bassin), surtout à l'époque des règles. Les eaux de
Spa, de Plombières, de Vichy, de Passy, viendront
seconder utilement le traitement. Dr HENRIECH.

CHLORURES (chimie, thérapeutique).—Composés de chlore et d'une substance simple autre que
l'oxygène et l'hydrogène.

Les chlorures peuvent être *basiques* (chlorobases),
acides (chloracides) ou *indifférents*. Les chlorures alcalins sont, en général, basiques vis-à-vis certains
perchlorures métalliques (chloracides), avec lesquels
ils forment de véritables *chlorosels* (chlorures doubles). Dans ces chlorosels, le chlore de l'acide correspond au chlore de la base, comme, dans les
oxysels (sels proprement dits), l'oxygène de l'acide

correspond à l'oxygène de la base. Plus la proportion
du chlore augmente dans un chlorure basique, plus
celui-ci tend à devenir acide; et, sous ce rapport, le
chlore présente une analogie de plus avec l'oxygène.

Caractères: 1° Les chlorures sont, pour la plupart,
anhydres et volatils.

2° Mis en contact avec de l'acide sulfurique, ils
dégagent de l'acide chlorhydrique, qui produit d'é-
*paisses vapeurs blanches au contact des vapeurs am-
moniacales*.

3° Chauffés avec de l'acide sulfurique et du peroxyde de manganèse, ils donnent tous naissance à
du chlore.

4° Traités par l'acide azotique, ils fournissent un
liquide (mélange de chlore et de vapeurs nitreuses)
qui dissout l'or.

5° Ils produisent, dans une dissolution de nitrate
d'argent, un précipité blanc, abondant, caillebotté,
noircissant à la lumière, complétement insoluble
dans l'eau, insoluble dans les acides et très-soluble
dans l'ammoniaque.

Les chlorures sont, en général, solubles dans l'eau.
Les moins solubles sont le *protochlorure de mercure*,
le *chlorure de plomb*, et surtout le *chlorure d'argent*.
Il faut plus de 100,000 parties d'eau pour dissoudre
1 p. de ce dernier: d'où il résulte que tous les autres
chlorures précipitent les sels de mercure au minimum, les sels de plomb et les sels d'argent. Comme
l'équivalent du chlore est le double (en volume) de
celui de l'oxygène, les partisans de la théorie des atomes expriment la formule d'un chlorure par Cl^2 M.
Exemples : $Hg\ Cl^2$, $Hg\ Cl^4$, protochlorure de mercure, bichlorure de mercure, que, d'après la loi des
équivalents, on écrit : $Hg\ Cl$, $Hg\ Cl^2$.

Cette remarque est également applicable aux *bromures*, aux *iodures*, aux *fluorures* et aux *cyanures*.—
(*Hœfer.*)

Propriétés et usages des chlorures.

Des arrosages avec de l'eau faiblement chlorurée
et plus ou moins souvent renouvelés, suffisent pour
assainir les salles des hôpitaux et celles des prisons.
Un fait de désinfection qui nous a été communiqué
par un témoin mérite d'être rapporté. Un cachot du
fort du Ha, à Bordeaux, était tellement infect, que la
commission chargée de visiter les prisonniers ne put
y pénétrer. Une aspersion d'eau chlorurée détruisit
instantanément les émanations fétides, et le galé-
rien de corvée pour nettoyer ce cachot déclara que
cet arrosage le rendait à la vie.

La désinfection des ateliers nombreux, des salles
de spectacle, et généralement de tous les lieux où
habitent un grand nombre d'individus, s'opère de la
même manière. Ces désinfections sont surtout indispensables dans les navires, et un exemple remarquable en a démontré l'efficacité : Deux vaisseaux de
même tonnage, occupés à faire un trafic infâme,
avaient un nombre à peu près égal de nègres. Leur
traversée fut à peu près de même durée; et pourtant
l'un de ces navires, pourvu de chlorure, qui servait
à faire des arrosages fréquents avec de l'eau de mer

chlorurée, ne perdit pas un vingtième de ses esclaves, tandis que le navire où l'on ne prenait aucune précaution sanitaire en perdit quatre fois davantage.

L'épizootie qui a sévi avec tant de violence, en 1825, dans plusieurs de nos départements, a cessé d'exercer ses ravages dans les écuries qui ont été chlorurées. Cette observation a déterminé le ministre de la guerre à accepter la proposition de M. Labarraque, de faire une série d'expériences pour désinfecter et remettre à neuf les harnais qui ont déjà servi à des chevaux morveux. Il suffit dans ce cas d'étendre le chlorure d'oxyde de sodium dans douze fois autant d'eau ; de lessiver avec ce mélange, au moyen d'une brosse de chiendent, toutes les parties du harnachement, de laver à grande eau, et au moyen de la même brosse, les objets déjà chlorurés, de les laisser sécher, et de graisser les cuirs avec de l'huile de pied de bœuf, de battre et brosser la schabraque et les coussinets ; on peut ensuite, sans aucun danger, recouvrir les chevaux sains avec ces harnais.

Le lessivage des écuries infectées se fait avec le même liquide, et elles peuvent être occupées impunément par des chevaux bien portants ; ce qui a été prouvé par le séjour d'animaux sains dans une écurie qui, depuis plus d'un demi-siècle, n'avait servi qu'à contenir des chevaux affectés de morve. Un séjour de six mois n'a communiqué la morve à aucun des six chevaux qui y ont été placés après la désinfection. De même aussi, les harnais qui avaient servi à des chevaux abattus pour cause de morve ont été portés impunément pendant plus de six mois par des chevaux sains, dont la santé n'a été nullement altérée.

Nous venons de faire sentir les heureuses applications des chlorures à l'hygiène publique et à l'économie domestique. Il nous reste à apprécier les avantages que la thérapeutique peut en espérer d'après les essais qui ont été faits depuis quelques années. Déjà, par ce qui précède, l'on a pu apercevoir quelques-unes des indications qui ont dirigé les praticiens dans leur emploi. Il suffit pour cela de se rappeler leur action chimique sur tous les fluides organiques qui ont subi des altérations de la part des gaz hydrogène, hydrogène sulfuré, hydrogène carboné, etc., ainsi que par l'effet des divers principes miasmatiques, virulents, venimeux et autres pouvant modifier les différents produits des sécrétions animales, donner lieu à certaines maladies générales ou locales des humeurs. Ce que nous avons dit de l'application des chlorures à la désinfection de l'air rentre nécessairement dans la prophylactique de cette classe de maladies, dues évidemment à des émanations putrides ou marécageuses, qu'il faudrait nommer pour cela épidémies *infectieuses*, pour les distinguer de celles qui sont indépendantes de l'action de ces mêmes émanations, et contre lesquelles le chlore et ses composés nous paraissent tout à fait impuissants.

On peut, par conséquent, espérer de l'emploi des chlorures les mêmes succès que ceux que l'on a obtenus de l'usage du chlore gazeux dans toutes les

épidémies de typhus, de dyssenterie, de fièvre jaune et de peste. Il faut en dire autant des maladies contagieuses proprement dites. Ainsi on a proposé contre la gale une solution de chlorure de chaux, de soude ou de potasse, à la dose de 90 grammes par livre d'eau commune. M. Coster a publié une série d'expériences tendant à prouver l'efficacité des lotions chlorurées pour se préserver de la contagion des virus syphilitique et rabique, ainsi que de l'action délétère du venin de la vipère et autres animaux venimeux ; mais ces expériences ont besoin d'être répétées pour acquérir toute la force de vérités bien démontrées.

Les chlorures ont eu surtout des effets remarquables dans les suppurations abondantes dues à des solutions de continuité avec perte de substance, telles que les ulcères de différente nature, les fistules, les brûlures, les dartres rongeantes, etc., etc. Bourgeois et Fabié-Palaprat ont vu un ulcère variqueux ancien et taché de points gangréneux guérir en peu de jours par des lotions avec le chlorure de soude. J'ai vu l'emploi du cérat chloruré être suivi d'une prompte guérison dans un cas à peu près analogue.

On a également observé les plus heureux effets de l'emploi des chlorures dans toutes les maladies où il y a augmentation et altération des produits de sécrétion, telles que les ophthalmies purulentes, les otorrhées, l'ozène, la carie des dents, les bronchorrhées, les leucorrhées, etc. J'ai souvent employé dans ce dernier cas, et avec un succès remarquable, les injections d'eau de ratanhia aiguisée avec le chlorure de soude à la dose de 4 grammes par livre de liquide.

Les chlorures ont presque toujours été employés à l'extérieur, soit comme désinfectants, soit comme toniques et astringents.

La dose à laquelle on emploie les chlorures diffère, d'ailleurs, suivant l'espèce de chlorures que l'on met en usage, le mode d'administration que l'on adopte et la nature de l'affection que l'on a à combattre. On sait que le chlorure de potasse est presque uniquement employé dans les arts. Toutefois, d'après le conseil de M. Payen, on pourrait, en cas de besoin, le substituer aux chlorures de soude ou de chaux, étendu dans environ cinq fois son volume d'eau. Le chlorure de chaux s'emploie soit en poudre, qu'on place dans des vases au milieu de l'appartement qu'on veut désinfecter, soit bien dissous dans une suffisante quantité d'eau, depuis dix jusqu'à cent fois, et plus, son poids d'eau.

Le chlorure de soude a été plus généralement préconisé par Labarraque, et mérite en effet quelque préférence sur les deux autres, en ce qu'il est moins altérable dans ses éléments, et qu'il ne coagule pas, comme le chlorure de chaux, les matières animales; on peut en faire entrer depuis 2 grammes jusqu'à 4 gram. dans une potion de 180 gram., à prendre par cuillerées toutes les deux heures. Pour les injections, lotions et applications externes, la dose ordinaire est du dixième au vingtième de chlorure étendu dans une quantité donnée d'eau. Dans certains cas, notamment dans le charbon et autres affections gangréneuses, on peut employer le chlorure d'oxyde de sodium sans mélange. (*P. Joly.*)

CHOC (physique) [du teuton *schucken*, dont les Allemands ont fait *Schocken*, les Anglais *shake*, et l'Espagnol *chocar*.] — Rencontre de deux corps qui se heurtent, soit que l'un des deux soit en repos, ou qu'ils soient tous deux en mouvement.

Il y a des corps élastiques, et des corps non élastiques. Il y a deux sortes de chocs : le *choc direct* et le *choc oblique*. Quand un corps en repos est choqué par un autre corps, la vitesse du corps choquant se partage entre les deux selon le rapport des masses.

Quand deux corps qui se meuvent du même sens avec des vitesses inégales, viennent à se choquer, soit que leurs masses soient égales ou non, ils continuent à se mouvoir ensemble, et dans leur première direction, avec une vitesse commune, moins grande que celle du corps choquant, mais plus grande que celle du corps choqué, avant la percussion.

Si les deux corps qui doivent se choquer se meuvent en sens directement contraire, le mouvement périt dans l'un ou dans l'autre, ou du moins dans l'un des deux ; s'il en reste après le *choc*, les deux corps vont dans le même sens ; et la quantité de leur commun mouvement est égale à l'excès de l'un des deux sur l'autre avant le *choc*.

Quand un corps à ressort va frapper un autre corps à ressort qui est en repos, ou qui se meut du même sens que lui, celui-ci, après le *choc*, se meut dans la direction de celui qui l'a frappé, avec une vitesse composée de celle qui lui a été donnée immédiatement, ou par communication de celle qu'il acquiert par sa réaction après le *choc* ; et le corps choquant, dont le ressort agit en sens contraire, perd, en tout ou en partie, ce qu'il avait gardé de sa première vitesse. Il rétrograde pendant la valeur de cet excès.

Quand deux corps à ressort, égaux ou inégaux en masse, viennent se heurter avec des vitesses propres, qui soient égales ou inégales, après le *choc* ils se séparent, et leur vitesse respective est la même qu'avant le *choc*.

CHOCOLAT [dérivé, par corruption, du mexicain *quachahuatl* ou *chocolatle*, formé des mots *choco*, bruit, et *latle*, eau, parce que les Mexicains le préparaient en le faisant mousser dans l'eau chaude].—Préparation alimentaire, aussi salutaire qu'agréable, et qui se compose de cacao torréfié et de sucre, broyés ensemble par des procédés manuels ou mécaniques.

On emploie généralement deux sortes de cacao à la préparation du chocolat : le *caraque* et celui *des Antilles* ou *des îles*. Les doses sont ordinairement de 1 kilogr. 1/2 du premier et de 3 kilogr. du second, tous deux préalablement torréfiés et mondés de leurs coques et de leurs germes. On les pile dans un mortier de fer échauffé, afin de les réduire en pâte ; on y ajoute 4 kilog. 1/2 de sucre pulvérisé, et l'on broie le tout sur une pierre dure, chauffée en dessous avec un réchaud de charbon et à l'aide d'un rouleau de fer. Lorsque la pâte est devenue fine au point de ne plus manifester de particules grossières sous la

langue, on y ajoute les aromates, le salep, le lichen, etc., préalablement préparés, pulvérisés et mélangés avec 1/2 kilog. de sucre ; enfin on divise la masse dans des moules de fer-blanc, où elle se refroidit et se solidifie.

Lorsque le chocolat est composé de substances pures et de bonne qualité, il est encore d'un prix assez élevé ; aussi la plupart des fabricants chocolatiers, pour satisfaire au bon marché des acheteurs, y introduisent-ils des substances étrangères, telles que de l'amidon ou de la fécule de pomme de terre, des lentilles ou des pois pulvérisés, de la pâte de cacao privée d'huile par expression, etc. Le bon chocolat, bouilli dans l'eau, laisse surnager des yeux ou des gouttelettes de beurre de cacao fondu ; il ne doit former au fond de la tasse aucun sédiment rude ni terreux ; il ne doit pas se prendre en gelée par le refroidissement, à moins qu'il n'ait été prescrit au salep ou au tapioca ; enfin il ne doit offrir aucun goût d'âcreté ni de rancidité.

Le chocolat partage avec le thé, le café et le tabac, la gloire d'avoir envahi les deux mondes, et d'être devenu un objet de nécessité pour des peuples entiers. Un Espagnol privé de chocolat ne peut être comparé qu'à un Français qui manque de pain. Des hommes éminents en science et en dignités, des princes de l'Église, n'ont pas dédaigné d'en décrire la préparation et d'en vanter les excellentes qualités. Au moins paraît-il certain que ce mixte, formé d'une huile très-douce, d'un principe astringent et légèrement tonique, et d'une substance fortement animalisée, le tout joint au sucre et à quelque aromate, compose une nourriture également propre à rétablir les fonctions du canal digestif, suspendues par une longue irritation maladive suivie d'une grande débilité, ou énervées par l'existence nonchalante des peuples soumis au despotisme, ou troublées par la vie trop active de nos cités. (*Guibourt.*)

Longtemps on fabriqua le chocolat en broyant l'amande dans un mortier ou sur une pierre lisse avec un rouleau ; aujourd'hui on y emploie de belles et puissantes machines, mues le plus souvent par la vapeur : on remarque entre autres les *machines à broyer* inventées par MM. Poincelet, Legrand, Auger, Hermann ; la *machine à mélanger et presser le chocolat* de M. Devinck, etc.

CHŒUR (art théâtral, musique) [du latin *chorus*, ou du grec *choros*.] — Le chœur est une réunion de plusieurs personnes qui chantent avec ensemble. Quel que soit le nombre des chanteurs, pour exécuter une suite d'accords parfaits, il faut que les voix se groupent pour composer des parties dont l'ensemble forme l'harmonie ; un accord complet étant composé de quatre sons, il est de toute nécessité qu'il y ait quatre parties principales. La partie aiguë s'appelle dessus, et se chante par des voix de femmes ou d'enfants ; les autres sont le contre-alto, le ténor et la basse : ces dernières appartiennent à des voix d'hommes ; ainsi il y a plusieurs voix pour chanter chaque partie.

Le chœur est aussi ancien que le chant. Il remonte à la plus haute antiquité. Les Égyptiens, pour honorer leurs dieux, Osiris et Isis, ou le soleil et la lune, dans les temples qui leur étaient consacrés, à Héliopolis ou à Nyctopolis, avaient des hymnes que l'on chantait en chœur. Moïse, après le passage de la mer Rouge, fait éclater sa reconnaissance envers le dieu des armées en chantant, avec le peuple hébreu, un cantique sublime. David, pour apaiser les fureurs de Saül, fait résonner sa harpe à l'oreille de ce roi ; mais dans le temple du Dieu d'Israël, c'est avec le peuple qu'il entonne ses magnifiques psaumes à la gloire du Roi des rois. Dans le *Cantique des Cantiques*, qui est un épithalame, en forme de dialogue, entre l'époux et l'épouse, Salomon a introduit un chœur de femmes, compagnes de l'épouse, du plus heureux effet, et qui donne au poëme un air tout à fait dramatique ; ce qui pourrait être une réalité, suivant l'opinion d'un savant qui trouvait dans ce cantique toutes les conditions d'un ouvrage dramatique et lyrique, et qui pensait même qu'il avait pu être représenté.

Dans ce cantique, nous entrevoyons l'origine des chœurs dans les drames grecs plutôt que dans le dithyrambe, chanté en l'honneur de Bacchus, par Thespis, sur son éternel tombereau, promené dans les villages de l'Attique, avec une troupe de bateleurs pris de vin. Telle est notre conjecture, et nous l'appuyons de circonstances probables.

Les Phéniciens, Cadmus à leur tête, apportèrent en Grèce l'alphabet. Ce peuple entreprenant fut le premier qui, animé par un esprit spéculateur, s'ouvrit partout des chemins avec ses vaisseaux. Il commença d'abord par le littoral de la mer qui baignait la contrée qu'il habitait ; il trafiqua ainsi avec les Hébreux, ses voisins. Déjà à cette époque, les Hébreux étaient très-avancés en littérature. Cadmus eut sans doute connaissance des livres de Moïse, par conséquent de la langue hébraïque, ce qui est prouvé par l'appellation des lettres de l'alphabet grec, dont Cadmus changa évidemment la forme.

A ce sujet, une remarque ingénieuse a été faite : il paraîtrait que les caractères grecs ne seraient que des lettres phéniciennes, retournées de droite à gauche. On sait que la langue et l'alphabet des Phéniciens avaient beaucoup d'analogie avec la langue hébraïque. Tout se lie en ce monde, et tout s'explique en remontant des effets aux causes. Pour donner plus de force à notre conjecture, et pour prouver que notre esprit n'est point préoccupé d'idées systématiques qui souvent abusent, nous donnerons quelques exemples :

A. — *Alpha* des Grecs, appelé en hébreu *Aleph*, ensuite *Alepha*, et par syncope *Alpha*.

B. — *Béta*, en hébreu Beth, addita formali littera *a*.

L. — *Gamma*, en hébreu *Ghimel, Guimel*.

D. — *Delta*, en hébreu *Daleth* ou *Deleth*, d'où *Deleta*, par syncope *Delta*.

Ainsi des autres lettres, plusieurs n'ayant aucune correspondance dans l'hébreu.

Ces différences peuvent provenir de divers chan-

gements qui ont pu être faits après l'introduction, suivant le génie de la langue et les nécessités qu'ont entraînées les mœurs, les coutumes, etc.

Notre alphabet n'a-t-il pas subi des changements et des modifications avant et depuis Ramus, et n'avons-nous pas des lettres qui se modifient selon leur position dans certains mots ? C'est l'histoire de tous les peuples.

Ce rapprochement des deux alphabets est frappant, et la ressemblance des sons est d'une évidence incontestable. Cadmus, venu en Grèce avec une colonie de Tyr, fonda la ville de Thèbes, en Béotie. Voilà donc les Grecs en relation avec les Hébreux par l'intermédiaire des Phéniciens. Il n'est pas à supposer qu'ils rompirent avec la mère-patrie. Ces relations prirent de l'accroissement pendant les cinq cents ans qui s'écoulèrent jusqu'à Homère, qui dut connaître les livres de Moïse. Les rapprochements qui ont été faits de certains passages d'Homère avec les livres de Moïse ne laissent aucun doute à cet égard. Homère a dû aussi avoir connaissance des ouvrages de Salomon, qui parurent environ un siècle avant lui. Si Homère a connu la littérature des Hébreux, à plus forte raison Eschyle, qui vivait dans le cinquième siècle, cinq cents ans après. Les Égyptiens virent s'accroître leurs connaissances par l'incorporation de la Judée à l'Égypte au sixième siècle ; vers cette époque, Pythagore entreprit son voyage en Égypte. Il enrichit la Grèce des nouvelles connaissances qu'il avait apportées de ce pays. Il n'est donc pas étonnant qu'Eschyle ait pu prendre l'idée de ses chœurs, dans le *Cantique des Cantiques*, à Salomon. Aucun autre ouvrage que nous sachions n'a pu lui servir de guide. Voilà nos probabilités établies. Mais cela ne suffit pas, il reste à détruire l'opinion contraire et généralement adoptée.

Thespis, à nos yeux, n'est pour rien dans cette invention, et tout ce que l'on en rapporte le prouve évidemment. Horace, dans son *Art poétique*, parle ainsi de Thespis :

Ignotum tragicæ genus invenisse camœnæ
Dicitur, et plaustris vexisse poemata Thespis,
Quæ canerent, agerentque peruncti fæcibus ora.
Post hunc personæ, pallæque repertor honestæ
Eschylus, et modicis instravit pulpita tignis,
Et docuit magnumque loqui, nitique cothurno.

Ce que Boileau a rendu de la manière suivante :

Thespis fut le premier qui, barbouillé de lie,
Promena par les bourgs cette heureuse folie,
Et, d'acteurs mal ornés chargeant un tombereau,
Amusa les passants d'un spectacle nouveau.
Eschyle dans le chœur jeta les personnages,
D'un masque plus honnête habilla les visages,
Sur les ais d'un théâtre en public exhaussé
Fit paraître l'acteur d'un cothurne chaussé.

Horace n'affirme pas, puisqu'il prend la forme dubitative *dicitur*.

Mais nous ferons observer, comme nous l'avons dit dans l'article *Bucolique*, que le tableau qui regarde Thespis appartient plutôt à la vie champêtre, au genre bucolique, qu'à la tragédie.

Aristote et Quintilien regardent Eschyle comme le père de la tragédie. Eschyle pouvait-il voir dans des personnages travestis en satyres, couverts de pampres et barbouillés de lie, les héros et les demi-dieux qui font les sujets de ses tragédies? Il a donc tout inventé, et le chœur et le dialogue.

On a avancé que la tragédie et la comédie étaient tracées dans les œuvres d'Homère, que la forme employée par le poëte, en faisant parler alternativement ses héros, avait donné l'idée du dialogue, et que les situations fortes et pathétiques des héros avaient fait naître l'idée de la tragédie, comme quelques passages, tels que le portrait de Thersyte et le Margitès, avaient donné l'idée de la comédie. En ce cas, Thespis n'avait guère profité des leçons d'Homère.

Quoique les ouvrages d'Homère fussent regardés par les Grecs comme sibyllins, néanmoins nous pensons que les modernes, plutôt que les anciens, ont découvert tant de choses chez ce poëte. Dans les modernes, nous comprenons l'école d'Alexandrie, celle du Lycée, et même celle de l'Académie.

Comme la fable et le merveilleux ont toujours entouré les grands hommes dans l'antiquité, voici ce qu'on rapportait d'Eschyle lorsqu'il n'était encore qu'enfant. En gardant les vignes de son père, il s'endormit; Bacchus lui apparut, pendant son sommeil, et lui commanda d'écrire des tragédies; il obéit, et il composa, dès l'âge de vingt ans, une tragédie qui fut reçue avec applaudissements.

On a dit que Thespis avait fait des tragédies et qu'il parcourait les villages pour les représenter sur un tombereau qui lui servait de théâtre, avec des acteurs grotesquement costumés. Est-ce une chose croyable? au siècle de Pindare et de Corinne, peu après Sapho et Anacréon, dans le même temps de la splendeur des Jeux olympiques! on court les villages pour montrer les marionnettes aux paysans et les mascarades au jour de la fête d'un dieu comme celui des vendanges; on réserve les tragédies et les ouvrages sérieux pour les villes telles qu'Athènes.

Thespis passe pour avoir introduit un personnage dans les dithyrambes afin de soulager le chœur, qui agissait seul. Ce serait là son mérite. D'accord, mais nous demandons, en conscience, s'il peut exister des tragédies avec un seul personnage et un chœur. Il faut être conséquent. Nous craignons bien que ces tragédies ne fussent que des farces pour amuser les passants, c'est le mot, comme dit Boileau, malgré leur titre pompeux. N'avons-nous pas vu en France, Dieu, le Christ, la Passion, servir de sujets aux plus ignobles farces? Tels sont les commencements en tout, imparfaits toujours.

En effet, que pouvait-on attendre d'un homme comme Thespis, qui, de la manière dont toute l'antiquité le dépeint, n'était qu'un saltimbanque se barbouillant le visage, se rendant tout difforme, grimaçant, et faisant la charge sur des tréteaux, à l'instar de notre Deburau? rien de sérieux, assurément. La lecture du *Cantique des Cantiques*, propre à enflammer l'imagination par sa poésie pleine d'harmonie, par ses expressions originales et ses pensées

sublimes, ne pouvait qu'exciter l'admiration d'un cœur de vingt ans, et transporter une âme aussi heureusement disposée à l'enthousiasme comme celle d'Eschyle.

Nous osons croire que l'on ne jugera pas notre dissertation comme intempestive, et que l'on ne la condamnera pas en disant : *Non erat hic locus.*

En France, le premier qui essaya d'introduire les chœurs dans une œuvre dramatique fut Jodelle, qui vivait au seizième siècle, sous Charles IX. Les tragédies qu'il a composées sont, pour la marche de l'action, imitées des Grecs. Après les farces de la Passion, c'était faire un grand pas dans l'art. C'était toute une révolution, et la voie qu'il a ainsi tracée, en déchirant les langes qui enveloppaient la muse tragique et en soulevant un coin du voile qui en cachait les principaux traits, aurait dû lui assigner une autre place dans la mémoire des philologues. C'est bien à Jodelle, et non à Rotrou, que devrait être donné le nom de père de la tragédie, pour si informe qu'elle fût en sortant de ses mains; car la première tragédie qui ait été jouée en France est sa *Cléopâtre captive*, avec chœurs. Cette représentation eut lieu en 1552; ce fut un événement, et elle fit époque, et lui mérita l'honneur de figurer dans la fameuse pléiade poétique de Charles IX. Jodelle précéda dans la carrière Hardy, Mairet, et ils ne furent guère meilleurs que lui, et enfin Rotrou; puis vint Corneille, qui les effaça tous. Les chœurs avaient totalement disparu. Cent ans après, Racine ressuscita les chœurs dans deux admirables tragédies, *Esther* et *Athalie*. Que les chœurs des tragédies de Jodelle n'aient pas inspiré à ses successeurs d'imiter les anciens, cela se comprend, mais la tentative de Racine, qui eut un si grand succès parmi les savants et les gens de goût, malgré la cabale aveugle de l'hôtel de Bouillon, et dont madame Deshoulières faisait malheureusement partie, aurait dû encourager les auteurs qui vinrent après lui, dans le nombre desquels on compte encore des hommes de génie. Peut-être a-t-on craint de ne pouvoir atteindre à la perfection de cette sublime poésie. Cependant Chateaubriand a voulu faire revivre les chœurs dans sa tragédie de *Moïse*. Il y a trente ans environ qu'elle fut représentée à Versailles. Toute l'élite de la littérature et de la société fut conviée à cette représentation; elle n'eut qu'un médiocre succès. Vingt ans après, M. Ancelot, de l'Académie française, tenta à son tour les chœurs dans une tragédie d'*Ulysse*. Les esclaves de ce roi, ses valets, ses porchers, forment les chœurs. Cette tragédie fut accueillie froidement. Cette œuvre fut jugée plutôt comme académique que dramatique.

Nous ne croyons pas pour cela la cause des chœurs perdue à jamais. Tout dépend du choix d'un sujet et de la manière d'ajuster la partie chorale. Ceux qui ont pu assister aux représentations d'*Esther* et d'*Athalie*, au temps de Talma, de Georges et Duchesnois, doivent se rappeler l'effet prodigieux que les chœurs produisaient sur l'esprit des spectateurs, et quel enthousiasme ils excitaient.

Un homme d'esprit et de grand savoir est loin

d'applaudir à la suppression des chœurs dans les ouvrages dramatiques. Il regarde comme chose ridicu'e que l'orchestre remplace, pour ainsi dire, les chœurs, et qu'une harmonie sans but, qu'une exécution d'instruments fasse entendre des airs vulgaires pendant les intermèdes. Cette diversion est-elle raisonnable, et le spectateur, ému par la représentation, et qui est dans l'attente d'une péripétie, doit-il être distrait de sa méditation, de son émotion, pour écouter une mauvaise musique comme celle du Théâtre-Français?

Nous tenons fort pour le rétablissement des chœurs dans la tragédie. Quelques essais malheureux ne doivent nullement décourager les auteurs ; s'il y a des inconvénients, il faut s'étudier à les faire disparaître.

La coupure d'une œuvre dramatique par actes sert à l'action, parce que, dans l'intervalle des actes, il se passe des événements qui donnent à l'action une nouvelle énergie. L'illusion, il est vrai, cesse dès lors que cet intermède est rempli par le chœur, qui reste en scène comme chez les anciens. Mais il est facile de parer à cet inconvénient en rattachant plus intimement le chœur à l'action, de manière que le chœur quitte la scène avec le personnage auquel il s'intéresse. *Esther* et *Athalie* sont ainsi traitées.

Les sujets peuvent être rares, mais aussi une tragédie avec des chœurs, traitée avec succès, serait le plus beau titre de gloire auquel un auteur puisse aspirer. RÉDAREZ SAINT-REMY.

CHOLÉRA ou CHOLÉRA-MORBUS (médecine) [du grec *choléra*, maladie bilieuse]. — Empoisonnement miasmatique du sang, maladie épidémique dont les symptômes les plus apparents consistent en vomissements et selles de matières aqueuses, blanchâtres; plus tard, quelquefois dès le début, suppression de la sécrétion urinaire, refroidissement de tout le corps, même de la langue, couleur violacée de la peau, qui devient flasque, ridée; dyspnée, amaigrissement rapide.

Historique, itinéraire de la maladie. — Lorsque, voulant rechercher les preuves de l'ancienneté du choléra dans les écrits des médecins de l'antiquité grecque et latine, on compare la description de l'affection qu'ils ont observée et décrite sous le nom de *choléré* (Hippocrate) avec celle de la maladie redoutable désignée de nos jours sous celui de *choléra épidémique*, on ne tarde pas à se convaincre qu'il n'y a aucune analogie à établir entre ces deux affections, dont la première, particulièrement fréquente dans la saison chaude, a dû se présenter dès les premiers temps à l'observation des médecins de la Grèce et de l'Italie. On arrive à un résultat tout différent lorsque, consultant les livres saints des Hébreux et les monuments écrits des peuples de l'Asie orientale, on y recherche les premières traces de la maladie dont nous nous occupons. Suivant Hobard, médecin de Bruxelles, le texte hébreu de la Bible (*Deutéronome*, chap. XXVII) fournirait jusqu'au nom même de la maladie, qu'il n'hésite pas à faire dériver des

deux mots *cholé-ra*, dont la signification (*morbus malus*) concorde parfaitement avec les caractères de notre choléra épidémique, ainsi qu'avec le sens de plusieurs passages des Livres saints. Les manuscrits sanscrits et les livres chinois font aussi mention de diverses épidémies, dont la description vient encore confirmer cette origine très-reculée de la maladie dans le berceau même qui lui est généralement assigné, et son extension, par voie épidémique, dans les autres parties du continent asiatique. Ce n'est qu'au dix-septième et au dix-huitième siècle que les médecins européens, établis dans l'Inde et les pays adjacents, publièrent les premières observations relatives au choléra épidémique; nous nous contenterons de citer Bantius, Dellon et Thévenot, qui, observant sur le théâtre même où de temps immémorial il sévissait d'une manière endémique, nous en ont laissé des descriptions dont les médecins de l'Europe n'ont eu que trop d'occasions de vérifier l'exactitude. Nous ne nous étendrons pas davantage sur cette question de l'ancienneté du choléra, curieuse et intéressante sans aucun doute, au point de vue de la pathologie générale, et nous allons tracer rapidement son itinéraire des bouches du Gange, son berceau, jusque dans les contrées qui, par leur éloignement et la douceur de leur climat, semblaient devoir rester à jamais hors de l'atteinte du fléau. — Jusqu'à une époque bien voisine de nous, le choléra était resté presque exclusivement confiné dans l'Inde ; mais, dans cette contrée même, il semble que le Delta du Gange, région humide et malsaine, ait été le lieu le plus précis où il a pris naissance, et dans lequel, de temps immémorial, il avait sévi endémiquement. Au mois de mai 1817, il éclata subitement à Jessor, ville située à 120 kilomètres de Calcutta, suivit les affluents du Gange, gagna Calcutta, ainsi qu'un grand nombre de villes importantes de l'Indoustan, et s'étendit successivement, en moins d'une année, à tous les points de la Péninsule, depuis l'Himalaya jusqu'à l'extrémité du Carnatic. De 1819 à 1821, il envahit successivement Ceylan, Sumatra, Sara, l'île Bourbon et l'île de France ; s'avança, du côté de l'est, jusqu'en Chine, où la mortalité fut effroyable, et du côté de l'ouest, sur le littoral du golfe Persique, d'où il se propagea dans l'intérieur des terres jusqu'en Perse et en Syrie. En 1823, il apparut en Russie, à Astrakhan, et là il s'éteignit à l'entrée de l'hiver. Depuis cette époque jusqu'en 1829, il sembla rester stationnaire, mais à l'égard de l'Europe seulement, car ses ravages continuèrent dans l'Asie centrale. Au mois d'août 1829, il reparut subitement en Russie, dans le gouvernement d'Orenbourg; en 1830, il fut à Kasan, bientôt après à Moscou, où il régna tout l'hiver, et d'où il s'irradia pour envahir toute la Russie. En 1831, il rencontra sur sa route Varsovie, la Livonie, la Courlande, Saint-Pétersbourg, la Gallicie, la Hongrie, l'Autriche, la Prusse. Cette même année le vit à Londres, qui, malgré son énorme population, n'en fut pas extrêmement maltraitée. Enfin, le 26 mars 1832, il éclata à Paris, qu'il ravagea avec une si effroyable rapidité, que le

10 avril il avait déjà atteint son maximum (848 décès par jour), pour ne s'éteindre qu'en octobre, après avoir moissonné 18,402 victimes. L'Océan ne fut pas une barrière capable de l'arrêter, et il désola le nouveau monde, sans pour cela abandonner l'ancien. Les États-Unis, le Mexique, les Antilles, furent ravagés en même temps qu'en Europe, l'Espagne, les provinces méridionales de la France, l'Italie et tout le littoral africain de la Méditerranée. Après vingt ans de ravages, le choléra sembla se replier peu à peu vers les lieux qui lui ont donné naissance; mais dix-sept années de repos s'étaient à peine écoulées, que l'épidémie s'avança de nouveau vers nous, par le même chemin qu'elle avait déjà parcouru une première fois. En 1849, Paris fut de nouveau en proie au choléra depuis le printemps jusqu'en automne, comme en 1832. Le nombre des victimes ne différa guère non plus de celui de la première invasion, car, sur une population devenue plus forte (995,504 hab.), il causa 19,069 décès. Il est peu d'épidémies qui aient présenté une uniformité plus grande, un diagnostic plus facile; partout où le choléra s'est montré, dans les latitudes les plus chaudes comme dans celles qui sont le plus voisines du pôle, il a présenté les mêmes symptômes saillants, la même marche, les mêmes complications, les mêmes phénomènes initiaux et les mêmes modes de terminaison. (G. B.)

En 1854, le choléra reparut encore en France : il fit d'assez grands ravages dans un bon nombre de pays, mais il sembla épargner Paris, dont le nombre de victimes, relativement aux années 1832 et 1849, fut insignifiant.

Causes, symptômes. — Quelquefois l'invasion de la maladie est brusque, et nous avons vu des malades enlevés en douze à quinze heures (choléra foudroyant); d'autres fois, un malaise particulier, de la faiblesse, de la perte d'appétit, *rarement des douleurs de ventre*; enfin une diarrhée jaune, muqueuse, des sueurs, l'accélération et quelquefois la lenteur du pouls constituent le premier degré de cette affection redoutable, degré auquel divers auteurs donnent le nom de *cholérine*. Du reste, nous avons vu des cas de cholérine se terminer par la mort.

Lorsque le choléra est confirmé, les symptômes acquièrent une affreuse intensité. Des vomissements et des selles, d'abord de matières bilieuses, séreuses, albumineuses, puis blanchâtres, ressemblant à une décoction d'eau de riz, se manifestent et se succèdent avec une rapidité effrayante pour le malade et pour les spectateurs. La soif devient vive; le patient ne cesse de demander des boissons froides, glacées acidulées; le ventre est rétracté, peu sonore, quelquefois le siège de douleurs que la pression augmente. Les matières vomies sont d'une odeur fade, les selles sont fétides. Dans plusieurs cas des vers lombrics sont rendus.

Le *pouls*, quoique souvent petit, faible, monte à 120, 130, 140 pulsations. Nous avons pu constater que sa force diminuait en raison de sa fréquence.

La *respiration* est souvent anxieuse, difficile,

quelquefois très-accélérée (grave). La percussion et l'auscultation n'ont pu nous faire découvrir, dans quelque cas que ce soit, le moindre trouble morbide. Nous avons remarqué chez la plupart des cholériques un affaiblissement assez marqué de la voix. Dans la seconde période de la maladie (cyanose), il y a même chez quelques-uns perte complète de la voix.

Le *facies* est aminci, affilé; les yeux vifs néanmoins, signe d'irritation cérébrale. Quelques-uns éprouvent des bourdonnements d'oreilles, de la céphalalgie, des vertiges; d'autres des crampes douloureuses dans les mollets, les bras, les doigts même. C'est alors que le malade s'affaiblit considérablement, que son visage exprime l'anxiété, l'angoisse, la souffrance; que ses yeux s'enfoncent dans leurs orbites; qu'ils se bordent d'un cercle bleuâtre noir.

La langue est blanche, bleuâtre, pâteuse, l'intelligence intacte. Enfin, si les accidents vont en augmentant, le corps se refroidit, la face se cyanose, ainsi que la pulpe des doigts et des orteils, surtout au pourtour des ongles. Quant à la peau de ces parties, elle est flasque, ridée, comme si elle avait séjourné quelque temps dans un bain chaud. Elle conserve assez bien le pli qu'on lui donne lorsqu'on la pince entre les doigts. *Toutes les sécrétions diminuent*, s'arrêtent quelquefois complètement, et le malade entre en pleine période de refroidissement.

Alors les membres et la face se cyanosent complétement, l'humeur aqueuse de l'œil se résorbe, la peau est froide, quoique souvent couverte d'une sueur visqueuse. Un thermomètre que nous avons placé sous l'aisselle de plusieurs malades est descendu chez l'un à 10° 6/10; chez un autre, il marquait 12°; chez un troisième, 13° 6/10. Les vomissements diminuent, mais les selles sont souvent involontaires; la voix est généralement perdue, l'haleine très-froide, les battements du cœur presque éteints. La sensibilité tactile devient nulle aussi; tous les sens sont obtus. Chez deux malades nous avons rencontré du délire; les autres sont morts lentement et quelquefois tout à coup.

Si le malade ne périt pas dans cette période, dite *algide, d'asphyxie*, l'état morbide se rétablit peu à peu; il n'y a plus ni selles ni vomissements, ni crampes, mais souvent des congestions sanguines au cerveau, à la poitrine, et plusieurs convalescents ont succombé à la suite de ces inflammations, que rien ne pouvait combattre avec succès.

Disons que les effets de la réaction se manifestent souvent sur l'estomac; de là cette douleur vive qu'accusent les malades, ces nausées, ces vomissements de matières de diverses couleurs, ces hoquets incessants. Dans d'autres cas, surtout chez les femmes et les vieillards, la réaction se porte vers les poumons; de là, toux violente, dyspnée considérable, fièvre, enfin tous les phénomènes morbides de l'engorgement pulmonaire hypostatique.

Quant à la convalescence, elle est plus ou moins rapide. Ainsi, quelques malades reprennent assez promptement leurs forces, d'autres restent plus d'un mois, quelquefois plusieurs années d'une faiblesse extrême.

Traitement. — Nous l'avons établi ainsi dans le département où nous avons été envoyé en 1854, par M. le ministre de l'agriculture.

1° *Moyens hygiéniques.*

En prescrivant ces moyens, nous savions parfaitement qu'il nous était impossible d'atteindre la cause essentielle du choléra; néanmoins, il est des moyens prophylactiques que l'expérience a signalés comme pouvant intervenir avec quelques succès contre certaines conditions locales et individuelles.

C'est ainsi que nous avons recommandé la plus grande propreté dans les logements, le renouvellement constant de l'air, de grands feux dans les habitations, un régime diététique variable selon les âges, les habitudes, le tempérament, etc.

Nous avons beaucoup insisté sur l'importance :

1° D'éviter le froid et l'humidité, surtout la nuit, parce que nous avions l'expérience que les trois quarts des cas de choléra s'étaient manifestés de minuit à quatre heures du matin;

2° D'entretenir la chaleur animale par des exercices musculaires bien combinés, par des frictions, etc. ;

3° De se nourrir convenablement, et surtout d'éviter la bière, le cidre, le lait, etc.;

4° De se vêtir chaudement.

2° *Moyens pharmaceutiques.*

A. CHOLÉRA MOYEN (cholérine). Air pur, souvent renouvelé. — Diète absolue. — Eau de riz avec sirop de coing. — Lavements amylacés, laudanisés. — Tilleul, camomille — Sinapismes, pédiluves sinapisés, etc.

B. CHOLÉRA GRAVE (choléra confirmé). I. *Période algide :* 1° Nous cherchions à ramener la chaleur, la circulation et à provoquer la réaction par les moyens suivants :

Malade placé dans un lit chaud. — Enveloppé dans des couvertures de laine. — Bouteilles de grès remplies d'eau bouillante. — Frictions stimulantes sur les membres, l'épigastre, le rachis. — Frictions rubéfiantes. — Liniment ammoniacal, au sulfate de strychnine. — Infusions chaudes de tilleul, de fleurs d'oranger, de menthe, de thé, de camomille, etc.

2° Nous combattions la cyanose par : Sirop de groseille, de limon, éther, potions à l'acétate d'ammoniaque, au sulfate de strychnine.

3° Nous calmions les douleurs abdominales et nous modérions les selles par : Cataplasmes émollients, laudanisés; demi-lavements amylacés, opiacés, astringents.

4° Nous modérions les vomissements par : Limonade, eau de seltz, sous-nitrate de Bismuth, bicarbonate de soude.

5° Nous apaisions les crampes par : Frictions avec l'huile de camomille camphrée, liniment ammoniacal, huile de térébenthine, laudanum, etc.

II. *Période de réaction :* 1° Si elle était forte : Antiphlogistiques, boissons émollientes, révulsifs sur la peau;

2° Si elle était modérée : Médecine des symptômes.

Nous combattions les différents états typhoïde, comateux, ataxique, adynamique, etc., par les moyens appropriés.

NOTA. Nous avons employé sans succès, même dès le début de la maladie, quelques prétendus spécifiques qui n'ont amené aucun résultat, entre autres le *sulfate de strychnine.*

TRAITEMENT DU DOCTEUR BEAUREGARD.

Selon le docteur Beauregard, du Havre, la médication suivante lui aurait donné des succès hors ligne :

Pendant la première période.

Éther sulfurique. . . . 6 à 8 grammes.
Laudanum de Sydenham. 2 à 3 grammes.
Sirop diacode . . . . 40 grammes.
Eau de menthe . . . . 90 grammes.

F. s. a. une potion à prendre par cuillerée à bouche, deux coup sur coup; puis les quatre autres premières tous les quarts d'heure; les quatre suivantes de demi-heure en demi-heure, et enfin d'heure en heure.

L'effet de ce médicament serait, dès la seconde, troisième ou quatrième cuillerée, d'arrêter presque spontanément les vomissements et les selles sérieuses, de suspendre les crampes et les douleurs de bas-ventre. — La continuation de ce médicament, aidé de tous les moyens connus, ramène promptement la chaleur et la réaction.

Traitement de la deuxième période.

Laissons parler le docteur Beauregard :

« Quand, après la cessation des selles et des vomissements, j'aperçois quelques symptômes bien prononcés de réaction, tels que le retour du pouls radial, la chaleur de la langue avec disparition du froid cholérique et de la cyanose au moins sur le tronc et les membres, je modère l'administration de la potion éthérée laudanisée, pour la remplacer par la mixture suivante :

Éther sulfurique . . 3 grammes.
Sirop diacode . . . 30 grammes.
Vin de quinquina . 100 grammes.

A donner par cuillerées, d'heure en heure. Tout aussitôt, je fais retirer le malade des couvertures dans lesquelles il est enveloppé, pour le faire porter dans un lit dont les draps ont été bassinés; puis j'applique des sinapismes aux jambes; j'attends huit ou dix minutes pour les retirer, je les réapplique et les retire ainsi toutes les heures régulièrement pendant tout le temps de la fièvre de réaction, qui peut durer douze, vingt-quatre ou trente-six heures : — à mesure que la réaction augmente, je fais couvrir le malade plus modérément. Pendant toute cette période, je fais entretenir soigneusement de l'eau chaude aux pieds. — La soif est souvent ardente, je fais cesser le thé pour le remplacer par la limonade gommée suivante :

Acide tartrique. . . . 6 grammes.
Gomme pulvérisée. . . 20 grammes.
Sucre blanc pulvérisé. . 80 grammes.
Extrait alcool. de quinq. 25 centigrammes.
Pour délayer dans un petit pot d'eau bouillante.

Commencer à donner à boire chaud, puis tiède, dégourdi, et enfin froid ; — après la cessation de toute réaction, les malades se trouvent bien de continuer la potion et les boissons dans lesquelles entrent les préparations de quinquina. Ce tonique amer paraît contribuer à ramener l'harmonie des organes, et règle générale : *les malades qui en prennent se rétablissent beaucoup plus promptement que ceux qui n'en font pas usage.* »

Ce traitement éprouvé, que le docteur Beauregard déclare être *traditionnel* dans l'Inde, nous paraît digne, à tous égards, d'être mis en pratique en temps d'épidémie cholérique.

Traitement du choléra par la méthode homœopathique.

« Le traitement homœopathique, dit le docteur » Freschi, est celui qui a eu constamment le succès » comparatif le plus brillant, puisqu'il est con- » staté par les comptes rendus les plus authenti- » ques que, même à la première invasion de ce » fléau, qui a été la plus violente, la mortalité des » malades traités par la méthode de S. Hahnemann » a été en moyenne de 9 0/0, tandis que la vieille » méthode, saignant, purgeant, émétisant, réfrigé- » rant, réchauffant, débilitant, fortifiant, friction- » nant, révulsant, altérant, frappant en aveugle d'a- » près ses mille théories, perdit 52 0/0 de ses malades » c'est-à-dire plus de monde encore que lorsqu'on » abandonnait les malades à la seule nature. Les » médicaments qui, d'après la loi des *semblables*, » servent à combattre le choléra, sont principale- » ment les suivants : le vératre, le cuivre, le cam- » phre et l'ipécacuanha (*veratr., cupr., camphr.,* » *ipec.*) ; ensuite, viennent l'arsenic, le charbon vé- » gétal, l'acide hydrocyanique, le seigle ergoté et » quelques autres (*ars., carb.-v., hydroc.-ac., sec.-c.*). » Dans les attaques subites ou au début de la maladie, » on emploie la teinture alcoolique de camphre, soit » à l'intérieur, soit en frictions ; mais ce moyen n'est » plus homœopathique s'il y a déjà diarrhée et vo- » missements, à moins que ces deux symptômes ne » soient peu saillants, et sans soif, prédominant en » même temps la frigidité et la couleur bleuâtre des » extrémités, de la face et même de la langue, avec » brûlement dans l'estomac et la gorge, spasmes to- » niques et douloureux dans les membres et les mol- » lets. Dans ce cas, on fait prendre au malade une » goutte de cette teinture toutes les 15, 10 ou 5 mi- » nutes, selon la violence des symptômes, jusqu'à ce » que la chaleur soit revenue. Dans les cas les moins » graves, mais qui débutent par le vomissement, » comme aussi lorsque ce symptôme persiste après » l'amélioration de l'état général, le médicament in- » diqué est l'ipécacuanha. Mais rien n'égale la puis- » sance du *vératre* lorsque le choléra est développé » avec tous ses symptômes caractéristiques. La vio- » lence des évacuations incolores et inodores par le » haut et le bas, le froid glacial du corps, la faiblesse » des jambes et les crampes dans les mollets, sont » surtout les symptômes qui le réclament. On insis- » tera sur ce moyen tant que dureront et s'aggraveront

» les crampes. Si celles-ci déterminent des mouve- » ments convulsifs dans les membres, avec distorsion » des yeux, ou que ses symptômes soient accompa- » gnés de spasmes dans le bas-ventre, et que le » vomissement s'arrête, on donne le *cuivre* à doses » aussi répétées, jusqu'à ce que les convulsions soient » calmées tout à fait Il est souvent à propos de le » faire alterner avec le *vératre*, car celui-ci est tou- » jours le moyen principal, et il faut le continuer » alors même que l'état du malade commence à s'a- » mender ; seulement l'intervalle entre les doses doit » être plus long. Il y a des cas où l'opiniâtreté de cer- » tains symptômes très-graves réclame le secours de » *l'arsenic*. C'est lorsque le cœur est troublé par des » battements violents et tumultueux, que le malade » accuse une vive ardeur à l'épigastre et dans les in- » testins comme s'il était brûlé par des charbons ar- » dents, avec oppression douloureuse de poitrine, » soif inextinguible, faiblesse extrême, ou agitation » continuelle, anxiété des plus grandes, frayeur de » la mort et cris arrachés par la force des douleurs » au creux de l'estomac et dans le corps. L'haleine » froide, l'absence du pouls, l'état complet d'as- » phyxie, indiquent le *carb.-v.* ou *l'hydroc-ac.* Le » seigle ergoté (*secale cornutum*) trouve son emploi » quand le vomissement est apaisé, mais que les » déjections alvines n'acquièrent pas de couleur, et » que tout annonce qu'il n'a pas encore reparu de » bile dans le canal intestinal. Peu après l'adminis- » tration de cette substance, on remarque des selles » jaunes ou vertes, ce qui permet de regarder le ma- » lade comme sauvé. Elle fait aussi cesser les douleurs » dans les membres. Le *vératre* et le *cuivre*, pris al- » ternativement tous les quatre jours à la dose de 4 à » 5 globules imbibés des plus hautes dilutions, sont » les préservatifs que l'expérience a prouvé être su- » périeurs au *camphre*, préconisé par Hahnemann » avant la découverte de ceux-là. Mais, si un cholé- » rique réclamait les secours de l'homœopathie après » avoir été traité allopathiquement, il faudrait, de » toute nécessité, commencer par le camphre, à doses » fréquemment répétées, tant pour réveiller le pou- » voir réactionnaire que pour neutraliser les effets » des masses de médicaments allopathiques. Il est à » peine nécessaire de dire qu'en faisant usage des » préservatifs, il faut proscrire le café à l'eau, le thé » fort, et toute espèce d'épices et d'aromes, ne boire » du vin qu'à table et avec un mélange d'eau. »

Examen de ce traitement.

Selon le docteur Freschi, *la méthode d'Hahnemann n'a donné en moyenne que 9 décès sur 100 cas de choléra.*

Qu'on veuille bien nous permettre de dire d'abord que ce résultat est tout à fait en désaccord avec les essais officiels de Saint-Pétersbourg, de Naples, de Lyon, des hôpitaux de Saint-Louis, de la Pitié, de l'Hôtel-Dieu. En 1854 même, alors que le choléra était bien moins violent à Paris qu'en 1832 et 1849, des homœopathes furent admis à la Salpê- trière pour un essai officiel : sur 7 cholériques traités homœopathiquement, ils eurent 7 cas de mort! Nous doutons, en effet, que la *vieille méthode*, comme l'appellent nos bienveillants confrères, possède un moyen qui guérisse d'une manière si radicale les cholériques. Et puis, dans les *comptes rendus* dits les *plus authentiques*, a-t-on bien distingué les cholérines des choléras? Toute la question est là. Donnez des cas de cholérines à un médecin quel qu'il soit, jamais il n'arrivera à perdre 9 malades sur 100. Il est vrai que dans les cas de choléras graves, l'allopathe perdra plus de 50 malades sur 100; mais quelle différence de résultats avec ceux obtenus par les homœopathes dans les essais officiels!

Pendant notre mission cholérique de 1854, un médecin homœopathe nous proposa de guérir *tous les cholériques* qui existaient à Montbrehain, et cela, pendant toute la durée de l'épidémie, moyennant la faible rétribution de 2,000 fr.

Nous répondîmes à ce confrère: *Que le Conseil Municipal acceptait sa proposition avec le plus vif empressement, à la condition toutefois qu'il verserait dans la caisse des pauvres une somme de 50 francs sur son traitement par chaque cholérique qu'il perdrait.* L'homœopathe ne se présenta pas; il offrit ses services à des communes plus débonnaires. Que dire donc de médecins qui, dans un but que nous ne voulons pas qualifier, cherchent à en imposer au public en lui présentant une méthode de traitement qui ne peut supporter le moindre examen scientifique? Que penser de ceux qui affirment que par la méthode d'Hannemann ils ne perdent que 9 cholériques sur 100?—A voir de telles turpitudes, dites à des hommes de science, praticiens modestes, il est vrai, mais quelque peu versés dans la théorie, on se demande si certains médecins ne sont point atteints d'une démence qui leur ôte le plus beau privilège que la Providence a accordé à l'homme, la raison?

Nuls plus que les allopathes, de même que tous les hommes de bien, ne désirent qu'on trouve un contre-poison à l'empoisonnement miasmatique du sang, nommé choléra, car si ce spécifique véritable était découvert, le hideux choléra, qui désole le médecin par le mystère qui enveloppe sa cause, et par l'impuissance des moyens à lui opposer, rentrerait bientôt dans la classe des maladies dangereuses dont on obtient la guérison ou non, selon qu'on a affaire à un médecin plus ou moins habile, ou que les secours de l'art arrivent plus ou moins à temps; mais ils ne peuvent accepter et proclamer utiles des milliers de prétendus spécifiques (*vératre, cuivre, camphre*, etc.) dont on inonde chaque jour, quand ils s'éclipsent sous leur pratique. Quels que soient le nom et la position du savant qui propose une nouvelle méthode de traitement pour le choléra, le creuset seul de l'expérience démontre bientôt si c'est une œuvre de science ou une vile spéculation.

Quant à dire que la *vieille méthode*, c'est-à-dire le traitement allopathique perd plus de cholériques que lorsqu'on abandonne la maladie à la seule nature, c'est une prétention qui non-seulement n'est

pas soutenable, mais encore que nous déclarons entachée de mauvaise foi. Dans le cas où elle serait émise naïvement, elle nous prouverait que les homœopathes n'ont pas soigné beaucoup de cholériques. Le fait suivant corroborera nos paroles: Dans une commune de l'arrondissement de Saint-Quentin, le choléra atteint en un jour le tiers de la population. Presque tous ceux que le fléau épargne cherchent un refuge dans la ville voisine: tous les cholériques, *abandonnés à la seule nature*, périssent sans exception. Des médecins envoyés le lendemain dans cette malheureuse commune ne constatent plus que des décès!

Nous arrêtons ici notre examen sur la méthode d'Hannemann, pour ne pas empiéter sur le mot HOMŒOPATHIE.

Lésions anatomiques. —Il importe ici de faire deux remarques importantes: la première, c'est que les altérations sont souvent nulles ou peu appréciables dans le choléra foudroyant; la seconde, c'est que les produits morbides ne sont pas identiques dans toutes les épidémies cholériques.

Le docteur Brierre de Boismont, qui ouvrit un grand nombre de cholériques avec le docteur Legallois, donna à l'Académie des sciences, les détails suivants, qui résument tout ce qu'on dit à ce sujet:

« La tunique superficielle des intestins avait une couleur rosée; le sang qui s'écoulait des vaisseaux était généralement liquide, abondant, noirâtre; la rate était petite et molle, le foie dans l'état ordinaire; la vésicule était remplie d'une bile noirâtre. L'estomac présentait des taches d'un rouge livide et des injections linéaires de même couleur; il était rempli d'un mucus épais, d'un blanc jaunâtre, visqueux; la membrane villeuse se détachait facilement. La portion supérieure de l'intestin grêle contenait une très-grande quantité de mucus épais, semblable à celui de l'estomac; à mesure qu'on avançait dans l'intestin, ce mucus devenait plus blanc et plus consistant; quelquefois il prenait une teinte jaunâtre. La quantité de la matière sécrétée était très-considérable. Il y avait une injection partielle de l'intestin grêle, une tuméfaction des cryptes dans une assez grande étendue, et quelques plaques d'un rouge plus ou moins foncé; sous le doigt, les intestins faisaient éprouver une sensation d'empâtement; çà et là on distinguait quelques petits corps sablonneux. On retrouvait dans le gros intestin la matière blanchâtre, épaisse et visqueuse, qui, par places, avait un aspect purulent. Vers la fin de l'intestin, cette matière ressemblait à de la purée. La vessie, contractée, légèrement injectée, offrait également ce mucus blanchâtre, qu'on retrouvait aussi dans les fosses nasales et dans l'œsophage; les poumons étaient engorgés, le cerveau injecté, et d'une consistance plus molle que dans l'état normal; le sang était partout liquide dans les cavités splanchniques. »

Voici quinze observations que nous avons faites à Montbrehain (Aisne), pendant l'épidémie de 1854.

1. *Observation d'anatomie pathologique faite sur le*

nommé Norbert-Devillers, décédé le 4 août 1854, à Montbrehain. Le cadavre de Norbert, qui est mort dans la seconde période dite cyanose, avait perdu peu à peu sa chaleur. — Sa langue était de couleur cendre verte, même plusieurs heures avant la mort. La teinte cyanosée de la face et des membres était conservée, l'humeur aqueuse de l'œil résorbée; le corps amaigri; les muscles mous, peu consistants, violacés, presque noirs, et cette coloration, qui existait jusqu'au milieu de la couronne des dents, devait très-probablement se retrouver dans la plupart des os spongieux.

Certes, la phlegmasie ne pouvait être la cause de ces diverses colorations, mais elles doivent être rapportées uniquement à la stase du sang dans les vaisseaux.

Nous avons remarqué dans l'arrière-bouche une éruption de petits corps durs, opaques, de la grosseur d'un grain de chènevis, et c'est sans doute une éruption de ce genre que Czermak et Hirts disent avoir rencontrée dans toute l'étendue des voies digestives, depuis l'œsophage jusqu'au rectum.

Pour nous, nous croyons pouvoir affirmer que ces corpuscules constituent une éruption spéciale au choléra, analogue aux pétéchies de la fièvre typhoïde (ce que d'ailleurs nous avions remarqué à Paris, il y a quelques mois), et nous ne partageons à cet égard nullement l'avis de certains auteurs qui la considèrent comme des papilles intestinales tuméfiées.

Quoi qu'il en soit, nous n'osons faire de cette éruption le caractère anatomique de la maladie, et nous regrettons de ne pouvoir, à l'exemple de Serres et de Nonat, ces deux grands maîtres de notre art, donner au choléra qui présente cette éruption spéciale le nom de choléra psorentérique.

II. Plusieurs auteurs parlent d'éruptions de rougeole, de scarlatine, de roséole, d'urticaire, enfin de parotides, qui auraient été observées dans la période de réaction du choléra. — Nous avons essayé de vérifier ce fait, mais nous devons dire que, sur 70 cas de choléra que nous avons soumis à cet effet aux plus minutieuses investigations, il nous a été impossible de constater aucune espèce d'éruption ni de parotides. — Nous pouvons donc conclure de là que ces éruptions, et même les parotides, dans la période de réaction, sont assez rares.

III. Nous avons eu des exemples de cholérines qui sont devenues mortelles par épuisement. Nous notons ce fait avec d'autant plus de soin, que M. Magendie l'avait déjà signalé, bien que quelques auteurs n'eussent pu le constater.

IV. Quelques auteurs, entre autres MM. Géraldin et Gaimard, ont signalé que la température de la peau des cholériques était descendue jusqu'à 14°Réaumur; nous avons répété cette expérience, et un thermomètre, que nous avons placé sous l'aisselle d'un nommé Jules - Edmond Demer, est descendu à 10° 6/10; chez un autre il a marqué 12°; chez un troisième 13° 6/10. Nous sommes persuadé que ce n'est point encore là le terme du refroidissement de la peau; car, dans un cas de choléra foudroyant

dont fut atteint le nommé Beuval, boucher, le dimanche 13 août 1854, nous avons pu apprécier que le thermomètre serait descendu à 5°, même à 4°.

Nous devons dire cependant que, malgré cet abaissement considérable de température de la peau, plusieurs malades se plaignaient de la chaleur qu'ils disaient éprouver.

V. On a cherché à établir en principe que les accidents étaient plus graves au début de l'épidémie que vers son déclin : ce fait a été complétement démenti dans l'épidémie de Montbrehain, où le contraire semble avoir eu lieu.

VI. Le docteur Sandras, dans sa relation du choléra épidémique de Pologne, d'Allemagne, etc., dit que quelques malades éprouvent une douleur plus ou moins vive au cœur. Deux cas de choléra, celui d'une femme et celui d'un vieillard, nous ont fourni la preuve de l'assertion de Sandras.

VII. Le même auteur dit encore que lorsque les malades jettent des cris, dans le choléra, ceux-ci sont lamentables et perçants : nous avons été à même de le constater chez les nommés Jules Dohen, Léon Trocmé, et quelques autres.

VIII. Plusieurs malades se plaignaient souvent à nous de douleurs pongitives dans la plupart des régions thoraciques, et particulièrement dans les attaches du muscle diaphragme.

IX. On a dit que les narines des cholériques étaient revêtues d'une couche pulvérulente, et qu'au lieu de s'entr'ouvrir pour donner passage à l'air, elles étaient souvent closes et semblaient s'opposer à son introduction. Nous n'avons constaté nulle part ce phénomène; au contraire, quelques flacons d'odeur que nous présentions aux cholériques étaient perçus comme à l'ordinaire.

X. M. Bégin dit avoir vu plusieurs fois, chez des cholériques, la teinte ictérique succéder à la cyanose : nous avons constaté pleinement ce fait chez la veuve Clouet; elle conserva cette teinte ictérique plus de 6 jours avant sa mort.

XI. La forme de choléra sec, dans lequel les malades n'éprouvent que des crampes et de la cyanose, et dont parlent MM. Cauvière, Rey et Rousset, doit être extrêmement rare, puisque nous n'en avons point trouvé un seul cas à Montbrehain ni dans les nombreux cas que nous avons vus dans les hôpitaux depuis plus d'une année.

XII. Il est si vrai que tout le corps diminue de volume dans le choléra, que les bagues que les cholériques portent aux doigts s'en échappent après 24 à 30 heures de souffrances.

XIII. On a dit que la putréfaction n'arrivait chez les cholériques que 4 à 5 jours après la mort; nous en avons vu cependant un grand nombre qu'on n'aurait pu garder chez soi sans danger 6 à 8 heures après leur mort.

XIV. Le docteur Fabvre a écrit que plusieurs fois la mort avait été précédée de selles sanguinolentes : nous avons constaté une fois ce résultat.

XV. Il est très-vrai que la grossesse et l'état de nourrice ne préservent pas du choléra; nous en avons eu plusieurs exemples. Une jeune dame, prise d'une attaque de choléra, avorta.

Le choléra est-il contagieux ? — Pour nous, qui nous sommes trouvé face à face avec ce redoutable fléau, nous croyons devoir déclarer que rien n'est moins prouvé que cette prétendue contagion. Nous avons vu une foule de personnes aller mourir dans des localités où ne régnait point le choléra ; de même qu'un grand nombre de cholériques transportés dans des pays exempts de l'épidémie, sans que leur séjour ait déterminé un seul cas de choléra. Nous repoussons donc toute idée de transmission directe, bien que nous sachions qu'il peut se créer des foyers d'infection qui rendent les habitations fort dangereuses. Qu'on nous permette, pour donner plus d'autorité à nos paroles, de citer quelques lignes d'un *Mémoire sur la Propriété épidémique du choléra*, lu à l'Académie impériale de médecine, par l'un de ses membres les plus capables et les plus dévoués, M. le docteur Jolly :

« Quelle que soit l'acception du choléra pour certains lieux et pour certaines personnes, il reste un grand fait à signaler tout à la fois à la science de l'hygiène et à l'administration sanitaire, c'est que, jusqu'à ce jour, la propriété épidémique du choléra n'a eu besoin, pour s'exercer comme pour se propager, ni des personnes, ni des objets intermédiaires ; partout elle a pu se suffire à elle seule pour se transmettre d'un lieu dans un autre, pour atteindre des habitations parfaitement isolées, pour franchir des lieux séparés par des déserts, pour fondre sur des navires en mer, pour s'abattre sur des populations insulaires. Et partout l'expérience n'a fait que justifier un pareil fait.

» Dans plusieurs contrées de l'Inde, en Égypte, et notamment à Alexandrie, où l'on croit un instant à la contagion, un grand nombre de familles se soumettent à toutes les rigueurs de la quarantaine et n'en subissent pas moins les funestes atteintes du choléra. Il en est de même en Pologne, en Silésie, en Hongrie, où l'épidémie atteint dans leur fuite et frappe dans leur retraite isolée les grands seigneurs, les hauts personnages de ces contrées. On avait fait plus en Russie. A Moscou, par exemple, les précautions les plus sévères sont prises contre la contagion. Des quarantaines rigoureuses sont établies entre chaque localité, entre chaque quartier. La population, divisée en 47 quartiers, est séparée par des barrières infranchissables, et ces barrières, elles-mêmes, sont gardées par des corps de garde parfaitement isolés. Toutes les maisons signalées comme suspectes sont rigoureusement séquestrées, et le choléra n'en franchit pas moins tous les lieux intermédiaires, sans le secours de personne, sans s'inquiéter des mesures et des obstacles qu'on lui oppose.

» De telles épreuves devraient déjà paraître quelque peu concluantes, car elles sont assez *positives* pour nous donner la mesure de la puissance libre et spontanée de l'épidémie cholérique, pour nous prouver jusqu'à l'évidence qu'elle sait parfaitement s'affranchir de toute intervention quelconque, pour

poursuivre et accomplir par elle seule ses plans de migration et d'invasion, qu'elle ne tient que d'elle-même.

» Que si l'on nous demande maintenant des contre-épreuves, c'est-à-dire des faits *négatifs* ou témoignant de l'impuissance des individus malades à transmettre le choléra, elles ne nous manqueront pas. Et, pour cette fois, nous n'irons les chercher ni dans les déserts de l'Égypte, ni dans les régions lointaines que l'épidémie a visitées ; car nous les trouvons en surabondance et pour ainsi dire toutes vivantes autour de nous.

» Il n'y a eu, en France, de cordon sanitaire nulle part, et le *choléra a toujours été aussi libre que l'air*, et toujours il a pu trouver, dans le mouvement continuel des populations, dans l'intermédiaire des personnes et des objets en circulation, tout ce qui pouvait assurer son importation ou sa transmission, s'il avait pu avoir besoin d'un tel auxiliaire. Eh bien ! qu'est-il arrivé ? Sur 86 départements, 38 ont été préservés en 1832, et 34 en 1849. Sur les 40,000 communes que représente la population de la France, 1,800 environ ont été atteintes. Et comment ont-elles été atteintes ? Le plus ordinairement par enjambées, comme on l'a dit, et sans aucune trace ni indice de migration individuelle, sans rapports de communication ou de filiation quelconque. Loin de là, les lignes de migration s'interrompent partout ; il y a partout des localités préservées, restées invulnérables à côté d'autres impitoyablement frappées, quelles que soient, d'ailleurs, les relations incessantes établies entre elles ; il y a eu, sous nos yeux même, des centaines de communes, des milliers d'habitations qui nous ont donné autant d'exemples frappants d'un pareil fait. Versailles est cerné de tous côté par l'épidémie qui ravage ses environs, et Versailles n'a pas un seul malade. La ville est encombrée d'émigrants qui viennent de Paris et d'autres lieux affectés, chercher un refuge contre le choléra ; quelques cas rares s'observent exclusivement chez les émigrants, et notamment chez ceux qui font le voyage de Paris à Versailles *pendant la nuit* ; mais la population entière de Versailles demeure réfractaire aux coups du fléau.

» A quelques lieues de là, le même fait nous est garanti par un témoin irrécusable, par notre honorable confrère M. Godart, alors médecin en chef de l'hôpital de Pontoise. L'épidémie sévit dans toute sa violence sur plusieurs communes qui environnent Pontoise, et Pontoise n'a pas un seul malade. Cependant, 28 cholériques sont apportés des lieux circonvoisins dans l'hôpital, où ils se trouvent tous confondus avec les autres malades des salles. Sur les 28 cholériques, 13 succombent en peu de jours, et pas un seul malade de l'hôpital, pas un seul habitant de la ville n'est atteint de la maladie. Les 28 cholériques ne suffisent pas, en l'absence de l'épidémie, pour y faire naître un seul cas de choléra.

» Près de là, le village de Montigny n'a pas un seul malade, et les villages de la Fresle et d'Herblay, qui n'en sont éloignés que de deux kilomètres, sont impitoyablement maltraités aux deux époques de l'épidémie. Et un peu plus loin, sans quitter le champ de notre observation personnelle, dans la *Marne*, que voyons-nous encore? Sézanne perd en quelques semaines le seizième de sa population; tandis qu'Esternay, qui se trouve sur la même ligne de migration, et à très-peu de distance, n'a pas un seul malade. Près de là encore, le petit village de Mont-Vinot voit tomber, en peu de jours, d'un tiers de sa population, tandis que la commune de la Chapelle, qui lui est presque contiguë, ne compte pas un seul malade. Châlons et Vitry subissent, pendant plusieurs mois, les coups souvent redoublés du choléra, la Chaussée, village qui relie entre elles ces deux villes, qui reçoit, pour ainsi dire, le contact de leur population par des communications incessantes, et la Chaussée n'a pas un seul cas de choléra. Mandres, ce malheureux village de la Haute-Marne, qui a vu près de moitié de sa population disparaître en peu de jours sous les coups impitoyables du fléau, n'est qu'à plusieurs kilomètres de Chaumont, que l'épidémie, toutefois, ne peut atteindre. Le reste des habitants de Mandres afflue à Chaumont pour y chercher un refuge de salut, et pas un seul cas de choléra ne se manifeste dans cette ville.

» Et que dire encore de ce fait observé sous les yeux même de notre honorable collègue, M. Mêlier? Montereau, on le sait, était cruellement ravagé par l'épidémie, et chaque jour, chaque heure, voyait s'accroître d'une manière effrayante le nombre des malades et des décès. En présence d'un spectacle qui a jeté la consternation dans la ville, notre ami ne voit plus de moyen d'arrêter la fureur du fléau qu'en lui enlevant ses victimes, qu'en lui arrachant sa pâture, pour la disséminer dans un lieu voisin jusqu'alors exempt de l'épidémie, où la population reste encore invulnérable au contact de cette colonie improvisée de cholériques.

» Rappellerai-je ici tant d'autres faits qui sont venus également attester devant nous cette impuissance du choléra à se transmettre par la seule voie individuelle? Et par exemple : ces 15 cholériques de la garnison de Saint-Denis, qui, au rapport de notre collègue, M. Émery, transférés au dépôt de cette ville, confondus et mis en contact immédiat avec tous les détenus du dépôt, n'y laissent aucune trace de la maladie? Ces 350 malades de la garnison d'Arras, dont a parlé M. Bonnafont, qui, évacués, avec toute leur literie, d'une caserne que ravageait l'épidémie dans une autre caserne de la ville, n'altèrent en rien son état sanitaire? Tous les cholériques du *Louqsor*, que nous signalait dernièrement notre honorable collègue, M. Gérardin, comme ayant été déposés à Smyrne et disséminés tout aussi innocemment dans la ville? Toutes les indigentes de la Salpêtrière, transférées au plus fort de l'épidémie, et sans autre résultat, soit à l'hospice des Incurables, soit à la ville et à la campagne? En un mot, tous ces foyers ambulants de prétendue contagion, qui, faute d'épidémie, ne peuvent donner lieu, nulle part, à un seul cas de choléra?

» Que si l'on voulait un fait plus saisissant encore, s'il n'est plus concluant, notre honorable collègue, M. Bricheteau, pourrait nous dire qu'en 1832, non-seulement l'hôpital Necker fut complétement affranchi de toute influence épidémique du choléra, quoique placé au centre de ses plus cruels ravages, mais que plus de 600 cholériques reçus du dehors, de Vaugirard et des environs, ne purent y faire naître un seul cas de choléra, ni dans les salles de malades, ni parmi les employés de l'administration, ni dans le service de santé.

» Que fallait-il donc encore pour cela? Une seule chose qui manquait : l'élément épidémique, sans lequel le choléra ne peut ni se produire, ni vivre, ni se propager; sans lequel nous l'avons vu partout mourir de lui-même, sans pouvoir se transmettre; élément d'ailleurs si vague, si mobile, qu'il ne se contente pas d'obéir au gré des vents, qu'il se meut comme l'éclair, qu'il s'abat comme la foudre; élément si fugace, si diffusible, qu'il se divise partout en foyers multiples, épars, isolés, plus ou moins circonscrits et disséminés; et de là, sans doute, la rareté, la bénignité de ses effets dans certains lieux où il n'apparaît qu'à l'état *dit* de cholérine; de là, au contraire, cette activité meurtrière qu'ils acquièrent dans d'autres lieux où ils frappent simultanément toute une contrée, où ils déciment la population d'un même lieu, où ils foudroient du même coup des familles entières; et cela, à côté d'autres habitations qui, bien que contiguës et restées dans des rapports continuels de communications et de contacts individuels, n'en demeurent pas moins affranchies de toute atteinte cholérique. »

Telles sont les paroles d'un homme que son talent et son titre placent au premier rang dans le corps médical. Ajouterai-je qu'elles sont l'expression de la vérité? Les faits qu'il a cités ne peuvent laisser aucun doute dans notre esprit.

Statistique du choléra. — Nous allons présenter ici la statistique exacte du choléra à Montbrehain, et la rapprocher des résultats obtenus ailleurs : ces quelques lignes ont coûté de longues heures de travail et de patientes et laborieuses recherches.

STATISTIQUE GÉNÉRALE DU 12 JUILLET AU 28 SEPTEMBRE.

Nombre de cholériques......		293
Savoir : { Cas moyens........		110
{ Cas graves.........		183
Total des décès........		102

2° Les femmes ont compté pour un tiers en plus que les hommes dans les décès.

3° Considérés sous le rapport des professions, les décès des journaliers, des tisseurs et des fileurs l'emportent sur les professions de cultivateurs, commerçants, etc.

4° Sous le rapport de l'âge, la mortalité a été plus fréquente de 50 à 60 ans pour le sexe féminin, de 1 à 5 ans pour le sexe masculin.

Nous ne comptons pas dans ce nombre de cas de maladies les suettes, qui ont été de 1 p. %, sur le chiffre total des habitants. On aura une idée, du reste, de la violence de l'épidémie lorsqu'on saura que nous avions au 15 août 110 cas de choléra, dont 27 cas graves et 22 suettes.

Voici, du reste, dans quels degrés d'âge les décès ont été les plus fréquents :

Chez les femmes.	Chez les hommes.
de 50 à 60 ans.	de 1 à 5 ans.
de 60 à 70 ans.	de 50 à 60 ans.
de 20 à 30 ans.	de 60 à 70 ans.
de 40 à 50 ans.	de 30 à 40 ans.
de 30 à 40 ans.	de 40 à 50 ans.
de 1 à 5 ans.	de 10 à 20 ans.
de 70 à 80 ans.	de 70 à 80 ans.
de 10 à 20 ans.	de 20 à 30 ans.

Les endroits les plus maltraités ont été :

1° Le Désert,
2° La rue de l'Abbaye,
3° La rue Haute-Ville,
4° La rue de Prémont,
5° La rue du Four,
6° La Grande Rue,
7° La rue de Lahaut,
8° La rue Chantereine.

Le village de Montbrehain ne se compose cependant que de fort belles rues, bien pavées et larges de 10 à 15 mètres, entre autres la Grande Rue, les rues de Prémont, de Chantereine, etc.

La moyenne de la durée de la maladie, établie d'après les documents les plus certains et les plus rigoureux, a été de 58 heures.

CONCLUSIONS. — Pour une population de 2,000 habitants, comme celle de Montbrehain, il est facile de voir que l'épidémie a sévi avec une affreuse intensité, et qu'elle s'est jouée, en quelque sorte, et de toutes les prévisions et de tous les moyens prophylactiques ou médicaux qu'on a cherché à lui opposer.

Les femmes ont compté pour 1/3 de plus que les hommes dans les cas de choléra et dans les décès.

Ce résultat est tout à fait opposé aux idées qu'on a sur le pronostic du choléra, relativement aux sexes, car on dit, dans presque tous les ouvrages, que le pronostic est plus grave chez l'homme que chez la femme. M. Gendrin m'a même prouvé par les calculs suivants : En quatre mois, 12,259 sujets de tout âge et de tout sexe ont été admis dans les hôpitaux de Paris, en 1832. Il y avait sur ce nombre 6,243 hommes, et 6,016 femmes; le chiffre de la mortalité, élevé à 5,954, s'est réparti de la manière qui suit :

Hommes.............. 3,123
Femmes.............. 2,831

Les premiers ont perdu 501 sur mille, et les seconds 470. M. Gendrin était donc en droit de conclure que le pronostic devait être, toutes choses égales d'ailleurs, plus grave chez l'homme que chez la femme.

Nous avons vu que les professions sédentaires comptaient plus de cas de choléra que les professions qui exigent des exercices de locomotion : ce fait est parfaitement d'accord avec l'expérience acquise par les médecins à cet égard.

Quant au tableau des degrés d'âges, relativement au décès, il nous montre que les adultes, qui sont beaucoup plus nombreux que les vieillards, ont généralement échappé aux coups de l'épidémie.

Si pour les hommes comme pour les femmes, l'âge de 70 à 80 ans n'arrive qu'en septième ligne, il ne faut pas oublier qu'il y a peu de vieillards de cet âge, car nous devons dire que tous ceux qui ont été atteints ont succombé. Nous devons donc justifier l'opinion de M. Chaudé (*Journal hebdomadaire de Médecine*, juillet 1832), qui dit que, passé 76 ans, tous les cas de choléra sont mortels.

Enfin nous voyons que de 1 an à 5 ans, le choléra est généralement mortel chez les garçons, et non chez les filles, puisque cette période de la vie n'arrive dans notre tableau que la sixième chez le sexe féminin.

Nous sommes encore ici d'accord avec les résultats présentés par MM. Delaberge et Monneret. Ces auteurs disent : « Sur 108 enfants admis à l'hôpital de la rue de Sèvres, on a compté 62 décès; les 2/3 des garçons ont succombé, et seulement la moitié des filles. » Bien que le choléra n'attaque pas un grand nombre d'enfants, il est cependant beaucoup plus grave chez eux, surtout pour les garçons, que chez les adultes.

Prophylaxie du choléra. — Pour prévenir les désastres du choléra, ou du moins en diminuer l'intensité, nous avons proposé, en 1854, les mesures suivantes :

Au premier prélude du fléau, faire faire des visites domiciliaires dans le but d'exiger 1° que toutes les maisons mal tenues soient blanchies à la chaux, et lavées chaque jour à l'eau chlorurée ;

2° Que la ventilation y soit largement établie, et à cet effet, que toutes les croisées soient descellées sur-le-champ ;

3° Que les abords des habitations soient tenus proprement, c'est-à-dire débarrassés des fumiers, des eaux stagnantes, des immondices qui les environnent ;

4° Que de grands feux soient exigés chaque jour en temps d'épidémie, même en été ;

5° Que du bouillon, de la viande, du vin, soient délivrés chaque jour aux familles pauvres ;

6° Qu'une ambulance et une maison mortuaire soient établies aussitôt l'apparition de l'épidémie ;

7° Que le village soit divisé en autant de quartiers qu'il y a de rues, et que chaque jour un homme, payé ou non, soit chargé de visiter indistinctement toutes les maisons, et qu'au premier symptôme de la maladie, faiblesse, courbature ou diarrhée, il ordonne :

1° L'absence complète d'aliments ;

2° Tisane de riz ;

3° Infusion légère de tilleul ;

4° Des quarts de lavements amylacés ;

Et qu'il soit chargé de faire appeler le médecin, et de faire chaque jour, après sa visite, son rapport à l'autorité ;

8° Enfin recommander de se vêtir plus chaudement que ne l'exige l'état de la température, surtout la nuit, et de défendre, sous peine d'amende ou de tout autre moyen coercitif, de coucher sur l'herbe, de boire du cidre ou du lait, de faire abus des spiritueux, toutes choses qui disposent à contracter la maladie.   B. LUNEL,

Ancien Médecin commissionné par le Gouvernement pour l'épidémie cholérique de 1854.

CHOLÉRINE. — C'est le choléra dans son début. Ces premiers accidents (perte d'appétit, diarrhée jaune, muqueuse, etc.) peuvent être combattus avec succès par les moyens dont la science dispose, tandis qu'il n'en est plus de même dans les cas de choléra confirmé; il importe donc, aux premiers symptômes de cette affection, de s'abstenir complétement d'aliments; et de prendre : 1° de la tisane de riz; 2° une infusion légère de tilleul; 3° des quarts de lavements amylacés et laudanisés. — Voy. *Choléra.*

CHOLESTÉRINE (chimie) [du grec *cholé*, bile, et *stéréos*, solide] — Matière grasse, solide, blanche et cristalline, qui forme souvent les concrétions biliaires. On en trouve aussi en très-petite quantité dans la bile. Traitée par l'acide azotique, la cholestérine se convertit en acide cholestérique, qui est solide, jaune orangé, fusible à 58°, peu soluble dans l'eau, mais soluble dans l'alcool bouillant. (Voy. *Bile.*) La cholestérine se distingue des autres corps gras en ce qu'elle n'est point saponifiée par les alcalis caustiques. Sa composition a été représentée par la formule : $C^{36} H^{32} O$.

CHONDROPTÉRYGIENS (zoologie) [du grec *chondros*, cartilage, *pteryx*, aile]. — Nom par lequel on désigne la deuxième série des poissons, c'est à dire ceux dont le caractère essentiel consiste dans la nature cartilagineuse de leur squelette, par opposition aux poissons osseux. Les chondroptérygiens ont parfois le squelette tellement mince et membraneux, qu'ils conduisent tout naturellement aux invertébrés. Un autre caractère essentiel de cette grande division, c'est que leur crâne est d'une seule pièce, sans sutures; leurs mâchoires sont formées par un développement considérable des os palatins et du vomer. Les poissons chondroptérygiens se divisent en deux ordres basés sur l'état de leurs branchies, savoir :

1° Les *chondroptérygiens à branchies* libres, dont les branchies sont pectinées, libres par leur côté externe, et recouvertes à l'extérieur par un opercule mobile. La famille des *sturioniens* (esturgeons) entre seule dans cet ordre.

2° Les *chondroptérygiens à branchies fixes*, chez lesquels ces derniers organes sont ouverts par des trous nombreux à la peau qui leur adhère; ils forment deux familles : les *sélaciens* (squales, etc.), et les *suceurs* (Lamproies).   GOSSART.

CHORÉE (pathologie interne), dite aussi *danse de Saint-Guy* [du grec *chorea*, danse]. — Affection convulsive caractérisée par des mouvements irréguliers et involontaires, partiels ou généraux, du système musculaire, spécialement des muscles de la face et des membres. C'est une névrose idiopathique du système nerveux cérébro-spinal; selon M. Bouillaud, ce serait une névrose du cervelet, de l'organe qui coordone les mouvements volontaires.

Cette maladie est propre à la seconde enfance; elle attaque surtout les petites filles de 6 à 15 ans. La frayeur, l'onanisme, les affections nerveuses ont une grande influence sur sa production, que favorise encore une constitution irritable.

La chorée débute en général brusquement, mais elle est précédée quelquefois d'un changement dans le caractère. Quelques mouvements désordonnés surviennent dans diverses parties du corps. Les jeunes malades font des grimaces, ont un tic dans la figure; quelques-uns ne peuvent rester en place, remuent sans cesse un bras ou une jambe, surtout celle du côté gauche; ils sont maladroits et ne peuvent saisir un objet sans le laisser tomber, ce qui leur fait adresser des réprimandes. A un degré plus avancé, les mouvements sont plus prononcés, bizarres, très-divers. Ceux des membres déterminent des contorsions, des sauts, une sorte de danse continuelle; ceux de la face donnent lieu à une espèce de bégaiement, à une prononciation très-singulière; ceux des muscles du larynx, à des grimaces de toutes sortes. Ordinairement, il existe en même temps quelque trouble des facultés intellectuelles et morales. Il n'y a, d'ailleurs, aucun dérangement du côté de la digestion et de la respiration. — La chorée n'est point une affection grave, quoiqu'elle puisse donner la mort par dépérissement. Sa durée est de quinze jours à deux mois; elle peut passer à l'état chronique et se prolonger davantage.

Le traitement est en général celui des névroses, mais il est généralement peu efficace. Il se compose principalement des antispasmodiques, des narcotiques, des toniques et des bains. Au premier rang, nous plaçons la valériane (de 0,5 décigrammes à 2 grammes en poudre prise dans du miel ou des confitures), l'assa-fœtida (1 à 4 grammes), l'oxyde de zinc (depuis 0,3 à 1 gramme en pilules), doses renouvelées chaque jour. Le moyen le plus efficace ensuite et qu'on emploie d'ailleurs concurremment, consiste dans les bains froids, les bains de surprise et surtout les bains sulfureux. L'opium à la dose de 6 à 10 et 20 centigrames, en augmentant progressivement, a paru utile. Les ferrugineux, l'électricité, les eaux sulfureuses à l'intérieur, ne sont pas à négliger. Nous recommanderons l'usage des pilules ou de la poudre que Hufeland préconise contre l'*épilepsie.* Il faut surtout avoir égard à la cause présumée de la maladie, et l'éloigner si cela se peut; c'est ainsi qu'un vermifuge produira un excellent effet dans le cas d'affection vermineuse. On a conseillé les sangsues à la nuque, l'émétique à dose contro-stimulante, le sulfate de strychnine, etc. (Dr *Bossu.*)

CHORÉGRAPHIE [composé du grec *choros*, danse, et *grapho*, décrire]. — Art d'écrire la danse à l'aide de différents signes, comme on écrit la musique à l'aide de figures ou de caractères désignés par la dénomination des notes.

Thernet-Arbeau, chanoine de Langres, est le premier qui ait écrit sur cet art; son ouvrage est intitulé : *Orchésographie, c'est à dire description de la danse.* Beauchamps donna ensuite une forme nouvelle à la *chorégraphie*, et perfectionna l'ébauche ingénieuse de Thernet-Arbeau : il trouva le moyen d'écrire les pas par des signes auxquels il attacha une signification et une valeur différentes, et il fut déclaré l'inventeur de cet art par arrêt du Parlement. Feuillet vint ensuite; les ouvrages qu'il a écrits sur cette matière, et auxquels on a fait les changements indiqués par Dupré et Noverre, ont été généralement adoptés par les professeurs.

Dans la danse, on se sert de pas, de pliés, d'élevés, de sauts, de tombés, de glissés, de tournoiements de corps, de cadences, de figures, etc. On connaît par la lettre A, placée ordinairement à la tête du pas, quelle est sa durée. Si elle est blanche, elle équivaudra à une blanche de l'air sur lequel on danse; si elle est noire, elle aura la même valeur qu'une noire du même air; si c'est une croche, la tête n'est tracée qu'à moitié, en forme de C.

On pratique, en faisant les pas, plusieurs agréments, comme plié, élevé, sauté, cabriolé, etc. Le plié se marque sur le pas par un petit tiret penché du côté de la tête du pas.

La danse, de même que la musique, est sans agréments si la mesure n'est rigoureusement observée : les mesures sont marquées, dans la danse, par de petites lignes qui coupent le chemin ; les intervalles du chemin compris entre ces lignes sont occupés par les pas, dont la durée est déterminée par les têtes blanches, etc. Quand il faut laisser passer quelques mesures de l'air sans danser, soit au commencement ou au milieu d'une danse, on les marque par une petite ligne qui coupe obliquement.

Les figures des danses sont régulières ou irrégulières : les figures régulières sont celles où les chemins des deux danseurs font symétrie ; et les irrégulières, celles où ces chemins ne font pas symétrie. La symétrie est une ressemblance de figure et une dissemblance de position ; telle est la contre-épreuve d'une estampe, relativement à la planche qui a servi à l'imprimer.

Il y a encore dans la danse des mouvements des bras et des mains ménagés avec art. Le caractère qui représente la main droite est placé à droite du chemin, et le second caractère à gauche ; lorsque ce signe est tranché, il annonce qu'il faut quitter la main ; on connaît que les deux bras agissent en même temps par une liaison qui unit les deux signes : ces signes sans liaison annoncent que les deux bras doivent agir l'un après l'autre.

Favier a publié un système de chorégraphie dans lequel l'air est écrit au-dessous de la danse, en sorte qu'au premier coup d'œil une danse écrite de cette manière paraît un duo ou un trio, etc., selon que deux ou plusieurs danseurs dansent ensemble; mais l'on s'en tient à celui de Feuillet, où la figure des chemins est représentée avec les changements indiqués par Dupré. (J. *Lunier*.)

CHORION (anatomie) [du grec *chorion*, enveloppe]. — Nom donné 1° à l'enveloppe extérieure de l'œuf des mammifères; 2° à la partie la plus épaisse de la peau.

CHOROÏDE (anatomie) [du grec *chorion*, chorion, et *éidos* ressemblance]. — Membrane qui tapisse la partie postérieure de l'œil, offre en arrière une ouverture pour le passage du nerf optique, et se termine en avant vers la grande circonférence de l'iris, où elle se continue avec le cercle et les procès ciliaires. « Ses deux surfaces sont tapissées d'un enduit brunâtre foncé, dit *enduit choroïdien*. La choroïde paraît composée de ramifications artérielles et veineuses, unies par un tissu cellulaire très-fin. On lui attribue pour fonctions d'absorber les rayons lumineux qui ne servent pas à la vision. On appelle *toile choroïdienne* un prolongement membraneux de la pie-mère, qui tapisse la face inférieure de la voûte à trois piliers, et qui se trouve tendu au-dessus du ventricule moyen du cerveau; *veines choroïdiennes* ou *de Galien*, les veines qui rampent dans la toile choroïdienne; *glande choroïdienne*, un corps d'une nature particulière qui, chez les poissons, sépare l'une de l'autre les membranes ruyschienne et choroïdienne. »

CHOU (botanique) [du latin *caulis*, légume; nom scientifique, *brassica*]. — Genre de la famille des crucifères, plantes annuelles ou bisannuelles à feuilles radicales et inférieures lyrées, pinnatifides, pétiolées, les caulinaires entières, sinuées ou dentées, sessiles ou amplexicaules. Fleurs jaunes ou blanches, quelquefois veinées : six étamines dont deux plus fortes; capsule allongée bivalve, graines globuleuses.

On en compte cinq espèces principales, qui sont :
Le chou ordinaire (*B. oleracea*);
Le chou champêtre (*B. campestris*);
Le chou rave (*B. rapa*);
Le chou navet (*B. napus*);
Le chou précoce (*B. præcox*).

La culture a fait obtenir une soixantaine de variétés, qui ne sont pas toujours stables.

Sous ce point de vue économique on peut diviser les choux en trois classes :

1° Ceux qui sont cultivés pour l'huile qu'on extrait de leur graine;

2° Ceux qui sont affectés à l'alimentation des bestiaux;

3° Ceux qui servent à la nourriture de l'homme.

Le chou est indigène du littoral méditerranéen, des Indes orientales et de l'Amérique australe; partout on le cultive comme plante alimentaire, et dès la plus haute antiquité il a été en usage et même en vénération parmi les hommes. Cependant ses propriétés paraissent peu marquées : ses diverses parties n'ont qu'une saveur herbacée, légèrement âcre, et une odeur fade. Ses feuilles, que la plupart des herbivores broutent avec avidité, acquièrent par la cuisson un goût sucré. L'eau dans laquelle on le fait bouillir a une odeur forte et repoussante; abandonné à lui-même, il se putréfie promptement en répandant une fétidité insupportable. Les anciens le considéraient comme propre à évacuer la bile, à préserver de la peste, à guérir la goutte, à dissiper l'ivresse. Quoique prodigieusement déchu, il ne laisse pas que d'être quelquefois employé, soit comme antiscorbutique, expectorant, soit, à l'extérieur, en application de ses feuilles, pour enlever les points de côté, déterger les ulcères, etc. Tout le monde connaît les usages culinaires de ce végétal; on sait aussi qu'en faisant subir au chou un commencement de fermentation qui y développe un principe acide, on obtient le *sauer craut*, mot allemand dont nous avons fait l'expression *choucroute*. (Voy. ce mot.)

CHOU CULTIVÉ (*B. oleracea*). — Tige droite, épaisse, cylindrique, glabre, rameuse; haute d'un mètre. Feuilles vertes, lisses, très-glabres, quelquefois teintées de rouge violet, les caulinaires amplexicaules. Fleurs jaunes, disposées en grappes paniculées, lâches, terminales : sépales appliqués sur les pétales, qui sont à long onglet.

Les principales variétés du chou ordinaire sont : le *chou vert*, à feuilles vertes, glaucescentes, très-larges et non concaves; le *chou cabu* ou *pommé*, dont la tige est très-courte et les feuilles étroitement imbriquées en tête arrondie; le *chou rouge*, à feuilles d'un rouge vineux, surtout au niveau des nervures; c'est celui qu'on emploie en médecine; le *chou-rave*, dont la tige est dilatée à la base en renflement charnu et succulent; le *choufleur* ou *brocoli*, production due à une déviation de la séve dans les rameaux de la tige florale, ce qui les convertit en une masse épaisse, tendre, charnue, mamelonnée; le *chou cavalier*, dont les tiges atteignent plus de trois mètres; ses feuilles sont amples, grandes, entières, portées sur de larges pétioles.

Le CHOU-NAVET (*B. napus*) a les feuilles, même les inférieures, plus ou moins glauques, glabres; les fleurs espacées dès l'épanouissement, et les sépales étalés. Les variétés sont le *colza* et le *navet*.

Le CHOU-RAVE (*B. rapa*) a les feuilles radicales et inférieures vertes, hérissées, ciliées; les fleurs rapprochées au sommet de la grappe lors de l'épanouissement; les sépales étalés. Variétés : *navette*, *navette d'été* et *rave*[1].

CHOUCROUTE [de l'allemand *sauerkraut*, chou aigre]. — C'est à tort qu'on dit de la choucroute, car, alors, pourquoi ne dit-on pas aussi de la choufleur? Ce substantif étant composé d'un masculin et d'un féminin, le masculin ayant la priorité, on devrait dire du choucroute comme du choufleur. Malheureusement l'usage et la routine sont souvent plus forts que le bon sens, d'où nous concluons qu'on devrait dire des choucroutes. Voici comment se font les choucroutes. On coupe les choux, après en avoir retiré le gros du cœur, par le moyen d'un instrument en bois, de la longueur de 80 centimètres, armé de quatre lames en acier posées l'une contre l'autre et obliquement. On met le chou dans une boîte carrée à rainures et sans fond; on la fait glisser sur les lames comme une varlope. Le chou coupé est mis ensuite dans un tonneau. On foule, et à chaque lit on met du sel gris, du genièvre en grain et du poivre aussi en grain.

Quand le tonneau est plein, on couvre les choux avec des linges sur lesquels on pose les douves de fond. On charge le plus qu'on peut pour extraire l'eau du légume.

Au bout d'un mois, les choux sont confits et bons à manger.

Avant d'enlever les poids, il faut retirer l'eau; ensuite on ôte la superficie de la première couche, que l'on jette. Ceci ne se fait qu'une fois.

Il faut avoir soin de toujours bien laver les linges et les douves qui couvrent.

On lave aussi les choucroutes afin de ne pas laisser trop d'âcreté.

On fait cuire à petit feu dans une daubière soit en terre, soit en cuivre étamé, assaisonné de saindoux,

Fig. 21. — Chouette.

lard et saucisses. La graisse de volaille leur donne un goût plus agréable.

Autrefois l'Allemagne, la Hollande et l'Alsace faisaient, pour ainsi dire, seuls usage de ce mets. Mais depuis le commencement de ce siècle, il s'en fait à Paris surtout une très-grande consommation.

Tous les choux ne sont pas propres à cet aliment. On ne prend que le chou blanc. Il faut qu'il soit bien plein et dur sous la main.   GIELH.

CHOUETTE (zoologie) (*strix*). — Genre d'oiseaux de l'ordre des rapaces, famille des nocturnes, à tête grosse, avec des yeux très-grands, à pupilles énormes, dirigés en avant et plus ou moins complète-

---

[1] Page 96, 2e colonne, ligne 28, au lieu de : *six étamines dont deux plus fortes*, lisez : *dont deux plus courtes*.

ment entourés par un cercle de plumes effilées. Ils manquent d'aigrettes. Les chouettes ne chassent que de nuit ; tels sont l'*effraie*, le *chat-huant* ou *hu'otte*, et la *chevêche*. La première se reconnaît à son bec droit à sa base et crochu au bout seulement. Ses oreilles ont une large conque, et son plumage est d'un blanc jaunâtre ou pur, joliment piqueté de noir ou de brun. Elle est commune en France, et se trouve aussi dans presque toutes les parties du monde. Le chat-huant, qu'on appelle aussi la hulotte, a le.bec courbé dès sa base et les doigts emplumés comme les tarses. Sa taille, comme celle de l'effraie, est à peu près celle d'un fort pigeon. Cette espèce est répandue dans toute l'Europe ; elle vit dans les bois, et niche dans les trous des arbres. La chevêche est plus petite que les précédentes : elle est de la taille du geai, et ses doigts, sans être emplumés, sont couverts de poils blancs espacés. Elle est commune dans les pays tempérés, notamment en France, mais ne remonte jamais vers le nord. On trouve dans le nord des deux continents trois autres espèces de ce genre : ce sont la *chouette nébuleuse*, la *chouette tengmalne* et la *chevêchette*. (*Salacroux*.)

CHOU-FLEUR (botanique). — Variété du *chou* cultivé. — Voy. ce mot.

CHRISTIANISME [radical *Christ*]. — Doctrine religieuse révélée et enseignée par Jésus, surnommé le Christ, il y a 1857 ans.

Pour avoir une idée juste du christianisme, il faut remonter par la pensée au temps de son divin fondateur. Il faut même scruter les temps antiques et arriver à la création de l'homme.

En créant l'homme, Dieu a imprimé dans l'âme humaine une loi morale qui doit régir à la fois l'homme, la famille et l'humanité. Cette loi humanitaire est le cadre des devoirs de l'homme. Seule elle constitue la loi religieuse qui s'applique à l'universalité des nations, car tous les hommes, à quelque nation qu'ils appartiennent, sont enfants de Dieu par la loi de vie et d'amour dont il est le principe éternel. Sur cette loi religieuse universelle repose l'harmonie sociale, but de la création humanitaire.

Cette loi morale se résume en deux grands principes : *L'amour moral et la justice éternelle*.

Ces deux grands principes fondamentaux se traduisent en deux grands préceptes :

L'amour que l'homme doit à son *Créateur*, l'*amour* qu'il doit à *sa famille* et à *ses frères en Dieu*.

De plus, il doit être *juste* envers tous, car Dieu lui en fait un précepte et la *justice est la loi suprême de l'humanité*.

Nous n'exposerons pas ici les beautés de cette loi humanitaire qui est la base et l'essence du christianisme ; nous les avons fait connaître au mot *Athéisme* (voy. ce mot). Nous dirons seulement que cette loi morale de justice et d'amour fraternel et divin que Dieu a imposée à tous les hommes est le fondement de toute société humaine ; sur elle repose l'harmonie sociale et l'ordre providentiel de Dieu. En dehors de cette loi, c'est l'anarchie, c'est le désordre, c'est la destruction des nations.

Cette loi humanitaire de justice et d'amour fraternel et divin émane du Dieu créateur ; elle est pour l'homme un bienfait providentiel, elle est la *base* de la *religion divine*, elle en est l'*essence*. On la retrouve dans toutes les religions et dans tous les âges du monde, comme une vive lumière destinée à guider l'homme vers le but de la création.

Cette loi .morale peut seule constituer la *religion universelle* ; seule elle peut appeler tous les hommes à l'unité religieuse en reconstituant la grande famille humanitaire qui a Dieu pour père et dont tous les membres sont frères en Dieu.

Telle est le but du christianisme ; telle fut la pensée de son divin fondateur.

Cependant, si nous remontons à l'origine des siècles, l'homme, créé libre, pouvait aussi refuser d'accomplir sa tâche dans la grande œuvre de la création humanitaire, et méconnaître la voix de son Créateur. Il pouvait, par sa volonté dépravée, tomber dans une perversion morale profonde, conséquence inévitable du mépris ou de l'oubli de la loi de Dieu. C'est en effet ce qui arriva.

L'histoire des siècles antiques nous montre l'homme perverti et dégradé par ses instincts égoïstes et charnels, et les livres saints nous représentent la terre couverte de désordres et de corruption. Dieu irrité, dit la Genèse, se repentant d'avoir créé l'homme, résolut d'anéantir le genre humain, à l'exception d'une seule famille restée fidèle à sa loi.

L'égoïsme humain est donc le *principe* opposé à la *loi morale* et *humanitaire de Dieu*. Il est la base de toute perversion et de tout désordre social. Il est le principe subversif de tout ordre et de toute harmonie ; et lors-même que les lois humaines le protègent, elles sont impuissantes pour le soutenir. Car telle est la volonté du Dieu créateur de l'univers : nul ne peut impunément porter atteinte aux lois harmoniques de son ordre providentiel.

Depuis le déluge, et à des époques différentes, Dieu a suscité des hommes inspirés et animés de son esprit pour combattre l'égoïsme humain, et pour faire revivre au sein des nations sa loi morale, méconnue et oubliée : tels furent Abraham, Moïse, et les prophètes de l'ancienne loi ; tel fut Jésus-Christ, dont la mission divine et régénératrice donna naissance au christianisme.

Si donc on remonte à l'origine de cette religion divine ; si on la considère seulement dans ses principes fondamentaux, dans son essence, et dans son but, on ne peut s'empêcher de reconnaître ce fait important : Que la *loi naturelle*, c'est à dire cette *loi morale*.et humanitaire de *justice* et d'*amour* que Dieu a donnée à l'homme dès la création ; que la *loi écrite*, c'est-à-dire celle qu'il a transmise au peuple hébreu par Moïse, son prophète, et la *loi chrétienne*, telle qu'elle fut révélée et enseignée par le Christ, sont une *seule et même loi*, c'est la *loi divine*.

En effet, toutes se résument dans les deux grands principes de l'amour moral et de la justice éternelle, base des devoirs de l'homme.

Toutes ont pour but de combattre l'égoïsme humain qui est le principe opposé à la loi morale de Dieu.

Toutes tendent à concentrer toutes les volontés humaines vers l'unité religieuse, qui rapproche l'homme de son Créateur et le fait graviter vers la perfection.

Toutes ont pour but unique de reconstituer la grande famille humanitaire par la justice et par l'amour fraternel et divin, selon la pensée harmonique de Dieu.

Au temps de l'avénement du Christ, la loi de Dieu écrite par Moïse dans le Décalogue était à peu près oubliée et méconnue du peuple hébreu, et la terre était partout couverte des ténèbres accumulées par la superstition et l'ignorance. L'égoïsme était devenu la règle à peu près générale des actions des hommes. Il avait envahi toutes les classes de la société, et la corruption avait gagné les plus hautes régions du corps social. La loi de Moïse était détournée de son institution primitive, et les docteurs de la loi interprétaient les écritures dans un sens qu'elles n'avaient pas, pour établir au nom de Dieu leur domination sur le peuple. Ils s'en servaient comme d'un piédestal pour parvenir aux honneurs et aux richesses, et ils faisaient dans le temple même un honteux trafic des choses de Dieu. Ils en imposaient au peuple par les apparences d'un culte extérieur, et ils faisaient consister la religion dans des pratiques dévotieuses et apparentes qui éloignaient l'homme de Dieu et lui faisaient oublier les principes de la loi morale et humanitaire qui est la vraie religion. Ils imposaient au peuple des croyances qu'ils n'avaient pas eux-mêmes, et l'égoïsme était le seul mobile de leurs actions. La division s'était depuis longtemps établie parmi les dépositaires de la loi de Moïse, et les Samaritains, les Sadducéens et les Pharisiens prétendaient tous être les véritables interprètes de la loi écrite par Moïse.

Aussi le Christ, animé de l'esprit de Dieu, s'élevat-il avec toute la puissance qu'il avait reçue pour combattre l'égoïsme religieux de son époque et pour rétablir la loi religieuse des nations sur ses véritables bases.

Il commença sa mission divine et régénératrice par ces sublimes préceptes:

« Aimez Dieu par-dessus toutes choses, parce qu'il est votre créateur et votre père. Aimez-le, parce qu'il vous comble chaque jour de ses bienfaits providentiels.

» Aimez-vous les uns les autres, par amour pour Dieu qui vous aime tous d'un amour égal. Aimez-vous, puisque vous êtes tous frères en Dieu.

» Aimez-vous comme je vous aime moi-même. Aimez votre frère comme vous même, et rendez lui les mêmes services que vous voudriez que l'on vous rendît à vous-même, selon vos moyens et votre position.

» Soyez justes envers vos frères comme votre père céleste est juste envers vous, et ne faites jamais à votre frère ce que vous ne voudriez pas que l'on vous fît à vous-même.

» Soyez bons et miséricordieux envers vos frères comme Dieu est bon et miséricordieux envers vousmême, et si votre frère vous a offensé, pardonnezlui si vous voulez que votre Père céleste vous pardonne; pardonnez-lui non-seulement une fois, mais toujours, et vous serez vous-même toujours pardonné. »

Ainsi furent proclamés et révélés par le Christ les divins préceptes qui constituent :

La loi de l'*amour divin*;

La loi de l'*amour fraternel*;

La loi de la *justice éternelle*, et la loi du *pardon*.

Ces lois sont des principes qui ne relèvent que de l'autorité de Dieu. Elles sont indéniables, elles sont obligatoires pour tous, elles seules peuvent rétablir l'harmonie sociale, elles sont la base de l'ordre providentiel de Dieu sur l'humanité, elles sont l'essence du christianisme et de la religion universelle, selon la pensée de son divin fondateur.

Ensuite le Christ faisant appel à douze pauvres pêcheurs, il les instruit de ses sublimes doctrines, il les entoure de sa sollicitude et de son amour, il les appelle ses frères bien-aimés, il leur communique son ardente charité ; ils deviennent ses disciples et partagent les travaux de son apostolat.

Pendant trois ans, il parcourut la Judée et la Galilée, instruisant le peuple par des préceptes et par des paraboles, afin de rétablir le règne de Dieu parmi les enfants des hommes. Il appuyait sa doctrine par des miracles et ses préceptes par l'exemple.

Il disait aux docteurs de la loi : Je ne suis pas venu pour renverser la loi de Moïse, mais pour rétablir la loi religieuse des nations sur ses véritables bases. Je ne suis pas venu pour détruire, mais pour réformer.

Je ne suis pas venu pour établir une domination nouvelle, mais pour appeler tous les hommes, qui sont mes frères, à la connaissance des vérités éternelles.

Je suis venu pour reconstituer la grande famille humaine, selon la pensée harmonique de Dieu, afin qu'elle puisse de nouveau graviter vers la perfection morale qui est le but de la création humanitaire.

Je suis venu appeler tous les hommes à constituer l'Église universelle, car *l'Église*, c'est *la grande famille fraternelle* des enfants de Dieu unis par les sentiments de justice et d'amour qui ont leur source en Dieu.

Le Christ et ses disciples formèrent le noyau de cette nouvelle Église, c'est-à-dire de cette famille de frères régénérés par l'amour, par la justice et par le pardon.

Telle fut l'origine de l'Église chrétienne collective des enfants de Dieu.

Et pour bien faire comprendre aux générations futures comment il entendait fonder l'Église de Dieu, il leur dit :

« Je ne suis pas venu pour établir une domination sur mes frères, mais j'ai été envoyé pour redresser les voies de Dieu et pour enseigner les nations par le précepte et par l'exemple.

Comme mon père m'a envoyé, de même je vous envoie.

Vous serez les continuateurs de ma mission régénératrice.

Vous êtes chargés de la part de Dieu d'enseigner à vos frères la loi morale qui rapproche l'homme de son Créateur.

Vous les instruirez avec simplicité de leurs devoirs envers Dieu, envers leur famille, envers leurs frères.

N'oubliez pas d'appuyer le précepte par l'exemple.

N'oubliez pas non plus que c'est par la douceur et par la persuasion que vous les ramènerez à Dieu.

Si vous avez une foi vive et une ardente charité, vous opérerez des miracles de conversion.

Souvenez-vous toujours que vous ne devez pas vous considérer plus que vos frères.

Je ne vous établis pas au-dessus de vos frères; mais souvenez-vous que celui qui veut être le premier entre ses frères doit se faire le premier serviteur de ses frères. »

Comme on le voit, le principe sur lequel le Christ a entendu fonder l'Église chrétienne collective, c'est de considérer tous ses membres, depuis le premier apôtre jusqu'au dernier des néophytes, comme une société de frères, et par conséquent d'établir les grandes vérités qui sont la base et le fondement de toute société humaine, c'est-à-dire :

L'ÉGALITÉ de tous les hommes devant Dieu par la loi de justice et d'amour fraternel, à laquelle ils sont tous soumis sans exception.

La FRATERNITÉ, qui doit unir tous les hommes en vertu de cette même loi.

La LIBERTÉ sainte, raisonnable, basée sur les droits et les devoirs réciproques de tous, liberté qui établit le lien d'une mutuelle solidarité entre tous les membres de la grande famille humaine.

Nous venons de passer rapidement en revue ce que le christianisme a été à l'époque de sa fondation, ce qu'il fut dans la pensée de son divin fondateur; voyons maintenant ce qu'il est devenu dans la succession des siècles.

Le Christ n'a rien écrit; c'est la tradition qui nous a transmis sa doctrine et ses préceptes, et il n'avait pas besoin de transmettre par l'écriture aux siècles futurs les préceptes que Dieu avait gravés en traits ineffaçables dans la mémoire et dans la conscience de tous les hommes. La tradition suffisait pour être l'interprète fidèle de sa pensée et de sa doctrine.

Les apôtres, et en particulier les quatre évangélistes, en écrivant l'histoire de la vie et de la mort sublime du Christ, ont transmis aux générations futures la divine doctrine qu'il était venu enseigner aux hommes de la part de Dieu ; mais malheureusement l'original des Évangiles a été perdu dans la nuit des temps.

Aujourd'hui, le sens et l'esprit du christianisme sont seuls restés au fond des traductions plus ou moins fidèles qui sont parvenues jusqu'à nous; et on peut dire aux dépositaires de la loi nouvelle ce que le Christ lui-même disait aux dépositaires de la loi ancienne :

« Il faut plutôt s'attacher à l'esprit qu'à la lettre; car *la lettre tue, et l'esprit vivifie.* » Ce qui veut dire que la lettre ou le texte des écritures a de tout temps été interprété au profit de l'égoïsme de certaines corporations religieuses, tandis que l'esprit des Écritures vivifie l'humanité et peut seul rétablir le règne de Dieu parmi les nations. Aussi les hommes qui ont le sens moral droit ne voient pas le christianisme dans telle ou telle secte religieuse qui s'annonce comme étant en possession de la vérité, ni dans les apparences du culte extérieur, mais bien dans les principes qui le constituent.

Le *culte extérieur* est *d'institution humaine; ses principes viennent de Dieu.* Le culte est le résultat de l'interprétation de la lettre de l'Évangile; *ses principes en sont l'essence et l'esprit.* Voilà pourquoi les hommes qui sont animés du véritable esprit du christianisme ont tous *la Foi* en Dieu, *l'Espérance* dans sa bonté providentielle, et *la vraie Charité* pour leurs frères; ils sont justes les uns envers les autres; *ils sont bons et tolérants* envers tous, à l'exemple du Christ.

Le Christ, connaissant les intentions secrètes des principaux de sa nation, qui croyaient qu'en le faisant mourir ils anéantiraient sa doctrine, sachant très-bien qu'il ne resterait pas longtemps au milieu de ses frères, songea à se choisir un successeur. Ce fut Pierre qu'il établit le premier des douze et le chef de la famille chrétienne.

« *Tu es Pierre, et sur cette pierre je bâtirai mon Église, et les portes de l'enfer ne prévaudront jamais contre elle.* » Tel est le texte de l'Évangile que nous possédons, sur lequel repose la fondation de l'Église chrétienne. Ce texte a donné lieu à bien des querelles religieuses; son interprétation a donné naissance à des schismes et à des hérésies, lorsque les successeurs des apôtres ont voulu s'en servir pour établir une domination humaine en dehors de l'esprit du christianisme.

Voici le sens des paroles du Christ; voici l'esprit du texte sacré.

S'adressant à Pierre, en présence de ses autres disciples, il lui dit :

« Je te confie le dépôt de la foi religieuse des nations, afin que tu la transmettes intacte par tes futurs successeurs à toutes les générations jusqu'à la consommation des siècles.

» Je te choisis pour conserver pure et intacte cette morale fraternelle et sainte que je suis venu enseigner aux nations de la part de Dieu.

» Vous serez, toi et tes successeurs, les défenseurs de la loi divine, qui seule peut régénérer l'humanité, c'est-à-dire de la loi de l'amour divin et de l'amour fraternel, de la loi de justice éternelle et de la loi du pardon, qui seule peut constituer la grande famille des enfants de Dieu.

» En vérité, je te le déclare, les efforts multipliés de l'égoïsme, quels qu'ils soient, seront à jamais impuissants contre l'Église collective des enfants de Dieu régénérés par la justice et par l'amour, car l'égoïsme s'attaque à Dieu, et Dieu est éternel.

» Je t'établis, toi et tes successeurs, le chef de la société fraternelle chrétienne. Tu seras seulement le premier d'entre tes frères, non pour les dominer, mais pour les guider et pour les gouverner paternellement selon les principes de la loi morale de Dieu.

» Tu ne leur imposeras pas des obligations et des commandements en dehors des préceptes que je suis venu enseigner. Car ce que j'ai enseigné suffit à l'homme pour être agréable à Dieu.

» Tu veilleras à ce qu'il ne s'introduise pas parmi les enfants de Dieu de faux frères, qui viennent semer l'ivraie dans le champ du père de famille : que personne, donc, ne fasse prévaloir soit des dogmes, soit des maximes, soit des préceptes, soit même des principes qui ne relèvent pas exactement de la loi morale et humanitaire que Dieu a révélée à l'homme ; car l'Église de Dieu doit rester à jamais pure et intacte comme Dieu lui-même. »

Tel est le sens du texte sacré ; telle fut la pensée du Christ. Comme on le voit, il n'a pas entendu établir, pour ses apôtres ni pour leurs successeurs, une hiérarchie cléricale fondée sur des titres honorifiques avec des priviléges, des honneurs et des richesses ; car ces choses rendent presque toujours l'homme orgueilleux et égoïste ; elles l'éloignent souvent de Dieu et de ses devoirs. Leur autorité spirituelle se bornait aux principes purs de la morale fraternelle et sainte qu'il était venu enseigner, et la preuve, c'est qu'il donna lui-même à tous l'exemple d'une douce mansuétude et d'une sainte abnégation. Partout et toujours il combat l'égoïsme sous toutes ses formes, comme étant essentiellement opposé à la loi de Dieu et au véritable progrès moral de l'humanité.

Les apôtres, fidèles interprètes de la pensée de leur divin maître, furent les continuateurs immédiats de sa mission régénératrice, et, à son exemple, ils exercèrent envers leurs frères un ministère de réconciliation, de douceur et de paix. Ils agirent par le principe d'une véritable fraternité.

Appuyés sur les principes vrais de la loi divine, qui déjà existaient dans les tables de la loi ancienne, et sur la loi du pardon que le Christ était venu révéler à l'humanité comme étant le moyen de la régénération morale de l'homme, ils fondèrent la religion nouvelle ; ils instituèrent le culte et les sacrements, qui ne sont que les formes du christianisme.

Le baptême fut d'abord institué comme le signe de la régénération morale de l'homme et de son admission dans la famille chrétienne ; mais il ne s'administrait qu'aux adultes et alors qu'ils connaissaient la nature des obligations et des devoirs qui leur étaient imposés par la religion nouvelle.

A ceux qui se convertissaient, on exigeait un temps raisonnable pour les instruire et pour s'assurer de la sincérité de leur conversion, et avant d'être chrétiens ou néophytes, ils étaient catéchumènes.

Aux enfants nés de parents déjà admis dans la communion chrétienne on ne conférait le baptême que vers l'âge de raison. Aujourd'hui, et depuis le moyen âge de l'Église, on l'administre à l'enfant à son entrée dans la vie. — Voy. *Baptême.*

Ceux qui voulaient faire partie de la nouvelle société de frères régénérés devaient se purifier devant Dieu de leurs fautes passées, selon les principes de la loi du pardon enseignée par le Christ.

Pour être pardonné, l'homme devait s'humilier en la présence de Dieu, lui faire l'aveu de ses fautes, lui exprimer son repentir sincère, réparer ses torts envers ceux qu'il avait offensés, se reconcilier avec ses ennemis, et restituer, s'il le pouvait, ce qu'il s'était approprié injustement.

A l'exemple du Christ, qui n'avait jamais exigé de personne l'aveu secret de ses fautes, les apôtres se contentaient d'appeler le coupable au repentir, et, comme lui, ils invoquaient en sa faveur la miséricorde divine et appelaient sur lui le pardon de Dieu. Toutefois, ils exigeaient, de ceux qui avaient mené une vie scandaleuse ou qui avaient fait profession du paganisme, l'abjuration publique de leurs fautes, afin qu'ils ne fussent pas pour leurs nouveaux frères un sujet de scandale.

La confession secrète et auriculaire était loin de la pensée des apôtres, car le Christ leur avait dit :
« Ne vous arrogez aucun droit sur la conscience de vos frères ; car la conscience de l'homme ne relève que de Dieu. » — Il n'appartient qu'à Dieu seul de juger la valeur morale des actions humaines, et nul ne peut s'établir juge de ses frères.

Et les apôtres savaient fort bien que le pouvoir de lier et de délier qu'ils avaient reçu du Christ ne concernait que l'admission des nouveaux membres dans la société chrétienne.

Nous laissons aux vrais amis de l'humanité, aux savants et aux théologiens le soin de discuter si le droit de juridiction absolue conféré aux prêtres par le concile de Trente sur la conscience et le for intérieur de l'homme est d'institution divine ou humaine, si la confession auriculaire ou secrète a contribué ou non à arrêter l'action régénératrice du christianisme. Nous laisserons aux hommes vrais et consciencieux, que Dieu a préposés au gouvernement spirituel des peuples, le soin de juger s'il ne serait pas opportun et même nécessaire de la rétablir selon les principes de son institution primitive, et telle qu'elle fut dans la pensée du Christ et des apôtres, pour faire renaître le sentiment religieux au sein des populations, car ce serait, n'en doutons pas, le seul moyen de rétablir la confiance des peuples dans les hommes qui composent cette partie de l'Église appelés à enseigner les vérités religieuses, et par conséquent de rétablir l'harmonie qui doit réunir dans une même pensée tous les hommes qui constituent la grande famille de Dieu.

Lorsque les nouveaux membres de la société chrétienne avaient donné la preuve d'un sincère repentir, lorsqu'ils avaient été régénérés par le pardon et par le baptême, ils étaient admis à la participation de la *communion fraternelle chrétienne.* Cette cérémonie du culte, dans la primitive Église, consistait en un repas religieux auquel les néophytes étaient conviés. Ce repas, nommé agape, représentait la cène ou le repas fraternel du Christ avec ses apôtres la veille de sa mort. Les néophytes admis à la participation des agapes se fortifiaient mutuellement dans les sentiments d'amour et de justice, qui sont l'essence du christianisme; ils s'unissaient d'esprit et d'affection à leurs nouveaux frères, et ils trouvaient dans l'union sympathique d'une douce confraternité le moyen d'être fidèles et persévérants. Ils y puisaient la force et le courage d'affronter la persécution, et, s'il le fallait, de donner leur vie, à l'exemple du Christ, pour la défense du principe fraternel chrétien. Ils puisaient cette force en Dieu et dans le souvenir de la mort glorieuse du Christ.

A la fin du repas, le premier d'entre les frères présents, l'apôtre ou son représentant, imitant l'exemple du Christ, prenait un pain dans ses mains vénérables, puis il faisait une invocation à Dieu et appelait, au nom du Christ, sa bénédiction sur ses frères. Ensuite, il rompait ce pain et le distribuait par fragments aux assistants. Puis, prenant aussi une coupe remplie de vin, il renouvelait son invocation à Dieu, après laquelle il buvait un peu de ce vin et passait ensuite cette coupe à ses frères, qui tous imitaient son exemple en buvant à la même coupe.

Les agapes étaient la figure de la cène; c'était dans la communion fraternelle que les premiers chrétiens se fortifiaient mutuellement contre la persécution. Le Christ voulut, avant de mourir, donner à ses apôtres un gage de son amour, et il leur dit en l'instituant : « Ceci est le gage de la nouvelle alliance de Dieu avec l'humanité, faites-le en mémoire de moi. Je serai avec vous *en esprit* jusqu'à la consommation des siècles. »

Mais la condition essentielle pour être admis à la participation de la communion fraternelle, c'était d'être régénéré par la justice et par l'amour chrétien. Il fallait être réconcilié avec Dieu et avec ses frères; il fallait être purifié par le repentir et par le pardon.

Les apôtres n'avaient pas songé à faire un mystère de cette institution symbolique, car nous lisons, dans les actes des apôtres, que saint Paul dit aux néophytes qui étaient admis aux agapes : « Que chacun, dit-il, s'éprouve soi-même, et qu'après s'être éprouvé, il mange ce pain et boive ce vin. » Il y a donc loin de la communion fraternelle des premiers chrétiens à la communion eucharistique telle qu'on nous la représente.

Dans la primitive Église, qui, comme nous l'avons prouvé, était formée de tous les membres composant la famille fraternelle chrétienne, sans distinction de rang, de position, d'âge et même de sexe; dans ces temps heureux où les apôtres et leurs successeurs, selon la parole du Christ, n'étaient que les premiers serviteurs de leurs frères en Dieu, où les évêques qui les remplaçaient participaient également avec les néophytes à la communion fraternelle, alors les fonctions sacerdotales étaient confiées aux plus di-

gnes et aux plus capables d'entre les chrétiens, à ceux qui, par leur instruction et par leur zèle éclairé, étaient appelés par Dieu à instruire leurs nouveaux frères et à défendre la loi de Dieu en face de leurs persécuteurs.

Ceux qui aspiraient au sacerdoce devaient faire abnégation des biens de la terre et renoncer aux honneurs et aux richesses; car ces choses sont essentiellement opposées à l'esprit du christianisme. Ils devaient marcher sur les traces du Christ et se consacrer au service de leurs frères; ils devaient, à son exemple, affronter la persécution et souffrir la mort pour la défense des vérités éternelles qu'il était venu enseigner.

Lorsque les apôtres ou leurs successeurs immédiats avaient reconnu que l'esprit de Dieu dirigeait ceux qui réclamaient la faveur d'être admis au sacerdoce, ils leur imposaient les mains, puis, adressant à Dieu, au nom du Christ, une invocation spéciale, ils leur conféraient ainsi le pouvoir spirituel.

Nous ne voyons nulle part que dans la primitive Église les fonctions sacerdotales fussent incompatibles avec les liens de la famille; nous ne voyons pas que les ministres chargés de la direction spirituelle de leurs frères en Dieu fussent obligés de quitter leurs femmes et leurs enfants; nous ne voyons pas non plus qu'on imposât à ceux qui n'étaient pas mariés l'obligation de garder le célibat perpétuel. Le Christ faisant appel à ses douze premiers disciples leur avait bien dit : « Quittez votre père et votre mère et suivez-moi, » mais il n'a pas dit à ceux qui étaient mariés de quitter aussi leurs femmes et leurs enfants. Il ne le pouvait pas, car cela eût été en contradiction avec la loi de Dieu. D'ailleurs, tous les apôtres étaient mariés, excepté saint Jean, dont l'âme, sympathique avec celle de Jésus, trouvait dans l'amitié de le Christ lui portait une compensation suffisante au sentiment d'amour.

Nous voyons même dans les Actes des Apôtres que leurs femmes les suivaient quelquefois dans leurs pérégrinations apostoliques, et qu'elles remplissaient, sous le nom de sœurs ou de prêtresses, certaines fonctions du culte religieux.

Jusqu'au quatrième siècle inclusivement, les prêtres de l'Église chrétienne avaient la liberté de se marier, et certes le christianisme ne pouvait que gagner à conserver le lien de famille avec le sacerdoce; d'ailleurs, le Christ n'était-il pas venu pour resserrer le lien de famille et pour rétablir le mariage sur ses véritables bases, pour purifier les affections de la famille et pour sanctifier l'union légitime de l'homme et de la femme selon la pensée harmonique de Dieu? Il connaissait trop bien les besoins souvent impérieux de notre nature pour obliger l'homme, ainsi que la femme, à un célibat perpétuel.

Nous disons donc avec la conviction la plus intime que le célibat ecclésiastique imposé au nom de Dieu par l'Église de Rome à ceux qui se dévouent au sacerdoce est en opposition flagrante avec les lois divines et humaines; qu'il n'est pas dans l'institution chrétienne; qu'il n'a jamais été ni dans la pensée de son divin fondateur, ni dans celle des apôtres, ni de leurs successeurs immédiats.

Nous ne pousserons pas plus loin la comparaison de l'Église chrétienne primitive avec l'Église hiérarchique cléricale actuelle; ce que nous avons dit suffit pour faire comprendre combien sont grandes les réformes que les hommes sincèrement religieux appellent depuis bien longtemps de tous leurs vœux. Oui, nous ne craignons pas de le dire, les vrais amis de la religion et de l'humanité désirent ardemment voir reparaître les heureux jours de la primitive Église, de cette *Église collective* qui était appelée à reconstituer la grande famille des enfants de Dieu régénérés par la justice et par l'amour chrétien; car alors seulement disparaîtront à jamais, devant les grands principes du christianisme, les sectes religieuses qui, depuis un grand nombre de siècles, divisent les hommes et les nations, et l'on verra renaître le sentiment religieux parmi les populations. Ainsi sera rétabli le règne de Dieu sur la terre.

Alors les catholiques, les protestants et les chrétiens schismatiques, unis par le sentiment sympathique de l'amour chrétien, feront appel aux israélites et aux musulmans, et même à toutes les religions connues, pour reconstituer dans l'unité religieuse la grande famille humanitaire qui a Dieu pour père, et dont tous les membres sont frères en Dieu. Alors aussi on verra se réaliser la prédiction du Christ, et *l'Église chrétienne collective universelle sera fondée.*

Dr PÉTRON.

CHRISTIANISME (divisions du). — Voici les principales divisions du christianisme, d'après Schœll et d'après l'ouvrage remarquable de l'ancien évêque de Blois:

1° *Chrétiens* qui, outre la Bible, reconnaissent encore une autorité supérieure en matière de foi. Ils forment l'église Latine ou d'Occident, et l'église Grecque ou d'Orient.

A. ÉGLISE GRECQUE ou d'ORIENT. Les principaux points sur lesquels elle diffère de l'église Latine sont relativement à la suprématie du pape comme vicaire de Jésus-Christ, et au dogme qui fait procéder le Saint-Esprit du Fils, ainsi qu'à deux points de discipline, qui sont la communion sous les deux espèces et le mariage des prêtres. Voici les autres dogmes ou points de discipline sur lesquels les orientaux ne s'accordent pas avec les catholiques. Quoiqu'ils admettent sept sacrements qu'ils appellent *mystères*, il paraît qu'ils n'attachent pas à ce mot le même sens que les latins; il est certain au moins qu'ils n'en regardent que deux comme d'institution divine, savoir, le baptême et l'eucharistie, et qu'ils croient que les autres ont été institués par l'Église. Ils donnent la confirmation en même temps que le baptême, qui se fait par triple immersion; ils y joignent même la communion. Ils nient l'indissolubilité du mariage, et le rompent pour adultère; mais ils condamnent les quatrièmes noces. Ils ne reconnaissent pas d'œuvres surérogatoires, et n'admettent par conséquent pas les indulgences. Les orientaux ont, comme les catholiques, une hiérarchie et des mo-

nastères, et sont soumis à des pratiques de dévotion nombreuses et à des jeûnes plus rigoureux encore. Ces chrétiens se partagent en quatre communions principales, selon qu'ils adoptent ou rejettent une partie des sept premiers conciles œcuméniques qui ont été assemblés avant la scission des églises d'Orient et d'Occident.

1° L'*église Grecque*, qui s'appelle *Orthodoxe* parce qu'elle adopte tous les sept conciles œcuméniques, ainsi que le *quini-sextum*, n'a jamais formé une église unique. Elle embrasse presque tous les Grecs de l'empire ottoman, tous ceux de l'empire russe et des îles ioniennes, et un grand nombre d'individus appartenant à différentes nations qui habitent l'empire d'Autriche, surtout dans les pays qu'on nomme hongrois, et qui sont répandus en d'autres États. Ils reconnaissent pour chef spirituel le patriarche de Constantinople.

Tous les peuples russes et tous les prosélytes que les Russes sont parvenus à faire parmi les nombreuses nations qui vivent dans leur vaste empire, un grand nombre d'habitants dans les provinces qui formaient le ci-devant royaume de Pologne, ainsi que les Géorgiens et autres peuples, professent cette religion et dépendent du saint synode de l'empire russe pour tout ce qui a rapport au culte.

2° L'*église Chaldéenne* ou *Nestorienne*. Ses croyants ne reconnaissent que les deux premiers conciles œcuméniques et les Pères de l'Église qui ont vécu avant le concile d'Éphèse, où leur doctrine avait été condamnée. Ils attribuent à Jésus-Christ deux personnes ou *hypostases*, refusent de donner à la Vierge la qualité de mère de Dieu, abhorrent le culte des images, et regardent Nestorius et Théodore de Mopsueste comme des saints. Le plus grand nombre vit dans l'Asie ottomane, ou dans le village d'El-Kosch, près de Mosul, où réside leur patriarche principal, et dans la Perse.

3° L'*église Monophisite* ou *Eutichienne*, dont les croyants ne reconnaissent que les trois premiers conciles œcuméniques et n'admettent qu'une nature en Jésus-Christ, savoir, la nature divine, qui a été incarnée; aussi ne font-ils le signe de la croix qu'avec un seul doigt. Cette église se subdivise en trois autres, appelées:

Jacobite, Copte, Arménienne, à laquelle appartiennent presque tous les Arméniens. Ces chrétiens ont peu de fêtes et rejettent le culte des images. Ils ont quatre patriarches, dont le principal, qui porte le titre de *Catholicos de tous les Arméniens*, a résidé dans le couvent d'Etch-Miadsin, dans la ci-devant Arménie persane, jusqu'en 1722, époque où il s'est réfugié sur le territoire russe; il est probable qu'il est retourné à son ancienne résidence depuis l'incorporation de cette province à l'empire russe. Les trois autres patriarches résident à Sis, en Caramanie, à Gandsasar, près du lac Erivan, et Agathamar, couvent situé dans une île du lac de Van. Les arméniens forment la masse principale de la population de l'Arménie proprement dite, et se trouvent répandus en plusieurs autres pays. Quelques Arméniens se sont réunis à l'église Catholique; ceux-ci ont un archevêque à Nachtchivan, sur le Don, et un autre dans l'île de Saint-Lazare, dans les lagunes de Venise. Il y en a aussi plusieurs milliers dans l'empire ottoman, surtout à Constantinople, où, depuis peu, ils sont soumis à la juridiction d'un patriarche indépendant qu'on vient de leur accorder.

4° L'*église Maronite*, dont les croyants s'appellent *maronites*, d'après Jean Maron, prêtre du cinquième siècle, qui leur donna leur constitution. Ils vivent dans les montagnes du Liban et dans l'île de Chypre; ils admettent les quatre premiers conciles œcuméniques, et reconnaissent par conséquent en Jésus-Christ une seule personne et deux natures; mais ils sont *Monothélites*, et n'admettent dans ces deux natures qu'une seule volonté.

B. ÉGLISE LATINE OU D'OCCIDENT. On appelle *catholiques* ceux qui suivent ses dogmes; mais cette dénomination, qui indique qu'ils forment l'Église universelle, leur est contestée par les membres des autres églises : ceux-ci les appellent *catholiques romains* et *papistes*. L'église Latine reconnaît pour chef le pape ou le souverain pontife; elle admet l'autorité de la tradition, ainsi que les décisions de l'Église assemblée en conciles œcuméniques, qui sont regardés comme infaillibles. Le plus grand nombre de ses membres attribuent cette infaillibilité au pape. Les catholiques ont sept sacrements d'institution divine; ils admettent la transsubstantiation dans l'eucharistie, la confession auriculaire, le culte des saints, le purgatoire, les œuvres de surérogation, les indulgences, les vœux monastiques, et, au moins comme discipline, le célibat des prêtres. Ils administrent le baptême par infusion; ils reconnaissent non-seulement les sept conciles œcuméniques qui ont été assemblés avant le schisme de l'église Orientale (à l'exception du *quini-sextum*), mais aussi plusieurs autres convoqués par les papes depuis le neuvième siècle. Le dernier et le plus célèbre est celui de Trente, qui, avec quelques interruptions, a siégé de 1542 jusqu'à 1563. Le clergé catholique est nombreux et très-riche, surtout en Hongrie, en Espagne, au Mexique, au Pérou, à Cuba et autres contrées. Il existe entre les prêtres une hiérarchie et des dignités ecclésiastiques, auxquelles, jusqu'à ces derniers temps, fut attaché quelquefois un pouvoir temporel très-considérable.

L'*église Catholique* étend son empire sur presque toute la France, sur toute l'Italie, l'Espagne, le Portugal, sur les trois quarts de l'Irlande, sur la plus grande partie de l'empire d'Autriche, sur plus de la moitié du royaume des Pays-Bas, sur presque la moitié de la monarchie prussienne, de la confédération suisse et des puissances secondaires de la confédération germanique. Il faut aussi ajouter au nombre de ces croyants la plus grande partie des chrétiens de Saint-Thomas ou syriens du Malabar, des maronites du Liban, et un grand nombre de grecs-unis et d'arméniens, qui, en conservant leur liturgie et quelques usages, reconnaissent la suprématie du pape et les dogmes de l'église Latine. Cette religion

est aussi dominante dans les nouveaux États qui se sont élevés sur les débris des colonies espagnoles et portugaises en Amérique, et est professée par les descendants de ces deux peuples et des Français dans les établissements que ces nations ont fondés hors de l'Europe, ainsi que par une partie assez considérable de la population dans les États-Unis. Le pape est le souverain pontife est le chef spirituel de cette église.

II° *Chrétiens* qui, en matière de foi, ne reconnaissent d'autre autorité que celle de la Bible. M. Schœll divise ces chrétiens en *Unitaires*, qui ne reconnaissent qu'une personne dans la Divinité, et en *Trinitaires*, qui en admettent trois.

A. UNITAIRES. On appelle en général *Unitaires* ou *Anti-Trinitaires* tous les chrétiens qui nient la trinité des personnes en Dieu. On comprend sous ce nom plus spécialement les *Ariens* du quatrième siècle, les *Sociniens* et les *Unitaires* proprement dits. Les ariens, dont la doctrine a été condamnée au premier concile de Nicée, admettaient que Jésus-Christ est engendré du Père de toute éternité; mais ils soutenaient que le Fils et le Saint-Esprit sont subordonnés au Père. Les sociniens nient également la divinité du Christ; mais il est à leurs yeux la première des créatures et le plus grand des prophètes, qui a été conçu miraculeusement par l'opération du Saint-Esprit, lequel est une force émanée de Dieu. Jésus-Christ est venu donner aux hommes un modèle de toutes les vertus; il a prouvé notre résurrection future par la sienne. Toute puissance lui a été accordée dans le ciel et sur la terre, et le Père est invoqué en son nom. On appelle *unitaires* proprement dits ceux qui nient la divinité du Christ et sa préexistence, sans admettre aucun des deux systèmes dont on vient de parler. Ces derniers unitaires sont répandus parmi les chrétiens de tous les pays; mais ils n'ont pas fait de scission, et ils ne forment pas de secte particulière. Les ariens, s'il en existe encore, sont dans le même cas. Il ne nous reste donc à parler que des sociniens.

On les appelle ainsi d'après Lellio Sozzini, noble siennois, mort en 1562, en Pologne, où il s'était réfugié pour échapper à l'inquisition. Les sociniens se rapprochent, dans la plupart des dogmes, du système des protestants; mais ils rejettent, ainsi qu'on l'a dit, la trinité et tous les mystères. Leur grand principe est que le christianisme doit être absolument conforme à la Bible, et que les expressions des livres sacrés doivent être prises dans leur sens le plus simple et le plus naturel, en écartant toute interprétation mystique et tout ce qui tient au merveilleux.

B. TRINITAIRES. Ces chrétiens trouvent dans les livres du Nouveau Testament le dogme de la divinité de Jésus-Christ et du Saint-Esprit, et reconnaissent le dogme de la Trinité. On peut les diviser en trois classes principales, savoir, les *Protestants*, les *Anglicans*, et les diverses sectes de *mystiques* et d'*enthousiastes*, qui ont été entées sur le protestantisme.

1° *Protestants*. Ces chrétiens sont ainsi nommés

parce qu'à la diète de l'Empire, tenue à Spire, en 1529, les princes et États attachés aux opinions des novateurs protestèrent contre toute loi qui défendrait des innovations en matière de religion. Les protestants adoptèrent la Bible comme un ouvrage divin, en rejetant, comme apocryphes, diverses parties que le concile de Trente a déclarées canoniques; ils recommandent la lecture et l'étude des livres sacrés, dont ils ont fait un grand nombre de traductions dans toutes les langues; cependant, aucune de ces traductions n'est regardée comme authentique, et le texte original seul fait autorité pour eux. Ils pensent que Dieu a donné à l'homme, indépendamment de la révélation, deux grandes lumières, la saine raison pour entendre sa parole, et la conscience pour lui servir de guide dans ses actions. Ils rejettent toute autorité humaine en matière de foi, même celle des conciles; ils adoptent cependant, non comme loi, mais comme conformes à la Bible, les canons des quatre premiers conciles œcuméniques, et la phrase qui énonce la procession du Saint-Esprit et du Fils; par conséquent, leur *Credo* est entièrement conforme à celui des catholiques. Ils ne connaissent que deux sacrements : le baptême, qu'ils administrent par infusion, et l'eucharistie ou la sainte cène; ils communient sous les deux espèces; ils rejettent la transsubstantiation, et par conséquent le sacrifice de la messe; ils n'admettent pas la légitimité des vœux monastiques, la sainteté du célibat, l'indissolubilité du mariage, le mérite attribué aux bonnes œuvres par l'église Catholique, ni, par suite, les indulgences; ils réprouvent aussi l'invocation des saints et le culte des images, la confession auriculaire, la différence entre les péchés véniels et les mortels, la rémission des péchés par une autorité humaine, l'extrême-onction, le purgatoire et l'autorité spirituelle du souverain pontife et de l'Église. Chez eux, l'ordination ecclésiastique n'est qu'une cérémonie religieuse en vertu de laquelle les candidats sont reconnus, par leurs confrères, capables d'exercer le saint ministère; leurs ecclésiastiques ne sont que les ministres du culte et les serviteurs du prince qui les a nommés et des communes qu'ils desservent. Ils n'ont d'autre autorité que celle qu'ils tiennent des lois du pays où ils vivent. La confirmation, la confession et la bénédiction nuptiale ne sont que des cérémonies religieuses instituées par les hommes et dont on peut se dispenser. Les protestants les ont conservées, en changeant l'objet et la destination; mais ils ont entièrement supprimé l'extrême-onction.

On divise les protestants en *Luthériens* et en *Zwingliens* ou *Calvinistes*.

Les luthériens sont ainsi nommés d'après Martin Luther, moine de Wittemberg, qui, en 1517, commença le schisme; ils préfèrent cependant le nom d'*Évangéliques* ou d'*Adhérents de la Confession d'Augsbourg*, qui est le nom officiel qu'on leur a donné en Allemagne et en France. Ce nom dérive de la fameuse Confession d'Augsbourg, rédigée par Philippe Mélanchthon et présentée, en 1530, à l'empereur Charles-Quint, à la diète d'Augsbourg, par

les princes et les États qui avaient embrassé les opinions de Luther.

Les luthériens se distinguent des autres protestants par la manière mystique dont ils s'expriment à l'égard de la présence réelle dans le sacrement de l'eucharistie. Tout en rejetant la transsubstantiation, ils admettent la présence réelle, et disent que les fidèles mangent le véritable corps et boivent le véritable sang de Jésus-Christ en mangeant le pain et buvant le vin *in, cum et sub pane et vino*, de manière que ce pain et ce vin, quoique consacrés, conservent leur nature s'ils ne sont pas distribués aux fidèles, et ne doivent en aucun cas être adorés. Ils emploient, dans la communion, du pain azyme, comme l'église Latine. Tout en rejetant le culte des images, ils souffrent que leurs églises en soient décorées, en commémoration des événements qu'elles rappellent. Les luthériens ne condamnent pas absolument la hiérarchie, mais ils n'admettent pas qu'elle soit d'institution divine, et leurs prélats, dans les pays où ils en ont, sont soumis au prince, qui est toujours investi de la suprématie spirituelle. En Suède, les luthériens ont des archevêques et des évêques, qui forment un des quatre ordres de l'État, avec lesquels le roi partage le pouvoir législatif. En Danemark, en Norvége et en Irlande, on trouve les mêmes dignités ecclésiastiques, mais sans aucune prérogative qui donne une influence politique.

Le luthéranisme domine dans les monarchies prussienne, danoise et norvégio-suédoise, dans les royaumes de Hanovre, de Saxe et de Wurtemberg, et autres États de la confédération germanique, dans les provinces baltiques de l'empire russe; il compte aussi beaucoup de croyants dans les pays hongrois et autres provinces de l'empire d'Autriche, ainsi que dans plusieurs États de la confédération anglo-américaine et dans les colonies danoises et suédoises.

Les *zwingliens*, ainsi nommés de Zwingle, pasteur à Zurich, contemporain de Luther, qui commença le schisme en Suisse, sont aussi appelés *calvinistes*, du nom de Calvinus de Noyon, qui répandit les mêmes opinions à Genève et en France. Les calvinistes se donnent de préférence le nom de *réformés*. Anciennement, en France, on les appelait *huguenots*.

Les calvinistes rejettent entièrement la présence réelle, et prétendent que le pain et le vin signifient seulement le corps et le sang du Sauveur. Ils se servent, dans la communion, du pain levé. Ils soutiennent que, quoique Jésus-Christ soit venu pour sauver le genre humain, il n'y a qu'un petit nombre d'hommes élus depuis l'éternité, et prédestinés au salut. Les calvinistes exigent dans le culte une simplicité extraordinaire, et rejettent l'usage du crucifix, des images et des cierges, que les luthériens tolèrent comme simple ornement. Leur régime ecclésiastique est entièrement républicain.

Les provinces septentrionales de la monarchie néerlandaise; les cantons suisses de Berne, de Zurich, de Bâle, de Genève, et le duché de Nassau; les principautés d'Anhalt, de Lippe, la Hesse électorale;

les départements du Gard, de l'Ardèche, de la Drôme, du Lot-et-Garonne, etc., etc., en France ; la Hongrie, la Transylvanie, les Confins militaires, etc., dans l'empire d'Autriche, et les États-Unis d'Amérique, ainsi que les colonies anglaises et néerlandaises, sont les pays où les calvinistes se trouvent en plus grand nombre. Il y en a aussi beaucoup dans la monarchie prussienne.

En Hollande et en Hosltein, une secte particulière de réformés est nommée *arminiens* ou *remontrants*.

En Écosse et en Angleterre, dans les colonies anglaises et dans la confédération anglo-américaine, les calvinistes se partagent en deux classes. On nomme *Presbytériens* ceux qui sont régis, en affaires ecclésiastiques, par une espèce de pouvoir aristocratique, résidant dans les synodes; et *indépendants* ou *congrégationalistes* ceux qui rejettent ce pouvoir, et parmi lesquels chaque communauté exerce par elle-même le pouvoir ecclésiastique. Les presbytériens, aussi bien que les congrégationalistes, sont nommés, en Angleterre, *non-conformistes*, en tant qu'ils ne reconnaissent pas l'épiscopat, qu'admet la haute église anglicane; mais, en Écosse, ils forment non-seulement l'église dominante, mais même celle à laquelle appartient la grande majorité des habitants. On appelait anciennement *puritains* tous ceux qui, en 1565, rejetèrent la liturgie anglicane pour établir un culte plus pur. L'église presbytérienne des États-Unis, où, en 1828, elle ne comptait pas moins de mille neuf cent soixante-huit églises desservies par mille deux cent quatre-vingts pasteurs, est la secte calviniste la plus rapprochée des anciens puritains.

Les luthériens s'étant rapprochés, depuis la moitié du dix-huitième siècle, de l'opinion des calvinistes sur la présence réelle dans la sainte cène, et ceux-ci ayant adouci leur dogme sur la prédestination, il n'existe aujourd'hui presque plus de différence entre les deux religions, et les adhérents de l'une suivent le culte de l'autre, quand ils n'ont pas d'église particulière. Ils approchent même indistinctement de la sainte cène célébrée par des ministres de l'une ou de l'autre communion, parce que les uns et les autres n'emploient dans cette solennité que les paroles mêmes de l'institution, prononcées par Jésus-Christ, sans y ajouter aucun commentaire. Ce qui a empêché, jusqu'à ces dernières années, la réunion des deux partis, a été surtout la diversité de leur administration ecclésiastique, qui est toute républicaine chez les uns et monarchique chez les autres.

Notre siècle, fertile en grands événements, a vu aussi commencer, en 1827, dans le duché de Nassau, la fusion des deux églises luthérienne et calviniste en une seule, sous le titre d'*église Évangélique*. Cette union eut lieu depuis à Paris, à Francfort-sur-le-Mein, dans presque toute la monarchie prussienne, dans une grande partie du royaume de Bavière, dans le grand-duché de Bade, dans la Hesse électorale, dans le duché d'Anhalt-Bernebourg, dans la principauté de Waldeck, et dans d'autres parties de l'Allemagne. Il est probable que les calvinistes et les luthériens des autres pays de l'Europe et des autres

parties du monde se réuniront aussi, et que, sous peu d'années, ces deux églises n'en formeront plus qu'une seule sur tout le globe.

2° *Anglicans.* Ces chrétiens, qu'on nomme aussi *Épiscopaux*, forment la haute église établie en Angleterre depuis le règne d'Élisabeth. Quelqu'un a dit dans le parlement que l'église Anglicane a trente-neuf articles calvinistes, une liturgie papiste et un clergé arminien. Un savant très-distingué, tout en remarquant qu'il n'est pas encore décidé si elle est calviniste ou arminienne, dit que, lors de sa scission de l'église Catholique, elle en conserva la hiérarchie, la discipline, le langage, le costume et les formes liturgiques. Les plus belles oraisons du culte catholique subsistent dans le *Common prayers Book*. Il contient notre calendrier ecclésiastique, la liste des saints, les fêtes, les Rogations, l'Avent, les Cendres, les jours d'abstinence, le carême. L'église Anglicane, aux États-Unis d'Amérique, diffère beaucoup de la précédente ; elle a réduit les trente-neuf articles à dix, et a rejeté le symbole Athanasien. L'arminianisme paraît y être la doctrine dominante, et de la grande masse de la population de l'Angleterre, et d'une partie considérable de celle d'Irlande et des États-Unis. Dans les possessions anglaises hors d'Europe, ils sont presque partout les plus nombreux des chrétiens qui s'y trouvent établis.

On appelle en Angleterre dissenters ou non-conformistes tous ceux qui ne sont pas de l'église Anglicane, qu'ils soient protestants, catholiques, quakers ou juifs ; mais quelquefois on restreint l'acception de ce mot aux protestants qui rejettent l'épiscopat.

III° *Mystiques et Enthousiastes.* Nous réunissons sous ces dénominations plusieurs sectes qui se sont formées, soit parmi les protestants, soit parmi les anglicans. Leur nombre est très-grand. Nous nous bornerons à classer les sept suivantes qu'on peut regarder comme les principales, offrant les partis les plus nombreux et comptant des prosélytes répandus sur un plus grand nombre de pays.

A. Les congrégationalistes regardent chaque congrégation comme une partie de l'église visible et militante. Chaque église est pour eux un corps organisé et muni de tout ce qui est nécessaire pour atteindre son but religieux, sans être assujettie à aucune autre. Leurs dogmes sont presque identiques à ceux de l'église Presbytérienne de l'Écosse, où ces sectaires sont très-nombreux, et de celles des États-Unis d'Amérique, où on en trouve aussi un grand nombre.

B. Les arminiens ou remontrants, ainsi nommés d'Arminius ou Harmsen, et d'une remontrance qu'ils présentèrent, en 1609, aux États de Hollande. Calvin avait enseigné que de toute éternité Dieu a prédestiné les hommes, les uns au salut, les autres à la damnation éternelle, par un décret absolu indépendant de leurs œuvres. Arminius combattit cette doctrine, et trouva un grand nombre de partisans. Maintenant l'arminianisme est très-répandu dans beaucoup de sectes protestantes, mais il compte peu de prosélytes formant des églises indépendantes. Le plus grand nombre d'arminiens se trouve dans les provinces septentrionales du royaume des Pays-Bas et dans celui d'Angleterre.

C. Les mennonites, qui s'appellent eux-mêmes baptistes, sont issus des trop célèbres anabaptistes, dont ils désavouent les crimes et même le nom. Ces sectaires, actuellement très-pacifiques, probes et industrieux, très-adonnés au commerce et à l'agriculture, affectent une grande simplicité de mœurs. Ils ne reconnaissent aucune personne, aucune autorité pour juge en matière de doctrine : aujourd'hui ils n'ont pas même de confession de foi, et se contentent de la Bible que chacun explique à sa manière. Indifférents sur les disputes religieuses, différant entre eux sur beaucoup de points, ils s'accordent seulement sur quelques-uns, comme de ne baptiser qu'à l'âge mûr, de ne pas jurer, et de réprouver l'usage des armes. Ces sectaires ont beaucoup d'affinité, sous le rapport des mœurs et de la discipline, avec les quakers et les frères Moraves.

Les pays où ils sont le plus nombreux sont les États-Unis d'Amérique, le Royaume-Uni, celui des Pays-Bas, les provinces méridionales de l'empire russe, et les gouvernements de Dantzig et de Marienwerder dans la monarchie prussienne.

D. Les quakers, dits aussi trembleurs par quelques auteurs ; ils s'appellent amis. George Fox, cordonnier de Leicester, fut leur fondateur en 1647. Ils reconnaissent un Dieu en trois personnes, et conséquemment la divinité du Verbe. La chute du premier homme, la promesse du Rédempteur, le salut par Jésus-Christ, font partie de leur croyance. Ils rejettent la doctrine d'élection, de réprobation, sans prévision des mérites. Les quakers n'admettent ni types, ni rites, ni sacrements, pas même le baptême, ni la cène. Ils ne condamnent pas le baptême d'eau, quoiqu'ils le croient superflu. Quatre maximes fondamentales font la base du quakérisme : 1° l'autorité civile ne peut exercer aucun droit sur la croyance religieuse ; 2° les serments exigés par l'autorité civile sont illicites ; 3° la guerre est illicite ; en conséquence ils n'opposent à la violence que la résignation ; leur défense ne va jamais jusqu'à verser le sang, ni compromettre la vie d'un ennemi ; ils préfèrent se laisser égorger ; 4° un établissement pour salarier un clergé leur paraît illicite ; en conséquence ils refusent de payer les dîmes, parce qu'elles sont destinées à l'entretien d'un corps sacerdotal ; mais les percepteurs qui vont chez eux prennent l'équivalent sans éprouver de résistance. Leur costume, leurs maisons, leurs meubles présentent tout ce qu'exigent la décence, la nécessité, l'utilité ; mais rien de superflu. Les quakers condamnent les jeux scéniques, les jeux de hasard, les cartes, les loteries, les discours vains, les lectures futiles, le chant, la chasse, et bannissent de leur langage les mots hasard, chance, destin et fortune, comme une insulte à la Providence. Quand ils parlent, ils tutoient tout le monde.

Ces paisibles sectaires, très-adonnés au commerce, et généralement riches, sont répandus dans le Royaume-Uni, mais surtout en Angleterre, et dans les États-Unis d'Amérique, surtout dans la Nouvelle-York, la Pensylvanie, le Maryland, la Virginie, les Deux-Carolines, la Géorgie et l'Ohio.

E. Les frères Moraves ou herrnhuters. La première de ces dénominations rappelle la secte des Frères de Bohême et de Moravie, dont ils descendent ; et la seconde, l'établissement qu'ils fondèrent en 1721 à Herrnhut, près de Berthelsdorf, dans la Haute-Lusace, appartenant au comte de Zinzendorf, qui se déclara leur protecteur. Il donna à leur système une forme nouvelle en y amalgamant le piétisme, et devint par la suite leur évêque ou chef. Ces sectaires croient parvenir à la perfection par une lumière intérieure et une communication plus intime avec Dieu. Ils se servent, dans leurs discours et leur liturgie, de termes mystiques, et affectent une certaine sentimentalité religieuse.

Les frères Moraves, que leur analogie sous plusieurs points avec les quakers a fait appeler les quakers de l'Allemagne, sont très-répandus. Ils ont des établissements à Neuwied, Barby, Neudittendorf, etc., en Allemagne ; à Christiansfield dans le Danemark ; à Bâle, etc., en Suisse ; à Zeist, etc., dans le royaume des Pays-Bas ; à Titherton, etc., en Angleterre ; à Strasbourg, etc., en France ; à Sarepa, etc., en Russie, etc.

F. Les swedenborgiens, ainsi nommés de Swedenborg, leur fondateur, membre de l'Académie des sciences de Stockholm, et minéralogiste distingué. De l'étude du monde matériel passant à celle du monde intellectuel, Swedenborg devint théosophe, s'attribua une communication fréquente et immédiate avec les êtres spirituels, et des révélations sans nombre concernant le culte de la Divinité, le sens de l'Écriture, l'état des hommes après leur mort, le ciel, l'enfer, les autres mondes et leurs habitants. Les trois articles fondamentaux de sa doctrine sont : la divinité de Jésus-Christ, la sainteté des Écritures, la vie qui est charité. Quelles que soient les erreurs auxquelles un homme s'est livré, s'il évite le mal et fait le bien, non pour des motifs d'intérêt, d'ambition, de vanité, mais par haine pour le mal et par amour pour le bien, il pourra être régénéré, sauvé et arriver à la lumière. Swedenborg donne, pour ainsi dire, une statistique détaillée du ciel, de l'enfer et des planètes, dont il décrit les habitants et les mœurs. Ses visions sont un phénomène assez étrange : il les a, dit-on, débitées de bonne foi, parce qu'il ne se défiait pas de l'illusion de ses sens.

Le swedenborgisme, quoique né en Suède, y compte très-peu de prosélytes, la plupart disséminés dans le Gothland. On en trouve aussi en Hollande, en Suisse dans l'Appenzell et à Saint-Gall. Mais l'Angleterre est la contrée qui en offre le plus grand nombre.

G. Les méthodistes. Le berceau de cette secte a été l'université d'Oxford, où elle a pris naissance parmi quelques étudiants, vers 1730 ; John Wesley en fut le fondateur. On les appela par dérision méthodistes, à cause de la régularité et de la sévérité qu'ils affectaient dans leurs mœurs et dans les exercices de dévotion. John Wesley et son frère Charles s'adjoignirent, en 1735, Georges Whitefield. Les méthodistes insistent sur la dépravation de la nature humaine par le péché d'Adam, la rédemption par Jésus-Christ, la purification et le salut par la foi, avec cette différence que Whitefield croit les œuvres moins importantes, si ce n'est comme preuve de foi, au lieu que Wesley les croit indispensables. Wesley interdit à ses prosélytes les cartes, les spectacles, les bals, les courses de chevaux, les manchettes, les dentelles, les liqueurs spiritueuses et le tabac. Les méthodistes ont été les grands promoteurs des écoles de dimanche, et leur zèle a contribué puissamment à réformer les mœurs. C'est vers la fin du dix-huitième siècle que les méthodistes ont fait scission avec l'église Anglicane, à laquelle, au commencement, ils se disaient attachés.

CHROMATES (chimie). — Sels composés d'acide chromique et d'une base. Ces sels sont remarquables par leur belle couleur jaune ou rouge. Voici, d'après Hœfer, les caractères des chromates et les principaux de ces sels employés dans les arts.

Caractères. — 1° Ils sont décomposés par l'acide chlorhydrique bouillant, avec dégagement de chlore.

2° Les corps désoxygénants, tels que l'acide sulfureux, l'acide azoteux, l'alcool bouillant, etc., les décomposent en réduisant l'acide chromique à l'état d'oxyde de chrome.

3° Les chromates alcalins forment des précipités jaunes dans des sels de plomb et de bismuth, et des précipités rouges dans les sels de mercure. Ils précipitent les sels d'argent en rouge foncé, et les sels de cuivre en rouge sale. Dans les chromates neutres, l'oxygène de la base est le tiers de l'oxygène de l'acide. Il existe des chromates acides (*bichromates*) et des chromates basiques (*sous-chromates*) dont la composition varie.

Principaux chromates.

Chromate de potasse. — Il cristallise en petits prismes droits à base rhomboïdale. Ces cristaux sont transparents, jaunes, d'une saveur fraîche et amère, et contiennent 5 équivalents d'eau. Le chromate de potasse est soluble dans 2 parties d'eau froide. Sa couleur jaune persiste même dans une dissolution très-étendue d'eau. Soumis à la chaleur, il perd son eau de cristallisation, et fond sans s'altérer. Formule : KO, CrO³ + 5HO = 1 équivalent de chromate de potasse cristallisé. Ce sel est souvent employé comme réactif.

Bichromate de potasse. — Ce sel cristallise en larges tables rectangulaires d'un beau rouge orange (cristallisation du cyanoferrure de potassium. Il est soluble dans environ 10 parties d'eau froide; il est, par conséquent, moins soluble que le sel précédent. Au rouge naissant, il se décompose partiellement en oxygène et en oxyde de chrome, sous forme de paillettes micacées d'un beau vert. Le bichromate de potasse est employé en teinture. Les *chromates de plomb et de baryte* sont également employés dans les arts comme matières inctoriales.

CHROME (chimie) [du grec *chróma*, couleur]. —
Corps simple, métallique, découvert en 1797 par Vauquelin, et ainsi appelé à cause des belles couleurs qu'affectent la plupart de ses combinaisons, est de la couleur de l'étain, très-cassant, très-peu fusible, et d'une densité de 5,9. « Le chrome se rencontre dans la nature, en combinaison avec le fer et l'oxygène, à l'état de *fer chromé*, et en combinaison avec le plomb et l'oxygène, sous forme de *plomb chromaté* ou *crocoïse*. On le trouve aussi, en petite quantité, dans quelques aérolithes, dans la serpentine, l'émeraude, l'olivine, le grenat-pyrope, etc. Il forme avec l'oxygène deux bases salifiables, le *protoxyde* et le *sesquioxyde*, un *peroxyde* et un acide, l'*acide chromique*, qu'on obtient en belles aiguilles d'un beau rouge rubis, en ajoutant de l'acide sulfurique concentré à une solution de bichromate de potasse. » Les sels de protoxyde sont rouges; ceux de sesquioxyde sont verts, bleus ou violets. Le chrome métallique a été jusqu'ici sans usage; il n'en est pas de même de son oxyde, qui est employé dans les manufactures comme couleur verte pour peindre sur émail et sur porcelaine.

CHROMIDES (chimie). — Sous ce nom, Ampère désigne un genre de corps simples, et Beudant une famille de minéraux ayant le chrome pour type.

CHROMIQUE (ACIDE) (chimie). — Voy. *Chrome.*

CHRONIQUE [du gr. *chronos*, temps]. — Nom donné à l'histoire générale ou particulière dans laquelle les faits sont classés dans leur ordre de succession, ordinairement sans réflexion aucune; ce mot se dit surtout des vieilles narrations du passé, particulièrement du moyen âge. Les chroniques sont les premiers essais, les ébauches de notre histoire. C'est une nomenclature, un recueil d'événements, sans lien, sans critique, sans préoccupation des causes; c'est un registre où sont consignés avec indifférence les faits dans l'ordre de leur succession. La date seule y est. Point de discussion, point de commentaire. L'auteur écrit sans intérêt ni passion, fonctionne comme le rouage d'une machine. L'époque des chroniques s'étend jusqu'au seizième siècle, où commencent les mémoires. Du troisième siècle jusque-là, les chroniques se succèdent froides et impassibles. L'animation et la vie leur manquent toujours. Leurs rédacteurs sont des moines, des courtisans; ils reproduisent les faits et gestes officiels, ce qui regarde les princes, les églises, les couvents, spéculant sur la libéralité des grands et sur la piété des dévots. Du peuple, il n'en est pas question. Narrateurs ignorants et inintelligents, ils groupent les événements sans logique, les inscrivent sans clarté. Quelques-uns d'entre eux reprennent les œuvres de leurs devanciers; loin de les modifier, de les perfectionner, ils les altèrent et en voilent la simplicité primitive. Il y a des chroniques générales où plusieurs auteurs ont successivement travaillé; monuments confus et obscurs, caractères hiéroglyphiques dont il faut longtemps poursuivre le sens. L'histoire ne naît véritablement qu'au seizième siècle; elle est alors animée d'un souffle puissant; elle prend un caractère hardi et frondeur. Elle devient une force.

Les premiers chroniqueurs jusqu'à Charlemagne sont Grégoire de Tours et Frédégaire. Viennent ensuite Égnhard, Thégan, Ermold le Noir, Nithard, Frodoard, Raoul Glaber, Adalbéron, Hugues de Poitiers, Suger; puis Guibert de Nogent, Guillaume de Tyr, Albert d'Aix, Raymond d'Agiles, Jacques de Vitry, Raoul de Caen, Foulcher de Chartres; au treizième siècle, Pierre de Vaulx-Cernay, Guillaume de Puy-Laurens, Guillaume le Breton, Guillaume de Nangis, Robert Wace, Ordéric Vital, Guillaume de Poitiers. Vers cette époque, l'art confus se débrouille un peu, se sécularise en quelque sorte et se vulgarise. C'est le temps de Villehardouin, Henri de Valenciennes, Christine de Pisan, Froissart, Juvénal des Ursins, Monstrelet, Comines, Mathieu de Coucy. Ces derniers chroniqueurs n'ont pas, il est vrai, soumis les événements à une critique philosophique; mais ils les ont liés et groupés avec plus d'entente et d'intelligence. Ils ont dramatisé le récit, et déjà l'intérêt est éveillé. (LACHATRE.) — On a donné le nom de *Chronique scandaleuse* à une histoire de Louis XI, depuis 1460 jusqu'en 1483, attribuée à Jean de Troyes, greffier de l'hôtel de ville de Paris. Enfin on entend ordinairement par ce nom un recueil d'anecdotes sur les scandales de la vie privée.

CHRONIQUES (MALADIES) [du grec *chronos*, temps]. — On donne ce nom aux maladies dont la durée est longue ou la marche lente, comme on nomme *aiguës* celles dont la durée est courte et la marche rapide. Les anciens auteurs avaient fixé un terme absolu à la durée des affections aiguës et chroniques; la plupart rapportaient aux premières celles qui cessaient avant le quarantième jour; aux secondes, celles qui se prolongeaient au delà. Quelques-uns avaient pris pour limites, entre les unes et les autres, le soixantième jour. Mais, il est des maladies qui sont encore aiguës après ce terme; il en est qui sont chroniques quoiqu'elles cessent en quelques semaines. Toute affection dont les symptômes se développent, s'accroissent et se succèdent avec lenteur, est essentiellement chronique, lors même que, par le nombre de jours qu'elle dure, elle appartiendrait aux affections aiguës. D'après cela, on voit donc qu'il faut déduire la distinction non-seulement de la durée, mais aussi de la nature et de l'intensité des symptômes. Il est encore à remarquer que, la même affection pouvant passer insensiblement à l'état chronique après avoir eu une marche très-aiguë, il devient impossible de fixer le point où s'opère cette transformation. Il convient donc de ne pas attacher à cette division une trop grande importance.

Les maladies chroniques, sauf quelques rares exceptions, persistent ordinairement fort longtemps, le plus souvent pendant toute la vie, lorsqu'elles sont abandonnées à elles-mêmes. La plupart d'entre elles rendent non-seulement l'existence à charge aux malheureux qu'elles torturent, mais elles abrègent encore leurs jours. Si les maladies aiguës peuvent quelquefois se guérir par les seuls efforts de la nature, sans l'intervention de l'art, il n'en est pas de même dans les maladies chroniques. C'est, en effet,

dans ces affections que se révèle toute la puissance de la médecine. Aussi Cœlus Aurélianus, célèbre médecin du deuxième siècle, s'exprime-t-il ainsi en parlant des affections chroniques : « Les maladies » aiguës se guérissent assez souvent d'elles-mêmes, » soit par les seuls efforts de la nature, soit même » par un pur effet du hasard. Les maladies chro- » niques, au contraire, ne guérissent ordinairement » ni par le hasard, ni par le bienfait de la nature; » elles réclament formellement l'intervention d'un » médecin habile, et lui préparent, s'il réussit, une » part de gloire plus grande et plus assurée. » On ne saurait trop se pénétrer de ces préceptes; car, considérer comme incurables la plupart des maladies chroniques, c'est jeter le désespoir dans l'âme des malades et plonger les médecins dans le découragement. Il est déplorable de voir les hommes placés à la tête du corps médical par leur position scientifique et officielle professer et accréditer cette opinion, que les maladies chroniques sont des ennemis avec lesquels il faut s'accoutumer à vivre. Une pareille doctrine doit être énergiquement combattue, et il ne faut accepter qu'avec réserve l'arrêt suprême prononcé par ces savants trop habitués à se poser en souverains arbitres de nos santés. Quelque grave que soit la position d'un malade, on ne doit jamais le considérer comme incurable; car quel est l'homme dont le savoir et l'expérience sont assez étendus pour se prononcer d'une manière aussi affirmative? N'a-t-on pas vu, maintes fois, des malades abandonnés par leurs médecins, guérir par les seules forces de la nature? Il faut donc étudier avec persévérance les moyens dont la nature se sert pour opérer ces guérisons, et nous initier à ses actes; c'est là le seul moyen de tirer parti de toute la puissance bienfaisante de l'art de guérir.

L'abandon dans lequel les médecins ont laissé les personnes atteintes de ces affections, par suite du manque de confiance dans les ressources de la thérapeutique, a donné naissance au charlatanisme et aux industries médicales de toute sorte : c'est ainsi qu'on a vu surgir, tour à tour, l'*homœopathie*, la *médecine Raspail*, la *médecine chimique*, le *magnétisme* soi-disant *médical*, dont l'exploitation a été considérée par la loi comme un délit d'escroquerie passible de peines correctionnelles, etc. Tout le succès de ces industries, plus commerciales que scientifiques, ainsi que des remèdes spéciaux et secrets, consiste surtout dans une publicité habilement faite, à laquelle se laissent facilement prendre ceux qui cherchent partout une guérison dont la science a cherché à les faire désespérer. On doit donc poser comme une règle importante de ne jamais perdre ni l'espoir ni le courage. L'espérance suggère des idées, ouvre de nouvelles voies à l'esprit, et peut même rendre possible ce qui semblait ne point l'être. Celui qui n'espère plus cesse de penser; il tombe dans l'apathie, et le malade doit nécessairement périr, puisque celui qui était appelé à le secourir reste inactif.

Ne pouvant entrer ici dans les développements

nécessaires sur les causes, la nature, la marche, le traitement et la terminaison des nombreuses affections qui nous occupent, nous nous contenterons de poser, sous forme de considérations générales, les principes suivants :

1° Les maladies chroniques doivent, pour la plupart, leur existence à une cause générale, c'est-à-dire à un principe morbifique, faisant en quelque sorte partie de la constitution de l'individu dont la santé est soumise à cette influence. C'est donc cette cause qu'il faut s'attacher à connaître, et l'on y parvient le plus souvent en étudiant avec soin les manifestations par lesquelles elle annonce son existence ;

2° A une cause générale on ne peut appliquer qu'un traitement général. Pourtant, il arrive dans certaines affections, que la cause générale s'épuise, et que les symptômes qui restent constituent toute la maladie ; on doit, dans ce cas, s'attaquer au siége du mal par une médication locale ;

3° Le traitement des maladies chroniques doit surtout être basé sur l'hygiène et le régime. Ces deux bases de la thérapeutique, beaucoup trop négligées de nos jours, rendent pourtant les plus grands services à celui qui sait s'en servir avec discernement. Les anciens connaissaient bien toutes les ressources qu'elles pouvaient offrir, puisqu'en parlant de l'alimentation, Celse et Pline disaient : « Qu'un aliment » convenable, bien choisi, était le meilleur de tous » les remèdes, et qu'il y avait souvent plus de re- » mèdes dans la cuisine que dans la pharmacie. »

4° Les maladies héréditaires et de longue date, faisant, pour ainsi dire, partie de la constitution, exigent, pour qu'on arrive à une guérison radicale, un temps plus ou moins long, subordonné à l'ancienneté et à la gravité du mal ; on comprendra alors facilement de quelle importance peuvent être une hygiène spéciale et une alimentation destinée à régénérer en quelque sorte la constitution détériorée par le principe morbifique. Ce n'est qu'à la condition de ce traitement, autant hygiénique que médical, et par conséquent facilement supportable, que les malades peuvent rester soumis à une médication de longue durée, indispensable pour obtenir d'heureux résultats.　　Dʳ DESPARQUETS.

CHRONOGRAMME (littérature) [du grec *chronos*, temps ; *gramma*, lettre]. — Inscription dans laquelle les lettres numérales[1] forment la date de l'événement dont il s'agit. Par exemple, l'année des Vêpres siciliennes est marquée dans les lettres numérales de ce vers latin :

FranCorVM VrbIs sICVlVs fert fVnera Vespeɾ.

Voici le distique de Godard sur la naissance de Louis XIV, qui eut lieu en 1638, le jour où la constellation de l'Aigle se trouvait en conjonction avec le Cœur du Lion :

eXorIens DeLphIn aqVILa CoDIsqVe LeonIs
CongressV gaLLos spe LætItIaqVe refeCIt.

[1] On appelle lettres numérales celles qui, chez les Romains, tenaient lieu de nombre.

Les lettres capitales additionnées ensemble comme chiffres font, en effet, 1638.

CHRONOLOGIE [du gr. *chronos*, temps, et *logos*, discours]. — Science qui a pour objet de faire connaître les divisions du temps chez les différents peuples et de classer dans leurs rapports de succession ou de simultanéité tous les faits passés.

« Lorsque les divers calendriers furent réglés, on s'aperçut qu'il restait une partie non moins importante à organiser. Le calendrier était l'image de l'année, mais les années se succédaient comme les événements ; il fallait distinguer chacune d'elles de toutes les autres, l'individualiser en quelque sorte pour la reconnaître à des caractères certains Ce fut la suite des temps qui signala cette nécessité, à laquelle on pourvut par une échelle générale appelée ère, dont la diversité, chez les peuples de l'antiquité, ne fut pas moindre que celle de leurs calendriers. L'ère est donc le temps précis où certains peuples ont commencé à compter leurs années. Par exemple, les Grecs comptaient depuis la première olympiade, l'an du monde 3228 ; les Romains depuis la fondation de Rome, l'an du monde 3253 ; les chrétiens comptent depuis la naissance de J.-C., l'an du monde 4714 de la période julienne, et l'an 4004 de la période grégorienne, à laquelle on a donné le nom d'ère vulgaire, ou chrétienne. L'ère ou hégyre des Arabes et de tous les mahométans commence le vendredi 16 juillet de l'an 622 de l'ère vulgaire, époque de la fuite de Mahomet.

On nomme *époque* un laps de temps plus ou moins long, pendant lequel se sont passés certains événements qui s'y rapportent. Les campagnes d'Italie et d'Égypte eurent lieu à l'époque de la révolution.

On nomme *période* le temps qui s'écoule entre deux époques. La période julienne, inventée dans le seizième siècle par Joseph Scaliger, est une révolution de 7,980 ans, résultant du cycle lunaire, de l'indiction et du cycle solaire, multipliés l'un par l'autre. L'usage de ce grand cycle est de concilier les différentes opinions des chronologistes, et de rendre plus facile la réduction des années de toute époque quelconque aux années d'une autre époque. La première année de notre ère vulgaire est placée l'an 4714 de la période julienne ; d'où il suit que, pour trouver une année quelconque de Jésus-Christ, dans cette période, il faut ajouter 4713 à cette année : ainsi, pour connaître à quelle année répond l'an 1829 de Jésus-Christ, on ajoute à ce nombre 4713, et l'on obtient 6542, qui est l'année de la période julienne, à laquelle répond l'année 1829. On suppose, dans la chronologie, que cette période est plus ancienne que le monde de 710 ans.

Le *cycle lunaire* est une révolution de dix-neuf années, inventée par Méton, Athénien, qui observa qu'après dix-neuf ans la lune recommençait les mêmes lunaisons avec le soleil. C'est aussi ce qu'on appelle le Nombre d'or.

L'*épacte* est le nombre de jours dont l'année solaire commune surpasse l'année lunaire, en faisant commencer ces deux années en même temps : ce nombre est de près de onze jours pour un an. Le cycle des épactes expire et recommence avec le Nombre d'or.

L'*indiction* est une révolution de quinze ans, qui a été en usage chez les Romains, et que l'on marque cependant encore dans le calendrier.

Un *lustre* est un espace de cinq années. Ce mot veut dire purification, parce qu'au commencement de chaque année se faisait le dénombrement du peuple romain, après lequel les prêtres parcouraient les champs, en arrosant le peuple d'une eau appelée *lustrale.*

Une *olympiade* est un espace de quatre années révolues, ainsi appelé des jeux fameux qui se célébraient au solstice d'été, près de la ville d'Olympie, sur les bords de l'Alphée, en Élide.

Un *jubilé* est un événement remarquable, arrivé il y a un siècle, un demi-siècle ou un quart de siècle, et que l'on célèbre avec beaucoup de solennité. Les catholiques donnent ce nom à un espace de temps de trois ou six mois, ou même une année, consacré par la pénitence à obtenir indulgence plénière, c'est-à-dire rémission de tous les péchés.

Un *siècle* est l'espace de cent années, réglées par le même nombre de révolutions solaires.

Nones étaient, dans le calendrier romain, le cinquième jour des mois de janvier, février, avril, juin, août, septembre, novembre et décembre, et le septième des mois de mars, mai, juillet et octobre. Ces quatre derniers mois avaient six jours avant les nones, et les autres quatre seulement.

Ides étaient un terme d'usage chez les Romains pour compter et distinguer certains jours du mois. Les ides venaient le treizième jour de chaque mois, excepté dans les mois de mars, mai, juillet et octobre, où elles tombaient le quinzième, parce que ces quatre mois avaient six jours devant les nones, tandis que les autres en avaient seulement quatre. On donnait huit jours aux ides : ainsi le huitième dans les mois de mars, mai, juillet et octobre, et le septième dans les huit autres. On comptait le huitième avant les ides, et de même en diminuant jusqu'au douze et au quatorze, qu'on appelait la veille des ides, parce que les ides venaient le treize ou le quinze, suivant les différents mois. Les ides commençaient le lendemain du jour des nones, et duraient huit jours.

Les *calendes* étaient, dans la chronologie romaine, le premier jour de chaque mois. (Voy. *Calendes*.)

Un *synchronisme* est la coexistence de deux faits à une même époque. Une faute contre la chronologie s'appelle anachronisme. »

La chronologie est une science moderne. Les peuples, dit Lachâtre, au début de leur existence, manquent de signes pour représenter et fixer leur pensée. Ils n'ont aucune connaissance astronomique, et il leur est impossible de diviser le temps et d'assigner aux événements un ordre de succession. Aussi, ces premières époques sont-elles appelées *fabuleuses.* Une partie des événements perdus dans l'immensité des temps nous échappe; elle est livrée aux conjectures, aux imaginations; elle nous arrive

tout allégorique et merveilleuse. Elle est sans valeur à nos yeux. Plus tard, la nature est observée. Le peuple, les individus pourront inscrire les événements de leur existence sous des périodes différentes. Une sorte d'anarchie régnera d'abord, mais bientôt tout se réglera, et pas une époque ne se se produira, qui, si bien remplie qu'elle soit d'idées et de faits, ne soit inondée de lumière et ne soit parfaitement en relief aux yeux de la postérité. On a distingué la *chronologie mathématique,* qui est la division du temps, la *chronologie historique,* qui est le classement des événements, la *chronologie positive,* qui est le récit coordonné de faits bien établis, et la *chronologie litigieuse,* qui a enregistré les faits obscurs et douteux. Maintenant, la chronologie est-elle toute l'histoire, le simple exposé des faits contient-il la vie des âges écoulés? Non, cette froide exhibition n'est pas le but de la science historique. Elle doit nonseulement recomposer le passé évanoui, lui rendre sa forme, mais encore l'animer de son souffle puissant et le faire mouvoir. Rendre tout le passé réellement et absolument présent, reproduire jusqu'à la vie intime, jusqu'au caractère intellectuel, social de chaque époque, tel est son but. Il ne faut pas que les peuples qu'elle évoque apparaissent à l'état de squelettes, mais de corps vivants; il faut qu'ils passent successivement devant nous par toutes les périodes de la vie. C'est là principalement sa mission de l'histoire. La chronologie pure, l'énumération des événements est une galerie de tombeaux que traverse l'histoire, et où elle éveille par sa puissance les peuples endormis.

CHRONOMÈTRE (physique) [du grec *chronos,* temps, et *metros,* mesure]. — Instrument destiné à mesurer le temps, tel que les pendules, les montres, les horloges. On donne spécialement le nom de chronomètre aux montres marines, montres mesurant les plus petites fractions de temps avec une parfaite exactitude. Aujourd'hui, on construit des chronomètres qui permettent d'apprécier exactement un dixième de seconde. Les chronomètres servent en mer pour trouver la longitude; on les utilise dans les recherches de physique pour évaluer le temps avec précision. On est parvenu à corriger dans ses instruments les effets de la dilatation, à rendre parfait l'isochronisme du spiral régulateur, à régulariser le mouvement des engrenages, et à rendre presque nul le frottement de toutes les pièces; mais il n'a pas encore été possible de détruire les effets des forces magnétiques ou électriques auxquelles les pièces métalliques dont se compose l'instrument sont successivement exposées dans les différentes parties du globe qu'elles traversent. Les premiers chronomètres furent construits, au commencement du dernier siècle, par Graham, célèbre horloger anglais. Le chronomètre de poche de Breguet est le plus parfait qui existe. Une horloge inventée par M. Peschot porte le nom de chronomètre : elle consiste en une aiguille fixée sur un pivot immobile, et sur un cadran qui peut être transparent. On n'aperçoit pas le moteur, qui est caché dans une des extrémités de l'aiguille, dont il fait varier constamment le centre de gravité, ce qui détermine un mouvement régulier de rotation. Enfin, M. Despiaux a donné le même nom à un instrument qu'il a inventé en 1812 pour régler les mouvements de la musique. — Voy. *Métronome.*

CHRYSALIDE (zoologie) [du grec *chrysos*, or, à cause de l'éclat métallique dont brillent quelques chrysalides]. — Nom donné à la *nymphe* de tous les

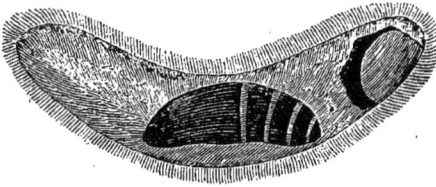

Fig. 22. — Chrysalide du Bombyx.

insectes. Ce mot s'entend surtout de la nymphe des lépidoptères ou de la première métamorphose que subit la chenille avant de devenir papillon. En cet

Fig. 23. — Chrysalide de Vanesse.

état, l'insecte est comme emmaillotté dans une enveloppe qui le cache entièrement ou qui en dessine les contours ; il ne prend aucune nourriture et reste

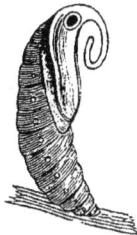

Fig. 24. — Chrysalide du Sphynx.

dans l'immobilité la plus complète. Certaines chrysalides (celles des mouches, par exemple) ont la forme d'une petite graine ovoïde : on les appelle vul-

gairement *fèves*; celles des papillons diurnes sont plus ou moins anguleuses, tandis que celles des papillons nocturnes et crépusculaires sont toujours arrondies et cy'indrico-coniques. La couleur des chrysalides diurnes est généralement brillante et métallique, ce qui leur a valu le nom d'*aurélies*; les

Fig. 25. — Chrysalide du Liparis.

autres sont ordinairement brunes ou noires. Certaines chrysalides sont renfermées dans une enveloppe de soie fine dite *cocon* (vers à soie); d'autres sont nues et suspendues par leur extrémité inférieure à un tissu de soie (papillons diurnes); quelques-unes sont enfoncées dans la terre (sphynx); d'autres, enfin, attaquent la fourrure et les étoffes de laine, et

Fig. 26. — Chrysalide du papillon Podalirius.

se font, aux dépens des poils de la laine, un petit étui dans lequel s'accomplit la métamorphose. Ces insectes restent à l'état de chrysalide plus ou moins longtemps, suivant les saisons ou les espèces. Le moment de l'éclosion arrivé, le papillon s'échappe par une fente qui se fait au dos. »

CHRYSANTHÈME (botanique) [du grec *chrysos*, or, et *annemon*, fleur]. — Genre de plantes de la famille des composées, comprenant des herbes ou des arbrisseaux originaires de l'Europe et de l'Afrique, dont les fruits sont à trois côtés ou à trois ailes. Les plantes cultivées dans nos jardins sous le nom de *chrysanthèmes* appartiennent au genre pyrèthre. (Voy. ce mot.)

CHRYSOCALQUE (technologie) [du grec *chrysos*, or; *calchos*, airain]. — Alliage de cuivre et de zinc qui offre plus ou moins l'apparence de l'or. Il se nomme aussi *cuivre jaune* ou *laiton*, *similor*, *or de Manheim*, etc.

CHRYSOLITHE (minéralogie) [du grec *chryso-lithos*, pierre d'or]. — Pierre précieuse du second ordre sur laquelle ne sont d'accord ni les minéralogistes ni les lapidaires, confondue qu'elle est souvent par les uns et les autres avec le péridot et la cymophane, dont elle diffère cependant à plus d'un titre.

Établissons d'abord l'aberration de son nom, eu égard à ses qualités. Il est évident que la chrysolithe des anciens était notre topaze jaune d'or, et non point la pierre tantôt jaune verdâtre, tantôt vert pomme mêlé de jaune, que nous désignons sous ce nom; car Pline dit que la chrysolithe est plus belle que l'or, et que l'on ne doit la monter qu'à jour.

Moins dure que toutes les autres pierres gemmes, puisqu'elle tient le dix-neuvième rang à l'échelle de dureté dont le diamant est l'unité suprême, la chrysolithe actuelle se laisse rayer par le quartz et souvent par la lime; cristallisée primitivement en prisme droit à base rectangulaire, jouissant à un haut degré de la réfraction double, bien transparente et présentant un vif éclat; elle a été souvent employée dans les parures au commencement de ce siècle.

Depuis, la mode, cette souveraine si capricieuse, l'a reléguée au dernier rang des pierres précieuses, où elle est, du reste, placée naturellement par la mollesse de sa pâte et l'incertitude de sa couleur.

D'une pesanteur spécifique de 2,6 à 2,7, la plus minime de celle des pierres gemmes, elle a donné à l'analyse les résultats suivants assez différents :

	Klaproth.	Vauquelin.
Silice..............	39	38
Magnésie...........	43,5	50,5
Oxyde de fer........	19	9,5

La cassure de la chrysolithe est conchoïde; soumise au chalumeau avec addition de borax, elle se fond en un verre d'un vert pâle.

Cette substance minérale est souvent distinguée par l'adjonction du nom du lieu où on l'a trouvée, et parfois aussi par quelques différences de dureté appréciables à la meule du lapidaire, ou par quelques divergences dans les couleurs.

La plus estimée est la chrysolithe dite *orientale*, qui n'est autre que la topaze d'Orient, d'un beau jaune paille, mêlé d'une légère nuance de vert pomme. Celle-ci est, du reste, assez dure pour rayer le cristal de roche; cependant elle diffère encore beaucoup avec la cymophane (nommée aussi par quelques-uns chrysolithe orientale), dans la composition de laquelle les 38 de magnésie sont remplacés par 71 d'alumine. On la trouve à Ceylan, à Amarapourach (Indo-Chine), dans l'empire des Birmans, et à Chantabury, dans le royaume de Siam.

La chrysolithe du Brésil ou occidentale, et dont on rencontre tant de cristaux dans les mines de diamants de cette contrée, est d'un vert pomme jaunâtre, mais d'une teinte beaucoup plus claire que le péridot, et parfois aussi d'une belle couleur d'or, tirant tant soit peu sur le vert; sa forme, du reste, empêche

qu'on ne la confonde, à l'œil, avec les diamants bruts colorés.

La chrysolithe de Bohême lui est bien inférieure, quoique d'un jaune d'or foncé, mais mélangé d'une teinte vert sale. Celle de Saxe n'est qu'une variété verdâtre de la mauvaise topaze de ce pays. Il existe encore une autre espèce, mais beaucoup plus commune, désignée sous le nom de *chrysolithe ordinaire* ou *des joailliers*. On la trouve en Espagne; elle est cristallisée en prisme hexaèdre, dont les arêtes sont abattues, et terminé à chacune de ses extrémités par un sommet à six faces. Cette variété n'est qu'un phosphate de chaux, et est encore plus tendre que les autres.

Les terrains volcanisés, les laves, les basaltes, contiennent souvent des grains irréguliers ayant tous les caractères de la chrysolithe, cependant nous croyons que ce ne sont que des schories colorées.

L'art du lapidaire donne le plus souvent aux cristaux de chrysolithe la forme ovale, ornée de facettes; comme la majeure partie des pierres précieuses, on la met parfois aussi en cabochon; son peu de dureté permet de la tailler sur la roue de plomb, légèrement imbibée d'émeri; la plus grande difficulté est de lui donner son poli parfait, qu'on n'obtient qu'avec peine sur la roue de cuivre. CH. BARBOT.

CHRYSOMÈLE (zoologie) [du grec *chrysos*, or; *mèlon*, pomme]. — Genre d'insectes coléoptères, comprenant une infinité d'espèces répandues sur tout le globe, mais dont les deux tiers appartiennent à l'Europe. Ce sont des insectes qui redoutent le soleil, et vivent en agrégation, demeurant en repos tout le jour, fixés aux feuilles, aux tiges, au pied des plantes, ou cachés sous les écorces, les pierres des terrains arides, etc. Ils ne s'agitent guère que pendant la nuit pour prendre leur nourriture, qui consiste en feuilles. Lorsqu'on les saisit, ils rendent par la bouche une liqueur roussâtre abondante, raidissent leurs pattes et se tiennent immobiles et comme morts.

CHYLE (physiologie) [du grec *chylos*, décoction, suc]. — Liquide blanchâtre, d'une odeur fade, d'une saveur douce chez la plupart des animaux, et qui, selon l'opinion commune, constituerait la partie nutritive extraite des aliments par la digestion. D'après Magendie, la quantité de chyle versée dans la circulation est au moins de 190 grammes par heure pendant les deux ou trois heures que dure la chylification; mais, hors le temps de la digestion, il n'y a que très-peu de chyle, et, après vingt-quatre heures d'abstinence, les vaisseaux chilifères ne contiennent plus que de la lymphe. Les physiologistes ont, en effet, regardé jusqu'à ce jour le *chyle* comme la quintessence nutritive des aliments après leur élaboration par les sucs de l'estomac, du foie et du pancréas. « Ce jus nourricier, absorbé dans les chylifères (vaisseaux lymphatiques de l'intestin), venait, selon eux, se déverser dans le sang pour réparer les pertes de ce liquide dans son passage à travers les organes. En débarrassant cette théorie de son mysticisme, on fit ensuite du chyle une substance de nature complexe, de composition peu définie et essentiellement variable, puisque les aliments peuvent être des matières albuminoïdes (viandes, albumine végétale, etc.), ou des corps gras (huiles, graisses, etc.), ou des aliments féculents (sucre, amidon, etc.) ; mais récemment, les expériences brillantes du Dr Claude Bernard viennent de limiter le rôle des chylifères et de définir nettement le chyle. Ce physiologiste, dans ses recherches sur le suc pancréatique, observa que ni les substances albuminoïdes, ni les aliments féculents n'étaient absorbés par les chylifères. Ces vaisseaux n'absorbent en réalité que les corps gras, et le chyle est tout simplement une émulsion de graisse dans le suc pancréatique. Les expériences à ce sujet paraissent claires, faciles, probantes. C'est précisément aux glo-

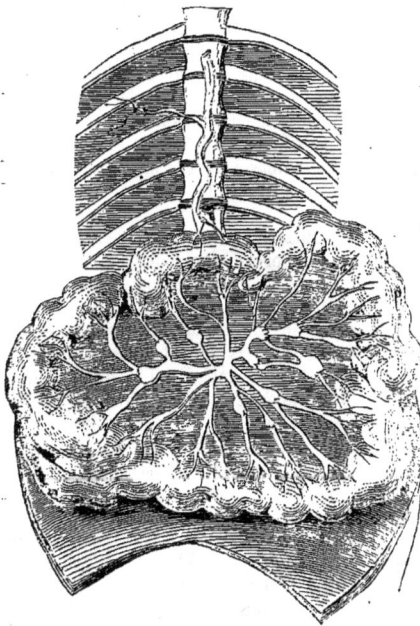

Fig. 27. — Vaisseaux chylifères.

bules de graisse suspendus dans le suc du pancréas que le chyle doit son aspect laiteux, nacré, qui donne aux lymphatiques de l'intestin leur coloration particulière et caractéristique. » Le chyle ne paraît pas différer très-sensiblement dans la même espèce animale en raison de la diversité des aliments ; mais il offre des différences dans chaque espèce, alors même que la nourriture est identique. Cependant, d'après Leuret, Lassaigne et Buisson, le chyle fourni par l'alimentation animale contient plus de fibrine ; selon Marcet, le chyle provenant de l'ingestion de substances végétales contient trois fois plus de carbone que le chyle dû aux substances animales. Le chyle animal est laiteux, et offre un coagulum rosé ; le chyle végétal est moins opaque, et donne un coagulum incolore. En un mot, le premier est plus riche en albumine que le second.   Dr Henniech.

CHYLIFICATION (physiologie). — Formation du chyle dans le *duodénum*, première partie de l'intestin grêle. Lorsque la chymification est opérée, l'ouverture gastro-duodénale ou pylorique, fermée jusqu'alors exactement, se dilate par degrés, et, poussé par les contractions péristaltiques du cardia vers le pylore, le chyme passe dans le duodénum au fur et à mesure qu'il se forme. Ce passage n'est pas continu, mais en quelque sorte intermittent, comme les contractions péristaltiques stomacales. La matière chymeuse s'accumule dans le duodénum, où elle est retenue longtemps et ballottée plusieurs fois afin que les changements qu'elle doit subir puissent se faire plus aisément. C'est dans cet intestin, en effet, que, se mêlant à la bile, au suc pancréatique, aux humeurs folliculaires de la muqueuse, et subissant l'influence de l'innervation, elle se convertit en chyle. (Voy. ce mot.)

CHYME, CHYMIFICATION (physiologie). — On entend par *chymification* la conversion des aliments en *chyme*, espèce de pâte liquide grisâtre ou d'un blanc sale, homogène, visqueuse au toucher, d'une saveur acide et d'une odeur fade et nauséabonde. Dans la première heure qui suit le repas, le fluide folliculaire et le suc gastrique imbibent la masse alimentaire, déjà animalisée par l'insalivation ; puis, soumise à l'action de la muqueure stomacale, elle se couvre bientôt de liquide chymeux, qui se présente alors comme une bouillie demi-fluide. L'action de l'estomac n'est pas bien connue dans la chymification, mais tout porte à croire que la digestion est une opération tout à la fois chimique, mécanique et vitale : chimique, parce qu'il y a dissolution des aliments par les mucosités, la salive et le suc gastrique, et formation de gaz par une sorte de fermentation ; mécanique, parce que l'estomac exécute des mouvements de contraction qui favorisent la dissolution, et qui *triturent* en quelque sorte les aliments ; vitale, parce que, avant tout, l'action nerveuse est nécessaire à la fonction. Or, l'innervation gastrique a une double source : d'une part, elle provient du système ganglionaire, par les nerfs émanés des ganglions semi-lunaires qui président à la circulation sanguine propre à l'organe digestif et à la sécrétion des fluides composant le suc gastrique ; d'autre part, elle émane du cerveau par les pneumogastriques qui sont destinés à communiquer les mouvements à ce même organe et à avertir du sentiment de la faim et de la satiété. » Nous avons vu que le chyme a une odeur fade et une saveur acide. Les réactifs n'y indiquent pas cependant la présence d'un acide libre. Quoique d'apparence homogène, cette substance contient des principes fort différents ; on y retrouve, en effet, tous les principes immédiats des aliments ingérés dans l'estomac, car ils n'ont reçu encore d'autre altération qu'une division extrême, qui les dispose à se séparer les uns des autres, qui rompt le plus possible leur affinité sans les faire changer de nature, et les met dans l'état le plus propre à faciliter l'action de la chylification.

CIBOIRE (en latin *ciborium*, de *cibus*, aliment, ou

du grec *kiborion*, espèce de courge dont on faisait des vases à boire). — Vase religieux en forme de coupe relevée, ayant son couvercle surmonté d'une croix, et monté sur un pied allongé.

Il est destiné à recevoir et conserver les hosties consacrées.

Ce mot, chez les Égyptiens, était le nom d'une espèce de *nymphœa*, en forme de calice, plante qui croît en Egypte et qui dut servir de vase à boire dans l'antiquité.

Le prêtre qui officie et fait communier les fidèles bénit et consacre la quantité d'hosties suffisante pour ceux qu'il suppose devoir s'approcher de la sainte table, il les dépose à cet effet dans le ciboire, avant de les distribuer.

Le ciboire est ensuite enfermé précieusement dans le tabernacle qui est placé sur l'autel, et est mis sous la sauvegarde de la Divinité. C'est en effet l'endroit où se trouve la figure du Christ, et par conséquent qui doit être le plus sacré.

Le ciboire des premiers chrétiens fut de bois, de marbre et de verre; mais quand le vaisseau du christianisme marcha à pleines voiles, les nouveaux convertis firent des dons considérables : les bijoux, les pierres précieuses, les vaisselles d'or et d'argent abondaient dans les temples pour se transformer en richesses d'orfévrerie de toutes sortes, destinées à orner les autels et les habits des prêtres. Ce culte marcha alors rapidement vers son apogée, tant il est vrai que, outre la haute morale et les préceptes qu'il renferme, l'éclat dut être d'une énorme influence pour hâter son succès. Pendant l'espace d'un siècle environ, sous la première race, l'Église s'agrandit dans des proportions colossales, comparativement aux siècles précédents. Le temps des martyrs fut heureusement terminé, et leurs successeurs n'eurent plus qu'à jouir et gouverner leur puissance.

Les ciboires furent toujours de matières précieuses; ceux de notre temps sont en vermeil et quelquefois ornés de pierres fines.

A différentes époques, on trouva quelques fragments de ciboires, coupes ou gobelets sacrés, dans le fond de la Seine, au bas du quai des Orfévres, puis encore en amont et en aval du pont au Change : nul doute qu'ils ne provinssent des marchands orfévres et changeurs qui habitèrent longtemps ces emplacements et dont le fleuve baignait les maisons, comme on voit encore aujourd'hui une partie de l'Hôtel-Dieu.

Il dut s'y enfouir une quantité innombrable de joyaux de toute espèce, soit par l'écroulement successif de ce pont, soit par les auvents des ateliers qui présentaient peu d'obstacles au passage des objets qui pouvaient s'échapper par mégarde. On a encore découvert, en 1857, lors des démolitions des dernières piles du pont Saint-Michel, à Paris, divers objets d'orfévrerie, parmi lesquels était une coupe ayant la forme du ciboire.

Avant l'invention du ciboire, on conservait les hosties dans une colombe d'argent suspendue au-dessus de l'autel, ou dans les baptistères, ou même sur les tombeaux des martyrs. Ce fut dans un concile tenu à Tours qu'on décida que désormais les hosties seraient renfermées dans un vase, coffre ou tabernacle au-dessous de la croix de l'autel.

M. Melchiorri appelle *ciboires* les tombeaux des papes qui existent dans la crypte souterraine de Saint-Pierre, au Vatican.

Gervais, de Cantorbéry, applique ce mot à toute construction religieuse en forme de voûte supportée par quatre colonnes.   E. PAUL.

CIBOULE (botanique) [du latin *cipula*, petit oignon]. — Espèce du genre *allium*, de la famille des liliacées, cultivée pour les assaisonnements : elle se reconnaît à sa tige grêle, à ses fleurs purpurines et à ses feuilles aussi longues que la hampe.

CICADAIRES (zoologie) [du latin *cicada*, cigale]. — Famille d'hémiptères dont les ailes sont diaphanes et disposées en toit dans le repos; les antennes toujours terminées par une soie, et dont les femelles sont pourvues d'une tarière dentée. On la partage en trois sections; savoir :

1° Les CIGALES, qui ont 3 ocelles, 10 articles au moins aux antennes, les pieds impropres au saut, et un organe musical à la base de l'abdomen chez les mâles;

2° Les CICADELLES : 2 ocelles, 3 articles aux antennes, pieds propres au saut, point d'organe musical;

3° Les FULGORELLES : ocelles placés au-dessous des yeux; 3 articles aux antennes, pieds propres au saut; absence d'organe musical. Tous ces insectes vivent sur les végétaux qu'ils percent de leur trompe.

CICADELLE (entomologie) [du latin *cicada*, cigale]. — Hémiptères de la famille des cicadaires muets; on en compte un grand nombre d'espèces, toutes de petite taille, offrant souvent des couleurs très-variées. La *cicadelle verte* est une des plus communes dans nos environs; elle a la tête jaune avec des points noirs et les élytres verts.

CICATRICE (médecine légale). — Tissu fibrocelluleux qui réunit les solutions de continuité des corps vivants. Elles fournissent au médecin légiste certains signes caractéristiques propres à éclairer les questions d'identité ou à déterminer la direction, la profondeur, la nature et la cause des plaies récentes ou anciennes.

Lorsque les chairs sont seulement divisées, et qu'il n'y a point d'inflammation, le recollement s'opère rapidement à l'aide de la lymphe coagulable qui se répand entre les lèvres de la plaie et se solidifie en adhérant aux deux bords; mais s'il y a perte de substance, la plaie s'enflamme, puis suppure; si cette plaie suppurante a une certaine étendue, il se forme des bourgeons charnus, et bientôt apparaît une membrane rouge et mince qui s'étend de proche en proche, acquiert chaque jour plus de consistance, et finit par fermer complétement la plaie.

Les cicatrices récentes sont plus ou moins rouges, molles, bleuâtres; peu à peu elles deviennent plus sèches et d'un blanc plus ou moins mat : elles diffèrent d'ailleurs de la peau par l'absence de follicules sébacés, de bulbes pileuses et de transpiration.

La nature et l'origine des plaies font varier la configuration de la cicatrice. Selon le docteur Martel, elle est le plus souvent *linéaire* dans les parties où la peau est lâche ; *concave* au pli de l'aîne, à l'aisselle, dans l'intervalle des doigts ; *elliptique* selon la tension de la peau.

Les cicatrices des brûlures sont couturées, à bords rugueux, inégaux ; celles qui proviennent d'abcès scrofuleux sont nombreuses, et cèdent surtout dans la région cervicale. Tous les médecins connaissent d'ailleurs les cicatrices dues à la phlébotomie, aux saignées locales, à la vaccine, à la variole confluente, etc.

On est quelquefois appelé pour constater l'identité, à reconnaître la présence d'une circatrice ancienne : il suffit alors, dit Devergie, si la trace n'en est pas visible à l'œil, de frapper la peau avec la paume de la main, ou de la frotter de manière à la faire rougir, pour obtenir la trace blanche de la cicatrice au milieu de la coloration rose du tissu de la peau. Ce moyen peut être employé avec beaucoup de succès pour reconnaître les marques anciennes des forçats. Le caractère serait de nulle valeur si la totalité du tissu muqueux de la peau n'avait pas été attaquée par l'instrument tranchant. Il manque même quelquefois, lorsque la blessure a été faite avec un instrument très-tranchant ; que ses bords sont très-nets ; qu'elle n'intéresse pas toute l'épaisseur du derme, et qu'elle date d'une époque éloignée.   B. LUNEL.

CICATRISATION (pathologie externe).—Formation d'une cicatrice. — Les phénomènes *locaux* des plaies consistent d'abord dans une douleur plus ou moins vive due à la lésion de filets nerveux, un écoulement de sang variable en quantité suivant le volume des vaisseaux ouverts, un écartement plus ou moins grand des lèvres de la plaie suivant l'étendue de la solution de continuité et la nature de la cause vulnérante. Puis, à ces phénomènes tout à fait immédiats succèdent ceux qui accompagnent le travail de réparation, ou la *cicatrisation*.

La *cicatrisation*, résulat des phénomènes qui ont lieu à la surface d'une plaie en voie de guérison, s'opère de deux manières différentes suivant que la solution de continuité doit ou ne doit pas suppurer. Voici comment elle se forme dans les plaies *non suppurantes*. L'écoulement de sang cesse bientôt, à moins qu'il n'y ait lésion de quelque artère ; les bords divisés se gonflent par l'effet de l'irritation qui se déclare, et s'enflamment légèrement. Cette inflammation, appelée *adhésive*, est nécessaire pour provoquer l'exhalation du liquide demi-concret, connu sous le nom de *lymphe coagulable* ou *lymphe plastique*, qui s'organise rapidement pour former une couche adhérente aux deux bords de la plaie qu'il maintient rapprochés, et entre lesquels il rétablit la circulation. Ce mode de cicatrisation s'appelle par *première intension*. Plusieurs conditions sont nécessaires pour que la cicatrice s'organise promptement et solidement. Il faut : 1° que la plaie soit récente et sans bourgeons charnus développés à sa surface ; 2° que la réunion de ses bords soit immédiate et que ceux-

ci soient maintenus dans un rapport exact ; 3° que l'action organique ou les propriétés vitales soient conservées à un degré suffisant dans les parties rapprochées ; 4° que la plaie ne recèle aucun corps étranger, qu'elle soit par conséquent bien nettoyée et épongée ; 5° que l'inflammation nécessaire au travail de cicatrisation ne soit ni trop faible ni trop prononcée, qu'elle soit au degré voulu par l'*adhésion* ; 6° que la plaie ne soit pas contuse, car le froissement, la contusion des tissus altère leur action vitale, et les rend impropres à réagir efficacement pour la cicatrisation.

Outre ces conditions, toutes externes et nécessaires à la réunion immédiate des plaies, il en est d'autres qu'on peut appeler internes parce qu'elles se rattachent à l'âge du blessé, à son état habituel de santé, à sa constitution, etc. En effet, les cicatrices par première intension s'obtiennent plus facilement chez les enfants, dont les chairs jouissent d'une grande vitalité, que chez les adultes et surtout les vieillards. Chez le même sujet, elles sont également plus promptes suivant les tissus et leur degré de vascularisation, car l'on sait que les plaies guérissent plus promptement à la face qu'aux jambes, par exemple. Il est des personnes qui, quoique étant bien portantes habituellement, ont une disposition générale telle, que la moindre cause d'irritation, la plus petite plaie chez elles est suivie de suppuration. Toutefois, cela ne doit pas accréditer une erreur trop répandue parmi les gens du monde, à savoir que le pus est une humeur altérée qui existe en quelque sorte toute formée dans l'économie, et dont il faut se débarrasser. Ces idées, comme la plupart des préjugés en médecine, sont dues aux vieilles opinions sur l'humorisme et sur la viciation des humeurs, qu'on qualifiait de toutes sortes d'épithètes, telles que *acrimonieuses, peccantes, noires*, etc. (Dr *Bossu*.)

La cicatrisation n'appartient pas seulement aux tissus vivants et sensibles, les plantes partagent aussi cette propriété. Tout bois, a dit un naturaliste, toute écorce divisée tend à se ressouder, et, lorsque les solutions de continuité sont trop considérables, la nature fait encore des efforts inouïs pour recouvrir les parties exposées à la lumière ; c'est au point qu'elle réussirait toujours, si l'accroissement même du végétal en diamètre ne combattait pas cette force de rapprochement des bords de la plaie. Ici, comme pour les animaux, il y a épanchement d'une séve coagulable, formation de vaisseaux de toute nature, que protège une écorce d'un gris rougeâtre d'abord, mais qui, bientôt, s'épaissit et se forme de toute pièce. C'est à la cicatrisation des plantes qu'on doit la présence de ces corps étrangers qu'on trouve souvent dans l'épaisseur des troncs d'arbres, tels que des chevilles, des cailloux, des clous et, le plus souvent, des balles de plomb.

CICINDÈLE (zoologie) [du latin *cicindela*, mouche luisante]. — Genre de coléoptères pentamères de la famille des carnassiers, dont les caractères sont : tête saillante, yeux gros ; mandibules arquées et armées de dents aiguës et robustes; abdomen en carré long, arrondi postérieurement, beaucoup plus large que le corselet. Ces insectes, gracieux dans leurs formes et brillants de couleurs, habitent ordinairement les lieux arides et découverts; ils vivent du produit de leur chasse. Leur démarche est vive et légère, leur vol court et rapide; ils déposent leurs larves dans le sable. Les espèces de ce genre sont très-nombreuses; la plus grande partie habitent les contrées chaudes. Cependant on les rencontre plus souvent chez nous au printemps et en automne que dans les fortes chaleurs.

La CICINDÉLE DES CHAMPS, longue de 15 millimètres environ, a le labre et les mandibules blancs, les élytres ornés de dix bandes blanches, les pattes cuivreuses; dans la CICINDÉLE HYDRIQUE, le fond de la couleur est d'un bronzé brun. La larve de cette dernière est intéressante à connaître. Longue de près de trois centimètres, d'un blanc sale, formée de 12 segments, dont le premier, ainsi que la tête, sont écailleux et d'un vert bronzé en dessus; elle creuse dans le sable un trou de 30 centimètres de profondeur,

Fig. 28. — Cicindèle et sa larve.

en se servant de ses pattes et de ses mandibules; elle vide les déblais en les portant sur sa tête, et lorsque son travail est terminé, elle se met en embuscade à l'entrée de sa demeure; la tête, au ras du sol, bouche entièrement l'ouverture; si un insecte passe à sa portée, elle le saisit avec ses mandibules, baisse la tête, fait une culbute, et se précipite avec sa proie au fond de sa retraite, où elle la déchire à loisir. Lorsque les cicindèles sont pour changer de peau, ou pour passer à l'état de nymphe, elles bouchent l'entrée de leur trou. (G.)

CICUTAIRE (botanique) [du latin *cicuta virosa*, ou *cicutaria aquatica*, nommée aussi ciguë vireuse ou cicutaire aquatique]. — Plante vénéneuse de la famille des ombellifères, tribu des sérélinées. Ses pétales sont cordiformes, son involucre nul ou d'une seule foliole, ses fleurs blanches. Sa racine, qui ressemble à celle du panais, a quelquefois causé des méprises funestes.

CIDRE (boisson) [de l'hébreu *sichar*, liqueur fermentée, du grec *sikera*, liqueur enivrante]. — Le cidre se fabrique dans tous les pays où il y a des pommes sauvages, c'est-à-dire dont l'arbre n'est pas greffé. La pomme à couteau, proprement dite de table, peut être employée pour cette boisson. La pomme à cidre est douce, très-juteuse, et, lorsque l'on mord dedans, elle laisse une âcreté dans la bouche qui flatte peu le palais.

En France, la Normandie, la Picardie, la Brie, sont les contrées où le cidre se fabrique en grande quantité, la Normandie surtout; aussi ce pays est-il à juste titre celui qui jouit de la plus grande renommée, particulièrement les vallées de Bray, d'Auge, Montigny, Préaux, etc., etc.

Nous allons donner un aperçu de la manière dont le cidre se fabrique. Elle est la même partout.

On écrase les pommes dans une auge en pierre et circulaire par le moyen d'une roue ou meule, aussi en pierre, qui roule verticalement sur le fruit par le moyen d'un manége. Si les pommes rendent beaucoup de jus, on verse très-peu d'eau, pour aider à bien écraser la pomme. Lorsque le fruit est dans un état de marmelade, on le transporte sur un pressoir pour en extraire le jus, qui est mis dans des cuves. Là, il fermente comme le vin, et lorsque l'écume forme une croûte épaisse et compacte, on doit la surveiller afin de ne pas la laisser retomber au fond. Ensuite on soutire la liqueur, qui est transportée et mise dans de grands fûts. Elle se fortifie, prend de la consistance, et, au bout de quelques jours, on peut la boire.

Il arrive parfois que le cidre n'éclaircit pas ou presque pas, soit par la trop grande quantité d'eau qui y a été mêlée, soit que le cellier ne soit pas d'une température convenable; alors on a recours aux moyens factices qui sont presque toujours ou sans effets, ou nuisibles et même dangereux. Nous devons les citer, afin que les personnes qui liront cet article se tiennent en garde et se rendent compte des douleurs qu'elles ressentiraient après avoir bu du cidre. D'abord on précipite de la cendre rouge; cela ne produisant aucun effet, on a recours aux sels chimiques, tels que l'alun, sel composé d'acide vitriolique ou sulfurique et de terre alumine, ou l'acétate de plomb, sel formé par l'union de l'acide acétique.

Ces deux produits, dirons-nous, sont très-dangereux, le dernier surtout, puisqu'une ordonnance, de 1852, en défend l'usage, attendu que le sel de plomb, restant dans le cidre, occasionne d'affreuses coliques appelées coliques saturnines.

Le cidre fabriqué à Paris doit être bu tout de suite, et, impartialement parlant, nous le déclarons sans aucune valeur. La raison la voici : peu de pommes, beaucoup d'eau, et forte quantité de sirop de fécule de pommes de terre; donc il ne peut être bon.

Le cidre, en général, n'est pas une boisson saine, elle produit sur les nerfs le même effet que le vin blanc et enivre. Il faut donc en user modérément, à moins d'être né dans un pays où cette boisson est en usage.

Le *poiré* est une autre espèce de cidre fait avec des poires sauvages. Cette liqueur est encore plus capiteuse et plus nuisible à la santé que le cidre de pommes.

En Normandie on conserve du cidre très-longtemps, mais il faut être du pays pour en boire et le trouver bon, car quiconque n'en a pas l'habitude y renonce, tant cette liqueur est dure au gosier. Les Normands la savourent avec délices.

Dans les temps de disette de vin, beaucoup de personnes se fabriquent une boisson faite avec des fruits secs qu'elles qualifient de cidre. Chacun croit avoir trouvé la meilleure recette: c'est une erreur, et nous pouvons affirmer que la meilleure ne vaut rien, puisqu'elle occasionne des maux d'estomac, la diarrhée, etc.   GIENL.

CIEL (astronomie) [du grec *koïlos*, creux]. — Voûte formée par la *limite* où notre vue pénètre dans le milieu aériforme qui nous environne. Cette limite étant plus rapprochée pour le myope que pour le presbyte, ce dernier a nécessairement le ciel plus loin de lui, car il se trouve au centre d'une plus grande voûte. La grandeur et la position du ciel varient donc avec chaque individu; elles varient également pour une même personne selon le degré de transparence de l'atmosphère et suivant le lieu où cette personne se trouve. La couleur bleue du ciel est produite par la teinte analogue de l'air. Cette nuance n'est pas sensible près de nous parce que les couches d'air qui nous séparent des objets environnants ont trop peu d'épaisseur pour modifier sensiblement la couleur de ces objets; pour se convaincre de ce fait, il suffit de placer une feuille de papier blanc derrière un carreau qui paraît bien transparent et sans couleur : on n'apercevra aucune altération dans la nuance du papier. Si au lieu d'un carreau on en met deux, on ne verra pas encore de différence dans la couleur du papier; mais en augmentant successivement le nombre des carreaux, on remarquera que le papier prend une teinte verte qui devient de plus en plus foncée à mesure que la couche vitreuse s'épaissit, parce que, en effet, le verre a une couleur trop peu intense pour que nos organes puissent la saisir dans l'épaisseur d'un seul carreau, tandis que nous la voyons très-bien quand elle s'ajoute vingt à trente fois à elle-même.

Les anciens et le moyen âge ont ignoré la véritable structure du ciel; ils se le représentaient comme une espèce de voûte transparente enveloppant exactement la terre. Il a fallu plusieurs siècles, dit un auteur, et l'autorité du génie de Copernic, de Galilée, pour arriver à des notions plus justes. Les anciens astronomes admettaient autant de cieux différents qu'ils y remarquaient de différents mouvements; ils les croyaient tous solides, ne pouvant s'imaginer qu'ils pussent, sans cette solidité, soutenir tous les corps qui y sont attachés; de plus, ils les faisaient de cristal, afin que la lumière pût passer à travers, et ils leur donnaient une forme sphérique, comme étant celle qui convenait le mieux à leur mouvement. Dans ce système, ils divisaient généralement le ciel en trois parties principales, savoir : le *zodiaque*, qui était la partie oblique du milieu, et qui renfermait douze constellations; la *partie septentrionale*, qui en renfermait vingt et une, et la *partie méridionale*, qui en comptait vingt-sept. On sait que, pour les Grecs, le ciel, séjour des dieux, était le mont Olympe; aussi l'Olympe, dans les auteurs classiques, doit toujours se prendre dans l'acception de *ciel*. Ce que l'on est convenu de désigner dans les conversations particulières sous le nom de ciel n'est donc tout simplement que l'atmosphère, au-dessus de laquelle se trouvent les régions éthérées. C'est là que nous devons placer les étoiles et les planètes.

L'aspect de jour d'un beau ciel bleu est imposant, et l'on ne peut se lasser de le contempler lorsqu'il est plus ou moins bigarré de nuages de toutes les formes et de toutes les nuances; c'est surtout au lever et au coucher du soleil que cet astre le revêt de brillantes couleurs et de dessins magnifiques. Est-il rien de plus majestueux que l'arc-en-ciel? Le ciel devient admirable la nuit lorsqu'il est parsemé de millions d'étoiles scintillantes; à ce spectacle sublime, l'homme le plus ignorant est porté naturellement à rendre hommage au Créateur d'un ouvrage aussi grandiose. Mais qu'il y a loin de cet enthousiasme à celui qu'éprouve le savant! Ce dernier, à mesure qu'il découvre les lois de la nature, à mesure qu'il apprend à connaître les relations de ces innombrables corps célestes qui dépendent tous les uns des autres, qui sont liés par l'attraction universelle, malgré les distances incalculables qui semblent les séparer, dont tous les mouvements sont soumis aux règles invariables des mathématiques les plus élevées; lorsqu'il reconnaît que, malgré leur différence d'aspect, de circuit, de grandeur, de nature, le soleil, la lune, la terre, les cinquante-quatre planètes, les vingt et un satellites de Jupiter, de Saturne, d'Uranus et de Neptune, les trois anneaux de Saturne, les comètes, les étoiles simples, doubles, triples, blanches, bleues, rouges, vertes, les nébuleuses, la voie lactée, les bolides, les étoiles filantes, tous ces corps dont le nombre est infini et qui circulent dans un espace infini, obéissant avec l'accord le plus parfait au commandement de Dieu, formulé par ce seul mot : *marchez*, ce dernier, dis-je, ne peut modérer l'élan de son cœur, et il s'humilie d'autant plus devant l'Auteur de ces merveilles qu'il le connaît mieux.

GOSSART.

CIEL (théologie). — Lieu de la demeure de Dieu et des bienheureux. C'est là, dit saint Paul, qu'habite Celui qui possède l'immortalité, qui habite une lumière inaccessible, qu'aucun homme n'a vu ni ne peut voir, *à qui est l'honneur et l'empire dans l'éternité.* Les bienheureux dans le ciel possèdent Dieu, et dans Dieu ils trouvent le repos le plus parfait, puisque Dieu est leur fin dernière, et que chaque être parvenu à sa fin s'y repose comme dans son centre ; l'assemblage de tous les biens, puisque Dieu est seul tout son bien, et que lui seul, par une conséquence naturelle, il leur tient lieu de toutes choses. C'est pourquoi le Sauveur des hommes disait à ses disciples : *Quand vous serez avec moi dans ma gloire, vous ne demanderez rien à mon Père,* leur faisant entendre que rien alors ne leur manquerait.

CIERGE (culte catholique) [du latin *cerius*, que l'on a dit pour *cereus*, et dont on a fait ensuite *cerjus*]. — L'usage des *cierges* est de la plus haute antiquité. Les Grecs et les Romains se servaient de flambeaux dans leurs sacrifices, surtout lorsqu'ils célébraient les mystères de Cérès, et ils mettaient des cierges devant les statues de leurs dieux. Mais il n'est pas besoin d'avoir recours aux païens pour expliquer l'origine de l'usage des cierges parmi les chrétiens. On sait que, réduits à s'enfermer dans des lieux souterrains pour se soustraire à la persécution et pour vaquer à leurs exercices de piété, ils ne pouvaient se passer de cierges ou de flambeaux. Ils en eurent encore besoin depuis qu'on leur eut permis de bâtir des églises ; car elles étaient construites de façon qu'elles ne recevaient que très-peu de jour, afin d'inspirer plus de respect par l'obscurité. Mais il y a déjà longtemps que cet usage, introduit par la nécessité, est devenu une pure cérémonie. Saint Paulin, qui vivait au commencement du cinquième siècle, observe que les chrétiens de son temps aimaient tant les cierges qu'ils en représentaient en peinture dans leurs églises.

Cierge pascal. — Quand le concile de Nicée eut réglé le jour auquel on célébrerait la Pâque, il chargea le patriarche d'Alexandrie d'en faire faire tous les ans le canon et de l'envoyer au pape. Toutes les autres fêtes se réglaient sur celle de Pâques, et l'on faisait chaque année un catalogue que l'on écrivait sur un cierge que l'on bénissait solennellement dans l'église. Ce cierge n'était point une chandelle de cire, faite pour brûler ; il n'avait point de mèche ; c'était seulement une colonne de cire sur laquelle on écrivait la liste des fêtes mobiles, et qui suffisait pour cela pendant un an. Dans la suite, on écrivit les fêtes mobiles sur du papier ou sur un tableau ; mais on attachait toujours l'un ou l'autre au cierge pas-

cal, ce qui se pratique encore dans plusieurs églises et dans certains ordres monastiques.

CIGALE (zoologie) [du latin *cicada*]. — Genre d'insectes hémiptères, de la famille des cicadaires, qui ont pour caractères : tête courte et large, antennes très-courtes, à six articles ; deux yeux à facettes fort gros, et trois petits yeux lisses d'un rouge vif disposés en triangle sur le sommet ; ailes disposées en toit, à nervures saillantes, dépassant le corps ; jambes non disposées pour le saut ; abdomen renflé et conique, muni, chez le mâle seulement, d'un appareil composé de deux membranes sonores, tendues, et qui, par le frottement, produisent ce bruit retentissant que l'on nomme *chant de la cigale.*

Ces animaux habitent les pays chauds et se trouvent dans le midi de la France, où ils manifestent leur présence par le bruit de stridulation qu'ils font entendre, et qui leur serait funeste en mettant sans cesse leurs ennemis sur leurs traces, si la grande distance à laquelle ils se font entendre, leur multiplicité et leur couleur sombre, n'étaient autant de causes capables de dérouter l'oreille la plus attentive. C'est à tort que, dans le nord de la France, on donne le nom de cigales aux grandes sauterelles vertes qui sont si communes dans les prairies, et qui produisent aussi, vers le soir, des sons analogues, mais bien moins forts : une seule espèce se trouve dans quelques localités des environs de Paris, surtout du côté de la forêt de Fontainebleau, encore y est-elle rare. Ces insectes se montrent d'autant plus agiles qu'il fait plus chaud, et sont bientôt engourdis lorsque le soleil disparaît. Si le mâle se distingue de la femelle par son appareil musical, celle-ci offre à son tour un organe particulier, c'est la tarière propre à toutes les cicadaires. Avec cet instrument, qui est armé d'une petite scie, la cigale femelle, lorsqu'elle s'apprête à faire sa ponte, pratique plusieurs trous à l'écorce d'une branche sèche pour y déposer ses œufs. Elle coupe d'abord les fibres du bois, sans les détacher par en bas ; ensuite elle dirige sa tarière dans le sens de la moelle et y dépose ses œufs les uns au-dessus des autres, un peu obliquement ; puis elle repousse les fibres du bois et bouche le trou qu'elle avait fait ; elle recommence plus loin, et place assez souvent à la suite les uns des autres beaucoup d'autres trous. La nature, en portant les femelles à attaquer les branches mortes, a prévu que ces rameaux seraient renversés, et qu'alors les jeunes larves, se trouvant à terre, pourraient facilement pénétrer jusqu'aux racines où elles doivent trouver leur nourriture. On ignore toutefois le temps nécessaire à leur dernière métamorphose, qui a lieu sur les arbres, où elles grimpent en sortant de terre.   (Dr *Bossu*.)

Parmi les nombreuses espèces de ce genre, la *cigale plébéienne*, longue de 4 centimètres, d'un brun noirâtre ou jaunâtre, ne se trouve que dans le midi de la France. La *cigale hématode*, noire, avec cinq petites bandes sur le corselet, les pattes et les nervures des ailes rouges, se prend quelquefois aux environs de Paris. Son chant est beaucoup plus faible que celui de la précédente. En Provence, il y a encore l'espèce nommée *cigalon*, qui est la *cigale de l'orme*, dont le chant est rauque et saccadé. Toutes les autres sont exotiques.

CIGOGNE (zoologie) [du latin *ciconia*]. — Genre d'oiseaux de l'ordre des échassiers, famille des ciconinés, dont voici les caractères : bec long, large à la base, comprimé, pointu, à sillon nasal très-court ; narines petites, basales et nues ; région oculaire plus ou moins nue ; jambes nues dans leur moitié inférieure ; tarses très-longs, robustes ; quatre doigts dont trois réunis par une membrane ; ongles courts ; ailes grandes et larges ; queue courte et égale.

Les cigognes sont des oiseaux de grande taille, d'un caractère doux, familier, silencieux ; le seul bruit qu'elles fassent résulte du choc de leurs larges mandibules. Elles émigrent et parcourent ainsi l'Europe, l'Asie, l'Afrique et l'Australie.

On en compte huit espèces, parmi lesquelles la cigogne blanche est la plus connue. Elle a les rémiges noires, le bec et les pieds rouges. Sa taille est de plus d'un mètre. Nos habitations sont le domicile qu'elle choisit ; elle s'établit sur les tours, sur les cheminées et dans les combles des édifices : amie de l'homme, elle en partage le séjour, et même le domaine ; elle pêche dans nos rivières, chasse jusque dans nos jardins, se place au milieu des villes, sans s'effrayer de leur tumulte, et partout, hôte respecté et bienvenu, elle paye par des services le tribut qu'elle doit à la société.

On attribue à la cigogne, dit Buffon, des vertus morales dont l'image est toujours respectable : la tempérance, la fidélité conjugale, la piété filiale et paternelle. La cigogne nourrit très-longtemps ses petits, et ne les quitte pas qu'elle ne leur voie assez de force pour se défendre et se pourvoir d'eux-mêmes ; quand ils commencent à voleter hors du nid et à s'essayer dans les airs, elle les porte sur ses ailes ; elle les défend dans les dangers, et on l'a vue, ne pouvant les sauver, préférer périr avec eux plutôt que de les abandonner. On l'a même vue donner des marques d'attachement et de reconnaissance pour les lieux et pour les hôtes qui l'ont reçue : on assure l'avoir entendue claqueter en passant devant les portes, comme pour avertir de son retour, et faire en partant un semblable signe d'adieu. Mais ces qualités morales ne sont rien en comparaison de l'affection et des tendres soins de ces oiseaux pour leurs parents trop faibles ou trop vieux. On a souvent vu des cigognes jeunes et vigoureuses apporter de la nourriture à d'autres qui, se tenant sur le bord du nid, paraissent languissantes et affaiblies, soit par quelque accident passager, soit que réellement la cigogne, comme l'ont dit les anciens, ait le touchant instinct de soulager la vieillesse, et que la nature, en plaçant jusque dans des cœurs bruts ces pieux sentiments auxquels les cœurs humains ne sont que trop souvent infidèles, ait voulu nous en donner l'exemple. La loi de nourrir ses parents fut faite en leur honneur, et nommée de leur nom chez les Grecs. Aristophane en fait une ironie amère contre l'homme.

Élien assure que les qualités morales de la cigogne étaient la première cause du respect et du culte des Égyptiens pour elle ; c'est peut-être un reste de cette ancienne opinion qui fait aujourd'hui le préjugé du peuple, qui est persuadé qu'elle apporte le bonheur à la maison où elle vient s'établir.

Chez les anciens, c'était un crime que de tuer la cigogne, ennemie des espèces nuisibles. En Thessalie, il y eut peine de mort pour le meurtre d'un de ces oiseaux, tant ils étaient précieux à ce pays, qu'ils purgeaient des serpents. Dans le Levant, on conserve encore une partie de ce respect pour la cigogne. On ne la mangeait pas chez les Romains : un homme qui, par un luxe bizarre, s'en fit servir une, en fut puni par les railleries du peuple. Au reste, la chair n'en est pas assez bonne pour en être recherchée, et cet oiseau, né notre ami, et presque notre domestique, n'est pas fait pour être notre victime.

La cigogne noire est conformée entièrement comme la cigogne blanche, et on pourrait croire que c'est le même oiseau si, indépendamment de sa teinte, la cigogne noire ne montrait une diversité d'instinct bien prononcée. Celle-ci, en effet, est tout l'opposé de la première pour les mœurs comme pour la couleur ; elle fuit la demeure de l'homme avec autant d'empressement que l'autre la recherche ; elle se nourrit toutefois à peu près de la même manière, c'est-à-dire des reptiles batraciens et de leur frai, de petits mammifères, d'oiseaux, mais avec un penchant plus grand pour le poisson.

La cigogne maguari. Cette espèce appartient à l'Amérique et ne se voit que très-rarement en Europe. C'est un oiseau long d'un mètre, noir et blanc, avec le bec légèrement courbé en haut, une membrane rougeâtre et dénudée sous la gorge. Le maguari est doux et susceptible de s'apprivoiser, on le tient presque en domesticité dans quelques endroits, et on lui laisse parcourir les environs sans qu'il se perde. (Dr *Bossu*.)

CIGUË (botanique) [du latin *cicuta*]. — Plantes vénéneuses de la famille des ombellifères : on en compte quatre espèces appartenant à des genres distincts ; la principale est la *grande ciguë* ou *ciguë maculée* : tige bisannuelle de 8 à 12 décimètres, striée, robuste, fistuleuse, rameuse en haut, parsemée de taches d'un pourpre violacé ; feuilles d'un vert sombre à segments pinnatipartits. Fleurs blanches en ombelles de 12 à 20 rayons : involucre à folioles réfléchies, lancéolées ; involucelles à folioles rejetées en dehors ; calice à limbe presque nul, columelle bifide. Elle croît communément dans les décombres, au bord des chemins, au voisinage des habitations, dans les cimetières et les lieux incultes un peu frais ; elle fleurit au milieu de l'été. Froissée dans les doigts, elle exhale une odeur vireuse bien marquée ; sa saveur est un peu âcre. C'est une plante très-vénéneuse, douée de propriétés plus énergiques dans les contrées méridionales que dans les autres, et que la mort de Socrate a rendue tristement célèbre. Les autres espèces sont : la *ciguë vireuse*, le *phellandre* ou *ciguë d'eau*, et le *faux persil* ou *petite ciguë des* *jardins.* Cette dernière peut se distinguer facilement par sa mauvaise odeur.

Les feuilles et l'extrémité des tiges de la grande ciguë sont fréquemment employées en médecine. A haute dose, à l'intérieur, elles constituent un poison narcotico-âcre : à petites doses, son action stupé-

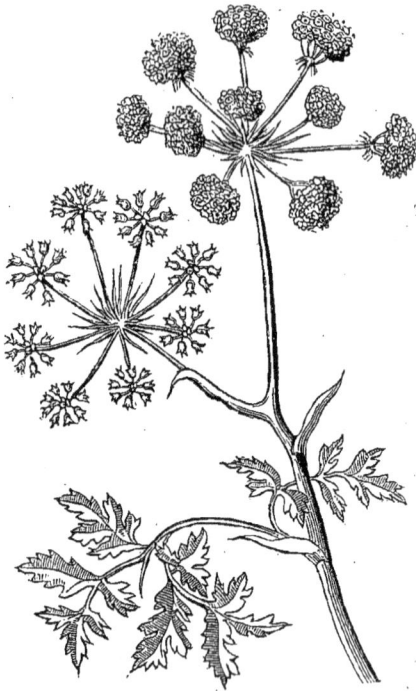

Fig. 29. — Grande ciguë.

fiante a été utilisée dans la coqueluche, le tic douloureux de la face, le rhumatisme, la goutte, dans certaines affections constitutionnelles. La ciguë a encore été conseillée pour combattre le satyriasis et la nymphomanie. A l'extérieur, on l'emploie avec succès contre les engorgements chroniques, les ulcères scrofuleux, etc.   GOSSART.

CILS (physiologie) [du latin *celare*, cacher].—Poils plus ou moins longs, disposés d'une manière régulière de l'une à l'autre des extrémités de l'œil. Les *cils* sont les voiles des yeux. « C'est, dit un auteur, un ornement dont la nature a garni le bord libre de chaque paupière, comme pour tirer un rideau sur l'organe si impressionnable de la vue. Ils sont implantés de manière à ce que ceux de la paupière supérieure se dirigent de haut en bas, et ceux de la paupière inférieure de bas en haut. Il résulte de cette disposition que le rideau s'écarte à mesure que l'œil veut voir. Mais les cils n'ont pas un seul but à remplir, ils ne sont pas uniquement une gaze élégamment étendue au-devant d'un organe sensible

pour tamiser, pour affaiblir l'éclat des rayons lumineux, ils sont encore le gardien de la vue sous un autre rapport. En tamisant la lumière, ils empêchent que les corpuscules qui nagent dans l'atmosphère ne pénètrent au delà de leur barrière diaphane. Les paupières, en se crispant lorsqu'on passe dans un air chargé de poussière, épaississent en quelque sorte la trame du rideau protecteur. Les cils se rapprochent, se plient, s'entrelacent les uns dans les autres, et ils ne forment pas alors une barrière délicate et transparente, mais une espèce d'épais feutrage qui protége complétement les organes de la vision. Les cils sont sujets à toutes les affections du système pileux, et on les voit blanchir, tomber, ainsi que les sourcils, dans les maladies ou leurs bulbes sont affectées.

CILICE. — Espèce de large ceinture, faite d'un tissu de poil de chèvre, de crin de cheval ou de quelque autre poil rude, et que des catholiques portent sur la chair par mortification. « Le cilice a été d'abord un vêtement grossier, fabriqué en Cilicie. Après avoir été un symbole de douleur et d'humiliation, le cilice devint chez les Hébreux, et plus tard chez les chrétiens, une marque d'affliction, un martyre volontaire de tous les instants. Les bénédictins et les dominicains firent usage du cilice. Dans certaines communautés de femmes, la règle était de garder le cilice jour et nuit. Il était échangé contre le linceul. » Il ne faut pas confondre le *cilice* avec la *haire.* Le cilice ressemble à une robe, et la haire à une camisole sans manches.

CIMENT (du latin *cœmentum*). — Composition naturelle ou factice, solide ou liquide, dans laquelle il n'entre rarement qu'un seul ingrédient, mais le plus souvent plusieurs, et dont l'action est de joindre, lier, recouvrir, préserver des substances tantôt homogènes et tantôt disparates.

A notre sens, les mortiers, les mastics, les luts, les enduits de toutes natures ne sont que des ciments, puisque leur action est la même. Nous allons donc les traiter tour à tour.

Les ciments de toutes espèces jouent un très-grand rôle dans les sciences appliquées, dans les arts et surtout dans l'industrie. Ainsi, de bons luts sont indispensables pour la sécurité et la réussite de beaucoup d'expériences chimiques, des enduits solides sont très-recherchés pour la peinture et pour garantir de l'humidité les constructions de tout genre; et dans les métiers métalliques et minéralogiques, que d'ouvrages exécutés à l'aide de certains ciments, qui ne pourraient l'être sans cet accessoire de la main de l'homme!

Les anciens passent pour avoir été fort avancés dans la confection des ciments. Cette perfection tenait-elle à la qualité des matériaux employés ou à des procédés de composition plus parfaits? Les opinions sont partagées. Nous pensons, cependant, que c'est à l'art d'amalgamer en doses convenables et raisonnées qu'ils doivent leur supériorité. En effet, supposons un ciment ou mortier composé de chaux et de sable, il est clair que ses propriétés varieront selon que la chaux employée sera grasse ou maigre et le sable plus ou moins argileux. Les quantités à réunir de ces deux ingrédiens devront donc être calculées d'après leur nature appréciée, pour arriver à une même solution. Il paraîtrait aussi, d'après Pline, que le temps agirait d'une manière sensible sur la perfection des ciments, puisque les Romains ne s'en servaient qu'un an après leur manipulation.

Au reste, notre conviction est que nous ne le cédons maintenant en rien aux anciens. Sous ce rapport, les travaux de Smeaton, ingénieur anglais, au siècle dernier, les admirables découvertes de M. Vicat, qui, depuis 1812, ont conservé constamment le premier rang; enfin les curieux spécimens offerts à l'exposition universelle de 1855, par M. de Villeneuve, ne nous laissent rien à désirer.

Les ciments hydrauliques de ces savants ingénieurs ont permis de constater d'éminents résultats, et les ciments de construction de M. Cogniet, à Saint-Denis, présentent à la fois économie et solidité. Les matériaux qui composent ces derniers, mélange bien entendu de chaux, de sable, d'argile cuite et de cendres, forment un béton durcissant singulièrement, et qui est appelé à rendre d'importants services dans les constructions économiques destinées à la classe ouvrière, et dont le besoin est plus senti que jamais.

Il est à remarquer que la chaux est la base de toutes les compositions hydrofuges, et cela doit être; car, comme ciment, elle agit de deux manières : d'abord en se combinant avec l'eau, puis avec le gaz, acide carbonique. Les ciments composés de chaux et de sable se durcissent comme hydrates, et arrivent ensuite à leur plus grande solidité à mesure qu'ils se convertissent en carbonate de chaux par l'action de l'air.

Les vieux mortiers des anciennes constructions ont tous subi cette importante transformation.

La solubilité de la chaux lui a toujours nécessité l'adjonction d'autres substances pour paralyser cette action, et les oxydes de fer, la silice, l'alumine, etc., lui sont venus admirablement en aide.

La pouzzolane, lave décomposée, qui réunit ces trois substances, est un de ses principaux agrégats pour les ciments qui doivent être *recouverts par l'eau*. Le *tarras*, basalte décomposé, mêlé avec deux parties de chaux éteinte, forme la plus grande portion des ciments employés dans les immenses digues de la Hollande, pays évidemment conquis sur les eaux.

Le ciment de Parker, tant estimé en Angleterre, n'est qu'un mélange de matières calcinées, ferrugineuses, siliceuses et alumineuses avec l'hydrate de chaux.

Ces divers alliages servent merveilleusement, et nous permettent de reproduire avec avantage les ciments naturels. Ainsi, nous confectionnons de toutes pièces le ciment *romain*, qui a été retrouvé naturellement combiné dans une pierre calcaire, vulgairement nommée caillou d'Angleterre, et qui donne à l'analyse :

Carbonate de chaux,	637
Silice,	180
Alumine,	66

Et, en France, dans le caillou dit de Boulogne, qui remplit le même but et contient :

Carbonate de chaux,	720
Silice,	120
Alumine,	50

On doit donc tendre, dans l'imitation de ces ciments naturels, à se rapprocher autant que possible de leur composition numérique, en observant toutefois que la quantité de chaux vive remplaçant le carbonate de chaux ne doit être que moitié du chiffre présenté par l'analyse.

Les ciments indispensables dans les arts industriels sont presque tous factices et généralement composés de brique pilée, de tuileaux pulvérisés, de débris de vieux grès, de résine, de chaux, de terre réfractaire, etc., en proportions variées suivant le degré de dureté ou de liquéfaction ignée que l'on veut obtenir. Ceux plus ou moins fins, employés par les joailliers, bijoutiers, orfèvres, graveurs, ciseleurs, couteliers, etc., sont composés de brique pilée, de résine, de térébenthine et de gomme laque.

Le ciment diamant, destiné à *doubler* les pierres précieuses, à recoller le verre, la porcelaine, enfin toutes les matières vitreuses factices ou naturelles, se prépare en faisant d'abord ramollir l'ichthyocolle dans l'eau, puis, après sa dissolution dans l'alcool, on y mêle un peu de mastic en larmes dissous dans très-peu d'alcool. C'est le ciment des joailliers turcs, encore peu experts dans l'art de *sertir* les pierres précieuses.

Le ciment des diamantaires est composé de mastic en larmes mêlé avec de la térébenthine et un peu de noir d'ivoire. Il leur sert à fixer les diamants sur une pelote de l'opération du *brutage*.

Tous les calcaires en fragments sont très-bien réunis au moyen d'un ciment fait avec du blanc d'œuf et de la chaux vive en poudre impalpable.

Le ciment hydrofuge suivant garantit parfaitement le bois de l'humidité. Pour l'obtenir, on prend de la chaux de première qualité et bien cuite, on l'arrose de suffisante quantité d'eau pour l'éteindre. Quand l'hydrate est refroidi, on le réduit en poudre et on le passe à travers un tamis fin, puis on jette cette poudre dans un baquet, et on y ajoute de l'huile de poisson jusqu'à ce que, après bien avoir brassé le mélange, il ait acquis la consistance du mastic. On applique alors cet enduit, qui devient très-dur, même étant immergé dans l'eau.

Pour les jointures de dalles de pierre, on se sert d'un ciment très-simple. Il est composé de limaille de fer imprégnée d'eau aiguisée de 0,03 de son poids d'acide sulfurique. L'oxydation fait étendre le métal et il pénètre partout.

Le ciment Sorel, du nom de son inventeur, mérite d'être décrit. Il présente une pâte plus fine que le plâtre le mieux tamisé. Il acquiert en peu de temps à l'air une excessive dureté ; le froid, l'humidité, l'eau bouillante ne lui causent aucune avarie. Il résiste facilement à 300 degrés de chaleur et est à peine attaqué par les acides minéraux.

C'est un oxychlorure basique de zinc obtenu en délayant de l'oxyde de zinc dans du chlorure liquide de la même base. La dureté de ce ciment est en raison de la concentration du chlorure et de la pesanteur de l'oxyde.

Le ciment de marbrier est composé de térébenthine, de marbre blanc pulvérisé et d'un peu de plâtre tamisé. Celui de mouleur se fait avec de la cire, de la résine et du ciment de brique très-fin.

Les fontainiers emploient le ciment ordinaire, auquel ils ajoutent de la poix résine. On sait qu'ils s'en servent à chaud.

Il existe une infinité de mastics employés dans les constructions et ouvrages d'art. Nous citerons les principaux.

Mastic-bitume ou pierre de Seyssel.

Faire fondre ensemble :

Bitume...................... 4 parties.
Huile de lin................. 2
Huile grasse................ 1
Litharge.................... 1

Après mélange complet, ajouter :

Essence de térébenthine....... 1

Mastic de Corbel.

Ciment fin................. 16 parties.
Céruse..................... 2
Litharge................... 3
Huile grasse............... 3

Huile de lin, quantité suffisante pour faire une pâte. Ce ciment est propre à clore des joints de terrasse.

Mastic pour empreintes.

Poix noire,................. 100 parties.
Axonge..................... 10
Sable à mouler............. 30

On fait d'abord fondre la poix, à laquelle on mêle l'axonge, puis on ajoute le sable et on mélange bien avant de retirer du feu.

Mastic pour les bouteilles.

Cire jaune................. 2 parties.
Colophane................. 6
Poix résine............... 6

On fait fondre la cire, on y ajoute les résines, et quand le tout est bien liquide, on y plonge les bouteilles en ayant soin de les tourner pour que la couche s'étende partout. L'emploi des pierres tendres dans certaines constructions nécessite souvent de les recouvrir avec certains enduits parfaitement hydrofuges. Nous citerons les cinq compositions suivantes comme préservant de toute humidité.

N° 1. Fondre ensemble 100 parties de cire jaune, 300 parties d'huile de lin cuite avec 30 de litharge ; revient à 4 fr. le mètre carré.

N° 2. Fondre ensemble 25 parties de savon de suif et de chaux dissous dans 100 parties d'huile de lin cuite avec 10 parties de litharge ; revient à 2 fr. 50 le mètre carré.

N° 3. Fondre ensemble 100 parties de résine dissoutes dans 100 parties d'huile de lin cuite avec 10 parties de litharge ; revient à 1 fr. 50 le mètre carré.

N° 4. Fondre ensemble 300 parties de savon, de suif et de chaux dissous dans 400 parties d'acide oléique ; revient à 2 fr. 25 le mètre carré.

N° 5. Fondre ensemble 100 parties d'acide oléique, et 8 parties d'hydrate de chaux ; revient à 1 fr. 75 le mètre carré.

Le premier de ces enduits-ciments pénètre dans la pierre à 12 millimètres, les autres en décroissant.

Les luts sont des ciments formés de divers mélanges destinés à empêcher les fuites de gaz et les courants d'air dans les opérations chimiques. Il entre dans leur composition une grande quantité d'ingrédients, notamment les blancs d'œufs, les diverses sortes de chaux, la farine, les terres calcaires, argileuses, réfractaires, les résines, etc.

Nous citerons d'abord un des plus usités pour les cornues de verre exposées au feu. Il est composé de :

Plombagine.................. 1 partie.
Argile ordinaire............. 2

Luts blancs.

Ces ciments peuvent être employés nombre de fois sans autre peine que celle de les piler et de les pétrir ; ils passent promptement de l'état d'une grande dureté à celui d'un lut plastique, en les humectant d'eau.

Un de ceux dont on fait le plus d'usage est ainsi composé :

Craie...................... 3 parties.
Farine de froment........... 1
Sel blanc.................. 1
Eau....................... 0,75

Les ingrédiens doivent être mesurés secs, bien mêlés et non comprimés dans le vase qui les reçoit, après qu'on l'on ajoute l'eau.

Dans ce lut, un peu plus de farine augmente la ténacité, de même qu'une dose un peu plus forte de sel augmente sa solubilité.

Quand on s'en sert, on le pétrit pendant quelques minutes en en formant des pièces longues et cylindriques qu'on place sur les jointures ; on réunit les morceaux avec les doigts mouillés qu'on passe dessus.

Un autre est composé de blancs d'œufs avec leur jaune et de chaux carbonatée pulvérisée, ou de chaux fortement éteinte à l'air ; on en met environ moitié du poids des œufs, on applique le tout sur un linge et on lute.

Le suivant est encore très-employé :

Craie bien sèche et pulvérisée.. 1 partie.
Farine de seigle.............. 2
Blancs d'œufs................ S. Q.

Pour former un mélange de consistance presque liquide, que l'on étend avec un pinceau sur de petites bandes destinées à être posées sur les jointures à luter.

Lut gras.

Il est composé avec de l'argile de forges bien desséchée, broyée et tamisée à la soie, que l'on triture dans un mortier avec une certaine quantité d'huile siccative, pour en obtenir une pâte parfaitement liée, mais pas trop dure.

Un autre amalgame de céruse broyée à l'huile et de minium pulvérisé est employé pour les tuyaux de machines à vapeur et tout ce qui doit supporter une haute pression. On augmente la solidité de ce ciment en y ajoutant du minium, comme on la diminue en y ajoutant de l'huile.

Le lut de graine de lin s'obtient en broyant de la farine de graine de lin avec de la colle de farine de froment ; il se forme alors une pâte consistante à volonté, mais ductile.

Les luts argileux servent pour les vapeurs acides. On y emploie la glaise en pâte ferme, l'argile délayée et malaxée avec du crottin de cheval. Ainsi, pour luter les parties des cornues, des ballons, des matras, qui doivent être exposés au feu, on fait le mélange suivant :

Argile réfractaire délayée..... 2 parties.
Crottin de cheval haché....... 1
Sable, creusets pilés ou argile
calcinée.................. 4

On enduit d'une couche de 7 a 8 millimètres d'épaisseur, après avoir préalablement frotté les surfaces avec de l'argile délayée.

Lut ferrugineux.

Ce ciment, destiné à unir deux tuyaux de fer ensemble, prend, quand il est bien préparé, une consistance approchant de celle du fer.

On l'obtient en pulvérisant et passant au tamis de soie le mélange suivant :

Sel ammoniac .... 2 parties.
Fleur de soufre............ 1
Limaille de fer fondu....... 16

Cette poudre, bien séchée, doit être conservée à l'abri de l'humidité. Quand on veut en faire usage, on en prend une partie que l'on mêle avec vingt parties de limaille de fer propre, on les broie dans un mortier, et l'on détrempe avec de l'eau jusqu'à consistance suffisante.

En général, le grand art de la confection des ciments et de tout ce qui s'y rattache, est dans l'entente générale des propriétés particulières des ingrédients que l'on emploie dans le *raisonné* de leur union plus ou moins intime, et dans les résultats qu'ils peuvent ou doivent produire. Ch. Barbot.

CIMETERRE [du persan *chimchir*]. — Damas pesant, à manche, à lame convexe, courbe, s'élargissant vers la pointe et s'échancrant à son extrémité en portion de cercle prise sur la convexité. Les sabres primitifs des Suisses au service de la France étaient appelés cimeterres, et le sabre hongrois des hussards rappelle le cimeterre oriental, devenu une arme des milices romaines et byzantines.

CIMETIÈRE [du grec *coïmao*, je dors, d'où l'on a fait *coïméteria, cœmeteria, cimetiére*]. — Lieu consacré aux inhumations publiques.

De tout temps les cimetières ont été considérés, non comme le dernier asile de l'homme, mais comme un lieu où nous sommeillons quelques instants, comme un lit de repos d'où nous nous lèverons pour entrer dans un monde de vie et de béatitude éternelle. Du culte universel pour les tombeaux, dit l'abbé Mullois, de la piété profonde dont ils ont été partout environnés, surgit la preuve la plus éclatante et la plus lumineuse que l'humanité tout entière a conservé dans son âme une foi explicite en l'immortalité et une vague espérance en la résurrection. C'est en présence de la mort, en face des cadavres en putréfaction, en face des tombes entr'ouvertes, que l'homme, entraîné par une lumière intérieure, s'est écrié avec le plus de force : La vie est éternelle ! D'où fût venu ce respect qu'on portait aux morts chez tous les peuples de l'antiquité, sinon de la croyance que les corps avaient été le temple de l'âme, et du pressentiment mystérieux que leur séparation ne durerait pas toujours ? C'est sur les tombeaux, c'est sur la cendre, sur la dissolution, qu'est écrite la plus haute et la plus solennelle protestation de l'humanité contre le néant. La tombe, c'est, si je puis m'exprimer ainsi, l'antithèse de la mort éternelle.

Dès les premiers temps du christianisme, les cimetières étaient placés hors des villes, et il était défendu d'enterrer dans les églises ; mais l'empereur Léon abrogea ces défenses. L'usage d'enterrer dans les églises eut pour raison : 1° La croyance que la vertu des prières et celle du sacrifice de l'autel avait une action puissante sur la destinée de l'âme des morts ; 2° que le respect attaché aux saints lieux était une sauvegarde de plus contre les violations et les profanateurs ; 3° d'être séparé, après la mort, de la société idolâtre et païenne. « Bientôt l'empressement assez naturel de tous ceux qui voulaient être enterrés dans les églises et le peu d'espace du local durent faire naître un prix à cette faveur. Mais les églises avaient autour d'elles un enclos séparé : ce fut cet enclos qui, réservé à la multitude, devint bientôt la sépulture générale des chrétiens. Aussi voyons-nous que, jusqu'à ces derniers temps, et même dans les plus grandes villes, chaque église avait, sur un terrain plus ou moins attenant à l'église, son cimetière particulier. Cet usage, général dans toute la chrétienté, disparut dans la capitale de la France par les raisons de salubrité et de police publiques. A Paris, l'agrandissement de la ville et l'augmentation progressive de la population avaient depuis longtemps envahi tous les espaces autour des églises. L'usage d'y enterrer n'y était plus devenu qu'une vaine formalité, et tous les corps qu'on y présentait n'étaient descendus dans les caveaux que pour être transférés dans des terrains d'inhumation hors de la ville. Tout cimetière intérieur a été défendu, et il a fallu préparer hors de la ville des emplacements qui sont devenus des cimetières publics. Le plus célèbre cimetière de l'Europe est celui de Pise, commencé vers l'an 121 et terminé en 1283. Ce fut Jean de Pise, le plus illustre architecte de son temps, qui en fut le constructeur. Il est généralement appelé le *Campo-Santo*. Il y a aujourd'hui trois cimetières aux portes de Paris : le cimetière de l'*Est* ou du *Père La Chaise*, celui du *Nord* ou *Montmartre*, et celui du *Sud* ou de *Montparnasse*. Les cimetières de *Sainte-Catherine* et de *Clamart* sont fermés. Les restes des suppliciés sont déposés dans le cimetière de Vaugirard. La surveillance des cimetières est confiée, comme objet de salubrité publique, à la vigilance de l'autorité municipale. Aucune inhumation ne peut être faite sans une autorisation de l'officier de l'état civil. La violation des cimetières est punie d'un emprisonnement de trois mois. L'enlèvement des suaires et vêtements qui enveloppent les morts dans leurs cercueils, celui de ces cercueils mêmes, ne sont pas de simples faits de violation de sépulture, ce sont, en outre, des vols qui deviennent des crimes lorsqu'ils sont accompagnés de circonstances aggravantes. »

Incinération des morts. — M. Bonneau, dans le journal *la Presse*, a publié, en 1856, un long et savant article pour engager le gouvernement à prendre des mesures pour que les morts soient brûlés et non enterrés.

Chaque commune aurait un *sarcophèbe*, ou vaste fourneau destiné à cet usage, et on remettrait religieusement les cendres du corps aux parents. Cela aurait l'avantage : 1° d'ôter le dégoût qu'inspire la mort quand on pense au tableau qu'offrirait, si on pouvait le voir, le bas-fond de nos cimetières; 2° d'assainir l'air ; 3° de laisser aux vivants ces larges espaces de terrain qu'occupent les morts, et dont le besoin se fait chaque jour mieux sentir ; 4° d'entretenir le respect des morts et leur souvenir par la présence de leurs cendres au foyer domestique.

On jettera d'abord les hauts cris devant ce système, dit M. Bonneau, comme devant tout ce qui choque la routine, puis on y viendra.

— Nous allons décrire ici les Catacombes de Paris, qui ont reçu les cendres de plusieurs centaines de générations renfermées probablement dans les cimetières de Paris. C'est à M. Albert Montémont, notre ancien collègue de divers corps savants, que nous devons la description suivante :

Les Égyptiens, pour construire leurs vastes monuments, furent obligés de creuser les montagnes qui pressent le Nil sur ses deux rives; il en résulta d'immenses souterrains, qui devinrent plus tard des nécropoles ou villes des morts. Malgré les sept collines qui la dominaient, Rome fut aussi forcée de creuser la terre pour en tirer des matériaux de construction, ce qui forma autour d'elle une ville souterraine, où d'ailleurs peu de personnes étaient ensevelies, par la raison bien simple que l'on brûlait ordinairement les morts. Ce qui se pratiquait en Égypte et à Rome, ainsi qu'à Naples, s'est exécuté de même à Paris. Une ville immense, cachée à tous les yeux, ignorée de la plupart des Parisiens, plus vaste que Paris même, existe sous le sol de cette grande cité, ayant ses rues, ses places, ses carrefours, ses fontaines, contenant plusieurs millions de cadavres humains, dont il ne reste plus que les ossements. Ces débris de l'espèce humaine sont rangés de deux côtés de ces voies prodigieuses en forme de murailles, dont les parois extérieures sont composées des ossements les plus volumineux ; les têtes constituent des espèces de créneaux, et le reste est jeté par derrière; tristes matériaux de cet être dont l'orgueil semble à l'étroit dans l'univers. Cette ville est décorée par des inscriptions ; on y voit même une sorte de musée où l'on a recueilli tous les ossements qui offraient pour la science quelque chose d'extraordinaire. Il ne faut pas croire qu'elle soit seulement habitée par les morts, chaque jour on y voit travailler un grand nombre d'ouvriers, occupés à étendre continuellement ces lugubres remparts que viennent alimenter les restes des quatre demeures communes ou champs de repos qui environnent la capitale. Le pèlerin, ami des arts, pourrait s'y égarer, s'il n'avait un guide à ses côtés, et si le guide lui-même n'était dirigé par une longue ligne noire tracée sur la voûte de chaque voie qui aboutit à une issue.

Ces innombrables souterrains, qui occupent sous le sol de Paris une surface de plus de 674,000 m., sont dus, je le répète, à l'extraction des pierres de taille ou autres pour la construction des maisons ou pour d'autres usages; extraction qui a commencé avec le quatorzième siècle. Ces souterrains sont situés, en majeure partie, sous le faubourg Saint-Jacques et sur le territoire de Mont-Souris et de Gentilly. Ces exploitations de carrières, pendant plusieurs siècles, eurent lieu sans surveillance, sans méthode, sans respect des propriétés et au gré des entrepreneurs. L'Observatoire, le Luxembourg, l'Odéon, le Val-de-Grâce, le Panthéon, l'église Saint-Sulpice, les rues Saint-Jacques, de la Harpe, de Tournon, de Vaugirard, et autres, reposent, pour ainsi dire, sur des abîmes. Ce n'est qu'en 1776, à la suite d'éboulements considérables, que le gouvernement fit faire une visite générale de ces souterrains et le levé des plans de toutes les excavations. En 1777, il créa une compagnie d'ingénieurs, spécialement chargée de consolider les carrières ; et dans une partie des souterrains, à l'exemple de Rome, on établit, en 1786, des catacombes ou ossuaires composés de tous les ossements du cimetière des Innocents et d'autres cimetières de la capitale, que l'on venait de supprimer. Le cimetière des Innocents servait à plus de vingt paroisses de Paris; depuis près de mille ans, les générations humaines venaient successivement s'y engloutir, et l'on estima qu'il avait dû dévorer près de trois millions de cadavres. Les habitants des rues voisines des sépultures en étaient infectés, et, sur leurs plaintes réitérées, l'autorité cessa enfin de sacrifier ainsi aux morts les vivants. Les carrières souterraines de la plaine de Mont-Souris furent choisies pour recevoir les ossements de ce vaste cimetière, et la maison de la Tombe-Isoire, ou Isouard, nom d'un fameux brigand qui avait désolé le quartier, devint l'entrée des Catacombes. On était parvenu à consolider les ciels des galeries souterraines, et on avait disposé pour leur nouvelle destination les lieux, que vint bénir solennellement le clergé des paroisses. Après la translation des ossements du cimetière des Innocents s'opéra celle de deux autres cimetières, également supprimés : ceux de Saint-Eustache et de Saint-Etienne des Grés. Dans la suite, et pendant ou après les orages révolutionnaires, les corps des personnes tuées dans les troubles politiques et les ossements des paroisses et maisons religieuses de Paris furent de même déposés aux Catacombes, où l'on amena encore, en 1808, 1809 et 1811, divers ossements trouvés dans des excavations. Ce fut en 1810 et 1811 que le préfet de la Seine, M. Frochot, fit établir, par M. Héricard de Thury, avec un système méthodique, les galeries et les cavernes ainsi tapissées de têtes et d'ossements humains, qui allaient familiariser la vie avec la mort.

La principale entrée des Catacombes est près de la barrière Saint-Jacques. On y arrive par plusieurs portes, notamment par celle du pavillon occidental ; après avoir descendu quatre-vingt-dix marches, on se trouve dans une galerie de 19 mètres d'élévation, sur 10 mètres de largeur, et d'où l'on passe dans une autre qui est à l'aplomb de la rangée occidentale des arbres de la route d'Orléans, route en cet endroit même totalement excavée. Après plusieurs détours, on découvre les constructions plus récentes, ainsi que les grands ouvrages commencés en 1777 pour consolider l'aqueduc d'Arcueil ; puis on parcourt des galeries longues et sinueuses, on descend, par un escalier, dans une exploitation inférieure que reconnut, en 1777, un militaire vétéran, appelé Décure, lequel, se rappelant sa longue détention dans les casemates de Port-Mahon, exécuta, pendant cinq années, un plan en relief de cette place et construisit un vestibule en silex. Près de là on voit d'anciennes exploitations ; un grand pilier taillé dans la masse calcaire qui offre des traces d'un courant souterrain ; un autre pilier en pierres sèches, recouvert d'une incrustation d'albâtre calcaire, gris et jaunâtre ; et à 80 mètres de ce pilier, on arrive au vestibule des Catacombes. On y lit, entre autres inscriptions, celles-ci : « Has ultra requiescunt beatam spem expectantes, » qui signifie : « Au delà de ces limites reposent les ossements de ceux qui attendent une meilleure vie. » On lit aussi cette inscription : « Arrête ! c'est ici l'empire de la mort. »

C'est bien, en effet, le Temple des Ténèbres, le séjour de l'effroi et de l'éternel silence, comme l'appelle Delille, dans l'admirable épisode de son poëme

de l'Imagination, épisode où le poëte retrace les angoisses d'un jeune artiste égaré dans les catacombes romaines, analogues à celles de Paris ; et cet artiste n'est point un être imaginaire, c'était le célèbre paysagiste Robert, qui raconta lui-même son aventure à l'abbé Delille.

On descend aux catacombes basses par un escalier sous lequel on a construit un aqueduc qui conduit les eaux de la source voisine dans le puits de la Tombe-Isoire ; ensuite on aperçoit un gros pilier élevé pour soutenir le ciel de la carrière. Les inscriptions de ce pilier sont quatre strophes tirées des Nuits Clémentines, composées sur la mort du pape Ganganelli, circonstance qui a fait donner à ce pilier le nom de pilier des Nuits Clémentines. De là on remonte aux galeries supérieures : on parcourt un vestibule, un long corridor ; enfin on atteint le bas d'un escalier de dix-sept mètres de hauteur, construit en 1784, sur le bord du chemin qui conduit du hameau de Mont-Souris au Petit Mont-Rouge, chemin appelé rue des Catacombes. Au haut de cet escalier on revoit avec joie la lumière du jour, satisfait de ne plus se trouver au milieu de ce peuple lugubre, avec lequel il faudra tôt ou tard se confondre à son tour, ainsi que le rappellent ces deux vers du poëte :

Nous avons beau vanter nos grandeurs passagères,
Il faut mêler sa cendre aux cendres de nos pères.

En sortant des Catacombes, que l'on visite au moyen d'un permis du préfet de police, on présente aux visiteurs un registre où ils sont priés d'inscrire leurs noms, en y ajoutant, s'ils le veulent, l'expression des sentiments que cette promenade souterraine leur a laissés. Les autorisations ne s'obtiennent plus qu'avec une grande difficulté, à cause des dangers que l'on court en visitant ces souterrains, devenus les palais de la mort. Disons que chaque rue souterraine des Catacombes parisiennes correspond à la rue supérieure, et que les numéros des maisons ont en bas des numéros correspondants. Par là, il ne se fait pas un éboulement, qu'au même instant on ne puisse savoir où doit s'appliquer le remède. Des voûtes ont été taillées dans le roc pour établir des communications, et figurer, dans ces profondeurs, le dédale des rues de Paris, et quand ces excavations intérieures ont empêché de former ces voûtes aux dépens du sol, l'art est venu en construire, ou bien l'on a posé des étais, ou élevé des piliers aux lieux qui ne pouvaient être voûtés. On a fait arriver l'air atmosphérique dans les souterrains au moyen de tours isolés, analogues aux puits de nos maisons ; un tube de verre a été placé dans cette ouverture, et cimenté avec de la terre grasse.

Les excavations vulgairement désignées sous le titre de catacombes, bien qu'elles ne servent qu'en partie à des nécropoles, existent non-seulement dans l'intérieur de Paris, mais hors de son enceinte actuelle. Dans l'intérieur, il faut comprendre les trois faubourgs Saint-Germain, Saint-Marcel et Saint-Jacques, plus le quartier de Chaillot. Quant à l'extérieur, les carrières sont de l'est au nord-ouest et au sud, vers Saint-Maur, Charenton, Conflans, Gentilly, la barrière de Fontainebleau, etc.; du sud à l'ouest, sous la route d'Orléans, les barrières du Maine et de Vaugirard; et de l'ouest au nord, vers Passy.

Au faubourg Saint-Marcel, les escaliers de service sont près du jardin des Plantes, près du marché aux Chevaux et de la rue Mouffetard; au faubourg Saint-Jacques, il y en a un dans la cour du Val-de-Grâce et un près de la barrière Saint-Jacques; au faubourg Saint-Germain, ils sont : un rue du Pot-de-Fer, un rue de Vaugirard, près le palais du Luxembourg, et un rue Notre-Dame-des-Champs. A Chaillot, il y a un escalier près la pompe à feu, entre la fontaine de distribution et les réservoirs; et un autre à la barrière de Longchamp. Hors Paris, les escaliers principaux se trouvent : un près du canal; un près de Charenton; un près de Conflans; un près la barrière de Fontainebleau; un près de l'endroit nommé la Voie-Creuse, pour le service des Catacombes; un pour une grande entrée de la galerie horizontale des Catacombes, au lieu dit la Fosse-aux-Lions; un près chacune des barrières d'Orléans, du Maine et de Vaugirard; un sur la route de Vaugirard, et un à Passy, au coin de la Grande Rue. (*Albert Montémont.*)

CINABRE (chimie) [en grec *cinabarri*]. — *Deutosulfure de mercure*, combinaison de soufre avec le mercure, qui se rencontre en masses lamelleuses ou fibreuses d'un rouge vermillon dans les mines d'Almaden, en Espagne, à Idria, dans le Frioul, et au Palatinat, sur les bords du Rhin, etc. La pesanteur spécifique de cette substance est de 8,1. On l'exploite pour en extraire le mercure, qu'on obtient aussi artificiellement en chauffant du soufre avec du mercure en vases clos et soumettant ce produit à la sublimation. C'est en broyant le cinabre artificiel sous des meules avec de l'eau qu'on obtient le *vermillon*. Les Hollandais eurent longtemps le monopole de la fabrication du cinabre artificiel; mais on le prépare aujourd'hui à Paris en grande quantité.

Le cinabre a été fort connu des anciens. Les femmes s'en peignaient les lèvres, et, à Rome, les plus anciens triomphateurs s'en barbouillaient tout le corps.

La médecine l'emploie presque exclusivement à l'extérieur, en fumigations, dans le traitement des exostoses et des ulcères syphilitiques. On le prescrit à Saint-Louis pour combattre le *prurigo pedicularis* et d'autres affections rebelles de la peau.

Dr HEINRIECH.

CIRAGE [radical *cire*]. — Composition dans laquelle il entrait autrefois de la cire, et employée surtout pour noircir les chaussures, les harnais, et leur donner une sorte de vernis noir et luisant. Le cirage est un mélange de noir d'os broyés à l'eau, d'acides sulfurique et chlorhydrique, de mélasse, de gomme et d'un peu d'huile. Originaire de l'Angleterre, il est maintenant préparé en France et dans toutes les contrées européennes. L'espèce de cirage qui sert à donner du brillant aux ouvrages de menuiserie, aux sculptures en bois, aux parquets, etc.,

contient de la cire dissoute ou mise en émulsion; il est plus connu sous le nom d'*encaustique*. (Voy. ce mot.)

CIRCONCISION (religion, hygiène) [du latin *circum*, autour, et *cædere*, couper]. — Opération qui consiste à retrancher circulairement une portion du prépuce chez les enfants nouveau-nés.

Cette antique institution du culte israélite remonte aux premiers temps de la nation juive, et malgré la dispersion de ce peuple au milieu des nations, elle s'est conservée intacte jusqu'à nous. La persistance de la circoncision à travers les siècles est un fait immense; c'est une énigme dont la science moderne est venue nous donner l'explication.

Considérée au point de vue religieux, la *circoncision* est *une révélation divine* ayant pour but de rétablir l'ordre et l'harmonie providentielle au sein de l'humanité.

Dieu, dans sa sagesse éternelle, avait créé l'homme primitif dans un état d'innocence; il l'avait doué de facultés supérieures qui devaient le rapprocher de son Créateur vers une perfection progressive; il l'avait comblé de ses bienfaits; il l'avait entouré d'une sollicitude toute paternelle, et l'homme, alors docile aux inspirations de son Créateur, marchait dans les voies de Dieu; il gravitait vers la perfection, qui est le but de la création. Mais l'homme, créé libre, pouvait aussi abuser de cette voie perfectible, et, se laissant entraîner par ses impulsions instinctives, il pouvait méconnaître ses devoirs; puis, tombant de dégradation en dégradation, il pouvait arriver à la plus profonde perversion!

Si nous suivons la marche de l'humanité à travers les premiers âges du monde; si nous consultons les Livres saints, nous voyons l'homme primitif, d'abord dans son état d'innocence, jouissant d'un bonheur parfait dans un lieu délicieux où Dieu avait placé pour lui seul tous les éléments de ce bonheur. Plus tard, l'homme se laissant entraîner par ses instincts égoïstes et charnels, il méconnut la voix de son divin Maître; il transgressa sa loi sainte; et cette transgression eut lieu lorsqu'il abusa de la femme que Dieu lui avait donnée pour compagne, c'est-à-dire lorsqu'il ne vit plus en elle qu'un instrument de ses plaisirs. Dès lors, le but de la création fut renversé par la main de l'homme lui-même, car il devait perpétuer par le sentiment de l'amour moral, qui constitue le lien de famille, l'œuvre créatrice de Dieu.

L'homme, devenu sensuel et égoïste, se pervertit de plus en plus, et Dieu se retira de lui; il le chassa de sa présence, dit l'Écriture, ce qui signifie qu'il l'abandonna à ses instincts pervertis. Ainsi s'explique par la science le sens figuré par lequel le grand législateur des Hébreux nous représente le péché originel, la chute de l'homme et la perversion de la race humaine qui en fut la conséquence.

Après la chute de l'homme primitif, l'humanité tomba peu à peu dans une profonde perversion, et Dieu, dit encore l'Écriture, voyant cette immense dépravation, se repentit d'avoir fait l'homme; c'est pourquoi il résolut d'anéantir la race humaine, afin de renouveler son œuvre par une seule famille, la famille de Noé, qui s'était conservée pure et intacte au milieu de la corruption générale.

Noé, inspiré par Dieu, construisit un immense vaisseau où il s'enferma avec sa famille et deux couples de chaque espèce d'animaux créés. Puis Dieu fit surgir un affreux cataclysme, qui anéantit la race humaine dans un déluge universel ; aussi, par l'ordre de Dieu, Noé et ses trois fils devinrent-ils la souche de toutes les générations actuelles.

Cependant, à mesure que les hommes se multiplièrent, ils se pervertirent de plus en plus, et après quelques siècles la corruption devint à peu près générale.

Dieu, ayant résolu de ne plus anéantir le genre humain, voulut se choisir un peuple qui devait conserver sa loi sainte et la transmettre aux générations futures.

Abraham fut appelé par Dieu pour être le père de ce peuple. Doué d'une intelligence supérieure, et agissant par une inspiration divine, il comprit que le moyen d'atténuer chez l'homme l'aiguillon des appétits charnels, qui l'entraînent si souvent à l'onanisme et au libertinage, serait de retrancher de l'organe sexuel le prolongement préputial ; son génie lui fit entrevoir un de ces secrets de la nature humaine que la science ne devait découvrir qu'après une longue suite de siècles. Ce secret lui fut révélé par une intuition divine, afin d'en faire une application utile au perfectionnement physique et moral de l'homme. Il fut, nous le répétons, une révélation et un bienfait providentiel de Dieu envers l'humanité. Il devait être entre les mains des législateurs israélites un moyen de progrès humanitaire et social.

A son origine, la circoncision ne fut qu'un moyen prophylactique se rattachant à l'hygiène, comme l'hygiène servit de tout temps de base au culte religieux. Le premier patriarche du peuple hébreu se l'appliqua d'abord, ensuite à ses enfants ; enfin, voulant la faire accepter de son peuple, il la lui présenta comme une révélation divine et comme devant être le signe de l'alliance que le Créateur voulait désormais établir avec son peuple choisi. Il l'éleva ainsi à la hauteur d'un dogme sacramentel et religieux. Ainsi présentée sous cette forme à un peuple ignorant et grossier, elle fut acceptée sans difficulté comme loi religieuse, et comme telle elle s'est conservée intacte jusqu'à nous.

Pendant une longue suite de siècles, tous les peuples étrangers à la loi religieuse des enfants d'Israël, et les savants eux-mêmes, se sont souvent demandé l'explication d'une coutume qui leur paraissait bizarre et même absurde, et les mères chrétiennes plaignaient les femmes israélites d'être obligées de voir subir à leurs nouveau-nés une douleur si cruelle pour le cœur d'une mère lorsqu'elle ne peut en comprendre le motif.

La science hygiénique est venue dans ces derniers temps éclairer les peuples et leur dévoiler le secret intime de cette antique institution.

Dans les climats brûlants et chez les peuples nomades, le prépuce est ordinairement fort long ; son ouverture étroite ne permet pas de découvrir le gland et de tenir cet organe dans un état de propreté convenable ; l'humeur sébacée s'y amasse dès lors facilement, et des corpuscules étrangers, tels que poussière fine, duvets de vêtement, etc., s'introduisent entre lui et le prépuce ; l'urine elle-même s'infiltre jusqu'au fond du repli de la membrane muqueuse et communique à ces matières une âcreté particulière. L'irritation qui se manifeste produit des excitations et provoque des besoins érotiques dont les conséquences peuvent être terribles.

Ce n'est pas ici le lieu de dérouler devant le lecteur toute l'influence nuisible de cette cause sur la mortalité humaine et sur le décroissement des populations ; nous dirons seulement que cette influence est si grande qu'elle peut rendre les unions stériles, et que, le plus souvent, elle éloigne l'homme et la femme du mariage. Le médecin peut ici, plus encore que le prêtre, sonder la profondeur de cette plaie qui ronge sourdement le corps social. — Le grand patriarche du peuple hébreu, guidé par une inspiration divine, avait parfaitement compris toute l'influence de cette cause destructive des populations, et il avait reconnu que le retranchement de cette partie excédante et inutile du membre viril était un moyen efficace pour remédier à ces grands désordres, surtout s'il est aidé des préceptes religieux tendant au même but.

La science est venue depuis confirmer ce fait important, et, en présence de ce fléau destructeur des populations, elle a été jusqu'à faire appel aux gouvernements pour solliciter l'institution légale de la circoncision comme moyen préventif de l'onanisme chez les jeunes enfants. A la voix des docteurs Guersent, Vanier du Havre, Baudelocque neveu, etc., elle a été autorisée et pratiquée avec un succès qui s'est renouvelé par les efforts de ces médecins, amis de l'humanité, dans une foule de cas de leur pratique particulière.

La circoncision, considérée comme opération chirurgicale, a subi des modifications importantes qui l'éloignent de son institution primitive religieuse, quoique son but soit absolument le même ; car, depuis l'époque de son institution jusqu'à ces derniers temps, elle n'a pas subi de modifications. Aujourd'hui, la science est venue éclairer la foi religieuse, et le procédé opératoire est plus conforme aux principes de la saine chirurgie. Mais, pour y parvenir, il a fallu que des médecins juifs unissent leur voix à celle des médecins français, au nom de la science et de l'humanité.

Disons d'abord en quoi consiste cette antique opération, suivant le mode israélite. Elle fut toujours pratiquée par des hommes spéciaux, appelés *mohels*, dont les qualités morales et la science étaient reconnues suffisantes pour offrir aux familles toutes les garanties désirables.

Elle se compose de quatre temps :

1° Détruire les adhérences qui peuvent exister entre le prépuce et le gland ;

2° Enlever en forme d'anneau ou de couronne,

par une section rapide, l'extrémité du prépuce (*kis-touch*, section);

3° Diviser longitudinalement et avec les ongles de qui reste du prépuce à la partie opposée au frein (*periah*, dénudation);

4° Sucer le gland et la plaie du prépuce (*mizizah*, succion).

Tels sont les quatre temps de l'opération antique; trois de ces temps ont été conservés, mais modifiés pour le manuel opératoire, et les instruments ont été perfectionnés; mais le quatrième temps, la suc-cion, a été supprimé légalement par décision ré-cente du consistoire des rabbins dans les rites fran-çais et allemand.

Elle fut reconnue comme pouvant être dangereuse pour les enfants et pour l'opérateur. L'expérience ayant démontré des faits assez nombreux d'inocula-tion de la syphilis par cette voie, elle fut légalement supprimée.

Au point de vue médical, la circoncision est un moyen préventif des habitudes solitaires chez les jeunes enfants; et nous croyons, avec un grand nombre de médecins, qu'elle est appelée un jour à s'étendre et peut-être à se généraliser.   Dr PÉTRON.

CIRCONSTANCES (droit criminel).— On nomme *circonstances aggravantes* certains faits accessoires qui ont pour résultat d'augmenter la criminalité d'un fait déjà qualifié crime par la loi. Ainsi, le meurtre, lorsqu'il n'est accompagné d'aucune cir-constance aggravante, n'est puni que de la peine des travaux forcés à perpétuité (Code pénal, art. 304); mais si le meurtre a été commis avec préméditation et guet-apens, il prend le nom d'assassinat et est puni de la peine de mort. (Code pénal, art. 296 et 303.) De même, le vol simple n'est passible que de peines correctionnelles; mais s'il a été accompagné d'effrac-tion, d'escalade, de violence, s'il a été commis sur un chemin public, à main armée, toutes ces circon-stances aggravent la pénalité et entraînent la peine des travaux forcés à perpétuité ou à temps. (Code pénal, art. 381 et suivants.) Le viol est puni de peines différentes, selon qu'il a été commis sur une jeune fille âgée de plus ou moins de quinze ans. (Art. 332.)

On appelle *circonstances atténuantes* celles qui ont pour but d'atténuer la criminalité de l'accusé et, alors, de diminuer, dans certaines proportions, la peine applicable au fait reconnu constant par le jury. En 1832, lors de la révision générale du Code pénal de 1810, le système des circonstances atténuantes fut étendu, en vertu d'une loi du 28 avril, à toute espèce de crimes, délits et contraventions.

CIRCULATION (physiologie) [du latin *circulus*, cercle]. — Fonction organique consistant dans le mouvement des fluides, spécialement du sang, dans des vaisseaux particuliers, mouvement pour ainsi dire circulatoire. La circulation doit être étudiée dans les animaux et dans les végétaux.

CIRCULATION ANIMALE.[1] — Chez tous les animaux,

[1] Nous devons cet article (texte et figures) à l'obligeance de M. le Dr Bossu. Nous avons eu l'occasion de dire de

particulièrement chez les vertébrés et surtout chez l'homme, cette fonction consiste dans un mouvement continuel du fluide sanguin qui, poussé dans les ar-tères par le cœur, est rapporté à cet organe par les veines, pour en être chassé de nouveau, et continuer ainsi à parcourir le même cercle. C'est à Harvey, cé-lèbre anatomiste anglais, que la science est rede-vable de la belle découverte de la circulation (en 1619). Nous avons à diviser son exposé de la manière suivante : 1° appareil circulatoire; 2° mécanisme de la fonction; 3° phénomènes qui s'y rattachent; 4° enfin circulation comparée.

Appareil circulatoire. — Cet appareil se compose du cœur, des artères, des vaisseaux capillaires et des veines.

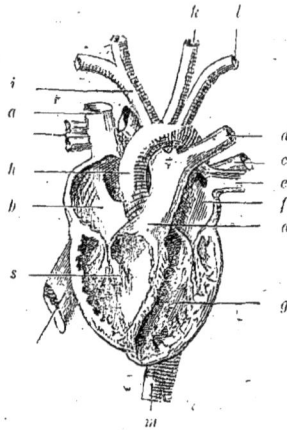

Fig. 30. — Cœur.

Cet organe est coupé perpendiculairement par la moitié; on voit l'intérieur des oreillettes et des ventricules; les artères pul-monaire et aorte sont ménagées : *a*, veine cave supérieure; — *b*, intérieur de l'oreillette droite; — *c*, intérieur du ventricule droit; — *d*, artère pulmonaire; — *d'*, branche gauche de la bi-furcation de cette artère; — *e*, *e*, veines pulmonaires; — *f* oreil-lette droite; — *g*, ventricule gauche; — *h*, aorte; — *i*, tronc brachio-céphalique; — *k*, artère carotide gauche; — *l*, artère sous-clavière; — *m*, aorte abdominale.

Le *cœur* est l'organe central de la fonction, le mo-teur principal du liquide sanguin. C'est une espèce de gros muscle creux, à parois fibro-musculeuses épaisses, assez denses et très-contractiles, formé de deux moitiés adossées et contiguës, présentant inté-rieurement chacune deux cavités, nommées les unes *oreillettes* et les autres *ventricules*. Il y a donc, au côté droit du cœur, une oreillette et un ventricule, la pre-mière étant supérieure, le second situé au-dessous; au côté gauche, même disposition. A droite comme à gauche, l'oreillette communique directement dans le ventricule qui lui correspond, mais ni les deux

l'ouvrage d'où il est extrait, le *Nouveau Dictionnaire d'His-toire naturelle et des Phénomènes de la nature*, tout le bien qu'il mérite; mais nous sommes heureux de pouvoir mettre sous les yeux de nos lecteurs ce passage important, vrai-ment remarquable par la clarté et la méthode qui y règnent.

oreillettes ni les deux ventricules n'établissent de communication directe entre eux.

Cependant le sang parcourt toutes ces cavités, et voici comment : le ventricule droit le reçoit de l'oreillette droite ; communiquant avec les poumons, au moyen de *l'artère pulmonaire*, gros vaisseaux qui en part et qui se subdivise à l'infini dans ces organes spongieux, ce même ventricule le distribue à ceux-ci. Aux extrémités de ces subdivisions, dans les vésicules

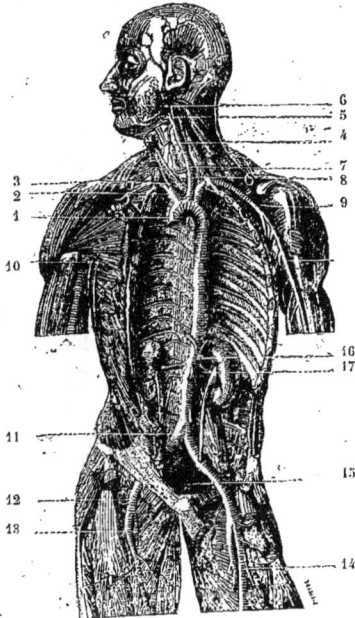

Fig. 31. — Cœur et gros vaisseaux.

ARTÈRES VUES DANS LEUR ENSEMBLE. — (Sur cette figure, les artères principales sont seules représentées ; mais il faut admettre, par la pensée, des divisions et subdivisions sans nombre de ces vaisseaux). — 1, Aorte formant la crosse. — 2, Artère ou tronc brachio-céphalique.—3, Carotide primitive droite, naissant du tronc brachio-céphalique. — 4, Carotide primitive gauche, naissant de la crosse de l'aorte. — 5, Carotide externe.—6, Carotide interne. — 7, Carotide primitive, naissant de l'aorte. — 8, Sous-clavière gauche. — 9, Axillaire.— 10, Humérale ou brachiale. — 11, Artère iliaque primitive, — 12 et 14, Artère crurale. — 13, Artère fémorale profonde. — 15, Artère hypogastrique. — 16, Tronc cœliaque, duquel naît : — 17, l'Artère hépatique.

pulmonaires même, commencent les vaisseaux veineux qui vont former les *veines pulmonaires*, quatre troncs volumineux, dont deux pour chaque poumon, se rendant à *l'oreillette gauche*. Cette oreillette gauche communique, ainsi qu'il a été dit déjà, avec le *ventricule gauche*, qui, enfin, donne naissance à l'*aorte*, tronc artériel primitif duquel partent toutes les autres artères.

Les *artères* naissent donc de l'aorte, dont voici le trajet. Ce gros tronc artériel, né du ventricule gauche, se dirige d'abord en haut et à droite, puis se recourbe bientôt de droite à gauche pour former ce que l'on

nomme la *crosse de l'aorte* ; ensuite il descend le long de la partie antérieure et gauche du rachis, se place au-devant des vertèbres lombaires, et, au niveau de la quatrième, se divise en deux grosses branches. Depuis sa naissance jusqu'à sa bifurcation, l'aorte fournit les artères *cardiaques* ou du cœur ; le tronc *brachio-céphalique*, qui, après un très-court trajet, se divise en *carotide primitive* et *sous-clavière droite* ; la *carotide primitive gauche* ; la *sous-clavière gauche*, à laquelle font suite *l'humérale*, la *radiale* et la *cubitale*, pour les bras ; les artères *bronchiques*, pour les bronches et les poumons ; les *œsophagiennes*, les *intercostales*, etc.

La bifurcation de l'aorte donne naissance aux artères *iliaques primitives*, qui descendent dans le bassin, et se divisent chacune en : *iliaque interne*, pour les organes contenus dans cette grande cavité osseuse, et *iliaque externe*, qui va devenir *crurale* et se distribuer au membre inférieur. (Voy. *Artères*.)

Les *vaisseaux capillaires* sont de petits canaux extrêmement déliés, microscopiques, et plutôt supposés que démontrés, qui, interposés entre les dernières ramifications artérielles et les premières radicules veineuses, forment une sorte de réseau, dû à la fois à ces mêmes extrémités artérielles et au substratum qui les unit. On démontre leur présence partout, par ce fait que le sang fourni par une piqûre d'épingle enfoncée dans le vif ne peut provenir que de la blessure des capillaires.

Les *veines* naissent là précisément où se terminent les artères, dans le réseau des capillaires. Devenant de plus en plus apparentes et moins nombreuses au fur et à mesure qu'elles s'abouchent les unes dans les autres, les veines finissent par se réunir de telle sorte qu'elles ne forment plus que trois troncs principaux. Ce sont : *a* la *veine cave supérieure*, qui résume les veines de la tête, des membres supérieurs et d'une partie de la poitrine, et qui se termine ou s'abouche dans l'oreillette droite du cœur ; — *b* la *veine cave inférieure*, formée par les deux veines iliaques primitives, lesquelles résument toutes les veines du bassin et des membres inférieurs, et qui va se jeter, comme la précédente, dans l'oreillette droite du cœur ; — *c* la *veine porte*, c'est-à-dire ce gros tronc veineux qui est comme le confluent des veines provenant des organes digestifs, du mésentère, de la rate et du pancréas. Elle se dirige obliquement en haut et à droite, passant derrière le foie, pour se diviser en deux branches qui s'enfoncent dans cet organe glanduleux, où elles se ramifient à l'infini. Mais à ses extrémités capillaires commencent les radicules d'un autre ordre de veines, les *veines hépatiques* ou *sus-hépatiques*, qui sortent du foie pour s'aboucher dans la veine cave inférieure, ce qui par conséquent relie le système de la veine porte, dont nous dirons les importants usages au mot *Sécrétion biliaire*, au système veineux général.

Mécanisme de la circulation. — La connaissance de l'appareil organique suffit pour donner une idée assez précise du mécanisme de la fonction. Mais d'abord remarquons qu'il n'est pas exact de dire que le sang parcourt un cercle; son trajet dessine plutôt deux cercles incomplets, dont l'un, plus petit, commence au ventricule droit et se termine à l'o-

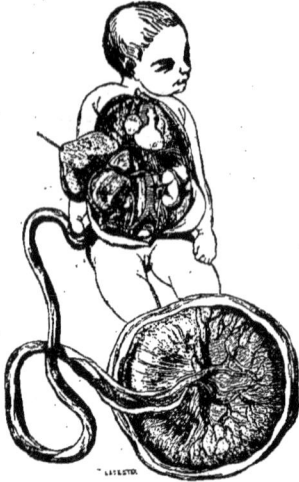

Fig. 32. — Circulation du fœtus.

La figure représente le fœtus ouvert de manière à faire voir les principaux viscères; le placenta et le cordon ombilical existent. — Le placenta est vu par sa face fœtale : une partie de cette surface est recouverte de son chorion, l'autre est privée de cette membrane fibreuse, pour laisser voir les vaisseaux qui se distribuent dans sa masse charnue. La portion inférieure du cordon est aussi dénudée de son chorion pour mettre en évidence les vaisseaux ombilicaux. Le cordon se compose : de la veine ombilicale, dont les mille radicules naissent dans le placenta, et des deux artères ombilicales, dont les dernières subdivisions s'y perdent.
Aussitôt après avoir pénétré dans l'abdomen par l'ombilic, les vaisseaux se séparent : la *veine ombilicale*, qui amène le sang de la mère, puisé dans le placenta, se dirige à droite, sous le foie (qui est relevé, sur la figure, au moyen d'une érigne); on voit le commencement des branches de cette veine pénétrant dans cette grosse glande; puis l'on remarque sa bifurcation en deux troncs, l'un qui semble continuer le tronc primitif, c'est le *canal veineux*, lequel se jette dans la veine cave, l'autre qui est le tronc de la *veine porte*, dont on voit les deux principales branches coupées.
La *veine cave*, qui monte des parties inférieures, longeant la côte droite de l'aorte, traverse le diaphragme, et va déboucher dans l'oreillette du cœur. On voit l'*artère pulmonaire*, qui, après avoir donné à droite et à gauche les deux branches qu'elle envoie aux poumons, et dont on ne voit que l'origine sur la figure, se continue, sous le nom de *canal artériel*, jusque dans la crosse de l'aorte. L'aorte est facile à suivre dans son court trajet ; elle se courbe en *crosse* à gauche, et se cache bientôt derrière le poumon gauche, pour reparaître au-dessus du diaphragme, au côté gauche de la veine cave inférieure. Plus bas se voit la bifurcation de l'aorte en *iliaque primitive-droite* et *iliaque primitive gauche*. De chacune de ces artères iliaques naît une artère qui se dirige vers l'ombilic : ce sont les *artères ombilicales*, qui descendent le long de la veine en la contournant en spirale : elles vont se distribuer dans le placenta, pour y répandre le sang qui a servi à la nutrition du fœtus, et le soumettre à l'hématose placentaire.

reillette gauche, passant par les poumons; et l'autre, beaucoup plus grand, commence au ventricule gauche et se termine à l'oreillette droite, en suivant né-

cessairement le trajet de l'aorte et de ses divisions et celui des veines. Si donc nous suivons ce double cercle, nous voyons, en prenant pour point de départ l'oreillette droite, que cette oreillette droite chasse le sang qu'elle reçoit des veines caves, dans le ventricule droit; que ce dernier le chasse à son tour dans les poumons; que ce sang, repris par les veines pulmonaires, revient à l'oreillette gauche, que cette oreillette le pousse dans le ventricule correspondant, et qu'enfin ce ventricule gauche le chasse dans toutes les artères. Parvenu aux dernières subdivisions artérielles, le sang rencontre le réseau des capillaires; là il se dépouille de ses qualités vivifiantes (voy. *Assimilation*), puis, repris par les veines naissantes, il est ramené, sous le nom de sang veineux (voy. *Sang*), à l'oreillette droite, où il est versé par les veines caves.

Quant au sang qui revient des intestins et du mésentère par la veine porte, il se répand dans le foie, où il concourt à former la bile, etc. (voy. *Sécrétions*); puis il est repris par les veines hépatiques, qui le versent bientôt dans la veine cave inférieure, où il se mélange avec le sang provenant des parties inférieures.

Le mouvement de la colonne sanguine dans les artères est dû principalement à l'impulsion du ventricule gauche, qui se contracte sur ce liquide et le chasse comme par un coup de piston; mais il est aussi favorisé par les contractions des muscles et par le poli de la membrane interne des vaisseaux artériels. Dans les veines, comme le plus souvent le liquide sanguin progresse en sens contraire de la pesanteur et qu'il n'est plus directement soumis à l'impulsion du cœur, son mouvement, déjà lent et difficile, s'arrêterait tout à fait, si les actions musculaires environnantes et surtout les valvules placées de distance en distance dans les canaux veineux, en manière de petites soupapes, n'empêchaient la colonne liquide de rétrograder. Les orifices qui font communiquer les cavités du cœur entre elles sont également pourvus de valvules; et c'est au jeu de ces valvules et aux contractions des ventricules qu'on attribue les bruits du cœur.

Phénomènes qui se rattachent à la circulation. — Ce sont : les palpitations, le pouls, la coloration ou la pâleur du visage, la dilatation ou l'affaissement des veines, le gonflement de la rate pendant la course, certaines hémorrhagies, etc.

CIRCULATION COMPARÉE. — Si telle est la circulation chez l'homme et les animaux supérieurs, que le sang, pour passer du cœur droit au cœur gauche, doit traverser les poumons, et que, pour aller du cœur gauche au cœur droit, il lui faille parcourir toutes les divisions de l'aorte et revenir par tous les ruisseaux veineux dans l'oreillette droite, en descendant l'échelle zoologique, nous voyons les choses se modifier, souvent même un mécanisme tout différent apparaître.

Mais avant de l'expliquer, nous devons dire un mot de la *circulation chez le fœtus*, parce qu'elle devient un terme de comparaison pour celle de

quelques espèces, des amphibies, par exemple.
Renfermé dans le sein maternel, le fœtus ne respire pas; conséquemment, ses poumons, n'étant pas

Fig. 33.

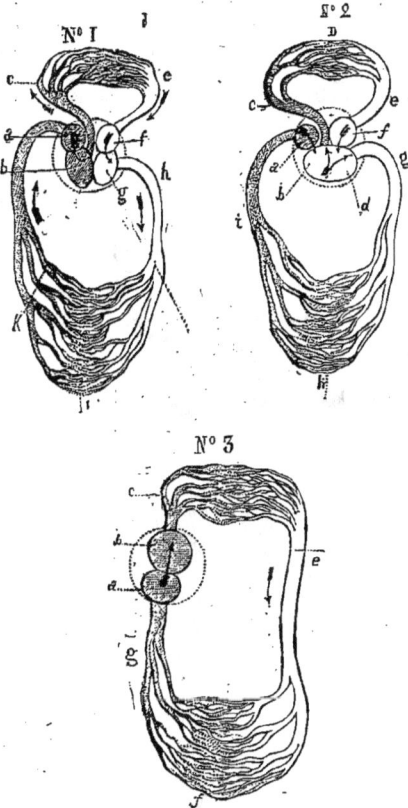

Dans ces figures, les parties ombrées indiquent les cavités où se trouve le sang veineux, et les parties dessinées au trait celles qui contiennent le sang artériel. — On distingue la *petite circulation*, qui commence au cœur droit et finit au cœur gauche après avoir passé par les organes pulmonaires, et la *grande circulation*, qui commence au cœur gauche et aboutit au cœur droit après avoir fourni du sang à tous les vaisseaux capillaires, où se fait le mouvement nutritif des tissus.)
Nº 1. (*Mammifères et Oiseaux.*) a, oreillette droite. — b, ventricule droit. — c, artère pulmonaire. — e, veines pulmonaires (petite circulation). — f, oreillette gauche. — g, ventricule gauche. — h, artère aorte. — i, vaisseaux capillaires. — k, racine des veines caves (grande circulation).
Nº 2. (*Reptiles.*) a, oreillette droite. — b, d, ventricule unique. — c, artère pulmonaire. — d, capillaires de la petite circulation. — e, veines pulmonaires. — f, oreillette gauche. — g, artère aorte. — h, vaisseaux capillaires. — i, veines caves.
Nº 3. (*Poissons.*) a, oreillette. — b, ventricule. — c, artères branchiales. — e, artère dorsale. — f, vaisseaux capillaires. — g, veines.

accessibles à l'air, ne doivent point recevoir de sang par l'artère pulmonaire. Alors comment ce liquide passe-t-il dans le cœur gauche? Cela est très-simple

et facile, au moyen d'une ouverture, appelée *trou de Botal*, ménagée par la nature à la cloison qui sépare les deux oreillettes, ouverture qui ne subsiste que pendant la vie intra-utérine. Ainsi donc, chez le fœtus, le sang qui afflue dans l'oreillette droite passe directement dans l'oreillette gauche par le trou de Botal; une partie cependant descend dans le ventricule droit, mais elle est chassée directement dans l'aorte, au moyen d'un canal, le *canal artériel*, qui n'existe aussi que dans la vie intra-utérine. Quant à la masse sanguine que reçoit l'oreillette gauche, elle passe dans le ventricule correspondant, qui le pousse dans l'aorte.

Ce n'est pas là tout ce que présente de particulier la circulation fœtale. Les artères iliaques primitives donnent naissance, chez l'enfant qui n'a pas encore respiré, aux *artères ombilicales*, deux vaisseaux qui traversent l'ombilic et contribuent à former le cordon ombilical, pour aller se perdre en se subdivisant à l'infini dans le *placenta*, masse charnue très-vasculaire qui s'applique contre la paroi interne et supérieure de la matrice et y adhère. Or le sang venant du ventricule gauche par l'aorte descendante, s'engage en grande partie dans les artères ombilicales; il va se distribuer au placenta, pour être mis en communication directe avec celui de la mère, qui doit le revivifier; puis ce sang revivifié retourne au fœtus par la *veine ombilicale*, qui contribue aussi à former le cordon ombilical : une partie est versée dans la veine cave inférieure; une autre partie est portée dans le foie, où elle subit une certaine élaboration, puis versée dans la même veine cave, au-dessus de cette grosse glande, par les veines sus-hépatiques.

Circulation des amphibies. — Nous rappelons d'abord que les vrais amphibies doivent avoir, pour mériter cette dénomination, des poumons pour respirer à l'air, et des branchies pour respirer dans l'eau. (Voy. *Amphibie.*) Les animaux qui manquent de branchies, et qui ont la faculté de demeurer au fond de l'eau un temps plus ou moins long sans respirer, présentent une disposition anatomique analogue à celle que nous venons de voir chez le fœtus; seulement c'est la cloison inter-ventriculaire, et non l'inter-auriculaire, qui est percée d'une ouverture par laquelle le sang passe directement du cœur droit dans le cœur gauche, sans traverser les poumons. Mais comme, dans ce cas, le sang n'est pas revivifié par l'air ni dans les poumons, ni dans les branchies, il en résulte que l'animal est bientôt obligé, pour éviter l'asphyxie, de monter à la surface de l'eau pour respirer. (Voy. *Reptiles.*)

Circulation des mammifères et des oiseaux. — Elle présente avec celle de l'homme une similitude à peu près complète. Les mammifères et les oiseaux sont des animaux à double circulation : il y a chez eux un cœur à deux oreillettes et à deux ventricules, et, de plus, le cœur droit et le cœur gauche sont séparés par des cloisons complètes, de manière que le sang noir qui circule dans le cœur droit ne se mélange en aucun point avec le sang rouge mis en circulation par le cœur gauche, ce qui n'a pas lieu chez le fœtus, les amphibies, les reptiles. Chez les oiseaux, l'aorte se divise, presque à son origine, en trois troncs principaux, un pour la tête, l'autre pour la région pectorale, le troisième descend dans la poitrine et constitue l'aorte descendante. Les veines qui rapportent à l'oreillette droite le sang de toutes les parties sont aussi au nombre de trois.

Circulation des reptiles. — Le cœur, chez les reptiles, n'a que trois cavités au lieu de quatre, car la cloison qui sépare les deux ventricules est incomplète ou même manque complétement. Il n'y a alors qu'un seul ventricule, d'où naissent l'artère pulmonaire et l'aorte. De cette disposition il résulte que le sang veineux versé dans l'oreillette droite, et de là dans le ventricule unique, passe en partie dans les poumons et en partie dans les artères par l'aorte; mais comme le sang fourni aux poumons revient au ventricule avec les qualités artérielles qu'il y a acquises par la *respiration* (voy. ce mot), il en résulte qu'il y a mélange des deux sangs, de l'artériel et du veineux, et que le ventricule envoie dans les deux cercles circulatoires ce sang mélangé. D'où il résulte aussi que le sang n'est exclusivement veineux que dans la partie veineuse du grand cercle circulatoire, compris entre le commencement des veines et l'oreillette droite, et qu'il n'est exclusivement artériel que dans les veines pulmonaires du petit cercle, c'est-à-dire entre les poumons et l'oreillette gauche. Le trajet des vaisseaux diffère peu chez les reptiles de ce qu'il est chez les mammifères; seulement dans la plupart des cas il part du cœur deux aortes, qui, après avoir fourni chacune une crosse, l'une à gauche, l'autre à droite, se réunissent pour constituer un tronc unique. Les reptiles ont le sang rouge, comme les mammifères et les oiseaux, mais *froid* et à température variable, comme celui de tous les animaux dont il nous reste à parler.

Circulation des poissons. — Le cœur et la circulation se simplifient encore davantage dans cette classe d'animaux. Le cœur des poissons, généralement placé sous la gorge, présente une oreillette et un ventricule : il correspond au cœur droit des mammifères et des oiseaux, et n'est traversé que par le sang veineux. Mais l'artère dorsale des poissons correspond au cœur gauche des animaux supérieurs. Cette artère contractile *e* envoie le sang artériel dans les organes supposés au point *f*; là, le sang devient veineux, gagne l'oreillette *a*, passe dans le ventricule *b*, qui le chasse vers les branchies *c*, où il redevient sang artériel. Des branchies il passe dans l'artère dorsale et ainsi de suite. La circulation des poissons est plus complète que celle des reptiles, sous le rapport de l'artérialisation du sang. En effet, tout le sang que l'artère dorsale pousse dans les organes est du sang artériel pur, venant des branchies. Les veines qui apportent le sang à l'oreillette du cœur se réunissent toutes en un tronc commun, qui porte le nom de *sinus veineux*. Le ventricule donne naissance à une seule artère, l'*artère branchiale*, qui dès son origine présente un renflement contractile, et se ramifie bien-

tôt sur les lames branchiales. Le sang des poissons est rouge.

Circulation des mollusques. — Chez les limaces, les limaçons, les huîtres, etc., la circulation a une certaine analogie avec celle des poissons, avec cette différence que le cœur, au lieu d'être sur le trajet du sang veineux, est placé sur le trajet du sang artériel. Le cœur est ordinairement composé d'un ventricule et d'une ou deux oreillettes. Le sang qui a servi à la nutrition ou sang veineux gagne directe-

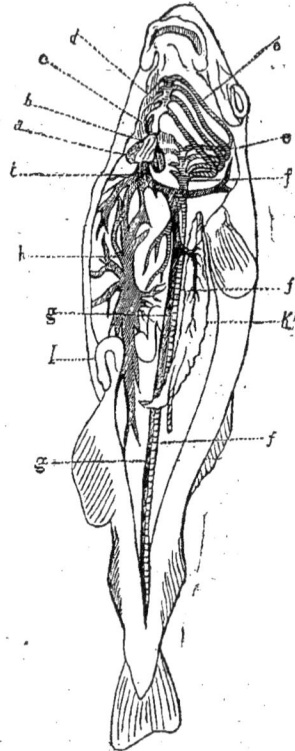

Fig. 34. — Circulation d'un poisson.

a, oreillette du cœur. — *b*, ventricule du cœur. — *c*, bulbe artériel. — *d*, artère branchiale. — *e, e*, vaisseaux des branchies. — *f, f, f*, artère dorsale. — *g, g*, veine cave. — *h*, veine porte. — *i*, sinus veineux. — *k*, reins.

ment l'appareil respiratoire; puis, vivifié par la respiration, il se dirige vers le cœur, qui l'envoie vers les organes.

La circulation n'est pas semblable dans tous les mollusques. Chez les céphalopodes (poulpes, seiches, calmars), on rencontre sur les vaisseaux veineux qui vont pénétrer dans les branchies des renflements contractiles ou cœurs branchiaux, et le cœur aortique n'a qu'une seule cavité ou ventricule. Le sang des mollusques est incolore ou légèrement bleuâtre.

Circulation des crustacés. — Les écrevisses, crabes, homards, etc., ont, comme les mollusques, le cœur placé sur le trajet du sang artériel : il correspond au cœur gauche des animaux supérieurs. Ce cœur consiste en une cavité unique ou ventricule; le sang, envoyé dans les organes par les artères qui font suite au cœur uniloculaire, gagne ensuite un système vasculaire peu régulier. Les cavités irrégulières dans lesquelles se répand le sang, tapissées par une fine membrane vasculaire, communiquent avec des sinus situés à la base des pattes; de là le sang gagne les branchies; des branchies il revient au cœur par les vaisseaux branchio-cardiaques. Le sang des crustacés est incolore, bleuâtre ou lilas.

Circulation des annélides. — Les annélides n'ont pas de cœur, quoiqu'ils aient un appareil circulatoire distinct. Le sang des annélides, qui est généralement rouge ou rosé, est mis en mouvement dans les canaux sanguins par les contractions des parois vasculaires. Il n'est guère possible de distinguer en eux un sang artériel et un sang veineux, quoique le

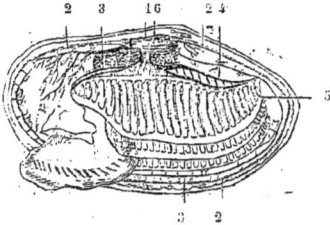

Fig. 35. — Circulation et respiration d'un mollusque acéphale.

1, ventricule artériel, poussant le sang dans 2 2 2, le système artériel. — 3 3 3, système veineux. — 4, sinus veineux d'où naissent les vaisseaux qui portent le sang aux branchies. — 6, oreillette recevant des branchies le sang artériel et le versant dans 1, le ventricule.

liquide qui circule dans les canaux vasculaires soit soumis à l'influence vivifiante de l'air atmosphérique dans les branchies. Il n'y a pas non plus de régularité bien marquée dans le cours du sang, et la direction change souvent d'un moment à l'autre.

Circulation des insectes. — Elle est peu connue encore. Le sang, généralement incolore, n'est pas toujours distinct du fluide nourricier; il représente le fluide nourricier lui-même, qui, après avoir traversé les parois de l'intestin, se répand dans les interstices des organes, interstices tapissés par de fines membranes vasculaires. Il y a cependant dans la plupart des insectes un vaisseau central à parois arrondies, situé vers le milieu du corps, au-dessus du tube digestif. Ce vaisseau dorsal exécute des mouvements alternatifs de resserrement et de dilatation, mais il ne paraît point fournir de branches. Le fluide nourricier y pénètre par des ouvertures garnies de valvules qui permettent l'entrée et non la sortie des liquides, qui se fait sans doute au travers des parois du canal, au moment de la contraction.

Circulation des zoophytes. — Ici simplicité plus grande encore. On distingue bien, chez quelques zoophytes (oursins), un système de canaux où circule le fluide nourricier; chez d'autres (méduses), le système des vaisseaux qui distribuent le fluide nourricier paraît constitué par des appendices dépendant du tube digestif; mais il en est d'autres où le liquide nourricier se répand par une sorte d'infiltration successive des parois du tube digestif dans la trame des tissus, sans qu'on puisse distinguer les voies spéciales de distribution.

CIRCULATION VÉGÉTALE. — Il y a dans les végétaux des organes et une fonction de circulation. Les organes consistent dans des vaisseaux allongés, microscopiques, résultant généralement d'utricules transformées en tubes. Ces vaisseaux se distinguent en *lactifères*, *trachées* et *fausses trachées*. Nous en avons déjà parlé au mot *Absorption végétale*.

La circulation, dans les plantes, a pour but l'ascension de la sève jusque dans les parties les plus élevées du végétal, et son retour dans les parties inférieures. La *sève* (voy. ce mot) est aux végétaux ce qu'est le sang aux animaux; nouvellement en circulation (*sève ascendante*), elle est presque semblable à de l'eau pure; mais élaborée et enrichie par le mouvement nutritif (*sève descendante*), elle contient plus de matériaux susceptibles de passer à l'état solide.

La circulation se confond avec l'absorption dans le règne végétal; il suffit de dire que la sève ascendante occupe les couches ligneuses de la tige, et que la sève descendante, au contraire, revient des sommités de la plante à ses racines par l'écorce. Aux mots *Respiration* et *Nutrition végétales*, nous verrons comment la sève se vivifie et nourrit la plante.

Dr Bossu.

CIRE. — Substance dont sont composés les rayons dans lesquels l'abeille conserve le miel ; c'est une production de tous les climats.

La cire, telle qu'elle est livrée au commerce, sous la dénomination générale de *cire jaune*, est une substance compacte, plus ou moins dure, d'une nuance plus ou moins jaune, suivant les pays où elle est récoltée, et le plus ou moins de soin qu'on a mis à la fondre. L'odeur en est aromatique, le goût presque insipide, la cassure nette.

Les cires de France, comme celles de l'étranger, sont souvent sophistiquées, soit avec la résine, des graisses, soit avec toute autre matière, qu'on y mélange lorsqu'on la fait fondre en pain. Pour éviter d'être trompé dans les achats, il faut la choisir jaune, haute en couleur, d'une bonne odeur, facile à casser; elle ne doit point coller aux dents lorsqu'on la mâche.

La cire que produit la France ne pouvant suffire à la consommation, il en vient de 12 à 15,000 quintaux soit de la Pologne, de la Russie, du Levant, de la Barbarie, de l'Égypte, de l'Espagne et du Portugal.

On doit prendre la cire jaune très-nette, bien sèche et sonore. On prépare avec la cire jaune les cires colorées, vertes, rouges et d'autres couleurs. On ramollit la cire jaune avec la poix-résine et la térébenthine, et on la colore avec le vert-de-gris, l'orca-nette, le vermillon, etc. La cire à gommer est de la cire jaune ramollie par la poix blanche; elle sert à gommer les toiles blanches et autres.

La *cire blanche* (*cera alba*) est appelée improprement cire vierge, puisqu'elle est le résultat de l'oxygéna-tion de la cire jaune, opération qui consiste à lui enlever son principe colorant. On nomme cette opéra-tion blanchiment; elle se fait de deux manières, ou par l'action combinée de l'air et de l'eau sur le pré, ou par l'immersion dans l'eau chargée d'acide mu-riatique oxygéné. Ce dernier procédé est le plus expé-ditif, et celui qu'on emploie aujourd'hui le plus com-munément.

CIRIER (botanique). — Arbre de la famille des myricées et du genre *myrica*. Il croît naturellement dans les lieux humides de la Caroline, de la Floride, de la Virginie et surtout de la Louisiane. Sa tige s'élève de 3 à 4 mètres, et ses feuilles sont persis-tantes. Sa racine est astringente. Il produit un petit fruit globuleux couvert d'une matière blanche, onc-tueuse, dont on fait d'excellentes bougies, qui en brû-lant répandent une odeur aromatique. GOSSART.

CIRON (zoologie). — Nom donné par les habi-tants du Midi à de petits animaux de la tribu des *acaridiens*. — Voy. ce mot.

CIRQUE (antiquité) [du latin *circus*, tour, cir-cuit]. — Lieu destiné, chez les Romains, à la célé-bration des jeux publics, comme le *stade* chez les Grecs; il était clos par un mur appelé *spina*, construit au milieu de l'arène dans le sens de sa longueur, et surmonté de statues, d'autels et d'obélisques. La forme du cirque, plus longue que large, était arron-die aux extrémités; il était entouré de murailles et fermé à l'un de ses bouts par les *carceres*, ou loges des animaux féroces destinés aux combats, et par des barrières, d'où partaient ceux qui faisaient des courses de chevaux ou de chars. « Le cirque était environné de colonnades, de galeries, d'édifices et de boutiques de toutes sortes de marchands. On célé-brait les jeux du cirque avec une grande pompe; ils étaient précédés d'une cavalcade en l'honneur du soleil. Les courses de chars en étaient la principale partie; les courses de chevaux et les courses à pied venaient ensuite. Après les coureurs venaient les gladiateurs. Ces gladiateurs étaient le plus souvent des criminels et des victimes que la tyrannie rédui-sait à disputer la vie à des tigres et à des lions pour les vaincre ou en être déchirés. Parmi ces malheu-reux étaient les *pugiles*, qui combattaient avec le poing ou armés du *ceste*; les lutteurs, qui dévelop-paient la force de leurs muscles et cherchaient à se renverser; les *rétiaires* ou *mirmillons*, qui combat-taient les uns contre les autres, ceux-ci avec une fourche, ceux-là avec des filets dont ils cherchaient à envelopper leurs adversaires. D'autres lançaient le palet ou le *disque*. Mais ce qui charmait le plus les Romains, c'était le spectacle d'hommes combat-tant les uns contre les autres jusqu'à la mort, ou contre les bêtes féroces, ou mêmes livrés sans armes à la fureur de ces animaux. »

Le premier cirque fut établi dans Rome par Tar-quin l'Ancien (dans la vallée entre le mont Aventin et le mont Palatin). Ce cirque avait environ 145 m. de longueur; plus tard, il fut agrandi par les empe-reurs. Il était environné à l'extérieur de colonnades et de galeries qui formaient des promenades très-fréquentées, où s'établissaient aussi des boutiques. Outre ce cirque, appelé *le Grand Cirque*, Rome en avait huit autres fort remarquables.

CISELEUR, CISELURE [du latin *cœsus*, de *cœ-dere*, couper, tailler). — L'art du ciseleur consiste le plus souvent à remodeler, à l'aide du marteau et du *ciselet*, la forme primitive qui est presque toujours détruite ou émoussée sur l'objet moulé et fondu.

Le *rifloir*, sorte d'ébauchoir en acier, taillé comme une lime, est l'outil principal, qui sert à dégrossir, riffler, décaper les coupures ou aspérités produites par le moulage, enfin à unir la matière avant de former les détails avec les différents ciselets qu'on nomme *mats*, *traçoirs* et *battoirs*; c'est alors que le ciseleur promène son outil sur les parties les plus délicates, avec une dextérité et une légèreté impos-sibles à décrire, car il s'agit de former les draperies, les chairs, les cheveux, les plumes, etc., et cela, en frappant sur le ciselet, par sauts et cascades.

On s'étonne, à juste titre, de la patience et du soin qu'il est indispensable au ciseleur de posséder, lors-qu'on admire ces petites figurines à la loupe, qu'on croirait plutôt faites par quelques mouches artistes que par la main des hommes. Tous les métaux se ci-sèlent de même, mais, pour les préparer, les moyens sont différents; ceux dont le degré de fusibilité per-met de mouler les objets rendent la ciselure facile, car elle se fait dans les conditions que nous avons déjà énoncées; on l'appelle *retouche*; mais pour l'a-cier, le fer, le platine, l'aluminium, la ciselure de-vient une sculpture fort difficile, car l'échelle mathé-matique qui sert à l'art monumental ne peut conve-nir; ici l'artiste est donc obligé de réduire, tailler, sculpter en un mot, dans un bloc de métal, par sa propre imagination et par son sentiment.

Quant à l'aluminium, métal nouvellement décou-vert par M. Deville, c'est encore à l'état d'essai que des travaux d'art ont été tentés. M. Honoré, sculpteur et ciseleur éminent, s'est hâté d'en avoir les prémi-ces, et semble avoir pris à tâche de s'identifier avec ce nouvel hôte, en produisant quelques pièces d'art dignes de figurer dans nos musées; son travail ce-pendant n'est pas sans difficultés. Ce métal est très-conducteur, l'atmosphère agit énormément sur sa fonte et son coulage; de là l'impossibilité, quant à présent, d'obtenir dans le moule un objet sain et et sauf. Ce n'est pas tout: ne possédant aucune ho-mogénéité avec les autres métaux, on ne peut l'allier pour le baisser de titre, afin d'en faire de la soudure; n'ayant pas non plus les moyens de pouvoir rappro-cher les parties ensemble pour les souder, on sera forcé, en attendant cette découverte, de s'attaquer à des masses de métal pour en former des statuettes ou ornements qui doivent être ciselés. Il faut, dans ce cas, que l'artiste ait un talent hors ligne, tel que celui que nous venons de citer, sans quoi cette manière de produire enfanterait des banalités dans d'autres mains. Quoi qu'il en soit, tel qu'il nous est donné, l'aluminium ciselé est d'un effet ravissant, surtout mélangé de quelques parties d'or et de pierreries ; sa couleur douce, sa légèreté et ses qualités inoxydables, lui assurent un grand avenir.

Il est encore un autre mode de ciselure appelé *repoussé*. Cette ciselure est sœur de la statuaire. L'artiste fait d'une plaque de métal quelconque un bas-relief ou une figure ronde-bosse ; il compose et dessine son sujet sur la partie supérieure, repousse en dessous des bosses correspondantes un peu plus accentuées qu'il n'est besoin, colle ensuite cette plaque sur du ciment mou, et, à l'aide de ses ciselets, pétrit et façonne ces bosses informes jusqu'à ce qu'il ait obtenu l'effet désiré. L'esquisse au repoussé s'établit d'abord par masses et par larges plans, pour diviser ensuite les nuances du modelé ; mais il y a cette différence avec la statuaire, qu'on est forcé d'ébaucher sa figure toute habillée, sans faire préalablement le nu comme dans cette dernière, à cause des difficultés matérielles qui se présentent.

Le repoussé fut en grande vogue au quinzième siècle ; on l'appelait *enlevure*.

Les ouvrages en métal de cette époque appartenaient généralement à l'orfévrerie de Flandre, où des ouvriers de Limoges avaient importé la chaudronnerie d'art, appelée *dinanderie*, et qu'ils obtenaient par le marteau et l'estampage. Ces dinandiers, déjà préparés à ce genre de travail, s'exercèrent sur les métaux précieux, et produisirent une grande quantité de bas-reliefs en forme de tableaux si communs dans ce temps. Ils représentaient ainsi des motifs religieux et la Passion du Christ.

Il leur suffisait d'avoir une feuille d'or ou d'argent, et, sans préparation aucune, ils relevaient le dessin au marteau d'une façon grossière ; ils achevaient ensuite au ciselet, ciseau ou rasoir.

Dans un inventaire d'orfévrerie, de Louis d'Orléans, en 1406, on y voit : « un tableau d'or d'un *crucefiement de Nostre Seigneur, à plusieurs ymages et personnaiges* ; un tableau d'or d'un mystère, comment *Nostre Seigneur lava les piez à ses disciples* ; un tableau d'or d'une *ymage de Nostre-Dame* ; deux d'une *Annonciation Nostre Dame d'enleveure*, etc. » Quoique le mérite du travail soit vanté dans ces comptes et inventaires du quinzième siècle, et que depuis chaque historien ait accepté complaisamment ces louanges sans les contrôler, nous n'hésitons pas à croire, d'après celles qui nous sont parvenues, et d'après leur condition de fabrication, que la plupart de ces ciselures repoussées étaient barbares et incomplètes. Quelques-unes, échappées au vandalisme des révolutions, et qui sont maintenant dans nos musées, peuvent nous édifier sur leur mérite réel, qui, à notre avis, est souvent médiocre. Nous devons reconnaître, néanmoins, qu'on sent, en examinant ces œuvres, qu'il y avait une aspiration vigoureuse vers le progrès qui arriva quelques siècles plus tard.

La ciselure artistique, ayant quelque valeur sculpturale, ne date guère que de la Renaissance, sous l'impulsion des Michel-Ange, Raphaël, Léonard de Vinci, le Titien, Benvenuto-Cellini, Balin, Thomas-Germain, Jean Goujon, etc. Cette grande époque influa sérieusement sur les arts et l'industrie.

C'est alors qu'on vit surgir en orfévrerie et ciselure d'admirables conceptions taillées au coin du génie, dignes des chefs-d'œuvre de la statuaire, et qu'on cherche vainement à surpasser au dix-neuvième siècle.

Nos ciseleurs sont en grand nombre ; on en compte à Paris près de quatre cents pour l'orfévrerie-bijouterie, et huit cents pour le bronze. Quelques-uns seulement sont supérieurs et appartiennent aux beaux-arts ; nous pouvons citer, dans ce nombre, Vecht, Honoré, Simon-Renard, Fanière, Desandré Richard, Bourdereau. Ces artistes et quelques autres, dont nous regrettons de ne point avoir les noms, ont acquis les suffrages sur tous les pays à l'exposition de 1855.

La ciselure paraît avoir été connue en Asie et en Égypte. Elle passa en Grèce, où grand nombre de chefs-d'œuvre furent exécutés, et où elle acquit un nouveau degré de perfection. Pline cite, comme ciseleurs anciens, Zopire, Praxitèle, Acragas, Pythias, Varron, Mentor, Mys, Antipator, Ariston, Bœthus, Calamis, Hécate, Ledus, Posidonius et Lunice.

Les bacchantes et les centaures qu'Acragas avait ciselés sur des coupes étaient conservés à Rhodes dans le temple de Bacchus, et on y gardait également un Silène et un Cupidon de Mys. Pythias grava sur une espèce de fiole Diomède et Ulysse enlevant le palladium de Troie, et représenta sur deux petites aiguières toute une batterie de cuisine. Zopire grava les Aréopages et le Jugement d'Oreste sur deux coupes estimées douze grands sesterces. Enfin, l'on peut considérer comme des ciselures sur ivoire le Jupiter olympien et la Minerve du Parthénon, tous deux l'œuvre de Phidias. Nous devons citer, à propos de cette dernière œuvre, une Minerve, commandée par M. le duc de Luynes à Duponchel, et qui figura à l'exposition universelle des beaux-arts. Cette statue, d'une grande importance comme travail d'orfévrerie et de ciselure, était composée, comme celles de l'antiquité, d'ivoire, de métaux et de pierres précieuses. Quoique modelée par un habile sculpteur (Simart), son mérite était plutôt dans les détails et l'assemblage de ces différents travaux, si rares aujourd'hui, que dans son exécution artistique comme figure. Les ciseleurs eurent beaucoup à faire sur cette œuvre colossale, et prouvèrent, cette fois, qu'ils pouvaient faire de grandes choses.

Les rois de la première race surtout protégèrent cet art, et y attachaient un sentiment d'orgueil national, comme le prouverait ce mot seul de Chilpéric adressé à Grégoire de Tours, en lui montrant un grand plat d'or étincelant de pierreries, sculpté, ciselé, et pesant cinquante livres : « Je l'ai fait pour donner de l'éclat à la nation des Francs, et j'en ferai bien d'autres, si Dieu me conserve la vie ! »

. Plus tard, Clovis vengea par un châtiment terrible la perte d'un de ces objets d'art, en punissant la rébellion d'un de ses soldats. Il suffit de rappeler l'histoire du vase de Reims. Ce vase, enlevé dans le pillage d'une église de Reims, en 486, faisait partie du butin que les Francs de Clovis devaient se distribuer à Soissons par la voie du sort, lorsque l'évêque de Reims, saint Rémy, fit réclamer ce vase d'orfévrerie. Le chef des Francs voulut le faire mettre à part pour le rendre au prélat, mais un soldat, mécontent du privilége que celui-ci réclamait, brisa le vase d'un coup de francisque. Quelque temps après, Clovis s'en vengea en fendant la tête du pauvre soldat, qui n'y pensait plus, et en lui disant : « Souviens-toi du vase de Soissons ! »

Il est à regretter que les générations passées ne nous aient pas conservé ce vase quoique endommagé, qui était, dit Grégoire de Tours, d'une grandeur et d'une beauté extraordinaires; il nous donnerait au moins la mesure du travail et du goût d'alors, et pourrait nous servir comme terme de comparaison, ainsi que les débris en parcelles de l'antiquité, qui sont coordonnées au Louvre, tels que ces statues mutilées, ces torses, têtes, jambes, mains, etc., arrachés aux profondeurs de la terre, et dont l'art moderne est heureux d'y puiser sans cesse l'élégance, la pureté et la finesse du contour des formes.

E. PAUL,
Statuaire-Orfévre.

CITADELLE [de l'italien *citadella*, qui est probablement un diminutif de *civitas*, *civitatella*, *citadella*]. — Petite fortification construite dans le dessein de contenir les habitants d'une ville, dont on a lieu de se défier, ou pour se défendre contre l'ennemi, s'ils demeurent fidèles.

La situation des citadelles doit être toujours dans le lieu le plus élevé, afin qu'elles commandent au reste de la ville, dans laquelle on la fait entrer en partie. La figure qui leur convient mieux est la pentagonale.

Une citadelle n'a ordinairement que deux portes, l'une du côté de la place, et l'autre du côté de la campagne; celle-ci ne s'ouvre que pour y faire entrer du secours et des vivres, ce qui la fait appeler *porte de secours.*

La citadelle doit être mieux fortifiée que la ville, parce qu'autrement l'ennemi ne manquerait pas de l'attaquer avant que d'assiéger la ville, qui ne pourrait plus tenir après la prise de la citadelle.

CITÉ [du latin *civitas*, même sens]. — Ville, grand nombre de maisons enfermées de murailles. Dans son acception latine et grecque, *agrégation d'hommes soumis aux mêmes lois, aux mêmes coutumes, aux mêmes traditions* ; il ne faut donc pas confondre la *cité* avec la *ville.* La cité est l'ensemble des citoyens et des institutions qu'ils se sont données ; la ville est l'assemblage des édifices dans lesquels ces citoyens résident. Bossuet a très-bien fait ressortir la différence de signification des mots *ville* et *cité* quand, en parlant de la retraite des Athéniens sur leurs vaisseaux à l'approche de l'armée de Xerxès,

il a dit : *La ville fut incendiée, mais la cité, qui s'était mise sur la mer, après avoir contribué au gain de la bataille de Salamine, vint reconstruire une Athènes nouvelle.*

CITÉ (droit de). — Droit d'exercer les prérogatives que la constitution de l'État reconnaît à certains individus, soit qu'ils tiennent ce droit de leur naissance, soit qu'ils aient accompli, pour l'acquérir, certaines conditions exigées par les lois. « Ceux qui jouissent du droit de cité sont des citoyens. Les prérogatives conférées par ce droit se divisent en deux classes : 1° celles qui ne peuvent être exercées qu'en commun et collectivement, comme l'élection des magistrats et le vote des contributions et des lois, soit directement, soit indirectement par des mandataires élus dans l'assemblée des citoyens, etc.; 2° les prérogatives qui s'exercent individuellement, telles que le droit d'être promu à des fonctions publiques. Mais la qualité de citoyen oblige aussi à des devoirs qui, du moins dans l'état actuel de notre législation, ne sont pas toujours compensés par ces prérogatives, qui n'existent réellement que pour un petit nombre d'individus. Telle est, par exemple, l'obligation de payer au pays l'impôt du recrutement. »

CITOYEN (politique). — Nom donné à l'habitant d'une cité, au membre actif d'une société libre, à tout individu qui participe au pouvoir souverain par son suffrage ou qui jouit de certains droits refusés à l'étranger. « Dans l'ancienne Rome, le titre de *citoyen romain*, qui d'abord n'appartenait qu'à ceux qui étaient nés à Rome, fut étendu à tout individu né en Italie ou ailleurs qui avait acquis le droit de cité romaine. »

Régis par des ordonnances arbitraires qui tenaient lieu de lois, n'osant ni parler ni écrire, étrangers à la plupart des fonctions du gouvernement, les Français n'étaient pas citoyens avant 1789, qui leur a rendu l'exercice de leurs droits naturels.

Le vrai citoyen, a dit un auteur, est celui qui aime sa patrie, qui est prêt à lui sacrifier ses propres intérêts et à la défendre contre tout ce qui peut lui nuire. Son but est vertueux, ses vues sont nobles, et il n'aspire à rien qui ne soit utile. L'intégrité, la pureté de ses pensées lui servent de soutien ; l'amour du prochain et du bien public l'anime dans toutes les circonstances de sa vie. L'opposition qu'il éprouve de la part des mauvais citoyens sert à le justifier et lui inspire une nouvelle ardeur pour défendre tout ce qui est utile à ses compatriotes. Il est glorieux de réussir dans la défense d'une pareille cause ; il l'est encore plus de mourir pour elle.

La qualité de citoyen ne suppose pas uniquement des droits, elle impose aussi des devoirs, dont personne ne peut s'affranchir sans compromettre en même temps sa liberté et ses autres droits.

Les Romains exigeaient, à l'âge de vingt ans, de tous ceux qui étaient nés de parents citoyens, le serment de défendre la patrie et la souveraineté du peuple. Ce serment, que devrait prêter à sa majorité tout citoyen d'un État libre, était conçu en ces termes : « Je porterai les armes avec honneur; je défendrai tout concitoyen, quel qu'il soit, si je me trouve à portée de lui donner du secours; je combattrai aussi, soit seul, soit en troupe, pour la sûreté de nos foyers et pour le culte de nos dieux; je ne troublerai ni ne trahirai ma patrie; je parcourrai les mers, quelque trajet qu'il faille faire, pour toute expédition à laquelle la république pourra me destiner; j'observerai la solennité de nos lois et nos usages reçus, ceux même que le peuple pourrait à l'avenir sagement adopter; je ne souffrirai pas que personne ose y porter atteinte, sans en avoir l'approbation du peuple, Soyez témoins, Dieux, etc. »

CITRATES (chimie). — Sels formés par la combinaison de l'acide citrique avec une base. Les principaux sont le *citrate de chaux*, d'où l'on extrait l'acide citrique, et le *citrate de magnésie*, proposé en 1847, par M. Rogé Delabarre, pour la préparation d'une eau purgative sans amertume. Ce médicament ressemble par sa saveur à une véritable limonade, et purge aussi bien que l'eau de Sedlitz

CITRIQUE (ACIDE) (chimie) [du latin *citrus*, citron]. — Acide composé, sur 100 parties, de 33,811 de carbone, de 59,859 d'oxygène et de 6,330 d'hydrogène. Il est solide, blanc, cristallisé en prismes rhomboïdaux, et existe libre dans un grand nombre de fruits; mais on l'extrait du jus de citron en saturant le suc par le sous-carbonate de chaux, et en décomposant par l'acide sulfurique le citrate de chaux qui s'est formé. Cet acide est employé en médecine comme antiseptique, rafraîchissant et diurétique. Les groseilles à maquereau, les groseilles rouges, les mûres, les cerises, les fraises, les framboises, etc., contiennent l'acide citrique, mêlé en quantité égale avec l'acide malique.

CITRON (botanique). — Fruit du *citronnier*. Il est ovoïde, d'un jaune clair, et terminé par un mamelon. Le péricarpe contient une huile essentielle, dont l'odeur est agréable : sa pulpe, pleine d'acide citrique presque pur, est très-rafraîchissante, et le jus, mêlé avec de l'eau et du sucre, constitue une boisson connue sous le nom de limonade. Le zeste sert à la préparation de plusieurs liqueurs de table, et on l'utilise aussi pour aromatiser le punch.

CITRONNELLE. — Nom donné à plusieurs plantes qui répandent une odeur de citron quand on froisse leurs feuilles, telles que l'*aurone*, la *mélisse* la *verveine*.

CITRONNIER ou **LIMONIER** (botanique). — Arbre de la famille des aurantiacées, dont le tronc, à l'état sauvage, s'élève de 12 à 20 mètres, mais qui ne parvient dans nos jardins qu'à une hauteur médiocre. Les branches, hérissées d'épines, portent des feuilles alternes, pétiolées, luisantes, coriaces, ovales-aiguës, finement dentées, d'une belle couleur verte. Les fleurs sont blanches, odorantes, en bouquets terminaux; calice court, épais, à 5 dents; corolle de 5 pétales allongés, presque elliptiques; filets des étamines droits, anthères allongées; style épais, de même longueur; stigmate globuleux.

Le citronnier paraît être originaire de la Médie; il a été transporté en Europe par les califes. Son fruit,

qui le rend surtout intéressant, est une hespéridie assez grosse, partagée dans sa longueur en plusieurs cloisons membraneuses, entourée d'une écorce épaisse, raboteuse, d'un jaune pâle, parsemée de vésicules d'où s'échappe une huile essentielle. Le *bois* est recherché en ébénisterie.

Le citronnier fournit, par la culture, de nombreuses variétés, dont les principales sont connues sous les noms de *bergamotier*, *cédratier*, *limonier*. L'*oranger* est, sinon une variété, du moins une espèce du même genre.

CITROUILLE (*cucurbita pepo*) (botanique) [du latin *citrullus*, coloquinte]. — Espèce du genre courge, plante annuelle, dont les tiges sarmenteuses, hérissées, garnies de vrilles, rampent au loin sur la terre; feuilles fort amples, pétiolées, arrondies, cordiformes, dentées, douces au toucher; fleurs axillaires, monoïques, jaunes, à pédoncules courts et renflés, corolle campanulée à 5 lobes ovales-aigus, un peu crépus à leur contour; calice à 5 dents; 5 étamines courtes portant 5 anthères soudées; filets stériles dans les fleurs femelles, qui ont un ovaire infère, surmonté d'un style court et de 3 stigmates dilatés; graines nombreuses, comprimées, renflées sur les bords.

La citrouille est originaire des contrées chaudes de l'Afrique et de l'Asie; elle se cultive partout aujourd'hui; son fruit, qui parvient quelquefois à une grosseur monstrueuse (en 1857, dans la Sologne, on en a récolté un de 207 kilogrammes, qui avait 2 mètres 53 centimètres de circonférence), est charnu, jaune, nommé *citrouille* ou *potiron*; c'est un aliment doux, rafraîchissant, qui convient aux tempéraments bilieux et sanguins. On en fait des potages, des tourtes, des tartes, des crèmes. Les vaches et plusieurs autres animaux domestiques l'aiment et s'en trouvent bien. Les semences sont quelquefois employées en médecine pour préparer, par décoction ou par émulsion, des boissons adoucissantes. Cette espèce présente des variétés à l'infini; les plus remarquables sont : la *citrouille musquée*, dont la chair, qui est ferme, a une saveur de musc très-agréable; le *giraumon noir*, dont la peau et la pulpe sont très-fermes; le *giraumon moyen*, qui a des bandes et des mouchetures nuancées de jaune et de vert; le *pâtisson* ou *bonnet de prêtre* et la *citrouille verruqueuse*, qui se mangent frits; la *gourgoudette*, cultivée pour la décoration des orangeries, et la *coloquinelle*, dont le fruit ressemble à une orange.   Gossart.

CIVETTE (zoologie). — Genre de mammifères de la famille des carnassiers digitigrades, renfermant un petit nombre d'espèces, et originaire des contrées chaudes de l'Afrique, principalement de l'Abyssinie, de la Guinée, du Congo. La *civette* a la tête longue, le museau pointu, le nez terminé par un mufle assez large, la pupille ronde, et sous la queue une poche profonde séparée en deux compartiments, pour recevoir l'humeur grasse et musquée produite par des glandes. C'est cette pommade si odorante et si usitée dans la parfumerie sous le nom de *civette*. Les animaux qui produisent ce parfum sont de la taille d'un fort chat, ont comme lui les mouvements très-souples et la marche extrêmement légère : mais leur museau est beaucoup plus long et plus pointu, et leurs griffes ne sont pas à beaucoup près aussi élastiques. Leur pelage, de couleur grisâtre rayé ou tacheté de noir, est très-fourni et composé de deux couches de poils, les uns soyeux, les autres laineux. Leur queue, assez longue, est annelée de gris et de noir dans une plus ou moins grande partie de son étendue. Les civettes ont les habitudes très-sauvages, le naturel sanguinaire et vivent principalement de proie. Elles ont même assez d'adresse pour surprendre les oiseaux, sur lesquels elles s'élancent d'un bond à la manière des chats. Quelquefois elles se rapprochent des maisons, et si par hasard elles peuvent s'introduire dans les basses-cours, elles en traitent les habitants comme le feraient les putois, les fouines et les renards. Au besoin, elles peuvent se contenter d'œufs ou même de fruits et de racines charnues.

On distingue deux espèces de ce genre : la *civette propre*, qu'on élève en domesticité, et qui se fait remarquer par sa robe cendrée marquée de bandes ou de taches noires, par sa queue moins longue que son corps, avec son extrémité noire, et surtout par une forte crinière qui règne le long de son dos; et le *zibethe*, qui lui ressemble, mais qui n'a point cette crinière et qui fournit moins de matière odorante. (Dr *Salacroux*.)

Fig. 36. — Civette.

CIVILISATION [du latin *civilis*, civil]. — Développement intellectuel et moral d'une fraction de l'humanité, d'un peuple; — la part que ce peuple apporte à l'œuvre commune. Dans un sens plus étendu, une des époques, phases ou périodes évolutives de la marche progressive de l'humanité. — Avec ses immenses plateaux, ses plaines riantes, bordées de grands fleuves, l'Asie semblait naturellement marquée pour être le berceau des nations. Sur cette vaste étendue de terre ferme, les hommes se réunissaient plus facilement, et ce sol porte encore les traces de tentatives gigantesques qui n'ont laissé après elles que de vagues légendes. Il fallait aux semences de la civilisation un autre terrain que ces champs asiatiques constamment balayés par des vagues humaines, et elles ne poussèrent de profondes racines que lorsqu'elles arrivèrent en Grèce. Ce petit pays, abrité par

de hauts rochers et des mers sans cesse soulevées par la tempête, pouvait seul en protéger l'éclosion. En vain, la civilisation avait bâti sur les rives du Tigre et de l'Euphrate d'immenses capitales; en vain, sur les côtes heureuses de l'Asie Mineure, en Syrie, en Égypte, en Palestine, elle avait fondé de riches royaumes, partout elle avait succombé après une résistance plus ou moins longue, sous les attaques de la barbarie. La guerre médique est le moment solennel dans l'histoire; Marathon est le premier grand événement de l'humanité. Miltiade en est le premier héros. La défaite de 100,000 Perses par 10,000 Athéniens établit la supériorité de l'intelligence sur la force. La barbarie, vaincue une fois, n'éprouvera plus que des désastres. Désormais, c'est à elle de se défendre, à la civilisation d'attaquer et de conquérir. Elle grandit rapidement et se fortifie sur le sol vigoureux de la Grèce, et lorsqu'elle a concentré ses forces, elle se déploie sur le monde entier. Alexandre se met à sa tête, la promène du Granique à l'Hydaspe et de l'Hydaspe à l'Océan. Le premier des conquérants civilisateurs, il éclaire, il échauffe les peuples qu'il vient de soumettre. Il mêle les populations dans un vaste et magnifique système qui ne lui survivra pas, mais dont la trace et les bienfaits resteront ineffaçables. Les peuples, un moment liés, se sont fondus dans une communauté intellectuelle; l'idée de la collectivité humaine commence à se dégager, et, pour employer la pittoresque expression de Jouffroy, « la boule de neige est faite, et il ne lui reste plus qu'à tourner sous la main du temps pour ramasser l'humanité. » De la Grèce, dont la gloire éternelle est d'avoir dirigé le mouvement si longtemps, le sceptre civilisateur passe en Italie aux mains des robustes habitants de Rome. Avec ce peuple, né pour le commandement, la civilisation recommence d'une manière plus profonde la conquête de l'univers. L'empire romain, comme l'empire d'Alexandre, doit disparaître; mais ce n'est qu'après une longue domination; sa chute même, accompagnée de lenteurs et de résistance, dure quatre siècles; mais enfin, les Barbares inondent l'Europe et la couvrent de désolation et de carnage. Ici la marche de la civilisation éprouve un temps d'arrêt. Les féroces conquérants, incapables de rien fonder, se détruisent et s'exterminent les uns les autres, et lorsque enfin le Nord, épuisé, ne fournit plus de nouveaux envahisseurs, l'organisation féodale, qui s'élève sur les décombres au milieu d'un étonnant mélange de peuples, recèle autant de dangers que l'invasion contenait de fureurs. Cependant, quoique comprimée pendant un long temps, la civilisation se débarrasse graduellement de ses entraves. De même que sous sa forme romaine elle avait embrassé plus de peuples et de pays que sous sa forme grecque, elle s'étend et s'élargit plus encore sous sa forme moderne. L'invention de la boussole, celle de l'imprimerie, lui donnent une rapidité qui lui soumet en quelques années ce qui lui coûtait autrefois de siècles à conquérir. Il reste à peu près sur le globe cent millions de sauvages, et il semble au premier abord que c'est encore là une formidable armée pour la barbarie; mais ces cent millions sont disséminés en peuplades errantes et sur les points les plus opposés du globe. Circonvenus de tous côtés par les populations organisées, ils ne résistent que faiblement à la civilisation moderne, et leur nombre diminue tous les jours sous les envahissements et les conquêtes incessantes de l'esprit civilisateur. (*Lavertujon.*) Y a-t-il un mot plus universellement prononcé que le mot *civilisation*, et dont la signification soit moins comprise? Il est cependant d'une bien grande importance de ne point se tromper sur ce sujet; car, trompés par de fausses apparences, nous pourrions peut-être nous laisser entraîner vers d'épouvantables abîmes.

Qu'est-ce donc que la civilisation? Consiste-t-elle principalement dans le développement de l'industrie, dans les inventions, dans la domination par l'homme des forces de la nature? Non! Non, le bruit des usines, les locomotives qui sillonnent la terre, les navires qui volent rapides comme le goëland sur les mers, les fils électriques qui en quelques minutes portent la pensée d'un continent à l'autre, les découvertes les plus précieuses de la science, nos villes aussi magnifiquement éclairées que splendidement bâties; non, tout cela ne constitue pas l'essence de la civilisation. « Il est, dit un publiciste moderne, des esprits qui ne voient dans l'homme que le corps, dans la civilisation que l'industrie, qui, pourvu qu'ils entendent le bruit des roues et contemplent les splendeurs du char magnifiquement décoré et roulant avec fracas, n'ont pas la pensée de demander ce qu'il porte et où il mène, s'il n'est pas intérieurement un *sépulcre* vide de poésie, de philosophie, de morale, de tout ce qui fait vivre et conserve une société. Aux amis de ce progrès, les amis de l'esprit, les poètes, les philosophes peuvent dire : « Puisque vous ne portez dans vos machines ni le bien, ni le beau, ni le vrai, ni le saint, passez. Que nous importe tout ce mouvement et tout cet éclat? Toute cette pompe que vous admirez est moins belle que le moindre acte de vertu, de cette vertu qui, selon la parole d'un sage de l'antiquité, brille d'un plus vif éclat que l'étoile du matin. » C'est donc dans le développement moral principalement que consiste l'essence même de la civilisation.

Un homme, pour être couvert d'or, pour avoir de somptueux palais, et pour avoir étudié toutes les sciences, n'est pas pour cela un être dit civilisé, si avec toutes ces dons il lui manque la charité, la charité! qui échauffe le cœur et le fait s'épanouir en actes de dévouement, de sacrifice, d'abnégation! Qu'on ne s'y trompe donc pas, le développement matériel peut servir la civilisation, mais il ne le constitue pas. C'est un outil qui peut être employé à un bon et à un mauvais usage, selon qu'il est employé par des hommes moraux ou immoraux. Sous de trompeuses apparences de civilisation, notre société ne serait-elle pas sur la pente qui conduit à la barbarie? Beaucoup d'écrivains sérieux le craignent. C'est cette crainte qu'exprimait naguère en termes éloquents M. Lefèvre-Pontalis. La société moderne, s'écriait-il, la société moderne n'a pas seulement à ses portes des Barbares toujours prêts à lui donner l'assaut et contre lesquels elle a besoin d'une justice armée, elle a aussi dans son sein d'autres ennemis qui prépareraient doucement sa ruine et qui conduiraient son deuil en habits galonnés, au son des instruments, en lui faisant, pour parler le langage des hommes positifs, un enterrement de première classe. Ce sont ceux qui, traitant la pensée comme la conscience en puissances déchues, ou bien en vaines décorations, ne laisseraient volontiers à la vie d'autre fin que les affaires pour s'enrichir et les plaisirs pour s'amuser. Sans doute, il ne faut pas méconnaître les bienfaits et même les grandeurs de l'industrie, mais il importe de ne pas laisser croire que les bonnes entreprises et les spéculations avantageuses puissent suffire à la destinée des individus et des sociétés. Nous sommes dans un temps où l'on a besoin de se rappeler que l'homme ne vit pas seulement de pain, et qu'il ne peut pas se passer de la laborieuse recherche et de la pénible conquête du bien, du vrai et du beau, qui sont comme les sources hautes où tout se retrempe, la vertu, le génie, et la grandeur. Les vastes monuments, les riches palais, les cirques joyeux, peuvent n'abriter que la décadence d'un peuple, et ne sont pas de forts remparts contre cette torpeur des esprits et cette indifférence des consciences qui, pour l'honneur de la nature humaine et le salut d'une nation civilisée, ont besoin d'être combattues par les croyances, par la foi et par le travail. (*B. Chauvelot.*)

CIVILITÉ (philosophie, morale) [du latin *civilitas*, de *civis*, citoyen]. — Témoignage extérieur de déférences, d'égards, qui nous fait rendre à chacun les honneurs qui lui sont dus. Il est certain que la civilité a des effets extraordinaires : « elle force l'homme d'être honnête, elle inquiète l'avare, adoucit le brutal et tient le fou éloigné. Chez les princes, c'est un charme; chez la noblesse, un ornement; et chez le commun, une merveille. Elle sert à l'homme d'une lettre de recommandation, et souvent lui attire plus d'honneur qu'il n'en mérite. »

La civilité est le fruit d'une bonne éducation et la vraie marque d'une naissance noble; elle s'attire facilement la bienveillance des gens; elle ne coûte rien, et procure souvent de grands avantages. Elle n'est point toujours incompatible avec une mauvaise éducation; les rapports sociaux laissent un certain vernis à l'homme doué de tact, qui saisit alors adroitement les formes et les manières du grand monde. Imiter le beau est facile aux personnes intelligentes; mais ce n'est jamais qu'une enveloppe apparente; le fond reste le même, car la copie ne vaut pas l'original.

La civilité, jointe à l'instruction, dénote une éducation parfaite; la politesse est le fond des choses, et la civilité la manière de les dire et de les faire. Et comme dans les égards de bienséance, le cœur n'est pas toujours de moitié, il est facile, pour être agréable à la société, d'embellir notre langage. Comme l'a dit le chancelier Bacon, *il vaut mieux payer sa dette en or qu'en petite monnaie.*

Il est prouvé que par le respect mutuel on maintien l'harmonie dans toutes les classes de la société. Que deviendrait le monde si la familiarité grossière venait à remplacer le brillant, le fini des convenances sociales? Les mœurs s'en alarmeraient, car elles auraient à souffrir d'un tel état de choses; donc les convenances sont un point d'arrêt.

Quel jugement pourrait-on porter sur l'homme qui s'éloigne du beau et du bien? On ne pourrait que le qualifier d'homme grossier et sans principes; et pourtant il en existe, soit par opposition d'esprit, soit par originalité de caractère. Cela n'empêche pas d'être honnête homme, sans doute, mais pourtant on est moins considéré dans le monde. Pourquoi d'ailleurs se montrer rétrograde? la civilité n'est-elle point la bonté en miniature? Les manières douces qui l'accompagnent indiquent un cœur sans fiel, et dans une réunion bien choisie, il s'exhale un parfum délicieux qui enivre l'âme et réchauffe le cœur. Pourquoi ne point observer rigoureusement les règles de bienséance, qui honorent et font dire à tous les peuples du monde que la nation française est le type de la civilisation? Les uns diront : Je suis ennemi de l'étiquette; on pardonne cela à quelques écoliers qui préfèrent le gros rire au bon goût; fumer leur cigare en liberté est pour eux le bien suprême; mais ils seront répandus plus tard dans un monde mieux élevé, et ils jetteront le strass pour n'admirer que le brillant limpide. — Au milieu de François Ier, les jeunes seigneurs ne se sont-ils pas rangés sous la bannière des nobles dames que ce prince réunissait à sa cour? Par le bon goût et le bon ton n'avait-il point donné un nouvel essor à la civilisation? Ce prince avait bien compris qu'en protégeant les lettres et les arts, la société s'éclairerait au céleste flambeau de la vérité, et qu'il n'est point de société possible et durable si l'on s'écarte des règles de la civilité, de cette politesse exquise qui est la marque des âmes bien nées. Ce n'est pas seulement en France qu'on est sévère sur ces principes : les Anglais, les Allemands sont aussi très-susceptibles pour le manque d'égards; un geste, une pose qui sortirait des règles de la civilité suffirait pour perdre leur estime et retirer toute considération; donc les convenances sont les liens de la société entière; c'est le miroir qui reflète le fini d'une bonne éducation, c'est la fleur au doux parfum qui flatte notre amour-propre et ravit notre cœur.

Cependant il faut éviter une civilité importune et excessive; il faut savoir conserver la dignité d'homme; le sage se méfie d'un trop grand empressement, et les femmes en rient toujours. Aussi Montaigne, dans ses *Essais,* s'est-il prononcé de la manière suivante sur l'excès et le mauvais usage de la civilité : « J'aime bien à suivre les lois de la *civilité,* mais non pas si couardement que ma vie en demeure contrainte; elles ont quelques formes pénibles, lesquelles, pourvu qu'on oublie par discrétion, non par erreur, on n'en a pas moins de grâces. J'ai vu souvent des hommes incivils par trop de *civilité* et importuns de courtoisie. C'est, au demeurant, une très-utile science que la science de l'entregent; elle est, comme la grâce et la beauté, conciliatrice des premiers abords de la société et de la familiarité, et, par conséquent, nous ouvre la porte à nous instruire par les exemples d'autrui et exploiter et produire notre exemple, s'il a quelque chose d'instruisant et de communicable. »

Mᵐᵉ LUNEL *mère.*

CLAIR-OBSCUR (peinture). [de l'italien *chiaroscuro*]. — Ce que les peintres nomment clair-obscur est l'effet de la lumière considérée en elle-même, c'est-à-dire rendant les objets qu'elle frappe plus ou moins clairs par ses diverses incidences, ou les laissant plus ou moins obscurs lorsqu'ils en sont privés.

Le clair-obscur comprend donc les dégradations de lumière et d'ombres, et leurs divers rejaillissements qui occasionnent ce qu'on nomme *reflets.*

Le peintre qui, pour bien rendre ces dégradations et ces rejaillissements de lumière, s'astreint aux lois positives et exactes de l'incidence et de la réflexion des rayons lumineux, est libre de fixer, dans chacune de ses compositions, le point d'où il suppose que la lumière se répand sur les objets de son tableau; il lui présente les surfaces qu'il veut éclairer, et interpose à son gré des objets pour occasionner des privations de lumière plus ou moins favorables aux effets harmonieux qu'il est tenu de produire.

Ainsi, la science du clair-obscur consiste dans l'exactitude à se conformer aux lois physiques que suit une lumière fixe, d'après les suppositions qu'on se permet de faire pour l'avantage du sujet qu'on traite.

Cette liberté de suppositions n'est pas indéfinie; car, si elle consiste, comme il est le plus ordinaire, à ne pas offrir au spectateur le foyer de la lumière dont on éclaire le tableau, il faut cependant que le spectateur, instruit et sévère, puisse se démontrer que le peintre ne fait saillir la lumière que d'un point, et même qu'il puisse découvrir dans quel endroit, hors de la composition, peut être ce point.

Un moyen d'apercevoir d'un coup d'œil l'effet général du clair-obscur dans un tableau est de s'en éloigner à une distance telle que les objets particuliers, éclairés subordonnément chacun d'après les suppositions établies, n'attachent plus trop les regards, et que les lumières et les ombres principales se présentent à la vue, comme par masses, par enchaînement ou par groupes, qui, subordonnés entre eux, satisfassent les regards par un accord, une harmonie et un repos, auxquels se complaît le sens de la vue.

Le tableau qui produit cet effet, presque absolument physique à la distance d'où l'on peut en juger, est bien combiné quant à cette partie.

Le tableau qui, à quelque distance qu'on le regarde, ne présente aux yeux que des lumières éparses, incohérentes, est l'ouvrage d'un artiste qui ignore, à la fois, la science et l'art du clair-obscur.

CLAQUE (art théâtral) [du celt. *claq*, grand bruit]. — Troupe d'applaudisseurs mercenaires, d'approbateurs jurés de toute espèce d'ouvrages, rémunérés avec de l'argent ou de toute autre manière. Les chefs de claque prennent officiellement le titre d'*entrepreneurs de succès dramatiques*. M. A. Watripon fait ainsi l'historique de cette institution. « Les anciens connaissaient aussi les applaudisseurs à gages. Térence et Aristophane les flétrissent dans plus d'un passage. Néron salariait une troupe d'hommes chargés de lui faire des ovations quand il chantait ou quand il se mêlait aux jeux du Cirque. De là le nom de *Romains*, infligé aux claqueurs modernes : on les appelle encore *chevaliers du lustre*, parce qu'ils se placent ordinairement au parterre des théâtres, sous le lustre. La Harpe faisait dire à un M. Claque, représentant de cette honnête corporation : *Et je gagne en bravos mes vingt écus par mois*. Nos MM. Claque actuels souriraient de dédain à cet aveu. La plupart de ces industriels ont amassé une fortune colossale ; pour n'en citer qu'un exemple, l'un d'eux a donné à sa fille une dot de 500,000 francs. Le plus renommé de tous, Porcher, a mérité d'être appelé le *saint Vincent de Paul* des entrepreneurs de succès dramatiques. Il a fait oublier, à force de générosité, ce qu'il y a d'équivoque dans sa profession. Alexandre Dumas raconte qu'il lui vint plus d'une fois en aide dans ses débuts littéraires ; il y a vingt ans de cela, et, depuis, Porcher n'a pas cessé un seul jour de se montrer secourable aux gens de lettres ; il est resté depuis comme la providence des auteurs dramatiques. L'Opéra-Italien est le seul théâtre de Paris qui n'ait jamais eu de claque. Il a existé de tout temps une sourde inimitié entre le public et la claque. Cela se conçoit aisément. Le public aime à jouir dans toute sa plénitude du droit qu'il achète en entrant ; il n'aime pas à voir applaudir par des mains mercenaires à tels ou tels passages qu'il répudie du fond de sa conscience ; cette approbation officielle, cet enthousiasme de commande qu'on lui impose, sont contraires à tout sentiment moral, et soulèvent, par conséquent, la répulsion des masses, qui possèdent merveilleusement les notions du juste et de l'injuste. La presse a longtemps protesté contre la tolérance de l'administration vis-à-vis de la claque. Dernièrement, le public et la presse espéraient qu'on allait en débarrasser nos théâtres. Un moment même la claque fut proscrite ; mais elle ne tarda pas à reprendre pied partout. Des acteurs eux-mêmes la rappelèrent, en déclarant qu'il leur était impossible de jouer sans être soutenus par des bravos dans les endroits les plus saillants de leurs rôles. Triste aveu auquel ne souscrivent pas les artistes honnêtes. Tant pis pour le comédien qui, ne trouvant pas le feu sacré au dedans de lui-même, se voit dans la basse nécessité d'acheter des bravos pour se surexciter ! celui-là est son propre juge. La claque ne peut qu'être préjudiciable à l'art. Les artistes, dans leur propre intérêt, doivent redouter tout autant la claque qui se recrute pour eux que la *cabale* qui se formerait contre eux. »

Dans un excellent article sur ce sujet, publié dans le *Journal pour Tous*, en 1855, M. E. Despois a présenté les détails suivants sur l'état actuel de la claque en France :

Un chef de claque spécial est attaché à chacun des deux grands théâtres, l'*Opéra* et les *Français*. Un autre *entrepreneur de succès* fait le service de la plupart des autres théâtres de Paris.

La subvention que la direction du théâtre paye au chef de claque est la moindre partie de ses bénéfices ; ils se composent surtout des redevances que leur payent les auteurs et les acteurs, redevances soldées tant en argent qu'en billets, livrés au chef de claque à moitié prix, et qu'il revend ensuite au public. Il dispose en outre d'un certain nombre de places, que le théâtre lui délivre pour ses claqueurs, et c'est encore pour lui une source de bénéfices. Voici comment :

La claque proprement dite se compose d'un petit nombre d'hommes, le chef et ses lieutenants ; les cadres subsistent, mais les soldats varient. Ces soldats sont pour l'ordinaire de pauvres diables passionnés pour le spectacle, et qui payent leur entrée en applaudissant. Mais il y a aussi, aux représentations un peu importantes, un certain nombre d'amateurs, qui payent au chef de claque le même prix qu'ils payeraient au bureau, sous condition d'applaudir. Le chef de claque, à la fin de la représentation, leur rend moitié du prix reçu, s'ils ont travaillé en conscience. « *Enfants, je suis content de vous !* » D'autres amateurs enfin, uniquement pour entrer au théâtre en ces jours privilégiés, payent, sans condition d'applaudir, et, laissant dans les mains de l'entrepreneur la totalité du prix de la place, vont s'asseoir, indépendants et libres, dans un coin du parterre : ce sont les *solitaires*.

Comme on le voit, presque tout est bénéfice dans cette entreprise ; aussi les entrepreneurs font-ils des fortunes rapides. Ce sont, en outre, des puissances avec lesquelles les gens de théâtre ont à compter.

D'ordinaire, le chef et son second assistent aux dernières répétitions de la pièce dont ils sont appelés à appuyer le succès. Ils notent les scènes et les mots à effet, d'après l'impression que ces mots ou ces scènes produisent sur les quelques personnes qui assistent d'ordinaire aux dernières répétitions. L'auteur et les acteurs les aident sans doute dans ce travail, mais l'entrepreneur, ayant une extrême habitude du théâtre, a nécessairement acquis une certaine sûreté de coup d'œil, et, d'ordinaire, distingue assez bien les mots qui doivent mordre sur le public, et ceux qui le laisseront indifférent.

Ce premier travail se modifie aux premières représentations; le chef s'aperçoit que certaines choses sur lesquelles on comptait, ne produisent aucun effet sur les spectateurs, tandis que d'autres sont mises en relief et bien accueillies. D'après ces observations, il modifie son plan de campagne; car, une règle invariable, c'est d'aider aux effets sans jamais avoir l'air de les imposer; le public, tout débonnaire qu'il soit, n'aime pas à être contredit. A partir de la dixième représentation environ, tous les mots ou situations à applaudir sont fixés, stéréotypés à tout jamais, et, la pièce eût-elle cent représentations, on applaudira, on rira, on pleurera aux mêmes endroits.

Nous parlons de rires et de larmes! c'est là, en effet, que triomphe l'habileté du chef et son tact à choisir les hommes, il faut dire aussi les femmes de sa troupe; car c'est à ce sexe qu'est réservé le don des larmes et la fonction de propager l'attendrissement. Pour le drame, on a des *pleureuses*; ce sont des femmes de claqueurs, disprrsées dans la salle, surtout aux seconde et troisième galeries. On a noté, aux répétitions, une *scène déchirante* : à cette scène, les *pleureuses* savent qu'elles doivent immédiatement tirer leur mouchoir, le mordre convulsivement, tamponner les yeux, se moucher avec émotion, etc., et la partie féminine du public payant, avec cette facilité d'imitation qui lui est naturelle, suit sympathiquement et se met à larmoyer : *succès de larmes!* disent le lendemain les feuilletons. S'agit-il d'un vaudeville ou d'une comédie? aux mots comiques ou prétendus tels, les claqueurs, chargés de cette fonction, partent d'un bruyant éclat de rire : ce sont les *rigolards*; cette spécialité demande du tact et une certaine faculté mimique, un rire communicatif. Ce genre de manifestation s'appelle une *rigolade*, et quand les *rigolades* ont été fréquentes, *succès de bonne et franche gaieté!* s'écrie la réclame, avec ce genre de bienveillance qui lui est propre.

Arrêtons nous : la nausée pourrait nous prendre. Oui, sans doute, ce charlatanisme, comme bien des choses de ce monde, a son côté comique, mais il a aussi son côté repoussant; le mensonge est le fond de tout cela. Il est triste de voir les hommes presque exclusivement occupés à se mentir réciproquement. On dit que c'est là la vie et qu'il faut s'y faire, et que personne ici n'est dupe : *Qui donc trompe-t-on ici? tout le monde est d'accord*; c'est le mot de Basile, et c'est celui qu'on a le plus souvent l'occasion et l'envie de répéter à son entrée dans le monde. Oui, cela est vrai, on ne trompe personne; mais alors à quoi bon cette comédie? Après tout, entre ces claqueurs qui font, souvent avec esprit, leurs efforts pour duper le public, et ce public benêt qui se prête à cette mystification quotidienne, impudente, et fait semblant d'être dupé, le rôle le plus honteux, c'est celui du public : il mérite assurément d'être berné comme un Géronte, puisqu'il lui serait si aisé d'y mettre ordre et que pourtant il ne le fait point. (*Eugène Despois.*)

CLARIFICATION (pharmacie) [du latin *clarum facere*, rendre clair]. — Opération qui consiste à rendre une liqueur claire, nette, limpide, par l'ébullition, la despumation, et la colature ou filtration. On clarifie les sirops et les miels, et quelquefois les sucs, les décoctions, le petit lait, et autres liqueurs, en y mêlant des blancs d'œufs battus, les faisant bouillir un bouillon ou deux, et les passant par la chausse ou le blanchet; car cette substance, par une suite de la qualité gluante, s'attache aux particules les plus grossières du liquide, dont on les sépare en les filtrant. La *clarification* se fait aussi en filtrant les liqueurs par le papier gris.

CLARINETTE (musique) [de l'espagnol *clarino*]. — Instrument en bois à anche simple.

La première clarinette fut fabriquée en 1690 par un luthier de Nuremberg, nommé Christophe Denner; elle n'avait que deux clefs, et par conséquent offrait peu de ressources. Mais, au fur et à mesure que la musique prit de l'extension, on en ajouta d'autres.

En 1791, Xavier Lefebvre fit une clarinette ayant six clefs.

En 1810, un célèbre clarinettiste allemand, Iwan Müller, présenta au Conservatoire de Paris une clarinette ayant treize clefs, offrant de grands avantages pour l'exécution de certaines successions de notes rapides auparavant impraticables. Grande alors fut la rumeur. Comme toujours, on commença par déblatérer; l'aréopage s'assembla pour nommer une commission, qui fut composée des deux frères Lefebvre, professeurs, et des élèves Dacosta et Péchinier; L'instrument fut refusé sous prétexte qu'il offrait beaucoup trop de difficultés. Il fallut le talent de trois artistes étrangers, Baermann, Gambaro et Berr, pour faire sortir de leur vieille routine et les professeurs et les élèves.

Aujourd'hui la clarinette est arrivée à un tel degré de perfectionnement, que pas un instrument de ce genre ne possède autant de clefs (on en compte jusqu'à dix-sept) et une étendue de notes aussi considérable.

Son étendue embrasse quatre octaves moins une tierce, soit du *mi* au-dessous de la portée de la clef de *sol*, jusqu'à l'*ut* sur-aigu[1].

Toute la musique pour la clarinette s'écrit sur la clef de *sol*. Néanmoins il n'est pas à dire pour cela qu'elle donne le ton de la note qui est marquée, ce qui fait que cet instrument est placé au nombre de ceux appelés transpositeurs.

On compte quatre registres de sonorité sur la clarinette, savoir : *le grave* (du *mi* au-dessous des portées à *mi* première ligne); *le chalumeau* (de *fa* à *si* bémol); *le médium* (de *ut* à *ut* au-dessus de la portée), et *l'aigu* (de *ré* à *ut* sur-aigu), avec les intervalles chromatiques.

Il y a plusieurs sortes de clarinettes, nous nous bornerons à citer celles en usage.

[1] MM. Berlioz et Kastner, dans leur *Traité sur les Instruments*, prétendent qu'elle peut donner le contre *ré*; nous doutons que cette note puisse se bien faire entendre.

(*Note de l'auteur.*)

La première, la petite clarinette en *mi* bémol; elle
e t d'une tierce mineure plus élevée que celle en *ut*.
Généralement on ne s'en sert que dans la musique
militaire.

La deuxième en *ut*, qui ne transpose pas dans
les tons d'*ut*, *sol*, *fa*, et ceux relatifs, *la*, *mi* et *ré* mineurs.

La troisième en *la* et la quatrième en *si* bémol.
Ces deux dernières sont plus grandes et les plus usitées dans les musiques d'orchestre.

Plusieurs luthiers ont fabriqué différentes clarinettes : celle *fa* de basse, qui n'est autre qu'une clarinette alto descendant jusqu'au *la* d'en bas, et inventée par Müller, elle n'est pas en usage; une
autre de Gresner, de Dresde, faite en 1793. En 1828,
Streitwolf, de Gottingue, fit une clarinette contre-
basse.

Tous ces instruments sont connus; mais, comme
ces vieilles armes que l'on va admirer dans un arse-
nal, on les regarde, et l'on n'y touche jamais.

La seule clarinette basse dont on fait usage, encore fort rarement, est celle inventée par un facteur
de Bruxelles, dont nous regrettons de ne pouvoir
citer le nom. A Paris, elle est jouée, dans l'opéra
des *Huguenots*, par M. Dupré, frère du célèbre chanteur.

Nous terminerons cet article en disant qu'il y a un
grand nombre de facteurs de clarinettes, mais que tous
ne réussissent pas aussi bien, soit par la qualité des
bois (buis, ébène, grenadille), soit par le forage ou
le percement des trous. Le meilleur système est celui de Boëhm, employé par M. Klosé, professeur au
Conservatoire de musique à Paris, et perfectionné
par M. A. Buffet. Les facteurs dont la vogue est justement appréciée et reconnue par des artistes émé-
rites et compétents sont MM. Gyssens, Buffet jeune
et Buffet-Crampon. GIEHL.

CLASSE [du latin *classis*, ordre, rang, tiré du
grec *klésis*, convocation]. — Ordre, rang suivant lequel on distribue les objets, les personnes ou les
choses. En histoire naturelle, où les objets que cette
science embrasse sont désignés sous les noms de
règne, *classe*, *genre*, *espèce*, le mot *classe* signifie,
dans une acception étendue, une collection, une catégorie; il s'emploie spécialement pour dénommer la
catégorie intermédiaire entre le règne et le genre.
Par exemple, *les animaux forment un règne, les mammifères une classe, et l'homme un genre.*

CLASSIFICATION (histoire naturelle). — Distribution méthodique ou systématique d'une collection
d'êtres, d'objets; de choses, de quelque nature qu'ils
soient, en classes, ordres, genres, espèces et variétés.
La classification des êtres naturels est l'objet des
méthodes ou des *systèmes* des naturalistes. Les méthodes naturelles ont pour base l'ensemble de l'organisation des êtres : les *systèmes*, au contraire, ne
s'appuient que sur des considérations qui leur sont
plus ou moins étrangères, ou qui n'ont rapport qu'aux
modifications que présente une seule de leurs parties. — Voy. les mots *Animal, Botanique, Minéralogie, Méthodes* et *Systèmes*.

CLASSIQUE (littérature) [du latin *classicus*, même
sens]. — Ce mot exprima d'abord une idée de pri-
mauté, d'excellence, de premier rang, de première
classe. Plus tard, on l'appliqua aux auteurs qui font
autorité en une certaine matière : Platon, Aristote,
Homère, Démosthène, Cicéron, Tacite, Virgile, Tite-
Live, Plaute, Térence, etc., sont des auteurs classiques. L'étude de la langue et de la littérature grecques,
remise en honneur dans tous nos collèges, augmenta
les classiques de l'antiquité; enfin, dans ces derniers
temps, on admit comme *classiques* certains écrivains
et certaines productions des littératures modernes,
anglaise, allemande, italienne et espagnole. Par extension, on dit la *terre classique des beaux-arts*, pour
le pays où les beaux-arts furent ou sont cultivés avec
le plus de succès; la *terre classique de la liberté*, pour
le pays que l'histoire nous offre comme ayant, dans
son gouvernement et dans ses lois, le plus d'éléments
ou de conditions nécessaires pour établir ou conserver la liberté. La Grèce fut toujours considérée
comme la terre classique de la liberté.

Le nom de *classiques* fut adopté par tout un parti
littéraire d'écrivains, par opposition à ceux qui s'appelaient *romantiques*. La querelle éclata vers 1823.
On se rappelle le fameux vers :

Qui nous délivrera des Grecs et des Romains?

Cette fois, la passion déserta les camps politiques
pour passer dans les cénacles littéraires. Un immense hurrah retentit de part et d'autre, ce fut
comme une vaste cohue, une ardente mêlée. Des
mots, on en vint aux coups de poing; chaque première représentation théâtrale, que la pièce vînt
d'un classique ou d'un romantique, était signalée
par quelque voie de fait. Les classiques, surtout, dé-
fendirent leur terrain avec cette froide intrépidité
qui les caractérise. « Pour eux, ainsi que l'a justement dit un écrivain, il n'y avait pas plus de succès
possible hors du classique que pour un bon catholique il n'y a de salut hors de l'Église romaine. » On
vit apparaître une foule de tragédies avec des titres
étranges exhumés des entrailles les plus profondes
de l'antiquité ou de la poussière des bibliothèques.
Ainsi *Ninus III, Étéocle et Polynice*, une douzaine
d'*Agamemnons*. C'était le cas de s'écrier : « Race
d'Agamemnon qui ne finit jamais! » Un classique se
vantait partout d'avoir mis au moule une tragédie
qui n'avait pas moins de *cent mille vers*. « Hélas!
monsieur, lui dit un journaliste; il faudra cinquante
mille hommes pour la lire! » Un grand nombre de
quolibets du même genre, colportés de tous côtés,
ne firent qu'irriter les débats. La rage des classiques
contre les romantiques alla si loin, qu'ils adressèrent
au roi d'alors, à Charles X, une pétition dans laquelle ils demandaient l'interdiction de *Marion De-
lorme*, et où ils se plaignaient de ce qu'on ne représentait pas assez leurs ennuyeuses tragédies. Le
monarque eut le bon esprit de leur répondre que,
dans de pareilles questions, *il n'avait, comme tous
les Français, que sa place au parterre.* Aujourd'hui,
que le débat est à peu peu près apaisé, ou du moins

déplacé, nous sommes plus à même de porter un jugement. Les classiques ont eu raison en tant qu'ils ont défendu le génie de la langue française et qu'ils ont déclaré, à l'encontre des néologistes, sa forme suffisante à exprimer toute espèce de situation physique ou morale, toute nuance d'idée ou de sentiment; mais ils sont allés trop loin quand ils ont prétendu borner l'esprit humain à l'imitation servile des anciens. Sans doute, l'étude des anciens est bonne aux lettrés, on peut même dire indispensable; toujours est-il qu'il ne faut pas s'astreindre à l'imitation pure et simple. Cette étude n'est favorable au talent qu'autant que celui-ci se l'assimile par l'interprétation et par une sorte de transfiguration. Les romantiques ont bien moins innové qu'on ne suppose. Charles Nodier les a admirablement caractérisés. « Quand la jeune école actuelle, dit-il, a voulu rompre avec le passé *classique*, elle s'est précipitée à corps perdu dans l'archaïsme , et c'est ce qu'elle a fait de mieux.» Chaque parti s'est montré souverainement injuste envers son adversaire; c'était à qui ne s'entendrait pas, et l'on s'est séparé faute de s'entendre, ou plutôt afin de ne pas s'entendre. « Il y a des gens , disait un homme d'esprit, qui vantent Homère comme ils vanteraient l'*Imitation de Jésus-Christ*, afin de faire un bon mariage. » C'est ici le cas des classiques. Les professeurs possèdent au mieux les anciens, ils en parlent d'or, ils discutent à fond les règles du beau; bien plus, ils les posent. Comment se fait-il, après cela, qu'ils soient les plus mauvais écrivains, qu'ils rabattent des banalités, et que le dernier des fantaisistes soit plus près qu'eux du vrai beau , même du beau classique, du beau académique? C'est qu'ils ont étouffé leur propre individualité sous les idées des autres; c'est qu'en art comme en littérature, l'exécution est tout, et qu'une bonne exécution vaut mieux que toutes les théories. (*Watripon*.)

CLAVAIRE (botanique) [du latin *clava*, massue]. — Genre de champignons comestibles, qui croissent dans toutes les parties de l'Europe. On en compte un grand nombre d'espèces, mais la plus répandue est la *clavaire corralloïde*, appelée vulgairement *barbe*

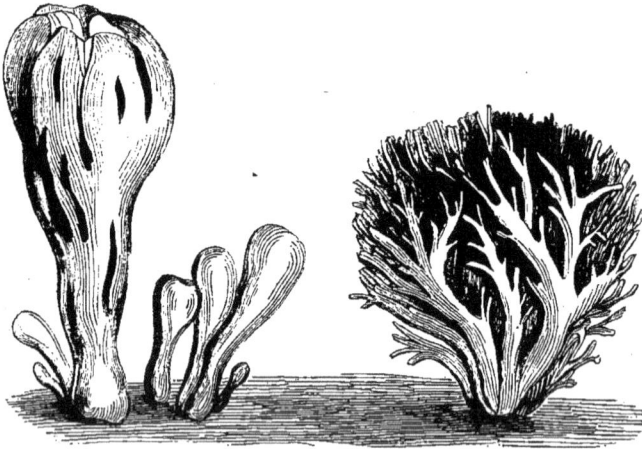

Fig. 37. — Clavaire corralloïde.

de chèvre, de bouc, pied de coq, ganteline, manine brune, etc.

CLAVECIN (musique) [du bas latin *clavicymbalum*, même sens]. — Instrument de musique composé d'une caisse de bois contenant un ou plusieurs claviers, et dont les cordes sont de métal et doubles.

L'époque de l'invention de cet instrument est incertaine ; les uns la fixent au quinzième siècle, les autres la croient antérieure. Le clavecin, dit Lichtendal, est, en général, composé d'une caisse et d'une table d'harmonie sur laquelle les cordes se trouvent tendues. Les petites plaques collées sur les touches sont ordinairement d'os de bœuf pour les touches du genre diatonique, et d'ébène pour les touches chromatiques. La barre qui règle l'élévation des sautereaux, et par conséquent l'abaissement des touches, est une planche étroite et massive en bois de tilleul, dont le dessous est garni de deux ou trois listes de drap qui empêchent d'entendre le choc des sautereaux contre la barre. Le son mâle, robuste, argentin, égal et doux de toutes les cordes, dépend de la bonté de la table, de la justesse du chevalet, du diapason, et de la manière d'adapter les barres qui se trouvent collées contre la table d'harmonie. Le squelette intérieur qui soutient tout le corps du clavecin est en bois de sapin ou en tilleul. Les deux chevalets du diapason, ainsi que ceux placés auprès des leviers, sont presque toujours en bois de chêne.

Le sommier, qui est l'endroit où les leviers sont adaptés, est en bois dur, tel que du chêne, de l'orme, et il se trouve solidement fixé des deux côtés pour soutenir la tension des cordes. Les registres et les guides intérieurs sont en bois de tilleul ; les registres sont aussi garnis de peau, pour empêcher le bruit des sautereaux, qui sont en poirier le plus lisse et le plus uni qu'on puisse trouver. Dans le clavecin, les cordes résonnent au moyen de petits becs de plumes de corbeau, placés dans les languettes des sautereaux. Comme cette espèce de clavecin soutenait le son moins que les autres sortes de clavecins acoustiques, et que par conséquent il n'était pas propre à l'exécution de tout ce qui est *cantabile* et aux finesses du goût, il a été remplacé par le piano. Cependant le son fort dont est doué cet instrument le fait employer quelquefois pour l'exécution de la basse continue dans l'accompagnement de quelques morceaux de musique vocale à plusieurs voix. On range dans les différentes espèces de clavecins : 1° le *clavicorde*, clavecin dans lequel les cordes résonnent au moyen de petites languettes de cuivre attachées à l'extrémité de chaque touche ; 2° le *clavecin acoustique* et le *clavecin harmonique*, inventés vers la fin du dix-huitième siècle par un Verbès (de Paris) ; 3° le *clavecin d'amour*, inventé par Godefroi Sibermann de Frydeberg (dix-huitième siècle) ; 4° *clavecin angélique* ; 5° le *clavecin à archet*, inventé par le mécanicien Hohlfeld de Berlin (1757) ; 6° le *clavecin double*, inventé par le célèbre Stein, le *clavecin électrique*, inventé par le jésuite Laborde ; 7° le *clavecin oculaire* ou *à couleurs* ; le *clavecin Protée*, inventé par le jésuite Castel, et « destiné à donner à l'âme, par les yeux, les mêmes sensations de mélodie et d'harmonie de couleurs que celles de mélodie et d'harmonie de sons que le clavecin ordinaire lui communique par l'oreille. *Do* répondait au bleu ; *ut dièse*, au céladon ; *ré*, au vert gai ; *ré dièse*, au vert olive ; *mi*, au jaune ; *fa*, à l'aurore ; *fa dièse*, à l'orange ; *sol* au rouge ; *sol dièse*, au cramoisi ; *la*, au violet ; *la dièse*, au violet bleu ; *si*, au bleu d'iris, etc. » ; le *clavecin des saveurs* de l'abbé Poncelet, « sorte d'orgue portatif, disposé sur le devant. L'action de deux soufflets formait un courant d'air continu, porté par un conducteur dans une rangée de tuyaux acoustiques. Vis-à-vis ces tuyaux était disposé un pareil nombre de fioles remplies de liqueurs qui représentaient les saveurs primitives, lesquelles répondaient aux tons de la musique. En voici la gamme : l'acide répondait au *do* ; le fade, au *ré* ; le doux, au *mi* ; l'amer au *fa* ; l'aigre-doux, au *sol* ; l'austère, au *la* ; le piquant, au *si*. »   LARIVIÈRE.

CLAVELÉE (art vétérinaire) [du latin *clavus*, clou]. — Dite aussi *Claveau, Clavin, Picotte, Rougeole*, etc. Maladie éruptive et contagieuse, propre aux bêtes à laine, caractérisée par des *clous* ou boutons qui se montrent aux ars[1], à la surface interne des avant-bras et des cuisses, autour de la bouche et des yeux. La marche, les complications et la terminaison de la maladie sont les mêmes que celles de la variole. On donne le nom de *clavelisation* à l'inoculation du claveau ou *virus claveleux*. « On avait observé que généralement la clavelée n'atteignait pas plusieurs fois le même sujet ; aussi l'on imagina de faire contracter la maladie aux moutons dans les conditions les plus favorables. Cet essai réussit. La clavelisation se pratique, comme la vaccination, avec une lancette imprégnée de claveau, avec laquelle on fait huit ou dix piqûres sur les côtés du ventre. Bientôt se manifestent quelques boutons isolés, et enfin une éruption secondaire générale. »

CLAVI-CYLINDRE (musique).— Instrument dans

---

[1] Plis formés à la réunion de la poitrine et des membres inférieurs.

lequel les sons sont produits par la rotation d'un cylindre placé sur les cordes. Il a été inventé par M. Chladni, en 1819. Cet instrument a beaucoup d'analogie avec l'harmonica. Ce qui le distingue surtout, c'est la propriété qu'il a de donner des sons filés qu'on peut nuancer à volonté par la pression de la touche.

CLAVIER (musique) [du grec *kléis*, clé].— Rangée des touches d'une épinette, d'un clavecin, d'un piano, d'un jeu d'orgue. « La première idée d'un clavier, due à l'invention de l'orgue, est ancienne, mais l'application du *clavier* aux instruments à cordes appartient à la musique moderne. Dans l'origine, le clavier était tout uni et n'était point, comme aujourd'hui, où l'on procède par demi-tons, divisé en touches supérieures et inférieures. On intercala d'abord la touche en *si* bémol. Puis on ajouta les autres jusqu'au nombre de cinq, groupées par deux et par trois alternativement, c'est-à-dire dans l'ordre actuel, de telle sorte qu'il se trouve une petite touche entre la première et la seconde, entre la seconde et la troisième, entre la quatrième et la cinquième, entre la cinquième et la sixième, enfin entre celle-ci et la septième. On a tenté de changer cette disposition : les uns ont proposé des claviers avec des touches longues et petites alternant régulièrement, de sorte qu'à partir de la quatrième l'ordre eût été renversé, c'est-à-dire que *fa*, d'inférieure, serait devenue touche supérieure, et ainsi de suite ; d'autres ont voulu simplifier le clavier en rendant égales toutes les touches ; d'autres, enfin, antagonistes du tempérament, voulant qu'il y eût des touches et des cordes particulières pour les dièses et les bémols, ont fait construire des clavecins avec clavier à touches brisées ou fendues. Tous ces essais ont échoué, et on a préféré la disposition première, qui est la meilleure. »

CLAVICORDE ou MONOCORDE (musique, instrument) [de l'italien *clavicordo*]. — Instrument à cordes et à clavier. Cet instrument, très-rare en France depuis le dix-septième siècle, mais très-commun dans la haute Allemagne, est fort agréable quand on le joue seul ; le son en est extrêmement doux, parce que ce n'est pas le pincement d'une plume, comme au clavecin, qui fait frémir la corde, mais une petite lame de laiton fichée dans la partie postérieure du clavier, qui, en élevant la corde, la fait sonner.   LARIVIÈRE.

CLAVICULE (anatomie) [du latin *clavicula*, diminutif de *clavis*]. — Les clavicules sont deux os situés transversalement, et un peu obliquement, vis-à-vis l'un de l'autre, à la partie supérieure et antérieure du thorax, entre les omoplates et le sternum. Elles sont ainsi nommées à cause de la ressemblance qu'on a cru leur trouver avec les anciennes clefs, ou parce qu'on a imaginé qu'elles en faisaient la fonction à la partie supérieure de la poitrine.

CLAVICORNES (zoologie) [de *clava*, massue]. — Famille de coléoptères pentamères, dont les antennes sont sous forme de massue. — Voy. *Coléoptères*.

CLAVIPALPES (zoologie). — Famille de coléoptères tétramères, dont les antennes sont terminées par une massue très-distincte, perfoliée, et dont les articles des tarses sont garnis de brosses. Leur corps est arrondi; leurs mandibules dentées indiquent des animaux rongeurs. Le principal genre de cette famille est celui des *érotyles*.

CLÉMATITE (botanique) [du grec *clematis*]. — Genre de plantes de la famille des renonculacées, caractérisé par des feuilles opposées, des fleurs blanches ou bleues; calice de 4 sépales pétaloïdes, rarement 5, pubescents; corolle nulle, environ 20 étamines, dont les extérieures se changent quelquefois en pétales étroits; ovaires nombreux, surmontés d'un long style plumeux, qui persiste et orne le fruit capsulaire, ovale, comprimé.

Il en existe plus de cent vingt espèces, répandues dans les régions tempérées du globe. La plus commune chez nous est celle qui a reçu le nom de *viorne des pauvres* ou d'*herbe aux gueux* (*clematis vitalba*); elle croît dans les haies, les buissons, les bosquets, et montre ses fleurs, agréablement odorantes, vers le milieu de l'été. On la plante fréquemment pour orner des berceaux. Ses usages thérapeutiques sont rarement utiles et souvent dangereux. Cette plante est âcre, corrosive, vénéneuse; mais ces propriétés disparaissent totalement par l'ébullition dans l'eau. Ses feuilles fraîches, pilées et appliquées sur la peau, y produisent de l'inflammation, et même de la vésication, propriété que les mendiants ont plus d'une fois mise en usage pour faire paraître leurs membres ulcérés, et exciter ainsi la compassion des passants. A l'intérieur, la clématite a été employée contre le rhumatisme, la goutte chronique, les scrofules, la lèpre; mais c'est un médicament à peu près abandonné aujourd'hui.

La *clématite droite* (*clematis erecta*) diffère de la précédente par ses tiges herbacées et dressées. Elle a les mêmes propriétés.

La *clématite odorante* (*clematis flammula*) est une espèce du Midi, dont les fleurs sont petites et très-odorantes. Elle vient également en pleine terre dans le nord de la France.

Parmi les espèces cultivées dans les jardins, on peut encore citer la *clématite azurée*, la *clématite bicolore*, la *clématite viticelle*, la *clématite chéiropse*, etc.

GOSSART.

CLÉMENCE (philosophie, morale). — Bonté sublime qui émane d'un cœur miséricordieux, aimant à pardonner, même aux plus grands coupables.

La clémence doit être le partage des grands de la terre, puisque eux seuls ont le pouvoir de faire grâce aux criminels. N'est-ce point jouir d'une prérogative immense, qui les rapproche, par la bonté, du Roi des rois, regardé comme la suprême justice et la clémence infinie? Pardonner est si doux! c'est une loi d'amour que le christianisme nous enseigne. C'est pourquoi la clémence d'un souverain étant le plus bel ornement de sa couronne, il doit la faire briller partout où il s'agit du soulagement du peuple et de celui des malheureux. C'est par elle qu'il s'attire les bénédictions du ciel et l'approbation des

hommes; et comme la justice se plaint rarement de la clémence, le prince doit adoucir la rigueur de l'arrêt par la douceur de la grâce, et doit bien penser avant de punir le coupable. Aussi Marc-Antoine trouva-t-il beaucoup de plaisir à la lecture de l'épitaphe d'un certain roi de Chypre, qui dit : « Je n'ai jamais puni personne qu'après lui avoir pardonné quatre fois, m'étant souvent repenti d'avoir puni, mais jamais d'avoir fait grâce. » Voilà bien la vraie grandeur d'âme, la bonté par excellence. Il est certain que les hommes se laissent plutôt gagner par les faveurs que par la force et la cruauté; et lorsqu'un monarque refuse une grâce, c'est que son refus est motivé sur des crimes qui ne sont point du ressort de la clémence humaine. Un bon souverain a sa balance de justice : avant de faire grâce, il s'identifie avec le crime et le repentir du coupable. Son cœur généreux a compris les cruelles tortures de l'homme renfermé depuis si longtemps dans une sombre prison, rivale des tombeaux; il sait que, dans ce séjour d'alarme, le malheureux est déchiré par le remords qui l'accable jour et nuit. Il se représente l'agonie du condamné et cette mort morale qu'il a subie mille fois par la terreur et la crainte, n'ayant pour compagne que cette furie du mal qui lui crie sans cesse : *Tu es criminel; le glaive de la justice t'attend*. Oh! moment plein de terreur et de désespoir! car la conscience, c'est le miroir qui reflète les bonnes et les mauvaises actions. Dans cet instant suprême, considérant que le châtiment a égalé le crime, le souverain généreux, touché de tant de malheurs, gracie le coupable; sachant que Dieu seul donne la vie à l'homme, comme à tout ce qui respire dans la nature. Sauver les jours d'un malheureux au bord de l'abîme, c'est donc se montrer aussi bon, aussi grand que Dieu même. Il est, d'ailleurs, si agréable de faire le bien! on ressent dans son cœur une joie tellement ineffable toutes les fois qu'on peut tarir les larmes des malheureux! C'est là qu'on est véritablement grand; c'est là que la puissance souveraine brille d'un éclat incomparable; et les sujets d'un bon roi lui témoignent leur reconnaissance par des marques d'amour. On est sûr de régner sur tous les cœurs quand on a pour sceptre la bonté; c'est le vrai moyen de se faire chérir de son peuple, aimer de ses contemporains, admirer de la postérité, et de briller un jour comme les délices du genre humain. Tous les récits historiques sont pleins des règnes heureux de tels princes, et celui de l'incomparable Léopold Ier le prouve. Cet empereur d'Autriche, illustre par sa bonté et sa clémence, a été non-seulement l'objet de l'adoration de ses sujets, mais aussi celui de l'affection de toute la chrétienté, et même de l'estime de tous ses ennemis. On voit par là que Dieu bénit les princes qui, avec douceur et clémence, règnent sur leurs peuples, et que l'hymne à la reconnaissance se fait entendre par tout l'univers. C'est le chant d'allégresse qui forme tout un concert à la louange d'un monarque au cœur magnanime. Et si, par malheur, un prince est appelé à régner et qu'il éloigne de son cœur tout sentiment de bonté, de justice et d'équité, son règne sera toujours malheureux; car il faut des vertus pour gagner l'amour de ses sujets. Ce sont eux qui fournissent au souverain du sang et des richesses; mais ils désirent, en échange, la justice, la bonté. On n'obtient l'amour que par l'amour que l'on rend; et comme Dieu est immuable dans ses desseins, si les tyrans ne sont point punis en ce monde, ils n'échapperont jamais à la justice divine, qui est la justice par excellence. Enfin, formons des vœux pour les bons princes, et laissons au Créateur la punition des méchants.

Mme LUNEL *mére.*

CLEPSYDRE [des deux mots grecs *klepto,* je cache, *udór,* eau]. — On désigne sous le nom de clepsydres toutes les horloges mues par l'eau. Des machines de ce genre paraissent avoir été employées dès la plus haute antiquité en Chine, en Chaldée et en Égypte. Suivant Macrobe et Sextus Empiricus, leur origine est au moins aussi reculée que celle de la division du zodiaque en douze signes. Les Egyptiens avaient, au sujet du cynocéphale, une tradition qui remonte au temps des fables et qui dénote bien l'emploi de l'eau pour la mesure du temps. Il est probable que l'invention attribuée à Platon d'un instrument hydraulique pour mesurer les heures de la nuit n'était autre chose qu'une importation en Grèce de la clepsydre égyptienne. Ce fut Scipion Nasica qui, vers le premier tiers du second siècle avant l'ère chrétienne, introduisit à Rome l'usage des horloges hydrauliques. Un fait qui est propre aussi à démontrer leur antiquité, c'est que César les trouva dans la Grande-Bretagne, pays encore barbare lorsqu'il y porta les armes romaines.

Il n'est donc pas exact d'attribuer, comme on l'a fait souvent d'après l'autorité de Vitruve, leur invention à Clésibius, mécanicien célèbre qui florissait en Égypte sous le règne de Ptolémée Evergète II, vers l'an 124 avant J. C.; mais ces machines ont reçu probablement de lui de notables perfectionnements. La clepsydre est peut-être le premier instrument qu'on ait inventé pour mesurer la durée. Elle consistait primitivement en un vase d'argile, de métal ou de verre, à l'extrémité inférieure duquel se trouvait un tuyau étroit par lequel l'eau s'échappait goutte à goutte et venait tomber dans un récipient sur lequel une échelle graduée marquait les heures. Parfois, c'était le réservoir lui-même qui portait l'échelle graduée. L'eau, en atteignant successivement chacune de ces divisions, marquait les différentes parties du jour et de la nuit. On voit sur-le-champ qu'un appareil de ce genre n'était pas susceptible de donner des indications bien exactes, attendu que la vitesse de l'écoulement diminuant avec la hauteur de la colonne liquide, il ne pouvait sortir du vase des quantités égales d'eau dans les temps égaux. Malgré ce défaut, la clepsydre était en usage chez tous les peuples de l'antiquité, particulièrement en Égypte, en Phénicie, en Grèce, en Chaldée, etc. Les prêtres égyptiens s'en servaient pour leurs observations astronomiques. Les Grecs l'employaient dans les tribunaux pour mesurer la longueur des plaidoiries. C'est par allusion à cet usage que les orateurs exprimaient par le mot *udôr* (eau) le temps pendant lequel il leur était permis de parler. Afin de prévenir toute supercherie, un officier, était chargé de la surveillance de la clepsydre. On suspendait l'écoulement du liquide pendant la lecture des lois et des décrets, ainsi que pendant la déposition des témoins. Le temps, et par conséquent la quantité d'eau accordée aux orateurs, variait suivant l'importance des causes; il y avait même des cas où on laissait toute latitude à ces derniers. C'est ce qui faisait donner le nom de *dikai pros udór* (procès à l'eau) aux affaires de la première espèce, et celui de *dikai aneu udór* (procès sans eau) à celles de la deuxième. L'inexactitude des indications fournies par la clepsydre donna lieu à diverses tentatives pour perfectionner cet appareil. Parmi ceux qui se livrèrent à ces recherches, on cite surtout Clésibius, célèbre mathématicien d'Alexandrie, qui vivait 135 ans environ avant J. C.

Il donna à sa nouvelle clepsydre le nom d'horloge hydraulique. L'eau tombait sur des roues dentées qu'elle faisait tourner. Le mouvement régulier de ces roues se communiquait à une petite statue qui tenait à la main une petite baguette. Cette statuette s'élevait peu à peu à côté d'une colonne sur laquelle étaient gravées les heures. Suivant la hauteur à laquelle elle se trouvait, la baguette indicatrice de la statue correspondait avec l'heure du jour. Les anciens avaient encore imaginé d'autres espèces de clepsydres où l'heure était indiquée par une aiguille mobile qui marchait sur un cadran semblable à nos cadrans d'horloge. Dans cet appareil, l'aiguille était portée par un axe mobile, autour duquel s'enroulait une chaîne aux deux extrémités de laquelle étaient suspendus, d'un côté, un flotteur, et de l'autre, un contre-poids un peu plus léger que le flotteur. A mesure que le récipient se remplissait, le flotteur était soulevé, le contre-poids descendait, la chaîne faisait tourner l'axe mobile, et l'aiguille, qui était attachée à ce dernier, marquait l'heure sur le cadran. Quelque ingénieuse que fût cette disposition des clepsydres, ces horloges avaient des inconvénients qui devaient rendre bien difficile de donner de la précision à leurs indications. Plutarque avait déjà remarqué que la vitesse d'écoulement de l'eau varie avec la température; et l'observation la plus grossière suffit pour constater que cette vitesse varie aussi avec la hauteur de l'eau au-dessus de l'orifice du réservoir qui se vide. On peut, il est vrai, se procurer un écoulement constant par plusieurs moyens, dont le plus simple est indiqué par Bailly, dans son *Histoire de l'Astronomie,* et a été certainement connu des anciens. Il suffit d'avoir deux réservoirs, dont le premier verse dans le second, muni d'une décharge à la hauteur où l'on veut entretenir l'eau, et de régler les dimensions et les dépenses des deux réservoirs, de manière que l'un fournisse toujours autant au moins que l'autre débite.

Oronce Finé, géomètre et mécanicien du temps de

François Ier, a proposé un autre moyen, aussi simple qu'ingénieux, d'obtenir cet écoulement constant. La clepsydre consistait en un petit navire nageant sur l'eau d'un réservoir, et muni d'un siphon qui vidait l'eau avec une vitesse uniforme, parce que l'orifice restait toujours à la même distance du niveau. Cette clepsydre offre quelque ressemblance avec celles que l'on emploie encore aujourd'hui dans certaines parties de l'Inde : un petit bateau percé d'un trou, qui surnage d'abord, et s'enfonce au bout d'un certain temps fixé par l'expérience. Le vase de Mariotte, dont l'application aux quinquets et aux petites lampes à réservoir latéral est bien connue, et le flotteur du Prouy, sont encore des appareils propres à déterminer un écoulement constant.

J. LAGARRIGUE, *officier d'Académie.*

CLERC (histoire ecclésiastique) [du latin *clerus* ou *clericus*, formé du grec *kléros*, sort]. — Ce mot signifie proprement le *sort*, ou la marque que l'on met dans un vaisseau pour tirer au sort; on l'a appliqué ensuite à ce qui est échu par le sort, comme le partage, l'héritage; de là il s'est dit de ceux qui sont attachés à Dieu d'une manière particulière; et c'est en ce sens que, dans l'Ancien Testament, la tribu de Lévi est appelée le sort, le partage, l'héritage du Seigneur, et que Dieu est appelé réciproquement son partage; parce que cette tribu était entièrement consacrée au service de Dieu, et qu'elle vivait des offrandes que l'on faisait à la Divinité, sans avoir rien en fonds de terre comme les autres tribus.

Dans les premiers siècles de l'Église, le titre de *clerc* était commun à tous les ministres des autels, soit qu'ils fussent évêques, prêtres ou diacres. Dans la suite ce mot a signifié un homme lettré, parce que les gens d'Église ont été pendant longtemps les seuls qui fussent lettrés et savants, ou supposés tels. De là vient qu'on appelait *grand clerc* un habile homme, et *mauclerc* un ignorant.

On a donné aussi le nom de *clerc* à quiconque exerçait un office, une commission, ou qui remplissait des fonctions relatives à l'administration de la justice.

Depuis longtemps le mot *clerc* ne se dit plus que de celui qui écrit sous un autre, qui lui sert de secrétaire; et comme un copiste est sujet à se tromper, on appelle *vice de clerc, pas de clerc*, les fautes commises par ignorance ou par inexpérience.

CLÉROMANCIE (sciences occultes) [du grec *kléros*, sort, et de *manteia*, divination]. — Divination par le sort ou par les dés. Cette sorte de divination, par le jet des dés ou osselets, est fort ancienne. Ce fut ainsi qu'on consulta le sort avant de jeter Jonas dans la mer, pour connaître quel était celui qui, par ses crimes, avait attiré l'orage prêt à submerger le vaisseau.

CLICHAGE (typographie), dit anciennement *stéréotypage*. — Empreinte prise sur les caractères d'imprimerie, sur les gravures sur bois, etc., et qui permet de reproduire à l'infini. Voici le procédé employé : « Lorsqu'une page est *composée*, on l'enduit d'un corps gras et on la met dans un châssis en métal. On la remplit ensuite d'une sorte de pâte faite avec du plâtre et aussi fine que possible; avec une brosse très-fine on imprègne de cette pâte les caractères et la gravure, puis on emplit entièrement le châssis. Lorsque le plâtre est dur, on l'enlève, et l'on possède alors le *moule*, qui, à ce moment, se trouve à l'envers. On le place dans un four, et dès qu'il est entièrement sec, on le met dans une *forme* en métal que l'on plonge dans un alliage de plomb et d'antimoine, qui entre dans le moule en plâtre et passe ensuite dans le *rafraîchissoir*; on casse alors le moule, et l'on obtient le *cliché*, que l'on donne au *piqueur*, qui examine chaque lettre, afin de voir si elle a bien conservé sa forme. » A l'aide de ce procédé, on parvient à tirer des milliers d'exemplaires d'un livre ou d'une gravure, que l'on peut ainsi vulgariser par leur extrême bon marché, n'ayant plus, à chaque tirage, de nouveaux frais de composition.

Franklin et Rochon firent les premiers essais du clichage : ils saupoudraient leur écriture d'une matière qui, en se durcissant, permettait d'en prendre l'empreinte sur une feuille de métal. En 1785, Hoffman, de Strasbourg, obtint le même résultat en écrivant d'abord avec une couleur terreuse sur une planche de cuivre très-polie. Un métal composé en recevait l'empreinte par la pression au moment du refroidissement. Plus tard, Gengembre, Héran, Carez et F. Didot, imaginèrent de nouveaux procédés qui furent portés au plus haut point de perfection lors de la création des assignats, en 1793. Le clichage est aujourd'hui d'une application universelle. M. E. Duverger l'a récemment appliqué à la reproduction de la musique et des cartes géographiques (1844).

Une découverte importante, dont les nombreuses applications sont encore à peine soupçonnées, est venue apporter une heureuse amélioration à la confection des clichés en leur donnant bien plus grande solidité que ceux obtenus par l'ancien système ; nous voulons parler de la *galvanoplastie*, qui, avec autant de finesse et de pureté que le plomb, a de plus une durée centuple, qui permet de tirer sur ces clichés des nombres incalculables. Il est vrai que le prix en est plus élevé; néanmoins, les éditeurs ont compris qu'il y a encore économie à supporter cette augmentation de dépense pour les ouvrages appelés à être vendus à un grand nombre d'exemplaires. Nous citerons cependant comme un acheminement à un bon marché relatif le système de clichage de M. Sirrasse. Par des procédés de moulage et de remplissage dont il est l'inventeur, cet habile typographe peut donner des clichés de cuivre à un prix qui s'éloigne si peu de celui des clichés de plomb, qu'il y a tout lieu d'espérer que la plupart des éditeurs adopteront un jour ce nouveau système. LARIVIÈRE.

CLIMAT ASTRONOMIQUE (astronomie). — Portion ou zone de la surface de la terre, comprise entre deux parallèles, à la fin de laquelle les plus grands jours ont une demi-heure ou un mois de plus qu'au commencement. Pour comprendre cette définition, il faut observer que, sous l'équateur, les plus grands jours ne sont que de 12 heures, et qu'à mesure qu'on avance vers les cercles polaires, les jours augmentent d'une demi-heure par climat. Aux cercles polaires, les plus longs jours sont de 24 heures. Voici, du reste, le tableau exact des climats astronomiques :

TABLEAU DES CLIMATS ASTRONOMIQUES.

CLIMATS de DEMI-HEURE.	PLUS LONG JOUR.	LATITUDE.	ÉTENDUE des CLIMATS.
leur nombre.	heur. min.	deg. min.	deg. min.
»	12 — »	» — »	» — »
1	12 — 30	8 — 34	8 — 34
2	13 — »	16 — 43	8 — 9
3	13 — 30	24 — 10	7 — 27
4	14 — »	30 — 46	6 — 46
5	14 — 30	36 — 28	5 — 42
6	15 — »	41 — 21	4 — 53
7	15 — 30	45 — 29	4 — 8
8	16 — »	48 — 59	3 — 30
9	16 — 30	51 — 57	2 — 58
10	17 — »	54 — 28	2 — 31
11	17 — 30	56 — 36	2 — 8
12	18 — »	58 — 25	1 — 49
13	18 — 30	59 — 57	1 — 32
14	19 — »	61 — 16	1 — 19
15	19 — 30	62 — 24	1 — 8
16	20 — »	63 — 20	» — 56
17	20 — 30	64 — 6	» — 48
18	21 — »	64 — 48	» — 40
19	21 — 30	65 — 20	» — 32
20	22 — »	65 — 46	» — 26
21	22 — 30	66 — 6	» — 20
22	23 — »	66 — 20	» — 14
23	23 — 30	66 — 28	» — 8
24	24 — »	66 — 32	» — 4
CLIMATS DE MOIS.	Mois.		
1	1 »	67 — 23	» — 51
2	2 »	69 — 10	2 — 27
3	3 »	73 — 39	3 — 49
4	4 »	78 — 31	4 — 52
5	5 »	84 — 5	5 — 34
6	6 »	90 — »	5 — 55

CLIMAT PHYSIQUE (météorologie). — Mot par lequel on entend la chaleur, le froid, la sécheresse, l'humidité et la salubrité dont jouit un lieu quelconque du globe. Dès longtemps les principaux climats ont été indiqués sous le nom de zones. On en reconnait trois, savoir :

1° La *zone torride*, comprise entre les deux tropiques : des chaleurs perpétuelles ne cessent d'y régner : deux saisons, l'une sèche et l'autre pluvieuse, s'y partagent ce climat.

Rien n'égale, dit un auteur, la beauté majestueuse de l'été dans la zone torride. Le soleil s'élève horizontalement; il traverse en un instant les nuages brûlants de l'orient, et remplit la voûte des cieux d'une lumière éblouissante dont aucune trace d'ombre n'interrompt la splendeur. La lune y brille d'un éclat moins pâle; les rayons de Vénus sont plus vifs et plus purs; la voie lactée répand une clarté plus scintillante. A cette pompe des cieux il faut ajouter la sérénité de l'air, le calme des flots, le luxe de la végétation, les formes gigantesques des plantes et des animaux; toute la nature est plus grande, plus animée, et cependant moins inconstante et moins mobile.

2° La *zone tempérée*, dont une moitié est au nord de la zone torride, l'autre s'étendant des deux tropiques aux deux cercles polaires. Dans leurs limites tropicales, elles sont souvent plus chaudes que certaines parties de la torride, tandis que d'autres points de leur surface éprouvent déjà les rigueurs d'un éternel hiver. Ces zones tempérées sont dédommagées par les charmes doux et variés du printemps et de l'automne, par les chaleurs modérées de l'été et les rigueurs salutaires de l'hiver.

3° La *zone glaciale*, dont les deux parties opposées, limitées d'un côté par le cercle polaire, ont les pôles pour centre et non pour extrémité. « C'est une région déshéritée, où la nature semble expirer dans les longueurs alternatives de jours sans éclat ou dans la profondeur de ténèbres humides. On n'y connait en général que deux saisons : un long et rigoureux hiver, auquel succèdent quelquefois brusquement des chaleurs insupportables. Des neiges éternelles y réfléchissent une lumière égarée au bruit confus du déchirement des montagnes de glace contre lesquelles se brisent en mugissant des flots qui deviennent aussitôt solides.

Voici un tableau synoptique qui offre le plus grand intérêt sous le rapport de la climatologie (voy. 151) :

De l'influence que les climats exercent sur l'homme.

De grandes difficultés se présentent dans l'étude des influences exercées par les climats sur l'homme. En effet, non-seulement les climats agissent d'une manière passagère sur telle ou telle fonction, mais encore ils modifient d'une manière uniforme la constitution elle-même. Le professeur Royer-Collard a habilement traité ce sujet. Nous allons présenter un extrait de son travail.

Examiner l'action de la température, de la lumière, ou de tel autre agent sur la circulation, la respiration, les sécrétions, ou tel autre phénomène organique, ce n'est pas examiner l'influence des climats, bien qu'un climat ne se compose jamais d'autre chose que de ces divers éléments, dans diverses proportions, soit normales, soit accidentelles; il faut, de plus, observer la constitution générale des hommes dans une région déterminée de la terre, afin de pouvoir estimer l'influence spéciale de son climat sur l'économie humaine. Il devient alors manifeste qu'il existe, pour les climats chauds, froids ou tempérés, certains caractères propres à chaque race d'hommes qui les habitent, caractères tellement distinctifs de leur généralité, qu'il serait déraisonnable de confondre une de ces races avec une autre.

Ainsi, dans les climats chauds, l'activité nerveuse semble dominer toutes les autres facultés physiques; et, par conséquent, toutes les fonctions qui sont sous la dépendance immédiate du système nerveux se développent avec plus de rapidité et s'exer-

TABLEAU MÉTÉOROLOGIQUE DU GLOBE.

NOMS DES LIEUX.	LATITUDE.	LONGITUDE.	HAUTEUR en mètres au-dessus du niveau de la mer	TEMPÉRATURE MOYENNE de l'année.	TEMPÉRATURE MOYENNE du mois le plus chaud.	TEMPÉRATURE MOYENNE du mois le plus froid.
Nain	57 8	63 40 O.	0	— 3 1	11	— 24
Enontekies	68 30	18 27 E.	452	— 2 8	15 3	— 18 1
Hospice du Saint-Gothard	46 30	6 3 E.	2130	— 0 9	7 9	— 9 4
Cap Nord (île Mageroe)	71 0	23 30 E.	0	+.0 0	8 1	— 5 5
Uléo	65 3	23 6 E.	0	+ 0 6	16 4	— 13 5
Umeo	63 50	17 56 E.	0	+ 0 7	17 0	— 11 4
Pétersbourg	59 56	27 59 E.	0	3 8	18 7	— 13 0
Drontheim	63 24	8 2 E.	0	4 4	18 3	— 6 9
Moscou	55 45	35 12 E.	290	+ 4 5	21 4	— 14 4
Abo	60 27	19 58 E.	0	+ 4 6		
Upsal	59 51	15 18 E.	0	5 6	16 9	— 5 3
Stockholm	59 20	15 43 E.	0	5 7	17 8	— 5 1
Québec	46 47	73 30 O.	0	5 4	23 0	— 10 1
Christiania	59 55	8 28 E.	0	6 0	19 3	— 2 0
Couvent de Peissenberg	47 47	8 14 E.	1022	6 1	15 2	— 1 0
Copenhague	55 41	10 15 E.	0	7 6	18 7	— 2 7
Kendal	54 17	5 6 O.	0	7 9	14 5	+ 1 6
Iles Malouines	51 25	62 19 O.	0	8 3	13 2	+ 3 0
Prague	50 5	12 4 E.	0	9 7		
Gottingue	51 32	7 33 E.	152	8 3	19 1	— 1 3
Zurich	47 22	6 12 E.	450	8 8	18 7	— 2 9
Edimbourg	55 57	5 20 O.	0	8 8	15 2	— 3 5
Varsovie	52 14	18 42 E.	196	9 2	21 3	— 2 7
Coire	46 50	7 10 E.	624	9 4	18 1	+ 1 4
Dublin	53 21	8 39 O.	0	9 5	16 2	— 1 9
Berne	46 56	5 6 E.	550	9 6	19 6	+ 0 8
Genève	46 12	3 48 E.	360	9 6	19 2	1 2
Manheim	49 29	6 8 E.	154	10 1	20 4	— 0 8
Vienne	48 12	14 2 E.	140	10 3	21 4	+ 3 0
Clermont	45 46	0 45 E.	420	10 0	19 0	— 2 2
Bude	47 29	16 41 E.	158	10 6	22 0	— 2 4
Cambridge	42 25	73 23 O.	0	10 2	22 7	— 1 2
Paris	48 50	0 0	74	10 6	18 5	— 2 3
Londres	51 30	2 25 O.	0	10 2	18 0	+ 3 2
Dunkerque	51 2	0 2 E.	0	10 3	18 2	+ 3 2
Amsterdam	52 22	2 30 E.	0	10 9	19 4	+ 1 9
Bruxelles	50 50	2 2 E.	0	11 0	19 6	+ 2 0
Flanecker	52 36	4 2 E.	0	11 0	20 6	+ 0 5
Philadelphie	39 56	77 36 O.	0	11 9	25 0	+ 0 4
New-York	40 40	76 18 O.	0	12 1	27 1	— 3 7
Cincinnati	39 6	85 0 O.	168	12 1	23 5	— 1 0
Saint-Malo	48 39	4 21 O.	0	12 3	19 4	+ 5 4
Nantes	47 13	3 52 O.	0	12 6	21 4	+ 3 9
Pékin	39 54	114 7 E.	108	12 7	29 1	— 4 1
Milan	45 28	6 51 E.	130	13 2	23 7	+ 2 3
Bordeaux	44 50	2 54 O.	0	13 6	22 8	5 0
Marseille	43 17	3 2 E.	0	15 0	23 7	6 0
Montpellier	43 36	1 32 E.	0	15 2	25 7	5 6
Rome	41 53	10 7 E.	0	15 8	25 0	5 7
Lisbonne	38 43	11 29 O.	72	16 5	22 5	11 0
Toulon	43 7	3 30 E.	0	16 7	25 0	8 0
Nangasacki	32 45	127 35 E.	0	16 0	20 5	3 0
Natchez	31 28	93 50 O.	60	18 2	26 5	3 0
Funchal	32 37	19 16 O.	0	20 3	24 2	17 8
Alger	36 48	41 E.	0	21 1	28 2	15 6
Caire	30 2	28 58 E.	0	22 4	29 9	13 4
Vera-Cruz	19 11	98 21 O.	0	25 4	27 7	21 7
Havane	23 10	84 33 O.	0	25 0	28 8	21 1
Cumana	10 27	67 35 O.	0	27 7	29 1	26 2

cent avec plus d'énergie que les autres. La faculté de sentir est tellement prononcée chez les habitants des climats chauds, que pour eux tout devient occasion d'excitation morbide. La plus légère piqûre produit quelquefois le tétanos chez les nègres; l'épilepsie, l'hystérie, les convulsions, et en général toutes les névroses sont très-fréquentes dans ces régions. Les appétits charnels sont plus précoces et plus impérieux que partout ailleurs. Les jeunes filles deviennent mères au sortir de l'enfance ; la polygamie est une conséquence naturelle de cette disposition physique. Enfin, la circulation est plus rapide, les hémorrhagies sont plus fréquentes, les affections inflammatoires parviennent plus promptement au dernier degré d'exacerbation. En même temps, nous voyons dans ces climats les forces musculaires décroître dans une proportion inverse des facultés sensitives. Les expériences de Péron, faites à l'aide du dynamomètre, et les observations de Coulomb, de Cook, de tous les médecins et de tous les voyageurs, ont constaté cette faiblesse générale, cette mollesse des tissus, dans les habitants des zones torrides, des Indes Orientales, et des îles de la mer du Sud. De même, la respiration et la calorification intérieure sont moins actives ; la respiration est plus lente et plus difficile; l'abondance des sécrétions externes diminue notablement celle des sécrétions internes ; et, tandis que la peau est habituellement baignée de sueur, surchargée de matière colorante, sujette aux exanthèmes, d'un autre côté l'urine, la bile, la liqueur séminale, le flux menstruel, sont toujours en moindre quantité. De là aussi le défaut de proportion entre la reproduction et le rapprochement des sexes, la fréquence des avortements, la population beaucoup moins nombreuse que dans les climats froids ou tempérés, le nombre des femmes supérieur toujours à celui des hommes. Plus le développement a été hâtif, plus la vieillesse est prématurée ; les femmes, surtout, semblent plutôt flétries encore que les hommes, et cette période de la vie pendant laquelle le corps humain, parvenu à sa maturité, reste à peu près stationnaire, sans accroissement ni décroissement, est plus courte dans ces climats que partout ailleurs. Enfin, les facultés morales et intellectuelles ne se ressentent pas moins que les facultés purement organiques de cette influence du climat chaud. L'esprit, naturellement vif et prompt, semble enchaîné par le monde extérieur qui pèse sur l'économie tout entière; l'extrême chaleur condamne l'homme à une inaction habituelle, dans laquelle l'imagination s'excite et s'exalte aux dépens des autres fonctions ; l'Inde, l'Orient, n'ont-ils pas été le berceau de toutes ces religions bizarres que nous retrouvons variées à l'infini dans les terres australes, sous les tropiques, et dans les îles innombrables du Grand-Océan?

Dans les climats froids, il faut distinguer ceux dont le froid est modéré et ceux qui, plus voisins du pôle, présentent constamment un froid excessif. A la première classe, appartiennent les contrées situées du cinquante-cinquième au soixante-cinquième

degré de latitude. Là nous observons des effets contraires à ceux que nous avons trouvés dans les pays chauds. Prédominance des fonctions organiques sur les fonctions dites animales, taille élevée, muscles vigoureux, circulation riche et pleine, respiration active, digestion prompte et facile. La lenteur de l'accroissement des organes conserve longtemps la jeunesse ; la puberté se fait attendre dans les deux sexes jusqu'à un âge assez avancé ; les unions sont plus rares et plus fécondes; la population va toujours augmentant, et le nombre des individus mâles dépasse de beaucoup celui des individus du sexe féminin. En un mot, c'est dans ces climats que l'on rencontre le plus complet développement des forces physiques propres à notre espèce. D'un autre côté, les facultés sensitives sont plus paresseuses. On connaît ce mot célèbre, appliqué aux peuples du Nord : « Il faut les écorcher pour les chatouiller. » L'intelligence prend une autre direction que dans les pays méridionaux ; elle se livre de préférence aux travaux qui exigent une observation patiente. Les sciences positives, l'étude des faits physiques, les arts mécaniques et l'industrie fleurissent dans les contrées septentrionales ; mais on n'y rencontre point ce goût naturel des beaux-arts, ce sentiment vif et pénétrant qui vient de l'activité des sens, et qui semble appartenir comme en propre aux nations du Midi.

A mesure que l'on s'avance vers le cercle polaire, l'action du froid devient de plus en plus nuisible, de même que l'extrême chaleur, et b en plus encore le froid extrême, est un obstacle au développement de toutes les fonctions, de toutes les facultés; les Lapons, les Samoïèdes, les Esquimaux, les Groënlandais, sont petits, faibles, presque dénués de sensibilité et d'intelligence, et comme engourdis au physique et au moral; l'espèce humaine est rare dans ces climats glacés, et semble porter l'empreinte d'une dégénération universelle.

Si nous examinons, au contraire, les habitants des climats tempérés, nous trouvons partout une sorte d'équilibre entre les qualités propres aux climats chauds et celles qui appartiennent aux climats froids. Les avantages des uns et des autres y sont plus marqués que leurs inconvénients. Les habitants des zones tempérées réunissent en eux, bien qu'à un moindre degré, la force musculaire des hommes du Nord et l'activité nerveuse des hommes du Midi. Les fonctions nutritives s'exercent avec la même régularité que les fonctions animales; tout ce qui tient à l'activité intellectuelle et morale, les arts, les sciences, les relations commerciales et industrielles, les institutions politiques et sociales, s'y développent avec cette modération éclairée qui résulte de la nature même du climat et des modifications qu'il imprime à l'organisme. Enfin, nous retrouvons dans les climats tempérés une sorte d'aptitude à contracter toute espèce de maladies, comme à jouir de tous les bienfaits de la nature. Cependant, plus que dans les autres régions, il est facile à l'homme de se défendre avec succès, au moyen d'un régime sagement combiné, contre l'influence des causes délétères.

On conçoit que cet aperçu général sur l'action des climats, relativement à l'homme qui les habite, doit être modifié à chaque instant par une foule de circonstances naturelles ou accidentelles. L'élévation plus ou moins grande du sol rapproche le climat d'un pays d'un climat plus ou moins froid. La colonne d'air moins haute, et, par conséquent, moins pesante pour le montagnard, accélère l'exercice des fonctions purement nutritives; mais, d'autre part, l'air, plus dénué de calorique, est plus dense sur les montagnes et moins chargé de matières étrangères; de sorte que leurs habitants respirent, toutes choses égales d'ailleurs, une masse d'air plus considérable que les habitants des plaines et des basses terres. L'exposition au nord ou au sud, l'inclinaison des terrains, le voisinage des mers, influent encore sur les qualités de l'atmosphère et sur les climats. Le climat des îles est presque toujours un climat constant. Enfin, la nature des vents, la couleur du sol, et les diverses circonstances géologiques, ajoutent encore d'autres conditions spéciales à chaque climat, quel que soit, d'ailleurs, le degré de latitude auquel il appartienne.

Les règles que prescrit l'hygiène dans les divers climats ne peuvent être exposées ici que d'une manière fort générale. Que voyons-nous dans cette étude comparative des climats et des corps vivants qui les habitent? Deux principes distincts, tendant à se mettre sans cesse en équilibre l'un avec l'autre, et non pas luttant l'un contre l'autre, ainsi qu'on le dit communément : le corps vivant, d'une part; le climat, de l'autre part. Or, quel est ici le but de l'hygiène? accommoder le corps vivant au climat, et le climat au corps vivant; ajouter artificiellement aux efforts de la nature pour obtenir cet équilibre dont le résultat est la santé.

Le climat est-il froid? la culture en général et particulièrement la diminution des végétaux et des eaux contribuent à adoucir la rigueur de l'atmosphère. La Gaule et la Germanie, couvertes autrefois de lacs et de forêts, étaient, au dire des anciens historiens, beaucoup plus froides que ne sont aujourd'hui la France et l'Allemagne. Plusieurs espèces animales des pays froids, telles que le renne et l'élan, qui s'y trouvaient alors en abondance, ne peuvent plus vivre dans notre température actuelle. Le climat est-il chaud, au contraire? il suffit d'y planter des arbres, défricher des terres arides et sablonneuses, de changer la couleur du terrain et les diverses inclinaisons du sol, d'y creuser, enfin des canaux, et d'y répandre les eaux, pour tempérer l'ardeur du ciel et obtenir au moins de ces nuits humides qui rafraîchissent l'air et la terre. Les plantes modifient encore l'atmosphère environnante, en exhalant autour d'elles une quantité considérable d'oxygène, et en répandant abondamment l'électricité. On a constaté que sur une surface en pleine végétation de cent mètres carrés, il se dégage, en un seul jour, plus d'électricité vitrée

qu'il n'en faudrait pour charger la plus forte batterie.

En même temps, il faut agir sur le corps vivant lui-même; il faut approprier au climat sous lequel il est placé les vêtements qui le couvrent, les habitations qui le protégent contre les agents extérieurs, les aliments dont il se nourrit, les divers exercices auxquels il se livre, les institutions qui règlent sa vie privée ou publique; dans les climats froids, s'opposer à ce que l'atmosphère enlève trop de calorique à l'économie; ajouter au calorique qui se produit en elle, soit au moyen de frictions externes, d'onctions et de vêtements convenablement choisis, soit à l'aide des stimulants qui peuvent donner plus d'activité à la calorification interne, pourvu que ces stimulants soient employés avec modération et discernement; dans les climats chauds, garantir le corps de l'action trop directe du calorique extérieur, diminuer l'activité des fonctions vitales qui produisent la chaleur.

Au surplus, ces règles générales sont indiquées par la nature elle-même aux indigènes de tel ou tel climat; aussi les règles de l'hygiène n'ont-elles une grande importance que dans deux cas seulement : 1° dans les climats variables; 2° lorsque le corps vivant passe brusquement d'un climat à un autre. Dans ces deux cas, la simple raison nous apprend que les dangers qui menacent alors l'économie viennent uniquement des vicissitudes de l'atmosphère ou de la différence tranchée qui existe entre telle ou telle influence. Par conséquent, la marche qu'on doit suivre est toute tracée : éviter toute transition rapide du froid au chaud et du chaud au froid; varier graduellement la nourriture, les vêtements, l'exercice, et jusqu'aux travaux de l'esprit, en les proportionnant aux diverses actions extérieures qu'on doit subir : telle est la règle générale. Du reste, autant de localités différentes, autant de règles particulières.

Nous allons terminer cet article par cette question, souvent agitée : *Le climat de la France a-t-il changé?* Dans un mémoire présenté à l'Académie des Sciences il y a quelques années, M. Fuster a voulu établir que, du neuvième au seizième siècle, les étés étaient plus chauds qu'actuellement, et qu'ils se sont refroidis depuis. Il a examiné quelle était à cette époque la limite de la vigne, et trouvant qu'elle existait alors en Normandie, en Bretagne et en Picardie, il en conclut qu'autrefois les étés de ces provinces étaient plus chauds qu'aujourd'hui.

Mais, la culture d'une plante, a répondu M. de Gasparin, n'est pas seulement fonction du climat, elle dépend d'une foule d'éléments politiques et commerciaux, qui se modifient profondément dans la série des siècles. Aux temps reculés dont nous parlons, la terre était moins divisée et à un prix relativement moins élevé qu'elle ne l'est actuellement. Le propriétaire était le plus souvent un couvent ou le seigneur de l'endroit. Possesseur d'une grande étendue de terrain, il en consacrait une partie à la culture de la vigne. La vendange était précaire; elle ne réussissait peut-être que tous les cinq ou six ans, mais peu lui importait : habituellement il récoltait une boisson acidulée qu'il laissait à ses vassaux, et tous les cinq ou six ans il obtenait un vin passable qu'il gardait pour lui. Ajoutez à cela que les canaux n'existaient pas : les routes étaient mauvaises et peu nombreuses, les moyens de transports lents, difficiles et coûteux, et l'art de conserver les vins moins avancé qu'il ne l'est aujourd'hui. Il en résulte que le pauvre lui-même avait intérêt à planter en vignes une partie de son héritage. Ce qui existait alors se voit encore aujourd'hui. La vigne est cultivée en petit en Danemark, aux environs de Kœnigsberg et même à Memel, où l'on se contente de vendanger tous les six ou sept ans.

Remarquons aussi que cette culture reconnaît souvent pour cause le voisinage d'une grande ville. Croit-on que les côteaux d'Argenteuil, de Pierrefitte et de Surêne seraient couverts de vignes s'ils ne se trouvaient pas dans le voisinage de Paris? Il est évident que la présence d'une nombreuse population d'ouvriers, qui ne peuvent payer un vin renchéri par le prix de transport, est la cause unique de la présence de ces vignes sous un ciel qui n'est pas fait pour elle. Cela est si vrai que dans le département de la Seine, sur 1,000 hectares, il y en a 62 consacrés à la culture de la vigne, et dans celui de Seine-et-Oise seulement 23. Nous en dirons autant des vignobles d'Orléans, dont l'existence tient uniquement à ce que leurs produits servent à faire des vins composés, que le voisinage de Paris permet de placer avantageusement. Combien ces raisons sont encore plus valables si nous avons égard aux droits d'entrée qui, pesant également sur le vin ordinaire et sur les vins fins, empêchent d'ajouter le coût du transport au prix toujours trop élevé des qualités médiocres! Tout cela nous explique pourquoi la vigne est cultivée aux environs de Paris, et même de Berlin et de Dresde. Dire que les étés de la Picardie sont devenus plus froids parce que l'on n'y cultive plus la vigne, c'est comme si l'on affirmait que ceux de Paris se sont améliorés puisque l'on y plante le mûrier comme en Vivarais, et que ceux de la Flandre sont devenus très-chauds depuis qu'on y récolte du tabac comme à la Havane et en Virginie. Maintenant que les voies de communication sont plus nombreuses, les moyens de transport plus faciles, le paysan de la Bretagne, de la Picardie et de la Normandie ne plante plus de vignes, mais sème du blé et préfère une récolte sûre à un produit incertain et de mauvaise qualité.

Un dernier argument qui est souvent cité, et qui serait d'une grande force s'il ne reposait sur une confusion de noms, est le suivant : On dit vulgairement que *Henri IV buvait avec les huîtres du vin de Surêne, près Paris*. On ne saurait admettre que Henri IV allât choisir précisément cette détestable boisson, et l'on devait supposer que ce vin était meilleur alors qu'il ne l'est aujourd'hui. Mais M. Rey, membre de la Société des Antiquaires, a fait connaître une note de la *Bibliographie agronomique* de

de Musset-Pathai, qui est ainsi conçue : « Il y a aux environs de Vendôme, dans l'ancien patrimoine de Henri IV, une espèce de raisin que dans le pays on nomme *suren*. Il produit un vin blanc très-agréable à boire, et que les gourmets conservent avec soin, parce qu'il devient meilleur en vieillissant. Henri IV faisait venir de ce vin à la cour, et le trouvait très-bon. C'en fut assez pour qu'il parût excellent aux courtisans, et l'on but pendant son règne du vin de Suren. Il existe encore, près de Vendôme, un clos de vigne qu'on appelle la *Closerie de Henri IV*. Louis XIII n'ayant pas pour ce vin la prédilection de son père, ce vin passa de mode, etc. » Ainsi cet argument si souvent invoqué se trouve réduit à néant.

Dans son mémoire, M. Fuster avait parlé de l'époque des vendanges, qui, disait-il, était autrefois moins reculée. Mais M. Gasparin fait voir que, d'après Cotte, la vendange, à Montmorency, s'est faite, de 1767 à 1814, à des époques variant entre le 10 septembre et le 19 octobre. Si donc on trouve dans de vieux documents quelques dates de vendanges antérieures au commencement d'octobre, on ne doit nullement croire que les étés fussent autrefois plus chauds qu'ils ne le sont aujourd'hui.

De tous ces faits, on est porté à conclure qu'on ne possède aucune preuve que le climat de la France ait changé depuis les temps historiques.

B. LUNEL.

CLINIQUE [du grec *klinê*, lit]. Enseignement ou étude de la médecine qui se fait au lit du malade. Dans l'enfance de la science, la clinique a été l'unique moyen d'étude que les médecins possédassent pour arriver à la connaissance des maladies. Hippocrate suivit cette indispensable méthode, qui fut plus tard abandonnée, au grand détriment de la science. Les hôpitaux, fondés au quatorzième siècle, offrirent à la médecine un vaste champ d'observations. De toutes parts se formèrent des connaissances positives, auxquelles Van Swieten à Vienne, Stoll et Dehaen donnèrent l'impulsion. Desbois de Rochefort, Corvisart, Pinel, Desault, excitèrent l'enthousiasme des élèves en médecine. De nos jours, a dit un de nos maîtres, les études cliniques sont suivies avec ardeur ; les faits sont scrupuleusement et consciencieusement recueillis ; les idées en sont la rigoureuse expression, et rien n'est laissé aux fantaisies de l'esprit. Dans presque tous les hôpitaux de Paris, dans la plupart des villes un peu importantes des département et à l'étranger, dans un grand nombre d'hôpitaux célèbres, la clinique est enseignée. Partout de nombreux élèves, pourvus des connaissances anatomiques et physiologiques nécessaires à la compréhension des faits cliniques, se pressent sur les pas d'habiles professeurs ; ceux-ci interrogent les malades, les observent, portent le diagnostic de la maladie qu'ils ont sous les yeux, et prescrivent le traitement. La visite terminée, les maîtres se retirent avec les élèves dans l'amphithéâtre des leçons ; là, ils font un résumé rapide des symptômes observés, discutent la valeur de ces symptômes, en concluent, autant qu'il est possible, le siége et la nature de la maladie, puis rappellent le traitement prescrit et en indiquent le mode d'action et les chances de succès. Chaque jour, les élèves suivent les diverses phases de la maladie, apprécient l'action des médicaments employés pour la combattre, et observent les complications qui peuvent enrayer l'heureuse terminaison ou précipiter le terme fatal.   B. L.

CLIVAGE (technologie) [du saxon *kléoven*, fendre]. — Action mécanique au moyen de laquelle on sépare les différentes couches ou lames dont l'assemblage plus ou moins serré constitue les cristaux.

Cette opération, très-facile sous le rapport du travail manuel, exige cependant une grande connaissance de l'accroissement des cristaux chez le naturaliste, ou une grande habitude chez l'ouvrier cliveur, vulgairement nommé *fendeur*.

Pour l'exécuter, on prend une lame d'acier bien trempée et tranchante, que l'on applique sur l'assemblage à l'endroit que l'on veut séparer, et, si la lame est bien placée, un léger coup sec de marteau suffit pour obtenir la disjonction.

On sait que dans toute masse à structure cristalline, l'arrangement des molécules est tel, qu'on peut se figurer cette masse comme étant formée dans plusieurs sens par une succession de lames planes superposées. Ces lames, quelque adhérentes qu'elles soient entre elles, ne se touchent pourtant point; elles sont réellement séparées par des fissures planes, fait invisible à nos yeux, même aidés de nos plus puissants instruments, mais qui est incontestablement démontré par le clivage facile des substances minérales les plus dures.

Lorsqu'un cristal a été divisé dans un sens par des coupes nettes, on peut toujours continuer à diviser les fragments de ce cristal parallèlement aux faces que l'on a mises à nu, en sorte que le cristal entier, malgré l'extrême adhérence de certains fragments, peut être partagé en lames d'une ténuité extraordinaire.

Cela explique comment on parvient à tailler des diamants si menus qu'il peut s'en trouver deux mille dans un carat de poids, et cependant la dureté de cette pierre est proverbiale.

Il est des substances qui ne peuvent être clivées nettement que dans un seul sens; elles ne sont alors qu'à *structure laminaire*; d'autres sont susceptibles de clivages dans plusieurs sens à la fois, grâce à leur structure polyédrique. Souvent encore, dans certains cristaux, le nombre des clivages est tel que les fragments qu'on en détache sont terminés de toutes parts par des plans.

Les carbonates, les sulfates, toutes les substances salines se prêtent facilement à l'opération du clivage, telle que nous l'avons décrite, mais s'il s'agit de substances minérales dures, telles que le diamant, le corindon, etc., on est souvent obligé de tracer un sillon dans l'endroit que l'on veut séparer et parfois tout autour du cristal. On obtient ce sillon dans les pierres dures en les sciant au moyen d'un fil de fer enduit d'*égrisée* (poudre de diamant) humecté d'huile.

Ce travail, on le comprend, demande une grande patience et une grande précision. Le clivage ne peut se pratiquer que sur les minéraux *cristallisés*; on peut *casser* les autres, mais non les séparer régulièrement.

Le diamant, comme nous l'avons déjà dit, se clive facilement; on en obtient de grandes lames excessivement minces qui, taillées, prennent le nom de Roses d'Anvers; et ces lames si minces pourraient encore se diviser si les ressources de tout art n'étaient naturellement bornées. Dans presque toutes les pierres précieuses du genre corindon, le clivage présente souvent de grandes difficultés, et les lames séparées sont rarement d'une netteté parfaite; on y remarque plutôt la cassure conchoïde que la division lamelleuse. En général, la fracture varie suivant la texture du cristal.

Dans les substances minérales compactes, on la voit tantôt unie, conchoïde, squilleuse, d'autres fois inégale, hachée, terreuse, etc.

Le clivage, indépendamment de son action spéciale de diviser les minéraux, a pour but principal, dans leur exploitation, de corriger les vices de forme résultant d'une agglomération de matière cristalline plutôt dans un sens que dans un autre, ce qui a produit un cristal irrégulier. Cette faculté est excessivement précieuse pour toutes les pierres gemmes et surtout pour le diamant, qui perd souvent beaucoup de sa valeur, étant taillé, s'il ne possède point une forme régulière. Or, cette pierre, surtout dans les gros cristaux, présente parfois d'étranges aberrations de cristallisation, qu'un bon cliveur doit savoir corriger pour le ramener à une bonne forme en éliminant le moins de matière possible, afin de conserver du poids, une des principales valeurs du diamant.

                           CH. BARBOT.

CLOCHE. — Instrument en métal, semi-sphérique, en forme de poire, ayant un battant (espèce de massue) dans l'intérieur, fixé au moyen d'un anneau, lequel, en frappant contre les parois de la cloche quand elle est mise en mouvement, fait résonner dans l'air des sons remplis de vigueur.

La cloche est ordinairement placée dans les clochers des églises, et sert à appeler les fidèles aux heures des messes et des cérémonies du culte.

La charpente qui la supporte, et sur laquelle s'appuient les anses, se nomme *mouton*; la partie supérieure de la cloche, *cerveau*; celle où l'évasement commence, *faussures*; et les bords qui sont frappés par le battant, *pinces*.

Au moyen âge, on désignait la cloche par le mot *sing*, de *signum*.

Kircher fait remonter l'origine des cloches jusqu'aux Égyptiens. D'autres prétendent que le grand pontife, chez les Hébreux, avait une tunique parsemée de clochettes; que les prêtres de Proserpine, à Athènes, frappaient les cloches aux jours de sacrifices, etc. L'époque de leur introduction dans l'Église n'est pas plus certaine : selon les uns, c'est à saint Paulin, évêque de Nole, en Campanie, qu'elle serait due, vers l'an 400 de notre ère; selon les autres, ce serait en Belgique, vers l'an 550, et au neuvième siècle en Orient. Les premières furent fondues et envoyées de Venise, en 685, à l'empereur Michel, pour être placées dans l'église Sainte-Sophie, à Constantinople La Suisse ne connut ce progrès qu'en l'an 1020. Avant cette époque, on appelait le peuple au service divin en frappant sur des planches qu'on nommait *planches sacrées*.

On se sert encore de cloches de plus petite grandeur dans les établissements publics, les usines, les hôtels, etc., pour appeler les ouvriers ou les convives aux heures de repas.

L'alliage pour le métal des cloches est composé communément, sur 100 parties, de 78 de cuivre et 22 d'étain.

La forme et la dimension des cloches ne sont pas livrées au hasard; ce n'est qu'après une longue expérience qu'on les a arrêtées. La pureté du son, sa puissance et son timbre, en sont dépendants. C'est sur le bord de la cloche que le principe de ces dimensions a été établi. Ainsi, par exemple, une cloche du poids de 500 kilogrammes aura pour épaisseur de bord 65 millimètres, et son grand diamètre de 975 millimètres; si le poids est de 12,000 kilogrammes, l'épaisseur du bord sera de 190 millimètres, et le grand diamètre de 2 mètres 8:0 millimètres.

Quand il s'agit d'établir un carillon formé d'une octave complète, le nombre des vibrations de ces cloches doit être calculé de façon à ce que leur diamètre augmente avec la gravité du son, et soient entre eux :

Pour　*ut, ré, mi, fa, sol, la, si, ut,*
Comme 1　$\frac{8}{9}$　$\frac{4}{5}$　$\frac{3}{4}$　$\frac{2}{3}$　$\frac{3}{5}$　$\frac{9}{16}$　$\frac{1}{2}$.

La Chine et le Japon possèdent une grande quantité de cloches. Il en existe, dit-on, qui sont d'or massif.

La tour d'Ivan-Velek, à Moscou, en renferme 33, dont la plus grande pèse 60,000 kilogrammes. Près de cette même tour se trouve la plus immense qui soit en Europe; sa hauteur est de 6 mètres 72 centimètres, sa circonférence de 21 mètres 52 centimètres, son épaisseur 46 centimètres et le poids 180,000 kilogrammes. Cinquante hommes suffisent à peine pour la mettre en branle. On cite encore le bourdon de Notre-Dame, la cloche de la cathédrale de Vienne et celle de Rouen, appelée *Georges d'Amboise*. Il en existait une dans la cathédrale de cette dernière ville, nommée *la Rigault*; elle était si pesante, qu'il était permis aux hommes qui la mettaient en branle de boire aux frais de l'archevêque. Le proverbe *boire à tire-la-Rigault* provient sans doute de cet endroit.

Ce fut le pape Jean XIII qui établit la coutume du baptême des cloches. Cette cérémonie se fait ainsi : L'évêque exorcise et bénit le sel et l'eau, il lave la cloche, fait ensuite au dehors sept onctions en forme de croix avec l'huile des infirmes, et quatre autres, en dedans, avec le saint Chrême. On proclame alors le saint dont la cloche prend le nom, on la parfume

avec de l'encens; l'officiant trace une croix sur la cloche, tandis qu'on chante l'Évangile.

On crut longtemps, et surtout au moyen âge, que l'argent, mêlé à la fonte de la cloche, donnait un son plus clair et plus vibrant. Les hauts personnages donnaient à cet effet leur argenterie, et rivalisaient de zèle dans ces circonstances; mais ce préjugé tomba bientôt, quand on apprit que rarement on l'adjoignait au bronze, et qu'un subterfuge était employé par les fondeurs pour rentrer en possession du métal précieux; le voici :·Lorsque le métal était en fusion, une ouverture était pratiquée à la partie supérieure du fourneau pour y jeter les dons d'argent que chaque donateur y apportait lui-même; ils étaient ainsi persuadés que la cloche devait contenir leur offrande; mais un tuyau conduisait ces richesses sur des charbons incandescents qui les réduisaient en grenailles, et tombaient ensuite dans la cendre, où le fondeur savait les retrouver.

Le 24 juillet 1784, le parlement de Paris rendit un arrêt qui défendait de faire sonner les cloches en temps d'orage, à cause des sinistres qui en surgissaient. Un savant allemand établit la statistique suivante : Pendant 33 ans, la foudre tomba sur 386 clochers et tua 120 sonneurs. Ces désastres qu'on attribuait seulement à l'ébranlement de l'atmosphère et des nuages, par les vibrations successives de la cloche; n'étaient pas suffisamment prouvés; il est plus admissible aujourd'hui, depuis l'invention des paratonnerres, de supposer que le clocher, par sa forme conique, est la seule cause de cette attraction.

Les cloches ne manquèrent pas de légendes fantastiques; en voici une entre autres :

A Villala, dit M. Amédée Pichot, était une fameuse cloche douée de propriétés merveilleuses, parce que, disent les uns, un ange en avait été le parrain, et, selon les autres, parce qu'au moment de sa fonte le Juif errant ou tout autre personnage mystérieux, qui passait par là, avait jeté dans le métal en ébullition une des trente pièces d'argent données à Judas Iscariote pour le prix de la vente du Sauveur. La cloche prophétique de Villala sonnait d'elle-même quand un roi d'Aragon quittait cette vie. Elle avait sonné pour la mort de Ferdinand le Catholique; elle sonna pour la mort de son petit-fils.

Le son de la cloche jette dans l'âme de certains individus une tristesse indéfinissable et rappelle les regrets et les douleurs passées; c'est le glas du malheur, de la réflexion et des larmes! tout s'assombrit et pénètre leur cœur : cette influence occulte les anéantit; ils sont dans un abattement douloureux, duquel ils ne peuvent se débarrasser que quand le silence succède à ce bruit confus. Comme un papil- qui naît et secoue les ailes, ils s'éveillent comme d'un long songe dont ils étaient possédés. D'autres, au contraire, recherchent la solitude et s'épanouissent au tintement des cloches; un charme vague et inexplicable s'empare de tout leur être, ils se complaisent ainsi; tous les souvenirs reviennent confusément et apportent de nouvelles jouissances à leur âme; les fêtes, les joies, les douleurs même, les espérances évanouies, l'image de son clocher, les amis d'enfance, ceux qu'on a aimés, tous ces sentiments divers apparaissent comme dans un rêve et leur font ressentir l'amour le plus sublime, car c'est la vie tout entière qui se résume dans ces moments d'isolement mystérieux! Qui n'a ressenti, en effet, ces sortes d'impressions à l'approche de son village? Quand le vent du soir apporte par saccades les échos de la cloche, de quels frémissements n'est-on pas saisi? et, comme le berger tardif après une longue et laborieuse journée, n'aspire-t-on pas, en pressant la marche, au toit de la maison qui fut le témoin du plaisir et des déceptions? D'où vient donc ce son

Fig. 38. — Cloche à plongeur.

si étrange, et quelle puissance fait ainsi vibrer toutes les cordes de la créature humaine? C'est qu'à chaque pas dans la vie, et surtout dans les moments les plus solennels, cette grande voix plaintive, joyeuse ou mystique, nous a remué profondément en mêlant son bruit à nos accents, soit à notre bonheur ou à notre chagrin; nous l'entendons dans les langes, dans l'âge viril, et, plus tard, dans notre vieillesse; chaque fois elle nous impressionne différemment, soit que nous assistions à un baptême, à un mariage ou à un enterrement, à un incendie ou au carillon d'une grande fête pour célébrer les libertés conquises! Chacune de ces époques nous fait éprouver des sensations particulières.

Mais quand rien de tout cela ne s'offre à nous, quand, seuls, éloignés du monde et plongés dans le calme champêtre, une cloche nous envoie ses flots sonores, alors toutes les fibres de notre cerveau s'épanouissent, laissent passer librement chaque souvenir, qui vient se heurter mutuellement, et, de ce combat de sentiments si différents, l'âme est jetée dans cette espèce de ravissement mêlé de monotonie et de tressaillements, de douleur et de charme.

CLOCHE A PLONGEUR. — Appareil à l'aide duquel on entreprend les constructions sous-marines et la pêche de différents minéraux. A l'époque où l'eau de la Tamise s'infiltra dans les travaux du tunnel, on employa la cloche à plongeur, qui rendit dans cette occasion d'éminents services. Deux hommes peuvent s'y loger et se livrer à leur travail.

Une des plus parfaites est celle qui fonctionne à Plymouth et à Londres. Elle a 2 mètres de hauteur sur 2 de longueur et 1 de largeur. Elle est en fonte de fer. Des bancs sont disposés à l'intérieur pour les ouvriers et pour déposer leurs outils. Des verres lenticulaires, fixés hermétiquement, donnent accès à la lumière. Son poids total est d'environ 4,000 kilogrammes.   E. PAUL.

Fig. 39. — Cloporte.

CLOPORTE (zoologie). — Crustacé de l'ordre des isopodes, de la famille des aptères et du genre *oniscus*, ayant pour caractères : corps ovoïde, légèrement bombé, composé de 14 articles, en y comprenant la tête, qui porte 4 antennes, dont deux intermédiaires très-petites, 2 yeux immobiles et 3 paires de mâchoires; les 5 derniers articles sont garnis de papilles, sous lesquelles la femelle dépose ses œufs; 14 pattes; branchies renfermées dans les premières écailles placées sous la queue.

Ces animaux vivent dans les lieux sombres et humides, tels que les caves et les celliers; ils se tiennent sous les pierres, dans les fentes des murailles. Ils sont apathiques et lents dans leurs mouvements; cependant, lorsqu'ils sont stimulés par le besoin ou par la peur, ils peuvent courir très-vite. Leur voracité est extrême; tout leur paraît bon, et les plus forts dévorent les plus faibles quand ils ne trouvent pas autre chose pour satisfaire leur appétit.

Le type du genre est le cloporte ordinaire (*oniscus asellus*). On distingue en France les *cloportes vrais*, qui ne se roulent jamais, et les *armadilles*, qui se mettent en boule lorsqu'ils craignent d'être pris. Autrefois, ces insectes passaient pour diurétiques.

On donne le nom de *cloportes de mer* à de petits

crustacés isopodes des genres ligie, oscabrion, sphérome, etc.   G.

CLOPORTIDES (zoologie). — Famille de crustacés qui appartiennent à l'ordre des isopodes, c'est-à-dire à des animaux qui ont toutes les pattes semblables. Cette famille forme deux tribus : les cloportides maritimes et les cloportides terrestres. —Voyez *Cloporte.*   G.

CLOTURE (agriculture) [du latin *clausura* ou plutôt *claustrum*, qu'on a écrit *clostrum*]. — Les clôtures sont peut-être ce qu'il y a de plus recommandable pour l'avancement de l'agriculture dans tous les pays où le droit de parcours et d'autres obstacles non moins pernicieux ne s'opposent point à leur établissement; on doit même les regarder comme une base fondamentale de l'économie rurale.

Sur des champs ouverts, le cultivateur le plus intelligent ne peut tirer aucun avantage de ses connaissances. Il est forcé de s'assujettir au plus mauvais système de culture pratiqué dans son canton; gêné dans toutes ses opérations, il est encore contraint de régler sa marche sur celle d'un voisin lent et paresseux.

En Angleterre, les avantages qui résultent des clôtures sont si bien sentis, que les fermiers anglais s'occupent constamment à enclore leurs champs ouverts. Outre qu'un fermier à un très-grand intérêt à ce que les troupeaux de bétail étranger ne traversent pas ses champs, il lui importe encore beaucoup que les siens ne passent pas d'un pâturage dans un champ de blé, etc.; mais ce n'est pas là le seul avantage qu'il retire des clôtures, le principal est d'avoir la liberté de semer ses champs alternativement en pâturages, en plantes charnues et en grains.

CLUB (politique) [mot anglais, qui désigne une réunion de personnes qui se réunissent à jours fixes pour s'instruire des affaires publiques].—Le premier club fut établi à Paris en 1782; il était défendu d'y parler de religion et de politique; vinrent ensuite le *club des Américains* (1785), et bientôt après le *club des Arcades* et celui *des Étrangers.* Fermés par la police (1787), les clubs reparurent en 1789, et le nombre en fut considérable pendant la Révolution. Les plus connus sont : le *club Breton*, fondé à Versailles par les députés de la Bretagne, et qui devint le *club des Jacobins;* le *club des Feuillants*, opposé au précédent; le *club des Impartiaux* ou *club monarchique;* le *club des Cordeliers*, fondé par Danton et Camille Desmoulins; le *club du Panthéon*, celui *de Clichy*, etc. Le Directoire les vit tous disparaître; ils ne se sont rouverts qu'en 1848. Leur nombre fut alors considérable, mais ils n'atteignirent point à l'importance de ceux de la première révolution; cependant, comme quelques-uns étaient dangereux, il devint nécessaire d'en réprimer les abus, et ils furent bientôt prohibés par les lois du 22 juin 1849 et du 6 juin 1850.

L'Académie dit que quelques personnes prononcent ce mot *klob* ou *klaub.* C'est toujours la manie étrange de vouloir nous faire prononcer le français

à l'anglaise, à la turque, etc. Que le mot club soit originairement français, que les Anglais, dit Bescherelle, l'aient pris de *globe*, qu'ils le prononcent à peu près *clob*, tout cela, en philologie française, ne saurait nous forcer à donner le son d'*o* à notre *u.*

CLUPES (zoologie).—Famille de poissons osseux de l'ordre des malacoptérygiens abdominaux. Le hareng est le type de cette famille, dont voici les caractères : corps allongé, souvent comprimé, surtout le ventre; peau couverte de grandes écailles; mâchoire supérieure formée au milieu par des intermaxillaires sans pédicules, et sur les côtés par les maxillaires, composés de trois pièces : nageoires sans rayons épineux, une dorsale de longueur médiocre, ventrales au milieu du corps.

Elle comprend environ 160 espèces groupées dans une trentaine de genres, dont les plus intéressants sont ceux des aloses, des anchois et des harengs. — Voy. ces mots.

COAGULATION (chimie) [radical *coaguler*, épaissir, condenser un liquide]. — Condensation d'un liquide en une masse plus ou moins solide. La *coagulation* s'opère dans les liquides par un grand nombre de causes différentes, qui constituent autant d'espèces de *coagulations* ayant la plupart des noms particuliers, et qu'on ne désigne même presque jamais par le nom générique de *coagulation*, borné par l'usage à quelques espèces particulières. La *congélation* ou condensation par le refroidissement, la *concentration* ou rapprochement par le moyen de l'évaporation, la *précipitation*, la *cristallisation*, sont des coagulations, bien qu'elles n'en aient pas le nom. Les changements pour lesquels il a été consacré sont la coagulation du lait, du sang, de certains sucs végétaux; celle du blanc d'œuf et des autres lymphes animales; des matières huileuses par le mélange des acides; du lait par les acides, par les alcalis; des matières mucilagineuses ou farineuses délayées, par les alcalis, etc. En pharmacie, la coagulation est un des procédés employés pour la clarification des liquides.

COALITIONS (histoire de France).—Ligues formées contre la France par les nations étrangères. L'Angleterre, avant et depuis la révolution de 1789, fut presque toujours l'âme des coalitions qui menacèrent notre territoire. On en compte, avant cette révolution jusqu'à huit : 1° La première est celle qui fut faite en 1124, entre Henri Ier, roi d'Angleterre, et l'empereur Henri V, qui devait envahir la France. Grâce à l'activité et à l'énergie déployées par Louis VI, secondé par les communes, les princes furent intimidés, et l'invasion n'eut pas lieu; 2° la seconde coalition eut pour chefs Jean Sans-terre et Othon; elle se termina d'une manière glorieuse pour la France, en 1214, par la bataille de Bouvines; 3° après la conquête d'Italie par Charles VIII, le duc de Milan, Ludovic Sforce, Alphonse II, Maximilien, le pape, Ferdinand et Isabelle, signèrent avec Venise une ligue contre la France. Malgré la brillante victoire de Fornoue, l'Italie n'en fut pas moins perdue pour nous; 4° en 1511, le pape, Venise et Ferdinand formèrent une *sainte ligue*, dans le but d'expulser les Français de l'Italie. Ce but fut atteint après la bataille de Novare; Henri VIII et Maximilien entrèrent dans cette coalition, en 1513; 5° une des coalitions les plus désastreuses pour nous fut celle qui fut formée, en 1523, par le pape, l'Empereur, le roi d'Angleterre, Ferdinand, Venise, Florence et Gênes. Elle eut pour résultats l'invasion de nos frontières, la défaite de Pavie et le traité de Madrid; 6° l'Empereur, le roi d'Espagne, les Provinces-Unies, l'électeur palatin, les électeurs de Trèves, de Mayence, de Cologne et l'évêque de Munster se réunirent, en 1678, contre Louis XIV, vainqueur de la Hollande. La France vainquit à Nimègue; 7° en 1686, une alliance défensive fut contractée contre Louis XIV, à Augsbourg, par l'Empereur, les rois d'Espagne et de Suède, les Provinces-Unies, l'électeur palatin et l'électeur de Saxe, les cercles de Bavière, de Franconie et du Haut-Rhin, le pape Innocent XI et l'Angleterre. La paix de Ryswick, en 1696, se conclut à la gloire de la France; 8° l'Angleterre, l'Empire, la Hollande, les cercles d'Allemagne formèrent, en 1702, une nouvelle coalition. La France faillit être vaincue et démembrée, mais elle ne perdit que quelques colonies. Nous arrivons à l'époque de la Révolution. Dès 1791, toutes les puissances de l'Europe, excepté la Suède, le Danemarck, la Suisse et la Turquie, se coalisèrent à Pilnitz. Le traité de Campo-Formio dissout cette première ligue, en 1797; en 1799, la lutte recommença, reprise par l'Autriche, la Russie, la Grande-Bretagne, la Turquie, les États barbaresques et le royaume des Deux-Siciles. Elle fut interrompue par les traités de Lunéville, en 1801, et d'Amiens, en 1802; une troisième coalition, formée en 1803, entre l'Angleterre, l'Autriche et la Russie, se termina par la bataille d'Austerlitz et par la paix de Presbourg, signée le 26 décembre 1805. Mais déjà la guerre n'avait plus le même caractère. Engagée d'abord par la Révolution, elle avait un but de propagande, d'initiation. La quatrième coalition, formée en 1806, entre la Prusse, la Russie et l'Angleterre, fut terminée par la paix de Tilsitt, les 7 et 9 juillet 1807. La cinquième, formée entre l'Autriche et l'Angleterre, commença en avril 1809, et finit en une seule campagne, par la victoire de Wagram, qui amena la paix de Schœnbrunn, signée le 14 octobre 1809. La sixième eut lieu en 1813, après les désastres de Moscou. Elle fut conclue entre la Russie, la Prusse, l'Angleterre, la Suède et l'Autriche. Napoléon, vaincu, abdiqua la couronne à Fontainebleau, le 11 avril 1814. Une septième et dernière coalition commença en 1815, contre Napoléon revenu de l'île d'Elbe. La France, épuisée, succomba enfin à Waterloo; mais la ligue des rois de 1815 n'en fut pas dissoute. (*La Châtre.*)

COATI (*nasua*) (zoologie). — Genre de mammifères, de l'ordre des carnassiers, famille des carnivores, tribu des ursiens, division des petits ours, ayant beaucoup de ressemblance avec les ratons; ils en diffèrent surtout par la longueur de leur museau, qui est une espèce de boutoir dépassant de plus de 3 centimètres la mâchoire inférieure; ils ont à chaque mâchoire 6 incisives, 2 fortes canines et 12 molaires.

Ces animaux sont de la taille du chat; leur forme n'est pas sans grâce; mais ils répandent une odeur désagréable. Ils ont le poil noir, brunâtre, roux, ou varié de ces diverses teintes; leur queue, qu'ils portent relevée, est longue et souvent mêlée de brun et de grisâtre; leurs pattes sont terminées par cinq doigts armés d'ongles robustes. Leur voix est un petit sifflement assez doux quand ils manifestent leur joie; mais c'est un cri très-aigu lorsqu'ils expriment la colère.

Les coatis habitent les forêts de l'Amérique, et vivent en petites troupes sur les grands arbres, où ils grimpent avec facilité. Leur régime est omnivore, et en cela ils rentrent dans la règle habituelle des plantigrades: ils boivent en lapant, et se nourrissent d'oiseaux, d'œufs, quelquefois de fruits. Ils fouissent la terre avec leur grouin pour y chercher des insectes et des larves; leur odorat est extrêmement développé, et leur sensibilité tactile paraît résider principalement dans leur museau, qu'ils remuent continuellement. Ces animaux sont, d'ailleurs, inquiets, turbulents, curieux, tracassiers. Bien qu'ils soient de mœurs douces et faciles à apprivoiser, on ne doit jamais les abandonner à eux-mêmes, parce qu'ils renversent ou déplacent tout ce qui se trouve à leur portée et excite leur attention. La femelle a cinq ou six petits par portée.

On ne leur fait la guerre que pour leur fourrure, quoiqu'elle soit médiocre et peu employée. Le chasseur menace-t-il d'abattre l'arbre sur lequel il en surprend une bande, aussitôt chaque animal se laisse tomber comme une masse et gagne le fourré voisin.

Les naturalistes ne sont pas d'accord sur le nombre des espèces de ce genre; on peut toutefois en citer trois assez bien caractérisées:

1° Le *coati brun*, dont le pelage est brun ou fauve en dessus, gris jaune en dessous; il a trois taches blanches autour de chaque œil et une ligne de même couleur le long du nez. Il habite le Brésil, la Guyane et le Paraguay. On l'élève en domesticité; mais on est obligé de le tenir attaché, sans quoi il grimpe partout et culbute tout ce qu'il trouve.

2° Le *coati roux*, qui a le pelage d'un roux vif brillant, le museau noir grisâtre et trois taches blanches près de chaque œil: il n'a pas de ligne blanche sur le nez. Son odeur est très-désagréable: il se sert de ses pattes pour grimper sur les arbres et pour porter la nourriture à sa bouche.

3° Le *coati brun varié*. Son pelage est plus jaunâtre brillant que dans les autres; il semble doré.

Un fait assez remarquable dans cette espèce, c'est que les tubercules des pieds de devant sont très-épais, et séparés de ceux de la paume par des plis tout particuliers. Les autres tubercules présentent aussi des dispositions spéciales, et ces parties sont couvertes d'une peau douce.

Cet animal n'est pas farouche; on le conserve en domesticité. Il attrape les souris et les rats, et détruit dans les jardins les insectes, les limaçons et les vers de terre. On en a reçu plusieurs au Muséum de Paris, que l'on a placés avec les singes et les makis.

Cuvier rapportait au genre *coati* des ossements fossiles qu'il avait découverts dans les plâtrières de Montmartre ; mais de Blainville a démontré qu'ils appartenaient à un groupe différent qu'il a nommé *taxothérium*. On n'a trouvé véritablement des coatis fossiles que dans les cavernes de l'Amérique méridionale. GOSSART.

COBALT (minéralogie) [de l'allemand *kobalto*, même signification]. — Corps simple métallique, presque sans couleur, insipide, dur, fragile, à grain fin et serré, d'une couleur blanche nuancée de bleu. Quand le cobalt n'est pas purifié du charbon qu'il contient, il présente une couleur grise et bleuâtre. Sa pesanteur spécifique varie de 7,7 à 8,6. La forme géométrique de ses cristaux paraît être le cube. Il est fusible à 130° du pyromètre de Wedgwood. L'air humide ternit sa surface en la faisant passer à l'état d'hydrate de peroxyde noir. Brandt découvrit, en 1733, le *cobalt* dans le minerai employé, depuis 1540, pour colorer le verre en bleu. Le cobalt métallique n'est d'aucun usage ; on ne se sert que de ses oxydes. On le trouve dans la nature, en très-petite quantité, à l'état d'oxyde, de sulfate et d'arseniate ; il est tiré des minerais connus sous les noms de *cobalt arsenical* et *cobalt gris*, minerais qui existent à Tunaberg, en Suède ; à Schneeberg, en Saxe ; à Joachimstal, en Bohême ; à Rugelsdorf, dans la Hesse ; à Allemont, en France ; à Skutterne, en Norvége. On distingue trois degrés d'oxydation : « le protoxyde gris-clair, le deutoxyde vert et le peroxyde noir. Le protoxyde, seul employé dans les arts, donne au verre une belle couleur bleue. C'est avec le protoxyde qu'on prépare le *bleu Thénard*, composé de phosphate de cobalt mélangé dans la proportion de 1 de ce sel pour 8 d'alumine. Le produit connu sous le nom de *smalt azur*, ou *bleu d'émail*, s'obtient en pulvérisant la mine de cobalt fondue dans des creusets de terre avec deux ou trois parties de potasse, suivant sa richesse en cobalt. Parmi les sels insolubles de cobalt, on a remarqué l'hydrochlorate de potasse, dont on se sert comme encre sympathique, et le zincate de cobalt ou *vert de rinmenn*, qui est d'un assez beau vert. »

COCCINELLE (zoologie). — Genre d'insectes coléoptères qui comprend les insectes connus de tout le monde sous le nom de *bêtes à Dieu, bêtes de la Vierge, scarabées tortues*, etc. Ils sont très-remarquables par leur forme presque globuleuse, par la brièveté de leurs pattes et de leurs antennes, et par la variété de leurs couleurs. Sur un fond uni, jaune ou rouge, ils offrent des taches régulières de couleur foncée, qui ressemblent à une pièce de marqueterie pleine de grâce ; leurs élytres bombées et parfaitement adossées l'une à l'autre paraissent leur former une petite coquille, sous laquelle ils se cachent comme les tortues. L'élégance de leur corps et la beauté de leurs couleurs le font aimer de tout le monde, et surtout des enfants. On serait presque tenté de regretter que ces jolis animaux soient obligés, pour vivre, de détruire d'autres insectes ; car les *coccinelles* sont essentiellement carnassières : elles dévorent une grande quantité de pucerons, soit à l'état

de larves, soit sous la forme d'insecte parfait. Mais il ne faut pas que ce penchant empêche de rechercher ces charmants coléoptères ; il doit, au contraire, nous les faire aimer davantage. Les pucerons sont si nuisibles au jardinage et à l'agriculture, qu'on ne peut que bénir le Créateur de leur avoir donné beaucoup d'ennemis.

Les *coccinelles* sont extrèmement communes dans

Fig. 40. — Coccinelle.

tous les pays ; les petits oiseaux en dévorent une immense quantité, malgré la solidité de leurs élytres et l'humeur fétide qu'ils répandent lorsqu'ils se voient pris. Les principales espèces de ce genre sont : la *coccinelle à sept points*, la *coccinelle à deux points*, la *coccinelle à deux pustules*, etc., toutes communes aux environs de Paris. (Dr Salacroux.)

COCCYX (anatomie) [du grec *kokkyx*, coucou]. — Petit os symétrique, triangulaire, situé sur la ligne moyenne, qui s'articule par la base à la partie postérieure du bassin. — Voy. *Sacrum*.

COCHENILLE (zoologie). — Genre d'insectes hémiptères, famille des gallinsectes, dont la femelle renferme une matière colorante rouge, recherchée pour la teinture et la fabrication du carmin.

La cochenille femelle est ovoïde, acuminée, légèrement aplatie en dessous. « Son corps est couvert d'anneaux toujours visibles, peu développés ; entre les deux premières pattes elle porte un suçoir avec lequel elle se fixe sur les cactiers. Une fois parvenue là, elle y est fécondée par le mâle ; alors son corps se développe, s'arrondit, et elle finit par produire un grand nombre d'œufs, d'où naissent autant de nouveaux insectes, si l'on n'a pas le soin de la recueillir avant cette époque ; enfin elle meurt et se dessèche sur la place où elle a vécu. Le mâle est plus petit que la femelle ; il n'a point de suçoir et porte deux ailes bien développées, au moyen desquelles il vole pour chercher les femelles, qui n'en ont point, et les féconder. »

Les cochenilles du commerce sont : la *cochenille mestèque, jaspée* ou *argentée*, la *cochenille noire*; la *cochenille rouge*. La *cochenille jaspée* est la plus estinée ; la *cochenille noire* est moins recherchée ; la *cochenille rouge* est la moins estimée de toutes. Parmi les cactiers, la cochenille préfère le nopal ; mais elle vient également sur le *cactus opuntia* (raquette, cardasse), qui se reproduit avec la plus grande facilité sur la côte de Barbarie, en Espagne, en Italie et dans le midi de la France. La cochenille est originaire du Mexique, mais a été connue en Europe dès 1523. Elle a parfaitement réussi dans nos possessions du nord de l'Afrique, où elle devient un objet d'une grande importance pour l'agriculture et le commerce. Des essais d'élèves de cochenille, dit J. Duval, avaient été tentés à plusieurs reprises en Algérie, dans les premières années de l'occupation française, mais ils ne furent sérieusement repris qu'en 1842, dans la pépinière centrale du gouvernement. En 1846, une nopalerie fut créée aux portes d'Alger, à Mustapha-Pacha, et depuis lors elle s'est développée d'année en année, et a servi de pépinière pour les autres nopaleries de l'Algérie. En 1852, on comptait, dans la province d'Alger, dix-huit nopaleries particulières, dont une, celle de Boyer, était en pleine exploitation,

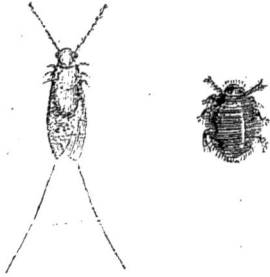

Fig. 41. — Cochenille mâle.   Fig. 42. — Cochenille femelle.

sans compter celle de Mustapha, qui avait recueilli la cochenille sur quatre mille pieds de nopals. Dans les deux autres provinces on commençait les plantations. L'analogie du climat avec celui du Mexique, des Canaries et de l'Espagne méridionale, l'extrême facilité de végétation du *cactus coccinilifera*, si voisin du *cactus opuntia*, qui est pour ainsi dire indigène en Algérie, la qualité des produits déjà obtenus, dont l'Académie des sciences a reconnu le mérite supérieur, les résultats pécuniaires déjà réalisés, ne laissent aucun doute sur l'avenir prospère réservé à la culture de la cochenille dans nos possessions d'Afrique. Il sera aisé aux colons de suffire en peu d'années à tous les besoins de la consommation française. Répartis sur une période de sept années, les frais de culture sont estimés par hectare à 48,987 fr. et les produits, au prix de 20 fr. le kilogramme, à 115,302 fr., soit un bénéfice de 66,315 fr. obtenu en sept ans, pendant lesquels on a pu faire une récolte chaque année. Le bénéfice par hectare est de 9,475 fr. par an, le plus élevé que l'on connaisse dans les cultures de l'ancien continent. Pour encourager cette

précieuse importation, l'administration achète aux colons leur récolte entière de cochenille.

COCHLÉARIA (botanique) [en latin *cochlear*, cuiller]. — Genre de plantes de la famille des crucifères, caractérisé par un calice entr'ouvert, à quatre sépales concaves ; quatre pétales étalés ; un style court, persistant ; une silicule déhiscente, globuleuse, entière au sommet, à deux valves bossues et deux loges contenant une ou deux graines comprimées ; feuilles glabres, entières, dentées ou incisées, les inférieures pétiolées, les supérieures sessiles ; fleurs blanches.

L'espèce nommée cochléaria officinal ou cranson (*C. officinalis*) est bisannuelle ; ses tiges sont inclinées, rameuses, ses fleurs disposées en grappes courtes terminales. Elle croît en Europe, au bord de la mer, et se cultive dans les jardins. Ses feuilles inférieures sont cordiformes, concaves ; les supérieures ovales, amplexicaules ; toutes ont une saveur âcre, piquante, légèrement amère, analogue à celle du cresson de fontaine ; elles sont stimulantes, expectorantes, incisives, c'est un des meilleurs antiscorbutiques ; elles servent aussi de condiment.

Le grand raifort (*C. armoracia*) a une tige de huit à douze décimètres, des feuilles radicales, grandes, dressées, portées sur un pétiole cannelé ; des feuilles caulinaires, inférieures, oblongues, primatifides, les supérieures lancéolées, entières, crénelées. Sa racine, qui est charnue, a une saveur piquante, chaude, amère ; employée fraîche elle est diurétique, anti-asthmatique, anti-hydropique ; lorsqu'elle est râpée ou coupée en tranches minces et appliquée sur la peau, elle produit l'effet de la moutarde ; c'est un antiscorbutique par excellence.

On connaît en outre le cochléaria-draba, dont les feuilles caulinaires sont munies d'oreillettes embrassantes, mais qui est à peu près sans usage. GOSSART.

COCHON (zoologie) [du celtique *caweh*, sale ; en latin *sus*]. — Genre de mammifères de l'ordre des pachydermes, sous-ordre des pachydermes ordinaires, famille des suidés, qui présente les caractères suivants. Système dentaire : six incisives, deux canines, quatorze molaires à chaque mâchoire ; incisives supérieures coniques, inférieures obliques en avant ; canines fortes, sortant de la bouche et se courbant à l'extrémité ; nez prolongé, tronqué, terminé par un boutoir, sur le disque duquel sont percées les narines ; yeux petits ; oreilles assez développées, pointues : pieds ayant tous quatre doigts ; deux grands et intermédiaires posant seuls sur le sol, et deux plus petits, relevés, et un peu en arrière, tous quatre munis de petits sabots ; corps tout d'une venue, couvert d'une peau épaisse, et couverte de poils longs et roides nommés soies ; jambes minces et courtes ; queue médiocre ; douze mamelles ; estomac simple.

Ce sont des animaux dont la physionomie est caractéristique, car ils ont la tête longue et lourde, le cou ramassé, épais, court ; l'organe de l'odorat prédominant, celui du toucher très-sensible à l'extrémité du groin, qui est fort, mobile et sert, en quelque sorte de main ou de trompe. En effet, le cochon est classé, dans l'ordre naturel, près de l'éléphant, entre l'hippopotame et le phanochère : il a l'ouïe fine, le derme très-serré, recouvrant, comme dans les cétacés et les phoques, une couche épaisse de lard.

Le cochon est répandu partout depuis une haute antiquité ; les produits nombreux qu'il donne ont engagé l'homme à le propager. Cependant les lois de Moïse et de Mahomet défendent d'en manger. Il est probable que l'abus de cette nourriture a des inconvénients, comme tous les abus possibles ; toutefois la chair du porc est saine, savoureuse, et sert à préparer une foule de mets fort agréables. Aussi, malgré la défense, l'animal s'est multiplié autant que possible, et il faut avouer qu'il rend d'immenses services.

Le genre, comprend cinq espèces, savoir :

Le sanglier (*sus scrofa*), qui a la tête forte, allongée; le chanfrein droit, l'occiput très-élevé, les défenses robustes, triangulaires, les plus longues soies sur le dos. Longueur du bout du museau à l'origine de la queue : un mètre, hauteur 45 centimètres.

Le sanglier sauvage diffère beaucoup du cochon domestique, qui en provient cependant. La femelle, nommée *laie*, est plus petite que le

Fig. 43. — Cochon de la vallée d'Auge.

mâle, et ses défenses sont moins fortes ; les jeunes s'appellent *marcassins* jusqu'à l'âge de six mois. Son pelage est rayé de bandes longitudinales, parallèles, fauve clair et fauve brun.

Les mœurs des sangliers ont quelque rapport avec la rudesse de leurs soies. Leurs mouvements sont brusques. Ils ont le naturel farouche et montrent une grande hardiesse dans le danger. Ils sont surtout à craindre lorsqu'ils ont de trois à cinq ans, parce que leurs défenses ont pris tout leur développement et ne se sont pas encore courbées et émoussées comme cela a lieu par la suite. Ils se tiennent le jour dans les endroits les plus sombres des forêts, et ne sortent que le soir pour chercher leur nourriture, consistant en fruits sauvages, en racines, en graines ; ils dévorent aussi quelquefois de jeunes lapins, de petits oiseaux et des vers de terre. Ils fouillent la terre comme les cochons, et, comme eux, ils aiment à se vautrer dans les endroits marécageux. La femelle porte quatre mois et fait de trois à neuf petits, qui la

suivent jusqu'à l'âge de trois ans. Ils vivent de vingt à vingt-cinq ans. La chasse de cet animal est dangereuse, car s'il n'est pas blessé mortellement, il devient furieux, évente tous les chiens qui sont à sa portée, et attaque même quelquefois le chasseur qui l'a manqué.

Le cochon domestique n'est qu'un sanglier modifié par la servitude. Buffon prétend que c'est de tous les quadrupèdes l'animal le plus brut ; que tous ses goûts sont immondes, ses sensations réduites à une luxure furieuse et à une gourmandise brutale qui sacrifie jusqu'à sa progéniture ; mais, observe M. Bory Saint-Vincent , si le cochon domestique, dégradé par l'esclavage, offre quelques-uns de ces traits, dans son état d'indépendance il est bien au-dessus du chien par l'intelligence et le courage, puisqu'il apprécie tout le prix d'une liberté qu'il sait défendre non sans donner de singulières preuves de jugement.

Le mâle entier, car ce n'est que l'individu châtré qui porte le nom de cochon, se nomme *verrat*, la femelle *truie*, leurs petits *pourceaux* ou *cochonnets*.

Le cochon est susceptible de prendre un extrême embonpoint, résultant d'une accumulation de lard entre la peau et les muscles ; et comme il se nourrit de résidus de toute espèce , qu'il mange tout ce qu'on lui offre, qu'il fouille le sol pour y chercher des larves , des insectes, des racines ; qu'il est d'une remarquable fécondité, et fournit une chair savoureuse, il en résulte qu'il constitue un animal des plus utiles.

Les variétés sont assez nombreuses. Les principales en France sont : le *cochon à grandes oreilles*, qui n'est ni robuste ni fécond, et dont la chair est grossière et fibreuse ; le *cochon de la vallée d'Auge*, à tête petite et pointue , aux oreilles étroites, au corps allongé, et qui est d'un facile embonpoint ; le *cochon blanc du Poitou*, plus gros dans toutes ses parties ; le *cochon du Périgord*, qui a le poil noir, le corps large et ramassé ; race très-productive, surtout si on la croise avec celle du Poitou. L'Angleterre possède une race de porcs à courtes jambes, qui s'engraissent facilement et donnent de bons produits.

Un cultivateur, Mamont, a établi ce que peut coûter l'entretien d'un cochon. Voici son calcul :

Dépense. Achat d'un cochon de six mois, de belle espèce.............................•........ 20 fr.

De six à douze mois il consommera, pour être très-bien nourri, en son.............. 45

De douze à dix-huit mois il consommera, en farine d'orge et en son................ 60

Pour achever un engrais parfait, il faut ajouter en farine pure une dépense de..... 36

Total de la dépense................. 161 fr.

Un cochon nourri de cette manière pèsera au moins 200 kilogr.; et le kilogr., seulement à 1 fr., donnera pour les soins, comme on le voit, 39 francs.

Le *sanglier des Papous* ou *Béve* (*sus papuensis*). Il a le poil court, épais, blanc, annelé de noir en dessus, fauve brun en dessous, les canines supérieures petites, la queue très-courte. Longueur de la tête et du corps, quatre-vingt-dix-sept centimètres.

Cet animal est commun dans l'archipel des Papous, au nord des Moluques et à la Nouvelle-Guinée. Il se plaît dans les forêts des bords de la mer et dans les marécages. Ses mœurs sont analogues à celles du sanglier, à l'exception qu'il vit en troupes nombreuses; il est moins fort que ce dernier. Sa chair est très-recherchée. Quand les Papous en attrapent de jeunes, il les élèvent, et c'est sans doute de là que dérive la variété nommée *cochon des Célèbes*, qui n'en diffère que par une plus grande taille.

Le *cochon à tubercules* (*sus verrucosus*) a la tête allongée, et sur chaque joue une forte protubérance calleuse, le front concave, le poil très-fourni, long, noir, varié de jaune en dessus et de roux en dessous, une forte crinière et une sorte de favoris. Il habite Java.

Le *cochon à bande blanche* (*sus vittatus*). Tête peu longue, museau obtus, pas de protubérance ni de favoris, front étroit, bombé, crinière petite, pelage court, rare, noir terne, avec une bande blanche partant du nez et s'étendant sur les joues; taille petite. Se trouve au Japon et à Java.

Le *sanglier à masque* (*sus larvatus*). De la taille et de la couleur du sanglier; mais avec le garrot plus élevé et le derrière plus bas; tête grosse, longue, oreilles courtes, écartées, ayant en arrière une pointe velue; une loupe velue au-dessus de chaque œil; près des défenses supérieures deux gros tubercules ovales qui se réunissent au-dessus du museau et forment une sorte de masque; canines supérieures courtes, inférieures grandes et saillantes. On rencontre cette espèce à Madagascar et au cap de Bonne-Espérance; il est farouche et d'un naturel féroce.

GOSSART.

COCON [du latin *concha*, conque, coquille]. — Enveloppe soyeuse dans laquelle se renferment certaines chenilles pour y subir leur métamorphose en *nymphe* ou *chrysalide*. « Quand la chenille du ver à soie sent qu'elle doit quitter sa cinquième peau, elle cherche un lieu écarté et commence à filer ce tissu serré de soie fine, dont elle forme un ovoïde creux dans lequel elle s'enferme au bout de deux ou trois

jours. Lorsque le fil de soie sort, à travers sa filière, des glandes qui lui servent de réservoir, il est mou, gommeux, et se sèche à l'instant à l'air. C'est le ver qui file la soie. L'homme ne fait ensuite que dévider cette soie que le ver a roulée en cocons. Mais avant de s'occuper du dévidage, il est essentiel de procéder au triage, qui consiste à classer les cocons suivant leurs qualités et à préparer ainsi diverses qualités de soie propres à des tissus différents. On met d'abord de côté les cocons doubles et les cocons défectueux pour en former une soie à part, qu'on nomme filoselle. Le triage se fait communément en trois qualités différentes : 1° les cocons fins, dont le tissu présente une superficie à grains fins; 2° les demi-fins, dont le grain est plus lâche et plus gros; 3° les cocons satinés, qui n'ont plus de grain, et dont la surface est mollasse et spongieuse. C'est alors qu'on pratique l'opération du dévidage. »

COCOTIER (botanique) [en latin *cocos*].—Genre de la famille des palmiers comprenant des arbres dont le tronc, grêle et couronné par un magnifique faisceau de 12 à 15 feuilles de très-grande dimension courbées en tous sens et d'un beau vert, parvient quelquefois à une hauteur de 35 mètres. De l'aisselle des feuilles inférieures sortent des fleurs mâles à 6 étamines et des fleurs femelles, ayant un ovaire simple, un stigmate sessile, trilobé, disposées d'une manière particulière sur un spadice qui est lui-même entouré d'une spathe avant la floraison. A ces fleurs succèdent des fruits verts à 3 côtes, renfermant sous un brou filandreux très-épais un noyau monosperme appelé *noix de coco*, muni de 3 trous à la base: embryon très-petit.

Le cocotier est originaire de l'Inde, mais il est très-répandu en Afrique, aux Antilles, dans l'Amérique méridionale, en Océanie. Il se plaît au voisinage de la mer, et ne demande pour prospérer qu'un peu de sable et de terre végétale. Bernardin de Saint-Pierre a ajouté à sa célébrité, déjà si grande, en lui faisant jouer un rôle dans son gracieux roman de *Paul et Virginie*.

L'espèce la plus connue est le *cocotier des Indes* (*cocos nucifera*). Son stype s'élève droit à une hauteur de 25 à 30 mètres; il présente un volume à peu près égal dans toute sa longueur, et se termine par 12 à 15 feuilles formées de deux rangs de folioles étroites pointues. Ces feuilles sont larges de plus d'un mètre, longues de plus de trois; les inférieures inclinées vers le sol, les intermédiaires presque horizontales, les supérieures droites. Deux fois par an il naît de leur aisselle des panicules qui se chargent de petites fleurs, dont les femelles, en plus petit nombre que les mâles, occupent le tiers inférieur des rameaux. A ces fleurs succèdent bientôt 8 à 10 fruits sensiblement trigones, qui acquièrent le volume d'un melon et présentent, sous une écorce verdâtre ou violette, un péricarpe filandreux, élastique, et une coque remplie d'une chair blanche, molle, d'un goût suave de noisette.

Le cocotier a été surnommé le roi des végétaux. Il croît assez vite, ses régimes se développent rapidement. Les feuilles nouvelles forment un gros bourgeon allongé, nommé *chou*, fort tendre, excellent à manger ; mais il doit être respecté, sans quoi l'arbre dépérit et meurt ; autrement, il vit un siècle et il est presque toujours en plein rapport, à partir de la huitième année. Toutes les parties de ce végétal sont utiles à l'homme : les feuilles, nattées, servent à faire les murs, les portes et la toiture des maisons ;

Fig. 44. — Cocotier.

on en fait aussi des paniers et des tapis ; le bois est assez solide pour entrer dans les constructions ; il fournit les poutres et les solives ; les Indiens en retirent même des cuillers, des tasses, des terrines, des coupes, des lampes, des seaux ; les chevilles taillées dans la première écorce peuvent tenir lieu de clous. La séve, recueillie par des incisions faites à la spathe, procure une liqueur fermentée nommée *vin de cocotier*, et ce dernier fournit, par la distillation,

une eau-de-vie appelée *arack*, aussi forte que le whisky.

Le fruit présente aussi plusieurs avantages : lorsqu'il est arrivé à moitié de sa grosseur, il contient un liquide laiteux, sucré, rafraîchissant et très-agréable à boire ; dans sa maturité, il donne une espèce de filasse qui est employée à la fabrication des cordages et au calfeutrage des navires. La noix renferme une amande excellente à manger ; on en fait aussi de l'huile, et le résidu nourrit les vaches et les porcs. Enfin, on utilise la coque pour en confectionner des vases et divers objets sculptés.

Le *cocotier du Brésil* (*cocos butyracea*). Stype plus gros, moins haut, uni ; cime plus ample ; fleurs extrêmement abondantes. C'est un très-bel arbre, certains voyageurs le placent même au-dessus du précédent. Sa noix est plus succulente ; elle s'écrase avec l'amande pour être jetée dans l'eau bouillante, et l'on en retire une matière fraîche, agréable, analogue au beurre, qui nage à la surface de l'eau, mais qui rancit très-vite.

Le *cocotier amer* (*cocos amara*) ou *cocotier des Antilles*, est le plus élevé des trois. Ses fruits sont petits et fort nombreux ; l'amande qu'ils contiennent n'est pas comestible à cause de son amertume extrême ; mais c'est dans le tronc de cet arbre que les habitants de la Martinique vont chercher une larve assez semblable à celle du hanneton, plus grosse toutefois, qu'ils désignent sous le nom de *ver palmiste*, et qu'ils mangent avec autant d'avidité que les Romains en mettaient à dévorer leur fameux *cossus*, considéré chez eux comme le mets le plus délicat. On le servait pompeusement sur les tables les plus riches. Il est encore des gourmands italiens qui prennent plaisir à avaler les larves du grand capricorne (*cerambix heros*), ainsi que celles des lucanes et des priones, qui sont fort grosses et pourraient bien être l'ancien cossus.

Le *cocotier fusiforme* (*cocos fusiformis*) est remarquable par son tronc, renflé au milieu.

GOSSART.

CODE (droit) [du latin *codex*, tablettes réunies en recueil]. — Recueil des lois, décrets, constitutions générales d'un pays, ou réunion de prescriptions législatives sur une matière spéciale.

Les Romains ont eu les codes *Grégorien* et *Hermogénien*, publiés par les jurisconsultes Gregorius et Hermogenius, et contenant les constitutions des empereurs depuis Adrien jusqu'à Constantin ; le code *Théodosien*, publié en 428, par ordre de l'empereur Théodose II, et le code de *Justinien*, rédigé au sixième siècle.

Avant 1789, la France, privée de toute unité législative, se trouvait divisée en pays de droit écrit (ou romain), au midi, et en pays de *coutumes*. Les ordonnances du roi avaient seules fini par obtenir force obligatoire par tout le royaume. — La révolution jeta enfin toutes les bases de cette forte uniformité législative et judiciaire et de la grande codification, réalisées définitivement sous le consulat et l'empire. Ce n'est pas que, jusque-là, des tentatives analogues d'homogénéité n'aient pas été tentées dans notre pays. Sous le règne de Henri III, Barnabé Brisson rédigea un code où se trouvaient rassemblées les principales ordonnances alors en vigueur, et qui contenait, en outre, des dispositions toutes nouvelles; mais ce code n'obtint jamais force de loi. — Sous Louis XIII parut le code *Michault*, ouvrage de messire Michel de Marillac, garde des sceaux de France, frère du maréchal de Marillac. — Le jurisconsulte Ferrière vante beaucoup le mérite de ce travail, qui réglait « les ecclésiastiques, les hôpitaux, les universités, le cours de la justice, la noblesse et les gens de guerre, les tailles, les levées qui se font sur le peuple, les finances, la police, le négoce et la marine. » L'auteur du *Dictionnaire de Droit et de Pratique* ajoute : « Le roi, séant en son lit de justice, en fit lui-même faire à Paris la publication et l'enregistrement; mais la disgrâce qui survint au maréchal de Marillac, laquelle retomba sur son frère, auteur de cette ordonnance, la fit beaucoup déchoir de son authenticité. »

Citons encore le code *Louis*, ou la nouvelle ordonnance civile et criminelle, recueil des ordonnances faites par Louis XIV pour la réformation de la justice; l'édit du même monarque, appelé le code *noir*, traitant de la police des îles de l'Amérique française et du régime de l'esclavage, et son code *marchand*.

Divers publicistes et jurisconsultes se sont élevés contre l'usage de la codification; ils en ont nié l'utilité, et ils signalent, parmi les inconvénients que les codes peuvent présenter, le danger de l'immobilisation des progrès législatifs et jurisprudentiels. Quoi qu'il en soit, on ne saurait méconnaître les services qu'ils rendent aux idées d'unité et de centralisation, idées tout à fait conformes au génie de Rome et des races néo-latines, parmi lesquelles la France tient, sans conteste, le premier rang.   Ad. Breulier.

CODÉINE (chimie) [du grec *kodé*, capsule du pavot]. — Principe découvert dans l'opium par M. Robiquet, et qui doit prendre rang au nombre de ses alcaloïdes, bien qu'il n'y existe pas toujours d'une manière bien évidente. M. Kœne a reconnu que ce principe actif, qui est en cristaux prismatiques très-blancs, peut donner naissance à des sels doubles avec les chlorhydrate et sulfate de morphine. La codéine est représentée par

$$C^{62} \ AZ^2 \ H^{40} \ O^5$$

ou, en poids, par

Carbone,	71,34
Hydrogène,	7,58
Azote,	5,35
Oxygène,	15,73

Il est soluble dans l'éther et dans l'alcool.

La codéine paraît jouir de propriétés analogues à celles de la morphine, mais beaucoup plus faibles. On l'a employée contre la coqueluche, la gastralgie, etc. C'est un médicament cher; heureusement que le médecin peut remplacer 5 centigrammes de codéine par 1 centigramme de sel de morphine.   B. L.

COEFFICIENT. — Voy. *Arithmétique* et *Algèbre.*

COEUR (philosophie, morale). — S'il est dans la langue humaine des mots qu'on emploie volontiers pour désigner un ensemble de sentiments, d'aspirations, de désirs, de passions et d'espérances, il en est un surtout qui se rencontre tout d'abord pour exprimer ce que l'organisation de l'homme renferme d'élévation, de douceur, de générosité et de grandeur d'âme; ce mot, c'est le *cœur*. Siége du sentiment et de la sensibilité, centre où viennent aboutir tous les rayons de nos prédilections et de nos sympathies, le cœur semble n'être qu'un anneau mystérieux qui relie à notre faible nature toutes les perfections célestes, afin de nous rapprocher toujours davantage d'un type divin qui nous est proposé pour modèle et vers lequel notre destinée est de tendre sans cesse par l'exercice de nos facultés intellectuelles et aimantes. De tous les éléments qui entrent dans la composition de l'humanité, le cœur est le plus puissant et le plus nécessaire; car c'est en lui que se trouve la source de tous nos sentiments et de toutes nos sensations, et comme, avant d'avoir une perception quelconque, nous sommes obligés de nous mettre en rapport avec les objets extérieurs, et par suite de sentir les liens d'harmonie qui peuvent exister entre ces objets et nos idées, il en résulte que la priorité d'influence et de direction appartient à cet organe, qui contient tous les germes de nos sympathies ou de nos antipathies; en d'autres termes, que, pour penser, parler, sentir et comprendre, il faut d'abord faire appel au cœur. Imaginez un être sans cette faculté d'expansion et de communication qui lui permet de se porter avec spontanéité sur n'importe quelle œuvre animée ou inanimée de la création, et vous ne réussirez pas à composer même une intelligence et une vie normales; vous aurez à peine un squelette informe qui s'agitera dans le vide et n'aura qu'une notion confuse des lois qui régissent l'univers matériel et moral. Mais ajoutez à cet être cette faculté primordiale de pénétration et de sensibilité; imprimez-lui, selon ses aptitudes, cette force d'impulsion, qui naîtra pour lui avec une manière toute particulière de sentir, de voir et de juger, et alors seulement vous apparaîtra l'homme. Ou encore, donnez-lui, si vous le voulez, la plus grande somme de ce qu'on appelle le talent, l'esprit et les connaissances; introduisez-le au milieu des merveilles semées à profusion sous ses pas: s'il n'a point son cœur pour les apprécier et les comprendre, vous n'en ferez tout au plus qu'une force inerte qui pourra dominer la matière en vertu de son essence spirituelle, mais qui ne saura jamais la diriger pour en faire un instrument docile aux vues de la Providence et de la société. On apprend à penser et à vivre, mais à sentir, jamais; et s'il est vrai de dire que le sentiment préexiste à toute perception et à toute idée, qui n'est en définitive que le résultat d'une application de la sensibilité, le cœur, siége et source du sentiment, reste donc l'élément constitutif et primordial de l'humanité. Notre intention n'est certainement pas de rechercher si nous naissons avec des sentiments ou des idées innés ; notre conviction est simplement celle-ci, savoir : que le sentiment précède toute idée, et que, par suite, pour amener en nous une perception quelconque, il faut, avant tout, que cette perception ait été un sentiment avant d'avoir été une idée. Nous n'ignorons pas que la perception est un fait primitif qui donne à l'école des idéalistes une certaine raison d'être ; mais nous soutenons que le sentiment est, s'il se peut parler ainsi, une *faculté principe* sans laquelle toutes les autres cessent de s'exercer, et, partant, d'exister. Le cœur nous paraît donc, philosophiquement parlant, un organe psychologique aussi indispensable à la vie de l'âme qu'il est indispensable, comme organe physiologique, à la vie du corps ; et vouloir placer avant lui l'intelligence, c'est, il nous semble, dénaturer le plan divin qui a mis au-dessus de toute conception ce besoin d'avoir, avant toutes choses, la conscience et le sentiment des forces de son individualité.

Et, à l'appui de cette thèse, nous n'aurions qu'à lire le grand livre de la pensée humaine dans tous les âges du monde et même à l'état sauvage, jusqu'aux époques les plus avancées de la civilisation moderne, pour nous convaincre que l'homme, loin d'agir par l'esprit, c'est-à-dire par une force purement spirituelle, s'est toujours révélé par des forces attractives et sympathiques, c'est-à-dire par le cœur. Admettez, si vous le voulez, que la notion du beau, du vrai, du juste et du bien a été chez tous les peuples plutôt un instinct qu'un sentiment ; mais ensuite, comment expliquerez-vous leur admiration, leurs paroles d'enthousiasme et de reconnaissance, leurs cris d'amour ou de haine, leurs expressions de joie, de douleur, de plaisir ou de souffrance, en présence de tout ce qui les entoure ? Quelle cause assignerez-vous aux expressions multiples de leurs pensées et de leurs actes ? quel sera le pourquoi de leur diversité d'opinions, de caractères, d'aptitudes, de vertus, de vices, d'héroïsme ou de crimes ? et comment vous y prendrez-vous pour dénouer cette immense chaîne que la réalité de dix-neuf siècles rive impitoyablement à leurs illusions ou à leurs triomphes, si vous n'avez avec vous que votre esprit et cette clef de spiritualisme et d'idéal que vous prêtera seule votre intelligence ? Mais, au contraire, inspirez-vous du cœur, faites briller sur tous ces êtres, déjà glacés par le temps, cette étincelle de sentiment, assez brillante pour les guider dans toutes les idées et les actions de leur existence ; surprenez-les tantôt dans l'enthousiasme, tantôt dans le découragement, assistez à toutes ces luttes qui se sont livrées en eux entre le devoir et leurs instincts, entre ce qu'ils voulaient être et ce qu'ils ont été, entre l'infini de leurs désirs et l'impuissance de leurs facultés, entre les efforts surhumains que leurs générations ont faits pour s'élever sans cesse, par la pensée comme par le sentiment, vers cet éternel foyer que l'on appelle Dieu, et vous serez persuadés que la pensée a été souvent le miroir de la Divinité dans l'homme, il est un don que celui-ci a reçu et qui a rayonné sur ses œuvres pour survivre à ses fluctuations et à ses

chutes, et ce don, quel sera-t-il ?... — Le cœur. — Mais, si le cœur possède toutes les impressions agréables ou tristes de notre âme, il renferme aussi deux sentiments qui se développent dans tous les hommes alors qu'ils arrivent à la vie sociale ; nous voulons parler de l'amour et de l'amitié. Cette dernière surtout nous paraît être particulièrement soumise à son empire ; car l'amour est trop enthousiaste et arrive trop vite pour reconnaître aucun maître ; le premier ne s'inspire que du désir et de la passion, la seconde de la réflexion et de l'étude de celui dont elle veut se faire un compagnon ; elle répand sur lui tous les trésors de sa douceur, de sa bonté, de son dévouement et de ses sacrifices, et ne commence à les lui donner sans partage qu'après avoir été comprise et avoir enfin trouvé un ami. Le cœur, loin d'être aussi ardent que l'amour, garde pour lui une foule de jouissances moins vives peut-être, mais plus élevées et plus durables ; il s'attache par besoin, par inclination, par sympathie, jamais avec entraînement, mais avec calme et dans la possession de toutes ses facultés ; vivre pour aimer ; mais pour aimer de cette affection profonde qui ne se base ni sur la passion ni sur les sens, mais sur une estime et un attachement réciproques ; telle est sa mission : s'entourer de douces réalités, ne s'agiter ici-bas que pour faire le bonheur de son favori, s'oublier constamment pour se mettre toujours à son service, ne voir qu'un être au monde, s'isoler bien loin des agitations humaines, concentrer sur un seul toute l'énergie et les forces de ses talents, de ses ressources, de ses affections et de son activité, telle est sa destinée. — On a dit bien des fois que le cœur était aveugle, et qu'il changeait volontiers en qualités les défauts de celui qu'il aimait, et voilà pourquoi Fontenelle a écrit : « Le cœur est la source de toutes » erreurs dont nous avons besoin, il ne nous refuse » rien en cette matière-là. » On dirait qu'emporté par l'excès même de sa tendresse, il se laisse doucement aller au courant de cette sympathie profonde qu'il a vouée à un autre lui-même, et que, rêvant pour lui les qualités les plus séduisantes et les destins les plus heureux, il s'est plu à se faire constamment illusion sur lui, en ne s'entourant que d'affections, de caresses et d'intimité. Ou bien, d'autres fois, soutenu par je ne sais quelle force surhumaine, il a demandé à l'esprit et plus souvent au génie ses inspirations lumineuses, et s'est fait bientôt un nom grâce aux lumières de ses idées et de son éloquence ; jamais avec lui de pensées communes et ordinaires, jamais un style boursouflé ou prétentieux, mais de l'énergie, du courage, de l'initiative, de la générosité et surtout du naturel. « Les grandes pensées viennent du cœur, » a dit Vauvenargues. La Bruyère a ajouté : « Il y a de certains grands sentiments, de certaines » actions nobles et élevées que nous devons moins à » la force de notre esprit qu'à la bonté de notre na- » turel. » Et enfin, Pascal a écrit : « Ce ne sont ni » les austérités du corps, ni les agitations de l'esprit, » mais les bons mouvements du cœur qui méritent » et qui soutiennent et les peines du corps et de l'es-

» prit. » Que prouvent ces maximes de nos grands moralistes, si ce n'est, encore une fois, que l'esprit livré à lui-même ne saurait donner à l'homme cette somme de jouissances dont il est si avide, et que c'est au cœur à lui révéler tout ce que le Créateur a mis sur la terre de plaisirs, de compensations et de félicités; enfin, que l'esprit et le cœur ne sauraient s'isoler, et qu'ils doivent ne faire qu'un pour assurer le véritable développement de l'homme qui sent avant de penser, aime avant d'écrire, et n'atteint ainsi son perfectionnement universel qu'à l'aide de ces deux forces de sentiment et de perception qui constituent toute son existence. Jouir, désirer, être heureux ou triste, espérer, souffrir, s'agiter, en un mot, dans une lutte continuelle entre ce que nous voudrions et ce qui est, telle est l'éternelle condition humaine; et si le cœur renferme en lui tout ce qui est sourires, peines, bonheur, tristesse et souffrance, s'il s'émeut et s'attendrit au récit d'une action touchante ou héroïque, s'il palpite, tressaille, se dilate et s'épanouit dans le plaisir et la joie pour se serrer et se concentrer dans ses larmes, concluons donc qu'il est le centre et le siége de toutes nos pensées et de toutes nos passions. Ne le confondons pourtant pas avec la volonté, ni, avec Hemsterhuys, philosophe hollandais, avec la conscience, mais persuadons-nous qu'il préside à toutes les opérations de notre entendement, et qu'il est le mobile de nos idées et de nos actions, tellement nous sommes peu disposés à concevoir une perception ou un acte sans l'intervention préalable d'un sentiment ou d'une manifestation quelconque de la sensibilité.

Nous ne chercherons pas non plus à établir quelle peut être la différence entre le cœur des femmes et celui des hommes; les deux sexes, sur ce chapitre, ressemblent assez à des enfants qui se renvoient une balle sans trop savoir où elle ira et qui l'aura le dernier; les femmes prétendent que les hommes sont inconstants, les hommes assurent que les femmes sont légères; les femmes ont sans doute plus de dévouement et plus d'esprit de sacrifice, et reprochent aux hommes leur infériorité en matière d'attachement et d'amitié; les hommes ont, peut-être, plus de force dans les épreuves de l'affection, et reprochent aux femmes de confondre bien souvent l'amitié avec l'amour; pourtant, nous devons avouer que l'homme paraît, en général, devoir s'appliquer davantage à son esprit qu'à son cœur, et nous croyons que si la femme est née pour sentir et pour aimer, l'homme vit avant tout pour rester grand par les talents et les connaissances avant de devenir beau par l'attachement et par le cœur. C'est ici que l'esprit et le cœur se complètent l'un par l'autre, et que la femme, vivant d'affection et de tendresse, l'homme d'idées, de découvertes et d'investigations intellectuelles, les deux sexes, pour arriver à une ombre légère de bien-être et de bonheur, doivent s'inspirer l'un de l'autre, afin d'arriver ainsi à une durable et sincère sympathie.

On le voit donc, le cœur répond à tous les besoins de notre intelligence comme à toutes les aspirations de notre âme; il nous soutient et nous guide, et si la pensée entr'ouvre pour elle les horizons immenses de la création, le cœur retient pour lui les délicieuses émotions que fait naître la contemplation d'un être chéri qui résume pour lui les magnificences qui l'entourent; à la pensée, les élans sublimes vers le suprême Auteur des merveilles créées; au cœur, les impressions généreuses et ineffables de la tendresse et de l'intimité; à tous deux, l'expression vive et ardente de l'organisation humaine mise en possession de toutes ses facultés et attirant à elle tout ce qu'il y a ici-bas de grandeur, d'élévation, de noblesse, de douceur et de majesté. La première éclaire, le second réchauffe; avec l'une on surprend les secrets de la science et de la nature, avec l'autre on pénètre dans un sanctuaire d'affection, de désintéressement et de sincérité; et, en un mot, si nous ne sommes sur la terre que pour nous préparer à aller vivre là-haut de cette immortalité que nous aurons gagnée nos luttes et nos victoires sur les autres et sur nous-même, appliquons-nous surtout à cultiver les dispositions heureuses de notre sensibilité et de notre cœur, attachons-nous à porter dans nos pensées et dans nos œuvres cette chaleur de sentiment qui les fera vivre; aimons pour penser, agissons pour aimer, et souvenons-nous, dans nos défaillances, qu'il est une parole que le Christ a prononcée : « Il lui sera beaucoup pardonné, parce qu'il a beaucoup aimé!... »

ÉDOUARD BLANC.

CŒUR (anatomie). — Voyez *Circulation* et *Anatomie.*

COHÉSION (physique). [du latin *cohesio*, fait de *cum*, avec; *hœrere*, adhérer].—Force qui lie entre elles les molécules similaires. Ce ne peut être qu'une modification de l'attraction universelle. La cohésion détermine l'état des corps, elle est très-grande dans les corps solides, faible dans les liquides, nulle dans les gaz. Lorsque les liquides sont en petite masse, la cohésion l'emporte sur la pesanteur, et au lieu de se mouler dans les vases qui les renferment, ces fluides prennent la forme sphéroïdale (gouttes de rosée, etc.).

Newton s'exprime ainsi sur la cohésion : « Les parties de tous les corps durs, homogènes, qui se touchent pleinement, tiennent fortement ensemble. Pour expliquer la cause de cette cohésion, quelques-uns ont inventé des atomes crochus; mais, c'est supposer ce qui est en question. D'autres nous disent que les particules des corps sont jointes ensemble par le repos, c'est-à-dire par une qualité occulte, ou plutôt par un pur néant; et d'autres qu'elles sont jointes ensemble par des mouvements conspirants, c'est-à-dire par un repos relatif entre eux. Pour moi, j'aime mieux conclure de la cohésion des corps, que leurs particules s'attirent mutuellement par une force qui, dans le contact immédiat, est extrêmement puissante, qui, à de petites distances, est encore sensible, mais qui, à de grandes distances, ne se fait plus apercevoir. »

COIGNASSIER (botanique). — Espèces d'arbrisseaux du genre *pyrus* et de la famille des rosacées,

portant des feuilles simples, ovales, entières, velues en dessous, qui ressemblent assez à celles du poirier, fleurs d'un blanc rosé, solitaires, 5 pétales orbiculaires; ovaires à 5 loges contenant chacune 10 à 15 graines à testa entouré de mucilage; 5 styles; fruit ombiliqué au sommet, pyriforme, surmonté par le limbe persistant du calice.

On les cultive pour leurs fruits, pour l'ornement et plus souvent pour servir à la greffe d'autres espèces de poiriers. Il en existe plusieurs variétés : les principales sont :

Le coignassier commun (*pyrus cydonia*), qui porte des fleurs grandes, solitaires, à 5 divisions calicinales rabattues : 5 pétales; 20 étamines au moins ; 5 carpelles. Le fruit est très-gros, cotonneux, jaune, d'une maturité tardive. Ce petit arbre, originaire de l'Asie Mineure, est naturalisé en Europe depuis 1790, et cultivé dans les jardins. Son fruit, appelé *coing*, est très-odorant, d'une saveur âpre qui ne permet pas de le manger cru, mais on en fait d'excellentes confitures. Les pepins sont très-mucilagineux, et peuvent être employés en décoction comme adoucissants.

Le coignassier de la Chine a des fleurs d'un beau rouge, qui en font une plante d'agrément; la couleur de son feuillage varie à chaque saison.

On peut encore citer le coignassier du Japon à fleurs blanches lavées de rose, le coignassier du Japon à fleurs panachées, et le coignassier de Portugal. G.

COING (botanique) [du celtique *coin*, fruit]. — Fruit du coignassier, ayant la forme d'une poire, de couleur jaune pâle; sa peau est cotonneuse; il a une odeur forte et un goût très-âpre qui, par la cuisson, devient sucré et aromatique, ce qui permet d'en faire d'excellentes marmelades, des gelées, des pâtes, des ratafias; il sert aussi à la préparation d'un sirop des plus employés pour édulcorer les potions contre la diarrhée, car il est astringent, fortifiant, stomachique. Pendant longtemps, ce fruit avait la réputation de neutraliser l'effet des poisons, et les anciens le regardaient comme l'emblème du bonheur et de l'amour. G.

COLCHICACÉES (botanique). — Famille de plantes dicotylédones monopétales à étamines périgynes, composée des genres *colchique* et *vératre*. — Voy. ces mots.

COLCHIQUE (botanique) [de *Colchide*, contrée où cette plante était très-commune jadis]. — Genre de plantes de la famille des colchicacées, dont la principale espèce est le colchique commun ou d'automne; plante singulière par la manière dont elle s'offre d'abord à nos yeux et par le long intervalle qui sépare l'époque de la fécondation de son germe de celle de son développement. Ses fleurs sortent de terre en automne, et ses feuilles, ainsi que ses fruits, ne paraissent qu'au printemps. Ainsi l'ovaire, fécondé avant l'hiver, passe toute cette saison sous terre avec la racine qui le porte. Le colchique croît naturellement dans les prairies basses et humides de l'Europe, quelquefois sur les montagnes. Son

bulbe est un poison qu'on emploie quelquefois contre les loups et les renards. De là le nom de *tue-loup* et *tue-chien* qu'il porte vulgairement.

Les bulbes et la graine de colchique sont employés en médecine : à haute dose, ils constituent un poison irritant très-énergique, qu'on ne pourrait combattre que par l'émétique et l'eau iodurée; à petite dose, le colchique n'a pas d'action sensible sur le canal digestif et agit alors comme diurétique. Il est très-vanté contre la goutte et les accidents variés qui dépendent de la diathèse goutteuse; il agit en augmentant la sécrétion urinaire et la proportion d'acide urique dans ce liquide. On l'administre aussi dans les hydropisies passives, le rhumatisme, la gonorrhée, les flueurs blanches, etc.; mais c'est un médicament dont on doit toujours se défier.

COLÉOPTÈRES (zoologie) [du grec *coléos*, gaîne, étui, et *ptéron*, aile]. — Ordre d'insectes dont les caractères principaux sont : quatre ailes, dont deux supérieures, nommées *élytres*, plus ou moins coriaces, formant une sorte d'étui aux deux inférieures, qui sont membraneuses, transparentes, placées exactement au-dessous des précédentes. Ces secondes ailes étant plus longues que les élytres, se replient transversalement à leur extrémité libre ; de là un caractère important qui distingue les coléoptères de certains orthoptères dont les ailes membraneuses se plissent au contraire longitudinalement. Quelquefois les ailes manquent, et alors l'insecte est dans l'impossibilité de voler; tels sont les charançons, etc.

La forme du corps des insectes varie beaucoup dans les diverses espèces : on y distingue la *tête*, le *thorax* ou poitrine, et l'*abdomen* ou ventre. La tête porte les *yeux*, les *antennes*, qui sont généralement composées de onze articles, et la *bouche*, modifiée selon le genre de nourriture. Le thorax est divisé en trois parties, munies en dessous chacune d'une paire de pattes; la première est le *corselet*, formé lui-même du *prothorax*, en arrière duquel se trouve une petite pièce triangulaire nommée *écusson*. Les pattes sont terminées par des articulations auxquelles on donne le nom de *tarses*. Le système nerveux se compose d'un cerveau ou organe central de perception; de ganglions, placés sur la ligne médiane, variables pour le nombre, communiquant entre eux et avec le cerveau au moyen d'un cordon à deux tiges-contiguës; enfin, de nerfs proprement dits, lesquels émanent des ganglions.

L'appareil nutritif des coléoptères se compose : 1° d'une *bouche*, formée de six pièces principales : deux impaires (*labre* ou lèvre supérieure, et *lèvre inférieure*), et quatre latérales (*mandibules* et *mâchoires*), sans compter quatre ou six palpes, qui sont, en quelque sorte, les organes de dégustation; 2° de *glandes salivaires*, à l'état rudimentaire dans quelques genres ; 3° d'un *tube digestif*, dont les dimensions varient considérablement suivant le genre de vie; il est généralement plus long chez les coléoptères herbivores que dans les carnivores; il présente un œsophage, un jabot, quelquefois un gésier muni intérieurement de pièces de trituration, un ventricule chylifique, un intestin suivi d'un rectum ; 4° de *vaisseaux biliaires* longs, très-déliés et repliés sur eux-mêmes, s'insérant toujours à l'extrémité du ventricule chylifique, et contenant une bile dont la couleur varie du brun au blanc.

L'organe respiratoire consiste en *stigmates*, dont l'organisation varie, placés dans les parties latérales du corps, et en *trachées tubulaires* ou *utriculaires*, qui distribuent l'air dans toutes les parties de l'animal. Outre le liquide du foie, quelques espèces présentent au voisinage de l'anus un appareil de sécrétion excrémentitielle.

Le système génital se compose, pour le mâle, de deux organes sécréteurs, de deux canaux déférents, de vésicules séminales plus ou moins nombreuses, d'un conduit éjaculateur, et d'un organe principal rétractile ; chez la femelle, de deux ovaires, d'une glande, d'un oviducte qui se termine par une poche vaginale, d'une vulve et d'œufs globuleux ou ovales. Les sexes se distinguent à l'extérieur par des différences dans la forme des antennes, des pattes et des segments de l'abdomen. L'accouplement dure plusieurs heures, quelquefois deux jours ; le mâle est placé sur le dos de la femelle. Il ne tarde pas ensuite à mourir, et la femelle cesse aussi de vivre dès qu'elle a placé convenablement ses œufs.

Ces animaux se font remarquer, en général, par la dureté de leurs téguments et le brillant de leurs couleurs. Ils subissent des métamorphoses complètes. La larve ressemble à un ver dont la tête est cornée, tandis que le reste du corps est toujours mou ; sa bouche est conformée comme celle de l'insecte parfait ; les trois anneaux qui suivent la tête sont presque toujours pourvus chacun d'une paire de pattes ordinairement très-courtes ; enfin, il existe souvent une paire de fausses pattes attachées au dernier segment de l'abdomen. La nymphe est inactive et ne prend pas de nourriture ; elle a une peau membraneuse qui s'applique exactement sur les parties situées au-dessous et les laisse apercevoir.

Les coléoptères sont herbivores ou carnivores. Grâce à leur multiplicité prodigieuse et à leur voracité, ils jouent un rôle très-important dans la nature, car les uns, comme les carabiques, détruisent des quantités considérables d'insectes nuisibles à l'agriculture ; d'autres, les nécrophages, débarrassent le sol des animaux morts ; ceux-ci hâtent la décomposition des végétaux ; ceux-là semblent avoir pour mission de limiter la reproduction des plantes en attaquant leurs feuilles, leurs tiges, etc. Ils s'entre-détruisent, car quantité d'espèces qui vivent de végétaux servent de nourriture aux espèces carnassières, comme dans les autres classes animales ; et telle est la loi : que sans les animaux herbivores, les carnassiers ne pourraient exister, et que sans ces derniers, qui maintiennent l'équilibre, les herbivores mourraient bientôt de faim, en dépouillant la terre de tous ses végétaux.

On trouve des coléoptères sur la terre, dans l'air et dans les eaux ; ils sont répandus sur toutes les parties du globe, mais fort inégalement, selon que la végétation s'y montre plus ou moins riche. Les plus grandes espèces habitent les contrées intertropicales, où le règne végétal est dans toute sa splendeur. Ils ne forment pas de ces associations organisées en république, comme les fourmis, ou en monarchie, comme les abeilles ; ceux qui se réunissent en grand nombre sont herbivores, partant sans instinct pour le combat et sans armes pour attaquer ; tandis que les espèces carnassières, comme les carabes, les cicindèles, etc., peuvent être comparées aux lions, aux hyènes, aux aigles, aux araignées, etc.

On connaît aujourd'hui plus de quarante mille espèces de coléoptères, que l'on partage en quatre tribus, en prenant pour base de classification le nombre d'articles composant leurs tarses, savoir : les *pentamères*, les *hétéromères*, les *tétramères* et les *trimères*. — Voy. ces mots. (*Bossu.*)

COLÈRE (philosophie morale). — Agitation violente, cruelle et désordonnée de l'âme et des sens.

Une suite de contrariétés directes et essentielles, des outrages marqués et le désir de s'en venger, portent les hommes à la colère. « Livrés à ses fureurs, la raison les abandonne, leurs discours sont affreux, leurs projets terribles, les mouvements de leurs corps sont des convulsions ou en approchent. C'est une passion qui nous met hors de nous, et qui, cherchant le moyen de repousser le mal qui nous menace ou qui nous a déjà atteint, nous aveugle et nous inspire tout ce qui peut contenter le désir de notre vengeance. Un philosophe la définit une courte rage. »

Les caractères physiques de la colère sont : l'accélération du sang et de la respiration ; une coloration très-vive de la face, avec des yeux étincelants, joints à l'expression menaçante de la voix et des gestes ; ou bien pâleur du visage, tremblement involontaire, altération de la voix, etc.

La colère a des effets terribles ; elle trouble la raison, fait sortir l'âme de son état naturel, la pousse à toute sorte d'excès, et ruine souvent les familles et les États. C'est un des principaux obstacles à la tranquillité de la vie et à la santé du corps ; elle fait perdre quelquefois en un moment les amis qu'on a employés de longues années à acquérir ; elle découvre bien souvent les pensées secrètes du cœur.

COLIBRI (zoologie). — Nom donné à plusieurs espèces de jolis petits oiseaux de l'Amérique équatoriale, classés dans l'ordre des passereaux, sous-ordre des déodactyles, famille des trochilinés ou oiseaux-mouches. Autrefois on distinguait les colibris des oiseaux-mouches par le bec, qui est long, grêle, droit dans ces derniers, tandis que les colibris l'ont un peu arqué ; mais ce caractère n'est pas assez saillant ; au surplus, tout ce que l'on peut dire des uns convient aux autres, car ils ont le même genre de vie et les mêmes habitudes. On admire ces charmants petits êtres à cause de leur taille qui, pour quelques-uns, peut être comparée à celle d'une abeille ; l'élégance et l'éclat de leur plumage, qui est resplendissant des plus brillantes couleurs, excitent aussi l'intérêt au plus haut point ; enfin on est émerveillé de leur vivacité et de leur audace : on les voit poursuivre avec furie des oiseaux vingt fois plus gros qu'eux, s'attacher à leur corps, se laisser emporter, et les becqueter à coups redoublés jusqu'à ce qu'ils aient assouvi leur colère. Pour défendre leur couvée, ils attaquent indistinctement tous les oiseaux qui s'approchent de leur nid, et quand ils sont excités, leurs mouvements sont si vifs que l'œil ne peut suivre leur vol, aussi rapide qu'une flèche, et qu'on entend quelquefois le battement de leurs ailes sans apercevoir aucune partie de leur corps.

Ils se nourrissent d'insectes et du nectar des fleurs qu'ils pompent avec leur langue, extensible et fourchue, au fond de la corolle, sans se poser dessus, sans cesser de voler, car ils sont toujours en mouvement, toujours en l'air, ne quittant une fleur que pour en visiter une autre : aussi leurs pieds sont-ils extrêmement petits, et ne s'en servent-ils guère que pour le repos de la nuit, dans lequel, assez souvent, ils se tiennent suspendus, la tête en bas.

Le nid des colibris n'est pas moins intéressant que tout ce qui concerne ces charmantes miniatures; c'est la femelle qui le façonne avec du coton fin et de la bourre soyeuse que le mâle lui ap-

Fig. 45. — Colibri.

porte : elle le tisse avec soin, le polit en dedans et le garnit à l'extérieur de petits morceaux d'écorce ou de lichen qu'elle colle tout autour pour le garantir des injures de l'air. Ce nid est de la grosseur et de la forme d'un demi-abricot; la femelle l'attache à une feuille, à une branche, quelquefois à un fétu, et elle y dépose deux œufs d'un blanc pur, de la grosseur d'un pois, qui, après dix à douze jours d'incubation, donnent naissance à deux petits nus, aveugles, qui paraissent avoir à peine assez de force pour ouvrir le bec et recevoir leur nourriture; cependant, au bout de huit jours, ils sont en état de voler; mais les parents les nourrissent pendant une quinzaine. Le plumage des jeunes est souvent sombre et sans élégance la première année; c'est ensuite qu'il prend les teintes les plus éclatantes de l'or, de l'émeraude, du rubis et de l'améthyste.

La famille des trochilinés comprend quatre genres, savoir :

Le genre *polytme*. Bec long, mince, courbé, tarses très-courts. Il renferme une centaine d'espèces au nombre desquelles est le *polytme de Francia*, dont la tête est parée de plumes bleues très-brillantes, le dessus du corps vert doré, le dessous blanc soyeux, la queue vert bronzé. Longueur totale 11 centimètres. Il habite Bogota.

Le genre *oiseau-mouche* (*trochilus*). Bec épais, de la longueur de la tête, à peine courbé, tarses très-courts. Il se compose de deux espèces, de la Jamaïque. L'*oiseau-mouche à tête noire*, qui en fait partie, a une sorte de huppe noire; la gorge, les côtés du cou, le dos, le ventre et les ailes vert émeraude doré, queue brune ayant deux rectrices étroites, courbes, longues de 16 centimètres, tandis que les autres n'en ont pas plus de 4. Longueur totale de l'oiseau 25 centimètres.

Le genre *topaze*. Bec long comme la tête, épais, légèrement courbé; narines couvertes par une large squamelle, tarses longs et minces. Quinze espèces, parmi lesquelles le *topaze de Henry* a une calotte brune, les joues de la même couleur et bordées par un point blanc. Un trait roux à l'angle du bec; le corps, les épaules et le croupion vert doré; le plastron améthyste, le ventre brun sale; queue échancrée, gris clair sur les côtés et bleu d'acier au milieu.

Le genre *lucifer*. Bec long, mince, courbé dans toute son étendue; tarses très-courts, minces. Vingt espèces. Celle nommée *lucifer de Herran* a une bande rouge du bec à l'occiput; les côtés de la tête, la nuque, le scapulaire et le dos vert foncé doré; une ligne de plumes passant du vert au jaune d'or brillant au-devant du cou, qui, sur les côtés, est gris fauve, maculé de vert, ainsi que le poitrail, les flancs et l'abdomen; les ailes brun violet; la queue blanche, noir bleu et noir violet.   GOSSART.

COLIQUE (médecine). — Douleurs de ventre le plus souvent soudaines, vives, violentes, continues ou séparées par des intervalles de calme. Voici les principales espèces de coliques reconnues par les auteurs. Le docteur P. Aubert les résume ainsi :

1° *Colique venteuse.* — Elle est le résultat de l'accumulation des gaz dans le tube digestif : il en sera parlé au mot *Vents*.

2° *Colique stercorale*. — Cette maladie est ordinairement le résultat de la *constipation*. (Voy. ce mot.)

3° *Colique bilieuse*. — On la suppose produite par la trop grande sécrétion et la surabondance de la bile. Elle se reconnaît au goût amer et bilieux de la bouche, à l'enduit jaunâtre de la langue, aux nausées, aux vomissements bilieux, au dégoût des boissons, surtout fades et sucrées, à la perte de l'appétit, et à des douleurs dont l'intensité et le siége varient sans cesse; des gargouillements quelquefois très-bruyants accompagnent ces douleurs, auxquelles met fin une abondante évacuation bilieuse, et qui ne se renouvellent que lorsqu'une nouvelle collection de bile sollicite son expulsion. Cette maladie n'est le plus souvent qu'une indisposition que le régime seul doit guérir. Il suffit, pour la voir disparaître, d'une diète de vingt-quatre à quarante-huit heures, aidée de boissons un peu acides, comme une légère limonade ou simplement de l'eau avec du sirop de groseilles ou du limon. On applique des cataplasmes de graine de lin sur le ventre ; dans le cas où les coliques seraient trop vives, on injecterait le quart d'un lavement ordinaire fait avec une décoction de racine de guimauve et de tête de pavot, si l'anus, irrité par le passage fréquent des évacuations, faisait éprouver des épreintes. (Voy. *Diarrhée*.)

4° *Colique hémorrhoïdale*. — On désigne ainsi les douleurs de ventre qui accompagnent ou précèdent les hémorrhoïdes, ou qui succèdent à leur suppression. Dans la dernière de ces trois suppositions, le mot colique hémorrhoïdale est moins convenable que dans les deux autres, car c'est une maladie du ventre, dans laquelle les hémorrhoïdes ne jouent un rôle qu'à la manière de toutes les suppressions suivies de maladies. Nous renvoyons au mot *Hémorrhoïdes*.

5° *Colique menstruelle*. — Elle est déterminée, chez les femmes, par l'approche ou la suppression des *règles*. (Voy. *Menstruation*.)

6° *Colique nerveuse*. — Elle survient sans cause, surtout chez les personnes dont l'imagination est vive, facile à s'affecter, à la suite d'une forte émotion de plaisir ou de peine, ou après une grande contention d'esprit. La face devient pâle, des douleurs vives partent de l'estomac et parcourent tout le ventre; il survient des sueurs froides; le pouls est petit et inégal; il y a des défaillances. La durée de cette colique est courte, quelques heures suffisent pour la faire passer sans laisser de suites. Les antispasmodiques en potion, et principalement l'éther, suffisent pour la dissiper comme par enchantement. Si le mal se prolonge, on fait prendre quelques tasses d'une infusion chaude de fleurs de tilleul, de feuilles d'oranger; on administre des lavements émollients; on pratique des fomentations sur le ventre, et on le couvre de cataplasmes mucilagineux. Enfin, si les douleurs ne s'amendaient pas, et qu'on n'eût pas à craindre de troubler la digestion, l'immersion du corps dans un bain tiède pendant un temps assez prolongé serait fort utile.

7° *Colique de plomb* (*saturnine, métallique, des peintres*). — Colique violente, qui se manifeste chez les individus qui travaillent le plomb, ou qui font usage de ses préparations : tels sont les peintres, les plombiers, les potiers d'étain, les doreurs, les fabricants et les broyeurs de céruse; chez les personnes qui boivent de l'eau qui a coulé dans des conduits de plomb, qui font usage des ustensiles de plomb, qui boivent des vins frelatés avec de la litharge, qui n'est autre chose qu'une préparation de plomb.

C'est un véritable empoisonnement dû à l'absorption du plomb à l'état moléculaire.

L'invasion prochaine de la colique de plomb s'annonce par la constipation, la dureté des matières évacuées, et par quelques douleurs obscures et passagères dans le ventre. Ces symptômes s'accroissent chaque jour davantage, avec assez de lenteur pour permettre au malade de continuer ses travaux pendant quelques jours, et quelquefois même pendant quelques semaines.

Après cette première période, les douleurs deviennent plus intenses et quelquefois si violentes qu'elles arrachent des cris au malade et lui font prendre les attitudes les plus bizarres ; puis elles s'apaisent et ne consistent plus qu'en un resserrement douloureux des parois du ventre, jusqu'à ce qu'un nouvel accès les réveille. Plus violentes la nuit que le jour, elles parcourent le ventre, se faisant sentir de préférence vers le nombril et la colonne dorsale, et s'accompagnent assez souvent de vomissements, mais plus fréquemment de nausées et d'échappement de gaz.

Le traitement de cette affection, pour ainsi dire empirique, repose sur la combinaison des purgatifs et des narcotiques. Voici celui qu'on suit depuis bien des années à l'hôpital de la Charité, à Paris :

Premier jour : eau de casse avec les grains, tisane sudorifique simple, lavement purgatif le matin, lavement calmant le soir, et thériaque 30 grammes (1 once), opium 5 centigrammes (1 grain). —Deuxième jour : eau bénite, tisane sudorifique simple, lavement purgatif, lavement calmant, thériaque et opium. — Troisième jour : tisane sudorifique laxative, deux verres; tisane sudorifique simple, lavement calmant, thériaque et opium. — Quatrième jour : potion purgative le matin, tisane sudorifique simple, thériaque et opium. — Cinquième jour : tisane sudorifique laxative, deux verres; tisane sudorifique simple, lavement purgatif, lavement calmant, thériaque et opium. — Sixième jour : potion purgative le matin, tisane sudorifique simple, thériaque et opium. — Enfin, septième jour : tisane sudorifique laxative, tisane sudorifique simple, lavement calmant, thériaque et opium.

Des essais faits avec soin ont aussi prouvé que l'huile de croton-tiglium, donnée seulement à la quantité d'une goutte dans une cuillerée de tisane, était un excellent moyen contre la colique de plomb. Dans tous les cas, dans le cours du traitement, il faut insister sur une diète sévère et ne se permettre des aliments qu'après la cessation complète de la douleur. Dans la convalescence, on doit se tenir éloigné des ateliers, et garder pendant plusieurs jours le repos.   B. L.

COLLABORATEUR (littérature) [du latin *cum*, avec; *labor*, travail]. — Celui qui travaille de concert avec un autre. Ce mot se dit particulièrement en parlant des auteurs associés pour des pièces de théâtre, des romans et des écrits périodiques. L'association des gens de lettres à la confection d'une œuvre littéraire, dit La Châtre, n'avait guère lieu autrefois que pour les grands ouvrages, tels que l'*Encyclopédie*. On la voit mettre aujourd'hui en pratique pour l'œuvre la plus légère; ce qui sera peut-être, aux yeux de la postérité, la meilleure preuve en faveur de notre esprit de sociabilité au dix-neuvième siècle. Il est vrai que dans ces sortes d'associations, surtout en ce qui regarde les productions théâtrales, chacun a son rôle tracé, ce qui abrége beaucoup la besogne : l'un est chargé de la contexture du plan et de la disposition des scènes; l'autre, du dialogue; celui-ci, de la facture des couplets; celui-là, de la mise en scène; puis vient celui qui fait le plus pour le succès, souvent sans aucune dépense d'esprit, sans même avoir pris la peine de tailler une plume, celui qui, par sa position ou par ses intelligences, procure la réception de l'œuvre *commune*. Chaque direction de théâtre a près d'elle un entrepreneur semblable, qui est chargé de la fourniture générale de la *maison*, et qui est ainsi en *relations continuelles d'affaires*. Malheur au talent modeste et fier qui ne veut pas se laisser imposer le *collaborateur obligé!* il ne percera jamais; toutes les avenues du théâtre lui seront impitoyablement fermées. Un de nos plus féconds auteurs dramatiques modernes, qui, du reste, a su fort bien payer de sa personne dans ces sortes de marchés ou d'associations, a publié son théâtre, qu'il *dédia à ses collaborateurs*. On pourrait se demander à qui s'adressait l'épigramme?

COLLAGE. — Procédé qui consiste à enduire de colle une chaîne d'étoffe, et qui a pour objet de réunir les poils qui s'échappent des fils et de les rendre velus; ces poils, s'accrochant les uns aux autres, rendent plus difficile le passage des fils dans les mailles des lisses auxquelles ils s'accrochent également.

Les matières qui exigent ce collage sont la laine et le coton, lorsqu'on en forme des chaînes à fils simples; lorsqu'on double et retord ces fils, ils ont assez de force et de consistance pour résister, sans l'usage de la colle, à toutes les opérations du tissage.

Collage des vins. — Le collage sert à éclaircir le vin et à le dépouiller des matières en dissolution qui se déposeraient plus tard dans les bouteilles.

Pour coller une pièce de 250 à 260 bouteilles, on prend quatre blancs d'œufs bien frais, qu'on fouette avec une demi-bouteille de vin; après avoir ôté la bonde, on introduit un bâton fendu en quatre par en bas, ou deux lattes, et l'on agite le vin en tous sens pendant une ou deux minutes. On remplit la pièce avec le vin qu'on en a tiré. On frappe le tonneau

pour chasser les bulles d'air qui pourraient s'être logées dans la partie supérieure, et après avoir renouvelé la toile ou le papier qui entoure la bonde, on ferme le tonneau. Quatre ou cinq jours après cette opération, on peut tirer le vin. Si le vin a séjourné quelques mois dans la cave, il doit s'être formé au fond un dépôt de lie qui se mêlerait au liquide si on l'agitait trop profondément; dans ce cas, il faut n'enfoncer le bâton fendu que jusqu'au tiers du tonneau. On peut même, si c'est du vin ordinaire, s'il est bien clair et destiné à être bu de suite, se dispenser du collage. Les vins blancs se collent avec de la colle de poisson dissoute dans du vin, à raison d'un litre par pièce de 250 à 260 bouteilles. Les tonneliers et beaucoup d'épiciers tiennent cette colle toute préparée. On peut la faire soi-même d'après la recette suivante :

On bat avec un marteau 4 grammes de belle colle de poisson, qu'on laisse baigner six à huit heures dans du vin; quand elle a absorbé le vin, on en met encore autant. Au bout de vingt-quatre heures, la colle forme une gelée à laquelle on ajoute un demi-verre d'eau un peu chaude, puis on écrase les morceaux qui ne sont pas entièrement dissous. On la passe à travers un linge, et on la bat avec un fouet d'osier, en versant peu à peu du vin blanc, jusqu'à ce que la totalité de la dissolution forme à peu près un litre de liquide.

Avant de verser la colle dans les tonneaux, on la bat de nouveau avec un litre de vin blanc. Du reste, on procède comme pour le vin rouge.

COLLAPSUS [du latin *collabor*, je tombe]. — Chute subite et complète des forces au début et dans le cours des maladies; affaissement ou affaiblissement de l'énergie du cerveau, qui ne diffère de l'*adynamie* (voy. ce mot) que par la promptitude avec laquelle il survient.

COLLE-FORTE. — C'est ainsi qu'on nomme une colle qui joint et unit ensemble plusieurs matières plus fortement qu'aucune autre colle. Les menuisiers, ébénistes, gaîniers, etc., sont ceux qui en usent davantage, aussi bien que les chapeliers, relieurs de livres et plusieurs autres; ce qui produit le négoce considérable et la grande consommation qui se fait de cette colle. Les meilleures colles-fortes qui viennent en France sont apportées d'Angleterre et de Flandre. Celles d'Angleterre sont les plus estimées. La colle d'Angleterre est par feuilles carrées, d'un vert tirant sur le noir; mais comme elle est transparente, elle paraît rouge quand on la regarde à travers. La colle de Flandre est par petites feuilles minces et longues, de la largeur de trois doigts, d'une couleur jaunâtre. Cette dernière est ordinairement employée dans les manufactures de lainages. Il y a quelques endroits de France, surtout dans les villes et lieux où se trouvent des tanneries, dans lesquelles sont établies des fabriques de colle-forte, dont quelques-unes réussissent assez bien; de ce nombre sont celles de Barjols, Castres, Commercy, Chaudes-Aigues, Nantes, Paris, Saint-Hippolyte, Saint-Omer, Sens.

La colle-forte se fait de la peau de toutes sortes d'animaux quadrupèdes, comme bœufs, vaches, veaux, moutons, etc. Plus les bêtes sont vieilles, plus la colle qu'on fait de leur peau est excellente. On n'emploie néanmoins que rarement des peaux entières, qui peuvent être mises à de meilleurs usages; mais l'on se sert de leurs rognures, autrement appelées *orillons*. Quelquefois même la colle-forte ne se fait qu'avec les pieds et les nerfs des bœufs. Aussi, comme la colle faite de peaux vaut mieux que celle des rognures, celle des rognures vaut mieux que celle des nerfs et des pieds, et c'est sans doute ce qui fait toute la différence des colles d'Angleterre et de Flandre avec celles qui se sont jusqu'ici fabriquées en France; les tanneurs anglais et flamands, qui font eux-mêmes leurs colles, n'épargnent pas les rognures, qu'ils n'achètent point; au lieu que nos manufacturiers de colles, qui ne sont point tanneurs, n'emploient que de mauvaises rognures des pieds, des nerfs, achetées au plus bas prix.

La meilleure colle-forte est toujours la plus ancienne; elle doit être dure, sèche, transparente, de couleur vineuse, sans odeur; les cassures doivent en être unies et luisantes. La plus sûre épreuve pour en savoir la bonté est d'en mettre un morceau trois ou quatre heures dans l'eau; si la colle enfle considérablement sans se dissoudre, et qu'étant tirée de l'eau elle reprenne sa première sécheresse, on peut la regarder comme excellente.

En vertu du décret du 15 octobre 1810, aucune fabrique de colle-forte ne peut s'établir près des habitations particulières sans l'autorisation de la police.

COLLE DE POISSON (produits particuliers) ou **Ichthyocolle.** — Substance gélatineuse qui se prépare en Russie et en Hongrie, avec les vessies ou vésicules aériennes, ainsi qu'avec diverses membranes et parties cartilagineuses de plusieurs espèces d'esturgeons, *acipenser huro, acipenser eturio*, etc., qui se trouvent principalement dans la mer Noire, la mer Caspienne, le Danube et le Volga. Cette substance est employée dans les arts et à quelques usages domestiques.

COLLECTIF (grammaire) [du latin *collectivus*, fait de *colligere*, rassembler, réunir]. — On appelle ainsi des substantifs qui présentent à l'esprit l'idée d'un tout, d'un ensemble, formé par l'assemblage de plusieurs individus de la même espèce. Par exemple, *armée* est un nom collectif, parce qu'il excite dans l'esprit l'idée de plusieurs personnes rassemblées en un corps politique, vivant en société sous les mêmes lois. *Forêt* est encore un collectif, car ce mot, même au singulier, exprime l'idée de plusieurs arbres qui sont l'un auprès de l'autre. Ainsi le collectif nous donne l'idée d'unité par une pluralité assemblée.

Mais, pour qu'un substantif soit collectif, il ne suffit pas que le tout soit composé de parties divisibles, il faut que ces parties soient actuellement séparées, et qu'elles aient chacune une existence à part; autrement, les noms de chaque corps particulier seraient autant de collectifs, car tout corps est divisible. Ainsi, *homme* n'est pas un nom collectif, quoique l'homme soit composé de différentes parties; mais *ville* est un collectif, soit qu'on prenne ce mot pour un assemblage de différentes maisons, ou pour une société de divers citoyens. Il en est de même de *multitude, quantité, régiment, troupe, la plupart*, etc.

On distingue deux sortes de collectifs : les *collectifs généraux* et les *collectifs partitifs*.

On appelle *collectifs généraux* ceux qui expriment une collection entière, comme *peuple, armée*, etc.

On désigne sous le nom de *collectifs partitifs* ceux qui n'expriment qu'une partie de la collection, tels que *la plupart, partie, nombre*, etc.

Le même mot peut quelquefois être collectif général ou collectif partitif, suivant le sens qu'on y attache. *La* FOULE *des humains est vouée au malheur. La foule des humains embrasse la généralité des hommes; la foule est un collectif général. Une* FOULE *de pauvres reçoivent des secours. Une foule de pauvres n'embrasse qu'une partie des pauvres; une foule est donc un collectif partitif.* En général, un collectif est-il précédé des mots *le, la, ce, cette, mon, ton, notre*, etc., il est général; est-il, au contraire, précédé de *un* ou *une*, il est partitif.

Lorsque le substantif qui précède la préposition *de* est collectif, le substantif qui suit cette préposition se met toujours au pluriel. *Une multitude d'*HOMMES, *une troupe d'*ENFANTS.

On excepte toutefois les mots qui s'emploient plus fréquemment au singulier, tels que *monde, peuple*, etc. *Une foule de* MONDE, *un amas de* PEUPLE. On devrait dire cependant *une foule de* PEUPLES, *une quantité de* MONDES, si l'on voulait parler de plusieurs peuples, des planètes considérées comme autant de mondes différents.

Tout verbe qui a pour sujet un collectif général précédé de l'article prend ordinairement le nombre de ce substantif, qui exprime en effet l'idée principale sur laquelle s'arrête l'esprit. *L'infinité des perfections de Dieu m'*ACCABLE. (Académie.) *Des enfants qui naissent, la moitié tout au plus* PARVIENT *à l'adolescence.* (J. J. Rousseau.)

Quelquefois, cependant, on trouve le pluriel employé en ce cas. *La moitié de nos concitoyens, épars dans le reste de l'Europe et du monde,* VIVENT *et* MEURENT *loin de la patrie.* (J. J. Rousseau.)

Après les collectifs partitifs *la plupart, la plus grande partie, une nuée, une foule*, etc., et les adverbes de quantité *peu, beaucoup, assez, moins, plus, trop, tant, combien, que*, suivis d'un substantif pluriel, le verbe se met toujours au pluriel. *Par tout pays, la plupart des fruits destinés à la nourriture de l'homme* FLATTENT *sa vue et son odorat.* (Bernardin de Saint-Pierre.) *Combien de gens s'*IMAGINENT *avoir de l'expérience par cela seul qu'ils ont vieilli!* (Stanislas.)

Le verbe se met également au pluriel si l'adverbe de quantité est suivi de plusieurs substantifs singuliers, ou s'il est lui-même répété. *Trop de langueur et trop de brièveté* obscurcissent *un discours.* (Pascal.) *Tant de barbarie et tant d'acharnement m'*ont *pris au dépourvu.* (J. J. Rousseau.)

Si *peu, beaucoup, la plupart,* etc., sont relatifs à un substantif pluriel sous-entendu, le verbe se met également au pluriel. *La plupart* pensent, c'est-à-dire *la plupart des hommes* pensent. *Le bonheur ! tout le monde en parle, peu le* connaissent! (Mme Roland.)

Quand le collectif partitif est suivi d'un nom singulier, le verbe se met au singulier. *La plupart du monde ne se* soucie *pas de l'intention ni de la diligence des auteurs.* (Racine.)

Après quelques substantifs collectifs employés sans déterminatif, tels que *force gens, nombre d'hommes,* etc., le verbe se met toujours au pluriel. *Force brillants sur sa robe* éclataient. (La Fontaine.)

Lorsqu'un collectif partitif figure dans une proposition comme sujet grammatical, le verbe s'accorde avec ce sujet s'il occupe le premier rang dans la pensée de l'écrivain et fixe principalement l'attention. *Une nuée de traits* obscurcit *l'air.* (Fénelon.) *Une troupe d'assassins* entra *dans la chambre de Coligny.* (Voltaire.)

Le verbe s'accorde, au contraire, avec le substantif pluriel qui suit le collectif partitif si ce collectif ne joue qu'un rôle secondaire, s'il n'est employé que pour ajouter une idée accessoire de nombre, d'agglomération. *Une nuée de barbares* désolèrent *le pays.* (Académie.) *Une troupe de nymphes, couronnées de fleurs,* nageaient *en foule derrière le char.* (Fénelon.)

Néanmoins, quand rien ne force l'écrivain à faire rapporter le verbe au premier des substantifs, le second doit déterminer l'accord, puisqu'il désigne les êtres ou les objets sur lesquels retombe l'affirmation. Ainsi le pluriel serait préférable dans les phrases suivantes : *Une foule d'intérêts, de préventions, de préjugés,* corrompt *toujours le jugement des compatriotes.* (Condorcet.) *Les statues, dont le plus grand nombre* était *brisé.* (Thomas.) En effet, malgré l'inversion, *étaient brisées* conviendrait mieux, parce qu'un nombre brisé ne présente pas une idée claire.

Les poètes ne se conforment pas toujours à ces règles d'accord; ils emploient, suivant le besoin qu'ils en ont, le singulier et le pluriel dans les mêmes cas.

Souvent aussi, par une licence dont il ne faut user qu'avec beaucoup de réserve, après un verbe au singulier, ils mettent au pluriel le pronom personnel ou l'adjectif possessif qui se rapporte à un collectif.

Tout ce peuple captif qui tremble au nom d'un maître, *Soutient* mal un pouvoir qui ne fait que de naître; Ils *ont,* pour s'affranchir, les yeux toujours ouverts.

(Racine.)

La règle des collectifs s'applique à tous les cas où le verbe est après l'adjectif conjonctif *qui. Percerai-je cet essaim d'hommes de tout âge, de tout rang, qui* roule *dans ce vaste salon!* (Lemontey.) *On voit dans les cercles un petit nombre d'hommes et de femmes qui* pensent *pour tous les autres et par qui tous les autres agissent.* (J. J. Rousseau.)

Cette construction, qui paraît s'écarter des règles ordinaires de la grammaire, n'a cependant rien d'irrégulier. En effet, quand on dit *une infinité de personnes* sont *de cet avis,* le verbe *sont* est au pluriel parce que, selon ce sens, plusieurs personnes sont de cet avis; le mot *infinité* n'est là que pour marquer la pluralité des personnes dont on parle. C'est une espèce de syllepse, figure dans laquelle on a plus égard au sens qu'aux mots; elle est en usage dans beaucoup de langues. C'est ainsi que Virgile a dit : *Pars mersi tenuere ratem;* et Salluste : *Pars in carcerem acti, pars bestiis objecti.*

Mais il n'est pas exact de dire, comme quelques grammairiens, que l'on met indifféremment le singulier ou le pluriel avec ces collectifs : *Turba ruit* ou *ruunt.* C'est le point de vue de l'auteur qui décide ce choix, et quelquefois l'harmonie de la phrase.

On appelle *sens collectif* ou *valeur collective* le sens et la valeur que prend un mot au singulier, qui n'est pas collectif de sa nature, et qui sert pourtant à désigner une classe d'objets. L'éléphant *est docile et intelligent.* Dans cette phrase, le mot *éléphant* a une valeur collective, puisqu'il ne désigne pas un éléphant en particulier, mais toute espèce d'éléphant.

Les règles précédentes sont extraites du *Dictionnaire national,* de M. Bescherelle, dont j'ai été un des collaborateurs; j'y ai fait peu de changements.

J. B. Prodhomme,
Correcteur à l'Imprimerie impériale.

COLLÉGE (économie politique) [du latin *collegium,* formé de *collega,* collègue, composé de *cum,* et de *lectus,* participe de *lego,* choisir, élire, être élus ensemble). — Certain corps ou compagnie de personnes notables qui sont en même dignité.

Les Romains usèrent indifféremment de ce terme pour désigner collectivement les ministres de la religion, ceux qui gouvernaient l'État et ceux qui formaient une corporation dans les arts libéraux et mécaniques. Les Romains d'aujourd'hui appellent encore de ce nom la réunion des cardinaux ou le *sacré collége,* composé des cardinaux-évêques, des cardinaux-prêtres et des cardinaux-diacres.

Le corps germanique est également divisé en trois colléges : le *collége des électeurs,* le *collége des princes,* et le *collége des villes impériales.* Dans la plupart des villes anséatiques, on donne le nom de collége à l'endroit où les négociants s'assemblent pour les affaires de leur commerce. Les Hollandais appellent collége l'assemblée des membres de l'amirauté dans un département particulier. Il y en a cinq, dont l'un réside à Amsterdam, un à Rotterdam, un dans l'Ost-Frise, à Hoorn ou à Encknisein, un à Middelbourg, et un à Harlingen. On trouve à Londres un *collége des hérauts d'armes,* créé par Richard III.

En France, il y avait sous la monarchie un *collége des avocats au conseil,* un grand et un petit collége des secrétaires du roi.

COLLÉGE (instruction publique). — Se dit aussi d'un lieu destiné pour enseigner les lettres, les sciences, les langues, etc. Les plus anciens établissements de ce genre qui ont porté le nom de collége ont été fondés par les Romains, dans le temps de la décadence de leur empire. Les plus remarquables de ceux qui furent établis dans les Gaules étaient ceux de Marseille, de Lyon et de Bordeaux.

Sous le règne de Charlemagne, il y eut en France presque autant de colléges que de cathédrales et de monastères. Cet empereur leur enjoint, dans ses Capitulaires, d'élever les jeunes gens et de leur enseigner la musique, la grammaire et l'arithmétique. Dans la suite, les chanoines et les moines trouvèrent que l'éducation de la jeunesse les détournait des exercices de leur profession, et l'on donna la direction des colléges à des personnes qui n'eurent point d'autre occupation.

COLLÉGE DE FRANCE.—Célèbre établissement scientifique fondé, en 1529, par François Ier, et dont les professeurs ont toujours été inamovibles.

Suivant l'article 18 du règlement approuvé par l'ordonnance royale du 26 juillet 1829, l'assemblée des professeurs du collége de France était investie d'un droit d'administration presque absolu. Mais le décret du 9 mars 1852 a rendu au chef de l'État la prérogative de la nomination des professeurs du collége de France, même en dehors des présentations faites par l'assemblée. Un décret du mois d'octobre 1857 a modifié encore le règlement du collége de France.

Ainsi, la surveillance de l'administrateur, qui n'était que nominale, est devenue obligatoire; et le ministre de l'instruction publique, investi de l'honneur de la direction immédiate du collége de France, jouit de l'autorité suffisante pour remplir ses obligations, sans cesser d'ailleurs de recourir aux avis et à l'expérience de l'assemblée des professeurs.

Quant aux suppléants qui, au collége de France, participent d'une manière notable au large enseignement qu'on y distribue, ils sont choisis désormais et institués par le ministre de l'instruction publique. « Leur mission est annuelle, dit le rapport du ministre. Il importe que chaque année le gouvernement ait la faculté de renouveler les nominations faites ou d'en faire d'autres. Il faut subvenir aux hommes studieux, savants, qui se pressent dans le pays et restent trop souvent ignorés et découragés, malgré le talent, le travail et la conduite, faute d'une chaire qui les révèle. La suppléance du collége de France ne sera point nécessairement une position acquise et définitive, ni un acheminement certain à l'héritage d'un titulaire. Dans ma pensée, elle doit être une institution destinée surtout à l'encouragement et à la manifestation de toutes les grandes aptitudes scientifiques et littéraires : il est donc sage de ne pas l'immobiliser au profit de suppléants une fois choisis, et de la rendre, au contraire, l'objet d'une vive émulation et de louables efforts, sous la haute direction de professeurs titulaires si riches d'expérience et de savoir. »

COLLODION. — Produit de la dissolution du coton-poudre dans l'éther alcoolisé. Voici comment on le prépare.

On prend 15 grammes de fulmi-coton bien sec et divisé en ouate très-légère et volumineuse, puis 715 grammes d'éther sulfurique pur.

On introduit, sans le tasser, le fulmi-coton dans un ballon sec, on verse dessus 429 grammes d'éther sulfurique, et l'on bouche le ballon hermétiquement. Après quelques minutes, lorsque tout le fulmi-coton est bien pénétré d'éther et qu'il s'est affaissé sur lui-même, on agite le vase pour diviser la masse gélatineuse, et on l'abandonne 15 à 20 minutes au soleil. On ajoute ensuite les 286 grammes d'éther restant, et l'on secoue pour opérer la dissolution de la masse gélatineuse.

Le collodion est un agent adhésif qu'on a vanté pour réunir les plaies et soustraire les surfaces cutanées au contact de l'air. On l'étend à l'aide d'un pinceau sur les dartres, les brûlures, l'érysipèle, etc. Comme le collodion est souvent peu souple et irritant, M. R. Latour l'a modifié de la manière suivante :

Collodion.	30 grammes.
Huile de ricin. . .	50 centigrammes.
Térébenthine molle .	1 gram. 50 cent.

Ainsi préparé, il est très-souple et se sèche auss promptement.

Depuis quelques années, le collodion est devenu un des principaux agents qui servent à la photographie. Pour cette nouvelle application, on y ajoute une solution iodurée, soit de potassium, d'ammoniaque, de fer, de zinc, ou de cadmium. Sa manipulation, qui demande une attention et un soin tout particuliers, est d'une grande délicatesse dans son emploi; la plus légère impureté adhérant à la glace sur laquelle on l'étend détermine de nombreuses taches dans l'image.

On obtient au moyen du collodion des portraits ou reproductions dont les résultats ont sur la plaque daguerrienne un avantage immense, l'absence de miroitage; de plus, avec la plaque il fallait poser autant de fois qu'on voulait obtenir d'épreuves, soit d'un portrait, par exemple, tandis qu'avec la photographie sur collodion, on peut, après avoir posé une seule fois et fixé l'image sur le verre ou cliché, tirer quelques milliers d'exemplaires sur le papier.

Le collodion, par son excessive rapidité, laisse bien en arrière les procédés secs employés jusqu'alors; car, en plein soleil, l'effet est si prompt, que le temps d'ouvrir et de refermer l'objectif suffit parfois pour détériorer l'empreinte.

MM. Legray et Baldus font, à l'aide de ce procédé, des vues maritimes instantanées. MM. Richebourg, Bisson, Titus-Albitus, Nadar, Bingham, Pignoux et Léon-Jacque, sont devenus célèbres par leur préparation du collodion et leur extrême habileté en cet art.

On a découvert récemment plusieurs procédés de collodion pouvant s'employer à sec, mais ils manquent encore de toute la perfection désirable. Cependant, celui de M. Taupinot donne des résultats assez satisfaisants à ceux qui l'emploient avec intelligence.

E. PAUL.

COLLYRES (pharmaceutique) [du grec *kollyrion*, sorte de médicaments].—Médicaments spécialement destinés aux maladies des yeux et des paupières. Ils sont *secs* (poudres), *mous* (plus consistants que les pommades), *liquides* (eaux distillées, infusions, etc.) ou *gazeux* (vapeurs, alcools, etc.)

COLOMBES (zoologie) [du grec *columban*, plonger.] — Famille d'oiseaux de l'ordre des pigeons. Cet ordre, intermédiaire entre les passereaux et les gallinacés, comprend un grand nombre d'espèces comprises dans trois familles, savoir :

Les *trersuinés* ou *colombars*, qui ont le bec épais, dont les deux mandibules se renflent et forment une sorte de pince solide; tarse court, épais, doigts larges et plats ; subdivisés en 5 genres, comprenant 68 espèces.

Les *colombinés*, dans lesquels sont rangés tous les pigeons domestiques, les ramiers et les tourterelles : compris dans 11 genres formés d'une centaine d'espèces.

Les *gourinés* ou *colombes*, qui ont les caractères extérieurs des colombinés et des gallinacés avec les mœurs et les habitudes de ces derniers. Ils se partagent en 14 genres et 52 espèces propres à l'Afrique, à l'Amérique, aux Indes et à l'Australie.   G.

COLOMBIE (géographie). — Ce nouvel État de l'Amérique du Sud, en prenant ce nom immortel, a rendu justice au célèbre navigateur à qui l'on doit la découverte du nouveau monde. La Colombie, qui doit son indépendance à Bolivar, se compose de la ci-devant vice-royauté de la Nouvelle-Grenade et de l'ancienne capitainerie de Caraccas ou de Venezuela, réunies le 17 décembre 1819 sous un même gouvernement. Depuis cette époque, elle est devenue une confédération comme le Mexique et l'Amérique centrale; en sorte que Venezuela forme un État à part, qui a son congrès particulier, ainsi que la Colombie, dont la capitale est Bogota.

La Colombie s'étend entre le 6e degré de latitude S. et le 12e degré de latitude N., et entre le 61e et le 85e degré de longitude O., ayant pour limites à l'O. le Pérou, l'État de Costa-Rica de l'Amérique centrale, et l'Océan Pacifique; à l'E. l'Atlantique, la Guyane anglaise et le Brésil; au N. la mer des Antilles, et au S. le Brésil et le Pérou. Ce vaste territoire occupe la partie N. O. de la vaste péninsule de l'Amérique méridionale, y compris l'isthme de Panama, qui la fait communiquer avec Guatimala et le Mexique. M. de Humboldt a évalué sa superficie à 91,952 lieues carrées; suivant un voyageur anglais, elle a 2,000 milles de côte sur l'Océan Atlantique, et 1,200 sur l'Océan Pacifique. Sa population est d'environ 3 millions d'habitants; les blancs n'en forment que la sixième partie.

L'État de Venezuela, dont Caraccas est la capitale, et Guayra le principal port, est le pays le plus fertile de la Colombie.

Productions. — La principale production est le cacao, dont il se fait deux récoltes par an, qui rendent annuellement une moyenne de 25 à 30,000 fanègues de 55 kilos chacune. Ce cacao est le plus estimé de toute l'Amérique, et n'a aucune concurrence à craindre; aussi obtient-il le prix le plus élevé.

Après le cacao, l'indigo est l'article le plus considérable. On évalue la récolte, année commune, à 3,000 surons de 50 kilos chacun.

La récolte du café peut s'élever à une moyenne, par année, de 60,000 quintaux; on distingue trois qualités : la première, en petits grains, pellicule argentée, ressemble au café martinique; la deuxième est *marchande*, et la troisième *triage*.

La récolte du coton est peu considérable; la soie en est longue, mais mal nettoyée.

Exportations. — Ces productions forment les principaux articles du commerce d'exportation, auxquels il faut joindre les cuirs en poils, qui s'exportent en petite quantité; ils pèsent de 10 à 15 kilos. La vanille n'est pas d'une bonne qualité, et l'on a été obligé d'y renoncer.

Importations. — Les draps légers de Carcassonne, les soieries de Nîmes, la bonneterie, les indiennes de la belle qualité, les mousselines imprimées, les percales et les calicots, sont les principaux objets d'importation, avec les vins de France, les eaux-de-vie en 3/6, les huiles fines, etc., etc.

COLOMBIER. — Bâtiment en forme de tour ronde ou carrée, où l'on élève des pigeons. « Un colombier doit être isolé des autres bâtiments de la ferme. Les murs extérieurs en sont recrépis avec un mortier bien uni, sur lequel ne peuvent s'attacher les pattes des animaux grimpants, comme les rats, les belettes, etc. La fenêtre du colombier est, autant que possible, ouverte au midi; elle doit être au niveau du plancher inférieur ou à trente-trois centimètres au-dessus. Il faut que le plancher soit carrelé soigneusement, afin que les rats ne puissent le percer. Les boulins sont élevés à un mètre au-dessus du sol; ils sont construits en planches dans certains colombiers; dans d'autres, ils sont en pierre ou en briques. »

COLONEL (art militaire) [de l'italien *colonello*, formé de *columna*, colonne]. — La dignité de colonel, dans l'infanterie française, fut établie l'an 1514, à l'instar des Italiens; François Ier permit alors au premier capitaine de chaque légion de porter ce nom. Lorsqu'en 1544 la charge de colonel-général de l'infanterie française fut instituée, les colonels prirent le nom de *mestre-de-camp*; mais depuis la suppression de cette charge, arrivée en 1730, ils reprirent le titre de colonels de leurs régiments, qu'ils ont conservé jusqu'à l'époque de la révolution, où les régiments ont pris le nom de brigades, et les colonels le titre de *chefs de brigade*. Ce titre vient d'être rétabli.

COLONIE (économie politique) [de *colon*, formé du latin *colo*, cultiver]. — Nombre de personnes de l'un et de l'autre sexe que l'on envoie d'un pays, ou qui en sortent d'elles-mêmes, pour en habiter un autre. Les anciens formèrent souvent des colonies. Lorsque la population était trop nombreuse dans un pays, les moins riches de ses habitants, rassemblés sous un chef, allaient s'emparer d'une contrée et s'y établissaient. Les Phéniciens ont conquis de cette manière une partie des villes qui bordent la Méditerranée. Carthage elle-même était une colonie de ce peuple.

Argos, Thèbes et Athènes furent ainsi fondées par Inachus, Cadmus et Cécrops; mais aucune nation n'a fait d'émigrations plus heureuses que les Romains, et aucune n'a mieux entendu la manière de fournir des colonies.

COLONISATION (économie politique). — Nous ne nous proposons de traiter cette question qu'au point de vue de notre pays, sachant, avec regret, que la France, reine de l'intelligence et de la pensée, suprême entre toutes les nations par son aptitude aux arts et à l'industrie, est, pour la pratique de la colonisation, un peu en arrière des autres peuples, quoique nous soyons loin cependant de nier sa capacité et son bon vouloir.

Nous possédons depuis 1830 l'Algérie, par le plus beau droit de conquête qu'il soit donné à une nation de faire valoir, celui d'avoir rendu service à toutes, en anéantissant un repaire de brigands, honte de l'humanité, et contre lequel étaient venues se briser, à tour de rôle, presque toutes les forces de l'Europe.

L'Algérie, avec son immense territoire, comprenant 900 kilomètres de côtes sur 250 kilomètres de profondeur, et ses 4 millions et demi d'habitants, est destinée à devenir le grenier d'abondance de la France.

Pour qui a habité l'Algérie pendant quelques années, il ne reste aucun doute sur l'immense avantage de sa conquête et de sa possession, et si l'esprit français était plus colonisateur, nul doute que nous n'eussions déjà obtenu de grands résultats d'un système approprié.

En effet, un pays de cette étendue, situé à quelques lieues de la mère-patrie, offrant, outre les avantages d'une prompte et active navigation, école de notre marine marchande, un sol pouvant fournir jusqu'à trois récoltes par an en céréales de diverses natures; produisant déjà ou pouvant produire le tabac, le coton, l'olive, l'indigo, le café, les épices, la canne à sucre, la vanille; admettant la culture du mûrier pour la nourriture des vers à soie, si précieux pour l'industrie de la seconde ville de France; nous fournissant oranges, caroubes, limons, citrons, dattes, figues, mûres, pastèques, melons, bananes, raisins, jujubes, amandes, en un mot toutes les douceurs de l'alimentation; servant encore, par ses vieux levains de révolte, à entretenir l'esprit guerrier de nos braves soldats; offrant dans le sein de son gigantesque Atlas des mines précieuses de fer, de cuivre, de plomb, dans lesquelles scintillent les calcédoines, les grenats, les jades, les tourmalines, le quartz et le mica; charriant dans ses rivières l'or et le diamant; montrant ses plaines et ses montagnes splendidement couvertes des fleurs les plus odoriférantes, des arbres les plus beaux, des cactus les plus monstrueux; certes, un pays qui présente de telles chances d'exploitation mérite bien qu'on s'en occupe.

Ce beau pays, situé dans la plus chaude moitié de la zone tempérée, doit à cette heureuse position, ainsi qu'à l'élévation du sol et à son voisinage de la mer, un climat extrêmement doux, salubre et bienfaisant. L'hiver offre une température flottante de 14 à 20° centigrade, et si dans l'été elle atteint de 25 à 40°, des vents frais et d'excellentes brises presque régulières viennent en tempérer l'excès.

Examinons donc les causes qui nous ont fait presque échouer jusqu'à présent, malgré les hommes et les millions que cette terre a déjà dévorés!

Il est patent que, pour toute sérieuse colonisation dont on veut assurer le succès, la durée et la sécurité, le nombre des nationaux de la métropole devrait être au moins du cinquième des habitants naturels, et l'attachement des Français au sol natal, car ils sont de tous les peuples les moins cosmopolites, n'a pas permis de réaliser les larges conditions de l'émigration; puis vient l'aisance relative dont ils jouissent en partie, en sorte qu'il ne reste plus pour peupler les colonies que des gens sans aveu ou n'ayant aucune ressource.

A l'arrivée des Français en Algérie, ce pays souffrit les maux inévitables de toute conquête; le peu de terres cultivées furent dévastées, abandonnées; les quelques fermes éparses dans la Mitidjah furent saccagées, et leurs habitants durent prendre la fuite avec leurs nombreux troupeaux, préférant l'air libre des montagnes avec ses privations plutôt que subir le joug du vainqueur.

Les premiers colons le furent sans s'en douter. Quelques officiers des corps sédentaires en Algérie eurent l'idée d'utiliser leurs loisirs en relevant des fermes abandonnées; ils obtinrent droit de possession sur celles-ci au moyen de retenues mensuelles sur leur solde; des soldats inoccupés furent employés à cette espèce de ravitaillement. Ces fermes furent peuplées en peu de temps de parts de bestiaux provenant des razzias, et elles prirent un tel accroissement, que, sur les réclamations de quelques colons civils arrivés pendant ce temps, le ministre força les officiers colons à opter entre leur position militaire ou civile.

Quelques-uns préférèrent rendre leurs épaulettes, mais le plus grand nombre vendirent leurs fermes et leurs terres à des prix qui arrivèrent jusqu'à trente mille francs.

A ce moment, le gouvernement de Louis-Philippe envoya quelques centaines de familles alsaciennes pour coloniser, mais rien n'était encore organisé; en peu de temps leur misère fût à son comble; les pères, mères et garçons furent obligés, pour vivre, de casser des pierres sur les routes, tandis que les filles se prostituaient aux soldats pour une ration de pain!

Et cependant, malgré tous ces éléments désastreux, les villages de Delhi-Ibrahim, Douera, Tixeraïn, Kouba, Bouffarick, etc., etc., commencèrent à s'élever et à prospérer, quoique lentement. Ajoutons que ces prémices de succès furent dus au voisinage des troupes campées, qui, par leurs besoins journaliers,

IV. 12

firent éclore quelques colons maraîchers, dont les produits, destinés d'abord à l'alimentation du soldat, parurent bientôt, avec avantage et profit, sur les marchés d'Alger. Alors presque tous s'agrandirent, et la culture des céréales prit quelque proportion, mais toujours lentement, à cause du manque de capitaux. La difficulté de s'en procurer, jointe à l'élévation du taux de l'intérêt (12 à 20 pour 0/0), fut toujours le plus grand obstacle aux progrès de la colonisation, et si quelques riches fermes à Staouëli, à Kouba, etc., etc., purent prospérer, les affaires des petits colons ne firent que péricliter. Cependant, des Arabes, anciens propriétaires, revinrent, et bientôt, s'assimilant avec une extrême aptitude les instruments aratoires français, rivalisèrent avec les colons pour ces productions.

Il est vrai que, dans ces commencements, la tâche fut rude pour nos nationaux ; les fièvres intermittentes, si douloureuses et si fatigantes sous ce ciel ardent, causées par les marécages abondant aux environs d'Alger, décimaient non-seulement nos soldats, mais encore nos colons. Depuis cette époque (1835), des travaux appropriés de dessèchement ont considérablement amoindri ces causes de maladie et de mortalité, et le climat de l'Algérie est à cette heure aussi sain que celui de notre Provence, avec laquelle il présente tant de similitude, quoique cependant encore plus fertile.

Ce coup d'œil rétrospectif sur nos premiers essais de colonisation en Algérie doit nous convaincre qu'à l'exemple des autres peuples, ce n'est qu'au moyen d'avantages concédés et soutenus que nous pouvons exciter, chez nos nationaux nécessiteux, et même chez les étrangers, l'idée de l'émigration. Tout dépend d'abord d'une réussite relative pour les premiers, et tout porte à croire que dans ce cas si essentiel les suivants arriveraient avec rapidité.

C'est ici que l'intervention de l'État devient non-seulement utile, mais indispensable ; car, pour parvenir à ces résultats, il faudrait, selon nous, d'abord provoquer l'émigration du surcroît de population des contrées stériles ou malheureuses, assurer le transport par chemins de fer, à prix réduits, de ces familles d'agriculteurs jusqu'au lieu d'embarquement, puis leur passage gratuit sur les navires de l'État.

Ensuite, comme mesures générales, loin de donner à bail les terres, il faut les vendre, mais à des prix très-minimes, ce qui attache immédiatement le colon au sol, en le rendant propriétaire. Alors, et pour aider au développement agricole et commercial, création de chemins de fer, canaux, routes, chemins vicinaux, puits artésiens ; encouragements aux drainages, défrichements, reboisement, élevage de bestiaux, etc., et enfin fondation d'une banque, soit gouvernementale, soit particulière, fonctionnant *seulement* pour l'agriculture. Déjà divers projets ont été mis à l'étude dans ce but si louable et si nécessaire ; un de ceux nous paraissant présenter le plus de chances de succès est celui de M. Philippe jeune, négociant en pierreries, propriétaire colon en Algérie. Cet honorable

industriel proposait, le 4 juillet dernier, à M. le ministre de la guerre, la fondation de cette banque agricole, au moyen de souscriptions et dons volontaires, et permanents. Ne devant faire aucuns bénéfices, son alimentation, une fois en activité, se trouvait naturellement dans les minimes intérêts payés par les emprunteurs. Les avances de fonds ne devaient avoir lieu que pour les petits propriétaires de moins de cinquante hectares, être garanties par première hypothèque et remboursables en dix années par annuités. Certes, c'était là une bonne et généreuse idée, et le 22 du même mois, M. le ministre répondait en ces termes :

« Je me plais à reconnaître l'excellente intention qui a présidé aux propositions de votre lettre, et dont l'objet, s'il était réalisable, répondrait, en effet, à l'un des plus sérieux besoins des colons algériens, dont la plupart manquent, surtout au début de leurs entreprises, des ressources nécessaires pour les féconder et les rendre fructueuses.

» Mon département s'est très-souvent préoccupé de cet état de choses, et il s'est appliqué à faciliter, autant qu'il a dépendu de lui, l'œuvre des colons, en mettant à leur portée les enseignements indispensables et les premiers éléments de la production agricole, tels que semences, plants d'arbres, animaux de travail, etc., etc. ; mais il a dû borner son intervention directe, parce que l'administration ne peut pas prendre à sa charge l'œuvre de la colonisation tout entière, et qu'il convient de laisser au zèle, à l'intelligence et aux efforts de l'industrie privée, le soin de faire naître et de développer les germes du bien-être et de la richesse dont elle doit elle-même tirer tous les avantages. Cela n'a pas empêché mon département d'accueillir avec faveur tous les projets d'institution financière revêtant un caractère pratique et susceptible, par conséquent, d'amener dans la colonie le capital ou l'argent, ce mobile indispensable de toute entreprise, soit agricole, soit industrielle. C'est ainsi qu'il a mis successivement à l'étude les divers projets d'institution de crédit foncier et de crédit agricole qui lui ont été présentés, et dont aucun, jusqu'à présent, n'a pu aboutir, en raison des difficultés révélées de la mise à exécution, en raison surtout de l'impossibilité de former le capital, base essentielle de l'entreprise.

» Le projet de souscription volontaire qui fait l'objet de votre instance, monsieur, pourrait-il avoir un meilleur sort ? Je ne le pense pas. Il se pourrait que des personnes dévouées comme vous à la cause algérienne, et désireuses de lui venir en aide, souscrivissent d'une manière plus ou moins large, mais le nombre en serait nécessairement restreint, et le résultat final serait loin de correspondre à vos espérances, plus loin encore de répondre à l'importance du but proposé. En fût-il autrement, que le département de la guerre ne pourrait intervenir dans une semblable opération, toute en exécution, en dehors des règles administratives et de la dignité de l'État, et qu'il devrait en laisser la responsabilité à ses auteurs et coopérateurs comme pour toute opération d'un caractère purement facultatif et revêtant les formes d'une entreprise privée, bien qu'avec un but charitable ou de philanthropie publique. Par ces motifs, monsieur, je regrette qu'il ne me soit pas possible de satisfaire à l'objet de votre demande, etc.

» Recevez, etc.   » *Maréchal* VAILLANT. »

Eh bien, malgré ces sages observations, nous aimons à croire qu'une banque fondée et administrée dans ces conditions serait possible et rendrait les plus grands services ; que les colons riches, et tous ceux qui ont des relations avec l'Algérie, souscriraient avec empressement pour venir en aide aux colons pauvres, lesquels, par un travail constant et pratique, augmenteraient la valeur des terres, ce qui, dans un temps donné, récompenserait largement par cette plus-value le colon riche du sacrifice momentané qu'il aurait fait, et dans la proportion de ses biens, car il est facile de comprendre que le propriétaire de 20 à 30,000 hectares gagnera encore plus à ce projet que celui de 50 hectares, qui pourtant l'aura, pour ainsi dire, seul fécondé par son travail actif et intelligent.

Quant au plus ou moins d'appui de la part du gouvernement dans ce grand œuvre de colonisation, nous croyons qu'il ne saurait être trop large, si l'on prend acte des considérations suivantes, admirablement déduites par l'éminent écrivain de l'*Histoire du Consulat et de l'Empire* :

« Mais pour que cette conquête (l'Algérie), qui commence à étonner déjà par les perspectives qu'elle ouvre à notre commerce, ne soit pas éphémère, il faut qu'elle se peuple non-seulement d'Arabes soumis, mais de Français acclimatés, lesquels, mêlés aux Arabes, seront capables de les contenir et de les faire concourir, soit à l'œuvre du défrichement et du commerce, soit à celle de la défense. Pour cela, il faut *coloniser*, c'est-à-dire envoyer des Français..........

» Une telle chose est-elle possible sans le concours du gouvernement ? Nous ne le croyons pas. Mais puisqu'on demandait naguère à l'État des efforts ruineux, insensés, pour des œuvres contraires à tous les principes sociaux, ne serait-il pas raisonnable, prudent, humain, et surtout éminemment politique, de diriger vers ce but les forces du pays ? Et si une grande dépense doit être tentée dans une intention d'humanité, ne serait-il pas sage de la tenter pour ouvrir une carrière à la fois agricole, industrielle et commerciale, à ceux que l'impatience du présent, le dangereux ennui du connu, porteraient à chercher une nouvelle existence. »

Nous n'ajouterons rien à ces simples paroles, convaincus que nous sommes que le gouvernement impérial, qui se recommande déjà par l'exécution de si vastes choses, comprenant la grandeur d'une mission colonisatrice, prendra de sages et énergiques mesures pour assurer l'avenir de l'Algérie.

Guyane française. — Longtemps la colonisation de la Guyane française a compté de nombreux adversaires, et, il faut bien le dire, elle en compte encore.

Les uns allèguent l'éloignement de la mère-patrie, les autres, l'insalubrité du climat. La première objection, fondée autrefois, ne l'est plus depuis l'invention de la vapeur, puisque, par son moyen, on peut se rendre à la Guyane en seize ou dix-sept jours ; et quant à la seconde, n'a-t-on pas grossi démesurément quelques accidents locaux, dus plutôt à la nostalgie qu'à une cause extraordinaire ?

Voyons d'abord si le mal est aussi grand qu'on s'est plu à le répéter.

Tableau comparatif de la Mortalité

DANS LES PRINCIPALES VILLES DE L'EUROPE ET DANS LA GUYANE FRANÇAISE.

DÉSIGNATION des LIEUX.	PROPORTION de la MORTALITÉ annuelle.	MOYENNE générale de la MORTALITÉ annuelle.
EUROPE (d'après Montgomery-Martin).		
En France............	1 individ. sur 38	
A Naples.............	1 — 34	
A Berlin..............	1 — 34	1
Dans le Wurtemberg....	1 — 33	
A Paris..............	1 — 32	sur
A Nice...............	1 — 41	
A Madrid.............	1 — 29	30, 30/100.
A Rome..............	1 — 25	
A Amsterdam.........	1 — 24	
A Vienne.............	1 — 23	
GUYANE FRANÇAISE (Statistique officielle).		
En 1836, il est mort....	1 individ. sur 30	1
En 1837, —	1 — 26	
En 1838, —	1 — 27	sur
En 1839, —	1 — 34	
En 1840, —	1 — 28	
En 1841, —	1 — 28	28, 60/100.

Mortalité parmi les garnisons françaises.

(Documents officiels de 1819 à 1838.)

COLONIES.	EFFECTIF ANNUEL de la GARNISON.	TOTAL DU NOMBRE des DÉCÈS.	MOYENNE générale de la MORTALITÉ annuelle.
Sénégal.........	10,575	1,309	1 sur 8, 8/100.
Guadeloupe.....	37,314	3,770	1 » 9,90/100.
Martinique.....	39,298	4,044	1 » 9,75/100.
Guyane française.	9,176	296	1 » 31, »
Bourbon.......	9,627	266	1 » 36,28/100.

Maintenant, si l'on consulte les écrits de Boyer, de Petit-Puy, de Grillet et Brun, de Lefebvre d'Albon, de Godin des Odonnais, de Laborde, de Bajon, de Lescailler, de Malouet, de Mongrolie, de Laboria, de Catineau-Laroche, de Moreau, de Jormès, de Bernard, de Dumonteil, de Schomburgk, etc., etc., on sera certain que la Guyane possède tout ce qui est nécessaire pour former un centre de colonisation, et que sa fertilité, aidée de nombreux cours d'eau, ne le cède à aucun pays du monde. Il est impossible que tant d'hommes éminents, dont plusieurs ont habité la Guyane pendant presque un demi-siècle, se soient trompés ou aient voulu en imposer. La Guyane possède 120 espèces de bois ainsi désignés :

État des Bois propres à être employés.

1ʳᵉ CLASSE (1).	2ᵉ CLASSE (2).	3ᵉ CLASSE (3).	4ᵉ CLASSE (4).	5ᵉ CLASSE (5).
Ébène.	Maria-Congo.	Bois-cannelle.	Bocco.	Bois noir.
Bocco.	Balata-singe rouge.	Bois-pagaye.	Panacoco.	Palétuvier blanc.
Bois-golette.	Palétuvier rouge.	Pagelet.	Goyavier.	Mouchigo.
Panacoco.	Canari-macaque.	Parcouri jaune.	Bois-Benoît.	Bois-Marie.
Gaïac.	Cœur-dehors.	Bois-casse.	Bois-Bagot.	Bois-aras.
Bois-divin.	Bois rouge, variété.	Bois violet.	Bois de lettr. de toutes	Bois-grage noir.
Bois-Benoît.	Balata blanc.	Bois-amer.	variétés.	Bois-encens.
Bois-crapaud.	Spanao blanc.	Bourgouni.	Sapotillier.	Manguier.
Balata.	Bois-jeune-d'œuf.	Wapa-petite-feuille.	Courbaril.	Panacoco-grande-feuille.
Rose mâle.	Anaoura.	Angélique.	Satinés de toutes va-	Bois-cruyeau.
Maho noir.	Wapa huileux.	Bagasse.	riétés.	Boio-cracra.
Maho-couratari.	Maho rouge.	Bagasse-terre-basse.	Matouchi, idem.	Bois sucré.
Bois-perroquet.	Nangoci.	Mani.	Abricotier.	Lamoussé rouge.
Couratari.	Saint-Martin.	Grignon.	Bois violet.	Bois-banane.
Patagai.	Wapa blanc.	Daouinti.	Bagasse.	Bois-homme.
	Courbaril.	Bois-caca.	Carapa rouge.	Figuier-grand-bois.
	Bois-rameaux.	Caraba blanc.	Acajou de toutes va-	Lamoussé.
	Wacapou.	Parapout.	riétés.	Tahouin.
	Bois-de-fer.	Bois-de-rose-femelle.	Goyavier blanc.	
	Coupi noir.	Cèdre-noir-montagne.	Gaïac.	Calebassier (6).
	Wapa-courbaril.	Bois-grage blanc.		Coton-Siam.
	Spanao rouge.	Sassafras.		Cacao-graud-bois.
	Bois rouge-tisane.	Grignon-fou.		Bois-canon-grand-bois.
	Baleo.	Bois-de-lait.		Grignon-fou rouge.
	Cèdre-bagasse.	Alapari.		Saouari rouge.
	Panapi.	Cèdre-noir marécage.		Simarouba.
	Poipo.	Mapa.		Coupaya.
	Préfontaine.	Cèdre jaune.		Bois-bâle.
	Saouari.	Cèdre savane.		Guigamadou.
	Jaoua.			Acajou bâtard.
	Coupi.			Cèdre blanc.
	Parcouri noir.			Immortelle.

(1) Bois que leurs dimensions et leurs qualités rendent propres à la construction des vaisseaux.—Plus pesants que le chêne.—Propres à faire les pièces de la partie inférieure de la carène, qui exigent une longue durée. — (2) Bois d'une pesanteur équivalente à celle du chêne. — Propres à faire de bonnes membrures et d'excellents bordages pour la construction de la coque en général, mais particulièrement pour l'œuvre vive. — (3) Bois d'une pesanteur équivalente à celle des pins, sapins, etc.—Membrures et bordages.—Particulièrement propres à la construction de l'œuvre morte. — (4) Bois à meubles, autrement dits, bois de couleur.—Dans cette classe on trouve rangés quelques-uns des arbres déjà désignés pour la construction; cela tient à ce que, malgré la beauté de leur bois, ils sont très-abondants. — (5) Bois d'une qualité inférieure.—Ces bois pourraient être utilement employés en planches dont la qualité serait au moins équivalente à celles des planches de peupliers dont on fait un si grand usage en France. — (6) Ces bois sont en général d'une très-faible valeur, et leur emploi ne pourrait être d'aucune utilité dans nos arsenaux, excepté peut-être pour faire quelques bouées ou autres objets d'une grande légèreté.　(Annales maritimes, 1823, t. II, p. 96 et suiv.)

État des Bois de la Guyane analysés à Cayenne en 1821.

NOMS DES BOIS.	POIDS d'un décimètre cube sec.	NOMS DES BOIS.	POIDS d'un décimètre cube sec.	NOMS DES BOIS.	POIDS d'un décimètre cube sec.	NOMS DES BOIS.	POIDS d'un décimètre cube sec.
Ébène	1.211	Bois-jaune-d'œuf	0.946	Pagelet	0.787	Sassafras	0.577
Bocco	1.208	Anaoura	0.938	Parcouri jaune	9.784	Grignon-fou	0.577
Bois-golette	1.195	Wapa huileux	0.930	Bois-casse	0.783	Bois-sucré	0.565
Panacoco	1.181	Maho rouge	0.926	Bois violet	0.771	Bois-de-lait	0.552
Goyavier rouge	1.165	Nangocy	0.922	Bois amer	0.769	Lamoussé rouge	0.551
Gaïac	1.153	Wapa blanc	0.912	Palétuvier blanc	0.768	Bois-banane	0.545
Bois-divin	1.140	Saint-Martin	0.912	Bourgouni	0.758	Alapari	0.532
Bois-Benoît	1.124	Courbaril	0.904	Wapa-petite-feuille	0.756	Cèdre noir-marécage	0.531
Bois-crapaud	1.120	Bois-rameaux	0.904	Angélique	0.746	Coton-Siam	0.529
Balata	1.109	Wacapou	0.900	Bagasse	0.745	Mapa	0.528
Rose mâle	1.108	Bois-de-fer	0.893	Mouchigo	0.730	Bois-homme	9.500
Maho noir	1.106	Croupi noir	0.881	Ragasse-terre-basse	0.719	Cacao-grand-bois	0.496
Maho-couratari	1.091	Satiné rouge	0.877	Bois-Marie	0.717	Cèdre jaune	0.489
Bois-perroquet	1.069	Moutouchi	0.875	Mani	0.714	Bois-canon-grand-	
Couratari	1.054	Wapa-courbaril	0.865	Grignon	0.714	bois	0.472
Bois-Bagot	1.052	Spanao rouge	0.861	Bois-Aras	0.687	Figuier-grand-bois	0.457
Patagai	1.051	Bois rouge-tisane	0.852	Baouinti	0.677	Camoussé	0.454
Bois-de-lettres mou-		Baleo	0.848	Bois-caca	0.674	Taouin	0.453
cheté	1.049	Cèdre-bagasse	0.842	Bois-grage noir	0.667	Cèdre-savane	0.431
Maria-Congos	1.049	Bois noir	0.838	Bois-encens	0.662	Acajou blanc	0.424
Balata-singe rouge	1.043	Panapi	0.835	Carapa blanc	0.659	Grignon-feu rouge	0.411
Bois-de-lettres roug.	1.038	Poipo	0.820	Papapout	0.655	Saouari rouge	0.410
Palétuvier rouge	1.017	Préfontaine	0.827	Bois-de-rose femelle	0.648	Simarouba	0.403
Canari-macaque	0.993	Satiné brun	0.825	Cèdre-noir-montagne	0.648	Coupaya	0.374
Cœur-dehors	0.991	Saouari	0.820	Manguier	0.647	Bois-bâle	0.365
Bois rouge, variété	0.984	Jaoua	0.819	Panacoco – grande-		Guigamadou	0.364
Balata blanc	0.972	Coupi	0.819	feuille	0.643	Acajou bâtard	0.849
Sapotillier	0.968	Parcouri noir	0.816	Celebassier	0.633	Cèdre blanc	0.331
Mencouar	0.957	Bois-cannelle	0.801	Bois-cruseau	0.611	Immortelle	0.317
Goyavier blanc	0.957	Bois-pagayé	0.800	Bois-cracra	0.592		
Spanao blanc	0.946	Abricotier	0.800	Bois-grage blanc	0.588		

Le sol de la Guyane est presque partout ferrugineux, et le minerai exploité seulement en fonte brute, au moyen de hauts-fourneaux construits sur les lieux mêmes des plus forts gisements, présenterait certainement de grands avantages; car tout est là, combustible, pentes rapides, ruisseaux, criques navigables débouchant dans les rivières, tout offre économie pour la production et facilité pour l'arrimage à bord des navires.

Cayenne, la ville capitale de la Guyane française, possède une rade vaste et commode, quoique le port soit peu profond. Elle est composée de deux parties naturellement divisées par une rivière d'eau salée qui sert au transport des marchandises. Malgré les pluies fréquentes et quelques chaleurs parfois excessives, l'industrie agricole et manufacturière est en prospérité à Cayenne et aux environs. Sur une étendue de plus de 280 kilomètres, 25,000 habitants, dont 19,000 esclaves, exploitent plus de 200 cotonneries et fabriques de roucou, 30 caféières, 50 sucreries, de nombreuses plantations, et une production d'épices donnant annuellement jusqu'à un million de livres de girofle seulement.

Maintenant, s'il faut un appât plus brillant mais peut-être moins solide pour y attirer les colons, n'y a-t-il pas, entre Cayenne et le fleuve d'Oyapock, une grande rivière nommée Approuague, dont les bords et les criques sont comblés par des amas de sables aurifères, et parmi lesquels on rencontre souvent des pépites qui ne le cèdent en rien à celles de l'Australie? Et le cacao, la canelle, la muscade, le poivre, la salsepareille, le copahu, la vanille, le caoutchouc, le roucou, l'indigo, la canne à sucre, le coton, etc., tout cela est-il tant à dédaigner, et une terre qui peut produire 15,000 kilogr. de bananes ou 3,000 kilogr. de sucre par acre se rencontre-t-elle partout?

Quant aux autres ressources de la vie, elles y sont abondantes : d'énormes lamantins y habitent les lacs, l'espadon et la tortue *caouane* y sont en grand nombre et peuvent fournir de l'huile. Les animaux de basse-cour, canards, volailles, pigeons, etc., pullulent dans les fermes et viennent avec la plus grande facilité ; enfin, les tapirs (maïpouris), les plus grands quadrupèdes de ce continent, y fournissent une viande, sinon très-bonne, du moins mangeable, et que la domesticité, à laquelle on pourrait les astreindre facilement, ne ferait qu'améliorer.

A tous ces élémens divers de bien-être, ajoutons la brise rafraîchissante qui ne manque jamais; d'ailleurs, la température est supportable, 28 à 33° le jour, 18 à 22° la nuit, c'est moins que dans nos départements méridionaux l'été. Malheureusement, tous les travaux doivent être faits par l'homme ; il n'y a, à la Guyane, ni charrues, ni brouettes, ni pelles, ni fourches, ni civières, ni charrettes, ni bêtes de somme, excepté pour les moulins de sucreries; il n'y a ni routes, ni ponts, ni bacs, et ce manque absolu de toutes choses si essentielles n'est pas un des moindres obstacles à une colonisation fructueuse. Et cependant il serait assurément bien

facile d'approvisionner cette colonie de tout ce qui lui fait besoin, et, notre chiffre d'importation étant presque égal déjà à celui de l'exportation, ainsi qu'on peut le voir dans le tableau suivant, il est clair que les expéditeurs ne courraient aucun risque.

TABLEAU GÉNÉRAL
DU
Commerce d'Importation et d'Exportation
DE LA GUYANE FRANÇAISE, DE 1823 A 1832.

ANNÉES.	IMPORTATIONS.	EXPORTATIONS.
1823	1.923.941	2.045.427
1824	1.487.105	3.052.292
1825	2.168.266	3.013.665
1826	3.460.801	2.290.113
1827	2.754.039	2.219.992
1828	1.634.240	1.152.934
1829	1.616.988	1.575.976
1830	1.866.569	1.792.762
1831	1.714.101	1.715.698
1832	1.882.337	1.740.370

L'indice le plus sûr de la prospérité d'une colonie et aussi le plus favorable à la métropole étant que le chiffre des importations dépasse celui de l'exportation, nous voyons, par ce tableau officiel, qu'il y a encore beaucoup à faire dans ce pays, que nos pères avaient nommé l'Eldorado, et que nous semblons dédaigner.

Et cependant, avec de la persévérance, dit James Mill, le savant économiste, toute colonie convenablement située et sagement administrée offre un triple débouché au travail, au capital et à la population en excès d'un vieux pays.

La main-d'œuvre étant toujours très-demandée dans les colonies qui possèdent un sol fertile, et où la population est encore peu dense, les travailleurs y obtiennent une rémunération plus élevée, et ont devant eux une perspective de bien-être, qui leur était fermée à la mère-patrie, où, d'autre part, le marché du travail se trouve un peu moins encombré. Les capitaux transmis du vieux pays au pays neuf y sont employés d'une manière plus productive en général, et en même temps plus avantageuse pour le capitaliste.

Ces judicieuses observations sur les avantages de la colonisation pour toutes les classes de la société, feront, nous l'espérons, évanouir les préjugés qui se sont opposés jusqu'à ce jour à l'extension des entreprises coloniales, et du moment qu'assurés de toute la sollicitude de notre gouvernement, les émigrants aborderont en Algérie et à la Guyane, ces intéressantes annexes de la France prendront l'essor auquel elles sont appelées ; et le capitaliste, l'agriculteur et l'ouvrier, unissant leurs efforts, verront se doubler facilement leur somme de bien-être respectif, certain que nous sommes que l'esprit public en France est disposé à faire encore les plus grands sacrifices pour arriver à la solution du problème d'une bonne colonisation. CH. BARROT.

COLONNE (architecture) [du latin columna]. — Espèce de pilier de forme à peu près cylindrique, servant à la décoration des édifices.

Une colonne se compose, sauf quelques rares exceptions, de trois parties principales : 1° la base ou espèce d'empâtement mouluré; 2° le fût, qui repose sur la base et a la forme d'un cylindre un peu conique, et 3° le chapiteau, qui couronne le tout et qui est formé soit par la réunion de diverses moulures, soit par celle d'ornements particuliers.

Généralement, les colonnes ne sont employées que dans les ordres antiques ou dans ceux qui en dérivent, et prennent alors leurs noms de ceux de ces différents ordres dont ils constituent la partie la plus importante ; nous n'en parlerons donc en détail que lorsque nous traiterons du mot Ordre, et nous nous contentons, pour l'instant, de désigner quelques espèces de colonnes qui, ayant des dispositions particulières, ont également un nom particulier. Nous donnerons en même temps un exemple de ces colonnes pris parmi les monuments de Paris.

Colonne cannelée. — Colonne dont le fût est orné par des cannelures ou stries verticales, comme celles de la Madeleine ou du Panthéon.

Colonne rostrale. — Colonne dont le fût est orné de proues de vaisseaux, soit pour rappeler un fait maritime, soit pour représenter les armes d'une ville. Les colonnes en fonte de la place de la Concorde en offrent un exemple.

Colonne torse. — Colonne dont le fût, au lieu d'être cylindrique, est contourné en forme de vis, comme celles du maître-autel du Val-de-Grâce.

Colonne monumentale. — Colonne de grande dimension, toujours isolée, et qui est élevée en l'honneur d'un souvenir patriotique ou d'un homme de génie. Les colonnes de la barrière du Trône, la colonne de Juillet et celle de la place Vendôme, qui est une copie de la colonne Trajane, à Rome, sont des colonnes monumentales.

Colonne à pans. — Dans cette sorte de colonne, le fût, au lieu de cannelures, est orné par de petites facettes verticales qui se coupent suivant une arête, ainsi qu'on le voit aux colonnes du portique du cirque des Champs-Élysées.

Colonne marine. — Colonne ayant son fût orné par des stalactites, des feuilles d'eau, etc., comme celles de la grotte ou fontaine de Desbrosses dans le jardin du Luxembourg.

Colonne bandée. — Colonne dont le fut est coupé de distance en distance par des espèces de bandes ou anneaux, simples ou ornés, et entre lesquels se montrent les cannelures. Les colonnes du portail de l'église Saint-Étienne du Mont, l'ordre inférieur du pavillon Lesdiguières, l'ordre inférieur du nouveau Louvre sur la place du Palais-Royal, sont des exemples de colonnes bandées.

Colonne engagée. — Colonne tenant au mur par le tiers ou le quart du diamètre de son fût. Les

colonnes du premier étage du palais des Beaux-Arts sont engagées.

Colonnes accouplées. — Colonnes placées deux à deux, et dont les bases et les chapiteaux se touchent presque, comme les colonnes du portique de l'église Saint-Sulpice et de la colonnade du Louvre.

Colonne funéraire. — Colonne qui ordinairement n'a pas de chapiteaux, et qui, placée sur un tombeau, supporte une urne qui est censée contenir les cendres du mort. Lorsque la famille est éteinte, on brise souvent la partie supérieure du fût.
CH. GARNIER.

COLONNE (hydraulique) se dit d'une certaine quantité d'un fluide qui a un volume d'un diamètre et d'une hauteur déterminés. L'eau, par exemple, contenue dans le tuyau montant d'une pompe est une colonne d'eau, qui, lorsqu'elle a environ trente-deux pieds (dix mètres un tiers) de hauteur, est en équilibre avec une colonne d'air de même diamètre et de toute la hauteur de l'atmosphère.

COLONNE (art militaire) s'entend d'une longue file de troupes ou des bagages d'une armée qui est en marche. Marcher en colonne, c'est marcher en faisant une longue file au lieu de faire un grand front. On marche sur une colonne, sur deux ou trois, selon la nature du terrain, qui est quelquefois ouvert, plat et libre, quelquefois couvert et coupé par des défilés, des ravins, des bois ou des montagnes. Combattre en colonne, c'est combattre avec un ou plusieurs corps d'infanterie serrés et pressés, c'est-à-dire rangés sur un carré long dont le front est beaucoup moindre que la hauteur. Ces corps ne sont pas moins redoutables par la pesanteur de leur choc que par la force avec laquelle ils percent et résistent également partout et contre toutes sortes d'efforts.

COLONNE (marine). — En termes d'évolutions navales, une colonne est une partie des vaisseaux d'une armée navale marchant dans la même direction et en ligne. Marcher sur trois colonnes, c'est marcher sur trois lignes parallèles les unes aux autres, faisant par conséquent tous la même route ou suivant la même aire de vent. Dans cet ordre de marche, le vaisseau amiral est à la tête de la colonne du milieu, et chacun des commandants de la seconde division et de la troisième division marche à la tête de sa division, le premier à tribord, et le second à bâbord du vaisseau amiral; les vaisseaux de chaque division à des distances réglées et beaupré sur poupe.

COLOPHANE (histoire naturelle) [de Colophone, ville d'Ionie d'où cette substance fut apportée d'abord]. — Résidu de la résine, après qu'on l'a distillée pour faire une huile essentielle appelée eau rose. Fourcroy prétend que c'est la poix blanche du sapin, picea, séchée à un feu doux. Les artistes instrumentistes se servent de cette substance pour frotter les crins de l'archet. On devrait dire colophone; mais les musiciens s'étant obstinés à prononcer colophane, l'Académie française s'est vue obligée, dans ce cas, comme dans beaucoup d'autres, de céder à l'usage. Les Italiens continuent de dire colofonia, et les Anglais colofony. LARIVIÈRE.

COLOQUINTE (botanique). — Espèce du genre concombre; plante du Levant, à tiges grêles, anguleuses, hérissées; feuilles 5-lobées; fleurs grandes; fruits globuleux, d'abord verdâtres, puis jaunâtres, à écorce mince et dure. — On voit quelquefois ces fruits, dépouillés de leur enveloppe, exposés dans de grands bocaux aux fenêtres des pharmacies. Leur pulpe est d'une excessive amertume, et constitue un violent purgatif.

COLORIS (peinture) [de *color*, couleur]. — Le mot *coloris* a, dans le langage des peintres, un sens moins général que le mot *couleur*. Assez ordinairement on se sert du mot *coloris* pour exprimer certains caractères particuliers de la couleur des objets et surtout des objets agréables à la vue. On dira : le *coloris* de ces fleurs est admirable; le *coloris* de la tête de cette nymphe a toute la fraîcheur de la jeunesse; mais on ne dira pas : le *coloris* de ce désert, de cette côte aride, de cette mer orageuse. De même on ne servira pas du mot *coloris* à l'occasion d'une vieille, d'un homme de peine, d'un malade, etc.

Lorsque l'on parle d'estampes auxquelles des couleurs se trouvent adaptées, si ces couleurs sont appliquées par le mécanisme de la gravure, ou plutôt de l'impression, on se sert du mot *coloré* plutôt que du mot *colorié*; mais lorsqu'il s'agit d'une estampe sur laquelle on a appliqué, après coup, des couleurs, ce qu'on appelle vulgairement image enluminée, on dira : cette estampe a été *coloriée* ou *enluminée*.

COLOSSE (architecture) [du latin *colossus*, formé du grec *kolossos*, statue d'une immense étendue et qui affaiblit tellement les yeux, qu'ils ne peuvent la voir d'un premier coup d'œil]. — Statue d'une grandeur démesurée. Le Colosse de Rhodes, une des sept merveilles du monde, avait environ trente-quatre mètres de hauteur. Les navires passaient à pleines voiles entre ses jambes. Il avait été fait par Charès de Linde, disciple du fameux Lysippe.

COLZA (botanique). — Variété du chou-navet (V. ce mot), fort branchue, ne portant que de petites feuilles clair-semées au milieu de la tige, des fleurs blanches ou jaunes selon l'espèce.

Cette plante oléagineuse se cultive en grand dans plusieurs départements de l'ouest, du nord et du centre de la France, soit pour obtenir des prairies momentanées et un fourrage d'hiver pour les bêtes à cornes, soit plutôt pour l'huile qu'on retire de ses graines, et qui sert à divers usages. On recommande de ne pas planter deux ans de suite le colza dans le même sol. La variété à fleurs blanches se sème au printemps et se récolte en automne; celle à fleurs jaunes, plus tardive, se met en terre à la mi-juin, passe l'hiver sans fleurir et se récolte à la fin du printemps suivant.   B.

COMBAT (art militaire) [de l'italien *combattere*, formé du latin barbare *battnere*, et de *cum*, avec; se battre avec]. — Actions générales ou particulières d'une armée contre une autre. C'est moins qu'une *bataille*, qui est une action entre deux armées rangées dans leur ordre de bataille, de manière que les lignes se chargent de front, ou au moins parce que la plus grande partie de la ligne se bat, tandis que l'autre partie reste en présence par des difficultés qui l'empêchent d'entrer sitôt en action par un front égal à celui qui pourrait lui être opposé. Au lieu que combat se dit des autres grandes actions qui, quoique souvent plus longues et plus meurtrières, n'ont pas eu pour principe la même disposition dans les armées, et dont les suites n'ont pas été d'une aussi grande importance.

COMBLE (architecture, construction). — Assemblage de diverses pièces de charpente en bois ou en fer, servant à soutenir la couverture d'un édifice.

La pente des combles peut varier depuis la ligne horizontale jusqu'à la ligne verticale; seulement les deux extrêmes ne s'emploient que par petites parties et servent à rattacher entre elles les pentes principales. Entre ces deux limites, la pente du comble varie suivant le pays, le climat, les matériaux servant à la couverture et le goût du constructeur. Les combles couverts en métal peuvent avoir toutes les inclinaisons possibles; ceux couverts en ardoises ne peuvent guère avoir une pente de moins de 20 degrés, et ceux couverts en tuile une pente supérieure à 45 degrés.

Les combles prennent différents noms selon leur forme et leur disposition. Ainsi, on dit comble en *appentis* quand il n'a de pente que d'un seul côté; comble à *deux égouts* lorsqu'il laisse écouler les eaux par deux versants opposés; comble en *pavillon* lorsqu'il forme une pyramide entière ou tronquée, et comble à *la mansarde* ou comble *brisé* quand la surface de pente est formée de deux parties planes qui se coupent à angle obtus.

Nous allons indiquer la manière dont un comble se construit. Pour cela, nous prendrons pour exemple un comble à deux égouts, qui est celui le plus communément employé; nous supposons donc que l'on ait à couvrir une grande salle ou un grand bâtiment beaucoup plus long que large, et que naturellement les eaux sont rejetées par deux pentes du côté des deux plus grandes faces.

Lorsque les murs sont élevés à la hauteur, on doit commencer la pente du toit. On place de distance à distance des pièces de bois d'assez fort équarrissage, dont chaque extrémité repose sur la partie supérieure des murs principaux et forment avec eux des angles droits. Ces pièces de bois se nomment *entraits* ou *tirants*; il est fort important qu'elles soient placées au-dessus de parties pleines et jamais au-dessus de n'importe quelle baie ou croisée. Cela fait, on dispose dans le même plan vertical que l'entrait deux autres pièces de bois que l'on incline suivant la pente que l'on veut donner au toit. Ces deux pièces, qui prennent le nom d'*arbalétriers*, s'assemblent par une de leurs extrémités aux bouts de l'entrait, et viennent se rencontrer à l'autre extrémité; quelquefois elles s'assemblent entre elles, mais le plus souvent elles sont fixées dans une autre pièce de bois verticale qui descend jusqu'au tirant auquel il est relié, soit par un assemblage, soit par des ferrures; cette dernière pièce se nomme *poinçon*.

L'ensemble de ces diverses charpentes, l'entrait, les arbalêtriers et le poinçon forment ce que l'on appelle une *ferme*. Nous venons de donner ici le système de ferme le plus simple; nous nous réservons de présenter, avec quelques figures explicatives, d'autres systèmes de fermes plus importants, lorsque nous parlerons de ce mot.

Une fois toutes les fermes placées à des distances qui varient de 3 à 5 mètres, il faut s'occuper de construire les deux espèces de planchers inclinés qui porteront la couverture. Voici alors ce qui se pratique : toutes les parties supérieures des poinçons supportent une pièce de bois qui court horizontalement d'une ferme à l'autre et qui constitue ce qui s'appelle le *faîtage*; à l'extrémité inférieure des arbalêtriers est placée une autre pièce qui s'étend parallèlement au faîtage et qui repose sur le sommet des murs, on la nomme *sablière*; entre la sablière et le faîtage, on dispose d'autres charpentes qui leur sont également parallèles et qui reposent sur les surfaces extérieures des arbalêtriers; ce sont les *pannes*; elles sont en plus ou moins grand nombre, selon la grandeur des arbalêtriers, et sont distantes les unes des autres d'environ 2 mètres, pour empêcher qu'elles ne glissent; elles sont soutenues par des calles appelées *chantignolles*, boulonnées ou attachées aux arbalêtriers par des liens en fer : c'est alors que l'on pose les *chevrons*, petites pièces de bois d'environ 8 à 10 centimètres d'équarrissage qui se fixent sur les pannes; la sablière et le faîtage sont espacés de 30 à 50 centimètres.

Le comble proprement dit est alors terminé; ce qui vient ensuite fait partie de la couverture : ce sont des lattes, de la volige ou du bardeau que l'on cloue sur les chevrons, soit jointifs, soit à claire-voie; puis les ardoises, les tuiles, le zinc, etc., que l'on pose sur ces dernières surfaces et qui complètent la couverture du bâtiment.   Ch. Garnier.

COMBUSTIBLES. — Matières susceptibles d'être consumées par le feu et de fournir une chaleur proportionnée à leur nature. Les substances qui servent à la combustion sont en grand nombre et produisent une chaleur plus ou moins intense, qu'il appartient à la chimie d'apprécier pour le progrès des arts. La plupart produisent en même temps une lumière et une chaleur à des degrés différents.

Au premier rang des combustibles est le bois, qui a été le plus anciennement en usage dans les pays du Nord, pour se garantir en hiver du froid rigoureux de ces climats, situés sous une haute latitude. Il était aisé de s'en procurer dans les vastes forêts qui couvraient et qui couvrent encore des espaces considérables du territoire; mais, à mesure que la civilisation a fait des progrès, la population ayant toujours été progressive, la culture des terres a successivement remplacé les forêts, en sorte que le combustible qu'elles fournissaient a été constamment en diminuant dans la même proportion. Les peuples les plus civilisés ont aussi été ceux où la pénurie et la cherté du bois se sont fait le plus sentir, par la

raison que la consommation a toujours été en augmentant.

Heureusement que la nature, toujours féconde dans ses produits, a offert à la consommation un combustible fossile dans les entrailles de la terre, débris des végétations primordiales destinées aux races futures des habitants du globe (voy. *Houille*).

Ainsi s'est offert à l'homme un combustible d'une date ou découverte plus récente, parce que le besoin seul pouvait l'engager à l'aller chercher dans les mines, où il se trouvait enfoui à une profondeur plus ou moins considérable. Ce combustible a été trouvé en si grande abondance dans certains pays, comme en Belgique et en Angleterre, et aussi dans plusieurs départements de la France, qu'il a remplacé avantageusement le bois, dont la consommation a beaucoup diminué. Enfin, la houille est devenue un combustible d'une grande importance pour les arts industriels, depuis l'invention des machines à vapeur et leur application aux chemins de fer, ainsi qu'à la navigation. La tourbe est encore une autre espèce de combustible dont on fait un grand usage dans les pays comme le royaume des Pays-Bas (la Hollande), où les autres matières combustibles sont fort rares. La tourbe, qui forme aussi les débris d'une végétation que les révolutions du globe ont précipitée à une certaine profondeur dans la terre, se trouve encore en plus ou moins grande quantité dans différents lieux. — Le charbon de bois est aussi un combustible d'une haute importance dans la métallurgie, dont la consommation est très-considérable, quoiqu'elle ait été restreinte en plusieurs pays par l'emploi de la houille, qui l'a remplacé dans les usines et les forges, soit en Angleterre, en Belgique et en France; mais, dans la plus grande partie du reste de l'Europe, tel qu'en Suède, en Danemark, en Pologne, en Russie, le bois et le charbon de ce végétal servent encore de combustibles au service domestique ainsi qu'aux usines, par la grande abondance de ces matières et leur bon marché. Ce n'est que dans ces derniers temps que les États-Unis de l'Amérique du Nord, en suivant l'exemple de leur ancienne métropole, ont ajouté aux immenses produits de leurs vastes forêts ceux de leurs riches mines d'anthracite pour fournir à la consommation de leurs machines à vapeur.   Larivière.

COMBUSTION. — Ce mot, dans le langage populaire, donne l'idée d'un corps qui se dissipe en produisant de la chaleur et de la lumière. Jadis on supposait que le feu était une matière fixée dans les corps, et dont le dégagement entraîne et dissipe peu à peu les molécules de la substance embrasée. Généralisant cette idée, Stahl fit consister la combustion dans la séparation totale ou partielle de la matière du feu, appelée par lui *phlogistique*, d'avec les bases auxquelles elle est unie. Maquer modifia cette théorie, en supposant que la combustion tient à ce que le phlogistique est expulsé des corps par la partie la plus pure de l'air, qui en prend la place. Lavoisier réduisit le phénomène à n'être que la combinaison des corps avec l'oxygène de l'air ambiant. Dans ces deux théories, la production du feu n'étant pas considérée comme un résultat nécessaire de la combustion, on dut admettre une *combustion lente*, à laquelle on rapporta toutes les combinaisons de l'oxygène avec les corps, et en particulier celle qui s'opère dans l'acte de la respiration, où se produit du calorique et qu'on a nommé combustion respiratoire; mais aujourd'hui on nomme combustion la combinaison de deux ou de plusieurs corps s'accomplissant avec dégagement de calorique et de lumière. Et quant à ce qu'on a appelé combustion lente, en même temps qu'il y a absorption et combustion d'oxygène, les actes chimiques principaux se trouvent être des actes indirects ou *catalytiques*, c'est-à-dire des actes liés à cette force en vertu de laquelle un corps met en jeu, par sa seule présence et sans y participer chimiquement, certaines affinités qui, sans lui, resteraient inactives. C'est ainsi que les fermentations et les putréfactions sont des phénomènes de *catalyse*.

Il est certain, toutefois, que ces phénomènes peuvent prendre les caractères d'une véritable combustion, dite alors *spontanée*. C'est ainsi que des amas de charbon de terre, de fumier de cheval, de foin, de mousses humides, sont susceptibles de prendre feu spontanément. Un mélange d'huile de chènevis et de noir de fumée s'enflamma au bout de vingt-six heures et faillit réduire Saint-Pétersbourg en cendres. On a pensé devoir attribuer à des causes semblables plusieurs incendies survenus dans le port de Brest, et ceux qui ont ravagé pendant plusieurs années le village de Boncourt. (D' *Bossu*.)

COMBUSTIONS HUMAINES SPONTANÉES.— La dénomination de *combustion humaine spontanée* s'applique à un genre particulier de *combustion* qui, sans cause *apparente déterminante*, se développe à l'intérieur ou à l'extérieur du corps de l'homme plein de vie et de santé.

Lorsque des faits aussi bizarres, aussi exceptionnels, aussi déplorables que les combustions humaines spontanées ont été observés pour la première fois, l'esprit scrutateur de l'homme a dû d'abord se refuser d'y croire; de nouveaux exemples de combustions spontanées ayant été remarqués, on passa de l'incrédulité à l'hypothèse superstitieuse des causes surnaturelles. Enfin, de nos jours, ce genre particulier de combustions s'étant manifesté plus souvent, et le témoignage des hommes éminents qui l'ont observé et décrit ne pouvant être suspecté, l'authenticité de ce phénomène a été mise hors de doute. Ne blâmons pas, du reste, le pessimisme bien naturel qui fit regarder autrefois les combustions humaines spontanées comme des fables imaginées pour tromper la crédulité publique. Qu'on songe, en effet, dit Lagasquie, avec quelle difficulté on consumait jadis les criminels et les victimes condamnés au supplice du bûcher, ou le corps de personnes chéries et respectées dont on voulait recueillir les cendres! qu'on se rappelle le temps et surtout la quantité de combustible qu'il fallait pour cette opération barbare ou pieuse, et l'on se demandera encore avec surprise s'il est possible

qu'à l'aide d'une étincelle de feu et de simples vêtements qui le couvrent, à plus forte raison sans le contact préalable d'aucune matière ignée, le corps humain puisse être soudainement réduit en cendres?

Il est difficile de se figurer une mort plus douloureuse, plus effrayante, que celle déterminée par la combustion humaine spontanée; mais si la plupart de ces redoutables accidents ont été mortels, quelquefois les sujets se sont trouvés assez heureux pour échapper à cette fin funeste. « On a vu des parties du corps, notamment les doigts, brûler avec flamme, comme de véritables bougies, et allumer les corps combustibles qu'on en approchait. Ce feu lumineux, accompagné d'atroces douleurs, et, plus tard, de développement de vésicules, d'altération de la peau comme dans la brûlure, était extrêmement difficile à éteindre et résistait parfois à la submersion même dans l'eau. » Lorsque des individus atteints de ces combustions spontanées ont été privés de la vie, le corps, dit Breschet, n'a jamais été complétement incinéré; il est resté quelques parties à moitié brûlées ou torréfiées, tandis que les autres étaient entièrement consumées, réduites en cendre, et ne laissaient après elles, pour tout résidu, qu'un peu de matière grasse, fétide, une suie puante et pénétrante, enfin un charbon léger, onctueux et odorant. Les parties non consumées étaient les extrémités du corps, les doigts, les oreilles, les pieds ou les mains, quelques pièces de la colonne vertébrale ou des portions du crâne... Le feu, le plus souvent, ne prend pas aux corps combustibles de la chambre, tels que les meubles en bois, le lit, etc., ou, s'ils sont endommagés, leur combustion est partielle, incomplète. C'est surtout les vêtements dont la personne est couverte au moment de l'accident qui sont brûlés. Une suie épaisse, grasse, très-noire, fétide et abondante recouvre les murs et les meubles. Lorsqu'on est arrivé assez tôt pour trouver le corps animal en ignition, on a vu une flamme peu vive, bleuâtre, et, dans plusieurs circonstances, l'eau, au lieu de l'éteindre, n'a fait que lui donner plus d'activité.

Diverses théories ont été imaginées pour expliquer le phénomène des combustions spontanées; nous allons les exposer et faire connaître celle que nous avons publiée en 1857 dans l'*Abeille Médicale*[1].

Selon Dupuytren, *l'imbibition des tissus par l'alcool n'entre pour rien dans le développement des combustions spontanées : l'alcool n'est que cause occasionnelle, en produisant un coma favorisant l'asphyxie par le charbon, l'insensibilité du corps, enfin l'incendie par le feu communiqué aux vêtements. Vicq-d'Azyr et Lair étaient aussi de cet avis.* — Devergie admet, au contraire, *l'imbibition des tissus par l'alcool,* et suppose que *ce liquide, déterminant une modification particulière des fluides et des solides, rend ces tissus plus combustibles.* — Marc n'admet point cette *absorption de l'alcool,* la vitalité, selon lui, dé-

---

[1] Voir aussi la Revue des Sciences des livraisons 16e, 18e, 21e et 25e du *Journal Encyclopédique*.

truisant ou modifiant les substances ingérées dans l'économie. Il regarde comme cause des combustions spontanées *le développement d'un gaz inflammable dans le tissu cellulaire ou dans les cavités du tronc, et un état idio-électrique susceptible de produire spontanément la combustion de ces gaz.* — M. Julia Fontenelle suppose *qu'il existe, chez les femmes surtout, une diathèse particulière, qui, jointe à l'asthénie due à l'âge et à l'abus des spiritueux, peut donner lieu à une combustion spontanée; l'alcool, produisant cette dégénérescence des tissus, engendrerait des produits combustibles dont la réaction déterminerait la combustion des corps.*

Essayons de résumer et de coordonner toutes ces théories, avant de faire connaître celle que nous émettons.

1° Il est certain que chez des sujets bien organisés, habitués d'ailleurs peu à peu à l'effet des spiritueux, l'alcool, bien qu'absorbé, est éliminé par la force vitale, et ne devient effectivement, pendant l'ivresse, que cause occasionnelle d'un coma, dans lequel l'individu peut mourir par suite d'asphyxie par le charbon, la fumée, l'incendie; mais alors, si le sujet brûle, il se consume à peine plus facilement que tout autre individu non adonné à l'usage des alcooliques; dans ce cas, et au moyen de prompts secours, l'individu serait sauvé infailliblement. (*Justification de la Théorie de Vicq-d'Azyr, Lair et Dupuytren.*)

2° Chez d'autres sujets, au contraire, habitués ou non à l'effet des spiritueux, mais adonnés à l'ivrognerie, les spiritueux passent dans le torrent de la circulation et saturent d'alcool tous les tissus.

Nous savons que plusieurs physiologistes nient cette absorption de l'alcool; mais n'est-il pas facile de se convaincre de ce mode d'action sur l'économie par l'odeur alcoolique de l'haleine des ivrognes? C'est là, du reste, un principe général de thérapeutique qu'il serait facile de prouver jusqu'à l'évidence, en considérant que la *prétendue action sympathique des médicaments* est une chimère, et que tout effet constitutionnel des agents thérapeutiques est dû uniquement à leur absorption. Donc, si la force vitale des individus adonnés à l'ivrognerie n'est pas assez puissante pour éliminer des substances *hyperthénisantes spinales*, telles que les spiritueux, l'alcool détermine une modification particulière des tissus qui les rend plus combustibles et susceptibles de s'enflammer à la moindre cause d'ignition. (*Justification de la Théorie de Devergie.*)

3° Marc n'admettant pas cette absorption de l'alcool, la vitalité, selon lui, déterminant ou modifiant les substances ingérées dans l'économie, a raison pour ce fait, dans certains cas, comme nous venons de le démontrer, et tort dans un grand nombre d'autres, comme nous l'avons aussi prouvé. Mais il assigne aux combustions spontanées une cause tout autre que plusieurs de ses devanciers : *le développement d'un gaz inflammable dans les tissus et un état idio-électrique capable de produire spontanément la combustion de ces gaz.*

Le savant Devergie voit dans la théorie de Marc,

partagée, du reste, par Lecat et Kop, une complication d'hypothèse, alléguant d'une part que l'inflammation des gaz dans les cellules du tissu cellulaire est impossible, et, de l'autre, que si la flamme ne peut pénétrer à travers une toile métallique, elle le peut encore moins à travers les pores de la peau. Ne sont-ce pas là des raisonnements spécieux? Qui conteste aujourd'hui l'état idio-électrique du corps humain?

N'apercevons-nous pas tous les jours les effets variés et étonnants de l'électricité, sans connaître l'origine et la véritable nature de ce fluide impondéré, répandu universellement? Pourquoi donc alors vouloir nier des questions parce que leur solution est restée jusqu'ici insaisissable? Les phénomènes de la nature obéissent à des lois générales; mais il ne faut pas oublier que ces lois sont en grand nombre et que nous sommes encore bien éloignés de les connaître toutes.

La théorie de M. Julia Fontenelle se rapproche plus de celle de M. Devergie que cet auteur ne le pense; elle prouve aussi l'absorption de l'alcool sous l'influence d'une force vitale épuisée par une asthénie due au sexe, à l'âge et à l'abus des spiritueux.

Aucune de ces théories ne nous satisfait complétement, attendu qu'elles ne rendent pas compte des véritables *combustions spontanées*, c'est-à-dire de celles qui ne reconnaissent pas pour cause le contact médiat ou immédiat d'un corps en ignition. Cependant, comme quelques faits de combustions spontanées existent réellement, voici, pour les expliquer, la théorie que nous adoptons :

1° *L'absorption de l'alcool et par conséquent son imbibition dans les tissus;*

2° *L'état idio-électrique du corps dans certains cas et chez certains individus.*

Cette théorie diffère donc de celles de Vicq-d'Azyr, Lair, Dupuytren et Marc, qui n'admettent pas l'imbibition des tissus par l'alcool, et de Devergie et Julia Fontenelle, qui admettent cette imbibition, mais rejettent l'état idio-électrique.

Voici sur quoi nous basons notre théorie :

A. *Absorption de l'alcool.* — Nous avons dit que tout effet constitutionnel d'une substance ingérée était dû uniquement à son absorption. Ajoutons même que les poisons n'exerceraient sur nos organes aucun effet toxique s'ils n'étaient pas absorbés, c'est-à-dire entraînés dans le torrent de la circulation. Cela résulte pour nous des expériences concluantes de Christison, Coindet, Krinser, Magendie, etc.

B. *État idio-électrique.* — Il est certain que les dégagements d'*hydrogène* ou d'*hydrogène phosphoré* (phosphure d'hydrogène) du corps de l'homme, du tissu cellulaire, et mis en ignition, peuvent devenir la cause des combustions humaines, l'*hydrogène* par le contact d'une étincelle visible chez certaines personnes dans les temps froids, l'*hydrogène phosphoré* par le contact de l'air chez les vieillards, chez les personnes valétudinaires ou affaiblies, dont le principe vital offre peu de résistance à ces décompositions ou affinités chimiques. Si nous considérons encore :

1° Que l'alcool est composé de carbone, d'hydrogène et d'oxygène dans les rapports suivants :

$$C^2 H^6 O^2;$$

2° Que les combustions spontanées ont lieu constamment chez les individus adonnés à l'ivrognerie;

3° Qu'elles se manifestent surtout chez les femmes, dont les tissus, moins serrés, sont plus disposés aux accumulations gazeuses;

4° Qu'on les voit plus fréquemment en hiver qu'en été, parce que l'air froid, mauvais conducteur de l'électricité, favorise l'état idio-électrique;

5° Qu'enfin, la région thoracique est toujours plus maltraitée que les autres parties du corps, en raison du nombre et de la grandeur de ses cavités, qui renferment un plus grand volume de gaz;

On conviendra que cette théorie mixte est la seule admissible, la seule capable d'expliquer tous les cas de combustions humaines spontanées.

B. Lunel.

COMÉDIE [du grec *cômódia*, formé de *cômé*, bourg, village, et de *adô*, je chante; parce que, dit-on, les auteurs comiques allaient de village en village chanter leurs œuvres]. Nous croyons cette étymologie un peu hasardée. — Au mot *Chœur* nous avons exprimé notre opinion sur la prétendue origine de la tragédie, qui daterait de Thespis, lequel allait de village en village, sur un chariot, chantant des hymnes, des dithyrambes en l'honneur de Bacchus. Nous avons fait justice de cette croyance, généralement adoptée depuis que Boileau l'a accréditée dans son *Art poétique*, mais qu'Horace, dans son *Épître aux Pisons*, dont Boileau a traduit le passage, ne donne que sous la forme dubitative. Le dithyrambe était un chant sévère. Par opposition, la comédie ne dut se servir que de chants joyeux. Il est donc plus naturel de faire dériver *Cômódia* de *Cômos*, chanson gaie, libre, et de *aéidô*[1], je chante; et comme le dithyrambe était consacré à Bacchus, la chanson et la comédie furent mises aussi sous la protection d'une divinité, qui ne peut être que *Comus*, Cômos[2], dieu de la joie et de la chanson qui en est l'expression. Dans Pindare *cômos* est pris dans l'acception de chant. Il nous semble que l'esprit est plus satisfait de cette origine toute simple et conforme à la raison.

La comédie est un poëme dramatique, une œuvre dans laquelle des acteurs, devant un auditoire, sur un théâtre, représentent une action que l'on suppose s'être passée entre des personnes qui ont communément des rapports entre elles; son but principal est de peindre, en style plaisant et satirique, les mœurs, les vices, les ridicules et les caractères qui, par leur nature, prêtent le flanc à la critique.

L'esprit malin et railleur de l'homme a donné naissance à la comédie. Comme cet esprit est dans la nature de l'homme, l'origine de la comédie est fort

ancienne. On peut dire qu'elle remonte à l'époque où l'homme s'est trouvé constitué en société.

Pour nous elle commence avec les Grecs. Quoique le génie des Grecs se fût merveilleusement développé dans les trois premiers âges de la Grèce, avec les Orphée, les Homère, les Tyrtée, les Alcée, les Sapho, les Anacréon, cependant il n'apparaît pas encore des traces qui puissent nous faire supposer que la comédie existât; ce ne fut que dix siècles après l'apparition des plus anciens poëtes que la comédie s'annonça par de timides essais, vers le quatrième siècle avant notre ère.

Pendant que Thespis traitait des sujets sur le ton dithyrambique, Susarion déjà attaquait de front les vices et les ridicules de la société dans des espèces de scènes dans lesquelles les satyres, les faunes, étaient les principaux personnages; de là le nom de satires pour désigner le nom des poëmes dans lesquels on fronde les ridicules et les travers des hommes. Mais ces sortes de comédies informes, et le plus souvent obscènes, étaient plutôt des farces et des parades pour amuser la populace. Cependant l'empressement avec lequel Athènes adopta ce spectacle inspira plusieurs poëtes à y consacrer leurs talents, et, malgré la sévérité de Solon, qui commençait à s'émouvoir, avec juste raison, de la licence qui s'y introduisait, on accourut en foule à ces pièces dont la nouveauté piquait la curiosité publique.

L'histoire ne nous a guère conservé que les noms de quelques auteurs de cette époque peu connue qui se sont exercés dans ce genre, et ne nous a fait connaître de leurs œuvres que certains titres plus bizarres les uns que les autres.

On a divisé, chez les Grecs, la comédie en trois époques ou trois âges. A l'inverse de la vie humaine, le premier âge a été de fer, le second d'argent, et le troisième d'or.

Dans le premier âge nous comprenons les successeurs de Susarion : Timocréon, Cratinus, Eupolis, Épichrane, Aristophane.

Ce qui distingue cet âge, c'est la licence portée à son comble, les réputations les plus éclatantes livrées à la risée publique, la magistrature honnie, la religion même vilipendée. Rien n'était à l'abri des coups des auteurs, qui ne peut être que *Comus*, la philosophie, la vertu, le mérite étaient confondus avec les vices et le ridicule; non contents de ce débordement, ils attaquèrent les personnes mêmes, d'abord par des allusions faciles à saisir, ensuite par les traits du visage représentés sur un masque dont l'acteur se couvrait la tête, et enfin en les désignant par leurs noms. C'est ainsi que Thémistocle, Simonide, Créon, le premier magistrat d'Athènes, et Socrate, furent traînés sur la scène, couverts de ridicule et d'opprobre, accablés d'injures et de traits sanglants. Ce qui étonne, c'est que ces invectives, ces attaques scandaleuses, se passaient sous les yeux de Périclès; peut-être en rabaissant les grands, dont il conspirait la ruine et en les rendant odieux, ces attaques servaient-elles ses projets.

Enfin, le pouvoir ouvrit les yeux et réprima la licence des poëtes; un décret autorisa la personne

---

[1] *Adô* est la contraction de *aéidô*, que Homère emploie dans l'*Iliade* aux premiers vers.

[2] Voir aux racines grecques les dérivés de ce mot.

lésée à les traduire en justice. La satire directe contre les personnes, contre la magistrature et les chefs de l'État fut défendue ainsi que les portraits sur les masques.

La crainte qu'inspirèrent ces lois produisit une révolution soudaine et rendit les poëtes plus circonspects; Aristophane, le plus hardi, se vit obligé de se soumettre et s'inclina devant la loi.

De cette époque date le second âge, et Aristophane l'inaugura dans son *Plutus*, ce qui ne l'empêcha pas de donner carrière à son esprit satirique, mais il s'abstint de personnalités. Ses successeurs Eubolus, Antiphane et plusieurs autres, dans le cinquième âge de la Grèce, c'est-à-dire au troisième siècle avant notre ère, se conformèrent à ces lois sévères et respectèrent un peu mieux les règles de la bienséance.

De ces deux derniers poëtes date le troisième âge de la comédie, qui la vit entrer dans la voie de la décence et ne s'occuper que des sujets qui sont naturellement de son domaine. Elle ne s'attacha plus qu'à des ressemblances générales et relatives aux ridicules et aux vices qu'elle censura et poursuivit. Ménandre fut la gloire de cette époque. Il eut pour contemporain Apollodore. Moins heureux que Ménandre, du grand nombre de ses pièces nous ne possédons que quelques titres; mais on sait que le *Thormion* et l'*Hécyre* de Térence sont tirés de ses œuvres.

Les Romains reçurent la comédie des Grecs, ou plutôt allèrent la chercher chez eux. Les Romains étaient avides de spectacles; ils avaient un nombre prodigieux de théâtres, d'amphithéâtres, soit à Rome, soit dans les pays conquis; quelques-uns étaient d'une étendue immense, tels que le Colosseum, appelé par corruption Colisée.

Pour alimenter ces théâtres, il fallait nécessairement des auteurs qui composassent des pièces, car, comme les Grecs, les Romains aimaient la nouveauté. Les auteurs, à ce qu'il paraît, ne firent pas défaut, mais malheureusement il en est peu dont les œuvres sont venues jusqu'à nous; et toute l'histoire du théâtre latin, pour la comédie, se concentre sur deux auteurs célèbres, Plaute et Térence. Ainsi sont perdues pour nous les comédies d'Afranius, qui n'avait rien emprunté aux Grecs, comme ses prédécesseurs Plaute et Térence; celles d'Andronicus, qui le premier composa des comédies régulières; celles de Cœcilius Statius, au nombre de trente, ami d'Ennius et de Térence et que, pour le mérite, on plaçait entre Plaute et Térence, rang assurément très-honorable; celles d'Ennius, à qui Virgile fit plus d'un emprunt, car cet auteur, outre des comédies, avait composé des tragédies et d'autres ouvrages. On a pris trop au pied de la lettre le mot de Virgile qui disait, lorsqu'il lui avait fait un emprunt, qu'il avait tiré de l'or du fumier d'Ennius; un fumier où l'on trouve de l'or n'est pas tant à dédaigner; celles de Pacuvius, neveu d'Ennius qui fit aussi des tragédies; les mimes, les atellanes ou petites pièces satiriques de Laébrius, et une foule de pièces d'autres auteurs. De tous ceux que nous citons nous ne possédons que quelques fragments, insérés dans le *Corpus Poetarum*.

Plaute avait composé cent trente pièces; il ne nous en reste que vingt. Térence fit un voyage en Grèce pour étudier la littérature des Grecs, et comme il revenait de ce voyage avec cent huit pièces imitées ou traduites de Ménandre et d'autres auteurs, il fit naufrage, et tout ce trésor fut englouti dans les flots. Cette perte lui causa tant de chagrin qu'il en mourut à l'âge de trente-cinq ans. Il ne nous reste de cet auteur que six pièces. Nous n'entrerons pas dans de grands détails sur le jugement à porter de ces deux auteurs. Nous dirons d'eux ce que dit Plutarque d'Aristophane et de Ménandre. La muse de Plaute ressemble à une femme débauchée; celle de Térence à une femme pudique. Ils firent l'un et l'autre les délices des Romains : Plaute de la plèbe, Térence du patriciat. Mais ils n'ont pas moins une gloire, celle d'avoir fourni des sujets à plus d'un de nos illustres auteurs.

De Plaute, Molière a imité son *Amphitryon*, et pris l'*Avare* dans l'*Aulularie*. Regnard a imité *les Menechmes*; *le Retour imprévu*, du même auteur, et *le Tambour nocturne*, de Destouches, sont tirés de la *Mostellaire*.

De Térence, Molière a pris *les Fourberies de Scapin*, dans *Phormion*, et l'*École des Maris*, dans *les Adelphes*; Baron a imité l'*Andrienne*.

En France, on peut dire que les commencements de l'art dramatique furent pauvres, et nous ne craignons pas d'ajouter qu'ils furent ignobles. Nous ne pourrions dire si c'étaient des comédies, des parades ou des farces. Il n'y a pas de nom dans notre langue pour qualifier ce genre barbare. C'était un tissu d'absurdité, un mélange de sacré et de profane; le diable conversant avec Dieu, les anges et les démons se disputant ensemble; la religion, dans ses mystères les plus saints, livrée aux plus odieuses bouffonneries. Ces sortes de pièces, aussi licencieuses que sacriléges, furent appelées comédies pieuses, moralités, mystères, sans doute par antiphrase, et furent représentées par des comédiens sous le nom de Société de la Passion, confrères de la Passion de Notre-Seigneur, parce qu'ils prenaient pour sujet principal la Passion de J. C. et le mystère des *Actes des Apôtres*. Ce genre se traîna ainsi pendant le quinzième et le seizième siècle.

Nous allons donner une idée de ces comédies pieuses, ainsi que des moralités et farces. Pour initier le lecteur dans ce genre, nous ferons passer sous ses yeux le mystère de la résurrection de Notre-Seigneur, qui contient toutes les extravagances que nous signalons plus haut. Cette pièce d'environ mille vers, est sans divisions. Nous indiquerons les scènes, d'après la situation des personnages, et nous tâcherons surtout d'être bref.

Les entre-parleurs (personnages) sont :

DIEX LE PÈRE.	BELIAS, second dyable.
DIEX LE FILS.	NOSTRE DAME.
ADAM.	MAGDELAINE.
EVE.	SAINCT MICHEL, angle.
BELGIBUS, premier dyable.	GABRIEL, id.

RÁPHAEL, angle.　　　ANNE.
NOEL.　　　PILATE.
JACOBÉE.　　　PREMIER CHEVALIER.
SALOMÉE.　　　SECOND CHEVALIER.
SAINCT JEHAN-BAPTISTE.　　TIERS CHEVALIER.
CAÏPHAS.　　　L'ESPICIER.
　　　DYABLES, ANGLES.

Prologue.

In principio creavit Deus cœlum et terram, etc.

(Environ 130 vers.)

SCÈNE PREMIÈRE.

Cy après s'ensuit comment Diex fit Adam et Eve, puis s'en voise un tour entour le champ, et die :

DIEX LE PÈRE.

Or ay-je faict tout à la raonde
Ciel, terre et mer, tout en une onde.
Lez estoilles, solleil et lune,
Et sy ay faict qui est commune
Bestes, oysiaux et tous poissons,
Et leur ay à tous donné noms.
Homme et fame ce me fault faire ;
Sur toute chose nécessaire.
Premièrement je ferai homme
A l'en commancement, c'est la somme,
Et puis après incontinant
Ferai la femme à l'avenant, etc.

SCÈNE II.

Soit Adam couchiez à terre, et couvert, jusques Diex le face lever, et aussi Eve, de costé, lui couverte, et le prent par la main.

Cy se couche Adam de costé Eve, et face samblant de dormir et face Diex le signe de la croix, et preigne Eve par la main, et die :

SCÈNE III. — ADAM et EVE.

Diex voise entour le champ jusques Adam ait mengié du fruict.

SCÈNE IV. — Et BELGIBUS.

Cy mengue Adam du fruict et puis ce preignent par la gorge, et puis die :

Ha! hay! Eve, que m'a-tu faict, etc.

SCÈNE V.

Cy se vestent, et face Adam samblant de labourer et Eve de filer, et puis voise en enfer.

SCÈNE VI.

Cy voisent à Pilate.

SCÈNE VII.

Cy voisent aux gens d'armes.

SCÈNE VIII.

Cy voisent Caïphas et Anne, où ils voudront, et les chevaliers parlent.

SCÈNE IX.

Adam en enfer die :

SCÈNE X. — ADAM, BELGIBUS.

BELGIBUS.

Ha! hay! que cilz brait et crie? etc.

SCÈNE XI.

Diex le Fils, en levant du tumbel, die :

SCÈNE XII.

Cy voise Diex en enfer et les âmes chantent : *Veni Creator spiritus*, etc., et sainct Jehan commance.

SCÈNE XIII. — Et DIEX LE FILS.
SCÈNE XIV. — Et LES DYABLES.
SCÈNE XV. — DIEX LE PÈRE.
SCÈNE XVI.

Les Dyables yssent hors d'enfer, et puis die :

SCÈNE XVII.

Cy montre Diex ces plaies, et die :

SCÈNE XVIII. — JACOBÉ, NOSTRE DAME, SALOMÉE, ANNE, MAGDELAINE.

SCÈNE XIX.

Cy voisent à l'Espicier.

« Pour peser de l'oiguement. » (De l'onguent pour oindre les plaies du Christ.)

SCÈNE XX.

Cy s'en voisent au monument, et alant die :

SCÈNE XXI.

Cy voisent un tour, et puis die devant le tumbel et regardant :

SCÈNE XXII.

Cy chante premier angle : *Agnus redemit oves*, et die tout le ver.

SCÈNE XXIII.

Cy se détournent jusques les chevaliers aient parlé. Le tiers en frappant l'un sur l'autre et en eulz fuyant.

SCÈNE XXIV.

Cy voise ou jardin plorer, puis die à genoux

SCÈNE XXV.

Cy veigne Diex à Magdelaine et, entre l'arbre, die :

SCÈNE XXVI. — MAGDELAINE.

Cy voise à sez compaignes, et leur die :

SCÈNE XXVII.

Cy voisent entour le champ, et quant ils seront de costé le pin, die :

MAGDELAINE, *à genoux.*

Toutes. III. Sanz faindre depuis
Qu'il le nous a ainssy chargié
Yrons, quant c'est por son congié,
Sa résureccion anunssant
En général et exaussant,
Et vous prie que pour l'excellance
De sa loenge, sanz cillance,
Nous esmovons sanz tarder plus
Chantant : *Te Deum laudamus!*

EXPLICIT. EXPLICIT.
AMEN!
AMEN!

Explicit, mot employé par Térencé, qui signifie : Fin de l'ouvrage.

Titre et personnages d'un autre mystère : *Le Mystère du Chevalier qui donne sa fame au dyable.* Entre-parleurs. C'est assauoir :

DIEX LE PÈRE.	LA FAME.
NOSTRE DAME.	AMAULRY, escuier.
GABRIEL.	ANTHÉNOR, escuier.
RAPHAEL.	LE PIPEUR.
LE CHEVALIER.	LE DYABLE.

Annonce de la représentation d'un mystère. Le cry et proclamation publique : pour iouer le mystère des *Actes des Apôtres* en la ville de Paris; faict le jeudi seizième jour de décembre l'an mil cinq cens quarante, par le commandement du Roy, notre sire François, premier de ce nom, et monsieur le prévost de Paris, affin de venir prendre les roolles pour iouer le dit mystère. On les vend à Paris en la rue neufve Nostre-Dame, à l'enseigne de *Sainct Jehan-Baptiste*, près Saincte Geneviefve des ardens, en la boutique de Denis Lanot. M.D.XLI; de huit pages.

Moralité d'une pauvre fille villageoise, laquelle aima mieux auoir la tête coupée par son père que d'estre violée par son seigneur. Faicte à la louange et honneur des chastes et honnêtes filles; à quatre personnages.

Moralité : L'homme juste et l'homme mondain, avec le jugement de l'âme dévote et l'exécution de la sentence. Imprimée à Paris, le 19 juillet 1508.

Cette moralité, qui contient environ trente-six mille vers, et occupe quatre-vingt-deux personnages, est de Simon Bourgoin, valet de chambre du Roi.

Comédie facécieuse et très-plaisante du voyage de frère Fécisti, en Prouence, vers Nostradamus, pour savoir certaines nouvelles des clefs de Paradis et d'Enfer que le pape auroit perdues. Imprimée à Nismes, en 1599; de 34 pages.

La farce joyeuse de Martin Baston, qui rabbat le caquet des fames, et est à cinq personnages; assauoir :

LA PREMIÈRE COMMÈRE.	MARTIN BASTON.
LA DEUXIÈME COMMÈRE.	CAQUET.
	SILENCE.

Voilà les chefs-d'œuvre que le restaurateur des lettres, François Iᵉʳ, se plaisait à aller entendre avec sa cour.

Voici comment Boileau nous à dépeint cette époque dans son *Art poétique :*

Chez nos dévots aïeux le théâtre abhorré
Fut longtemps dans la France un plaisir ignoré.
De pèlerins, dit-on, une troupe grossière
En public à Paris y monta la première,
Et sottement zélée, en sa simplicité,
Joua les saints, la Vierge et Dieu par pitié.
Le savoir, à la fin, dissipant l'ignorance,
Fit voir de ce projet la dévote imprudence.
On chassa ces docteurs prêchant sans mission.

Effectivement, les confrères de la Passion disparurent des tréteaux, et coururent s'abriter à l'ombre des temples, et chantèrent Dieu plus dignement.

Une nouvelle ère s'ouvrit alors. Ce fut sous le règne de Henri II.

Une troupe de comédiens, cette fois laïques, se forma, et l'on vit, pour la première fois, des sujets profanes paraître sur les théâtres. La première comédie qui fut représentée était de Jodelle, intitulée *Eugène* ou *la Rencontre*, à la représentation de laquelle assista Henri II. Ainsi Jodelle peut être considéré comme le réformateur du théâtre en France. Pour avoir conçu le plan d'une comédie régulière, comparativement à ce qui se faisait alors, dans le but de l'opposer aux pièces des confrères de la Passion, il fallait qu'une grande pensée le préoccupât; l'esprit frappé des beautés du théâtre grec, il devait sentir que la voie dans laquelle le théâtre de son temps était entré n'était pas celle qui lui était destinée. Il fit donc sortir des ténèbres le genre comique, ainsi que le genre tragique, comme nous l'avons dit dans l'article *Chœur.* (Voy. ce mot.) C'est une gloire qu'on ne peut lui contester. Ce n'est pas qu'il ne soit sans défauts; de l'école de Ronsard, il en a toutes les imperfections et le mauvais goût; son style est plat, trivial, quelquefois boursouflé, dans ses tragédies, et n'est pas supportable aujourd'hui. Aussi cet auteur est-il tout à fait oublié.

Voici un échantillon de son style, tiré de la comédie d'*Eugène :*

Eugène dit à messire Jean, en parlant à dame Alix, dont il est épris, et que, sous le nom de sa cousine, il a mariée

A Guillaume, le bon lourdaut,
Qui est tout tel qu'il nous le faut.
. . . .
Mais maintenant j'ai si grand peur
Que Guillaume tente mon cœur
Avec les cornes de sa tésté.

MESSIRE JEAN.

Ah ! ventrebleu ! il est trop beste.
Son front n'a point de sentiment
Ni son cœur de bon mouvement.
Ho, ho, quoi ? craignez-vous en rien
En cela un Parisien ?

Guillaume est tout charmé de la vertu de sa femme et dit :

Outre cela elle est tant douce !
Jamais ses amis ne repousse;
Elle est à chacun charitable,
Et envers moi tant amiable,
Que le monde en est étonné.
Quantes fois m'a-t-elle donné
De l'argent pour m'aller jouer !
Cil qui veut à Dieu se vouer
Ne sera jamais indigent.
Alix a toujours de l'argent;
Elle est saincte dès ce bas lieu,
Car c'est de la grâce de Dieu
Que cet argent lui vient ainsi.

Ce petit morceau est piquant et plein d'une fine plaisanterie malgré le style burlesque.

Voici ce que disait Ronsard de Jodelle :

Jodelle, le premier, d'une plainte hardie
Françoisement chanta la grecque tragédie;
Puis, en changeant de tons, chanta devant nos rois
La jeune comédie en langage françois ;
Et si bien les sonna, que Sophocle et Ménandre,
Tant fussent-ils savants, y eussent pu apprendre.

Et cependant ses œuvres restèrent plus d'un siècle en possession du théâtre.

Toutefois il se forma à son école quelques auteurs qui composèrent des pièces, comédies et tragédies, et alimentèrent ainsi le théâtre jusqu'au fameux Hardy, le plus fécond peut-être de tous les auteurs dramatiques, car, sans collaborateurs, il a fait à lui seul plus de six cents pièces de théâtre.

La langue, depuis Jodelle, eut le temps de se perfectionner et le goût aussi. Corneille n'eut pas de peine à faire oublier tous ses rivaux dans les deux genres, en donnant ses comédies de *Mélite*, de *Clisandre* et du *Menteur*, et ses tragédies de *Médée* et du *Cid*.

Peu après, Molière fit son apparition, et chacun le salua comme ce spectateur qui, se levant du milieu du parterre en l'applaudissant, s'écria : Courage, Molière, voilà le bon comique! On attribue ce mot à Ménage. Molière, pendant toute sa vie et après, a régné sans partage, et, depuis bientôt deux cents ans, il porte toujours avec le même éclat le sceptre comique.

Cependant, il ne faut pas croire qu'après Molière le théâtre s'est éteint, comme on a bien voulu le dire, et l'a suivi dans la tombe. Comme après Corneille et Racine la muse tragique s'est soutenue avec succès, après Molière la muse comique a eu de dignes interprètes. Au premier rang nous pouvons placer Regnard, Destouches, Collin d'Harleville, Piron, Sedaine, Andrieux, Picard, A. Duval, C. Delavigne. Il n'est pas un de ces auteurs qui n'ait un chef-d'œuvre et quelques-uns que ne désavouerait pas Molière. Voltaire disait : Qui ne sait pas se plaire aux comédies de Regnard n'est pas digne de goûter Molière. Immédiatement après nous pouvons nous glorifier d'avoir un certain nombre d'auteurs qui tour à tour ont été accueillis avec faveur par le public : Baron, Boursault, Dancourt, Boissy, Dufresny, Montfleury, Fagan, Delanoue, Desmahis, Gresset, Palaprat, la Motte, Favart, Lesage, Sedaine, Saurin, Étienne, et beaucoup d'autres que nous oublions peut-être, et auxquels on pourrait ajouter une autre classe d'auteurs dans différents genres, qui n'a pas eu moins de mérite ni moins de succès : tels que Scarron, Legrand, la Chaussée, quoique Voltaire ait dit de lui qu'il était un des premiers après ceux qui ont du génie ; il jouit dans son temps d'une grande vogue ; Beaumarchais, pour ses pièces à intrigues ; Collé, Desforges, Fabvre d'Églantine, etc. Nous nous croirions coupable de ne pas parler de Théaulon, notre ami et ancien camarade de collège, auteur des plus féconds, qui a eu le plus d'esprit en argent comptant. Il a composé plus de deux cent cinquante pièces de divers genres, opéras, vaudevilles ; il en avait

laissé à sa mort une trentaine en manuscrits ; nous ignorons ce qu'elles sont devenues; toutes brillent par l'esprit, par la gaieté la plus franche et par l'entente parfaite du théâtre. Ce n'est pas à cause de ces ouvrages seuls que nous le mentionnons ici, c'est pour deux comédies en cinq actes et en vers, qui furent représentées avec succès, l'*Indiscret* et l'*Ambitieux*.

Nous n'avons pas à nous prononcer sur les vivants, chacun en est juge. Il n'est ici question que d'auteurs qui ont traité de la haute comédie, de la comédie de mœurs, de caractère ou qui en approchent.

La comédie a ses divisions, qu'il ne faut pas confondre, suivant les sujets qu'elle saisit dans les différentes classes de la société.

Il y a donc le haut comique ou noble, le comique bourgeois et le bas comique.

Il pourrait se faire que cette division, quoique naturelle, ait été empruntée aux Latins, qui avaient trois espèces de comédies : *prœtextata*, de la robe bordée de pourpre dont les magistrats, les sénateurs et tout ce qui est de qualité, étaient revêtus dans les solennités; *trobœata*, du manteau que portaient les romains de la classe moyenne et qu'ils mettaient pardessus la tunique; *tunicata*, de la tunique sans manches que portait le Romain livré à toutes sortes de travaux : le vêtement du prolétaire. Avec ces distinctions, l'application est facile à faire avec nos trois genres.

Le *Misanthrope*, le *Tartuffe*, le *Glorieux*, la *Métromanie*, le *Joueur*, le *Distrait*, appartiennent à la première classe ; le *Bourgeois gentilhomme*, *Turcaret*, l'*Homme à bonnes fortunes*, les *Marionnettes*, à la seconde ; *Pourceaugnac*, quelques autres pièces de Molière, dont la farce est cependant relevée au point où elle est prête à descendre trop bas, telles que *Georges Dandin*, les *Fourberies de Scapin*, l'*Avocat patelin*, le *Roi de Cocagne*, appartiennent à la troisième catégorie.

Il y a en outre la comédie héroïque, dont Corneille nous offre un exemple dans *Don Sanche d'Aragon*, et Molière dans *Don Garcie de Navarre*.

Nous avons les comédies-proverbes dans lesquelles ont excellé Carmontelle et Leclercq.

Il est aussi un autre genre de comédie, ordinairement en un acte, qu'on peut appeler comédie d'intérieur, de salon, de coin de feu, genre charmant, qui demande à être traité avec beaucoup de délicatesse, dont le sujet est pris d'une action domestique, et qui peut quelquefois s'étendre jusqu'à l'intrigue, avec trois personnages. Ces comédies, pour la composition d'un spectacle, en sont pour ainsi dire le prologue. C'est pour cela qu'en termes de coulisses elles sont appelées lever de rideau. Depuis quelque temps ce genre a pris faveur, telles sont les pièces suivantes : le *Piano de Berthe*, la *Tasse cassée*, Chapître Ier, livre III, le *Pour et le Contre*, etc., ouvrages charmants, d'un goût exquis, plein de convenance, qu'il serait à souhaiter qu'on imitât souvent. C'est dans la bonbonnière du Gymnase surtout que fleurit ce genre tout français.

Comprendrons-nous sous le nom de comédie tous

les genres qui en découlent et auxquels Thalie semble avoir donné naissance?

Nous ne croirions pas notre article complet si nous n'en faisions pas mention d'une manière succincte. Ces genres appartiennent à l'histoire de la comédie et s'y rattachent par quelques côtés, soit par l'intrigue, soit par l'action, soit par le côté des mœurs, soit par la diversité des caractères, enfin par toutes les nuances des facultés actives qui caractérisent la société humaine; quelques-uns ont même conservé la dénomination de leur origine.

Ainsi nous avons la tragi-comédie; *Beverley* de Saurin est un type en ce genre.

La comédie-ballet, appelée de ce nom d'un divertissement qui a lieu entre les actes d'une pièce de théâtre; ce qu'on appelle aussi intermède. *La Princesse de Navarre*, de Voltaire, *le Sicilien ou l'amour peintre*, de Molière, appartiennent à ce genre, ainsi que *le Mariage forcé* du même auteur, *le Carnaval de Venise*, de Regnard, *la Sérénade* et *le Bal* du même auteur.

En bas comique, il y a *le Rapatriage*, comédie-parade de la Chaussée, qui a pu inspirer à Vadé le genre poissard. Cette parade n'existe pas dans les premières éditions des œuvres de la Chaussée; on aurait pu se dispenser de l'exhumer. Le répertoire du théâtre des Variétés fourmille de pièces de ce genre.

La comédie larmoyante, genre introduit par le même la Chaussée, dans lequel il obtint un grand succès. Les principales pièces sont *le Préjugé à la mode*, *Mélanie*, *la Gouvernante*, etc.; toutes en cinq actes et en vers.

La comédie pastorale, comme *Méliceste*, de Molière.

La comédie historique, la comédie anecdotique, la comédie épisodique, dont les noms indiquent suffisamment l'esprit.

La comédie-vaudeville, celle qui est mêlée de couplets sur des airs connus. Cette dénomination lui vient d'une chanson satirique, mise en musique sur air facile à retenir. Elle fut inventée par un ouvrier foulon, nommé Basselin, de Val-de-Vire, en Normandie. Cette sorte de chansons furent ensuite appelées vaux-de-vire et puis vaudevilles; intercalées ensuite dans une pièce de théâtre, elles donnèrent le nom au genre même. Ce genre ayant plu au public, qui l'adopta avec empressement, il vint à l'idée de deux hommes d'esprit, Piis et Barré, d'ouvrir un théâtre où seraient représentées uniquement ces sortes de pièces. Ce fut en 1792 que fut fondé ce théâtre, qui prit le nom de Vaudeville, aujourd'hui situé place de la Bourse, à Paris.

La comédie-opéra, ou l'opéra comique, pièce où le dialogue est coupé d'airs nouveaux et de morceaux de chant à grand orchestre. L'opéra comique diffère du grand opéra, ou genre lyrique, en ce que, dans ce dernier, le dialogue est tout en récitatif, et qu'il est accompagné de danses qui en augmentent la pompe.

Le grand opéra, ou Académie impériale de musique, spectacle dramatique et lyrique, dont les sujets sont pris généralement de la fable ou de l'histoire, et traités par les plus célèbres maestro, où ils déploient toute la science musicale. On tient fort peu compte des paroles. La musique en fait tous les frais, et c'est elle principalement qu'on va écouter. Aussi ne dit-on pas qu'on va voir *Robert le Diable*, *le Prophète*, *Moïse*, *la Juive*, etc., de Scribe ou autres, mais qu'on va entendre Rossini, Meyerbeer, Halévy, etc.

Le grand opéra réunit toutes les séductions qu'on peut imaginer pour plaire aux yeux et faire illusion; ce sont les décors, les changements à vue, tous les charmes des beaux-arts, tout l'art de la féerie, les danses, rien ne manque au prestige de ses magiques représentations; et pour en faire une merveille du monde et le maintenir à la hauteur de sa réputation européenne, le gouvernement le subventionne de près d'un million.

Quinault est le créateur de ce genre; il y a obtenu un succès incontestable.

La comédie à tiroirs, pièce de théâtre dont les scènes sont détachées et sans rapport entre elles; elles sont ordinairement à travestissements, et composées dans le but de mettre en relief le talent d'un acteur.

La comédie-féerie, où tout consiste dans les changements à vue, les travestissements, les transformations à grands coups de baguette, ouvrage fait pour faire briller le talent du machiniste. La pièce, en ce genre, qui a eu un succès pyramidal, est celle intitulée *les Pilules du Diable*, pour amuser les enfants et les amateurs des théâtres du boulevard du Temple. Nous signalerons aussi, comme ayant joui dans le temps d'un immense succès, *le Pied de Mouton* et *la Queue du Diable*, de Martainville.

En littérature, drame comprend tout ce qui est représenté sur un théâtre, soit dans le genre comique, soit dans le genre tragique, et dont le sujet est de quelque intérêt. C'est dans ce sens aussi que l'adjectif est plus généralement employé, dans cette locution: œuvres dramatiques, qui se dit des œuvres de Racine, comme de celles de Molière.

En parlant de Quinault, on doit dire: drames lyriques ou tragédies lyriques.

Cependant on a beaucoup abusé de ce mot de notre temps, en l'appliquant à des œuvres d'une conception de moindre valeur, car, à bien considérer le nouveau drame, il n'est ni une tragédie, ni une comédie, ni une tragi-comédie. C'est un mélange de tous les genres, la plupart écrits d'un style prétentieux, boursouflé, visant toujours à l'effet, et à frapper plutôt fort que juste; genre bâtard. Néanmoins il a été goûté et fort suivi par une certaine classe. Si les auteurs ne s'étaient pas efforcés de renchérir les uns sur les autres, en fait d'extravagances en tous genres, il eût pu exercer une grande influence sur les mœurs. Mais, malheureusement, trop jaloux de plaire à la multitude, au lieu de les ennoblir, ils les ont corrompues. Ce genre, aujourd'hui, à cause de sa monstruosité, a perdu beaucoup de son prestige aux yeux des masses. La multitude a été plus sage que les auteurs. Ce devrait être une bonne leçon pour mettre à profit ses bonnes dispositions. Une pièce, dans ce genre, qui a eu un succès formidable, c'est *l'Auberge des Adrets*. C'est là où se trouve le fameux personnage de Robert Macaire, qui a été exploité par tous les caricaturistes, et dont on a cru trouver le type dans les classes de la société chez lesquelles la spéculation est une passion effrénée. L'acteur Frédérick Lemaître s'y était acquis une grande célébrité.

Victor Hugo a jeté, par son génie, l'éclat de son talent sur ce genre jusque-là conspué. Il l'a relevé du ruisseau où il s'agitait dans la vase, lui a ôté ses guenilles, l'a revêtu d'habits plus propres, plus convenables, et quelquefois a jeté sur ses épaules, roussies par le fer rouge, un long et ample manteau de pourpre; et ce cadavre décharné, hideux, abject, s'est trouvé tout à coup ennobli. Tout le monde connaît ses drames en vers, et y a applaudi avec enthousiasme, malgré leurs imperfections. Nous regrettons seulement qu'il n'ait point continué dans cette carrière, en choisissant des sujets plus moraux et plus appropriés au caractère de la classe à laquelle ce genre semble plutôt convenir, car, de tous nos écrivains, il était seul capable de remuer les masses et d'y jeter le germe des nobles sentiments qui conduisent seuls à l'amélioration des mœurs. N'a-t-il pas compris cette noble mission? Nous dirons avec douleur ici, comme Racine : Qui depuis.....; faute immense que la postérité lui reprochera et que la philosophie ne lui pardonnera pas.

Du drame est né le *mélodrame*, qui ne diffère du premier que par l'extravagance poussée à sa dernière limite. Quant à sa moralité, nous en dirons ce que nous avons pensé du drame, quoiqu'on affecte d'y introduire un traître, personnage obligé, bouc émissaire, chargé de tous les péchés, et que l'on punit tragiquement. Mais avant d'être puni, le crime se pavane trop dans son apologie, et la vertu est trop souvent sacrifiée sans retour. Le mélodrame est le frère consanguin du drame, sous le rapport de la partie littéraire; mais il en diffère sous le rapport matériel. Comme le mot l'indique, la musique en fait une partie essentielle. Elle annonce les entrées des acteurs et accompagne leurs sorties. Son importance s'accroît par le secours qu'elle prête quelquefois à une situation pathétique ou à la passion qui agite le personnage, en accompagnant par ses modulations les divers degrés de sentiment de son âme. Soit qu'il parle ou qu'il garde le silence, cette mélodie exprime les combats auxquels son cœur est livré: l'amour, la haine, la vengeance, la pitié. Cette innovation, qui parut à certains yeux une chose stupide, risible, surprit d'abord, mais comme la musique ne gâte rien, et qu'elle agit toujours, par ses charmes, sur toute âme organisée, elle fut bien accueillie. Nous dirons, pour notre compte, que nous en fûmes frappé la première fois que nous l'entendîmes, abstraction faite de l'objet auquel elle était appliquée. Nous ignorons si le premier qui a eu cette idée fut guidé à cette occasion par une grande pensée; nous le disons à regret, nous ne le crûmes pas. Mais, en

y réfléchissant, nous y vîmes une imitation inspirée par le théâtre grec. On sait que la mélodie chez les Grecs, soit par la flûte, soit par la lyre, accompagnait toujours l'acteur ou le chœur lorsqu'ils parlaient. Cet usage s'étendit plus loin. Le poëte, qui déclamait ses poésies en public s'accompagnait lui-même de la lyre ou se faisait accompagner de la flûte. Des Grecs, cette coutume passa aux Romains. Pourquoi de nos jours n'essayerait-on pas de tirer parti de cette association de la mélodie avec la parole? Nous croyons qu'appliquée d'une manière plus intelligente, la musique pourrait parfaitement se marier avec la déclamation dramatique et la déclamation oratoire. Il fut un temps où la déclamation théâtrale était notée. Ce n'est pas ce que nous entendons; c'est alors psalmodier : on en a fait justice.

Nous voulons que la mélodie soutienne seulement la voix sans l'absorber. Faut-il être réduit à aller chercher des exemples dans tout ce qu'il y a de plus vulgaire, de plus trivial? Le charlatan qui débite en place publique sa panacée universelle, pour donner plus de ton à son discours artificieux, se fait accompagner d'un orgue de Barbarie. Par ce moyen dont il sait calculer l'effet, il se fait écouter, parce que la musique a une puissance mystérieuse qui attache toujours; est-ce une idée hasardée? Nous avons imité les Grecs et les Romains en tant de choses! Le mélodrame a plus d'une corde à son arc, et pour produire un plus grand effet, il appelle à son aide les danses, et même les batailles, les coups de fusil et le canon à l'occasion. Un mélodrame où la poudre a la parole attire toujours beaucoup de monde. Deux dramaturges se sont spécialement distingués en ce genre: Victor Ducange, dans *Trente Ans ou la vie d'un joueur*, et Guilbert de Pixérécourt, dans *l'Homme aux trois visages, le Chien de Montargis*, etc. Ces pièces ont eu un succès prodigieux; *Hariadan Barberousse* ne leur cède en rien.

Ce n'est pas tout : ce n'était pas assez que de nous offrir l'image des combats avec la fusillade, il manquait quelque chose à ces représentations militaires, des chevaux, des cavaliers, des escadrons manœuvrant comme au Champ de Mars. Le Cirque Olympique de Franconi est venu combler cette lacune. Il faut l'avouer, cet hippocentaure s'acquitte de cette tâche avec un rare talent et une intelligence remarquable. Rien n'égale la pompe de ces sortes de spectacle par la mise en scène, par les décorations, par les costumes et les sujets qu'il traite; rien n'est oublié pour chatouiller l'amour-propre et l'honneur national. Nos plus hauts faits d'armes, l'histoire de nos campagnes de la République et de l'Empire, les héros qui se sont illustrés dans ces guerres, Napoléon, Murat, tant d'autres passent sous les yeux du spectateur émerveillé, qui applaudit avec frénésie, surtout lorsque le fond du théâtre s'ouvre, et qu'à la lueur des feux de Bengale, le héros apparaît au milieu des nuages, dans toute la splendeur de la plus magnifique apothéose!

Après ces pompeuses descriptions on serait tenté de croire que tout est dit, que tout est épuisé, qu'il n'y a plus qu'à recommencer, et que l'art enfin a posé sa borne parce qu'il ne peut pas aller plus loin. Détrompez-vous; et le génie de l'homme n'est jamais à bout de ressources. Le Cirque, par son enceinte, ne peut que vous montrer une compagnie de soldats, quelques cavaliers, une modeste pièce de canon; l'Hippodrome, vaste comme le Colisée de Titus, va déployer devant vos yeux étonnés une armée de trois mille combattants, semblable à celle que le général Bonaparte commandait à l'armée d'Italie lorsqu'il battait les Autrichiens, trois et quatre fois plus nombreux; matériel de campagne, escadrons de cavalerie, parc d'artillerie, ambulances, enfin tout le tremblement, rien ne manque. Vous voyez défiler devant vous, comme dans une lanterne magique, maréchaux, généraux, état-major; c'est la bataille, l'assaut, le bombardement, la canonnade, la fusillade, la musique qui se mêle à tout ce bruit infernal, jouant *la Victoire est à nous !* Nous plaignons sincèrement ceux qui n'ont pas vu le siége de Sébastopol, avec les armées française et anglaise contre l'armée russe, et puis, pour compléter le tableau, les mâts des vaisseaux de notre armée navale dans le lointain. Il est impossible d'offrir un spectacle plus grandiose, plus émouvant et de pousser plus loin l'illusion.

Voilà tout un ensemble des spectacles faits pour amuser un peuple, suivant le goût de chaque classe. Si après cela l'on n'était pas content, il faudrait être bien difficile.

Mais dans cet ensemble de divertissements et de plaisirs, nous nous demandons, après les sens satisfaits si merveilleusement, la vue de ce qu'elle a contemplé, l'ouïe de ce qu'elle a entendu, et l'esprit de ce qu'il n'a rien compris, mais dont il est longtemps étourdi, nous nous demandons, philosophiquement parlant, si la morale est également satisfaite; nous nous demandons si la comédie moyenne, ou le comique bourgeois, si la comédie destinée particulièrement à la classe inférieure, et que l'on peut désigner par le nom de bas comique, sont l'une et l'autre dans la bonne voie. Nous n'hésitons pas à dire qu'elles en sont loin. Nous livrons volontiers à la risée publique les vices et les ridicules; qu'on stigmatise le tartuffe, le méchant, l'avare, l'envieux, l'impudent qui ne rougit de rien, le médisant; qu'on voue au ridicule le sot orgueilleux, le métromane, l'impertinent, tous les bourgeois gentilhommes du monde, les femmes savantes de tous les temps, et les George Dandin de tous les pays, rien de mieux; tous ont bien mérité que l'on les bafoue, qu'on les flagelle, qu'on les attache au pilori de la caricature.

Mais il est trois choses sacrées dans la vie de l'homme, que tout auteur, que Dieu a doué d'une intelligence supérieure pour instruire, plaire et toucher, doit, avant tout, respecter: c'est la jeunesse, le mariage et la vieillesse. Les planches sont une tribune d'où descend la parole sur un auditoire attentif. Platon faisait entendre, en parlant du théâtre, que le poëte devait se souvenir, en écrivant, qu'il se revêtait de la robe de magistrat et de législateur. Nous disons que tout auteur devrait se pénétrer de cette sublime idée : magistrat en respectant les mœurs, législateur en inspirant le respect des lois et des bienséances du monde. S'il ne sent point dans son âme les heureuses dispositions d'exercer ce noble sacerdoce, qu'il se retire de la lice, ou, si c'est pour agir contrairement à cette mission, que l'autorité brise sa plume. Vainement il dira pour se justifier que la loi lui est imposée, qu'il est dominé, entraîné par le goût d'un public qui l'applaudit; le public n'impose rien, le public ne dicte pas les sujets et n'indique pas la source où l'on doit les puiser; le public attend son éducation des apôtres qui s'annoncent pour l'éclairer. Tout ce qui arrive aux masses par la séduction de la parole rencontre toujours un terrain disposé à y faire germer le bon ou le mauvais grain. Si c'est du venin que distille votre plume, tous les pores du corps s'ouvrent pour le recevoir et en abreuvent les veines qui le portent au cœur, c'est une génération corrompue; la jeunesse perd le sentiment de la délicatesse, traite de vaines chimères tout ce qui est sacré, et pour elle la vieillesse, dans laquelle son inexpérience devrait rencontrer un Mentor, sous la figure duquel elle devrait toujours voir une divinité cachée, n'est plus qu'un objet de mépris.

La licence de la scène est plus funeste qu'on ne pense. Elle peut seule gangrener une nation, changer ses sentiments, porter le trouble dans la société. Vainement s'est-on efforcé de justifier Aristophane de la mort de Socrate, en disant que la comédie des *Nuées* fut représentée vingt ans avant sa condamnation, et que par conséquent Socrate ne put être la victime des traits mordants et infâmes qu'Aristophane a lancés contre lui. Qui supposera que la pièce n'a été jouée qu'une fois? Une pièce qui réussit, n'importe à quel titre, paraît longtemps sur le théâtre; et croit-on, lorsque Socrate fut accusé d'impiété, qu'il fut difficile de convaincre le peuple d'Athènes que Socrate était un homme dangereux lorsqu'il le voyait sur la scène représenté comme un sacrilége, un contempteur de la religion populaire, comme un sophiste ridicule qui corrompait la jeunesse, et enfin comme un voleur?

Dans la seconde scène du premier acte des *Nuées*, le valet de Socrate s'entretenant avec un certain Streptiade qui vient auprès de Socrate pour être initié aux mystères de son école, c'est-à-dire pour apprendre à tromper, après avoir débité toutes sortes de bouffonneries dit à son interlocuteur :

« Hier au soir nous n'avions rien à souper.

STREPTIADE.

« Eh bien, comment se tira-t-il de cette affaire?

CÉNAGORAS, *le valet de Socrate.*

» Il répandit de la poussière sur la table, et tandis qu'il amusait ses auditeurs avec un compas d'une main, de l'autre il décrocha adroitement un manteau avec un fer recourbé. »

Quel intérêt, quelle sympathie pouvait inspirer au peuple un homme ainsi traité? N'était-ce pas donner libre carrière aux ennemis de Socrate dans les moyens d'arriver à satisfaire leur haine? L'opinion pouvait-elle être pour lui? Qui donc l'avait préparée? Qui oserait nous faire un crime d'imputer à Aristophane l'horreur d'avoir préparé la ciguë que les Anytus et les Melitus présentèrent à Socrate, leur victime?

Le P. Brumoy dit d'Aristophane : « Sa muse est une bacchante, dont la langue médisante est détrempée de fiel, et dont le poison dangereux ressemble à celui de l'aspic ou de la vipère, et dont les saillies malignes et les caprices ingénieux portent plus tôt leur coup qu'on ne s'en est aperçu. »

Tout cela soit dit sans préjudice pour son talent.

Le législateur, effrayé de cette licence, rendit trop tard un décret par lequel les personnalités furent défendues; les pièces avant d'être jouées devaient être présentées au premier archonte pour être approuvées ou rejetées. Aristophane se soumit au décret. Ses successeurs respectèrent les règles de la bienséance. Ménandre, qui vint après, se distingua par l'élégance du style, la pureté des mœurs; avec lui on vit Thalie se réconcilier avec la pudeur et l'honnêteté.

Boileau a dit de lui :

Le théâtre perdit son antique fureur;
La comédie apprit à rire avec aigreur;
Sans fiel et sans venin, sut instruire et reprendre,
Et plus innocemment dans les vers de Ménandre.

Les Athéniens acceptèrent ce changement sans murmurer, et la société n'y perdit rien.

C'est une chose remarquable avec quelle facilité l'homme se laisse entraîner vers les objets qui le dégradent, faute d'un guide pour l'éclairer. En France nous avons eu un commencement semblable. Sous Henri III, les comédiens portèrent, dans leurs représentations, la licence à un tel point que le parlement leur ordonna de cesser de jouer leurs comédies, parce qu'ils n'enseignaient au peuple qu'obscénités et paillardises. Au commencement du dix-septième siècle survint une ordonnance royale qui défendit à tous comédiens de représenter aucune comédie ou farce qu'ils ne les eussent communiquées au procureur du roi.

De nos jours il semble que la plupart des auteurs aient pris à tâche de faire rougir la pudeur, et, comme Plaute, de forcer les Vestales à ne point aller au spectacle.

Le Français a la prétention d'être le premier peuple pour les manières élégantes, pour la politesse et l'amabilité, et cependant dans les œuvres dramatiques qu'il enfante par centaines, il se montre habituellement indécent, obscène et quelquefois grossier. Nous voulons parler de la petite littérature, la moyenne n'en est pas toujours exempte. Nous l'avouerons avec amertume, ces taches se rencontrent de temps en temps dans Molière; l'exemple a pu tenter. Le public trop indulgent s'y est prêté: pourquoi aussi le peuple le plus spirituel rit-il quelquefois bêtement aux plaisanteries qu'il devrait siffler?

Il n'est pas de pièces où l'esprit, les yeux, les oreilles ne soient offensés par des licences plus ou moins grandes; c'est un mot à double entente, un geste peu équivoque, une allusion déplorable, le plus souvent obscène, une intention choquante, une grimace grossière, une pantomime par trop expressive, toujours tendant à faire rougir aux dépens de la bienséance et de la pudeur. C'est l'éternel mari trompé, c'est la femme dépouillée de toute retenue, infidèle; c'est la jeune fille en contact avec le libertinage, qui plaît d'autant plus qu'elle s'avilit, et qu'elle a les mœurs garçonnières; c'est le lien du mariage trop facilement oublié, ridiculisé dans les qualités qui le rendent respectable; c'est, à notre honte, la vieillesse bafouée, bâtonnée, persiflée, et livrée en jouet à la jeunesse, par un valet effronté dont la conduite mérite les galères. Quelle leçon la jeunesse peut-elle retirer de tout cet oubli des convenances? que voulez-vous en attendre, et que prétendez-vous espérer d'une société dont elle deviendra un jour la force et l'agent qui doit lui donner le mouvement?

Cette tendance est fâcheuse et devrait éveiller la vigilance de nos archontes préposés à faire respecter la morale publique et à venger la pudeur outragée. La critique, il faut le dire, ne fait pas défaut pour signaler les abus et donner des avertissements salutaires; où est donc le mal? Ailleurs, sans doute. L'indiquer n'est pas impossible. Les mœurs sont la vie des nations; elles font toute leur civilisation; tout doit leur céder le pas : les armes et la politique. Figaro! Figaro! c'est ta morale qui triomphe; respect seul aux grands, à l'autorité, au prince!

La comédie a ses ennemis, ses détracteurs, trop souvent elle leur donne raison. C'est à elle à leur donner tort en abandonnant la voie dans laquelle elle semble se complaire.

Une nation comme la nôtre, dont le caractère, au fond, est généralement doux, poli, aimable, où, dans la bonne société, tout ce qui est éclairé doit en faire l'honneur et la gloire, chacun doit se faire une loi de se conformer aux mœurs, aux principes reçus, à la bienséance, aux convenances, qui font l'homme civilisé et distingué; l'écrivain bien élevé, quelque genre qu'il traite, doit faire accorder avec ces qualités ses idées, ses sentiments et toutes les ressources de son imagination.

A quelque classe que vous vous adressiez, en rendant hommage à ces principes, vous êtes toujours certain d'être accueilli avec faveur et de mériter l'approbation d'un public honnête et sain.

Nous nous abstenons de donner des règles; comme le *Dictionnaire des Rimes* n'a jamais fait des poëtes, les règles n'ont jamais fait des auteurs. L'écrivain doit les puiser dans le cœur humain pour la morale et pour la marche de l'action dans le développement naturel de son sujet; d'ailleurs, elles se trouvent dans nos bons auteurs, qu'il faut lire et consulter. C'est là qu'il faut les étudier. La principale règle est de plaire, c'est un don de la nature, heureux qui le possède! Il y a en outre le *vis comica*, aussi rare que l'art de plaire. Ce talent n'est pas le partage de tous les écrivains, c'est au génie à le trouver.

Comédie se prend aussi figurément. On dit d'un homme qui se conduit dans le monde d'une manière excentrique, extravagante, ou d'un ménage peu d'accord, dans lequel on se querelle souvent, qu'il se donne en spectacle au monde, ou bien qu'il donne la comédie au public, aux voisins. On dit aussi d'un homme qui veut s'en faire accroire, qui tient des discours qui sont loin d'être sincères, et qui veut abuser par des propos doucereux, qu'il joue la comédie, que ce qu'il dit est propos de comédie. On dit également d'une chose dont on veut faire mystère et qui cependant est arrivée à la connaissance du monde : C'est le secret de la comédie; c'est en vain que vous voulez le cacher, tout le monde sait cela aujourd'hui.

Chez les anciens, Thalie était la muse qui présidait à la comédie; Perrault a dit :

La gaillarde Thalie incessamment folâtre,
Et de propos bouffons réjouit le théâtre.

On la représente sous la figure d'une jeune fille, couronnée de lierre, un masque riant à la main, et chaussée de brodequins. RÉDAREZ SAINT-REMY.

COMÉDIEN. — Celui qui joue la comédie; celui qui, devant un public, avec d'autres comédiens, représente, sur un théâtre, toutes œuvres dramatiques.

On les appelle indifféremment *acteurs*, mais mal à propos. Ces deux mots ne sont pas, comme on le croit, rigoureusement synonymes. *Acteur* est relatif au personnage que l'on représente dans une pièce de théâtre. C'est ainsi que l'on dit des anciens, qu'Eschyle introduisit un second acteur, et d'un monologue qui existait auparavant il fit un dialogue; Sophocle ajouta un troisième acteur, c'est-à-dire qu'il était posé en règle que la scène ne devait être occupée que par trois personnages. Assurément dans les locutions ci-dessus, on ne pourrait pas dire : Eschyle introduisit un second comédien et Sophocle un troisième comédien. Par conséquent, il ne serait pas rationnel de dire : Dans telle scène de telle tragédie ou comédie on compte trois, quatre ou cinq comédiens ; c'est trois, quatre, cinq acteurs qu'il faut dire. Vous ne pouvez pas également dire d'un individu qui joue la comédie sur un théâtre de Société, en compagnie d'amis, que c'est un comédien; il est pour le moment acteur, représentant tel personnage. Un comédien n'est acteur que lorsqu'il agit, qu'il joue. On peut être acteur sans être comédien.

Le mot *comédien* est relatif à la profession que l'on exerce. Ainsi tout ce qui regarde l'acteur, en dehors du personnage qu'il représente, doit être, attribué au comédien. Dans le monde on est comédien, au théâtre on est acteur. On dit de Molière qu'il était auteur et comédien, et dans ses comédies qu'il était acteur.

Par extension, on dit que tel acteur dans tel personnage s'est montré comédien, bon comédien, pour dire qu'il possède tous les secrets de son art.

Ainsi la locution d'acteur pour comédien est vicieuse, logiquement parlant; mais il paraît qu'elle est admise par l'usage.

Il est encore une expression dont on se sert quelquefois en parlant des comédiens, on se sert du mot *artiste*. C'est étrangement abuser des mots : artiste s'entend en général pour désigner celui qui travaille dans un art; mais évitons l'équivoque. La comédie est un état, une profession. L'art dramatique n'est un art que pour l'auteur qui y travaille; c'est-à-dire qui fait des ouvrages pour le théâtre, et dont les sujets sont des actions comiques ou tragiques, encore l'auteur ne prend-il pas le nom d'artiste; à plus forte raison le comédien, son interprète. Il est entendu que quand on parle d'artiste, c'est celui qui travaille dans un art où le génie et la main doivent également concourir : tels sont les arts libéraux. C'est donc un titre que les comédiens s'arrogent à tort.

A ce propos voici ce que dit Casimir Delavigne dans sa comédie des *Comédiens*, Ier acte, scène V :

GRANVILLE.

Je te revois enfin, mon vieil ami Lebrun.

BELROSE.

Lebrun, pour un artiste, est un nom trop commun,
Je m'appelle Belrose.

GRANVILLE.

Eh bien ! Belrose passe.
Te souvient-il, mon cher, qu'autrefois, dans la classe,
Tu te mêlais déjà de déclamation ?
Ton instinct t'y portait.

BELROSE.

Dis ma vocation.

GRANVILLE.

Te voilà donc acteur ? c'est un métier fort triste.

BELROSE.

En nous parlant, vois-tu, le mot propre est artiste.

GRANVILLE.

Artiste si tu veux. Si bien que ton appui
Peut m'impatroniser dans la troupe aujourd'hui.

BELROSE.

Tu te feras chasser avec ignominie.
La troupe ! eh ! d'où viens-tu ? dis donc la compagnie.

La manie de vouloir se distinguer n'atteint pas seulement, comme on voit, l'aristocratie d'argent, ou la position sociale des Jérôme Paturot, elle montre le bout de l'oreille partout. La loi sur l'usurpation des titres qui se prépare, dit-on, aura fort à faire si elle doit frapper sur toutes les classes qui usurpent les articles de la grammaire et aussi les substantifs du dictionnaire. Voilà comme en France, aujourd'hui, se traduit l'égalité, pour laquelle les titres de noblesse furent détruits en 1789, et pour laquelle on a combattu soixante ans sur les champs de bataille ou à la tribune nationale.

Quelle a été l'origine des comédiens? Cette question paraît puérile d'abord; cependant il est des auteurs qui ont été la chercher en dehors de la comédie, qui doit être la réponse naturelle.

On a dit que les premiers comédiens en France ont été les troubadours. Les troubadours étaient des poètes qui, au douzième siècle, parcouraient les châteaux, les manoirs féodaux, les villes où siégeaient les gouverneurs de province, en chantant de petits poèmes dont le sujet était une histoire d'amour, une aven-

COM

COM

ture heureuse ou tragique, ou quelque vieille chronique, des légendes et quelquefois un récit éclatant à la louange d'un héros, une victoire, un fait d'armes de chevalerie, suivant que le chevalier se fût distingué en servant son Dieu, son roi, sa dame. Ils s'accompagnaient le plus souvent de la harpe. Les plus célèbres troubadours furent Raymond Bérenger, comte de Provence; Guillaume, comte de Poitou; Thibaut, comte de Champagne et roi de Navarre; Richard Cœur-de-lion, Blondel, le châtelain de Courcy, le vidame de Chartres, Charles d'Anjou, roi de Sicile, et d'autres de moindre lignage. Aucun de ces messieurs, rois, comtes ou barons, n'a été encore compté, que nous sachions, parmi les comédiens. Les troubadours composaient et chantaient leurs propres œuvres. Mais quelle ressemblance peut-il exister entre des chansons, lais, ou petites histoires, avec des comédies? C'est comme si l'on disait aujourd'hui que Jasmin, le spirituel poëte gascon, qui va de ville en ville, chantant ses sirventes, est un comédien; c'est comme aussi lorsque Eugène de Pradel, qui est, ma foi, un haut baron, qui, lui aussi, parcourt la France et improvise des vers charmants comme un autre parle, était considéré comme un comédien. Tous ces poëtes ne peuvent être comparés ni à Molière, ni à Legrand, ni à Dancourt, ni à Picard, ni à Sanson, qui ont fait des comédies dans lesquelles ils ont joué.

Il n'y a eu de comédiens que lorsque la comédie fut réellemment représentée sur un théâtre et devant une assemblée.

Les troubadours continuèrent à chanter jusqu'au quatorzième siècle, et les comédiens commencèrent à paraître au quinzième siècle, sous Charles VI, du règne duquel datent les premiers priviléges accordés à des comédiens. Chose étrange! les premiers comédiens furent des religieux, réunis en société; ils prirent la dénomination de confrères de la Passion de Notre-Seigneur. Les pièces qu'ils jouaient étaient tirées du Nouveau Testament. C'étaient principalement la Passion de Jésus-Christ, les Actes des apôtres, etc., tous sujets de piété. (Voy. le mot *Comédie.*) Ce qui surprend, c'est qu'ils trouvaient dans ces mystères matière à tailler des farces, des bouffonneries, des parades pour faire rire les spectateurs. Ce genre se traîna ainsi pendant deux siècles, de Charles VI à Charles IX; sous Louis XIII, leur théâtre était à l'hôtel de Bourgogne.

Une autre troupe s'était formée et jouait à l'Estrapade. Ses principaux acteurs étaient Gautier Garguille, Turlupin et Gros-Guillaume. Richelieu, charmé de leurs bouffonneries, les réunit aux comédiens de l'hôtel de Bourgogne, pour égayer, disait-il, les pièces de ceux-ci, qu'il trouvait trop sérieuses. Après la mort de ces fameux comiques, Mazarin fit venir d'Italie Scaramouche pour les remplacer. Ce Scaramouche fut le maître de Molière dans l'art de la farce.

Molière, en ce temps-là, avait formé une troupe de comédiens avec laquelle il avait parcouru la province; revenu à Paris, il joua devant Louis XIV, qui en fut si content qu'il lui permit de se fixer à Paris. Après avoir occupé plusieurs emplacements, ils s'établirent au Palais-Royal, où ils sont depuis 1660.

Nous venons de voir que Richelieu et Mazarin ne se firent aucun scrupule de s'intéresser à l'introduction de la comédie en France. C'est ainsi que deux princes de l'Église, deux cardinaux, se déclarèrent les protecteurs du théâtre et contribuèrent à son établissement.

Deux opinions bien tranchées se sont produites à l'égard de l'état de comédien. Il a ses ennemis et ses partisans. Le clergé l'anathématise; pourquoi? Est-ce à cause de ses mœurs? mais les mœurs des autres classes de citoyens sont-elles plus pures? Ce n'est pas, certes, les pièces qu'on leur fait jouer qui les en convaincront. Cette accusation est-elle bien juste, en présence des cours de Henri III, Henri IV, Louis XIV et Louis XV? Est-ce à cause que les comédiens se donnent en spectacle pour jouer la comédie? mais les charlatans, les saltimbanques, tous les paillasses du monde ne se produisent-ils pas en public et ne vendent-ils pas leur orviétan en faisant la parade? pourquoi ne seraient-ils pas compris dans l'anathème? On aura réfléchi probablement qu'on aurait frappé trop de monde s'il eût fallu excommunier tous les charlatans.

A cette occasion, nous rapporterons la lettre qu'écrit Mlle Clairon, en 1760, à M. Huerne de la Motte, avocat en parlement, auteur du *Droit canonique*, pour le consulter sur l'excommunication dont l'Église frappe les comédiens. Voici cette lettre :

« Monsieur, la confiance que j'ai en vos lumières » et la juste douleur que me cause l'excommunica- » tion, et par conséquent l'infamie qu'on attache à » mon état, m'engagent à vous prier de jeter les » yeux sur les mémoires ci-joints. Née citoyenne, » élevée dans la religion chrétienne catholique, que » suivaient mes pères, je respecte ses ministres, je » suis soumise aux décisions de l'Église. D'après » cette profession de foi, et ce que j'ai pu rassembler » de preuves, de titres, pour et contre ma profession, » voyez, sans me flatter, ce que je dois espérer ou » craindre. Quelque chose que vous décidiez, je vous » aurai la plus grande obligation de fixer mon incer- » titude. Elle est affreuse pour une âme pénétrée de » ses devoirs. »

Cette lettre est suivie d'un mémoire à consulter, dont voici la substance. Les acteurs et actrices de la Comédie Française sont nés de parents citoyens, et le sont; ils font profession de la religion catholique; ils sont autorisés dans leurs droits de citoyens, et même de noblesse; ils sont pour auteurs de leurs pièces les plus grands hommes de la nation, et ces grands hommes étaient et sont d'une même académie, qui fait la gloire de la France. Comment donc la société des comédiens, avec tant d'avantages, tant d'honneurs, peut-elle être excommuniée et par conséquent infâme? Est-ce parce que quelques membres de la Comédie mènent une vie licencieuse? mais cette excommunication même en est la cause. Car si d'un côté on refuse aux comédiens le sacrement du mariage; si de l'autre on ne fait pas plus de cas de leur bonne conduite que de leur mauvaise, c'est assurément les inviter aux désordres. Au contraire, si l'excommunication tombe, et l'infamie avec elle, le désir de participer aux mystères et celui d'être estimés feront naître les mœurs.

Toutes ces réflexions, aussi vraies que sages, font autant d'honneur à l'esprit qu'au cœur de Mlle Clairon.

Quelles peines réservez-vous à ceux qui encouragent les comédiens, à ceux qui leur prodiguent des ovations, leur jettent des couronnes, les chantent dans des vers, et au besoin les portent en triomphe et s'attellent à leur char pour les conduire, à la lueur des flambeaux, jusqu'à leur demeure? N'est-ce pas se rendre leurs complices? Quelle masse d'individus n'encourent-ils pas ainsi les foudres ecclésiastiques? N'avons-nous pas vu même un monarque ordonner de battre aux champs au passage d'une danseuse? Au milieu de tant d'honneurs, couverts de fleurs et d'applaudissements, aux cris, aux trépignements d'une assemblée en délire, quand on les élève jusqu'aux cieux, d'un autre côté on les plonge dans l'enfer.

Enfin les ennemis de la comédie disent qu'elle n'est nécessaire qu'à ceux qui se divertissent toujours, et qui tâchent de remédier au dégoût qui accompagne naturellement la continuation des plaisirs; et comme cette nécessité ne vient que de leur mauvaise disposition, on peut dire, à l'égard de la morale chrétienne surtout, que la comédie n'est nécessaire à personne, et qu'elle est dangereuse à tout le monde.

Quoique le Sage, dans *Gil Blas*, fasse l'éloge de la profession de comédien, nous nous abstenons d'emprunter ses raisons, qui sont quelque peu hétérodoxes, avec une tendance prononcée à la vie de Bohême.

Diderot ne rougissait pas de dire quel cas il faisait d'un grand comédien, et combien il serait orgueilleux de ce talent s'il l'avait. Il ajoutait : Qu'on me réponde du succès de Quinault Dufresne, et je suis demain comédien. Il n'y a que la médiocrité qui donne du dégoût dans les arts; et dans quelque état que ce soit, que les mauvaises mœurs qui déshonorent. Au-dessous de Racine et de Corneille, c'est Baron, la Desmase, la Seine, que je vois; au-dessous de Molière et de Régnard, Quinault l'aîné et sa sœur.

Hébert, curé de Versailles, disait à Mme de Maintenon que les divertissements de théâtre devaient être proscrits de toute bonne éducation.

Mme de Maintenon répondait au curé en faisant jouer les tragédies d'*Esther* et d'*Athalie* par les demoiselles de Saint-Cyr.

Cet exercice était autorisé dans les collèges de filles, et saint François de Salles permettait aux filles de la Visitation, à la tête desquelles il avait mis la pieuse Mme de Chantal, de représenter des pièces de dévotion. A plus forte raison devait-il le permettre aux jeunes gens qui, la plupart, sont appelés, par la nature de leurs études, à parler en public; cet exercice les rend propres à la discussion en les portant à vaincre une timidité souvent nuisible à un orateur ou dans le monde.

Louis XIV demandant à Bossuet son sentiment sur les spectacles, Bossuet répondit : Il y a de grands exemples pour et des raisonnements invincibles contre. Le grand exemple, probablement aux yeux de Bossuet, était celui que donnait le grand roi quand il dansait dans le divertissement du *Mariage forcé*, de Molière, et qu'il se faisait acteur.

Qui portera la lumière dans ce débat?

Dans l'antiquité, nous voyons se produire la même divergence d'opinions.

Les Grecs honoraient le talent dans toutes les classes, chez tous les individus, et l'on vit souvent leurs rois choisir des ministres parmi les comédiens.

Les plus illustres auteurs ne se faisaient aucun scrupule de jouer dans leurs pièces. Eschyle, Sophocle, Aristophane, ne rougirent pas de remplir un rôle dans leurs ouvrages.

Polus et Théodose, à Athènes, avaient beaucoup de crédit dans les assemblées publiques. Un fameux comédien, du nom d'Aristodème, fut envoyé en ambassade auprès de Philippe, roi de Macédoine. Philippe, charmé de la manière avec laquelle il s'était acquitté de sa mission, le garda auprès de lui et en fit son favori.

A Rome, au contraire, celui qui montait sur un théâtre était exclu des honneurs, et chassé même de sa tribu. Cependant il paraît qu'on était beaucoup revenu de cette sévérité du temps de Cicéron. Le mépris que la profession de comédien inspirait auparavant s'était beaucoup affaibli. Roscius, comédien du plus grand mérite, orné de toutes les qualités, homme d'honneur et de probité, était très-estimé de ses concitoyens, et surtout de Cicéron. On dit qu'il donna des leçons de pantomime à ce grand orateur. En reconnaissance aurait-il plaidé pour lui? Quoi qu'il en soit, il paraît, d'après ce qu'on en rapporte, que Roscius était admis dans l'intimité de Cicéron; il était même en grande faveur auprès de César. S'il faut en croire Pline, la République lui faisait une pension annuelle considérable, à lui donner rang de chevalier. Ce qui ne prouverait pas que la condition de comédien fût méprisée et considérée comme infâme.

Napoléon Ier recevait notre grand tragédien Talma dans son intimité.

Ainsi les trois plus grands hommes de guerre, Alexandre, César et Napoléon, ont témoigné de l'estime, et même de l'amitié, aux trois plus grands comédiens des annales théâtrales grecque, romaine et française, Aristodème, Roscius et Talma. Nous pouvons ajouter Louis XIV, qui honorait Molière de sa royale estime.

En Angleterre, la profession de comédien est regardée comme toute autre profession, aussi considérée que celle de marchand. Quelquefois cette considération se change en vénération, lorsque l'acteur est un homme d'un talent supérieur et qu'il a parcouru une carrière de triomphe et de gloire. A sa mort, il est porté en pompe à la sépulture royale, et c'est à Westminster qu'il y dort dans un tombeau à côté des plus grands hommes et des plus grands rois d'Angleterre.

Que conclure de toutes ces considérations? Ce qu'un homme sage, dépouillé de tout préjugé, sans prévention, doit naturellement penser. Qu'est-ce que le comédien? un homme qui concourt à nos plaisirs en représentant les chefs-d'œuvre de la littérature, la plupart écrits pour instruire, pour faire aimer la vertu, pour inspirer la haine du vice, corriger les hommes en exposant leurs ridicules à la risée publique; mission honorable et qui n'a rien certes de répréhensible. Ils sont les interprètes des savants, des littérateurs les plus illustres, des philosophes, la gloire et l'honneur de la nation. On n'est pas bon acteur, on n'excelle pas dans son art, on ne devient pas l'idole d'un public, on ne mérite pas ses applaudissements et des couronnes, sans avoir des qualités et des connaissances acquises par une étude suivie et profonde de la nature et du cœur humain. Il faut sentir, il faut savoir juger, lire au fond de l'âme, exprimer toutes les passions qui assiégent l'homme dans les différentes positions de la vie, peindre sur sa physionomie, dans ses regards, les divers sentiments qui peuvent l'agiter. C'est par de telles qualités qu'il parvient à nous intéresser, à nous faire rire ou pleurer et à nous charmer. Ce talent n'est-il pas merveilleux? Ne tiendrez-vous pas compte au comédien de tous les efforts qu'il fait pour vous plaire? Pour acquérir un pareil talent, il lui faut une réunion de qualités que la nature seule donne, il est vrai, mais que l'art et l'étude perfectionnent; c'est l'intelligence, c'est la mémoire, c'est une voix vibrante et sonore. Ce n'est pas tout, et pour accompagner cette voix, pour la rendre sympathique, il faut des gestes nobles et gracieux, une démarche simple et majestueuse, un port plein de dignité et de souplesse, une physionomie agréable, des traits distingués; et lorsque la nature s'est montrée ingrate de ce côté, quels talents ne faut-il pas pour arracher au spectateur transporté cette exclamation : Qu'il est beau! quand on est laid comme Lekain? Mais il faut encore autre chose pour compléter le portrait du comédien, il faut ce que possède Mlle Rachel et ce que possédait Mlle Dumesnil. A la répétition de la tragédie de *Mérope*, à la scène deuxième du quatrième acte, lorsque Mérope s'écrie qu'Égisthe est son fils et qu'elle se jette aux genoux de Poliphonte, Voltaire, peu satisfait du ton que Mlle Dumesnil mettait à dire son rôle, lui fit répéter plusieurs fois la même scène. Impatientée, Mlle Dumesnil dit à Voltaire en rejetant son rôle : « Mais il faudrait avoir le diable au corps pour arriver au ton que vous voulez me faire prendre. — Eh! vraiment, oui, répondit Voltaire, pour exceller dans tous les arts, il faut avoir le diable au corps! » La réunion de toutes ces qualités n'est pas commune, il est vrai, aussi les grands acteurs, dans tous les pays, sont rares.

Mais la France, néanmoins, a fourni son contingent d'acteurs éminents. Nous pouvons nous en glorifier, non pas seulement parce qu'ils ont contribué à nos plaisirs, mais par la part qu'ils ont prise à populariser le nom français chez toutes les nations en interprétant les chefs-d'œuvre de nos plus illustres auteurs. En introduisant notre littérature chez les étrangers, ils leur ont apporté, en même temps, les belles manières, le ton exquis, l'élégance qui caractérisent la nation française et qui la font la première du monde par son amabilité et sa courtoisie.

Il suffit de nommer quelques-uns de ces acteurs célèbres :

En première ligne se présente Baron, l'ami de Molière, l'homme le plus accompli de son temps; comme Alcibiade, doué par la nature des plus heureux dons ; auteur de *l'Homme à bonnes fortunes*, dont il avait pris, dit-on, le modèle sur lui-même; par ses talents il mérite d'être appelé le Roscius français.

Lekain, quoique d'un physique peu avantageux, on sait combien sa voix et ses traits exprimaient toutes les passions et quelle noblesse il imprimait à tous ses rôles par la majesté de sa démarche.

Molé, dont la présence seule excitait l'enthousiasme, et, dit-on, plus particulièrement chez les femmes, dans ses rôles de fats et de petits-maîtres, dans lesquels Fleury lui succéda dignement.

Talma, qui a laissé de si grands souvenirs, et que l'on peut appeler le plus célèbre de tous les tragédiens. La tête de cet acteur était magnifique, son regard d'une expression saisissante, ses gestes pleins de noblesse, sa démarche imposante; aussitôt qu'il paraissait en scène, le silence le plus profond régnait dans la salle et chacun écoutait dans le recueillement cette voix vibrante dont les accents retentissaient jusqu'au fond de l'âme.

Parmi les femmes nous citerons :

La Champmeslé, à qui Racine apprit la déclamation; elle était belle et possédait une rare intelligence. Elle créa les plus beaux rôles des tragédies de Racine et s'y acquit une grande réputation.

Clairon, qui, par sa beauté et ses talents, obtint les hommages de tous les poëtes de son époque et particulièrement de Voltaire.

Raucourt, qui eut un succès éclatant autant par son jeu éminent que par sa beauté. Bonaparte lui confia l'organisation d'une troupe de comédiens destinée à parcourir l'Italie, à l'époque de sa conquête par les armées françaises.

Gaussin, Georges, Duchesnois, Contat, dont on connaît les éminentes qualités.

Mars, la perle du Théâtre-Français, qui conserva jusqu'à un âge avancé et la taille élégante et la fraicheur de la voix, à faire illusion même dans les rôles d'ingénues.

Et l'incomparable Rachel, dont le premier début fut un triomphe, qui a surpassé toutes celles qui l'ont devancée dans la carrière, par une diction pure, harmonieuse, en dehors des traditions, par un jeu de physionomie d'une expression extraordinaire; par sa tenue pleine de noblesse, par la sévérité de son costume, qu'on peut dire sculptural, et emprunté à la plus belle statue grecque, sortie du ciseau de Phidias. Par toutes ces qualités elle a fait une révolution dans l'art théâtral. Désormais c'est le modèle qúe devront se proposer les aspirantes au théâtre.

Il en est d'autres qui pourraient, à bon droit, faire partie de cette galerie, que nous omettons, ne voulant pas faire de cet article une biographie.

Toutefois, sans posséder les perfections des plus célèbres comédiens, il en est d'excellentes, très-estimables, et dignes de la sympathie et de l'admiration du public. Comment ne pas accorder à ces hommes d'élite qui doivent posséder toutes les qualités du corps, de l'esprit et du cœur, et notre estime et notre considération et pourquoi n'auraient-ils pas droit à des sentiments affectueux s'ils s'en montrent dignes?

RÉDAREZ SAINT-REMY.

COMÈTE (astronomie) [du grec *kométés*, étoile chevelue]. — Corps céleste qui, à l'œil nu, a l'apparence d'une étoile environnée d'une auréole lumineuse, appelée chevelure, accompagnée quelquefois d'une queue plus ou moins longue. Les comètes décrivent des ellipses ordinairement fort allongées, dont le soleil occupe un des foyers; ils ne sont visibles de la terre que lorsqu'ils se trouvent assez rapprochés du soleil pour réfléchir vers nous la lumière qu'ils en reçoivent. Elles n'ont pas toutes le même éclat; les unes se voient parfaitement en plein jour, d'autres ne peuvent être aperçues que pendant la nuit; il en est qu'on ne saurait distinguer qu'avec de fortes lunettes.

L'ellipse (fig. 46), est une surface plane terminée par la ligne ovale AEBDHIJ.

Dans cette figure on appelle les points

A, B, D, E, sommets;

F, G, foyers;

C, centre;

H, I, J, points de la circonférence.

Les lignes

AB, grand axe;

DE, petit axe;

AF et GB, distances focales. (Lorsqu'il s'agit de comètes, on nomme distance périhélie la longueur

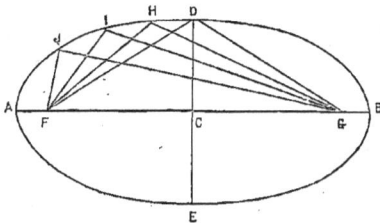

Fig. 46. — Ellipse décrite par la comète du 14 mars 1852.

de la ligne AF, et distance aphélie la longueur FB.)

FC et CG, excentricité. (On l'exprime toujours en parties du demi-grand axe, pris pour unité.)

AC et CB, demi-grand axe;

CD et CE, demi-petit axe.

Ce qui caractérise l'ellipse, c'est que AF=GB, FC

$=$ CG, CD $=$ CE, AC $=$ CB $=$ GD $=$ DF, AB $=$ GD $+$ DF $=$ GH $+$ HF $=$ GI $+$ IF $=$ GJ $+$ JF.

Généralement, la longueur totale de deux lignes droites, menées d'un point quelconque de la circonférence aux foyers, est égale aux grand axe.

Plus la ligne AB est grande, relativement à la distance focale, plus l'ellipse est allongée.

Et quand le grand axe est infini, la ligne courbe prend le nom de parabole.

Une ellipse très-allongée et une parabole dont la distance focale est la même diffèrent très-peu l'une

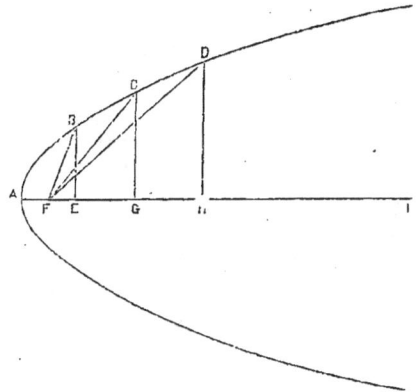

Fig. 47. — Parabole de même foyer que l'ellipse.

de l'autre vers leur sommet commun ; ce n'est qu'en s'éloignant de ce point qu'elles se séparent, et il n'est pas toujours possible de savoir laquelle des deux courbes les comètes décrivent, parce que nous ne les voyons que quand elles sont voisines du soleil.

Dans la parabole, figure 47, on appelle les points

A, sommet;

F, foyer;

B, C, D, points de la courbe.

Les lignes

AF, distance focale;

AI, axe.

Si, d'un point quelconque, B, de la courbe, on mène une perpendiculaire, BE, à l'axe, on aura BF $=$ AE $+$ AF.

De même FC $=$ AG $+$ AF, FD $=$ AH $+$ AF.

C'est-à-dire que, pour tous les points de la parabole, l'espace compris entre le sommet de la courbe et le pied de la perpendiculaire à l'axe passant par le point dont il s'agit est égal à la ligne qui va du même point au foyer, diminuée de la distance focale.

Aussitôt qu'une comète paraît, les astronomes s'empressent de l'observer: il faut trois bonnes observations pour calculer les éléments paraboliques de l'astre: ces éléments se rapportent au plan dans lequel la terre se meut autour du soleil, et qui s'appelle l'écliptique, ce sont:

1° L'inclinaison, c'est-à-dire l'angle que fait le plan de la parabole cométaire avec l'écliptique;

2° La longitude du nœud ascendant (point où la comète traverse le plan de l'écliptique, en allant du midi au nord); ces deux indications servent à déterminer la position du plan de l'orbite;

3° La longitude périhélie, qui fait connaître la direction du grand axe;

4° La distance périhélie, en prenant pour unité le rayon moyen de l'orbite terrestre. Alors la parabole est connue, attendu que le centre du soleil est au foyer, et le périhélie au sommet;

5° Le sens du mouvement indiqué par le mot *direct* lorsque la comète va de l'ouest à l'est, comme les planètes, et par le mot *rétrograde* quand elle se dirige dans le sens inverse;

6° La date du passage au périhélie, c'est-à-dire au sommet de la parabole, ou au sommet de l'ellipse le plus rapproché du soleil.

Le catalogue, pages 202 à 205, présente ces indications pour toutes les comètes dont les orbites ont été calculées. Les six premières colonnes sont celles qui se rapportent aux éléments paraboliques. Lorsque les positions de l'astre ont donné lieu de penser qu'il décrit une ellipse, les dimensions de cette courbe sont portées dans les trois colonnes suivantes. Les réapparitions sont indiquées par les chiffres compris dans la dernière colonne; et lorsqu'il existe encore quelque doute sur l'identité des astres auxquels ces chiffres se rapportent, ils sont suivis d'un point d'interrogation (?).

Ainsi le chiffre 1 concerne la comète de Halley, qui a été vue en 1378, 1456, 1531, 1607, 1682, 1759 et 1835. Le chiffre 2 s'applique à la comète d'Encke.

Le chiffre 3 à la comète de Biela ou de Gambart, le 4 à celle de Faye, etc.

L'année 1857 a eu cinq comètes, et elle a été remarquable par des chaleurs continues et par la qualité des vins.

L'une a été découverte à Panama le 2 janvier.

Une autre a été annoncée en mars par M. Bruhns de Berlin.

M. Dien en a trouvé une le 23 juin, qui a été aussi signalée en Allemagne par M. Klinkerfues : elle avait l'apparence d'une nébuleuse, avec un noyau assez brillant au milieu, environné d'un rayonnement sans queue; son passage au périhélie avait été fixé au 18 juillet; elle a traversé la constellation de Persée : elle était rétrograde, ce n'était donc pas celle du 22 avril 1556, qui est directe.

Le 28 juillet, M. Dien en a découvert une à l'observatoire de Paris, dans la constellation de la Girafe : elle a parcouru plus de 45 degrés en un mois, et passait à son périhélie le 23 août.

La cinquième a été découverte à la fin d'août par M. Klinkerfues; elle était assez semblable à la belle nébuleuse du Serpent, et se trouvait à cinq degrés du pôle nord.

Lorsqu'on connaît les éléments paraboliques d'une comète qui vient de se montrer, on les compare à chacun de ceux que donne la table ci-dessus, et si l'on en trouve de semblables ou qui ne présentent que de légères différences, on est porté à croire que les éléments dont il s'agit appartiennent à un seul astre. La différence des dates sert à prédire l'époque de son retour. C'est ainsi que la comète du 18 juillet 1819 paraît être une réapparition de celle du 26 avril 1766 (v. au catalogue); celle du 20 novembre 1819 un retour de celle du 8 janvier 1743. La comète du 15 juillet 1264 est une des plus grandes qui aient été mentionnées dans l'histoire; sa queue avait cent degrés, elle occupait par conséquent plus de la moitié du ciel visible. Sa disparition a eu lieu le 2 octobre; elle avait parcouru les constellations du Cancer, des Gémeaux et d'Orion. On croit que celle du 22 avril 1556 est la même; celle-ci s'est montrée dans la Vierge, au commencement de mars, elle a traversé le Bouvier, a atteint Céphée et Cassiopée, et a cessé d'être visible à la fin d'avril.

Dunthorne et Pingré avaient annoncé le retour de cette comète en 1848. M. Hind, qui, entre les années 1843 et 1847, a refait les calculs et corrigé une ou deux erreurs, a confirmé l'identité des deux comètes et fixé la prochaine réapparition, à peu près au milieu du dix-neuvième siècle; mais M. Bomme de Middelbourg a publié, en 1852, un travail important sur le même sujet : il a calculé par des recherches pénibles les effets de toutes les perturbations de Jupiter, de Saturne, d'Uranus et de Neptune sur la marche de la comète; il a même tenu compte des attractions de la Terre, de Vénus et de Mars; le résultat de ce travail, avec les éléments de Halley, c'est que la comète doit reparaître en 1856, et, avec les éléments de M. Hind, au mois d'août 1858. Dans l'un ou l'autre cas, il reste une incertitude de deux ans sur ces dates. On suppose qu'elle avait été vue en 775, en 683, en 104; c'est aussi celle qui a été annoncée pour le 13 juin 1857, et devait, dit-on, amener la fin du monde en se précipitant sur la terre et en la brisant.

Non-seulement il n'existe aucun fait historique qui puisse autoriser une pareille assertion, mais toutes les observations de comètes, et le nombre en est grand, tendent à prouver que ces corps n'ont que très-peu de masse, que l'attraction des planètes les fait dévier sensiblement de leurs orbites, mais qu'elles n'ont elles-mêmes aucune influence appréciable sur le mouvement des planètes. Laplace a calculé que celle qui a passé très-près de la terre en 1770 avait une masse plus petite que la cinq millième partie de notre globe.

M. Babinet a lu, le 23 février 1857, à l'Académie des sciences, une note dans laquelle il affirme que des étoiles de dixième grandeur ont été vues à travers les comètes; il cite celle d'Encke, qui, en 1828, formait un globe régulier de cinq cent mille kilomètres de diamètre, sans noyau distinct, et au travers de laquelle M. Struve reconnut une étoile de onzième grandeur, sans noter de diminution d'éclat : partant de ces faits, il en conclut, après divers calculs sur l'intensité relative de la lumière des étoiles, de la lune et du soleil, que la densité de la comète d'Encke est 45 millions de milliards de fois plus faible que celle de notre atmosphère, que le choc d'une sub-

(*A suivre page* 205.)

CATALOGUE DES COMÈTES CALCULÉES.

PASSAGE AU PÉRIHÉLIE.	DURÉE Jours	Inclinaison.	Longitude du nœud.	Longitude du périhélie.	Périhélie.	DISTANCE.	DEMI grand axe.	DISTANCE Aphélie.	EXCENTRICITÉ.	Sens du mouvement.	Durée des révolutions. Ans.	Mois.	Réapparitions.
29 avril 136	...	20°	220°	230°		1.01				R			
14 janvier 66	...	40.30'	32 40'	325.		0 44				R			
29 mars 141	...	17.	12.50	251.55'		0.72				R			
9 novembre 240	...	44.	189.	271.		0.37				D			
20 octobre 539	...	10.	58.	318.30		0.84				D			
11 juillet 565	...	62.	158 45	84		0.80				R D			
29 août 568	...	4 8	294.15	318.35		0.91				D			
7 avril 574	...	46.31	128.17	143.39		0.96				D			
6 juin 770	...	61.49	90.50	357.7		0.64				R			
28 février 837	...	11.	206.33	289.3		0.58				R			
30 décembre 961	...	79.33	350.35	268.3		0.55				R			
11 septembre 989	...	17.	84.	264.		0.57				R			
1 avril 1066	...	17	25.50	264.55		0.72				R			
15 février 1092	...	28 55	125.40	156.20		0.93				D			
21 septembre 1097	...	73.30	207.30	332.30		0.74				D	743.	8?	
30 janvier 1281	...	6.5	13.30	134.48		0.95				D	515.	7?	
15 juillet 1264	...	30.25	175.30	272 30		0.43				D	202.	6?	
31 mars 1299	...	68.57	107.8	3.20		0.32				R			
23 octobre 1301	...	13.	138.	312.		0.64				R			
15 juin 1337	...	40.28	93.1	2.20		0 83				R			
11 mars 1362	...	21.	249	219.		0.46				R			
8 novembre 1378	...	17.56	47.17	299.31		0.58				R	77.7	1	
16 octobre 1385	...	52.15	268.31	101.47		0.?7				R			
4 novembre 1433	...	79.1	133.49	281 2		0 35				R			
8 juin 1456	...	17.56	48.30	301.		0.58				R	75.2	1	
3 septembre 1457	...	20.20	256.6	92 48		2.10				D			
7 octobre 1468	..	49.19	61.15	356.3		0.85				R			
18 février 1472	...	1 55	207.32	48.3		0.54				R			
24 décembre 1490	...	51.37	288.45	58 40		0.74				R			
3 septembre 1506	15	45.1	132.50	250.37		0.39				D			
25 août 1531	...	17 56	49.25	301.39		0.57				R	76.2	1	
19 octobre 1532	...	42.27	119.8	135.44		0.61				D	5.7	10?	
22 avril 1556	60	30.12	175.26	274.14		0.50				D	292.	6?	
10 août 1558	...	73.29	332.36	329.49		0.58				R			
26 octobre 1577	...	75.10	25.20	129.42		0.18				R			
28 novembre 1580	...	64.52	19 8	109.12		0 50				D			
6 mai 1582	6	61.28	231.7	245.23		0.23				R			
8 octobre 1585	30	6.5'	37.44	9.15		1.09	6.22	11.35	0.625	D	15.6		
8 février 1590	12	29.41	165.31	216.54		0.57				D			
18 juillet 1593	31	87.58	164.15	176.19		0.09				R			
23 juillet 1596	...	52.48	335.39	274.24		0.57				D	249.	5?	
26 octobre 1607	..	17.02	50.21	302.16		0.58				R	74.11	1	
17 août 1618	...	21.28	293 25	3:8.20		0.51				D			
8 novembre 1618	...	37.11	75.44	3.5		0.39				D			
12 novembre 1652	20	70.28	88.10	28.19		0.85				D			
26 janvier 1661	...	33.01	81.54	115.16		0.44				D	5.7	10?	
4 décembre 1664	...	21.18	81.14	130.41		1.03				R			
24 février 1665	15	76 5	228.2	71.54		0.11				R			
28 février 1668	...	35.58	357.17	277.2		0.005				R			
1 mars 1672	47	83.22	297.30	46.59		0.70				D			
6 mai 1677	10	79.3	236.49	137.37		0.28				R			
18 août 1678	...	2.52	163.20	322.48		1.14				D	5.6	9?	
17 décembre 1680	108	60.39	272.10	262.49		0 006	427.64	855.28	0 999	D	8813.		
14 septembre 1682	...	17.42	50.48	301.36		0 58				D	76.6	1	
12 juillet 1683	45	83.48	173 18	86.31		0.55	33.031	65.512	0.983	D	187.9		
8 juin 1684	17	65.49	268.15	238.52		0 96				D			
16 septembre 1686	...	31.22	350.35	77.1		0.33				D			
1 décembre 1689	...	69.17	323.45	263.45		0.017				R			
9 novembre 1695	...	22.	216.	60.		0.843				D			
18 octobre 1698	...	11.46	267.44	270.51		0.60				R			
13 janvier 1699	14	69.20	321.46	212.31		0.744				R			
17 octobre 1701	...	41 39	298.41	133.41		0.59				R			
13 mars 1702	16	4.25	188.59	138 47		0.65				D			
30 janvier 1706	80	55.14	13.12	72.29		0.43				D			
11 décembre 1707	60	88.36	52.47	79 55		0.86				D			
14 janvier 1718	...	31 8	127.55	121.49		1.025				R			
27 septembre 1723	68	50	14.14	42.53		0.999				R			
12 juin 1729	200	77.5	310 38	320.27		4.043				D			
30 janvier 1737	36	18.21	226.22	325.55		0.22				D			
8 juin	...	39.14	123.54	262.37		0.867				D			

PASSAGE AU PÉRIHÉLIE.	DURÉE Jours	Inclinaison.	Longitude du nœud.	Longitude du périhélie.	Périhélie.	DISTANCE.	DEMI grand axe.	DISTANCE. Aphélie.	EXCEN- TRICITÉ.	Sens du mouvement	Durée des révolutions. Ans. Mois.		Réapparitions.
17 juin 1739.....	83	55°43'	207°25'	102°30'	0.673	....				R	....		
8 février 1742.....	...	66.59	185.38	217.35	0.766	....				R	....		
8 janvier 1743.....	...	1.54	86 54	93.20	0.862	8.089	5.310	0.721		D	5.5		11?
20 septembre	27	45.48	5.16	246.34	0.522	....				R	....		
1 mars 1744.....	...	47.9	45.43	197.13	0.222	....				D	....		
15 février 1746.....	...	6.	335	140.	0.95	....				R	515.		77
3 mars 1747.....	115	79.6	147 19	277.2	2.198	....				R	....		
28 avril 1748.. ..	...	85.28	232.52	215.23	0 840	....				D	....		
18 juin	4	67.3	33.8	278.47	0.625	....				D	....		
21 octobre 1757.....	...	12.50	214.13	122.58	0.337	....				D	....		
11 juin 1758.....	156	68.19	230.50	267.36	0.215	....				D	....		
12 mars 1759.....	...	17.37	53.50	303.10	0.58	....				R	76 8		1
27 novembre	53	78.59	139.39	53.24	0.798	....				D	....		
16 décembre	32	4 51	79.51	138.24	0.966	....				R	....		
28 mai 1762.....	47	85.38	348.33	104.2	1.009	....				D	....		
1 novembre 1763.....	59	52.34	356.18	84.57	0.498	217.41	434.32	0.995		R	....		
12 février 1764.....	40	52.54	120.5	15.15	0.555	....				R	....		
17 février 1766.....	8	40.50	244.11	143.15	0.505	....				D	....		
26 avril	...	8.2	74.11	251.13	0.399	2.933	5.467	0 864		D	5.		12?
7 octobre 1769.....	115	40.46	175.4	144.11	0.123	163.46	326.80	0.999		D	2090.		
14 août 1770.....	...	1.35	131.59	356.16	0.675	3.153	5.73	0.786		D	5.6		....
22 novembre	11	31.26	108.42	208.23	0.528	....				R	....		
10 avril 1771.....	108	11.16	27.52	104.3	0.903	....				D	....		
1772.....	...	18.17	254.	110 14	1.010	....				D	6.7		3
5 septembre 1773.....	50	61.14	121.5	75.11	1.127	....				D	....		
15 août 1774.....	76	83.20	180.45	217.28	1.483	....				D	....		
4 janvier 1779.....	132	32.31	25.4	87 14	0.713	....				R	....		
30 septembre 1780.....	34	54.23	123.41	246.36	0.696	1787.	3975.	0.999		R	75838.		
28 novembre	4	72.3	141.1	246.52	0.515	....				R	....		
7 juillet 1781.....	18	81.43	83.1	239.11	0.776	....				D	....		
29 novembre	78	27.13	77.23	16.3	0.961	....				R	....		
19 novembre 1783.....	...	47.43	55.12	49.32	1.495	3.737	5.979	0.6		D	5.		....
21 janvier 1784.....	163	51.9	56 49	80.44	0.708	....				D	....		
27 janvier 1785.....	33	70.14	264.12	109.52	1.143	....				R	....		
8 avril	37	87.32	64.34	297.29	0.427	....				R	3.2		2
1786.....	...	13.36	334.8	156.38	0 32	....				D	....		
7 juillet 1786.....	87	50.54	194.23	159.26	0 410	....				D	....		
10 mai 1787.....	47	48 16	106.52	7.44	0.349	....				R	....		
10 novembre 1788.....	36	12.28	156.57	99 8	1.063	....				R	....		
20 novembre	29	64.30	352.24	22.50	0.757	....				R	....		
15 janvier 1790.....	15	31.	175.	60.15	0.75	....				D	....		
28 janvier	24	56.58	267.9	111.45	1.063	....				D	....		
21 mai	74	63 52	33 11	273.43	0.798	....				R	....		
13 janvier 1792... .	42	39.47	190.46	36.30	1.293	....				R	....		
27 décembre	41	49.2	283 15	135.59	0 966	....				R	....		
4 novembre 1793.....	103	60.21	108.29	228.42	0.403	....				D	422.		
28 novembre	61	51.31	2.	71.54	1.495	....				D	3.2		2
1795.....	...	13.42	334 39	156.41	0 33	....				R	....		
2 avril 1796.....	15	64.54	17.2	192.44	1.578	....				R	....		
9 juillet 1797.....	18	50.41	329.16	49.27	0 527	....				D	....		
4 avril 1798.....	43	43.52	122 9	104.59	0.485	....				R	....		
31 décembre	7	42.26	249.30	34 27	0.779	....				R	....		
7 septembre 1799.....	81	50.56	99.33	3 40	0.840	....				R	....		
25 décembre	11	77.2	326.49	190.20	0 626	....				R	....		
8 août 1801.....	12	21 20	44.28	183 49	0.262	....				D	....		
9 septembre 1802.....	39	57.1	310.16	332.9	1 094	....				D	....		
13 février 1804.....	26	56 44	176.50	148.54	1.072	....				D	3.2		2
1805.....	...	13.33	384.20	156 47	0.34	....				D	6.7		3
1 décembre 1805.....	...	16.31	250.33	109.23	0.89	....				R	....		
28 décembre 1806.....	95	35 03	322.19	97.2	1.082	....				D	1714.		
18 septembre 1807.....	200	63 10	265.47	270.55	0.646	143.86	286.07	0.995		R	....		
12 mai 1808... .	5	45.43	322 59	69.13	0 390	....				R	....		
12 juillet	8	39.19	24.11	252.39	0.608	....				D	....		
5 octobre 1810.....	24	62.46	308.53	63.9	0.969	211.03	421.02	0.995		R	3065.		
12 septembre 1811.....	130	73.2	140.25	75.1	1.035	91.51	181.44	0.983		D	875.		
10 novembre	93	31 17	93.2	47.27	1.582	17.095	33 414	0.955		D	70.8		....
15 septembre 1812.....	...	73.57	253.1	92.19	0 777	....				R	....		
4 mars 1813. ..	36	21.14	60.48	69.56	0.699	....				D	....		
19 mai	45	81.2	42 41	197.44	1.216	....				D	74.		....
25 avril 1815.....	181	44.30	83.29	149 2	1.213	17 634	34.055	0.031		D	....		
1 mars 1816.....	11	43.5	323.15	267.36	0.048	....				D	....		
25 février 1818... .	127	89.44	70.26	182.45	1.198	....				R	....		
4 décembre	63	63.5	89.60	101.55	0.855	....				D	3.2		2
27 janvier 1819.....	...	13 40	334.30	156.50	0.33	....				D	....		
27 juin	112	80.43	273.43	287.6	0 341	....				D	....		

PASSAGE AU PÉRIHÉLIE.	DURÉE Jours.	Inclinaison.	Longitude du nœud.	Longitude du périhélie.	DISTANCE Périhélie.	DEMI grand axe.	DISTANCE Aphélie.	EXCENTRICITÉ.	Sens du mouvement.	Durée des révolutions. Ans.	Mois.	Réapparitions.
18 juillet 1819	39	10°43'	113°11'	274°41'	0.774	3.159	5.544	0.755	D	5.7		12?
20 novembre	59	9.1	77.14	67.19	0.893	2.853	4.813	0.687	D	4.10		11?
21 mars 1821	103	73.38	48.41	239.29	0.092				R			
5 mai 1822	50	53.37	177.27	192.44	0.504				R			
24 mai	...	13.20	334 25	157.12	0.35				D	3.4		2
16 juillet	14	38.13	97.40	218.33	0.837				R			
23 octobre	123	53.39	92.45	271.40	1.145	309.65	618 15	0.996	R	5649.		
9 décembre 1823	92	76.12	303 3	274.34	0.226				R			
11 juillet 1824	28	54.34	234.19	260.17	0.591				D			
29 septembre	156	54.37	279.16	4.31	1.050				D			
30 mai 1825	58	56.41	20.6	273.55	0.889				R			
18 août	18	89 42	192.56	10.14	0.883				D			
16 septembre	...	13.21	334.28	157.14	0.34				D	3.3		2
10 décembre	359	33.33	215.43	318.47	1.241	267.94	534.64	0.995	R	4386.		
1826	...	14.39	247.54	104.20	0.95				D	6.7		3
21 avril	156	40.3	197.38	116.55	2.011				D			
29 avril	9	5.17	40.29	35.48	0.188				R			
8 octobre	112	25.57	44.6	57.48	0 833				D			
18 novembre 1826	76	89.22	235.8	315.32	0.027				R			
4 février 1827	36	77.36	184.28	33.30	0 506				R			
7 juin	32	43.39	318.10	297.32	0.808				R			
11 septembre	75	54.5	149.39	250.57	0.138	189.62	379.10	0.999	R	2611.		
9 janvier 1829	...	13.21	334.30	157.18	0.35				D	3.3		2
9 avril 1830	154	21 16	206.22	212.12	0.921				D			
27 décembre	61	44.45	337.53	310.59	0.126				R			
4 mai 1832	...	13.22	334.32	157.21	0.34				D	3.3		2
25 septembre	30	43.18	72.27	227.56	1.184				R			
26 novembre	...	13.13	248.16	110.1	0.88				D	6.7		3
10 setpembre 1833	16	7.21	323.1	222.51	0.458				D			
2 avril 1834	39	5 57	226.49	276.34	0.515				D			
27 mars 1835	38	9.8	58.20	207.43	2.041				R			
26 août	...	13.21	334.35	157.23	0.34				D	3.3		2
16 novembre	129	17 47	55.6	304.30	0.58	17.99	35 42	0.967	R	76.8		1
19 décembre 1838	67	13.21	334.37	157.27	0.34				D	3.3		2
4 janvier 1840	69	53.5	119.58	192.12	0.618				D			
12 mars	67	59 13	237 49	80.18	1.221	577.11	1058.	0.998	R	13866.		
2 avril	22	79.51	186.4	324.20	0.742				D	743.		87
13 novembre	116	57.57	248.56	22.32	1.481	49.12	96.76	0.970	D	344.		
12 avril 1842	...	13.20	334.19	157.29	0 85				D	3.3		
11 décembre	31	73 34	207.50	327.17	0.504				R			2
27 février 1843	...	35 41	1.12	278.40	0.006	54.	109.	0.999	D	376		
6 mai	152	52.44	157.15	281.28	1.616				D			
17 octobre	...	11.23	209.29	49.34	1.69				D	7.5		4
2 septembre 1844	...	2.55	63.49	342.31	1.18	3.103	5.019	0.618	D	5.6		9?
17 octobre	247	48.36	31.39	180.24	0.855				D	100000.		
13 décembre	80	45.37	118.23	296.1	0.251	12.01	23.78	0.979	D	41.9		
8 janvier 1845	93	46.50	336.44	91 20	0.905				D			
21 avril	60	56.24	347 7	192.33	1.255				D			
5 juin	26	48.42	337.48	262.	0 401				R	249.		5?
9 août	...	13 8	334.20	157.44	0.34				D	3.3		2
22 janvier 1846	...	47.26	111.8	89.6	1.481				D			
10 février	...	12.34	245.55	109.2	0 86	3.524	6.193	0.757	D	6.7		3
25 février	56	30.58	102.38	116.28	0.650	3.148	5.643	0.793	D	5.7		10?
5 mars	70	85.6	77.33	90.27	0.664	17.507	34.351	0.962	D	73.3		
27 mai	64	57.36	161.19	82.33	1.376				R			
1 juin	26	31.2	260.12	239.50	1.538	3.16	4.782	0.510	R	16.		
5 juin	...	29.19	261.51	162.1	0.633	54.42	108.21	0.988	R	401.		
29 octobre	38	49.41	4.41	98.36	0.831				D			
30 mars 1847	78	48.40	21.49	276.12	0.042				R			
4 juin	216	79.34	173.58	141.37	2.115				R			
9 août	66	32 39	76.43	21.17	1.485				R			
9 août	242	83.27	338.17	246.42	1.767				R			
9 septembre 1847	54	19.8	309.49	79.12	0.488	17.779	35.071	0.973	D	75.		
14 novembre	95	72.11	190 56	274.26	0.330				D			
8 septembre 1848	19	84.25	211.32	310.35	0.320				R			
26 novembre	...	13.9	334.22	157.47	0.34				D	3.4		2
19 janvier 1849	93	85.3	215.13	63.14	0 960	2.21	4.09	0.848	D			
26 mai	161	67.10	202.33	235.43	1.159				D			
8 juin	136	66.59	30.32	267 3	0.895	406.81	812.73	0.998	D	8375.		
23 juillet 1850	123	68.12	92.53	273.24	1.082				D			
19 octobre	18	40.6	205.59	89.14	0.565				D			
3 avril 1851	...	11.22	209 31	49.43	1.70	3.812	5.981	0.556	D	7.5		4
8 juillet	96	13.56	148.27	322 60	1.174	3.462	5.750	0.661	D	6.5		
26 août	122	37.44	223.9	311.13	0.981				D			
30 septembre	9	73.60	44.26	338.45	0.141				D			

PASSAGE AU PÉRIHÉLIE.	DURÉE Jours.	Inclinaison.	Longitude du nœud.	Longitude du périhélie.	Périhélie DISTANCE.	DEMI grand axe.	DISTANCE Aphélie.	EXCENTRICITÉ.	Sens du mouvement.	Durée des révolutions. Ans.	Mois.	Réapparitions.
14 mars 1852.....	...	13°8 '	334°23'	157°51 '	0.34	2.2148	4.092	0.848	D	3.4		2
19 avril	31	48 53	317.8	280.1	0.905	......	....	.....	R	....		....
12 octobre	...	40.59	346.13	43.12	1.251	16.32	31.99	0.925	D	69.		....
24 février 1853.....	24	18 32	61.33	154.49	1.076	....	.....	......	R			
10 mai	...	57.53	41.13	201.3	0.903	....	.....		R			
1 septembre	88	61.30	140.28	311.1	0.306				D			
16 octobre	...	60.59	220.3	302.8	0.173				R			
4 janvier 1854.....	...	66.17	227.8	55.40	0 205				R			
24 mars	...	82.36	315.26	213.46	0 277				R			
22 juin	...	71.8	347.49	272.58	0.648				R			
27 octobre	...	40.58	324.43	93.21	0.807				D			
15 décembre 1854....	...	14.26	238.24	165.22	1.357	2.949	4.561	0.46				
18 avril 1855.....	...	6.15	186.41	112.2	0.568							
30 mai	...	156.54	260.21	283.3	5.673							
14 mars 1857....	...	87.6	323.31	197.0	0.669				R			
29 mars	...	29.42	101.59	115.52	0.619	3.134	5.649	0.197	D			
17 juillet	...	121.4	23.46	157.53	0.367							
23 août	...	32.22	201.32	21.03	0.750				D			
30 septembre	...	123.57	15.0	139.45	0.563				R			

stance si peu compacte serait tout à fait nul, et qu'il n'en pourrait pénétrer aucune parcelle dans les parties les plus dilatées de l'air qui nous environne.

Au surplus, ce n'est pas la première fois que cette comète, dont on redoutait le retour au 13 juin 1857, a inspiré des craintes sérieuses, car, lors de son apparition de 1556, Charles-Quint en fut tellement effrayé, qu'il abandonna l'empire d'Allemagne à son frère, et alla se réfugier dans le monastère de Saint-Just, en Estramadure.

Louis le Débonnaire, qui était un grand astronome, avait découvert, le premier, la comète de 837; il crut y voir un signal de la colère céleste, et n'espéra pouvoir y échapper qu'en fondant des monastères. Trois ans plus tard il mourut de la terreur qu'il éprouva à la vue d'une éclipse totale de soleil.

La comète de Halley avait, en 1456, une queue si grande qu'elle effraya tous les peuples de l'Europe, et cependant elle ne fit pas plus de mal que celles qui l'ont précédée ou suivie; ces craintes chimériques sont aujourd'hui presque totalement abandonnées, et si quelques esprits faibles ne sont pas entièrement rassurés, le progrès des sciences ne tardera pas à faire justice du reste des préjugés qui subsistent encore.

On ne sait pas positivement si les comètes ont un noyau solide opaque ou transparent; on ne pourrait pas non plus affirmer qu'elles ont toutes la même constitution: il en est dont l'éclat est presque le même dans toute leur étendue, celles-ci n'ont donc pas de noyau apparent. Dans celles qui en présentent un, cette partie n'occupe pas toujours le centre de la nébulosité, et elle en est quelquefois séparée par un anneau obscur. Leurs dimensions sont d'ailleurs très-variables; voici le diamètre de quelques-uns de ces noyaux :

Comète du 4   avril 1798,   40 kilomètres.
—   1 décembre 1805,   43   —
—   7 septembre 1799,   600   —

—   12 septembre 1811,   700   —
—   18 septembre 1807,   850   —
—   10 novembre 1811,   4,300   —
—   27   juin 1819,   5,200   —
—   30 septembre 1780,   6,800   —
—   10 décembre 1825,   8,000   —
—   5   juin 1845,   12,000   —

La nébulosité des comètes est ordinairement circulaire et sa lumière va en augmentant du bord au centre; on aperçoit quelquefois, en dehors, un, deux ou trois anneaux concentriques lumineux fort larges, séparés par des intervalles moins brillants : il est aisé de concevoir que ces anneaux circulaires doivent représenter des enveloppes sphériques assez transparentes pour qu'il soit possible de les distinguer, les unes à travers les autres, dans les points où les rayons visuels tangents ont une couche plus épaisse à traverser. Cette enveloppe avait dans la comète du 7 septembre 1799 30,000 kilomètres d'épaisseur, et 45,090 dans celle du 18 septembre 1807. Quand la comète a une queue, l'anneau ne paraît fermé que d'un côté; il forme un demi-cercle dont les extrémités correspondent aux limites de la queue.

Diamètre des nébulosités les plus remarquables :

Comète du   9 septembre 1847,   28 mille kil.
—   30   mars   40   —
—   26   mai 1849,   80   —
—   25 février 1846,   200   —
—   14   août 1770,   324   —
—   22 janvier 1846,   384   —
—   30 septembre 1780,   425   —
—   16 novembre 1835,   570   —
—   12 septembre 1811,   1800   —

Toutefois ces dimensions des nébulosités sont très-variables: on a remarqué que celle de la comète d'Encke diminuait considérablement à mesure qu'elle se rapprochait du soleil, tandis que pour d'autres cette partie subit des changements dans le sens inverse.

D'autres modifications ont été aperçues dans la chevelure de quelques comètes; ainsi, celle qui passait à son périhélie le 1er mars 1744 avait montré, le 25 janvier précédent, une aigrette lumineuse formant un angle dont le sommet aboutissait au noyau, l'ouverture était tournée vers le soleil. Arago dit avoir vu, du 15 au 23 octobre 1835, à la comète de Halley, au moyen d'une forte lunette, tantôt un, tantôt plusieurs secteurs de forme et d'intensité variables, et des observations analogues ont été faites sur le même astre par M. Schwabe, de Dessau, par M. Cooper, à Markree, par M. Anicé de Florence et par M. Bessel de Kœnigsberg; mais les apparences n'étaient pas semblables dans ces divers lieux, aux mêmes dates.

La queue est plus lumineuse sur les bords qu'au milieu, ce qui fait supposer qu'elle a la forme d'un cône creux; elle n'est pas plus stable que les autres parties. Celle de la comète de Halley, en 1456, avait 10 degrés de longueur, en 1531 elle en avait 15, en 1682 on lui en a trouvé 30; en 1759, à Paris, on n'aperçut aucune trace de queue avant le 12 mars, époque du passage au périhélie, ni jusqu'au 30 avril, tandis qu'à Lisbonne, à cette dernière date, on en distinguait une de 5 degrés, et à Pondichéry une de 10 degrés de longueur; à l'île Bourbon, le 27 du même mois, on l'avait trouvée de 25. Dans son apparition de 1835, au contraire, la queue de cette comète, qui, le 15 octobre, avait 20 degrés, n'en avait plus que 7 le 26, 3 le 28, et elle disparut tout à fait ensuite. En 1843, on a aperçu, le 4 mars, à côté de la queue de la comète alors visible, une seconde queue plus petite qui ne tenait à l'autre par aucun point.

Des changements plus considérables encore ont lieu dans la masse totale des comètes, car on a vu, en 1846, celle de Gambart (n° 3, dernière colonne du catalogue) se partager en deux parties bien distinctes, qui se sont éloignées l'une de l'autre de 250,000 kilomètres. Des faits analogues avaient été observés en 1664, en 1661, en 1618, en l'an 371 avant J. C. Hévélius assure que le noyau de la comète du 12 novembre 1652 s'est divisé en 4 ou 5 parties bien distinctes; enfin Démocrite a vu une comète se transformer en un grand nombre de petites étoiles.

De l'ensemble de ces faits, on est porté à conclure que la matière des comètes est presque sans cohésion et que ces astres sont bien innocents des mauvaises actions dont ils ont été accusés. Arago, dans l'Annuaire de 1832, les a disculpées de tous les crimes qui leur avaient été reprochés : il a prouvé que le déluge n'avait pu être occasionné par un de ces astres, que, du reste, rien n'autorise à penser que les comètes aient jamais joué un rôle dans les révolutions physiques de notre globe, qu'enfin elles ne pourraient modifier sensiblement le cours des saisons.

La température moyenne des années 1803 à 1831 atteste que l'influence des comètes sur la chaleur est peu de chose, si toutefois elles en ont une, comme on serait porté à le croire d'après le tableau ci-dessous.

Années sans comète, température moyenne,			10°,	5
— ayant 1 comète,		—	10°,	6
— 2		—	10°,	8
— 3		—	11°,	3
— 4		—	11°,	1
— 5		—	11°,	4

Malgré les recherches laborieuses et les travaux considérables des astronomes, relativement aux comètes, il existe encore bien des incertitudes sur ces corps célestes.

La comète du 27 février 1843, calculée par M. Hubbard, doit avoir une révolution de 376 ans, tandis que M. Clausen croyait pouvoir l'assimiler à celle du 1er décembre 1689, en lui assignant une période de 21 ans 10 mois.

M. Whiston avait donné à la comète du 17 octobre 1680 une révolution de 575 ans, et M. Encke la porte à 8,813 ans.

Pour celle du 12 mars 1840, M. Loomis a trouvé 2,423 ans, et M. Plantamour, 13,866 ans.

On ne doit pas s'en étonner si l'on considère que ces astres ne se montrent que dans une portion souvent très-restreinte de leurs orbites. En effet, la comète du 9 septembre 1847, qui a été vue pendant 54 jours, met 75 ans à décrire son ellipse, de sorte qu'elle est invisible 500 fois autant de temps. Celle du 8 juin 1849 disparaît pendant une période 22,475 fois plus longue que celle où elle peut être observée.

Dionis du Séjour a publié, en 1775, un ouvrage sur les comètes. M. Leverrier a présenté à l'Institut un mémoire sur la rectification des orbites des comètes au moyen de l'ensemble des observations (*Comptes rendus* du 14 avril 1845), et M. Yvon Villarceau a donné, en mai 1845, une méthode de correction des éléments approchés des mêmes orbites, au moyen de trois observations. GOSSART.

COMICES AGRICOLES. — Au premier rang des besoins actuels du pays nous plaçons l'amélioration de l'agriculture, encore si arriérée sur beaucoup de points, malgré le zèle avec lequel tant d'hommes éclairés s'occupent de répandre les bonnes méthodes de culture et de détruire les préjugés qui sont, dans certaines contrées, l'objet d'une invincible superstition.

Dans un pays comme la France, où le sol, divisé en parcelles, est possédé aux neuf dixièmes par de petits propriétaires, il faut absolument, pour accroître le revenu agricole, s'appliquer d'abord à détruire l'isolement dans lequel vivent les cultivateurs en créant des relations entre eux, en faisant servir l'expérience et le travail de chacun à l'instruction et au bien-être de tous.

Or, il n'existe aucun moyen plus puissant d'arriver à ce but que l'institution des comices agricoles, qui, des chefs-lieux de département, ont passé aux chefs-lieux d'arrondissement, et qui se propageront bientôt dans la plupart des communes importantes. Au sein des comices, les agriculteurs se communiquent leurs idées sur les méthodes nouvelles et sur le perfectionnement des anciennes. Une louable émulation s'établit; c'est à qui aura le champ le mieux cultivé, les plus riches bestiaux, la ferme la mieux tenue et la plus productive. A l'époque des réunions annuelles, les laboureurs luttent d'adresse et de courage. Ils s'accoutument à voir les instruments nouveaux, ils peuvent mieux en apprécier les effets et en comprendre le mécanisme; enfin ils quittent presque toujours le lieu du rendez-vous avec quelques préjugés de moins et quelques connaissances de plus.

Sous le rapport moral, les comices produisent aussi d'excellents résultats par les prix décernés aux domestiques laborieux et fidèles. Ces récompenses, ces éloges accordés publiquement aux longs services, à la bonne conduite, tout cela donne un plus grand poids à l'attachement réciproque des maîtres, et l'on a eu raison de dire que la morale y trouve son progrès.

Déjà, de tous les ouvriers qui gagnent leur vie, il n'y en a point de plus probes et de plus paisibles que les ouvriers des campagnes : la séduction du mal serait impuissante pour les distraire, l'émeute essayerait vainement de les recruter; la débauche du lundi, si fatale aux classes laborieuses des villes, n'a point pénétré parmi ces hommes, qui connaissent trop le prix du temps pour le perdre à ruiner leur santé et à compromettre l'existence de leurs familles. Que sera-ce donc quand ils verront l'agriculture honorée comme elle mérite de l'être? quand ils sauront quelles distinctions peuvent aller récompenser leurs travaux jusque sous le toit de chaume du village? quand ils se souviendront qu'un garçon de ferme, le modeste Grangé, a reçu, au milieu d'une assemblée d'illustrations de tout genre, la croix d'honneur, que le roi des Français lui-même a attachée sur la poitrine du paysan?

A côté des comices, d'autres sociétés contribuent aussi à l'avancement de la science agricole et à la propagation des utiles découvertes : ce sont les sociétés d'arrondissement, qu'il est si désirable de voir se multiplier sur tous les points de la France. Au reste, on aurait tort de s'effrayer des difficultés que présente la création des comices et des sociétés agricoles : un petit nombre d'hommes dévoués suffit dans un canton pour y introduire les améliorations les plus urgentes. S'ils sont vraiment de bons praticiens, en voyant leurs récoltes on voudra imiter les méthodes qui les ont produites, et ce qui reste encore de vieilles routines, de tenaces préjugés, ne tardera pas à disparaître pour faire place à une culture mieux entendue et à des travaux plus intelligents. (*J.-A. Amouroux.*)

COMITÉ (politique) [de l'anglais *committee*, formé du latin *committo*, commettre, confier]. — Ce terme, emprunté de l'anglais, signifie un bureau composé de plusieurs membres d'une assemblée, commis pour examiner une affaire et en faire ensuite un rapport.

Dans les affaires importantes, la chambre des communes du parlement d'Angleterre se forme en *comité général*, c'est-à-dire un *comité* composé de tous ses membres : alors les étrangers sortent, les formes de la délibération sont moins sévères, et la discussion devient une espèce de conversation; l'*orateur* (président) cède le fauteuil à celui que la chambre choisit pour le remplacer momentanément; chaque membre peut parler et répliquer tant qu'il lui plaît, ou que cela plaît à la majorité; et lorsque l'affaire a été suffisamment discutée, l'*orateur* reprend sa place; on ouvre les portes, et le membre qui a présidé pendant la durée du *comité* rend compte à la chambre et fait le rapport de ce qui s'est passé, comme si le *comité* n'avait été composé que de quelques membres et qu'il eût tenu sa séance dans un lieu séparé.

COMMANDITE (droit). — La commandite est une espèce de société composée, d'une part, d'un ou de plusieurs associés, gérants responsables; d'autre part, d'un nombre quelconque d'associés qui se contentent de verser des fonds dans la caisse sociale, sans prendre aucune part à la gestion. — Ces derniers associés sont appelés *commanditaires*, et ne sont engagés que jusqu'à concurrence de la somme qu'ils se sont obligés à verser. Les garanties du commanditaire consistent dans tous les actes de contrôle et de surveillance qui ne dégénèrent pas en véritable insinuation dans la gestion de la société. — Le champ de ces garanties et de l'initiative permise aux commanditaires, un peu étroit et un peu vague tout à la fois sous le régime de nos codes civil et de commerce, vient d'être récemment agrandi et mieux délimité par la loi spéciale du 17 juillet 1856.   BREULIER.

COMMANDE (droit). — C'était le nom d'un contrat usité par les commerçants depuis le douzième siècle jusqu'au seizième. Ce contrat primitif consistait à confier à un marin ou à un marchand faisant des voyages maritimes un fonds en argent ou en marchandises, pour le convertir, par vente ou troc, en d'autres marchandises ou en argent, et à opérer de même sur le produit de plusieurs négociations successives dans chacune des échelles que le navire devait parcourir, moyennant ou une commission ou une part d'intérêt. (Fresnery, *Études de Droit commercial*, p. 36.) Le *commendans*, ou donneur de fonds ou marchandises, ne pouvait jamais être engagé ni perdre au delà du fonds dont il avait commis l'administration au *commendatarius*, lors même qu'il y avait partage de profits et communauté d'intérêts. — On voit dans cette dernière règle, constamment suivie dans ces sortes de contrats primitifs, l'origine du privilège du commanditaire actuel.   AD. BREULIER.

COMMERCE. — Le commerce qui, à son berceau, n'était qu'un simple moyen de change, ayant pris ensuite les plus grands développements avec les besoins et la civilisation des peuples, est devenu, dans les temps modernes, une science très-compliquée. Il embrasse aujourd'hui un si grand nombre d'objets, qu'il demande une étude constante, des soins attentifs, une grande connaissance des choses, surtout un grand ordre et une méthode d'analyse qui en rende

COM

les faits et les éléments présents à la pensée. Le commerce ne s'exerce pas seulement sur les productions du sol, les produits de l'industrie et des arts forment un des grands objets de ses spéculations. L'étude du commerce doit donc avoir pour but tout ce qui, dans chaque art ou chaque science, peut l'accroître utilement et le perfectionner pour en répandre les heureux résultats dans toutes les classes de la société.

Aucune branche de l'industrie humaine n'est aussi compliquée, et ne demande une étude aussi approfondie de ses éléments et de ses principes que le commerce. Dans son acception la plus générale, il doit embrasser : 1° les sources; 2° les matières; 3° les lois; 4° les moyens, et 5° les effets du commerce.

1° *Les sources du commerce* sont l'agriculture, l'exploitation des mines, la pêche, et les arts industriels, dont les produits ne sont pas moins nombreux.

2° *Les matières du commerce* sont les productions de l'agriculture, des mines, des pêches et des manufactures.

3° *Les lois du commerce* comprennent l'administration du commerce et les établissements qui y sont relatifs, la jurisprudence du commerce, les prohibitions, les douanes, les usages du commerce.

4° On peut considérer comme *moyens du commerce* le roulage, la navigation intérieure et extérieure, les bourses, les foires et marchés, les banques ou caisses d'escompte, les commissionnaires, les courtiers, les agents de change, les papiers de crédit ou lettres de change, billets à ordre, monnaies, poids et mesures.

5° *Effets du commerce.* Les résultats du commerce sont les richesses nationales, les capitaux en circulation, l'augmentation du revenu public, de l'aisance de la population, et de la puissance relative de l'État, qui s'élève, par ce moyen, au plus haut degré de splendeur, comme plusieurs nations nous en ont donné l'exemple, soit dans l'antiquité, soit dans les temps modernes.

Principales divisions du commerce. On peut considérer le commerce, sous le rapport de l'exploitation, sous quatre espèces différentes, qui forment autant de divisions, savoir : 1° commerce de spéculation en marchandises; 2° commerce de commission; 3° commerce de banque; 4° commerce d'assurance.

1° *Le commerce de spéculation* en marchandises consiste à se procurer des marchandises au plus bas prix possible pour les revendre au prix le plus avantageux, soit à l'intérieur, soit à l'extérieur.

2° *Le commerce de commission* consiste à vendre, échanger, acheter et faire toutes espèces de négociations pour le compte des commettants, moyennant une certaine rétribution, qui se fixe par la convention ou par l'usage à tant pour cent.

3° *Le commerce de banque* consiste à faire un commerce d'argent par le moyen des traites et remises, et l'escompte des lettres de change et billets à ordre.

4° *Le commerce d'assurance* consiste à bien calculer les risques de mer sur une certaine quantité de voyages qui offrent plus ou moins de sinistres ou des cas d'avarie.

On peut encore diviser en plusieurs autres classes le commerce d'une nation ou des particuliers : telles qu'en commerce des colonies, des Indes orientales ou occidentales, en commerce du Levant, en commerce du Sénégal, en commerce soit de l'Italie, d'Espagne, du Portugal, de la Méditerranée ou de la mer Noire, etc.; enfin, suivant la dénomination des pays et des ports de mer qui en font le principal objet.

Le commerce est *actif* ou *passif* pour une nation, soit qu'elle fasse par elle-même le commerce de ses propres produits, tant de son sol ou de son industrie que de ceux qu'elle a besoin d'importer de l'étranger, soit que, se reposant sur l'activité d'un autre peuple, elle lui abandonne ce soin au préjudice de sa richesse et de sa prospérité : dans le premier cas on peut dire qu'elle fait un commerce actif, et dans le second son commerce n'est que passif à son égard, attendu qu'elle ne le fait pas par elle-même. L'Angleterre, la Hollande, la France, jusqu'à un certain point, ainsi que la Suède et le Danemark, font un commerce actif, tandis que la Russie, le Portugal, l'Espagne, une partie de l'Italie et de l'Allemagne font un commerce passif.

Le commerce se divise encore en commerce de terre, en commerce de mer ou maritime, en commerce de proche en proche ou en commerce de pays lointain, en commerce intérieur et en commerce extérieur, enfin en commerce en gros et en commerce en détail.

Hermès, le Mercure des Grecs, fut considéré par eux comme l'inventeur du commerce (dix-neuvième siècle avant J. C.). Les premiers peuples qui s'y livrèrent furent les Phéniciens, qui le répandirent dans toute l'Europe, où il fut anéanti par l'invasion des Normands et la chute de l'empire d'Occident, après avoir été une source de prospérité pour les différents peuples qui s'y sont adonnés. Les Italiens lui donnèrent un nouveau lustre, au onzième siècle, dans le même temps que se formait, en Allemagne, une association commerciale des villes Anséatiques. Au quinzième siècle, la découverte du Cap de Bonne-Espérance, par les Portugais, mit entre leurs mains le commerce de l'univers, dont ils furent dépossédés à leur tour par la Hollande. Aujourd'hui le commerce le plus considérable est fait par l'Angleterre, qui paraît aspirer au monopole des mers. Cependant, l'état actuel de l'industrie en France est de nature à mettre un grand poids dans la balance commerciale. — Voy. *Industrie.*   MONTBRION.

COMMISSAIRE [du latin *commissus*, employé, préposé]. — Personne commise pour remplir une fonction particulière. Fonctionnaire civil ou judiciaire, chargé par l'autorité supérieure, par une cour ou par un tribunal, d'une mission particulière.

On appelle 1° *Commissaire de police* un officier chargé de la police, investi de fonctions administratives et judiciaires;

2° *Commissaire-priseur,* l'officier public chargé

d'estimer et de vendre les meubles mis aux enchè-res. « Ces fonctionnaires s'appelèrent d'abord *huis-siers-priseurs*. Les offices d'huissiers-priseurs furent supprimés en 1790. La Convention restitua aux no-taires, greffiers, huissiers et sergents le privilége de priser, estimer et vendre les biens meubles. Ils le perdirent de nouveau sous le Consulat, du moins dans le département de la Seine, où la loi du 27 fruc-tidor an ix établit pour la prisée et la vente quatre-vingts officiers spéciaux. Bonaparte se réserva la no-mination des commissaires-priseurs, leur imposa un cautionnement et leur donna un costume. Une loi de 1816 a étendu cette organisation à toutes les villes de France. »

3° *Commissaire des guerres*, l'officier chargé de sur-veiller les troupes en marche et de les faire payer. En 1800, ces fonctions se divisèrent. On distingua « les inspecteurs aux revues et les commissaires des guerres. L'arrêté du 29 janvier 1800 conserve aux commissaires la surveillance des approvisionne-ments, la levée des contributions en pays ennemi, la police des étapes et convois militaires, de l'artillerie, des ambulances, des hôpitaux, des prisons, etc.; les distributions de vivres, fourrages; chauffage, habille-ment et équipement; enfin, la vérification de toutes les dépenses, excepté la solde. A la fin de l'Empire, le corps des commissaires des guerres comprenait 314 membres, savoir : 4 ordonnateurs en chef; 40 ordonnateurs; 96 commissaires de première classe; 101 de deuxième classe; 64 adjoints; 4 ho-noraires, 8 provisoires. Les commissaires des guer-res et les inspecteurs aux revues ont fait place aux intendants militaires. (Ordonnance du 29 juil-let 1810.) »

4° *Commissaire de marine*, l'officier chargé du soin de l'équipement et de l'approvisionnement des vais-seaux de l'État, de passer en revue les troupes de la marine, de payer leur solde, etc.

5° *Commissaire général de la cavalerie*, l'officier commandant la cavalerie sous les ordres du colonel-général et du maître de camp général, ou en leur absence.

6° *Commissaire du gouvernement*. Nom donné, sous la république, aux procureurs généraux et autres officiers du ministère public. Quand ils étaient atta-chés aux administrations centrales, on les appelait *commissaires du pouvoir exécutif*.

7° *Commissaire extraordinaire*. Titre donné, en 1848, aux délégués du gouvernement provisoire, dans les départements. Ils remplissaient les fonctions de préfets, et les sous-commissaires celles de sous-préfets.   LARIVIÈRE.

COMMUNAUTÉ (droit).—Société de personnes qui vivent ensemble ou possèdent en commun. Tels étaient les premiers chrétiens qui vivaient sous la commu-nauté des biens. Le régime de la communauté est le plus généralement adopté en France en matière de questions matrimoniales. C'est, dans ce cas, un ré-gime où les époux mettent en commun tout ou par-tie, soit de leurs biens, soit des profits qu'ils feront pendant leur mariage.

COMMUNE [du latin *commune*]. — République, le corps des habitants d'un État, d'une ville, d'un vil-lage. On a donné, vers le commencement du treizième siècle, le nom de *commune* à une espèce d'association que les habitants d'une même ville, d'un même bourg, formaient entre eux, pour être en état de se maintenir contre la tyrannie des seigneurs, les vio-lences et les brigandages de la noblesse. Les com-munes furent, dans quelques parties de la France, le seul résultat de ces grands mouvements qui agitèrent toute l'Europe pendant deux ou trois siècles, et qui donnèrent naissance aux petites républiques d'Italie, au tribunal secret et aux associations de tous les genres en Allemagne, aux *hermandades* en Espagne, etc., et dont le motif ou le prétexte fut partout la né-cessité de suppléer par un gouvernement populaire, fortement organisé, à la faiblesse et à l'inhabileté de ceux qui tenaient en ce temps-là les rênes du gouver-nement.

Suger, qui se trouva placé à cette époque à la tête des conseils de Philippe-Auguste et de Louis le Jeune, eut l'adresse de s'emparer de ce mouvement; il fit confirmer les communes qui s'étaient établies de leur propre autorité, et offrit le même privilége aux villes qui jusque-là avaient résisté à la contagion de l'exemple.

Par cette conduite politique, le monarque acquit à la fois des amis, une armée et de l'argent. Les villes le soutinrent contre les prétentions de ses grands vas-saux; elles lui fournirent des troupes qui furent ap-pelées *communes*, du nom de la nouvelle autorité qui les avait levées, et lui donnèrent en outre de l'argent pour un bienfait forcé qu'il eut grand soin de leur vendre le plus cher qu'il put.

Par l'établissement des communes, les villes étaient devenues presque indépendantes; elles formèrent chacune un corps séparé dans l'État, où elles avaient le droit de s'assembler et de nommer leurs officiers; un tribunal dont les membres étaient choisis parmi les habitants, jugeait les affaires civiles, et connais-sait de tous les délits qui intéressaient la sûreté pu-blique. Aussi, dès que les grands seigneurs furent réduits, les rois ne tardèrent pas à dépouiller peu à peu les villes de tous leurs priviléges.

COMMUNION. — Voy. *Eucharistie.*

COMMUNISME (néologisme). —*Tendance qui en-traîne plus particulièrement soit les sociétés, soit les individus vers l'égalité*. Ce mot a soulevé d'ardentes controverses, mais nous démontrerons, à l'article *so-cialisme*, que si le mot *communisme* est nouveau, la chose ne l'est pas. Les principaux écrivains commu-nistes sont : Cabet, Robert Owen, Eugène Sue, Félix Pyat, Villegardelle, Lachambeaudie, Thoré, François Vidal, Louis Blanc, etc.

COMPAGNONNAGE. — Sous l'empire des maî-trises et des jurandes, on appelait ainsi le second degré du noviciat par lequel il fallait passer pour ar-river à la *maîtrise*. On était admis au grade de com-pagnon après cinq années d'apprentissage, et ce n'é-tait qu'après cinq ans de compagnonnage qu'on était reçu à produire un *chef-d'œuvre*.

Aujourd'hui, on entend par *compagnonnage* l'association des ouvriers dans une même profession pour s'entr'aider, se secourir et se procurer de l'ouvrage : c'est une espèce de franc-maçonnerie, qui a ses secrets, ses épreuves et ses signes de reconnaissance. C'est surtout dans l'industrie du bâtiment que le compagnonnage s'est le mieux conservé. Il existe dans chaque ville de France une *mère des ouvriers*, chez qui les compagnons en voyage trouvent logement, nourriture à bas prix et même à crédit, et l'indication des maisons où ils pourront avoir du travail.

On a prétendu faire remonter le compagnonnage comme la franc-maçonnerie, à la construction du temple de Salomon ; il est plus vraisemblable qu'il ne date que du moyen âge ; il paraît être né, à cette époque de désordres et de difficiles communications, du besoin de s'entr'aider et de se défendre contre les entreprises des seigneurs : on le fait sortir, vers le douzième siècle, de la franc-maçonnerie. Il fut d'abord protégé par les Templiers. Les compagnons forment trois grandes associations qui se donnent les noms d'*Enfants de Salomon*, d'*Enfants de maître Jacques*, d'*Enfants du père Soubise*. Les premiers se subdivisent en *Gavots* et en *Loups* ou *Compagnons étrangers*. Les seconds se divisent en *Loups-garous* et *Dévorants*. Les principaux métiers ainsi associés sont les tailleurs de pierre, les charpentiers, les menuisiers, les serruriers, les boulangers, les cordonniers. Tous ces ordres de compagnons sont soumis à certaines règles qu'ils appellent *devoir* ; mais les *Enfants de maître Jacques* et ceux du *Père Soubise* prennent seuls le nom de *Compagnons du Devoir*. Ces associations, au lieu de s'unir et de s'entr'aider, sont rivales et hostiles : trop souvent elles se sont livré des combats acharnés. On doit à M. Agricol Perdiguier un ouvrage curieux sur le *Compagnonnage*. (*Bouillet*.)

COMPARAISON (idéologie). — Acte de l'esprit par lequel nous donnons notre attention à deux idées à la fois. C'est une double attention, un double regard de l'âme, absolument nécessaire pour percevoir les rapports entre les idées que l'on a. Comment, en effet, juger que deux idées sont semblables ou différentes, si l'on ne place ces idées à côté l'une de l'autre, s'il est permis de s'exprimer ainsi, pour voir leur similitude ou leur différence ?

La comparaison peut se faire : 1° d'un objet de l'ordre physique à un autre objet du même ordre ; 2° d'un objet de l'ordre moral à un autre objet du même ordre ; 3° d'un objet de l'ordre moral à un objet de l'ordre physique ; 4° d'un objet de l'ordre physique à un objet de l'ordre moral. Il y a, dit P. Leroux, un grand charme dans cette sorte de comparaison, qui nous fait passer en un seul instant de l'un des deux mondes dans l'autre. L'oreille, l'œil, trouvent leur plaisir dans le rapport harmonieux de deux sons ou de deux couleurs ; mais ici c'est, pour ainsi dire, le plus haut degré de consonnance que l'âme puisse percevoir, car en même temps toutes ses puissances sont en jeu : l'imagination, les sens sont séduits, satisfaits par un des termes de la comparaison ; la raison spéculative ou le sens du beau moral par

l'autre, et ce double plaisir est encore surpassé par celui qui naît simultanément du rapport entre les deux termes, c'est à dire de la similitude même.

COMPARATIF (grammaire) [du latin *comparare*, comparer]. — A propos du comparatif, il n'est pas mal d'expliquer ce que l'on appelle *degrés de comparaison* en grammaire. On donne ce nom à des termes qui servent à établir un rapport, une convenance, une similitude entre plusieurs idées, entre plusieurs objets. On en compte ordinairement trois, que l'on appelle le *positif*, le *comparatif* et le *superlatif*.

Le *positif* n'est autre que l'adjectif même ; on lui donne ce nom en ce cas parce qu'il est comme la première pierre qui est posée pour servir de fondement aux autres degrés de signification. *Le soleil est* BRILLANT.

Le *comparatif* exprime ou un rapport d'égalité, ou un rapport de supériorité, ou un rapport d'infériorité. *Aux solstices, les nuits sont* AUSSI LONGUES *que les jours. Le soleil est* PLUS BRILLANT *que la lune. On peut être* MOINS RICHE *qu'un autre sans être moins heureux.*

Le *superlatif* (du latin *super*, au-dessus, et *latus*, porté) marque la qualité portée au suprême degré de plus ou de moins.

On admet, en français, deux sortes de superlatifs : le *superlatif absolu*, qui se forme au moyen des mots *très, fort, extrêmement, bien*. *Cet homme est* TRÈS-SAGE, FORT AIMABLE, EXTRÊMEMENT INSTRUIT, BIEN ÉLEVÉ.

Le superlatif *relatif* est précédé de *le plus, le moins*. *Il est* LE PLUS RAISONNABLE *de ses frères. C'est l'homme* LE PLUS IGNORANT *que je connaisse.*

Dans quelques langues, comme en français, il n'y a pas d'expressions particulières pour exprimer les idées de comparaison ; mais il est d'autres langues, au contraire, qui expriment ces rapports par un changement de terminaison. C'est ce qui a lieu en latin, en grec, en anglais, etc. Il est même certain que ce n'est que parce que ces terminaisons particulières existent dans certains idiomes pour exprimer ces idées qu'on a été amené à distinguer le comparatif et le superlatif du positif.

Beauzée rattache aux comparatifs et aux superlatifs les augmentatifs et les diminutifs, que tous les autres grammairiens en séparent.

Les Latins forment leur comparatif et leur superlatif du cas en *i* du positif en ajoutant *or* pour le masculin et le féminin et *us* pour le neutre. Ainsi l'on dit, au positif, *sanctus, sancti*, d'où l'on forme *sanctior, sanctius, sanctissimus* ; de *fortis, forti* viennent *fortior, fortissimus*.

Tous les comparatifs et superlatifs ne se forment pas régulièrement : *pulcher* fait *pulcherrimus*, et non *pulchrissimus* ; *facilis* fait *facillimus* et non *facilissimus*, etc.

Quelquefois les Latins expriment les idées de comparaison en plaçant avant l'adjectif certaines prépositions ; c'est ainsi qu'au lieu de *maximus*, ils disent *permagnus*.

Quelques adjectifs n'ont ni comparatifs ni superlatifs. On y supplée par des adverbes, comme en français; ainsi l'on dit *magis pius, maxime pius,* et non *piior, piissimus.*

Les adjectifs *bonus, malus, magnus, parvus,* n'ont ni comparatifs, ni superlatifs singuliers; on y supplée par d'autres mots dont l'origine est différente. *Bonus,* bon, a pour comparatif *melior,* dont nous avons fait *meilleur,* et pour superlatif *optimus; malus,* mauvais, comparatif *pejor,* superlatif *pessimus; magnus,* grand; *major,* plus grand; *maximus,* très-grand; *parvus,* petit; *minor,* plus petit; *minimus,* très-petit.

Les comparatifs et les superlatifs grecs se forment d'une manière analogue à ceux des Latins.

Ceux des Anglais sont formés par les terminaisons *er* pour le comparatif, et par *est* pour le superlatif. *Rich,* riche; *richer,* plus riche; *richest,* le plus riche ou très-riche.

Les Italiens ont des superlatifs à la manière des Latins : *bellissimo,* très-beau; *buonissimo,* très-bon.

Les adverbes forment leurs comparatifs et leurs superlatifs de la même manière que les adjectifs. *Sapiente,* sagement; *sapientiùs,* plus sagement; *sapientissimé,* très-sagement.

Les langues qui admettent des comparatifs et des superlatifs n'ont pas de mots particuliers pour exprimer les comparatifs d'égalité et d'infériorité; ils n'en ont que pour le comparatif de supériorité; de même le latin n'admet pas la distinction de superlatif absolu et de superlatif relatif; il se sert du même mot dans les deux cas.

En Français nous n'avons de vrais comparatifs que *meilleur* qui se dit pour *plus bon, moindre* pour plus petit, *pire* pour plus *mauvais,* et *pis* pour plus mal.

Nous n'avons également qu'un très-petit nombre de superlatifs, empruntés soit aux Italiens, comme *sérénissime, révérendissime, généralissime,* etc., soit faits à l'imitation des Latins, comme *richissime, savantissime, ignorantissime,* etc., mais ces derniers ne s'emploient pas dans le style sérieux.

En poésie, autrefois, on employait quelquefois le comparatif pour le superlatif.

> Que le parti *plus faible* obéisse au plus fort.
> (CORNEILLE.)

> Déjà sur un vaisseau dans le port préparé
> Chargeant de mon débris les reliques *plus chères,*
> Je méditais ma fuite aux rives étrangères.
> (RACINE.)

En prose, on aurait dit : *le parti le plus faible, les reliques les plus chères.*

Les degrés de comparaison ont donné lieu à beaucoup de critiques.

D'abord on a trouvé que l'expression *degrés de comparaison* n'est pas exacte, qu'il valait mieux dire *degrés de signification,* comme l'ont fait quelques grammairiens. C'est là une simple dispute de mots.

Ensuite on a montré qu'il n'était pas exact d'admettre trois degrés de comparaison, car le positif ne compare pas. En effet, si je dis: *le soleil est* BRILLANT, je ne compare pas ce corps avec aucun autre. Dans cette phrase, il est vrai, il n'y a pas de comparaison, mais ce n'est pas à ce point de vue qu'il faut examiner la question, c'est en mettant le positif en rapport avec le comparatif et le superlatif.

La dénomination de *comparatif* a été blâmée par Vanier. Qu'est-ce qu'un degré de comparaison *comparatif?* Puisqu'il exprime la comparaison, il doit nécessairement être comparatif, autant vaudrait dire du coton *cotonneux.* Cette critique n'est pas juste. Le mot *comparatif* signifie *qui exprime une comparaison.* Qu'est-ce que cette dénomination a donc de vicieux?

Vanier se plaint aussi que les grammairiens n'admettent pas de degrés de signification pour les verbes aussi bien que pour les adjectifs et les adverbes. La raison en est simple; c'est que les verbes n'ont jamais de formes particulières pour exprimer ces divers degrés, tandis qu'il y en a pour les adjectifs et les adverbes.   J. B. PRODHOMME,
Correcteur à l'Imprimerie Impériale.

COMPAS (géométrie) [du latin *compassus,* dont les Italiens ont fait *compasso,* les Espagnols *compas,* et les Allemands *compatz,* à cause de l'égalité de ses pas; d'autres le font venir de *compes,* à deux pieds]. — Instrument de mathématiques dont on se sert pour décrire des cercles, mesurer des lignes, etc.

Compas ordinaire. — Il est composé de deux jambes de métal, pointues par en bas et jointes en haut par un rivet sur lequel elles se meuvent comme sur un centre; on en attribue l'invention à Talaüs, neveu de Dédale par sa sœur. Dédale en conçut une telle jalousie qu'il le tua.

Compas à trois branches. — Ces compas diffèrent des compas ordinaires en ce qu'ils ont deux curseurs ou boîtes de laiton, l'une fixée à un bout, l'autre pouvant y glisser le long de la verge avec une vis pour l'assujettir suivant le besoin. On peut visser à des curseurs des pointes de toute espèce, soit d'acier ou de quelque autre chose semblable. On s'en sert pour décrire de grands cercles ou prendre de grandes longueurs.

Compas de proportion. — Cet instrument, que les Anglais appellent *secteur,* est d'un grand usage pour trouver des proportions entre des quantités de même espèce, comme entre lignes et lignes, surfaces et surfaces, etc. C'est pourquoi on l'appelle en France *compas de proportion.*

Le grand avantage du compas de proportion sur les échelles communes consiste en ce qu'il est fait de telle sorte qu'il convient à tous les rayons et à toutes les échelles.

Par les lignes des cordes, des sinus, etc., qui sont sur le compas de proportion, on a les lignes des cordes, des sinus, etc., d'un rayon quelconque, comprises entre la longueur et la largeur du secteur ou compas de proportion, quand il est ouvert. Le compas de proportion est fondé sur la quatrième proposition du sixième livre d'Euclide, où il est démontré que les triangles semblables ont leurs côtés homologues proportionnels.

Compas à coulisse ou *compas de réduction.* — Il consiste en deux branches dont les bouts de chacune sont terminés par des pointes d'acier. Ces branches sont évidées dans leur longueur pour admettre une boîte ou coulisse que l'on puisse faire glisser à volonté dans toute leur longueur; au milieu de la cou-

Fig. 48. — Compas de réduction.

lisse, il y a une vis qui sert à assembler les branches et à les fixer au point où l'on veut.

Sur l'une des branches du compas, il y a des divisions qui servent à diviser les lignes dans un nombre quelconque de parties égales, pour réduire des

Fig. 49. — Compas de route.

figures, etc.; sur l'autre, il y a des nombres pour inscrire toutes sortes de polygones réguliers dans un cercle donné.

Compas de réduction auxquels on a adapté les lignes du *compas de proportion*. — Sur la première

Fig. 50. — Compas d'épaisseur.

face sont les lignes des cordes jusqu'à soixante, et la ligne des *lignes* divisée en cent parties égales, numérotées de dix en dix.

Sur l'autre face sont la ligne des sinus jusqu'à 90 degrés, et la ligne des tangentes jusqu'à 45 degrés. Sur le premier côté l'on trouve les tangentes depuis 45 jusqu'à 71 degrés 34 secondes; sur l'autre,

les sécantes depuis zéro jusqu'à 70 degrés 30 secondes.

Compas sphérique ou *d'épaisseur*. — On se sert de cet instrument pour prendre les diamètres, l'épaisseur ou le calibre des corps ronds ou cylindriques, tels que les canons, les tuyaux, etc. Ces sortes de

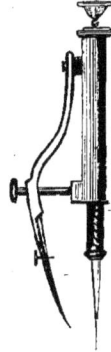

Fig. 51. — Compas à pompe.

compas consistent en quatre branches assemblées en un centre, dont deux sont circulaires, et les deux autres plates, un peu recourbées par les bouts.

Pour s'en servir, on fait entrer une des pointes plates dans le canon, et l'autre par dehors, lesquelles étant serrées, les deux pointes opposées marquent l'épaisseur.

Compas elliptiques. — Ils servent à décrire toutes sortes d'ellipses ou d'ovales. On en a imaginé de plusieurs espèces dont la construction est fondée sur différentes propriétés de l'ellipse.

Compas de variation ou *de déclinaison.* — C'est une boussole suspendue comme les boussoles ordinaires ou les *compas de route*, mais ordinairement un peu plus grosse. Cette boussole est établie dans une boîte carrée avec un couvercle qui ne s'enlève que lorsqu'on veut faire usage de ce compas pour observer la déclinaison de l'aiguille aimantée. Elle est garnie à l'intérieur d'un cercle de cuivre parfaitement bien gradué, et la boîte de la boussole porte deux pinnules à l'aide desquelles on tire un rayon visuel au soleil, au moment de son lever ou de son coucher, pour voir de combien il s'écarte de l'est ou de l'ouest du compas. L'objet de cette observation est de comparer la déclinaison apparente de l'astre, donnée par le compas, avec sa déclinaison réelle, le jour de l'observation, du vrai *est* ou du vrai *ouest* du monde, et de connaître, par conséquent, le nombre des degrés dont la boussole s'écarte dans ses points cardinaux des vrais points cardinaux du monde.

On se sert aussi du compas de variation pour observer l'angle de la dérive, en examinant à l'arrière du vaisseau la direction de la trace que laisse après lui le vaisseau ou le sillage.

Compas azimuthal. — C'est un compas de variation, auquel on ajoute un cercle de bois et une alidade en équerre, pour pouvoir observer l'azimuth, ou l'amplitude du soleil ou des astres, lorsqu'ils sont élevés au-dessus de l'horizon. Ce genre de compas est peu usité, parce que les observations faites à l'horizon sont beaucoup plus sûres.

Compas à pompe. — Il est destiné à tracer de très-petits cercles; il est très-exact.

Compas de route, de mer, ou simplement *compas* (marine), c'est le nom donné à la *Boussole.* — Voyez ce mot.   Larivière.

COMPASSION (philosophie, morale). —Sentiment doux et triste que notre cœur ressent à la vue du malheur d'autrui. La compassion est l'étincelle qui électrise l'âme et la porte à répandre ses bienfaits sur ceux que la misère torture de ses mille replis. Elle est aussi la consolatrice des affligés, le baume bienfaisant des pauvres malades, car une voix consolatrice adoucit tous les maux, cicatrise les plaies profondes du cœur; elle sait redonner l'espérance à celui qui l'avait perdue, à celui dont l'excès de peine le porte presque à douter de Dieu, son seul appui; mais la tendre compassion, cette douce sœur de charité, est là debout, comme un phare lumineux pour arrêter l'infortuné au bord de l'abîme, pour le secourir et le consoler! Telle est la devise des nobles cœurs, qui ont bien compris qu'ici-bas nous avions tous une part d'affection et d'amour à répandre sur nos frères malheureux.

Il existe cependant des hommes incapables de compassion; les uns sont des grands qui, ignorant l'amertume d'une situation malheureuse, ne sauraient y être aussi sensibles qu'ils le devraient; les autres, par une certaine dureté de cœur, ne sont nullement touchés des disgrâces du prochain. Cependant les riches ne sont que les dépositaires des trésors que Dieu leur a confiés, et la loi sainte leur prescrit de répandre une partie de ces richesses sur la classe indigente; mais hélas! souvent ils s'endorment au sein de la mollesse, ils s'enivrent de ce bonheur apparent, et les vices nombreux deviennent leur partage! Dans les plaisirs voluptueux on oublie tout devoir sacré; on étouffe tous les bons sentiments que la nature nous avaient accordés. Ce n'est pourtant qu'en pratiquant le bien que la porte des cieux s'ouvrira pour nous; malheur à celui qui détourne la vue pour ne point soulager de l'homme tombé dans une profonde détresse! car le Très-Haut ne réserve un glorieux salaire qu'à celui qui compatit aux misères humaines! Les âmes froides, les cœurs dénaturés n'ont rien à espérer de la clémence divine; le ciel est inaccessible aux méchants. Heureusement que la bonté providentielle ramène souvent les âmes bien nées à de bons sentiments. Combien d'hommes sont devenus l'appui du pauvre après une existence orageuse! nul doute alors que la conscience est une sentinelle vigilante qui nous éclaire de son divin flambeau, rappelle les cœurs à la vertu, et les oblige à réparer les torts qu'ils ont eus envers les malheureux. La compassion est d'ailleurs une sécurité pour la société; la faim est en effet une mauvaise conseillère; l'homme livré au désespoir par la dureté qu'il rencontre, se porte souvent à des actes coupables.

dont notre inhumanité est responsable, puisque Dieu a confié ses pauvres à la garde du riche comme un dépôt sacré. Voyez, par exemple, le paralytique et l'aveugle dans leur misérable réduit, couchés sur la paille humide, manquant de tout, par leur impuissance physique! si nous les abandonnons dans leur détresse, ils n'ont plus qu'à mourir! C'est pourquoi nous devons compatir à la souffrance de ces malheureux, non-seulement aujourd'hui, demain, mais toujours, si nous voulons être agréables au Tout-Puissant, car il dit : *De mes lois observez la première* : *Aimez-vous, soyez compatissant pour vos frères*; paroles saintes et faciles à comprendre pour un cœur animé de la céleste flamme de l'amour du prochain! Heureusement pour l'honneur de l'humanité, nous pouvons citer quelques traits de charité remarquables, à commencer par la magnificence impériale de notre auguste souveraine, l'impératrice des Français. Cette femme divine a daigné jeter un regard de compassion sur la classe indigente et créer un hôpital de jeunes enfants, un orphelinat, etc. Son cœur magnanime l'a portée à sécher les larmes maternelles par les soins assidus que l'on prodigue à tous ces jeunes enfants. A son exemple, beaucoup de nobles dames s'empressent également de secourir les malheureux. La classe des artisans n'est pas moins charitable; en voici un exemple entre mille : Par un jour d'hiver, une ouvrière vit sur son chemin une malheureuse femme transie de froid; les vêtements qu'elle portait étaient tellement en lambeaux que l'on découvrait son corps amaigri. Touchée de compassion pour une telle misère, et sans s'inquiéter du monde qui circulait, la digne femme du peuple retire un de ses jupons pour en couvrir la pauvre mendiante! son cœur charitable n'avait pu voir le malheur sans l'adoucir! De tels faits n'ont pas besoin d'éloges; ceux qui répandent le bien accomplissent le plus saint des devoirs; ils amassent des trésors célestes; puisque le souverain Maître jugera chacun selon ses œuvres.

                                 Mme Lunel *mère.*

COMPENSATEUR (mécanique). — Appareil destiné à rendre invariables les longueurs des balanciers des pendules, quel que soit le degré de température, et par conséquent à empêcher les pendules d'avancer ou de retarder; il est dû à Destigny, horloger à Rouen, qui l'inventa en 1813. — Voy. *Pendule.*

Compensateur magnétique (marine). — La quantité de fer qui se trouve à bord des bâtiments exerce sur les boussoles une influence appelée attraction locale, qui tend à détourner leur aiguille de la direction du méridien magnétique. « Cet effet est nul lorsque le cap est dans la direction de ce méridien; il est à son maximum lorsque ce cap est à l'E. ou à l'O.: or, on a cherché à annuler ou à atténuer cet effet par l'emploi d'une masse de fer à laquelle on a donné le nom de *compensateur magnétique* ou de plateau correcteur, et que l'on place, par rapport aux compas de route, dans une direction et à une distance telles que son influence fasse équilibre à l'attraction locale. Ce compensateur est ordinairement un plateau ou une plaque de fer traversée librement par une tige; et l'on détermine la place que doit avoir la plaque en relevant un point éloigné pendant qu'on a le cap au nord ou au sud du compas; on fait ensuite tourner le navire sur son axe vertical, jusqu'à ce qu'il ait le cap à l'E. ou à l'O.; et comme alors le relèvement a changé, on place la tige et l'on fait glisser la plaque jusqu'à ce que son effet sur la boussole la ramène à donner le relèvement primitif. » L'emploi de cet appareil, d'un usage encore très-récent, est très-délicat. C'est surtout au professeur Barlow de Wolwich qu'on doit les connaissances nécessaires sur les moyens de corriger les déviations éprouvées par la boussole dans les bâtiments.

Table de compensation. — On peut, dit Bonnefoux, suppléer au compensateur magnétique à l'aide d'une *table* dite *de compensation,* que l'on dresse au mouillage en y relevant un point éloigné; on fait ensuite tourner le navire sur son axe vertical, et à chaque changement d'un rumb, on relève ce même point, et l'on prend note de la déviation éprouvée; il faut alors inscrire les rumbs de vent sur une colonne, et sur une autre les déviations qui leur correspondent, c'est-à-dire les différences entre les relèvements pris à chacun de ces rumbs et le relèvement primitif du même point éloigné; on se donne ainsi les éléments avec lesquels il faudra corriger tous les relèvements que par suite on pourra observer.

COMPENSATION (droit). — Imputation réciproque de payement, au moyen de laquelle des personnes qui se trouvent en même temps créancières et débitrices l'une envers l'autre retiennent, chacune de son côté, en payement de la somme qui lui est due, celle qu'elle doit à l'autre. C'est un des modes d'extinction des obligations. On reconnaît deux espèces de *compensation* : celle qui a lieu de plein droit et qu'on nomme *légale,* et celle qu'on appelle *facultative,* qui a besoin d'être opposée par voie d'exception ou de reconvention. Il ne faut pas, au reste, confondre avec la *compensation* la *rétention,* qui est le droit accordé à celui qui doit rendre une chose de la retenir, *quasi pignoris jure,* jusqu'au payement des sommes qui lui sont dues, par exemple, des sommes qu'il a dépensées pour sa conservation.

COMPENSATIONS (SYSTÈME DES). — Système professé par M. Azaïs au commencement de ce siècle. Ce philosophe admettait un *équilibre parfait dans toutes les parties de l'univers par voie de compensations exactes.* L'auteur n'appliqua d'abord ce système qu'aux destinées humaines, prétendant que tout s'y balance et se compense d'une manière juste et exacte; ensuite il l'étendit au monde entier.

COMPÉTENCE (droit) [du latin *competere,* convenir, appartenir]. — Droit qu'a une certaine autorité de connaître d'une affaire, de statuer ou de prononcer dans les limites de ses attributions. Les juges de paix étendent leur compétence sur toutes les demandes qui ne s'élèvent pas au-dessus de 1,500 fr., et prononcent en dernier ressort si la demande ne dépasse pas 100 fr. Les tribunaux civils de première instance et de commerce prononcent en dernier ressort sur toute demande qui ne dépasse pas 1,500 fr. et à charge d'appel sur toutes les autres (loi de 1838). Les règles de la compétence sont fixées en matière civile par le Code de procédure, et en matière criminelle par le Code d'instruction criminelle.

Il y a deux espèces de compétence : 1° une *compétence absolue,* fondée sur les limites posées par le législateur entre les diverses juridictions; 2° une *compétence relative,* qui suppose déjà l'autre, qui se détermine dans un seul ordre de juridiction, et non plus par la nature générale de l'affaire, mais bien par l'aspect de l'affaire prise en particulier et pour un seul tribunal. Il importe beaucoup à la bonne dispensation de la justice, dit Deligny, que toutes les attributions soient bien définies et bien connues, afin que l'on ne soit pas exposé à porter une cause devant un tribunal ou une autorité qui n'en pourrait pas connaître. Cependant rien n'est plus incertain que la limite qui sépare le contentieux administratif des véritables affaires judiciaires; on a entamé sur ce sujet des volumes de controverse. Non-seulement il faut bien distinguer entre les affaires civiles, criminelles, commerciales, mais il faut encore, dans chacune de ces catégories, savoir jusqu'à quelle nature d'affaires s'élèvent ses pouvoirs. Enfin, la compétence se détermine, non pas toujours à raison de la matière, mais encore à raison de la personne; en sorte qu'il faut s'adresser au juge qui a droit d'en décider en vertu de sa circonscription. En matière civile, les procès sont portés devant des juges de paix et devant les tribunaux de première instance. Quant à la compétence sous le rapport de la personne, c'est en général le juge du défendeur qui est compétent, sauf les exceptions portées par la loi. En matière criminelle, les règles de la compétence, quant à la personne du prévenu, sont fixées par l'article 23 du Code d'instruction. Celles à raison de la matière sont faciles à expliquer, la législation ayant bien défini ce qui est contravention, délit ou crime, etc.

COMPLAISANCE (philosophie, morale). — Désir d'être agréable à la société. Volonté qui prend sa source dans la douceur du caractère et qui nous rend affables, indulgents pour nos semblables.

Toutes les personnes douées d'un cœur sensible sont naturellement portées à la complaisance, puisqu'elles trouvent leur bonheur dans la satisfaction des autres. La complaisance est d'ailleurs la marque d'une heureuse naissance; elle fait distinguer une personne sans l'exposer à l'envie, car l'envieux même se sent touché des manières obligeantes, toujours si flatteuses pour celui qui en est l'objet; du reste, la bonté, les égards, les soins réciproques ne constituent-ils pas le lien de toute bonne amitié? Gardons-nous bien de confondre la complaisance qui vient d'un cœur dévoué avec la basse servilité de certains hommes qui font vibrer tous les ressorts de la bassesse pour combler la mesure de leur cupidité. Cela n'est plus de la complaisance, c'est un rôle infâme qui trompe la bonne foi; tandis que la complaisance naturelle part d'une âme vertueuse qui ne connaît que le désintéressement, et reçoit avec la même bienveillance le pauvre ou l'opulent. Voyez Marie-Antoinette, reine de France ; elle tenait de la nature les qualités d'un excellent cœur ; sa complaisance était extrême pour toutes les personnes qui pouvaient l'approcher. Un jeune seigneur, éloigné de la cour pour des motifs particuliers, désirait rentrer en grâce auprès de sa souveraine, et pour n'éveiller aucun soupçon, il fit porter son message par une jeune paysanne. Marie-Antoinette se trouvait dans un petit salon avec ses dames d'honneur au moment où la jeune fille fut introduite. Tous les yeux se portèrent sur la campagnarde avec une incroyable curiosité ; la reine seule conservait cette figure pleine d'aménité qui inspire la confiance ; mais la pauvre fille n'y prenait garde dans son trouble. La jeune paysanne restait debout, au milieu du salon, interdite, éblouie de tout ce qui frappait ses regards ; mais, accablée de fatigue par la chaleur du jour et par une marche forcée, elle vit un fauteuil libre et s'y assit sans façon : c'était justement le fauteuil de la reine ; les dames d'honneur allaient crier au scandale, mais la reine par un sourire les rassura. Marie-Antoinette restait debout près de la jeune fille ; encouragée par une aussi grande bonté, la pauvre paysanne, revenue de sa frayeur, finit par lui dire : Madame, je voudrais parler à la reine. *Mon enfant*, dit-elle, *c'est moi*. La jeune fille trembla de tous ses membres, et tomba aux pieds de sa souveraine pour implorer le pardon de sa faute ; mais la reine lui assura qu'elle ne l'avait point offensée, et qu'il était bien juste d'être un peu complaisante pour une personne que la fatigue accable. Cette action de la reine nous démontre la vraie grandeur d'âme accompagnée d'une dignité que ne dément jamais un noble cœur.

La complaisance fait partie de l'éducation ; mais souvent elle ne tient qu'à la forme, à l'usage établi sur les bases sociales qu'on nomme politesse ; mais le désir d'être agréable que l'on tient de la nature est un don précieux qui nous fait aimer et chérir de tout le monde, et c'est dans la société de telles personnes qu'on peut dire avec le chantre de *la Jeune Captive* :

S'il est des jours amers, il en est de bien doux.

Mme LUNEL *mère*.

COMPLÉMENT (grammaire) [du latin *complementum*, dont la signification est la même]. — On appelle ainsi tous les mots qui servent à déterminer le sens des mots auxquels on les joint.

Il y a deux sortes de mots dont la signification peut être déterminée par des compléments : 1° tous ceux qui ont une signification générale susceptible de différents degrés ; 2° tous ceux qui ont une signification relative à un terme quelconque.

Les mots dont la signification générale est susceptible de différents degrés exigent nécessairement un complément, dès qu'il faut assigner à cette signification quelque degré déterminé. Tels sont les mots *livre, savant, aimer, sagement. Ce livre est* NOUVEAU. *Le livre* DE PIERRE. *Un livre* DE SCIENCE. *Homme* PEU

SAVANT. *Homme* FORT SAVANT. *Homme* PLUS SAVANT QUE SAGE. *Aimer* ARDEMMENT *quelqu'un. Aimer* AVEC UNE CONSTANCE QUE RIEN NE PEUT ALTÉRER. *Vous agissez* PEU SAGEMENT.

Les mots qui ont une signification relative exigent de même un complément, dès qu'il faut déterminer l'idée générale de la relation par celle d'un terme conséquent. *Le fondateur* DE ROME. *Le père* DE CICÉRON. *La mère* DES GRACQUES. *Objet nécessaire* A LA VIE. *Chose facile* A CONCEVOIR.

Un mot qui sert de complément à un autre mot peut lui-même en exiger un, qui, par la même raison, peut encore être suivi d'un troisième, auquel un quatrième sera pareillement subordonné, etc. *Nous avons* A VIVRE AVEC DES HOMMES SEMBLABLES A NOUS.

Il existe plusieurs sortes de compléments.

On appelle *complément incomplexe* celui qui est formé par un seul mot. *Vivre* HONNÊTEMENT.

Le *complément* est *complexe* quand il est exprimé par plusieurs mots, qui se modifient mutuellement. *Cette raison est* FAVORABLE A MA CAUSE.

Le *complément logique* est la réunion de tous les mots qui servent à compléter, à déterminer la signification d'un autre mot,

> Celui *qui met un frein à la fureur des flots*
> Sait aussi des méchants arrêter les complots.

Le *complément grammatical* se dit du seul mot qui exprime l'idée principale dans cette réunion, comme le mot *frein* dans *mettre un frein* de l'exemple précédent.

Le *complément objectif* est celui qui exprime l'objet sur lequel tombe directement le rapport énoncé par le mot complété. A MOI. *Aimer* LA VERTU. Ce complément est aussi appelé *complément direct* ou *régime direct.*

Le *complément relatif* est celui qui est énoncé par une préposition. *Donner l'aumône* AU PAUVRE. On appelle aussi ce complément *complément indirect* ou *régime indirect.*

On désigne sous le nom de *compléments circonstanciels* ceux qui expriment des circonstances de lieu, de cause ou de temps. *Vivre* A PARIS. *Tableau* PEINT PAR RUBENS. *Dieu nous a créés* POUR SA GLOIRE. *Il a vécu* TRENTE ANS.

Les *compléments auxiliaires* sont ceux qui expriment l'instrument et les moyens de l'action énoncée par le mot complété. *Se conduire* AVEC PRÉCAUTION.

Le *complément matériel* est celui qui exprime la matière dont une chose est faite. *Statue d'*OR.

Le *complément modificatif* est celui qui exprime une manière particulière d'être, qu'il faut ajouter à l'idée principale du mot complété. *Parler* AVEC FACILITÉ.

On a distingué tous ces compléments à cause de quelques règles de syntaxe, qui déterminent l'ordre dans lequel les divers compléments doivent être placés dans la phrase.

De tous les compléments qui tombent sur le même mot, il faut mettre le plus court le premier après le mot complété, ensuite le plus court de ceux qui restent, et ainsi de suite, jusqu'au plus long, qui reste le dernier.

Mais s'il en devait résulter un défaut de clarté, il faudrait alors recourir à une inversion pour éviter ce défaut. Par exemple, si l'on disait : *l'Évangile inspire une piété qui n'a rien de suspect aux personnes* QUI VEULENT ÊTRE SINCÉREMENT A DIEU, il y aurait équivoque. Ce qui n'a plus lieu si l'on dit : *l'Évangile inspire aux personnes* QUI VEULENT ÊTRE SINCÉREMENT A DIEU *une piété qui n'a rien de suspect.*

On trouve dans les grands traités de grammaire plus de développements sur cette méthode importante. Chaque langue suit à cet égard des règles particulières, dont je ne puis m'occuper ici.

Le complément est appelé *régime* par quelques grammairiens ; d'autres ne regardent comme régimes que certains compléments ; enfin il en est qui proscrivent complètement le mot *régime* comme ne pouvant s'appliquer qu'aux langues à désinences casuelles. Il semble en effet que, pour la plupart des langues modernes, le mot *complément* est plus exact. Je compléterai ces notions au mot *Régime.*

J.-B. PRODHOMME,
Correcteur à l'Imprimerie Impériale.

COMPLEXUS (anatomie) [mot latin qui signifie proprement *embrassé*]. — Nom de deux muscles dont les fibres sont tellement entrelacées et interrompues par des intersections aponévrotiques qu'on a de la peine à en reconnaître la direction. On distingue le *grand complexus* qui s'attache inférieurement aux apophyses transverses des six dernières vertèbres du cou et des quatre ou cinq premières du dos. Ce muscle a pour usage de renverser la tête en arrière. Le *petit complexus*, qui prend naissance par des tendons très-grêles aux apophyses transverses des quatre dernières vertèbres cervicales, et quelquefois des premières dorsales, et qui se termine derrière l'apophyse mastoïde.

COMPOSÉES (botanique). — Voy. *Synanthérées.*

COMPOSITE. — Voyez *Ordre composite.*

COMPOSITION (typographie). — La composition est l'assemblage des lettres pour en former des mots, des lignes, des pages.

L'ouvrier qui est chargé de ce travail s'appelle *compositeur*, et l'instrument dont il se sert pour assembler les lettres s'appelle *composteur.* Cet instrument pouvant se dévisser à volonté, il est possible de faire les lignes de la longueur que l'on veut. On obtient cette longueur en prenant une certaine quantité d'*interlignes*, ou lames de métal destinées à être placées entre les lignes ; on les place dans le composteur, et on arrête la partie mobile du composteur, jusqu'à ce que l'on ait besoin de composer des lignes d'une autre longueur ou *justification.*

La caisse à compartiments dans laquelle le compositeur prend les lettres à mesure qu'il en a besoin s'appelle *casse*, et chacun des compartiments, *cassetin*; j'en ai donné le modèle au mot *Casse.*

Lorsque le compositeur est occupé à composer, il reste ordinairement debout, afin d'être plus libre dans ses mouvements. Il tient le composteur dans la main gauche, et se sert de la droite pour saisir les lettres. La *copie*, c'est-à-dire l'ouvrage manuscrit ou imprimé qu'il doit reproduire, et dont on lui a donné quelques pages, est placée sur sa casse, et il la fixe à l'aide d'un instrument en bois, composé de petites pinces ou *mordants*, et d'un morceau de bois plat, armé d'une pointe de fer; cet instrument, appelé *visorium*, se plante à la hauteur des yeux au milieu de la casse. Quelque commode qu'il soit, il est presque généralement abandonné aujourd'hui, malgré sa grande supériorité sur les autres moyens mis en pratique pour le remplacer.

Le compositeur jette d'abord un coup d'œil sur sa copie, pour en retenir, sans confusion, le plus de mots possible, puis il lève successivement chaque lettre de la main droite, et la porte dans le composteur, après avoir regardé le *cran*, qui lui indique de quel côté il doit la placer. En même temps il approche cet instrument le plus possible pour abréger le trajet, et retient du pouce gauche les lettres assemblées, pendant que la main droite va prendre une autre lettre pour l'apporter à côté de la précédente, et ainsi de suite. L'habileté de l'ouvrier consiste dans la promptitude avec laquelle il lit le manuscrit, lève la lettre, en regarde le cran, et la porte dans le composteur, tout cela sans la moindre interruption de travail.

Lorsqu'il y a assez de mots à côté les uns des autres pour former une ligne, on essaye d'y faire entrer le mot commencé, ou, s'il est trop long pour y entrer, on en rejette une partie à la ligne suivante, d'après des règles que j'indiquerai au mot *Division.* Mais, pour que toutes les lignes soient de la même force, on est obligé d'augmenter ou de diminuer les blancs d'entre les mots, en ajoutant ou retirant des espaces ou en les changeant contre de plus ou moins fortes; c'est ce qu'on appelle *justifier.*

Lorsque la ligne est justifiée, on en compose une nouvelle par-dessus. On la sépare de la précédente par une interligne plus ou moins épaisse, ou, si l'on veut que l'ouvrage soit très-compacte, on n'emploie pas d'interligne, on se contente de placer un filet sur la ligne terminée pour que les lettres glissent plus facilement, et on l'enlève à chaque ligne, afin de former une nouvelle ligne, et ainsi de suite jusqu'à ce que le composteur soit plein. Au moyen du filet dont on s'est servi pour composer ou des interlignes, on vide sa composition dans une *galée*, petite planche rectangulaire à rebords. On remplit de nouveau le composteur, et l'on réitère cette opération jusqu'à ce qu'on ait sur la galée le nombre de lignes convenu pour faire une page.

Quand cela a lieu, on serre le paquet avec une ficelle, on le place sur un morceau de papier double, appelé *porte-page*, et on pose chacun de ces paquets sur les tablettes placées à cet effet sous sa casse.

Les compositeurs qui ne font ainsi que des lignes sont appelés des *paquetiers.*

D'autres compositeurs, appelés *metteurs en pages*, sont chargés de distribuer la copie aux paquetiers, et de leur donner les renseignements que leur a donnés l'auteur, le prote ou le patron de l'imprimerie sur la marche à suivre dans l'ouvrage. Dans quelques pays, chaque compositeur met sa composition en pages.

La *mise en pages* consiste à réduire chaque page à une dimension donnée, à mettre à leur place les titres, les notes, etc., et à surmonter chaque page de son folio.

Quand il y a assez de composition pour faire une feuille, le metteur en pages va chercher les paquets de chacun des compositeurs auxquels il a distribué le travail; il les réunit, et après que la mise en pages est terminée, il place chaque page sur un *marbre* (grande table de pierre ou de fonte), dans l'ordre qu'elles doivent occuper sur la feuille imprimée. On les entoure d'un *châssis*, formé de quatre barres de fer, partagées en leur milieu par une barre transversale. On place ensuite les *garnitures*, c'est-à-dire les morceaux de bois ou de fonte qui doivent servir à séparer les pages les unes des autres, et soutenir et serrer dans les châssis les pages déliées. Ceci terminé, on serre le tout au moyen de coins. Chaque feuille est partagée en deux parts, qu'on appelle *formes*. Celle qui contient la page première s'appelle *côté de première*, et celle qui contient la page deux *côté de seconde*.

Quand l'*imposition*, c'est-à-dire la disposition des pages dans l'ordre convenable, est terminée, les formes sont portées à l'imprimeur; celui-ci en tire une épreuve sur papier collé, qu'on appelle *première typographique*, et qui, après avoir été lue et corrigée par le correcteur, revient au metteur en pages, qui la remet à chacun de ses paquetiers, pour qu'ils corrigent les fautes qu'ils ont faites. Ceux-ci lèvent dans leur casse les corrections indiquées sur l'épreuve, et les exécutent sur les formes desserrées, au moyen soit de petites pinces en fer, soit d'une pointe emmanchée dans un morceau de bois. Cette première correction faite, les formes sont serrées de nouveau, et l'on fait une nouvelle épreuve, qu'on envoie ordinairement à l'auteur. Quand il l'a lue, s'il ne veut pas de nouvelles épreuves, il signe le *bon à tirer*, indiquant le nombre d'exemplaires qu'il veut; le correcteur relit cette épreuve, et la redonne au compositeur. Enfin, la *tierce*, ou troisième épreuve, est destinée à vérifier si les dernières corrections ont été bien faites.

Jusqu'à présent, des hommes ont été à peu près les seuls à faire ce travail; cependant on a vu employer des *compositrices* à Corbeil et dans quelques autres villes.

Quand on veut tirer un grand nombre d'exemplaires d'un ouvrage, et utiliser les caractères qui ont servi à le composer, on a recours au *stéréotypage*, dont il sera parlé plus loin.

On a essayé plusieurs fois de composer par des procédés mécaniques, qui jusqu'à présent ont eu peu de succès.

Quand une casse est vide, on la remplit en décomposant des pages qui ont déjà servi, et dont on n'a plus besoin. Après avoir mouillé préalablement la lettre, on prend, entre les doigts de la main gauche,

une poignée composée de plusieurs lignes, et, de la main droite, on prend une fraction de ligne, qu'on lit rapidement, et on en dégage successivement chaque lettre, qui tombe dans le cassetin qui lui est propre. Les lettres qui tombent dans un autre cassetin s'appellent des *coquilles*. On a aussi tenté de distribuer par des moyens mécaniques; mais, jusqu'à ce jour, l'ancien procédé est encore le plus répandu.

L'ouvrier qui donne aux compositeurs les paquets à distribuer, et les divers objets dont ils ont besoin, s'appelle *homme de conscience*.

Celui qui est chargé de diriger tous les travaux de l'imprimerie s'appelle *prote*, du grec *prótos*, premier. Dans les grandes imprimeries, il y a des protes pour la composition et d'autres pour les presses.

J. B. PRODHOMME,
Correcteur à l'Imprimerie Impériale.

COMPRESSIBILITÉ (physique). — Propriété des corps de se réduire à un moindre volume apparent lorsqu'on les presse de toutes parts. Les tissus très-poreux sont en même temps très-compressibles; l'éponge peut être réduite au tiers, au quart, ou même au dixième de son volume apparent. Le papier, les étoffes, le bois et tous les tissus qui se laissent pénétrer par les fluides peuvent pareillement diminuer de volume et perdre, par la compression, les fluides qu'ils contiennent. Il y a une foule de procédés des arts qui ne sont que des applications de ce principe. Les pierres elles-mêmes, quand elles sont chargées d'un grand poids, se laissent comprimer jusqu'à un certain point. Les bases des édifices et les colonnes qui en soutiennent la charge en donnent des preuves très-évidentes. Les métaux écrouis par la percussion deviennent plus compactes; leurs parties se refoulent les unes sur les autres et forment une masse plus serrée. Les monnaies et les médailles reçoivent leurs empreintes sous l'action d'un balancier qui les frappe subitement; cette pression est si forte qu'elle façonne le métal comme la pression de la main pourrait façonner la cire; et non-seulement ils changent de forme, pour se mouler sur ses traits les plus déliés de l'effigie que porte le coin, mais encore ils se compriment de telle sorte que la pièce frappée a sensiblement moins de volume que celle qui ne l'est pas. Les liquides sont en général beaucoup moins compressibles que les solides; l'eau ne diminue que très-peu de volume quand on l'enferme dans une pièce de canon et qu'on la comprime par les plus fortes puissances. Le métal éclate avant qu'elle soit réduite aux 19/20es de son volume. L'air et les gaz sont, de tous les corps, ceux qui se compriment le plus facilement et ceux qui se réduisent à un moindre volume. On peut le démontrer par un grand nombre d'expériences; mais l'une des plus simples est celle du briquet à air. Cet appareil se compose d'un tube de verre de deux ou trois décimètres de longueur, et dont les parois sont très-épaisses. Dans son intérieur, qui est parfaitement cylindrique, se meut un piston qui le ferme exactement, dans toutes les positions qu'il peut prendre. Si le tube était rempli d'eau, le piston ne pourrait pas descendre, puisque l'eau est très-peu compressible; mais, quand il est rempli d'air, la force de la main est suffisante pour enfoncer le piston et pour réduire le volume au quart ou au cinquième de ce qu'il était d'abord. On sent que la résistance augmente à mesure que l'espace diminue, et qu'elle augmente de plus en plus; mais, quelque effort que l'on puisse faire, on ne parviendrait jamais à pousser le piston jusqu'au fond, puisqu'il faudrait pour cela que l'air perdît son impénétrabilité, c'est-à-dire qu'il fût anéanti. Quand le piston reprend sa position primitive, l'air aussi reprend son volume primitif; ainsi, il n'est pas compressible à la manière des métaux, qui reçoivent des empreintes et qui ne reviennent pas à leur volume primitif quand le balancier cesse de les presser. Les autres gaz ont la même propriété que l'air, et tous ces corps ne sont pas seulement propres à être comprimés, mais, en vertu de leur force expansive, ils sont propres à prendre un volume beaucoup plus grand. Si au-dessus du briquet à air on ajoutait un tube de même diamètre, et qu'au lieu d'enfoncer le piston, on le soulevât dans ce nouveau tube, l'air intérieur se répandrait partout et prendrait un volume dix fois, cent fois, mille fois, etc., plus grand; et même il ne paraît pas qu'il y ait de limite à cette expansion des gaz. Après cela, on pourrait de nouveau enfoncer le piston, et le volume se réduirait de plus en plus; on pourrait le soulever de nouveau et le réduire encore, et ainsi de suite, sans que l'air conservât la moindre trace des divers états de compression ou d'expansion par lesquels on l'aurait fait passer. C'est une constitution très-remarquable que celle de ces corps qui peuvent prendre ainsi un volume cent mille fois plus grand ou cent mille fois plus petit, sans qu'une action mutuelle entre leurs molécules cesse de s'exercer. D'après cela, on pensera peut-être que tout l'air de l'atmosphère pourrait être enfermé dans un très-petit espace, comme par exemple dans la capacité d'une outre; mais, s'il n'y a pas de limite à l'expansion, il y a une limite nécessaire à la compression et à la réduction de volume. (*Pouillet.*)

COMTE [du latin *comes*, formé de *comitare*, accompagner].—Les *comtes* étaient, dans l'origine, des seigneurs qui étaient à la suite de l'empereur. Au temps de la république, on appelait *comtes*, chez les Romains, tous ceux qui accompagnaient les proconsuls et les préteurs dans les provinces. Sous les empereurs, les comtes étaient tous les officiers de la maison de l'empereur. Il semble qu'on peut faire commencer les comtes dès le temps d'Auguste, qui prit plusieurs sénateurs pour être ses comtes, c'est-à-dire pour l'accompagner dans ses voyages. Jusque-là c'était le titre d'un emploi; Constantin en fit une dignité. Dans la suite, on donna le titre de *comte* à ceux qui avaient bien servi le public, et même à des avocats, à des professeurs en jurisprudence qui avaient servi vingt ans.

Lorsque les Français passèrent dans les Gaules, ils y trouvèrent la dignité de comte établie par les Romains, et ils ne voulurent point y apporter de chan-

gement. Ainsi, jusqu'à Charlemagne, les comtes furent tout ensemble des juges ordinaires et des gouverneurs des villes. Ces comtes rendirent leur dignité héréditaire sous les derniers rois de la seconde race, qui étaient trop faibles pour se faire obéir; ils usurpèrent même la souveraineté, et lorsque Hugues Capet parvint à la couronne, son autorité n'était ni assez reconnue ni assez affermie pour s'opposer à ces usurpations. Mais peu à peu les rois ont réuni ces comtés à la couronne, et avant le règne de Charles IX, ce n'était plus qu'un titre que le roi accordait en érigeant une terre en *comté*.

Les Allemands appellent un *comte*, *ein graf.*

Il y a des landgraves ou des gouverneurs de provinces; des margraves, originairement des comtes ou marquis, qui présidaient à la sûreté des frontières; des burgraves ou gouverneurs de villes ou de châteaux, et les *pfalzgraf* ou *comtes palatins.*

En Angleterre, la dignité de comte (*earl*) était, comme ailleurs, la première de toutes; elle est aujourd'hui placée entre celle de marquis et de baron. Le titre s'éteignait avec celui qui le portait, mais Guillaume le Conquérant le rendit héréditaire. Indépendamment des comtes créés par le roi, et introduits en cette qualité dans la chambre des pairs, on donne par courtoisie le titre de *comte* au fils aîné d'un duc; mais ce n'est qu'une simple dénomination qui ne donne aucune prérogative.

CONCEPTION (physiologie).—Voyez *Génération.*

CONCERT (musique) [du latin *concentus*, même sens]. — Réunion de musiciens qui exécutent des pièces de musique vocale ou instrumentale. On distingue : les *Concerts à grand orchestre et avec chœurs*; les *Concerts de salon*, dans lesquels le piano, accompagné ou non d'autres instruments, tient lieu d'orchestre; les *Festivals*, où des masses considérables d'artistes se réunissent pour exécuter les chefs-d'œuvre des grands maîtres; les *Concerts purement vocaux*, comme ceux de l'Orphéon, etc.

Les concerts présentent un double avantage pour l'art, ils le maintiennent dans une voie sérieuse, et ils forment insensiblement le goût du public : il ne faut pas croire en effet que les brillants succès de nos théâtres lyriques tournent toujours au profit de l'art. Malheureusement on y est parfois plus à la recherche de l'excentricité que du vrai. Pour réchauffer l'enthousiasme d'auditeurs frivoles ou blasés, on prodigue les effet d'orchestre, les roulades, les tours de force du larynx, et par cette route funeste, on arrive à perdre la saine tradition et le sens artistique. La musique des concerts doit être plus sérieusement exécutée, parce qu'elle s'adresse en général à des personnes plus attentives et plus exigeantes. Nous ne parlons pas de tous les concerts indistinctement. Depuis le commencement de l'hiver jusqu'aux premiers jours du printemps, les murs de Paris sont couverts d'affiches, les journaux inondés de réclames, annonçant des concerts donnés par des virtuoses. Ceux-là, sauf les réunions de quelques artistes de talent, que l'opinion publique sait bien distinguer, n'ont aucune valeur musicale, ce n'est qu'une affaire de goût et d'amour-propre. Il s'est fondé à Paris, depuis une trentaine d'années, plusieurs sociétés de musiciens qui ont entrepris de donner régulièrement, pendant une saison, des concerts composés d'une manière presque exclusive de morceaux des grands maîtres. A leur tête se place, comme la plus célèbre et la plus importante, celle du *Conservatoire*; il n'en existe pas en France, ni peut-être en Europe, qui lui soit comparable pour la science profonde, l'intelligence des beautés et la sûreté de l'exécution. Habeneck a porté au plus haut point la puissance et la gloire de cet orchestre, qui le premier a interprété avec amour et plénitude l'œuvre de Beethoven. La société *Sainte-Cécile*, fondée tout récemment, est déjà parvenue à conquérir le second rang dans l'estime des amateurs de bonne musique; elle suit avec fidélité les errements du Conservatoire, et le seul reproche qu'on puisse lui adresser, c'est de manquer un peu de hardiesse, et de ne point faire une assez large part aux ouvrages des jeunes compositeurs. Au-dessous, mais non sans talent à coup sûr, et avec une émulation très-louable, nous trouverons encore la société *symphonique*, celle des *jeunes artistes*, celle des *concerts de Berlin*. Il est à regretter que ces auditions d'œuvres si admirables soient demeurées jusqu'à présent accessibles à un si petit nombre de personnes. Pourquoi n'est-il point donné à tous les citoyens de jouir des trésors de Mozart, de Weber, de Beethoven? On objectera vainement que les complications multipliées de cette musique ne seraient pas à la portée des esprits incultes, des âmes simples. Par delà les calculs rhythmiques et les raffinements de l'orchestration s'élève un souffle saisissant et grandiose que tous peuvent comprendre, parce qu'il s'adresse aux sentiments généraux de l'humanité. D'ailleurs, le goût ne se forme que par la comparaison, et si les objets à comparer manquent toujours, comment les dispositions naturelles de l'esprit pourront-elles se développer? Croit-on que tous les visiteurs du Musée du Louvre se pénètrent également des beautés de Raphaël et de Rembrandt? Non, certes. Faut-il pour cela interdire la grande galerie aux profanes? Eh bien, il est devenu nécessaire de faire pour la musique ce que l'on a fait pour la peinture, il faut que le Conservatoire soit une sorte de *Louvre musical*. Cette mesure serait d'autant plus efficace, et les résultats en seraient d'autant plus prompts, que la musique est infiniment plus populaire en France que la peinture. Ce goût n'a jamais éclaté avec plus d'évidence et de vivacité que lors de l'établissement des cafés-concerts, où maintenant encore on s'entasse pour entendre de la musique souvent détestable, tant les besoins de l'âme sont impérieux et sacrés! (J. *Levallois*.) On donna d'abord des concerts d'instruments d'une seule espèce, violons, flûtes, hautbois, etc.; ce n'est qu'à la fin du dix-septième siècle que l'on eut l'idée de faire jouer ensemble des instruments d'espèces différentes. Les premiers concerts publics furent établis en France en 1725 par Philidor. On les appelait *concerts spirituels*, parce que l'on n'y exécutait que de la musique sacrée.

CONCERTO (musique). — Mot italien qui s'applique à une pièce de musique composée spécialement pour faire briller un instrumentiste. Le *concerto* proprement dit se compose de trois ou quatre morceaux de mouvements divers. Ceux de Mozart, de Viotti, de Kreutzer, etc., en sont d'excellents modèles.

CONCHYLIOLOGIE [du grec *conchylia*, coquille, et *logos*, discours]. — Partie de la zoologie qui s'occupait de l'étude des coquilles. Pendant longtemps on ne s'est livré qu'à la connaissance de cette partie de la science des mollusques, négligeant tout à fait les animaux qui produisent ces enveloppes testacées; mais aujourd'hui, grâce aux travaux des Cuvier, des Blainville, etc., on ne sépare plus les deux études. Avant ces progrès de la science, les coquilles étaient classées d'après leur forme générale, celle de leur charnière et des dents qu'elle présente, d'après les plis de la columelle des univalves, etc.; mais maintenant ce sont surtout les caractères de l'animal que l'on prend en considération, comme étant beaucoup les plus importants et les plus conformes à la méthode naturelle qu'on doit suivre dans toute classification. — Voy. *Mollusques*.

CONCIERGERIE (histoire de Paris). — Prison de Paris où les parlements tenaient autrefois leurs prisonniers. « Les maires du palais furent d'abord chargés, sous les rois de la première race, de rendre la justice aux officiers et à la domesticité du roi. Ils furent ensuite remplacés dans cette fonction par un comte, auquel succéda, en 988, un officier appelé concierge du palais. En 1286, Enguerrand de Marigny, ayant fait construire, pour servir de résidence au roi, le palais de justice actuel, on réserva pour le concierge un logement à part, auquel on donna le nom de *Conciergerie*. Le concierge fut revêtu, sous Philippe de Valois, en 1348, du titre de bailli, et des lettres de Charles V, régent du royaume en 1358, lui accordèrent les droits de moyenne et basse justice à l'intérieur, des cens et rentes sur plusieurs maisons, et une juridiction sur les marchands qui possédaient des boutiques dans les allées de la Mercie ou appuyaient leurs auvents ou étalages contre les murs du palais. Le concierge avait le droit de faire enlever tous les arbres morts qui se trouvaient dans les chemins royaux; il avait aussi l'inspection sur les greniers du roi, ainsi que sur le portier et sur les sentinelles du palais. En 1416, Charles VI réunit à son domaine l'office de concierge. Il en fut détaché dans la suite, et en 1667 le concierge-bailli du palais rendait encore la justice. Cet édifice a eu pour principale destination d'être une prison, et souvent une prison politique. C'est, dit un écrivain, le premier cachot de la vieille cité de Lutèce. La domination étrangère le creusa sous ses pieds; la tyrannie féodale s'efforça de l'élargir; la civilisation et la liberté ne l'ont pas comblé. Que d'hôtes ont passé dans cette prison! Que de larmes et de sang y ont été versés, et si ces vieilles murailles parlaient, que de drames inconnus elles ajouteraient à ceux que l'histoire a enregistrés! Du plus loin qu'on se souvienne, c'est une bande de Bourguignons, brisant les portes de la Conciergerie et assassinant les Armagnacs qu'ils y ont enfermés, entre autres le chancelier Merle, l'évêque de Coutances; là sonne la mort de Montgommery; là passe Commines, conseiller, chambellan et chroniqueur de Louis XI; puis Ravaillac et Damiens, attachés au même collier, tombant sur le même échafaud, dans une tour qui s'appelle encore *tour Damiens*, et où se chauffent aujourd'hui les prisonniers ; puis Éléonore Galigaï, accusée de judaïsme et de sortilége, y subit la torture ; Cartouche et Carré-Montgeron. »

La Conciergerie a reçu de tous temps des prisonniers célèbres à différents titres. Pendant la révolution, Bailly, Lavoisier, Malesherbes, Mᵐᵉ Rolland, Camille Desmoulins, Danton, André Chénier, Fabre d'Églantine ont été enfermés dans cette prison, de même que le général Beauharnais, Marie-Antoinette et Mᵐᵉ Elisabeth, sœur de Louis XVI, dont on voit encore les cellules au fond d'un corridor où le jour pénètre à peine. Elle a servi également de prison aux députés girondins, qui y furent transférés du Luxembourg au nombre de vingt et un. C'étaient les représentants du peuple Anteboul, Boileau, Boyer-Fonfrède, Brissot, Cerra-Duchastel, Ducos, Dupas, Duperré, Faucher, évêque constitutionnel; Gardien, Gensonné, Lacaze, Lasource, Lehardy, Lesterpt-Beauvais, Mainvieille, Valazé, Vergniaud et Vigée. Ils furent exécutés sur la place de la Révolution le 31 octobre 1793. Plus tard, Georges Cadoudal et ses complices, Louvel, les quatre sergents de la Rochelle et les individus accusés de tentative d'assassinat contre le chef de l'État, à différentes époques, ont été incarcérés à la Conciergerie.

Les travaux d'agrandissement du palais de justice ont nécessité depuis quelques années la démolition d'une partie du préau et de quelques-unes des cellules de la Conciergerie, dont le sol est plus bas que les eaux de la Seine. Au-dessous du sol, il existe des caves et des souterrains en pierre qui interceptent un peu l'humidité qui règne continuellement dans ce triste séjour. Ces souterrains formaient autrefois une longue suite de cachots qui sont aujourd'hui presque tous hors d'usage. Sous la porte même de l'entrée de cette prison, à quinze mètres de profondeur, se trouvaient les fameuses oubliettes du palais. Sur le bord de la Seine, on voit encore la grille par laquelle on faisait disparaître les corps des malheureux qui mouraient dans ces cachots souterrains, que l'on retrouvait, du reste, dans toutes les prisons dépendant des juridictions ecclésiastiques ou laïques de l'ancien Paris. Lors de la restauration entreprise au Palais de Justice en 1818, M. Payre, architecte de l'édifice, a transformé les oubliettes du Palais en un aqueduc qui déverse dans la Seine toutes les eaux pluviales et ménagères des nombreux bâtiments qui le composent.

CONCILE [du latin *concilium*, même signification]. — Assemblée d'évêques de l'Église catholique légalement convoqués pour délibérer et décider sur des questions de doctrine et de discipline. Les plus importants et les plus célèbres sont les dix-huit conciles généraux ou œcuméniques : 1° le premier de Nicée (325), où la divinité de Jésus fut définitivement proclamée, malgré les efforts d'Arius; 2° le premier de Constantinople (381), où l'on fixa la doctrine catholique relativement au Saint-Esprit; 3° le premier d'Éphèse (431), et 4° celui de Chalcédoine (451), qui précisèrent le dogme de la réunion des natures divine et humaine en Jésus-Christ; 5° le deuxième de Constantinople (533); 6° le troisième de Constantinople (680-682); 7° le deuxième de Nicée (787); 8° le quatrième de Constantinople (869); 9° le premier de Latran (1123); 10° le deuxième de Latran (1139); 11° le troisième de Latran (1179); 12° le quatrième de Latran (1215); 13° le premier de Lyon (1245); 14° le deuxième de Lyon (1274); 15° celui de Vienne (1311); 16° celui de Constance (1414-1418); 17° celui de Bâle (1431-1440); 18° celui de Trente (1545-1563). Depuis trois siècles, les évêques ne se réunissent plus que dans des assemblées nationales ou provinciales. En France, pendant la Révolution, le clergé constitutionnel a célébré huit conciles métropolitains, quatre-vingts synodes, les conciles nationaux de 1797, de 1801 et de 1811.

CONCOMBRE (botanique). — Genre de plantes de la famille des cucurbitacées, annuelles, à tiges étalées sur le sol, velues, hérissées, munies de vrilles; feuilles cordées; fleurs de couleur jaune. Fruit volumineux, charnu, à graines nombreuses, obovales, comprimées.

La principale espèce est le *concombre ordinaire*, dont la souche primitive et sauvage n'a pas encore été découverte, bien que, au dire de quelques auteurs, elle croisse en Asie; elle est cultivée dans tous les jardins potagers. Son fruit, à pulpe blanche, aqueuse et fade, est légèrement nourrissant, laxatif et rafraîchissant. Il a été préconisé autrefois dans une foule de maladies. On en prépare des pommades cosmétiques qui ont la propriété d'adoucir la peau, de faire disparaître les éruptions furfuracées; enfin ses usages culinaires, ainsi que ceux du cornichon, sont connus de tout le monde. Le concombre se reproduit de graines semées, soit sur couches à melon au commencement de mars, soit en pleine terre vers le 15 avril. On le repique quinze jours après, et quand il est repris, on ôte une partie des feuilles pour lui procurer plus de séve. Il faut à cette plante de la chaleur et des arrosages souvent renouvelés.

On en distingue plusieurs variétés : celle dite *concombre petit-vert* donne le *cornichon*, le *melon*, et la *coloquinte*.

CONCORDAT [du latin *concordare*, s'accorder]. — Accord, transaction sur une ou plusieurs questions religieuses entre la papauté et un autre gouvernement. Il y a eu un grand nombre de *concordats*. Un des plus célèbres est celui de Worms, conclu en 1122, entre l'empereur Henri V et le pape Calixte II. Il termina la querelle des *investitures*. Par cet acte, l'empereur renonçait à donner l'investiture féodale par la croix et l'anneau, et s'engageait à respecter la liberté des assemblées électorales pour la nomination aux dignités ecclésiastiques, ne se réservant que le droit de surveillance.

Sous l'ancien régime, on appelait aussi *concordat* une sorte de traité par lequel des officiers au service, afin de se procurer de l'avancement, assuraient une prime à celui qui, pourvu d'un grade supérieur, voulait quitter le service.

Aujourd'hui, dans le commerce, on nomme *concordat* « l'arrangement qu'un débiteur hors d'état de remplir ses obligations fait avec la masse de ses créanciers, et qui a pour objet de lui permettre de reprendre le cours de ses affaires. » Tout traité par lequel les créanciers, abandonnant leurs droits antérieurs, consentent novation avec le failli, constitue un concordat. Il y a aussi des *concordats à l'amiable*. Aux articles 517-525, le Code de commerce traite du concordat.　　　　　LARIVIÈRE, *prud'homme*.

CONCUBINAGE (philosophie, morale) [du latin *concubinatus*]. — A ne considérer que son étymologie, la signification de ce mot n'a rien de trop défavorable; il signifie, suivant les uns, *cohabitation licite ou illicite de personnes de différents sexes*. Hâtons-nous de dire, cependant, que la consécration d'un long usage lui a fait donner la signification de *conjonction de personnes qui ne sont pas unies par les liens du mariage*.

Le concubinage licite est le fait d'un homme ou d'une fille libres qui habitent ensemble et pourraient se marier. Ce concubinage, admis chez les Romains, n'y différait guère du mariage que *nomine* et *dignitate* (qu'en raison du nom et de la dignité). Aussi le nom de concubine y était-il bien différent de celui de *maitresse* parmi nous. Cela tenait à ce que l'union conjugale y étant interdite entre les plébéiens et les patriciens, une sorte de mariage en sous-ordre était tolérée entre les personnes dont l'une d'elles, de condition inégale, n'avait pas ce qu'il fallait pour soutenir ce qu'on appelait l'honneur du mariage. Ce serait donc en vain, comme on le voit, que les concubinaires de nos jours se croiraient en droit de se prévaloir d'une tolérance due à des motifs que nous ne saurions avoir, laquelle tolérance ne doit nous servir qu'à nous faire apprécier la supériorité de nos mœurs sur celles d'un peuple privé des lumières de la révélation. Si le mariage d'alors n'était que politique, c'est que la colonne de son édifice n'avait d'autre piédestal que la philosophie bâtarde des prétendus sages du temps. Pour nous, qui sommes chrétiens, nous devons raisonner et agir en chrétiens; aussi trouvons-nous dans l'épître de saint Paul aux Thessaloniciens ces paroles formelles : *Hæc est voluntas Domini ut abstineatis a fornicatione*. (La volonté du Seigneur est que vous vous absteniez du concubinage et de la fornication.) Saint Augustin s'exprime encore, s'il est possible, d'une manière plus claire et plus précise en ces termes : *Sufficiant vobis uxores, et si non habetis uxores, tamen non licet vobis habere concubinas.* (Vos épouses doivent vous suffire, et si vous n'avez pas d'épouses, il ne vous est pas moins défendu d'avoir des concubines.) Enfin, le concile de Trente, huitième session, menace de l'excommunication les concubinaires qui ne renoncent point sur-le-champ à leur concubinage.

Si, d'autre part, nous consultons l'ancienne jurisprudence de la France, elle nous apprend qu'un grand nombre d'ordonnances des rois, et d'arrêts des cours et des parlements, se fondant sur ce principe : *id omne luctuosum est, quod non est honestum* (qu'on ne saurait raisonnablement se permettre ce qui n'est pas honnête), ont conçues en termes rigoureusement prohibitifs contre les concubinaires, par le motif, ajoutent les jurisconsultes du temps, que les libertins s'imaginent trouver des plaisirs sans embarras dans un commerce de débauches d'autant plus séduisant que son lien n'est pas indissoluble. On sait qu'aujourd'hui, dans le concubinage, les concubines du moins sont obligées de prendre des précautions clandestines qui les prémunissent contre les suites d'une rupture toujours prévue.

Bien qu'il vienne de nous être démontré qu'il est immoral et illicite dans sa cause et dans son but, le concubinage aura peut-être des effets moins fâcheux et moins répréhensibles; c'est ce que nous allons voir.

Le concubinage a pour effet de condamner la personne qui a la honteuse faiblesse de se laisser prendre au piège de son séducteur, à payer à la criminelle débauche de ce dernier le tribut d'un sacrifice dont il ne lui rendra jamais l'équivalent; je veux dire, celui de sa vertu et de son honneur, et de s'attirer tôt ou tard les marques et l'expression de son mépris, d'autant plus mérité et facilement accordé qu'elle l'aura, pour ainsi dire, volontairement convié elle-même à l'oubli de tout sentiment d'estime pour sa personne.

Est-il quelque chose de plus déplorable qu'un commerce auquel il est dû de faire que la concubine devienne une marâtre consentant à ravir, par anticipation, aux infortunés qui auront le malheur de naître de ce commerce honteux, le premier et le plus précieux des droits attachés à leur naissance, celui de jouir des avantages de la tendresse et du soutien d'un père, qui les déshéritera de son nom, pour ne leur laisser que la honte de celui d'une mère dont ils auront un jour à rougir? Ce quelque chose dont nous venons de parler, quelque honteux et quelque révoltant qu'il soit, est un des plus fréquents résultats du concubinage. Enfin, le concubinage, fruit de la perversité de deux âmes esclaves de la pensée préméditée de s'abandonner sans réserve à la fureur des passions les plus désordonnées, a pour effet d'avilir les plus nobles facultés de l'âme en la faisant passer sous les fourches caudines du joug honteux et dégradant de l'abrutissement des sens.

Qui n'a été malheureusement trop souvent témoin de ces répugnants excès du concubinage qui se révèlent par les scènes désolantes offertes au public, et par lesquelles on ne craint pas de s'afficher et de se déshonorer?

Qui ne s'est vu plus d'une fois involontairement condamné à avoir à rougir du spectacle humiliant de la dépravation de ces amants parasites qui ont la lâcheté de vivre aux dépens de la débauche qu'ils osent se flatter d'avoir le vil mérite d'exploiter en sous-ordre? Disons-le hautement et de manière à être entendu de toutes les oreilles tant soit peu chastes et pudiques : Oui, les concubines sont pour la société, dont elles sont la plaie, plus nuisibles que ne le sont les frelons et les mouches paresseuses dans la société des abeilles. Véritables Phrynés cribleuses, et causes volontaires des malheurs des familles au sein desquelles elles portent de sang-froid la ruine et la désolation, elles méritent qu'on leur reconnaisse le triste privilége du droit, qui n'appartient qu'à elles seules, de donner un valable démenti à la justesse de la réponse de l'*abeille* du fabuliste de Jussieu à la *fourmi* de la Fontaine.

Si, par hasard, mon tableau, auquel je pourrais beaucoup ajouter, paraissait trop chargé à certaines personnes du sexe, je leur dirais avec franchise que je laisse très-volontiers à celles qui consentiraient à justifier de leur qualité de suspectes, la liberté de se récrier contre l'exagération de mes paroles. En attendant, sans cesser de traiter la question d'une manière générale, et pour prévenir la flétrissure des fleurs séduisantes de tant de vierges si justement fières de la richesse et de la parure de leur chasteté et de leur pudeur, je n'en adresserai pas moins à toute jeune imprudente qui s'expose à secouer le joug si léger de son innocence, pour passer sous celui d'une aveugle passion pour un de Lauzun de bas étage, les vers suivants, qui vont droit à son adresse :

L'ardeur qui vous consume et vous rend furieuse,
Ainsi que contre Énée on dit que fut Didon,
A son foyer de feu, source mystérieuse,
Aux flancs générateurs où naquit Cupidon.
Bien mieux vaudrait pour vous d'être sage et timide
Que d'aller, pour un fat qui dédaigne vos feux,
En les entretenant sans répondre à vos vœux,
Imiter en son rôle une impudente Armide.

Le concubinage, en un mot, acte sans but honnête et légitime qui puisse être avoué, indiquant chez les personnes qui s'y livrent une entière dépravation de mœurs, une véritable bestialité, et une abdication complète de tous sentiments honnêtes, généreux et, par conséquent, d'humanité, est une véritable flétrissure aux yeux de la morale, de la philosophie et de la religion.

Quelque sévère qu'ait été le jugement que nous avons eu à porter contre la démoralisation des concubines, mise en présence d'une société dont les membres ne rougissent pas de l'exploiter au profit de leur égoïsme et de la plus honteuse spéculation, la femme pauvre, et réduite à vivre du faible produit d'un pénible labeur, est, à tous égards, nous ne devons pas oublier de le dire, l'objet le plus digne d'attirer l'attention des hommes d'élite et des réformateurs des mœurs.

Grâce à la réforme introduite dans celles-ci par la physiologie et la psychologie modernes, la femme, quoi qu'en dise le trop célèbre auteur du livre *De la Création de l'ordre dans l'humanité*, devenue l'égale

de l'homme en sa qualité d'unité arithmétique naturelle, et distincte dans l'œuvre de création de l'espèce humaine, peut user, à son gré, du droit qu'elle a reçu de Dieu et de sa nature.

Libre que nous la savons être de s'en servir dans l'intérêt de sa dignité, nous ne pouvons que blâmer le refus qu'elle fait de s'affranchir du joug d'un honteux esclavage.

En nous adressant à toutes les personnes du sexe en général, nous dirons à chacune d'elles en particulier :

Sachez faire preuve d'un sage discernement dans l'étude et l'appréciation que vous devez vous appliquer à faire de vos devoirs; apprenez à les mettre dans la balance de vos droits en les coordonnant dans une sage mesure avec ceux de l'homme dont vous consentez à partager et à charmer l'existence, et alors, mais seulement alors, vous accomplirez dignement l'œuvre de votre destinée providentielle et sociale.

Tel est, sous forme de conseil, le vœu dont la formule nous permettra, nous l'espérons, de terminer cet article par un contrat d'intelligence et d'union avec la partie saine et intelligente du plus aimable des deux sexes qui composent l'espèce animale honorée du nom d'homme.　J. BÉCHERAND.

CONCUSSION (droit) [du latin *concussio*, même sens, fait de *concutere*, frapper, tourmenter]. — Crime que commettent les fonctionnaires publics en percevant ou exigeant des droits plus forts que ceux que les lois ou les règlements accordent ou permettent de lever. La concussion est un des crimes les plus méprisables et les plus odieux. La confiance qu'on accorde aux fonctionnaires, la facilité avec laquelle ils peuvent abuser de leur position, tout appelle la rigueur et la sévérité sur cet acte, plus coupable cent fois qu'un vol, une friponnerie ordinaires. Les anciens le jugeaient très-sévèrement. « Cambyse, au dire d'Hérodote, ordonna qu'on écorchât vif un juge convaincu de ce crime, et fit couvrir de sa peau le siége sur lequel il plaça le fils de ce juge inique, afin que le châtiment du crime fût pour lui une leçon habituelle des devoirs de son état. Darius fit attacher à une croix un juge concussionnaire. La loi des Douze-Tables prononçait la peine de mort contre les juges qui déshonoraient ainsi leur ministère. L'ordonnance de Blois, de 1579, prononçait également la peine de mort contre les officiers reconnus coupables de concussion. » Nos codes sont beaucoup plus doux, et on peut le regretter ; le Code pénal de 1810 (art. 174) et les modifications apportées par la loi du 28 avril 1832 appliquent aux fonctionnaires et officiers publics qui se rendent coupables de concussion la peine de la réclusion, qui est de cinq à dix ans ; d'après l'article 21 du même Code, le condamné doit demeurer durant une heure exposé aux regards du peuple sur la place publique. Il est frappé, en outre, de la dégradation civique. Les commis ou préposés des fonctionnaires ou officiers publics qui se sont rendus coupables du même crime peuvent être condamnés à un em-

CON

prisonnement de deux à cinq ans. La concussion peut être poursuivie et dénoncée par toute personne ayant intérêt ou non contre tout concussionnaire en exercice de ses fonctions ou après qu'il les a quittées.

CONDAMNATION (droit). — Décision qui condamne; ce à quoi l'on est condamné. — On distingue, au civil, dit A. Caumont, les condamnations en provisoires, définitives, solidaires, par corps, par défaut, contradictoires, alternatives, personnelles et comminatoires. Au criminel, on distingue les condamnations en criminelles, correctionnelles et de police. Une condamnation au civil, comme au criminel, ne doit porter que sur ce qui a fait l'objet des conclusions, en les accordant ou rejetant en tout ou partie. On doit être plus prompt à relaxer qu'à condamner. Dans le doute, on ne doit pas prononcer de condamnation. Toute condamnation est présumée juste tant qu'elle n'est pas réformée par les voies de recours. Il est une règle dont on ne peut s'écarter sans fouler aux pieds toutes les lois de la justice : elle consiste *à entendre avant que de porter une condamnation*. Cette règle découle du principe que *personne ne peut être condamné sans être entendu ou légalement appelé*. De là naît, pour le juge, l'obligation d'écouter l'accusé et de lui laisser toute la latitude désirable pour qu'il puisse se défendre, tant verbalement que par écrit, tant par le raisonnement que par la parole. Car il est encore une maxime devenue triviale à force d'être répandue, savoir : que *la défense est de droit naturel*. Dans la procédure formulaire introduite à Rome par la pratique prétorienne, la formule par laquelle le magistrat instituait le juge fixait les questions à résoudre, déterminait les principes à appliquer, et contenait encore la *condamnation*. Cette partie de la formule donnait au juge le droit de condamner ou d'absoudre le défendeur.

CONDENSATEUR ÉLECTRIQUE (physique). — Appareil dans lequel on accumule de l'électricité dissimulée. « C'est un appareil ingénieux composé essentiellement de deux lames conductrices, séparées par une lame non conductrice. Le condensateur le plus usité est un électroscope à feuilles d'or, sur lequel on adapte deux plateaux métalliques, minces et bien dressés : le plateau supérieur est mobile, et s'enlève par un manche isolant; le plateau inférieur est fixé à la garniture de la cloche de l'électroscope; les deux plateaux sont enduits, à leur face de contact, d'un vernis de gomme laque. On emploie ce condensateur pour accumuler et faire ainsi connaître des sources d'électricité d'une très-faible tension : à cet effet, on met le plateau supérieur en communication avec cette source; puis on touche avec le doigt la partie métallique nue de l'autre plateau; l'électricité se *condense* ainsi dans le plateau supérieur, agit par influence sur l'autre plateau, chasse l'électricité de même nom à travers le corps de l'opérateur, et attire le fluide de nom contraire dans les parties les plus rapprochées du plateau inférieur; quand on enlève le plateau supérieur, le fluide de l'autre plateau, devenu libre, se répand dans toutes les parties inférieures de l'appareil, et produit dans les feuilles d'or

de l'électroscope un écartement proportionné à son énergie. » C'est au physicien Volta que l'on doit l'invention de ce condensateur.

CONDENSATION [de *condenser*]. — Rapprochement des molécules d'un corps, diminution de volume et augmentation de densité qu'un corps acquiert par l'accroissement de la pression ou l'abaissement de la température. Ces deux causes réunies ont donné le moyen de condenser tous les gaz, excepté l'oxygène, l'hydrogène et l'azote. La rosée, le givre, la pluie, les brouillards, les nuages, la neige, sont des phénomènes dus à la condensation des vapeurs de l'atmosphère.

Leroi a inventé un hygromètre de condensation qui se compose d'un verre à moitié rempli d'eau et d'un petit thermomètre dont la boule est plongée dans le liquide. « Si l'on met de petits morceaux de glace dans le verre, les couches de l'air ambiant se refroidissent peu à peu, par leur contact avec les parois, elles se contracteront de plus en plus, et finiront par être assez refroidies et assez contractées pour devenir saturées avec la vapeur qu'elles contiennent. On connaîtra ainsi la force élastique de la vapeur contenue dans l'air, en cherchant la température à laquelle l'air commence à être saturé, avec la vapeur qu'il contient. »

CONDOR (zoologie). — Famille des oiseaux de proie diurnes, de la tribu des vautours.

Ce géant des oiseaux de proie habite principalement la chaîne des Andes, dans l'Amérique méridionale, où il a été surnommé le *grand vautour des Andes*. Son vol est extrêmement puissant; aussi se tient-il sur les plus hauts pics de ces montagnes rocheuses, à quatre ou cinq mille mètres au-dessus du niveau de la mer. Sa constitution est des plus robustes; les températures les plus opposées, les différences dans la pesanteur de l'atmosphère les plus grandes lui sont à peu près égales; il se gorge d'aliments impunément, comme il supporte facilement l'abstinence pendant plusieurs jours. Le courage de cet animal ne répond ni à sa force ni à sa cruauté. Il est timide et inoffensif, dit F. Cuvier, n'ayant d'arme que son bec et étant privé des serres des aigles. Le condor n'attaque pas, comme on l'a dit, les moutons, les veaux, les lamas, les cerfs, pas même les agneaux, ni aucun animal vivant, mais il détruit les jeunes animaux que leurs mères mettent bas dans les pâturages. Un horrible instinct avertit ces rapaces lorsqu'une brebis ou une vache va faire ses petits, et alors ils attendent le moment où leur future victime paraît au jour pour l'enlever lâchement, malgré les cris de détresse de la mère, à laquelle, du reste, ils ne cherchent à faire aucun mal. Aussi les habitants leur font-ils une chasse assidue.

Le condor ne fait point de nid; il se contente de choisir, dans les rochers, des concavités assez larges pour recevoir ses œufs, qui sont au nombre de deux, et dont les nuances sont peu connues.   Bossu.

CONDUCTEUR (physique). — Voy. *Électricité*.
CONDUCTIBILITÉ (physique). — Propriété que

possèdent les corps de transmettre la chaleur ou le fluide électrique.—Voy. *Électricité*.

CONE (géométrie). — Solide produit par la révolution d'un triangle rectangle autour d'un des côtés de l'angle droit. Ce côté immobile est l'*axe* du cône [1]. Fig. 53.

lequel s'est opérée la révolution du triangle rectangle. Le cône est *droit* si l'axe est perpendiculaire sur la base, comme dans la figure 53. Il est *oblique*, si l'axe est oblique à la base, et ne peut, dans ce cas, s'obtenir par la révolution d'un triangle rectangle. On appelle cône *tronqué* le cône dont on enlève par

Fig. 52. — Condor.

L'*hypoténuse* décrit la surface convexe ou latérale du cône. Le *côté perpendiculaire* à l'axe décrit la base du cône. Fig. 53, A. L'extrémité de l'axe, opposée à la base, forme le sommet du cône. Fig. 53, A. La hauteur du cône est l'*axe* ou le côté immobile sur

[1] On dit plus simplement : le cône est un solide dont la base est une circonférence et le sommet un point.

un plan une partie contenant le sommet. Il est *droit* si le plan est parallèle à la base, fig. 54, A ; il est *oblique* dans le cas contraire, fig. 55, A.

Des sections du cône. — On distingue cinq sections dans le cône droit, savoir : le *cercle*, l'*ellipse*, le *triangle*, l'*hyperbole* et la *parabole*. 1° Toute section du cône par un plan perpendiculaire à l'axe est un *cercle*. Fig. 54, A. Toute section oblique par rapport à l'axe est une *ellipse*. Fig. 54, A. Toute section dans le sens de l'axe est un *triangle isocèle*. Fig. 53, C. Toute section parallèle au côté est une *parabole*. Fig. 55, B. Toute section perpendiculaire à la base,

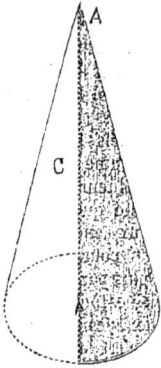

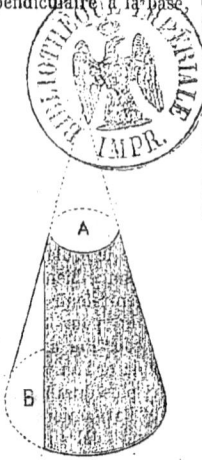

Fig. 53.   Fig. 54.

passant par le côté incliné, est une *hyperbole*. Fig. 55, B.

La superficie latérale d'un cône droit s'obtient en multipliant le contour de la base par la demi-longueur du côté, puisque le cône peut être considéré comme une pyramide d'une infinité de côtés.

La superficie latérale d'un cône oblique s'obtient en

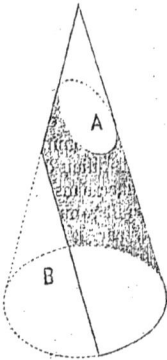

Fig. 55.

divisant la surface en triangles, évaluant séparément ces triangles, et réunissant ensuite leurs produits.

La solidité d'un cône s'obtient en multipliant la superficie de la base par le tiers de la hauteur. En

effet, tout cône peut être considéré comme une pyramide d'une infinité de faces, et la circonférence comme un polygone régulier d'une infinité de côtés; la solidité d'un cône droit doit donc être identique à la solidité d'une pyramide.

CÔNE (zoologie). — Genre de mollusques gastéropodes pectinibranches, de la famille des buccinoïdes : la coquille est à spire tout à fait plate ou peu saillante, formant la base d'un véritable cône dont la pointe est à l'extrémité opposée, avec une ouverture étroite, rectiligne ou à peu près, étendue d'un bout à l'autre, sans renflement ni pli, soit au bord, soit à la columelle. L'animal est fort aplati en avant; ses branchies sont placées à droite. — Les cônes habitent les mers : ce sont les plus timides de tous les mollusques, le moindre choc les fait rentrer pour ne plus reparaître; la pesanteur de leur coquille, jointe au peu de grandeur et de force du pied, nuit à leur progression; aussi se tiennent-ils constamment au fond des eaux.

On en connaît plus de deux cents espèces vivantes, plus un assez grand nombre d'espèces à l'état fossile. Nous citerons le CÔNE TIGRÉ, le CÔNE DRAP D'OR et surtout le CÔNE AMIRAL, coquille fort belle, et dont le prix est toujours resté fort élevé dans le commerce.

B.

CONFERVES (botanique). — Nom donné aux algues qui vivent dans l'air humide ou dans l'eau douce, ou qui, croissant sur la terre par les temps humides, forment comme un tapis de verdure par l'entrelacement de leurs filaments déliés et sans nombre. — Voy. *Algues*.

CONFESSION (culte catholique) [du latin *confessio*, même signification]. — Déclaration qu'un chrétien fait de ses péchés soit à un prêtre, soit à Dieu même. Après sa résurrection, Jésus-Christ dit à ses apôtres : « Recevez le Saint-Esprit ; les péchés seront remis à ceux à qui vous les remettrez, et ils seront retenus à ceux à qui vous les retiendrez. » C'est ainsi que fut institué le sacrement de pénitence. Tous les péchés commis après le baptême sont donc remis par ce sacrement. Mais, pour y participer, on doit avoir un grand regret d'avoir offensé Dieu, former la résolution de ne plus retomber dans le même mal, se confesser à un prêtre, et accomplir la pénitence qu'il impose.

La nécessité de la confession pour l'intégrité du sacrement de pénitence se prouve par l'antiquité de cet usage, qui remonte jusqu'aux apôtres; par l'impossibilité de l'avoir inventé s'il n'était pas d'institution divine; et par les paroles de Jésus-Christ, déjà citées, qui constituent les apôtres juges des consciences, dont ils ne peuvent connaître les secrets sans une sincère et volontaire accusation de la part des fidèles. — Si une opinion contraire a été émise au mot *Christianisme*, c'est là une appréciation particulière à laquelle la rédaction de l'*Encyclopédie* déclare rester complètement étrangère.

CONFIANCE (philosophie, morale). — C'est donner une preuve de haute estime à une personne que de lui dévoiler ses plus secrètes pensées. C'est aussi

15

un besoin de l'âme, qui souvent n'est pas assez forte pour contenir l'excès de son bonheur ou le poids de ses disgrâces. On sait que l'existence, pour les uns, est une route couverte de fleurs, et pour d'autres un calice toujours amer. Dans l'un et l'autre cas, on sent le besoin de verser dans le sein des personnes qu'on aime sa joie ou bien ses tourments, afin d'en alléger le fardeau; la confiance, en effet, est comme l'étincelle qui ranime l'espoir des cœurs endoloris. Cependant, il serait prudent de bien choisir ses amis; savoir s'ils passent pour avoir de l'élévation d'âme, s'ils jouissent d'une certaine considération dans le monde. S'ils réunissent ces qualités, vous pouvez sans crainte leur confier les secrets que votre âme renferme, car la confiance est flatteuse pour celui qui la reçoit; c'est un hommage rendu à son mérite; il regarde comme un dépôt sacré tout ce que nous avons confié à sa foi : ce sont des témoignages d'amitié qui lui donnent un droit sur nous, en nous mettant sous sa dépendance; aussi devons-nous accueillir avec reconnaissance tous les sages conseils qu'il peut nous donner, car un véritable ami ne peut que contribuer à notre bonheur; tandis que les faux amis ressemblent aux reptiles dont le venin est dangereux.

La confiance bien placée vaut un trésor. Voyez ces familles heureuses, qui jouissent d'une tranquillité parfaite; elles ne doivent pourtant ce bonheur qu'à cette confiance mutuelle qui cimente et les tient en bonne harmonie. Est-il rien de plus doux pour des parents que de posséder la confiance de leurs enfants ? N'est-ce pas le moyen de les guider sur cette mer de la vie, où tout n'est que rescifs ? D'ailleurs, tout homme qui est doué de nobles sentiments et qui ne veut suivre que le sentier de l'honneur, est naturellement confiant. — Voyez ces êtres dont la pensée est impénétrable : ce sont des gens à part, qui n'ont nulle envie d'agir comme les autres hommes; car si la sympathie est le lien des âmes, la confiance est le lien de la société. Dans le commerce, un négociant qui a confiance dans ses employés voit souvent prospérer sa maison, tandis que la méfiance en a souvent causé la ruine. Qu'on s'en souvienne bien : dans toutes les classes il existe des hommes honorables pour qui toute confiance est sacrée. Sans doute, il en est d'autres qui pour un peu d'or vendraient leur maître. L'or est utile, j'en conviens, c'est même une loi primordiale, mais c'est par le travail qu'il faut l'obtenir, et non en se rendant le délateur du secret des autres. Combien encore, dans les grandes maisons, les maîtres n'ont-ils pas eu à déplorer d'avoir, sans un mûr examen, donné leur confiance à des serviteurs qui les ont trahis et livrés au pilori du scandale ! et tout cela pour un vil intérêt! Pourtant, il existe des serviteurs fidèles et remplis de dévouement. De tous temps, nous en avons eu des exemples; et quoique la confiance soit un bienfait, elle exige néanmoins de la prudence et du discernement.

La confiance en amour est bien souvent trahie, et c'est pourtant dans ces courts instants d'ivresse que l'on croit à un bonheur éternel. Le langage des amants est aussi doux que le miel des abeilles de l'Hymète embaumé. D'ailleurs, qui croirait ne pas habiter le céleste Éden lorsqu'on sent vibrer au cœur ces mots si doux: « Je t'aime plus que le sourire du printemps et plus que l'haleine du matin, plus que les pleurs de l'aurore! Je t'aime comme le marin aime l'étoile qui le guide à travers les écueils! Je t'aime avec délire, je t'aime avec passion! » Devant de telles démonstrations ne serait-ce pas douter du ciel même, que de douter de la véracité d'un tel langage ? Les serments multipliés ne peuvent laisser croire à la trahison, ni au parjure : mais, hélas! l'amour est comme le brillant météore, la flamme qu'il produit le consume bientôt; alors plus de lueur mensongère pour entretenir cette douce félicité que l'on s'était promise pour toujours! Heureux encore lorsque l'on conserve assez d'estime l'un pour l'autre pour remplacer l'amour qui n'existe plus par l'amitié souvent plus durable. Et si les poëtes ont accordé la lyre harmonieuse pour chanter les amours des amants fidèles et malheureux, c'est qu'ils vivaient loin de l'objet aimé; car la possession de ce qu'on désirait a souvent produit la désillusion. De là sont nés les chagrins et les regrets que nous voyons chaque jour. Tout est fragile sur cette terre, l'imperfection, le manque de vertus contribuent à désoler la moitié du genre humain !

Autant le Créateur s'est plu à placer l'homme au-dessus de l'animal, autant il a permis qu'une fois livré à lui-même, et devenu esclave de ses folles passions, il se dégradât au point de se mettre infiniment au-dessous de la brute; pour lui apprendre sans doute que nul être ici-bas ne peut rien sans le secours de Celui dont il tient son existence et sa dignité, et qu'il tombe dans un chaos inextricable d'erreurs et de turpitudes dès l'instant qu'il oublie la haute destination qui l'honore !

La confiance que nous mettons en Dieu est la plus sûre, car Dieu, qui est immuable dans ses décrets, ne peut trahir ses enfants. Dans les maladies, dans les poignantes douleurs que nous éprouvons, tout nous porte à implorer sa bonté; et lorsque nous demandons avec ferveur, nous sommes sûrs d'être exaucés. Voyez les marins au milieu de la tempête, s'ils n'avaient pas de confiance dans la souveraine bonté du Créateur, quoi pourrait ranimer leur courage, épouvantés qu'ils sont par le bruit du tonnerre, les éclairs multipliés, une pluie torrentielle venant grossir les flots et les vagues mugissantes qui les plongent sans cesse au fond de l'abime? Sans le secours du ciel et de la vierge Marie, que deviendraient ces infortunés au milieu d'un tel désastre, si une main invisible ne les conduisait au port? les hommes sont impuissants contre les éléments conjurés : donc tout nous révèle la puissance d'un Dieu sauveur. Les cieux nous annoncent sa gloire, l'immensité des mers nous le montre infini. En contemplant d'aussi grandes merveilles, ne devons-nous point bénir de l'Ouvrier la sagesse et l'amour, puisqu'il nous a rendu palpables les attributs de sa divinité? A qui donc pourrions-nous mieux nous confier? Ne lit-il point dans les replis du cœur? Mais encore exige-t-il que nous lui demandions tout ce dont nous avons besoin. Voyez en Italie, en Espagne, à Venise, tous ceux qui sont frappés d'un malheur quelconque, ne vont-ils point avec confiance se prosterner aux pieds de la Madone, la supplier de leur venir en aide par son intercession auprès de Dieu? Leurs vœux exaucés, ne viennent-ils point décorer l'autel de fraîches guirlandes de fleurs? Les jeunes filles ne font-elles point monter vers l'éternelle voûte leurs chants d'amour et de reconnaissance pour remercier leur libératrice? Partout c'est un tribut d'hommage que nous rendons au ciel pour les bienfaits que nous en avons reçus. Donc notre confiance est bien placée, puisque la résine du pauvre est aussi agréable à Dieu que les parfums du riche; l'encens qu'il réclame de nous, c'est la foi en sa divine bonté.   Mᵐᵉ LUNEL *mère.*

CONFIRMATION (religion) [du latin *confirmatio*, même sens; fait de *cum*, avec; *firmo*, j'affermis]. — l'un des sacrements de l'Église qui produit la grâce habituelle, dont les dons du Saint-Esprit sont la suite, et ne peut être conféré qu'une fois. « Les cérémonies de la *confirmation* consistent en ce que l'évêque, qui seul a droit de confirmer, étend la main sur ceux qui doivent être confirmés et qui sont à genoux, récite sur eux une oraison par laquelle il invoque le Saint-Esprit, trempe le pouce de la main droite dans le *saint chrême*, dont il fait un signe de croix sur le front du confirmé, en disant : *Je vous marque du signe de la croix, et je vous confirme du chrême de salut,* et il donne un soufflet sur la joue de celui qu'il a confirmé, en disant : *La paix soit avec vous.* »

CONGÉLATION (physique) [du latin *cum*, avec; *gelare*, glacer]. — Passage de l'état gazeux ou liquide d'une substance à l'état solide. Ce passage est déterminé par un abaissement de température, quelquefois combiné avec une augmentation de pression. En passant à l'état solide, les corps liquides se contractent et augmentent de densité : c'est pourquoi tous les cristaux se déposent au fond des liqueurs. L'eau seule fait exception à cette règle; elle augmente de volume et diminue de densité en se congelant; aussi la glace se forme-t-elle à la surface de l'eau. Ce n'est que dans quelques conditions exceptionnelles qu'elle se forme au fond des rivières. Pour congeler des matières liquides ou gazeuses, on se sert le plus ordinairement de *mélanges réfrigérants.* — Voyez Glace. (*Hœfer.*)

CONGRÈS [du latin *congressio* ou *congressus*, formé de *cum* et de *gradior*, aller, marcher ensemble : approche, entrevue, fréquentation, assemblée]. — Ce mot a signifié une épreuve de la puissance ou de l'impuissance des gens mariés, autrefois ordonnée par la justice, lorsqu'on prétendait à la nullité du mariage pour cause d'impuissance. Cette preuve se faisait en présence de chirurgiens et de matrones nommés par l'official. L'indécence d'une telle preuve, et même le peu de certitude que l'on en pouvait tirer, ont porté le parlement de Paris à la

proscrire par arrêt du 18 février 1667. Cette singulière jurisprudence a été pratiquée en France pendant cent vingt ans. Elle s'introduisit vers le milieu du seizième siècle, à l'occasion d'un jeune homme qui, accusé d'impuissance, eut la témérité de demander le *congrès* : le juge, surpris de la nouveauté de cette demande, ne crut pas qu'elle pût être refusée, regardant cette épreuve comme un moyen infaillible de découvrir la vérité.

En politique, *Congrès* se dit d'une assemblée de plusieurs ministres des différentes puissances qui se sont rendus dans le même endroit pour traiter, discuter, concilier les intérêts de leurs cours respectives, conclure un traité, la paix[1].

CONICINE (chimie) [du latin *conium*, ciguë]. — Alcali qui existe particulièrement dans la grande ciguë et auquel on attribue les propriétés vénéneuses de cette plante. On le trouve dans la racine, les feuilles et surtout les semences de cette plante. Il est liquide à la température ordinaire, soluble dans l'alcool, l'éther et les huiles volatiles. Sa saveur est âcre, chaude, brûlante; il exhale une forte odeur de souris.

La conicine est volatile et incristallisable; sa composition chimique, d'après Liebig, est :

Carbone	66,91
Azote	12,80
Hydrogène	12,
Oxygène	8,29

Elle est très-vénéneuse, et employée à très-petite dose, en médecine, comme stupéfiante.

CONIFÈRES (botanique) [de *conus*, cône; *fero*, je porte]. — Famille de plantes dicotylédones apétales et unisexuées, composée d'arbres ou d'arbrisseaux qui contiennent un suc résineux. Leurs feuilles sont étroites, entières, diversement disposées, toujours vertes. Les fleurs sont monoïques, rarement dioïques, en chatons dépourvus d'enveloppes florales, constituées de la manière suivante : les mâles ont des étamines en nombre variable, placées à la base ou à la face inférieure d'écailles disposées en chatons; les femelles ont des écailles qui portent 1,2 ou plusieurs ovules, et qui s'imbriquent en un chaton ovoïde. Le fruit est appelé *cône* ou *strobile.*

Le nord de l'Europe, de l'Asie, de l'Amérique, est souvent couvert d'immenses forêts de conifères. Quelques espèces sont propres aux plus chaudes régions, mais elles sont en petit nombre : le pin, le sapin, le cèdre, le genévrier, le cyprès, l'if, qui, toujours couverts de feuilles, sont l'unique décoration de nos parcs, quand l'hiver a suspendu la végétation. Ces arbres, ainsi que le mélèze, dont le léger feuillage tombe aux approches du froid, appartiennent à cette famille. Toutes les conifères sont plus ou moins résineuses; on retire de plusieurs de la térébenthine,

[1] La loi sur la presse ne nous permettant pas de développer les articles de Politique ou d'Économie Politique dans une publication hebdomadaire non timbrée de moins de dix feuilles, nous sommes forcé de donner seulement la définition de ces articles.   B. LUNEL.

du goudron, de la poix, et beaucoup donnent un bois très-utile pour la menuiserie. Les espèces dont on fait le plus de cas sont celles employées pour la mâture des vaisseaux.

CONIROSTRES (zoologie). — Famille des passereaux, caractérisée par un bec conique, et comprenant les *Alouettes, Bruants, Corbeaux, Mésanges, Moineaux*, etc. — Voyez ces mots.

CONJONCTION (grammaire) [du latin *conjunctio*, dont la signification est la même]. — Partie du discours qui sert à lier ensemble plusieurs propositions qui sont en rapport entre elles. *On est toujours estimé* QUAND *on est honnête homme*. Le mot *quand*,

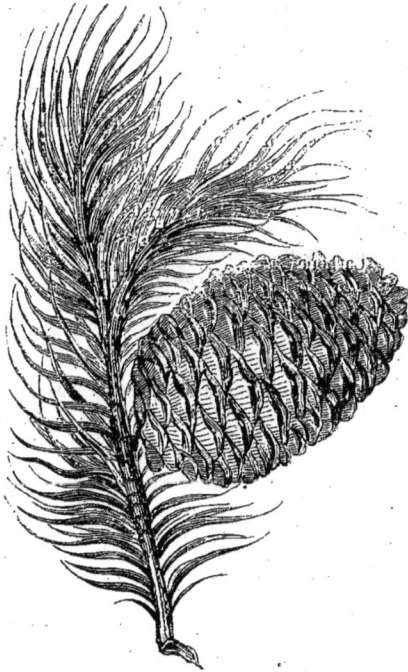

Fig. 56. — Conifère.

placé entre la première proposition et la seconde, établit un rapport de dépendance et subordonne le premier fait au second, ce qui n'existerait pas si l'on disait: *on est toujours estimé, on est honnête homme*; on n'exprimerait alors que deux jugements isolés l'un de l'autre.

La nature de la conjonction étant de lier deux propositions entre elles, il semble qu'elle ne doive jamais être placée qu'entre deux propositions; cependant, on la trouve souvent placée entre deux mots, soit substantifs, soit adjectifs, pronoms, etc. *Alexandre* ET *César furent de grands conquérants*. Mais ce n'est pas une exception à la règle, c'est une expression abrégée de ces deux propositions : *Alexandre était un*

grand conquérant, et César était un grand conquérant.

Puisque la conjonction est destinée à lier deux propositions, il semblerait naturel de penser qu'elle ne peut commencer une phrase, et cependant cela a souvent lieu. Si *Dieu est juste, il récompensera les hommes vertueux*. Il est facile de voir qu'il y a là une inversion, et que cette phrase est l'équivalente de la suivante : *Dieu récompensera les hommes vertueux, s'il est juste*.

La difficulté semble plus grande quand il n'y a qu'un seul membre de phrase exprimé, comme dans les interrogations : COMMENT *êtes-vous venu?* POURQUOI *êtes-vous sorti?* Cependant, on la résout facilement en suppléant la première proposition, qui est sous-entendue : JE DEMANDE *pourquoi vous êtes venu, pourquoi vous êtes sorti*.

On admet plusieurs espèces de conjonctions, suivant la nature de la liaison ou du rapport qui se trouve entre les phrases. Voilà pourquoi l'on distingue des *copulatives*, telles que *et, aussi*; des *alternatives*, telles que *ou, soit*; des *adversatives*, telles que *mais, cependant*, etc. Toutes ces distinctions sont peu utiles.

M. Destutt de Tracy prétend qu'il n'y a qu'une seule conjonction primitive, *que* ou *et*, et que l'analyse fait retrouver cet élément essentiel dans le sens ou même dans la forme des différentes conjonctions. Suivant ce grammairien, *si* est pour *dans la supposition* QUE, *car*, pour *la preuve en est* QUE, etc. La conjonction *que* fait évidemment partie des conjonctions composées : *lorsque, puisque, parce que*, etc. L'étymologie la retrouve même dans les mots qui, par la forme, semblent le plus s'en éloigner : *donc* vient de *de unde quod*, d'où résulte QUE; *car*, de *quare*, c'est *pour cette raison* QUE. Quelque subtile que puisse paraître cette analyse, il est certain que dans les langues sémitiques il n'existe guère d'autres conjonctions que les copulatives.

Sous le rapport de l'expression, les conjonctions se divisent en simples et en composées.

Les *conjonctions simples* sont celles qui sont exprimées en un seul mot, comme *et, que, mais*, etc. Ce sont les seules vraies conjonctions.

Les *conjonctions composés* sont celles qui sont formées de plusieurs mots, telles que *bien que, afin que, par conséquent*, etc. Ce sont plutôt des expressions conjonctives que de véritables conjonctions.

Il y a, en outre, des mots qui sont employés accidentellement comme conjonctions.

Les grammairiens ne sont pas toujours d'accord sur les mots qui doivent être considérés comme des conjonctions; il y a en effet des mots amphibies qui paraissent autant tenir de l'adverbe que de la conjonction, alors chaque grammairien les classe parmi les mots avec lesquels ils lui semblent avoir le plus de rapport.

Les conjonctions ou expressions conjonctives peuvent se placer tantôt au premier membre d'une période, tantôt au second. Néanmoins, la place de ces conjonctions dépend de celle qu'occupent les propositions qu'elles précèdent.

Quand une phrase est composée de deux propositions unies par une conjonction, l'harmonie et la clarté demandent ordinairement que la plus courte marche la première. LORSQU'ON EST HONNÊTE HOMME, *on a bien de la peine à soupçonner les autres de ne l'être pas.* PUISQUE LA NATURE SE CONTENTE DE PEU, *à quoi bon une table servie avec somptuosité et profusion?* On placerait mal à la fin de chacune de ces phrases la proposition partielle qui les commence.

Il y a quelques conjonctions et expressions conjonctives qui doivent toujours se mettre entre deux membres de phrase, et qui ne peuvent jamais commencer le discours, à moins qu'on ne le suppose momentanément interrompu.

Quelques conjonctions veulent toujours le subjonctif; d'autres veulent tantôt l'indicatif, tantôt le subjonctif: l'indicatif, quand le verbe marque l'affirmation, la certitude; le subjonctif, quand il marque un doute, une incertitude.

Dans certaines phrases, les conjonctions sont sous-entendues, comme dans : VIENNE QUI VOUDRA, *je ne me dérange plus.* PÉRISSENT LES TRAITRES. VIVE LA FRANCE.

Le mot *conjonction* est un mot très-mal fait, car il signifie l'action d'unir; il aurait mieux valu l'appeler, comme quelques grammairiens, *conjonctif,* c'est-à-dire mot qui sert à unir, quoique Vanier et son école prétendent que la conjonction n'unit pas.

On a donné le nom de *conjonctifs* à des pronoms qui servent non-seulement à rappeler l'idée des objets dont on a parlé, mais encore à joindre une autre pensée à ces mêmes objets. Ces pronoms sont: *qui, que, lequel,* etc. On les appelle aussi *pronoms relatifs,* à cause de la relation qu'ils ont avec les noms ou les pronoms qui les précèdent.

En rhétorique, on désigne sous le nom de *conjonction* une figure qui consiste dans la répétition de la même conjonction qui lie tous les membres, toutes les incises d'une période.

J. B. PRODHOMME,
Correcteur à l'Imprimerie impériale.

CONJUGAISON (grammaire) [du latin *conjugatio,* signifiant jonction, assemblage, fait de *cum,* avec, *jugum,* joug]. — Nom donné à l'ensemble des formes que le verbe peut revêtir dans une langue. Ces formes sont au nombre de cinq : la *voix,* le *mode,* le *temps,* le *nombre,* la *personne.* Un article sera consacré à chacun de ces mots ; je ne m'occuperai ici que des généralités.

Les anciens grammairiens se sont servis indifféremment du mot *conjugaison* et de celui de *déclinaison,* soit en parlant d'un verbe, soit en parlant d'un nom; mais depuis bien des siècles, cette confusion n'existe plus : conjugaison ne se dit plus que des verbes, et déclinaison que des noms.

Contrairement à l'usage général suivi dans les autres langues, les Hurons, peuple américain, conjuguent leurs noms au lieu de les décliner.

Les grammairiens ont remarqué que, dans chaque langue, il y a des verbes qui énoncent les modes, les temps, les nombres et les personnes par des terminaisons toutes différentes, pour marquer les mêmes modes, les mêmes temps, les mêmes personnes ; ils ont alors fait autant de classes différentes de ces verbes qu'il y a de variété entre leurs terminaisons, qui, malgré leurs différences, ont cependant une égale destination par rapport au temps. Par exemple, en français, les verbes *aimer, finir, recevoir, rendre* sont également au présent de l'infinitif, quoique leurs terminaisons soient différentes. Chacune de ces variations dans la désinence constitue une conjugaison différente, et cette différence à tous les temps, à tous les modes, à toutes les personnes.

Les verbes ne se conjuguent pas tous sur le modèle de la conjugaison à laquelle ils appartiennent; quelques-uns s'écartent du paradigme ou modèle donné pour exemple. Ils forment ce qu'on appelle des mots irréguliers. Tels sont, en français, *cueillir,* qui, au lieu de se conjuguer comme *finir,* son modèle, *je finis, tu finis, il finit,* fait *je cueille, tu cueilles, il cueille.*

Ces irrégularités viennent ou de ce que le verbe avait autrefois d'autres terminaisons, comme *cueillir,* qui faisait *cueiller;* ou d'un changement d'orthographe, comme dans *payer, je paie, tu paies, il paie, nous payons,* etc.; ou de ce que certains temps de quelques-uns de ces verbes étant devenus hors usage, on a réuni les temps de plusieurs verbes différents, et on en a formé un tout irrégulier ; c'est ce qui a eu lieu pour le verbe *être,* qui fait *je suis, tu es, nous sommes,* etc., *je fus, je serai,* etc. ; le verbe *aller,* qui fait *je vais, tu vas, il va, nous allons, ils vont, j'irai, que j'aille,* etc.

Il y a des verbes qui manquent de certains temps, de certaines personnes, tels sont, en français, les verbes *braire, absoudre,* etc. On les appelle *verbes défectifs.*

Les grammairiens souvent ne sont pas d'accord sur le nombre des conjugaisons. C'est ainsi qu'en français, quoique généralement on admette quatre conjugaisons, parce que les infinitifs ont quatre terminaisons différentes, et que nos conjugaisons sont imitées des quatre conjugaisons latines, cependant il y a des grammairiens qui admettent douze ou quinze conjugaisons, parce qu'ils comprennent dans ce nombre les verbes irréguliers, dont ils font autant de classes à part. D'autres, au contraire, n'en admettent que trois, parce qu'ils ne font qu'une seule conjugaison de la troisième et de la quatrième. On pourrait même n'en admettre que deux, la première, qui comprendrait les verbes en *er,* et la seconde, qui comprendrait toutes les autres terminaisons, car, dans les trois dernières conjugaisons, il y a souvent identité entre les terminaisons. Mais on a préféré ne consulter que l'infinitif, ce moyen, purement empirique, ayant paru plus commode.

Il en est de même dans d'autres langues; les grammairiens ne sont pas plus d'accord là-dessus que sur toute autre matière; ainsi certains grammairiens admettent en grec treize conjugaisons, que d'autres réduisent à deux. Toutes ces différences viennent des divers points de vue où se mettent les auteurs: les faits sont les mêmes, mais ils sont diversement inter-prétés.

« S'il eût été possible, dit Dumarsais, que les langues eussent été le résultat d'une assemblée générale de la nation, et qu'après bien des discussions et des raisonnements, les philosophes y eussent été écoutés et eussent eu voix délibérative, il est vraisemblable qu'il y aurait eu plus d'uniformité dans les langues; il n'y aurait, par exemple, qu'une seule conjugaison et un seul paradigme (ou modèle) pour tous les verbes d'une langue; mais comme les langues n'ont été formées que par une sorte de métaphysique, d'instinct et de sentiment, s'il est permis de parler ainsi, il n'est pas étonnant qu'on n'y trouve pas une analogie bien exacte, et qu'il y ait des irrégularités. »

Les temps des verbes sont composés de deux parties, l'une fixe, c'est le radical, et l'autre variable, c'est la terminaison. Dans le verbe *aimer*, par exemple, *aim* est le radical, il est le même dans tous les temps, dans toutes les personnes, tandis que la terminaison varie à chaque temps, à chaque personne.

La conjugaison grecque étant beaucoup plus compliquée, on peut faire beaucoup d'autres observations analogues; ainsi, dans un verbe grec, on distingue, outre le radical et la terminaison : 1° la *figurative*, appelée aussi *caractéristique* ou *lettre de marque*. On doit faire une attention particulière à cette lettre, au présent, au parfait, au futur de l'indicatif, parce que c'est de ces trois temps que les autres sont formés; 2° la voyelle ou la diphtongue qui précède la terminaison; 3° enfin l'*augment*. Il y a deux espèces d'augments, l'*augment syllabique* et l'*augment temporel*. L'augment syllabique se fait en certains temps des verbes qui commencent par une consonne : *tuptô*, je frappe; *etupton*, je frappais. L'augment temporel se fait dans les verbes qui commencent par une voyelle brève, que l'on change en une longue : *eruô*, je traîne; *éruôn*, je traînais.

Les langues diffèrent beaucoup sous le rapport du nombre des temps de leurs verbes. Les Latins ne connaissaient ni le conditionnel ni nos divers temps passés, mais ils ont le supin, le gérondif, et des participes qui nous sont inconnus.

De même, les Grecs avaient un optatif et des aoristes, qui n'existent ni chez les Latins, ni chez nous.

Les Grecs avaient trois nombres, le singulier, le pluriel et le duel, pour les verbes comme pour les nombres.

En hébreu, les verbes ont deux genres comme le nom, ce qui, dans les autres langues, n'a lieu que pour les participes.

Les Grecs avaient des verbes *moyens*, inconnus chez les Latins et dans les langues néo-latines, et les Latins avaient des verbes *déponents*, qui ne sont connus ni chez les Grecs ni chez nous; de même, nous avons des verbes *réfléchis* inconnus chez les Grecs et chez les Latins.

Les idées de voix, de nombre, de nombre et de personne ne sont pas les seules que l'on peut exprimer au moyen des verbes; il y a bien d'autres idées ac-cessoires que d'autres peuples ont exprimées par leurs verbes. Ainsi, chez les Lapons, on dit *laidet*, conduire; *laidelet*, continuer l'action de conduire; *laidetallet*, se faire conduire; *laidegaetet*, commencer à conduire; *laidestet*, conduire un peu; *laidanet*, être conduit de plein gré; *laidanovet*, être conduit malgré soi ou sans s'aider; *laidetalet*, empêcher de conduire.

Quand une langue est privée de certains temps, elle y supplée au moyen des périphrases, comme cela a lieu dans les langues néo-latines, au moyen de leurs auxiliaires; ou bien on emploie un temps dans deux significations différentes, comme faisaient les Latins quand ils donnaient à leur imparfait du subjonctif le sens de notre conditionnel présent, et à leur plus-que-parfait du subjonctif le sens de notre conditionnel passé.

Les conjugaisons anciennes étaient beaucoup plus complètes que les nôtres, la conjugaison grecque surtout. Les peuples modernes tendent à restreindre les temps d'un seul mot; ils préfèrent les auxiliaires pour les temps passés; ils ont entièrement renoncé au passif. Les Anglais n'ont, pour ainsi dire, pas de conjugaison, ils recourent à l'emploi de nombreux auxiliaires pour former presque tous leurs temps, presque toutes leurs personnes.

Pour terminer cet article, il ne me reste plus qu'à marquer le grand rapport qui existe entre la conjugaison latine et celle des langues néo-latines.

Le latin dit : *Amo, amas, amat, amamus, amatis, amant.* Le français : *J'aime, tu aimes, il aime, nous aimons, vous aimez, ils aiment.*

Au parfait, le latin dit : *Amavi, amavisti, amavit, amavimus, amavistis, amaverunt.* Le français : *J'aimai, tu aimas, il aima, nous aimâmes, vous aimâtes, ils aimèrent.*

En italien et en espagnol, les rapports sont encore plus grands : en effet, l'espagnol dit : *Amo, amas, ama, amamos, amais, amant.*

Ces rapprochements suffisent, je pense, pour montrer que nous et les peuples dont les langues appartiennent à la famille latine, nous avons calqué presque entièrement nos conjugaisons sur la conjugaison latine.   J. B. PRODHOMME,
Correcteur à l'Imprimerie Impériale.

CONNÉTABLE (histoire) [corruption de *comestable, comes stabuli*]. — L'origine de ce mot vient de ce qu'autrefois cette charge a été exercée par le grand écuyer, qui était un des officiers de la couronne, ayant l'intendance des écuyers du roi. Cet officier fut ensuite établi chef de toute la gendarmerie, et, sous Louis le Gros, on voit le connétable de Vermandois prendre le commandement des armées. On crut la dignité de connétable ensevelie avec le connétable de Saint-Paul, qui fut exécuté à mort en 1475; mais François Ier la fit revivre en faveur de Charles de Bourbon. Enfin elle a été supprimée en 1627, après la mort du connétable de Lesdiguières.

La juridiction du connétable dans les contestations qui concernent le point d'honneur a subsisté jusqu'à l'époque de la révolution : elle était exercée par les maréchaux de France, et présidée par leur doyen, qui, comme représentant du connétable, avait une garde particulière, etc.

Le titre de connétable a été rétabli en France par le même sénatus-consulte qui a nommé Napoléon Bonaparte empereur de la République française.

En Angleterre, le grand connétable était aussi un officier de la couronne, créé par Guillaume le Conquérant, et dont la dignité fut héréditaire jusque sous le règne de Henri VIII, qui l'a supprima, parce que sa puissance lui était devenue insupportable.

C'est d'après ces connétables d'Angleterre, qui avaient été si puissants, que furent créés, sous Édouard Ier, des connétables d'un rang très-inférieur, qui sont encore aujourd'hui distribués dans les villes qui ont droit de corporation, et qui dans chaque *hundred* (division territoriale composée de cent familles), sont chargés d'y maintenir la paix et la tranquillité. On les appelle *grands connétables*, pour les distinguer d'autres connétables subalternes que l'accroissement de population et la corruption des mœurs ont excessivement multipliés, et que l'on appelle vulgairement *petits connétables*.

Il y a encore en Angleterre, ainsi qu'en Espagne et ailleurs, des connétables d'un rang plus élevé, mais dont le titre est toujours accompagné du nom de quelque lieu où ils exercent leur autorité. Tels sont en Angleterre le *connétable de la tour de Londres*, le *connétable du château de Douvres*, etc., et en Espagne, le *connétable de Castille*, le *connétable de Navarre*.

CONSANGUINITÉ. — Se disait chez les Romains de la parenté du côté du père. — On doit entendre, par ce mot, toute sorte de parenté, soit du côté du père, soit du côté de la mère. Les mariages entre consanguins ont des conséquences souvent fâcheuses sur la santé et même sur la vie des enfants. En 1857, M. le Dr Riliet, de Genève, a fait une communication à l'Académie de Médecine de France, relative à l'influence de la consanguinité sur les produits du mariage ; voici les conséquences que le médecin suisse déduit de ses observations :

1° L'absence de conception ;

2° Le retard de la conception ;

3° La conception imparfaite (fausses couches) ;

4° Des produits incomplets (monstruosités) ;

5° Des produits plus spécialement exposés aux maladies du système nerveux, et, par ordre de fréquence, l'épilepsie, l'imbécillité ou l'idiotie, la surdité-mutité, la paralysie, des maladies cérébrales diverses ;

6° Des produits lymphatiques et prédisposés aux maladies qui relèvent de la diathèse scrofulo-tuberculeuse ;

7° Des produits qui meurent en bas âge et dans une proportion plus forte que les enfants nés dans d'autres conditions ;

8° Des produits qui, s'ils franchissent la première enfance, sont moins aptes que d'autres à résister à la maladie et à la mort.

A ces règles il y a des exceptions, dues soit aux conditions de santé des ascendants, soit aux circonstances dynamiques dans lesquelles se trouvent les parents au moment du rapprochement des sexes. Ainsi : 1° rarement tous les enfants échappent à la mauvaise influence ; 2° dans une même famille les uns sont frappés, les autres sont épargnés ; 3° ceux qui sont atteints ne le sont presque jamais de la même manière dans la même famille, c'est-à-dire que l'un est épileptique, tandis que l'autre est sourd-muet, etc.

CONSCIENCE (philosophie, morale). — Sentiment intérieur et immédiat du bien et du mal. Au sens philosophique, *avoir conscience*, c'est recevoir l'impression des choses, et constater spontanément cette impression ; distinguer le juste de l'injuste, le bon du mauvais, n'est à proprement parler qu'une des fonctions, une des formes de la conscience, qui prend alors le nom de *conscience morale*. L'homme ne saurait être heureux quand il n'est pas d'accord avec sa conscience ; les reproches qu'elle lui fait sont autant d'ennemis qui empoisonnent tous ses plaisirs.

Conscience ! conscience ! a dit Jean-Jacques Rousseau, instinct divin, immortelle et céleste voix, guide assuré d'un être ignorant et borné, mais intelligent et libre ; juge infaillible du bien et du mal, qui rend l'homme semblable à Dieu ; c'est toi qui fais l'excellence de sa nature et la moralité de ses actions ; sans toi, je ne sens rien en moi qui m'élève au-dessus des bêtes, que le triste privilége de m'égarer d'erreurs en erreurs, à l'aide d'un entendement sans règle et d'une raison sans principe ! Mais ce n'est pas assez que ce guide existe, il faut savoir le reconnaître et le suivre. S'il parle à tous les cœurs, pourquoi donc y en a-t-il si peu qui l'entendent ? Eh ! c'est qu'il nous parle la langue que tout nous a fait oublier. La conscience est timide ; elle aime la retraite et la paix ; le monde et le bruit l'épouvantent ; les préjugés, dont on la fait naître, sont ses plus cruels ennemis ; elle fuit ou se tait devant eux ; leur voix bruyante étouffe la sienne, et l'empêche de se faire entendre ; le fanatisme ose la contrefaire, et dicter le crime en son nom. Elle se rebute enfin à force d'être éconduite ; elle ne nous parle plus, elle ne nous répond plus ; et, après de si longs mépris pour elle, il en coûte autant de la rappeler qu'il en coûta de la bannir.

CONSERVATOIRE [du latin *conservare*, conserver ; d'où l'italien *conservatorio*]. — Établissement public destiné à conserver la tradition d'un art, d'une science.

CONSERVATOIRES DE MUSIQUE. — Ils ont pris naissance en Italie : le premier fut fondé à Naples en 1537 ; celui de Paris ne remonte qu'à 1784. « Ce fut d'abord une école spéciale de chant : on y ajouta en 1786 des classes de déclamation. Fermé en 1789, il fut rouvert en 1793, sous le nom d'*Institut national de musique* ; réorganisé en 1795, par un décret du 12 thermidor, il reprit le titre de *Conservatoire de musique*. Sous l'habile direction de Sarrette (1788-1814), et sous celle de Cherubini (1822-42), le Conservatoire a éminemment contribué aux progrès de l'art musical et de la déclamation en France. Plus de cinq cents élèves suivent annuellement ses cours, et ses méthodes sont devenues classiques dans toute l'Europe. Les plus grands noms parmi les compositeurs, les instrumentistes ou les artistes dramatiques contemporains, appartiennent au Conservatoire. Depuis 1828, une association musicale, composée de musiciens formés dans l'établissement et connue sous le nom de *Société des Concerts*, y donne chaque année de grands concerts publics. Toulouse, Marseille, Metz, Dijon, ont depuis quelques années des écoles de musique qui sont des succursales du Conservatoire de Paris. » Vienne, Prague, Berlin, Londres, Bruxelles ont aussi des Conservatoires de musique.

CONSERVATOIRE DES ARTS ET MÉTIERS. — Cet établissement, qui a rendu et rend encore de si grands services aux arts industriels, est redevable de sa fondation au célèbre Vaucanson; c'est lui qui, en 1775, réalisant une idée de Descartes, réunit dans l'hôtel de Mortagne, depuis l'hôtel Vaucanson (rue de Charonne, à Paris), une collection de machines et d'outils divers servant à l'industrie, et dont la plupart avaient été inventés ou perfectionnés par lui.

A sa mort, arrivée en 1782, Vaucanson légua sa collection au roi, et, par les soins de M. de Montaran, elle s'enrichit de machines nouvelles. La Convention ne pouvait répudier une conception de génie; elle l'agrandit en l'épousant, et bientôt l'hôtel Vaucanson, le dépôt du Louvre et l'hôtel d'Aiguillon ne pouvant plus contenir les collections industrielles, elle y affecta l'ancienne abbaye Saint-Martin, où elles sont encore aujourd'hui. Les noms des Vaucanson, des Vandermonde, des Conté, des Montgolfier, des Grégoire, des Molard, des la Rochefoucauld-Liancourt, sont associés à l'histoire de cet établissement, qui s'est enrichi successivement de la collection des machines et outils d'horlogerie qui lui fut léguée par Ferdinand Berthoud, et du cabinet de physique de M. Charles. Des cours publics établis en 1810 pour l'enseignement gratuit de la géométrie descriptive, du dessin linéaire, de la figure et de l'ornement; de nouveaux cours d'économie industrielle, de mécanique, de physique et de chimie appliquée aux arts, furent institués en 1819, sous le ministère de M. Decazes.

Pour éviter l'encombrement produit par les grandes machines, et faciliter l'étude, l'administration s'est décidée à n'admettre, dans les galeries, que des modèles au cinquième de la grandeur donnée habituellement aux machines elles-mêmes. Mais, convaincue en même temps que l'étude des machines est souvent plus fructueuse lorsqu'elle est faite sur des dessins bien exécutés que sur les pièces elles-mêmes, elle a entrepris la formation d'une collection importante de dessins qui, pouvant se calquer, donneront aux industriels et aux mécaniciens d'excellents éléments pour les épures d'exécution des machines qu'ils voudront construire.

En 1840, dit M. Brouardel, six chaires nouvelles furent créées : une de mécanique appliquée aux arts, une de géométrie descriptive, une de chimie industrielle, une de législation industrielle, et deux d'agriculture. MM. Morin, Olivier, Péligot, Wolowski et Moli, furent chargés de ces cours.

M. Péligot sépara de son enseignement la partie relative aux arts céramiques en faveur de M. Ebelmen, qui, sans avoir le titre de professeur, eut un laboratoire particulier, et fit un cours public au Conservatoire.

En 1851, une chaire de chimie appliquée à l'agriculture fut ajoutée aux deux autres. Cet enseignement fut confié à M. Boussingault.

En 1852, une chaire de filature et de tissage et une de teinture et d'impression de tissus furent fondées pour MM. Alcan et Persoz. Et lors de la suppression de l'institut agronomique de Versailles, on créa une chaire de zoologie appliquée à l'agriculture et à l'industrie; M. Baudement, professeur de zootechnie à cet institut, fut chargé de ce cours.

Enfin, en 1854, on institua une chaire de constructions civiles, qui fut confiée à M. Trélat.

Les professeurs, choisis parmi les savants les plus distingués de notre époque, ne croient pas déroger en se mettant à la portée de l'ouvrier. Au Conservatoire, tout est dit pour lui. Il ne faut être ni chimiste ni mathématicien pour pouvoir profiter des leçons, il faut être intelligent et attentif. Les formules chimiques, les équations algébriques sont bannies des cours. Ce n'est pas à l'instruction des auditeurs que le professeur fait appel, c'est à leur raisonnement et à leur bon sens. Le Conservatoire, nous pouvons le dire, est l'école de l'industrie, et ceux pour lesquels cette école a été créée ont fort bien compris tout le profit qu'ils en pouvaient tirer. Tous les jours les bancs des amphithéâtres sont encombrés d'auditeurs qui viennent y puiser une instruction solide, et les enseignements nécessaires à leurs travaux.   LARIVIÈRE.

CONSIDÉRATION (philosophie, morale). — Égard qu'on a pour quelqu'un. Le vulgaire n'accorde souvent la considération qu'aux personnes favorisées des dons de la fortune, ou bien encore aux hommes qui occupent des emplois éminents. Sans doute, si les hommes qui possèdent déjà tant d'avantages réunissaient les vertus nécessaires pour être considérés comme hommes de bien, ce serait une merveille, puisqu'ils auraient tout pour opérer de grandes choses. On le voit par ceux qui se sont illustrés par leurs vertus et leur bienfaisance : leurs noms sont restés immortels. Mais dans la vie des hommes modestes, le mérite n'est pas moins grand; leurs bonnes actions sont moins proclamées, il est vrai, mais les hommes de bien qui les entourent rendent hommage à leurs vertus. Du reste, les hommes qui sont doués de sentiments honorables, qui pratiquent le bien par devoir, tiennent peu à la louange; s'ils pouvaient même dérober leurs bonnes actions à tous les yeux, ils seraient infiniment heureux de n'avoir que Dieu pour témoin, attendu que le vrai sage ne fait rien par ostentation; semblable à la fleur cachée du buisson protecteur, il recherche l'ombre; mais l'effluve embaumée trahit bientôt sa retraite, et des compagnes nombreuses viennent l'entourer de parfums et d'amour. Voilà l'image des hommes modestes qui parlent peu de vertus et la pratiquent toujours.

La réputation a beaucoup plus d'éclat, mais souvent elle est moins durable. La considération n'est accordée aux hommes que pour les œuvres du cœur; la réputation s'acquiert par le talent. Mais souvent il est difficile de conserver sa gloire; les flèches de l'envie et la mauvaise foi trament en secret la perte de l'homme de génie. Heureux si par la force de caractère il peut supporter le poids des injustices et rester calme au sein de l'adversité !

Mme LUNEL *mère.*

CONSOLATION (philosophie, morale). — C'est l'adoucissement des peines du cœur, c'est le soulagement donné à l'affliction et à la douleur. La perte d'un objet aimé suffit pour troubler notre bonheur à jamais; il en est de même d'un revers, d'une disgrâce qui, froissant notre amour-propre, nous rendent souvent inconsolables. Les Hellènes, jadis, lorsqu'ils voyaient le malheur entrer chez eux, disaient : *Malheur, si tu viens seul, sois le bienvenu.* Mais tout le monde n'a pas la force des sages de la Grèce; et lorsque l'ange de la douleur, au sombre manteau, vient s'asseoir à nos côtés, comme une compagne fidèle, il nous faut bien du temps pour nous accoutumer à sa présence; aussi réclamons-nous souvent l'amitié de nos amis pour nous aider à supporter le poids de nos disgrâces. Heureux si nous rencontrons des âmes sensibles qui puissent adoucir les angoisses du cœur; car le véritable ami est rare à trouver. Ah ! s'il avait pour guide la charité chrétienne, il saurait, par une tendre pitié, par des soins généreux, sécher les pleurs de l'infortuné qui gémit sous le poids accablant du malheur ! mais, hélas ! nous remarquons qu'au jour de la prospérité, l'essaim brillant trouve des ailes pour nous encenser, et qu'au jour de l'adversité il arrive à pas de tortue. Les vils flatteurs, que l'on ne revoit jamais, ont chanté au bon du bonheur nos vertus, nos talents. Ils ont épuisé leurs fades litanies pour nous remercier du bien qu'ils ont reçu de nous, ils se trouvent quittes ainsi de tout devoir sacré. Qu'on se hâte donc moins de croire à l'amitié de tels hommes; toute déception a son amertume; ne regrettons rien de telles bassesses; laissons-les encenser d'autres dupes, et renfermons-nous dans les cœurs généreux qui nous ont donné la preuve d'une sainte amitié !

Mme LUNEL *mère.*

CONSOLE (architecture). — Support plus ou moins contourné en forme d'S, servant à soutenir une corniche, un balcon, une plate-forme, ou bien un objet d'art contribuant à une décoration, comme buste, vase, statuette, etc.

Le larmier de la corniche corinthienne est également soutenu par de petites consoles, mais dans ce cas elles prennent le nom de *modillons.*

Quelquefois les clefs des arcades sont sculptées en forme de console, mais alors elles ne supportent rien et ne servent que d'ornement; la clef de l'arc de Titus, à Rome, est un bel exemple de ce genre de décoration.

On peut diviser les consoles en deux partis différents; le premier comprend les consoles plus hautes que saillantes, et le second les consoles plus saillantes que hautes; dans les deux cas leur largeur est toujours moindre que la plus grande des deux dimensions.

Les consoles qui se développent en hauteur servent en général à soutenir les corniches des portes et des fenêtres, et à décorer leurs chambranles; les plus belles consoles de chambranle sont sans contredit celles de la porte de Erectheïon à l'Acropole d'Athènes.

Les consoles saillantes sont employées pour soutenir les balcons et les plates-formes; quelquefois ces consoles sont en fer forgé, on en a fait un grand usage il y a un siècle.

Quant aux consoles servant de support aux objets mobiles, elles rentrent dans l'une ou dans l'autre des divisions selon qu'elles sont en rapport avec les objets qu'elles supportent.

Il n'y a aucune règle fixe dans la composition des consoles, seulement je crois que l'on peut poser en principe que la courbe principale qui en constitue le galbe doit toujours avoir une importance bien plus grande que les moulures et les découpures qui l'accompagnent.

Quelquefois on emploie les consoles en les renversant pour servir d'amortissement à un motif plus élevé : il faut être très-sobre de ce système de décoration, qui bien souvent est de mauvais goût.

A. GARNIER.

CONSOMMATION (économie politique). — Voy. *Production.*

CONSOUDE (botanique) [du latin *consolida,* fait de *consolidare,* affermir, à cause de ses vertus médicinales pour consolider les plaies]. — Genre de plantes de la famille des borraginées, dont une espèce, la *grande consoude,* est employée en médecine. Elle croit dans tous les prés et les bois humides de l'Europe. Elle est regardée comme vulnéraire et astringente. Sa racine a été recommandée dans la phthisie pulmonaire, les fluxions de poitrine, le crachement de sang.

CONSTELLATION (astronomie) [du latin *cum,* ensemble, et *stella,* étoile]. — Groupe d'étoiles sur lequel on a dessiné un homme, un animal ou un sujet inanimé, afin de pouvoir désigner ces astres sous un nombre restreint d'appellations; parce qu'il eût été impossible de donner un nom propre à chacun. On se sert des lettres grecques pour distinguer les étoiles de chaque constellation en commençant par α pour la plus brillante, ε pour la seconde, etc. Si le nombre des lettres de l'alphabet grec ne suffit pas, on emploie ensuite les lettres romaines, et quand celles-ci sont épuisées, les chiffres ordinaires 1, 2, 3, etc.

On divise encore les étoiles suivant leur éclat en étoiles de première grandeur, deuxième grandeur, etc., jusqu'à la sixième grandeur pour celles qui sont visibles à l'œil nu ; les autres, appelées télescopiques, ne se voient qu'avec des lunettes ; elles sont de septième grandeur, de huitième jusqu'à la sei-

occupe le dos, est une étoile de deuxième grandeur ; alpha, de la Petite Ourse, qui se trouve au bout de la queue, près du pôle, et que pour cette raison on

NOMS DES CONSTELLATIONS.	Nombre d'étoiles.	ÉTOILE PRINCIPALE		
		grandeur	ascension droite	déclinaison

CONSTELLATIONS BORÉALES.

NOMS DES CONSTELLATIONS.	Nombre	grandeur	ascension droite	déclinaison
La Petite Ourse	22	2e	14°	88°
Le Renne	12	5	30	77
Le Messier	7	4	28	72
Le Dragon	85	3	211	65
La Grande Ourse	87	2	163	63
Cephée	58	3	317	62
La Girafe	69	4	74	61
Cassiopée	60	3	8	56
Le 1/4 de Cercle	6	5	238	53
Le Lézard	12	4	332	52
Persée	65	2	48	49
Le Cocher	69	1	76	46
Le Cygne	85	2	309	45
La Gloire de Frédéric	10	4	344	42
Le Télescope	7	5	105	40
Les Lévriers	38	3	192	40
La Tête de Méduse	5	3	44	39
La Lyre	21	1	278	39
Le Lynx	45	3	136	35
Le Petit Lion	55	3	154	35
Le Triangle	15	3	25	28
Le Petit Triangle	4	6	31	28
Andromède	27	2	360	28
La Couronne	38	2	232	27
La Mouche	5	4	42	26
Le Renard	35	4	296	25
La Chevelure de Bérénice	43	4	195	20
Le Bouvier	70	1	212	20
La Flèche	7	4	295	17
Hercule	128	3	257	15
Le Dauphin	19	3	308	15
Pégase	91	2	344	14
Ophiuchus	65	2	262	13
Le Mont Ménale	2	3	218	11
Le Taureau Royal	18	3	270	10
L'Aigle	26	1	295	8
Le Serpent	61	2	234	7
Antinoüs	27	3	293	6
Le Petit Cheval	10	4	317	5
Le Sextant	54	4	150	1

CONSTELLATIONS ZODIACALES.

Le Bélier	42	3e	29°	23°
Le Taureau	207	1	66	16
Les Gémeaux	64	1	111	32
L'Écrevisse	85	4	130	20
Le Lion	93	1	150	13
La Vierge	117	1	190	10
La Balance	66	2	220	15
Le Scorpion	60	1	245	26
Le Sagittaire	94	3	282	25
Le Capricorne	64	3	302	13
Le Verseau	117	3	329	2
Les Poissons	116	3	30	2

CONSTELLATIONS AUSTRALES.

NOMS DES CONSTELLATIONS.	Nombre d'étoiles	grandeur	ascension droite	déclinaison
La Licorne	31	4e	106°	1°
La Baleine	102	3	32	4
Le Petit Chien	17	1	112	5
La Harpe	10	4	50	7
Orion	90	1	86	7
L'Hydre Femelle	52	2	140	8
L'Écu de Sobieski	16	4	276	10
L'Éridan	85	2	58	12
L'Atelier Typographique	7	4	121	13
Le Sceptre de Brandebourg	7	4	66	14
La Coupe	13	4	170	15
Le Grand Chien	54	1	99	16
Le Lièvre	20	3	81	18
Le Chat	8	5	141	19
Le Corbeau	10	4	180	24
Le Solitaire	22	5	215	24
La Boussole	14	5	132	25
La Machine Électrique	8	5	25	26
L'Atelier du Sculpteur	28	5	13	29
La Machine Pneumatique	22	4	155	30
Le Poisson Austral	32	1	342	30
Le Fourneau Chimique	39	3	42	32
L'Aérostat	7	4	318	33
La Colombe	2	2	83	34
Le Microscope	8	5	310	34
La Couronne Australe	12	5	284	38
Le Phénix	11	2	3	42
L'Horloge	24	5	62	42
Le Burin du Graveur	15	5	70	43
La Règle et l'Équerre	15	5	244	33
Le Loup	24	3	218	46
Le Télescope	8	4	273	47
L'Indien	4	3	303	48
La Grue	12	2	329	48
L'Autel	8	3	260	50
Argo	117	1	93	54
Le Paon	11	3	305	56
La Dorade	6	3	63	57
Le Chêne	8	1	163	60
Le Centaure	48	1	223	60
Le Toucan	11	3	331	61
L'Hydre Mâle	8	3	28	62
Réticule Rhomboïde	7	3	61	62
Le Chevalet du Peintre	4	4	103	62
La Croix	6	2	188	62
Le Compas	2	4	218	63
Le Poisson Volant	6	5	132	64
Le Grand Nuage	3	6	64	67
Le Triangle Austral	5	5	253	68
La Mouche	4	4	184	70
Le Petit Nuage	3	6	35	74
La Montagne	6	6	75	77
L'Oiseau	4	5	215	77
Le Caméléon	7	5	124	81
L'Octant	7	5	315	82

zième grandeur : celles-ci ne peuvent être aperçues qu'en se servant d'instruments très-puissants.

Ainsi alpha, de la Grande Ourse, qui dans la figure 57

nomme étoile polaire, est aussi de deuxième grandeur ; dans la même constellation, bêta et gamma sont de troisième grandeur ; delta et epsilon, de quarième grandeur; êta, de la cinquième; thêta, de la sixième.

Quelques étoiles ont reçu des noms particuliers; mais elles n'en font pas moins partie des constellations; par exemple, Sirius, de première grandeur, est dans la constellation du Grand Chien; Aldébaraban appartient au Taureau; Acraturus au Bouvier; Antarès au Scorpion, etc.

Les étoiles se reconnaissent en outre par l'ascension droite et la déclinaison : les ascensions droites sont analogues aux longitudes sur la terre; elles se comptent par degrés, minutes et secondes, sur un cercle imaginaire qui serait tracé dans le ciel à égale distance des deux pôles, en partant d'un point fixe nommé le Bélier; les déclinaisons, qui ont aussi du rapport avec les latitudes terrestres, se prennent sur des cercles horaires, coupant l'équateur céleste à angle droit et passant par les deux pôles de l'univers. Les déclinaisons vont de zéro à quatre-vingt-dix degrés, à partir de l'équateur jusqu'au pôle; elles sont boréales quand elles se trouvent dans l'hémisphère du nord, et australes si elles sont comprises dans l'au-

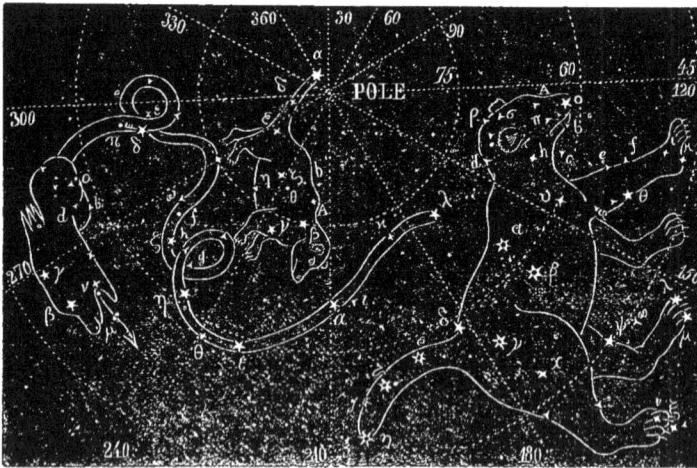

Fig. 57. — Constellations.

tre moitié du ciel. Dans la figure 57 les chiffres 120, 150, etc., sont des degrés d'ascension droite; les nombres 45, 60, 75 marquent les degrés de déclinaison.

Les anciens, suivant Hipparque, avaient formé quarante-huit constellations, savoir : vingt et une au nord, douze dans le zodiaque et quinze au midi; le perfectionnement des instruments d'optique a donné lieu d'en créer de nouvelles : le tableau compris dans cet article présente les unes et les autres dans l'ordre de leur déclinaison en commençant par celles qui sont voisines du pôle nord et en suivant jusqu'au pôle sud; il indique aussi la grandeur et l'ascension droite de l'étoile principale de chaque constellation, ce qui donne le moyen de les trouver sans peine sur une carte céleste, sur une sphère ou même dans le ciel, sans instrument, pour peu qu'on se soit exercé à estimer les degrés dans l'espace.

GOSSART.

CONSTIPATION (pathologie) [du latin *constipare*, resserrer]. — État d'un individu dont les évacuations alvines sont rares et les matières fécales dures et laborieusement excrétées. — Les causes internes de la constipation sont peu connues. Elle est due tantôt à la paresse de l'instestin, au défaut de sécrétions muqueuses ou biliaires, tantôt à l'activité trop grande des vaisseaux absorbants qui pompent l'humidité des aliments, etc. Les causes occasionnelles ont pour point de départ la vie sédentaire, les travaux intellectuels prolongés, les affections morales, le temps froid et sec, etc.

Symptômes. — Dans la constipation qui ne s'accompagne d'aucune lésion apparente de l'intestin, il y a sentiment de pesanteur dans le bas-ventre, surtout à gauche, des borborygmes, des coliques sourdes, souvent un besoin illusoire d'excrétion; l'appétit diminue, parfois la soif est vive; enfin l'intelligence est moins aisée et le caractère irritable; ce qui suggéra à Voltaire cette idée plaisante : *Lorsque vous aurez une grâce à demander, informez-vous si monseigneur est allé à la garae-robe.* Si parfois l'enivrement des grandeurs ou les délires de l'amour-propre ont pu faire oublier à l'homme l'humilité de sa nature, les ignobles fonctions qui nous occupent, dit le docteur Lagasquie, étaient bien propres à l'y rappeler. Ainsi que l'a dit comiquement Montaigne, « les rois et les philosophes fientent, et les dames aussi. » Il est presque humiliant, et rien moins que poétique, d'avoir à se préoccuper de la défécation. Cependant ces soucis de la plus basse des fonctions de l'animalité ne peuvent rester étrangers aux personnes qu'afflige une constipation habituelle. — Éloigner les causes de cet état, quand on le peut, est donc la première mesure. A la vie trop sédentaire, aux contentions démesurées de l'esprit, aux passions, au régime stimulant, on substitue l'exercice, les distractions, la modération des sentiments; des aliments doux, légers, laxatifs, des végétaux tendres et peu sapides, des fruits aqueux et sucrés, notamment le raisin et les pruneaux, le lait, les viandes blanches ou celles des jeunes animaux, les bouillons de veau, de poulet, agréablement préparés aux herbes. On use modérément de vin, de café, de thé, et encore moins des alcooliques; largement, au contraire, des boissons aqueuses, mucilagineuses, acidules. L'eau appliquée au corps dans une baignoire ou dans le courant d'une rivière réussit bien aussi. Du reste, nous ne donnons pas ces règles comme absolues; la diversité des tempéraments et des habitudes, qui sont devenues une seconde nature, peut apporter de notables modifications. Ainsi, par exemple, il n'est pas rare de voir les aliments succulents, épicés, les boissons stimulantes, dompter parfaitement la constipation chez des sujets mous et lymphatiques; d'autres, pour aller à la selle, n'ont qu'à fumer ou faire telle autre chose dont une expérience purement personnelle leur a fait connaître la singularité d'action.

La médecine triomphe cependant plus facilement d'une constipation opiniâtre que d'une dysentérie violente, surtout lorsqu'elle dure depuis longtemps; mais un mode de traitement dangereux que nous devons chercher à faire disparaître, c'est celui qu'emploient quelques personnes, et qui consiste à prendre un bain de pieds d'eau froide ou à marcher pieds nus sur les dalles, dans le but de combattre la constipation.

Pour vaincre l'absence de la contractilité intestinale, on a indiqué comme moyen, aux personnes constipées, celui de se présenter chaque jour à la garde-robe, et de faire des efforts comme si l'on devait obtenir une selle. Dans certains cas, en effet, on rend ainsi aux muscles de l'anus leur contractilité, et l'on voit disparaître des constipations qui avaient résisté à toutes les médications employées pour les combattre.   B. LUNEL.

CONSTRUCTION. — Art d'employer judicieusement tous les matériaux propres à bâtir.

La construction est une étude très-complexe qui exige la connaissance de toutes les branches qui s'y rattachent; toutes ces spécialités seront traitées à leur place et selon leur importance. Voici seulement la nomenclature de toutes les professions qui se rattachent à la construction, et qu'il est très-important qu'un architecte connaisse parfaitement.

Ce sont : la terrasse, la maçonnerie, le carrelage et pavage, la menuiserie, la charpente, la serrurerie, la fumisterie, la peinture, la dorure, la tenture, la vitrerie, la marbrerie, la miroiterie, la couverture, la plomberie et la vidange.   Ch. G.

CONTAGION [du latin *cum*, avec, *tangere*, toucher]. — Communication d'une maladie par le contact médiat ou immédiat. — Quoique la manière dont s'opère la contagion nous soit le plus souvent inconnue, il faut prévoir néanmoins qu'elle a lieu par le moyen d'un agent matériel, nommé *principe contagieux* ou virus. —On doit établir une différence entre les maladies contagieuses et les maladies épidémiques. Celles-ci ont ordinairement l'air pour véhicule, tandis que les premières ont toujours pour cause le contact. Ce contact peut être *immédiat* si

le principe contagieux est transmis directement de l'individu malade à une personne saine par contact intime, ou *médiat* si le contact a lieu au moyen des objets appartenant au malade : vêtements, etc. L'expérience démontre que les tissus de laine, de soie, de coton, de chanvre, sont, de toutes les matières, celles qui reçoivent et transmettent le plus facilement le principe contagieux.

Quelles sont les maladies contagieuses? Cette question est loin d'être résolue d'une manière satisfaisante.

Au nombre des affections contagieuses par contact médiat ou immédiat, figure en première ligne la *gale*, produite par la présence d'un *acarus*, presque invisible à l'œil nu, qui s'introduit sous la peau, excite du prurit, fait naître une vésicule dont il s'éloigne dès qu'elle devient purulente, et chemine ainsi en suivant les rides de la peau et en produisant çà et là de nouvelles pustules. (Voy. *Gale* et *Acarus*.)

La syphilis, la pustule maligne, la rage, la vaccine, la variole, se transmettent aussi par contact médiat ou immédiat; de même que la rougeole, la scarlatine, la varioloïde, et peut-être même le croup et la coqueluche. L'hérédité joue un rôle important dans la transmission des dartres, des scrofules et de la lèpre, endémique en Égypte, à Java, en Norvége et en Suède.

Parmi les cas peu certains de maladies contagieuses, nous devons signaler le cancer, la dysentérie, la phthisie. Les expériences qui ont été faites sur le caractère contagieux du cancer semblent résoudre sa contagion d'une manière négative, et pour ce qui est de la dysentérie et de la phthisie pulmonaire, les faits sur lesquels s'appuient les observateurs pour déclarer contagieuses ces affections ne sont ni assez nombreux ni assez concluants. Quant à certaines ophthalmies purulentes, il est aujourd'hui démontré qu'elles se transmettent par contact. — *La fièvre typhoïde et le choléra sont-ils contagieux?* Bretonneau et Gendron, qui ont étudié la première de ces affections dans les petites villes, où il est plus facile de s'assurer du caractère contagieux d'une maladie, n'hésitent point à se prononcer affirmativement : cependant la plupart des médecins nient cette contagion. Quant au choléra, de lugubre mémoire, le courage des médecins semble bien prouver sa non-contagion. (Voy. *Choléra.*) Mais l'infection, ou action délétère, exercée sur l'économie par les miasmes morbifiques, produit très-sûrement ces maladies, et personne ne conteste leurs dangers dans cette circonstance. —Nous avons vu que la contagion de certaines maladies est niée par un grand nombre de médecins, quoique soutenue par d'autres. Cherchons donc à expliquer ce point de l'étiologie. Si l'on considère le malade au moment où il est atteint par une maladie épidémique, loin de tout foyer d'infection, certes, l'on est porté à nier le caractère contagieux de l'affection. D'où vient, néanmoins, que des personnes en apparence bien portantes quittent un lieu ravagé par une épidémie, pour se soustraire au fléau dévastateur, et sont cependant atteintes quelques semaines ou quelques mois après? Ne se pourrait-il pas que, par les effets étonnants de la prédisposition ou de l'idiosyncrasie, les causes morbifiques eussent atteint ces personnes antérieurement, et que les effets de ces causes ne se fussent manifestés que longtemps après l'exposition à la contagion ou à l'infection? On contesterait difficilement cette idée en présence des phénomènes que nous offre la période d'incubation de plusieurs maladies, de la rage entre autres, dont les effets sont plus ou moins longs à se manifester. Cette question de la contagion se trouverait donc ainsi résolue si notre opinion trouvait un certain poids parmi les membres du corps médical, et l'on ne serait plus forcé de chercher dans les *constitutions atmosphériques* les causes occultes de certaines épidémies. **B. Lunel.**

CONTE (littérature). — Récit fabuleux, narration d'aventures le plus souvent merveilleuses. Les premiers contes n'ont point été faits avec d'autres éléments et furent destinés à l'enfance. C'est dire que le conte date de la plus haute antiquité. De tout temps les enfants ont été bercés par des contes ; mais les contes n'ont pas toujours été faits pour les enfants. On en a fait pour les grands enfants et même pour les vieux enfants ; car depuis le commencement du monde, c'est toujours par des contes que les hommes ont été amusés. Un auteur dit

Que c'est par les diners qu'on gouverne les hommes.

Nous allons en donner quelques exemples, et nous en dirons de belles à ce sujet. On en tirera ensuite les conséquences que l'on voudra.

L'histoire est cousue de contes. C'est un recueil plus considérable que ceux de Boccace et de la reine de Navarre. C'est à cette source que nous puiserons ; mais nous nous garderons bien de tout dire, et d'ailleurs la litanie en serait trop longue : nous ferons donc un choix. Nous avons dit que le conte datait de loin ; nous allons le chercher jusque chez les peuples dont l'origine se perd dans la nuit des temps.

Chez les Babyloniens et les Assyriens, déjà du temps des Hébreux, sous Abraham, les prêtres de Baal n'ayant pas l'appui du vrai Dieu, eurent recours aux contes pour exercer leur domination sur ces peuples idolâtres ; ils se disaient inspirés par un esprit, sortant, vers le crépuscule du soir, du sein des eaux de l'Euphrate, sous la forme d'un poisson. Dans la cosmogonie babylonienne et les mythes de l'Orient, à cette époque reculée, cette fable flattait la croyance populaire, parce que l'eau, dans le système générateur, était regardée comme l'élément fondamental. De là, plus tard, le système de Thalès introduit en Grèce. Pour le premier conte oriental, il faut avouer qu'il ne manque pas d'originalité ; l'exemple fut suivi et se propagea au loin, avec cette différence que le poisson fut assaisonné d'autre manière, comme nous allons voir, et il nous est resté le poisson d'avril.

Chez les Égyptiens, le pouvoir théocratique s'implante par un conte. Osiris est tué par Typhon, inhumé par Isis ; Osiris ressuscite dans le corps du bœuf Apis. Les prêtres se constituent les seuls serviteurs de ce dieu à qui tout est soumis, et demandent pour eux le respect qui lui est dû. Pour en imposer davantage au peuple, ils adoptent une langue particulière, sacrée, et une écriture symbolique, qu'on dirait tracée par la griffe du diable, et qui leur sert à se mettre en communication avec la Divinité.

Les prêtres de Brahma, chez les Indous, font sortir leur dieu d'un œuf, qu'ils divisent en douze parties, et de cet œuf sont développés les germes de toutes choses de la terre, des airs et des cieux. La principale doctrine est la métempsycose, qui a donné naissance au dogme de l'horreur pour toute chair d'animal. De là le système de Pythagore.

Comme appendice à cette fable, il est une croyance populaire qui fait que l'on porte la plus grande vénération à la vache. Au lit de mort, si l'on est assez heureux pour tenir la queue de cet animal, on se croit sauvé.

Tous ces contes sont autant d'allégories, tirées du système cosmogonique sidéral : le soleil, la lune, les étoiles, les signes du zodiaque, etc.

Certes, le sens simple et naturel eût pu satisfaire l'imagination du peuple ; mais c'eût été l'initier dans les sciences, chose que les grands prêtres voulaient éviter afin de mieux le tenir dans l'abrutissement, ce que le merveilleux seul avait le pouvoir de faire.

Dans la mythologie des Scaldes, c'est le Walhalla d'Odin où les âmes des braves, viennent après leur mort s'enivrer à longs traits de l'hydromel, versé par de belles et jeunes vierges, dans les crânes de leurs ennemis.

Chez les Celtes, chez les Germains, ce sont les druides s'entretenant au fond des forêts avec les génies qui les habitent.

C'est la druidesse qui prophétise et passe pour être initiée à tous les secrets de la nature. C'est elle qui cueille le gui du chêne avec une serpe d'or, au jour de l'an, et qui le distribue avec grande cérémonie. Les Gaulois croyaient que le gui guérissait tous les maux et les préservait de maléfices.

Que de fables, que de contes dans le polythéisme des Grecs et des Romains !

Tout est mis en œuvre pour frapper l'imagination des peuples :

Les oracles, parlant sous une forme ambiguë, pour être interprétés suivant la circonstance ;

Les sibylles prophétisant, sous l'inspiration d'un dieu, tantôt dans l'extase, s'agitant comme les énergumènes surexcités par l'ivresse, tantôt plongées dans un état de prostration, occasionné par le somnambulisme ;

Les auspices, les aruspices, prédisant l'avenir par le vol des oiseaux, leurs chants, ou par l'inspection des entrailles d'un taureau sacrifié sur l'autel d'un dieu ;

Les mystères d'Éleusis, ou fêtes célébrées en l'honneur de Cérès et de Proserpine. Ceux qui se préparaient à l'initiation de ces mystères faisaient d'abord un stage dans les différents degrés ; ils se couronnaient de myrte et se purifiaient avec l'eau lustrale ; ensuite on leur faisait subir différentes épreuves, traverser des torrents, voyager dans les airs, tantôt plongés dans les ténèbres, tantôt environnés d'éclairs, de flammes, au milieu du bruit du tonnerre, de voix confuses, parmi les ombres sortant du Tartare, les spectres les plus effrayants : tout à coup le plus profond silence se faisait. La décoration changeait, et l'Élysée apparaissait avec son paysage enchanteur, ses ombrages délicieux, ses fontaines jaillissantes ; tout, dans ce séjour, après les fatigues, invitait l'initié au repos ; il se laissait aller à un doux sommeil, et se réveillait croyant avoir fait un rêve. Il prêtait un serment terrible ; le plus grand secret était exigé, et la mort punissait tout révélateur. L'initié, désormais, n'avait pas d'autre volonté que celle de l'hiérophante. C'était le dévouement jésuitique. La tradition de ces mystères semble s'être conservée parmi les francs-maçons, dont les réceptions représentent une faible image.

Les métamorphoses d'Ovide ne sont autre chose que des contes recueillis pour amuser le peuple romain : Jupiter se transformant en toutes sortes d'animaux pour séduire les plus jolies femmes, Cybelle et Athis, Mars et Vénus, Pluton enlevant Proserpine, etc. D'autre part, c'est Numa Pompilius qui se fait législateur, et qui, pour faire accepter ses lois avec respect et sans contradiction par son peuple, feint d'avoir commerce avec la nymphe Égérie, avec laquelle il a soin de se rencontrer, loin des yeux du vulgaire, dans un antre, au plus épais d'une forêt sacrée.

C'est Sertorius qui, proscrit par Sylla, se réfugie en Espagne et s'y rend indépendant. Pour justifier sa conduite et retenir son armée et les peuples dans son parti, il persuade à son armée qu'il s'entretient avec les dieux, et que les dieux lui donnent des conseils pour triompher de ses ennemis par l'entremise d'une biche blanche qui le suivait partout. Il avait habitué la biche à venir à lui et à se rapprocher de son oreille comme si elle lui parlait. Ses succès, pendant longtemps, accréditèrent ce stratagème parmi ses soldats.

C'est Mahomet qui, pour faire embrasser à ses concitoyens la nouvelle religion qu'il vient de former, annonce avec audace qu'elle lui est révélée par Dieu lui-même, dont il se dit le prophète, et que l'ange Gabriel lui apporte du ciel les pages de l'Alcoran qu'il répand parmi le peuple.

Tout ce qui précède prouve que la pauvre humanité est atteinte d'une facile crédulité, qui commence lorsqu'à peine elle ouvre les yeux à la lumière et l'accompagne jusqu'à la tombe ; elle adopte aveuglément toutes les absurdités, tous les contes que des jongleurs, adroits à manier les esprits, ont intérêt à lui faire croire.

Mais enfin, dissipant les ténèbres de l'ignorance et brisant les entraves dans lesquelles l'humanité se débattait, le christianisme, en lui donnant le sentiment de la raison et de la liberté, est venu mettre fin à ses indignes sornettes par le triomphe de la vérité révélée d'en haut.

Nous venons d'explorer les régions élevées du conte, fabriqué avec les éléments les plus mystiques, quelquefois moraux, quelquefois philosophiques, mais toujours astucieux, empruntés à une sphère qui est toujours pour les hommes un objet de vénération. Quel qu'en soit le but, quand on parle aux hommes, nous préférerions qu'on employât la vérité plutôt que le mensonge.

Tous les conteurs ne sont pas des sycophantes ; si les uns ont cherché à enchaîner le cœur de l'homme et l'ont forcé à la méditation, d'autres conteurs ont cherché à l'amuser, à le distraire et à l'instruire. Il lui fallait une compensation.

Les plus anciens contes en France datent du quatorzième siècle, sous le règne de Louis XI, et sont connus sous le nom de *Cent Nouvelles nouvelles de Louis XI*. Ils sont en manuscrit à la Bibliothèque Impériale. M. Jubinal, littérateur érudit, en a donné un choix qui ne manque pas d'intérêt. Le langage est tout à fait dans l'enfance, quelquefois inintelligible, mais distingué par l'esprit, la naïveté et la gaieté. La plupart des sujets ont un fond dogmatique qui contraste avec certains petits airs de licence. Voici le commencement d'un de ces contes ou *dicts* :

LE DICT DE LA BOURJOSSE DE ROMME.

A la douce loenge de la vierge Marie
Veil dire 1 biau dict qui est sans vilenie,
Por prendre bone essemple en cette mortel vie
De confesser touz ceuls qui ce n'ont en envie, etc.

Voici le début d'un autre *dict* :

LE VERGIER DE PARADIS.

Dire vous vueil d'un bome dur
Qui tant avoit corage sur,
Qu'il n'avoit de povre pitié
Ne vers Dieu amor ni péur.
Cil hom qui tant ot cuer séur,
Qui avarisce avoit lascié,
Un jor dormi et ot songié
Qu'il étoit près d'un biau vergié
Tout plaint de fruict bel et méur ;
Mès il n'i pot mestre le pié,
Quar il trova l'uis véroillé,
Et moult estoit haut le mur, etc.

Les contes ont eu quelquefois leur bon côté ; ils ont servi à endormir les tyrans en les tenant éveillés. Les contes arabes, connus sous le nom de *Mille et une Nuits*, sont là pour en fournir la preuve. Tout le monde les a lus et sait que le sultan que l'on met en scène veut faire étrangler, avant déjeuner, la femme qui, la veille, lui a apporté le mouchoir. C'était le moyen le plus sûr d'éviter l'accident qu'il craignait. Les sultans ont quelquefois une logique irrésistible. Mais son projet est toujours ajourné par l'adresse de la sultane, qui lui fait des contes qu'elle a l'art de commencer sans les finir dans la même nuit. La curiosité du sultan est sans cesse tenue en suspens. Enfin le sultan s'apprivoise, il pardonne, on s'embrasse, et le couple vit heureux. Ces contes sont faits pour amuser, et quoique la fable en soit la base, sous ce voile ils nous initient aux mœurs de l'Orient, où les femmes, malgré l'esclavage et les eunuques, sont aussi rusées et artificieuses que la femme libre de l'Occident, qui l'est passablement.

Après les *Mille et une Nuits*, viennent les *Mille et un Jours*, contes persans, faits dans un but plus raisonnable; l'amour y joue un grand rôle, mais ici il s'est transformé; il fait le câlin et se montre toujours sous les dehors les plus tendres afin de persuader qu'il est constant.

Les Turcs ont aussi leurs contes sous le nom d'*Histoire de la Sultane de Perse et des Quarante Vizirs*. C'est toujours l'amour, l'amour qui fait le monde à la ronde, et le monde à son tour qui fait l'amour.

Au seizième siècle ont paru les contes de Bonaventure des Perriers, esprit railleur, souvent hardi jusqu'à être philosophe. Il vivait du temps de François Iᵉʳ, et était valet de chambre de Marguerite de Valois, qui a fait, elle aussi, de très-jolis contes. Travaillaient-ils ensemble? s'entr'aidaient-ils? Cependant les contes de la reine de Navarre sont au nombre de soixante-douze et réunis sous le nom d'*Heptaméron*. Beaucoup sont tirés de Boccace, le plus ancien des conteurs, car il date du quatorzième siècle; ils sont connus sous le nom de *Décaméron*, c'est-à-dire les Dix journées; chaque journée contient dix contes.

Plusieurs auteurs distingués n'ont pas dédaigné de descendre jusqu'au conte. Entre une tragédie et un grand opéra, Marmontel faisait des contes moraux qui mentaient plus d'une fois à leur titre.

La Fontaine, avec son air de bonhomie et naïf comme l'agneau qui se désaltère dans le clair ruisseau, s'est un peu émancipé dans des contes qui sont loin d'être ce que son caractère pouvait faire penser de lui. Nous dirons que tout le monde ne peut pas les lire, et que si la mère peut permettre à sa fille la lecture de ses fables, il n'en est pas de même de ses contes.

Voltaire a fait, lui aussi, des contes, qu'il appelle des histoires; c'est *Zadig*, *Micromégas*, *Candide*, etc., qui sont pleins de fine raillerie, et surtout de philosophie à sa manière. Il est inutile de nous étendre sur ces contes que tout le monde connaît.

Gresset, Crébillon fils, Diderot, Grécourt, Andrieux, ont fait des contes plus ou moins plaisants.

Nous ne pouvons passer sous silence Hamilton, qui, quoique Anglais, a écrit en français. C'est à l'époque où il suivit Jacques II, obligé de se réfugier en France. Il a fait les *Mémoires de Grammont*. Il est plus connu par ses contes d'une finesse exquise, tels que *Fleur-d'épines*, le *Bélier*, etc., que Voltaire se plaisait souvent à citer.

Nous avons aussi, pour l'instruction et l'amusement de la jeunesse, des contes dont la mère peut permettre la lecture à sa fille. Ce sont les contes *A ma Fille*, de Bouilly, d'une morale douce et pure et d'une suavité exquise.

Ceux de Mᵐᵉ de Renneville, *A ma Petite-Fille*, les *Jeunes personnes*, écrits avec beaucoup de charme, et qui se distinguent par un choix de sujets pleins d'intérêt et d'une peinture toute gracieuse.

Nous n'avons pas fini des contes. Nous avons fait connaître ceux pour les peuples, ceux pour les grandes personnes, pour les grands enfants: nous allons nous occuper de ceux destinés aux petits enfants, des contes véritables, ceux avec lesquels nous avons été bercés et endormis, enfin des contes de nourrices.

Un charmant conteur et une aimable conteuse se disputent la palme en ce genre; tous deux également connus par les enfants d'aujourd'hui et par les enfants d'autrefois, nos pères et nos mères, c'est-à-dire tout le monde, grands et petits, et qui seront connus par les enfants qui nous succéderont, lesquels les transmettront à leurs enfants, parce qu'il y aura toujours des nourrices.

Ces deux renommées sont Perrault et Mᵐᵉ d'Aulnoy. Perrault, qui fut un des créateurs de l'Académie des inscriptions et belles-lettres sous Colbert, qui présida les Académies de peinture, de sculpture et d'architecture, qui a fait le parallèle des anciens et des modernes, ouvrage qui souleva toute la littérature de l'époque, qui a composé un poème sur le siècle de Louis le Grand, et à qui l'on doit l'éloge des grands hommes du dix-septième siècle; l'auteur de tant d'ouvrages serait aujourd'hui inconnu, plongé dans le néant, s'il n'eût fait le *Petit Chaperon rouge*, le *Chat botté*, le *Petit Poucet*, *Cendrillon*, *Peau d'âne*, et tant d'autres. La Fontaine, qui s'y connaissait, disait de ce dernier:

Si *Peau d'âne* m'était conté,
J'y prendrais un plaisir extrême.

Cet immortel de l'Académie courait risque de ne jouir que de la seule immortalité que Boileau lui décerne assez injustement dans son *Art Poétique*.

Mᵐᵉ d'Aulnoy eut le même sort que Perrault. Elle a fait plusieurs ouvrages, la plupart historiques, et un roman, *Hippolyte, comte de Douglas*. Du roman au conte il n'y a qu'un pas, Mᵐᵉ d'Aulnoy l'a franchi avec bonheur, et a sauvé sa réputation un peu aventurière. Après les contes de Perrault, on lit avec plaisir ceux de Mᵐᵉ d'Aulnoy; et quelques-uns ont autant de célébrité que les plus populaires de Perrault: c'est la *Belle aux cheveux d'or*, l'*Oiseau bleu*, *Couleur du temps*, *Gracieuse*, etc.

Le *Magasin des Enfants* contient aussi un recueil de contes charmants fort récréatifs et très-amusants.

Il nous souvient bien vaguement d'avoir encore entendu raconter d'autres contes, dans notre enfance, mais ils ne nous ont laissé qu'un souvenir confus, quoique fort agréable. Nous demandons pardon aux auteurs si leurs noms nous échappent, et si nous les privons ainsi de la part d'immortalité qu'ils méritent et de la reconnaissance des bonnes et des nourrices, si tant est que nous allions à la postérité et que nous soyons même lu; dans le cas contraire, nous roulerons ensemble dans les eaux du fleuve de l'oubli.

RÉDAREZ SAINT-REMY.

CONTINUATEUR (littérature). — Auteur qui continue l'ouvrage d'un autre auteur. Ce cas se présente de deux manières : ou l'auteur d'un ouvrage le laisse imparfait s'il est arrêté par la mort avant son achèvement, ou il s'arrête à une époque si ce sont des annales qu'il écrit. Cette distinction qu'on n'a pas encore faite est cependant fort importante, parce que, dans le premier cas, le continuateur est souvent un présomptueux, et dans le second il remplit une tâche utile.

Quelquefois des écrivains, excités par un zèle trop ardent, ont cru remplir un devoir en continuant des ouvrages qui ne demandaient pas à être continués, et qui, par conséquent, avaient atteint le but que l'auteur s'était proposé ; c'est manquer de jugement ou posséder un grand fonds de fatuité que de vouloir atteindre la perfection de l'œuvre qu'on se propose ainsi de continuer inconsidérément.

Bossuet, dans son *Histoire universelle*, a voulu prouver aux hommes que l'enchaînement des événements qui s'accomplissent dans l'univers et qui occasionnent toutes les catastrophes dont sont frappés les empires, n'arrivent que par la volonté latente et mystérieuse de la Providence ; que Dieu est partout, et que si l'homme s'agite, Dieu le mène ;

> Des plus fermes États la chute épouvantable
> Quand il veut n'est qu'un jeu de sa main redoutable.

C'est elle qui remue tout le genre humain, et Dieu règne sur tous les peuples et les gouverne.

Ce sont ces peuples qui, depuis le premier âge du monde jusqu'au septième âge, la naissance du Christ, et depuis Constantin jusqu'à Charlemagne, ont fourni à Bossuet les exemples qui viennent à l'appui de cette grande pensée ; elle était assez claire, elle était assez évidente pour frapper l'esprit le moins clairvoyant. Après ce qu'avait dit Bossuet pour expliquer ce sublime mystère, il ne restait plus qu'à garder le silence et à laisser l'ouvrage immortel de l'aigle de la chaire dans l'état où il l'avait laissé. Comment en effet égaler ce qu'on ne peut assez admirer dans ce grand homme, cette éloquence sublime, animée par des pensées aussi grandes, aussi magnifiques, qui jettent tant d'éclat sur la religion et la philosophie? et un homme assez hardi s'est rencontré qui a continué Bossuet !

Certes, les exemples depuis n'ont pas manqué, et les événements accomplis depuis 1789, qui ont remué le globe et changé sa face, pourraient fournir un ample discours. Cette entreprise ne serait qu'une lutte téméraire où l'auteur ne pourrait que perdre à la comparaison et succomber sans rien apprendre de nouveau. La sublimité est dans l'idée ; elle étonne, elle frappe par sa grandeur ; une continuation de cette idée cesse d'intéresser, quelle que soit la majesté dont elle est revêtue. Il est des choses auxquelles le bon sens doit avertir de ne pas toucher.

Un autre auteur, non moins téméraire, a eu la malheureuse idée d'ajouter un nouveau livre aux douze livres de l'*Énéide*, comme si Virgile avait laissé quel-

que chose à faire après lui. Turnus tué par Énée, et Lavinie devenue l'épouse du vainqueur, que restait-il à faire au fils d'Anchise ? se reposer, vivre heureux et tranquille, ce qu'il avait bien gagné après douze livres d'agitation et de travaux sur mer, sur terre et jusqu'aux enfers. Dans ces occasions les continuateurs ont toujours été malheureux. Ils cherchent à conquérir une renommée en s'attachant à un héros déjà en faveur, et en lui faisant courir de nouvelles aventures, en le lançant dans le tourbillon du monde par des sentiers non encore battus ; en se cramponnant à sa destinée, ils pensent arriver avec lui à la postérité. Mais plus d'un se trompe dans ce calcul de vanité.

Don Quichotte, le roman comique de Scarron, et *Manon Lescaut*, de l'abbé Prévost ont eu des continuateurs ; sont-ils dignes de leurs modèles ?

On donne deux raisons très-plausibles pour condamner cette infructueuse tentative. La première, c'est que se lancer dans une carrière dans laquelle un auteur s'est distingué, le suivre sans abandonner ses traces, est une tâche difficile ; la seconde, c'est qu'en suivant même ses traces, il est bien difficile de travailler d'après des idées qui ne nous appartiennent pas sans les gâter ; car la copie, dans aucun cas, ne vaut l'original.

Jusqu'ici nous n'avons parlé que d'un travail qui est un métier pour le continuateur.

Il est des cas où le travail de continuateur devient un art, et dans lequel il faut du génie, c'est celui où le continuateur se transforme en véritable auteur, en donnant une suite à un ouvrage qui ne peut rester dans l'état où il a été laissé.

Des sciences sont restées imparfaites ou ont été conduites à une certaine limite ; des savants s'en sont faits les continuateurs sur des découvertes nouvelles, sur des progrès nouveaux. La physique des anciens, l'astronomie, la chimie, les mathématiques, etc., ont trouvé de dignes continuateurs ; des systèmes dont les anciens n'avaient indiqué que les prémices, et pour lesquels ils n'avaient posé que des jalons, ont eu de dignes interprètes qui les ont développés avec sagacité. Pline a trouvé des continuateurs plus d'une science, telle que la géographie, la météorologie, la botanique, la théorie de la terre, la zoologie, etc. Les noms de ces savants sont dans la mémoire de tout le monde : Linnée, Buffon, Cuvier, Malte-Brun, Arago, etc.

S'il est une science qui demande, qui exige des continuateurs, c'est assurément l'histoire ; la biographie en réclame à son tour. L'une, dans sa généralité, est aussi nécessaire que l'autre dans son individualité ; celle-là, par ses idées larges, sert d'enseignement aux gouvernements ; celle-ci, par le tableau des vices et des vertus qui caractérisent l'espèce humaine, est une leçon pour l'homme dans la manière de se conduire en société.

Nous allons donner une série de continuateurs remarquables en histoires les plus intéressantes, pour les savants, les philosophes et les gens du monde. Ce tableau ne manque pas d'originalité et donnera une idée des travaux immenses qui se sont accomplis depuis les temps les plus reculés jusqu'à nos jours. A ce titre, il doit fixer l'attention des esprits aussi sérieux que curieux de connaître la filiation des hommes de génie auxquels nous devons tant de connaissances variées. Sans les continuateurs, que de points d'histoire resteraient indécis et obscurs! que de lacunes seraient à combler! Dans ce vaste labyrinthe, nous ne pourrions plus nous y reconnaître, ni faire un pas sans nous égarer ; tout pour nous serait hésitation et confusion.

L'Histoire des premiers siècles du monde a été écrite par Moïse, dans les cinq livres : la *Genèse*, l'*Exode*, le *Lévitique*, les *Nombres* et le *Deutéronome*; ces livres comprennent 3358 ans.

Elle fut continuée par Josué, par Samuel (*Livres des Rois*), par l'auteur des *Paralipomènes*, qui la conduisent jusqu'en 536, époque de la cessation de la captivité des Juifs à Babylone.

Esdras la continue jusqu'à la réédification de Jérusalem et du temple, détruits par Nabuchodonosor.

Flavien Joseph continue Esdras jusqu'à l'Histoire des Machabées, 130 ans avant J. C.

Alexandre le Grand ayant conquis la Judée, elle devint province grecque.

Diodore de Sicile, continuateur grec, conduit l'histoire jusqu'à 60 ans avant J. C.

Hérodote, dans ses livres dédiés aux neuf muses, remonte jusqu'à Cyrus et s'arrête à la bataille de Mycale, célèbre par la défaite navale des Perses, battus par Xanthippe, en 479.

Thucydide. — *Histoire de la guerre de Péloponèse*.

Théopompe, continuateur de Thucydide, ainsi que Xénophon.

La Grèce est déjà devenue depuis quelques années province romaine sous le consulat de Caïus Mummius, à peu près dans le même temps que Scipion l'Africain détruit Carthage.

Fabius Pictor, regardé comme le père de l'histoire latine, écrit les *Annales de l'Histoire romaine*, depuis le règne de Romulus jusqu'en 220.

Polybe, continuateur, depuis les guerres puniques jusqu'à la conquête de la Macédoine par Paul Émile, en 168.

Jules César, continuateur en quelque sorte de Polybe.

Salluste. — *Guerre de Numidie* contre Jurgutha.

Denis d'Halicarnasse. — Histoire commençant à l'origine de Rome et allant jusqu'en 266.

Tite-Live. — *Histoire de l'Empire romain*, continuateur de Fabius Pictor.

Tacite, continuateur; *Histoire et Annales de l'empire romain*.

Suétone. — *Histoire des Douze Césars*.

Dion Cassius, continuateur de Tite-Live jusqu'en 230.

Zozyme, continuateur jusqu'à Honorius et Théodose II, en 450.

Georges, dit le Symelle, de 280 à 800.

Théophane, l'Isaurien, continuateur jusqu'en 813.

Jean Scylitzès, continuateur de Théophane jusqu'à Isaac Comnène, en 1057.

Nicétas Choniatès, continuateur du précédent, depuis Comnène jusqu'au règne de Beaudoin, en 1204.

Michel Ducas. — Histoire jusqu'à la conquête de l'empire grec par Mahomet II.

Tels sont les historiens des trois grands peuples de l'antiquité dont les Annales offrent une suite presque sans interruption.

On ne nous saura pas mauvais gré de donner la série des historiens français ; leurs titres de gloire seront toujours pour nous un sujet d'orgueil et de reconnaissance.

Grégoire de Tours, évêque, est le premier historien qui ait écrit l'Histoire des Francs, comprenant 174 ans depuis leur établissement dans les Gaules.

Adhémar, continuateur de Grégoire de Tours jusqu'en 1029.

Hugues de Fleury, moine, écrit jusqu'à Charles le Chauve.

Jean Froissard, de 1326 à 1400.

Monstrelet, continuateur de Froissard, jusqu'en 1453.

Philippe de Comines, jusqu'en 1498.

De Belleforest, jusqu'en 1574.

Mezerai, jusqu'au dix-septième siècle.

Le président Hénault, jusqu'au milieu du dix-huitième siècle.

Walckenaer, continuation jusqu'en 1835.

Velly a fait une *Histoire de France* jusqu'à Philippe le Bel, continuée par Villaret, Garnier et Fantin des Odoarts, jusqu'à la rentrée de Louis XVIII.

Anquetil a fait aussi une *Histoire de France*, continuée par L. Gallois. Le contraste entre ces deux historiens est trop grand pour ne pas en prévenir le lecteur.

Anquetil est l'homme monarchique par excellence. L. Gallois, enfant de la Révolution, a retranché d'Anquetil la partie qui traite de la révolution jusqu'à la mort de Louis XVI, et a commencé sa continuation à partir de la seconde assemblée des notables, en traitant son sujet avec ses opinions philosophiques et démocratiques. Nous ne prétendons pas faire de procès, et nous ne nous prononçons pas sur le mérite de l'un et de l'autre.

La discordance de leurs caractères est loin de faire de cette histoire un tout homogène. Les opinions s'entre-choquent évidemment, et l'impartialité, qui doit être l'âme de l'histoire, ne peut guère régner sous l'influence de deux jugements qui se contre-carrent.

L. Gallois aurait mieux fait d'écrire son Histoire séparément, depuis 1789 jusqu'à 1830.

C'est une grande faute que de continuer un auteur dont on ne partage pas l'opinion et avec lequel on ne sympathise pas de sentiments.

Dans les temps fabuleux et mythologiques, les hommes célèbres qui s'illustrèrent dans les arts et dans les sciences furent la plupart mis au rang des dieux.

Les hommes de génie qui marchèrent sur les

traces de leurs prédécesseurs, s'ils n'eurent ni temples, ni autels, obtinrent des statues, furent honorés, accueillis dans les palais des rois et firent l'admiration des peuples.

Les grands hommes forment une famille, dont la généalogie se perd dans la nuit des temps et qu'aucune des dynasties qui ont régné sur le genre humain n'égale en splendeur ni en gloire.

Il suffit de les nommer :

C'est Lycurgue, Solon, Thalès, Phérécide, Pythagore, Socrate, Platon, Aristote, Euclide, Archimède, Plutarque, Longin, Abailard, Bacon, Galilée, Képler, Descartes, Fontenelle, Bayle, Malebranche, Newton, Leibnitz, Voltaire, Buffon, Rousseau, d'Alembert, Condillac, Bernardin de Saint-Pierre, Euler, Lavoisier, Laplace, Monge, etc., tous maîtres, élèves, continuateurs de systèmes, de doctrines, de sciences, de philosophie, tous unis par un même lien, les nobles pensées, les sublimes aspirations qui portent les âmes à la contemplation des œuvres de Dieu et les cœurs au développement intellectuel de l'homme par la moralité, la religion, et la liberté.

Quel mortel ne voudrait être associé, à quelque degré que ce fût, à cette magnifique famille, au mépris même de la plus belle couronne de l'univers, car c'est dans cette race que sont les dieux de la terre?

Nous aurions pu donner une plus grande extension à cette étude en établissant différentes divisions; ce qui peut se faire pour les arts, la peinture, la sculpture, l'histoire ecclésiastique, la biographie, la physique, l'astronomie, la poésie, etc.; mais c'eût été donner à notre article un air d'importance trop grand, et nous trouvons qu'il est déjà assez prétentieux comme cela. En le commençant, tout en voulant éviter le laconisme de nos prédécesseurs, nous ne pensions pas aller si loin.   RÉDAREZ SAINT-REMY.

CONTRACTILITÉ (physiologie) [rad. *contracter.*] Faculté que possèdent certaines parties de l'économie animale et végétale de se raccourcir et de s'étendre alternativement. «Les végétaux et les animaux dont l'organisation est la plus simple présentent cette faculté dans tout leur corps; mais dans les animaux où l'organisation est plus compliquée, elle devient l'attribution spéciale d'organes particuliers appelés muscles. Les fibres dont la réunion compose les muscles doivent leur *contractilité* aux filaments nerveux qui s'y distribuent par diverses ramifications. Bichat et, après lui, la plupart des physiologistes, ont distingué deux sortes de contractilité, l'une *sensible*, c'est-à-dire évidente ou apparente; et l'autre *insensible*, ou seulement appréciable par ces effets. La première a été aussi appelée *myotilité*; elle est *volontaire* ou *involontaire*, où, en adoptant les dénominations de Bichat, *animale* ou *organique*. La seconde est encore nommée *tonicité*. La contractilité volontaire se fait remarquer dans les muscles qui servent à la locomotion; la contractilité involontaire dans la tunique musculaire des intestins, et la contractilité insensible dans l'action des vaisseaux capillaires.»

CONTRAT (droit) [du latin *contractus*, formé de *cum* et *trahere*, tirer ensemble]. — Convention par laquelle une ou plusieurs personnes s'obligent, envers une ou plusieurs autres, à donner, à faire ou à ne pas faire quelque chose. Ce mot se dit spécialement de l'acte même ou de la pièce écrite qui forme la preuve littérale de l'engagement contracté. Le contrat est dit *synallagmatique* ou *bilatéral* si les contractants s'obligent réciproquement les uns envers les autres. Il est *unilatéral* lorsqu'une ou plusieurs personnes sont obligées envers une ou plusieurs autres, sans que, de la part de ces dernières, il y ait d'engagement. Il est *commutatif* lorsque chacune des parties s'engage à donner ou à faire une chose qui est regardée comme l'équivalent de ce qu'on lui donne ou de ce qu'on fait pour elle. Lorsque l'équivalent consiste dans une chance de gain ou de perte pour chacune des parties d'après un événement incertain, le contrat est dit *aléatoire*; tels sont le pari, la rente viagère, l'assurance. (Voy. *Aléatoire.*) Les contrats sont encore divisés en *nommés* et en *innommés*. Les premiers ont un caractère spécial et déterminé, tel que les contrats de *mariage*, d'*union*, de *vente*, de *louage*, etc.; les seconds ne sont pas assez usuels pour avoir reçu une détermination particulière. (Voy. le titre III du 3e livre du Code civil, qui est consacré aux contrats et aux obligations conventionnelles.)

CONTREFAÇON (droit commercial). — La contrefaçon est l'action par laquelle un commerçant s'approprie les ouvrages et la marque d'un autre commerçant; c'est un délit contre lequel la loi a établi des peines proportionnées au préjudice qu'elle fait éprouver.

Toute contrefaçon d'écrit, de composition musicale, de dessin, de peinture ou de toutes autres productions imprimées ou gravées, est, par l'article 427 du Code pénal, punie d'une amende de 100 fr. à 2,000 fr. pour le contrefacteur, de 25 à 500 fr. pour le distributeur, et de la confiscation des objets contrefaits, ainsi que des planches, moules et matières qui ont servi à la contrefaçon; le produit est remis au propriétaire de l'ouvrage contrefait, afin de l'indemniser d'autant du préjudice souffert, sauf, en outre, les dommages et intérêts dans le cas où il y a lieu d'en accorder.

Tout contrefacteur d'ouvrage pour lequel il a été accordé un brevet d'invention est condamné, d'après la loi du 7 janvier 1796, à des dommages et intérêts proportionnés à l'importance de la contrefaçon, et en outre à une amende fixée au quart du montant desdits dommages et intérêts, sans pouvoir cependant excéder la somme de 3,000 fr.

Tout contrefacteur de la marque d'un commerçant est puni, conformément au décret du 9 septembre 1810, de la confiscation des objets marqués de la fausse marque au profit du propriétaire, d'une amende de 500 fr., sans préjudice des dommages et intérêts qu'il peut y avoir lieu d'adjuger, et en outre condamné à l'affiche du jugement.

CONTRE-POINT (musique) [du latin *punctum*

contra; punctum, point ; *contra*, contre ; anciennement les notes et les signes des sons étaient de simples points, qu'on plaçait l'un sur l'autre ou l'un contre l'autre, quand on composait à plusieurs parties].—Partie de la science de la composition musicale qui consiste à écrire la musique à plusieurs voix. « Le *contre-point simple* a pour but de mettre une basse sous un chant, ou un chant sous une basse, ou enfin d'accompagner par plusieurs voix un chant donné. Le plus simple des contre-points est celui employé par l'Église sous le nom de *faux bourdon* ; il consiste à écrire note contre note ; d'autres fois on procède par syncope, ou l'on fait entendre deux ou quatre notes pour une, ou enfin on emploie toutes les espèces réunies, ce qui s'appelle *contre-point fleuri*. Le *contre-point double* a pour objet d'astreindre les parties d'accompagnement à pouvoir être renversées, de telle sorte que le chant devienne la basse, ou la basse le chant, sans que ce renversement occasionne aucune infraction aux règles. L'objet ou le résultat du *contre-point* est d'apprendre à donner à chacune des parties et à l'ensemble de la composition les formes et les termes les plus convenables. Le contre-point est à la musique ce que le dessin, pris dans le sens le plus étendu, est à la peinture. Les anciens ne le connaissaient pas ; il paraît avoir été inventé, selon les uns, dans le sixième siècle ; selon d'autres, par Guido d'Arezzo. Il est spécialement consacré au style d'église. De nos jours, le contre-point tend à disparaître. Autrefois, le compositeur inventait d'abord la mélodie, et l'harmonie qui l'accompagnait était pour lui l'objet d'un second travail. Aujourd'hui, la mélodie et l'harmonie se composent d'un seul jet, sans que le compositeur se préoccupe de choisir les parties qui serviront d'accompagnement. » L'invention du *contre-point* est attribuée à Gui d'Arezzo (onzième siècle) ; mais cet art s'est développé par degrés dans les siècles suivants, au point qu'il représente aujourd'hui ce que la composition musicale a de plus difficile et de plus compliqué. Les compositeurs les plus remarquables dans l'art du contrepoint (*contrapuntistes*), sont les savants musiciens du dix-septième et du dix-huitième siècle, J.-Séb. et Emmanuel Bach, Hændel, Joseph et Michel Haydn, Mozart, et, de notre temps, Beethoven et Cherubini.

CONTRIBUTION. — Portion que chacun fournit pour subvenir à une dépense, et principalement aux dépenses publiques. Il y a quatre sortes de *contributions*: *contribution foncière*, comprenant celle des portes et fenêtres ; *contribution personnelle, contribution mobilière, contribution des patentes*. La première frappe les terres et les immeubles de toute nature ; la seconde, appelée aussi *cote personnelle*, représente la part de dépense que chaque habitant d'une commune est tenu de supporter ; la troisième, qui est désignée sous le nom de *cote mobilière*, est établie sur la valeur locative des logements ; enfin, la *patente* est la rétribution qu'un commerçant ou un industriel paye annuellement pour l'exercice de sa profession. Quant aux *contributions indirectes*, elles atteignent, droits de douanes, droits sur les sels, sur les

boissons, sur les laines, etc., toutes les denrées qui servent à l'alimentation, au vêtement, à la satisfaction de tous les besoins créés par la civilisation ou provenant de la nature. — Voy. *Impôt.*

CONTUSION (pathologie). — Lésion produite dans les tissus vivants par le choc des corps ronds ou à large surface et sans solution de continuité. Les fortes contusions sont des accidents qui réclament impérieusement la présence du médecin, parce qu'elles s'accompagnent très-souvent de déchirures ou ruptures des viscères thoraciques ou abdominaux. Ainsi, pour ne citer qu'un fait : Un homme tombe de la fenêtre d'un deuxième étage, et meurt sur le coup. Il n'avait pour le vulgaire qu'une contusion au ventre, mais l'autopsie démontra au médecin plusieurs déchirures de l'estomac.

Lorsque la contusion est légère, elle se présente sous la forme d'une tresse violacée, bleuâtre (ecchymose), perdant bientôt son intensité, devenant verdâtre, jaunâtre, enfin disparaissant par l'absorption du sang. Ce phénomène, qui effraye à tort les malades, est, au contraire, un signe de guérison ; mais lorsque la contusion est un peu forte, des vaisseaux plus profonds sont rompus, et le sang, ne pouvant se disséminer, reste dans son foyer ; quand il disparaît plus difficilement, c'est ici que la pratique populaire de *comprimer les bosses* avec une pièce de monnaie, un corps, réussit assez souvent en produisant cette dissémination. Toutefois il faut user de ce moyen avec une certaine réserve, pour ne pas risquer de faire plus de mal que de bien.

Les indications rationnelles du traitement de la contusion consistent à faciliter la résorption du sang épanché (répercussifs et résolutifs), et à combattre l'inflammation (saignée, sangsues, cataplasmes) et les accidents consécutifs (gangrène). — Voy. *Répercussifs* et *Résolutifs.*   B. L.

CONVERSATION (discours). — De tous les temps et chez tous les peuples, la conversation fut un besoin naturel de l'état social. C'est le livre de la vie, où chacun de nous remplit une page ; c'est la comédie humaine, où chaque acteur joue son rôle au gré de ses désirs. La conversation s'acquiert par le contact du monde ; à force de bons raisonnements, on devient orateur, et souvent très-éloquent. La conversation d'hommes mûris par une longue expérience maintient les bonnes mœurs et civilise la jeunesse présomptueuse. Comme talent et comme science, dit un auteur, elle n'existe qu'en France ; dans les autres pays, elle ne sert qu'à la politesse, à la discussion ou à l'amitié. Les Allemands ne causent pas, ils argumentent. La conversation des Italiens est une pantomime mêlée d'exclamations. Chez les Anglais, ce qu'on nomme conversation est un silence syncopé par des monosyllabes et interrompu, de quart d'heure en quart d'heure, par le bruit de l'eau qui s'échappe de l'urne à thé.

En France, la conversation est un art qui a ses règles, ses préceptes, sa méthode, auxquels l'imagination et l'âme sont nécessaires ; car la conversation n'aurait aucun charme si elle ne pouvait convaincre et attendrir tout à la fois. Voyez la jeune fille aux regards timides, qui fait son entrée dans le monde : sa conversation innocente ravit le cœur; dans ses paroles simples et touchantes, elle vient de faire jaillir au dehors ce que le vase précieux de l'intelligence contenait; le naturel plaît toujours; par ses paroles, a dit Platon, on peut juger de la pureté de son âme.

La conversation de l'homme infatué déplaît toujours; celle de la coquette, quoique ravissant par ses attraits, n'intéresse que les dames. Pour fixer l'attention d'une société, il faut que le narrateur soit doué d'un cœur droit; qu'il ait pour base la morale et de nobles sentiments; il est sûr, alors, de produire sur les personnes qui l'écoutent un effet indicible, tant il est vrai qu'un raisonnement sérieux et positif laisse dans l'âme des traces ineffaçables. La sage conversation fortifie l'homme dans les bons principes, entrave les esprits hostiles et réfractaires aux bonnes mœurs, et les contraint presque à suivre la loi du devoir. On voit, par cela même, quelle est l'influence d'une bonne conversation; avec douceur elle corrige les défauts; c'est une école où tout le monde peut apprendre quelque chose. La parole est toute-puissante sur les esprits. Voyez dans les ateliers, dans les fabriques, souvent la conversation légère qu'on y tient corrompt les mœurs et donne aux jeunes gens qui l'écoutent des allures grossières qui ne s'effacent jamais. On sait bien que tout homme qui n'est pas muet peut causer sur un sujet quelconque; mais chacun n'a pas l'art de parler; il faut pour cela de l'esprit, du jugement et de la rhétorique. C'est un si grand talent que celui de bien parler, que je ne sais s'il y en a aucun qui puisse lui être comparé; car, quoique les paroles, dans la conversation, ne soient que des sons qui frappent les oreilles, elles ont cependant tant de force, que souvent la vie ou la mort de l'homme en dépendent. Nous lisons dans l'*Histoire des Juifs*, par Flavius Josèphe, qu'après la mort de Marc-Antoine, concurrent d'Auguste, Hérode, roi des Juifs et grand partisan du premier, prit la résolution d'aller en personne se présenter devant Auguste, et, mettant sa couronne à ses pieds, il accompagna sa soumission d'une harangue si touchante, qu'Auguste se sentit forcé non-seulement de lui rendre sa couronne, mais encore de le recevoir au nombre de ses plus intimes amis. Voilà bien la preuve que le don de la parole est l'étincelle qui électrise l'âme et peut opérer de grands biens, comme le contraire peut produire de grands désordres. Aussi Tite-Live, Diodore, Pline et Plutarque, ne tarissent jamais quand ils parlent du savoir et du raisonnement, qui élèvent bien plus que les victoires et une naissance illustre. Donc la conversation d'hommes éclairés au flambeau de l'expérience régénère les natures affaiblies, soutient les autres dans la conviction du bien; celui qui ne possède point l'art si difficile de la conversation possède quelquefois l'art d'écrire, et, par ses pages brûlantes, répand à flots sur les hommes la lumière de justice et d'équité. Chacun apporte sa part en ce monde. Le livre écrit n'est point muet; il se fait entendre comme la parole sonore qui vibre aux cœurs, et l'empreinte reste attachée à notre âme comme l'étoile au firmament.

Mᵐᵉ LUNEL *mère.*

CONVOLVULUS (botanique). — Nom latin du *liseron*. — Voy. ce mot.

CONVULSIONS (médecine) [du latin *convellere*, secouer, ébranler]. — Contractions désordonnées et involontaires des muscles. Les auteurs appellent *toniques* les contractions permanentes, et *cloniques* celles qui présentent des alternatives de relâchement. Aux convulsions toniques se rapportent le *tétanos*, la *catalepsie*; aux cloniques, l'*éclampsie*, la *chorée*, l'*épilepsie*, l'*hystérie*, l'*asthme*, les *palpitations*, etc. — Voy. ces mots.

Les convulsions reconnaissent pour causes : l'enfance, le tempérament nerveux, les excès de travail ou de plaisir, les émotions morales, vives, les passions exaltées, la dentition, la grossesse, l'accouchement; elles peuvent aussi avoir lieu par *imitation*, comme les couvents et les pensionnats de demoiselles en ont offert des exemples; enfin elles se montrent aussi dans certaines maladies du cerveau.

Quand les convulsions dépendent d'une affection du cerveau, aiguë ou chronique, dit le docteur Beaugrand, elles sont ordinairement précédées de symptômes particuliers, qui décèlent la maladie principale. Mais celles qui sont purement nerveuses débutent habituellement au milieu de la plus parfaite santé et à l'occasion de l'une des causes dont nous venons de parler. Cependant il y a même alors, dans le plus grand nombre des cas, des symptômes précurseurs plus ou moins passagers, qui annoncent l'invasion, surtout chez les personnes qui sont sujettes à ces accidents. Ce sont des douleurs de tête, des étourdissements, des vertiges, des picotements dans les mains, dans les pieds; une anxiété extrême; puis les membres éprouvent des secousses par saccades : assez souvent le malade tombe et perd connaissance; la respiration est pénible, fréquente; les yeux roulent dans leurs orbites; les dents se serrent et craquent; souvent il y a de l'écume aux lèvres; parfois des cris étouffés, des sanglots ou des éclats de rire; les membres sont agités de mouvements désordonnés; ils s'étendent, se fléchissent, se tordent avec violence; le visage est quelquefois pâle, le plus souvent il est rouge et même violacé. Cet état peut durer seulement quelques minutes ou plusieurs heures, avec des alternatives d'exacerbation ou de rémission. Un sommeil profond avec ronflement ou bien une crise de larmes terminent l'accès.

Le traitement des convulsions doit être celui des causes qui les produisent. Toutefois, voici les moyens généraux qu'il importe de ne pas négliger :

Mettre le malade dans l'impossibilité de se blesser; humecter les tempes avec de l'eau fraîche; faire respirer des odeurs fortes; administrer quelques potions antispasmodiques; s'il existe des signes de pléthore, les émissions sanguines sont indiquées, des bains tièdes prolongés ont quelquefois rendu de grands services. « Enfin, il est une puissance morale dont l'exercice sagement dirigée peut, dans beaucoup de cas, maîtriser l'action musculaire la plus désordonnée : c'est la *volonté*. Sans doute, ce serait à tort que l'on compterait sur cette puissance pour arrêter le cours des convulsions dues évidemment à une phlegmasie (inflammation) ou à quelque autre lésion matérielle du système nerveux ; mais toutes les fois que la maladie est le résultat d'une habitude vicieuse, du défaut d'harmonie ou de coordination des forces locomotrices, il est permis d'en espérer les plus grands succès ; il est même peu de maladies convulsives auxquelles elle ne puisse apporter d'heureuses modifications ; aussi voit-on tous les jours la volonté maîtriser des strabismes, des bégaiements, des épilepsies, des tétanos, des toux convulsives, des vomissements, etc. Dans quelques cas, tous les efforts doivent tendre à rompre une habitude vicieuse, à imprimer une autre direction aux mouvements actuels, à substituer une action régulière à une action pervertie ; dans d'autres, il suffit de frapper vivement et soudainement l'attention du malade, pour distraire, en quelque sorte, le principe du mouvement et remplacer un acte convulsif par un acte sensitif ; tel est l'effet d'un bain de surprise, d'une nouvelle inattendue, d'une forte impression morale quelconque ; tel a été sans doute autrefois l'effet des exorcismes. »

B. L.

COPAHU (botanique). — Voy. *Copayer.*

COPAÏER (botanique). — Genre de la famille des légumineuses, tribu des cassiers, composé d'arbres élevés, exotiques, qui produit une liqueur résineuse très-abondante.

Le *copaier officinal* (*C. officinalis*) s'élève à la hauteur de 15 à 20 mètres ; ses branches sont étalées, ses feuilles alternes, pétiolées, ailées, luisantes, composées de 3-4 paires de folioles ovales, entières. Fleurs petites, blanches, en petites grappes alternes : 4 pétales étalés, étroits, aigus ; point de calice ; 10 étamines filamenteuses ; ovaire pédicellé dont le style est courbé. Gousse ovale, bivale, 1-sperme. — Cet arbre croît au Brésil, dans la Guyane, dans la Nouvelle-Espagne, etc. Il fournit, au moyen d'incisions faites à son écorce, le suc résine connu dans le commerce sous le nom de *baume de copahu.*

Le baume de copahu est d'abord liquide, inodore et presque incolore, mais bientôt il acquiert la consistance d'une huile grasse et une couleur jaunâtre, sans perdre sa transparence. Son odeur est suave, fragrante ; sa saveur aromatique, amère, légèrement âcre. C'est un excellent actif, qui porte spécialement son action sur les membranes muqueuses, non pour en augmenter la sécrétion, mais, au contraire, pour la diminuer. Aussi le copahu est-il très-employé pour tarir les écoulements muqueux des bronches, du vagin, et spécialement ceux du canal de l'urètre, sur lequel il a une influence toute particulière. Son ingestion n'est pas supportée par tous les estomacs.

B.

COPAL (botanique). — Nom donné à plusieurs arbres de la Nouvelle-Hollande et au suc résineux qu'on en retire par incision. Ce suc, d'une odeur agréable, est absolument insoluble sans intermède dans l'esprit de vin, ni à chaud ni à froid. Il entre dans la composition des meilleurs vernis à l'huile siccative.

COQ (zoologie) [*gallus*]. — Genre d'oiseaux de l'ordre des gallinacés, famille qui se distingue aux caractères suivants : bec moins long que la tête, en cône arqué ; tête en partie nue, ainsi que le devant du cou ; le plus souvent crête charnue qui surmonte la tête, et prolongements de même nature sous le bec ; ailes arrondies, concaves, obtuses ; queue généralement verticale, à pennes très-larges, garnie souvent sur ses côtés de deux plumes pendant en arc ; tarses scutellés, armés d'éperons arqués et aigus. Le genre coq renferme une douzaine d'espèces, toutes de l'Inde et de l'archipel Indien. « L'espèce la plus vulgaire est le coq de basse-cour. Le mâle se nomme proprement *coq,* la femelle *poule,* les jeunes *poulets* et *poulettes,* et les tout petits *poussins.* Privé de la faculté de se reproduire, le coq reçoit le nom de *chapon,* et la poule celui de *chaponne.* Il présente les variétés et espèces suivantes, qui se trouvent à l'état domestique ou dans la nature. Le *coq agate,* variété dans la race des coqs et poules huppés dont la couleur imite celle de l'agate ; le *coq alas,* variété du coq bankiva, qui habite la Malaisie ; le *coq ardoisé,* coq huppé, couleur d'ardoise ; le *coq argenté,* coq huppé dont le plumage offre des taches régulièrement distribuées et d'un blanc très-vif ; le *coq bankiva,* qui habite à l'état sauvage les grandes forêts de l'île de Java, et que l'on croit être une sous-variété du coq bantam ; le *coq bantam,* jolie variété dont les pieds sont couverts de plumes jusqu'à la naissance des doigts, mais du côté extérieur seulement ; le *coq de bois d'Écosse,* la gelinotte de l'Écosse ; le *coq de Bresse,* race de coqs qui fournit d'excellents chapons ; le *coq de Bruyère,* le tétras ; le *coq de Camboge,* race qui n'est pas plus grosse que le poulet ordinaire, mais dont les pieds sont si courts que les ailes traînent à terre ; le *coq doré,* variété de coq huppé dont les taches brillent au soleil comme de l'or ; le *coq à duvet du Japon,* coq dont les plumes ont l'apparence de duvet ou plutôt de poils, et que l'on nomme aussi coq porte-poil ; c'est à cette race, qui habite la Chine et le Japon, qu'appartenait l'individu que l'on montrait du temps de Buffon, à Bruxelles, comme le produit monstrueux d'une poule et d'un lapin ; le *coq frisé,* race qui a toutes ses plumes retournées en haut et comme frisées ; le *coq huppé,* race dont les plumes du sommet de la tête sont plus longues que les autres, et qui, par leur réunion, forment une touffe ou huppe à couleurs et à formes très-variables ; le *coq ignicolor,* coq qui diffère de tous les précédents, 1° en ce qu'au lieu de crête, sa tête est ornée d'un gros faisceau de plumes dont la tige est constamment droite, déliée et garnie seulement à l'extrémité de barbes décomposées et toujours disposées en forme d'éventail ; 2° en ce qu'il a une membrane épaisse et de couleur violette, laquelle part des narines, couvre entièrement les côtés de la tête et se prolonge un peu au delà des joues, où elle finit en pointe vers le coin du bec; le *coq d'Inde*, le dindon; le *coq jago*, que l'on trouve dans la partie occidentale de Java et que l'on peut regarder comme la race géante dans l'espèce du coq; le *coq de Java*, singulière race qui tient du coq ordinaire et du dindon; le *coq nain d'Angleterre*, coq très-petit que l'on a surtout multiplié en Angleterre et dont la poule est très-féconde; le *coq nain de France*, race moins petite que la précédente, dont les pieds sont très-courts et les œufs pas plus gros que ceux de pigeon; le *coq nain pattu*, jolie petite variété de la taille du pigeon; le *coq nègre*, coq originaire de l'Inde, à crête et appendices d'un violet noirâtre, à crête et à périoste totalement noirs; le *coq pattu*, dont les pattes sont couvertes de plumes et que l'on rencontre surtout en France et en Angleterre; le *coq de roche*, espèce de manakin; le *coq sonnerat*, race sauvage qui habite l'Inde méridionale et dont la poule n'a ni crête sur la tête ni membranes charnues et pendantes sous la gorge. » La plus intéressante de toutes ces espèces est le coq domestique.

COQ-A-L'ANE. — Discours sans suite, passant d'un sujet à un autre et ne faisant plus dans l'ensemble qu'une chose niaise et ridicule. Ménage dit que Marot a inventé l'expression de coq-à-l'âne en donnant ce titre à une de ses épîtres. D'autres prétendent que le mot vient d'une vieille fable où l'on introduisait un *coq* raisonnant avec un *âne*. Comme cette fiction n'avait pas le sens commun, on a nommé *coq-à-l'âne* tous les raisonnements absurdes.

COQUELUCHE (pathologie). — Le mot de *coqueluche* n'a pas toujours eu la signification que nous lui donnons aujourd'hui; au quinzième siècle, on désigna sous ce nom une espèce de catarrhe épidémique, dont la description, donnée par Valleriola, se rapporte à la *grippe*. Les médecins grecs et arabes n'en font pas mention.

Suivant M. Blache, Willis est le premier qui, sous la dénomination de *tussis puerorum convulsiva, suffocativa*, ait désigné l'affection qui nous occupe.

Ce n'est qu'à partir du dix-huitième siècle qu'on a décrit la coqueluche comme une maladie distincte, et qu'elle a été dénommée *pertussis* (Sydenham), *bronchitis convulsion* (Bourdet), affection *pneumo-gastro-pituiteuse* (Tourtelle), *broncho-céphalite* (Desruelles), *catarrhe convulsif* (Laënnec), *tussis spasmodica, strangulans*, etc.

L'étymologie du mot *coqueluche* est assez incertaine; les uns le font dériver de coqueluchon, sorte de capuce dont on se couvrait la tête et les épaules lors des épidémies de 1414, 1510, 1557; d'autres croient qu'il provient de l'usage qu'on faisait de la fleur de coquelicot dans cette affection. Pour certains, cette dénomination est due à ce que, pendant les quintes, la respiration sonore imite le chant du coq. Enfin, Cabanis prétend que ce nom viendrait de ce que les épidémies dont nous avons parlé, tenant du rhumatisme, occupaient les muscles du cou, du dos et des épaules en forme de coqueluchon.

La coqueluche est une maladie contagieuse et quelquefois épidémique, caractérisée par une toux convulsive, revenant par quintes fréquentes plus ou moins longues, dans lesquelles les secousses de toux se succèdent coup sur coup avec une grande rapidité et sont suivies d'une inspiration longue, pénible et bruyante que l'on appelle *reprise*.

La coqueluche n'étant jamais par elle-même cause de mort, et cette terminaison funeste n'étant due qu'aux complications qui l'accompagnent, nous n'essayerons pas de décrire les lésions que l'on peut rencontrer à l'autopsie, attendu que nous considérons comme à peu près impossible de les isoler de celles qui appartiennent aux complications de cette maladie.

Causes. — La coqueluche se rencontre presque exclusivement chez les enfants, depuis la naissance jusqu'à la seconde dentition. Ce n'est que dans les épidémies de coqueluche qu'on voit un certain nombre d'adultes et même de vieillards en être atteints.

Les filles paraissent plus disposées à contracter la coqueluche que les garçons. D'après MM. Blache, Trousseau et Constant, cette proportion serait de trois filles pour deux garçons.

Les sujets lymphatiques et nerveux sont plus exposés à être atteints par cette maladie qui règne à la fois dans toutes les classes de la société. Pourtant, elle se développe de préférence chez les enfants qui vivent dans de mauvaises conditions hygiéniques, qui habitent des lieux sombres, humides, et qui n'ont pas les moyens de se vêtir convenablement pour se garantir des rigueurs de la température.

La coqueluche se montre en toute saison et dans tous les climats. Watt affirme qu'elle est plus fréquente et plus grave dans les régions septentrionales. A Paris, on l'observe dans toutes les saisons, mais pourtant un peu plus souvent au printemps et en automne. Ozanam prétend qu'elle ne se montre jamais entre les tropiques.

Tous les auteurs s'accordent à regarder cette affection comme épidémique, et ils en citent de nombreux exemples. On la voit, en effet, envahir un hameau, une ville, une contrée entière, et frapper tous les enfants et souvent tous les habitants indistinctement.

La contagion de la coqueluche en un fait parfaitement démontré et qui a été prouvé surabondamment par les observations de MM. Rostan, Dugès, Blache, Guersent, Trousseau et Tavernier. La nature du principe contagieux n'est pas parfaitement établie. D'après Hœussler, il tiendrait le milieu entre les principes contagieux fixes et ceux qui sont volatils; suivant lui, ce principe ne s'exhalerait et ne se communiquerait que dans la troisième période de la maladie. M. Guersent dit que, pour que la transmission contagieuse ait lieu, il faut que les enfants soient assez près les uns des autres pour qu'ils puissent recevoir les émanations de leur haleine. Les faits cités par les auteurs semblent prouver que cette circonstance n'est pas indispensable. Si l'on en croit Rosen, la contagion pourrait être transmise par les vêtements d'une personne en allant d'une maison dans une autre; il cite un fait qui tend à prouver qu'il aurait lui-même transporté le principe contagieux. C'est ordinairement de trois à six jours après qu'on s'est exposé à l'infection que la toux commence à se développer, et que la coqueluche se déclare.

Symptômes et marche. — La coqueluche offre trois périodes le plus souvent distinctes.

Première période (période catarrhale, bronchique ou inflammatoire). — Ordinairement la coqueluche débute comme un rhume simple : l'enfant offre des alternatives de chaleur et de froid; il est triste, abattu et assoupi; ses yeux sont rouges et larmoyants; la face est bouffie; il y a des éternuments fréquents, tous les signes enfin du coryza; la toux est sèche, plus ou moins fréquente, et revient par quintes, mais *sans reprise*; la voix est légèrement enrouée; la fièvre est le plus souvent peu marquée, et ne paraît que le soir; le sommeil est troublé, et l'appétit à peu près nul.

Cette période, pendant laquelle on pourrait croire à l'invasion d'une rougeole ou de quelque autre fièvre éruptive, dure de sept à quinze jours, et l'on arrive ensuite à la période caractéristique de la coqueluche.

Deuxième période (période convulsive, spasmodique, nerveuse des auteurs). — La toux, primitivement catarrhale, devient convulsive, et prend peu à peu le caractère spécial dont nous avons parlé. Elle est d'abord sèche, bruyante, bien différente de la toux du catarrhe, et très-fréquente. Elle dure ainsi pendant quelques jours, et les quintes de coqueluche apparaissent; celles-ci sont généralement plus fréquentes la nuit que le jour. L'approche de chaque quinte fait éprouver une espèce de picotement ou de chatouillement vers le larynx qui sollicite à tousser. En vain le malade essaye-t-il de retenir sa respiration; il ne réussit qu'à retarder la quinte de quelques instants. Tout à coup la toux fait explosion, elle est aiguë, forte, saccadée, suivie d'une inspiration bruyante *(reprise)*, après laquelle viennent d'autres efforts et une nouvelle inspiration sifflante, ce qui se répète souvent jusqu'à la pâmoison des malades. Ils tombent abattus, vomissent assez souvent, et restent quelquefois un instant sans connaissance.

Lorsque la coqueluche est bien établie, les enfants pressentent l'arrivée de l'accès de toux convulsive; ils paraissent comme saisis d'effroi, et se mettent quelquefois à pleurer. Au moment où la quinte survient, ils s'accrochent aux personnes et aux corps qui les environnent; la nuit, ils se mettent sur leur séant; aussitôt les secousses de toux se succèdent coup sur coup, presque sans intervalle, et à ce point que l'inspiration est impossible, et la suffocation paraît imminente. La face est gonflée, rouge, violette même; les yeux larmoyants et saillants hors de l'orbite. On voit battre avec force les artères superficielles; les veines du cou sont distendues et tous les capillaires injectés. Il n'est pas rare, pendant les accès, de voir le sang jaillir par le nez, par la bouche ou par les oreilles. Nous avons observé un cas dans lequel l'enfant versait des *larmes sanglantes.* Ces hémorrhagies sont quelquefois fort dangereuses, et peuvent, par leur abondance, compromettre la vie des malades.

Pendant les quintes, les enfants ont les membres contractés; le corps, et surtout la face, le cou et les épaules sont couverts d'une sueur froide et abondante; des vomissements ont lieu, et quelquefois l'urine et les matières fécales s'échappent involontairement. Le pouls est petit, concentré, et l'état convulsif, qui paraît spécial aux organes respiratoires, peut se généraliser et donner lieu à de véritables convulsions.

Aux secousses de toux, suivies de l'inspiration sifflante et caractéristique, comparable au chant du coq, succèdent de nouvelles quintes accompagnées des mêmes phénomènes. On observe ainsi deux, trois, quatre et même plusieurs *reprises*, et la quinte se termine par l'expectoration d'un liquide glaireux, filant, incolore, mélangé aux matières muqueuses et alimentaires contenues dans l'estomac.

L'accès peut être constitué par une seule reprise, et alors elle ne dure qu'une minute environ; mais sa durée est le plus souvent de deux à cinq minutes. Les accès se succèdent toutes les heures, quelquefois moins souvent; leur retour peut être régulier ou irrégulier, et reconnaître une cause apparente ou cachée; l'impression du froid, les pleurs, une douleur, un chagrin, la distension de l'estomac, la respiration d'un air trop sec ou chargé de matières irritantes ou pulvérulentes, rappellent les quintes.

Dans l'intervalle des accès, il n'y a que peu ou point de fièvre, et les enfants conservent le plus souvent leur gaieté et leurs forces; cependant, si les quintes sont très-rapprochées, les malades sont pâles, tristes et affaiblis.

Cette seconde période n'a pas de durée fixe; elle varie de quelques semaines à plusieurs mois.

Troisième période (période de déclin). — Les quintes diminuent de fréquence et d'intensité, et les secousses de toux sont moins violentes. Les inspirations sont plus faciles, et le sifflement qui les accompagne s'affaiblit peu à peu. Les vomissements cessent; l'on n'observe plus après la quinte qu'une expectoration de mucosités opaques, jaunâtres, analogues aux crachats qui caractérisent la période de coction de la bronchite. A cette dernière période, la coqueluche paraît prendre les symptômes de déclin de la bronchite. Cependant une cause active, telle qu'une peur, une douleur vive, la colère, peut ramener un accès convulsif, alors même que le malade paraissait débarrassé depuis quelque temps de toute quinte. Cette troisième période dure de huit à dix jours à quelques mois.

La durée est, on le voit, difficile à préciser, elle varie entre quelques jours et plusieurs mois; elle se prolonge quelquefois pendant cinq à six mois; on l'a même vue durer pendant deux ans.

La question des récidives n'est point encore résolue. M. Trousseau cite plusieurs enfants qui furent repris de toux convulsive après deux et trois mois de guérison complète; mais il se demande si ce sont là de véritables récidives ou de simples rechutes. Ce professeur, n'osant pas trancher la difficulté, reste dans le doute. La plupart des auteurs ne font mention des récidives de la coqueluche que pour les récuser. Cependant, d'après M. Blache, des faits avérés, quoiqu'en petit nombre, prouvent que cette maladie peut se déclarer deux fois chez le même individu.

Diagnostic. — Le diagnostic de la coqueluche est facile à établir, d'après les caractères spéciaux de la toux pendant la période convulsive. On ne peut la confondre qu'avec une variété de bronchite, dans laquelle la toux se reproduit par quintes pénibles plus ou moins rapprochées. Mais dans cette espèce de bronchite, la toux diffère de celle de la coqueluche, et n'a point la *reprise bruyante et sonore* de l'inspiration ; le mouvement fébrile est bien caractérisé, ce qui n'a lieu que très-rarement dans la coqueluche ; il n'y a pas de *vomissements* à la suite de la quinte, et l'*expectoration* est à peu près nulle. Constant a signalé, comme devant servir au diagnostic de la coqueluche, que dans la première enfance cette maladie est à peu près la *seule* dans laquelle on observe une expectoration abondante.

Les nosologistes ont admis dans la coqueluche trois variétés qu'il faut distinguer :

1° La coqueluche inflammatoire ou sthénique, caractérisée par de la fièvre intense, de la coloration de la face, de la chaleur à la peau, une soif vive et des hémorrhagies fréquentes ;

2° La coqueluche muqueuse ou catarrhale, qui présente peu de fièvre, mais des embarras gastriques, de l'anorexie, une langue jaunâtre et des vomissements fréquents et abondants de matières muqueuses ou bilieuses ;

3° La coqueluche nerveuse ou spasmodique, dans laquelle les phénomènes convulsifs sont portés au plus haut degré.

Nature de la coqueluche. — Les auteurs ne sont pas d'accord sur ce point. Les uns, avec M. Desruelles, pensent que la coqueluche est une bronchite compliquée d'irritation encéphalique. D'autres regardent la bronchite et la coqueluche comme deux affections identiques, tandis que quelques-uns admettent qu'elle n'est qu'une variété du catarrhe. M. Guersent pense que c'est une inflammation spécifique des bronches avec lésion de l'innervation dans l'appareil pulmonaire. M. Blache, et nous nous rangeons à son avis, considère la coqueluche comme une névrose dont le siège est à la fois dans la membrane muqueuse des bronches et dans le nerf vague ; névrose très-souvent compliquée de bronchite et de pneumonie, mais pouvant exister sans ces complications ; et comme toutes les névroses, la coqueluche n'a pas de caractère anatomique appréciable.

Pronostic. — La coqueluche, ainsi que nous l'avons déjà dit, n'est pas par elle-même une affection grave chez un enfant habituellement bien portant ; mais si elle survient chez un sujet très-jeune, faible et de mauvaise constitution, on devra être réservé dans le pronostic.

Les *complications* de la coqueluche en constituent le plus souvent tout le danger. Ces complications sont nombreuses. On les rapporte à trois ordres différents,

dont chacun est en rapport avec l'un des trois éléments qui se rencontrent dans toutes ou presque toutes les coqueluches. Ainsi on rattache : 1° à l'élément nerveux, qui donne à la maladie son caractère constant et distinctif, les accidents nerveux qui s'observent dans son cours, tels que le délire, une agitation extrême, des convulsions, de l'éclampsie ; 2° à l'élément catarrhal, qui est presque constant, les affections catarrhales, telles que le catarrhe bronchique, la diarrhée ; 3° à l'élément phlegmasique, moins habituel et moins développé que les deux premiers, les diverses phlegmasies qu'on observe dans cette affection, telles que la pneumonie, et quelquefois, mais plus rarement, des méningites et des entérites.

Traitement. — Quelque grand que soit le nombre des médicaments vantés comme spécifiques de la coqueluche, il faut bien dire que cette maladie est une des plus rebelles aux traitements qu'on lui oppose. Nous allons passer en revue les différentes médications usitées dans cette affection, en fixant l'attention sur celles qui paraissent mériter le plus de confiance.

Parlons d'abord des *soins généraux.* — Au moment où la quinte a lieu, il faut employer toutes les précautions propres à la rendre moins fatigante, surtout chez les enfants. Si ceux-ci sont couchés, il faut se hâter de les faire asseoir sur leur lit, sous peine de les exposer à mourir de suffocation, ainsi que cela fut sur le point d'arriver à un enfant de cinq mois observé par M. Guersent. Pendant toute la durée de la quinte, il faut soutenir la tête des petits malades, en inclinant la face en bas, pour que les mucosités s'échappent facilement de la bouche aussitôt qu'elles sortent des voies aériennes, et afin de faciliter le vomissement, s'il a lieu. S'il est possible de faire avaler quelques gorgées d'une boisson adoucissante, ou même d'eau fraîche, ce moyen abrège ordinairement la durée de l'accès. Si des mucosités visqueuses s'écoulent en abondance dans la bouche, il faut les retirer avec le doigt.

Les soins hygiéniques sont très-importants ; le plus essentiel de tous est le changement d'air ; souvent, alors, on voit une amélioration suivre de très-près le déplacement de la ville à la campagne, ou de la campagne à la ville. M. Roche pense que les malades vicient l'air qu'ils respirent et le chargent de miasmes contagieux qui doivent imprégner les vêtements ; aussi conseille-t-il le déplacement d'un lieu à un autre, le changement de vêtements et la purification de l'air.

Les vêtements de flanelle sont toujours utiles, et la température à entretenir autour des malades doit être modérée.

Première période. — On se bornera, au début, à l'emploi de boissons chaudes, mucilagineuses, à juleps gommeux additionnés d'une faible dose de sirop diacode ; s'il y a de la céphalalgie ou des signes de congestion cérébrale, on emploiera les révulsifs aux extrémités, tels que pédiluves et cataplasmes sinapisés. On combattra la constipation avec des lavements émollients et même de légers laxatifs, comme le sirop de roses pâles, le sirop de chicorée, la manne en larmes, l'huile de ricin ; il faudra soustraire l'enfant à l'action du froid et de l'humidité, et modérer l'alimentation, qui devra consister seulement en bouillons et potages.

Les émissions sanguines sont inutiles et même dangereuses dans les cas ordinaires ; pourtant, elles offrent quelques avantages chez les enfants très-vigoureux. On devra donc les mettre en usage lorsque, chez les malades robustes, il se présentera, au début, de la fièvre forte, de la rougeur de la face et de la tendance aux congestions cérébrales ou à un engouement pulmonaire.

Il est à peu près impossible de s'opposer au développement de la coqueluche lorsqu'elle est déclarée. Ce qu'il faut surveiller et ce qu'on peut prévenir, dans la majorité des cas, ce sont les complications ; dès qu'elles se manifestent, on ne doit pas hésiter de les combattre par les moyens les plus énergiques. Si, dans cette période, on a observé du dégoût pour les aliments, si la langue est saburrale, on donnera un vomitif aux enfants ; on choisira de préférence la poudre d'ipécacuanha, qu'on administrera à la dose de 30 centigrammes à 1 gramme, selon l'âge des enfants, en suspension dans du sirop, que l'on fait prendre à trois ou quatre reprises, de dix en dix minutes.

Deuxième période. — Quand la coqueluche est modérée, il est inutile de rien changer à la médication que nous venons d'indiquer. Un julep gommeux additionné de sirop diacode, un looch blanc, des lavements émollients ou laxatifs et un ou deux vomitifs, constitueront le traitement à suivre. La congestion du sang au cerveau sera combattue par des cataplasmes sinapisés aux extrémités et des compresses d'eau fraîche appliquées sur le front.

Il est bien entendu que, pour cette période comme pour les autres, quelles que soient la constitution régnante et la saison, les complications de la coqueluche devront être traitées par les moyens appropriés.

Mais, en l'absence de toute complication, la coqueluche peut persister opiniâtrément et conserver son caractère convulsif. Les moyens qu'on lui oppose sont les émissions sanguines, les vomitifs, les purgatifs, les sédatifs et antispasmodiques.

Les *émissions sanguines* sont, avons-nous dit, d'un usage fort restreint, et l'on ne devra y avoir recours que chez les sujets robustes et vigoureux et dans la forme inflammatoire.

Les *vomitifs* sont d'un usage fort répandu, et ils méritent les éloges qu'on leur a accordés. Ces évacuants, dit M. Guersant, éloignent et diminuent les quintes, lorsque surtout la sécrétion des mucosités est très-abondante et obstrue les bronches. Les petits enfants supportent très-bien les vomitifs. L'état pléthorique des malades et la tendance aux congestions cérébrales contre-indiquent l'emploi de ce moyen.

Si l'on emploie les vomitifs, l'on administrera l'ipécacuanha, ainsi que nous l'avons indiqué plus haut, le tartre stibié à la dose de 5 centigrammes

dans une potion de 60 à 90 grammes, que l'on fera prendre par cuillerées, de dix en dix minutes, jusqu'à ce qu'on ait obtenu plusieurs vomissements.

Parmi les *purgatifs*, on donnera la préférence au calomel, que l'on regarde comme évacuant et comme antiphlogistique, en même temps qu'il a, selon les Anglais, la propriété de modifier la sécrétion des muqueuses et de faciliter l'expectoration ; on emploiera encore la manne, la rhubarbe et divers sels cathartiques, soit à titre de révulsifs, soit pour combattre la constipation. Les purgatifs ne procurent pas les mêmes avantages que les vomitifs ; mais, seuls ou combinés avec ces derniers, ils ne laissent pas que d'être utiles.

Dans les *sédatifs*, les médecins anciens accordaient une grande confiance à *l'opium* dans le traitement de la coqueluche ; mais on a reconnu que les opiacés, outre qu'ils n'avaient pas une efficacité bien avérée, favorisaient les congestions cérébrales et pulmonaires, anéantissaient les malades, et diminuaient l'expectoration. Pourtant l'opium à très-faible dose et associé aux antispasmodiques ou à la belladone, peut être utile chez les sujets nerveux et lorsque la forme convulsive est très-caractérisée ; mais il faut s'en abstenir lorsque la fièvre est intense et que la disposition pléthorique est prononcée.

La *belladone* est vantée outre mesure par les Allemands, qui la regardent comme le spécifique de la coqueluche. Elle rend des services pendant la période convulsive, à la condition qu'il n'y a ni congestion cérébrale ni phlegmasie pulmonaire. Laënnec la donnait sous forme d'extrait, de dix à vingt-cinq milligrammes. MM. Guersent, Blache et Baron prescrivent aussi la belladone à doses progressives jusqu'à ce qu'ils obtiennent des symptômes de narcotisme. M. Trousseau associe l'opium et la valériane à la belladone à cause de l'insomnie que produit souvent cette dernière substance : on l'a aussi employée avec succès en fumigations pulmonaires au moyen d'un appareil approprié.

La *ciguë*, sans mériter la valeur que certains médecins attachent à son emploi, est administrée avec la belladone et l'oxyde de zinc par M. Guersent, qui paraît avoir dans ce mélange une grande confiance.

La jusquiame, le datura, la thridace, l'eau de laurier-cerise ont également été conseillés dans la seconde période de la coqueluche, et ont obtenu des succès plus ou moins évidents.

Les *antispasmodiques* ont presque tous été employés à tour de rôle dans l'affection qui nous occupe. Ceux auxquels on doit attacher quelque valeur sont le musc, le castoréum, le sirop d'éther, l'assa-fœtida, l'oxyde de zinc ; le musc surtout a quelquefois réussi chez les sujets nerveux ; le musc artificiel (mélange d'acide nitrique concentré et d'huile d'ambre) semblerait préférable au musc même, si souvent sophistiqué à cause de son prix élevé.

M. Guersent recommande l'oxyde de zinc, qu'il a vu réussir chez les jeunes enfants, à très-faible dose.

On a aussi employé avec succès, dans certains cas, un moyen qui réussit assez souvent dans le catarrhe suffocant : la respiration des vapeurs éthérées. M. Bell se loue beaucoup des résultats obtenus en répandant un peu d'éther sur les vêtements du malade au plus fort des accès. Les fumigations, moyen auquel nous accordons une grande importance, et dont nous aurons à indiquer plus tard le manuel opératoire et le mode d'action dans les affections des organes de la respiration, ont été appliquées au traitement de la coqueluche et le plus souvent avec bonheur. On se sert d'un mélange d'oliban, de benjoin, de styrax, de fleurs de lavande, etc. ; ces substances peuvent être employées seules ou réunies ensemble.

On peut encore donner à l'intérieur quelques cuillerées d'un julep de 50 à 60 grammes, additionné de cinq à six gouttes d'ammoniaque liquide; cette préparation sert à calmer la suffocation due aux quintes de toux. On peut aussi pratiquer rapidement avec un pinceau de charpie, trempé dans l'ammoniaque, la cautérisation du palais ou du pharynx; ce moyen dissipe les accidents nerveux de la coqueluche, comme elle fait cesser les suffocations de l'asthme.

Les bains tièdes, surtout quand les symptômes nerveux dominent, diminuent les quintes et produisent du sommeil. Dans les cas de complication phlegmasique, on devra s'en abstenir.

Les *révulsifs* ne nous paraissent pas mériter grande faveur; ceux qu'on emploie le plus ordinairement sont la pommade d'Autenrieth et l'essence de térébenthine. Pour nous, nous accordons la préférence au baume révulsif d'Hoffmann. Cette préparation, fort usitée en Allemagne, agit activement, sans trop de douleur et sans entamer la peau.

Troisième période.—A cette période de déclin, on supprimera les émollients et on les remplacera par les toniques et les amers; on donnera une décoction légère de lichen, de petite centaurée, de gentiane, de quinquina. On rendra graduellement l'alimentation de plus en plus fortifiante; car la plupart des enfants se trouvent en ce moment dans un état de débilité souvent très-prononcé.

Les *soins hygiéniques et prophylactiques* consistent à préserver les enfants du froid et de l'humidité. On fera porter des vêtements de flanelle, surtout en automne et en hiver, et on exécutera chez les enfants faibles des frictions sèches. Le changement d'air, comme nous l'avons dit, est une des conditions les plus favorables pour faire disparaître complètement la toux.

Le seul préservatif de la coqueluche, c'est l'isolement. Il faut donc soustraire les enfants à l'influence de toutes les conditions qui déterminent ou favorisent la transmission du mal. La vaccination, conseillée pour prévenir cette maladie, n'atteint pas ce but; tout au plus en diminue-t-elle la durée.

Docteur DESPARQUETS.

COQUILLE (zoologie). — Enveloppe du corps d'un mollusque destinée à le protéger ou à le soutenir. (Voy. *Conchyliologie* et *Mollusque*.)

Les coquilles sont *univalves* (d'une seule pièce), *bivalves* (deux valves) et *multivalves* (plus de deux valves). On les distingue encore en *terrestres, fluviales* et *marines*.

Voici quelques exemples, avec l'explication des objets qu'ils représente.

Fig. 58. — Coquille du *peigne*. B. BASE, partie la plus saillante, opposée au sommet. — C. VENTRE, partie la plus remplie de la coquille; dans les univalves spirales, elle est formée par le dernier tour, et souvent opposée à l'ouverture.—K. OREILLETTES.

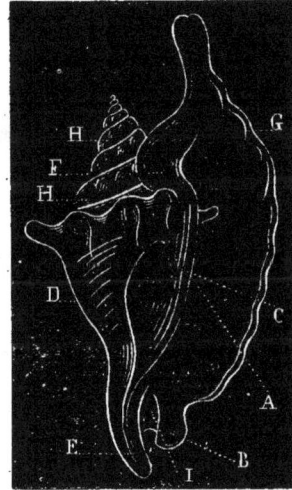

Fig. 59. — COQUILLE STROMBE. Anatomie de ce mollusque. — A. BOUCHE. — B. BASE. — C. VENTRE. — D. DOS. — E. COLUMELLE, partie centrale des univalves spirales, qui enveloppe l'axe longitudinal de ces coquilles. — F. LÈVRE DROITE, bord extérieur de l'ouverture des coquilles spirales. — G. LÈVRE GAUCHE, bord de l'ouverture des univalves spirales, qui s'appuie sur la columelle, et qui est opposé au bord droit. — H. TOURS DE LA SPIRE. Dans toutes les univalves spirales, la cavité qui contient l'animal étant un cône, plus ou moins allongé, contourné lui-même en spirale, l'ensemble des tours de la coquille forme la spire indiquée ici. — I. CANAL; lorsqu'il existe, c'est une gouttière particulière, plus ou moins fermée, qui se prolonge en queue à la base de la coquille.

COR (musique) [du latin *cornu*, de l'allemand *horn*]. — Instrument à vent, en cuivre et à embouchure.

Si le violon est appelé le roi des instruments, le cor, il nous semble, pourrait à juste titre lui disputer ce droit en partage parmi les instruments à vent. En effet, quoi de plus suave, de plus doux que les sons mélodieux du cor ?

Comme beaucoup d'instruments, le cor est fort ancien ; il serait même difficile de préciser l'époque de son origine. Ce que l'on peut supposer, c'est qu'il était en usage dans l'antiquité ; sa forme était différente, et il ne donnait que quelques notes. Ce qui laisserait penser ce que nous avançons, c'est que les Hébreux soufflaient dans des tubes en forme de trompe, précédant David, qui faisait vibrer sa harpe éolienne.

Le cor est de forme spirale, composé de tubes en cuivre, soudés bout à bout, qui vont en s'élargissant jusqu'au pavillon, dont le diamètre est de vingt centimètres environ, et qui sert à introduire la main pour modifier les sons. Par ce moyen, les tons que l'on obtient sont beaucoup moins éclatants que les tons naturels de l'instrument, et se nomment tons bouchés.

Plus on lâche les lèvres, plus le son est grave ; plus on les serre, plus le son est aigu [1].

Le cor ne commença véritablement à se perfectionner que vers le milieu du siècle dernier ; aujourd'hui nous pensons qu'il est arrivé à son apogée.

Toute la musique pour le cor s'écrit sur la clef de *sol*, on l'écrit aussi sur la clef de *fa* pour les notes graves.

Le son naturel le plus grave d'un cor en *ut* est le *sol*, le même que rend la corde filée du violoncelle, et donne quatre octaves.

Les compositeurs indiquent toujours le ton dans lequel les cors doivent jouer.

Les tons sont au nombre de neuf, qui sont : *ut*, *ré*, *mi* bémol, *mi* naturel, *fa*, *sol*, *la* bémol, *la* naturel, *si* bémol. Il y a encore deux autres tons très-peu en usage, qui sont : le premier, *si* bémol bas. Ce ton a été indiqué dans un opéra de M. Auber : nous croyons que c'est dans *le Dieu et la Bayadère*. Le second, est le *si* naturel bas, écrit par M. Meyerbeer seulement.

Il y a des cors à pistons ; ce procédé ne saurait remplir ni remplacer le cor d'harmonie à corps de rechange. Cependant, quelques artistes en font usage ; mais il ne peut être employé que dans la musique légère.

Nous devons, dans notre impartialité, citer les noms de quelques artistes cornistes, dont le talent est hors ligne, ce sont : MM. Mingal, Dauprat, Mohr (Jean), Gallay, Bernard (feu), Rousselot, Baneru, Alary, etc.

Cor de chasse ou trompe de chasse. — Cet instrument est beaucoup plus grand que le cor d'harmonie. Il est d'une seule pièce, sans corps de rechange. Il se joue sans le secours de la main dans le pavillon ; par conséquent tous les tons sont ouverts. Le son est

plus strident. L'un des plus renommés comme sonneur de trompe était, il y a quelques années, M. Tellier, qui fut le professeur du duc de Berry et de plusieurs grands personnages.

Cor anglais. — Instrument à anche double, de la famille du hautbois ; il en a la forme à peu près, moins les clefs, mais dans des proportions plus grandes. Il est recourbé à son pavillon, qui se termine en forme d'un œuf au lieu d'être évasé. Il donne une quinte au-dessous du hautbois, et, par conséquent, tient la même place que l'alto parmi les violons. Son diapason est de deux octaves, qui commencent au troisième *fa* grave du piano. La musique, pour cet instrument, s'écrit sur les clefs de *fa* quatrième ligne, d'*ut* deuxième et quatrième ligne. Les Italiens le nomment *voce umana*, voix humaine.

Il y a encore le *cor de Basset*, instrument à bec et à anche simple, du genre de la clarinette, et qui est à celle-ci ce que le cor anglais est au hautbois. Cet instrument est peu en usage, même en Allemagne, où il fut inventé. — Voy. *Cornet à piston*. GIEUL.

CORAIL (zoologie) [du grec *koraillion*]. — Polypier fixe, à rameaux, pris longtemps pour un arbrisseau marin ; d'un beau rouge, soit incarnat, soit rosé ; d'une consistance pierreuse assez fine et pouvant recevoir un beau poli ; inaltérable à l'air et composé de carbonate de chaux, de matière animale en assez grande quantité et d'un peu de phosphate de chaux.

C'est la plus belle production de la nature sous-marine. Ressemblant à un petit arbre dépouillé de ses feuilles, sans autre racine qu'une espèce de calotte un peu convexe qui s'attache fortement aux rochers ou autres objets qu'elle rencontre, et qui ne contribue en rien à son accroissement, on le trouve toujours renversé en opposition aux arbrisseaux terrestres ; du reste, enveloppé d'une espèce de réseau animal et cartilagineux, d'une contexture assez tendre dans la mer, mais durcissant à l'air.

Le corail proprement dit, quelque apparence qu'il offre, n'est que le produit de la sécrétion d'un polype particulier, dont les tentacules, ressortant souvent en forme de fleurs, ont fait longtemps hésiter sur sa nature végétale ou animale.

La patrie du corail, tel que nous venons de le décrire, est, sans contredit, l'immense littoral de la Méditerranée et principalement nos côtes d'Afrique ; car les noms de *récifs de corail* donnés par les navigateurs aux endroits tristement célèbres par de nombreux naufrages dans toutes les mers, ne s'appliquent nullement à la production dont nous parlons. Ces bancs, ainsi faussement désignés, sont formés de madrépores agglomérés en masses considérables, qui, aidées du temps, produisent insensiblement ces redoutables écueils destinés à former de nouveaux continents.

Le corail, dont la production assez lente est en raison du plus ou du moins de profondeur de ses gisements, se pêche abondamment, tantôt par de hardis plongeurs qui vont le cueillir à la main, tantôt au moyen d'une espèce de drague nommée *sa-*

---

[1] Lâcher les lèvres, c'est allonger sur l'embouchure ; serrer les lèvres, c'est les appuyer fortement sur l'embouchure et sur les dents.

labre, construite en bois ou en fer, en forme de croix de Saint-André, à chaque branche de laquelle est attachée une poche ou filet qui reçoit le corail, arraché par des chocs réitérés aux bords et dans les creux de rochers. Ce mode de pêche, pratiqué sans progrès depuis longtemps, en laisse perdre beaucoup, outre qu'il brise les plus beaux morceaux en les accrochant dans les endroits faibles. Pourquoi n'essayerait-on pas d'employer pour cette pêche précieuse le bateau sous-marin, si bien perfectionné par MM. Payerne et Lamiral ?

Cet ingénieux appareil, qui simplifierait et faciliterait ce travail pénible, permettrait de cueillir le corail avec choix, sans fracture aucune, et empêcherait la dévastation de bancs nouvellement formés, immense préjudice porté à l'avenir.

En effet, tous les naturalistes et les pêcheurs sont d'accord sur l'accroissement et l'acclimatation de ces zoophytes producteurs en tout lieu, pourvu que ce soit dans les mêmes eaux, et nous croyons la *coraillliculture* presque aussi facile à pratiquer que la pisciculture.

En 1754, lord Ellis constata que le polype du corail possédait un ovaire rempli de petits œufs plus ou moins prêts à éclore. Tous ces œufs étaient attachés ensemble par une espèce de cordon ombilical, tenant encore à la partie postérieure du polype; les plus avancés se détachèrent du cordon, s'étendirent en perdant la forme sphérique qu'ils avaient, pour devenir semblables à des vers auxquels il poussa à l'instant de petites griffes ou tentacules, qu'ils agitèrent de la même manière que les polypes adultes. Or, il est évident que cette *pratique*, basée sur ces observations et aidée de celles employées en pisciculture, pourrait arriver à d'excellents résultats pour la propagation des polypiers corailleurs.

En mars 1856, M. Focillon présentait à la Société d'acclimatation un rapport tendant à l'exploitation en règle des bancs anciens et naturels, et, de plus, à la *création* de bancs artificiels, placés dans les conditions les plus favorables pour opérer une récolte sûre et facile.

On sait déjà par des observations, quoique encore incomplètes par les difficultés qu'elles ont présentées, qu'à 7 à 8 mètres de profondeur, le corail nouveau est dans de bonnes conditions de grosseur et de grandeur au bout de huit à neuf ans, tandis qu'il faut de vingt-cinq à quarante ans pour la pousse de celui situé dans des profondeurs de 39 à 50 mètres et au-dessous.

Nos côtes d'Afrique (Algérie), dans les parages d'Oran, de Bone et surtout de la Calle, se prêteraient facilement à cette exploitation; on pourrait, d'ailleurs, faire préalablement des essais sur les côtes déjà corailleuses de Marseille pour avoir moins de difficultés. Ces essais, dirigés par d'habiles acclimateurs, seraient tentés par des pêcheurs et des plongeurs français, dont l'intelligence aurait bientôt dompté la concurrence faite par les grossiers moyens des pêcheurs étrangers, qui trouvent cependant encore le moyen d'y faire de beaux bénéfices.

L'élevage, l'entretien et le cueillage de nos bancs corailleurs naturels et artificiels, outre les avantages financiers qu'on en retirerait, nous formeraient une pépinière d'habiles explorateurs de la mer, habitués à se servir du bateau sous-marin, et qui pourraient rendre d'immenses services pour la défense des côtes et le sauvetage des navires échoués, en même temps que cette industrie triple rétablirait en France le monopole du corail, exploité aujourd'hui presque exclusivement par les Napolitains et les Maltais, qui en pêchent pour près de 3 millions par an, lesquels leur rapportent 10 millions sur les marchés italiens, ce qui serait parfaitement ridicule si ce n'était triste pour notre commerce.

La consommation du corail, assez restreinte chez nous à cause de sa cherté, prendrait un accroissement qui égalerait bientôt son immense débouché aux Indes et dans tous les pays orientaux; car, employé en parure, c'est peut-être la seule pierre précieuse, après le diamant, convenant à toutes les carnations, quoique plus spécialement aux brunes. La main-d'œuvre pour sa taille en perles unies ou facettées, étant excessivement bon marché, en permettrait l'usage aux classes moyennes aussi désireuses de parures que celles élevées.

Sous le Consulat et l'Empire, et même encore sous la Restauration, le corail d'un beau rouge, taillé à facettes, fut en grande faveur et était le seul estimé. On en fit des garnitures de peignes, des bracelets, des colliers, des boucles d'oreille, des agrafes de ceinture, des croix, etc., etc.; puis la mode en passa et il devint à vil prix. Dix à quinze ans après, on essaya de le faire reprendre, on en fit des camées pour broches, bracelets, boucles d'oreilles et épingles, qui se vendirent assez cher; mais l'imperfection de leur travail, dès le commencement de leur apparition, les fit bientôt abandonner. Le corail retomba encore en oubli, et on ne s'en occupa plus que pour l'exportation. Depuis un an, cependant, il semble vouloir rentrer en faveur; mais le goût épuré de nos Parisiennes, ou plutôt la mode, ne l'a adopté que sous une autre forme et une autre nuance. Au lieu du rouge — écume de sang — tant recherché jadis, c'est le rose taillé en boules unies, ce qui le fait ressembler un peu à la perle rose, si rare et si prisée. Les plus petits morceaux de ce corail rose sont montés, dans ces derniers temps, à des prix fabuleux, et tel ouvrage en corail qui n'eût pas valu 50 francs en 1800, à cause de sa pâleur, vaut maintenant 500 francs.

La substance du corail est d'une dureté assez grande, quoique ne résistant pas à la lime. Il se taille et se grave par les mêmes procédés employés pour les pierres précieuses et les coquilles (camées), tantôt en boules, poires ou lentilles facettées ou unies pour nos pays, et pour l'Orient, le plus souvent en demi-boules unies, — nommées gouttes de suif, — il entre dans l'ornementation d'une quantité d'objets divers, tels que pommes de canne, manches de couteau, poignées d'épées, de sabres asiatiques, de poignards, d'yatagans algériens, crosses de fusils et pistolets turcs et arabes. Les musulmans aisés et dévots n'ont pas d'autre substance pour former les grains de leurs chapelets, qu'ils ne quittent jamais, même après leur mort.

On sculpte aussi les plus gros morceaux de corail en forme d'animaux, de fleurs, de main figurant le *jettatore* des Napolitains, en breloques de tout genre, etc.

A l'une des dernières expositions des produits de l'industrie, on a pu voir quelques admirables pièces exécutées en corail, notamment le splendide jeu d'échecs estimé dix mille francs, et dont toutes les figures représentaient l'armée des croisés et celle des Sarrasins. Ce magnifique ouvrage est aussi remarquable par la dimension des morceaux de corail qu'il a fallu réunir à grands frais que par l'irréprochabilité du travail artistique.

Les belles branches ou plutôt les beaux arbres de corail bien conservés avec toutes leurs ramifications sans aucune fracture, possèdent un grand prix et sont fort recherchés pour les cabinets d'amateurs. Si dans leur plus forte grosseur ils atteignent 0,04 centimètres, et 0,40 centimètres en hauteur, que les branches soient gracieusement disposées et d'une belle couleur uniforme, la valeur en est facultative et, par conséquent, excessive. Ces belles branches, d'abord débarrassées de leur écorce membraneuse, sont polies avec du fil de chanvre, du blanc d'œuf et de l'émeri fin.

Quoique la consommation du corail soit bien diminuée en France, nos produits sont tellement recherchés sur les marchés étrangers, qu'on peut encore évaluer à près de six millions de francs la valeur des objets qui y sont fabriqués annuellement. Nul doute qu'une exploitation toute française et bien entendue, exécutée de nos jours avec l'aide de la science appliquée, en faisant baisser le prix de la matière première, n'augmente considérablement et la fabrication et les débouchés.

On nommait autrefois *corail préparé* celui qui, pulvérisé dans un mortier de fer, tamisé et porphyrisé, puis mêlé avec parties égales de nitre et de quinquina, était parfois employé en médecine contre les hémorrhagies de toutes natures.

La science moderne ayant reconnu que son adjonction était d'une inutilité complète, ne s'en sert plus que comme dentifrice. Soumis à quelques expériences chimiques, le corail nous a présenté les phénomènes suivants :

Bouilli dans l'huile d'olive, il perd sa couleur rouge et devient d'un gris jaunâtre qui n'est pas sans agrément.

En dissolution dans les acides étendus, sa substance calcaire est rongée peu à peu sans que sa couleur soit diminuée ; il paraît cependant, étant retiré, beaucoup plus pâle, mais c'est qu'il est recouvert par le précipité calcaire provenant de sa propre substance et qui adhère assez fortement, quoique quelques lavages le fassent disparaître.

Les alcalis ne lui font perdre aucune de ses qualités. Il est donc difficile d'expliquer comment, porté longtemps sur la peau par certaines personnes, on en

a vu perdre de sa couleur et même devenir blanc, à moins d'attribuer cette détérioration à une transpiration d'une nature particulière.

On fabrique un corail artificiel nommé, dans le commerce de bijouterie, fausse *purpurine*. C'est une pâte assez ductile, formée de poudre de marbre cristallin cimentée avec de la colle de poisson et parfois avec une huile très-siccative. La couleur s'obtient au moyen du vermillon de Chine mêlé à un peu de minium de première qualité. Cette imitation du corail, toujours plus foncée et plus terne que son modèle, n'a eu, jusqu'à présent, que peu de succès et n'est pas à la hauteur des autres imitations de pierres précieuses.

On fait aussi un corail artificiel pour l'ornement des grottes de jardins en enduisant de petites branches unies et cylindriques d'un mélange de quatre parties de résine claire et une partie de beau vermillon. Bien réussi, ce travail fait quelquefois illusion, surtout vu à distance.   CH. BARBOT.

CORALLINE (botanique). — Genre de végétaux de la famille des algues, longtemps pris pour des polypiers, et avec quelque raison, car la majorité des espèces offre dans leur décomposition de la gélatine, de l'albumine, du sulfate calcaire, de la magnésie et de l'acide carbonique.

Cette plante, très-rameuse, de couleur verte ou rougeâtre, avec les nuances intermédiaires, est, le plus souvent, à l'état sec, de couleur blanc sale verdâtre, et est très-fragile. On la trouve en touffes plus ou moins fortes et diversement formées sur les rochers avoisinant les différentes mers. Leur construction est très-variée. Les principales espèces sont désignées sous les noms de *vésiculaires, tubulaires, cellifères* et *articulées*.

Les corallines vésiculaires se distinguent par leurs cornes et leurs branches, toujours disposées d'une façon admirable, élégantes, et semblables à celles des plantes terrestres.

Celles dites tubulaires sont composées d'un nombre de tubes simples qui croissent ensemble ; elles sont très-garnies de branches, souvent très-élastiques, et qui s'élargissent un peu à mesure de leur croissance.

Les corallines cellifères sont celles qui se rapprochent le plus des polypiers, surtout par leur structure presque animale et leur composition calcaire faisant effervescence dans les acides.

Enfin les articulées paraissent composées de petites parties d'une matière pierreuse et très-fragile, unies les unes aux autres par une substance dure, mais membraneuse, flexible, et composée de plusieurs petits tubes de même nature, attachés ensemble.

Il est facile de se rendre compte, par une inspection méticuleuse des corallines, que certaines espèces forment le lien intermédiaire entre les végétaux et les animaux, et que les diverses définitions qu'on en a données, et les divers classements qu'elles ont subis ont dû être autorisés par des appréciations d'espèces différentes.

Les admirables travaux de Tournefort, de Peyssonnel, de lord Ellis, de Marsigli ; les recherches de

Lamouroux, de Lamarck, du célèbre Cuvier, presque tous contradictoires, ont dû laisser longtemps la question indécise.

Cependant les dernières observations de savants allemands et italiens, et particulièrement de Kützing et Decaisne, ont tranché dans le vif en constatant que les corallines devaient enfin être rangées dans la classe des végétaux.

Toutes ces plantes tiennent aux rochers au moyen d'une espèce d'empâtement assez étendu parfois, et qui a l'aspect d'un mastic.

Les dix-huit à vingt variétés de corallines ont été fort estimées des anciens, qui leur attribuaient de puissantes vertus vermifuges.

De nos jours, les beaux échantillons ne servent plus qu'à l'ornement des cabinets de curiosités et d'histoire naturelle ; les petits et communs produisent par la combustion et l'incinération une excellente soude, et il n'est plus resté employée en médecine que la coralline de Corse, plus connue sous le nom de *mousse de Corse*.

C'est une espèce de végétal cryptogame, d'une

Fig. 60. — Coralline.

couleur brune, d'une odeur marécageuse et d'une saveur de sel marin.

Cette plante est très-flexible ou très-cassante, suivant l'état de l'air, en raison de sa porosité.

Analysée, elle présente :

Sel marin	92
Gélatine	601
Sulfate calcaire	110
Squelette végétal	108
Fer	5
Magnésie	5
Phosphate calcaire	2
Carbonate calcaire	73
Silice	4
	1,000

La coralline de Corse que vendent les herboristes est un mélange de varecs et de céramions recueillis sur les rochers des côtes de Corse, et qui est employée comme anthelmintique.

M. B. Lunel, dans son excellent *Dictionnaire de la Conservation de l'Homme*, indique la dose de 5 à 20 grammes par 100 grammes d'eau bouillante ou de lait pour combattre les affections vermineuses chez les enfants et les adultes.   Ch. Barbot.

CORBEAU (zoologie) [*corvus*]. — Ce nom ne s'applique pas seulement à l'oiseau qu'on appelle communément ainsi, mais en général à tous les omnivores à bec fort, tranchant, arqué ou crochu à son extrémité, et dont les narines sont recouvertes par les poils qui partent du front et se dirigent en avant.

Ce sont des oiseaux de taille grande ou moyenne, dont le plumage est noir ou blanc, souvent relevé de reflets métalliques éclatants, et dont les ongles et les tarses sont forts et vigoureux. Aussi ne se contentent-ils pas toujours d'insectes, de fruits ou de charognes, ils attaquent souvent d'autres oiseaux ou de petits quadrupèdes et même des lapins et des lièvres. Plus communs dans les contrées septentrionales que dans celles du Midi, ils s'y réunissent en bandes nombreuses, tantôt se promenant dans d'immenses plaines humides où fourmillent les vers et les insectes, tantôt perchés sur les arbres les plus élevés et faisant entendre de là leur voix rauque et criarde, qu'on appelle *croassement*.

La plupart des corbeaux sont voyageurs : comme ils habitent généralement le Nord, les glaces de l'hiver les obligent à gagner les contrées méridionales, où le froid moins rigoureux leur permet de trouver des aliments. La défiance semble faire le fond du caractère de ces oiseaux; jamais ils ne se perchent sans se tourner vers le vent, et sans établir des sentinelles pour les avertir de ce qui se passe autour d'eux. Avec ces précautions et la finesse d'odorat dont ils sont pourvus, il est excessivement rare qu'ils se laissent approcher. Le moyen le plus simple, quand on veut en attraper, est d'épier l'arbre sur lequel ils passent la nuit, et d'aller les y surprendre pendant les ténèbres.

Les corbeaux nichent dans les rochers ou sur les plus hauts arbres, à la bifurcation des dernières branches. Ils pondent six ou sept œufs, que le mâle et la femelle couvent alternativement.

Malgré leur naturel défiant, ces oiseaux se laissent assez aisément apprivoiser et apprennent même à parler. Mais, outre qu'en domesticité ils sont extrêmement sales, et qu'ils perdent la beauté de leur parure, ils ont presque tous la manie de voler et de cacher toutes sortes d'objets, même inutiles ; ils paraissent surtout préférer ce qui a de l'éclat, comme l'argenterie, les pièces de monnaie, etc.

On a divisé les corbeaux en cinq sous-genres : 1° Les corbeaux propres ont la queue ronde ou carrée, et les plumes de la tête lisses ; tels sont le *corbeau vulgaire*, la *corneille*, la *corneille mantelée*, le *freux* et le *choucas*. Le premier est le plus grand des passereaux d'Europe, il a soixante centimètres de long. Tout son corps est d'un beau noir lustré à reflets violets, excepté le bec et les pattes qui sont d'un noir mat, et sa queue est arrondie. Il habite les forêts des montagnes, et ne descend dans les plaines que lorsqu'il y est attiré par l'appât des aliments. Ceux-ci consistent en petits quadrupèdes, oiseaux, œufs, cadavres, fruits et grains. Il niche sur les arbres élevés, dans les vieilles tours, dans les rochers isolés. On le trouve non-seulement en Europe, mais encore dans presque toutes les parties du monde. La *corneille* ou *corbine* a les mêmes couleurs que le précédent ; mais elle est d'un quart plus petite, et sa queue est presque carrée. La *corneille mantelée* est un peu plus grande que la corneille noire, de plus elle a le cou et le dos d'un gris cendré. Ces deux espèces se trouvent dans toute l'Europe ; mais elles ne sont sédentaires que dans les pays, dont la température est constamment assez douce. Le *freux* est de la taille des deux précédents : son corps est tout noir, à reflets violets, comme dans la corneille noire ; mais il a le bec presque droit, sans courbure à son extrémité. De plus, lorsqu'il est adulte, la base de son bec, le devant de sa tête et le haut de sa gorge sont dénués de plumes. Il est très-commun partout. Le *choucas* est le plus petit des corbeaux d'Europe. Il n'a que treize pouces de long. Tout son plumage est noir lustré de violet, excepté l'occiput et la partie supérieure du cou, qui sont d'un gris cendré. On l'appelle souvent *petite corneille des clochers*, parce qu'il niche sur les clochers, les vieilles tours, etc.

2° Les PIES (*pica*), qui ne diffèrent des corbeaux que par une taille généralement plus petite et par leur queue étagée, c'est-à-dire dont les plumes sont d'autant plus courtes qu'elles sont plus extérieures. — Voy. *Pie.*

3° Les GEAIS (*graculus*), qui ont les plumes du front lâches, à barbes désunies, et la queue égale ou légèrement arrondie. — Voy. *Geai.*

4° Les CASSE-NOIX (*nucifraga*), qui ont les deux mandibules également pointues et sans courbure ; tel est notre *casse-noix*, dont le nom rappelle l'espèce de nourriture.

5° Les CRAVES (*fregilus*), qui ont le bec faible, arqué et sans aucun crochet à son extrémité. On n'en connaît qu'une espèce, le *crave coracias*, qui est noir à reflets violets, pourprés et verts, et dont le bec et les pattes sont d'un rouge vermillon. Sa taille est à peu près celle de la pie. On en rencontre des individus sur toutes les montagnes d'Europe, où il vit de baies, de vers, d'insectes, etc. Il niche dans les fentes des rochers ou sur les vieilles tours désertes. Il pond trois ou quatre œufs d'un blanc sale avec des taches brunes. (*Salacroux.*)

CORINDON (lithologie) [de *Korund*, mot indien, c'est la *Télésie d'Haüy*]. — Le corindon, considéré comme aluminate, est la base de toutes les pierres gemmes dures, transparentes, dites *orientales*, et ne prend d'autres dénominations que dans des circonstances de construction particulière.

Nous renvoyons, pour l'historique de chaque variété, au mot qui la concerne spécialement. Nous ne parlerons ici que du corindon en général.

On trouve le corindon particulièrement et abondamment à Matourali, dans l'île de Ceylan, sous presque toutes les formes, quoique se rapportant le plus souvent au prisme hexaèdre et à la double pyramide hexaèdre. Quant à ses couleurs, elles embrassent toutes celles connues, avec leurs nuances intermédiaires. Les monts Ilmènes, en Sibérie, en fournissent d'un bleu vif que l'on trouve dans le granit.

Dans l'Inde, le corindon hyalin se trouve en cristaux roulés dans les sables des anciennes alluvions, et celui dit *adamantin* est disséminé au milieu des granites et des micaschistes. On trouve aussi ce dernier en Europe, dans les Alpes du Saint-Gothard.

En France, le ruisseau d'Expailly, si connu par les productions minérales qu'il contient, offre aussi quelques cristaux de corindon hyalin.

Enfin, le corindon granulaire (émeri), de couleur rougeâtre ou gris bleuâtre, opaque, se trouve en Saxe et en Grèce.

Les corindons, généralement parlant, sont les plus durs de tous les minéraux après le diamant. Quelques-uns sont composés d'alumine presque pure, et leur coloration est due aux oxydes de fer, de titane, de chrome, etc., etc. Dans quelques espèces, nous avons trouvé 47 parties d'oxygène pour 53 d'aluminium. Le corindon de la Chine, analysé par Klaproth, présente :

Alumine,	84, »
Silice,	6, 5
Oxyde de fer,	7, 5
Perte.	2, »
	100, »

La pesanteur spécifique du corindon hyalin varie entre 3,83 et 3,88, mais des variétés limpides atteignent parfois 4,30 ; quelques-unes possèdent la double réfraction. Du reste, toutes sont infusibles et présentent ce caractère que, d'une transparence absolue, ils constituent les pierres précieuses et perdent alors leur nom, tandis que leur dénomination, pour être régulière, n'a lieu que quand ils sont très-durs, très-sombres et très-opaques.

Dans ces conditions on les trouve à Madras, empâtés dans du granit ; à Carnate, ils sont gris verdâtre et engagés dans l'*indianite* ; en Piémont, on en trouve des roses et bleus qui, pulvérisés, remplacent le meilleur émeri.

Les corindons se taillent et se polissent par les procédés ordinaires des lapidaires, au moyen d'*émeri*, sur des plates-formes ou roues en cuivre. C'est une erreur, répandue même parmi les savants, qu'on ne peut tailler les gemmes du genre corindon qu'au moyen de la poudre de diamant ; et dernièrement, dans une communication à l'Académie des sciences, relativement à une production artificielle de prétendus diamants, on annonçait avoir constaté leur dureté en les faisant servir à polir des rubis. Nous le répétons, afin qu'on le sache bien, il n'y a aucune comparaison à établir entre la dureté du corindon et celle du diamant, la différence est trop grande, et pour tailler le premier il n'est nullement besoin de la poussière du second. Nous savons, par expérience personnelle, qu'un corindon (saphir ou rubis) fait une triste figure sur la meule du *diamantaire*, et pour les tailler et les polir il suffit de l'émeri, une de leurs variétés.

La taille des corindons est généralement en brillant à degrés ou à facettes et souvent aussi en cabochon, surtout pour les contrées orientales.

Dans ces derniers temps, MM. Ebelmen et Gaudin sont parvenus à produire des cristaux microscopiques approchant du genre corindon, en combinant ensemble parties égales d'alun potassique et de sulfate de potasse.

C'est un magnifique résultat comme opération chimique ; malheureusement la petitesse des cristaux produits jusqu'à présent ne permet d'en tirer aucun parti.   Ch. Barbot.

CORMIER. — Voy. *Sorbier*.

CORMORAN (zoologie). — Genre d'oiseaux de l'ordre des palmipèdes, famille des totipalmes, voisin des pélicans, présentant pour caractères : bec plus long que la tête, droit, robuste, quoique mince, à mandibule supérieure recourbée à la pointe ; gorge dénudée et un peu dilatable ; face garnie d'une peau nue ; présence d'une poche entre les mandibules, mais plus petite et moins dilatable que chez les pélicans ; tarses très-courts et robustes ; jambes emplumées jusqu'à l'articulation, etc.

Fig. 61. — Cormoran.

Les cormorans se tiennent par troupes souvent très-considérables sur les rochers qui bordent la mer et le long des fleuves. Ils sont d'un naturel très-doux, fort peu défiants, car ils se laissent approcher de si près, dans quelques cas, qu'ils se laissent prendre avec une sorte de stupidité, ce qui leur a valu le surnom de *nigauds*. Tous se tiennent donc près des eaux, dans une attitude très-tranquille ; mais, grands consommateurs de tout ce qui vit dans l'élément humide, ils le sondent de leur œil perçant, et dès qu'ils aperçoivent leur proie, ils fondent dessus ; puis, la saisissant avec une de leurs pattes, ils reviennent, en nageant de l'autre, à la surface de l'eau, où, par une manœuvre habile, ils lancent le poisson en l'air et le reçoivent dans leur bec, la tête la première, de façon à ce que les aiguillons des arêtes se trouvent dirigés en arrière dans leur passage à travers l'œsophage. Le cormoran n'est pas sans intelligence, puisque les anciens, dit-on, le dressaient à la pêche : seulement, ils lui passaient un anneau autour du cou pour s'assurer de sa fidélité et mettre un frein à sa gloutonnerie.— On compte plusieurs espèces de ces oiseaux, qui, de couleur noire et sombre en général (d'où leur nom, dérivé de *carbo*), ne sont pas faciles à distinguer les unes des autres.

Le grand cormoran, espèce type, est long de quatre-vingts centimètres environ : il est d'un noir verdâtre ou de charbon, excepté sous la gorge et au devant du cou ; sa poche gutturale est jaunâtre. — On le rencontre assez souvent en France, se nourrissant de toutes sortes de poissons, particulièrement d'anguilles, et nichant, suivant les localités, sur les arbres, dans le creux des rochers ou dans les joncs. Ponte de trois ou quatre œufs d'un blanc verdâtre et rudes au toucher.

Le cormoran nigaud, plus petit que le précédent, est aussi plus rare, d'un noir plus profond, sans blanc au cou. Il ne se trouve que de passage en France.
                                              Bossu.

CORNE [du latin *cornu*].— Partie dure qui sort de la tête de quelques animaux ruminants, et qui leur sert de défense et d'ornements.

La corne provient surtout des buffles, bœufs, vaches, chèvres et béliers. (Voy. *Ruminants*.) C'est une substance modérément dure, flexible, plus ou moins translucide, d'une couleur qui passe du blanc et du gris jaunâtre au noir ; qui se ramollit dans l'eau bouillante sans s'altérer, et qui peut alors se courber et se comprimer facilement, et même se souder sur elle-même. Ces propriétés permettent d'employer la corne à une foule d'ouvrages qui se font sur le tour, à la confection des tabatières, des peignes, des couverts, etc. L'écaille de tortue possède des propriétés analogues ; on la distingue de la corne en ce qu'au lieu d'offrir une teinte uniforme ou veinée, elle est couverte de taches plus ou moins colorées ; il est des parties dans l'écaille, telles que le dessous des onglons, qui sont tout à fait transparentes, sans aucune tache.

Le premier travail que l'on fait subir aux cornes

consiste à les débarrasser de leur noyau intérieur, ce qui s'exécute en les faisant macérer plus ou moins longtemps dans de l'eau froide, selon la saison; puis les frappant sur un morceau de bois en les tenant par le petit bout, le noyau sort de lui-même; ce genre de travail s'appelle *décorniller*.

Ce noyau, que l'on appelle *cornillon*, n'est utile à rien dans l'aplatissage; il est donc revendu tel

Fig. 62. — Cornes de mouflon.

pour la fabrication de colle forte et de gélatine, dans laquelle on l'emploie avec de très-grands avantages, car c'est avec cette matière que l'on obtient les meilleures colles fortes dites de Givet.

On coupe alors à la scie la pointe de chaque corne, ainsi que la gorge ou base lorsque celle-ci présente quelques défectuosités; la pointe est reven-

Fig. 63. — Cornes de bouquetin.

due en nature aux fabricants de pommes de canne, de crosses de parapluie, de châsses à rasoir, de manches de couteau, de tabatières, etc. On ramollit ensuite les cornes en les faisant tremper dans une chaudière d'eau plus ou moins chaude (selon la nature de corne qu'on doit travailler) pendant quelques heures; puis on les retire par trois ou quatre à la fois

Fig. 64. — Corne d'élan.   Fig. 65. — Corne de bélier.

pour les mettre sur une grille en fer, à la hauteur d'un feu assez grand pour que les cornes ne brûlent pas; quand l'ouvrier juge qu'elles ont atteint un degré de chaleur assez élevé pour les ouvrir, il les prend une à une, et à l'aide d'une serpette il les refend d'une extrémité à l'autre; puis, au moyen d'une pince en fer plate, au bout de laquelle il intro-

duit la corne ainsi fendue, il présente celle-ci sur un feu de bois vif; il l'élargit progressivement; enfin, quand la chaleur est suffisante, il l'étend tout à fait, en ayant soin toutefois d'éviter de la faire fendre en l'élargissant ainsi. La corne, aplatie, est mise dans une presse entre deux plaques en fer poli, puis on la serre et on la laisse refroidir quand il faut continuer le travail toute la journée; on n'attend pas qu'elles aient atteint un degré de refroidissement complet, on les jette au fur et à mesure dans un baquet d'eau, dans lequel elles restent toujours un espace de temps qui varie de huit à quinze jours.

Étant ainsi dans l'eau, ces cornes atteignent un degré de mollesse assez grand pour pouvoir être débarrassées des parties qui ont été brûlées en les ouvrant à l'aide d'un outil tranchant, mis en mouvement par une force motrice appelée *verlope circulaire*. Ces déchets de cornes brûlées sont vendus pour servir à la fabrication du bleu de Prusse, du prussiate de potasse, etc.; on les emploie aussi pour engrais dans les terres froides avec de grands succès; puis on les remet encore dans l'eau froide pendant le même espace de temps, au bout duquel on les retire pour les mettre dans une chaudière d'eau bouillante pendant dix minutes, en ayant soin toutefois de les serrer entre deux pinces pour éviter qu'elles ne reprennent leur forme primitive. La corne ainsi préparée est mise dans une presse dont les plaques en fer poli ont été chauffées inégalement, c'est-à-dire que les plaques les plus chaudes sont en contact de chaque côté avec les parties extérieures. On a eu soin avant d'introduire les plaques de cornes que l'on voulait ainsi rendre transparentes, de graisser les plaques en fer chaud à l'aide d'un tampon imbibé de suif; lorsque la presse est remplie tout à fait, on la serre fortement, mais graduellement, et on laisse refroidir le tout; après le refroidissement complet, on desserre, on retire les cornes d'entre les plaques, et l'on a soin de les charger de poids pour les empêcher de gauchir. Si l'on a plusieurs presses successives à faire, on retire les cornes avant leur refroidissement complet, et on les place entre des plaques de fer froides, où elles achèvent de se refroidir.

Auguste Dugourd, *aplatisseur de cornes*.

CORNICHON (botanique) [de *corne*, à cause de sa forme]. — Espèce du genre concombre, originaire de l'Asie. Ce fruit a produit par la culture plusieurs espèces de concombres. La variété le plus communément employée est le *petit vert*. On prépare les cornichons confits de la manière suivante : on prend du vinaigre blanc, qu'on fait bouillir à 80°, et qu'on verse ensuite sur les cornichons, disposés convenablement dans un vase avec du sel, du poivre et des feuilles de laurier. Il est très-important de se servir de vases de verre ou de porcelaine pour les cornichons, sous peine de les voir devenir très-dangereux.

CORNOUILLER (botanique) [du latin *cornus*, même sens]. — Genre de plantes de la famille des caprifoliacées. Renfermant, à l'exception de deux espèces, de petits arbres ou arbrisseaux plus ou moins élevés, ayant des rapports avec les viornes et les sureaux. L'espèce la plus connue est le *cornouiller sauvage*, qui croît très-lentement et vit, dit-on, plus de cent ans. Son bois, très-dur et très-pesant, devient noir en vieillissant. Son écorce s'emploie en médecine comme tonique et fébrifuge.

CORNUE (du lat. *cornutus*, cornu).—Vaisseau de verre, de terre ou de métal, renflé, arrondi, se pro-

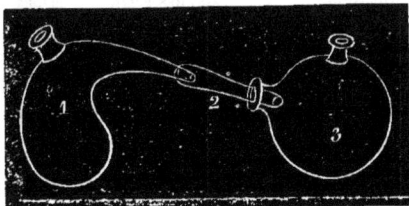

Fig. 66. — Cornues.

longeant par un tuyau recourbé qu'on appelle *col*, et dont on se sert pour distiller, dissoudre et décomposer les corps. — Voy. *Laboratoire*.

COROLLE (botanique). — Voyez *Botanique*, tome III, page 160.

CORPORATION. — Agglomération d'individus exerçant le même métier, réunis en société, et se conformant aux mêmes lois et devoirs.

Le penchant naturel de l'homme à se rapprocher de son semblable lui fit bientôt agrandir le cercle de ses sympathies, et des masses d'hommes s'associèrent soit pour la défense de la patrie commune, soit pour exécuter les travaux; ils n'eurent plus alors qu'à diviser chaque partie spéciale du travail, et formèrent ainsi les corporations. Comme on le voit, on peut faire remonter leur origine au commencement du monde, sauf la forme, qui se modifia selon les phases de la civilisation.

Ceux qui bâtirent le fameux temple de Jérusalem, sous Salomon, étaient dit-on, formés en corps; il en fut de même sous Thésée, lorsque, fondant Athènes, il divisa les habitants en nobles, laboureurs, artisans; sous Numa, et sous tous les législateurs romains qui, sous le nom de collèges, avaient organisé en classes régulières tous ceux qui exerçaient un même état, depuis les forgerons, les agriculteurs, jusqu'aux bouffons de théâtre. Quelques auteurs ont voulu trouver leur origine dans les castes des Égyptiens et des Indiens. Quoi qu'il en soit, elles suivirent une marche progressive jusqu'au moment où les désastreuses invasions des Barbares les disséminèrent, en renversant du même coup l'empire romain, auquel elles devaient leur organisation.

Ce ne fut que vers le septième siècle, sous Dagobert, que nous voyons enfin reparaître la corporation. Saint Éloi, patron des orfèvres, avait dû former en corps les gens de ce métier. Un siècle plus tard, un capitulaire de Charlemagne ordonne que la corporation des boulangers doit être tenue au complet dans les provinces. Un édit de Piestes, en 864, mentionne des dispositions relatives au corps des orfévres.

On institua un magistrat chargé du gouvernement des corporations, qui reçut le titre pompeux de roi des Merciers, nom générique donné aux commerçants; chaque métier avait en outre un chef qui le représentait près du roi et avait le grade d'officier; il était nommé roi des Ribauds, prince des Viniers. Elles acquirent dès ce moment une importance extraordinaire, elles devinrent non-seulement industrielles, mais encore politiques, morales et religieuses. Nous allons en peu de mots examiner ces titres. Si nous les considérons au point de vue de l'industrie, nous voyons en effet ces vigoureuses phalanges se grouper et centraliser toutes les forces vives de la nation pour concourir dans un mutuel élan au progrès de la civilisation par le travail, et, comme des essaims d'abeilles, s'exciter et produire ces immenses travaux qui attestent aux générations actuelles toute l'énergie et la persévérance qu'ont possédées ces illustres ancêtres.

Elles furent politiques par l'influence qu'elles eurent parfois sur les affaires du royaume, en prenant part aux mouvements populaires. Par leur organisation, elles devenaient ainsi des puissances dont les gouvernements respectaient les avis et décisions. Elles ont même souvent imposé leur volonté et contraint l'autorité à leur laisser les priviléges dont on voulait les déposséder. La corporation des orfèvres fut souvent dans ce cas et eut presque toujours gain de cause. Les immenses richesses qu'ils manipulaient, leur grand crédit dans l'administration (plusieurs furent ministres, grands dignitaires, prévôts, etc.), les firent considérer et leur donnèrent une grande influence.

Les corporations furent morales par la vigilance qu'elles exerçaient sur les mœurs, la conduite de chaque membre, et enfin elles devinrent religieuses par le règlement de la confrérie, qui rappelait chaque membre associé à l'adoration de Dieu.

On les appela indistinctement *corporations*, *jurandes* ou *confréries*, à cause de l'alliance, du serment qui les unissait, et de la fraternité qui était entre eux.

Chacune possédait ses statuts et règlements bien distincts, selon les besoins du métier; les devoirs et obligations des compagnons et des maîtres y étaient minutieusement tracés; les conditions de capacité des aspirants, etc. Mais le point dominant pour toutes était le monopole ou la conservation de chaque art dans la famille de l'artisan, aussi les fils de maître y étaient-ils admis de préférence aux étrangers.

La fraude était rigoureusement punie; le prévôt ou un délégué étaient chargés de vérifier le délit de ceux des membres qui s'étaient rendus coupables, et de prononcer la condamnation.

Les qualités, les dimensions, les formes des ouvrages étaient minutieusement indiqués dans les statuts.

La maîtrise ne s'obtenait pas facilement, l'ouvrier qui y aspirait devait offrir de grandes conditions de capacité; les études préparatoires d'un long apprentissage (huit années) étaient la moindre chose. On lui faisait subir à cet effet un examen en présence des gardes du métier, qui consistait en un *chef-d'œuvre* qui pût donner la mesure de son habileté dans la pratique. Admis et reçu, il devait jurer d'observer loyalement les lois de sa corporation, de ne fabriquer ou vendre que de bons et solides ouvrages. Nous croyons qu'il est intéressant de rappeler ici la manière de procéder dans ces examens, et la nature de certains chefs-d'œuvre obligatoires pour l'aspirant, nous citerons seulement les conditions de quelques métiers :

« L'aspirant cuisinier-traiteur-rôtisseur, en présence de gardes et de délégués, exécutait son chef-d'œuvre, consistant en une grosse pièce, deux potages, six entrées, cinq plats de rôtis, neuf plats d'entremets, dont la désignation lui était présentée par les examinateurs, suivant les saisons. La rapidité, la propreté, la qualité des ouvrages, constituaient les points essentiels de l'examen. L'épreuve capitale était celle du goûter des victuailles par les examinateurs, qui en faisaient l'occasion d'une sorte de banquet ; si l'aspirant réussissait à satisfaire les difficiles et sensuels appétits de ses juges, il obtenait un brevet de maîtrise, qui, malgré les angoisses, les sueurs et les frais du chef-d'œuvre, lui coûtait encore 250 livres pour la corporation, 12 pour la confrérie, 4 à chacun des gardes, plus une foule de menues dépenses de joyeux avénement à la maîtrise.

» L'examen de l'apothicaire-cirier était accompagné d'une pompe extraordinaire, qui a fourni à notre illustre Molière le sujet d'une scène du plus fin et du plus gai comique.

» L'aspirant drapier devait tondre quatre sortes de draps de couleurs différentes, expliquer leur nature, leur qualité, les apprêts de leur confection et de leur teinture.

» L'aspirant cordonnier taillait et cousait une paire de bottes, un collet en peau de bouc, de chèvre ou de mouton, trois paires de souliers, une paire de mules, tandis que le savetier confectionnait une paire de souliers à homme et à femme, en cuir de mélange, remontait une botte à rosette, aussi de mélange. L'un et l'autre devaient travailler sans patrons ni modèles, rigoureusement enfermés dans la maison du prévôt de la corporation.

» Le chef-d'œuvre du boucher consistait à tuer et à appareiller un bœuf, un veau, un porc et un mouton.

» Le menuisier taillait des pièces de bois en mode ancienne et moderne, avec assemblages, liaisons et moulures de tout genre.

» Le chef-d'œuvre de l'aspirant tailleur s'étendait aux costumes des hommes d'église, de guerre, de palais et de théâtre.

En 1735, l'aspirant Vincent Thierry obtint la maîtrise à l'unanimité des juges, par l'habileté qu'il déploya dans la confection d'un habit premier âge, d'une soutane, d'une casaque militaire, d'une robe de palais, d'un chaperon, d'un corps de robe, d'un corps à basque, d'un corps à garçon et d'un vêtement d'amazone. »

Ces quelques citations suffisent pour faire apprécier toute la juste sévérité qu'on apportait dans ces sortes d'examen.

Il est certain qu'ainsi éprouvé, le compagnon devait faire un maître adroit et capable de représenter et soutenir l'honneur du métier, qui consistait à ne produire que d'excellents ouvrages, sous le rapport de la qualité, du goût et de la perfection.

Les statuts des métiers étaient le plus souvent rédigés par les corporations, qui les soumettaient ensuite à l'approbation des magistrats, des seigneurs et des rois. Leurs droits y étaient inscrits depuis longtemps, mais ils ne furent confirmés solennellement qu'au treizième siècle, par saint Louis ; ses successeurs l'imitèrent, en y apportant même parfois des modifications : on pourrait former des volumes des édits et ordonnances qui ont été rendus pendant plusieurs siècles. Leurs privilèges ne sont pas moins intéressants : nous remarquons l'article 15 des statuts et privilèges du corps des marchands orfèvres-joailliers de la ville de Paris, ainsi conçu :

« Prérogatives du corps, en tant qu'il est l'un des six corps des marchands de Paris. — Le corps de l'orfévrerie-joyaillerie de Paris, étant l'un des six corps des marchands de cette ville, jouira des prérogatives qui leur sont attribuées et dont ils jouissent en commun : en conséquence, ses *Députez*, joints aux leurs, porteront le dais ou ciel sur la personne des rois faisant leur entrée solennelle dans Paris, et complimenteront leurs *Majestez* dans les grands événements, et ses marchands seront, par leur état, capables des charges municipales et consulaires de cette ville. »

La bourse commune était alimentée par une cotisation annuelle, les droits de réception et les amendes ; ces fonds servaient à payer les frais des procès soutenus par la corporation, et à la fête du saint, les vieillards et les infirmes recevaient aussi des secours. Plusieurs communautés fondèrent et entretinrent des hôpitaux à leurs frais, notamment celle des orfèvres.

Parmi les cent et quelques corporations qui existaient, il y en eut trois de femmes : celles des fileresses de *soye* à grands fuseaux, des fileresses de *soye* à petits fuseaux, et des fesseresses de chapeaux d'or frais.

Chacun de ces métiers avait un lieu d'adoption pour se réunir et son quartier spécial. Dans l'antiquité, il en était déjà ainsi ; à Rome, l'industrie se divisait de cette manière : au quartier Tusculan, les marchands d'étoffes de soie, les parfumeurs, les droguistes et les confiseurs ; au Forum, les banquiers ; dans Argitèle, les cordonniers ; sur la voie Sacrée, les fournisseurs de toutes les brillantes bagatelles que l'on offrait aux femmes, telles que la bijouterie et les curiosités ; à l'entrée des bains, des cirques ou des théâtres, les marchands de vin, de boissons, de toutes sortes d'aliments cuits ; enfin, sous le portique d'Agrippa, les marchands de riches habits.

Paris, Rouen et plusieurs villes de France présentaient le même spectacle au moyen âge ; tels sont : à Paris, les rues de la Barillerie (faiseurs de barils), de la Mortellerie (morteliers ou maçons), de la Verrerie (marchands de verres), de la Parcheminerie (marchands de parchemins), de la Cavaterie ou Chevaterie (orfévrerie, de *cavatores*, orfèvres-ciseleurs), le pont au Change (les changeurs), les rues de la Draperie ou Vieille-Draperie (les drapiers), de la Coutellerie (les couteliers), etc., etc.

Cette ténacité à se rapprocher dans tous les temps, cet esprit de corps, cette séparation bien tranchée, se sont conservés jusqu'à nos jours; aujourd'hui encore, différents quartiers sont envahis par des industries de même nature; il y a dans ce fait une chose évidente et qui s'explique : c'est qu'en effet, dans ces réunions, les gens d'un même métier ne forment, pour ainsi dire, qu'une grande famille, où règne parfois la jalousie, il est vrai, mais où néanmoins l'avantage qui en ressort est supérieur; ils peuvent ainsi se communiquer plus facilement leurs idées et impressions sur la valeur, la qualité, la nouveauté et les modifications à apporter à leurs marchandises; ils peuvent, par des associations grandioses, provenant de ce contact, s'assembler, diviser et préciser à l'infini tous les genres et nuances qui existent dans une même industrie : de cette façon, cette pléiade sans fin de marchands qui, isolés, seraient dans des tiraillements continuels, et n'aboutiraient qu'à de faibles résultats, est, au contraire, ici dans une harmonie telle d'organisation, qu'on sait où s'adresser pour trouver telle spécialité; il en est ainsi des étoffes dans certains quartiers de Paris, dont une énorme quantité de marchands font leur demeure, et où chacun possède un type particulier d'articles.

Les corporations s'augmentèrent sous le ministre Colbert, qui, par l'édit de mars 1673, les fit monter de 60 à 83; plus tard, en 1691, le rôle du Conseil les porta à 129. Depuis 1673, il fut créé dans les corporations plus de 40,000 offices. Enfin, l'édit de Versailles (février 1776), en 23 articles, abolit toutes les corporations; mais, d'après les réclamations, il fut rendu un nouvel édit en août 1776, en 51 articles, elles furent en quelque sorte rétablies, mais sous une autre forme, en 6 corps de marchands et 44 communautés; toutefois, 21 professions qui faisaient partie des communauté supprimées purent être exercées librement. La loi du 17 mars 1791, encore en vigueur, supprime toutes les corporations, maîtrises et jurandes.

L'ordonnance royale du 18 octobre 1829, sur la boucherie de Paris, ne forme une corporation qu'en ce qu'elle maintient un nombre fixe de bouchers, et elle réfère en cela à des lois antérieures, qui s'appliquent également à la boulangerie.

La révolution de 89 supprima les corps de métiers et leurs lois. E. PAUL.

CORPS (chimie). — Voyez *Chimie.*

CORRECTEUR, CORRECTION (typographie). — On appelle *correction* l'art ou l'action de corriger les *épreuves*, c'est-à-dire des feuilles sur lesquelles l'auteur ou le correcteur indique en marge, à la plume, au moyen de signes conventionnels, les fautes que chaque compositeur a commises dans son travail, afin qu'il les fasse disparaître. — On appelle également *correction* l'action du compositeur qui

exécute les changements indiqués sur l'épreuve par le correcteur ou par l'auteur. Cette espèce de correction est désignée sous le nom de *correction sur le plomb*, pour la distinguer de la précédente. — *Correction* se dit pareillement des additions et changements écrits à la marge ou entre les lignes d'une épreuve ou d'un manuscrit.

On désigne sous le nom de *correcteur* toute personne qui lit habituellement des épreuves. Autrefois il y avait très-peu de correcteurs spéciaux, presque tous les maîtres imprimeurs et leurs protes lisant les épreuves; c'est ce qui a encore lieu aujourd'hui dans la plupart des villes de province; il n'y a guère qu'à Paris et dans quelques autres grandes villes où il y ait des correcteurs exclusivement occupés de la lecture des épreuves.

C'est à tort que beaucoup de personnes confondent les protes avec les correcteurs. Si l'imprimerie est fort peu importante, le maître imprimeur cumule les fonctions de patron, de prote et de correcteur; si elle est un peu plus considérable, il a un prote qui le seconde dans la direction des travaux de l'atelier et qui est chargé de la lecture des épreuves; enfin, dans les grands ateliers, le patron ne s'occupe que des affaires les plus importantes et laisse la direction des travaux au prote; alors il est nécessaire d'avoir un ou plusieurs correcteurs spéciaux.

La grande variété des ouvrages qui s'impriment nécessiterait, pour la correction des épreuves, des encyclopédistes, c'est-à-dire des hommes possédant l'universalité des connaissances humaines; mais comme ce serait une absurdité d'y prétendre, on est obligé de s'en tenir à ce qui est possible, et voici les connaissances qu'il semble raisonnable d'exiger d'un correcteur.

Il est à désirer qu'il ait été quelque temps compositeur, pour qu'il puisse juger plus facilement si les mots sont espacés régulièrement; si les divisions des mots sont faites suivant les règles typographiques; si l'emploi de l'italique et du romain ne laisse rien à désirer; s'il n'y a pas des lettres d'œils différents; si les vers sont renfoncés régulièrement; si les titres sont bien divisés, bien blanchis; si les pages sont toutes de la même longueur, etc.

Le correcteur doit avoir une connaissance approfondie de la langue française, non-seulement au point de vue pratique, mais encore au point de vue théorique, afin d'être en état de résoudre toutes les difficultés qui lui sont soumises par les auteurs ou par les compositeurs. Il doit connaître les divers systèmes d'orthographe, afin de n'être pas embarrassé si un auteur exige qu'on se conforme à un système particulier d'orthographe dans son ouvrage. L'étude de l'ancienne langue française aux diverses époques lui serait très-utile. Le grec, et surtout le latin, devraient être rigoureusement exigés. Si à cela il joignait la connaissance d'une ou plusieurs langues modernes, ce serait un homme très-précieux pour une imprimerie.

A ces études linguistiques il doit joindre des notions d'histoire et de géographie, etc.

D'immenses lectures d'ouvrages de tous les genres lui sont indispensables pour avoir une idée des sciences, des arts, des métiers, afin d'être en état de connaître la signification des termes techniques, et de s'apercevoir si un d'eux a été mutilé par le compositeur, ou de pouvoir le lire dans une copie mal écrite.

Les auteurs, pressés par le temps, sont souvent obligés d'écrire avec une très-grande rapidité, ce qui déforme nécessairement leur écriture, et fait que les correcteurs sont obligés de lire, pour ainsi dire à la première vue, les écritures les plus indéchiffrables.

Quand, dans un atelier, on imprime une grande quantité d'ouvrages spéciaux, tels que les ouvrages en langues orientales à l'Imprimerie Impériale, les ouvrages de mathématiques chez M. Bachelier, etc., dans ces maisons on a des correcteurs qui ont fait une étude spéciale de ces matières.

Il faudrait, pour le bureau du correcteur, une pièce bien claire, loin du bruit et des distractions, malheureusement il est rare que cela soit ainsi. On le place souvent au milieu des compositeurs, dans un atelier bruyant ou sombre.

Il serait également à désirer qu'un correcteur eût à sa disposition les principaux et meilleurs dictionnaires de la langue française, ainsi que des dictionnaires latins, grecs et de quelques langues modernes; des dictionnaires de géographie, d'histoire, et une petite bibliothèque des ouvrages scientifiques les plus remarquables. Il n'en est pas ainsi; ils ont quelquefois même de la peine à obtenir un dictionnaire de la langue.

Pour la lecture en première, on débute par vérifier la réclame, tous les folios, les titres courants, les signatures. Les noms des compositeurs sont indiqués en marge, à l'endroit où commence leur composition.

Pour lire les épreuves en première, il y a deux procédés. Généralement on les lit à deux : celui qui lit avec le correcteur s'appelle *teneur de copie*, parce que c'est lui qui lit sur la copie de l'auteur.

Le teneur de copie est le plus souvent un apprenti compositeur, parce que c'est un moyen de le faire arriver plus facilement à déchiffrer les manuscrits, connaissance qui est indispensable au compositeur. C'est là un avantage; mais il est bien loin de compenser les nombreux inconvénients qu'il entraîne à sa suite. Comment peut-on exiger d'un enfant de quatorze à quinze ans une attention assez soutenue pour un tel travail? Est-il raisonnable d'exiger de lui qu'il lise une journée, quelquefois même une semaine entière, tout haut, des ouvrages qui ne l'intéressent nullement? Y a-t-il rien de plus fatigant pour la poitrine que de lire continuellement tout haut? Dans quelques imprimeries, l'apprenti ne lit que quelques heures dans la journée, puis un autre le remplace. C'est déjà une amélioration. D'ailleurs, combien sa manière de lire laisse-t-elle à désirer! Ou il lit avec une rapidité effrayante, afin d'avoir plus vite terminé son travail, ou il lit avec une lenteur désespérante, en mêlant inintelligemment les phrases et les alinéas, en passant toutes les additions, ce dont le correcteur ne s'aperçoit pas toujours, parce que le sens n'indique pas chaque fois cette omission. Si, pour le soulager, le correcteur veut alterner la lecture à haute voix avec lui, le danger est encore plus grand, car le teneur de copie ne suit pas. C'est pour cela que plusieurs personnes compétentes ont désiré que l'on choisît pour teneur de copie un compositeur d'un certain âge, bon ouvrier d'ailleurs, mais réduit à un gain modique par défaut d'habileté. Ce vœu, quelque raisonnable qu'il semble, n'a point chance d'être exaucé : d'abord parce que l'on regarderait comme un surcroît de dépense un teneur de copie rétribué; ensuite parce qu'on prétendrait qu'il serait plus difficile d'exercer les apprentis compositeurs à la lecture des manuscrits s'ils ne tenaient pas la copie au correcteur.

Quelques correcteurs aiment mieux lire l'épreuve en suivant eux-mêmes sur la copie : ce serait en effet préférable, mais leur attention étant partagée, ils sont exposés ou à laisser passer des fautes sur l'épreuve, ou à lire peu exactement la copie. Il y a cependant des correcteurs qui lisent très-exactement de cette façon. C'est le mode auquel il faut aussi nécessairement recourir quand la copie est trop difficile à lire, en langues étrangères, en vieux langage, etc.

La lecture en seconde se fait sans teneur de copie. Ordinairement c'est un autre correcteur que celui en première qui en est chargé, parce que l'on a reconnu qu'il y a plus de chance d'arriver à une bonne correction au moyen de cette division du travail.

Les secondes épreuves, avant d'être remises au correcteur, ont été envoyées à l'auteur, qui indique les corrections qu'il demande, puis le correcteur les lit une seconde fois pour qu'il reste le moins de fautes possible. C'est sur cette épreuve que l'auteur met ordinairement son bon à tirer, ce qui fait qu'on la désigne le plus souvent sous le nom de *bon*.

M. Frey a manifesté le désir que la lecture en seconde précédât l'envoi de l'épreuve dite d'*auteur*, parce que le correcteur pourrait signaler à l'auteur les passages sur lesquels il éprouve quelque doute. Jusqu'à présent on n'a eu aucun égard à ce vœu.

Il a manifesté également le vœu que l'on conférât les corrections des premières en lisant les secondes; il en a été de ce vœu comme du précédent.

Quand un auteur désire avoir une nouvelle épreuve, il doit toujours le marquer sur la dernière qu'il envoie.

Il y a une autre épreuve, qu'on appelle *tierce*. La tierce est le premier exemplaire tiré au moment de l'impression, et dès que la forme est sous presse. Elle sert à vérifier les dernières corrections faites au bon à tirer, et à s'assurer s'il ne s'est pas commis de nouvelles fautes, et s'il n'est pas tombé quelques lettres pendant le transport de la forme.

Outre la tierce, il y a encore quelquefois une *révision*. On appelle ainsi la feuille sous presse pour vérifier les corrections de la tierce, ou toute autre correction ultérieure, le changement ou la transposition d'une ou de plusieurs pages sous presse.

Après ces explications, il n'est pas hors de propos d'indiquer les signes particuliers employés dans la correction des épreuves. La correction se marque sur la lettre même, et se place ensuite en marge. Si une lettre sans accent tient la place d'une lettre accentuée, il faut porter en marge la lettre avec l'accent, car l'accent tient à la lettre. On doit porter à gauche des pages verso l'indication des corrections à exécuter, et le signe de renvoi même doit être à gauche du signe du correcteur; la première faute de la ligne est donc celle qu'on marque le plus près du début de la ligne; le contraire a lieu pour la page recto. Une faute découverte après coup ne pouvant être indiquée à sa place successive, il faut nuancer les signes de renvoi, pour qu'on puisse bien les distinguer. Si le compositeur a passé quelques lignes, le correcteur transcrit ce passage en haut ou en bas de l'épreuve; mais si le passage omis est trop long, il renvoie à la copie.

Le n° 8, l'abaissement d'un blanc entre deux mots, à la fin d'un alinéa.
9, une transposition horizontale.
10, une transposition verticale.
11, un écart horizontal.
12, un écart vertical.
13, un rapprochement horizontal.
14, un rapprochement vertical.
15, le redressement de lettres ou de mots.
16, le nettoiement de lettres encrassées.
17, une substitution de lettres.
18, une addition de lettres.
19, une addition de mots.
20, le changement de lettres gâtées.
21, le changement de lettres d'un autre corps.
22, des majuscules, des médiuscules.
23, de l'italique ou du romain.
24, des lettres supérieures, des accents, des apostrophes.
25, un alinéa à marquer.
26, un alinéa à supprimer.

Le n° 1 indique une suppression de lettres et un remaniement.
2, une suppression avec un écartement.
3, une suppression de mots.
4, une suppression de lignes.
5, une suppression de blanc.
6, qu'une lettre est mal tournée.
7, qu'un mot est mal tourné.

27, un alignement vertical.
28, un alignement horizontal.
29, un remaniement.
30, le remontage d'une lettre supérieure.
31, la ponctuation.
32, un bourdon.
33, un redressement.

J. B. PRODHOMME,
Correcteur à l'Imprimerie Impériale.

CORSET (diminutif de *corps*). — Partie du vêtement de la femme, en soie ou en coutil, garnie de baleines ou de baguettes d'acier, destinée à serrer la taille. « L'époque de l'invention du corset n'est pas connue ; cependant, ce qu'il y a de certain, c'est que le corset est né en France. D'abord il ne se composait que d'une bande d'étoffe garnie de palettes minces en bois, et serrant seulement la taille. Plus tard il s'agrandit et comprima également la poitrine et les hanches ; on le maintenait alors sur les épaules par de petites bandes d'étoffes appelées épaulettes, et on le laçait en avant, comme font encore la plupart des paysannes. Puis on remplaça les petites planches par des baleines, puis enfin par des baguettes d'acier, et on laça les corsets derrière, en plaçant sur le devant un busc en baleine ou en acier fort large. On avait essayé, il y a quelques années, d'introduire dans la fabrication des corsets un mode de laçage dit *à la paresseuse* : cette mode avait l'avantage réel de laisser à la taille une certaine aisance. »

Corsets (hygiène) [danger de les porter trop serrés]. — Un des plus grands philosophes qui aient honoré la France a dit : *Tout est bien sortant des mains du Créateur, tout dégénère entre les mains de l'homme.* — C'est relativement à la femme, c'est surtout contre l'usage du corset, usage désavoué par la raison, mais toujours entretenu par la coquetterie, que Rousseau s'est élevé, sans que sa voix éloquente ait rien pu obtenir de ses conseils sincères, et de l'exposé des dangers que cette espèce de lien constricteur entraîne avec lui. Si faible que soit notre voix, elle se fera entendre dans cette circonstance, trop heureuse si elle parvenait à sauver un seul enfant des maux auxquels expose ce vêtement homicide.

Nous admettons l'usage du corset lorsqu'il s'agit de remédier aux déviations de la taille ; hors de là, nous le condamnons, car il comprime simultanément la poitrine et le ventre. Quoique ces deux cavités se touchent par leur base, le corset change violemment cette disposition normale, puisqu'il donne l'image de deux cavités qui tendent à s'étrangler à leur point d'union. — Ce n'est pas tout ; le thorax et l'abdomen doivent varier leur dimension à chaque seconde pour effectuer l'acte de la respiration, et voilà que le corset vient leur opposer forcément une sorte d'immobilité ! Que résulte-t-il de là ? Que la circulation et la respiration sont gênées, et que les viscères du bas-ventre sont comprimés et refoulés. Il n'est pas de médecin qui n'ait vu de crachements de sang et de phthisies dont il ne devait pas chercher les causes ailleurs.

Nous avons parlé de la circulation et de la respiration ; mais la digestion elle-même a sa part dans ses dérangements fonctionnels : de là ces anxiétés, ces douleurs insupportables et profondes qu'éprouvent les jeunes filles après leur repas. — Si les conseils de la science sont sans influence contre une mode, source de tant de maux, nous croyons que la loi devrait intervenir, au nom des femmes et des générations futures, contre un abus aussi révoltant. Et ici nous n'exagérons rien : nous parlons en médecin, avant de terminer en pédagogiste.

Il n'est pas un seul homme, quelque peu familier avec les principes de l'hygiène et de la physiologie, qui ignore que la femme ne compromet pas seulement son existence, mais encore celle des enfants qui naissent d'elle, en employant le mode actuel adopté pour les corsets. La femme appelée à devenir mère a besoin du concours de tous les organes de la vie pour partager son existence avec l'être qu'elle porte dans son sein. Ses digestions doivent être légères, sa circulation modérée, sa respiration libre. — Or, ces fonctions peuvent-elles s'accomplir d'une manière convenable lorsqu'un étau vient comprimer ce que la nature a voulu laisser libre ? Le législateur ne serait donc pas blâmable lorsqu'il voudrait atteindre de son glaive un usage barbare, qui nuit à la bonne constitution de la société.

Envisageons maintenant la question au point de vue de la pédagogie. — Quel est le rôle de l'institutrice à l'égard des parents ? De remplacer la mère qui lui confie ses enfants. Or, l'institutrice est appelée non-seulement à donner l'éducation intellectuelle et morale, mais encore à veiller au développement du corps de ses élèves. Donc, ce que les mères ne font pas toujours, l'institutrice doit l'exiger, si elle veut remplir convenablement sa mission. Et ici nous allons exprimer des idées qui, nous le pensons, seront partagées par tous les bons esprits.

Nous croyons fermement que l'autorité devrait poursuivre, dans tous les pensionnats, un genre de destruction qui prépare à la société une population rachitique de corps et de pensée. — Les inspecteurs des écoles doivent savoir qu'une forte constitution prépare des esprits forts, et, lorsqu'on leur montre des jeunes filles à *taille de guêpe*, loin de sourire agréablement et de féliciter l'institutrice, ils devraient la blâmer sévèrement et plaindre les victimes malheureuses qui croient n'obéir qu'à un caprice de mode.

Qu'on ne croie pas, néanmoins, que nous voulions proscrire entièrement ce vêtement qui comprime les seins et les atrophie, quoique, selon l'expression d'une énigme célèbre, il ait pour but *de contenir les superbes, de soutenir les faibles et de ramener les égarés.* Nullement ; nous voudrions seulement qu'au lieu de corsets armés d'un busc métallique et de baleines, les jeunes filles fissent usage de gilets à parois résistantes, sans être dures, maintenues par des cordons plats et élastiques. Accoutumées de bonne heure à son action, les enfants se tiendraient fermes et droites, et, ne comptant plus sur un soutien infidèle et dangereux, les muscles du dos et de la poitrine acquerraient tout leur développement et toute leur force.

Nous concluons donc que l'usage du corset, tel qu'il est établi, est vicieux, nuisible à la santé de la femme et des êtres qu'elle donne à la société ; que les institutrices doivent employer toute leur influence pour faire comprendre aux parents le danger qu'il y a pour les enfants de porter des corsets trop serrés; enfin que les lois devraient sévir contre des abus qui mettent en péril l'existence des individus.

                          B. LUNEL.

CORYMBE (botanique) [du grec *corumbos*, bouquet de fleurs]. — Assemblage de fleurs ou de fruits dont les pédoncules, naissant de divers points de la tige, s'élèvent tous à peu près à la même hauteur; les fleurs du lierre, du sorbier, etc., sont disposées en corymbe.

CORYPHÉE (musique) [du grec *coryphaios*, chef principal]. — Chanteur qui, dans les opéras, après avoir exécuté les solos qui se rencontrent dans les chœurs, se joint ensuite aux simples choristes dans l'ensemble. Le coryphée parle au nom du chœur qu'il représente, et exprime les sentiments dont il est affecté.

CORYZA (médecine). — Mot grec, conservé en français pour désigner l'inflammation catarrhale de la membrane pituitaire ou muqueuse des fosses nasales. Cette affection a le plus souvent pour cause la suppression subite de la transpiration interne, d'où naît l'inflammation. L'impression du froid, particulièrement à la tête et aux pieds, l'occasionne le plus souvent. Quelquefois il accompagne ou précède les épidémies de *grippe* ou *influenza*, ainsi que la coqueluche, la rougeole, la variole et la scarlatine. Les enfants, les femmes, les sujets lymphatiques y sont plus particulièrement prédisposés.

Cette maladie fut appelée autrefois *rhume de cerveau*, parce qu'on supposait que l'écoulement nasal, dans cette affection, provenait du cerveau. L'anatomie a renversé ce préjugé en prouvant que le cerveau n'avait aucune communication avec l'extérieur, et que les douleurs qui se faisaient sentir dans la région du front étaient dues à la phlegmasie de la pituitaire, phlegmasie qui s'étend aux sinus frontaux.

Le coryza débute par un sentiment général de malaise et de lassitude, souvent accompagné de frissons et de courbature dans les membres; « il s'y joint, surtout au-dessus de la racine du nez, un mal de tête qui est plutôt une pesanteur qu'une douleur aiguë. Les narines sont le siége d'une démangeaison fort incommode qui occasionne de fréquents éternuements, un larmoiement continuel des yeux, avec tintement dans les oreilles, battement des tempes et abolition complète de l'odorat. A mesure que la membrane, siége du mal, se gonfle, l'air pénètre avec plus de peine dans les fosses nasales et force le sujet à respirer par la bouche; le pourtour du nez et la lèvre supérieure se gonflent sous le contact d'un mucus aqueux, incolore, qui coule sans cesse des narines, et oblige le malade à se moucher continuellement. Au bout de deux ou trois jours, les phénomènes généraux s'amendent, mais le mucus nasal devient plus épais, prend une teinte jaune verdâtre. Enfin, la durée totale de cette maladie est généralement de quatre à huit jours. »

A l'état aigu, le coryza cède ordinairement aux bains de pieds sinapisés, aux fumigations émol-

lientes, aux boissons sudorifiques; mais à l'état chronique, il se lie le plus souvent à une constitution scrofuleuse et devient très-rebelle, malgré l'usage des vêtements de laine, les chaussures de taffetas gommé, les frictions et fumigations aromatiques, les vésicatoires à la nuque, etc. Un des moyens qui nous ont réussi quelquefois, c'est la cautérisation de la pituitaire avec le nitrate d'argent.   B. LUNEL.

COSMÉTIQUES (hygiène) [du grec *cosmos*, ornement]. — Préparations diverses destinées à conserver *la beauté*. — Il y en a cinq espèces, dit M. de Wailly : 1° ceux où il entre des substances minérales : *ils sont souvent vénéneux*; 2° ceux qui contiennent des substances alumineuses et calcaires : *ils bouchent les pores de la peau et la durcissent*; 3° certaines poudres végétales dont *l'action est corrosive*; 4° enfin, les pommades de concombre, de cacao, les eaux de rose, de plantain, etc., qui sont *innocentes* et qui peuvent même donner à la peau quelque souplesse; quant à la cinquième espèce, elle est des plus précieuses, car elle blanchit réellement la peau, enlève les rides et les taches de rousseur; en un mot, rajeunit et embellit : seulement, on ne l'a point encore trouvée.

L'usage des cosmétiques, dit Plisson, remonte à la plus haute antiquité; il est né de la vanité et du désir de plaire, et, dès lors, doit être aussi ancien que le monde. On le retrouve établi partout, chez les peuplades les moins avancées comme au milieu des nations les plus policées. Et en effet, n'est-ce pas pour se faire beau et marquer la supériorité qu'il croit avoir sur ses compagnons que l'homme sauvage se tatoue de mille manières, se peint le visage de vives couleurs, se ceint la tête de plumes éclatantes, se décore le nez, les oreilles, le cou, les bras, etc., de pierres à reflets et de coquillages de diverses sortes?

C'est aux Asiatiques que les Égyptiens, les Grecs et les Romains empruntèrent l'art imposteur de se composer un visage, en essayant de dérober les défauts réels du leur et d'y faire paraître des qualités que la nature leur avait refusées. Ce sont encore aujourd'hui les Persans et les Indiens qui font le plus grand abus des préparations inventées à cet effet.

Les progrès de la raison et la diffusion des lumières ont déjà beaucoup fait à cet égard, et nous sommes heureux de reconnaître, à l'honneur du temps où nous vivons, que, bien que la nature des cosmétiques devienne de jour en jour plus variée, leur usage abusif est considérablement diminué chez nous depuis la fin du dernier siècle. Si les plaisanteries et le bon sens n'ont pu parvenir à faire complète justice de ce goût dépravé, ils ont au moins réussi à le renfermer dans des limites que le respect qu'on se doit à soi-même et aux autres ne permet plus de dépasser. Les femmes bien élevées consentent aujourd'hui à paraître ce qu'elles sont; et si on les compare à celles d'autrefois, on est bien forcé de convenir, en regardant ces portraits de figures plâtrées et enluminées, qu'en rejetant ces coupables artifices, nos femmes y ont gagné une infinité d'agréments que la poudre, que le rouge, le blanc et le noir de leurs devancières étaient parvenus à faire disparaître sous un masque emprunté. — Voy. *Fords*.

COSMOGONIE [du grec *kosmos*, monde; *gégona*, je suis devenu]. — Théorie ou système concernant la création ou l'origine du monde. — Voy. *Création*.

COSMOGRAPHIE [du grec *kosmos*, monde; *graphô*, je décris]. — Description générale de la terre, éclairée par les notions astronomiques, météorologiques, géologiques et d'histoire naturelle. Le cosmographe étudie la terre considérée comme planète, comme séjour de l'homme, comme agent et réceptacle de tous les objets qui tombent sous les sens. En réalité, dit un auteur, la cosmographie n'existe point à l'état de science spéciale. Elle s'est partagée en plusieurs branches dont les principales sont : 1° l'*astronomie*, qui s'appuie sur les mathématiques et la physique; 2° la *géologie*, comprenant la météorologie, qui a pour base principale la minéralogie et les sciences naturelles; 3° la *géographie* proprement dite, qui se fonde sur la géodésie, l'ethnographie, l'histoire et les voyages.

COTINGA (*ampelis*) (zoologie). — Genre de passereaux dentirostres à riche parure : bec déprimé comme celui des gobes-mouches, mais plus court, moins échancré et moins aigu; ailes longues; queue médiocre, élargie; tarses courts et faibles, etc. — Ces oiseaux appartiennent à l'Amérique méridionale. Peu d'autres ont un aussi beau plumage, car le bleu d'azur ou d'outre-mer, le pourpre, le blanc et le noir purs, leur forment une parure qui ne cède à celle d'aucun autre oiseau; mais ces couleurs varient suivant les diverses saisons. Les mœurs des cotingas ne répondent pas à ces dehors séduisants : ils sont tristes, défiants, farouches même, et ne recherchent que les forêts profondes, où ils vivent d'insectes, de fruits, de bourgeons. Ils sont voyageurs, et dans leurs migrations ils marchent ou volent isolés ou par petites familles. Ils sont généralement silencieux, ou leur voix est triste et plaintive.

Trois espèces méritent d'être citées : ce sont le *cotinga ouette* (*A. carnifex*), qui porte une espèce de huppe d'un rouge vif, composée de plumes étroites et roides; il vient de Cayenne. — Le *cotinga Pompadour* est d'un joli pourpre clair, avec les pennes des ailes blanches; taille un peu plus forte que celle de notre merle. — Le *cotinga cordon bleu* est du plus bel outremer, avec la poitrine violette, traversée d'un large ruban bleu, et marquée de quelques taches aurore. Cette espèce habite la Guyane et le Brésil. B.

COTONNIER (botanique). — Genre de la famille des malvacées, comprenant des herbes ou des arbrisseaux très-analogues aux mauves par tous les caractères botaniques, et n'en différant qu'en ce que leurs graines sont enveloppées d'un duvet laineux fort épais, auquel on donne le nom de *coton*. « Les espèces qui fournissent cette substance, qui fait l'objet d'un commerce important, sont extrêmement nombreuses et répandues dans toutes les contrées méridionales de l'Asie et de l'Amérique. On en cultive aussi beaucoup en Grèce et dans l'Asie Mineure.

On a même essayé de les acclimater en France; mais soit défaut de précautions, soit délicatesse de la plante, les efforts qu'on a faits sont demeurés sans succès jusqu'ici, quoiqu'on n'ait pas entièrement renoncé à cette tentative. » Les graines du cotonnier sont émollientes et mucilagineuses.

L'usage de la bourre végétale appelée coton remonte à la plus haute antiquité, bien qu'on ignore à quelle époque les tissus si variés qu'on en fabrique ont été inventés. — Des préjugés nombreux existent relativement à l'emploi du coton. Ainsi, beaucoup de personnes, en France, ne veulent point porter de chemises de coton, pensant que la peau s'irrite de

Fig. 67. — Fleur du cotonnier.

ce vêtement; d'autres le rejettent du pansement des plaies et des ulcères, dans l'idée bien arrêtée qu'il peut nuire à la cicatrisation. Ce sont là des préjugés qui doivent être vivement combattus, puisqu'il est prouvé que, dans certains cas, les tissus de coton ont de grands avantages sur ceux de chanvre ou de lin. Disons d'abord que le reproche qu'on fait au coton d'irriter la peau est réellement insignifiant, puisque cette irritation n'égale même pas celle de la plupart des toiles qu'on lui substitue pour confectionner les chemises. Maintenant examinons ses avantages : le coton absorbe mieux la transpiration que la toile, et ne se refroidit point comme elle au contact de l'air : il est plus chaud que le lin et le chanvre, et conserve mieux la température du corps; enfin, il s'oppose à ces transpirations excessives qui nous abattent tant dans les grandes chaleurs des étés. — En thérapeutique, il paraît avoir une action spécifique dans les brûlures, et M. Mayor, de Lausanne, le préfère à la charpie dans le pansement des plaies. Tous les inconvénients attribués au coton sont donc imaginaires, et son usage doit, au contraire, se répandre de plus en plus, puisque, outre les avantages qu'il tient de sa nature, il est à bon marché et facile à conserver intact.   B. LUNEL.

COTON-POUDRE. — Voy. *Fulmi-coton*.

COTYLÉDON (botanique) [du grec *cotylédon*, coupe, écuelle]. — « Partie de la graine consistant, comme on le voit dans le haricot, en un ou plusieurs lobes charnus qui enveloppent la radicule et la gemmule; avec ces deux derniers organes, les cotylédons constituent l'embryon. Ils sont, pour ainsi dire, les mamelles qui nourrissent la plante naissante; ils lui donnent leur substance mucilagineuse et sucrée, tant qu'elle ne peut encore s'alimenter dans le sol. A mesure que la plante grandit, les cotylédons diminuent d'épaisseur, se dessèchent et meurent; tantôt ils restent sous la terre après la germination de la graine, on les appelle alors *hypogés*; tantôt ils s'élèvent à la surface avec la tigelle, et forment les premières feuilles qu'on nomme *feuilles séminales*, on les appelle alors *épigés*. » Certains végétaux n'ont pas de cotylédons (champignons), d'autres en ont un seul (lis, blé, palmier), d'autres deux (rosier, etc.), ou un plus grand nombre (pins). L'absence, la présence et le nombre des cotylédons ont une corrélation si remarquable avec les caractères offerts par toutes les autres parties de la plante, que Laurent de Jussieu, et, après lui, la plupart des botanistes, ont fondé sur cette considération la division du règne végétal en trois embranchements : *Acotylédonés*, ou plantes privées de cotylédons ; *Monocotylédonés*, plantes à un seul cotylédon, et *Dicotylédonés*, plantes à deux ou plus de deux cotylédons. Les *Cryptogames* de Linnée correspondent à la première division de Jussieu; les *Phanérogames*, aux deux autres.

COUCOUS (zoologie). — Genre d'oiseaux de l'ordre des grimpeurs, dont le nom ne s'applique pas seulement à l'espèce que nous appelons vulgairement ainsi, mais désignent collectivement tous les oiseaux de l'ordre, qui ont la queue longue, plus ou moins arrondie ou étagée à son extrémité, le bec de grandeur médiocre, bien fendu, légèrement arqué, un peu comprimé et sans échancrure à son extrémité. Seuls, parmi tous les grimpeurs, ils nous offrent un plumage uni, à barbes serrées, au lieu de ces plumes lâches et désagrégées que nous trouvons dans les pies, les jacamars, etc. Ils sont tous insectivores et voyageurs, quoiqu'ils habitent pour la plupart les contrées méridionales des deux continents, à l'exception de certaines espèces qu'on trouve dans les pays tempérés. Ils recherchent surtout les chenilles velues, dont ils rejettent la peau après la digestion; ils mangent aussi les œufs des autres oiseaux, dont ils savent découvrir les nids avec beaucoup de sagacité.

Les *coucous* se reconnaissent à leur bec médiocre, à leurs tarses courts, et recouverts supérieurement par les plumes des jambes qui retombent comme des manchettes, à leurs ongles arqués, à leur queue composée de dix pennes seulement et toutes à peu près égales. Ce sont des oiseaux farouches, qui vivent solitaires et ne construisent point de nid. Ils se reproduisent en déposant leurs œufs dans les nids de passereaux insectivores et surtout de merles et de becsfins, auxquels ils confient le soin de leur incubation et l'éducation des petits qui en proviennent; et, chose singulière, ces parents étrangers et d'espèce si petite, prennent soin de ces nourrissons comme de leurs propres petits, même lorsque la femelle, qui a déposé ses œufs dans leur nid, a dévoré ceux qu'elle y a trouvés. Ce fait, l'un des plus singuliers que présente l'histoire naturelle, n'a pu être expliqué jusqu'ici d'une manière satisfaisante. Nous n'avons en France qu'une seule espèce de ce sous-genre, le *coucou ordinaire*, qui est de la taille d'un pigeon et d'une couleur gris cendré, à ventre blanc marqué de raies noires transversales. Il doit son nom au cri monotone qu'il fait entendre de temps en temps, de la cachette où il se tient continuellement. Il se nourrit d'insectes et d'œufs de petits oiseaux.

On trouve rarement dans le midi de la France une seconde espèce de ce genre, le *coucou huppé*, qui se distingue de l'autre à sa huppe, à son plumage plus tacheté et à son cri plus sonore. Parmi les espèces étrangères, les plus jolies sont le *coucou didéric*, le *coucou cuivré*, etc. A ce genre appartiennent les *couas*, les *coucals*, les *courels*, les *indicateurs* et les *barbacoux*. (Salacroux.)

COUDÉE (métrologie) [de *coude*]. — Mesure de longueur en usage chez les anciens, et surtout chez les Hébreux. La coudée naturelle est la distance du coude à l'extrémité du doigt du milieu. La coudée se divisait en deux *empans*, l'empan en trois *palmes*, et la palme en quatre *doigts*; quatre coudées formaient une *brasse*. La coudée a souvent varié de longueur : le tableau comparatif des principales coudées anciennes le prouve :

	Millimètres.
Coudée naturelle égyptienne	450
Coudée royale égyptienne	525
Coudée grecque ou olympique	462
Coudée romaine	442
Coudée ordinaire philétérienne	540
Coudée royale philétérienne	720
Coudée ordinaire des Arabes	480

GOUDRIER (botanique). — Espèce du genre *noisetier*. — Voy. ce mot.

COULEUR [directement du latin *color*; dérivé du grec *choor*, colorer]. — Impression que fait sur l'œil la lumière réfléchie par la surface des corps; propriété de la lumière par laquelle elle produit, selon les différentes configurations et vitesses de ses particules, des vibrations dans le nerf optique qui, étant propagées jusqu'au *sensorium*, affectent l'âme de différentes sensations.

La *couleur* peut être encore définie : une sensation de l'âme excitée par l'action de la lumière sur la rétine, et différente suivant le degré de réfrangibilité de la lumière et la vitesse ou la grandeur de ses parties. — Voy. *Lumière* et *Réfrangibilité*.

Il y a de grandes différences d'opinion sur les couleurs, entre les anciens et les modernes, et entre les différentes sectes de philosophes d'aujourd'hui. Suivant Aristote, la couleur est une qualité résidante dans les corps colorés et indépendante de la lumière.

Les cartésiens, peu satisfaits de cette définition, ont dit que puisque le corps coloré n'était pas immédiatement appliqué à l'organe de la vue pour produire la sensation de la couleur, et qu'aucun corps ne saurait agir sur nos sens que par un contact immédiat, il fallait donc que les corps colorés ne contribuassent à la sensation de la couleur qu'à l'aide de quelque milieu, lequel, étant mis en mouvement par leur action, transmette cette action jusqu'à l'organe dans la vue.

La *réfraction* (voy. ce mot) que donne une seule surface réfringente produit la séparation de la lumière en rayons de différentes couleurs ; mais cette séparation devient beaucoup plus considérable et frappe d'une manière tout à fait sensible lorsqu'on emploie la double réfraction causée par les deux surfaces d'un prisme ou d'un morceau de verre quelconque, pourvu que ces deux surfaces ne soient pas parallèles.

Dans la langue des peintres, ce mot a plusieurs acceptions différentes ; il signifie, comme dans la langue ordinaire, l'apparence que les rayons lumineux donnent aux objets ; il signifie les substances minérales ou autres que les peintres emploient pour imiter la couleur des objets qu'ils représentent ; enfin, il signifie le résultat de l'art employé par le peintre pour imiter les couleurs de la nature, et c'est dans ce dernier sens que la couleur est particulièrement considérée en parlant d'un tableau.

Le peintre, comme le teinturier, n'a pour imiter l'innombrable variété des couleurs offertes par la nature, que trois couleurs primitives : le rouge, le jaune et le bleu, dont le mélange produit toutes les autres couleurs et toutes leurs nuances. Les anciens peintres ont longtemps opéré avec ces seules couleurs ; si l'on en emploie aujourd'hui un nombre plus considérable, c'est qu'on a trouvé, dans différentes substances, tout préparés par la nature, des mélanges que les anciens étaient obligés de faire sur leur palette ; mais quel que soit le nombre de ces substances colorantes, et celui des tons que produit leur mélange, on sera toujours réduit, en dernière analyse, aux trois couleurs primitives, auxquelles on joint le blanc pour exprimer la lumière, et le noir pour en exprimer la privation.

La couleur ou le coloris, car ces deux mots se prennent souvent l'un pour l'autre dans le langage de l'art, se considère relativement à l'ensemble d'un tableau et relativement au détail de ses parties.

Relativement à l'ensemble, il consiste dans une conduite de tons liés ou opposés entre eux, et qui soient dégradés par de justes nuances en proportion des plans qu'occupent les objets. Il en est de la disposition des couleurs comme de celle des figures dans la composition : il doit y avoir dans un tableau une figure principale ; il doit y avoir aussi une couleur dominante, un ton général, sans lequel il n'y aurait point d'harmonie.

Relativement aux détails, le coloris consiste dans la variation des teintes, variation nécessaire pour parvenir à l'arrondissement des corps. Ce principe est fondé sur ce que la couleur est subordonnée au *clair-obscur* (voy. ce mot), parce que c'est le clair-obscur qui donne l'échelle des tons que doivent suivre ces teintes différentes.

Les teintes principales se distinguent en cinq nuances : le grand clair, la couleur propre à l'objet, la demi-teinte, l'ombre et le reflet. Des teintes intermédiaires, et bien plus nombreuses dans la nature que l'art ne peut exprimer, forment le passage du clair à la couleur propre, et de celle-ci à la demi-teinte, à l'ombre et au reflet. Tous ces principes résultent encore de la théorie du clair-obscur, ou, ce qui est la même chose, ils sont fondés sur l'étude de la dégradation de la lumière et de l'ombre.

Le premier ton d'un tableau est arbitraire ; il n'a de valeur que celle qu'il reçoit des contrastes qu'on lui oppose. Le ton le plus simple sur la palette peut devenir très-brillant ; une couleur par elle-même très-brillante peut devenir lourde, sèche et discordante. Les couleurs matérielles sont mortes, c'est l'art du peintre qui les anime.

Les matériaux colorants, qu'on appelle aussi couleurs, ne s'emploient guère par les artistes tels que la nature les produit, ou tels qu'ils ont résulté de diverses opérations chimiques. La vive enluminure d'un beau rouge, d'un beau jaune, ne charme que les regards du peuple ; c'est à l'artifice des *couleurs rompues*, c'est-à-dire mélangées, que l'art doit sa séduction.

De ces mélanges résultent les *couleurs tendres* et les *couleurs fières*. Les premières sont formées des couleurs les plus douces et les plus amies, c'est-à-dire de celles qui ont entre elles le plus parfait accord ; les autres sont le produit des couleurs fortes et quelquefois discordantes, et forment des nuances vigoureuses. Les couleurs tendres se réservent pour les plans reculés, les couleurs vigoureuses ont leur place aux premiers plans. Les unes et les autres doivent être si bien unies qu'elles ne produisent ensemble qu'une nuance générale qui forme l'harmonie.

Les *couleurs transparentes* sont ainsi nommées parce qu'elles ouvrent un passage à la lumière, laissent voir la couleur qui est au-dessous d'elles, et ne font que lui prêter la teinte qui leur est propre ; elles conviennent donc moins à peindre qu'à glacer. Le glacis unit et accorde les tons en leur donnant une teinte générale, et prête de la sympathie aux couleurs les plus antipathiques.

L'*empâtement* ou la *belle pâte* des couleurs consiste à les coucher successivement sur la toile d'une manière large et facile. Des *couleurs tourmentées* sont celles qui ont été altérées par un frottement timide de pinceau trop souvent répété.

Peindre à pleine couleur, c'est travailler avec un pinceau chargé de couleur, et ne pas trop l'étendre; cependant, les tournants, les ombres, les lointains ne doivent pas être aussi chargés de couleurs que les clairs et les objets des premiers plans.

Les écoles les plus célèbres pour le coloris sont celles de Venise et de Flandre. Si l'on pouvait douter que des plus grands efforts des coloristes il ne résulte que des mensonges imposants, on en trouve la preuve dans la comparaison de leurs ouvrages. Si l'on met à côté l'un de l'autre les plus heureux tableaux du Titien, de Paul Véronèse, du Bassan, de Rubens, on reconnaîtra que ces tableaux, tous bien colorés, sont d'une couleur différente. Ensuite, si l'on compare école à école, et l'un des chefs-d'œuvre de l'école vénitienne à un chef-d'œuvre de l'école flamande, on verra deux tableaux d'une belle couleur, mais on reconnaîtra aussi que la couleur de ces deux tableaux porte sur des principes tout à fait différents; d'où l'on peut conclure que, puisqu'aucun des artistes de ces deux écoles n'a eu la même couleur qu'un autre, tous n'ont fait que mentir d'une ma-

Fig. 68. — Couleuvre.

nière séduisante, et qu'ils doivent tous leur gloire au plaisir que nous cause cette innocente séduction. (*Lunier.*)

COULEUVRE (zoologie) [*Coluber*]. — Genre de reptiles de l'ordre des ophidiens, renfermant tous les serpents non venimeux de nos climats. En voici les caractères génériques : tête plate et allongée; crochets de la mâchoire supérieure formant une série longitudinale continue, quoique les postérieurs soient généralement plus forts et plus longs à peu près de moitié, et jamais cannelés; corps allongé, cylindrique; écailles dorsales portant une ligne saillante ou une sorte de carène; queue médiocre comparativement à la longueur du corps.

Les couleuvres ont été connues de toute antiquité. Les naturalistes ont compris dans ce groupe bon nombre d'espèces qui en ont été séparées ensuite; si bien qu'on ne désigne actuellement sous ce nom que des ophidiens de taille moyenne (1 m. 60 cent.

de long au plus), à corps allongé, cylindrique, insensiblement plus gros vers sa partie moyenne qu'à ses deux extrémités; à tête allongée, élargie en arrière, séparée du corps par un col distinct; queue plus ou moins allongée. — Les couleuvres sont répandues partout, surtout dans les contrées chaudes et tempérées, où elles habitent le plus souvent les lieux herbeux et humides, les bords des eaux douces, nageant au besoin avec la plus grande facilité, ce qui les a fait nommer *serpents d'eau*. Quelquefois elles restent couchées dans les herbes ou sous les pierres, se roulent et se cachent en partie dans le sable ou dans la vase, guettant et cherchant à saisir au passage les petits poissons entraînés par le courant, des vers, des insectes, des crapauds, etc. Leur mâchoire est si dilatable, qu'elles avalent jusqu'à des oiseaux et des rongeurs de petite taille. Elles vivent isolées, et les sexes ne se rapprochent que pour l'accouplement, qui s'opère comme chez les ophidiens. Ce sont, en général, des animaux timides, dont les principaux moyens de défense sont la fuite et la projection d'excréments demi-liquides à odeur alliacée très-pénétrante. Rarement ils mordent, et leur morsure n'est nullement venimeuse; c'est ce que savent bien les bateleurs qui en exhibent devant le public ignorant, et certaines gens qui leur font la chasse pour les manger sous le nom d'*anguilles de haies*. Ils dardent avec rapidité une langue fourchue qui effraye; mais cet organe est trop mou pour faire le moindre mal. Les anciens naturalistes ont prétendu que les couleuvres étaient tellement friandes de lait, qu'on les avait vues s'introduire dans les étables et s'attacher aux jambes des vaches, des chèvres, pour sucer leur pis; aucun observateur moderne n'a pu vérifier ce fait, dont on doute aujourd'hui. — Ces reptiles pondent des œufs ellipsoïdes nombreux, à enveloppe coriace, qui souvent s'agglutinent les uns aux autres à mesure qu'ils sortent du vestibule; la femelle les abandonne à l'éclosion spontanée, dans le sable, le fumier, les feuilles sèches; on dit que, dans certaines circonstances, elle donne des petits vivants. La couleuvre change de peau tous les ans. La durée de son existence n'est pas connue; mais c'est une erreur de croire, avec nos villageois, qu'elle est bornée à deux ans.

On compte une vingtaine d'espèces, distinguées principalement par le nombre, la forme et les dispositions des écailles céphaliques et des dorsales. Quatre sont européennes, et parmi elles deux seulement seront citées ici.

COULEUVRE A COLLIER (*C. natrix*).—Dessus du tronc et côtés d'un gris bleu plombé, avec des bandes quadrilatères noires; une sorte de collier de plaques d'un jaune pâle ou blanchâtre s'élevant sur la nuque, suivi ou bordé en arrière de grandes taches noires. Longueur moyenne, 75 cent.

Cette espèce est le *natrix* des anciens auteurs. Elle habite toute l'Europe, n'est pas rare dans le nord de l'Afrique, dans quelques parties de l'Asie. On la trouve auprès des habitations, dans la belle saison; elle dépose souvent ses œufs, qui sont en chapelet et au nombre de dix ou quinze, dans les meules de blé placées dans les champs. On rencontre souvent des couleuvres dans les fumiers; mais le plus habituellement elles restent dans les prés humides, auprès de grands cours d'eau, où elles aiment à se plonger.

COULEUVRE VIPÉRINE (*C. viperinus*).—Corps d'un gris verdâtre ou d'un jaune sale, portant au milieu du dos une suite de taches brunes ou noirâtres très-rapprochées qui forment une ligne sinueuse; flancs avec des taches isolées en losange, dont le centre est d'une teinte verdâtre; taille plus petite que celle de la couleuvre à collier. — Cette espèce habite les mêmes lieux que la précédente.   Dʳ BOSSU.

COUPELLATION (chimie). — Opération dont le but est de séparer dans des vases poreux appelés *coupelles* les métaux étrangers qui peuvent être contenus dans l'or ou l'argent. « Cette purification s'effectue en ajoutant à l'or et à l'argent une certaine quantité de plomb, et en soumettant à la calcination l'alliage qui en résulte, de telle sorte que, l'or et l'argent exceptés, tous les autres métaux soient convertis en oxydes, et par cela même éliminés. On distingue la coupellation qui se pratique en grand, dans les ateliers de métallurgie, et celle qui ne se fait que sur de très-petites quantités, par les essayeurs des matières d'or et d'argent. Le premier mode s'applique aux *plombs d'œuvre*, ou plombs argentifères : on l'exécute dans des fourneaux à réverbère, dont la base est creusée et représente une espèce de coupe; celle-ci est recouverte d'une couche assez épaisse et bien battue de cendres lessivées, sur laquelle sont disposés les saumons de plomb; on fait fondre le métal, et l'on y dirige de l'air, afin que le plomb s'oxyde tandis que l'argent conserve son état métallique; quand l'oxyde de plomb est en pleine fusion, on le fait écouler par une ouverture latérale, et l'argent seul reste sur la coupelle sous la forme d'un culot brillant. Le deuxième mode repose sur la propriété que présentent les coupelles en phosphate de chaux de laisser écouler les oxydes fondus, comme un tamis très-fin, et d'être imperméables aux métaux, de sorte que ceux-ci restent à leur surface intérieure, tandis que les premiers pas-

sent à travers leurs parois; on ajoute à l'alliage qu'on veut titrer une certaine quantité de plomb pur, pour que l'oxyde de plomb qui se forme pendant la calcination puisse dissoudre l'oxyde de cuivre et l'entraîner avec lui à travers les pores de la coupelle. Ce mode d'analyse ne donne pas des résultats absolus; aussi lui a-t-on généralement substitué l'*essai par voie humide*. Les alliages d'or s'analysent aussi par la coupellation; mais, comme on ne peut pas débarrasser l'or de tout le cuivre, il faut y ajouter une certaine quantité d'argent et soumettre ce nouvel alliage à la coupellation. »

COUPEROSE (chimie). — Vitriols formés par l'union de l'acide sulfurique avec le fer, le cuivre et le zinc.

Ce sont les sulfates de la nouvelle nomenclature chimique.

De ces sels métalliques, les deux premiers, en cristaux verts et bleus, sont employés principalement dans les arts industriels, et le troisième, à cristaux blancs, l'est plutôt dans les préparations pharmaceutiques.

La couperose verte, nommée aussi vitriol de mars, d'Angleterre, martial, et enfin sulfate de fer, est inodore, styptique, soluble dans deux parties d'eau froide et dans un peu moins de son poids d'eau bouillante, et insoluble dans l'alcool. Ce sel, dont les plus beaux échantillons sont d'un beau vert, cristallise en rhomboïdes. *Sa pesanteur spécifique est* = 1,84.

D'un emploi indispensable dans une foule d'industries, il rend d'immenses services à la teinturerie, à la chapellerie, et dans la fabrication des produits chimiques, il aide à produire l'encre, le rouge à polir les métaux, les pâtes à aiguiser, etc.

La couperose verte, fabriquée en grand, s'obtient presque exclusivement par le traitement des pyrites de fer, et dans les fabriques pendant de ces matières premières, en faisant agir directement l'acide sulfurique étendu sur de vieilles ferrailles. Dans ce dernier mode, les proportions à employer sont : pour 50 kil. de fer, 78 kil. d'acide sulfurique à 45 ou 48 degrés Beaumé, étendu de deux fois son poids d'eau. Il faut verser l'acide sur l'eau, en agitant tout le liquide, et employer le fer bien divisé et bien décapé, afin qu'il soit le moins oxydé possible.

Dans le décapage préparatoire et obligé des tôles de fer destinées à la fabrication en grand de la serrurerie, il s'en produit par dépôt au fond des tonneaux contenant l'acide. Les cristaux de proto-sulfate de fer qu'on y trouve sont en prismes bien transparents, rhomboïdaux, d'une belle couleur verte, et ainsi composés :

Oxyde noir de fer	28		
		= Hydroxyde de fer	36
Eau de composition	8		
		Acide sulfurique	27
		Eau de cristallisation	37
			100

La fabrication de la couperose verte en France a

pris d'immenses proportions, et nous croyons devoir nous étendre un peu sur leurs diverses propriétés et qualités, ainsi que les lieux de leurs productions et leurs marques de fabrique et commerciales.

Les couperoses de France comprennent : 1° Celles de Picardie ; 2° celles de Forges ; 3° celles de Paris ; 4° celles de Honfleur.

Ces couperoses sont toutes impures, elles sont fréquemment altérées par diverses causes soit : un excès d'acide du sulfate ferrique, des sels de zinc, de manganèse, d'alumine, de magnésie, de cuivre, etc.

Les couperoses de Picardie que nous allons rassembler en tableau, pour éviter les redites, comportent sept variétés :

1°	Celle dite	Noyon ;
2°	—	Noyon ;
3°	—	Noyon ;
4°	—	Mairancourt ;
5°	—	Mairancourt ;
6°	—	Saint-Urcel ;
7°	—	Montatère.

Celles de Noyon et de Montatère sont impropres à la préparation des cuves d'indigo.

COUPEROSE DE NOYON.

En petits cristaux d'un vert pâle, entremêlés de fragments brunâtres pulvérulents ; elle rougit le papier de Tournesol, a une légère odeur de mélasse et est très-efflorescente. On la vend 9 fr. les 100 kilog.

COUPEROSE DE NOYON.

En cristaux d'un vert clair, entremêlés de fragments plus foncés ; elle a peu d'odeur ; moins efflorescente que la précédente, elle est acide, et ses cristaux sont colorés par une addition de galles.

COUPEROSE DE NOYON.

Elle est en beaux cristaux d'un vert d'eau bleuâtre, transparents, peu efflorescents ; elle n'a pas d'odeur. On la vend 12 fr. les 100 kilog.

COUPEROSE DE MAIRANCOURT.

En petits cristaux d'un vert clair, tachés de brun par la noix de galle ; elle n'a pas d'odeur de mélasse. On la vend 10 fr. les 100 kilog.

COUPEROSE DE MAIRANCOURT.

Elle est en poudre d'un vert foncé sale ; çà et là, tachée de brun ; elle est très-humide et imprégnée d'odeur de mélasse.

COUPEROSE DE SAINT-URCEL.

En petits cristaux, mélangés de poudre d'un vert foncé, tachés de noir, très-humides, très-acides, et d'une odeur très-prononcée de mélasse. Elle se vend 12 fr. 50 c. les 100 kilog.

COUPEROSE DE MONTATÈRE.

Celle-ci est en cristaux d'un vert clair, légèrement effleuris, inodore. On la vend 11 à 12 fr. les 100 kilog.

COUPEROSE DE FORGES.

C'est la plus estimée dans le commerce. On la partage en menu sel et sel de refonte. Cette dernière est en gros cristaux, d'un vert émeraude assez foncé, se recouvrant facilement de taches ocreuses. Elle est peu acide et sans

odeur. On vend le sel de refonte 27 à 28 fr. les 100 kilog, e le menu sel 23 à 24 fr. Rien, du reste, ne justifie cette cherté.

COUPEROSE DE PARIS.

Elle est en petits cristaux d'un vert brun foncé, entremêlés d'un vert clair et transparent. Elle est très-acide et enduite de mélasse ; elle convient très-bien pour dissoudre l'indigo.

COUPEROSE DE HONFLEUR.

Elle est en petits cristaux d'un vert clair, mélangés de petits fragments transparents plus foncés et tachés de brun foncé. Elle est très-acide et sent la mélasse. On la vend 14 à 15 fr. les 100 kilos. Elle dissout l'indigo.

Il existe une infinité d'autres variétés de couperose employées en chimie ; nous les mentionnerons sous leur nom scientifique.

Le sulfate acidulé de fer blanc est formé avec l'oxyde de fer blanc (au minimum) combiné avec un peu d'acide sulfurique en excès. Ce sel est vert bouteille foncé. C'est la couperose du commerce.

Le sulfate acide de fer blanc est de couleur vert émeraude. Il contient un excès d'acide beaucoup plus considérable que le précédent, et est rejeté dans presque tous les arts où on emploie la couperose verte. On fait passer le précédent à l'état de celui-ci, en ajoutant au sulfate acidule un peu d'acide sulfurique ; et celui-ci à l'état du premier, en le faisant chauffer sur de la limaille de fer.

Le sulfate acidule de fer vert s'obtient en combinant de l'acide sulfurique avec de l'oxyde vert de fer. Ce sel ne cristallise pas, il est rouge malgré la couleur verte de son oxyde.

Le sulfate acide de fer vert est presque incolore et s'obtient par l'addition d'un peu d'acide sulfurique au précédent sel. Il cristallise, mais très-difficilement, en vert émeraude.

Le sulfate acidule de fer rouge ou sulfate neutre de fer très-oxydé est jaune, absolument insoluble, et par conséquent non susceptible de cristalliser. Il se précipite, sous la forme de poussière jaune, des dissolutions de sulfates acidules de fer blanc et vert.

Quant au sulfate acide de fer rouge, on l'obtient en faisant dissoudre de l'oxyde rouge de fer dans de l'acide sulfurique étendu d'eau. Ce sel contient plus d'acide en excès que les autres sulfates acides. Il est presque incolore, mais il prend une couleur rouge assez forte lorsqu'on sature son excès d'acide par de la potasse. Il ne cristallise pas.

Les taches jaunes qui se produisent sur la couperose verte par l'absorption de l'oxygène de l'air forment le sulfate de tritoxyde de fer.

Toutes les couperoses vertes préparées par l'immixtion du fer dans l'acide sulfurique fournissent du gaz hydrogène pendant la combinaison. C'est même par ce moyen que l'on gonfle les aérostats.

La couperose dite d'Angleterre est toujours très-recherchée, surtout par les teinturiers ; cependant son analyse n'y fait découvrir aucun principe particulier supérieur. Il est probable que c'est à sa pureté, relativement aux autres, qu'elle doit son haut prix et la préférence de son emploi.

La couperose verte dite de Saltzbourg, et que nous composons très-bien en France, est très-estimée pour les teintures noires à reflets d'azur. C'est un sulfate double de fer et de cuivre.

La dissolution de couperose verte, absorbée en assez grande quantité, peut déterminer des accidents locaux tels que douleurs, spasmes, vomissements, etc. Les déjections peuvent être facilement reconnues, car ce sel, dissous, donne avec l'hydrochlorate de baryte un précipité blanc, et avec l'hydroferrocyanate de potasse un précipité blanc bleuâtre qui devient bleu foncé tout à coup par l'addition d'un peu de chlore liquide.

La médecine, cependant, l'utilise à la dose de quelques centigrammes comme tonique ou vermifuge.

Couperose bleue. — Cuivre vitriolé, vitriol bleu, de cuivre, de chypre ou sulfate de cuivre. C'est un sel inodore en cristaux bleus transparents, irréguliers, quoique indiquant le rhomboïde allongé et parfois l'octaèdre et le dodécaèdre. Soluble à froid, dans quatre parties d'eau, il subit la fusion aqueuse, perdant d'abord son eau de cristallisation et ensuite tout son acide; d'une saveur styptique et métallique, il fournit, exposé à l'air, une efflorescence d'un blanc verdâtre.

La solution de couperose bleue dans laquelle on introduit une lame de fer ou de zinc amène du cuivre à l'état métallique. Ce sel, d'une pesanteur spécifique de 2,2, est ainsi formé:

Acide	31,38	2 proportions	10,0	32,0
Oxyde	32,32	1 —	10,0	32,0
Eau	36,30	10 —	11,25	36,0
	100,00		31,25	100,0

On l'obtient en calcinant les pyrites de cuivre et en les faisant effleurir, afin d'y développer le sel qu'on extrait alors par la lessive, ou bien en combinant du cuivre avec de l'acide sulfurique concentré et bouillant. Lorsque la couperose obtenue par ce dernier moyen est mêlée en dissolution avec du sel ammoniac, il se forme une encre dont les caractères sont invisibles à froid, mais qui paraissent jaunes étant chauffés, et disparaissent de nouveau à mesure que le papier refroidit. C'est cette même dissolution qui produit *l'eau céleste* d'un si beau bleu, qui sert d'ornement aux officines des pharmaciens.

On prépare rarement de toutes pièces ce sel dans les laboratoires; mais on y purifie celui du commerce en le faisant dissoudre et cristalliser à plusieurs reprises, ayant soin de laver chaque fois les cristaux avec de l'eau.

La meilleure solution de couperose bleue s'obtient en en dissolvant 20 parties dans 100 parties d'eau distillée.

Les réactifs qui décèlent sa présence sont: pour l'acide, le muriate de baryte; et pour l'oxyde, l'ammoniaque, l'acide arsénieux, les arsénites de potasse et de soude, et l'hydrocyanate de potasse et de fer.

Prise à l'intérieur, à très-petite dose, la couperose bleue produit l'effet d'un fort émétique; et à forte dose, elle devient un violent poison. On l'emploie en médecine, à l'extérieur comme escharrotique, topique et styptique.

Couperose blanche, vitriol blanc, de zinc, de Goslar, ou sulfate de zinc. — Ce sel est solide, blanc, transparent, en masses amorphes, ayant souvent l'apparence du sucre en pain, et parfois cristallisé en prismes hexaèdres. On l'obtient en traitant directement le zinc par l'acide sulfurique étendu de moitié d'eau. Ce sel cristallise très-facilement; il est très-blanc et très-pur.

La couperose blanche est d'une saveur âcre, styptique; elle est soluble à froid dans deux fois et demie son poids d'eau; sa pesanteur spécifique varie entre 1,33 et 1,91. Très-peu employée dans les arts et l'industrie, elle rend néanmoins quelques services dans la thérapeutique comme astringent, et comme collyre dans les maladies d'yeux.

A l'état de dissolution, la couperose blanche est précipitée en blanc par le chlorhydrate de baryte; en blanc verdâtre par la potasse caustique, et le précipité se redissout dans un excès de potasse.

On croit avoir trouvé le moyen le plus puissant de conservation des substances animales au moyen de solutions aqueuses saturées de couperose blanche; malheureusement le temps seul peut prouver le mérite de cette application.   Ch. Barbot.

COUPEROSE (pathologie) [de *gutta rosea* ou *gutta rosacea*, goutte rose]. — On désigne ainsi une inflammation chronique et non contagieuse des follicules sébacés, caractérisée par des pustules peu étendues, séparées, environnées d'une auréole rosée, à base plus ou moins dure; c'est une des variétés de l'*acné*, nommée *acne rosacea*. On l'observe, en général, dans l'âge mûr, et elle est toujours accompagnée d'une rougeur érythémateuse plus ou moins prononcée de la peau. Elle affecte souvent les femmes à l'époque critique, ceux qui s'adonnent à la boisson, à la bonne chère, ceux qui se livrent avec excès aux travaux de cabinet. Elle résulte fréquemment d'une disposition héréditaire; elle se développe surtout chez les individus pléthoriques qui sont sujets aux hémorrhoïdes.

Chez les jeunes gens qui semblent avoir une prédisposition héréditaire à cette affection, on observe souvent, soit après une exposition prolongée au soleil, soit après un violent exercice ou des excès quelconques, des taches rouges, irrégulièrement circonscrites, situées au visage, et qui occupent tantôt les joues, tantôt le nez, et même toute la face. Mais cette teinte rouge foncée n'est que passagère; quelquefois il se développe en même temps de petites pustules éparses, peu nombreuses d'abord, mais qui vont en se multipliant et en se succédant sans cesse.

Chez les personnes d'un âge mûr, c'est ordinairement au nez que la maladie débute. L'extrémité de cette partie devient d'un rouge violacé, après un léger excès de régime, quelquefois même après un repas ordinaire et fort simple; pourtant on l'observe de préférence après l'ingestion de boissons alcooliques. Peu à peu cette rougeur du nez devient habituelle et donne à la physionomie un aspect particulier. Quelques pustules s'y développent çà et là; mais la suppuration ne s'établit pas ou ne s'établit qu'incomplétement, et, dans ces points, la rougeur devient plus vive. Quelquefois la maladie se borne au nez, qui acquiert, dans un certain espace de temps, un volume considérable. Les veinules de la peau deviennent variqueuses; elles forment des lignes bleuâtres, irrégulièrement dispersées, qui tranchent avec la couleur rouge ou violacée de la surface malade; mais le plus souvent cette augmentation de volume du nez n'a pas lieu; sa forme est seulement altérée; la maladie s'étead sur les joues, sur le front, le menton, et enfin envahit tout le visage; la teinte rouge n'est pas également prononcée partout; elle l'est davantage d ıns les points où se trouvent des pustules ; la suppuration ne s'y établit jamais d'une manière franche , il reste toujours une sorte d'induration, et la peau conserve une injection plus prononcée. Lorsque la maladie dure depuis quelque temps, la peau du visage devient inégale, rugueuse, et même, si la maladie vient à disparaître, la peau ne reprend jamais entièrement son état naturel.

La couperose est assez souvent liée à une affection chronique de l'appareil gastro-intestinal. La rougeur est en général plus marquée le soir et après le dîner que dans la matinée. Enfin la maladie peut cesser et revenir sur le même individu, en offrant chaque fois des différences dans son intensité. Les pustules sont assez nombreuses, et la couleur jaune de leur sommet tranche d'une manière remarquable sur la teinte rouge violacée de la peau. Dans tous les cas, les traits du visage sont plus ou moins altérés, et quelquefois l'aspect du malade est repoussant.

Causes. — La couperose s'observe surtout chez les hommes d'un âge mûr et chez les femmes à l'époque critique. Relativement au sexe, les femmes y sont plus prédisposées que les hommes ; Biett a constaté pendant quinze ans de suite, au dispensaire de l'hôpital Saint-Louis, qu'elles se présentaient en plus grand nombre. Le tempérament bilieux est celui qui prédispose le plus à cette affection dans l'âge adulte; dans la jeunesse, c'est le tempérament sanguin. Dans certains cas, la couperose paraît se lier à un dérangement des fonctions des vicères abdominaux, particulièrement de celles du foie et de l'estomac. Cette observation fort ancienne a été reproduite par Darwin et Biett; ils regardent cette cause comme si commune, qu'ils en ont fait la base de distinctions spécifiques, et qu'ils ont admis une *couperose stomacale* et une *couperose hépatique*.

Les rapports de cette éruption, chez les femmes, avec les fonctions de l'utérus, semblent établis sur des faits plus exactement observés : c'est à la puberté, où cet organe si important reçoit une activité nouvelle, et à l'époque critique, où ses fonctions se terminent, que la couperose se manifeste le plus souvent. On la voit survenir encore après la suppression du flux menstruel, et disparaître après le retour de cette évacuation naturelle. Enfin la grossesse elle-même exerce une influence marquée sur cette éruption,

soit en l'aggravant quelquefois, soit plus souvent en la faisant disparaître pendant tout le temps de la gestation.

L'hérédité est considérée par tous les praticiens comme une des causes les plus ordinaires de la couperose; on l'a vue se transmettre successivement à plusieurs générations.

Les climats froids et humides paraissent exercer une influence marquée sur le développement de cette éruption; c'est ainsi qu'en Angleterre et dans le nord de l'Allemagne elle est plus fréquente que dans les pays méridionaux.

Les excès de table, l'influence de certaines professions ou de certains travaux qui exigent une longue application dans une attitude qui favorise une circulation plus active vers la tête, sont les causes qui concourent le plus puissamment à produire cette éruption.

D'autres fois, elle doit son origine à des affections morales, soit lentes, profondes, comme les chagrins, les passions concentrées, soit rapides, instantanées, comme la frayeur et la colère.

Enfin il y a des causes plus directes, plus immédiates, dont l'action est surtout nuisible lorsqu'il existe déjà des prédispositions; telles sont les applications de certains fards, des lotions avec des liqueurs styptiques, astringentes, et en général l'usage de la plupart des cosmétiques dont les femmes font, surtout au déclin de l'âge, un abus trop souvent compromettant pour leur santé.

Le diagnostic de la couperose est en général assez facile à établir. On la distingue d'avec les pustules et les tubercules *syphilitiques*, en ce que l'auréole qui entoure ces derniers est cuivrée, et que leur sommet est le plus souvent ulcéré; d'ailleurs, il existe presque toujours dans la syphilis secondaire et constitutionnelle d'autres symptômes qui accompagnent cette maladie. Dans l'*ecthyma*, les pustules sont larges, superficielles, et forment des croûtes épaisses plus ou moins saillantes que l'on ne retrouve jamais dans la couperose. Le *lupus*, à son début, en diffère en ce qu'il ne présente que quelques tubercules épars, non entourés d'une teinte érythémateuse, plus larges, d'une teinte rosée et aplatis. Le *lichen agrius* présenterait peut-être plus de ressemblance avec la couperose; pourtant les pustules de la couperose ne s'ulcèrent point à leur sommet comme les papules du *lichen*, dont le siége est surtout au front, aux joues et aux lèvres, tandis que la couperose occupe le nez et les joues. Enfin le prurit du *lichen* est plus vif, plus intolérable que le fourmillement de la couperose.

Pronostic. — Le pronostic de la couperose varie selon l'âge des individus, l'ancienneté de la maladie, et les causes qui l'entretiennent. Lorsque l'éruption est récente, légère, que les pustules sont peu nombreuses, séparées, que le malade est jeune, on triomphera assez facilement de la maladie. Lorsqu'elle est ancienne, étendue, profonde, qu'elle commence dans l'âge adulte et se lie au trouble des fonctions des viscères abdominaux, le pronostic est plus fâcheux, et il faudra les efforts les mieux combinés pour surmonter les obstacles qui s'accumulent.

Traitement. — Le traitement varie suivant l'intensité de la maladie, les causes qui l'ont produite, l'âge et la constitution des sujets.

Lorsque l'éruption est légère, que les pustules sont rares, isolées et accompagnées d'une inflammation peu marquée, qu'elle se manifeste chez des individus jeunes, pléthoriques, et chez lesquels on ne voit point de causes qui aient altéré la constitution, le traitement doit se borner à des applications topiques qui modifient la marche de cette éruption. Ces applications se composent en partie de substances stimulantes, qui excitent plus ou moins la surface avec laquelle on les met en contact. On donne la préférence aux lotions faites avec de l'eau distillée de roses, de lavande, etc., dans laquelle on ajoute une proportion d'alcool qui doit varier selon l'état des pustules : un tiers ou moitié de cette liqueur détermine un accroissement sensible de l'irritation, qui prend chez quelques individus la marche et l'acuité de l'érysipèle, et se termine avec assez de promptitude. Cette disposition inflammatoire est-elle moins marquée, on augmente la proportion de l'alcool, et dans quelques cas on y ajoute quelques centigrammes de sublimé. On emploie à Londres une préparation connue sous le nom de *liqueur de Gowland*, et qui n'est autre chose qu'une dissolution de ce sel étendue dans une substance émulsive.

On a vanté, dans ces derniers temps, les préparations d'*iodure de chlorure mercureux*, tant à l'intérieur qu'à l'extérieur; mais les résultats n'étant pas venus confirmer les espérances des médecins qui cherchaient à faire considérer ce médicament comme un spécifique de la couperose, nous n'entrerons pas dans le détail compliqué de ses différentes formes et de son administration. Il a d'ailleurs pour nous le grave inconvénient d'être un composé mercuriel très-énergique, et nous n'admettons cette médication dangereuse que dans des cas extrêmes et très-restreints.

L'éruption se compose-t-elle de pustules nombreuses, confluentes, de tubercules enflammés, on sera plus réservé dans les applications stimulantes, surtout chez les individus jeunes, sanguins et vigoureux. On fera bien, avant d'employer les lotions, de purger ou de saigner. Si la couperose se lie à la suppression des menstrues ou du flux hémorrhoïdal, on rappellera d'abord ces évacuations périodiques à leurs époques habituelles.

Lorsque cette affection coïncide avec un état saburral des organes digestifs, on devra donner des émétiques et des purgatifs drastiques, pour observer ensuite une diète assez sévère. Il en est de même lorsqu'il y a une hépatite chronique, circonstance dans laquelle on a obtenu des succès très-marqués de l'emploi du calomel, continué jusqu'à ce qu'il ait produit un léger engorgement des gencives. Ces deux formes, dans lesquelles les moyens généraux peuvent être utiles, sont liées à un trouble profond des fonctions du bas-ventre et sont particulières à l'âge mûr.

On emploie les bains tièdes généraux à une température modérée, les délayants à l'intérieur et les demi-lavements. On donne aux eaux minérales sulfureuses une assez grande importance dans le traitement de cette éruption, surtout lorsqu'elle est ancienne; elles peuvent être employées à l'intérieur pendant un temps plus ou moins considérable, mais c'est surtout en lotions, en bains, en douches, qu'on en obtient les meilleurs résultats. Les bains et les douches de vapeurs sont recommandés et mis en pratique, surtout dans les hôpitaux, parmi les nombreux moyens employés dans une affection souvent si rebelle.

On a aussi recommandé l'immersion prolongée des jambes dans l'eau chaude, à laquelle on ajoute de quarante à soixante grammes d'acide nitro-muriatique, pour huit à dix litres d'eau; ce moyen, préconisé en Angleterre, peut être employé comme un auxiliaire utile.

Les médications locales, stimulantes, proscrites à une époque où l'on considérait les éruptions de la face comme une sorte de dépuration salutaire qu'il était dangereux de contrarier, furent remises en vogue par Darwin et Alibert, qui en firent presque la base des méthodes curatives qu'ils employèrent contre la couperose. Darwin obtenait de très-bons effets en produisant, à diverses reprises, une légère vésication sur toute la face; mais ce procédé curatif, qui, du reste, appartient à notre Ambroise Paré, ne doit être mis en usage qu'avec réserve. Les substances caustiques employées le plus ordinairement sont l'acide chlorhydrique et le nitrate d'argent fondu. En appliquant l'une ou l'autre de ces substances, on produit une irritation plus vive qui donne à cette éruption chronique une marche presque aiguë; mais il faut une grande attention pour distinguer les cas dans lesquels ces applications peuvent être utiles de ceux où elles sont nuisibles.

Après avoir énuméré les différentes médications usitées dans la couperose, nous allons indiquer celle que nous employons depuis longtemps, et qui nous a valu bon nombre de réussites : d'abord, une pommade composée d'axonge purifiée, de sous-carbonate de plomb, de sulfure rouge de mercure, d'alun, de laudanum et d'alcool. On peut rendre cette pommade plus active en y incorporant, à doses très-faibles, du sublimé; on l'emploie en onctions légères matin et soir. Ensuite, un mélange d'alcool et d'acide chlorhydrique, dont on se sert de temps en temps pour toucher les points les plus malades. Enfin, pour achever la guérison, en faisant disparaître la tension et la rougeur de la peau, une liqueur composée d'alcool, de teinture de benjoin, d'alun pulvérisé et d'essence de bergamote; on en met une cuillerée à café dans un verre d'eau distillée, et on l'emploie en lotions plusieurs fois par jour sur les points primitivement affectés. Les proportions des différentes substances employées dans ces préparations variant suivant la durée, l'étendue et la gravité du mal, il est difficile de donner des formules exactes : pourtant, nous nous réservons de revenir sur cette médication et de la préciser plus rigoureusement lorsque nous traiterons la classe des *dartres*. Pendant toute la durée de ce traitement, nous avons pour habitude de soumettre le malade à l'usage d'une tisane de saponaire, de fumeterre ou de douce-amère, et des purgatifs légers répétés tous les cinq à six jours, si l'état des organes digestifs le permet.

Il est bien évident que les excitants de tout genre doivent être rigoureusement proscrits, non-seulement pendant le traitement, mais encore longtemps après, si l'on ne veut s'exposer à voir l'éruption reparaître.

Nous ne saurions trop mettre en garde les personnes atteintes de l'affection que nous venons de décrire, contre les promesses brillantes de ces guérisseurs qui réussissent quelquefois à faire disparaître ces éruptions assez rapidement, mais non sans compromettre la santé, car il s'opère alors des répercussions très-dangereuses sur les organes essentiels de la vie, tels que les poumons et les intestins[1].

Dʳ DESPARQUETS.

COURANTS ÉLECTRIQUES. — Voy. *Électricité.*

COURANTS MARINS. — Mouvement continuel des eaux, soit dans toute leur profondeur, soit à une certaine profondeur seulement, s'opérant dans une étendue variable, mais qui est immense quelquefois. Ce mouvement est de deux sortes : l'un qui porte les eaux d'orient en occident, dans une direction contraire à celle de la rotation du globe; l'autre qui s'opère du nord vers l'équateur. Ces deux mouvements ont leur analogue dans l'atmosphère. Leur cause semble tenir à l'action du soleil, à celle de l'évaporation des eaux et à la rotation du globe. — Le premier (mouvement de l'est à l'ouest) paraît dépendre de celui du soleil et de la lune; ces deux planètes, en avançant chaque jour à l'occident, entraînent la masse des eaux vers ce côté : de là la tendance habituelle des eaux vers ce point, l'éloignement progressif des rives occidentales et l'avancement des rives orientales du côté des eaux. — Le mouvement qui porte les mers du pôle vers l'équateur s'explique facilement, d'une part, par l'abondance des eaux polaires résultant des accumulations de glaces, et de leur liquéfaction continue; d'un autre côté, par la pesanteur spécifique moindre des eaux de l'équateur et la diminution de leur quantité par l'évaporation, ce qui sollicite nécessairement les premières à se précipiter dans les secondes pour rétablir l'équilibre.

Outre les grands courants dont nous venons d'indiquer le mécanisme, il en est de partiels, dus au mouvement général brisé par la rencontre d'une grande terre, comme la Nouvelle-Hollande, ou de quelque archipel, comme ceux de l'Océanie, terre

ou archipel qui force les eaux à prendre une direction contraire à celle qu'elles avaient d'abord. Ce sont là les courants les plus dangereux et que les navigateurs se sont appliqués à décrire géographiquement. Parmi les plus remarquables de ces courants, on doit citer le fameux Malstrœm, qui baigne les côtes de la Suède, et dont la rapidité et l'impétuosité sont telles, qu'il engloutit les bâtiments qui y passent à une distance de plusieurs milliers de mètres; celui qui entraîne dans le golfe de Guinée les vaisseaux qui s'approchent trop des côtes d'Afrique, et qui ne leur permet de sortir du golfe qu'avec de grandes difficultés.

Les courants du pôle nord transportent sur les côtes d'Islande des quantités prodigieuses de glaces qui s'amoncellent sous forme de montagnes. Ils y amènent quelquefois, au lieu de glaces, des amas considérables de bois flottant, surtout de pins et de sapins, qui ne peuvent guère provenir que de la Sibérie et de l'Amérique septentrionale. On peut trouver dans ces amas de végétaux, accumulés par l'action des courants, une cause à la formation de dépôts analogues à ceux qui ont donné naissance aux houillères. (*Bossu.*)

COURBE (géométrie) [du latin *curvus*]. — Quelques géomètres ont défini *la ligne courbe, la ligne menée d'un point à un autre, et qui n'est pas la plus courte,* par opposition à la ligne droite, qu'ils définissent *le chemin le plus court d'un point à un autre.* Selon d'autres, *la ligne courbe* est une ligne dont les différents points sont dans différentes directions, ou sont différemment situés les uns par rapport aux autres; mais ce serait embrouiller des notions aussi simples que d'entreprendre de donner de la ligne *courbe* une idée plus élémentaire que celle que ces deux mots présentent d'eux-mêmes.

Les figures terminées par des lignes *courbes* sont appelées *figures curvilignes,* pour les distinguer des figures qui sont terminées par des lignes droites, et qu'on appelle *figures rectilignes.*

La théorie générale des *courbes* et des figures qu'elles terminent, et de leurs propriétés, constitue proprement ce qu'on appelle la haute géométrie, ou la géométrie transcendante.

On donne surtout le nom de géométrie transcendante à celle qui, dans l'examen des propriétés des *courbes,* emploie le calcul différentiel et intégral.

Pour déterminer la nature d'une *courbe,* on imagine une ligne droite tirée dans son plan à volonté, et par tous les points de cette ligne droite on imagine des lignes tirées parallèlement et terminées à la *courbe.* La relation qu'il y a entre chacune de ces lignes parallèles et la ligne correspondante de l'extrémité de laquelle elle part, étant exprimée par une équation, cette équation s'appelle *l'équation de la courbe.*

Descartes est le premier qui ait pensé à exprimer les lignes *courbes* par des équations. Cette idée sur laquelle est fondée l'application de l'algèbre à la géométrie, est très-heureuse et très-féconde.

Les *courbes* se divisent en *algébriques,* qu'on ap-

---

[1] Au mot *couperose* (chimie), nous avions indiqué les diverses variétés de couperose par les marques usitées dans le commerce, marques que les caractères typographiques n'ont pu reproduire. Ainsi, la première variété, dite de Noyon, se marque par un O barré; la deuxième, par OC barrés; la troisième, par R barré; la quatrième, Mairancourt, comme la première Noyon; la cinquième, Mairancourt, par PS barrés; la sixième, Saint-Urcel, par CS barrés.

pelle souvent, avec Descartes, *courbes géométriques*, et en *transcendantes*, que le même auteur nomme *mécaniques*.

Les *courbes algébriques* ou *géométriques* sont celles où la relation des abscisses aux ordonnées est ou peut être exprimée par une équation algébrique.

Les *courbes transcendantes* ou *mécaniques* sont celles qui ne peuvent être déterminées par une équation algébrique.

Les anciens n'ont guère connu d'autres *courbes* que le cercle, les sections coniques, la conchoïde et la cissoïde. La raison en est qu'on ne peut guère traiter des *courbes* sans le secours de l'algèbre, et que l'algèbre paraît avoir été peu connue des anciens. Les modernes ont ajouté aux *courbes* des anciens les paraboles et hyperboles cubiques, et le trident ou parabole des Descartes. Voilà où on en est resté jusqu'au *Traité des Lignes du troisième ordre* de Newton.

Points singuliers et multiples des courbes; on appelle *point multiple d'une courbe* celui qui est commun à plusieurs branches qui se coupent en ce point; et, par opposition, *point simple* celui qui n'appartient qu'à une branche.

Courbe polygone; on appelle ainsi une *courbe* considérée non comme rigoureusement *courbe*, mais comme un polygone d'une infinité de côtés. C'est ainsi que dans la géométrie de l'infini on considère les *courbes*; ce qui ne signifie autre chose, sinon qu'une *courbe* est la limite des polygones tant inscrits que circonscrits.

Rectification d'une courbe; c'est une ligne droite égale en longueur à cette *courbe*.

Quadrature d'une courbe; autre opération qui consiste à trouver l'aire ou l'espace renfermé par cette *courbe*, c'est-à-dire à assigner un carré dont la surface soit égale à un espace *curviligne*.

Famille des courbes; c'est un assemblage de plusieurs *courbes* de différents genres, représentées toutes par la même équation d'un degré indéterminé, mais différent, selon la diversité du genre des *courbes*.

Courbe à double courbure; on appelle ainsi une *courbe* dont tous les points ne sauraient être supposés dans un même plan, et qui, par conséquent, est doublement *courbe*, et par elle-même, et par la surface sur laquelle on peut la supposer appliquée. On distingue, par cette dénomination, les *courbes* dont il s'agit d'avec les *courbes à simple courbure* ou *courbes ordinaires*. M. Clairaut a donné un Traité des *courbes* à double *courbure*.

Surfaces courbes; une surface *courbe* est représentée en géométrie par une équation à trois variables; elle est géométrique quand son équation est algébrique et exprimée en termes finis; elle est mécanique quand son équation est différentielle et non algébrique.

Il y a en architecture deux espèces de *courbes* : les unes planes, et les autres à double courbure. Les *courbes* planes sont celles qu'on peut aisément tracer sur un plan, lesquelles se réduisent pour l'usage de la coupe des pierres aux sections coniques et aux spirales. Les *courbes* à double courbure sont celles qu'on ne peut tracer sur une surface plane qu'en raccourci, par le moyen de la projection : telles sont la plupart des arêtes des angles, des enfoncements des voûtes qui se rencontrent. (*Lunier*.)

COURGE (botanique) [*cucurbita*]. — Genre de plantes de la famille des cucurbitacées, annuelles, étalées sur le sol ou grimpantes, munies de vrilles rameuses et de feuilles cordées. Fleurs monoïques, jaunes : corolle 5-fide; anthères soudées en colonne dans les mâles; ovaire à 3-5 loges multiovulées dans les femelles. Fruit charnu, à graines nombreuses, comprimées et entourées d'un rebord épais.

Courge-calebasse (*C. lagenaria*), vulg. *Gourde*, espèce dont le fruit est étranglé vers le sommet et la graine entourée d'un rebord épais, émarginé au sommet. — On sait que ce fruit, lorsqu'il est privé de sa pulpe et qu'il ne reste que l'enveloppe dure ou écorce, sert de bouteille ou de vase : aussi l'a-t-on nommé *gourde des pèlerins*. On en distingue plusieurs variétés, telles que la *gourde* à coque dure, renflée, presque pas étranglée; la *trompette*, souvent courbée en forme de croissant, etc. — Cultivées.

Courge-pepon (*C. pepo*). — Dans cette espèce, les feuilles sont verticales et le limbe de la corolle droit. — Cultivée dans les jardins, comme la précédente, cette plante présente plusieurs variétés, telles que l'*orangin*, la *coloquinelle*, la *cougourdette*, le *turbanet*, le *giraumont*, etc.

Courge-pastèque (*C. citrullus*), vulg. *melon d'eau*. Feuilles droites, incisées, d'une consistance ferme, cassantes; fleurs petites, peu évasées; fruit orbiculaire ou ovale, dont l'écorce est lisse, d'un vert sombre, la chair d'un rose vif et les semences noires. — La pastèque se cultive dans nos départements méridionaux. Son fruit est très-bon à manger cru, il rafraîchit et se résout dans la bouche en eau sucrée fort agréable.

Courge-citrouille. — Voy. *Citrouille*.

COURONNE [du latin *corona*, fait du celte *coron*, qui signifie *corne* et *couronne*, les cornes ayant été autrefois des marques de souveraineté]. — Dans l'antiquité la plus reculée, la *couronne* n'était déférée qu'aux dieux. Si on en croit Pline, Bacchus la porta le premier après la conquête des Indes. D'autres en attribuent l'origine à Saturne, d'autres à Jupiter, plusieurs à Janus, et quelques-uns à Isis.

Les premières *couronnes* ne furent que des bandelettes appelées *diadèmes*; ensuite on prit des fleurs et des branches d'arbre. L'ornement des divinités devint, avec le temps, celui du sacerdoce et de la royauté; on le plaçait même sur les autels et sur les vases sacrés; il parait aussi les temples, les portes des maisons et les victimes.

Les Romains avaient différentes *couronnes* pour les exploits militaires. Ils en distribuaient aussi aux poètes distingués, et à ceux qui remportaient la victoire dans les jeux solennels. Une branche de chêne récompensait celui qui avait sauvé la vie à un citoyen, et les gladiateurs recevaient, avec la liberté, une bandelette de laine.

Dans les sacrifices, on se couronnait d'ache, d'olivier, de laurier. Dans les festins, on décorait son front de lierre, de myrtes, de roses; mais, dans les funérailles, on ne voulait que des *couronnes* de cyprès.

On trouve dans les médailles quatre sortes de *couronnes* propres aux empereurs romains: une *couronne* de laurier, une *couronne* rayonnée, une *couronne* de perles et quelquefois de pierreries, une espèce de bonnet à peu près semblable à un mortier, ou au bonnet que les princes de l'empire mettent sur leur écu.

Jules César obtint la permission du sénat de porter la première, à cause, dit-on, qu'il était chauve; ses successeurs l'imitèrent. La *couronne* radiale n'était accordée aux princes qu'après leur mort; mais Néron la prit de son vivant. On les voit sur les médailles avec les couronnes perlées. Justinien est le premier qui ait porté celle de la quatrième espèce.

La *couronne papale* est une tiare entourée d'une triple *couronne*. Le pape Hormidas ajouta la première *couronne* à la tiare; Boniface VIII, la seconde; et Jean XXII, la troisième.

La *couronne* des empereurs est un bonnet ou tiare avec un demi-cercle d'or qui porte la figure du monde, cintré et sommé d'une croix; elle fait voir son bonnet entr'ouvert des deux côtés de son cintre, et elle a par le bas deux fanons ou pendants, comme les mitres des évêques.

La *couronne* des rois de France était un cercle de huit fleurs de lis, cintré de six diadèmes qui le ferment et qui portent au-dessus une double fleur de lis qui était le cimier de France. Le roi Charles VIII est le premier qui l'a portée fermée. François Ier l'a portée souvent ouverte; mais depuis Henri II, tous les rois de France, et même ceux des autres royaumes, l'ont portée aussi fermée. Ce fut Charles VII qui, le premier, mit la couronne sur l'écusson des fleurs de lis.

La *couronne* des rois d'Espagne est rehaussée de grands trèfles refendus, que l'on appelle souvent hauts fleurons, et couverte de diadèmes aboutissants à un globe surmonté d'une croix. Philippe II a été le premier qui ait porté la *couronne* fermée, en qualité de fils d'empereur.

La *couronne* du roi d'Angleterre est rehaussée de quatre croix de la façon de celles de Malte. Elle est couverte de quatre diadèmes qui aboutissent à un petit globe surmonté d'une croix.

Celles de la plupart des autres rois sont de hauts fleurons ou de grands trèfles, et aussi formées de quatre, six ou huit diadèmes, et sommées d'un globe croisé. (*Lunier*.)

COURTILIÈRE (*grillotalpa*) (zoologie). — Genre d'insectes de l'ordre des orthoptères, tribu des suceurs, établi aux dépens des grillons, ayant pour caractères: corps gras, brunâtre, traînant sur le sol; abdomen terminé par deux filets articulés, velus, assez longs; corselet avançant sur une tête petite,

ovoïde, inclinée vers la terre, rappelant par ses formes, à la couleur près, la tête de l'écrevisse; les deux membres antérieurs sont remarquables en ce qu'ils sont élargis, plats et dentés, ce qui leur donne la facilité de fouir; ailes courtes, dépassant les élytres, etc.

Les courtilières sont de tous les pays; elles vivent à la manière des taupes, sous le sol, qu'elles remuent pour y trouver les larves dont elles se nourrissent, et s'y creusent des galeries. Ces insectes sont l'un des fléaux des jardins et des champs; ils coupent toutes les racines qui se trouvent sur leur passage, et font périr une grande quantité de jeunes plants.

La *courtilière vulgaire* (*G. vulgaris*) est longue de 3 à 5 centimètres; couleur fauve; épine basilaire de forme conique, recourbée, aiguë; élytres de la moitié de la longueur de l'abdomen. — Elle passe l'hiver engourdie à une assez grande profondeur dans le sol. Aux approches du printemps, elle sort de sa retraite obscure par un trou vertical qu'elle se pratique et qui doit rester, pour le reste de l'année, la principale route de son domicile. Au temps des amours, le mâle, se postant en sentinelle à l'orifice de ce trou, fait entendre un bruissement dû à l'agitation de petites ailes plissées dont il est pourvu, et la femelle, sensible à ces accents, vient se livrer aux caresses qui doivent la rendre mère. Celle-ci dépose, dans un trou creusé sous le sol battu d'une allée, de 100 à 120 œufs, d'où sortent un mois après des petits tout blancs, dépourvus d'ailes, qui grandissent lentement et subissent plusieurs mues avant de devenir ailés. — Ces insectes font le désespoir de nos jardiniers, qui ne savent comment se soustraire à leurs ravages. Le meilleur moyen de les détruire est d'établir, de distance en distance, de petits abreuvoirs dont les bords sont coupés à pic, et dans lesquels ces insectes tombent en voulant boire. (*Bossu*.)

COUSIN (zoologie). — Genre d'insectes diptères, dont les caractères sont: « deux antennes, pointues chez la femelle, plumeuses et en forme de panache chez le mâle; de longues ailes membraneuses couchées horizontalement; une trompe ou suçoir corné, garni de deux palpes articulés et velues et de cinq aiguillons très-acérés qui laissent distiller dans la peau qu'ils percent une espèce de venin; enfin des pattes très-longues, supportant un corps filiforme, à peine long d'un centimètre. »

Chacun sait, par expérience, dit Salacroux, combien les *cousins* sont incommodes et fâcheux, non-seulement par le bruit monotone dont ils étourdissent nos oreilles, mais encore par les piqûres profondes qu'ils font sur notre corps. Au moyen d'une *trompe* saillante et presque aussi longue que leurs antennes, et surtout de cinq piquants qu'elle renferme, ils percent la peau de la plupart des animaux pour en sucer le sang. Avides de celui de l'homme, ils le poursuivent, le harcellent sans cesse et particulièrement vers le soir. Ses vêtements ne suffisent pas pour le garantir de leurs atteintes; leur longue trompe traverse ces obstacles pour parvenir jusqu'à lui, et cause des blessures d'autant plus douloureuses, qu'elle verse dans la plaie une liqueur venimeuse, dont la présence détermine l'enflure et la cuisson, qui accompagnent ordinairement la piqûre de ces insectes. En Amérique où on leur donne le nom de *maringouins* ou de *moustiques*, ils se rendent tellement importuns, qu'en plusieurs endroits on ne peut sortir le soir sans se couvrir d'une espèce de voile auquel on donne, à cause de son usage, le nom de *cousinière*. Il paraît que ce sont les femelles qui nous tourmentent ainsi. Ce n'est pas cependant pour faire leur ponte qu'elles viennent à nous, car elles ne déposent leurs œufs que dans l'eau; elles le font d'une ma-

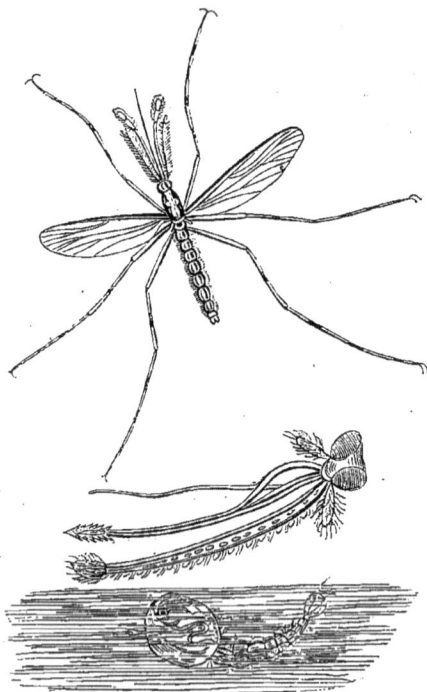

Fig. 69. — Cousin et sa larve.

nière assez remarquable, en ce qu'elles les réunissent ensemble en forme de batelet qui flotte à la surface du liquide. Les larves et les nymphes qui en proviennent ne quittent cet élément, où elles nagent avec beaucoup d'agilité, qu'à l'époque de leur dernière transformation. On reconnaît aisément ces insectes à leurs antennes hérissées de poils, à leur suçoir composé de cinq soies, ainsi qu'à leur corps et à leurs pieds allongés.

Parmi les espèces de ce genre les plus connues, sont le *cousin commun*, le *cousin pulicaire*, le *cousin des chevaux*, etc. (Salacroux.)

COUTELIER (technologie). — Celui qui fabrique des instruments tranchants. La spécialité de cet art remonte au delà des temps historiques; on conçoit,

en effet, que le couteau a dû être un des premiers objets imaginés par l'homme, autant comme arme défensive que comme outil, car le besoin de cet instrument est de première nécessité pour se procurer les objets nécessaires à la vie. Les premiers couteaux consistaient sans doute en des pièces trouvées dans la nature, extraites de certains végétaux, minéraux ou débris d'animaux, comme cela a été remarqué chez les peuples sauvages, par les voyageurs des derniers siècles; mais aussitôt la découverte des métaux, on les a vus appliqués aux outils et armes de toutes sortes, et particulièrement aux *coutels* et instruments analogues, comme on les nommait dans les premiers temps, d'où nous est venu le nom de coutelier donné à l'ouvrier qui se livre spécialement à la confection de ces objets : dès cette époque le travail du coutelier a pris de l'importance; il fut à la tête des autres métiers jusqu'au temps de la constitution des corporations, où il s'est encore placé et maintenu comme guide du progrès dans les arts industriels, tant par les recherches et perfectionnements appliquées à la coutellerie par ses ouvriers que pour la fabrication des armes blanches de qualité et artistiques. En France, l'importante partie de la fabrication des sabres et épées de luxe, qui était spécialement due au talent des couteliers, fut abandonnée par eux seulement vers la fin du dix-huitième siècle; mais en Angleterre, dans toute l'Allemagne, et surtout à Solingen, c'est encore les fabricants de coutellerie qui sont chargés de la confection des armes blanches, et chacun a pu remarquer, aux expositions de 1851 et 1855, avec quelle distinction ces derniers sont sortis des concours universels.

L'art du coutelier est compliqué; il exige des connaissances très-étendues et une longue pratique pour arriver à fabriquer des produits réunissant toutes les qualités, et surtout une étude toute particulière lorsqu'on y joint les instruments de chirurgie. Les différents articles de coutellerie réclament principalement l'emploi de l'acier corroyé et de l'acier fondu; les instruments de chirurgie emploient, en outre, l'or, le platine, l'argent, le maillechor, l'aluminium; tous les autres métaux y concourent. Aussi est-il indispensable à l'ouvrier coutelier de connaître tous les alliages et métaux simples pour leur maniement et pour utiliser leurs propriétés; ce n'est pas tout, il lui faut encore savoir travailler les diverses substances généralement employées pour la confection des manches, telles que l'écaille, la nacre, l'ivoire, le buffle, la corne de bœuf, la baleine, le bois de cerf, l'ébène et autres bois des îles.

Le travail du coutelier emprunte beaucoup à l'art mécanique, car l'ouvrier forge, tourne, lime, ajuste, trempe, émoule, polit, monte et affile ses ouvrages, qu'il livre ensuite prêts à servir aux usages auxquels on les destine.

Ses principaux outils sont : la forge, l'enclume, les marteaux et tenailles, plusieurs tas et châsses, un établi scellé, un étau fort, un tour, une machine à percer, un banc à tirer, des filières, une grande roue et un appareil sur lequel il monte une grande variété de meules et de polissoirs appropriés pour repasser et polir toutes espèces d'instruments; des pierres de plusieurs sortes pour affiler les objets tranchants, des scies à débiter les manches, des limes et une foule de petits outils à main, dont une partie est d'un emploi spécial, et qui sont la plupart faits par lui-même.

Les produits de cette industrie que la consommation réclame en plus grand nombre, sont: la coutellerie de table, les couteaux fermants ou de poche, les rasoirs, les canifs et taille-plumes, des couteaux de chasse et autres objets de fantaisie; puis la petite orfévrerie pour le service des hors-d'œuvre, les ciseaux à l'usage d'un grand nombre de métiers, les instruments d'horticulture et une foule considérable d'outils divers qui sont employés dans presque toutes les industries; plus, les instruments de chirurgie en général.

Il a été jugé, en 1806, par la Cour de cassation, que les couteliers sont tenus de faire apposer le poinçon de garantie sur les objets d'or ou d'argent qui servent à la garniture des couteaux ou autres instruments confectionnés avec ces matières. En 1834, cette même Cour a décidé que les instruments de chirurgie ne seraient plus soumis à cette exigence, à cause des divers alliages indispensables pour la solidité de la plupart de ces objets.

Les fabricants de coutellerie sont autorisés à mettre des marques sur leurs ouvrages; elles deviennent leur propriété, et ne peuvent être contrefaites sous peine d'amende, d'emprisonnement, de saisie et de confiscation des objets contrefaits au profit du propriétaire de la marque. Pour s'assurer la propriété de sa marque, il faut : 1° faire empreindre cette marque sur les tables communes établies à cet effet, et déposer au tribunal de commerce et, en outre, au secrétariat du conseil de prud'hommes dans les villes où il y en a d'établis; 2° verser une somme de 6 francs entre les mains du receveur municipal; 3° payer 3 francs pour l'expédition du procès-verbal de dépôt, qui est remis au propriétaire de la marque pour lui servir de titre contre les contrefacteurs; en cas de contrefaçon, sur la présentation de cet acte, le commissaire de police opère la saisie des objets contrefaits, et renvoie ensuite les parties devant le conseil de prud'hommes, seul juge compétent. (Décret du 11 juin 1809.)

Généralement, et dans toutes les contrées de la France, l'apprentissage du coutelier est de quatre années, après lesquelles le jeune ouvrier peut gagner 1 franc 50 centimes par journée de douze heures; pendant les quatre années suivantes, il apprend encore différentes parties du métier, trop susceptibles d'abord, enfin il se perfectionne au travail. Durant ces dernières années, il peut améliorer son salaire selon son intelligence, son activité, sa force, et arriver enfin à gagner 3 francs 50 centimes, qui est la moyenne des prix de la journée de travail de l'ouvrier habile : il y a chômage de deux mois et demi, vers le milieu de l'année. Le principal avantage que l'ouvrier peut trouver dans cette profession, c'est de pouvoir s'établir avec une somme d'argent qui n'est pas trop considérable, ce qui permet aux familles d'espérer de pouvoir doter leur fils pour le conduire à cette fin; alors, la variété de ses connaissances pratiques lui assure une foule de ressources qu'il peut exercer fructueusement, surtout dans les petites villes; avec ce métier l'homme laborieux vit très-honorablement.

Dans l'histoire de cette corporation, on reconnaît plusieurs artistes éminents et dignes de ce titre pour les progrès qu'ils ont apportés dans l'industrie et les services qu'ils ont rendus et rendent encore aux sciences et à l'humanité, tels que Jacques Perret, le savant praticien, par son grand *Traité de l'Art du coutelier et de l'expert en instruments de chirurgie*, ouvrage qu'il publia sur la fin du dix-huitième siècle, et qui est encore de nos jours le manuel le plus complet et le plus estimé; dans ces derniers temps, Guerre, de Langres, et Samson, de Paris, tous deux nommés chevaliers de la Légion d'honneur, le premier pour le haut perfectionnement de la coutellerie, le second pour les savantes inventions appliquées aux instruments de chirurgie; Jackson, de Sheffield (Angleterre), pour sa coutellerie d'outillage; Dittmar, de Heilbronn (Wurtemberg), pour le perfectionnement des outils d'horticulteurs.

La coutellerie française compte aujourd'hui des artistes de premier ordre. Cette profession est représentée au conseil de prud'hommes de Paris par deux membres, dont l'un ouvrier coutelier, et l'autre fabricant d'instruments de chirurgie.　　LARIVIÈRE,
Ouvrier coutelier et en instruments de chirurgie.

COUTELLERIE (industrie, commerce). — La coutellerie forme une branche de commerce tellement importante que chaque nation industrielle fait tous ses efforts pour y prendre la plus large part; les expositions universelles de Londres et de Paris nous ont fait constater ce fait de la manière la plus positive. Il est vrai que tout le monde a besoin de ces produits, car depuis le plus simple artisan jusqu'au grand seigneur, tous, sans exception, en font usage; il n'était donc pas étonnant que cette industrie trouvât des débouchés partout, lorsqu'elle offrirait quelques avantages aux consommateurs.

En considération de ces motifs, qui donnaient des espérances de gain, de grandes fabriques se sont organisées ou ont été montées par des capitalistes pour l'exploitation de cette industrie; malheureusement pour ceux-ci, la multiplicité des objets qui constituent la coutellerie ne s'est pas prêtée entièrement sous l'action mécanique, comme les tissus, par exemple; car la plus grande partie du travail est toujours restée à faire par la main de l'ouvrier; encore tout le travail qui a pu céder aux nouveaux procédés n'a-t-il eu lieu qu'au détriment de la qualité, de la solidité, de la durée des objets, en un mot, en annulant leur valeur à l'usage. Ainsi, quand on voit des couteaux, des ciseaux, des rasoirs, etc., etc., exposés à prix réduit, chacun peut être assuré que leurs qualités sont de bien plus inférieures que la différence ne l'est dans le prix; car de nos jours le plus grand nombre des ouvrages qui sortent des fabriques de coutellerie n'ont que l'apparence des objets et ne sont bons qu'à tromper l'acheteur, puisqu'ils ne peuvent lui rendre aucun service, même le plus faible en raison de leur bas prix, résultat inévitable de l'emploi de machines et des procédés de fabriques combinés avec la réduction du salaire des ouvriers employés, chacun à une spécialité. On est même arrivé, depuis une dizaine d'années, à étendre ce déplorable système jusqu'à la confection des instruments de chirurgie, objets susceptibles et délicats s'il en fut, et où la conscience du fabricant n'aurait jamais dû être en défaut, l'application de mauvais instruments pouvant malheureusement occasionner les plus graves accidents; mais, comme on le sait, rien n'arrête les fabricants ni les marchands cupides.

Les fabriques de coutellerie qui ont conservé quelque valeur à leurs produits sont celles de Schefield (Angleterre), Nogent-le-Roi (France). Ces produits, sans être le type de la perfection, sont cependant recherchés parmi ceux des autres fabriques; mais comme le placement et l'exportation dans les colonies se font généralement par des commissionnaires en marchandises, on voit ceux-ci venir chez les bons couteliers de Paris, Nogent ou Schefield, pour y prendre des échantillons, puis, lorsqu'ils ont des commandes, ils font contrefaire ces modèles dans des fabriques organisées pour établir la coutellerie de pacotille. Voilà ce qu'on appelle savoir faire des affaires avantageuses, et chacun peut comprendre avec quelle facilité cette déloyauté commerciale doit avoir lieu, quand il est constaté que les véritables couteliers ne font ensemble que la quatre-vingt-seizième partie du commerce qui est de leur spécialité, et que les autres intermédiaires, ne connaissant absolument rien à la valeur de ces produits, se sont approprié le reste: il en est à peu près de même pour les instruments de chirurgie; la fureur du bon marché pour les uns, et la concurrence effrénée pour les autres, ont fait imaginer l'emploi de la machine à vapeur et du balancier, pour façonner un grand nombre d'objets, même susceptibles, tels que les bistouris, lancettes, oculistiques, coupe-amygdales; et une foule d'instruments tranchants sont faits avec de la tôle passée sous le découpoir, moyen qui leur donne vingt-quatre lames à la minute. Quant à la qualité, on n'y songe pas: à tel point, que les chirurgiens des hôpitaux n'oseraient plus faire une opération avec un instrument qui n'aurait pas été forgé par un ouvrier et fini par lui, sous leurs yeux, sans s'exposer à perdre leur réputation de savant et habile praticien. Ce fait regrettable, déjà constaté depuis plusieurs années, vient de nouveau d'être reconnu par les chirurgiens les plus notables de l'Europe, qui manifestent d'une manière officielle leur défiance contre les instruments de chirurgie des fabricants qui offrent tout au rabais, et dont la mauvaise confection des objets rend toujours le succès d'une opération très-douteux, compromet la vie des blessés et l'honneur des chirurgiens. (Congrès scientifique de Berlin, septembre 1857.)

Comme tout le monde possède quelques pièces de coutellerie, chacun peut reconnaître combien s'est dépréciée cette industrie en fabrique; cependant les couteliers isolés font toujours des instruments et outils divers qui rendent les meilleurs services, et font toujours l'honneur du métier.

Voici en moyenne quelle est la valeur de la coutellerie des principales fabriques de l'Europe en comparaison des ouvrages des bons couteliers. Angleterre: la coutellerie de Schefield rend moitié des services des produits ordinaires du coutelier; celle de Birmingham, qui est généralement destinée à divers métiers, est d'un assez bon usage. — France: celle de Nogent est à peu près dans la même condition que les deux précédentes, mais celle de Châtellerault n'offre plus que trois dixièmes comme valeur à l'usage; celle de Thiers deux dixièmes; les fabriques de Langres et de Moulins, anciennement bien réputées, n'occupent plus que quelques ouvriers. — Allemagne: celle de Solingers deux dixièmes; celle de Wurtemberg un dixième. — Suisse: celle de Arau, un dixième. — Belgique: celle de Namur, un vingtième. — Autriche: à Vienne, il se fait une grande quantité de mauvaise coutellerie. — A Paris, Londres et Berlin, il se fabrique des instruments de chirurgie de qualité très-variable; et ces fabriques en général ont pris de l'importance en raison de l'infériorité de leurs produits. Aujourd'hui, il est à désirer que les chirurgiens et le public cessent de tenter de faire usage de ces objets; il est temps pour eux de reconnaître que cette coutellerie ne leur offre qu'un faux intérêt. Quant à l'exploitation de toutes ces fabriques, partout elle n'offre qu'un tableau des plus tristes: la concurrence se fait sur l'abaissement extrême du salaire des ouvriers; ceux-ci ne peuvent jamais tirer leur famille des souffrances, de la misère et des privations de toutes sortes; la plupart des ouvriers des fabriques de coutellerie meurent jeunes et phthisiques.

LARIVIÈRE,
Ex-délégué à l'Exposition universelle de Londres.

COW-POX (pathologie) [de l'anglais, *cow*, vache, et *pox*, variole]. — Nom donné, en Angleterre, à l'éruption qui se manifeste aux trayons des vaches, et qui contient le virus vaccin, si précieux comme préservatif de la petite vérole. Si l'on en croit quelques auteurs, la propriété antivariolique du virus vaccin aurait été connue dès la plus haute antiquité, et la vaccination pratiquée dans l'Inde de temps immémorial. Bien des siècles plus tard, Rabaut-Pommier, ministre protestant, à Montpellier, aurait conçu le premier, en Europe, l'idée de cette méthode préservatrice, idée qu'il communiqua, en 1781, au docteur anglais Pew: celui-ci en aurait parlé à son tour au docteur Jenner, à qui, en 1789, on aurait faussement fait honneur de la découverte de la vaccine. — Examinons si Jenner est bien l'auteur, ou simplement le propagateur de la vaccine. Laissons parler à cet effet M. Julia Fontenelle:

Il régnait, au dernier siècle, dans le comté de Glocester, une croyance vague, au sujet des personnes qui étaient à l'abri de la petite vérole, pour avoir gagné, en trayant les vaches, les pustules qui viennent quelquefois sur le pis de cet animal; mais cette opinion n'avait pas passé le peuple, et Jenner n'en faisait pas plus de cas que ses confrères; ce n'est donc pas elle qui l'a mis sur la voie de sa découverte, c'est la pratique même de l'inoculation.

Apportée de Constantinople en Angleterre, en 1721, par les soins éclairés de lady Worsley Montagu, l'inoculation de la variole était en pleine faveur au temps de Jenner; il était lui-même un de ses plus zélés partisans, quoiqu'elle eût pensé lui coûter la vie. En parcourant les campagnes de Berkley, sa patrie, il fut fort étonné de rencontrer un certain nombre de personnes sur lesquelles l'opération ne réussit jamais bien, quelques précautions qu'il prît pour la faire réussir: Tout occupé de cette résistance insurmontable, il vit que la plupart de ces individus appartenaient à la même classe, et faisaient tous le métier de traire les vaches. Or, il est à remarquer que les vaches, surtout celles du comté de Glocester, sont sujettes à une éruption spéciale essentiellement contagieuse (cow-pox). Cette première donnée était encore d'assez peu d'importance, mais elle pouvait en acquérir beaucoup s'il était prouvé que les organisations sur lesquelles la variole n'avait aucune prise étaient précisément celles qui, par aventure, s'étaient inoculé le cow-pox. Il rechercha, dans ce dessein, tous ceux qui passaient pour en avoir été atteints, et cette espèce d'enquête lui apprit que si les uns résistaient à la variole, d'autres en étaient affectés. Après beaucoup d'études et de méditations, souvent entreprises en présence de l'incrédulité de ses contemporains, Jenner imagina de propager la cow-pox, en prenant le virus à sa source, et le reprenant ensuite sur le sujet inoculé, pour le transmettre à un autre, ainsi de suite; il exposa ses nouveaux vaccinés à tous les modes de contagion de la variole, l'inoculation, le contact des variolés, le séjour dans la même atmosphère, et ils sortirent tous sains et saufs de ces redoutables épreuves. Après cela, Jenner ne crut pas devoir différer plus longtemps l'annonce d'une découverte qui touchait aux plus chers intérêts de l'humanité: il la publia pour la première fois en 1798.

L'ouvrage du médecin anglais fut accueilli avec la prévention qui s'attache à ce qui est nouveau; et quand le temps vint sanctionner le succès de la vaccine, on dit alors qu'elle était connue de toute antiquité aux Indes orientales. En effet, dans un livre sanscrit, le Sanctega Gransham, attribué à Dhanwantari, l'Esculape des Indiens, on lit ces mots : « Prenez du fluide des pustules du pis d'une vache, ou bien du bras, entre l'épaule ou le coude d'un être humain; recueillez-le sur la pointe d'une lancette, et introduisez-le dans le bras, au même endroit, et une pustule sera produite. Il y a une fièvre légère d'un, deux et trois jours; quelquefois un gonflement sous l'aisselle, et d'autres symptômes, mais tous d'une nature bénigne et sans danger. »

Il paraît aussi que dans d'autres régions de l'Asie, on se sert de la vaccine depuis longtemps. William Bruce, résident anglais dans le port de Bender, à l'entrée du golfe Persique, affirme, dans une lettre à M. Erskine, de Bombay, que la tribu des Éliats, dans la Perse orientale, se préserve ainsi de la variole. Ce sont les troupeaux qui transmettent naturellement la vaccine aux hommes, et, ce qui semble étonnant, c'est que les vaches la donnent moins souvent que les brebis. Elle existe aussi à la Chine, où elle est l'une des quarante espèces de varioles qu'on distingue sous des noms spéciaux. Quoique les Chinois connaissent les propriétés de la vaccine, ils ont de préférence recours à un autre virus, dont ils déterminent la contagion de diverses manières, et qu'ils regardent comme un préservatif sûr de la plus terrible de leurs varioles.

Ces notions historiques étaient-elles connues de Jenner? Rien ne le prouve ; tout, au contraire, dans sa narration, éloigne de cette idée. A Jenner appartient donc la gloire d'avoir découvert, en Europe, ce que personne ne soupçonnait.

Ce ne fut qu'après vingt années de réflexions et d'essais que Jenner se décida à faire l'application de sa découverte, et, le 14 mai 1796, il vaccinait un jeune garçon et prouvait l'efficacité de ce préservatif en lui inoculant la petite vérole quelque temps après, laquelle resta sans effets. Ce sublime inventeur avait donc, — ainsi que l'a si bien dit un de nos poëtes[1], — détruit la peste par la peste.

Bien qu'accueillie avec enthousiasme et raison en Europe et en Amérique, la méthode de Jenner fut vivement attaquée, et il ne manqua ni d'ennemis, ni d'envieux, ni de détracteurs, dont quelques-uns lui survivent encore.

Mais les faits sont là : l'humanité débarrassée d'un de ses plus cruels fléaux; l'assentiment de toutes les célébrités du corps médical; l'encouragement de tous les gouvernements; la génération actuelle l'acclamant d'une voix universelle ont enfin fait justice des préventions et de la malveillance.

Disons aussi que de son vivant, Jenner eut le bonheur, si rare pour les inventeurs, de voir d'imposantes majorités apprécier sa bienfaisante découverte. La ville de Londres lui accorda le droit de cité, l'Angleterre lui vota une récompense de 30,000 livres sterling; et les loisirs de son existence, qui se termina le 26 janvier 1823, furent consacrés à de magnifiques travaux scientifiques et aux beaux-arts, dont sa nature exquise le rendit toujours l'un des plus fervents adeptes.

Devant une telle gloire et de si admirables services, la postérité ne pouvait rester indifférente, et il appartenait à la France, la plus généreuse des nations, de consacrer la première cette sublime existence par un témoignage éclatant et durable.

Pour notre pays, aux nobles et loyales aspirations, le titre d'étranger ne peut jamais être une cause d'exclusion.

Au mois de janvier 1857, la Société des sciences industrielles, arts et belles-lettres de Paris, inspirée par MM. B. Lunel et Adde-Margras, eut l'heureuse idée d'ériger une statue à Jenner, et pour resserrer en quelque sorte l'alliance des deux nations, celle qui l'a vu naître et celle qui l'adopte, la ville de Boulogne-sur-Mer fut choisie pour son érection.

Presque honteuse de notre initiative, l'Angleterre s'en est émue, et, un peu tard peut-être, veut aussi élever une statue à Jenner. Nous l'en applaudissons sincèrement : un grand peuple absorbé par ses intérêts peut quelquefois oublier un instant les génies qui l'illustrent, mais il se relève hautement par son empressement tout national à réparer sa faute.

Nous l'avons dit plus haut, Jenner eut pendant sa vie des envieux et des détracteurs, et en présence de deux mondes adhérant sans restriction à son œuvre

[1] L. Festau. Le Progrès, 1857.

impérissable, nous regrettons de voir encore de nos jours apparaître par moments certaines oppositions qu'on peut à bon droit qualifier de systématiques, à moins qu'elles n'aient un autre but que nous ne voulons pas encore signaler. Sans vouloir traiter ici la question pathologique (voy. *Vaccin*), pour laquelle nous déclinons notre compétence, nous préférons nous en rapporter aux bienfaits produits par la vaccine et que nous constatons tous les jours, plutôt qu'à quelques chiffres groupés et à quelques arguments spécieux et très-probablement erronés.

Ch. BARBOT.

CRABE (zoologie) [du grec *carabos*, espèce de poulpe]. — Genre de crustacés de l'ordre des décapodes, famille des brachyures; voici ses caractères : corps couvert d'une cuirasse calcaire articulée, plus large que longue, et dont le bord antérieur présente tantôt des dents en scie, tantôt de larges crénelures; yeux rapprochés et portés chacun sur un pédoncule; pattes antérieures très-fortes, terminées par des pinces; queue cachée et comme appliquée sous le ventre. « Ces animaux habitent le bord de la mer; ils ont un aspect désagréable et des mouvements bizarres : ils marchent ordinairement de côté. Les crabes, très-communs sur les côtes de l'Océan, sont

Fig. 70. — Crabe.

carnassiers et se nourrissent d'animaux marins, morts ou vivants. Ils sont craintifs, et se retirent dans les fentes des roches ou s'enfouissent dans le sable de la mer. Le genre crabe renfermait autrefois beaucoup d'espèces, mais il a été très-restreint. » La chair des crabes se mange comme celle des homards; elle n'est pas de facile digestion.

On nomme encore crabes de petits crustacés qui se rencontrent en certains temps de l'année, de juin à septembre, dans les moules, mais qui ne rendent nullement malades les personnes qui en mangent, comme on le répète partout (voy. *Moules*). Ces crustacés appartiennent au genre des *pinnothères*.

CRAIE (minéralogie). — Espèce de calcaire terreux formé d'immenses dépôts de sédiment situés entre le calcaire oolithique (terrains jurassiens) et le gypse (terrains parisiens) : c'est du carbonate de chaux.

« Dans les formations inférieures, la craie est compacte, souvent mêlée à de petits grains de matière verte; dans les couches plus élevées, elle est blanche, friable, remplie d'innombrables débris coquillers; au-dessus, près des terrains parisiens, sa texture devient grossière, souvent elle est mélangée avec du sable, et se confond avec le calcaire grossier. Ainsi, en procédant de la périphérie au centre, ou des couches supérieures aux couches inférieures, nous trouvons : la *craie blanche* où craie proprement dite, variété renfermant une quantité immense de foraminifères ou coquillages marins microscopiques; la *craie tufeau*, qui offre quelquefois la solidité de la pierre à bâtir; la *craie verte* ou *chlorithée*, remarquable par la quantité de petits grains verts qui s'y trouvent mélangés. La *craie verte*, tantôt terreuse, tantôt assez solide, se trouve surtout dans cette couche de terrain que les géologues anglais appellent terrains de grès vert, et qui forment la transition entre les terrains jurassiens et les terrains crétacés. Les fossiles de la craie sont nombreux. On n'y voit pas encore de mammifères, sauf quelques débris de cétacés qui se rapportent aux lamantins et aux dauphins; mais on y retrouve les sauriens gigantesques de l'époque géologique précédente. C'est dans la craie qu'on a trouvé le terrible *mosasaure*, connu sous le nom d'animal de Maestricht, qui n'avait pas moins de huit mètres de long. Mais ce qui caractérise surtout ce terrain, c'est l'apparition du requin fossile qui, pour la première fois, ravage les mers du globe. Les requins ont dégénéré depuis. Le squale de la craie, si l'on en juge d'après ses dents et les débris fossiles que nous possédons, devait avoir vingt ou vingt-cinq mètres de longueur, et sa gueule ouverte devait présenter trois mètres de diamètre. La craie forme la base des terres de la Champagne, de la Picardie, de l'Artois, de la Lorraine. Elle pénètre, en traversant l'Angoumois, la Saintonge, jusque dans le Périgord. On trouve aussi des terrains crayeux en Provence. Toutes les falaises de Calais à Honfleur sont formées de craie, et c'est elle qui forme probablement le fond des grands déserts de l'Afrique. » Les arts et les sciences emploient la craie à de nombreux usages.

CRAMPE (pathologie). — Contraction involontaire, douloureuse, de certains muscles, particulièrement de la cuisse, de la jambe, de la main, etc., résultant ordinairement d'une fausse position ou de la *compression directe* d'un muscle ou d'un nerf, mais tenant quelquefois à une surexcitation du cerveau ou à certaines maladies (coliques de plomb, choléra, dyssenterie, grossesse, accouchement, etc.).

On combat les crampes par la compression, le massage, les frictions sèches, narcotiques, laudanisées; par l'action du froid, au moyen de compresses mouillées; par l'extension forcée du muscle contracté; enfin par les courants galvaniques.

CRANE [anatomie] [du grec *kranion*, crâne]. — Enveloppe osseuse du cerveau, du cervelet et de sa protubérance. Dans l'homme adulte, le crâne renferme une capacité dont la partie supérieure représente une voûte, et le plan inférieur une surface découpée en compartiments ou fosses. Sa forme générale est celle d'un ovoïde dont la grosse extrémité est en arrière : mesurée d'avant en arrière, l'homme étant supposé debout et les yeux à l'horizon, la capacité du crâne est, dans notre pays et dans les cas les plus ordinaires, de 135 millimètres ; à l'union des deux tiers antérieurs de cette première ligne avec son tiers postérieur, cette cavité a 11 centimètres. Le diamètre vertical, mesuré au même point, est de 135 millimètres.

La voûte du crâne est moulée sur la convexité du cerveau, dont elle n'est séparée que par les membranes de cet organe, appliquées elles-mêmes immédiatement à sa surface. Les circonvolutions de la couche corticale du cerveau sont logées dans des impressions semblables à celles que ferait l'application des doigts sur une substance molle et pâteuse, et que pour cela on a nommées *impressions digitales*. Celles-ci sont séparées les unes des autres par des crêtes peu élevées qui font saillie dans les sillons des anfractuosités.

Les fosses de la base du crâne sont au nombre de huit, disposées sur trois rangées d'avant en arrière ; dans les six des deux rangées antérieures, reposent les éminences ou les surfaces de la base du cerveau. C'est le cervelet qui remplit les deux latérales de la dernière rangée en arrière ; la protubérance annulaire et la queue de la moelle allongée sont couchées sur un plan incliné, nommé gouttière basilaire qui aboutit inférieurement et en arrière à un grand trou qui donne passage au prolongement rachidien de l'encéphale. La cavité crânienne est divisée en deux moitiés par un prolongement membraneux nommé faux de la dure-mère, qui descend d'un pouce à deux de la voûte du crâne, le long de la ligne longitudinale, et sépare l'un de l'autre les hémisphères cérébraux. Transversalement un autre repli membraneux couvre les fosses postérieures et sépare la face inférieure des lobules postérieurs du cerveau d'avec la face supérieure du cervelet. La cavité du cerveau communique avec les régions situées en dehors d'elle par des trous nombreux : 1° en avant dans la fosse moyenne de la rangée la plus extérieure, le crible de la lame ethmoïdale qui livre passage aux nerfs de l'olfaction et à un filet de la cinquième paire ; 2° les trous optiques destinés surtout aux nerfs de ce nom et à une artère ; 3° la fente sphénoïdale par laquelle les nerfs moteurs de l'œil et des branches des nerfs trijumeaux communiquent dans l'orbite ; 4° les trous ronds ; 5° le trou ovale donnant passage aux branches de la cinquième paire ; 6° le trou sphéno-épineux destiné à une artère ; 7° l'hiatus Fallopii pour un nerf et un vaisseau ; 8° le conduit auditif interne pour deux nerfs, l'auditif et le facial ; 9° le canal carotidien pour une artère et des filets nerveux ; 10° l'aqueduc du vestibule communiquant au dedans de l'oreille ; 11° le trou déchiré postérieur pour des nerfs (pneumo-gastrique, glosso-pharingien, nerf accessoire), et pour des vaisseaux (veine jugu-

laire) ; 12° le trou condilien pour le nerf hyoglosse.

Des demi-gouttières correspondant aux sinus de la dure-mère parcourent la surface interne du crâne dans divers sens pour aboutir au trou déchiré postérieur.

On voit aussi se ramifier sur cette surface interne des gouttières, indices de la présence d'artères et spécialement de l'artère sphéno-épineuse. Tous les trous indiqués sont pairs ; la fosse moyenne postérieure se termine au grand trou occipital, qui est unique et sur le milieu. Cette surface interne présente en outre la trace de lignes inégales, dentelées, diversement dirigées, qui indiquent les points de contact des pièces diverses dont la réunion constitue le crâne.

Les parois du crâne sont osseuses, d'inégales épaisseurs, présentant à sa surface extérieure une configuration très-compliquée, appropriée aux divers usages auxquels elles servent.

Sur la voûte la surface en est lisse ; dans toute l'étendue antéro-postérieure une membrane fibreuse, tenant par chacun de ses bouts à un muscle, la recouvre immédiatement ; ce sont l'aponévrose épicrânienne et les muscles occipital et frontal. Au-dessus sont les téguments. Sur les côtés deux lignes courbes circonscrivent les surfaces temporales destinées aux muscles de ce nom. En arrière et en bas, des lignes et des surfaces inégales donnent insertion aux muscles qui meuvent la tête sur le tronc, ou la mâchoire inférieure et l'appareil hyoïdien sur la tête. En bas sur le milieu le pharynx s'y applique. En bas et en avant la surface extérieure du crâne est confondue avec ses os de la face qui s'y articulent et avec la voûte des fosses nasales. — Voy. *Anatomie* et *Angle facial*. (Sanson-Alphonse.)

CRANIOLOGIE (physiologie) [du grec *kranion*, crâne, et *logos*, discours]. — Science créée par Gall, et qui a pour but de localiser toutes les fonctions de l'intelligence et de leur assigner une place et un organe particulier dans le cerveau. — Voy. *Phrénologie*.

CRAPAUD (zoologie) [du latin *crepare*, dans le sens de crever, de fendre, parce qu'il s'enfle à crever]. — Genre de reptiles amphibies, de l'ordre des batraciens anoures.

Qui ne connaît cet animal, que presque tout le monde hait sans raison, et auquel on attribue des propriétés malfaisantes, quoique, en réalité, il soit un des plus innocents ? Au seul nom du reptile dont il s'agit, il est une foule de personnes qui ne peuvent se défendre d'un sentiment d'horreur ; et, dans presque tous les pays, le crapaud s'est attiré, par son extérieur repoussant, la haine générale. Qu'a-t-il fait, cependant, pour mériter cette proscription? Privé de dents et de toute espèce d'armes offensives, il peut à peine nuire à quelques espèces d'animaux, et ses habitudes paisibles le rendent tellement timide, que lorsqu'il se voit attaqué il ne cherche qu'à fuir avec toute la vitesse que lui permet la mauvaise conformation de ses organes locomoteurs. — Parlons d'abord des caractères zoologiques de ce reptile.

Pour les naturalistes, le crapaud (*bufo*) a pour caractères distinctifs: une forme trapue et ramassée, un corps globuleux et couvert de verrues qui excrètent une humeur laiteuse et fétide (la *bufonine*); deux grosses glandes situées sous le cou; des pattes courtes qui lui donnent une allure lente et embarrassée; point de dents. C'est ce dernier caractère qui distingue le crapaud de la grenouille. Ce reptile se nourrit de vers, de chenilles, sd'insectes; il se tient dans les lieux sombres et humides, dans les vieux murs, sous les pierres, dans la terre, etc. Il n'approche guère de l'eau qu'au moment de la ponte. « Les œufs de la femelle, attachés ensemble par des cordons visqueux, forment des espèces de grappes qui affectent quelquefois les formes les plus singulières. Le *têtard* qui en provient est d'abord semblable à un poisson par sa structure et la nature de son organe respiratoire: son corps est allongé et très-ventru, sa tête est énorme; il a des branchies extérieures sur les côtés du cou, et il manque complétement de membres; mais cet état ne dure que quelques jours. L'animal change peu à peu de forme, ainsi que d'habitudes et de régime; ses branchies rentrent dans la cavité intérieure qui leur est destinée, s'attachent à l'os hyoïde, et ne sont indiquées au dehors que par l'ouverture latérale qui donne issue à l'eau qui a servi à la respiration. Ses pattes se développent petit à petit; les postérieures se montrent les premières et croissent, pour ainsi dire, à vue d'œil, tandis que les antérieures prennent leur accroissement sous la peau et se montrent tout à coup entièrement formées. C'est aussi à peu près à cette époque que le bec corné tombe, et que la bouche, qui s'était agrandie peu à peu, prend cette largeur que l'on connaît aux grenouilles, crapauds, etc. La queue commence pareillement à s'atrophier et se résorbe peu à peu. Il en est de même des branchies et de l'appareil qui les soutient, tandis qu'au contraire les poumons, qui depuis longtemps ont commencé à se former, prennent de plus en plus de l'accroissement et de l'importance. Les organes circulatoires ont subi des modifications analogues; les intestins se sont pareillement raccourcis, et les poumons ont fini par devenir le siège exclusif de la respiration. A cette époque, la queue a été entièrement absorbée, et le batracien est arrivé à l'état parfait. Dès ce moment, au lieu de se nourrir exclusivement de matières végétales, il devient insectivore, et, sans renoncer au séjour de l'eau, il ne craint plus de s'exposer sur la terre; il est devenu réellement amphibie. » La voix du crapaud est un cri monotone, plaintif et flûté, qui, dans quelques espèces, rappelle celui des oiseaux nocturnes.

Aux yeux d'un observateur sans prévention, les crapauds ne sont pas tous laids; il y en a qui ont de belles couleurs, dont les teintes, selon les différents aspects de la lumière, sont admirables. Pennant nous apprend, dans sa *Zoologie*, qu'un Anglais, M. Arscott, était parvenu à apprivoiser en quelque sorte un énorme crapaud. Il y avait environ trente-six ans que ce crapaud s'était montré pour la première fois

au père de M. Arscott; il avait habité longtemps sous les degrés d'un escalier. Le soin que l'on prit pour le nourrir le rendit si familier, qu'il revenait tous les soirs, au moment où il apercevait de la lumière dans la maison, et levait les yeux, comme s'il eût attendu qu'on le prît et qu'on le portât sur la table. Là, il trouvait son repas tout préparé: c'étaient des vers de l'espèce de ceux qui paraissent sur la viande lorsqu'elle se gâte; on les lui gardait dans du son. Le crapaud les suivait attentivement, et lorsqu'un de ces vers se trouvait à sa portée, il le fixait des yeux et demeurait immobile pendant quelques secondes; puis, tout à coup, il lançait de loin sa langue sur le ver, qui y restait attaché par l'humeur visqueuse dont elle était enduite à son extrémité. Ce mouvement de la langue était si rapide, que l'œil du spectateur ne pouvait le suivre; de là est venu sans doute ce merveilleux pouvoir que Linnée suppose au crapaud d'attirer les insectes dans sa gueule par une espèce d'enchantement. (*Insecta in fauces fascino revocat.* Linn., *Amph. Rept.*) Un fait aussi singulier excita la curiosité des amis de la maison; on vit même des dames surmonter leur répugnance naturelle pour cet animal, au point de demander à voir le crapaud favori de M. Arscott. Jamais ce crapaud, ni aucun autre de ceux qu'on avait, dit-il, tourmentés cruellement en sa présence, n'ont cherché à se défendre ou à se venger en lançant une liqueur qu'on suppose être contenue dans les pustules dont ces animaux ont le corps tout couvert. Seulement, il arrivait quelquefois, quand on le prenait, qu'il jetait abondamment une eau limpide; mais ce n'était que l'évacuation naturelle de son urine, qui se faisait également lorsque le crapaud était sur les degrés de l'escalier qui lui servait de retraite.

On a prétendu que le crapaud avait une aversion particulière pour les araignées; celui de M. Arscott en mangeait ordinairement, à chaque repas, cinq ou six, qu'on lui donnait avec des cloportes, et qui faisaient sa principale nourriture avant qu'on se fût aperçu qu'il aimait mieux les vers. M. Arscott n'a point remarqué non plus que le crapaud, ni les autres, aient recherché ou évité aucune plante particulière, pas même celles d'une odeur fétide; et cette opinion, consignée dans Linnée, n'a d'autre fondement que la figure peu agréable du crapaud. On a jugé alors que tout en lui, même jusqu'à ses goûts, devait être assorti à son extérieur; c'est avec aussi peu de raison qu'on l'a accusé d'infecter les plantes par le contact de ses verrues, ainsi que de les empoisonner par son haleine. (*Verrucæ lactescentes venenatæ infuso tactu, halitu.* Linn., *Amph. Rept.*)

Relevons maintenant quelques préjugés relatifs au crapaud.

On lit dans la *Collection Académique*, tome III, page 532, que le docteur Mentzelius, herborisant à une petite distance d'Aquapendente, ville d'Italie, entendit un petit bruit dans les broussailles; il fixa les yeux de ce côté, et aperçut à ses pieds un crapaud qui avait plus de seize centimètres de largeur, et qui excédait en volume la plus grosse tête humaine. Mentzelius, dans un premier moment de frayeur, prit la fuite; mais bientôt il revint vers le crapaud, armé d'une grosse pierre qu'il laissa tomber sur l'animal. Il amoncela ensuite plusieurs autres pierres sur celle qui couvrait le crapaud, dans l'espérance de le faire périr et de pouvoir ensuite le disséquer; mais l'animal, ayant renversé ces pierres, en sortit sans blessure. Mentzelius ajoute que l'aspect de ce crapaud lui avait fait une telle révolution, que bientôt il eut un accès de fièvre tierce, qui dura quelque temps.

On trouve dans un ouvrage de l'abbé Rousseau, soi disant médecin de Louis XIV, une expérience sur le crapaud, d'après Vanhelmont. Si l'on met, dit-il, un crapaud dans un vase assez profond pour qu'il n'en puisse sortir, et qu'on le regarde fixement pendant qu'il vous regarde aussi, en peu de temps l'animal tombe mort. Vanhelmont attribue cet effet à une idée de peur que l'animal éprouve à la vue de l'homme. L'abbé Rousseau dit avoir répété quatre fois cette expérience, et avoir reconnu que Vanhelmont avait dit la vérité. Il assure avoir passé pour un saint devant un Turc, puisqu'il avait tué de sa vue un animal aussi horrible, mais qu'ayant voulu faire cette même expérience à son passage à Lyon, en revenant des pays orientaux, le crapaud n'en mourut point, et il assure avoir manqué d'en mourir lui-même. L'animal, ne pouvant sortir de son vase, s'agita, s'enfla extraordinairement, s'éleva sur ses quatre pattes, souffla sans remuer de place, regarda fixement l'abbé Rousseau; les yeux de l'animal parurent rouges, très-enflammés, et à l'instant l'abbé eut une syncope accompagnée de sueurs froides et d'une incontinence des selles et des urines. — Nous avons répété six fois ces expériences, d'abord deux fois en 1842, en présence d'un nombreux auditoire, puis quatre fois en 1849, *et jamais le crapaud ne s'est agité, jamais il ne s'est gonflé en accumulant l'air dans ses poumons vésiculeux, enfin il ne s'est nullement élevé sur ses pattes.* Il est inutile que j'ajoute qu'aucun crapaud n'est mort dans cette expérience, et qu'aucune syncope ne nous est survenue.

On a exagéré à tort les effets du prétendu venin des crapauds, en disant que leur bave, leur urine, pouvaient produire la fièvre, les convulsions et la mort. Bernard de Jussieu, et d'autres naturalistes avant lui, ont irrité vainement ces animaux; leur bave, leur urine n'ont pu produire le moindre mal. Voici, à cet égard, une expérience que nous avons faite. Nous avons placé des crapauds dans un bocal de verre; nous avons recueilli avec soin leur urine et leur bave, et nous les avons mêlées à de la viande que nous avons fait manger à un chien, à un chat et à un pigeon: aucun accident n'est survenu chez ces animaux [1]. Nous avons coupé un crapaud en plus

[1] M. Raspail, dans son *Histoire naturelle de la Santé et de la Maladie*, rapporte, d'après Christ. Franc. Paulini, le fait suivant: « Un homme, poursuivant un gros crapaud à coups de pierres, en saisit une que ce reptile

de cent morceaux, et nous l'avons ainsi fait manger de force au même chien; l'animal n'en parut pas du tout incommodé, seulement, il rendit les pattes du crapaud environ trois heures après, comme parties indigestes, sans doute. Le venin des crapauds n'existe donc que dans l'imagination des personnes irritables ou pusillanimes. Nous devons également rassurer les gourmands, auxquels la bonhomie de nos paysans fait quelquefois savourer des cuisses de crapauds, en guise de cuisses de grenouilles, en leur disant que la chair de ce batracien n'irrite nullement le canal intestinal.

On a aussi longtemps attribué au crapaud des propriétés médicinales imaginaires: c'est ainsi qu'on ordonnait la poudre de crapaud brûlé contre l'hémorrhagie, la chair de crapaud contre l'hydropisie, etc.; mais, malgré les assertions de Kœnig et de Jean Ursinus, le sang continuait de couler dans l'hémorrhagie, et les hydropiques ne guérissaient pas, en dépit des assurances de Paullini. Enfin ce reptile jouait autrefois un grand rôle dans les opérations magiques, et il n'y avait pas de sorcière qui eût voulu opérer un enchantement sans faire usage d'un de ces animaux. L'histoire fait même mention d'un certain Vanini qui fut brûlé comme sorcier parce qu'on trouva chez lui un crapaud dans un bocal de verre [1].

Ce n'est point une erreur de croire que des crapauds puissent vivre de longues années renfermés dans une muraille épaisse, ou saisis dans une masse de marbre ou de houille [2]. Les expériences incomplètes de M. Hérissant, dans le dernier siècle, avaient déjà prouvé ce fait curieux; et, reprises, il y a environ vingt-cinq ans, par M. Milne Edwards, elles ont été pour ainsi dire confirmées. — M. Hérissant renferma trois crapauds dans trois boîtes hermétiquement fermées par du plâtre gâché; après dix-huit mois, on trouva deux crapauds vivants. M. Edwards

avait arrosée de son venin. Sa main enfla avec des douleurs atroces; elle se couvrit de phlyctènes et de vésicules pleines d'une sanie ichoreuse; l'enflure lui gagna le bras et lui causa les plus vives tortures pendant quatorze jours. Au bout de trois ans, et à l'époque juste de l'anniversaire du jour où il avait poursuivi le crapaud, la maladie le reprit avec tous ses premiers symptômes, et l'on eut encore toutes les peines à l'en guérir. » Et M. Raspail, en observateur de cabinet, de prendre ce fait au sérieux et de déclarer même qu'il y aurait *outrecuidance* à ne pas l'admettre.

[1] Nous ne parlons pas dans cet article de ce que l'on appelle *pluie de crapauds*, car, de deux choses l'une: ou une forte pluie d'orage inonde la demeure de ces reptiles et les fait sortir de tous côtés en quantité si considérable que les campagnards s'imaginent qu'ils sont tombés du ciel, ou bien ils ont été réellement enlevés de la terre par quelque coup de vent et transportés à une distance plus ou moins considérable.

[2] En 1802, mon père, M. D. B. Lunel, entrepreneur général des travaux sous l'empire, trouva dans un bloc de marbre destiné à l'érection de la colonne de Boulogne-sur-Mer, un énorme crapaud vivant qui devait exister dans ce bloc depuis un temps inconnu.

alla plus loin : il remplit de plâtre gâché plusieurs boîtes dans chacune desquelles il ensevelit des crapauds ; les boîtes furent à leur tour renfermées dans du plâtre, et plusieurs mois après des crapauds furent retrouvés vivants. Nous avons répété, en 1850, les expériences de M. Milne Edwards, et *sur quatre crapauds renfermés dans une double boîte de plâtre gâché, deux ont été retrouvés vivants cinq mois après ; les deux autres étaient complétement morts ; mais l'un d'eux, devenu extrêmement maigre, avait dû succomber à l'abstinence complète plutôt qu'à l'asphyxie.* Nous avons voulu, en 1851, faire la même expérience en recouvrant les boîtes d'une triple couche de collodion ; ce produit de la dissolution du coton-poudre dans l'éther alcoolisé avait sans doute rendu imperméable la prison dans laquelle se trouvaient les quatre crapauds, car, cinq mois après, nous les avons trouvés complétement asphyxiés.

Il est donc à croire que les corps qui renferment des crapauds vivants ne sont jamais entièrement privés d'air ; car ces reptiles, de même que tous les êtres, n'y pourraient subsister. Ajoutons à cela la ténacité de la vie chez les crapauds, leur engourdissement forcé dans cette circonstance exceptionnelle, on comprendra alors que, s'ils n'absorbent rien, ils n'exhalent rien non plus.

On connaît plus de quarante espèces de crapauds, dont cinq ou six appartiennent à la France, entre autres le *crapaud commun*, répandu dans tous les pays de l'Europe ; le *calamite* ou *crapaud des joncs*, qui est plus agile que le précédent et n'a pas les doigts palmés ; l'*accoucheur* (voy. ce mot) ; le *crapaud couleur de feu*, ainsi nommé à cause de la couleur aurore répandue sur tout son corps. Parmi les espèces étrangères, nous citerons l'*agua* comme un des plus grands ; il a environ 16 centimètres de long, et se trouve dans l'Amérique du Sud.

B. LUNEL.

CRÉATION (géologie).—Quelles pensées ce mot fait naître, quelles questions il soulève, quelles admirations il provoque ! mais aussi que d'incertitudes il crée lorsqu'il s'agit de faire concorder les données de la science avec le récit de la Genèse ! Les études géologiques nous apprennent que les productions des eaux durent précéder celles d'une terre que submergeait un océan sans rivages. Ce n'est que plus tard seulement, lorsque la terre fut exondée et suffisamment desséchée, que les végétaux purent orner son étendue, d'abord fangeuse. Les animaux herbivores, qui n'eussent pu se nourrir avant que les végétaux ne fussent apparus, les y suivirent ; puis les espèces sanguinaires vinrent après ; enfin l'homme, être omnivore, naquit. Dans son orgueil, dit Bory de Saint-Vincent, il imagina que l'univers était achevé ; mais d'innombrables séries de créatures organisées devaient encore se montrer, qui, vivant aux dépens des créatures déprédatrices mêmes, et habitant la propre substance de celles-ci, n'auraient pu se développer si les corps qu'elles dévorent vivants n'eussent déjà vécu pour leur fournir une curée. Ainsi la création, qui, passant du simple au compliqué, s'é-

tait élevée de la monade au genre humain, se termine par des séries non moins simples dans leur texture que celles par où tout avait commencé, comme si, dans la totalité de ce qui la compose, la nature avait entendu se renfermer dans un vaste cercle.

L'ensemble des données positives que nous possédons aujourd'hui en géologie, dit M. Beudant, nous conduit à reconnaître que chacune des créations particulières indiquées brièvement dans la Genèse, à l'exception de celle de l'homme, n'a pu avoir lieu d'un seul jet ; qu'elle a été faite, au contraire, successivement, dans un espace de temps considérable, et à mesure que le globe terrestre était lui-même façonné. En effet, si les cryptogames vasculaires ont paru à peu près dès le commencement des choses, les phanérogames gymnospermes ne sont venus que vers l'époque du houiller, et n'ont même existé que longtemps après ; il en est de même des monocotylédones, dont les débris sont d'abord peu nombreux et peu distincts, et qu'on ne voit bien clairement qu'après la craie ; les dicotylédones ne paraissent que plus tard encore, au milieu des terrains tertiaires. Dans tout cet intervalle de temps, les espèces ont successivement changé, et celles qui ont été créées tour à tour ont aussi entièrement disparu l'une après l'autre pour faire place à de nouvelles. Les reptiles, les poissons, les mollusques, nous présentent les mêmes phénomènes, et nous montrent plus clairement encore des extinctions successives de différentes races créées d'abord, et l'apparition nouvelle de plusieurs autres... Les mammifères présentent des circonstances absolument semblables, et leurs divers ordres, comme leurs diverses espèces, ne se montrent aussi que successivement. Ceux qui apparaissent d'abord ne sont que de faibles marsupiaux, et c'est longtemps après que viennent les pachydermes analogues aux tapirs, dont les premières espèces sont bientôt anéanties. D'autres espèces leur succèdent, et celles-ci se trouvent alors associées à de nouveaux animaux, les *mastodontes* et les *dinotherium*, qui s'éteignent presque aussitôt pour toujours. C'est plus tard encore que viennent les éléphants, et ils se montrent avec des carnassiers et des rongeurs, etc., qui n'existaient pas avant, et dont les espèces ne sont encore que le prélude de celles qui apparaissent en même temps que l'homme.

M. Beudant termine par les réflexions suivantes, qui tendent à ne faire voir, dans le désaccord de la géologie et de l'Écriture, qu'une simple question d'interprétation. Ces détails, dit-il, que l'observation des circonstances géologiques permet d'ajouter au récit de la Genèse, sont en harmonie générale avec les faits qui s'y trouvent brièvement émis et dont ils ne sont que le développement ; la seule difficulté qu'ils puissent présenter est relative au mot jour, qui, heureusement, d'après les autorités les plus éminentes de l'Église depuis saint Augustin jusqu'à nous, peut être interprété dans un sens différent de celui qu'on lui attribue vulgairement... Suivant les observations géologiques, cette expression vulgaire de *jours* paraît devoir signifier des *époques*, qui présentent de longues périodes de temps dont la durée nous est tout à fait inconnue, et relatives chacune à un certain système de création durant lequel il y a eu diverses formations des êtres organisés, comme aussi des extinctions successives de ceux qui avaient existé les premiers. Chaque période commence à une date particulière nettement déterminée, et marquée par une catastrophe qui bouleverse plus ou moins l'ordre de choses établi précédemment sur la terre; elle se prolonge pendant plus ou moins de temps, quelquefois à travers les époques suivantes, et souvent jusqu'à l'apparition de l'homme lui-même. Il s'est ainsi passé, suivant les conjectures de la science, un temps immense entre la formation des premiers sédiments et celle des derniers, sans compter celui qu'il a fallu pour la consolidation et le premier refroidissement des masses planétaires. C'est dans cette longue série de siècles, qui ne sont qu'un instant dans l'éternité, que la terre a été façonnée comme nous la voyons aujourd'hui par les mouvements de toute espèce du sol, par les dépôts sédimentaires de diverses sortes, et préparée enfin au séjour de l'homme, pour lequel Dieu avait tout disposé. (*Bossu.*)

CRÈCHES (établissements d'utilité publique). — Nom, donné, dans ces dernières années, à des salles destinées à recueillir les enfants encore à la mamelle auxquels leurs propres mère viennent donner le sein à certaines heures de la journée.

M. l'abbé Mullois trace ainsi l'historique de ces établissements charitables:

« Un des traits les plus marqués de notre époque, c'est le mouvement de tous les esprits vers les études et les œuvres qui ont pour but l'amélioration du sort des classes laborieuses.

» L'assistance qui s'applique au soulagement des misères nées a dû se présenter la première à la sollicitude de l'administration. Ainsi, la religion et la morale s'unissaient dans leurs élans d'amour et de charité pour ouvrir des hospices à l'enfance abandonnée, à l'adolescence égarée, à la vieillesse infirme, etc., pour recueillir dans les hôpitaux les malades pauvres, pour secourir à domicile les malheureux indigents. Le développement de ces institutions a conduit à rechercher les causes du mal combattu. De là est venue l'assistance, qui a pour but de restreindre de plus en plus le paupérisme, en prévenant la maladie, le vice, toutes les causes de misères qui font sans cesse tomber tant d'ouvriers dans la classe des indigents. Cette assistance, que nous appellerons préventive, s'attache à l'ouvrier dès le lit de sa naissance et l'accompagne jusqu'au lit de mort; or, parmi les nombreux moyens suggérés par le génie de la charité pour attaquer le mal dans sa source la plus féconde, le meilleur est sans contredit l'institution des crèches, dont nous allons tracer l'origine et les progrès:

» En 1844, M. Marbeau, adjoint au maire du 1er arrondissement de Paris, fut chargé, par une commission du Comité local d'instruction primaire, d'un rapport général sur les asiles du 1er arrondissement. L'institution même de l'asile lui rendit plus frappante la lacune qui existait. Depuis sa naissance jusqu'à l'entrée à l'école, l'enfant de l'ouvrier ne rencontrait pas d'abord d'institution sociale; l'asile se fonde et *recueille* l'enfant de deux à six ans. Mais

l'enfant âgé de moins de deux ans, que devient-il pendant les heures de travail où la mère est forcée de quitter le logis?

» Il reste seul, enfermé dans une chambre, soumis à des conditions funestes d'immobilité, de malpropreté, de tristesse, et exposé à s'étouffer, à se blesser, à être attaqué par des animaux domestiques, etc., ou bien on le confie à un frère, à une sœur aînée; quelques-uns des inconvénients que nous avons nommés disparaissent, mais d'autres les remplacent avec un triste avantage : quel gardien qu'un enfant de six à sept ans? ou bien la mère dépose le matin son enfant dans une garderie, misérable réduit où s'entassent, où viennent s'étioler tous ces pauvres petits êtres qui ont tant besoin d'air, de lumière, de propreté et de soins.

» Ces faits, ces réflexions conduisirent M. Marbeau à se demander : « Pourquoi ne pas prendre l'enfant au berceau?» Et le charitable administrateur donnait au bureau de bienfaisance du 1er arrondissement un projet de crèche; ce fut à Chaillot, dans le *bouquet des champs*, qui, en 1844, n'offrait qu'un tas de masures habitées par des chiffonniers, ce fut là, en pleine misère, que la première crèche fut organisée, sous la direction de M. Marbeau, et avec le concours de madame Curmer, bienfaitrice des pauvres de Chaillot. Le 14 novembre 1844, la crèche est ouverte et bénite : quelques mois après, le 9 juin 1845, M. Affre, archevêque de Paris, renouvelle et confirme cette bénédiction.

» Le 23 février 1847, la Société des crèches, destinée à propager et à améliorer cette œuvre, se constitue dans une séance solennelle, tenue à l'Hôtel de ville de Paris, sous la présidence de M. Dupin.

» L'institution des crèches est fondée, et son véritable but peut se définir ainsi : « Soigner en commun, pendant le cours de la journée de travail, les petits enfants âgés de moins de deux ans, dont les mères pauvres, honnêtes et laborieuses, sont obligées pour vivre d'aller travailler hors de leur habitation. »

» De la crèche-mère de Chaillot naissent, le 29 avril 1845, la crèche de Saint-Louis-d'Antin et celle de Saint-Philippe-du-Roule ; le 1er juillet, celle de Belleville ; le 15 juillet, celle de Saint-Pierre au Gros-Caillou ; le 17 juillet, celle de Saint-Vincent-de-Paul (10e arrondissement) ; en 1846, Paris et sa banlieue voient se fonder sept crèches ; en 1847, cinq ; en 1848, deux ; en 1849, deux ; en 1851, deux ; en 1852, une.

» Enfin, en 1857, treize années après la création, le département de la Seine compte vingt et une crèches. Le nombre des crèches organisées aujourd'hui en France peut être évalué à quatre-vingts, réparties entre trente-deux départements.

» Deux papes, Grégoire XVI et S. S. Pie IX, dans des bulles datées du 27 janvier 1846 et du 30 septembre 1852, consacrent la valeur chrétienne de cette œuvre.

» M. Dupin, ancien président de l'Assemblée législative, l'appréciait comme il suit, à l'inauguration de la Société des crèches, en 1847 :

« La crèche n'est pas seulement un secours à l'enfance, c'est un secours à la mère vertueuse, à la famille honnête et indigente. La crèche est *l'auxiliaire de la maternité*. On n'enlève pas l'enfant à sa mère; on le lui emprunte, pour la seconder, la suppléer, tranquilliser son cœur et son esprit, pendant qu'elle vaquera elle-même au soin de gagner sa vie par le travail. Aidons l'enfance à traverser ce premier âge, où elle ne peut s'exprimer que par des vagissements et par des cris; entourons de tous nos soins l'humble crèche qui recèle l'origine de nos plus saints mystères. »

Les crèches sont donc des établissements qui honoreront toujours la philanthropie d'une nation comme la nôtre! Loin d'être indignes de notre intérêt, elles méritent, au contraire, que l'avenir leur conserve l'enthousiasme qui les accueille maintenant, car la crèche n'est pas seulement une première école, c'est un lieu béni où la charité hospitalière tend les bras à l'enfance indigente, et c'est un salutaire asile où la mère la plus aimante peut désormais confier l'objet de son amour. Croyez-le bien, la femme pauvre aussi a le cœur généreux, et que de douleurs lui sont réservées lorsqu'elle est privée de donner à son enfant les soins que réclame son jeune âge! Que de pleurs elle a versés pour cette petite créature qu'elle doit négliger! Pourquoi? direz-vous. C'est qu'un travail impérieux est là ; il faut à l'enfant la nourriture avant tout, et, pour l'obtenir, il faut y consacrer tous les instants; alors l'enfant souffre et pleure, et la mère ne peut que gémir de sa triste position.

L'enfant qui manque de tout est semblable à cette fleur qui est privée des doux rayons du soleil; la tige vit encore, mais elle ne produit ni fleurs ni fruits. O vous tous, que le ciel a comblés de ses faveurs! répandez sur l'enfant indigent une parcelle de ce bien-être, et vous aurez versé dans son cœur cette rosée bénie qui vivifie le corps et fortifie l'âme; car ici-bas, il faut le reconnaître, les récompenses du Souverain sont infinies. A peine avons-nous accompli une bonne action, que la joie que nous en ressentons est ineffable. Ce bonheur extrême, inconnu au cœur ingrat et dur, est un bienfait du Créateur, qui ne cesse de faire les personnes charitables qui ont compris toutes les misères humaines en fondant des établissements utiles à l'humanité souffrante. Que de tortures se calmeront à l'idée heureuse d'un meilleur avenir pour de faibles innocents! Une mère dévouée ne souffre pas seulement pour elle, mais surtout pour son enfant, l'objet de sa tendresse; que de fois son âme heureuse bénira l'être bienfaisant qui a inspiré aux hommes sensibles et désintéressés la création d'établissements où les enfants recevront les soins les plus doux et les plus empressés! Soyez mille fois loué, mon Dieu, car vous exaucez la mère qui vous prie!

Hommage et gloire soient rendus aux dames bienfaisantes dont le cœur généreux a participé à cette grande œuvre par les dons et par les soins assidus! elles ont donné une existence nouvelle à ces enfants si dignes de compassion. Sans doute que, pénétrées d'un si noble exemple, d'autres personnes vertueuses joindront leurs bienfaits à cette glorieuse tâche; car donner à propos, c'est tout faire, et Dieu, le père des petits enfants, n'en demande pas davantage pour être servi dignement. Du haut de son trône auguste, il voit et juge les hommes sensibles; le ciel et la terre se tiennent par cette chaîne douce du bien, et quiconque répond à la volonté du Sauveur du monde sera récompensé.

Il n'est pas de joie plus pure que celle de secourir des êtres incapables de la moindre chose, et qui, privés des soins maternels, ne pourraient vivre sans la tendre charité! D'ailleurs, une mère, à la vue d'une misère cruelle, se désespère de voir périr l'enfant de son cœur, son seul bien, son seul ami, tant il est vrai que la pauvreté ne lui donne souvent que ses enfants pour toute félicité. Que les gens heureux donnent un peu, car donner c'est prier : Dieu tient compte de tout!   Mme LUNEL mère.

CRÉDIT (économie politique). — Prêt d'objets de consommation, sous la condition d'en rembourser la valeur, avec ou sans profit, à une époque déterminée ou indéterminée.

Il y a trois sortes de crédit: le crédit privé, le crédit public, le crédit commercial. «Le crédit privé fait passer les objets de consommation des mains de celui qui ne veut pas les consommer dans celles d'un autre qui veut les consommer. Comme le crédit privé, le crédit public consomme les produits de l'économie; comme lui, il en dissipe une partie et tire plus ou moins d'utilité de l'autre partie; mais en quoi ils diffèrent essentiellement, c'est que le crédit privé ne prospère que par la protection du pouvoir, et quand un État protège le crédit public, celui-ci devient le levier le plus puissant des grandes spéculations sociales, du soulagement des malheurs publics, de toutes les améliorations générales, de la gloire des gouvernements et de la splendeur des nations. Le crédit commercial n'a de commun que le nom avec le crédit privé et le crédit public; non-seulement il ne consomme pas les économies, mais, au contraire, il les stimule, leur cherche un meilleur emploi et leur procure de riches équivalents ; les promesses qu'il donne, et qu'on appelle des effets, dispensent du payement monétaire et ne le rendent nécessaire qu'au consommateur. Le crédit commercial rend donc, de cette manière, les plus grands services à la richesse particulière et générale.»

CRÉOSOTE. — Liquide huileux, incolore, un peu plus dense que l'eau, très-caustique, volatil à 200 degrés centigrades, d'une odeur caractéristique, se résinifiant sous l'action des oxydants. Produit constant de la distillation du bois, la créosote se trouve aussi en dissolution dans le goudron. « La créosote cautérise instantanément les muqueuses; on s'en sert en pharmacie, contre les maux de dents, sous le nom de *créosote dentaire*. En outre, elle a la propriété de coaguler l'albumine et de former avec ce principe des composés imputrescibles. La conservation des viandes fumées, jambons de Mayence, harengs saurs, etc., est due à cette propriété de la créosote. C'est en examinant les produits de la distillation des végétaux, particulièrement de l'acide pyro-ligneux, que Reichenbach a distingué la créosote, et plus tard il la trouva dans tous les goudrons. Elle forme, à 20 degrés, avec l'eau, deux combinaisons différentes, dont l'une est une solution d'une partie en un quart dans cent parties d'eau, ce qui fait une partie de créosote sur vingt de ce liquide; l'autre, au contraire, est une solution de dix parties d'eau dans cent de créosote. La créosote pure est un poison énergique et dont on ne doit pas faire

usage sans l'avis d'un médecin. Son action vénéneuse doit même éveiller l'attention sur les viandes
longtemps exposées à la fumée, surtout celle de cochon, dont les préparations sont si usitées. Plusieurs
exemples d'empoisonnement par des jambons, des
saucisses, du fromage d'Italie, ont été recueillis dans
ces derniers temps, tant en Allemagne qu'en France,
sans qu'on en ait découvert la cause. Aujourd'hui
qu'on connaît la créosote, il est rationnel de lui attribuer ces effets délétères, et de se défier des préparations de charcuterie qui auraient subi une longue
exposition à la fumée. »

CRÉPUSCULE (météorologie). — Lumière que le
soleil répand dans l'atmosphère quelque temps après
son coucher; celle qui paraît avant le lever du soleil
est le *crépuscule du matin.* La durée des crépuscules,
dit Hoefer, n'est pas égale pour tous les lieux de la
terre, ni même pour le même lieu dans les différentes
saisons. Elle est de une heure treize minutes au temps
des équinoxes pour ceux qui habitent sous l'équateur;
cette durée augmente à mesure que le soleil s'éloigne
de plus en plus de l'équateur. Pour ceux qui habitent entre l'équateur et l'un des pôles, la durée des
crépuscules est d'autant plus grande que le pôle est
plus élevé au-dessus de leur horizon; en d'autres
termes, que le lieu qu'ils habitent a plus de latitude.
Pour les habitants polaires, le crépuscule doit se
faire apercevoir près de deux mois avant que le soleil paraisse sur leur horizon, et il doit durer le
même espace de temps après que le soleil s'est couché pour eux. La lumière crépusculaire est produite
par la dispersion des rayons solaires dans l'atmosphère terrestre, qui les réfracte et les réfléchit de
toutes parts. Si la terre n'avait pas d'atmosphère,
aussitôt après le coucher du soleil, et dans l'instant
même qui précède son lever, nous apercevrions les
étoiles et les planètes aussi distinctement qu'au milieu des nuits d'hiver; mais la lumière crépusculaire
nous empêche de les apercevoir sitôt le soir, et nous
les fait perdre de vue plus tôt le matin.

CRESSON (botanique) [en allemand *kresse*]. —
Nom donné à diverses plantes appartenant presque
toutes à la famille des crucifères, et remarquables
par leurs propriétés diurétiques, antiscorbutiques et
dépuratives. Le véritable cresson est le *cresson de
fontaine* (*sisymbrium nasturium*), « plante vivace du
genre *sisymbrium*, qui croît naturellement au bord
des eaux courantes. Sa fleur blanche a la forme
d'une croix latine; son feuillage, d'un vert foncé, a
une saveur aromatique et piquante : on le mange
en salade ; en médecine, il entre dans la composition
du *jus d'herbes.* Il paraît devoir ses propriétés dépuratives à une certaine proportion d'iode. » Plusieurs
plantes connues sous le nom de *cresson* appartiennent à des genres différents; tels sont la *cardamine,*
l'*erysimum*, etc.

CREUSET (chimie et technologie). — Vase employé principalement en chimie et en métallurgie,
surtout pour les métaux précieux.

Ses formes, peu variables, sont généralement cylindriques, ou coniques, ou triangulaires, et présentent

à l'intérieur celle d'un cône finissant par un fond
arrondi et beaucoup plus épais que dans ses autres
parties. Son emploi le plus usuel en chimie, et particulièrement en métallurgie, est la fonte des métaux
ou l'exposition de diverses substances plus ou moins
réfractaires à une température élevée.

Les creusets les plus usités sont en terre argileuse
dite réfractaire, en plombagine, en porcelaine, en
platine, en argent, en fonte et en fer forgé.

Les diverses espèces de creusets ont une spécialité
déterminée par l'action que peuvent opérer sur eux les
substances plus ou moins énergiques qu'ils doivent
contenir et les degrés variables de calorique auxquels ils peuvent être exposés.

Les creusets de terre servant principalement pour
la fusion de l'or, de l'argent et du cuivre, la formation des alliages, ainsi que pour beaucoup d'opérations chimiques, nous nous étendrons assez lon-
guement sur eux.

Les meilleures terres servant en France à la fabrication des creusets sont celles de Forges-les-Eaux
(Seine-Inférieure), Seyssel (Ain), Abondant (Eure-et-
Loir), Redoin (Vaucluse), Arnage (Drôme), Salavas
(Gard), Fossalet (Haute-Garonne), Sauxillanges, Ambert, Marsac (Puy-de-Dôme), etc., etc. Ces terres, généralement composées d'alumine et de silice, doivent
être préalablement débarrassées de toutes les parties calcaires et des oxydes ferrugineux qu'elles contiennent souvent. Cette argile ainsi préparée, cuite
avec soin, prend un très-grand degré de dureté, ses
parties se trouvant liées par une espèce de vitrifica-
tion. Dans cet état et façonnés à la main ou au tour,
les creusets en provenant résistent à de très-hauts
degrés de températures; et ceux dits de Paris et de
Beaufay ont de plus la propriété d'être moins péné-
trables au chlorure de sodium, au sous-carbonate de
soude, aux oxydes métalliques, aux gypses, aux
spaths, etc., etc., que ceux de Hesse et d'Allemagne,
quoique ceux-ci résistent mieux aux alternatives du
chaud et du froid.

Les qualités essentielles des bons creusets de terre
étant de pouvoir subir les changements de haute et
basse température, et surtout d'être inattaquables
aux substances chimiques qu'ils contiennent, nous
nous sommes bien trouvés de ceux construits avec
mi-partie d'argile crue bien pulvérisée et mi-partie
de vieux creusets cuits, à blanc plusieurs fois, pulvérisés et soigneusement débarrassés des parties vitri-
fiées. Malheureusement, le commerce ne peut en
fournir ainsi par le manque de la seconde matière,
les creusets employés pour la fonte de l'or et de l'argent étant toujours pulvérisés et lavés avec soin,
pour en extraire les menues grenailles précieuses
qu'ils retiennent plus ou moins pendant la fonte, et
ceux employés en chimie étant le plus souvent vi-
trifiés.

Divers prix ont été proposés pour la bonne confection des creusets; et, malgré de notables progrès,
nous constatons avec regret que l'on est encore loin
de la perfection, eu égard à toutes les conditions requises. Quoi qu'il en soit, les creusets dits de Paris

et ceux de Beaufay sont les plus employés aujourd'hui par les chimistes et les industries des métaux précieux. Leur prix varie d'après leur dimension, ainsi qu'il suit :

N^os	Hauteur.	Largeur.	Le cent.
0 de	045 millimèt.	sur 032 millimèt.	prix 5 fr.
1	050	036	»
2	055	042	6
3	075	048	7
4	080	052	10
5	090	058	12
6	100	062	15
7	115	070	18
8	122	075	23
9	140	085	30
10	155	090	40
11	170	100	50
12	195	110	60
13	210	120	75
14	220	125	90
15	240	130	100
16	270	140	125
17	300	150	150
18	330	180	225
19	350	190	300

Les creusets de Hesse, d'Allemagne, etc., etc., ronds ou triangulaires, se vendent aux prix suivants :

De 1 litre		1 fr.	» c.
»	500 millilitres	»	60
»	250	»	40
»	125	»	20
»	93	»	15
»	62	»	10
»	30	et au-dessous	» 05

Ou en pile de :

8 avec couvercles 1 f. 75 c. le plus grand de 223 mill.
6 — 1 10 — 168
5 — » 75 — 140

Les creusets dits picards, employés principalement pour le cuivre, se vendent :

De 168 millimètres		20 fr. le cent.
223	à 250 millimètres.	25	—
251	278	30	—
333		45	—
360		58	—
388		75	—

Pour le bon emploi des creusets de terre, quels qu'ils soient, les précautions pour la mise au feu et le retirage sont essentielles. On ne doit les exposer d'abord qu'à un feu très-peu allumé, et augmenter progressivement, en ayant toujours soin de les garantir du contact de l'air, et sitôt retirés à l'état rouge-blanc, les envelopper d'un tuyau de terre ou de tôle, afin d'éviter le refroidissement trop subit, surtout s'ils contiennent des substances énergiques. On doit les poser doucement, soit sur une plaque de fer, de fonte très-sèche ou de terre parfaitement

cuite, le moindre choc, ou l'humidité, ou la décrépitation, pouvant les faire fendre et amener des pertes ou des accidents. Les couvercles dont on se sert doivent être de la même matière et un peu plus grands, sans pourtant dépasser de trop l'orifice, afin que le tassement du combustible ne le fasse pas déranger. On sait que tout creuset doit être posé sur un cylindre de terre réfractaire plus ou moins haut et large, et vulgairement nommé *fromage*, afin d'éviter que le courant d'air vienne trop directement frapper le fond du creuset, et pour en assurer la stabilité au milieu des charbons incandescents.

Les creusets de verreries, en raison de leur grande dimension, ne se trouvent pas dans le commerce; chaque cristallerie les confectionne sur place, et souvent d'après des procédés particuliers et appropriés aux divers usages. On apporte généralement le plus grand soin dans le choix des matières et dans leur bon emploi; car c'est presque toujours la base de la réussite des fontes vitreuses.

On a pu voir, à l'Exposition universelle de 1855, que bien que la France tienne un haut rang dans la fabrication des creusets, les produits en ce genre de certaines puissances n'étaient pas à dédaigner. La Belgique, surtout, doit cet avantage aux terres excellentes qui abondent sur son sol et au bon entendement des mélanges; mais les droits de nos douanes équivalant à une prohibition, nous sommes forcés de nous en passer. Et pourtant la société anonyme d'Andenne, dont la fabrication est immense et économique, par l'emploi d'une machine à vapeur de la force de plus de cinquante chevaux pour pétrir, broyer, mélanger et préparer les terres propices, nous a montré divers produits réfractaires bien dignes de stimuler nos nationaux, et par leur composition et par leur bon marché.

Cependant, il est juste d'ajouter que, pour les produits d'élite, en France, MM. Mauny, Payen, Landet, Deyeux, Beaufay, etc., etc., soutiennent victorieusement la comparaison.

L'Angleterre, l'Autriche, la Russie, l'Espagne, produisent aussi de très-bons creusets, quoique conservant plus ou moins les mêmes défauts que les nôtres.

Les creusets de plombagine, nommés aussi creusets d'Ipse et creusets noirs de Passau, sont composés de cette substance minérale avec une certaine quantité de terre réfractaire; ils sont très-compactes, quoique s'entamant facilement au couteau; ils résistent à un feu violent et soutenu, mais un courant d'air les consume, et ils ne peuvent guère servir que pour la fonte de certains métaux, car toutes les substances alcalines, salines, etc., les détruisent.

Les creusets en porcelaine, en argent et en platine, s'emploient dans les laboratoires de chimie; ces derniers doivent être faits avec ce métal bien purifié. Inattaquables par les substances acides et alcalines, ils supportent les plus hautes températures. Malheureusement, ils reviennent fort cher. Malgré leur inaltérabilité reconnue, on doit cependant éviter, autant que possible, de les mettre en contact avec la potasse, la soude, la lithine et leurs nitrates, le sulfate acide de potasse, l'acide phosphorique et le charbon ou des matières organiques, les polysulfures alcalins, les cendres, l'arsenic, et la plupart des métaux, surtout exposés au feu. Les creusets d'argent, si usités dans les opérations délicates de la chimie, doivent provenir de la revivification du chlorure, pour éviter le moindre alliage.

Les creusets de porcelaine dits de Wedgwood sont formés de matériaux très-purs; mais ils ont l'extrême désavantage d'éclater par les variations trop brusques de température, et si on veut les employer avec quelque sécurité, il faut les placer dans un creuset de terre plus grand, en ayant soin de remplir les interstices avec du sable fin.

Les creusets en fonte sont généralement très-grands et employés dans les ateliers monétaires et à la fabrication du prussiate de potasse. Ils sont expressément en fonte grise, les fontes blanches ou noires étant ou trop fusibles ou trop peu tenaces. On peut, dans ces mêmes opérations, employer avec avantage les creusets de fer forgé; ils sont plus solides et moins fusibles, mais aussi beaucoup plus chers, ce qui en restreint l'emploi.

On nomme, en chimie, *creuset brasqué* tout creuset en terre enduit fortement de charbon pulvérisé mêlé avec de l'argile délayée. Souvent on remplit le creuset de ce mélange, puis l'on y pratique au milieu une cavité destinée à recevoir l'objet ou la substance que l'on veut exposer au feu. Dans les deux cas, c'est, suivant nous, une espèce de *cémentation* (voy. ce mot).

On fait parfois des espèces de creusets en forant un trou dans un charbon de bois non poreux, que l'on bouche avec un autre charbon ajusté; mais il faut le renfermer dans un autre creuset de terre, comme il est dit plus haut.　　Ch. Barbot.

CREVETTE (zoologie).—Genre de crustacés établi par Fabricius. Ne renfermant aujourd'hui que les espèces dont les caractères sont : « Quatre antennes de grandeur inégale et dont le pédoncule offre

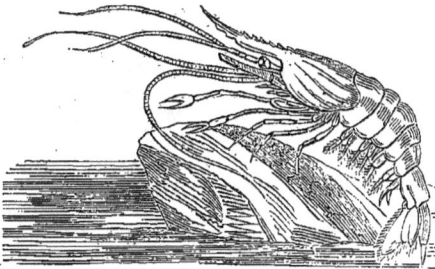

Fig. 71. — Crevette.

trois articles; quatre pieds antérieurs semblables dans chacun des deux sexes et terminés par un seul doigt; yeux sessiles, queue redressée, terminée par trois paires d'appendices allongés, bifurqués et garnis de cils; corps de forme oblongue, un peu aplati

et divisé en treize articulations. » Les crevettes habitent, les unes les eaux douces courantes, les autres en plus grand nombre la mer. Elles sont très-voraces et carnassières, vivant de poissons morts, et même de la chair morte de leurs semblables. Les principales espèces de ce genre sont la *crevette des ruisseaux* et la *crevette locuste*. Les noms de *crevettes, chevrettes, salicoques*, etc., désignent des petits crustacés de genres différents qui se mangent sur nos tables. — Voy. *Palémon*.

CRIC (mécanique).—Machine destinée à vaincre, avec une petite force, une grande résistance. Le cric simple est composé d'une barre de fer garni de dents à l'une de ses faces, en manière de crémaillère, et mobile dans une châsse, dans laquelle elle peut s'élever ou descendre. Les dents de la barre engrènent avec celles d'un pignon qu'on fait tourner sur son axe au moyen d'une manivelle. Les dents du pignon soulèvent la barre, et font, par conséquent, monter le poids placé sur la tête du cric. En considérant l'effort que chaque dent du pignon fait pour soulever la barre, comme un poids à élever, il est clair que la puissance, appliquée à la manivelle, est à ce poids *comme le rayon du pignon est au bras de la manivelle*. Ainsi en faisant le rayon du pignon très-petit, par rapport à celui de la manivelle, on peut, avec une force médiocre, soulever un poids très-considérable. Pour soulever un plus grand poids avec la même force appliquée à la manivelle, on ajoute au cric une vis sans fin, qu'on fait tourner avec la manivelle fixée à son axe, et dont les filets engrènent avec les dents du pignon. Les cochers des diligences, dont les voitures pèsent quelquefois jusqu'à dix mille kilogrammes, enlèvent seuls leur voiture avec un cric de cette espèce, pour pouvoir graisser leurs roues. (*Hœfer*.)

CRIQUET (zoologie) [*acridium*].—Genre d'insectes orthoptères, de la famille des acridiens de Latreille, dont les caractères sont : «tête ovale, emboîtée à sa partie postérieure dans le corselet; yeux ovalaires, saillants; antennes cylindriques, filiformes; mandibules garnies d'un grand nombre de dents aiguës, propres à couper et à broyer; ailes très-développées et dépassant souvent l'abdomen. » Les criquets sont agiles, ils sautent avec beaucoup de facilité. Ils font de grands dégâts dans les campagnes. Ils voyagent de pays en pays, ce qui leur a valu le nom de *sauterelles de passage*. On distingue surtout l'espèce appelée *criquet voyageur*, au corps verdâtre, aux ailes grisâtres, tachetées de brun, aux jambes roses; ses ailes étendues ont plus d'un décimètre d'envergure. Dans quelques contrées du Levant, on grille cet insecte, on le sale et on le mange.

CRISE [du grec *crisis*, jugement, décision].— Changement le plus souvent favorable qui survient dans le cours d'une maladie, et s'annonce par quelques phénomènes particuliers, tels qu'une sueur abondante, une hémorrhagie considérable, des vomissements bilieux, un dépôt d'urine, etc. — Bien que l'existence des crises ne soit pas admise par la plupart des médecins, aucun d'eux néanmoins ne peut contester que, dans une foule de circonstances, certains phénomènes appelés *critiques* ne décident la terminaison heureuse ou malheureuse de beaucoup d'affections. Sans doute, ces crises ne doivent avoir de valeur que comme *signes* pour le médecin, mais les méconnaître, ne serait-ce point illogique? Les crises existent donc réellement, mais il ne faut point s'en exagérer l'importance, et surtout se fier entièrement aux efforts de la nature pour la guérison des maladies. Relativement à la possibilité de prévoir les crises, on a cru la trouver dans les modifications du pouls, mais les faits que l'on possède à cet égard sont encore trop peu nombreux et trop hypothétiques pour y accorder une valeur absolue.— Quant aux jours critiques, dont le septième, d'après Hippocrate et Galien, est le jour critique par excellence, puis, dans l'ordre de leur efficacité, le quatorzième, le neuvième, le onzième, le vingtième, le dix-septième, etc., etc., on s'est convaincu de la fausseté de cette doctrine, en remarquant que l'époque d'une crise n'avait rien de fixe, et qu'elle déterminait l'issue d'une maladie, à quelque jour qu'elle se montrât.   B. L.

CRISTAL, CRISTALLOGRAPHIE (minéralogie).— Les cristaux sont des corps naturels affectant des formes plus ou moins régulières, quoique constantes dans la plupart des espèces. Ils existent à l'état transparent, translucide et opaque, et peuvent présenter toutes les couleurs connues.

La plupart des solides qui composent la croûte minérale de la terre se rencontrent à l'état cristallin. Les grandes masses de granit, quoique paraissant d'une structure amorphe et sans formes régulières, n'en sont pas moins construites par une agglomération de cristaux de quartz, de feldspath, de mica, etc. Enfin, de nos jours, on a étendu l'acception du mot *cristal* à *tout solide régulier* ou *irrégulier*, mais *symétrique, produit par la nature* ou par *les procédés chimiques*.

On distingue assez facilement, avec un peu d'étude, d'où proviennent les aberrations de forme des cristaux, et la pensée seule suffit quelquefois à les ramener à la forme principale ou primitive, sans avoir recours au *clivage* (voy. ce mot). On appelle *cristallographie* la science qui a pour objet l'étude des cristaux et des relations de forme qui existent entre eux.

Les parties extérieures des cristaux consistent en *faces, bords* ou *arêtes* et *angles*. Les faces sont les plans de diverses formes qui terminent le cristal: très-petits, ils se nomment *facettes*. Les arêtes sont les lignes droites qui s'interposent entre chaque face à la jonction de deux d'entre elles. Enfin le plus ou moins d'inclinaison de deux faces rapprochées forme l'angle.

Les formes des cristaux, quelque déviation qu'elles présentent, se rapportent toujours à certaines formes principales que nous décrirons succinctement. En premier lieu vient le *cube* ou *hexaèdre*. C'est un solide terminé par six faces carrées et égales. L'*octaèdre* est un solide à huit faces triangulaires. Le *dodécaèdre* en présente douze. Le *tétraèdre*, que l'on peut reconnaître comme la moitié de l'octaèdre, offre quatre faces triangulaires; et enfin l'*icosaèdre*, qui présente vingt faces, et dont la surface est composée de vingt triangles équilatéraux.

Les minéraux qui se rapprochent le plus de ces formes sont le *sel commun*, le *fer sulfuré jaune*, les *cristaux de plomb*, le *spath vitreux*, etc. Le *diamant*, les *rubis spinelle* et *balais* dérivent aussi du système cubique; mais souvent le grand nombre de leurs facettes leur donnent une forme sphéroïdale.

Puis viennent d'autres systèmes présentant d'autres formes dérivées elles-mêmes d'autres bases. Ainsi le système du *rhomboïde* a, pour formes secondaires, le *prisme régulier à six pans* et le *dodécaèdre à faces triangulaires*. Le *carbonate de chaux*, la *pierre calcaire*, le *cristal de roche*, l'*émeraude*, le *grenat*, la *leucite*, etc., appartiennent à ce genre de cristaux.

Le système du prisme *droit à base carrée* passe facilement à l'octaèdre à base carrée par une troncature sur les arêtes des bases. On sait que le prisme est un polyèdre terminé en haut et en bas par deux lignes égales et parrallèles, et latéralement par autant de parallélogrammes que chacune de ces figures a de côtés. L'*oxyde d'étain*, le *zircon*, etc., font partie de ce système. Le système du prisme *droit à base rectangle* (angles droits) a pour formes résultantes l'octaèdre à base rectangle, fourni par le prisme fondamental lorsqu'il est tronqué sur les bords de ses bases; le prisme droit à base rhombe et l'octaèdre à base rhombe. Les *cristaux de topaze*, de *soufre*, etc., offrent toujours ces formes plus ou moins modifiées. Viennent enfin le prisme *oblique à base rectangle*, auquel appartiennent le gypse, le pyroxène, le feldspath, l'amphibole, etc., et le prisme *oblique à base de parallélogramme irrégulier*.

On peut poser en principe que, lorsqu'une substance minérale possède une des formes d'un des systèmes que nous venons d'exposer, elle ne peut jamais affecter aucune de celles des autres.

Ainsi qu'on a pu le voir, les cristaux sont tantôt réguliers, tantôt altérés; cette dernière forme, la plus commune, provient de l'accroissement hors ligne de certaines parties et encore de l'arrondissement des faces et des arêtes. Dans tous les cas, ils sont formés par la réunion et l'agrégation intime des molécules qui les composent et qui, divisées à l'infini, affectent toujours la même forme. Il doit donc y avoir autant de différentes espèces de cristaux qu'il y a de substances qui affectent une forme régulière.

Le premier naturaliste qui paraît avoir compris l'importance de l'étude des cristaux pour la connaissance des minéraux est Linnée; car les anciens regardaient ces productions, à l'exception du cristal de roche, comme des *jeux de la nature*. En 1772, parurent les premières recherches sur ce sujet: elles étaient dues à Rouget de l'Isle. Toutefois, c'est à Haüy qu'appartient la gloire d'avoir fait de la cristallisation une science rigoureuse.

Il découvrit la *loi de symétrie* à laquelle sont subordonnées toutes les formes cristallines : il avait reconnu à Paris, en 1781, presque en même temps que Bergmann à Berlin, qu'un certain nombre de

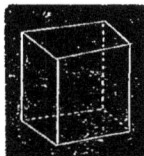

Fig. 72. — Cube.　　　Fig. 73. — Tétraèdre.

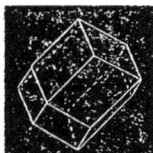

minéraux ont la propriété de se casser suivant des lames dont le sens est constant pour chaque substance, et cette découverte est devenue la première base de la minéralogie géométrique. Plus tard,

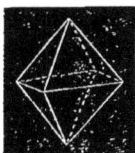

Fig. 74. — Octaèdre.　　　Fig. 75. — Rhomboïde.

M. Weiss introduisit dans la science le principe de l'*hémiédrie* (du grec *hémi*, demi, et *edra*, base); c'est-à-dire l'exception à la loi de symétrie de Haüy, qu'on observe dans certains cristaux, quand les mo-

Fig. 76. — Dodécaèdre.　　　Fig. 77. — Icosaèdre.

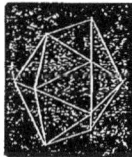

difications n'y portent que sur la moitié des parties semblables. Pour M. Delafosse, la dyssymétrie des cristaux hémièdres n'est qu'apparente, attendu que ce n'est pas la similitude géométrique qu'il faut con-

Fig. 78. — Prisme droit.　　　Fig. 79. — Prisme oblique.

sidérer dans leurs parties, mais leur similitude physique. M. Pasteur a démontré, en 1852, que l'hémiédrie est la cause de la déviation que certains corps font éprouver au plan de la lumière polarisée. Enfin, M. Mistcherlich formula sa belle théorie de l'*Isomorphisme*, déjà entrevue par Gay-Lussac, basée sur ce que des corps différents présentent la pro-

priété de cristalliser sous la même forme géométrique. — Voy. *Isomorphisme* et *Dimorphisme*.

CH. BARBOT.

CRISTAL DE ROCHE (minéralogie) (*oxyde de silicium hydraté.*) —On désigne sous ce nom le *quartz hyalin blanc* transparent, cristallisé en prisme hexaèdre régulier (à six côtés égaux, terminés à leurs deux extrémités par une pyramide hexagonale).

Cette forme parfaite ne se rencontre que dans les cristaux isolés et détachés de leur gangue. La plupart ne montrent que la pyramide supérieure sans rien laisser voir du prisme; d'autres semblent n'être composés que de deux pyramides opposées base à base ; certains n'ont que le prisme et la pyramide hexagone, sans que rien indique la pyramide inférieure, souvent enfouie dans la gangue, presque toujours en masse informe.

Ce minéral, assez dur pour rayer certaines agates, faire feu au briquet, est d'une pesanteur spécifique de 2,6548, et composé de silice et d'oxygène par moitié. On le trouve presque partout dans les montagnes, grottes et cavernes humides. Outre l'île de Ceylan, Haïti, la Floride, Quito, les Indes, la Hongrie, la Sardaigne, les Alpes, où on en rencontre souvent, ses principaux lieux de gisement et ceux où on le trouve en plus gros blocs sont: Madagascar et le Brésil. La Suisse en recèle aussi, surtout le mont Saint-Gothard. Enfin, on en trouve en Dauphiné, et dernièrement encore deux nouveaux gites ont été découverts à Saint-Étienne-la-Varenne. Il paraît très-pur.

Les lieux les plus élevés sont ceux où il est le plus beau, et bien que de notables échantillons aient été trouvés en plaine, il est certain que ce n'était pas le lieu de leur formation; ils y avaient été apportés par les eaux. Les cailloux roulés du Rhin, de Médoc, d'Alençon, etc., n'ayant plus de forme cristalline, quoique de cristal très-pur, confirment ce fait.

Le cristal de roche résiste bien au feu et à tous les acides; il possède la double réfraction et peut se cliver. Quelle que soit la pureté de ce minéral, les lames qui le composent ne sont pas entièrement homogènes, et présentent parfois d'assez grandes différences de dureté; diverses expériences l'ont prouvé. Mais quant aux formes dont nous avons parlé, elles sont identiques, et les cristaux microscopiques enfouis dans les géodes sont aussi bien caractérisés que les quilles de cristal de 5,600 kilog. pesant.

Le travail du cristal de roche formait autrefois une industrie grande et éminemment artistique, et tous les objets produits dans des conditions de grandeur et d'exécution hors ligne atteignaient et atteignent encore, de nos jours, les plus hauts prix. On en jugera par le tableau placé à la fin de cet article. Mais la découverte du *strass*, du *flint-glass*, du *crown-glass*, du *cristal factice*, en un mot, de tous les verres silico-alcalins ou à base de plomb, a presque anéanti cette industrie, la beauté de nos cristaux factices et la facilité de les travailler l'emportant de beaucoup sur le cristal naturel. Malgré cela, certains lapidaires le taillent encore pour être employé sous diverses formes dans les arts de luxe. Taillé en brillant on avait essayé, vu sa dureté bien supérieure au strass, de s'en servir pour imiter le diamant ; mais on n'avait pas songé que, quelque poli qu'il pût recevoir, quelque nombre de facettes qu'on y mît, il n'atteindrait jamais l'éclat *adamantin*, et en resterait même fort loin. En effet, le pouvoir réfringent du diamant est de 1,396 ; celui du cristal de roche, 0,654 ; et par suite, la puissance réfractive du premier est de 30, quand celle du second n'est que de 10 1/2 ; aussi dut-on y renoncer.

Le cristal de roche vaut, suivant ses dimensions et sa pureté de, 2 à 60 fr. le kilog. Cette matière n'est plus, du reste, beaucoup employée ; la grande difficulté du travail, due à sa dureté, en restreint l'emploi, et tous les objets en provenant sont maintenant relégués dans les musées et cabinets de curiosités, comme objets d'art et nullement de consommation.

L'inventaire des objets d'art de la couronne de France, fait en 1791, en mentionne pour près d'un million, ainsi réparti :

QUAN-TITÉS.	DÉSIGNATION.	ÉVALUA-TION.	OBSERVATIONS.
		fr.	
60	Vases.........	154.140	Un de 420 millim. de haut, estimé 60,000 fr.
46	Coupes.........	172.400	Depuis 1,500 fr. jusqu'à 500 fr.
20	Aiguières.....	251.420	Dont une seule estimée 110,000 fr.
16	Urnes.........	164.100	Une représentant l'ivresse de Noé, estimée 100,000 fr.
15	Chandeliers	27.900	Deux semblables estimés 8,000 fr.
12	Flacons.......	6.900	Un seul estimé 2,000 fr.
9	Calices.........	20.700	Un seul estimé 6,000 fr.
9	Burettes	7.200	Deux gravées de feuillages.
7	Croix et Christ..	33.000	Une seule croix estimée 18,000 fr.
6	Statuettes......	3.930	Dont deux bustes de cristal de Bohême.
4	Cuvettes.......	62.400	Dont une seule estimée 30,000 fr.
3	Bénitiers.......	16.000	Un seul estimé 10,000 fr.
3	Coffres.........	6.200	Un avec colonnes torses, estimé 2,000 fr.
2	Tasses.........	5.900	Une à deux anses prises sur pièces.
2	Plateaux.......	21.000	Un seul estimé 15,000 fr.
2	Jattes.........	20.000	Une de 225 millim. de diamètre sur 112 millim. de hauteur.
1	Tête de mort...	3.000	Admirablement sculptée.
1	Ostensoir......	600	350 millim. de hauteur.
1	Carafe.........	3.000	Hauteur 250 millimètres, grand diamètre 85 millimètres.
1	Cassolette......	500	95 millim. de haut, taillés à huit pans.
1	Théière.........	2.000	Avec poignée en cristal de roche.
1	Globe céleste...	500	60 millim. de diamètre.
1	Chariot........	3.000	En cristal neigeux.
1	Sceau.........	1.200	Orné de tritons, de dauphins et de griffons.
1	Boule.........	10.000	Elle a 165 millim. de diamètre.

On distingue encore une masse d'armes, présent de Tipoo-Saïb à l'infortuné Louis XVI, un coffre carré formé de six plaques gravées, estimé 4,000 francs ; et la galère, dont le fond est une cuvette de 335 millimètres de long, estimée 24,000 francs ; le tout en cristal de roche.

L'art et l'industrie, unissant leurs efforts, sont parvenus à imiter le cristal de roche de manière à tromper le plus grand connaisseur ; la lime et la meule seules font reconnaître la différence.

Les verres silico-alcalins de Néry, de Merret, de Hunckel, à base de soude ou de potasse, ont longtemps remplacé le cristal de roche ; mais, de nos jours, les progrès ont été plus sensibles, et, il faut bien le dire, ont surpassé la nature.

Tout a été obtenu, blancheur, pureté, brillant ; la dureté seule n'a pu encore être atteinte ; et cependant nos cristaux à base de potasse et de plomb arrivent à une grande densité.

On obtient un beau cristal factice en fondant ensemble les quantités suivantes d'ingrédients :

Sable blanc purifié	300 parties.
Minium bonne qualité	200 —
Carbonate de potasse sec	95 à 100.

On met moins de potasse en hiver et davantage en été à cause de la différence de tirage des fourneaux. La pesanteur spécifique de ce produit de l'art est de 3,1 à 3,3 ; il donne à l'analyse :

Silice	0,520
Oxyde de plomb	0,325
Potasse	0,089
Chaux	0,026

On sait que la beauté du cristal obtenu est en raison de l'extrême pureté des substances employées.

CH. BARBOT.

CRISTALLISATION (chimie). — Un grand nombre de corps, et surtout ceux du règne inorganique, revêtent, en passant de l'état liquide ou gazeux à l'état solide, des formes géométriques particulières (prismes, rhomboèdres, cubes, etc.) auxquelles on donne le nom de *cristaux*. Pour qu'un cristal se forme bien régulièrement, il faut que le passage de l'état liquide ou gazeux à l'état solide se fasse lentement. La cristallisation peut s'opérer : 1° par *voie sèche*; exemple : le bismuth, qui, après avoir été fondu en vaisseau clos, cristallise, par un refroidissement lent, en cubes ; 2° par *voie humide* ; exemple : l'alun, dissous dans son poids d'eau bouillante, se dépose sous forme de cristaux octaédriques, à mesure que la dissolution se refroidit. La cristallisation est quelquefois un excellent moyen pour séparer l'un de l'autre deux corps également solubles. Exemple : le nitre (azotate de potasse) et le sel marin (chlorure de sodium) sont tous deux très-solubles dans l'eau ; mais, comme le nitre se dépose le premier, par refroidissement, sous forme de cristaux, pendant que le sel marin reste en dissolution en cristallisant le dernier, il est facile de séparer ces deux sels l'un de l'autre.

Il est évident que ce moyen de séparation est en même temps un moyen de purification; car séparer un corps de l'autre, c'est les obtenir tous deux à l'état de pureté. Dans certains cas, la forme cristalline est un des meilleurs moyens de distinguer entre eux des sels ayant à peu près les mêmes propriétés et les mêmes usages. Exemple : le sulfate de potasse et le sulfate de soude; l'azotate de potasse et l'azotate de soude. Il suffit de verser sur une lame de couteau une goutte de la dissolution saline saturée, pour voir, au bout de quelques instants, les cristaux qui caractérisent chacun de ces sels se déposer à mesure que l'eau s'évapore. Il est inutile de rappeler quelles ressources offre la cristallisation au minéralogiste, bien qu'il arrive qu'un seul et même corps puisse quelquefois revêtir des formes cristallines différentes (corps dimorphes ou polymorphes).

On connaît six systèmes cristallins auxquels tous les cristaux observés peuvent être rapportés. Dans chacun de ces systèmes il y a une série de formes que l'on peut rencontrer libres ou combinées les unes avec les autres; mais jamais celles d'un système ne se combinent avec celles d'un autre. Les parties que les cristaux présentent à l'observation sont des faces, des arêtes, des angles et des axes. Les arêtes, les faces et les angles peuvent varier de nombre et de position; mais les axes sont invariables. Chaque système cristallin reçoit son nom des formes principales qui lui appartiennent; mais comme ces formes ne sont pas toujours appréciables, il y a quelque importance à fonder la nomenclature de ces systèmes sur la relation de leurs axes. En rejetant tout ce qui est étranger aux relations géométriques (voy. Cristal), les cristaux peuvent se disposer en trois groupes principaux, selon qu'ils possèdent des axes d'un seul ordre, ou de deux ordres, ou de trois ordres différents. Les deux derniers groupes peuvent se subdiviser eux-mêmes, selon le nombre des axes identiques, ou selon leur relation de position. Ces distinctions conduisent à établir six systèmes géométriques auxquels on peut donner les noms suivants, la première particule numérique étant relative à la nature des axes, et la seconde l'étant à leur nombre :

Cristaux dont les axes de même nature sont tous égaux, ou cristaux à une seule sorte d'axes principaux.	Monaxiques. Isoaxiques.	
Cristaux à deux sortes d'axes principaux.	Diaxiques.	Didiaxiques. Ditriaxiques.
Cristaux à trois sortes d'axes principaux.	Triaxiques.	Trihortaxiques. Triclinhortaxiq. Triclinaxiques.

(Hoefer, Dict. de Chim.)

CRITIQUE [du latin criticus, qui vient du grec criticos, dérivé de critès, juge; d'après cette étymologie, celui qui juge les ouvrages d'autrui].—Il se dit des sciences et des arts en général; car toute œuvre, soit d'esprit, soit des mains, est du domaine de la critique.

Avant d'entrer en matière, nous établirons une distinction.

Il y a deux sortes de critique : celle qui exige des connaissances étendues, qui demande une étude approfondie de la nature et du cœur humain, qui doit être versée dans les langues anciennes pour pouvoir en apprécier le génie, qui, d'un goût exquis, d'un esprit sain et juste, aidée d'une vive imagination, puise dans son âme délicate les moyens ingénieux de porter un jugement, selon les lumières de la raison, sur ce qui est grand, bon, beau et sublime. Toutes ces qualités composent un art, et pour l'exercer avec fruit, avec maturité et conscience, il faut ne dépendre que de soi, et n'avoir à rendre compte de son temps qu'à Dieu seul. C'était là toute la vie des Bénédictins. Que de richesses ne leur doit-on pas ! que de recherches minutieuses pour éclaircir des auteurs de l'antiquité, tronqués, réduits en lambeaux ! que de poussière il a fallu essuyer pour découvrir un passage caché sous l'épaisseur d'une moisissure du temps! quelle patience pour rétablir un texte sur des palimpsestes, estropiés par des copistes maladroits ! D'autres savants, rudes pionniers, ont aussi aidé à défricher cette terre ingrate, livrée par la barbarie aux ronces et aux épines.

Dans les différentes sciences, nous distinguons les auteurs suivants, critiques, scoliastes ou commentateurs :

Aristarque est regardé comme le modèle des critiques; sévère, mais juste, et d'un goût parfait, il s'est acquis une grande renommée, surtout par ses travaux sur Homère.

Photius : on a de lui, en grec, sous le titre de Bibliothèque, un extrait immense de trois cents auteurs environ, la plupart inconnus, ou perdus, ou mutilés, accompagnés de jugements qui lui assignent un des premiers rangs, parmi les érudits, par le goût et par un rare discernement.

Ératosthène, savant, d'une érudition des plus vastes; il était philosophe, poète, grammairien, mathématicien, astronome, géographe; Ptolémée Evergète l'avait mis à la tête de la bibliothèque d'Alexandrie. Il inventa la sphère armillaire et construisit le premier observatoire; il a eu la gloire de déterminer l'axe du méridien, compris entre les deux tropiques. On a de lui des fragments, grec et latin, sous le titre de Eratosthenica, sur l'astronomie; il avait composé plusieurs ouvrages où les philologues, ses successeurs, ont puisé abondamment. Il était à la source, comme bibliothécaire, pour les recherches des auteurs anciens.

Varron, considéré comme le plus savant des Romains; il avait composé plus de cinq cents volumes sur toutes les matières. De son Traité sur la Langue latine, en vingt-quatre livres, il ne nous en reste que six, et des fragments divers.

Athénée, connu par un ouvrage de grande érudition, le Banquet des Savants, qui lui valut le surnom de Varron grec.

Érasme fut l'un des savants du seizième siècle, sous François Ier, qui contribua le plus à la renaissance des lettres, par ses écrits et par ses éditions d'auteurs anciens.

La famille des Estienne, dont on connaît les immenses travaux, tant lexicographiques que typographiques; ils ont remué les cendres de tous les auteurs grecs de quelque valeur, ainsi que des auteurs latins, et en ont donné diverses éditions. Les services que les Estienne ont rendu à la littérature sont inappréciables; ils sont en vénération parmi les savants.

Scaliger : on a de lui un traité *De Causis Linguæ latinæ*, etc., très-bon à consulter.

Juste Lipse : on distingue ses *Commentaires sur Tacite*, et autres ouvrages d'histoire.

Casaubon a traduit et commenté plusieurs auteurs grecs et latins : Diogène, Laërce, Pindare, Aristote, Théophraste, Strabon, Théocrite, Polybe; son savoir était prodigieux.

Saumaise, profond dans l'histoire, la théologie et les sciences. Son érudition était des plus grandes; il a éclairci une infinité de passages d'auteurs anciens; il a laissé plus de quatre-vingts ouvrages imprimés, et un égal nombre de manuscrits. On lui donne le nom de prince des commentateurs.

Le P. Mabillon, bénédictin, qui fut envoyé, par Colbert, en Italie et en Allemagne, d'où il rapporta une infinité de pièces recueillies dans diverses bibliothèques, relativement à l'histoire de France, et réunies sous le titre d'*Analecta*; il a écrit un ouvrage très-curieux, sous le nom : *De Re diplomatica*, dans lequel il donne des éclaircissements sur l'écriture, le style et l'origine des chartes et des diplômes de nos anciens rois et des provinces, etc. On lui doit le *Musæum italicum*, et d'autres ouvrages très-précieux, traitant de la religion et des ordres monastiques.

Le P. Achery, bénédictin, connu pour son *Spicilegium veterum aliquot scriptorum qui in Galliæ bibliothecis, maximé Benedictorum, latuerant*, ouvrage très-remarquable, ainsi que le fait pressentir son titre.

Baluze, bibliothécaire de Colbert, connu pour ses *Capitularia Regum Francorum*, ou lois et règlements que les rois de France des première et seconde races faisaient dans les assemblées des évêques et des feudataires du royaume.

M. et Mme Dacier : ils ont donné des éditions de différents auteurs grecs et latins, des traductions d'Homère, d'Anacréon, de Sapho, d'Aristophane, de Plaute, de Térence, etc., avec des commentaires très-instructifs; ces ouvrages ne brillent pas toujours par le goût, mais ils sont d'un grand secours aux savants pour les observations judicieuses qu'ils contiennent.

Le jésuite Jouvenci, profondément versé dans la connaissance des auteurs anciens; parmi ses ouvrages, nous distinguerons : *Novus Apparatus Græcorum, cum interpretatione Gallica*; il a donné des éditions de Juvénal, Perse, Horace, Martial, Ovide, avec des notes, et plusieurs autres ouvrages recommandables pour l'instruction de la jeunesse. Ces auteurs ont été châtiés *ad usum Delphini*.

La Harpe, ancien professeur de littérature au Collége de France. Son cours, d'un mérite incontestable, offre dans certaines parties beaucoup de choses à désirer; certains sujets ont été traités avec peu de profondeur et de développement. Les anciens auteurs et les premiers auteurs français ont été sacrifiés au siècle de Louis XIV.

Gail, à qui l'on doit des traductions et une foule d'éditions d'auteurs grecs, où dans beaucoup d'endroits le texte a été redressé d'après des raisons le plus souvent péremptoires. P. L. Courier a été quelque peu injuste à son égard; aigri par son échec à l'Académie des inscriptions et belles-lettres, il invective Gail sans raison aucune.

P. L. Courier, profond helléniste, qui s'est fait surtout un nom, parmi les savants, pour sa découverte, à Florence, d'un exemplaire complet du roman de *Daphnis et Chloé*, de Longus; au moyen de certains fragments, il a pu rétablir le texte que nous possédions et qui offrait un grand nombre de lacunes, ce qui l'a conduit à donner une nouvelle édition de ce roman, où il a cherché à imiter le style d'Amyot. Ses efforts sont louables, mais en le comparant avec celui de *Plutarque*, d'Amyot, il laisse quelque chose à désirer. Il a traduit *le Traité sur la Cavalerie*, de Xénophon, et l'*Éloge d'Hélène*, d'Isocrate, avec un charme digne du sujet.

Egger a donné un *Traité du Sublime*, de Longin, avec de nouveaux fragments, et a commenté plusieurs auteurs grecs.

Boissonade a donné des éditions de plusieurs auteurs grecs, et a redressé les textes altérés de plusieurs endroits.

Saint-Marc-Girardin, professeur de littérature au Collége de France. Ses leçons suivies par autant d'élèves qu'en attirait jadis Abeilard, environ deux mille, prouvent, par ce concours sympathique, l'excellence de sa méthode dans l'exploration du champ de la critique.

Guizot, dont le monde savant sait apprécier les études historiques.

Et une infinité d'autres érudits, dont les écrits sont pour nous une source intarissable de documents précieux dans toutes les sciences. On peut dire qu'ils ont moissonné abondamment et n'ont laissé aucun champ sans en avoir recueilli tous les fruits. De sorte que la race de ces maîtres, qui ont tout remué, tout fouillé, tout récolté, est presque éteinte aujourd'hui, faute de trouver quelque chose à glaner après eux. C'est donc une famille à part, qu'il ne faut pas confondre avec la race dégénérée qui, de nos jours, voudrait lui succéder comme prétendant à ce noble héritage. Nous désignerons les membres de cette grande famille sous le nom de philologues. Il est juste de séparer le bon grain de l'ivraie; et ceux même que notre condamnation atteint ne peuvent se formaliser de cette distinction lorsqu'ils mesureront la distance immense qui les sépare de tels maîtres.

Et s'il en apparaît, comme des météores, avec des titres glorieux, qui à des études profondes dans les sciences joignent des connaissances pratiques, un goût sûr, une âme sensible aux charmes du beau idéal, dans les beaux-arts, avec un développement heureux des facultés intellectuelles pour juger de la mécanique, nous n'hésiterons pas, de notre autorité privée, en élargissant le cercle de leurs attributions, de les comprendre dans la classe des philologues.

Ce qui ensuite restera de la critique n'exercera plus qu'un métier, et c'est effectivement ce que la critique est aujourd'hui en général.

La critique donc, prise dans le sens que nous venons de lui donner, se présente avec des avantages trop magnifiques pour qu'un jeune étourdi, un sot, s'en pare comme le geai des plumes du paon, pour qu'elle devienne le partage du premier venu, d'un échappé de collége, comme cela s'est vu, d'un bachelier sans expérience, qui, à vingt ans, veut imposer ses lois et se poser l'arbitre du génie et le dispensateur des places dans le temple du goût. Cette prétention ne peut être tolérée. Il ne peut pas être permis de s'arroger un titre auquel on n'a aucun droit, et qu'on n'acquiert que par l'expérience. Il faut donc faire cesser toute confusion, si elle existe dans les mots, et faire une distinction des attributions qui se rapportent à chacun d'eux. Lorsque aucune comparaison ne peut s'établir entre eux, il est évident que l'acception ne peut pas être la même. Nous croyons que la distinction que nous proposons doit être accueillie par toute personne qui jouit de la plénitude de sa raison. C'est aux lexicographes à la consacrer.

On a souvent posé cette question : La critique est-elle nécessaire ? Oui, la critique d'Aristarque ; non, la critique de Zoïle.

L'une est instructive, consciencieuse, puisant ses raisonnements dans le sentiment du beau, indiquant avec goût et convenance les faiblesses des pensées, redressant sans aigreur et sans impertinence les fautes échappées au génie, éclaircissant les assertions douteuses ; toujours sage, pleine de circonspection dans ses discours, elle n'avance rien légèrement ; elle trace ainsi à l'écrivain la route à suivre pour arriver à une fin qui couronne dignement l'ouvrage. C'est une amie, c'est un guide, un mentor qui exerce un sacerdoce.

L'autre, le plus souvent en proie à la jalousie et à l'envie, ne se plaît qu'à grossir les fautes afin d'en faire des absurdités, pour avoir le plaisir de les combattre ; elle se crée ainsi des moulins à vent à la Don Quichotte ; d'un caractère atrabilaire, elle n'est jamais mue par le sentiment de la générosité ; pour elle, une erreur est une bonne fortune, qu'elle ne manque jamais d'exploiter avec délectation pour faire ressortir son esprit ; elle serait enchantée de pouvoir découvrir de nouvelles taches au soleil. Comment pourrait-elle prendre intérêt à être utile ? En critiquant un auteur, cherche-t-elle à le corriger pour le rendre plus correct, pour le faire meilleur, parfait ? Non, sans doute ; par une raison bien simple : elle s'ôterait elle-même le pain de la bouche ; elle se fermerait la carrière où elle étale son érudition satirique, où elle s'exerce avec complaisance à faire parade de ses pointes, de ses calembours, de ses sarcasmes, et à déployer toutes les ressources de son imagination fertile en coqs-à-l'âne. Pour beaucoup c'est toute leur érudition.

C'est une ennemie, c'est un tyran, c'est la perte de la littérature.

A quoi sert son existence? Mais enfin, n'étant point indépendante, et son temps ne lui appartenant pas, faut-il bien pourtant qu'elle vive. Nous répondrons comme ce ministre : Nous n'en voyons pas la nécessité.

Quelle fin se propose-t-elle? instruire? s'amuser? éreinter? Son but atteint, quelle en a été la conséquence? a-t-elle fait des métamorphoses? d'un mauvais auteur en a-t-elle jamais fait un bon? a-t-elle fait changer de style à un pauvre écrivain? un barbare, sorti de ses mains tout meurtri, sera-t-il moins barbare?

Encore si ses jugements étaient dictés par le bon goût, et, quoique sévères, caustiques, s'ils étaient basés sur la justice; mais le plus souvent elle n'agit que d'après des influences. Il y a des esprits ainsi faits, il leur faut des victimes à torturer, et lorsqu'il ne s'en rencontre pas, ils se déchirent entre eux. Nous avons été témoins de ces spectacles déplorables, la honte de la littérature.

S'il fallait s'en rapporter aux jugements de la critique, dans quel embarras, dans quelle perplexité ne serait pas notre esprit continuellement! Quels auteurs trouveraient grâce devant nous? quel est celui qui n'a pas été maltraité, conspué, honni? Les plus considérables même, ceux qui sont l'honneur de la littérature, n'ont point été épargnés, et la gloire la plus haute s'est vue atteinte par la longueur de son fouet. L'histoire est là pour nous apprendre que le mauvais goût a triomphé plus d'une fois du génie, que le clinquant a été préféré aux beautés de la nature, et le vil plomb à l'or!

A commencer par Corneille. Quand *le Cid* parut, une révolution se fit dans les esprits; deux camps se formèrent, les admirateurs d'un côté, les détracteurs de l'autre. A la tête de ces derniers se trouvait, qui le croirait? Richelieu lui-même. La gloire de gouverner la France ne suffisait pas à son ambition; pour la satisfaire, il enviait les lauriers de l'auteur; il en nourrissait dans son cœur la jalousie. *Le Cid* lui causait des insomnies; il souleva ce qu'il put d'auteurs, ses créatures, contre cet ouvrage. Quand il s'agit de gagner les bonnes grâces d'un ministre, on trouve toujours des courtisans assez lâches pour exécuter ses ordres sans raisonner. Il s'en rencontra. Scudéry osa s'attacher le grelot. Il attaqua *le Cid*. Desmarets et Tristan le secondèrent dans cette charitable tâche. Le pauvre Corneille, tout surpris, se vit sur le point de faire amende honorable, et de demander pardon d'avoir fait un si mauvais ouvrage. Mais le public ne fut pas de cet avis. La critique toutefois avait fait son métier.

Corneille eut encore pour adversaire le P. Tournemine, qui le décria tant qu'il put.

Racine ne fut pas mieux traité que Corneille. An-

dromaque ne fut pas du goût de tout le monde, et soutint une critique perfide qui se réduisait à ces mots : Elle a bien l'air des belles choses, il ne s'en faut presque rien qu'il n'y ait du grand. Le prince de Condé fut entraîné par ce jugement.

Britannicus éprouva le même sort, plus sévère, et l'auteur lui-même, ébranlé, trembla longtemps sur la destinée de cette tragédie.

Bérénice ne manqua pas d'être critiquée. On connaît le mot de Chapelle, attribué à tort au prince de Condé, qui a pu le répéter, au sujet de *Bérénice*. Marion pleure, Marion crie, Marion veut qu'on la marie. Ce qui cependant consola Racine, dans cette circonstance, c'est que la *Bérénice* de Corneille, qui parut en même temps, n'eut pas même l'honneur de la critique.

Il en fut de même de *Mithridate ;* il eut un bonheur de plus : il inspira à un mauvais auteur inconnu une satire intitulée : *Apollon, vendeur de Mithridate*.

Nous arrivons à *Phèdre*. Un méchant rimeur, poussé par une cabale de hauts personnages, eut la témérité de se mesurer avec Racine. Pendant qu'il composait sa pièce, Pradon, c'est le nom du rival, se mit à l'œuvre, de son côté, pour traiter le même sujet. Les deux tragédies parurent en même temps. On ignore peut-être quels moyens furent employés pour nuire à celle de Racine.

Les cabaleurs, réunis en conclave au fameux hôtel de Bouillon, et dont le crédit était grand, s'avisèrent de retenir les premières loges pour les six premières représentations de l'une et l'autre pièce, de manière qu'à leur volonté ces loges étaient tantôt vides et tantôt remplies de monde.

Les six premières représentations, Pradon eut un succès en apparence incontestable. Les éloges, les applaudissements étaient tels que Racine, déconcerté, s'attendait à une chute complète. La *Phèdre* de Racine fut reçue froidement. Mme Deshoulières, avec sa houlette et ses moutons, lança un sonnet qui n'a fait de tort qu'à elle-même.

Il est bon que l'on sache comment Mme Deshoulières jugea la pièce. Nous ne donnons que le commencement et la fin du sonnet :

Dans un fauteuil doré, Phèdre, tremblante et blême,
Dit des vers où d'abord personne n'entend rien.
. . . .
Et Phèdre, après avoir pris de la mort aux rats,
Vient, en se confessant, mourir sur le théâtre.

Ce que nous omettons est de l'indécence la plus grossière, et n'aurait jamais dû sortir de la bouche d'une femme.

Voilà comment l'hôtel de Bouillon, rendez-vous des beaux esprits du temps, qui donnait le ton à la ville et à la province, s'entendait en fait de goût, et se montrait sensible aux beautés de la poésie pour applaudir un indigne adversaire, au style trivial et sans harmonie.

Tant de dégoûts firent prendre à Racine le parti de renoncer au théâtre à trente-huit ans, malgré les instances de Boileau. Par sa retraite, Pradon resta maître du champ de bataille, ce qui fit dire à l'ami de Racine :

Et la scène française est en proie à Pradon.

De combien de chefs-d'œuvre la critique malveillante, aveugle, a privé la littérature française! que ne devait-on pas espérer d'un génie comme Racine, encore dans la fleur de l'âge!

Esther, Athalie n'eurent du succès qu'à Saint-Cyr. On ne leur rendit justice qu'après la mort de l'auteur. Le philosophe Fontenelle eut le courage de faire une épigramme contre *Athalie*. Quand de tels hommes s'égarent à ce point, où donc faut-il aller chercher le bon goût? Mme de Sévigné s'était laissé entraîner par le torrent; elle s'était déclarée contre Racine; elle disait que Racine passerait comme le café. Sa prédiction ne s'est nullement accomplie. Plus tard, elle lui rendit plus de justice.

Quand la critique s'escrime sur de pareils ouvrages, les chefs-d'œuvre de l'art, que peut-on en attendre de bon?

Molière lui-même n'a-t-il pas vu son *Misanthrope* fort mal reçu d'abord, et plusieurs de ses comédies?

Voltaire n'a pas été à l'abri de la critique; dans Fréron, il a trouvé son Zoïle; ce dernier fut soutenu par Gilbert, dans la *Satire du dix-huitième siècle*. Quel auteur, Fréron, dans ses écrits hebdomadaires, n'a-t-il pas attaqué? Il a déchiré tous les hommes éminents dont la philosophie du dix-huitième siècle s'honore. Aussi on le lui a bien rendu, et avec usure. Le pauvre diable n'est sorti de la lutte que tout meurtri et demi-mort; il l'est tout à fait aujourd'hui.

Il eut un digne successeur dans l'abbé Geoffroy, qui se fit son continuateur dans la rédaction de *l'Année littéraire*. Il fit une tragédie de *Caton*, qui n'eut aucun succès. Depuis cet échec, son caractère s'étant aigri, il se déchaîna avec rage contre tout ce qui touchait au théâtre. Ses feuilletons, dans le *Journal de l'Empire* (les *Débats*), brillent par l'esprit, mais il se montre souvent très-injuste à l'égard de certains comédiens, idoles du public. Il s'attaqua aussi à Voltaire, à l'exemple de son prédécesseur, mais comme tant d'autres, il eut le sort du serpent qui veut ronger une lime d'acier :

Croyez-vous que vos dents impriment leurs outrages
Sur tant de beaux ouvrages?
Ils sont pourvus d'airain, d'acier, de diamant.
(La Fontaine.)

Ceux qui ont recueilli son héritage, il faut le reconnaître, sont loin de marcher sur ses traces, et sans être toujours infaillibles dans leurs jugements, l'esprit qu'ils y sèment à profusion, comme on jette les grains pour ensemencer un champ, pour être fin et mordant, n'en est pas moins plein de convenance, et s'ils sont forcés d'enfoncer le trait, ils tuent proprement, par raison démonstrative, avec toute la politesse possible, grâce au progrès dans les règles de la civilité puérile et honnête.

Et Lamartine n'a-t-il pas essuyé un feu roulant de critiques amères? n'a-t-il pas eu, lui aussi, ses antagonistes? Il est des êtres à qui la nature marâtre a refusé le développement des facultés sensitives; chez eux, le cœur ne saurait être ému par les peintures les plus touchantes, l'oreille est sourde à toute harmonie, et l'âme reste insensible aux plus douces inspirations. On serait tenté de croire qu'un pareil phénomène n'exista jamais; et cependant, comme nous l'avons dit en parlant de Racine, des princes, des ducs, des duchesses, des littérateurs, des poëtes ont applaudi à ces vers :

> Phèdre, tremblante et blème,
> Dit des vers où d'abord personne n'entend rien.

Et Victor Hugo, de combien de traits satiriques n'a-t-il pas été criblé? Sans doute qu'il a des défauts, mais des défauts de génie que couvre une avalanche de pensées les plus hardies et quelquefois sublimes.

Quelle opinion les personnes sensées peuvent-elles se former de la critique lorsqu'on la voit ainsi se prononcer contre des chefs-d'œuvre? et qu'en penser lorsque l'on voit tous ses jugements réformés par un public juste appréciateur du talent? Quelle confiance peut-on accorder à des écrivains qui condamnent ce qui est louable et qui louent ce qui est condamnable, en nous égarant sans cesse dans le choix de nos lectures? N'est-on pas tenté de les taxer d'ignorance, de mauvais goût, d'être insensibles aux beautés de la poésie, de manquer d'une partie des sens, et de penser enfin d'eux que la nature ne les a pas faits complets? Notre étonnement ne doit-il pas être plus grand lorsqu'ils ajoutent à ces infirmités l'insolence de prétendre s'ériger en arbitres des réputations et d'imposer leurs arrêts au monde?

Ils se trompent, dira-t-on. Nous voulons bien le croire. Mais que dire lorsqu'à tant d'orgueil ils joignent effrontément le cynisme?

Que tous ne l'affichent pas, mais il en est qui n'en rougissent pas.

Que direz-vous de celui qui s'annonce en vous disant : Je suis un praticien en panégyrique, ou, pour parler plus simplement, un professeur de l'art de faire mousser : à votre service?

Ce n'est pas nous qui inventons cette impudence pour le triomphe de notre cause, c'est Sheridan qui dit cela, par la bouche de Puff, dans la comédie du Critique. Sheridan, il est vrai, est Anglais, mais Sheridan peint des portraits dont les originaux sont partout; et il y en a en France.

La Morlière, le Trissotin de son temps, était réduit à cette dernière ressource. Pilier de cafés, cabaleur de théâtres, chef de claque, il se donnait à loyer pour faire la destinée des pièces nouvelles, et ne trouva jamais moyen de faire applaudir les siennes.

Mais voici un bien autre exemple de turpitude. Un soi-disant écrivain fonde un petit journal drama-

tique. D'abord il parle avec convenance, et fait la roue devant les acteurs. Les abonnements n'arrivent pas. Il travaille pour vivre. Il se ravise, il fait le méchant, le difficile; il blâme tout, il se fâche, il secoue, il tempête; bref, il se fait craindre. Les abonnements accourent. Vous croyez qu'il fut content? il fallut payer les intérêts. Il taxe comédiens et comédiennes, à deux, trois, cinq abonnements. Tout passe sous ses fourches caudines; composer, ou la guerre, et courir risque d'être éreintés et de rester sans vie sur les planches. Un néglige, ou résiste : « Il a perdu la mémoire, s'écrie le chantageur[1], dans son journal, chaque matin, il a perdu la mémoire. — Comment! ai-je perdu la mémoire? je sais mes rôles au bout du doigt. — Mais vous avez oublié de renouveler vos abonnements; qu'en dites-vous? — Et que ne le dites-vous? C'est vrai, j'ai oublié; envoyez toucher quand vous voudrez. Je n'ai pas oublié que j'en ai cinq. — Mais c'est dix. Vous voyez bien que vous manquez de mémoire. — Soit. » Et, en sortant, il se disait : Si j'avais un journal, je lui prouverais bien que c'est lui qui manque de mémoire. Tirez, lecteur, la moralité.

Malgré tout le mépris qu'elle inspire, la critique est une pâture indispensable à certaines gens; ils prennent un plaisir cruel à humilier leurs semblables, et c'est pour eux une grande joie quand ils peuvent traîner un pauvre diable sur la claie, ou déchirer et flétrir une réputation. Ces êtres vivent de scandale comme certains reptiles se plaisent à se vautrer dans la fange. La critique, comme Protée, prend toutes les formes : c'est tantôt une taille de géant de cinquante centimètres, ou tantôt de quarante centimètres ou plus petite encore, de douze centimètres; plus elle se rapetisse, plus vénimeuse elle est, et par conséquent plus dangereuse. Il ne faut alors rien moins que Thémis pour la mettre à la raison, lui fermer la bouche, et, à son tour, la condamner, la flétrir, et lui faire prendre l'air de la geôle afin d'adoucir l'âcreté de son sang. Cette innocente critique s'appelle Biographie. C'est donner un beau nom à une vilaine chose. Biographie donc, c'est-à-dire : écrire la vie de quelqu'un, peindre un personnage; et comme il faut que l'effet réponde à la chose, il est de toute nécessité de n'oublier aucun trait, pour si minutieux qu'il soit, afin de rendre la ressemblance aussi parfaite que possible; aussi la critique, comme un serpent, se glisse partout; elle fait même des trous aux murs pour y passer la tête; elle s'annonce modestement, puis elle prend un air sérieux, sa voix s'élève peu à peu, elle grossit, menace, tempête, siffle, et fait un bruit d'enfer; les échos en tremblent; elle est apaisée... mais il reste à l'oreille un bourdonnement qui ne s'éteint pas de longtemps. Cela s'appelle Calomnie.

Tous les auteurs du dix-huitième siècle, savants, érudits, ont été maltraités sans pitié, par Palissot, dans un poëme en dix chants, intitulé la Dunciade,

[1] Chantageur vient de chantage. Voyez ce mot dans les dictionnaires.

dont l'esprit a été emprunté à Pope, par la seule raison qu'ils étaient philosophes. Il en voulait terriblement aux philosophes, ce M. Palissot, et particulièrement à J. J. Rousseau. Mais il a respecté Voltaire. C'est pour lui faire la cour qu'il a donné, dans son poëme, une âne pour monture à Fréron; et il a paré cet âne d'une belle paire d'ailes qui, au lieu de l'élever dans les airs, les retiennent à terre parce que la déesse, la Stupidité, a placé les ailes à l'envers.

Si ce M. Palissot, qui composait des comédies où il faisait marcher les philosophes à quatre pattes, et les traitait du haut de sa grandeur, en les menaçant de son œil d'Argenteuil [1], revenait au monde, il serait bien étonné, malgré le brevet d'immortalité de Voltaire, qui rendait avec politesse compliment pour compliment, que de son nom si redoutable, il n'est resté, dans la république des lettres, que la dernière syllabe.

Gilbert, dans sa satire du dix-huitième siècle, comme Palissot, attaque les philosophes. Mais, chose étrange, le héros de Gilbert est justement l'ennemi de Palissot, et l'ennemi de Palissot est le héros de Gilbert.

C'est ainsi que la satire du dix-huitième siècle est adressée à Fréron et qu'il lui donne de l'encensoir à travers le visage. En voici le début :

« Ne prétends plus, Fréron, par tes savants efforts,
» Détrôner le faux goût qui règne sur nos bords;
» Depuis que nous pleurons l'innocence isolée,
» Sous tes mâles écrits vainement accablée,
» On voit renaître encor l'hydre des sots rimeurs,
» Et la chute des arts suit la perte des mœurs. »

Après cela, il faut voir comment il traite Voltaire ou Vole-à-terre, comme il l'appelle dans le Carnaval des Auteurs, qu'il fait fustiger bel et bon par la Vérité.

Voltaire n'est qu'un protecteur des sots... qui...

Et vengent les Cotins des affronts du sifflet.

Il est de ceux qui

Vont dans un juste oubli retomber désormais,
Comme de vains auteurs qui ne pensent jamais.

Et vive Fréron! Et nunc intelligite, gentes, si vous pouvez. Auquel entendre?

Nous soupçonnons fort que la critique n'a jamais été employée que dans un intérêt personnel, ou de sotise, ou de vengeance.

Le plus coupable ici, peut-être, c'est Boileau. Avant lui la critique sanglante était à peine connue. C'est lui qui l'a exhumée d'Horace et de Juvénal. Régnier, qui l'avait précédé, n'était lu que par peu de gens, à cause de son style suranné, et comme dit Boileau :

... Si, du ton hardi de ses rimes cyniques
Il n'alarmait souvent les oreilles pudiques.

Au lieu de rendre la critique utile, Boileau l'a mise

[1] N'espérez pas éviter mon coup d'œil,
Messieurs les sots, je vous vois d'Argenteuil.
(Derniers vers de la Dunciade.)

au service de la passion. Il a oublié plus d'une fois d'être juste; et c'est ainsi qu'il a égaré les esprits qui ont marché sur ses traces; animé par un esprit porté à la satire, il a trop souvent sacrifié à la causticité. Ses jugements ne sont pas toujours exempts de partialité, et comme son caractère était atrabilaire, ils se sont ressentis plus d'une fois des dérangements de sa bile. Il est d'autant plus répréhensible, qu'il se posait en régent du Parnasse, en réformateur, en arbitre souverain, et qu'il remplissait un sacerdoce. Nous ne sommes pas le seul à faire de telles observations, mais nous osons en parler après d'autres, parce que nous en avons de nouvelles à ajouter.

Après avoir rendu justice à Virgile pour son poëme de l'Énéide, Boileau traite trop légèrement le Tasse, pour son poëme de la Jérusalem délivrée. L'avait-il lu en entier? Savait-il l'Italien? De quelle traduction s'était-il servi? Dans un âge plus avancé, Boileau ne varia point de son jugement : c'est fâcheux. La réputation de ce chef-d'œuvre est trop bien établie, depuis trois cents ans, pour se donner la peine d'en prendre la défense. Il n'a pas été mieux inspiré en parlant de Quinault. Quinault a créé un genre, la tragédie lyrique, dans lequel, il est resté toujours le maître quoique ses ouvrages ne soient plus représentés depuis trente ans. Ce n'est pas assurément ce que fait de mieux l'administration théâtrale, qui tourne aujourd'hui dans un cercle fort étroit.

Les jugements de Boileau quelquefois portent à faux, et ce n'est pas pardonnable dans un homme comme lui, qui, par le caractère qu'il s'était donné parmi ses contemporains, était regardé comme un oracle.

Quand il dit que

Villon sut le premier, dans ces siècles grossiers,
Débrouiller l'art confus de nos vieux romanciers,

Villon ne débrouilla rien. La langue ne fit pas un pas avec lui. Son style est barbare. Il pourrait tout au plus revendiquer une gloire, celle d'avoir inspiré à Ronsard sa manière bizarre d'écrire. Ce n'était même pas un homme à citer pour le placer à la tête des restaurateurs de la littérature française. Il est vrai qu'il ne manque pas d'esprit, mais sa satire est grossière, ordurière, immorale, et souvent entachée d'impiété; vicieux jusqu'à descendre jusqu'au vol, il fut condamné par le Châtelet à être pendu. Sa peine fut commuée en un bannissement. Sans se faire tort, Boileau aurait pu reporter l'honneur qu'il lui fait sur Marot seul, qui non-seulement

... Montra pour rimer des chemins tout nouveaux,

mais donna à la langue une tournure élégante, et si sa versification n'est pas toujours selon les règles, son style n'en est pas moins charmant, et par l'expression naïve, et par la délicatesse des sentiments.

Boileau a-t-il été plus heureux envers Molière, dont il dit :

C'est par là que Molière, illustrant ses écrits,
Peut-être de son art eût remporté le prix...?

Peut-être! que signifie ce doute? quel est donc celui avec lequel il le compare ou qu'il met au-dessus de lui? Nous le cherchons en vain parmi les anciens, encore moins parmi les modernes.

Molière a composé une trentaine de comédies. La moitié sont des chefs-d'œuvre auxquels rien ne saurait être comparé; l'autre moitié est remplie de scènes pleines d'ingénieuses plaisanteries et de situations les plus comiques, que les meilleurs auteurs venus après lui sont encore loin d'avoir égalées.

En parlant ainsi de Molière dans son *Art poétique*, Boileau avait-il oublié et la satire qu'il lui adressait dix ans auparavant et ses stances sur *l'École des femmes*, qui fut critiquée à outrance?

Mais Boileau n'est pas seulement coupable de ce qu'il a dit, il l'est encore plus de ce qu'il n'a pas dit. Dans l'œuvre de sa poétique, il ne nomme point la Fontaine. Ce silence est un outrage; est-ce une satire, une critique? on ne sait. La Fontaine est oublié. La Fontaine, son ami! la Fontaine, il est vrai, s'estimait fort peu, mais Boileau était bon juge. Quand Racine se désespérait du sort d'*Athalie*, il savait bien lui dire : Le public y reviendra, je m'y connais. Il était là aussi quand Molière disait de la Fontaine : Ne nous moquons pas du bonhomme, il vivra peut-être plus que nous tous.

Quand Boileau traite de tous les genres, comment se fait-il qu'il oublie le premier de tous, l'apologue, qu'illustrèrent Lokman, Ésope, Pidpai, la Fontaine? Comment se fait-il encore qu'il se taise sur le conte, qui, à cette époque, était l'occupation de beaucoup de gens d'esprit? Les contes de *Boccace*, de l'*Arioste*, de *Machiavel*, de la *Reine de Navarre*, jouissaient dans la société d'une grande renommée. Il est vrai que les contes de la Fontaine sont un peu libres; Boileau aurait-il gardé le silence par pudeur? Quand on cite Villon, on peut bien citer la Fontaine! Cet oubli a un motif; nous n'admettons pas celui de la Harpe. « Boileau, dit-il, ne parle pas de la Fontaine parce que ce poète charmant, les délices de tous les âges, ne parut guère propre qu'à amuser les enfants. On amuse les enfants avec *la Cigale et la Fourmi*, *le Renard et le Corbeau*, mais non pas avec *les Animaux malades de la peste*, *le Chêne et le Roseau*, *le Serpent et la Lime*, etc. » C'est, d'ailleurs, mal justifier Boileau, en faisant tort à son jugement. Boileau était fort jaloux de la faveur dont il jouissait auprès de Louis XIV et de Colbert, qui tenait la liste des pensions. Après la disgrâce de Fouquet, la Fontaine se signala par son dévouement à ce ministre. On sait que la Fontaine n'était pas courtisan; Louis XIV ne l'honora jamais d'un regard, et Colbert lui ferma sa liste des pensions. Il traîna son existence chez des amis, la duchesse de Bouillon, le prince de Condé, surtout chez Mme de la Sablière et chez Mme d'Herwart, où il vécut dispensé de tout souci. Il serait cruel de penser que Boileau, de crainte de déplaire au monarque et à Colbert, abandonna la Fontaine brutalement. On sait qu'il fit rétablir la pension de Corneille; Cassandre et Linières eurent souvent recours à sa bourse; dans leur découragement, il soutint avec chaleur Racine et

Molière; mais le trait qui l'honore le plus, c'est sa conduite délicate envers Patru ; obligé de vendre sa bibliothèque, Boileau l'achète à la condition qu'il en aurait toujours la jouissance jusqu'à sa mort.

Voici donc quelle est notre opinion sur Boileau à l'égard de la Fontaine : sans nul doute, soit auprès du roi, soit auprès de Colbert, Boileau intercéda en faveur de la Fontaine; nous en avons pour garants ses antécédents. Il n'obtint rien du roi, parce qu'il n'aimait pas l'esprit d'indépendance de la Fontaine; de Colbert, parce que, comme il avait contribué à la disgrâce de Fouquet, il témoigna de l'éloignement pour tous ceux qui étaient restés fidèles au ministre disgracié. Quoi qu'il en soit, par cette faiblesse, Boileau dut renoncer à traiter, dans son *Art poétique*, deux genres très-intéressants, qui, certainement, lui eussent fourni deux tableaux charmants comme il savait les peindre.

Il est encore un reproche de la même nature à lui faire, et celui-ci est d'autant plus fondé, qu'aucune considération ne le forçait à garder le silence. Parce que Boileau se propose de donner des préceptes sur l'art des vers et de poser des règles sur la poésie, est-ce une raison d'exclure de son Parnasse, qui est en quelque sorte le grand tableau de la littérature, les plus grands génies du siècle de Louis XIV qui ont écrit en prose? Boileau, qui s'y connaissait, ne pouvait ignorer que la prose des Bossuet, des Fénelon, des Buffon, était aussi harmonieuse que la plus belle poésie. *Télémaque* ne peut-il pas passer pour une épopée? L'*Histoire naturelle* n'offre-t-elle pas le tableau le plus poétique des œuvres de la nature? Quoi de plus sublime que les *Oraisons funèbres* ? ne sont-elles pas aussi touchantes que les plus belles élégies?

> La plaintive élégie, en longs habits de deuil,
> Fait, les cheveux épars, pleurer sur un cercueil.

Est-il d'autres couleurs pour peindre les *Oraisons funèbres* ? N'offrent-elles pas des scènes aussi tendres, aussi pathétiques que la plus belle tragédie? Ne peut-on pas en dire :

> Que dans tous vos discours, la passion émue
> Aille chercher le cœur, l'échauffe, le remue...?

Une digression heureuse, et, certes, la chose n'eût pas été impossible au talent de Boileau, eût pu amener un tel sujet. En méditant sur les *Oraisons funèbres*, Boileau eût senti une de ces étincelles qui partout y brillent embraser son âme; il eût senti son cœur s'émouvoir et ses entrailles se remuer à ces accents déchirants qui provoquent les larmes. C'est ainsi qu'il eût pu éviter le reproche d'avoir manqué de sentiment.

Par cette inspiration avec les *Fables* de Lokman, d'Ésope, de Bidpay, de la Fontaine, avec les *Contes* de la reine de Navarre, de la Fontaine, et les *Contes* mêmes de Perrault, avec les *Oraisons funèbres* de Bossuet, l'*Histoire naturelle* de Buffon, le *Télémaque* de Fénelon, il eût pu composer un chant magnifique qui eût mis le comble à sa gloire.

La critique est aisée, et l'art est difficile.

Pensée pleine de vérité et vivement combattue. La gent critique se récrie, la repousse et s'inscrit en faux contre elle, car elle semble lui dénier le talent. Ce n'est pas le talent que l'on veut contester aux critiques, c'est le génie, le don de l'invention.

Nous ne voulons pas parler des critiques dont les études sérieuses sont l'occupation, et qui ont porté plus d'une fois la lumière dans les investigations de l'histoire ou dans des matières de morale et de philosophie ancienne; nous l'avons dit, c'est de la philologie.

Nous entendons les critiques littéraires, plus mordants qu'utiles. Or, en leur supposant les connaissances les plus étendues, les talents les plus variés, dans le travail qu'ils entreprennent, nous ne pouvons pas leur accorder l'invention; la première idée est un emprunt. Ils peuvent la revêtir de toutes les formes les plus séduisantes; ils peuvent montrer du goût et plaire même, mais, assurément, si la forme leur appartient, le fond ne leur appartient pas. Est-ce un mérite? la critique peut-elle être comparée à l'art? Nous ne pouvons mieux comparer ces espèces de critiques qu'à ces artistes qui, sur un motif, une phrase de Rossini, de Meyerbeer ou d'Halévy, composent, à l'aide de variations, un air, un morceau d'harmonie; plusieurs morceaux réunis forment un album. C'est ainsi qu'avec plusieurs critiques, certains écrivains forment un album littéraire et se trouvent à la tête d'un livre.

Il y a le critique qui ne critique rien; le critique bon enfant, qui trouve tout bien, qui s'extasie sur tout et qui distribue des brevets d'immortalité. Méfiez-vous-en; c'est de la critique intéressée. On frappe à quelque porte. On veut entrer quelque part. On demande le cordon, s'il vous plaît. On aspire à quelque chose. Ne vous laissez pas prendre à ces avertissements anodins, mielleux, et à ces coups de fouet avec un bouquet de roses sans épines.

Aux uns et aux autres on demande de tous côtés: Mais faites donc vos preuves, avant de vous ériger en juges des lettres. Voyons s'il vous est permis de parler de goût, en nous donnant la preuve que vous y entendez; voyons de quelle manière vous traitez le beau, soit dans la littérature, soit dans les arts, pour nous assurer que vous possédez ces matières assez pour vous donner le droit de les discuter. Voyons quelles sont vos connaissances en morale et en philosophie, pour nous convaincre que vous ne puisez pas vos idées dans le sujet que vous vous proposez de juger, et si vous n'empruntez pas l'esprit de votre pauvre patient. Peine inutile! Demandez aux frelons de faire un rayon de miel. Les frelons de la littérature continuent à ne rien produire.

A celui qui a l'ombre du génie et les moindres dispositions à l'invention, nous conseillerons de faire des quatrains pour les confiseurs, une chanson n'importe pour qui, avec des idées qui lui appartiennent, sorties de son cerveau, plutôt que de composer un livre cousu de pièces et de morceaux plus ou moins critiques.

Les critiques sont à l'affût d'un livre nouveau, comme les oiseaux voraces poursuivent une proie. C'est une bonne fortune dont ils s'empressent de profiter pour faire de l'esprit.

Qu'il paraisse une pièce de théâtre, aussitôt vingt comptes rendus en font l'analyse, et elle est jugée de vingt manières différentes. Elle est mauvaise; elle est médiocre; elle est bonne; elle est excellente; elle est sublime; elle est spirituelle; elle est sans sel; elle pèche par-ci; elle pèche par-là. La donnée est comique, charmante; l'intrigue mal conduite; les épisodes sont trop longs; des coupures sont nécessaires; il n'y a rien de trop; le cadre est parfaitement rempli; le dialogue est vif; il est languissant dans certains endroits; le style est saccadé et manque d'élégance; le dénoûment n'a pas le sens commun: c'est une revanche à prendre; un succès attend les spirituels auteurs; à l'œuvre donc!

Et tout cela, suivant que l'auteur est en odeur de sainteté dans telle ou telle coterie; qu'il a des camarades, des amis.

Il n'y a pas un critique qui ne se croie l'arbitre du sort des écrivains, et fait pour les juger du haut de sa grandeur.

Combien en est-il, grand Dieu! dans le nombre, qui ne sont guère plus avancés que le singe de la fable, qui prit le nom du Pirée pour un nom d'homme! Tous les jours on enregistre de ces sortes de bévues.

Voilà le rôle que la critique joue dans la littérature; nous venons de faire le récit de ces faits et gestes en historien consciencieux; nous demandons quelle peut être son utilité, et s'il est nécessaire qu'elle vive. Oui, qu'elle vive, si l'on veut; mais pour nous en servir comme d'une injure. Ainsi au dix-septième siècle le bel esprit était la couronne du savant; l'abus en fit plus tard une injure et un ridicule. Telle est de l'un et l'autre le sort commun.

La critique est à la littérature ce que le sophisme est à la philosophie.

La littérature peut très-bien se passer de la critique. Et n'avons-nous pas notre juge naturel qui, comme Dieu, et aussi infailliblement, juge les vivants et les morts? qui peut égarer, tromper ce juge incorruptible? Ses arrêts sont toujours équitables; il applaudit les bons ouvrages avec discernement, avec bon sens; il siffle les mauvais ouvrages et les enterre. Que les Cotin, les Chapelain, les Pradon triomphent, s'enivrent d'un encens éphémère; que la cabale dorée les soutienne de sa puissante protection, le juge, du haut de son tribunal suprême, de son souffle renverse les autels où trônaient de fausses idoles. Ce juge, devant qui tous les écrivains tremblent et attendent la sentence avec respect, dont ils sont les humbles serviteurs, ce juge redoutable est le public.

Voltaire disait un jour, dans une réunion de gens de lettres: Je connais quelqu'un qui a plus d'esprit que vous, que moi, que nous tous, et ce quelqu'un, c'est le public.

Attendons son jugement en tout; et que ce soit désormais notre seul critique.

RÉDAREZ SAINT-REMY.

CROCODILES (zoologie). — Reptiles qui appartiennent aux deux continents, et qui se reconnaissent à leur museau large, déprimé, et au moins deux fois aussi long que large, à leurs pieds entièrement palmés et à leurs dents inégales, dont la quatrième d'en bas fait saillie et passe par une échancrure de la mâchoire supérieure. Leurs pattes postérieures sont dentelées à leur bord externe. On en compte jusqu'à douze espèces, dont les principales sont le *crocodile vulgaire* ou *chamsés* et le *crocodile à museau effilé*.

L'espèce la plus anciennement connue et la plus célèbre, non-seulement de ce genre, mais de la famille entière, est sans contredit le *crocodile vulgaire*, dont il est tant fait mention dans les écrits des auteurs de l'antiquité. Cette espèce, que l'on trouve dans presque tous les fleuves d'Afrique, mais surtout dans le Nil, est une des plus difficiles à caractériser: on la reconnaît à son museau deux fois plus long que large, à bords unis ou rectilignes, à une plaque formée de six écailles carénées, qui recouvre sa nuque, enfin à la disposition des écussons de son dos qui forment quinze ou seize rangées transversales, de douze pièces chacune (six de chaque côté), excepté celles qui sont placées entre les membres, lesquelles n'en offrent que quatre.

C'est à des animaux de cette espèce que certains Égyptiens rendaient un culte religieux, pendant que d'autres lui avaient voué une haine implacable et déclaré une guerre d'extermination. Ainsi, tandis que les habitants d'Arsinoé et des autres villes voisines entretenaient dans leurs temples des individus qu'ils nourrissaient de la chair des victimes et des viandes les plus exquises, et aux membres desquels ils attachaient des bracelets et autres ornements semblables, et qu'ils embaumaient après leur mort, ceux de Tynthyra et d'autres pays voisins les poursuivaient impitoyablement et adoraient l'ichneumon qui dévore leurs œufs et leurs petits! A quoi pouvait tenir une conduite si opposée à l'égard du même animal? On peut l'attribuer à la différence de caractère des deux peuples et peut-être à quelque antipathie nationale. Ainsi il est possible que les Tynthirites ne fissent la guerre aux crocodiles que parce que les Arsinoïtes leur rendaient les honneurs divins. On sait de plus que la même cause peut produire des effets contraires sur des individus différents; par conséquent la férocité des crocodiles, qui portait les Arsinoïtes à adorer ces animaux pour les rendre moins cruels, était peut-être pour ceux de Tynthira l'unique motif de la haine qu'ils lui avaient vouée. Il paraît aussi qu'il y avait pour les premiers une autre cause du respect qu'ils portaient aux crocodiles: comme ils n'étaient séparés que par le Nil de peuples habitués à vivre de brigandage et à piller les nations voisines, les crocodiles qui infestaient ce fleuve s'opposaient à leurs incursions en les empêchant de le traverser.

Quoi qu'il en soit des motifs de la haine et du respect qu'on avait pour eux, les crocodiles sont des reptiles que leur férocité et leur grande taille rendent redoutables pour la plupart des animaux, et même pour l'homme, principalement dans les eaux. Là leur effrayante rapidité à la nage laisse à peu d'êtres animés l'espoir d'échapper à leur voracité; et sur la terre, où la brièveté de leurs pattes et la difficulté de se détourner de la ligne droite rendent leur marche lente et pénible, ils suppléent par la ruse à ce défaut d'agilité; cachés au milieu des plantes qui croissent sur les bords des fleuves qu'ils habitent, ils attendent immobiles dans leur cachette l'arrivée de quelque proie, que le besoin de se désaltérer ne tarde pas d'amener auprès d'eux. Dès qu'ils s'en sont emparés, ils regagnent promptement les eaux, sous lesquelles ils l'asphyxient avant de la dévorer.

Les plus grands individus de cette espèce que l'on ait réunis dans nos collections ont environ trois mètres de long: on connaît par conséquent beaucoup de caïmans qui les dépassent pour la taille.

Une seconde espèce fort remarquable du même genre est le *crocodile à museau effilé*, ainsi nommé à cause de la longueur considérable de ses mâchoires, qui donnent à sa tête quelque analogie avec celle du gavial. La longueur de cette partie du corps est deux fois et un quart plus grande que sa largeur. Sous ce rapport, ce crocodile établit une transition naturelle du genre actuel au gavial. A ce caractère il faut ajouter celui de n'avoir que quatre rangées longitudinales d'écussons, dont les deux extérieures, moins régulièrement disposées que celles du milieu, sont formées d'écailles à carène plus saillante que celle des écailles du milieu.

Cette espèce, qui habite le continent d'Amérique, les Grandes-Antilles et surtout l'île de Saint-Domingue, est une des espèces les plus redoutables par leur taille et par la souplesse de leurs mouvements. Il n'est pas rare qu'elle atteigne jusqu'à cinq mètres de long. Son corps est assez flexible pour pouvoir former un cercle complet, et l'animal peut se mordre aisément la queue; de sorte qu'en poursuivant une proie, il est loin d'être embarrassé pour se tourner à droite ou à gauche, selon la direction qu'elle prend. Quand il s'est rendu maître de sa victime, il la noie et l'entraîne dans une cachette qu'il a sous l'eau, et dans laquelle il la laisse se pourrir avant de la manger. Aussi remarque-t-on en domesticité qu'ils ne touchent presque jamais aucun animal, avant que la putréfaction n'ait commencé à s'en emparer. Il paraît que ces reptiles sont si rusés, qu'ils poursuivent même des chevaux; et lorsque ceux-ci vont boire dans les rivières que fréquentent ces crocodiles, ils ont soin avant de le faire, de frapper la terre du pied pour les attirer d'un côté, et aller boire d'un autre, à quelque distance de là.

Le *crocodile à museau effilé* se reproduit au printemps: sa femelle dépose dans un trou une trentaine d'œufs à coquille visqueuse, qu'elle place par assises, séparées entre elles par une couche de terre humide, et elle ne se contente pas, comme la plupart des autres reptiles, de les placer en un lieu sûr, elle les surveille jusqu'à l'éclosion des petits, et les défend avec courage si on cherche à les lui ravir. Ces œufs mettent environ un mois à éclore; au bout de ce temps, la femelle s'approche du trou où elle les a déposés, et à l'aide de ses pattes et de son museau, elle ôte la terre qui les recouvre et facilite ainsi la sortie des petits. Bien plus, elle continue à les garder encore trois mois; elle les nourrit en leur dégorgeant la nourriture dans la bouche, et les défend avec intrépidité, spécialement contre le mâle qui cherche à les dévorer. En effet, les individus de ce dernier sexe, étant beaucoup plus nombreux que les autres, les mâles ne trouvent pas assez de femelles pour satisfaire leurs désirs, et comme ils savent que celles-ci ne veulent pas s'occuper d'une seconde ponte, tant que leurs petits ne sont pas assez forts pour se suffire à eux-mêmes, ils tâchent de se débarrasser de ces derniers en les dévorant. C'est encore à cause de cette rareté des femelles, plus encore qu'à cause de la férocité de leur caractère, que les mâles se battent si fréquemment entre eux; et ces combats sont tellement acharnés, que les champions en sortent souvent tout à fait mutilés; aussi il n'est pas rare de rencontrer de ces animaux privés d'un ou de plusieurs doigts, ou même d'un membre tout entier. (*Salacroux.*) — On a trouvé les débris de plusieurs espèces de crocodiles fossiles, aujourd'hui disparues du globe. On en a même découvert en France.

CROCODILIENS (zoologie). — Reptiles les mieux caractérisés de l'ordre des sauriens, par leur grande taille, par leur queue aplatie latéralement et surmontée d'une crête double à sa base et simple à son extrémité, par la palmure plus ou moins complète de leurs extrémités, et par le nombre de leurs doigts, qui est de cinq en avant et de quatre seulement en arrière, et dont les trois premiers sont seuls onguiculés à tous les membres.

A ces caractères, qui rendent leurs habitudes essentiellement aquatiques et leur marche sur un terrain uni pénible et embarrassée, se joignent plusieurs autres particularités très-remarquables. Leur corps représente en grand celui d'un lézard, mais il est déprimé, recouvert sur le dos d'écussons ou écailles carénées; leur tête, conique et couverte de plaques épaisses, offre des arcades sourcilières très-saillantes, et deux trous postorbitaires plus ou moins profonds; leur tympan est recouvert de deux lèvres mobiles; leurs yeux ont trois paupières, dont une horizontale comme celle des oiseaux et une pupille verticale; leur mâchoire inférieure a son articulation placée plus en arrière que celle de la tête avec la colonne vertébrale; ce qui fait que ces animaux peuvent ouvrir leur bouche, soit par l'abaissement de cette mâchoire, soit par l'élévation de la supérieure.

Leurs vertèbres cervicales, dorsales et lombaires, sont en même nombre que chez l'homme; mais ils en ont deux sacrées et quarante-deux caudales. Ils ont, outre les côtes et les fausses côtes ordinaires, des espèces d'arcs osseux qui, partant du milieu de l'abdomen, remontent vers la colonne vertébrale,

sans cependant parvenir jusqu'à elle, et forment, pour ainsi dire, une troisième espèce de côtes destinées à protéger les organes digestifs. Leurs poumons ne pénètrent pas jusque dans l'abdomen comme chez les autres reptiles, parce qu'il existe entre cette cavité et celle de la poitrine, un diaphragme qui, bien qu'incomplet, ne laisse pas d'empêcher que l'organe respiratoire n'y entre. Pour que l'eau ne puisse pas s'introduire dans les voies aériennes pendant qu'ils restent plongés dans l'eau, leurs narines sont garnies d'une valvule qui les ouvre et les ferme à la volonté de l'animal. Leur cœur présente deux ventricules distincts, dont le gauche donne naissance aux deux artères carotides et à l'aorte : les premières se rendent directement à la tête, tandis que la seconde s'anastomose avec une branche de l'artère pulmonaire avant de fournir aucun rameau; de sorte que la tête reçoit du sang artériel pur, et les autres parties un mélange de sang artériel et de sang veineux.

Quant à leur *digestion*, elle offre des particularités remarquables : leur bouche est très-fendue et divisée par un voile de palais en deux compartiments. Leur langue courte, entière et charnue, est immobile au fond de la bouche, ce qui la rend presque invisible, et avait fait croire aux anciens que ces sauriens en étaient entièrement dépourvus. Ils n'ont jamais de dents au palais; mais celles de leurs mâchoires sont extrêmement fortes, striées longitudinalement, pointues, creuses, implantées dans les alvéoles. Elles sont remarquables en ce qu'elles se remplacent pendant toute la vie de l'animal. Dès que l'une est cassée, une nouvelle se montre et la remplace; c'est pour cela que les dents des vieux sont aussi belles et aussi entières que celles des jeunes, et leur forment une armure redoutable à laquelle très-peu d'animaux peuvent résister. Aussi les *crocodiliens* exercent-ils, au sein des fleuves des contrées méridionales, le même empire que l'aigle exerce dans les airs, le lion sur la terre et le requin au sein des mers. Doués d'une agilité effrayante, qu'ils doivent à la palmure de leurs pieds et à l'aplatissement de leur queue, il n'est presque point d'animaux qu'ils ne forcent à la nage. Souvent même, sortant de leur élément favori, ils poursuivent leur proie jusque sur le rivage, et si celle-ci, dans sa fuite, n'a pas soin de décrire de nombreux circuits, elle finit par tomber tôt ou tard sous la dent de ces terribles sauriens. Mais avec la précaution de se détourner de temps en temps, elle est d'autant plus sûre de leur échapper que les *crocodiliens* ont les vertèbres du cou garnies sur leurs côtés d'apophyses ou saillies costiformes, qui les empêchent de changer facilement de direction. Mais quand ils peuvent atteindre leur victime, ils l'entraînent d'abord au fond de l'eau pour la noyer, et la cachent ensuite dans quelque caverne pour la laisser se putréfier avant de la manger.

Les *crocodiliens* qui vivent entre les tropiques conservent leur activité pendant toute l'année; mais ceux qui habitent en deçà tombent pendant l'hiver dans un engourdissement profond.

Ces animaux pondent sur le rivage ordinairement de soixante à quatre-vingts œufs, grands comme ceux de nos oies. Quoique la femelle ne les couve pas, elle ne les abandonne pas comme les autres reptiles; elle veille sur eux et les défend contre les animaux qui voudraient les dévorer; cependant, malgré sa surveillance, la mangouste lui en détruit beaucoup. Ceux qui échappent à cet ennemi éclosent au bout d'environ vingt jours, et les jeunes crocodiles qui en sortent courent se jeter dans les eaux. Comme ils sont alors très-petits et privés de dents, ils vivent, pendant la première année, de vers et de petits insectes, et sont dévorés en grand nombre par les tortues, les loutres et les poissons, de sorte qu'il n'y en a que très-peu qui parviennent à l'âge adulte. Du reste, ceux qui l'atteignent ont bien peu d'ennemis à craindre. Leur taille, qui est alors d'environ huit mètres, les met en état de résister à presque tous les animaux et même d'en faire leur proie. Ils attaquent indistinctement les chevaux, les buffles, etc., comme les chiens, les chacals et autres petits quadrupèdes; mais il est rare qu'ils poursuivent leur proie. Comme ils sont peu agiles à la course, ils ont l'habitude de se cacher sur le bord des courants, parmi les roseaux au milieu desquels ils sont invisibles à cause de leur teinte verdâtre, et là ils attendent l'arrivée des gazelles et des différentes espèces d'antilopes qui viennent se désaltérer.

Cette famille comprend les trois genres *gavial*, *crocodile* et *caïman*. — Voy. ces mots. (Dr *Salacroux*.)

CROISADES (histoire). — On désigne sous ce nom une suite d'expéditions, qui, depuis 1096 jusqu'à 1291, furent entreprises par plusieurs rois et seigneurs de l'Europe, dans le but de conquérir les saints lieux et de chasser les infidèles de la Syrie, de la Palestine et de la Judée. Ceux qui s'enrôlèrent dans ces pèlerinages armés portèrent sur l'épaule une croix rouge, et de là, sans doute, vinrent les noms de croisades et de croisés.

On compte généralement huit croisades.

La première croisade eut lieu de 1096 à 1100, et fut prêchée par Pierre l'Ermite, sous le pontificat d'Urbain II, qui, dans un concile tenu à Clermont, où se trouvaient réunis quatorze archevêques, deux cent vingt-cinq évêques, appela tous les fidèles à la délivrance des saints lieux. « Tournez, s'écria-t-il, » tournez contre les ennemis irréconciliables du » nom chrétien, ces armes que jusqu'à présent vous » avez souillées du sang de vos frères. O vous, qui » vous êtes si souvent rendus coupables d'incendies, » de pillages, de meurtres, et qui par tant de crimes » avez allumé contre vous les vengeances du Sei- » gneur, profitez d'une si belle occasion pour obtenir » votre pardon. Pour vous encourager à une guerre » si juste, nous déclarons que tous ceux qui pren- » dront les armes et feront ce saint pèlerinage, » obtiendront la remise des peines qu'ils auront en- » courues, et que ceux qui périront, soit dans le » voyage, soit dans les combats, vivront éternelle- » ment, si toutefois ils meurent avec un repentir sin- » cère de leurs fautes. Nous déclarons en même

» temps, que, dès l'instant qu'ils auront pris ce saint » engagement, ils seront placés sous la protection » de saint Pierre et de saint Paul, et que nous em- » ploierons tous les moyens qui sont en notre pouvoir » pour mettre en sûreté leur personne et leurs biens. » Nous voulons même que quiconque aura la témé- » rité de les inquiéter, de quelque manière que ce » puisse être, soit frappé d'excommunication par » l'évêque du lieu. » *Tableau des Croisades*, t. Ier, p. 14 et 15 [1].) Nous avons cité un fragment de cette allocution, parce qu'elle nous semble donner une idée juste et nécessaire à l'intelligence de toutes les coutumes, mœurs et usages de l'époque. Les principaux chefs de cette expédition furent Godefroy de Bouillon, Eustache et Baudoin ses deux frères, Robert II, duc de Normandie, Bohémond, prince de Tarente, Tancrède, son neveu, Raymond, de Toulouse, Hugues le Grand, comte de Vermandois, frère de Philippe Ier, Étienne, comte de Blois et Robert, comte de Flandre. Les croisés étaient au nombre de 300,000 et se partagèrent sous deux chefs, Godefroy de Bouillon et Hugues le Grand. Pierre l'Ermite et un brave guerrier nommé Gauthier Sans-avoir, exerçaient le commandement réel de l'armée qui parcourut d'abord l'Allemagne, la Hongrie, la Bulgarie, et arriva sous les murs de Constantinople où s'engagea une horrible mêlée entre les croisés et les Grecs. De là, on se dirigea sur Nicomédie, puis sur Nicée, enfin sur Antioche, dont s'empara Godefroy de Bouillon, après avoir perdu, selon Guillaume de Tyr, à peu près 50,000 hommes. Ensuite, les croisés se portèrent sur Marra, près d'Apanée, puis à Caphardar, à Emmaüs, et enfin en vue de Jérusalem. Godefroy de Bouillon fit le siége de cette ville, et, le 15 juillet 1059, avec 25,000 hommes et 5,000 chevaux, l'étendard de la croix était arboré sur les remparts de Jérusalem. Godefroy de Bouillon en fut proclamé roi, et tel fut le résultat le plus important de la première croisade.

La seconde croisade (1147-1149) prêchée par saint Bernard, eut lieu sous le pontificat d'Eugène III, et compta parmi ses chefs Louis VII, roi de France, lequel avait à expier un crime commis à Vitry où il avait fait mettre le feu à une église qui contenait 1300 personnes; Conrad, empereur d'Allemagne, Henri, comte de Champagne, Archambault de Bourbon, Guy, comte de Nevers, et Yves, comte de Soissons. L'armée se composait de 80,000 hommes. Les deux souverains étant parvenus jusqu'à Jérusalem, Louis VII alla se prosterner devant le Saint-Sépulcre; Conrad repassa les mers, et les principaux seigneurs périrent dans cette croisade. Elle n'eut pour tout résultat qu'une rivalité mesquine entre Louis VII et Conrad, rivalité qui causa la perte de leurs armées et les contraignit à regagner leurs États.

La troisième croisade (1189-1193) fut prêchée par Guillaume, archevêque de Tyr, sous le pontificat de Clément III. Elle eut pour principaux chefs Philippe-Auguste, roi de France; Richard Cœur-de-lion, roi d'Angleterre, et Frédéric Barberousse, empereur d'Allemagne. Après de déplorables querelles entre Richard Cœur-de-lion et Philippe-Auguste, on fit le siége de Ptolémaïs, qui capitula le 11 juillet 1191. Philippe-Auguste revint en France; Saladin, sultan d'Égypte, le principal ennemi des croisés, signa avec Richard Cœur-de-lion une trève de trois ans. Frédéric Barberousse était mort en Syrie, vers l'année 1190.

La quatrième croisade (1202-1204) fut prêchée par Foulques, curé de Neuilly, sous le pontificat d'Innocent III, et dirigée par Baudouin IX, comte de Flandre; Boniface II, marquis de Montferrat; Dandolo, doge de Venise; Thibaut, comte de Champagne; Louis, comte de Blois; Mathieu de Montmorency; Gui, châtelain de Coucy; Villehardouin; les seigneurs de Norwich et de Northampton, et une foule de seigneurs, de comtes et de chevaliers. Venise fut choisie pour rendez-vous général des croisés, et, après plusieurs préparatifs et de longs retards, on arriva sous les murs de Constantinople, où l'on prit le parti d'Alexis l'Ange, qui avait été jeté dans un cachot et avait demandé la protection du pape et des croisés. La croisade se termina par la proclamation de Baudouin IX comme empereur de Constantinople.

La cinquième croisade (1213-1228) eut lieu sous le pontificat d'Innocent III, qui, en 1215, la décréta dans le concile de Latran; mais elle ne fut commencée que sous le pontificat d'Honorius III, qui succéda, en 1216, à Innocent III, et fut conduite par Jean de Brienne, roi titulaire de Jérusalem, et André II, roi de Hongrie. Les croisés se réunirent dans l'île de Chypre, et, après s'être renforcés de troupes parties de France, d'Italie, d'Angleterre et d'Allemagne, mirent le siège devant Damiette, qui capitula après avoir résisté pendant dix-huit mois, le 15 novembre 1219, et conclurent avec Méledin, soudan d'Égypte, une trève de dix ans, qui leur cédait Jérusalem, Nazareth, Thoron et Sedon, mais le laissait possesseur du temple de Jérusalem.

La sixième croisade (1228-1229) fut accomplie sous le pontificat de Grégoire IX, et n'eut d'autre résultat que la bataille de Gaza, dans laquelle les deux grands maîtres des Templiers et un nombre infini de soldats restèrent sur le champ de bataille. Cette croisade était commandée par Thibaut, comte de Champagne, et Frédéric II, empereur d'Allemagne.

La septième croisade (1248 à 1254) eut lieu sous le pontificat d'Innocent IV, et fut entreprise par saint Louis, roi de France; seulement, ici les croisés se recrutèrent exclusivement parmi les Français, et, après avoir pris comme siége de leur ralliement la ville de Chypre, ils se dirigèrent sur Damiette, qu'ils prirent, puis de là sur Massoure, où des défaites partielles et une peste terrible les arrêtèrent et décimèrent leur rangs. La croisade se termina par la prise du roi et des principaux chefs, et, après trente-deux jours de captivité et un traité dans lequel saint Louis stipulait qu'il rendrait Damiette pour sa rançon et 800,000 besans d'or pour les prisonniers, on revint en France dans le courant de l'année 1254.

La huitième croisade (1255-1291) fut prêchée par le moines de Saint-Dominique et de Saint-François, et entreprise sous le pontificat de Clément IV. Saint Louis se croisa de nouveau avec ses trois fils; cette dernière croisade n'eut, entre autres résultats douloureusement remarquables, qu'une peste horrible qui ravagea encore l'armée des croisés et emporta saint Louis et un de ses fils, de sorte que les croisés ne revinrent en France que pour escorter deux cercueils. Les colonies chrétiennes qui avaient été établies en Orient ne tardèrent pas à être détruites, et, malgré les efforts multipliés des princes et peuples de l'Occident, la Palestine retomba tout entière sous le joug musulman.

Ainsi se termine cette longue série d'expéditions lointaines qui résument de la manière la plus fidèle le caractère religieux, politique et littéraire du moyen âge. L'influence des croisades a été des plus marquées sur la civilisation; elles ont eu pour principaux résultats l'établissement des communes, la disparition progressive de la féodalité, le développement de l'autorité royale; et, de plus, elles ont imprimé à l'esprit des peuples une sorte d'inspiration sacrée qui les a constamment élevés au point de vue intellectuel et moral. Nous ne chercherons pas à analyser en détail les conséquences de ces prédications dans lesquelles il entrait peut-être plus souvent du fanatisme que du véritable amour de la patrie; nous nous contenterons d'ajouter que ces guerres de chrétiens à infidèles contribuèrent puissamment à entretenir des idées de foi et de religion au sein de la nation, et y firent même éclore ces germes d'émancipation qui devaient tôt ou tard mettre un terme aux abus du système féodal, et renverser la barrière qui existait entre les serfs et les seigneurs. D'ailleurs, comme tout le moyen âge se partage entre la religion et les armes, et que tout ce qui a de l'âme et du courage porte une épée ou un froc de moine, on comprend combien ces pèlerinages sympathisaient avec la nature même de l'époque et devaient trouver de prosélytes et d'enthousiastes, tellement chacun, par le progrès naturel de la civilisation et des idées, se sentait électrisé par l'espoir d'une conquête qui était, en même temps qu'une victoire sur les ennemis, le signal d'une délivrance pour lui-même. L'autorité royale gagna beaucoup aux croisades, car, dans presque toutes, les croisés se ralliaient aux côtés de leur roi et ne plantaient leur drapeau sur la terre musulmane que pour saluer un roi de Constantinople ou de Jérusalem. Les grands seigneurs forcés de suivre le roi, et obéissant en même temps aux exigences de l'amour-propre et de leurs vassaux, durent voir se morceler peu à peu leurs domaines et l'étendue de leurs possessions, lorsqu'à la voix de leurs prédicateurs, les croisés poussèrent avec transport le : *Dieu li volt* (Dieu le veut), et s'élancèrent au loin en mettant la croix rouge sur la poitrine. Ensuite, ces communications fréquentes entre l'Europe et l'Asie développèrent le génie européen, et créèrent entre les peuples de l'Occident et de l'Orient une foule de rapports qui modifièrent essentiellement leurs mœurs et leurs usages, et perfectionnèrent, au milieu même des agitations et des combats, l'intelligence générale qui tendit à se populariser chaque jour davantage. La navigation marchande se forma, des vaisseaux français sillonnèrent en tous les sens le Bosphore, et de cet échange continuel de produits matériels, naquit insensiblement le goût de l'industrie et du commerce. Les chartes d'affranchissement au lieu d'être vendues par les seigneurs pour soutenir le faste de leurs dépenses, furent progressivement concédées sens distinction de castes ou de bourses, et toutes ces bandes de brigands, qui sous le nom d'*escorcheurs*, *rotondeurs*, *malandrins*, *routiers*, etc., infestaient la France, se grossissant sans cesse de serfs misérables, se dispersèrent et s'anéantirent peu à peu d'elles-mêmes en se portant en grande partie à la suite des croisés et en trouvant en France une autorité plus forte et plus universellement respectée. Le clergé, au lieu de toujours acquérir et de lancer des anathèmes contre les pillards qui dévastaient ses terres qu'il augmentait à chaque instant, acquit des droits plus réels à l'estime générale; on le vit donner l'exemple de l'abnégation, du courage, payer de sa personne à la tête des expéditions guerrières et montrer ainsi qu'il lui était donné en ce temps-là de dominer le monde aussi bien par la valeur que par la supériorité de son intelligence. En un mot, tout s'agrandit et s'emble s'épurer au contact d'une civilisation ou plutôt d'une barbarie étrangère, et la royauté, qui n'était qu'un titre souvent illusoire, devint une sorte de bouclier invulnérable que les grands vassaux tentèrent, mais en vain, de percer, et contre lequel la féodalité vint se briser tout entière en confondant ses ducs, ses barons et ses suzerains parmi les sujets d'une autorité unique: l'autorité du roi.

Pourtant, nous devons signaler une différence importante entre l'esprit qui anima les premières et les dernières croisades. Les unes furent dictées par la simplicité des mœurs et l'amour de la foi, mais les autres furent avant tout du fanatisme, souvent inutile, et servirent de prétexte à l'orgueil ou à l'ambition des seigneurs. Du reste, dans les premières, les croisés se recrutaient dans des proportions innombrables, attendu qu'ils se composaient d'une foule de serfs qui brûlaient d'échanger leur servitude contre leur liberté, tandis que plus tard, la France s'était créé de nouvelles institutions auxquelles elle s'était attachée, et, grâce à l'affranchissement des communes, on aimait moins être guerrier que paisible citoyen.

Et si nous voulions aller plus avant et montrer combien les croisades aidèrent au perfectionnement moral et littéraire de l'Occident, nous n'aurions qu'à citer les noms et les œuvres de génie qui illuminèrent de leurs rayons ces phalanges de chevaliers et de croisés. En France, nous citerons Guillaume, duc d'Aquitaine, Bernard de Ventadour, Philippe-Auguste, plus galant chevalier que grand guerrier, saint Bernard, une des têtes les plus ardentes et une des paroles les plus fougueuses du moyen âge, Chré-

tien de Troyes, Villehardouin, Thibaut, Joinville, sans oublier son trop zélé et immortel souverain, saint Louis. En Italie, Grégoire VII et Innocent III, dont la figure aussi sévère qu'imposante se détache au milieu des guerres sanglantes des Albigeois et des réformes importantes du clergé. En Espagne, Ferdinand III, Alphonse X, surnommé à si juste titre l'Astronome, le Philosophe ou le Sage. En Allemagne, Frédéric Barberousse et Frédéric II, le premier, chevalier aventureux et hardi aussi bien que législateur et soldat, le second, génie presque universel dans la poésie, la philosophie et les arts. En Angleterre, l'intrépide et chevaleresque Richard Cœur-de-lion et Jean Sans-terre, qui donna aux Anglais la grande Charte, et dans tous les pays un mouvement extraordinaire dans les esprits, qui cherchent leur libre arbitre et leur indépendance. Citer le nombre des écrivains que l'Europe et particulièrement la France produisirent pendant les deux siècles qui embrassent la période des croisades, ce serait entreprendre un travail beaucoup plus étendu que ne le comportent nos limites; et pourtant, lorsqu'on veut apprécier le résultat des croisades, non à un point de vue trop général, mais à un point de vue intellectuel et moral, il faut, ce nous semble, fouiller dans les rangs pressés de cette multitude d'hommes dont le génie oriental mêlé au génie français a fait des natures aussi riches de talents que d'intrépidité. Car, si les croisades ont eu surtout pour résultat la disparition progressive de la barbarie et la naissance d'une civilisation plus en rapport avec les besoins et tendances de l'époque, on doit surtout étudier ces résultats dans les individualités plus ou moins remarquables qui les ont préparés, soutenus et animés de leur influence jusqu'à nos temps modernes. Nous ne parlerons pas non plus des volumineux manuscrits et des poëmes chevaleresques qui, sous le titre de *Roman de la Table-Ronde*, d'*Amadis*, du *Roman de la Rose* et de *Fabliaux*, peignent sous les traits les plus caractéristiques ce bon et religieux moyen âge, qui, avec sa chevalerie et ses croisades, a fourni des matériaux si nombreux et si importants à notre civilisation moderne; seulement, nous ajouterons que les troubadours et les trouvères, sans avoir à leur lyre des cordes aussi suaves que celles de nos grands poëtes des dix-septième, dix-huitième et dix-neuvième siècles, contribuèrent aussi pour une large part au développement intellectuel et moral de l'Europe et de la France.

En un mot, les croisades entreprises sous la bannière religieuse, resteront pour notre histoire nationale une des plus nobles pages que l'héroïsme et la souffrance aient jamais écrites sous la dictée de la gloire; et si un peu de fanatisme, beaucoup d'orgueil, d'égoïsme et surtout d'imprévoyance obscurcissent leur horizon et marquent à la fois d'un sceau mystérieux et fatal l'émancipation humaine, on se souviendra toujours de ces soldats valeureux qui s'enrôlèrent sous l'immortel étendard de la croix. Les hauts faits d'armes ou les grandes vertus immortalisent un homme; les victoires de l'esprit et du cœur humain immortaliseront les croisades; et la civilisation du dix-neuvième siècle, toujours si empressée à rechercher les causes premières de cette séve puissante qui la rend chaque jour plus énergique et plus complète, devra s'incliner avec admiration et respect devant ces guerriers illustres, qui pour rendre toujours jeune notre vieille gloire nationale, l'abritèrent sous leurs exploits et leur titre de croisés ! ÉDOUARD BLANC.

CROISSANCE (anthropologie) [du latin *crescere*, croître]. — Développement progressif des corps, particulièrement en hauteur, d'où résulte la *taille* plus ou moins élevée.

Les physiologistes ont remarqué que le développement en hauteur, chez les enfants, ne suivait pas de règles constamment progressives, et que le corps ne s'augmentait pas d'une dimension toujours constante pour un laps de temps déterminé; ainsi l'on remarque chez un grand nombre de sujets des variations nombreuses, et presque toujours inattendues; tel enfant qui a crû d'une manière rapide pendant les premières années de sa vie, voit souvent sa croissance subitement arrêtée, ou ralentie plus ou moins longtemps; plus tard elle reprend avec force et énergie, ou quelquefois elle conserve un caractère de lenteur, jusqu'à l'époque où doit cesser cette fonction. C'est ordinairement de dix-huit à vingt ans que cesse l'accroissement en hauteur : pour quelques

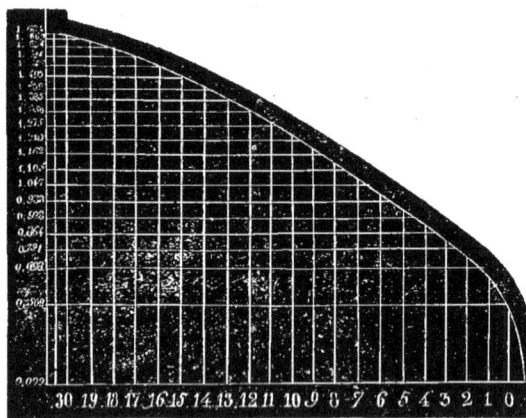

Fig. 80. — TABLEAU DES PROGRÈS DE LA CROISSANCE.

Les chiffres de la rangée inférieure indiquent l'âge; chaque ligne verticale qui part d'un de ces chiffres s'unit à angle droit avec une ligne horizontale à l'extrémité de laquelle la taille correspondante est indiquée en centimètres.

sujets, il est terminé beaucoup plus tôt, rarement il se prolonge plus tard. Cette époque est caractérisée chez tous les animaux par un phénomène qui se fait remarquer dans le système osseux: c'est la soudure des *épiphyses*. Les os sont primitivement cartilagineux chez le fœtus : des points d'ossification se développent dans l'épaisseur de ces cartilages ; ces points sont plus ou moins nombreux pour chaque os. Dans les os longs des membres ils sont au nombre de trois, un pour le milieu ou corps de l'os, et un pour chaque extrémité ; les points d'ossification des extrémités ne se réunissent pas immédiatement au corps de l'os; ils sont séparés par une substance cartilagineuse qui doit s'ossifier plus tard, et ce sont ces extrémités des os longs que l'on a nommée *épiphyses*. Certains auteurs pensent que l'accroissement en hauteur ne peut avoir lieu qu'autant que ces épiphyses ne sont pas soudées au corps de l'os, attendu que

l'allongement de ce dernier n'a lieu, disent-ils, que par la substance cartilagineuse qui se trouve à son extrémité, et qui se développe constamment, quoiqu'elle soit progressivement envahie par l'ossification. On pourrait, cependant, objecter à ce que cette explication présente d'absolu en refusant au tissu osseux la faculté d'augmenter d'étendue sans l'intermédiaire d'une substance cartilagineuse, l'exemple des os de la tête : cette partie du corps cesse de présenter des cartilages dans son squelette, même avant l'âge de dix ans, et cependant elle croît en volume jusqu'à une époque fort avancée, que Gall n'a pas craint, d'après ses observations, de fixer à quarante ans (*Beaude*). Il importe de constater que le développement qui a lieu dans le premier temps de la vie est beaucoup plus considérable que celui des années subséquentes.

Hamberger, célèbre médecin, a composé un tableau qui établit la proportion de croissance aux divers âges et indique la taille moyenne d'année en année.

Au moment de la naissance l'enfant a, terme moyen, 490 millimètres; dans la première année, la croissance est d'environ 20 centimètres, c'est-à-dire 1/16 de l'accroissement total; dans la seconde année, la croissance est moitié moins rapide. De quatre à cinq ans, jusqu'à celui de la puberté, elle n'est, dans le même espace de temps, que d'environ 1/21 de l'accroissement total.

La croissance rapide détermine souvent chez les enfants un état passager de maladie, caractérisé par un peu de fièvre et de douleur dans les articulations; le repos et le régime suffisent souvent pour combattre cette indisposition. — Un grand nombre de maladies de l'enfance sont attribuées à tort à la croissance. « Si dans quelques circonstances, la rapidité de la croissance détermine des fièvres graves, dans d'autres cas on voit des maladies, qui par leur nature sont étrangères à cette cause, provoquer un rapide allongement du corps ; ainsi, à la suite de la variole, d'une affection cérébrale, d'une pneumonie, d'une fièvre, on a vu chez de jeunes sujets le corps grandir en quelques jours de plusieurs centimètres; c'est surtout dans la convalescence que l'on a remarqué ce résultat, que quelques auteurs attribuent à la situation horizontale dans laquelle se trouvait le malade ; mais cet accroissement peut aussi reconnaître pour cause l'activité plus grande apportée dans la nutrition par le mouvement fébrile dont le jeune sujet venait d'être le siége. Bien que la croissance puisse se développer chez la plupart des enfants sans aucun des symptômes fâcheux que nous venons d'indiquer, il est cependant important de surveiller avec attention la santé des enfants lorsqu'on leur voit prendre un accroissement rapide ; car chez ceux mêmes qui jouissent de la meilleure santé, on les voit à cette époque maigrir, être tristes et dans un état de langueur, enfin avoir quelques incommodités auxquelles ils n'étaient point sujets. » La rapidité de la croissance peut donner lieu à des infirmités, telles que la déviation de la colonne vertébrale ; l'étroitesse de la poitrine est suivie quelquefois de phthisie pulmonaire :

Deux questions d'anthropologie se présentent ici : la taille de l'homme a-t-elle diminué depuis les temps anciens ? Quelle est l'influence des climats, des habitations, de la nourriture et du genre de vie sur l'élongation humaine ?

PREMIÈRE QUESTION.

La taille de l'homme a-t-elle diminué depuis les temps anciens ?

La question de savoir si l'espèce humaine dégénère, sous le rapport de la grandeur de la taille, mérite, selon nous, d'être examinée avec le plus grand soin.

Citons d'abord les témoignages historiques, sacrés et profanes, qui, pour l'homme qui ne raisonne pas, le porteraient à croire à l'existence des géants dans l'antiquité la plus reculée. C'est d'abord la Genèse (c. VI, v. 4), qui nous représente les premiers humains comme étant de taille gigantesque ; viennent ensuite Lactance, Athénagoras, Clément d'Alexandrie, Tertullien, saint Cyprien, saint Ambroise et une foule d'autres anciens pères de l'Église, qui ont regardé les géants comme le *produit de l'union des anges avec les filles des hommes.* Selon l'Écriture, les Réphaïms, Chananéens cruels, certains Moabites (Emims), les géants d'Énacims étaient d'une taille telle, que les autres hommes ne paraissaient devant eux que comme des sauterelles (Nomb. c. XIII, v. 35).

D'après *le Deutéronome* (III. 2), Og, roi de Basan, qui fut tué par Moïse, et dont les Syriens avaient fait une divinité, couchait dans un lit de 9 coudées de long, soit plus de 3 mètres.

Le *Livre des Rois* (1, c. 17, v. 4) donne à Goliath une hauteur de 6 coudées et 1 palme ; c'est environ 3 mètres 36 centimètres.

Parlerons-nous maintenant des histoires fabuleuses des Titans? du squelette d'Anthée, vu par Sertorius, qui avait, selon Plutarque, 60 coudées; du squelette d'Orion, fils d'Hyriée, de 46 coudées, trouvé en Candie, au rapport de Pline; de celui d'Oreste, fils d'Agamemnon, haut de 7 coudées (4 mètres 10 centimètres); de celui de Teubohochus, prétendu roi, qui avait, selon Nicolas Habicot, plus de 8 mètres de haut; enfin, du célèbre Ferragus, plus robuste que quarante Espagnols, et qui fut tué par Roland, ce

fameux paladin de Charlemagne, illustré par les chroniques de la chevalerie!... Laissons la responsabilité de ces fables aux auteurs qui nous les ont transmises, et arrivons à des faits plus positifs.

Le géant Gabbare, vu à Rome, sous l'empereur Claude, avait 9 pieds 9 pouces (3 mètres 15 centimètres) de haut.

En 1572, Delrio vit à Rouen, un Piémontais de 9 pieds (2 mètres 90 centimètres) de haut.

En 1719, un squelette humain, de 9 pieds 4 pouces (3 mètres), fut trouvé près de Salisbury. (*Gaz. de France* du 21 sept. 1719.)

Gasp. Bauhin cite un Suisse de 8 pieds (2 mètres 60 centimètres); un habitant de la Frise, province de Hollande, avait la même taille. (Vander-Linden, *Physiol. réform.,* p. 242).

Guillaume Ier, roi de Prusse, avait un garde du corps de 8 pieds 1/2 (2 mètres 76 centimètres). (Stoller, *Wachthum des menschen,* p. 18.)

Diemerbroëck, dans son *Anatomie,* cite un homme de plus de 8 pieds, et Uffenbach a vu le squelette d'une fille de 8 pieds 1/2 (2 mètres 76 centimètres).

Malgré ces faits nombreux, et une foule d'autres qu'on trouverait si l'on poussait plus loin les recherches, peut-on être porté à croire qu'il existât autrefois des races de géants? L'objection d'Haller *que des hommes de quinze à vingt pieds de haut ne seraient plus en rapport avec le blé, avec les fruits, avec le cheval qui nous porte; que les arbres seraient trop petits pour nos édifices,* etc., ne nous paraît nullement concluante, puisqu'il y avait autrefois des animaux gigantesques, et que rien ne nous prouve que les autres créatures n'étaient pas également gigantesques à proportion de l'homme. Il n'est peut-être pas impossible qu'il y ait eu des races d'hommes de 7 à 8 pieds (2 mètres 25 à 2 mètres 60), mais cela est douteux aujourd'hui, et voici sur quoi nous fondons notre jugement à cet égard :

La version de l'Ancien Testament, faite sous les auspices du sanhédrin juif d'Égypte, qui se composait de soixante-douze membres, ou en nombre rond soixante-dix (septante), traduit les mots *nophel* et *gibeor* (1) par *hommes violents, hommes cruels,* tels que Nemrod, au lieu de traduire par le terme de *géants.* Saint Jean Chrysostome, cet illustre père de l'Église, le savant Théodoret, etc., acceptent cette traduction. Aussi, lorsqu'on voit dans le *Livre de la Sagesse,* dans Isaïe, Jérémie, Ézéchiel, Daniel, Zacharie, etc., le Seigneur menacer le royaume d'Israël des peuples du Septentrion, il s'agit d'hommes barbares et belliqueux, plutôt que de véritables géants.

Voici d'autres faits rapportés par J. Virey : A la terre d'Edels, vers la rivière des Cygnes, Louis Freycinet (*Voyages aux Terres Australes*) a trouvé des traces de pieds humains, étonnantes par leur grandeur. Vlaming, plus d'un siècle auparavant, avait fait une observation semblable : *Nous remarquâmes au rivage voisin plusieurs pas de personnes d'une grandeur extraordinaire.* Dans le havre de

(1) Au pluriel *nephilim* et *gibborim.*

Henri Freycinet, et à la rivière des Cygnes, on a constaté d'autres pas, et même aperçu de loin des géants, sur la presqu'île Peron, à la Terre d'Endracht. (Peron, *Voyages aux Terres Australes.*) Mais, dit Freycinet, ces hommes n'ont été vus de loin d'une si grande taille que par une illusion d'optique, causée par le mirage, ou qu'à travers ces vapeurs qui, surtout sous les tropiques, grandissent considérablement tous les objets.

Il nous serait facile de prouver que le genre humain, s'il a pu décroître en quelques âges et sous certains climats, ou par une civilisation, une corruption de mœurs trop grande, n'a pas sensiblement dégénéré depuis environ quarante siècles. Norden (*Itin. Ægypt.*) fait observer que les sarcophages des anciens Égyptiens, dans la plus haute des pyramides, n'annoncent nullement une taille plus élevée que la nôtre. Il en est de même des momies mesurées dans les catacombes et les hypogées d'Égypte. Il est permis aux poëtes de feindre que les anciens héros étaient des hommes gigantesques et robustes, comme Homère nous représente l'impétueux Diomède, fils de Tydée, ou le bouillant Ajax, ou Hector, lançant un quartier de roche sur les ennemis; c'est ainsi que Turnus lance à Énée une pierre que douze hommes d'aujourd'hui ne pourraient ébranler, selon Virgile. Les vieillards qui vantent sans cesse le passé, se sentant affaiblis par l'âge, soutiennent qu'on était plus vigoureux autrefois, comme le dit Juvénal :

Namque genus hoc, vivo jam decrescebat Homero :
Terra malos homines nunc educat atque pusillos.

Cependant Homère, parlant de la taille d'un homme de belle stature, ne lui donne que 4 coudées de haut et 1 de large; or, la coudée grecque et la coudée latine étaient de 1 pied 1/2 (48 cent.). Virtruve établit que la taille ordinaire de l'homme est de 6 pieds romains, soit 5 pieds 6 pouces de France (1 m. 78 cent.); de là vient qu'Aristote donne pour proportion aux lits 6 pieds de longueur (2 mètres), et que la hauteur des portes des anciens édifices n'est pas plus élevée qu'aujourd'hui; enfin, il nous reste des anneaux et diverses armures des anciens, qui prouvent que leur taille ne différait pas de la nôtre. (Gorlæus, *Dactyliotheca*; Montfaucon, *Ant. explic.*) Riolan a démontré aussi que les doses de purgatifs, comme de l'ellébore noir donné dans le vin par Hippocrate, n'étaient que pour un homme de force commune aujourd'hui, savoir 5 oboles, équivalant à 1 drachme.

Beaucoup d'écrivains se sont plu à nous présenter les conquérants, les princes puissants, comme d'une haute taille. Cependant, *Magnus Alexander corpore parvus erat*, et *Charlesmagne* n'avait qu'une stature ordinaire, d'après le témoignage de son secrétaire Éginhard.

Si l'on a rencontré quelquefois des crânes humains de vastes dimensions, ils ont pu appartenir à des enfants hydrocéphales ou rachitiques, plutôt qu'à des géants. Scheuzher, qui avait cru découvrir, dans les carrières d'Œningen, le squelette pétrifié d'un homme du temps du déluge, ne lui avait reconnu qu'une taille assez courte; mais Cuvier prouva que cette pétrification n'était qu'une grande espèce de salamandre, inconnue de nos jours. Le squelette rencontré à la Guadeloupe était enfoui dans un calcaire de formation récente, et n'avait pas une taille au-dessus de l'ordinaire.

DEUXIÈME QUESTION.

Quelle est l'influence des climats, des habitations de la nourriture et du genre de vie sur l'élongation humaine.

Les observateurs ont remarqué depuis longtemps qu'une température très-froide, de même que la chaleur sèche, s'oppose au développement complet de la taille chez presque tous les êtres créés; un climat doux ou tempéré, au contraire, le favorise considérablement. Citons des exemples.

Au Spitzberg, pays glacial situé au nord de la Norvége; au Groënland, qui compte neuf mois d'hiver rigoureux; en Laponie, pays sans printemps ni automne; au Kamtschatka, grande presqu'île au nord-est de l'Asie, etc.; enfin près des pôles, les hommes sont tous de courte stature; 1 mètre 30 et quelquefois moins : tels les *Lapons*, au visage pâle et basané, à la tête grosse, aux yeux enfoncés et chassieux, au nez court et plat, aux cheveux durs et noirs; — les *Samoièdes*, au teint jaunâtre, laids et mal faits; — les *Ostiaques*, aux cheveux blonds ou roux; — les *Kouriaques*, au teint basané et au caractère féroce; les *Kamtschadales*, à la face ronde et large, aux yeux petits et creux, aux joues saillantes et au nez plat; — les Esquimaux, qui peuplent le Groënland, le Labrador et les bords de la mer polaire. De même, la terre de ces contrées n'est couverte que de mousses, de petits buissons de bouleaux nains ou d'arbres de petite taille; la plupart des animaux éprouvent aussi les funestes effets d'une dégénérescence due à l'excessive rigueur des climats.

Dès l'Écosse, partie septentrionale de la Grande-Bretagne, séparée de l'Angleterre par la Tweed, la Salway et par quelques montagnes; dès la Suède, royaume qui s'étend entre 55° 20' et 69° latitude nord, et entre 8° 50' et 21° longitude est, les chevaux sont déjà plus petits que nos ânes; les bœufs et les vaches sont aussi de petite taille, blancs et sans cornes; mais les mêmes animaux, ainsi que les plantes, s'agrandissent à mesure qu'on redescend vers des régions dont la température est moins rude; les hommes prennent également une plus haute stature, surtout lorsque l'humidité de ces contrées, en rendant leurs corps blancs et blonds, permet à leur texture molle de s'allonger plus facilement. Nous voyons, en effet, par la taille des habitants de la Pologne, de la Livonie, du midi de la Suède, du Danube, de la Prusse, de la Saxe, des contrées du nord de l'Angleterre, que c'est sous les parallèles des contrées modérément froides et humides que se trouvent les nations de la plus haute stature. Tite-Live, Pline, Vitruve et d'autres auteurs rapportent que les anciens Germains et les Gaulois étaient plus grands et plus blonds que les Italiens et les Romains ; de nos jours, les troupes françaises offrent bien rarement des soldats d'aussi haute taille que la plupart des armées des peuples du Nord. Cette loi d'accroissement est la même en Asie, en Amérique et dans toutes les parties du monde où l'œil scrutateur des savants naturalistes a pénétré.

Les Chiliens, et surtout les Patagons, passent pour être les hommes les plus grands et les plus robustes de l'espèce humaine ; leur taille est en effet de 2 mètres. Et si Pigafetta, Magellan, Sarmiento, Candish, Hawkins, Knivet, Sebald de Noort, Lemaire, etc., les ont regardés comme des géants, c'est que la férocité de ces peuples sauvages, leurs brigandages sur une terre aride et désolée, ont effrayé les premiers navigateurs qui les ont visités ; les relations de François Drake, Winster, Narboroug, Lhermite, du commodore Byron, de Wallis et Carteret, Dupetit-Thouars, Dumont-Durville, etc., sont venues détruire les assertions des navigateurs qui les avaient précédés.

A la terre de Van-Diémen, île séparée de la Nouvelle-Hollande par le détroit de Bass, les habitants féroces, farouches et sauvages, n'ont que la taille des Européens ; aussi vivent-ils sous un parallèle austral modérément froid. Mais à la Nouvelle-Hollande, visitée par Tasman, Cook, Furneaux, et dernièrement par Baudin et Flinders, la taille se raccourcit déjà ; aussi cette île, située au sud de l'Archipel de l'Asie, est-elle plus chaude que la terre de Van Diémen.

On peut donc établir en principe que *depuis les lieux où la température permet la libre croissance des êtres organisés, jusqu'aux climats les plus rapprochés de l'équateur, la taille de l'homme diminue sensiblement ;* c'est ce qui s'observe en descendant de la Suède au midi de l'Europe, puis en traversant les îles de la Méditerranée, l'Égypte, jusqu'en Nubie, en Abyssinie, etc. ; le teint et la couleur des cheveux se brunissent aussi chez l'homme, à mesure que les climats deviennent plus méridionaux.

La nourriture exerce une très-grande influence sur l'élongation humaine. — L'homme nourri d'aliments secs et durs, salés ou fumés, deviendra maigre et court, surtout s'il boit peu ou s'il fait usage de spiritueux ; au contraire, l'enfant nourri en prodigue des aliments très-aqueux (lait, bouillies, pâtes), et des boissons mucilagineuses (bière, hydromel, petit lait, etc.), pourra acquérir une très-haute taille, relativement à l'individu nourri dans des conditions opposées. Toutefois, il y a une mesure à garder dans l'alimentation, car ce ne serait pas impunément qu'on voudrait la pousser au delà des limites opposées par le tempérament du sujet.

Watkinson rapporte [1] que « le célèbre Berkeley, de Cloyne (Irlande), voulut essayer sur un enfant orphelin, nommé Macgrath, s'il serait possible de le faire parvenir à la taille de Goliath, de Og, et d'autres géants cités dans la Bible. A seize ans, cet en-

[1] *Philosophical survey of Ireland.*

fant avait déjà 7 pieds anglais de haut, et on le conduisit en divers lieux d'Europe pour le faire voir comme une merveille. Mais ses organes étaient si débiles et si disproportionnés, qu'à vingt ans, Macgrath mourut de vieillesse dans une imbécillité totale d'esprit et de corps. »

Il est facile, dit Virey, de comprendre comment des nourritures stimulantes et des boissons spiritueuses, excitant le système nerveux, avivant la circulation, hâtent le mouvement vital, et développent le corps avec une précocité rapide ; mais l'époque de la puberté étant d'abord sollicitée, ainsi que l'acte de la génération, la croissance, ou la végétation organique, est bientôt détournée, arrêtée.

On est pubère dans les villes de luxe et par usage de nourritures échauffantes, plus promptement que dans les campagnes, où l'on vit beaucoup plus de laitage et de végétaux ; mais l'emploi du lait, des fruits et des herbages, procure une nourriture plus rafraîchissante, plus humectante, ralentit les fonctions vitales ; les périodes de la durée étant plus longues, l'accroissement a tout le temps de s'opérer.

C'est ainsi que les simples pasteurs, les peuples nomades, les Éthiopiens à si longue vie (les *Macrobiés*) dont parle Hérodote, présentaient, malgré leur climat brûlant, de grands et beaux corps ; ils subsistaient de lait et de fruits, comme ces anciens Germains dont les Romains admiraient les vertus, le courage, la majestueuse stature. C'est ainsi qu'Homère nous dépeint ces énormes cyclopes de la Sicile, et Polyphème, se contentant de laitage et de chair.

Tels étaient aussi les Guanches et ces anciens habitants des îles Fortunées (Canaries), et ceux de Taprobane (Ceylan), qui ne vivaient pas moins d'un siècle, dit-on, avec ces aliments naturels et doux, si propres à tempérer l'ardeur de la vie et le feu des passions.

Le genre de vie influe beaucoup sur la taille de l'homme. — Les anciens Scythes et les autres peuples nomades, qui vivaient dans l'innocence patriarcale et la simplicité de goûts, parvenaient à une riche stature, « avant l'état de civilisation actuelle de l'Europe, et la conquête des Romains, le Nord ou la Scandinavie, la Germanie et une partie des Gaules étaient couvertes de forêts antiques, de marécages ou de terrains fangeux, par le débordement irrégulier des fleuves et des rivières, le ciel était froid et brumeux ; aussi les naturels de ces contrées portaient-ils l'empreinte de leur climat : c'étaient de grands corps blancs, aux yeux bleus, à la chevelure blonde ou rousse, au teint frais, mais à l'air farouche et aux habitudes simples et martiales. Tous ces anciens Cimbres et Teutons, défaits par Marius, toutes les nations germaniques conservaient à peu près les mêmes traits, parce qu'elles étaient constamment sous les mêmes influences de climat et d'un genre de vie sans mélange avec des étrangers. » Mais d'où provenait cette stature gigantesque, dont l'aspect effraya d'abord la valeur des Romains ? Tacite et les historiens anciens vont nous le dire. Des contrées humides et couvertes de bois imprimaient nécessairement au corps une texture molle; de là une élongation facile, favorisée d'ailleurs par une vie inculte et insouciante, par une nourriture abondante, par l'usage de bière, d'hydromel, de laitage, enfin par un sommeil prolongé près du foyer paternel, sous le même toit qui abritait les bestiaux. Dans cette négligence et cette nudité indolente, dit Tacite, les Germains s'accroissent en de vastes membres que nous admirons. Ils ne se tiennent point comme nous dans des villes, mais chacun élève sa maison solitaire à son gré, dans la campagne qui lui plaît. Tout le jour ils s'étendent près du foyer, se vêtent à peine de quelques habits ou peaux de bêtes sauvages. Chaque matin ils se lavent, le plus souvent à l'eau chaude en hiver, ensuite ils se mettent à table. Ce n'est point un vice, chez eux, de passer le jour et la nuit à boire, à s'enivrer de bière d'orge ou de froment; leurs aliments se composent de chair fraîche, de fromage et de fruits. Rien n'est plus sévère que leurs mœurs. « Il serait honteux à un Germain, dit César, de se livrer à l'amour avant vingt ans; » de là une jeunesse qui n'était jamais énervée par les plaisirs.

Depuis les émigrations et les conquêtes des peuples du Nord, les races ont été mélangées, les tailles nationales altérées, les habitudes et les mœurs changés dans toute l'Europe; la civilisation et un genre de vie différent de celui des anciens, a dû contribuer à diminuer un peu la taille humaine. Du reste, comme l'observe Hufeland, toute notre civilisation tend à nous rendre éminemment nerveux, à solliciter avec précocité l'organisation et le développement de nos facultés; de là viennent ces affections spasmodiques, nerveuses et catarrhales, si fréquentes aujourd'hui, par suite de nos habitudes molles et et efféminées; à peine un enfant est-il né, qu'on lui donne du vin, dans plusieurs pays, sous prétexte de le fortifier, ce qui crispe les fibres de son faible estomac; on l'abandonne ensuite à des nourrices étrangères, dont le lait est rarement approprié à son âge et à son tempérament; heureux encore si on ne le comprime point dans d'étroits maillots, qui gênent sa respiration et sa circulation et arrêtent sa croissance; on le sèvre souvent trop tôt, tandis que les peuples simples allaitent leurs enfants pendant un an au moins; puis, ces faibles êtres bégayent à peine, qu'aussitôt arrivent les maîtres; puis les livres, les études arides, métaphysiques des grammaires, enfin les punitions de toute espèce, les continuelles réprimandes, la vie sédentaire, appliquée !

Sans doute, tout cela est utile, nécessaire même pour notre existence dite civilisée, mais rien ne diminue, n'affaiblit davantage le développement des organes; aussi le système nerveux acquiert-il une activité prépondérante, au détriment des autres systèmes; nous devenons instruits, ingénieux, mais moins robustes, et il est à remarquer que les enfants rachitiques ont d'autant plus d'intelligence qu'ils sont plus faibles, plus délicats, et, tranchons le mot, moins sûrs de vivre. Arrive alors pour l'enfant élevé ainsi l'époque de la puberté, avancée par la précocité du

moral, par des plaisirs qui énervent les facultés; et la nutrition, détournée en grande partie par la perte des plus précieux matériaux du sang, ne peut contribuer à l'accroissement, et les individus restent courts de taille : trop heureux encore lorsque des circonstances particulières leur permettent de donner naissance à des êtres moins chétifs qu'eux.

On peut donc conclure des faits que nous venons de signaler :

1° Que la stature humaine n'a pas sensiblement diminué, au moins depuis quatre mille ans;

2° Que l'existence de races de géants est tout à fait problématique, bien que des nations d'une taille assez élevée aient pu exister;

3° Que la stature de la majorité des individus de l'espèce humaine varie entre 1 mètre 60 centimètres et 2 mètres au maximum, à l'exception des contrées polaires où la taille de l'homme n'est que de 1 mètre 30 centimètres à 1 mètre 60 centimètres;

4° Qu'enfin les climats, les habitations, la nourriture et le genre de vie, influent notablement sur la grandeur de la taille humaine.   B. LUNEL.

CROSSE. — On appelle ainsi l'extrémité d'un bâton recourbé en forme de croc; mais la crosse proprement dite est un ornement symbolique dont les hauts ecclésiastiques se servent dans les jours d'apparat et de solennité; on pourrait trouver le principe de son usage aux premiers temps du christianisme. Quand les apôtres se séparèrent pour aller répandre par tout le globe les doctrines du Christ, ils durent se préparer à un long voyage, dont la mort seule devait être le terme; ils ne se munirent, à cet effet, que d'un vêtement dont l'aspect et la simplicité devaient donner la signification tout entière de la morale et des préceptes qu'ils allaient enseigner; le bâton, ce soutien matériel de la vieillesse et d'allégement contre la fatigue, en fut le complément.

Les plus anciennes images ou sculptures qui nous sont parvenues, représentent les premiers chrétiens armés de bâtons dont le sommet était contourné comme le sont les crosses d'aujourd'hui.

Il y a aussi dans cet objet quelque chose de moral et d'influent, qui échappe à la plupart et même à la généralité des individus.

La crosse est le symbole du pouvoir de l'autorité ecclésiastique. Nous voyons, en effet, que le bâton ou la baguette est remise entre les mains de celui qui gouverne ou commande. Le roi a le sceptre, le maréchal le bâton, et si nous descendons dans l'ordre hiérarchique, on remarque que la forme seule est modifiée, et que l'épée remplace ce dernier.

La crosse, entre les mains de l'évêque, représente la protection; le bâton et l'épée, le commandement; deux pouvoirs différents, mais ayant une égale puissance, l'une spirituelle, l'autre morale.

Ainsi qu'un commandant étend son arme pour intimer un ordre, on peut supposer que les apôtres, prophétisant à la multitude, la couvrirent de leurs bâtons pour déverser sur elle leur émanation divine, leurs prières et leurs paroles de charité et d'amour.

L'orfévrerie transforma bientôt ce bâton pastoral. Les matières d'or et d'argent, les pierreries, vinrent y ajouter leur éclat.

Dès le règne de Clovis, l'évêque et l'abbé portaient déjà une crosse en or, une mitre d'or et un anneau épiscopal.

MM. Paul Lacroix et Ferdinand Serré attribuent l'invention de la crosse à Thillon, élève de saint Éloi ; le surnom de Thau, qu'on lui aurait donné, leur fait supposer qu'il dut être l'inventeur du *thau* ou petite crosse en forme de T romain ou τ grec, sur laquelle s'appuyaient les prêtres pendant l'office.

Les dimensions de la crosse sont aujourd'hui plus que triplées ; elles atteignent plus de deux mètres de hauteur. Le style gothique est presque toujours conservé, à cause du caractère de l'ornement, qui se trouve en harmonie avec la forme adoptée. Nos musées en possèdent quelques-unes dues surtout au moyen âge ; elles sont repoussées et émaillées ; leurs formes barbares, comme l'art de cette époque, ne manquent pas néanmoins de délicatesse et de grâce, et donnent souvent encore des inspirations à nos plus habiles artistes. E. Paul.

CROTALE ou **SERPENT A SONNETTES** (zoologie). — Genre de reptile de l'ordre des ophidiens. Le nom scientifique de *crotale*, qui signifie sonnette, et la dénomination vulgaire de *serpent à sonnettes* se tirent d'un appareil bruyant qui termine la queue de ces ophidiens. Cet appareil se compose d'une série de cônes, d'une substance analogue à celle du parchemin, et emboîtés lâchement les uns dans les autres, de sorte qu'ils se froissent les uns contre les autres dans les mouvements qu'exécute l'animal, et par leur frottement mutuel produisent un bruit plus ou moins considérable. Il paraît que le nombre des cônes augmente avec l'âge, et qu'il en reste un de plus à chaque mue. Cette conformation de la queue constitue le principal caractère du genre *crotale* ; on peut y ajouter celui d'avoir les plaques ventrales simples sous la queue, comme les couleuvres, et le museau creusé d'une petite fossette derrière chaque narine.

Les crotales sont sans contredit les plus dangereux des reptiles ; l'activité de leur venin est telle, qu'il donne souvent la mort à l'homme en deux ou trois minutes ! Il n'est pas d'animaux qui puissent survivre à leur morsure ; le cerf, le bœuf, le cheval, etc., blessés par leur dent meurtrière sont voués à une mort cruelle et inévitable ! La moindre quantité de poison suffit pour produire cet effet. On a vu un crochet resté dans la botte d'un homme, qu'un crotale avait mordu, faire périr deux personnes qui voulurent se servir de cette chaussure, et il en aurait peut-être fait périr d'autres sans la sagacité d'un médecin qui, étonné de la rapidité de la mort des deux individus et des circonstances qui l'avaient accompagnée, en soupçonna la cause, et découvrit la dent fatale dans l'épaisseur du cuir de la tige.

Les serpents sans venin ne sont redoutables qu'en raison de leur taille. Ici, au contraire, ce sont les plus petits qui sont le plus à craindre ; non pas que leur morsure soit plus dangereuse que celle des grands, mais parce que, plus difficiles à apercevoir, il est presque impossible de s'en garantir. Heureusement, une odeur forte que ces reptiles répandent autour d'eux, annonce leur présence assez à temps pour que leurs victimes puissent les éviter. Le bruit de leur queue, quand ils sont en mouvement, se joint à cet indice pour avertir de leur approche. Ils sont d'ailleurs assez peu agiles pour qu'il soit facile à la plupart des animaux de leur échapper par la fuite ; la terreur seule peut, en paralysant les mouvements, empêcher de courir assez vite pour se soustraire à leurs atteintes.

Le genre *crotale* est entièrement américain et se compose d'une douzaine d'espèces, dont les plus connues sont le *boiquira*, qui a de 1 mètre 30 à 2 mètres de long ; le *drynas* et le *durissus*, qui sont encore plus grands ; le *millet*, qui n'a pas plus de 65 centimètres, mais qui est plus dangereux encore, parce qu'il se cache plus facilement. (D' *Salacroux.*)

CROTON (botanique). — Genre de plante de la famille des euphorbiacées, renfermant des arbrisseaux, des sous-arbrisseaux et des herbes à fleurs unisexuées, monoïques ou dioïques : les fleurs mâles ont cinq pétales ; les fleurs femelles n'en ont pas ; les

Fig. 81. — Crotale ou serpent à sonnettes.

feuilles sont couvertes d'écailles argentées ou dorées, ou de poils en étoiles. Toutes les espèces appartiennent aux régions équatoriales. Parmi celles-ci on remarque :

1° Le *croton porte-laque* (*croton lacciferum*), arbre de Ceylan, qui distille une laque très-belle, avec laquelle les habitants vernissent de petits meubles ;

2° Le *croton sebiferum* ou *arbre à suif*, qui fournit aux Chinois la matière de leurs chandelles ; on obtient cette substance par l'ébullition de ses graines dans l'eau ;

3° Le *croton porte-encens* (*croton balsamiferum*), qui laisse suinter autour de son écorce une matière semblable à de l'encens ;

Fig. 82. — Croton sébifère.

4° Le *croton tinctorium*, ou *tournesol des teinturiers*, qui donne la matière colorante appelée *tournesol*;

5° Le *croton tiglium*, et surtout ses graines (*pignon d'Inde* (*iatropha curcas*), *graines des Moluques* ou *de Tilly*), imprégnées d'une matière oléagineuse très-âcre ; cette espèce fournit le *bois des Moluques*, employé comme émétique et purgatif, et *l'huile de croton*, purgatif drastique à la dose d'une seule goutte. Les semences qui fournissent *l'huile de croton* ont le volume d'un fort noyau de cerise, sont noires et sans odeur. Leur amande a une saveur extrêmement âcre et brûlante ; aussi en retire-t-on, par expression, cette huile fixe contenant un principe des plus violents (la *tigline* ou *crotonine*), à laquelle elle doit ses propriétés énergiques.

L'analyse chimique décèle encore dans les graines du *croton tiglium* une huile volatile, un acide particulier (*acide crotonique*), un principe colorant, de la stéarine, de la cire, de la gomme, du gluten, de l'adragantine, de l'albumine, du phosphate de magnésie, etc.

Malgré la vive irritation externe ou interne que détermine l'emploi de l'huile de croton (irritation des téguments, chaleur brûlante dans le tube intestinal,

nausées, quelquefois vomissements, mais presque toujours évacuations alvines abondantes), il est des constitutions réfractaires à ses effets physiologiques. L'observation suivante, que nous avons publiée en 1857 dans *l'Abeille Médicale*, le prouve :

Il n'est aucune observation de médecine, si peu importante qu'elle paraisse au premier abord, qui n'ait sa valeur réelle dans la pratique, et qui ne puisse devenir un instrument de succès au lit du malade. Qui ne sait que l'art d'observer, base fondamentale des sciences naturelles, constitue l'agent principal ou même l'unique moyen de perfectionnement de ces sciences ? Aussi, le praticien qui possède son art, et de plus des notions suffisantes des sciences dites *accessoires*, doit-il contribuer pour sa part à recueillir des faits bien observés, à les comparer entre eux et à les discuter, jusqu'à ce qu'une main habile puisse en former un corps de doctrine.

Nous savons tous que l'huile de *croton*, purgatif énergique, inconnu à l'ancienne pharmacologie, se retire des semences du *croton tiglium* (famille des euphorbiacées), plante qui vient des contrées asiatiques. Cette huile contient un principe âcre, irritant, que Brandes a nommé *tigline*; et telle est la violence de ce principe, que la vapeur qui s'en exhale irrite les yeux, le nez et même la peau. Cependant, dans les circonstances où un purgatif drastique ou un révulsif est nécessaire, l'huile de croton présente une ressource précieuse, surtout lorsqu'elle est employée avec les précautions convenables. Toutefois, et malgré la propriété constamment irritante de cet agent thérapeutique, certaines natures sont réfractaires à ses effets physiologiques. Le fait suivant va non-seulement le prouver, mais il démontrera encore l'étroite analogie de constitution qui existe entre les membres d'une même famille.

En 1855, Alex. V., âgé de quarante ans, d'un tempérament nerveux, demeurant rue Jean-Jacques-Rousseau, à Paris, est atteint d'une pleurodynie, pour laquelle, parmi les moyens de traitement employés, j'ordonne un emplâtre de diachylon gommé, sur lequel on verse 25 gouttes d'huile de croton tiglium. Cet emplâtre reste vingt-quatre heures sur la partie malade ; après ce temps, M. Al. V... n'est nullement soulagé. J'enlève moi-même le topique, et *je ne trouve même point sur la peau la trace du plus petit effet révulsif*. Accusant tout d'abord l'impureté du médicament, je renouvelle ma prescription, en engageant le malade à aller dans une autre officine. Cette fois, c'est la pharmacie Cadet de Gassicourt qui confectionne l'emplâtre. Il est appliqué de nouveau pendant vingt-quatre heures; même insuccès. Je conclus alors que M. Al. V. est réfractaire aux effets de l'huile de croton.

La même année, la fille de ce client, enfant âgée de dix ans, d'un tempérament lymphatico-nerveux, est affectée de la fièvre typhoïde. Pour vaincre, le quinzième jour, une constipation opiniâtre avec ballonnement du ventre, j'emploie avec ménagement l'huile de croton tiglium, à la dose de 2 centigrammes dans un véhicule mucilagineux, puis le lendemain 4 centigrammes ; enfin, le même jour au soir, je renouvelle ma prescription : je *n'obtiens aucune selle*. Une friction sur le ventre, faite avec un mélange d'huile d'amandes douces et de deux gouttes d'huile de croton n'amène *aucune déjection alvine*, et de plus, *nulle éruption cutanée ne se manifeste sur la partie mise en contact avec ce mélange irritant*.

En 1856, le frère de M. Alex. V., M. L. V., âgé de trente-huit ans, avait une constipation opiniâtre, qu'il ne put voir détruite par l'huile de croton que je lui avais ordonnée ; et enfin la fille de M. L. V., âgée de treize ans, se montra également réfractaire aux effets de cet agent thérapeutique ; cette enfant avait une névralgie sciatique, pour le traitement de laquelle j'ordonnai, entre autres moyens, l'huile de croton à l'extérieur.

Voilà donc quatre personnes réfractaires aux effets physiologiques d'un médicament dont la propriété irritante fait rarement défaut. L'idiosyncrasie de cette famille peut seule expliquer de pareils faits ; mais quelle analogie parfaite de constitution entre ces quatre personnes !

Nous disions, en commençant cet article, que toute observation a sa valeur au lit du malade ; les faits que nous venons de présenter fournissent la preuve de cette assértion. Je suppose, par, exemple, que, dans un cas grave, un médicament sur l'effet duquel le médecin comptait ait échoué sur le père ou la mère d'un enfant, serait-il prudent d'espérer des effets physiologiques du même agent thérapeutique sur cet enfant, celui-ci à son tour venant à être dangereusement malade ? — Nous croyons que, dans ce cas, le médecin, instruit par l'expérience, devrait recourir à un autre agent de la matière médicale, surtout si de l'insuccès du médicament devait résulter un pronostic plus fâcheux.

L'huile de croton a été préconisée contre les constipations opiniâtres, la colique saturnine, certaines affections rhumatismales, les hydropisies, le ver solitaire, etc. Son action irritante en topique ou en friction, en fait un dérivatif puissant employé dans le croup, l'angine squammeuse, la pleurodynie, la pleurésie, la gastralgie, les névralgies, la bronchite, etc.

B. LUNEL.

CROUP (pathologie). — Cette dénomination écossaise, employée d'abord par Home, sert à désigner une inflammation aiguë du larynx et de la trachée-artère, caractérisée par la prompte formation d'une fausse membrane. Cette inflammation spécifique a reçu différents noms, qu'on peut considérer comme synonymes ; les principaux sont ceux-ci : *strangulatorius affectus*, Carnavale ; *cynanche stridula*, Wahlbom ; *suffocatio stridula*, F. Home ; *anqina stridula*, Crawford ; *angina membranacea*, Michaelis ; *cynanche trachealis*, Cullen ; *anqina laryngea exsudatoria*, Hufeland ; *diphthérite trachéale*, Bretonneau.

Le croup n'est point une maladie nouvelle ; mais les auteurs anciens ont décrit les symptômes de l'angine gangréneuse et du croup réunis, ou se succédant comme des degrés différents d'une même maladie, ainsi qu'on le reconnaît très-bien dans la belle description de l'ulcère syriaque, par Arétée ; aussi sont-ils obscurs pour les écrivains modernes.

Arétée présente une peinture fidèle des altérations qu'on peut apercevoir dans le pharynx, et décrit avec une admirable vérité les phénomènes de cette pénible asphyxie, qui termine le plus souvent cette fâcheuse maladie ; mais dans l'impossibilité où il était, et où l'on fut pendant longtemps après lui, d'ouvrir les cadavres, il n'a pas dû connaître les véritables causes de cette mort par strangulation ; et, cependant, il est évident, par la description même d'Arétée, que les malades succombaient dans cette maladie alors comme aujourd'hui et de la même manière. Ce n'est qu'en 1576, que Baillou parle le premier, d'après un chirurgien, d'une espèce de fausse membrane trouvée dans la trachée-artère d'un enfant, qui avait succombé à une maladie prompte-

ment suffocante, alors inconnue, parce qu'on n'avait pas sans doute pensé à la rapprocher de l'angine gangréneuse. Cette maladie régnait cependant presque à la même époque, d'une manière épidémique en Espagne et en Italie, où elle moissonnait beaucoup de malades. Toutes les descriptions des auteurs du temps, Carnavale, Nola, Mercatus, Marc-Aurèle Severino, etc., s'accordent parfaitement ; elles semblent copiées sur celles de l'ulcère syriaque d'Arétée. Tous les malades périssaient comme suffoqués, *instar laqueo suffocati*, Personne, cependant, autre que le chirurgien dont parle Baillou, n'avait encore constaté d'altérations cadavériques ; et Morgagni s'indigne, avec raison, de cette indifférence. Marc-Aurèle Severino, seul, parmi tous les médecins qui avaient eu occasion d'observer cette cruelle maladie, avait ouvert un cadavre ; et en parlant du résultat de ses recherches, il dit : « *Laryngem investigata, contecta erat pituitá quidam crustaceá, citra ulceris speciem.* » Cette observation anatomique était restée inaperçue, comme celle de Baillou, quand Ghisi, pendant l'épidémie d'angine gangréneuse qui régnait à Crémone, en 1747, ayant constaté la présence d'une fausse membrane dans le larynx de l'enfant d'un pharmacien, mort de cette épidémie, eut le premier l'idée de distinguer ce mode de terminaison, comme une maladie particulière, qu'il désigna sous le nom d'*angine perfide et mortelle*, pour la séparer de l'angine gangréneuse ordinaire, qui ne se termine pas par suffocation ! Vinrent ensuite les travaux de Home, Michaelis, et plus tard les Mémoires de Jurine, Schwilgué, Double, Royer-Collard, et enfin de M. Bretonneau, qui répandirent la lumière et dissipèrent tous les doutes sur ces affections. M. Bretonneau a démontré, à l'aide d'excellentes observations, que l'angine maligne épidémique n'est point de nature gangréneuse comme on l'avait cru jusqu'alors, que c'est une véritable inflammation pelliculaire semblable à celle du croup ; il a prouvé que ces deux altérations morbides, considérées à tort, comme très-différentes, sont identiques sous le rapport de l'anatomie pathologique, et ne diffèrent que quant au siége qu'elles occupent. Enfin, il a établi d'une manière incontestable que l'angine gangréneuse et le croup se sont presque toujours présentés réunis dans toutes les épidémies d'angine maligne dont ont parlé les anciens auteurs et les modernes, comme elles l'ont été dans celles de Tours et des pays voisins qu'il a eu occasion d'observer.

Dans le croup, il y a deux choses à considérer, l'inflammation et la production pseudo-membraneuse. Les muscles de la glotte et des cordes vocales sont souvent dans un état spasmodique, par suite de l'irritation qui se transmet de la muqueuse affecté qui les recouvre ; aussi beaucoup d'auteurs ont-ils reconnu que les symptômes ne pouvaient pas toujours s'expliquer uniquement par la phlegmasie ni par la présence des fausses membranes, et qu'il fallait admettre un état spasmodique ; en un mot, un élément nerveux.

Cette manière de concevoir le croup comme un

état morbide complexe, permet de tracer de suite les différences qui séparent le croup véritable du faux croup: dans le premier, l'élément pseudo-membraneux est constant; dans le second, il manque toujours, voilà la différence. Dans le premier et dans le second, il y a toujours un état inflammatoire; dans le premier, il y a quelquefois un état nerveux qui ne manque jamais dans le second: voilà les ressemblances. Si l'on ne voulait voir entre ces deux ordres de faits, autre chose qu'une différence dans l'intensité de l'élément inflammatoire, nous répondrions en disant que l'intensité de l'inflammation n'a point une influence évidente sur les deux autres éléments; elle peut être très-faible là où l'élément pseudo-membraneux et l'élément nerveux sont très-prononcés; et, au contraire, elle peut être très-intense sans pour cela amener la production de fausses membranes ou un état spasmodique des muscles du larynx. C'est donc une différence dans la nature de l'inflammation, et non point dans son intensité; c'est, en un mot, une véritable spécificité qui distingue le croup des faux croups et des autres espèces de laryngite.

Caractères anatomiques. — La présence d'une couche fibrineuse recouvrant la muqueuse enflammée du larynx et de la trachée-artère, qu'on appelle *fausse membrane*, est le caractère anatomique fondamental du croup. Sans ce produit de production nouvelle, il n'y a pas de croup. Les fausses membranes se présentent sous la forme de couches minces élastiques, d'un blanc grisâtre, assez résistantes. Elles adhèrent plus ou moins solidement à la muqueuse. Elles sont exclusivement formées de fibrine. Leur forme et leur étendue sont variables. Elles occupent, chez quelques sujets, les amygdales et la partie supérieure du larynx, sans pénétrer dans son intérieur. Chez d'autres, cet organe est en même temps affecté. Ailleurs, elles n'existent que dans le larynx, et s'étendent dans la trachée et dans les bronches jusque dans les plus petites divisions.

Elles forment dans la bouche des plaques plus ou moins étendues; souvent elles recouvrent l'épiglotte à la manière d'un doigt de gant. Dans le larynx, dans la trachée et dans les bronches, elles forment des tuyaux qu'il est possible d'enlever de toutes pièces. Leur face supérieure est lisse et recouverte de mucosités plastiques. Leur face inférieure, qui correspond à la muqueuse, est inégale et parsemée de points rouges très-nombreux, que M. Blache a fort bien décrits dans son mémoire sur le croup.

Causes. — L'âge prédispose au croup d'une manière très-marquée. Rare chez les nouveau-nés, cette maladie commence à devenir fréquente vers les approches de la première dentition; mais c'est surtout de deux à huit ans qu'elle est la plus commune. Le croup survient plus habituellement dans les pays froids et humides que dans les pays tempérés et surtout que dans les pays chauds. Le sexe masculin en est plus affecté que le sexe féminin. Le croup est une affection épidémique et contagieuse; son caractère épidémique se révèle surtout dans les petites locali-

tés. Sa nature contagieuse, comme celle de l'angine couenneuse, est admise par MM. Bretonneau et Trousseau. En conséquence, il faut séparer les enfants affectés par le croup des enfants dont la santé n'a encore subi aucune atteinte.

Symptômes. — Le croup présente dans sa marche trois périodes que l'on peut le plus souvent saisir. Ainsi la première période s'annonce par des frissons, de la fièvre, des malaises, du mal de gorge, de l'enrouement et de la toux. Ces deux derniers signes sont d'une importance extrême. Dès qu'on les observe, il faut examiner le fond de la bouche; le pharynx offre alors une rougeur plus ou moins intense, et l'on voit souvent sur les amygdales des fausses membranes déjà formées. Quelquefois on observe, à cette époque, un flux nasal abondant et des fausses membranes dans les narines. La durée de cette période est quelquefois difficile à établir. En général, elle dure de quatre à cinq jours; mais elle n'a rien de fixe. Il y a des circonstances dans lesquelles elle n'a duré que vingt-quatre heures.

La seconde période s'annonce par l'accroissement de la fièvre et du trouble général de l'économie, une toux sèche, revenant par quintes légères d'abord, puis par quintes très-pénibles, suivies d'efforts de vomissement et même de rejet de matières, dans lesquelles il y a des fausses membranes; la toux rauque et sifflante, l'extinction et le sifflement de la voix, la gêne de la respiration et des signes de suffocation. La toux offre des caractères qui méritent d'être étudiés d'une manière spéciale; elle est rauque, sourde et suivie d'un sifflement bizarre, comme métallique; son timbre est extraordinaire et se rapproche un peu du bruit que font les jeunes coqs lorsqu'ils essayent de chanter. Beaucoup plus ordinairement la toux est enrouée comme la voix qui est étouffée, éteinte. Lorsque la toux s'accompagne d'expectoration, ou lorsqu'elle est suivie de vomissements, on y rencontre souvent des fausses membranes. La respiration est alors plus fréquente que dans l'état ordinaire; il se forme des râles muqueux et sibilants dans la poitrine, et on ne trouve pas d'autres phénomènes à l'auscultation.

Les symptômes de la troisième période se traduisent par la dyspnée, la coloration terne du visage, l'anxiété de la face, et par les gestes et l'attitude du malade qui indiquent de véritables accès de suffocation. Le pouls, très-fréquent et irrégulier, est en rapport avec la respiration. L'assoupissement est presque continuel et seulement interrompu par les angoisses de la suffocation presque toujours provoquées par la toux. Le pauvre petit malade porte la main au-devant du cou comme pour en arracher ce qui l'étouffe; il s'agite, se lève sur son séant le corps renversé en arrière et couvert de sueur; d'autres fois il s'élance hors de son lit; court quelques pas pour chercher l'air qui lui manque et retombe pour périr dans une crise de suffocation. Lorsque le malade a été affaibli par une cause quelconque, les angoisses de l'agonie ne sont pas accompagnées de ces signes d'agitation et de violente strangulation; l'asphyxie est alors plus calme et présente une forme adynamique.

Lorsque le malade guérit, c'est ordinairement dans le cours de la seconde période. On peut prévoir ce mode de terminaison si la toux devient plus humide, si le sifflement laryngo-trachéal est moins sec, si on perçoit bien l'expansion pulmonaire. Bientôt les accès de suffocation disparaissent et le malade entre définivement en convalescence, à moins qu'il ne survienne une pneumonie ou d'autres maladies consécutives. Généralement la guérison n'a lieu qu'autant que les fausses membranes s'étant détachées et ayant été expulsées, l'inflammation spécifique a cessé d'agir pour les reproduire. M. Guersant n'hésite pas à regarder comme très-probable, sinon comme certaine, la résorption des fausses membranes dans quelques cas peu nombreux il est vrai.

La marche du croup n'est pas toujours régulière et telle que nous l'avons décrite. Quelquefois les fausses membranes se développent en même temps dans le pharynx et dans le larynx; ainsi, les deux premières périodes n'en font qu'une. D'autres fois, la maladie débute d'emblée par le larynx et la trachée, laissant le pharynx intact; alors, la première période manque complétement. Mais les cas de ce genre sont reconnus aujourd'hui comme beaucoup plus rares qu'on ne le croyait autrefois.

Complications. — Le croup est presque toujours réuni à l'angine couenneuse; c'est par là qu'il commence, ainsi qu'on peut s'en assurer quand on observe l'arrière-gorge au début de la maladie. On trouve quelquefois l'œsophagite et la gastrite pseudo-membraneuses, mais ces complications sont fort rares.

La complication la plus fréquente et la plus dangereuse de l'affection qui nous occupe, c'est la pneumonie lobulaire. Cette observation, de MM. Blache, Guersant et Trousseau, a été confirmée par tous les médecins qui ont étudié le croup; dans ce cas, la maladie est le plus souvent au-dessus des ressources de l'art. On a quelquefois observé le croup avec la coqueluche, la phthisie, les fièvres éruptives. Parmi ces états morbides, il n'y a que la scarlatine qui ait un rapport direct avec celui dont il est question ici. Elle est, comme on le sait, dans certains cas accompagnée d'angine couenneuse; alors, il y a tout à craindre pour la manifestation du croup.

Diagnostic. — Le diagnostic du croup n'est pas toujours facile, car il est d'autres maladies du larynx qui sont accompagnées de symptômes assez semblables à ceux qu'il présente.

Dans la laryngite simple, la toux et la voix sont enrouées; mais, on n'observe pas la toux rauque, éteinte et sifflante du croup; la respiration n'est pas accélérée, et il n'y a pas d'accès de suffocation comme dans cette maladie. Dans la laryngite œdémateuse ou œdème de la glotte, la toux est également rauque et sifflante, la respiration pénible, la suffocation éminente, mais le caractère fondamental du croup n'existe pas. Il n'y a pas d'expectoration de fausses membranes. Ce produit n'existe pas dans l'arrière-bouche. Cependant, comme il n'est pas toujours possible de s'assurer de son existence, l'erreur est facile à commettre, et l'on est exposé à prendre ces maladies l'une pour l'autre; il faut alors tenir compte de la marche des accidents; elle est beaucoup plus rapide dans l'œdème de la glotte que dans le croup; M. Guersant ajoute que la suffocation est permanente et ne revient pas par accès précédés de toux comme dans le croup.

L'inflammation couenneuse de la trachée et des bronches, sans coïncidence de croup, est en général assez facile à distinguer de celui-ci. Il ne faut pas voir dans l'expectoration de quelques fausses membranes une preuve de l'existence du croup, puisqu'elles peuvent provenir de la trachée ou des bronches : dans ce dernier cas, elle ont quelquefois une forme tubulée qui ne permet pas de se méprendre sur leur véritable origine. Quand il y a trachéite et bronchite couenneuses, on entend ordinairement par l'auscultation des râles ronflants, sibilants, et, ce qui est le plus caractéristique, un bruit de soupape ou de clapotement produit par la mobilité des fausses membranes.

La maladie qui a été le plus souvent confondue avec le croup, et qui a donné lieu à des méprises graves par leur résultats, c'est le faux croup ou la laryngite striduleuse. Il est important d'établir une distinction précise entre ces deux affections qui réclament des moyens thérapeutiques différents.

La laryngite striduleuse est accompagnée, comme le croup, par une toux sèche, rauque, sifflante et plus ou moins sonore. La gêne de la respiration est extrême; il semble que l'enfant doive périr de suffocation. Cependant le larynx est libre et il ne peut y avoir d'expectoration de fausses membranes. Les phénomènes qu'on observe sont purement nerveux; ils ne tardent pas à se calmer; leur marche est toute particulière. Ils paraissent subitement chez des sujets en bonne santé d'ailleurs, ou légèrem ent enrhumés, et se manifestent au milieu de la nuit. L'accès dure environ deux heures, et se reproduit les nuits suivantes jusqu'à deux et trois fois, mais il est faible et il disparaît.

Le croup ne présente rien de semblable. Les accidents augmentent graduellement, et c'est au bout de plusieurs jours que se montre la suffocation. Les accès paraissent aussi bien le jour que la nuit; ils se produisent tant que les fausses membranes contenues dans le larynx n'ont pas été expulsées. Loin d'aller en diminuant, ils sont, au contraire, à chaque instant plus terribles, et finissent par faire succomber le malade. Comme on le voit, cette marche est si différente, qu'il paraît difficile de confondre désormais le croup et le faux croup, la laryngite pseudo-membraneuse avec la laryngite striduleuse.

La durée du croup est très-variable, surtout celle de sa première période. Quand la fausse membrane est formée dans le larynx, les accidents marchent, en général, d'autant plus vite que l'enfant est plus jeune, la concrétion plus épaisse, plus étendue, etc.

On a vu des enfants suffoqués en quelques heures, d'autres résister pendant plusieurs jours. Ce qui prouve, d'ailleurs, que la fausse membrane n'est pas la seule cause de la suffocation, c'est qu'on a vu dans certains cas la maladie suivre une marche foudroyante, se terminer par la mort en quelques heures ; et cependant, à l'autopsie on n'a trouvé qu'une fausse membrane excessivement mince et peu étendue. Incontestablement alors l'élément nerveux a dû jouer le principal rôle.

Pronostic. — Le croup est une maladie des plus graves qui compromet toujours l'existence, et est souvent mortelle. Sur dix enfants atteints réellement du croup, dit M. Guersant, on en sauve à peine deux. Néanmoins il faut établir quelques différences, suivant le siège et l'étendue des altérations. Lorsque les fausses membranes développées dans la bouche n'existent que sur l'épiglotte et à l'ouverture supérieure du larynx, la maladie peut guérir à l'aide d'un traitement convenable. Mais si ces produits sont étendus à la trachée et aux bronches, le croup est presque inévitablement mortel.

Les complications de cette maladie viennent encore ajouter à la gravité du pronostic. Le coryza pseudo-membraneux est un accident fort sérieux, surtout chez les enfants à la mamelle, puisque, ne pouvant plus respirer que par la bouche, il les expose à mourir de faim. La pneumonie lobulaire vient augmenter la dyspnée, et, si l'obstacle du larynx n'est pas de nature à produire les excès de suffocation, la gêne respiratoire qui accompagne la phlegmasie pulmonaire ne tarde pas à les provoquer. Dans ce cas, si l'enfant ne devait pas périr par le larynx, il succomberait par suite de la maladie des poumons.

Traitement. — Le traitement du croup se compose de deux parties, l'une médicale, l'autre chirurgicale. Autrefois la première était seule en faveur ; la seconde est aujourd'hui définitivement acceptée. Nous la devons aux recherches et aux efforts de MM. Bretonneau et Trousseau.

Le traitement médical se compose des antiphlogistiques, des vomitifs, des altérants, des révulsifs et des sternutatoires. La trachéotomie et les médicaments topiques appartiennent au traitement chirurgical.

On modère la phlegmasie de la muqueuse du larynx, et on détruit la spécificité de cette inflammation par les émissions sanguines, les altérants et les révulsifs. Les vomitifs conduisent également à ce résultat ; mais ils ont, comme les sternutatoires, une action différente. Ils agissent comme moyen mécanique, et, par les efforts qu'ils occasionnent, ils provoquent l'expulsion des fausses membranes qui gênent la respiration.

C'est au moyen des topiques que l'on espère favoriser la chute de ces fausses membranes, et quand on n'a pu y réussir et que la suffocation est imminente, on a recours à la trachéotomie. C'est un moyen à l'aide duquel on sauve momentanément la vie des malades avant d'arriver à leur guérison définitive.

Antiphlogistiques. — A une certaine époque, les émissions sanguines étaient considérées comme le meilleur moyen propre à combattre l'inflammation spécifique qui se trouve dans le croup. L'expérience a prouvé qu'elles ne réussissaient pas dans cette circonstance comme dans les inflammations ordinaires. Elles ne sont utiles que chez les sujets forts et vigoureux, lorsque la réaction est intense et que dès le début la respiration se trouve tellement gênée que la suffocation est imminente. Elles sont en général nuisibles chez les enfants à la mamelle. Si l'on pense avoir besoin de recourir aux émissions sanguines, il faut employer de préférence la saignée du bras ; les sangsues ont l'inconvénient d'effrayer les enfants ; l'écoulement de sang occasionné par leurs piqûres est souvent difficile à arrêter, et il en résulte un état anémique fort grave, et quelquefois même des syncopes suivies de la mort.

Vomitifs. — La médication vomitive favorise le rejet des fausses membranes prêtes à se détacher, et l'expulsion des mucosités qui remplissent le larynx. C'est la plus utile à employer dans le traitement du croup. D'ailleurs l'émétique, que l'on administre le plus souvent, produit un double effet. Il agit comme moyen mécanique, et il a ensuite une action altérante bien prononcée ; il modifie la nature du sang et détermine le ramollissement et la chute des fausses membranes. Les vomitifs que l'on donne aux enfants atteints de croup, sont l'émétique et l'ipécacuanha. On administre l'ipécacuanha à la dose de 25 centigrammes à 1 gramme, selon l'âge des malades, et l'on peut réitérer cette dose dans la journée. L'émétique se donne à la dose de 10 à 15 centigrammes dans une potion que l'on fait prendre par cuillerées à café, de quart d'heure en quart d'heure, jusqu'à ce qu'on ait obtenu des vomissements. En général, il ne faut pas craindre d'employer cette méthode avec énergie, car c'est de cette manière seule qu'elle peut être utile. Le sulfate de cuivre à la dose de 10 centigrames, rend aussi des services comme vomitif.

Altérants. — La médication altérante a pour but de modifier l'organisme, et en même temps la nature de la phlegmasie diphtérique. MM. Bretonneau, Trousseau, Blache et Guersant disent en avoir retiré de grands avantages. Les mercuriaux, le sulfure de potasse, le sulfate de cuivre sont surtout employés. Mais c'est principalement le mercure qui est le plus utile. On prescrit des frictions mercurielles sur la partie supérieure de la poitrine, les aisselles, et le calomel à l'intérieur. On fait les frictions matin et soir, et on donne de 15 à 30 centigrammes de calomel pour la journée, incorporé dans du miel blanc et à doses fractionnées. Ce médicament favorise l'expectoration et le rejet des fausses membranes. La toux diminue et perd son caractère spécial à mesure que cesse la gêne de la repiration. On devra suspendre ou même interrompre l'emploi de ce médicament si on voit survenir la salivation ou des garde-robes trop considérables. Le sulfure de potasse et le sulfate de cuivre ont été aussi employés comme altérants, mais leur action n'est pas démontrée comme celles des mercuriaux; aussi devra-t-on accorder la préférence à ces derniers. On a vanté aussi tout récemment le chlorate de potasse; ce médicament aurait la propriété de s'opposer à la formation des fausses membranes et de favoriser leur ramollissement et leur disparition lorsqu'elles existent. Nous croyons qu'il y a besoin de faits plus nombreux et surtout bien observés pour se prononcer à cet égard.

Sternutatoires. — Les fumigations irritantes avec le vinaigre, l'insufflation dans les narines de poudres stimulantes comme le tabac peuvent favoriser l'expulsion des fausses membranes; mais elles n'offrent de résultats avantageux que lorsque ces productions accidentelles sont flottantes et prêtes à se détacher. On en juge par les caractères de la respiration, qui fait entendre un bruit de soupape; de la toux, qui est grasse et muqueuse, et par le gargouillement trachéal, qui indique la présence des mucosités bronchiques.

Révulsifs. — L'emploi des vésicatoires sur le cou et sur les différentes parties du corps a été beaucoup vanté par Jurine, et par beaucoup d'autres après lui. Suivant cet auteur, il faut préférer les vésicatoires volants aux vésicatoires permanents, parce qu'on peut avec les premiers multiplier avantageusement les foyers d'irritation dans le voisinage de la partie malade. On peut les employer à toutes les périodes de la maladie.

MM. Bretonneau et Trousseau n'ont pas retiré de ce moyen de résultats bien favorables; ils le considèrent même comme pouvant exposer à des dangers, en ce que la plaie occasionnée par le vésicatoire peut se recouvrir de fausses membranes semblables à celles du larynx. Ils ne rendent de véritables services que lorsqu'il y a complication de pneumonie Albert et Royer-Collard ont préconisé les sinapismes appliqués avec persévérance sur les membres inférieurs; mais un moyen qui agit avec bien plus de promptitude comme révulsif, et sans offrir l'inconvénient grave des vésicatoires, c'est le baume révulsif d'Hoffmann, si employé en Allemagne pour remplacer les sinapismes et pour opérer d'énergiques révulsions sur la peau.

Médication topique. — L'on emploie, pour détruire les fausses membranes, les substances qui ont la propriété de les dissoudre ou de les détacher, en les faisant revenir sur elles-mêmes. Les alcalis les dissolvent, les acides les crispent avec énergie.

La cautérisation par les acides est le meilleur moyen à employer. On se sert ordinairement des acides chlorhydrique et nitrique affaiblis, et du nitrate d'argent en crayon, ou en dissolution à la dose de 10 grammes pour trente grammes d'eau distillée. Il faut avoir une petite éponge fine solidement fixée au bout d'une baleine courbée en crochet; lorsque l'éponge est imbibée, on l'exprime légèrement et on la porte dans le pharynx et sur la glotte, afin que quelques gouttes seulement du liquide caustique puissent pénétrer dans le larynx. Le crayon de nitrate d'argent s'applique directement partout où l'on aperçoit des fausses membranes et où l'on peut le faire pénétrer; il devra être bien fortement tenu dans le porte-pierre. Cette opération est fort désagréable pour l'enfant; elle lui laisse un très-mauvais goût dans la bouche, et elle détermine des efforts de vomissement qui sont très-pénibles, mais salutaires. Il faut la pratiquer dès le début de la maladie, si l'on aperçoit les fausses membranes du pharynx, et la répéter au moins deux fois par jour. Il faut avoir soin qu'il ne pénètre pas une trop grande quantité de liquide dans le larynx, car cet accident est fort grave et pourrait entraîner la mort; pour cela il faut exprimer l'éponge avant de l'introduire dans la bouche.

Cette médication employée avec soin et persévérance est sans contredit une des plus efficaces dans le croup; nous en avons retiré les plus heureux résultats dans deux cas que nous avions considérés comme désespérés. Nous devons dire que nous avons donné aussi des vomitifs pour favoriser l'expulsion des fausses membranes que la cautérisation avait détachées.

Trachéotomie. — La trachéotomie a pour but d'ouvrir une voie nouvelle à l'air extérieur, lorsqu'un état voisin de l'asphyxie menace de faire périr le malade par suffocation. Ce n'est pas ici le lieu de décrire cette opération; disons cependant qu'après avoir été employée autrefois chez les malades atteints d'angine ou de croup, elle avait été abandonnée lorsque MM. Bretonneau et Trousseau sont venus la remettre en vigueur. Les résultats qu'elle a donnés sont encourageants quand on pense qu'elle n'a été employée que dans des cas désespérés. Ainsi M. Bretonneau, sur vingt opérés, a sauvé six enfants; M. Velpeau en a guéri deux sur dix; M. Trousseau a eu vingt-sept succès sur cent douze opérations.

La *prophylaxie* du croup consiste à surveiller la gorge des enfants en temps d'épidémie, et à les empêcher surtout de communiquer avec ceux qu'on suppose atteints de cette terrible maladie.

Dr DESPARQUETS.

CRYPTOGRAPHIE ou ÉCRITURE SECRÈTE. — On appelle ainsi une manière particulière d'écrire que mettent en usage les hommes d'État, les princes, les ambassadeurs, etc., pour assurer le secret de leur correspondance quand elle vient à tomber dans des mains ennemies ou étrangères. On emploie dans ce but des caractères particuliers ou arbitraires : ce sont, ou des chiffres arabes, ou les lettres alphabétiques empruntées à une langue quelconque, ou les caractères sténographiques auxquels on a donné une signification particulière, ou enfin des caractères plus ou moins bizarres, plus ou moins faciles à tracer, mais dont la valeur dépend de certaines conventions préalablement arrêtées entre les personnes qui doivent correspondre. C'est à l'emploi des chiffres arabes dans ces derniers temps que cet art doit le nom d'*écriture en chiffres* ou *chiffre diplomatique.*

L'usage des correspondances secrètes remonte à la plus haute antiquité, ou du moins celui des signaux secrets. Un grand nombre d'auteurs en ont traité sous les noms de *cryptologie* (de *kruptos*, caché, *logos*, discours), *cryptographie* (de *kruptos*, caché, *graphé*, écriture), *polygraphie* (de *polus*, nombreux, *graphô*, j'écris, ou de *polis*, ville, État), c'est-à-dire d'écrire les secrets d'État; mais alors il faudrait écrire *poligraphie*, *stéganographie* (de *stéganos*, caché, *graphô*, j'écris), etc.

L'origine de la correspondance secrète au moyen de signaux visibles date de la plus haute antiquité, et paraît même avoir précédé l'invention de l'écriture. Tout nous porte à croire que, dans l'enfance des peuples, les idées se transmettaient par des signaux, par les mouvements du corps, par les gestes. Les Latins exprimaient les nombres au-dessus de cent à l'aide de la main gauche, et ceux au-dessus de mille par les doigts de la main droite. Scott, dans sa *Stéganographie*, donne un alphabet arthrologique ou par gestes. Pour faire servir à la correspondance secrète cet art de discourir par gestes, Scott a formé un alphabet, différent de l'alphabet généralement usité. On avait, longtemps avant cette époque, adopté des signes de communication particuliers, dont quelques-uns pouvaient servir la nuit.

Signaux lumineux. — Depuis un temps immémorial, les Chinois et les Persans se servent, pour cet objet, de feux allumés, de distance en distance sur des lieux élevés. Pline en attribue la découverte à Sinon pendant la guerre de Troie. Tous les peuples de l'antiquité en ont fait usage. Polybe perfectionna les signaux grecs. Dans les temps modernes, on les a appliqués à la marine. Au moyen de ces signaux, nos officiers peuvent correspondre entre eux avec une grande facilité, même à de très-grandes distances.

Correspondance secrète au loin. — Elle peut se faire par des bouquets composés de diverses fleurs; par des papiers de diverses couleurs; par un collier, un bracelet, une bourse, etc., soit de perles ou de toutes autres matières, dont les couleurs combinées offrent un sens; par des rubans et des nœuds; par des aspérités sur une surface, ou des trous imperceptibles, mais sensibles au toucher; avec une lanterne, la nuit; par le son du tambour, du canon, d'un instrument de musique; par l'odorat et le goût.

Au-dessus de tous ces procédés imparfaits il faut placer le télégraphe aérien, éclipsé par le télégraphe électrique terrestre et le télégraphe électrique sous-marin, appareils au moyen desquels on peut correspondre presque instantanément aux distances les plus éloignées, en tout temps et à toute heure du jour et de la nuit.

Langue musicale. — M. Sudre a présenté comme nouveau un moyen de correspondre par le cor ou tout autre instrument de musique, moyen qui a été déjà appliqué à l'écriture secrète. Comme chiffre diplomatique, ce moyen manquerait du caractère essentiel, celui de ne pas inspirer de soupçons. D'ailleurs, ce mode de correspondance est facile à déchiffrer. Mais le moyen de M. Sudre peut rendre de grands services aux armées de terre par la rapidité avec laquelle des ordres, transmis ainsi de distance en distance, arriveraient à toutes les divisions. Ce pro-

cédé est beaucoup plus ancien que M. Sudre, car il se trouve décrit dans plusieurs écrits, entre autres ceux de Wilkins; mais M. Sudre l'a perfectionné.

Scytales. — Les scytales des Lacédémoniens étaient deux rouleaux de bois, d'une longueur et d'une épaisseur égale; les éphores en gardaient un, et l'autre était pour le général d'armée qui marchait contre l'ennemi. Lorsque ces magistrats lui voulaient envoyer des ordres secrets, ils prenaient une bande de parchemin, étroite et longue, qu'ils roulaient exactement autour de la scytale qu'ils s'étaient réservée; ils écrivaient alors dessus leurs intentions; et ce qu'ils avaient écrit prenait un sens parfait et suivi; mais, dès qu'on la développait, l'écriture était tronquée et les mots sans liaison; et il n'y avait que le général qui pût en trouver la suite et le sens, en ajoutant la bande sur la scytale ou rouleau semblable qu'il avait. Ce fut là, suivant Guillet de la Guilletière, l'origine de l'art d'écrire en chiffres. C'est une erreur, car les Lacédémoniens se servaient des caractères ordinaires et les employaient comme on faisait vulgairement; ils ne cachaient leur secret qu'en déchiquetant, pour ainsi dire, leur écriture sur différentes parties du rouleau. Ce procédé appartient cependant aux écritures secrètes, qui ont pour but de cacher la correspondance, et de ne la laisser pénétrer qu'à celui qui en a la clef.

Diverses écritures secrètes des anciens. — Polybe raconte qu'Énée le Tacticien fît, il y a environ deux mille ans, une collection de vingt manières d'écrire différentes, qu'il avait inventées, et dont on s'était servi jusqu'alors pour écrire de façon qu'il n'y eût que celui qui en avait le secret qui pût y comprendre quelque chose.

Un stratagème bizarre est cité par Hérodote: « Histicus, en Perse, dit-il, voulant correspondre avec Aristagore, qui était en Grèce, lui envoya un esclave malade, avec prière de lui faire sur la tête des incisions qui pussent le guérir. Aristagore grava sur le cuir chevelu les caractères qu'il voulait transmettre, et, quand les cheveux eurent repoussé, renvoya l'esclave à son maître. »

L'usage de marques ou de caractères particuliers était adopté chez les Juifs dans cette sorte de cabalistique appelée *combinaison*.

Suétone rapporte que Jules César et Auguste employaient une correspondance secrète pour laquelle ils se contentaient de transposer les lettres de l'alphabet.

Cette méthode était commune aux Carthaginois, aux Grecs, aux Syracusains.

Les Gaulois, les Saxons et les Normands inventèrent, pour le même objet, des caractères nouveaux et bizarres, recueillis par les polygraphes du quinzième siècle et du seizième. Ils nous ont aussi conservé ceux d'Alfred 1er, roi d'Angleterre, et ceux qu'avaient adopté Charlemagne et ses agents.

Les Irlandais usaient de chiffres particuliers appelés *oghams*, qui pouvaient en outre être appliqués à la sténographie.

Les notes tyroniennes, essentiellement différentes

des caractères tyroniens, servirent à la correspondance secrète parmi les moines du moyen âge.

Écritures secrètes chez les modernes. — Les diverses méthodes employées sont très-nombreuses; j'en ferai connaître seulement quelques-unes, car il faudrait des volumes pour s'occuper de toutes.

Quelle que soit la méthode adoptée, il est bon, si l'on ne veut pas avoir recours à un déchiffreur, que les divers correspondants aient la clef de l'écriture ou de l'alphabet adopté.

La *clef du chiffre* est l'alphabet dont on est convenu, et qui sert soit à chiffrer, soit à déchiffrer les dépêches secrètes.

Un *chiffre à simple clef* est celui dans lequel on se sert toujours d'une même figure pour écrire une même lettre.

Un *chiffre à double clef* est celui où l'on change d'alphabet à chaque mot.

On appelle *nulles* des syllabes ou des phrases insignifiantes, entremêlées aux caractères significatifs.

On emploie aussi quelquefois une *grille* pour lire les dépêches en chiffres. On appelle ainsi un carton bizarrement découpé à jours, qui, posé sur la missive au juste point, ne laisse apparents que les caractères nécessaires, masque tous ceux de pur remplissage qui ont été ajoutés par l'expéditeur après qu'il a écrit, au moyen d'une même grille, les caractères essentiels.

L'écriture en chiffres la plus simple consiste à écrire successivement les 24 lettres de l'alphabet sur deux lignes horizontales et parallèles, de cette manière :

```
a b c d e f g h i k l m
n o p q r s t u v x y z
```

et à mettre, au lieu de chacune des lettres du mot que l'on veut déguiser, celle qui lui correspond dans l'autre ligne. Si l'on voulait écrire le mot *lire* selon ce procédé, on aurait *yver*. Comme il n'y a pas de *j*, on le remplace par l'*i*. On pourrait aussi introduire le *j* dans cet alphabet, si l'on y ajoutait le *w*.

Méthode de Jules César. — Pour écrire par cette méthode, il suffit de remplacer les lettres de la missive réelle par d'autres lettres ou d'autres signes convenus d'avance.

```
a b c d e f g h i k l m n o p q r s t u v x y z
l m n o p q r s t u v x y z a b c d e f-g h i k
r s t u v x y z a b c d e f g h i k l m n o p q
1 7 9 3 2 §Λ⁶ ♂ ω η ε θ  4 8 μΔλ τ ς 5 ς 6 ∞
```

On pourrait employer le même tout autre signe arbitraire convenu. Si l'on avait à traduire cette phrase : *Placez un vase de fleurs sur votre fenêtre, nous saurons qu'il est temps de se mettre en marche;* on obtiendrait la phrase chiffrée suivante avec les lettres de la seconde ligne :

Avlnpk fy gld op qrpfcd dfc gzecp gpypecp, yzfd dlfczyd bftv pde epaad op dp xpeecp py xlcnsp.

Avec les signes de la quatrième ligne, on aurait :

8π192∞ τθ 51λ 32 §ₙ2τΔλ λτς 54ςΔ2 §2θ2ςΔ, θ4τλ λ1τΔ4θλ μτδη 2λς ς2ε8λ 32 λ2 ε2ςςΔ2 20 ε1λ962.

Méthode japonaise. — Cette méthode prend son nom de l'écriture ordinaire des Chinois et des Japonais, qui la forment en descendant suivant des lignes verticales, au lieu de diriger les mots horizontalement comme nous le faisons en Europe. Pour la première ligne verticale, on lit les lettres en descendant; pour la seconde, en montant jusqu'au bout. Pour que ce soit plus difficile à lire, on ne figure pas toujours les colonnes.

Soit à écrire cette dépêche: *Nous n'avons plus de munitions; il est impossible que nous tenions encore deux jours,* on la disposera ainsi :

EXEMPLE EN LETTRES.

```
n s p i t t i e q n i e d
o n l n i s m l u é o r e s
u o u u o e p b e t n o u r
s v s m n l o i n s s c x u
n a d e s i s s o u e n j o
```

LE MÊME EN CHIFFRES.

1	3	19	12	22	22	12	13	20	1	12	13	6
7	1	16	1	12	3	17	16	4	13	7	21	13	3
4	7	4	4	7	13	19	10	13	22	1	7	4	21
3	23	3	17	1	16	7	12	1	3	3	9	25	4
1	8	6	13	3	12	3	3	7	4	13	1	14	7

CLEF OU VALEUR DES CHIFFRES.

8	10	9	6	13	24	5	11	12	14	15	16	17
a	b	c	d	e	f	g	h	i	j	k	l	m
1	7	19	20	21	3	22	4	23	25	2	18	
n	o	p	q	r	s	t	u	v	x	y	z	

Méthode par parallélogramme. — Pour suivre cette méthode, il faut d'abord écrire la dépêche à la manière ordinaire, mais en ayant soin de tenir les lettres à une certaine distance les unes des autres, et de telle sorte que celles des différentes lignes horizontales se correspondent verticalement, comme on le voit ci-dessous :

```
i l f a u t à o n z e h e u-
-r e s y o u s t r o u v e r
a u r e n d e z-v o u s. o n
n e s e d o u t e d e r i e-
-n. a g i s s o n s. v e n e z.
```

Puis on les mêle, en les écrivant ainsi : 1° la première; 2° la deuxième verticale *r*, et la deuxième horizontale *l*; la troisième verticale *a* jusqu'à la troisième horizontale *f*; c'est-à-dire *qef*; 4° de la quatrième verticale *n* à la quatrième horizontale *a*; c'est-à-dire *nusa* et ainsi de suite, toujours par diagonales jusqu'à la fin, ainsi qu'on le voit dans cette version :

Ir laef n usan ervuas eotg enuaidd so soetns uzrz ot ve ne ouhs du veve seuerorn ineez.

Voici la traduction de cette dépêche: Il faut, à onze heures, vous trouver au rendez-vous. On ne se doute de rien. Agissons. Venez.

Méthode de Scott. — Voici un exemple d'écrit d'après cette méthode : Votre sœur a obtenu une audience du ministre, *il* y a fort à espérer que votre grâce est accordée. Je suis heureux d'être *le* premier à vous annoncer cette heureuse nouvelle. A revoir, monami, bon espoir et bon courage. Vous allez être rendu à vos fils. Adieu. La traduction de ce chiffre est : A minuit, à votre fenêtre. Le guichetier est gagné. En voici la clef.

7 2 17 5 9 6 3 8 4 1 22 19 16 11
a b c d e f g h i j k l m n
15 21 10 13 25 12 14 18 24 20 23
o p q r s t u v x y z

Le nombre des lettres romaines qui précèdent une italique dans la dépêche ci-dessus, jusqu'à et y compris cette italique, indiquent le chiffre de la clef sous lequel il faut chercher la lettre véritable. Ici il y a six lettres avant *œ*, qui forment avec *œ* le nombre 7, sous lequel nous trouvons *a* dans la clef; de *œ* à *i*, seconde italique, nous trouvons seize lettres de la même manière; nous chercherons donc dans la clef la lettre qui se trouve sous le nombre 16. C'est *m*, que nous mettrons à côté de *a* déjà trouvé, et ainsi de suite, jusqu'à ce que nous ayons trouvé toute la traduction ci-dessus.

On pourrait employer un chiffre quelconque au lieu de lettres, et au lieu de mettre les lettres indicatives en italique, négliger de faire un délié, ou placer toute autre indication moins facile à observer.

Méthode du comte Gronsfeld. — On peut en faire usage de deux manières. La correspondance peut être écrite à la manière ordinaire avec un nombre qui se répète sans cesse, et successivement sur toute la suite de la correspondance, pour faciliter la transcription en chiffres de cette manière :

35 4354354 3543 543543 54354 3543 54 3543543 54 35
Le général doit tenter cette nuit le passage de la
4354354 35435435 4354 354 35435435 43 54354 35 43 54
rivière presqu'en face les hauteurs de Gratz, où il ne
35 435435 435435 43543543.
se trouve aucune batterie.

On peut compter, à partir de chacune de ces lettres prises dans un alphabet ordinaire, autant de lettres que le chiffre au-dessus de ces premières indique d'unités; la dernière, ainsi comptée, sera celle qui devra être substituée pour la correspondance secrète. Par exemple ici, la première, *l*, porte le chiffre 3, la troisième lettre après *l* étant *n*, cette lettre remplacera *l*; de même *e* est surmonté de 5; il devra donc être remplacé par *i*, qui se trouve la cinquième lettre après *e*; par conséquent, le premier mot *le*, sera remplacé par *ni*, et ainsi des autres. En suivant cette marche, la missive ci-dessus sera remplacée pour le secret par celle-ci :

Ni jghrteo fslv yhpyht ghvyh prlv ph revucjg hh ne ukalgvh rvhuyygz iegh nix jey viytx gg kneye gz lnrk ni xtqyyi dxgypi fdvyhtmh.

Méthode de lord Bacon. — L'alphabet dont Bacon faisait usage était composé de groupes de cinq lettres, classées comme il suit :

a b c d e f g
aaaaa aaaab aanba aabaa abaaa baaaa baaab

h i k l m n
baaba babaa bbaaa bbaab bbaba bbbaa bbbab

o p q r s t u
bbbba bbbbb baabb babba babbb abbbb aabbb

v x y z
aaabb bbabb abaab aabab

Cette phrase : *Partez de suite, venez*, se traduirait ainsi :

bbbbb aaaaa babba abbbb abaaa aabab aabaa babbb aabbb babaa abbbb abaaa aaabb abaaa bbbab abaaa aabab.

L'avantage de ce système consiste en ce qu'il peut être combiné dans une dépêche qui n'inspire aucun soupçon, telle que celle-ci : « Je désirerais vous présenter moi-même mes félicitations sur votre heureux succès; mais je ne puis quitter un seul instant. Excusez-moi. » En remplaçant toutes les lettres italiques de cette missive par *a* et toutes les autres par *b*, puis comparant cette traduction, cinq lettres par cinq lettres, avec l'alphabet ci-dessus, on retrouvera le sens : *Partez de suite, venez.*

Méthode des diviseurs. — Pour écrire d'après cette méthode, il suffit d'écrire à la manière ordinaire, mais en isolant les lettres pour les faire correspondre suivant des colonnes verticales, que l'on numérote comme on le voit ci-dessous. Puis, pour le secret, on écrit de nouveau les mêmes lettres, mais en intervertissant l'ordre des colonnes verticales, comme on en trouve l'exemple à côté de la dépêche réelle. On pourrait, en ce cas, employer des chiffres ou tous autres caractères.

Voici d'abord la dépêche écrite à la manière ordinaire : « Dites-nous si votre geôlier vient à la raison, et si on peut arriver à vous à force d'argent. Servez-vous de ce chiffre tant qu'on ne le soupçonnera pas, nous prendrons l'autre si nous y sommes forcés. » Ensuite on dispose le tout de la manière suivante :

DÉPÊCHE RÉELLE EN LETTRES.

1 1 2 3 4 5 6 7 8 9 10 11 12 13 14 15
1 d i t e s . n o u s . s i . v o t r
2 e . g e ô l i e r . v i e n t . à . l
3 a . r a i s o n . e t . s i . o n . p e
4 u t . a r r i v e r . à . v o u s . à .
5 f o r c e . d ' a r g e n t . s e r v
6 v e z . v o u s d e c e . c h i f
7 f r e t a n t . q u ' o n n e l e
8 s o u p ç o n n e r a . p a s . n
9 o u s . p r e n d r o n s . l' a u
10 t r e s i . n o u s . y . s o m m e
11 s . f o r c é s.

LA MÊME EN CHIFFRES.

7 2 4 1 11 15 3 10 5 13 6 12 8 14 9
o i e d . i . r t s s o n v u t s
e g o ê . e l e i l t . i n r a s
n . r i a i . e a s s n o o c p t
v t . r n . v a . a . r u i o e s. r.
a o c f n r r e e s d t . r e g
s. e v v e. f z c o h u c d i e
t . r t f u . e . c o a e . n n q l u
n o p s a. n . u r c a a p n s, e
n u o p n. u s o r l e s. d a r
o r s t s e e . y. j. m n o u m s.
s. f z s o c e

Méthode prise des signaux de la marine. — Voici un alphabet établi sur cette base.

a b c d e f g h i j k l m
111 112 121 122 123 113 131 132 133 211 212 213 221

n o p q r s t u v x y z
222 223 231 232 233 311 312 313 321 322 323 331

Veut-on écrire cette phrase en chiffres : « Des fleurs

sur votre fenêtre quand vous serez seul, » on a, au moyen de cet alphabet, la traduction suivante :

122123311 113213123313233311 311313233 321223-
312322123 113123222123312233123 232313111222122
321223313311 311123233123331 311123313213

Méthode des combinaisons en usage pour les télé-graphes. — Si vous avez à écrire cette,phrase : «Hâtez-vous, l'Angleterre acquiert de l'influence, et nous pourrions perdre nos avantages si on ne la prévenait, » vous aurez, au moyen de cette méthode, la dépêche chiffrée suivante :

Rtelseo aeipnn trnoon zelral erfuse vanrva suente occiap uqnour liesav nrteen aecpge ldodsi eeurit gtnrsa.

Trois lettres quelconques, *a, b, c,* sont susceptibles entre elles des combinaisons *abc, bca, bac, cab, acb.* Écrivons chacune des lettres de la première combinaison *abc* en tête des trois colonnes verticales, comme on le voit dans le tableau suivant :

	A	B	C
cba	trnoon	aeipnn	rtelseo
bca	vanrvœ	erfuse	zelral
bac	uqnour	occiap	suénte
cab	acepge	nrteen	liesen
acb	gnrsa	eeurit	ldodsi

Puis les autres combinaisons *cba, bca, bac, cab, acb,* au commencement d'autant de lignes horizontales. Prenons maintenant la lettre à écrire; nous en placerons chacune des lettres dans une des colonnes verticales indiquée par l'ordre des lettres qui commencent chaque ligne horizontale : ainsi, pour le premier mot *hâtez, h* se placera dans la dernière colonne verticale *c,* parce que la première lettre de la combinaison horizontale *cba* est *c ; a* se mettra dans la colonne verticale *b,* car *b* est la deuxième lettre de cette même combinaison *cba;* enfin *a* en étant la troisième lettre, *t,* qui est la troisième de *hâtez,* se mettra dans la colonne verticale *a;* comme les trois colonnes verticales de la première ligne horizontale ont reçu chacune une lettre, la quatrième *e* sera portée sur la deuxième ligne horizontale *bca* et dans la colonne verticale *b,* car cette lettre est celle qui commence la combinaison *bca; c* étant la deuxième lettre de cette même combinaison, *z* se placera sur cette même ligne dans la colonne verticale *c,* et ainsi de suite.

Quand toutes les lettres sont ainsi placées, il n'y a plus qu'à recopier, en ayant soin de mettre en tête du chiffre un triangle ou un carré, suivant qu'on a employé des combinaisons de trois lettres ou de quatre lettres.

Méthode où chaque ligne emploie un alphabet différent. — Dans cette méthode, la dépêche suivante : « Nous sommes à toute extrémité ; les soldats se révoltent ; je n'en suis plus maître, hâtez-vous de nous secourir, » se traduit ainsi :

Cdkh hdbbth p idkit tmigtbyit. ath hdaspih ht gtkdait yt ctc hkyh. eakh at lpyigt xpito idkh st cdkh htrdkgyg.

Pour cela, on écrit à part la missive ordinaire, et on fait le tableau qui suit, et qui est composé de différents alphabets, prenant les lettres pour chaque ligne dans la missive réelle, dans le premier alphabet horizontal de ce tableau; pour chiffrer la première ligne de cette missive réelle, on remplace les lettres de ce premier alphabet par celles qui leur correspondent dans le deuxième, *pqrst;* pour la deuxième ligne, ce sont les lettres correspondantes du troisième alphabet, *cprst,* qui ont été substituées, et ainsi de suite; la comparaison du tableau ci-dessus et de sa traduction avec le tableau des alphabets fera parfaitement comprendre cette marche.

a b c d e f g h i k l m n o p q r s t u w x y z
p q r s t u w x y z a b c d e f g h i k l m n o
o p q r s t u w x y z a b c d e f g h i k l m n
l m n o p q r s t u w x y z a b c d e f g h i k
i k l m n o p q r s t u w x y z a b c d e f g h
c d e f g h i k l m n o p q r s t u w x y z a b
y z a b c d e f g h i k l m n o p q r s t u w x
s t u w x y z a b c d e f g h i k l m n o p q r
p q r s t u w x y z a b c d e f g h i k l m n o
r s t u v x y z a b c d e f g h i k l m n o p q
e f g h i k l m n o p q r s t u w x y z a b c d
h i k l m n o p q r s t u w x y z a b c d e f g
e f g h i k l m n o p q r s t u w x y z a b c d
m n o p q r s t u w x y z a b c d e f g h i k l
i k l m n o p q r s t u w x y z a b c d e f g h
n o p q r s t u w x y z a b c d e f g h i k l m
e f g h i k l m n o p q r s t u w x y z a b c d
n o p q r s t u w x y z a b c d e f g h i k l m
c d e f g h i k l m n o p q r s t u w x y z a b
e f g h i k l m n o p q r s t u w x y z a b c d

Alphabet différent pour chaque mot. — Prenez chaque mot de la dépêche réelle dans la première ligne du paradigme précédent, et remplacez-les, pour le premier mot, par celles qui leur correspondent dans la deuxième ligne; pour le second, par celles qui leur correspondent dans la troisième ligne; pour le troisième mot, etc. D'après ce système, la dépêche précédente se traduirait ainsi :

Cdkh gcaasg l cxdcn gutvtgokrg icq lhdvsnl h kvmfctkel ni umu xzsnx bxge uizcan hugrn zszx qr pqxa xigszvnv.

Alphabet différent pour chaque lettre. — On suit absolument la même marche que dans ce précédent, avec cette seule différence qu'il faut faire maintenant pour chaque lettre ce qu'on a fait plus haut pour chaque mot. On obtient ainsi la traduction suivante de la dépêche donnée plus haut :

Ccfb umebvh y adgks zygsxrvc dtk xvpigx fg vtiztcfi ai niz bhnf rpkg xilrx xrymd gxbx qg rdid bgagkinz.

Lettres ou mots pris dans un ouvrage désigné d'avance. — Souvent les commandants militaires prennent des lettres ou des mots dans un dictionnaire ou dans un auteur désigné, à des pages et sur des lignes où l'on est convenu de choisir. Il faut, pour correspondre de cette manière, que les deux livres soient de même édition; trois chiffres numéraux font la clef : le premier marque la page du livre, le second en désigne la ligne, et le troisième indique le mot dont on doit se servir.

Ce ne sont pas là les seules méthodes usitées, il en est beaucoup d'autres encore que l'on trouve dans les écrivains spéciaux; je me suis contenté de présenter celles-ci comme spécimens, afin de donner une idée de la marche à suivre, quand on veut avoir des correspondances secrètes.

Encres de sympathie. — On a donné ce nom bizarre, et fondé sur des idées de sortilége, aux liquides qui ne laissent aucune trace bien sensible des caractères qu'on dessine avec eux sur le papier, et que des agents chimiques ou l'application simple de la chaleur font apparaître sous diverses couleurs. Dans le fait, la plupart des solutions métalliques ou même végétales, susceptibles de former des précipités colorés par l'action de divers réactifs, offrent le phénomène de la sympathie des encres. C'est ainsi que l'acide hydrosulfurique, les hydrosulfates, l'hydrocyanate ferruré de potasse, la noix de galle, etc., peuvent fournir des encres de sympathie.

L'encre de sympathie qui fut observée la première se compose d'une solution aqueuse d'hydrochlorate de cobalt, suffisamment étendue pour que sa couleur soit à peine sensible. Quand le sel dissous et l'eau employés sont bien purs, les caractères tracés avec cette solution sont invisibles à froid; mais si l'on chauffe légèrement le papier qui les a reçus, ils apparaissent tout à coup en bleu; que l'on éloigne le papier du feu, les lettres disparaissent par degrés. On peut hâter cet effet en exhalant sur ce papier l'air humide des poumons. M. Thénard a observé que tous ces changements sont dus uniquement aux proportions différentes d'eau que l'hydrochlorate retient dans des conditions différentes. On sait, en effet, que la solution étendue d'hydrochlorate de cobalt est d'un rose léger, invisible même sous une faible épaisseur, tandis qu'étant concentrée, elle est d'un bleu intense. Or, à la température ordinaire de l'atmosphère, l'eau hygrométrique suffit pour empêcher la coloration de la très-mince couche étendue sur le papier; qu'on chauffe ce même papier ainsi imprégné, la solution se concentre par l'évaporation de l'eau, et elle passe au bleu; enfin, s'éloigne-t-on tout à fait du feu, l'humidité de l'air est de nouveau attirée et la couleur disparaît. En ajoutant à l'hydrochlorate de cobalt une petite quantité d'hydrochlorate de tritoxyde de fer, la couleur jaune de ce dernier sel rend l'encre sympathique de couleur verte. De telles encres peuvent facilement servir à la correspondance secrète, et pour qu'on ne s'en doute pas, on peut écrire quelques lignes insignifiantes avec de l'encre ordinaire.

Les encres de sympathie peuvent en outre servir à diverses récréations. Que l'on dessine, par exemple, à l'encre de Chine, un paysage représentant une scène d'hiver ; qu'ensuite on ajoute, sur les blancs réservés, un tracé fait avec de la solution de cobalt mêlée de celle de tritoxyde de fer, pour représenter les feuilles des arbres et le gazon sur les blancs qui indiquent la neige, rien de ces traits ajoutés ne sera visible jusqu'à ce que l'on ait approché le papier du feu; mais à ce moment les arbres paraîtront se garnir de leur feuillage, l'herbe verdira, et il succédera une scène d'été à une scène d'hiver. Veut-on faire reparaître celle-ci, il ne faut pour cela que laisser le dessin exposé à l'air.

Si l'on trace des caractères avec de l'acétate de plomb en solution, et qu'on laisse le papier exposé à la vapeur de la liqueur fumante de Boyle (hydrosulfate sulfuré d'ammoniaque avec un grand excès d'alcali), les caractères, d'incolores qu'ils étaient auparavant, passeront au noir foncé sur-le-champ.

Pour peu que l'on connaisse la réaction des ingrédients chimiques les uns sur les autres, on pourra produire une multitude d'effets de coloration que les anciens attribuaient à la vertu occulte de sympathie.

Art du déchiffreur. — Déchiffrer, c'est expliquer un chiffre, c'est-à-dire deviner le sens d'un discours écrit en caractères différents des caractères ordinaires. Il y a apparence que cette dénomination vient de ce que ceux qui ont cherché les premiers, du moins parmi nous, à écrire en chiffres, se sont servis des chiffres de l'arithmétique, et de ce que ces chiffres sont ordinairement employés pour cela, étant d'un côté des caractères très-connus, et de l'autre étant des caractères très-différents de l'alphabet. Des employés spéciaux sont chargés de déchiffrer les dépêches près des diverses ambassades et ministères. Malgré tous les efforts tentés jusqu'à nos jours, il n'est pas de système tellement compliqué qu'un déchiffreur patient et exercé ne parvienne à en découvrir la clef; mais il n'appartient pas à tous de se faire déchiffreur, et malgré les données que l'on a sur les moyens actuels, cet art demande une étude particulière et suivie. Il faut, pour y réussir, des dispositions spéciales que l'on doit chercher à acquérir avant de pouvoir le cultiver avec succès. Aucune loi absolue ne peut être prescrite, c'est à la sagacité du déchiffreur qu'il appartient de créer, suivant les circonstances, autant de moyens nouveaux qu'il est nécessaire de le faire pour arriver à la connaissance de la vérité.

Dans l'exposé des principes de l'art de déchiffrer, je suivrai M. Baillet de Sondalo, comme je l'ai fait pour l'art de chiffrer.

Le déchiffreur, avant de se livrer à aucune recherche, doit avoir l'esprit entièrement libre de préoccupations étrangères, et se munir d'une patience à toute épreuve, pour recommencer vingt fois s'il se trompe vingt fois. Il s'entourera, autant que possible, des documents qui peuvent le mettre sur la voie, tels que le nom probable de la personne qui écrit, celui de la personne à qui l'on écrit, celui de la ville où est adressée la dépêche, et de celle d'où elle est envoyée, la date, le sujet de la missive, la formule : *votre très-humble serviteur,* etc.; enfin tout ce qui se présentant d'ordinaire, à part, sur les dépêches, fournit, par là même, un moyen d'examen tellement fécond qu'une seule de ces circonstances, une fois trouvée, amène presque toujours la découverte du système employé. Il aura préalablement fait sur les langues européennes un certain nombre d'observations analogues aux suivantes.

Allemand. — Le seul monogramme est *o*; monosyllabes très-rares; redoublement fréquent à la fin des mots. *E* souvent répété, surtout dans les mots longs; *i* toujours au milieu des trigrammes; *ck* le plus ordinairement à la fin des mots; *sch* uni à *l, m, w*; *esch, eng* très-souvent à la fin des mots; *ch* fréquent; *q, x,* les plus rares des consonnes.

Anglais. — Les seuls monogrammes sont *I, a*; *y* se présente fréquemment comme final : *freely, by*; *o* se redouble, comme dans *moon,* et partage cette propriété avec *e,* dont on le distinguera facilement, si l'on fait attention qu'il se trouve toujours uni à *f* dans le bigramme *of,* tant de fois répété en anglais; on le voit souvent aussi avec *w,* comme dans *know*; *e* se distingue des consonnes doublées, parce qu'il se répète plus que toutes les autres lettres.

Italien et espagnol. — L'italien, qui a beaucoup de rapport avec l'espagnol, se distingue de cette dernière langue par la longueur de certains mots et l'abondance des redoublements dans les lettres médiales. *O* est la plus répétée de toutes les lettres ; *e* et *i* viennent ensuite, cette dernière double quelquefois, de même que *o* et *u*. En espagnol, *o* est très-souvent suivi de *s*; *u* l'est de *e*; mais l'un dans l'intérieur des mots, et l'autre principalement à la fin. Les monogrammes sont : *a, o, y*.

Français. — Les mots français finissent de préférence par la lettre *e,* qui souvent est suivie de *s* ou de *nt*; *ou* se rencontre dans les mots de quatre lettres, comme *cour, tout,* etc.

Remarques communes à toutes les langues. — Les voyelles, et particulièrement la voyelle *e,* se répètent plus que toutes les autres lettres. Il n'y a pas de mots sans voyelles. Un mot d'une lettre est toujours une voyelle ou une consonne apostrophée. *Q* est toujours suivi de *u*. Les voyelles doubles se présentent plus fréquemment dans les langues slaves. Ce sont, au contraire, les consonnes qui jouissent de cette propriété dans l'espagnol et dans les langues welches.

Application aux différentes méthodes. — *Scytales.* — Cette espèce de chiffre ne devait pas être fort difficile à deviner, car il était aisé de voir, en tâtonnant un peu, quelle était la ligne qui devait se joindre par le sens à la ligne d'en bas. Cette seconde ligne connue, tout le reste était aisé à trouver; car supposons que cette seconde ligne, suite immédiate de la première dans le sens, fût, par exemple la cinquième, il n'y avait qu'à aller de là à la neuvième, à la treizième, à la dix-septième, etc., et ainsi de suite jusqu'au haut, et on trouvait toute la première ligne du rouleau. Ensuite on n'avait qu'à reprendre la seconde ligne d'en bas, puis la sixième, la dixième, la quatorzième, et ainsi de suite. Tout cela est aisé à voir en considérant qu'une ligne écrite sur le rouleau doit être formée par des lignes partielles également distantes les unes des autres.

Méthode de Jules César. — Pour déchiffrer une dépêche écrite suivant la méthode de Jules César,

on dressera une liste de tous les signes, lettres ou caractères que contient cette dépêche, en plaçant en regard de chacun un nombre indiquant combien de fois ce signe est répété. On admettra d'abord comme voyelles les signes qui se présentent le plus souvent, et le plus fréquent de ceux-ci représentera *e*; on examinera avant tout les digrammes ou mots de deux lettres où se trouve le signe que l'on suppose représenter *e*. Cet examen conduira à la découverte de quelques consonnes si on se reporte, par analogie, aux mots de même forme écrits en caractères ordinaires. On continuera cet examen en choisissant toujours les plus petits mots, et principalement ceux qui renferment le signe ci-dessus et ceux qu'on aura en outre découvert. On arrivera ainsi de proche en proche à les trouver tous. Il serait possible que certaines suppositions faites primitivement se trouvassent fausses. Il faudra alors en faire d'autres jusqu'à ce qu'on arrive à un résultat. La plupart des autres systèmes peuvent être facilement ramenés à la méthode de Jules César.

Soit à traduire cette missive :

Avlnpk fy gld op gvpfed dfe gzecp gpypecp, yzfd dlfczyd bstv pdc epxad op dp xpeecp py xlcnsp.

Pour obtenir ce résultat, voici la méthode que l'on peut suivre. Il est bon et utile cependant qu'on s'exerce à trouver d'autres moyens.

On commence par faire une liste verticale des lettres que contient la dépêche, en indiquant le nombre de fois que chacune d'elles s'y trouve répétée.

a	3 fois.	*f*	6 fois.	*z*	3 fois.
v	2 —	*y*	6 —	*e*	7 —
l	4 —	*g*	4 —	*b*	1 —
p	15 —	*d*	9 —	*t*	1 —
n	2 —	*o*	2 —	*x*	3 —
k	1 —	*c*	7 —	*s*	1 —

Ensuite on fait les raisonnements suivants :

Le *p* se présente 15 fois, c'est donc très-probablement une voyelle; et plus probablement encore, c'est la voyelle *e*.

Pour examiner si cette hypothèse est fondée, on choisit d'abord les mots les plus courts; on trouve *op, dp, py*.

Si *p* est un *e*, *py* représente indubitablement le monosyllabe *en*, car c'est le seul mot français de deux lettres commençant par *e*; *y* sera donc un *n*.

P est final dans *op, dp*; ces mots seront donc l'un de ceux-ci : *ce, de, je, le, me, te, se,* seuls digrammes de la langue française terminés par *e*; mais on voit dans la missive *op,* précédé immédiatement *dp,* qui n'a que deux lettres. Et, en français, il n'y a que le seul mot *de* qui puisse précéder un digramme, un mot aussi court que *dp* : donc, si *p* est un *e* dans le mot *op, o* sera un *d*.

Mais que signifie le *d* du mot *dp*? Bien certainement ce n'est pas une voyelle, car deux voyelles se heurtant ne présentent aucun sens; mais *d* se remarque à la fin de beaucoup de mots dans la dépêche; on peut donc présumer, jusqu'à plus ample examen, que c'est un *s*, *dp* signifie donc *se*, du moins jusqu'à présent.

Voici encore un digramme, *sy*, dans lequel on connaît la dernière lettre *y*, qui est un *n*, d'où on conclut que *s* ne peut être qu'une voyelle, et par conséquent *sy* sera nécessairement un des quatre mots français, *an*, *in*, *on*, *un*, les seuls qui finissent par *n*. Il faut d'abord rejeter *i*, qui ne signifie rien. Le mot *an* ne vient jamais en français après un mot aussi long que *avlnpk*. Il ne reste donc plus que *on* et *un*; *s* est donc *o* ou *u*; mais lequel? On ne peut le voir ici; il faut donc prendre un autre mot qui le renferme, et choisir, autant que possible, un mot qui contienne déjà les lettres que l'on présume connaître, *yzsd*, par exemple.

En substituant dans ce mot *yzsd* les lettres connues, on a *nzos*, ou bien *nzus*; le premier n'indique rien, car on ne connaît pas de mots commençant par *n* et finissant par *os*; mais *nzus* ressemble parfaitement à *nous*, et même ne ressemble qu'à ce mot en français. On peut donc conclure : *s* est un *u*, et de plus *z* est un *o*.

On voit quelle patience apporte le déchiffreur à construire un échafaudage de suppositions que, peut-être, il sera obligé de rejeter tout à l'heure pour les remplacer par d'autres; mais les unes et les autres conduiront nécessairement à la vérité.

Les lettres déjà connues sont :

p, *y*, *o*, *d*, *f*, *z*,
e, *n*, *d*, *s*, *u*, *o*.

Si l'on prend le petit mot *dfc*, qui contient *d* et *f*, c'est-à-dire *s* et *u*, la troisième lettre sera un *c* ou *r*; car il n'y a que les deux mots significatifs *sur* ou *suc* qui puissent avoir cette forme. On ne peut voir encore à laquelle de ces deux lettres on doit donner la préférence; mais rien jusqu'à présent ne repoussant les autres suppositions déjà admises, il faut, par leur moyen, chercher d'autres lettres.

Dans *pde*, les deux premières lettres sont *es*, d'où l'on peut conclure que la troisième est un *t*, car le mot *est* forme le seul trigramme français commençant par *es*.

On peut maintenant prendre de plus longs mots; on a pour cela assez de matériaux. Le suivant, par exemple, *gzecp*, dans lequel on connaît déjà *zecp*, qui offre *otce* ou *otre*. Ce dernier seul peut être admis; le mot devient donc *gotre*, qui n'a que deux analogies dans notre langue *notre* et *votre* : or, comme *n* est représenté par *y*, *g* est nécessairement un *v*.

Ainsi, on peut maintenant ajouter aux lettres connues, celles-ci, *c*, *e*, *g*, qui équivalent à *r*, *t*, *v*.

Le mot *xpeecp* ne contient plus que *x* qui est inconnu. Substituant les valeurs connues, on obtient *xettre*, qui ne peut signifier que *mettre* ou *lettre*; mais ce dernier ne peut être admis, car il ne se présente jamais après *de*, *se*, c'est-à-dire *op*, *dp*, qui précède *xpeecp*, donc *x* est un *m*.

Qpypecp est maintenant pour nous *genètre*, où il est facile de reconnaître *fenêtre*; *qvpfed* devient *freurs*, c'est-à-dire *fleurs*; et *epxad* sera *temas*, c'est-à-dire *temps*.

En examinant l'ensemble de la missive, et substituant les lettres déjà connues, on obtient :

c, *n*, *d*, *s*, *u*, *o*, *r*, *t*, *v*, *f*, *l*, *p*, *m*
p, *y*, *o*, *d*, *f*, *z*, *c*, *e*, *g*, *q*, *v*, *a*, *x*

Le lecteur trouvera ainsi : *planek* un *vls* de fleurs sur votre fenêtre, nous *slurons* *butl* est temps de se mettre en *mlrnse*. Personne ne songera à lire dans cette dépêche: *nous slirons butl est temps*, autrement que: *nous saurons qu'il est temps*. On découvre donc avec facilité que *l*, *b*, *t*, sont mis pour *a*, *q*, *i*. La missive devient donc *planek* un *vas* de fleurs sur votre fenêtre; nous saurons qu'il est temps de se mettre en *marnse*. Qui a pu lire cette phrase sans prononcer *en marche*? *n* est donc un *c* et *s* un *h*.

Opérant la dernière substitution, on obtient la traduction complète: *placek* (placez) un *vas* (vase) de fleurs sur votre fenêtre; nous saurons qu'il est temps de se mettre en marche.

Méthode japonaise. — Dans le cas où, après avoir épuisé toutes les suppositions, on ne serait amené à aucun résultat satisfaisant, on en conclurait qu'un autre système a été employé, celui par exemple des Japonais, qui consiste à écrire par colonnes verticales. Soit, par exemple, la missive :

Ak. fop. cd. ecpefd. zd. pdad. xppy. sp.
vp. yd. qfd. gp. yced. cfbr. e. x op'ep xn
ln gl. vp fc. gpp. yl fft eppp. dec. lc.

qui n'a pu être déchiffrée à la manière indiquée ci-dessus. On la rétablit suivant le vrai sens en l'écrivant sur une ligne horizontale, et dans cet ordre les mêmes lettres : 1° les trois lettres de la colonne verticale *avl*; 2° à la droite de celle-ci, les trois lettres de la colonne verticale, mais en allant de bas en haut, et ainsi de suite; les lettres d'une colonne d'ordre impair se prennent suivant leur ordre de haut en bas, et celles d'une colonne paire, de bas en haut; la dépêche ci-dessus deviendra donc :

Avlnpk fy gld op gvpfeddfe gzecp gpypecp, yzfd dlfczyd bftv pde epxad op dp xpeecp py xlcusp.

Les points que l'on remarque indiquent que la lettre qui les précède termine un mot. Très-souvent la méthode japonaise s'indique d'elle-même, c'est quand l'écrivain sépare les colonnes; dans l'un ou l'autre cas, la rectification ci-dessus est indispensable; dès lors on n'a plus à opter que sur une dépêche écrite dans le système de Jules César.

Méthode par parallélogramme. — Si l'on n'obtenait encore aucun résultat, on verrait s'il ne serait pas possible de trouver la clef en supposant que la méthode par parallélogramme a été employée. Ici encore on peut revenir à celle de Jules César. Soit la dépêche suivante :

Irlacfnusanervciaseotgenuaidd
sosoetnsuzrzotvoeneouhsduvevos
eueroornineez.

On écrit de nouveau cette missive, mais en plaçant la deuxième lettre *r* sous la première *i*; on descend la quatrième lettre *a* sous *r*, la cinquième *e* sous *l*; on a donc passé une lettre *l* qui reste sur la même ligne que *i* pour déranger les deux suivantes *ae*; on en prend maintenant trois, *n, u, s,* en plaçant également une seule lettre *f,* et plaçant *n* sous *a, u* sous *e, s* sous *f;* on laisse également la lettre suivante *a* sur la ligne, et on descend les quatre suivantes, *n, e, r, v,* c'est-à-dire une de plus que tout à l'heure, et on place *n* sous *n* à la première colonne verticale, *e* sous *u* à la deuxième, *r* sous *s* à la troisième et *v* sous *u;* continuant ainsi en alternant toujours une lettre de plus que dans l'arrangement précédent, et en laissant sur la ligne uniquement celle qui suit, on obtiendrait : *Il faut à onze heures vous trouver au rendez-vous; on ne se doute de rien. Agissons. Venez.*

Si des caractères particuliers avaient été employés au lieu de lettres, il resterait à déchiffrer comme on l'a indiqué pour les autres méthodes.

Méthode de Scott. — Cette méthode n'offre aucune difficulté. Il suffit de remplacer à l'avance par des chiffres ou d'autres caractères le nombre de lettres comprises entre deux indications consécutives, puis d'opérer sur ces signes à la manière ordinaire.

Méthode de Bacon. — La méthode de Bacon rentre dans la même catégorie que celle des signaux de la marine, car l'une et l'autre emploient des combinaisons de plusieurs signes. Il faut, avant tout, remplacer chaque combinaison différente par un signe unique.

Mots ou phrases dans un livre convenu. — Cette manière d'écrire ne peut être connue que de ceux qui savent quelle est l'édition dont on s'est servi, d'autant plus que le même mot se trouvant en diverses pages du livre, il est presque toujours désigné par différents nombres; rarement le même revient-il pour signifier le même mot.

Langues étrangères. — Si toutes les tentatives pour déchiffrer une dépêche ont échoué, on essaye successivement diverses langues étrangères.

Après avoir donné plusieurs dépêches chiffrées en français, il ne sera peut-être pas hors de propos d'en donner une en latin pour montrer que, quelle que soit la langue dans laquelle la dépêche est écrite, la marche à suivre est la même.

a b c d e f g h i k f l m k g n e k d g e i h e k f
b c e e f i c l a h f c g f g o i n e b h f b h i c e i k
f f m f p i m f h i a b c q i b c b i e i e a c g b f b
c b g p i g b g r b k g h i k f s m k h i f m

Pour en faciliter l'explication, voici comment S'Gravesande dispose cette dépêche :

A	B		C		
a b c d e f g h i k f:	l m k g n e k d g e i h o k f:	b c e e f i c

D		E	F	G	H
l a h f c g f g o i n e b h f b h i c e i h f:			f m f p i m f h i a b		

I		K		L	
c q i b c b i e i e a c g b f b c b g p i g b g r b k d					

M					
g h i k f: s m k h i t f m					

Dans ce chiffre on a :

14 *f*	10 *g*	5 *m*	2 *n*	1 *r*
14 *i*	9 *c*	4 *a*	2 *p*	1 *s*
12 *b*	8 *h*	3 *d*	1 *o*	1 *t*
11 *e*	8 *k*	2 *l*	1 *q*	

On voit d'abord que *ghikf* se trouve en deux endroits (B et M); que *ikf* se trouve en F; enfin que *hekf* (C), *hikf* (B, M) ont du rapport entre eux, d'où l'on peut conclure que ce sont là des fins de mots, ce qui est indiqué par les :

Dans le latin il est ordinaire de trouver des mots où des quatre dernières lettres les seules antépénultièmes diffèrent, lesquelles en ce cas sont ordinairement des voyelles, comme dans *amant, legunt, docent,* etc., donc, *i, e* sont probablement des voyelles.

Puisque *fmf* (G) est le commencement d'un mot, *m* ou *f* est voyelle; car un mot n'a jamais trois consonnes initiales, dont deux soient la même; et il est probable que c'est *f,* parce que *f* se trouve 14 fois et *m* seulement 5; donc *m* est consonne.

De là allant à K ou *gbfbcbg,* on voit que, puisque *f* est voyelle, *b* sera consonne, dans *bfb,* par les mêmes raisons que ci-dessus; donc *c* sera voyelle à cause de *bcb.*

Dans L ou *gbgrb, b* est consonne; *r* sera consonne, parce qu'il n'y a qu'un *r* dans tout l'écrit; donc *g* est voyelle.

Dans D ou *fcgfg,* il y aurait donc un mot ou une partie de mot de cinq voyelles; mais cela ne se peut pas; il n'y a pas en latin un mot de cette espèce; donc on s'est trompé en prenant *f, c, g* pour voyelles; donc ce n'est pas *f,* mais *m* qui est voyelle et *f* consonne; donc *b* est voyelle (K). Dans cet endroit, on a la voyelle *b* trois fois, séparée seulement par une lettre; or on trouve dans le latin des mots analogues à cela, *edere, legere, emere, amara, si tibi,* etc., et comme c'est la voyelle *e* qui se trouve le plus fréquemment employée dans ce cas, on peut en conclure que *b* est *e* probablement, et que *c* est probablement *r, ere.*

On écrit donc I ou *qibcbieie,* et on sait que *i, e* sont des voyelles; or cela ne peut être ici, à moins qu'ils ne représentent en même temps les consonnes *j* ou *v.* En mettant *v,* on trouvera *revivi,* donc *i* est *v;* donc *e* est *i, u* er *ue revivi.*

On écrit ensuite *iaboqibcbieieac,* et on lit *uterque revivit,* les lettres manquantes étant faciles à suppléer. Donc *a* est *t,* et *q* est *q.*

Ensuite, dans E F ou *hfbhiceikf,* les lettres *b, i, c, l, i,* étant équivalentes de *e, u, r, i, u,* on obtient *e uriu,* et on lit aisément *esuriunt;* donc *h* est *s, k* est *n* et *f* est *t.* Mais on a vu ci-dessus que *a* est *t,* lequel est le plus probable? La probabilité est *pour f,* car *f* se trouve plus souvent que *a,* et *t* est très-fréquent dans le latin; donc il faudrait chercher de nouveau *a* et *q,* qu'on a cru trouver ci-dessus.

On a vu que *m* est voyelle, et on a déjà trouvé *e, i, u;* donc *m* est *a* ou *o;* donc, dans G H on a

tot   uot su

ou tat   uat su

fmf p imf hi

Il est aisé de voir que c'est le premier qu'il faut choisir, et qu'on doit écrire *tot quot sunt;* donc *m* est *o,* et *p* est *q.* De plus, à l'endroit où l'on avait lu mal à propos *uterque revivit,* on aura *tot quot su er uere vivi;* et on voit que le mot tronqué est *super-fuerc;* donc *a* est *p* et *q* est *f.*

Les premières lettres du chiffre donneront donc *per it sunt;* d'où l'on voit qu'il faut lire *perdita sunt;* donc *d* est *d, g* est *a.*

On aura par ce moyen presque toutes les lettres du chiffre; il sera facile de suppléer celles qui manquent, de corriger même les fautes qui se sont glissées en quelques endroits du chiffre, et on lira : *Perdita sunt bona; Mindarus interiit; urbs strata humi est; esuriunt tot quot superfuere vivi; præterea quæ agenda sunt consulite.*

En voici la traduction :

Tout est perdu; Mindarus est mort; la ville est rasée; les survivants meurent de faim; examinez ce qui reste à faire.　　　J. B. PRODHOMME,
Correcteur à l'Imprimerie impériale.

CUBAGE (mathématiques). — Art d'évaluer la solidité du corps, c'est-à-dire de tout ce qui a longueur, largeur et épaisseur.

Les corps sont *réguliers* ou *irréguliers.* Les corps réguliers peuvent se réduire à cinq; ce sont : 1° les *prismes,* corps dont les bases sont deux polygones égaux et parallèles. Ils sont dits *triangulaires, quadrangulaires, parallélipipèdes,* etc., selon que les bases sont des triangles, des quadrilatères, des parallélogrammes, etc. Le parallélipipède est lui-même *rectangle* lorsque ses bases sont des rectangles, et *cube* lorsque tous ses côtés sont des carrés égaux. (Fig. 83.)

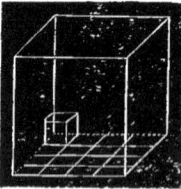

Fig. 83. — Cube.

Fig. 84. — Prisme.

2° Les *cylindres,* espèce de prismes dont les deux bases forment deux cercles égaux et parallèles et dont par conséquent la surface latérale est courbe. (Fig. 86.)

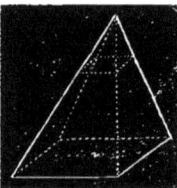

Fig. 85. — Pyramide.

Fig. 86. — Cylindre.

3° Les *pyramides,* solides qui ont pour bases des polygones quelconques, et pour côtés des triangles qui se réunissent en un point commun, qu'on nomme le *sommet.* (Fig. 85.)

4° Les *cônes,* sortes de pyramides qui ont pour bases des cercles, et dont par conséquent la surface latérale

est courbe; ils sont produits par la révolution d'un triangle rectangle autour de l'un des angles droits. (Fig. 87.)

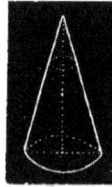

Fig. 87. — Cône.

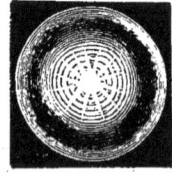

Fig. 88. — Sphère.

5° La *sphère,* solide terminé par une surface courbe dont tous les points sont également éloignés d'un point intérieur nommé *centre.* (Fig. 88.) On appelle *axe* la ligne droite qui la traverse en passant par le centre; *grands cercles,* ceux qui ont le même centre que la sphère, et *petits cercles,* ceux qui ont leur centre sur l'axe de la sphère, mais non pas au centre.

C'est à dessein que nous nous sommes servi du pluriel dans l'énumération des quatre premières espèces de corps, parce qu'il y a plusieurs variétés de *prismes,* plusieurs variétés de cylindres, de pyramides, etc., ces corps étant *droits* ou *obliques.*

La *hauteur* d'un prisme, d'un cylindre quelconque est la distance entre leurs plans parallèles; celle d'une pyramide, d'un cône, est la perpendiculaire abaissée du sommet sur la base ou sur sa projection.

Du prisme. Un prisme quelconque a pour mesure la surface de sa base par sa hauteur. En effet, si l'on coupe le prisme par tranches de 1 mètre de hauteur, chaque tranche se composera d'autant d'unités cubes qu'on peut former d'unités carrées à la base; par conséquent, autant on aura de tranches ou d'unités de hauteur, autant on aura de fois la surface de la base.

De la pyramide. On prouve en géométrie qu'une pyramide n'est que le tiers d'un prisme de même base et de même hauteur; par conséquent, sa solidité égale le tiers du produit de la base par la hauteur, ou la base par le tiers de la hauteur.

Du cylindre. Un cylindre quelconque a pour mesure la surface de sa base par sa hauteur : en effet, il peut être considéré comme un prisme d'un nombre indéfini de côtés, et comme tel il a la même mesure.

Du cône. Le cône n'est qu'une pyramide d'un nombre indéfini de côtés; par conséquent, il a aussi pour mesure la base multipliée par le tiers de sa hauteur.

De la pyramide et du cône tronqués. Le cône et la pyramide sont dits *tronqués* lorsqu'on en a supprimé la partie supérieure par une section faite parallèlement à la base. Pour avoir le volume d'une pyramide tronquée (ou d'un cône tronqué), on calcule la surface de la base inférieure et celle de la base supérieure, on multiplie les deux résultats l'un par l'autre, et l'on extrait la racine carrée du produit. On ajoute cette racine à la somme des surfaces des deux bases; on multiplie le nouveau résultat par la hauteur du tronc de la pyramide : le tiers du produit est le volume demandé.

De la sphère. Le volume de la sphère s'obtient en multipliant la surface de cette sphère par le tiers du rayon ou les $\frac{4}{3}$ du cube de son rayon par $\frac{22}{7}$.

Le *segment sphérique* ou portion de la sphère comprise entre deux plans parallèles a pour mesure la moitié de la surface de ses deux bases multipliée par la hauteur du segment, à laquelle on ajoute le volume d'une petite sphère qui aurait pour diamètre la hauteur du segment.

Le *secteur sphérique*, ou partie de la sphère semblable au cône ayant son sommet au centre et pour base une calotte sphérique, a pour mesure la surface de la calotte multipliée par le tiers du rayon.

Le *coin sphérique*, c'est-à-dire la partie de la sphère comprise entre deux demi-grands cercles qui se terminent à un diamètre commun, a pour mesure la surface du fuseau qui lui sert de base par le tiers du rayon de la sphère.

Corps irréguliers quelconques. Lorsqu'il s'agit de déterminer le volume d'un corps irrégulier quelconque, comme celui d'un *fruit*, d'une *pierre*, d'un *fagot*, etc., on le plonge dans un vase rempli d'eau jusqu'au bord : l'eau qui s'échappe permet d'apprécier le volume du corps immergé.

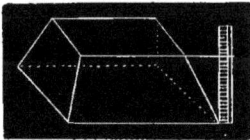

Fig. 89. — Cubage d'un corps irrégulier.

S'il s'agissait de cuber un tas de terre ou de pierres disposé comme l'indique la figure 89, on prend la *longueur moyenne* en ajoutant ensemble la longueur inférieure avec la longueur supérieure et en prenant la moitié de la somme; on prend de même la *largeur moyenne*, et on multiplie l'une par l'autre ces deux moyennes, puis le résultat par la hauteur. Ce calcul n'est pas rigoureusement géométrique, mais il est suffisant pour la pratique. — Voy. *Jaugeage.*

DUPASQUIER.

CUBE, CUBIQUE (RACINE) (arith.). — On appelle *cube* d'un nombre, le produit de ce nombre multiplié deux fois par lui-même, ou par son *carré*; ainsi le cube de 3 est $3 \times 3 \times 3 = 27$. Pour indiquer qu'un nombre doit être élevé au cube ou à la 3e puissance, on écrit le chiffre 3 à la droite de ce nombre, et un peu au-dessus : par exemple 5^3 veut dire 125. La *racine cubique* d'un nombre est le nombre qui, multiplié deux fois par lui-même, reproduit le nombre proposé : ainsi 3 est la racine cubique de 27. On exprime que l'on doit extraire la racine cubique d'un nombre en écrivant ce dernier sous le signe $\sqrt[3]{}$. Ainsi $\sqrt[3]{64} = 4$.

Les cubes des dix premiers nombres sont :

Cubes : 1 8 27 64 105 216 343 512 729 1000
Racines : 1 2 3 4 5 6 7 8 9 10

A l'inspection de ce tableau, on voit que 10, le plus petit nombre de 2 chiffres, a pour cube 1000, le plus petit nombre de 4 chiffres; par conséquent, tout nombre de plus de 4 chiffres en a plus de 2 à sa racine, et *vice versâ.*

L'extraction de la racine cubique d'un nombre inférieur à 1000 n'offre aucune difficulté : il suffit de savoir de mémoire le tableau précédent. La racine cube de 125 est 5 exactement, puisque 5 multiplié deux fois par lui-même, donne 125; celle de 175 est 5 à *une unité près*; c'est-à-dire qu'elle tombe entre 5 et 6, et comprend 5 unités, plus une fraction de la 6e unité. Mais lorsqu'il s'agit d'un nombre plus grand que 1000, l'opération est plus laborieuse. Étudions donc, pour mieux la comprendre, la formation du cube d'un nombre qui renferme à sa racine des dizaines et des unités; représentons les dizaines par a, et les unités par b; nous aurons à multiplier le carré $a^2 + 2ab + b^2$ (voy. *Carré*) par $a + b$.

OPÉRATION :

$$\begin{array}{r} a^2 + 2ab + b^2 \\ a + b \\ \hline a^3 + 2a^2b + ab^2 \\ a^2b + 2ab^2 + b^3 \\ \hline a^3 + 3a^2b + 3ab^2 + b^3 \end{array}$$

On voit que ce cube $a^3 + 3a^2b + 3ab^2 + b^3$ se compose de quatre parties, savoir :

1° Du cube des dizaines (a^3);

2° Du triple carré des dizaines multiplié par les unités ($3a^2b$);

3° Du triple des dizaines multiplié par le carré des unités ($3ab^2$);

4° Du cube des unités (b^3).

Si donc, un nombre étant donné, nous pouvons en extraire successivement ces quatre parties, nous aurons évidemment la racine cubique de ce nombre.

Pratique. — Soit proposé d'extraire la racine cubique du nombre 49.758.990.

Ce nombre étant plus grand que 100, sa racine renferme des dizaines et des unités, et ce nombre lui-même se compose des quatre parties que nous avons étudiées précédemment. Or, le cube des dizaines de la racine, étant un nombre juste de mille, ne peut se trouver que dans les mille du nombre donné, c'est-à-dire dans la partie 49.758 que nous séparons par un point, et si cette partie était exactement le cube des dizaines de la racine, en en extrayant la racine cubique, nous aurions les dizaines de la racine; mais 49.758 outre le cube des dizaines, peut encore renfermer quelques mille provenant des autres parties du cube, plus d'un reste, s'il en existe un; donc, en extrayant la racine cubique de 49.758, on ne peut avoir un nombre plus petit que les dizaines de la racine. Nous allons voir en second lieu qu'il ne peut pas être plus grand; car si cela était, le nombre qu'on obtiendrait en élevant au cube surpasserait les dizaines de la racine au moins d'*une* dizaine, tandis que la racine totale ne peut surpasser ces mêmes dizaines que de 9 unités au plus, sans quoi le nombre proposé renfermerait un cube plus grand que celui de sa racine, ce qui est en contradiction avec la définition de la racine cubique. On aura donc les dizaines mêmes de la racine. Mais 49.758 étant lui-même un nombre plus grand que 1000, nous serons conduits, par un raisonnement semblable, à séparer les 3 premiers chiffres à droite et à extraire la racine cubique de la partie à gauche, 49 mille; le plus grand cube contenu dans 49 est 27, dont la racine est 3 que nous écrivons à la droite du nombre donné, en l'en séparant par un trait vertical. Le chiffre des dizaines de la racine étant déterminé, il s'agit maintenant d'en trouver les unités. Pour cela, nous élevons le chiffre des dizaines au cube, et nous le retranchons de 49. Il reste 22 mille, qui, ajoutés à la tranche des unités 758, donnent 22.758, nombre qui renferme les 3 dernières parties du cube.

OPÉRATION :

49.758.990	367
27	
227.58	27 96
3102 990	576 6
328 127	3276
	36
	3888 1087
	7609 7
	396409

La première de ces 3 parties, le *triple carré des dizaines multiplié par les unités*, étant un nombre juste de centaines, ne peut se trouver que dans les centaines de notre reste, c'est-à-dire dans 227, que nous séparons par un point. Il serait facile de prouver qu'en divisant 227 par 27, le triple carré des dizaines de la racine, on aura le chiffre même des unités de cette racine, c'est-à-dire qu'il ne sera pas plus petit et que la division vérifiera s'il n'est pas plus grand; 227 contient 27 six fois : nous vérifierons ce chiffre en formant le triple carré des dizaines (9) à la suite duquel nous écrivons 6 et en multipliant le nombre ainsi formé (96) par le chiffre même des unités. Le produit 576 renferme le triple des dizaines multiplié par les unités et le carré des unités; en y ajoutant le triple carré des dizaines (27 centaines), la somme 3276 contient le triple carré des dizaines, le triple des dizaines multiplié par les unités et le carré des unités; en multipliant cette somme par le chiffre 6 des unités, le produit renferme alors précisément les 3 parties dont se compose le reste, c'est-à-dire le *triple carré des dizaines* par les unités, le triple des dizaines multiplié par le carré des unités et le cube des unités. Si donc nous pouvons retrancher ce produit de 227.58, nous aurons une preuve que le chiffre trouvé n'est pas trop fort. Soustraction faite, il reste 3102, qui,

joint à 990 dont nous avions fait abstraction, donne un nouveau nombre composé comme le précédent, et qui exige les mêmes raisonnements et les mêmes opérations pour donner le chiffre des unités. On a pour racine 367 à une unité près.

Donc, en général, pour extraire la racine cubique d'un nombre quelconque, on partage ce nombre en tranches de 3 chiffres à partir de la droite; on extrait la racine cubique du plus grand cube contenu dans la première tranche à gauche; ce qui donne le premier chiffre de la racine que l'on écrit à droite du nombre proposé, en l'en séparant par un trait vertical; on élève ce premier chiffre au cube, que l'on retranche de la première tranche.

A la droite du reste, s'il y en a un, on abaisse la tranche suivante et on divise les centaines du nombre ainsi formé par le triple carré du premier chiffre de la racine, et l'on a le deuxième chiffre que l'on vérifie ainsi : on multiplie le triple du premier chiffre de la racine suivi du second par ce dernier; au produit, on ajoute le triple carré du premier chiffre, on multiplie encore la somme qui en résulte par le second chiffre de la racine, et on retranche le produit obtenu du premier reste suivi de la deuxième tranche.

A la droite du reste, on abaisse la tranche suivante et l'on opère comme pour la précédente.

On connaît qu'un chiffre mis à la racine n'est pas trop faible lorsque le reste ne dépasse pas le triple carré de la racine trouvée, plus trois fois cette même racine.

Pour avoir une racine cubique à un dixième, à un centième près, il faut ajouter sur la droite du reste autant de fois 3 zéros que l'on veut avoir de décimales, et séparer sur la droite de la racine autant de chiffres qu'on a ajouté de fois 3 zéros.

Lorsque le nombre des chiffres décimaux n'est pas multiple de trois, il faut ajouter assez de zéros pour qu'il soit multiple, et on retombe dans le cas précédent.

Pour avoir la racine cubique d'une fraction ordinaire, il suffit de convertir cette dernière en fraction décimale.   · Dupasquier.

CUBÈBE (botanique). — Espèce du genre *poivrier*. — Voy. ce mot.

CUCURBITACÉES (botanique). — Famille de plantes exclusivement herbacées, dont les fleurs sont presque toujours unisexuées et la tige grimpante; « leur calice est monosépale à cinq divisions; leur corolle, aussi quinquifide, est soudée dans ses deux tiers inférieurs avec le calice; leurs anthères, au nombre de cinq, sont libres ou soudées par leurs filets; leur ovaire est surmonté de trois ou cinq stigmates, et est remplacé par un fruit charnu, ordinairement très-gros et sans proportion avec la grandeur de la plante. Toutes les espèces qui se trouvent dans ce cas, rampent à la surface du sol, parce que leur tige ne pourrait soutenir le poids d'un pareil fruit; les espèces seules qui ont le fruit proportionné à la force de leur tige grimpent le long des troncs d'arbres, auxquels elles s'attachent par des vrilles. La plupart de ces plantes sont originaires des pays chauds, surtout des Indes orientales; un petit nombre d'espèces seulement croissent naturellement en France. Malgré cela, aucune d'elles n'est odorante; quelques-unes contiennent un suc âcre et très-purgatif; d'autres, au contraire, sont extrêmement douces et fades, et leurs semences sont employées en médecine comme calmantes. » Cette famille comprend un assez grand nombre de genres, dont les principaux sont : la *bryone*, le *concombre*, la *courge*, et la *coloquinte*.

CUIR [du latin *corium*]. — Nom donné soit à la peau épaisse et presque dépourvue de poils qui recouvre certains mammifères, comme l'éléphant, le rhinocéros, l'hippopotame, soit aux peaux de bœufs, vaches, buffles, etc., privées de leur poil par le tannage et ayant subi diverses préparations pour être employées dans la sellerie, la cordonnerie et autres industrie. Le cuir se rapporte à l'une des industries les plus fractionnées, et à l'un des commerces les plus étendus en Europe. Il sert au *boucher*, à l'*écorcheur*, au *tanneur*, au *mégissier*, au *parcheminier*, à l'*hongroyeur*, au *corroyeur*, au *cambreur*, au *peaussier*.

Le boucher lève le cuir en poil, ou sépare, détache la peau de la bête, et livre au tanneur le produit de son abat; le mégissier reçoit aussi de lui les petites peaux dont plusieurs, par ses soins, doivent conserver leur poil : moutons pour housses, chabraques, etc., ainsi que les peaux à passer en blanc, même : bœufs, vaches pour buffleteries, garnitures d'armes, harnais, spirales d'orgues et de pompes, moutons blancs pour doublures, etc.

L'écorcheur livre aux tanneurs, mégissiers et hongroyeurs les peaux de toutes sortes, domestiques et fauves, chiens, chats, chevaux, ânes, chèvres, sangliers, chevreuils, ours, lions, etc. Ces animaux n'entrant pas dans la catégorie dite du bétail, ne tombent pas sous la coupe de la boucherie.

Le tanneur prépare le cuir qu'il reçoit en poil, de manière à ce que le cuir ne puisse plus se corrompre, ce qui arriverait avant qu'il ne fût entièrement façonné par le corroyeur, dans le cas où il serait possible de le travailler, ce qui ne saurait être, puisque la *peau* qui n'est pas tannée n'est qu'un tissu de viande, que le tanneur rend *cuir*; on ne saurait corroyer de la viande.

C'est donc grâce au tan que la peau d'un animal prend de la consistance, devient un corps solide et souple. On a employé l'absinthe, le sumac et autres substances d'essai, mais rien jusqu'ici n'a rivalisé avec le tan. L'origine de son emploi se perd dans l'antiquité.

L'absinthe est encore employée dans certaines contrées pour les petits cuirs : moutons, chèvres, veaux, etc. Quelques cuirs qui viennent des colonies ont reçu une préparation d'absinthe et de sel, pour les préserver de certains contacts de la mer qui les déprécieraient.

Le sumac fut employé comme essai, disons-le, puisque le résultat n'en fut pas heureux complètement, quoi qu'en aient dit quelques chimistes; le sumac est employé sur plusieurs points, mais un fabricant consciencieux ne saurait s'en servir. Que la chimie cherche, découvre et nous propose tout ce qu'elle saisira, et l'on s'empressera d'expérimenter. L'ouvrier ne demande que les moyens d'agir promptement, en obtenant de bons résultats pour son œuvre. Le cuir par le sumac prenant moins bien sa nourriture, ou l'absorbant trop vite, devient cassant et se consume plus vite, ce qui prouve qu'il est moins pénétré que par le tan du suc nutritif, qu'on nous passe l'expression, que contient l'écorce de chêne.

Le tanneur donc, par son travail, enlève le poil, rend la peau à l'état de cuir, lequel, au sortir de la tannerie, présente la figure d'une croûte dure, jaune, très-raboteuse, ce qui se dit : *cuir en croûte*. C'est dans cet état que le prend le corroyeur.

Le corroyeur, par son art, rend le cuir doux, souple, uni, noir ou de couleurs, verni, ciré, sec ou gras, selon les besoins du cordonnier, du sellier, de tous ceux qui emploient le cuir et qui ont à satisfaire les caprices de la mode.

La corroierie est la plus fractionnée des parties de cette matière; le vacher, qui rompt, assouplit, frappe et lisse les peaux de grosse espèce : vaches, bœufs, buffles, etc. Le cuir de bœuf, dit *cuir fort*, se prépare, le plus souvent, en tannerie, au sortir des fosses où ils sont couchés dans le tan plus longtemps que les autres et selon leur force, un an environ, plus ou moins.

Le cambreur est celui qui, par ses soins, donne aux tiges de bottes leur forme courbe et cintrée, ce qui s'obtient en rentrant le cuir dans sa propre épaisseur, en le refoulant dans certains endroits. Ce travail n'est que rarement assez rétribué, attendu qu'il est dur, difficile, et qu'il compromet gravement les poumons de celui qui s'y livre spécialement : beaucoup de cambreurs meurent de la poitrine; je regarde un cambreur de soixante-dix ans comme un centenaire.

Le cambrage est une des belles fractions de la corroierie.

Le travail anglais qui affine, égalise, polit, vernit, finit le cuir, n'est pas sans mérite, car il faut apporter à ce travail les soins de la plus minutieuse propreté, quoique entouré des plus grasses, noires et dégoûtantes fonctions.

Je ne parlerai pas des autres fractions : *dérayer*, *mise en huile*, *mettage au vent*, etc., parce que ce serait faire un cours, et que nous ne voulons ici que signaler les parties confondues entre elles par les hommes incompétents.

Le mégissier, comme le tanneur, reçoit du boucher et de l'écorcheur, ainsi que le hongroyeur (ces deux corps n'en font qu'un aujourd'hui; le hongroyeur est au mégissier ce que le cambreur est au corroyeur), une partie du tout. La hongroierie se résume dans le travail des peaux en poils pour fourrures : moutons, agneaux, chats, chiens, ours, renards, loups, lions, etc., pour chabraques, descentes de lit et autres fourrures petites et grandes, de service et d'agrément.

Le fourreur taille, rogne pour confectionner les objets de fourrures, mais ne prépare pas les peaux. Le hongroyeur, qui s'occupe spécialement de fourrure, en dehors de toute mégisserie, est ce qu'on appelle le *pelletier*. Il n'y en a pas en France. Le fourreur qui prend ce titre commet un barbarisme.

Le mégissier est aussi parcheminier, car beaucoup des mêmes substances et même l'outillage se retrouvent dans l'emploi de ces différents travaux.

Le parcheminier prépare les peaux à tambours, peaux d'ânes pour portefeuilles, peaux à manuscrits, à diplômes, etc.; cette partie est donc aussi adjointe aujourd'hui à la mégisserie.

Le peaussier corroie les petits cuirs en croûte ou secs d'huile, et les livre au détaillant chargé d'en distribuer l'emploi : moutons, chèvres, chevreaux, maroquins noirs, de couleurs (le mouton blanc est le produit de la mégisserie). Le peaussier le vend cependant, quoique ne fabriquant pas.

Ainsi toutes peaux de fantaisie, façonnées, moirées, maroquinées, grainées, gaufrées, rayées, unies et vernies, en un mot, toutes peaux, dites *ouvrées*, appartiennent à la peausserie.

On ne doit donc pas confondre ce que l'on appelle peaux tannées et peaux corroyées, peaux corroyées et peaux ouvrées.   GUSTAVE HOUSSARD.

CUIR, VELOURS, PATAQUIÈS (grammaire). — Ces trois mots sont employés vulgairement pour désigner des fautes grossières de prononciation, commises généralement par les personnes illettrées. Quoiqu'on les emploie fréquemment l'un pour l'autre, chacun d'eux a cependant une acception spéciale.

Le *cuir* est un vice de langage qui consiste à mettre à la fin d'un mot un *t* pour le lier plus facilement avec le mot suivant, soit que ce mot se termine par une voyelle, par un *s* ou par toute autre consonne que le *t*. *J'étai-t-à la campagne. Ils sont venu-t-ensemble. Il va-t-en ville.* On prétend que ce mot vient du substantif *cuir*, employé pour désigner la peau des animaux, et qu'on s'en est servi en ce sens à raison de l'analogie que présentent les expressions *écorcher* et *faire un cuir*.

Certaines expressions qui sont aujourd'hui des cuirs ne l'étaient pas autrefois; cela vient de ce que l'orthographe a changé. Ainsi l'on disait très-bien il y a quelques siècles : *il at eu de l'argent*; *il vat à l'école*, parce que ces mots prenaient un *t* comme les verbes *habet*, *vadit*, d'où ils sont formés.

Le *velours* est un vice de langage qui consiste à prononcer des *s* à la fin des mots terminés par une voyelle ou par une autre consonne que le *s*. *Il est sorti-z-hier de bonne heure. Il étai-z-étonné.* Le mot velours, employé dans ce sens, vient de ce que cette liaison est moins rude qu'avec le *t*, de même que le velours est plus doux au toucher que le cuir.

Quoique le velours ne soit pas mieux noté que le cuir auprès des personnes instruites, cependant l'Académie, qui ne devrait pas tolérer ces fautes, admet *entre quatre-s-yeux*, expression très-usitée à la halle et dans d'autres lieux où la pureté du langage est peu recherchée. Néanmoins, inconséquente comme à son ordinaire, elle rejette l'emploi du *s* avec les autres mots qui accompagnent *quatre*; ainsi elle n'admettrait pas : *quatre-s-officiers*, quoique cette expression se trouve dans la *complainte de Malbrouck*, autorité qui peut au moins aller de pair avec celle des dames de la halle.

Pataquiès. C'est l'expression générique par laquelle on désigne les cuirs et les velours. Voici quelle en est, dit-on, l'origine. Un jour, un plaisant se trouvait à côté de deux dames très-élégamment vêtues, mais dont le langage ne répondait nullement à la toilette. Tout à coup le jeune homme trouve sous sa main un éventail. — Madame? dit-il à la première, cet éventail est-il à vous ? — Il n'est *point-z-à moi*, monsieur. — Est-il à vous, madame, dit-il en le présentant à l'autre. — Il n'est pas-t-à moi, monsieur. — Puisqu'il n'est point-z-à vous et qu'il n'est pas-t-à vous, ma foi, je ne sais pas-t-à qu'est-ce? L'aventure fit du bruit, et donna naissance à ce mot populaire encore en usage aujourd'hui.

On est bien loin d'être d'accord sur l'orthographe de ce mot ; on le trouve écrit : *pataqui, pataquiès, pataquès, pata-qui-est-ce, pa-t-à-qu'est-ce.* M. Bescherelle propose d'écrire *pataquiéce.* Je crois que l'orthographe dont je me suis servi est la plus usitée. Cependant *pataquès* sans *i* serait plus simple. On dit aussi *pataqui-pataquiès*, en réunissant les deux mots. Enfin on donne le nom de M. *Pataqui-Pataquiès* à celui qui fait souvent des fautes grossières de cette nature.

Il ne faut pas croire cependant qu'elles sont l'apanage exclusif des ignorants et des malheureux; trop souvent des parvenus qui occupent les plus hautes positions de l'État s'en rendent coupables. Il faut avouer aussi qu'elles échappent quelquefois à des personnes même très-instruites; c'est ce qu'on appelle des *lapsus linguæ*.

Ce ne sont pas toujours les personnes éclairées qui sont le plus portées à relever ces erreurs; ce sont souvent des gens illettrés qui s'en moquent, qui aperçoivent ces fautes, même quand elles n'existent pas, ou qui veulent les corriger au hasard. C'est cette manie que critique M. Layet, chanoine honoraire, dans les vers suivants :

« Enfin Mostaganem et Blidah sont à nous ;
Peuz à peuz le Bédouin tombera sous nos coups, »
Disait un vieux troupier, connu pour son courage.
    Son camarade, affectant l'érudit :
« T'es dans l'erreur, mon brave; à l'endroit du langage.
Ce n'est pas *peuz à peuz*, c'est *peut à peut* qu'on dit.
—Que non.—Que si.—T'as tort. — Raison sans contredit.
— Voici le caporal, tiens; prenons-le pour juge,
Et que la palme reste à qui sa voix l'adjuge. »
L'autre arrive : « Cessez de grâce vos débats;
    Votre science est trop mal inspirée.
Moi, j'ai tant lu Don Quichotte et Gil Blas!...
Dites donc : *peuh à peuh*, car l'*h* est aspirée. »

                          J. B. PRODHOMME,
          Correcteur à l'Imprimerie impériale.

CUISSE (anatomie) [du latin *coxa*]. — Partie du membre abdominal qui s'étend depuis le bassin jusqu'au genou. La cuisse n'a qu'un seul os, le *fémur*; on y compte 21 muscles : 3 dans la région fessière (*grand, moyen* et *petit fessier*); 6 dans la région pelvi-trochantérienne (*obturateurs interne* et *externe*, *pyramidal, jumeaux supérieur* et *inférieur, carré crural*); 3 dans la région crurale antérieure (*couturier, droit antérieur, triceps crural*); 3 dans la crurale postérieure (*demi-aponévrotique, demi-tendineux, biceps crural*; 5 dans la crurale interne (*pectiné, droit interne, grand moyen* et *petit adducteur*; 1 dans l'externe (*tenseur de l'aponévrose crurale.*)

CUIVRE (minéralogie) [du grec *Cypros*, nom de l'île de Chypre, d'où l'on tirait autrefois le cuivre]. — Corps simple, métallique, d'une belle couleur rouge, d'une saveur sensible, communiquant aux doigts, lorsqu'il est frotté, une odeur désagréable et nauséabonde. Sa densité est d'environ 8, 9. Fusible à 27° du pyromètre de Wedgewood. Il est composé de sous-carbonate de cuivre hydraté. Le contact avec des aliments acides ou gras le transforme aussi plus ou moins rapidement en un produit analogue. Le

Fig. 90. — Cuivre pyriteux.

cuivre se présente dans la nature sous les formes les plus variées: après l'or, c'est le métal qu'on rencontre le plus souvent à l'état natif : il est alors rouge, en masses dendritiques ou en cristaux. Le minérai de cuivre le plus abondant est le *cuivre pyriteux*, ou combinaison de cuivre, de soufre et de fer.

Le cuivre a plusieurs propriétés qui le rendent très-utile aux arts et à l'économie domestique. Il a une dureté assez grande, un éclat vif et beaucoup de ductilité; il s'allie facilement à d'autres métaux, dont il augmente la dureté ou la sonoréité. Aussi s'en sert-on dans une foule de circonstances. Pur, il sert à faire des vases de cuisine, des tuyaux, des baignoires, des chaudières, des plaques pour doubler les vaisseaux, etc. Mais comme il est très-sujet à s'altérer et à former avec l'oxygène du *vert-de-gris*, qui est un poison des plus violents, il vaut mieux le bannir des cuisines; car, quoique l'étamage remédie un peu à cet inconvénient, il n'empêche jamais entièrement la formation du vert-de-gris. Allié à l'or et à l'argent, il leur donne plus de consistance; uni à l'étain, il constitue le *bronze*, avec lequel on fait les cloches, les canons, les statues, etc. Combiné avec le zinc, il forme le *laiton* ou *similor*, avec lesquels on fabrique les rouages d'horlogerie, les épingles, le clinquant, etc. Dissous par l'acide sulfurique, il donne

la *couperose bleue*, qu'on emploie fréquemment pour teindre les plumes des panaches. Avec l'acide acétique ou vinaigre radical, il forme un sel de couleur verte, avec lequel on peint les portes, les fenêtres, les treillages, etc. La médecine s'en sert aussi quelquefois à l'extérieur pour certaines maladies de la peau.

Fig. 91. — Cuivre de Sibérie.

Le cuivre est extrêmement répandu dans la nature. A l'état natif, on en trouve des mines très-riches en Suède, en Sibérie, au Japon, au Mexique, au Brésil, etc. Mais malgré son abondance, il ne suffit pas aux besoins de l'homme. Sur 6 millions de kilogrammes auxquels s'élève notre consommation, nos usines de France n'en produisent que 250 mille kilogrammes. Il faut s'en procurer en exploitant les minerais qui le contiennent, combiné avec l'oxygène ou avec le soufre. Le premier n'exige d'autre préparation que le grillage avec du charbon; mais il n'est pas très-répandu. Le second, qui constitue la *pyrite cuivreuse*, est bien plus abondant; mais son exploitation est plus coûteuse. Il faut, pour le débarrasser du soufre, le griller jusqu'à dix ou douze fois de suite, et enfin le soumettre à plusieurs fontes successives.

(Dr *Salacroux.*)

CULTE (religion).—Honneur qu'on rend à Dieu par des actes de religion. Il y a deux espèces de culte: le *culte intérieur* et le *culte extérieur*. Le premier n'est autre chose que la foi, l'amour, l'adoration, la soumission, la contemplation, les pieux élans de l'âme vers Dieu. Le second consiste dans la récitation des prières, l'accomplissement des cérémonies et des devoirs imposés par la religion. De même que la pensée appelle la parole, de même le culte intérieur appelle le culte extérieur. Dans toute religion, on distingue ces deux cultes. Sans le culte extérieur, la religion eût acquitté l'homme envers Dieu; mais nous n'eussions pas connu le bonheur des prières communes, qui excitent dans notre âme les sentiments dont elle doit être pénétrée, l'attrait des bons exemples qui nous portent naturellement aux bonnes actions, le charme de ces belles et touchantes cérémonies qui nous jettent dans un divin ravissement! Ce culte est naturel, puisqu'il est comme impossible à l'homme de sentir, de penser et de vouloir, sans exprimer ses émotions et ses volontés par des signes sensibles, des actions extérieures. Il est *juste*, car notre corps appartient à Dieu aussi bien que notre âme. Il est *nécessaire*, parce que beaucoup d'individus ne prieraient qu'avec distraction, et qu'il est l'unique bien de la société. C'est une vérité populaire que celle-ci : la société sans religion ne saurait subsister. La France de 1793 en est un exemple.

Dans l'église catholique, on honore d'un culte particulier, non-seulement Dieu et chacune des trois personnes divines, mais encore les saints, avec cette différence que le culte rendu aux saints n'est point un culte suprême d'adoration, mais qu'on les honore comme des amis de Dieu, et qu'on demande seulement leur intercession auprès de lui. Le culte et l'invocation des saints ne sont point de nécessité absolue ; toutefois, il y aurait une témérité coupable à les dédaigner.— Voy. *Reliques*.   DUPASQUIER.

CULTRIROSTRES (zoologie) [du latin *cultrum*, couteau, et *rostrum*, bec]. — Famille d'oiseaux de l'ordre des échassiers, à bec gros, long et fort, le plus souvent tranchant et pointu. La force de leur bec et leur taille ordinairement grande permettent à ces oiseaux de se nourrir de substances animales et le plus souvent de proie ; ils font surtout de grandes destructions de grenouilles, de crapauds et autres reptiles qu'ils vont chercher dans les marais, dont la hauteur de leurs tarses leur rend l'accès facile. Quelques espèces cependant se tiennent dans les plaines ou sur des éminences, où ils font la guerre aux lézards, aux serpents, etc., à défaut desquels ils se nourrissent de grains, d'herbes, et autres matières végétales. Sous ces deux rapports, comme sous plusieurs autres, ces oiseaux se rapprochent beaucoup des outardes et de toutes les espèces voisines qui fréquentent les plaines et les déserts des pays chauds. Ce genre de vie rend les *cultrirostres* voyageurs ; à mesure que les froids gèlent les marécages, et forcent les reptiles à s'enfoncer sous la vase, ils quittent les contrées septentrionales pour se rapprocher du Midi, où ils passent toute la mauvaise saison ; mais dès que le beau temps revient, ils regagnent leur séjour habituel, et vont y faire leur ponte. Ils nichent tantôt à terre, tantôt sur les vieilles tours, et pondent deux ou trois œufs, à l'exception d'une espèce qui a l'habitude des gallinacés sous ce rapport. Tous les oiseaux de cette famille, et notamment les hérons et les cigognes, ont une tournure toute particulière, qui les fait distinguer de loin de tout autre animal de leur classe : presque toujours ils tiennent leur long cou enfoncé entre les plumes de sa base, et ne laissent saillir que la tête avec son long bec ; et comme le fouet de l'aile est toujours fort avancé, il en résulte que, vus de loin, ils semblent privés de tête ; aussi, quand on les examine d'une certaine distance, et qu'on les regarde perchés et immobiles sur leurs longs pieds,

comme sur des échasses, ils font plutôt l'effet d'une peau bourrée que celui d'un être doué de vie et de mouvement volontaire. (*Salacroux*.) — Les cultrirostres forment les trois grandes tribus des grues, des hérons et des cigognes. — Voy. ces mots.

CUNÉIROSTRES (zoologie) [du latin *cuneus*, coin, et *rostrum*, bec]. — Famille des passereaux, qui comprend des oiseaux dont le bec est en forme de coin, comme les coucous, les pies, les torcols, etc.

CURATEUR (droit) [en lat. *curator*, de *curare*, soigner].—Ce nom a été donné, chez les anciens et chez les modernes, à des fonctions fort diverses.

A Rome, on appelait *curateurs* divers officiers publics : *curateur du calendrier*, le trésorier ou receveur des deniers de la ville ; il était ainsi nommé parce qu'il percevait le jour des *calendes*, ou le 1er du mois, les intérêts des fonds de la cité ; *curateur datif*, une espèce de tuteur nommé ou donné par le juge ; *curateur légitime*, le plus proche parent qu'on chargeait de la tutelle, à défaut de père ou de frère, dans le cas de minorité avec démence ; *curateur de la maison de l'empereur*, celui qui avait soin du revenu du souverain et de sa dépense ; *curateur des ouvrages publics*, celui qui en avait l'intendance ; il était garant des défauts de ces ouvrages pendant quinze ans ; *curateur de la république*, celui qui avait soin des travaux publics : il devait veiller à ce que les maisons en ruine fussent réparées. Chez nous, le *curateur* est celui qui est commis par la loi pour avoir soin des biens et des intérêts d'autrui. Les fonctions de curateur se confondent souvent avec celles du *tuteur*. Il y a lieu de nommer un curateur en cas de minorité, d'interdiction, de succession vacante, de biens vacants, de bénéfice d'inventaire, d'absence, de banqueroute, de faillite de cession des biens, de grossesse posthume, de condamnation à une peine afflictive, etc.

On nomme : *curateur au mineur émancipé*, celui qui est nommé par un conseil de famille pour assister le mineur lors de la reddition du compte de sa tutelle, lorsqu'il reçoit un capital mobilier ou qu'il en fait emploi, et quand il soutient un procès relatif à des droits immobiliers ; *curateur aux biens de l'absent*, le curateur nommé par le tribunal du domicile d'une personne présumée absente et qui n'a point de mandataire fondé pour administrer tout ou partie des biens de l'absent ; *curateur dans le cas de grossesse* ou *curateur au ventre*, le curateur nommé par le conseil de famille pour empêcher une supposition de part, lorsque le mari meurt laissant sa femme enceinte ; *curateur à une succession vacante*, celui qui est nommé par le tribunal de première instance dans l'arrondissement duquel une succession est ouverte, lorsque, après l'expiration des délais, il ne se présente personne pour réclamer cette succession et qu'il n'y a point d'héritier reconnu.

(*Bouillet*.)

CYANATES.—Sels formés par l'acide cyanique et une base. Le plus important est le *cyanate de potasse*, qui se produit par la calcination, à l'air libre, du cyanure de potassium.

CYANHYDRIQUE (acide), dit aussi *acide prussique, acide hydrocyanique.* — Acide organique composé de carbone, d'azote et d'hydrogène dans les rapports de C²NH; est le plus vénéneux des corps de la chimie. « Il est liquide, incolore, transparent, et d'une odeur qui est la même que celle des amandes amères ou des fleurs de pêcher, mais si forte qu'elle en est insupportable et qu'elle détermine aussitôt des maux de tête et des vertiges. Il est tellement volatil qu'il entre en pleine ébullition à 26 degrés, et que, si l'on en laisse tomber une goutte sur du papier, celle-ci se congèle par l'effet du froid qu'elle produit en se vaporisant en partie. Il s'altère très-facilement, et se convertit peu à peu en une masse noire et charbonneuse. Il prend naissance dans une foule de réactions chimiques. L'eau distillée de laurier-cerise, l'huile essentielle d'amandes amères, toutes les amandes des fruits à noyau, les pepins de pommes et de poires contiennent des quantités d'acide cyanhydrique plus ou moins fortes. On le prépare en distillant avec de l'acide sulfurique le sel jaune, connu dans le commerce sous le nom de *ferrocyanure de potassium* ou *lessive de sang.* Aucun corps n'exerce sur l'économie animale une action aussi redoutable que l'acide cyanhydrique à l'état concentré : l'odeur seule de cet acide suffit pour tuer un oiseau ; une seule goutte portée dans la gueule du chien le plus vigoureux le fait tomber roide mort; la même quantité appliquée sur l'œil de l'animal ou injectée dans la veine du cou le tue aussi à l'instant même; cet agent produit sur l'homme les mêmes effets que sur les animaux. Le chlore détruit promptement l'acide cyanhydrique, et peut s'employer comme contre-poison si on l'administre assez promptement. » L'acide cyanhydrique étendu d'eau est employé en thérapeutique pour calmer l'irritabilité de certains organes; on l'a conseillé contre la phthisie pulmonaire commençante, contre les affections nerveuses, etc.

CYANIQUE (acide). — Acide organique, découvert en 1822 par Woehler, composé de carbone, d'azote, d'oxygène et d'hydrogène, dans les rapports de C²NO,HO. On l'obtient en décomposant les cyanates par les acides minéraux. C'est un liquide très-acide qui s'altère promptement en se transformant en acide carbonique et en ammoniaque.

CYANOGÈNE [du grec *cyanos*, bleu, et *génos*, génération]. — Corps composé de carbone et d'azote (C²N); c'est le radical de l'acide cyanhydrique, des cyanures et du bleu de Prusse. « C'est un gaz incolore, qui brûle avec une belle flamme pourpre, et dont l'odeur rappelle celle de l'acide cyanhydrique. Il n'existe pas dans la nature à l'état de liberté. Il est remarquable en ce qu'il se comporte, sous beaucoup de rapports, comme un corps simple, comme le chlore, par exemple : il se combine, en effet, avec l'hydrogène, l'oxygène, les métaux, en produisant des composés qui ont la plus grande analogie avec ceux du chlore. Combiné aux métaux, il forme les *cyanures.* On obtient le gaz cyanogène en soumettant le cyanure d'argent ou de mercure à l'action de la chaleur. Le cyanogène a été découvert par M. Gay-Lussac en 1814. »

CYANOMÈTRE [de *cyanos*, bleu, et *métron*, mesure]. — Polariscope imaginé par Arago pour déterminer l'intensité de la couleur bleue du ciel. Il se compose d'un carton sur lequel on a tracé un cercle dont une zone d'une certaine largeur est divisée en quarante parties. Chaque division porte une teinte bleue qui va en augmentant d'intensité, depuis le blanc qui est au n° 1 jusqu'au n° 40, qui approche de la couleur noire.

CYANURES. — Sels formés par le cyanogène et un métal. Ils sont analogues aux chlorures et aux bromures, et se produisent toutes les fois qu'on calcine avec de la potasse du sang, de la corne, de la chair, ou une autre matière organique azotée. Ils dégagent de l'acide cyanhydrique lorsqu'on les traite par l'acide sulfurique. — Le *cyanure de potassium* est un sel blanc, inodore, cristallisé en cubes, très-soluble dans l'eau, d'une saveur âcre, alcaline et amère; il exerce sur l'économie animale une action très-énergique. On l'emploie en médecine dans les mêmes cas que l'acide cyanhydrique. On s'en sert aussi dans l'analyse chimique et dans la dorure galvanique. — Le *cyanure de zinc* est un sel blanc, insipide, insoluble dans l'eau ; on l'emploie dans le traitement des maladies vermineuses des enfants et contre les crampes d'estomac.

Les cyanures se combinent entre eux, et forment des *cyanures doubles.* Parmi ces combinaisons, nous citerons le *cyanure de fer et de potassium, prussiate ferrugineux, prussiate jaune, ferrocyanure de potassium, hydroferrocyanate de potasse,* qui se rencontre dans le commerce en beaux cristaux jaunes. On l'emploie pour faire le *bleu de Prusse.* — Le *prussiate rouge* est composé de cyanogène, de fer et de potassium, dans des proportions différentes de celles du prussiate jaune; les chimistes l'ont employé comme réactif. On l'emploie dans l'impression des indiennes pour décolorer l'indigo. — Le *cyanure double de potassium et d'argent* est employé dans l'argenture électro-chimique. M. H. Bouilhet a démontré, en 1852, qu'il offrait le meilleur moyen d'argenter, et a donné l'explication de cette action chimique.

CYCLE (astronomie) [du grec *cyclos*, cercle]. — Période d'un certain nombre d'années destinées, pour la plupart, à faire coordonner des années différentes. Après avoir divisé en vingt-quatre heures la révolution apparente du soleil autour de la terre, on reconnut dans la suite qu'il était impossible de mesurer exactement les révolutions annuelles du soleil au moyen de cette division, à cause des fractions qui en résultaient. On a donc cherché à faire disparaître ces fractions, en les convertissant en nombres entiers qui ne renfermassent que des années et des jours, ce à quoi l'on est parvenu au moyen des cycles. Ce sont des périodes ou suite de nombres qui procèdent par ordre, jusqu'à un certain terme, et qui recommencent ensuite. Nous allons donner, dans l'ordre chronologique, les principaux cycles ou périodes dont on ait fait usage.

Le cycle le plus ancien dont nous ayons connaissance est celui de soixante années, qu'emploient encore aujourd'hui les Chinois. Il fut inventé sous le règne de Hoang-Ti, 2687 ans avant J. C.

Le *cycle caniculaire* fut inventé par les Égyptiens, 1322 ans avant J. C. Il était composé de 1461 années de 365 jours, répondant à 1460 années juliennes de 365 jours un quart.

L'*octatéride*, ou cycle de huit ans, au bout desquels on ajoutait trois mois lunaires, fut inventé par Cléostrate et Harpalus (cinquième siècle avant J. C.). Les Grecs s'en servirent jusqu'à l'époque à laquelle ils adoptèrent le *cycle de Méton*, ou *nombre d'or*.

Une période de 82 ans fut proposée, à la même époque, par Démocrite.

Le *nombre d'or*, ou *cycle lunaire*, ou *cycle de Méton*, est une période de 19 ans, ou 6930 jours, dans laquelle les lunaisons se rencontrent 235 fois; de sorte que tous les dix-neuf ans les nouvelles lunes arrivent au même degré du zodiaque, et par conséquent au même jour de l'année que dix-neuf ans auparavant. Ce cycle fut publié en Perse, par l'Athénien Méton, 430 ans avant J. C. Les Grecs en furent si satisfaits, qu'ils l'affichèrent dans les rues, en lettres d'or, d'où ce cycle a pris le nom de *nombre d'or*. Ce cycle fut introduit à Rome six ans avant J. C., et adopté en 325 par le concile de Nicée (voy. *Épacte*).

Une période de 59 ans fut publiée, environ 392 ans avant J. C., par Philolaüs et Œnopides.

La *période calliptique* n'est autre chose que le *cycle de Méton* quadruplé, pour en rectifier les irrégularités, ce qui donne 75 ans à cette époque, dont l'Athénien Callippus est l'inventeur (330 ans avant J. C.).

La *période d'Hipparque*, qui a pris le nom de son inventeur, est un cycle de 304 années solaires, qui ramènent les pleines et les nouvelles lunes aux mêmes époques (deuxième siècle avant J. C.).

Le *cycle solaire*, ou *période de 28 ans*, fut établi à Rome 14 avant J. C. Il avait pour but de ramener aux mêmes époques les dimanches, appelés alors jours du soleil. La réforme du calendrier, par Grégoire XIII, apporta un grand changement dans le cycle solaire.

Le *cycle pascal*, ou *période Dionisienne*, fut inventé, au cinquième siècle, par Victorinus, pour ramener les nouvelles lunes et la fête de Pâques, au même jour de l'année julienne. Il commence un an avant J. C., et consiste en une période de 532 ans, résultant de la multiplication du cycle solaire par le cycle lunaire, c'est-à-dire 19 par 28. Denys le Petit s'en empara en 526 et lui donna son nom. Ce cycle est hors d'usage depuis la réforme du calendrier.

Le *cycle des indictions* est une période de 15 ans qui a le même but que les autres cycles, et qui commence trois ans avant J. C. On croit que ce cycle fut établi vers l'an 649; quelques auteurs l'attribuent à Constantin, en 312; J. Scaliger le fait remonter à l'an 48 avant J. C.

La *période Julienne* est le produit des trois cycles solaire, lunaire et d'indiction, ou de $28 \times 19 \times 15$, formant une période de 7,980 ans, dans laquelle il ne peut y avoir une année qui ait le même nombre pour les trois cycles, qui reviennent ensemble au bout de ce temps. La période Julienne a été proposée en 1583, par Jules Scaliger, comme une mesure universelle en chronologie. On l'appela *Julienne* à cause du calendrier Julien, dont Scaliger fait usage.

Nous ignorons l'époque à laquelle fut établie la *période Chaldéenne*, qui consiste en 18 ans, ou 223 lunaisons. Cette période est importante, parce qu'elle ramène la lune à la même position, par rapport au soleil, à l'apogée et au nœud. BOSQUILLON.

CYCLOÏDE (géométrie). — La cycloïde est une courbe formée par un point quelconque d'un cercle se mouvant sur un plan. On n'est pas d'accord sur l'inventeur de cette courbe, que les modernes se sont longtemps disputée; quelques-uns l'attribuent au père Mersenne, d'autres à Bolivas (1500), d'autres au cardinal Cusa (1451). Il paraît cependant qu'elle fut connue de Dioclès, qui la fit servir à la solution de plusieurs problèmes géométriques (300 ans avant J. C.). Quoi qu'il en soit, Galilée, qu'on désigne aussi pour l'inventeur de la cycloïde, alors appelée *roulette*, est le premier qui en ait découvert l'aire, dont la détermination, ainsi que celle des tangentes, est due à Toricelli et Viviani, disciples de Galilée (1642). Huyghens démontra plus tard que, de quelque point que descende un corps pesant qui oscille autour d'un centre, s'il parcourt un arc de cycloïde, les oscillations seront isochrones; enfin, que la cycloïde est la courbe de plus prompte descente.

CYGNE (zoologie) [en latin *cygnus*]. — Genre d'oiseau de l'ordre des palmipèdes, dont les caractères sont: bec de la longueur de la tête, d'égale largeur dans toute son étendue, épais à sa base, aplati à son extrémité, dentelé en lames transversales sur les bords; narines oblongues, couvertes d'une membrane; cou long et flexible; ailes médiocres; queue courte et arrondie; tarses courts; doigts antérieurs largement palmés. Buffon a fait de ce bel oiseau une description magnifique. C'est, en effet, le plus grand et le plus remarquable des palmipèdes.

On prétend que d'un coup de son bec appliqué de toutes ses forces, cet oiseau peut renverser un homme. « On trouve le *cygne* dans toutes les contrées orientales de l'Europe. Il se tient constamment dans le voisinage des eaux, vit également de poissons et de végétaux, et niche sur le bord des étangs, dans les joncs et les roseaux, où il pond de six à huit œufs d'un gris verdâtre. Le *cygne à bec noir*, qu'on appelle aussi, quoique mal à propos, *cygne sauvage* et *cygne chanteur*, diffère à l'extérieur du précédent en ce que la blancheur de son plumage est légèrement nuancée de jaune, et que son bec est noir à son extrémité et jaune à sa base, où d'ailleurs il n'a pas de tubercule. A l'intérieur, il est encore plus facile à distinguer; sa trachée-artère, au lieu de se rendre en ligne droite au poumon, pénètre dans une cavité du sternum et y fait deux circonvolutions avant d'arriver à l'organe respiratoire. Cette espèce vit dans les régions arctiques, et ne se montre qu'en hiver dans l'Europe tempérée et méridionale. Sa nourriture se compose de plantes aquatiques et de vers, et il niche à terre, parmi les herbes qui croissent à peu de distance de l'eau. Sa ponte se compose de cinq à sept œufs, analogues à ceux du précédent, mais d'un vert plus foncé. C'est à cette espèce qu'on a attribué le chant mélodieux qui est devenu proverbial ; mais ce chant, notamment celui qu'on a dit qu'il faisait entendre à sa mort, est une de ces fables comme les Grecs nous en ont tant transmises. »

CYLINDRE [du grec *kulindros*, rond en longueur, comme une colonne, formé de *kulió* ou de *kulindô*, rouler, tourner]. — Corps solide, terminé par trois surfaces, dont deux sont planes et parallèles, et l'autre convexe et circulaire; on peut le supposer engendré par la rotation d'un parallélogramme rectangle autour d'un de ses côtés, lorsque le cylindre est droit, c'est-à-dire lorsque son axe est perpendiculaire à sa base.

La surface d'un cylindre droit, sans y comprendre sa base, est égale au rectangle fait de la hauteur du cylindre par la circonférence de sa base. Un cylindre est à une sphère de même base et de même hauteur comme 3 à 2.

Tous les cylindres sont entre eux en raison composée de leurs bases et de leur hauteur, c'est-à-dire que si leurs bases sont égales, ils sont entre eux comme leurs hauteurs, et si leurs hauteurs sont égales, ils sont entre eux comme leurs bases, etc.

Pour trouver le développement d'un cylindre, ou un espace curviligne qui, étant roulé sur la surface du cylindre, s'y applique et la couvre exactement, on décrira deux cercles d'un diamètre égal à celui de la base, on en traversera la circonférence, et, sur une ligne égale à la hauteur du cylindre, on formera un rectangle dont la base soit égale à la circonférence trouvée; ce rectangle, roulé sur la circonférence du cylindre, la couvrira exactement.

CYMOPHANE (minéralogie) [du grec *kuma*, flot, et de *phanós*, lumière flottante]. — Pierre précieuse de couleur jaune verdâtre, demi-transparente, cassante, à cassure conchoïde, rayant le quartz, possédant la double réfraction, infusible, électrique par frottement.

C'est le chrysobéril de Verner, la chrysopale de Lamétherie et la chrysolithe orientale des lapidaires.

On trouve ce minéral enclavé dans une gangue composée de feld-spath blanc, de quartz gris et de grenats émarginés. Cette substance est assez rare, mais n'a pas une grande valeur, quoique assez remarquable par une singularité spéciale : cette pierre, taillée et polie, offre dans son intérieur des reflets laiteux et bleuâtres semblant suivre les divers mouvements qu'on lui imprime, d'où lui vient son nom, donné par Haüy.

Le Brésil, l'île de Ceylan, le Connecticut aux États-Unis, et Nortschink en Sibérie, en ont seuls fourni jusqu'à présent.

La cymophane du Brésil est formée généralement

en fragments d'une pesanteur spécifique de 3,7337. Analysée, elle donne :

Glucine....................	0,1794
Alumine...................	0,7810
Peroxyde de fer...........	0,0447

Dans cette combinaison, l'oxygène de l'alumine est triple de celui de la glucine.

Celle de Ceylan, qui est de couleur paille, chargée d'une légère teinte de vert-pomme, contient :

Glucine....................	0,1900
Alumine...................	0,8100

Cette variété n'est qu'un peu moins dure que l'aigue marine.

Quant aux qualités extérieures, telles que la transparence, l'éclat, l'heureux mélange des couleurs, la cymophane du Brésil l'emporte de beaucoup sur celle des États-Unis, dont le tissu est aussi moins serré et la pesanteur spécifique un peu moindre.

Celle de l'Oural est colorée par le chrome; son mode de combinaison est analogue à celui du spinelle et de la ceylanite. Analysée, elle donne :

Glucine.	0,1802
Alumine...................	0,7892
Oxyde de chrome..........	0,0036
Cuivre et plomb...........	0,0029

Dans l'analyse par Klaproth, la glucine est remplacée par la silice, mais c'est probablement par erreur.

La cymophane, rarement cristallisée en forme régulière, se trouve le plus souvent en petites masses arrondies d'un vert d'asperge, tirant au gris jaunâtre et souvent au gris verdâtre; elles sont à peu près de la grosseur d'un pois dans les terrains d'alluvions. Quant à celle en grains cristallisés, elle est beaucoup plus rare, et se rencontre dans certaines roches granitoïdes.

En général, la cymophane, quoique ayant des nuances fort peu agréables en elle-même, parvient cependant à plaire lorsqu'elle est bien relevée par cette espèce de globe lumineux d'un blanc violacé ou bleuâtre qui paraît flotter dans sa cristallisation.

Bien que nommé chrysobéril par Verner, ce minéral n'a aucun rapport avec celui de Pline, qui était probablement une variété de béril d'un jaune verdâtre.

Taillée par les procédés ordinaires, la cymophane s'emploie comme les autres pierres précieuses en bagues, boucles d'oreilles, épingles, boutons, bracelets, etc.

Les cabinets de minéralogie de Paris en possèdent plusieurs beaux échantillons à l'état brut et taillé.

CH. BARBOT.

CYNOCÉPHALE (zoologie) [du grec *kuón*, chien, et *céphalé*, tête]. — Genre de singes de l'ancien continent qui ont, comme leur nom l'indique, le museau allongé et comme tronqué à son extrémité, où sont percées les narines. Remarquables par leur grande taille et par leurs formes hideuses, ces animaux, qui ne marchent qu'à quatre pattes, ont plutôt la physionomie d'un carnassier que celle d'un véritable singe. Leur corps gros et trapu, leurs membres courts et robustes, leurs canines saillantes, leurs sourcils élevés et leurs yeux étincelants, leur donnent un aspect féroce et repoussant qui inspire la terreur, sentiment auquel se joint celui d'une horreur et d'un dégoût involontaires, à l'aspect des callosités san-guinolentes que la plu-part ont aux fesses, au museau et dans plu-sieurs au-tres parties de leur corps. Les mœurs de ces quadru-manes s'accordent. parfaite-ment avec leur phy-sionomie. Insensibles aux bons comme aux mauvais

Fig. 92. — Cynocéphale.

traitements, ils font trembler tout ce qui les approche, jusqu'à leur gardien. On en a vu renverser et éventrer des chiens, avant qu'on eût le temps d'arriver à leur secours. Aussi rusés que vindicatifs, ils savent dissimuler leur ressentiment, jusqu'à ce que l'instant favorable de la vengeance arrive. Au moment où l'objet de leur haine s'y attend le moins, ils se jettent sur lui avec fureur, le déchirent cruellement, et sont déjà hors de la portée de ses coups avant qu'il ait eu le temps de songer à se défendre. Cette cruauté est d'autant plus extraordinaire que les *cynocéphales* ne se nourrissent que de matières végétales, et montrent une antipathie très-prononcée pour la chair. Les fruits, les racines tendres et sucrées, les melons, etc., sont les substances qu'ils préfèrent; ils mettent à s'en emparer la même adresse que les guenons, et emploient le même artifice qu'elles pour commettre leurs brigandages avec plus de promptitude et moins de danger.

Parmi les espèces de ce genre, qui sont au nombre de six ou sept, les uns ont une queue assez longue, tels sont le *papion*, le *babouin*, etc.; les autres l'ont très-courte, comme le *drill* et le *mandrill*. (Dr *Salacroux*.)

CYNOGLOSSE (botanique) [du grec *kunos*, chien; *glossa*, langue, à cause de la forme de ses feuilles].— Genre de plantes de la famille des borraginées, herbacées, rameuses, à fleurs d'un rouge vineux; calice à cinq divisions, corolle infundibuliforme lobées.

On croyait autrefois que cette plante guérissait la maladie pédiculaire; aujourd'hui même, l'effet calmant des *pilules de cynoglosse* n'est nullement dû aux propriétés de la racine de ce végétal; mais bien à l'extrait d'opium qui entre dans leur composition.

CYPRÈS (botanique) [*cupressus*]. — Genre de la famille des *conifères* (voy. ce mot), comprenant de grands arbres, à tronc élevé, dont les rameaux, souvent alternes, sont couverts de feuilles petites, étroites, im-briquées les unes sur les autres; fleurs uni-sexuées et monoïques, formant de petits cha-tons, dont les mâles sont ovoï-des avec 20 écailles (4 étamines sur cha-cune de cel-les-ci), et dont les femelles of-frent un cône fort court à 8,

10 écailles, sous lesquelles sont les ovaires.

L'aspect d'un cyprès, dit un auteur, suffit pour réveiller en nous un sentiment de tristesse et des

Fig. 93. — Cyprès.

idées de mort, parce que les anciens, en voyant le port triste et pour ainsi dire silencieux de cet arbre funèbre, l'avaient consacré à la déesse impitoyable qui nivelle tout et frappe également le pauvre en sa cabane et le monarque en son palais. Son nom seul, en nous rappelant la métamorphose de Cyparisse, produit dans notre âme une douce mélancolie, et nous intéresse au sort de cet infortuné jeune homme.

Nous n'avons en France qu'une seule espèce de ce genre; mais les pays étrangers en produisent six ou sept autres qui diffèrent peu de la nôtre.

CYPRINS ou **CYPRYNOÏDES** (zoologie). — Famille nombreuse de poissons malacoplérygiens abdominaux, comprenant les *carpes, barbeaux, goujons, tanches, brèmes* et *ables.* — Voy. ces mots.

CYSTALGIE (pathologie) [du grec *kustis*, vessie; *algos*, douleur]. — Névralgie de la vessie. Cette affection est peu connue parce qu'elle est rarement idiopathique, et que, quand elle est symptomatique, elle s'éclipse devant les phénomènes de la maladie primitive, qui est une cystite ou un calcul vésical.

La cystalgie se comporte comme les autres névralgies. Simple ou essentielle, elle paraît se rattacher à une métastase rhumatismale (rhumatisme vésical), à un refroidissement. Elle se manifeste par des douleurs lancinantes, aiguës, qui rayonnent au loin, par des envies fréquentes d'uriner, des épreintes, du ténesme, une rétention complète même, sans qu'il existe ni fièvre, ni urines bourbeuses, ni dépérissement comme dans la cystite.

La cystalgie se distingue suivant qu'elle occupe le corps ou le col de la vessie. Cette distinction toutefois est peu importante, car, dans tous les cas, le traitement consiste en bains, fomentations narcotiques, injections et lavements calmants; l'opium, les pilules de Méglin à l'intérieur sont aussi efficaces. Disons que cette affection, en tant que considérée comme isolée de toute altération de l'appareil urinaire, est très-rare, et que le plus souvent, par un examen attentif et bien dirigé, on découvrira la lésion (inflammation ou pierre) qui occasionne la vive sensibilité de la vessie. (*Bossu.*)

CYSTITE (pathologie) [du grec *kustis*, vessie]. — Inflammation du réservoir de l'urine. Cette maladie doit être distinguée en aiguë et en chronique. Dans l'un et l'autre cas, elle est partielle ou générale; superficielle ou profonde, c'est-à-dire bornée à la muqueuse ou étendue aux autres parois vésicales.

La cystite *aiguë* est presque toujours produite par quelques causes directes, telles qu'une plaie pénétrante, une contusion à l'hypogastre, une chute sur les reins ou le périnée, le séjour d'une sonde dans l'urètre ou le cathétérisme, la rétention d'urine, un accouchement laborieux, l'ingestion ou l'application des cantharides, lesquelles déterminent quelquefois à la surface interne de l'organe une exsudation pseudo-membraneuse. Ses symptômes sont les suivants: une douleur vive, précédée ou non de frisson, se manifeste dans le bas-ventre; les mouvements et la pression l'exaspèrent. Le malade éprouve des envies fréquentes d'uriner; l'urine est en petite quantité, rouge, brûlante, son excrétion est très-difficile et douloureuse, parfois même les efforts de miction sont sans résultat. Dans ce dernier cas, il y a ce qu'on appelle *ténesme vésical*, phénomène qui indique que l'inflammation occupe particulièrement le col de la vessie. Il y a fièvre, soif ardente, nausées, constipation; si l'on introduit une sonde pour évacuer l'urine, elle cause des douleurs excessives. La rétention d'urine augmente la phlegmasie; le malade est dans l'anxiété la plus grande, son ventre se météorise, et tous les symptômes acquièrent plus d'intensité. Si le cours de l'urine ne se rétablit pas, si ce liquide s'accumule dans son réservoir et distend ses canaux irrités, il devient un élément d'absorption; les humeurs paraissent en être infectées, car le malade répand une odeur ammoniacale, il a une fièvre ardente avec prostration, sécheresse de la langue, quelquefois délire ou coma, phénomènes qui caractérisent la *fièvre urineuse.*

La cystite aiguë est généralement une maladie sérieuse: elle se termine pourtant assez souvent par résolution, mais plus fréquemment par l'état chronique. Dans les cas graves, la mort est la conséquence soit de la résorption urineuse, soit d'une rupture de la vessie.

La cystite *chronique* est une maladie assez commune, qu'on confond facilement avec le catarrhe de la vessie, mais qui en diffère quelquefois totalement. Elle peut être primitive et idiopathique, mais le plus ordinairement elle succède à la forme aiguë ou est causée par les calculs vésicaux, les rétrécissements de l'urètre, etc. — Douleur hypogastrique plus ou moins prononcée, envies fréquentes d'uriner, urines troubles, muqueuses ou muco-purulentes, malaise général, mouvement fébrile de temps en temps, digestions difficiles, amaigrissement, tels sont ses principaux symptômes, qui augmentent d'intensité sous l'influence du froid, des aliments excitants, des boissons alcooliques, des rapports sexuels, qui s'amendent, au contraire, dans les conditions opposées. Lorsqu'ils cèdent tout à fait et que l'urine continue de déposer un mucus filant, il y a alors catarrhe de vessie, variété de la cystite chronique dont nous parlons plus bas d'une manière spéciale. — Nous avons déjà indiqué le pronostic de la cystite aiguë; il est presque aussi grave dans la forme chronique. Après la mort, on trouve les parois de la vessie épaissies, sa membrane muqueuse diversement colorée, souvent fongueuse, ramollie ou ulcérée. La capacité du réservoir est, dans les cas anciens, très-diminuée, elle l'est d'autant plus que les parois sont plus hypertrophiées.

Traitement. — On oppose à la cystite aiguë les sangsues à l'hypogastre, au périnée si le col vésical est plus spécialement le siége de l'inflammation, la saignée du bras en cas de réaction fébrile, les cataplasmes émollients, les bains tièdes, les lavements et les boissons mucilagineuses. Quand il y a rétention d'urine, le malade ne doit pas boire beaucoup, et on doit le sonder. D'autres indications peuvent naître de la nature de la cause: si la cystite est due à l'action des cantharides, par exemple, on ajoute un peu de camphre aux lavements, et on en fait prendre mêlé à de l'opium (sel ne nitre, camphre, de chaque, 1 gramme; extrait d'opium, 15 centigrammes; — pour six pilules, dont une ou deux par jour). S'il s'agit d'un calcul, il faut songer à en débarrasser le ma-

Fig. 94. — Cytise.

lade par la lithotritie ou la taille; mais l'opération ne doit être tentée qu'après l'extinction complète des accidents inflammatoires.

Le même traitement convient dans la cystite *chronique*, sauf qu'on proportionne l'action des médicaments et du régime à l'intensité des phénomènes. Le malade devra se couvrir de flanelle, éviter le froid, prendre des bains de vapeur, faire usage d'eau de goudron, etc. Il peut être utile d'établir une révulsion sur l'hypogastre, mais on doit employer pour cela la pommade d'Autenrieth, et non le vésicatoire, qui ferait beaucoup de mal. Plusieurs autres médications sont préconisées, notamment les eaux minérales, celle d'Evian en particulier.   Dr BOSSU.

CYTISE (botanique) [en latin *cytisus*]. — Genre de plantes de la famille des papilionacées, composées de sous-arbrisseaux ou arbres à feuilles trifoliées, à fleurs jaunes axillaires ou réunies en tête, calice à deux lèvres, corolle ovale, étamines monadelphes, etc. Les principales espèces sont : *cytise aurore*, vulgairement *faux ébénier*, dont les Gaulois fabriquaient leurs arcs, et le *cytise des Alpes*, variété qui doit son nom à sa position. — Quelques espèces sont cultivées dans les jardins.

CZAR [des *Césars* de Rome, suivant les uns ; mais suivant d'autres de *czar*, qui signifiait roi chez les Scythes. Les nations du Nord prononcent *tzar*.] — Titre que prend le souverain de Russie. On donne le nom de *czarine* à l'épouse du souverain de Russie, ou à la princesse qui en est souveraine.

FIN DE LA LETTRE **C**.

D, quatrième lettre de l'alphabet français; elle a le son du T affaibli et se confond ou s'échange fréquemment avec cette lettre. Dans les nombres, D valait 500 chez les Romains; chez les Grecs, δ′ valait 4; δ̸ valait 4,000. Dans le calendrier romain D était la quatrième des lettres nundinales; il est encore, dans notre calendrier, la quatrième des lettres dominicales. Dans l'ancien alphabet chimique, D signifiait le sulfate de fer. Sur les monnaies, D indique la fabrique de Lyon.

DA CAPO (musique) (et par abréviation D. C.). — Expression italienne qui signifie *depuis la tête*, et qui se met quelquefois à la fin d'un morceau de musique, pour indiquer qu'il faut le reprendre depuis le commencement jusqu'au signe de terminaison. Quelquefois il ne faut pas reprendre au commencement, mais à un lieu marqué d'un renvoi. Alors, au lieu de ces mots *da capo*, on trouve écrits: *al segno.*

DAGUERRÉOTYPE [du nom de l'inventeur *Daguerre*].—Appareil à l'aide duquel on fixe les images de la chambre obscure. Il se compose « d'une chambre obscure, disposée de manière à recevoir les images sur une plaque de métal préparée à cet effet. Cette plaque est du cuivre argenté, recouvert d'une couche très-légère d'iodure ou de bromure d'argent qu'on obtient en l'exposant, dans une boîte, à l'évaporation spontanée de quelques parcelles d'iode ou de brome. Ainsi préparée et placée dans la chambre obscure, cette plaque est, en quelques secondes, impressionnée par les rayons qui émanent des objets disposés devant l'objectif, et leur image s'y reproduit. La production de l'image daguerrienne n'exige pas une très-vive lumière; elle s'effectue également bien, mais moins rapidement, par un temps couvert. On a observé qu'en blanchissant l'intérieur de la pièce où l'on opère, l'image se formait plus vite avec une lumière moins forte, et que l'imprégnation était plus uniforme. » — L'idée de fixer les images de la chambre obscure remonte à l'année 1813. Les premières tentatives en furent faites par M. Niepce, qui se livra pendant de longues années à des expériences sur ce sujet, et trouva,

en 1827, un procédé qu'il appela *héliographie*, pour la copie des gravures. En 1829, il s'associa avec Daguerre pour le perfectionnement de ce procédé. Après douze ans de recherches persévérantes, Daguerre créa enfin le procédé qui sert encore aujourd'hui, et qui a reçu de nombreux perfectionnements. — Voy. *Photographie.*

DAHLIA (botanique) [de *Dahl*, botaniste suédois]. — Genre de plantes de la famille des composées, tribu des radiées, herbacées, vivaces par leurs racines, annuelles par leur tige. Tout le monde connaît cette jolie plante, à la tige creuse, garnie de feuilles dentées, opposées, aux fleurs grandes, de couleurs brillantes, situées à l'extrémité des tiges. L'espèce la plus répandue est le *dahlia variable*, à racine fasciculée et tuberculeuse, dont la tige herbacée et cylindrique dépasse 2 mètres de hauteur. « On a obtenu des variétés à fleurs doubles dans lesquelles les fleurons tubuleux et jaunes du dahlia sauvage se sont transformés en demi-fleurons colorés de nuances vives et veloutées. Le dahlia se multiplie aisément par semis, par bouture, par greffe ou par la séparation des tubercules : ce dernier moyen est le plus simple et le plus usité. A la fin de mars, on place les tubercules sur une couche, le long d'un mur exposé au midi, et on les recouvre d'un peu de terreau légèrement humecté. Au bout de quinze jours, on voit sortir un certain nombre de pousses, que l'on sépare et que l'on transplante dès qu'elles ont atteint de 6 à 12 centimètres. Après la floraison, on laisse les tubercules jusqu'au mois de novembre, et, à cette époque, on profite d'un beau jour pour les enlever de terre; on les nettoie bien, et on les place à l'abri du froid et de l'humidité jusqu'au printemps suivant. Au Mexique, les tubercules du dahlia se mangent cuits sous la cendre; chez nous, leur saveur est fade et même désagréable : on peut toutefois s'en servir pour engraisser la volaille; les feuilles sont aimées de tous les bestiaux. » M. Payen a extrait du tubercule une substance blanche appelée *dahline*, qu'on a essayé d'utiliser. Les dahlias sont originaires du Mexique. En 1790 seulement, ils furent introduits en Europe, et ce ne fut qu'en 1802 qu'on s'est occupé, en France, de leur culture.

DAIM (zoologie). — Espèce de mamifère du genre cerf, plus petit, mais non moins élégant, ayant le pelage d'été fauve et tacheté de blanc, le pelage d'hiver d'un brun noirâtre ; les bois divergents avec les andouillers supérieurs aplatis et palmés. Ce ruminant vit dans les bois et sur les collines ; il est commun dans toute l'Europe, mais surtout en Angleterre, où il fait l'ornement des parcs. On le chasse principalement pour sa peau, dont on fabrique des gants excellents ; autrefois on en employait de grandes quantités pour faire les culottes des cavaliers.

La femelle, appelée *daine*, ne diffère du mâle que par l'absence de bois. Elle porte huit mois et quelques jours, ne produit qu'un ou deux petits, cesse d'engendrer à quinze ou seize ans, et ne vit guère que vingt ans. On distingue le *daim blanc*, qui est albinos, le *daim noir*, qui est très-petit ; enfin plusieurs espèces fossiles.   B. L.

DAMAN (*hyrax*) (zoologie). — Genre de mamifères anomaux qu'on place parmi les pachydermes, tandis qu'on les laissait autrefois dans l'ordre des rongeurs. Quoiqu'ils ne figurent bien ni parmi les uns ni parmi les autres, ils nous semblent avoir beaucoup plus d'affinités avec ces derniers qu'avec les pachydermes : ils ont les doigts onguiculés, leur corps est couvert de poils de deux sortes, les uns soyeux, les autres laineux ; leurs moustaches, leur lèvre supérieure fendue ; leurs mouvements agiles, leur allure sautillante ; en un mot, toutes leurs habitudes et toute leur organisation les rapprochent des rongeurs. La seule particularité qui les en éloigne, c'est leur système dentaire : ils ont quatre incisives en bas, et leurs molaires ressemblent en petit à celles du rhinocéros. Mais il nous semble que cette considération unique ne doit pas l'emporter aux yeux des naturalistes sur l'ensemble de celles qui les unissent aux rongeurs.

On ne trouve les *damans* que dans les contrées méridionales de l'ancien continent ; ils se tiennent dans les fentes des rochers, et se nourrissent de fruits, de racines et d'autres matières végétales. Ils sont d'un naturel très-doux, s'apprivoisent aisément et s'attachent volontiers aux personnes qui les soignent. Ce qui, joint à la propreté et à la gentillesse de leurs mouvements, les rend agréables à posséder en domesticité. On en connaît deux espèces : le *daman du Cap* ou *klipdaas*, et le *daman de Syrie* ou *daman-Israël*. (Dr *Salacroux*.)

DAMASQUINERIE (damasquinure, damasquineur) [de Damas, ville d'Orient, et des lames d'acier pour lesquelles ce pays possède une antique renommée.]

La damasquinerie, que quelques auteurs ont faussement appelée incrustation ou définie comme telle, est simplement une espèce de dorure solide appliquée sur l'acier. Voici comment on procède dans la fabrication :

Après avoir dessiné des figures ou ornements sur la partie unie et polie, on raye finement dans plusieurs sens ces mêmes ornements, en ayant soin de se renfermer dans le galbe tracé ; ainsi préparé, on présente sur l'acier la feuille d'or, que l'on soude au moyen d'un certain acide et du feu ; le métal fin adhère tellement après l'opération, que l'on peut encore faire subir une seconde chaude à l'objet ou à l'arme pour être trempés, et l'on sait que dans ce cas la secousse causée par le refroidissement subit de l'acier incandescent dans l'eau froide peut désagréger les molécules de ce métal lui-même, et le sillonner de cassures plus ou moins profondes ; il faut donc que la préparation de la damasquinerie, dont la supériorité dépend de l'adresse et des précautions de l'ouvrier, présente une ténacité vraiment extraordinaire pour ne pas se dépouiller et résister à toute espèce d'action dont le frottement ou la rouille ne sont pas les moindres.

Le travail ainsi terminé s'appelle damasquinure ou damasquine (terme de métier).

On peut voir aux musées de Cluny et d'Artillerie des anciennes armures et armes damasquinées dans une conservation presque complète. Celles du seizième siècle et du temps de Louis XIII sont fort intéressantes ; on y distingue surtout des boucliers, des masses et marteaux d'armes, des poudrières, des gantelets, des épées, fusils à rouet, arbalètes, hallebardes, oliphants, muserolles de cheval ou de mulet, une épaulière, des fragments d'armures de chevaux, casques, sabres, poignards, pistolets, étriers, mors de bride, fermoirs d'escarcelles, etc., etc.

L'art du damasquineur était connu des anciens, et nous est venu sous Henri IV. Il fut en grande vogue à l'époque de la renaissance. Le roi et les ducs se firent fabriquer des armures complètes damasquinées.

Les orfèvres d'alors furent les premiers qui pratiquèrent cet art jusqu'au jour où chaque métier se divisa pour se spécialiser.

Depuis notre conquête d'Afrique, une grande quantité d'armes damasquinées soit en or ou en argent, prises aux Arabes, est venue témoigner de l'usage anciennement répandu chez la plupart des nations européennes dans l'art de la damasquinerie. Ces damasquinures, si communes il y a quelques siècles, sont rares aujourd'hui ; ce travail, qu'on étalait à profusion, tombe presque dans l'oubli pour faire place à l'incrustation, qu'on lui préfère.—Voy. *Incrustation.*

On ne compte à Paris que trois ou quatre artistes capables de damasquiner convenablement (et encore sont-ils obligés, pour vivre, de faire d'autres travaux analogues). Pérot est surtout celui qui y excelle encore ; il est une de ces rares intelligences qui conservent la tradition de leur art, la caressent et la continuent avec amour, grâce à quelques généreux amateurs.

Il est fort difficile pour l'œil non exercé de reconnaître la différence qui existe entre la dorure sur acier et la damasquinure ; il faut, pour ainsi dire, être du métier: l'aspect est presque le même, la durée seule peut constater le genre de travail.

Il faut se mettre en garde contre la fraude, car bon nombre de marchands, peu soucieux de loyauté, vendent hardiment des objets dorés pour de la damasquinure ; on peut cependant s'en rendre compte dans la délicatesse et la régularité du travail qui ne sont pas les mêmes.

Le damasquineur pose sa pellicule d'or sur l'acier, puis la rectifie ensuite de façon à ce que le dessin soit correct, tandis que dans la dorure simple, l'ornement est lourd et inégal et la dissolution s'étale souvent outre mesure, faute d'avoir préservé les parties qui doivent être intactes.

L. PAUL.
Orfévre statuaire.

DANEMARK (Géographie).—Ce royaume se compose : 1° du Danemark propre avec les îles de l'archipel danois, comprenant les îles de Séeland, Laland, Fionie, Alsen, Langeland, Fesmeren, Falster, Bornholm, qui sont situées entre les 53° 20' et 57° 50' de de lat. N., et entre les 5° 40' et les 10° 30' de long. E., ayant pour limites au N. le Skager-Rack, au N. E. le Cattégat, à l'E. le Sund, au S. E. la mer Baltique, au S. l'Allemagne, et à l'O. la mer du Nord ; 2° les autres provinces qui dépendent de l'ancien empire germanique sont, sur le continent, le Jutland, les duchés de Holstein et de Lauenbourg, avec la seigneurie de Pinneberg et le comté de Ransan, y compris la ville d'Altona ; le Danemark possède encore l'Islande, les îles de Faroë, le Groenland et quelques établissements dans les deux Indes. Ce royaume est presque entièrement situé dans la Baltique, où il possède le fameux passage du Sund, où tous les pavillons doivent acquitter un péage. On évalue sa population à 3,000,000 d'hab. Malgré les îles dont ce pays est en grande partie composé, il possède plusieurs canaux, dont celui appelé le canal de *Shleswig-Holstein* est le plus considérable ; il fait communiquer la mer du Nord avec la Baltique, en réunissant l'Eider, à partir de Rendsbourg, au golfe de Kiel, sur la Baltique. On admire ses écluses et ses ponts. Le canal de *Steckenitz* forme la jonction de l'Elbe avec la Baltique, par la réunion de la Delven, affluent de l'Elbe, à la Stecknitz, affluent de la Trave, qui va se jeter dans la mer Baltique. Il y a deux autres canaux moins importants : celui de *Restved*, qui sert au transport du bois des forêts des environs de Soro, dans l'île de Séeland, et l'autre est le canal d'Odensee, dans l'île de Fumen, qui fait communiquer cette ville avec la Baltique.

Les productions du Danemark sont des blés, de l'orge, de l'avoine, des pois, du colza ou de la navette, du lin, du chanvre, du tabac, du blé sarrasin, des chevaux et une grande quantité de bestiaux dans le Holstein et le Jutland.

L'industrie manufacturière du Danemark fournit à la consommation intérieure sans entrer en concurrence, sur les marchés étrangers, avec les produits de celle des autres pays. L'industrie domestique est parvenue à fabriquer une certaine étoffe de laine grossière, appelée *wadmel*, dont les gens de la campagne font usage pour leurs vêtements ; une autre étoffe, moitié fil et moitié laine, qu'on appelle *hvergarn*. On fait de belles couvertures de chevaux, de belles toiles, une grande quantité de sacs dont on exporte une grande partie. En général, les paysans, dans le Jutland aussi bien que dans les îles, confectionnent eux-mêmes tous les objets d'habillement dont ils ont besoin, ainsi que les instruments aratoires. La fabrication de la dentelle aux fuseaux occupe, à Tondern et dans les environs, plus de 10,000 personnes, qui gagnent annuellement environ 500,000 florins ; mais ces dentelles, ainsi que les blondes, sont d'une qualité commune. La filature du lin et de la laine se borne aux besoins domestiques. Les artisans travaillent sans goût, n'économisent pas assez les matières ; leurs outils sont communs et imparfaits, et leurs ouvrages sont médiocres. Cependant il y a quelques branches d'industrie qui ont fait d'assez grands progrès ; telles sont la menuiserie et la chapellerie, les ouvrages de fer-blanc et ceux des cordonniers. Toutes les professions sont réunies en corporations, et ne travaillent que pour la consommation ; le principal siége de l'industrie est Copenhague ; on rencontre aussi des fabriques à Altona, Kiel, Randers, Fridericia, et dans plusieurs autres localités.

Les manufactures d'étoffes de laine ont fait quelques progrès ; la plus ancienne est celle qui est établie dans le Goldhausen, à Copenhague ; c'est aussi la plus considérable. Il y a aussi plusieurs manufactures d'étoffes de soie, de coton et de toile fine, mais qui ne peuvent remplir tous les besoins de la consommation, tandis que les manufactures de toiles à voile suffisent à toutes les demandes ; il y a aussi des corderies considérables. Les tanneries préparent une grande quantité de peaux, et le cuir qui en est le produit est d'une assez bonne qualité. Les gants ont acquis une grande renommée, surtout ceux de Randers et d'Odensee. La fabrication du papier est assez considérable. Il y a 50 raffineries de sucre dans tout le pays, dont les produits fournissent non-seulement à la consommation, mais aussi à l'exportation. Les fabriques de tabac emploient en partie du tabac indigène, et en partie du tabac exotique, dont la quantité est de 2 à 3 millions de livres pesant. Les brûleries d'eau-de-vie de grains sont en grand nombre ; on en compte jusqu'à 3,000, dont 1/6 se trouve à Copenhague.

Tout ce qui concerne les manufactures et le commerce est sous la surveillance immédiate du collége d'économie et de commerce, et de la direction des fabriques, qui y est réunie.

Le Danemark a une situation avantageuse pour le commerce, étant entre le Cattegat et deux mers qui sont très-fréquentées par les navigateurs de la plupart des nations maritimes et commerçantes de l'Europe. Ces deux mers sont celles du Nord et de la Baltique. Le Danemark tient en quelque sorte la clef de cette dernière, par le détroit du Sund, où les vaisseaux de toutes les nations doivent acquitter un droit. Il a l'avantage d'exercer une espèce de monopole sur le commerce des ports de la Suède et de la Norvége, situés sur le Cattegat et le littoral de la Baltique; ce qui lui offre, en outre, l'avantage d'ouvrir un débouché favorable à son blé ainsi qu'à ses autres produits, et lui fournit le moyen de faire un commerce de transit considérable sur la Baltique.

Le commerce intérieur se fait, entre les ports de mer, par de petits bâtiments caboteurs; car, à l'égard du commerce de terre, il n'y a que le Holstein et le Lauenbourg, dans la partie allemande du continent voisin, qui puisse se livrer à un pareil commerce. Le commerce intérieur consiste dans l'échange que font les provinces, entre elles, des produits de leur sol ou de leurs manufactures, et des articles importés de l'étranger dans les ports de mer, ou de ceux qu'on y transporte de l'intérieur pour alimenter le commerce d'exportation.

Le Danemark entretient des relations de commerce avec la plupart des pays de l'Europe; ses vaisseaux fréquentent non-seulement tous les ports de la Baltique, de la mer du Nord, mais aussi ceux de l'Océan et de la Méditerranée, où se trouvent les villes de commerce les plus considérables de l'Angleterre, des Pays-Bas, de France, du Portugal, de l'Italie, de l'Espagne, des Indes orientales et de l'Amérique. (*Montbrion*.)

DANSE [de l'allemand *dantz*, ou de l'arabe *tanza*; les Italiens disent *danza*, les Espagnols *dança*, et les Anglais *dance*]. — Mouvements réglés du corps, consistant en des sauts et des pas mesurés, faits aux sons des instruments ou de la voix.

Le goût de la danse semble inné chez l'homme. « Partout où l'on trouve des hommes réunis pour une fête, on trouve des hommes dansant. Les sauvages célèbrent leurs victoires par des danses; ils dansent autour des prisonniers qu'ils vont dévorer; ils dansent même pour le plaisir de danser. La danse est le plus vif des divertissements honnêtes, et l'un des plus utiles exercices gymnastiques. Tout en donnant du plaisir, elle fortifie la santé; elle entretient dans les membres la force et la souplesse; elle répand sur tous les mouvements du corps un certain agrément qui ne se perd jamais; elle prête de la grâce au repos comme au mouvement; elle donne un air dégagé, qui paraît dans la démarche; elle inspire surtout aux jeunes gens une heureuse confiance qui leur sied fort bien. »

Quant à la valse, nous savons tous, dit un auteur moderne, ce que c'est qu'une valse : heureux celui pour qui ce n'est point un souvenir! Quand d'un bras on entoure une taille fine et souple qui, soumise à la cadence, obéit et s'approche chaque fois qu'on l'invite par une douce étreinte; qu'on tient de l'autre main une main complaisante, qui ne quitte point la vôtre, ou que l'on n'abandonne que pour se rapprocher et s'enlacer davantage; quand, si près l'un de l'autre qu'on se dispute le même air, et qu'on le reçoit tour à tour des lèvres qui l'ont respiré, les deux regards, qui n'en font qu'un, se confondent, s'unissent, se touchent, portent et rapportent tour à tour la même pensée d'amour, et le même trouble qui

les trahit; quand on est jeune, qu'on est aimant, aimable, qu'on est beau et qu'on valse.... il est facile de prévoir ce qui peut arriver, surtout lorsque le bras d'un jeune homme, aussi vigoureux que souple et léger, presse vivement la taille svelte de sa danseuse; que, malgré sa résistance, à chaque tour il effleure son visage; lorsque, lancés tous les deux dans ce tournoiement rapide, leurs regards, leur haleine et leur palpitation s'unissent comme leurs bras et leurs pieds; alors le feu rapide qu'allument et sans cesse attisent ce balancement enivrant, ces étreintes continuelles, passant d'un cœur à l'autre, comme l'éclair électrique, les trouble au premier tour, les enivre au second, les livre.... Mères, qui laissez valser vos filles; maris, qui possédez des femmes jeunes, vives, jolies, impressionnables, et les laissez valser, avez-vous donc perdu la mémoire?

Si l'on ne s'adonnait à la danse que dans des circonstances convenables, nul doute qu'elle ne produisît de bons effets; il faudrait qu'on s'y livrât dans le jour, en plein air, avant le repas du soir. Nos bals, qui ont lieu la nuit, moment du repos, dans des appartements fermés, où circule peu d'air, où se dégagent une multitude d'exhalaisons méphitiques, etc., sont bien loin d'être salutaires.

Lorsqu'on vient de danser, il ne faut pas s'exposer à un courant d'air frais, ne pas boire froid, ne pas faire usage de boissons acides, attendre enfin que la chaleur soit tempérée, pour éviter la suppression de la transpiration et ses suites dangereuses.

Il y a naturellement dans la voix des sons de plaisir et de douleur, de colère et de tendresse, d'affliction et de joie, il y a de même dans les mouvements du visage et du corps des gestes de tous ces caractères; c'est l'expression de ces gestes qu'on nomme *danse* ou *l'art des gestes*.

Danse sacrée; c'est la plus ancienne de toutes les *danses* et la source dans laquelle on a puisé toutes les autres. Le peuple juif la pratiquait dans les fêtes solennelles. Les Égyptiens, les Grecs et les Romains instituèrent, en l'honneur de leurs dieux, des *danses* semblables à celles qu'on pratiquait dans la primitive Église.

Les hommes, qui d'abord s'étaient servis de la *danse* dans leur culte, l'employèrent dans leurs plaisirs, et peu après l'introduisirent au théâtre. Les Grecs furent les premiers qui assujettirent cet art à des lois certaines : une exposition claire et sévère devait offrir l'idée de l'action qu'elle devait peindre; un nœud ingénieux en suspendait la marche sans l'arrêter, et elle arrivait ainsi graduellement par un développement agréable à un dénoûment bien amené, quoique imprévu.

Lorsque les Romains commencèrent à montrer du goût pour les arts, des danseurs de la Grèce accoururent en foule à Rome. Pylade et Batyle, les deux hommes en ce genre les plus surprenants, vinrent y développer leurs talents sous l'empire d'Auguste. Le premier imagina les ballets tendres, graves et pathétiques, tandis que l'autre se livrait à des compositions vives, gaies et légères.

Un danseur nommé Memphir, qui était un philosophe pythagoricien, exprimait par sa *danse* toute l'excellence de la philosophie de Pythagore, avec plus d'élégance, de force et d'énergie que n'aurait pu le faire le professeur de philosophie le plus éloquent.

La *danse*, portée chez les Grecs et chez les Romains à son plus haut point de perfection, eut le sort de tous les arts, elle disparut à l'approche des Barbares. Mais après une longue suite de siècles, la voix d'un *Médicis* la rappela. La fête donnée, à Tortone, à *Galéas*, duc de Milan, et à son épouse, par Bergonce le Batta, donna l'idée des carrousels, des opéras et des ballets à machines. La mort tragique de Henri II ayant fait perdre en France le goût des tournois, les ballets, les mascarades et les bals furent l'unique ressource de la gaieté française.

La *danse* était au berceau, en France, lors de l'établissement de l'opéra. Quinault fonda un nouveau théâtre parmi nous, et voulut parler à l'oreille par les sons modulés de la voix, et aux yeux par les pas, les gestes et les mouvements mesurés de la *danse*.

La *danse* est portée aujourd'hui à un degré de perfection dont on n'aurait pu concevoir l'idée du temps de Quinault, et ce que les Romains ont vu faire à Pylade et à Batyle pourra être un jour exécuté par nos danseurs.

De toutes les danses importées en France au dix-septième siècle, la *contredanse* seule nous est restée. Le *menuet* a disparu avec le dix-huitième siècle, et la *gavotte* avec l'Empire. La contredanse elle-même passe de mode : le *galop*, la *polka* hongroise, la *mazourka* et la *redowa* polonaises, la *schottisch*, danses toutes récentes, ont seules la vogue.

DANSE DE SAINT-GUY (pathologie). — Voyez *Chorée*.

DARTRES (pathologie) [du grec *dartos*, excorié, en latin *herpes*, qui vient du verbe grec *erpein*, ramper, les dartres ayant pour caractère de s'étendre comme en rampant]. — Le mot *dartre* est un terme générique par lequel on désignait, il y a déjà un certain nombre d'années, la plupart des affections cutanées non fébriles, soit aiguës, soit chroniques, mais souvent très-différentes l'une de l'autre. Le professeur Alibert se servait de cette dénomination, et il en distinguait sept espèces : 1° *Dartre furfuracée*, consistant en de légères exfoliations de l'épiderme ressemblant aux pellicules du son; 2° *dartre squammeuse*, caractérisée par des exfoliations de l'épiderme qui forment des écailles plus larges que dans l'espèce précédente; 3° *dartre crustacée*, présentant des croûtes jaunes, grises, blanchâtres ou verdâtres, de différentes formes; 4° *dartre rongeante*, offrant des boutons pustuleux ou des ulcères rongeants qui fournissent un pus ichoreux et fétide, qui n'attaquent pas seulement la peau, mais qui corrodent aussi les muscles et les cartilages, et s'étendent quelquefois jusqu'aux os; 5° *dartre pustuleuse*, que l'on reconnaît à ses pustules plus ou moins vo-

lumineuses et rapprochées, se desséchant en écailles qui tombent et sont remplacées par des taches rougeâtres; 6° *dartre phlycténoïde*, ayant des phlyctènes ou vésicules produites par le soulèvement de l'épiderme, remplies par une sérosité ichoreuse, laissant, après leur dessiccation, des écailles rougeâtres analogues à celles qui suivent la terminaison de l'érysipèle; 7° *dartre érythémoïde*, dans laquelle on observe des élevures rouges et enflammées produites par le gonflement du tissu cutané et se terminant par des exfoliations de l'épiderme analogues à celles de l'érythème.

Aujourd'hui, que l'on préfère à cette nomenclature d'Alibert celle de Willan, modifiée par Biett, le mot *dartre* est rejeté du langage scientifique comme trop vague et ne s'appliquant à aucune affection bien déterminée. Ce n'est pas ici le lieu de décrire les différentes classifications de la pathologie cutanée avec leurs synonymes, ce travail devant trouver sa place au mot *Maladies de la peau*.

Quoi qu'il en soit, le mot *dartre* étant toujours, parmi les gens du monde, la dénomination sous laquelle on désigne la plupart des maladies chroniques de la peau, nous allons entrer, à son sujet, dans des généralités qui s'appliquent à toutes ces affections.

Nous donnerons plus particulièrement le nom de *dartres* aux affections morbides qui altèrent la couleur, la texture, les fonctions des téguments, qui se présentent sous des formes variées (taches, plaques, vésicules, pustules, etc.), qui donnent souvent lieu à la production d'écailles, de croûtes, etc., s'accompagnent le plus communément de prurit, de douleur, de cuisson, ont généralement une assez longue durée, une grande tendance à s'étendre et se reproduire, paraissent liées dans plusieurs cas à une sorte de *diathèse*, soit générale, soit locale, enfin, réclament, pour la plupart, des moyens de traitement spéciaux, parmi lesquels les *topiques* tiennent un rang important.

Connues dès la plus haute antiquité, comme on en peut juger facilement par divers passages des livres sacrés, les maladies de la peau paraissent cependant avoir été moins communes chez les anciens que de nos jours, autant du moins qu'on peut le conjecturer d'après les écrits des médecins grecs. Un régime de vie généralement plus sobre, des règles hygiéniques plus sages et mieux observées, rendraient peut-être raison de cette différence, si elle était suffisamment constatée.

Quoi qu'il en soit, Hippocrate a mentionné dans divers points de ses ouvrages plusieurs maladies cutanées; mais il les a trop brièvement décrites pour qu'on puisse appliquer sûrement les noms qu'il emploie à telle ou telle forme retracée sous des titres analogues ou différents par les auteurs qui l'ont suivi. Arétée a indiqué aussi quelques affections de la peau; il a décrit avec beaucoup de détails l'*éléphantiasis* des Grecs, connu aujourd'hui de beaucoup de médecins sous le nom de *lèpre tuberculeuse*. Celse a tracé les caractères d'un assez grand nombre de maladies cutanées; mais les noms sous lesquels il les désigne sont loin de correspondre aux noms sous lesquels on désigne aujourd'hui ces mêmes affections. Galien a étendu et développé les doctrines d'Hippocrate; mais il s'est moins attaché à décrire les formes des maladies qu'à rechercher leur étiologie humorale et à exposer les ressources thérapeutiques que l'art possède pour les combattre.

Les maladies de la peau, devenant plus communes à mesure que les mœurs perdaient de leur austérité, furent aussi mieux connues et décrites avec plus de détails par les auteurs qui écrivirent dans un âge plus avancé de l'empire romain, et surtout par ceux qui vécurent après la translation du siége de cet empire à Constantinople, où l'influence du climat, le relâchement des mœurs orientales, durent singulièrement favoriser la propagation de ces sortes d'affections. Les peuples occidentaux, les Germains et les Gaulois, ne commencèrent guère à connaître et à étudier les maladies cutanées qu'après les communications fréquentes qu'ils eurent avec les Sarrasins, chez lesquels elles étaient communes, surtout chez ceux qui, habitant les marais et les bords de la mer, se nourrissaient presque exclusivement de poissons. Tout le monde sait combien les guerres des croisades favorisèrent la propagation de ces maladies chez les Européens, et en particulier chez les Français. C'est à cette époque que, d'après le témoignage de Raimond, on put compter en France plusieurs milliers de léproseries, et qu'un ordre spécial de chevalerie fut créé pour le soulagement et le traitement des lépreux. Depuis lors, quelques espèces de *lépres* sont devenues, à la vérité, plus rares; mais les maladies de la peau n'ont pas cessé de se propager et de s'étendre, surtout dans les classes de la société où le régime et les soins hygiéniques sont le plus négligés.

Causes. — On ignore complètement la cause des affections connues sous le nom de *dartres*. Les anciens croyaient, depuis Galien surtout, pouvoir les attribuer à des altérations humorales du sang, de la bile, de la lymphe; toutefois, ils pensaient que cette altération humorale était souvent locale et dépendante d'un vice de la partie elle-même où siégeait le mal, en sorte que celui-ci pouvait, dans beaucoup de cas, être attaqué exclusivement par des topiques. Lorry, dans le siècle dernier, crut pouvoir partager les maladies de la peau, sous ce rapport, en celles qui reconnaissent pour cause une altération cachée des humeurs, un vice interne, une disposition morbide particulière, soit de la constitution générale de l'économie, soit de quelques-uns des principaux viscères, et en celles qui sont purement *locales* et qui ne dépendent que d'une affection de la peau elle-même. De nos jours, où l'on est très-porté à n'admettre que ce qui tombe sous les sens, plusieurs médecins n'hésitent pas à regarder les *dartres* comme une forme d'inflammation particulière de la peau, et à les traiter d'après cette idée. Quand on considère le développement spontané d'un grand nombre de dartres, l'hérédité manifeste de quelques-unes, la résistance qu'elles opposent aux traitements les mieux dirigés, la facilité et souvent l'opiniâtreté avec laquelle elles se reproduisent, les effets fâcheux qui suivent parfois leur suppression, il paraît difficile de rejeter entièrement cette opinion ancienne, qui a passé des médecins au vulgaire, sur l'existence d'un vice interne, qui produit et entretient, dans beaucoup de cas, les affections dartreuses.

Les causes *occasionnelles* elles-mêmes ne sont pas toujours faciles à découvrir; et si, dans quelques cas, il est aisé de se rendre compte, par exemple, de l'apparition d'une *érythème* ou d'une affection *papuleuse*, sous l'influence d'une cause irritante externe, combien plus souvent ne voit-on pas le *prurigo*, la *lèpre vulgaire*, l'*eczéma* (dartre vive) lui-même, survenir sans qu'on puisse attribuer leur développement à aucune circonstance connue? Cependant, certaines influences ont été regardées de tout temps comme propres à favoriser d'une manière spéciale le développement des maladies cutanées; nous allons les passer successivement en revue.

1° *Hérédité.* — Le principe dartreux paraît, dans quelques cas, pouvoir se transmettre par voie de génération, c'est-à-dire des parents aux enfants. Le professeur Alibert cite, dans son ouvrage, l'exemple d'une famille dont trois membres du sexe masculin étaient atteints de la dartre pustuleuse mentagre, et deux, du sexe féminin, de la dartre pustuleuse disséminée.

2° *Contagion.* — Quelques affections cutanées sont évidemment susceptibles de se transmettre par la contagion. Ce fait est hors de doute pour la *gale* et la *teigne*; mais les dartres paraissent généralement peu susceptibles de ce mode de communication, et quoiqu'on ne puisse généralement le nier dans quelques circonstances, du moins l'observation et l'expérience directe tendent-elles à le faire considérer sinon comme entièrement nul, du moins comme fort douteux. Le professeur Alibert et ses élèves ont à plusieurs reprises tenté sans succès l'application de l'humeur de quelques dartres sur différentes parties du corps.

3° *Causes anatomiques et physiologiques.* — C'est surtout dans l'organisation de la peau elle-même qu'il faut chercher le développement des dartres. Une peau fine et délicate sera facilement atteinte par ces affections. D'un autre côté, une peau terne, flétrie, épaisse, faisant mal ses fonctions, dispose aux éruptions pustuleuses et squammeuses. Aussi voit-on souvent les maladies cutanées se développer dans l'enfance, chez les femmes, chez les sujets d'un tempérament lymphatico-sanguin, dont les cheveux sont blonds, la peau colorée. Toutefois aucune constitution n'est absolument à l'abri des affections dartreuses. Alibert a remarqué, avec raison, que certaines espèces de dartres paraissent appropriées à certains tempéraments : ainsi les individus lymphatiques et lymphatico-sanguins sont principalement sujets à la dartre furfuracée et à la dartre squammeuse; les sujets sanguins sont souvent atteints de dartres crustacées flavescentes; les sujets bilieux sont exposés aux dartres pustuleuses et squammeuses.

L'*âge* a aussi une influence très-marquée sur la production des maladies de la peau. Certaines affections des téguments de la tête et de la face sont le partage de l'enfance. Certaines pustules se montrent souvent au front à l'époque de la puberté; cette époque elle-même fait quelquefois disparaître des dartres jusque-là rebelles aux secours de l'art. L'âge mûr, et surtout l'époque critique chez les femmes, voient souvent se développer des maladies cutanées opiniâtres, telles que la couperose, le lichen, l'eczéma, etc. Les vieillards, chez qui les fonctions de la peau s'exécutent assez mal, sont sujets aux maladies cutanées chroniques, à la dartre squammeuse, au prurigo, etc.

4° *Causes hygiéniques.* — Les climats chauds favorisent la production et le développement des affections dartreuses, et nous avons déjà dit que c'est surtout à la suite des relations des habitants des pays tempérés avec ceux des régions méridionales que les maladies de la peau s'étaient propagées. Lorry regarde comme principaux foyers de ces maladies les Africains et les Arabes qui habitent les bords de la mer, les lieux marécageux, et se nourrissent presque exclusivement de poissons. Les *saisons* ont encore une influence très-marquée sur les affections dartreuses, et c'est surtout dans le printemps et l'été qu'elles renaissent et se développent. Alibert cite une jeune fille de treize ans qui voyait revenir chaque année, dans les premiers jours de mars, une dartre furfuracée dont elle était atteinte. Le défaut de propreté est une des causes les plus communes de la production des dartres. Willan attribue à la malpropreté et au défaut des bains publics la fréquence de ces affections dans les classes inférieures du peuple de Londres. On sait combien ces maladies sont communes aussi à Paris, chez les ouvriers, malgré les bains publics et gratuits. Les applications irritantes sur la peau, lorsqu'elles sont répétées et continuées, déterminent souvent des inflammations chroniques et des dartres; on peut surtout s'assurer de ce fait dans les professions où certaines parties du corps sont exposées spécialement à ces influences malfaisantes, comme chez les épiciers, les boulangers, les droguistes, etc. Le régime alimentaire a été signalé dès la plus haute antiquité comme ayant une influence toute-puissante sur la production des maladies de la peau. Ne voit-on pas tous les jours certains poissons, certains coquillages comme les moules, les huîtres, les crabes, etc., déterminer presque subitement des exanthèmes, et en particulier l'*urticaire*, la *roséole*, etc.? Ne sait-on pas aussi combien les liqueurs alcooliques favorisent la production de la *couperose*, de la *mentagre*, etc.? Tous les auteurs se sont accordés à regarder comme une cause très-active de maladies cutanées l'usage des substances âcres, salées, fumées, des poissons desséchés, des liqueurs fermentées, etc. Alibert rapporte qu'à Paris, lors de la disette amenée par les tempêtes révolutionnaires, le peuple ayant été réduit à manger des viandes gâtées, du pain mal préparé, on vit régner les affections dartreuses avec beaucoup d'intensité.

On voit toujours les dartreux éprouver une augmentation dans leur mal lorsqu'ils se livrent à quelque excès de table, ou lorsqu'ils font usage de quelque nourriture malsaine, de quelque boisson échauffante. Le libre entretien des fonctions de la peau est le plus sûr préservatif contre l'invasion des maladies cutanées, de même que le trouble de ces mêmes fonctions est une des causes déterminantes les plus marquées. La malpropreté, les applications irritantes, l'exposition à une chaleur vive, la suppression de la transpiration cutanée, ont souvent provoqué le développement des maladies de la peau. Alibert a constaté que chez les sujets dartreux, l'abondance de la transpiration pulmonaire suppléait à l'exhalation tégumentaire. La suppression brusque de certains flux muqueux, de l'écoulement menstruel, des hémorrhoïdes, peuvent donner lieu à la production des dartres. Alibert rapporte l'observation d'une jeune fille de vingt-quatre ans, qui fut atteinte d'une dartre furfuracée générale par suite de la suppression des règles résultant d'une vive frayeur : au bout de huit mois, les fonctions de l'utérus se rétablirent, et la maladie de la peau disparut sans retour. Les excès vénériens ont une influence assez marquée sur le développement de certaines affections pustuleuses. On voit, par contre, la continence favoriser le développement de pustules d'*acné*, que le vulgaire désigne, en pareil cas, sous le nom de boutons de sagesse. Les professions sédentaires, celles dans lesquelles on se livre aux travaux de cabinet, en même temps qu'on use d'un régime échauffant, exposent à diverses affections cutanées, et particulièrement aux dartres pustuleuses et squammeuses, aux affections prurigineuses du siége, des parties génitales. Les passions tristes de l'âme ont une influence très-marquée sur la production des dartres. Alibert en cite plusieurs exemples, entre autres celui d'une femme subitement atteinte d'une affection dartreuse générale, par suite d'un violent chagrin que lui causa la mort d'un enfant qu'elle nourrissait. Un domestique vit son corps se couvrir d'une dartre furfuracée à l'aspect de son maître que l'on conduisait au supplice lors des exécutions révolutionnaires de 93. Rien de plus commun que d'observer des individus qui rapportent l'origine de leurs maladies cutanées aux émotions morales qu'ils ont ressenties, aux *révolutions* (comme ils les désignent) qu'ils ont éprouvées, soit que ces émotions tiennent à des chagrins concentrés, soit que des impressions subites et violentes aient bouleversé tout le système nerveux de l'organisme.

5° *Causes pathologiques.* — Les scrofules et la syphilis sont une source fréquente de maladies dartreuses. Il en est de même de la goutte, du rhumatisme et de la cachexie scorbutique d'après certains auteurs. On doit noter ici la liaison intime qui paraît exister, dans beaucoup de cas, entre les organes internes et les affections des téguments, en sorte qu'il y a souvent danger à guérir trop brusquement, chez certains individus, les maladies cutanées dont ils sont atteints.

Marche, durée. — Les affections dartreuses, comme toutes les maladies chroniques, ont une marche lente, et sont généralement d'assez longue durée; souvent elles persistent toute la vie. Ces maladies ont une tendance manifeste à s'étendre, à ramper d'une partie à une autre, pour ainsi dire, et c'est probablement de là qu'est venu le nom d'*herpes*.

Traitement. — Dans le traitement des dartres, le régime occupe la première place. L'abstinence des épices, des sublances âcres, des boissons stimulantes, des liqueurs fermentées, l'usage habituel d'une nourriture douce, des laitages, des viandes blanches, des légumes frais, des fruits, des boissons amères et rafraichissantes, telles doivent être, en général, les principales bases du régime alimentaire. Un exercice modéré, les soins de propreté, l'entretien des fonctions de la peau, un air pur et tempéré, ne sont pas moins nécessaires.

La thérapeutique de ces affections se compose de moyens locaux et de moyens généraux. Les remèdes locaux consistent dans l'emploi des émollients sous toutes les formes, bains, lotions, cataplasmes, graisses, cérats, etc. Les irritants locaux sont aussi fort nombreux, et l'on y a recours avec le plus grand succès; ils paraissent agir en modifiant, en changeant le mode de vitalité de la peau. Dans cette classe de moyens rentrent les bains et les douches de vapeur, les bains alcalins, les sulfureux, les lotions et les pommades irritantes dans la composition desquelles entrent tantôt des sels mercuriels, tantôt des préparations sulfureuses, iodurées, etc. C'est en traitant de chaque affection en particulier que l'on peut entrer dans les détails relatifs aux préparations qu'il convient d'appliquer à chacune.

Les moyens généraux auxquels on peut avoir recours dans le traitement des maladies cutanées sont fort variés. Ce sont les saignées, les purgatifs, les alcalis, les acides, les antimoniaux, les sulfureux, les sudorifiques, et enfin certaines préparations qui exercent évidemment une action directe et spéciale sur le système dermoïde : c'est-à-dire la teinture de cantharides, les préparations arsenicales et les mer-

curiaux. Nous reviendrons sur l'emploi de tous ces moyens en traitant des affections cutanées en particulier.

Nous n'avons pas dû nommer ici la foule de remèdes conseillés dans ces maladies; mais ce que nous devons dire, c'est que l'application des remèdes souvent très-énergiques exigent tout le tact et l'attention d'un médecin expérimenté. Il n'existe point de *spécifique* contre les dartres : leurs diverses espèces, leurs divers états, le tempérament, la constitution de chaque individu apportent dans le traitement une foule de modifications qui ne peuvent être appréciées que par les lumières de l'art et de l'expérience. Les prétendus *dépuratifs antidartreux* ne sont, le plus souvent, que des amers et des purgatifs rarement utiles, et dans beaucoup de cas nuisibles. On peut en dire autant des *pommades* ou *onguents* vantés par le charlatanisme et accueillis par l'ignorance : ou ce sont des substances inertes, et alors elles sont sans vertu, ou bien ce sont des substances actives, et alors elles peuvent devenir nuisibles, si elles ne sont pas appliquées avec discernement. Que dire enfin de ces gens qui n'ont pas honte d'annoncer qu'ils guérissent les dartres en marmottant certaines paroles et en les touchant d'une certaine façon!   Dr DESPARQUETS.

DASYURES (*dasyurus*) (zoologie). — Genre de mammifères de l'ordre des marsupiaux, voisin des sarigues, qui appartiennent à la Nouvelle-Hollande, où ils se rendent aussi redoutables que les martres dans nos climats. Hardis jusqu'à la témérité, ils font continuellement le guet autour des habitations, dans lesquelles ils cherchent à s'introduire pour dévorer les petits animaux qu'on y élève; ce sont surtout des fléaux pour la volaille. Ils se distinguent par des formes basses et surtout par quatre molaires qu'ils ont de moins à chaque mâchoire, circonstance qui rend leur museau plus court que celui des genres voisins de leur ordre. On compte dans ce genre environ quatre espèces, dont les principales sont le *dasyure hérissé*, qui est de la taille d'un blaireau, et le *dasyure à longue queue*, qui est grand comme un chat.

Fig. 93. — Dasyure.

DATTIER (botanique) [du grec *dactylos*, doigt, à cause des feuilles palmées de cet arbre]. — *Phœnix*, genre de plantes monocotylédones, type de la famille des palmiers; renferme des « arbres élevés, à tige renflée au milieu, à feuilles embrassantes, pennées, laissant d'épaisses écailles sur le stipe après leur chute, et se transformant quelquefois en épines vers leur base. Les fleurs sont dioïques, à spadice rameux, enveloppées d'une spathe avant leur épanouissement. Le calice est cupuliforme et à trois dents, la corolle à trois pétales; les fleurs mâles présentent six et quelquefois trois ou neuf étamines; les fleurs femelles ont trois ovaires à stigmate sessile. » Un seul arbre porte jusqu'à deux et même trois cents livres de *dattes* par an. Ce sont des drupes analogues aux olives, mais un peu plus longs, d'une saveur sucrée et d'un arome délicieux, qu'on mange sans aucune préparation, et qui servent aussi à fabriquer un sirop fort employé pour assaisonner le riz. On les fait aussi sécher pour les réduire en une farine, que les Arabes emportent pour se nourrir à travers les déserts stériles, dans lesquels ils voyagent avec leurs chameaux.

Le *dattier* se cultive principalement en Arabie; on en fait

Fig. 96. — Dauphin.

d'immenses forêts dans lesquelles on a soin de ne planter que des arbres femelles, les mâles ne portant pas de fruits. On n'élève de ces derniers qu'autant qu'il en faut pour féconder les premiers et pour se procurer des boissons. Pour féconder les *dattiers* femelles, on suspend sur la cime du plus haut individu de la forêt un bouquet de fleurs mâles dont le vent disperse le pollen sur tous les autres individus. Pour se procurer des boissons, on incise les *palmiers* mâles, et de cette incision il découle une liqueur laiteuse, qui produit le *vin de palmier* par la fermentation, et l'*eau-de-vie de palmier* par la distillation. Quoique tous les palmiers, les femelles comme les mâles, produisent de cette liqueur, on n'en retire que de ces derniers, parce que sa soustraction épuise l'arbre et entraîne sa perte. (Dr *Salacroux*.)

DATURA STRAMONIUM (botanique). — Voyez *Stramoine*.

DAUPHIN (zoologie) [du latin *delphinus*]. —

Genre de mammifères cétacés se distinguant des autres genres par l'existence de dents aux deux mâchoires, dents qui varient beaucoup par leur nombre dans les diverses espèces, et tombent d'assez bonne heure. Les évents sont réunis dans un seul orifice situé sur le sommet de la tête. La couleur de la peau est noire ou d'un brun foncé sur les parties dorsales et latérales, où elle présente même quelquefois des plaques d'un blanc opaque; elle est blanche sous le ventre. Les dauphins ont en général une petite taille. Toutes les espèces de dauphins habitent ordinairement la mer ou l'embouchure des fleuves, à part cependant deux espèces qui sont fluviatiles, savoir : le dauphin du Gange et celui de l'Orénoque. Les formes des dauphins sont plus agréables à la vue que celles des autres cétacés. Ceux que l'on voit ailés ou non sur des médailles grecques et romaines ne leur ressemblent aucunement. Leur queue ne peut se redresser, et leur tête, qui n'est pas si horriblement monstrueuse, n'a ni lèvres pendantes, ni les yeux protégés par un énorme sourcil, que le caprice seul des artistes leur a prêté. Le dauphin n'est propre à aucun usage. Les naturalistes anciens et les poëtes lui accordent un goût très-délicat pour la musique et la poésie, ce qui est loin d'être d'accord avec l'organisation de ses appareils sensitifs, regardés comme très-imparfaits par les anatomistes. Nous ne rapporterons pas ici ces récits des anciens qui ne tarissent pas de fables au sujet de cet animal.

Qui ne connaît, d'ailleurs, l'aventure du poëte Arion, menacé de la mort par les terribles matelots du navire sur lequel il était monté, et forcé de se précipiter dans la mer? Un dauphin le recueillit et le transporta jusqu'au port voisin. — Un mot sur les habitudes du dauphin, qui ne sont pas sans intérêt : le nom de *flèches de la mer* leur a été donné à cause de la rapidité de leur course; lorsqu'ils sont tourmentés par des insectes qui pénètrent dans les replis de leur peau, ils deviennent furieux, et rapprochant leurs deux extrémités, ils forment une espèce de cercle qui, se roidissant comme un bâton ou tout autre objet plié de force, produit l'effet d'un ressort qui se débande. La gestation dure dix mois; le plus souvent la femelle met bas pendant l'été, elle ne donne le jour qu'à un ou deux petits, qui ont atteint un accroissement complet à dix ans. L'attachement de la mère est sans bornes, elle les porte quand ils sont faibles, leur apprend à nager, etc. On remarque parmi les principales espèces le *grand dauphin*, le *dauphin du Gange* et le *dauphin vulgaire* long de deux mètres environ, ayant de quarante-deux à quarante-sept dents de chaque côté.

SIRVEN (de Toulouse).

DAUPHIN (histoire).—Titre que portait l'aîné des fils des rois de France, l'héritier présomptif de la couronne. L'origine de cette dénomination remonte à la cession du Dauphiné, faite en 1349, par le dauphin de Viennais, Humbert, aux blanches mains, à Charles (depuis Charles V), petit-fils du roi de France Philippe VI de Valois. Une assemblée solennelle eut lieu le 16 juillet, à Lyon; le dauphin Humbert, le duc de Normandie, fils de Philippe de Valois et son successeur, sous le nom de Jean II, son fils Charles, ainsi que les principaux seigneurs du Dauphiné, étaient présents. Humbert remit à Charles le drapeau des dauphins et les insignes de la souveraineté. Il délia ses sujets du serment de fidélité, et les engagea à en prêter un nouveau à Charles, qui, de son côté, jura d'observer les priviléges de la province. Il ne fut pas convenu, à l'occasion de la cession faite par Humbert, que le Dauphiné dût toujours passer au fils aîné du roi de France. Ce fut seulement en vertu d'une ordonnance spontanée de Philippe de Valois, en 1556, et cet usage s'établit lorsque le nouveau dauphin, Charles, devint roi à son tour. Charles Ier a été le premier dauphin; ce prince, fils du roi, sut préparer, étant dauphin, les heureux résultats de son règne. Charles II fut second dauphin. Charles III fut troisième dauphin; ce prince naquit en 1386, l'année même de sa mort. Charles IV fut le quatrième dauphin. Après lui, le cinquième dauphin fut Louis Ier, qui fut aussi appelé duc de Guyenne; il montra beaucoup d'incapacité, et mourut de ses débauches, en 1515. Jean, duc de Touraine, fut le sixième dauphin : on accusa les Armagnacs de l'avoir empoisonné. Charles V, duc de Touraine, dernier fils de Charles VI, qui régna sous le nom de Charles VII, fut le septième dauphin.

Huitième dauphin, Louis II, fils aîné de Charles VII, né à Bourges, le 4 juillet 1443. Neuvième dauphin, Charles VII (depuis Charles VIII); Charles Orland fut le dixième dauphin. Les onzième et douzième n'ont vécu que quelques jours. Le treizième dauphin fut François, fils aîné de François Ier et de Claude de France, né à Amboise, le 28 février 1518. Quatorzième dauphin, Henri, deuxième fils de François Ier, né le 31 mars 1519, à Saint-Germain-en-Laye; il devint dauphin à la mort de son frère François, il avait alors dix-huit ans.

Seizième dauphin, Louis III, fils aîné de Henri IV. Dix-septième dauphin, Louis IV, fils aîné de Louis XIII. Dix-huitième dauphin, Louis V, fils unique du précédent, né le 1er novembre 1661,

nommé Monseigneur. Dix-neuvième dauphin, Louis VI, duc de Bourgogne. Vingtième dauphin, Louis VII, duc d'Anjou. Vingt-unième dauphin, Louis VIII, fils unique de Louis XV. Vingt-deuxième dauphin, Louis-Auguste (Louis IX). Vingt-troisième dauphin, Louis-Joseph-Xavier-François (Louis X), fils aîné de Louis XVI. Vingt-quatrième dauphin, Louis-Charles (Louis XI).

Vingt-cinquième dauphin, Louis-Antoine (duc d'Angoulême), fils aîné de M. le comte d'Artois, frère de Louis XVI, né le 13 août 1775.

SIRVEN (de Toulouse).

DAUW (zoologie). — Voy. *Cheval.*

DÉBOISEMENT. — Action d'arracher, détruire les bois ou les forêts qui couvrent le sol, et particulièrement les montagnes. Dans un rapport fait à l'Académie des sciences, en 1856, sur un ouvrage remarquable de M. Tchihatcheff, M. Becquerel s'est livré à des considérations sur le déboisement dont voici le résumé :

En 1836, MM. Arago et Gay-Lussac, dans le sein de la commission nommée pour examiner s'il y avait lieu ou non de rapporter l'article 219 du Code forestier, s'exprimaient ainsi :

Si l'on abattait un rideau de forêts sur la côte maritime de la Normandie ou de la Bretagne, disait M. Arago, ces deux contrées deviendraient accessibles aux vents d'ouest, aux vents tempérés venant de la mer; de là une diminution dans le froid des hivers.

Si une forêt toute pareille était défrichée sur la côte orientale de la France, le vent d'est glacial s'y propagerait plus fortement, et les hivers seraient plus rigoureux. La destruction d'un rideau de bois aurait donc produit, çà et là, des effets diamétralement opposés.

M. Gay-Lussac se montra beaucoup moins affirmatif.

A mon avis, dit-il, on n'a jamais acquis jusqu'ici une preuve positive que les bois aient, par eux-mêmes, une influence réelle sur le climat d'une grande contrée ou d'une localité particulière. En examinant de près les effets du déboisement, on trouverait peut-être que, loin d'être un mal, c'est un bienfait; mais ces questions sont tellement compliquées, quand on les examine sous le point de vue climatologique, que la solution est très-difficile, pour ne pas dire impossible.

Suivant M. de Humboldt, les forêts agissent sur le climat d'une contrée comme cause frigorifique, comme abris contre les vents, et comme servant à entretenir les eaux vives.

Mais est-il prouvé que le déboisement sur une grande étendue de pays améliore la température moyenne? Non. Beaucoup d'observations cependant tendent à le faire croire; telles sont les observations de Jefferson dans la Virginie et la Pensylvanie; celles plus récentes faites par MM. de Humboldt, Boussingault, Hall, Rivière et Roulin, sous les tropiques, depuis le niveau de la mer jusqu'à des hauteurs où l'on trouve des climats tempérés et polaires. Ces derniers ont reconnu que l'abondance des forêts et l'humidité qui en résulte tendent à refroidir le climat, et que la sécheresse et l'aridité produisent un effet contraire. Néanmoins il pourrait arriver que, la température moyenne restant la même, la répartition de la chaleur dans le cours de l'année fût changée, et, dans ce cas, le climat serait modifié. Mais les observations qui précèdent n'ayant été faites que sous les tropiques, serait-il prudent d'en tirer les mêmes conclusions pour les contrées situées hors des tropiques?

Toutefois, le rôle des forêts comme abris ne saurait être contesté. Dans les marais Pontins, par exemple, un bois interposé sur le passage d'un courant d'air humide chargé de miasmes pestilentiels, préserve les parties qui sont derrière lui, tandis que celles qui sont découvertes sont exposées aux maladies. Les arbres sembleraient donc tamiser l'air infecté, en lui enlevant les miasmes qu'il transporte.

Suivant M. Tchihatcheff, la destruction des forêts qui, autrefois, couvraient certaines parties de l'Asie Mineure, à vraisemblablement exercé une influence sur le climat de cette région, en abaissant la moyenne estivale et relevant la moyenne hivernale. Ce qui confirmerait l'opinion de l'observateur, ce sont plusieurs passages de Théophraste, où ce philosophe mentionne certains végétaux que le défaut de chaleur empêchait autrefois de prospérer, et qui aujourd'hui viennent parfaitement.

L'observation de M. Tchihatcheff n'est pas sans valeur, comme on voit. Si elle n'est pas une preuve, elle est du moins une présomption.

Ce n'est pas là le seul effet que produirait, d'après le même auteur, le déboisement des forêts. Il produirait aussi le développement des marécages.

L'extension considérable des marécages est un des traits caractéristiques de l'aspect de l'Asie Mineure. Aujourd'hui, les fièvres paludéennes qui y règnent dans certaines régions les rendent inhabitables. Or, les auteurs anciens parlent de marécages peu étendus, et ne parlent pas de fièvres paludéennes.

Au reste, l'opinion de M. Tchihatcheff sur ce point se trouve confirmée par de nombreux exemples.

Ainsi, il y a mille ans, la Brenne était couverte de forêts entrecoupées de prairies; ces prairies étaient arrosées d'eaux courantes et vives. La Brenne était renommée par la fertilité de ses pâturages et la douceur de son climat. Aujourd'hui, la Brenne est marécageuse et malsaine, ses forêts ont à peu près disparu. Vient-on à défricher une forêt à sous-sol imperméable sans cultiver le sol, là terre n'offre plus qu'un accès difficile aux eaux pluviales, qui, ne pouvant plus s'infiltrer, restent dans les parties basses. Le pays devient alors marécageux et malsain, et les habitants sont en proie aux fièvres paludéennes. C'est ce qui est arrivé à la Sologne, à la Brenne, à la Dombe, à la Bresse, etc., à la suite de grands déboisements.

DÉCALOGUE (histoire sacrée) [du grec *déca*, dix, et *logos*, parole]. — Code sacré qui renferme les dix commandements que Dieu donna à Moïse sur le mont Sinaï. Voici les dix commandements que Dieu prononça distinctement à Moïse :

1° Je suis le Seigneur votre Dieu, qui vous ai tirés de la terre d'Égypte; vous n'aurez point d'autre Dieu que moi.

2° Vous ne prendrez point en vain le nom du Seigneur votre Dieu.

3° Souvenez-vous de sanctifier le jour du sabbat (jour du repos).

4° Honorez votre père et votre mère, afin que vous viviez longtemps sur la terre.

5° Vous ne tuerez point.

6° Vous ne commettrez point de fornication.

7° Vous ne déroberez point.

8° Vous ne porterez point de faux témoignage contre votre prochain.

9° Vous ne désirerez point la femme de votre prochain.

10° Vous ne désirerez point sa maison, ni son serviteur, ni sa servante, ni son bœuf, ni son âne, ni rien qui soit à lui.

Ces dix commandements, appelés le Décalogue, remplissaient deux tables de pierre. Les trois premiers étaient écrits sur la première table. Les sept autres remplissaient la seconde. Ces tables de la Loi furent renfermées dans l'Arche d'alliance, coffre de bois précieux revêtu d'or. Moïse fit ensuite exécuter, d'après les modèles que Dieu lui avait montrés sur le mont Sinaï : 1° le Tabernacle; 2° l'Arche d'alliance; 3° le Propitiatore; 4° la Table des pains de proposition; 5° le Chandelier; 6° l'Autel des parfums; 7° l'Autel des holocaustes; 8° la Cuve d'airain; 9° les Vêtements du grand prêtre et des autres sacrificateurs.

1° Le *Tabernacle* était un temple portatif dont les Juifs se servaient pour remplir leurs actes de religion, en attendant la construction du temple de Jérusalem; il se divisait en deux parties séparées l'une de l'autre par un grand voile. La première partie, appelée le *Saint*, contenait la *Table des pains de proposition*, le *Chandelier d'or à sept branches* et *l'autel des parfums*. La seconde partie, appelée le *Saint des Saints* ou *Sanctuaire*, contenait l'*Arche d'alliance*. Tout le tabernacle était recouvert des plus rares étoffes, par-dessus lesquelles se trouvaient des peaux de chèvres pour les garantir de la pluie.

2° L'*Arche d'alliance* était un coffre de bois de sétim, recouvert de lames d'or, dans lequel les Juifs conservaient les tables de la loi, la verge d'Aaron et un vase rempli de la manne du désert; l'Arche était longue de deux coudées et demie (environ 15 mètres). Les Juifs avaient une très-grande vénération pour l'arche, ils la portaient dans les guerres.

3° Le *Propitiatoire* était une table d'or posée sur l'Arche d'alliance, dont elle était le couvercle. À ses deux extrémités étaient deux chérubins en or battu, tournés l'un vers l'autre; leurs ailes étendues recouvraient la circonférence du propitiatoire, et remontaient au milieu. C'est de là que Dieu rendait ses oracles d'une manière sensible et par des sons articulés.

4° La *Table des pains de propositions*, faite de bois incorruptible et couverte de lames d'or, recevait les douze pains sans levain qui devaient toujours être exposés devant l'Autel des parfums. Ces pains, au nombre de douze, désignaient les douze tribus; on les offrait tout chauds, avec de l'encens et du sel, et on les renouvelait tous les jours de sabbat. Il n'était permis qu'aux prêtres d'en manger.

5° Le *Chandelier* [que Moïse fit placer dans le Tabernacle était en or battu à sept branches, surmontées chacune d'une lampe qui brûlait du matin au soir devant l'Autel des parfums.

6° L'*Autel des parfums*, d'un bois incorruptible et recouvert de lames d'or, était dans la partie du Tabernacle nommée le Saint. Le grand prêtre y brûlait de l'encens chaque jour, soir et matin.

7° L'*Autel des holocaustes*, placé au-devant du temple des Juifs, et tourné vers l'orient, était aussi de bois incorruptible et recouvert de lames de cuivre. Ou y offrait à Dieu les holocaustes et tous les autres sacrifices.

8° La *Cuve d'airain* était un grand bassin placé hors de l'entrée du Tabernacle. Les prêtres devaient se laver les pieds et les mains dans cette eau avant de remplir leurs fonctions.

9° *Vêtements du grand prêtre*. Ils se composaient ainsi : tunique de lin ceinte d'une ceinture, robe d'hyacinthe recouvrant la tunique, et par-dessus la robe appelée *éphod*, qui consistait dans une espèce de ceinture, prenant derrière le cou et par-dessus les épaules, et venant se croiser sur la poitrine. A l'endroit où l'éphod se croisait sur les épaules, deux grosses pierres précieuses portaient le nom des douze tribus d'Israël, six sur chaque pierre, et à l'endroit où l'*éphod* se croisait sur la poitrine du grand prêtre, il y avait un ornement carré nommé *rational*, tissu d'hyacinthe, de pourpre, d'écarlate, enrichi de pierres précieuses, sur lequel étaient écrits ces mots : *doctrine, vérité*. Enfin, sur la tête il portait une mitre, et sur le front une lame d'or, où étaient gravés ces mots : *la Sainteté est au Seigneur*. L'éphod des simples prêtres était de lin.

DÉCAPODES (zoologie) [du grec *déca*, dix, et *pous, podos*, pied]. — Premier ordre d'animaux articulés de la classe des crustacés, qui se distinguent des autres ordres de la même classe non-seulement par le pédicule mobile qui supporte leurs yeux, mais encore par plusieurs autres caractères importants. Seuls de tous les animaux de leur classe, ils ont la partie supérieure du corps couverte d'une véritable carapace, qui ne laisse libre que la queue; seuls aussi ils ont cinq paires de pieds, dont une ou plusieurs sont terminées en *pinces*, ou garnies d'un doigt mobile qui leur sert pour saisir leur proie. Les muscles qui mettent ce doigt en mouvement sont tellement vigoureux, qu'on a vu des homards et des crabes de grande taille saisir avec leur pince une chèvre par la patte et l'entraîner malgré sa résistance. Et il est d'autant plus difficile de leur arracher ce qu'ils tiennent, que leur doigt est armé à son bord intérieur de dents saillantes, qui s'enfoncent dans des rainures analogues du doigt fixe.

Leur tête est constamment soudée avec le thorax; leurs antennes sont au nombre de quatre; leur bouche se compose d'un labre, de deux mandibules, de deux mâchoires et de trois paires de pieds-mâchoires.

Leur organisation intérieure n'est pas moins caractéristique : leur estomac a ses parois soutenues par une espèce de charpente cartilagineuse et armée de dents calcaires très-robustes; leur foie est volumineux et formé par la réunion d'un grand nombre

de cœcums roulés sur eux-mêmes et comme pelotonnés; leur cœur, de forme carrée, donne naissance en avant à trois artères (l'*ophthalmique* et deux *antennaires*), et en dessous à trois autres (les *deux hépatiques* et la *sternale*); leurs branchies sont renfermées sous le rebord de la carapace, au-dessus de la base des pattes ; leur système nerveux ne consiste qu'en deux masses : le cerveau, placé au-dessus de l'œsophage, et le ganglion thoracique, qui est formé par l'agglomération de tous les autres.

Tous les *décapodes* sont voraces et cruels; doués pour la plupart d'une force musculaire considérable, munis d'une pince robuste, pourvus de mâchoires fortement armées et d'un estomac garni de parties dures et tranchantes, ils ont des appétits carnassiers et les moyens de les satisfaire. Unissant la ruse à la violence, tantôt ils attendent leur proie dans des retraites qu'ils trouvent au milieu des rochers, tantôt ils la poursuivent à la nage ou à la course et la terrassent de vive force. La disposition de leurs yeux, qu'ils peuvent faire saillir ou retirer dans une gaine, à cause de la mobilité de leur pédicule, leur permet de distinguer leurs victimes de loin, en même temps qu'elle les rend moins vulnérables dans les combats qu'ils peuvent avoir à soutenir contre les animaux dont ils font leur nourriture. On partage cet ordre en deux familles : les *brachyures* où crabes et les *macroures* ou écrevisses.

(D° *Salacroux*.)

DÉCATISSAGE (technologie). — Opération qui a pour objet d'enlever le *cati* ou apprêt aux étoffes de laine, de fil ou de coton. « Après avoir mouillé légèrement l'étoffe qu'on veut décatir, on l'expose à la vapeur de l'eau bouillante, et quand elle est parfaitement imbibée, on la brosse avec soin, puis on l'étire. Les étoffes qui ne sont point décaties sont plus fermes et plus lustrées; mais l'eau et la pluie y font des taches. »

DÉCEMBRE (calendrier) [du latin *decem*, dix]. — Dernier mois de notre année. C'était le dixième de l'année romaine sous Romulus : d'où le nom latin de *december*; sous Numa, il devint le douzième, mais sans changer de nom. Ce mois n'est le dernier de notre année que depuis 1564. (Voy. *Année*). Il a trente et un jours. Chez les anciens, décembre était consacré à la déesse Vesta.

DÉCÈS (droit) [de *decessus*, départ].—Mort naturelle d'une personne, causée par l'âge ou par la maladie. Après un décès, le premier soin à prendre est de le déclarer immédiatement à la mairie. Il est remis un bulletin qui doit contenir, le plus exactement possible, les nom, prénoms, lieu de naissance, âge, profession, heure de la déclaration, lieu, rue, numéro, date, jour et heure du décès, et le nom du ou des médecins qui ont donné des soins aux défunts.

Ce bulletin est remis au déclarant, qui le porte chez le médecin de service chargé de la constatation, lequel, après avoir reconnu le décès et la cause de la mort, le laisse chez la personne décédée. Munis dudit bulletin, deux témoins qui doivent être, autant que possible, les deux plus proches parents ou, voisins du défunt (Code Nap., art. 78), se rendent à la mairie pour y faire dresser l'acte de décès.

Si la personne est morte hors de son domicile, l'un des témoins doit être celle chez laquelle le décès est arrivé.

Il est expressément recommandé aux déclarants, afin d'éviter toute erreur dans l'acte, de se munir des actes de l'état civil du défunt, ou d'indiquer s'il en existe à la mairie.

En cas de décès d'un enfant dit *mort-né*, il est fait seulement une déclaration que l'enfant a été présenté à l'état civil *sans vie*, et l'époque de sa sortie du sein de la mère. (Décret du 4 juillet 1806.)

DÉCIMAL (système). — Voyez *Chiffres* et *Métrique* (*système*).

DÉCLAMATION [du latin *declamatio*, dont l'étymologie est *clamor*, clameur, ou élévation de la voix au-dessus du ton ordinaire. Ce dernier mot paraît dériver du grec, *clazô*, qui signifie crier, pousser un cri aigu, pareil à celui de l'aigle ou des oies; ce qui pourrait paraître vraisemblable, à en juger par la manière de déclamer de certaines gens].

La déclamation est un art. Pour le posséder, avec tous les avantages qui peuvent concourir à donner une juste célébrité à celui qui l'exerce, il faut d'abord que la nature lui ait été prodigue de ses dons, qu'elle lui ait façonné ses organes les plus délicats au point de les rendre d'une sensibilité exquise, qu'elle ait répandu sur sa personne une grâce infinie, qu'elle ait ajouté à ces avantages d'autres ornements : la souplesse dans tout son corps, la noblesse dans le maintien, la mobilité dans les traits du visage, la douceur, la fierté, l'étincellement de l'éclair dans le regard; un front où tour à tour se peignent la joie, le bonheur, la terreur; tantôt calme, uni comme un lac tranquille au soir d'un beau jour, tantôt sombre, rembruni, plissé, comme la mer agitée sous un ciel couvert de nuages. Ces qualités ne sont rien si elles ne sont accompagnées du plus précieux don que Dieu ait fait à l'homme en le créant, celui par lequel il peut remercier l'Éternel de ses bienfaits, et faire éclater sa reconnaissance par des cantiques à sa louange, qui peut exprimer l'amour, la haine, la colère, avec un ton caressant, fiévreux ou terrible, qui parcourt dans un instant toute une gamme enharmonique, comme un instrument dont les sons frappent nos oreilles par des accords les plus mélodieux; en un mot, la voix, la voix, qui exerce tant d'empire sur nos sens lorsque, par des modulations variées, elle sait prendre le chemin du cœur, pour toucher, persuader et charmer, soit qu'elle s'exhale pleine de douceur, soit qu'elle coule comme les chaînes d'or de la bouche d'un dieu, ou qu'elle paraisse s'échapper à travers des larmes.

Pour exprimer toutes ces sensations, il faut avoir de l'âme, il faut se sentir un cœur battre dans sa poitrine; il faut savoir pleurer si vous voulez arracher des larmes à des auditeurs; il faut connaître l'amitié pour peindre le dévouement de deux cœurs l'un pour l'autre; il faut avoir été sous le joug de l'amour, avoir connu ses charmes et ses caprices pour bien exprimer tout ce qu'il fait éprouver de bonheur, de peines, de jalousie. Ces divers sentiments sont autant de secrets que la nature seule découvre à ses élus; ils sont toujours couverts d'un voile pour les profanes.

Mais ce n'est pas tout. Nous n'avons pas parlé de la prononciation, de l'action en elle-même, ou du geste. Chaque mouvement de l'âme, chaque sensation qu'elle éprouve, en bien, en mal, calme ou contractée, a son expression naturelle dans les traits du visage, dans le geste et dans la voix.

Ce qui embellit, anime, passionne la voix, c'est la prononciation et l'action. La preuve de cette puissance, nous l'acquérons tous les jours au théâtre; elle se fait sentir dans le jeu des acteurs, qui ajoute tant de charme aux pièces des auteurs, et qui fait que nous trouvons beaucoup plus de plaisir à les entendre qu'à les lire; souvent même ils font le succès de certaines pièces médiocres et même mauvaises. C'est ainsi qu'un discours ordinaire, prononcé avec chaleur, plaira davantage, par le prestige de l'action, qu'un beau discours dit par un orateur froid et qui est privé de sentiment et d'action. Corneille, qui exprimait si bien la passion sur le papier, ne possédait aucune qualité pour la communiquer à un auditoire. Il ne savait ni lire ni agir; prononciation et action lui faisaient absolument défaut. La prononciation est correcte, franche et nette, si l'accent est facile et agréable. L'accent contribue pour une grande partie à donner à la voix ce ton plein d'aménité et de finesse qui lui rend tous les cœurs sympathiques; l'accent demande une articulation parfaite des mots.

L'accent! mais qui peut l'analyser dans les passions? Il y a tant de manières de comprendre une idée, de la saisir, de la dire! rien n'est plus difficile, tant elle prend des formes quelquefois insaisissables. D'un volume plein, sonore, elle arrive, par une pente insensible, à ne plus se faire entendre que par des vibrations qu'on ne peut apprécier, et souvent elle s'éteint par un soupir, par un souffle dont l'haleine du zéphyr ne saurait même donner une idée. Il y a là toute une gamme impossible à définir. Quelle expression pourra rendre toute cette échelle de sons à l'esprit? L'oreille même qui en est frappée ne peut retenir un seul de ces sons; la note fugitive est aussitôt remplacée par une note plus fugitive encore. C'est le bruit du flot qui se meurt dans des sillons allongés; c'est l'air qui murmure en s'éloignant. Par exemple, faites dire à vingt acteurs ces trois mots : *Je vous aime*; pas un ne le prononcera, ne le dira de manière à satisfaire une âme sensible et délicate. Aucun comédien n'a pu encore dire, avec l'accent qui convient : Zaïre, vous pleurez!

A ce propos, voici une anecdote bonne à rapporter : Dans une pièce, une actrice, remplissant un rôle de princesse, abandonnée par son amant, exprimait son désespoir avec un accent peu en harmonie avec sa situation. — Mais, lui dit-on, mettez-vous à la place de la princesse; si vous étiez abandonnée de votre amant, que feriez-vous? — J'en prendrais un autre.

Avec de pareils sentiments, est-il possible de peindre la passion ?

Pour comprendre l'importance du geste, il suffit de considérer tout ce qu'il peut exprimer sans le secours de la parole, car non-seulement la main, mais un signe de tête manifeste notre volonté.

S'il faut s'en rapporter aux anciens historiens, surtout à Tite-Live, il paraîtrait que le geste ou la pantomime avait été porté à Rome à un point de perfection qu'on a de la peine à croire.

Tite-Live dit que le poëte Andronicus, qui, suivant l'usage de ce temps-là, jouait lui-même dans ses pièces, s'étant enroué à force de répéter un morceau qu'on redemandait, obtint la permission de faire chanter les paroles par un jeune comédien, et qu'alors il représenta ce que chanta le comédien avec un mouvement et un geste d'autant plus vif qu'il n'était plus occupé du chant. C'est ce qu'on appelle le partage de l'action théâtrale entre deux acteurs, de manière que l'un fait les gestes pendant que l'autre récite.

C'est une fable comme les historiens se plaisent tant à en dire, qui ne peut être admise par une personne sensée, quelque talent que puissent posséder les deux acteurs.

Tite-Live se trompe ou on l'a trompé ; il a pris une parade pour un jeu sérieux.

Le geste et le mouvement contribuent aussi à la grâce, ce que tâchait d'acquérir Démosthène, qui, dans ses études, ne négligeait jamais, dit-on, de se placer devant un grand miroir pour répéter les phrases qui devaient produire de l'effet sur l'esprit de son auditoire.

Ce serait ici le lieu de parler des défauts naturels qui portent obstacle à une pure prononciation ; le principal, sans doute, est l'enchaînement de la langue, qui produit le bégayement et une difficulté dans l'émission des mots d'une manière articulée et claire. On sait que Démosthène était né avec cette imperfection, et qu'il finit par la corriger et la surmonter à force d'un travail opiniâtre. Il plaçait de petits cailloux dans sa bouche et récitait, en prenant haleine à longs intervalles, des tirades de Thucydide et d'Homère ; et pour affronter les murmures sourds du peuple et le bruit de l'agitation de la place publique, il allait sur les bords de la mer, s'étudiait à prononcer ses harangues au bruit des vagues qui venaient se briser sur le rivage, et faisait tous ses efforts pour élever la voix afin de dominer la fureur des flots. C'est ainsi qu'il atteignit cette perfection dans la diction, et que, par son éloquence, par les seules ressources de son génie, il sut balancer un instant la puissance du roi Philippe, à la tête même de ses phalanges macédoniennes, invincibles aux ennemis, et qu'il sut arrêter.

Le moyen employé par Démosthène pour corriger la nature ingrate a donné l'idée à un acteur estimable d'ouvrir une sorte de gymnase de la parole pour donner des leçons de déclamation, dans lesquelles cet art est appris dans toutes les parties qui le concernent et qui s'étendent à l'infini, comme on

a pu en juger par les qualités qu'il exige. Ce gymnase est ouvert aux avocats, aux acteurs et aux députés. Nous ne développerons pas tous les moyens mis en usage par le professeur ; on peut s'en faire une idée par toutes les imperfections qui affligent l'homme dans son organisation, dans sa diction et dans ses gestes. Mais nous dirons deux mots sur le moyen ingénieux qu'il emploie pour corriger les défauts de la prononciation. Ces moyens, au fond, sont absolument les mêmes que ceux pratiqués par Démosthène, seulement, à la place des cailloux, le professeur, M. Michelot, de la Comédie-Française, a imaginé de façonner le caoutchouc, en lui donnant diverses formes et grosseurs, et, suivant le degré de l'enchaînement de la langue, du bégayement, de la prononciation vicieuse de certaines lettres, il applique telle forme ou telle grosseur de caoutchouc préparé. Il a obtenu les résultats les plus satisfaisants, et plus d'un député lui doit d'avoir abordé la tribune, chose qu'il avait toujours redoutée dans la crainte d'être mal accueilli de ses collègues et du public. Quand, pour la première fois, nous avons vu étaler à nos yeux toutes ces balles, ces muscades, nous avons cru voir un prestidigitateur qui allait nous donner une séance d'escamotage.

L'étude est chose nécessaire si l'on veut compléter les conditions pour atteindre, autant que possible, à la perfection de l'art de la déclamation. A-t-on à combattre un ambitieux qui médite la ruine de sa patrie, la voix est imposante dans l'accusation solennelle contre cet ennemi des lois, du repos de l'empire ; a-t-on à démasquer les projets d'un conquérant qui forge des fers à un peuple menacé dans sa liberté, la voix véhémente, pleine de feu excite tout un peuple à prendre les armes pour repousser l'agresseur ; une loi contraire aux lois organiques d'une grande nation est-elle proposée, que la voix, indignée, rappelle à la pudeur, au serment, le téméraire qui ne craint pas d'être parjure et d'appeler sur sa tête la vengeance d'un peuple irrité ; la vie s'échappe-t-elle d'une âme pleine de grandeur et de noblesse, la mort frappe-t-elle un cœur qui fut l'espoir des malheureux, l'ornement de la société, la gloire d'une grande famille, que la voix, touchante et pleine d'onction, en disant tant de vertus, émeut les auditeurs, qui fondent en larmes.

La société est remplie d'autres exemples qui se présentent en foule sous toutes les formes. Les scènes varient à l'infini.

Mais changeons de théâtre. Soyez un grand roi ; les dieux demandent le sacrifice de votre fille chérie ; vous êtes un héros et vous voulez arracher votre amante au fer sacré qui la menace ; vous êtes un fils à qui les destins ont ordonné de venger la mort d'un père, victime d'une épouse criminelle ; vous êtes un jeune héros qui devez venger l'honneur d'un père outragé ; vous êtes ce tyran cruel, à qui un crime ne coûte rien, qui arrache des mains d'un rival aimé une jeune princesse dont il convoite les charmes, et, cachant des projets homicides, cherche à embrasser son rival heureux pour l'étouffer ; vous êtes un prince dont le père a été assassiné; vous tenez embrassée l'urne qui renferme ses cendres et l'arrosez de vos larmes; partout votre voix doit exprimer avec vérité les différentes agitations qui bouillonnent dans votre cœur.

Mais il n'y a pas toujours des traîtres, des lâches à punir, des ambitieux à repousser, des illustres morts à regretter, des vengeances à satisfaire; on n'est pas toujours agité par la colère ou la haine, on ne verse pas toujours des pleurs. On rit, on persifle, on ridiculise. Vous avez pris la nature humaine en haine, et vous ne pouvez vous défendre d'aimer une coquette qui vous désespère et vous damne; vous avez mis toute votre confiance dans un homme de Dieu qui vous trompe et en veut à votre femme; vous êtes courbé sous le poids des ans, et vous voulez lutter d'amour avec un brillant chevalier, plein d'élégance et de jeunesse; vous aimez l'or, vous prêtez à usure, et cherchez à marier votre fille sans dot; on vous vole, et vous voulez faire pendre tout le monde, vous vous saisissez vous-même par le bras, croyant tenir le voleur; vous êtes distrait à oublier que vous êtes marié; vous préférez un jeu de cartes à votre maîtresse; vous êtes plein d'orgueil et vous méconnaissez l'auteur de vos jours, et vous tombez à ses genoux; la manie des grandeurs vous dévore et l'on vous fait Mamamouchi. Quelle foule de caractères! quelles nuances à saisir dans ces situations diverses qu'il faut tour à tour prendre, par le geste, par la parole! quelle souplesse, quelles gradations à observer pour suivre avec intelligence la marche de la passion! Combien il faut d'attention dans le ménagement de la voix pour calculer la distance qu'elle doit parcourir, pour ne pas trop la grossir, de crainte de dépasser la borne et de tomber dans l'exagération et pour éviter de ne pas hurler! Là est l'écueil, et c'est assurément un grand avantage que de savoir maîtriser l'expression de sa voix afin de la proportionner au degré naturel qui convient.

Il est encore une qualité essentielle qui est d'un grand secours pour faire valoir les autres qualités, c'est la mémoire. Avec de la persévérance, on l'acquiert à un degré suffisant. Si la mémoire vous trahit, s'il faut avoir recours à un aide, vous perdez, par vos hésitations, tous vos moyens, vous paralysez la moitié de leurs effets.

Quelle pitié de voir l'orateur entrepris
Relire dans la voûte un discours mal appris!

Votre esprit se brouille, et tout en vous s'en ressent; le geste est gauche, vous bredouillez, vous allongez les mots qui doivent être brefs; la situation est manquée, la prononciation saccadée, et la déclamation ne se fait plus sentir que par bonds et par sauts. La fidélité de la mémoire évite tous ces inconvénients. En bien travaillant la mémoire, on peut arriver à des résultats étonnants. Mithridate possédait vingt-deux langues, autant qu'il avait de nations soumises à son sceptre; Cyrus savait le nom de tous ses soldats; Alexandre possédait aussi cette faculté; Théodule, disciple d'Aristote, après avoir

entendu une fois autant de vers qu'on voulait lui en réciter, les redisait sur-le-champ. Napoléon était doué d'une mémoire prodigieuse. Ces sortes de phénomènes se rencontrent quelquefois. De nos jours, on aide la mémoire avec assez de facilité, par l'art de la mnémotechnie, art renouvelé des anciens, dont l'invention est attribuée au poète Simonide. On emploie tantôt des chiffres, tantôt certains arrangements de lettres et les figures.

Imiter la nature, doit-être l'application constante de son esprit sage et droit; l'art aussi doit prendre une part active à cette étude. De cette réunion intelligente peuvent sortir des avantages précieux pour tous ceux qui cherchent la gloire et les applaudissements d'un public, juste appréciateur des talents. Il est des choses qui paraissent frivoles et auxquelles des esprits superficiels ne font aucune attention. Ces esprits légers foulent aux pieds, avec indifférence, et sans s'arrêter, la plus modeste fleur des champs, que l'ami de la nature, un Bernardin de Saint-Pierre, un Rousseau cueille avec précaution, qu'il contemple, qu'il admire dans ses parties les plus délicates. Partout il y a à recueillir, à réfléchir, à s'instruire, à orner son esprit. Pour celui qui fait son état de l'art de la déclamation, rien n'est à dédaigner. Il doit chercher tous les moyens d'être vrai, non-seulement par les sentiments, par l'expression, mais même dans toute sa personne. Le physique doit être soigné comme le moral. Or, l'étude de l'histoire lui est nécessaire, et il doit, non-seulement s'en instruire dans les livres, mais dans les monuments qui restent encore debout, dans les débris que couvre la poussière. Dans ces restes, laissés par l'antiquité soit en Grèce et dans ses possessions, soit à Rome et dans ses colonies, soit dans ces palais où l'on réunit à grands frais tous les objets d'art échappés aux injures du temps et aux mains plus terribles des Barbares, on découvre entiers, brisés, tronqués, des figures, des tableaux, des scènes, des peintures, des sculptures, qui offrent mille sujets de méditations à l'homme de lettres, au philosophe, au savant, à l'artiste et à l'homme du monde. C'est une arme, un casque, un bouclier, une agrafe qui attache un manteau à l'épaule, un ornement, un bijou, un pli de clamyde, la coiffure, le vêtement; toutes ces révélations d'un temps éloigné servent à faire sortir de leurs tombeaux, après des siècles, les héros mêmes, tout armés, tels qu'ils étaient. Alors vous êtes véritablement Achille menaçant le roi des rois, et qui, rassurant la mère de son amante contre les décrets des dieux, lui jure de la sauver, et lui dit avec assurance et fierté :

Cet oracle est plus sûr que celui de Calchas.

Vous nous retracez Oreste, poursuivi par les Furies, avec tous les serpents qui sifflent sur sa tête. Vous nous montrez Auguste dans toute sa grandeur, pardonnant à Cinna et le conviant à être son ami.

Voilà ce que vous aurez appris, ce qui s'est dévoilé à vos yeux.

Tous ces chefs-d'œuvre de l'antiquité, qui renfermaient dans leur enveloppe mystérieuse tant de secrets, restèrent muets et froids devant les hommes si éminents du grand siècle. Ce fut Lekain, ce fut Talma qui les firent parler et qui leur donnèrent la vie.

De tout ce que nous venons de dire, de cet ensemble de faits divers, découlent nécessairement les explications qui doivent éclairer la question, l'origine de la déclamation, les phases qu'elle a parcourues, ce qu'elle a été et quelle elle est, et quelles seront ses destinées.

Et d'abord quel était l'art de la déclamation chez les anciens, Grecs ou Romains?

Nous marchons ici dans les ténèbres; les notions que nous en avons sont vagues, incertaines, fausses; les auteurs les plus anciens mêmes ne sont pas d'accord entre eux. Il est difficile de se former un jugement.

D'abord, il n'y a pas de doute que la déclamation ne doive son origine à Homère. Les harangues des chefs de l'armée grecque, souvent véhémentes dans la bouche d'Achille et d'Agamennon, ainsi que dans celles des autres héros, Ulysse, Ajax, etc., ne peuvent pas être considérées comme de simples conversations. Les motifs qui animaient tous ces chefs les forçaient à prendre un ton plus élevé que le ton ordinaire, et de l'accompagner de gestes appropriés à la circonstance. C'est ce qui constitue la déclamation.

Lorsque la tragédie prit naissance, le dialogue, par l'action qui était représentée, s'arma de toute l'énergie que l'intérêt des personnages exigeait; il fallut exprimer les passions les plus vives, les plus pathétiques; ce que fit Eschyle, et dans *Agamennon* et dans *les Coéphores*, et dans *les Euménides*; tout ce que la muse tragique peut avoir de terrible et d'épouvantable s'y trouve tracé avec les couleurs les plus sombres, les plus lugubres. Eschyle a trempé son style dans le sang. Lucien disait d'Eschyle que tout en lui n'était que fureur.

Ce que nous disons d'Eschyle, nous le disons aussi de Sophocle et d'Euripide, chacun dans leur genre.

Mais ici se présente une difficulté immense. Comment s'exécutait cette déclamation? Voici le commencement du doute, de la confusion. Les contradictions se croisent, tout est invraisemblable ou chaos. Nous tremblons de nous engager dans ce labyrinthe, car, nulle part, nous n'avons, pour en sortir, le fil d'Ariane.

Si nous admettons le masque, la robe traînante, le cothurne qui exhausse l'acteur jusqu'à quatre coudées, ou six pieds, notre esprit confondu cherche en vain à se faire une raison plausible de l'effet que pouvait produire sur des spectateurs un pareil personnage ainsi affublé, soit dans sa démarche, soit dans sa diction.

Figurez-vous Talma, qui avait cinq pieds deux pouces, exhaussé de dix pouces, enveloppé d'une robe proportionnée à sa taille, avec une poitrine artificielle, gonflée, couvert d'un masque qui lui em-

boîte la tête, et des bras allongés par le moyen de gantelets; faites-lui arpenter le théâtre en cet accoutrement, agité par les Furies; qu'il saisisse son épée, et Dieu sait comme! pour courir égorger Pyrrhus à l'autel même. En vain, nous objectera-t-on que les Grecs et les Romains étaient d'autres hommes que nous, que la race humaine a dégénéré. L'homme, sous toutes les latitudes, à peu de différence près, fut et est toujours le même. C'est la fable du chameau et des bâtons flottants. C'est toujours le merveilleux; il nous en faut pour complaire à notre imagination, à cette folle du logis, dit Montaigne (1).

Arrêtons-nous ici un moment pour éclaircir une foule de questions plus obscures les unes que les autres.

On nous dit que, pour l'illusion, ce travestissement de l'acteur en colosse de Rhodes était nécessaire. En effet, dans un théâtre qui contenait, dit-on, trente mille, quarante mille, que savons-nous? cent mille spectateurs, il fallait se faire entendre de toutes les places, de tous les points du théâtre. Ici, il y a évidemment erreur, on a confondu théâtre avec amphithéâtre, ce qui est bien différent.

En Grèce, au commencement de l'art, les théâtres n'étaient pas permanents. Les représentations étaient rares; elles étaient motivées par quelque solennité. Les théâtres se construisaient en bois, et la solennité passée, ils étaient enlevés. C'est ce qu'on fait à nos fêtes. Des théâtres se dressent aux Champs-Élysées, à quelque fête solennelle. La foule envahit le carré Marigny; trente mille, cent mille spectateurs assistent à un spectacle, et le lendemain tout a disparu.

Mais si les personnages faisaient illusion à distance, que peut-on penser de ceux qui étaient aux premiers rangs? Ces géants leur paraissaient ce qu'ils étaient : des caricatures.

Si la voix retentissait au loin par un moyen mécanique introduit dans le masque, et allait frapper, avec l'accent terrible de la situation, les oreilles des auditeurs placés aux combles, quelle commotion ne devaient pas recevoir les auditeurs qui se trouvaient près de l'orchestre? C'était à ébranler le cerveau, à déchirer les nerfs, à fendre la tête.

Comment supposer que les Grecs pussent se contenter d'une déclamation formidable, sourde comme le tonnerre qui gronde, eux si sensibles, si délicats, qui tous les jours entendaient Démosthène, ou Eschyne, ou Périclès à la tribune, qui assistaient aux leçons des philosophes, de Socrate, de Platon, soit au Lycée, soit à l'Académie, qui parlaient, croyons-nous, sans masques, qui ne voyaient rien de semblable quand la Grèce, assemblée aux Jeux Olympiques, assistait au combat de poésie entre Pindare et Corinne, qui n'avaient pas de masques; eux qu'un accent étranger choquait, jusqu'à la mar-

(1) Le soldat français, avec ses armes, sa giberne remplie de cartouches, son sac, effets de campement, ustensiles, des vivres pour dix jours, quelquefois pour quinze, porte un bagage beaucoup plus considérable que le soldat grec ou romain.

chande de poissons? cela n'est pas croyable; c'est méconnaître la nation grecque et lui faire injure.

Par quel moyen la voix pouvait-elle prendre un volume aussi considérable? Par quel procédé mécanique? A l'inspection des masques, cela n'est pas concevable, et dans la bouche c'est impossible. D'ailleurs, les masques, avec leur ouverture énorme, n'étaient pas faits pour grossir la voix; l'ouverture, au contraire, était pour faciliter l'émission de la voix; ceux qui avaient l'ouverture de la bouche petite étaient pour les personnages muets.

Mais à quoi bon les masques? La réponse est facile. Les Grecs avaient à un haut degré le sentiment des convenances, et sacrifiaient à la vérité. Il était défendu aux femmes de se produire sur la scène, naturellement ils ne pouvaient confier un rôle de femme à un homme avec sa barbe touffue; bien que la voix de l'homme soit plus forte que celle de la femme, l'étude peut la modifier, et l'illusion restait toujours.

Chez les Romains qui se rasaient, sous Auguste, il pouvait y avoir deux motifs : d'abord les traits de l'homme plus prononcés, et du côté moral on sait que l'état de comédien n'était pas considéré à Rome.

Nous avons des porte-voix dans la marine, mais l'instrument a une certaine longueur et possède un pavillon qui donne à la voix une certaine force et une certaine étendue; mais les sons ne sont pas soutenables pour un dialogue, quoique bons pour le commandement bref.

Qu'est-ce que cette chaussure, ce cothurne sur lequel l'acteur est perché? Quelle occupation pour le personnage de tenir sa robe pour ne pas montrer aux spectateurs une monstruosité? car comment dissimuler l'avance du pied, à moins de supposer une jambe grosse comme celle d'un éléphant, énorme comme une colonne? S'il fallait ainsi expliquer, comme le philosophe, le mouvement par la marche, vous l'expliqueriez fort mal.

Ainsi tout ce qui est dit, écrit, représenté sur cette matière, nous dira-t-on, est donc une erreur, un effet de l'imagination, une chimère? Non, mais l'application en est fausse.

On a tout vu avec un verre grossissant. De tous ces théâtres cyclopéens, faits pour les Titans, les Géants, Typhon, Antée, Polyphème, que nous reste-t-il? Leurs débris sont là, sous nos yeux, pour l'attester. Nous pouvons calculer les distances, le mètre à la main, nous pouvons compter les places. Pompéi, Herculanum, sorties de leurs tombeaux après tant de siècles, sont là pour porter le flambeau dans tout ce qui peut nous paraître obscur. Que d'énigmes, que d'erreurs vont s'expliquer!

Les fouilles de Pompéi ont mis à jour deux théâtres : un grand, l'autre plus petit.

Le grand théâtre pouvait contenir cinq mille spectateurs, le petit théâtre environ douze à quinze cents. Celui-ci était entièrement couvert, contrairement aux grands, qui étaient découverts.

Le théâtre d'Herculanum pouvait recevoir deux mille cinq cents personnes, la moitié du grand théâtre de Pompéi.

Appliquons aux Romains la même comparaison. Des théâtres immenses de Marcus Scaurus, de Curion, de Marcellus, qui contenaient quatre-vingt, cent mille spectateurs, où sont les vestiges? faits pour la circonstance, il n'en est trace nulle part.

Les anciens historiens nous parlent de la grandeur et de la magnificence du théâtre de Pompée. Pompée l'avait fait construire à ses frais, il pouvait contenir quarante mille personnes. Il avait mis tout à contribution pour son embellissement : peinture, sculpture, statues, rien n'y manquait. Il y avait annexé un palais pour le sénat, un autre pour recevoir le tribunal suprême, et, de plus, à l'extrémité s'élevait un temple à Vénus la Conquérante, dont les degrés servaient de siéges aux spectateurs. Construction gigantesque, magnifique; mais ce n'était point un théâtre, c'était un amphithéâtre, comme celui de Nîmes, qui contient aussi quarante mille personnes; l'historien lui-même confirme cette opinion, lorsqu'il ajoute : qu'on y voyait six cents mulets, une quantité d'équipages, et des troupes d'hommes à pied et à cheval qui combattaient sur le théâtre. Dans quelles pièces a-t-on jamais vu tant d'*impedimenta*? Au reste, qu'y a-t-il là de si extraordinaire? l'Hippodrome de la barrière de l'Étoile ne nous a-t-il pas offert un pareil spectacle? n'avons-nous pas vu, à la représentation de *la Prise de Sébastopol*, une bataille se livrer entre les Russes et les troupes alliées, Français, Anglais et Sardes, et nous présenter, en cavalerie, en infanterie, en artillerie, environ trois mille combattants, et, qui plus est, dans le lointain, nos flottes avec leurs pavillons?

Avec autant de gradins qu'il a, l'Hippodrome pourrait représenter exactement l'amphithéâtre de Pompée, moins les embellissements. Il est donc évident qu'on a confondu plus d'une fois théâtre et amphithéâtre.

Mais des théâtres, véritablement théâtres, qui ont servi à représenter les pièces d'Andronicus, de Plaute, de Térence, d'Ennius, les ruines parlent encore assez haut à nos yeux. Nous citerons les théâtres d'Orange et d'Arles, qui sont sous notre main.

Les théâtres des Grecs étaient petits, ce qui est loin de l'idée qu'on s'en est généralement formée. Cela se comprend d'ailleurs; bien que leur puissance fût étendue, les provinces, les villes n'étaient pas peuplées comme les provinces et les villes du temps de la domination romaine, surtout dans les Gaules.

Les théâtres romains étaient beaucoup plus grands. Les théâtres d'Orange et d'Arles, construits à peu près sur le même modèle, pouvaient contenir dix mille personnes, peut-être plus; d'ailleurs, quel que soit le nombre, il n'infirme en rien nos observations.

Le nombre est considérable, dira-t-on, et l'on peut concevoir l'attirail dont l'acteur s'affublait pour faire illusion, soit pour la perspective, soit pour la déclamation. Erreur! qu'on se détrompe, rien n'est plus mal fondé.

Nous allons ouvrir les yeux aux plus incrédules.

C'est l'expérience décisive que nous avons faite nous-même au théâtre d'Orange, et que, par conséquent, nous pouvons affirmer.

Nous avons fait déclamer, par le conservateur, un morceau de *Zaïre*, scène III, acte II, la tirade de Lusignan :

Que la foudre en éclats ne tombe que sur moi, etc. ;

morceau choisi exprès, qui ne demande pas des éclats de voix, comme le rôle d'Oreste, dans *Andromaque*, mais qui veut une déclamation noble, ample, soutenue. Le lecteur était placé à l'orchestre, c'est-à-dire à l'emplacement, car cette partie du théâtre, chez les anciens, était en bois et élevée de douze pieds; l'échafaudage n'existant plus, le lecteur se trouvait placé beaucoup plus bas que jadis l'acteur, ce qui est un grand désavantage. Nous étions aux dernières places, au haut du théâtre, touchant la galerie à couvert, destinée à recevoir les spectateurs en cas de pluie. Eh bien ! nous affirmons (et tout le monde peut répéter l'expérience), nous n'avons pas perdu un seul mot; toutes les syllabes arrivaient à notre oreille aussi claires, aussi nettes que si nous eussions été dans un salon. Et cependant le théâtre est en plein air, démembré, les murs latéraux en ruine, en l'absence, chose remarquable, des vases acoustiques, toutes les conditions, en un mot, pour conduire la voix aux extrémités n'existant plus.

Une seule condition existe encore en dépit du temps : c'est l'emplacement du théâtre, merveilleusement adossé à une montagne qui répercute toutes les vibrations de la voix d'une manière admirable sans produire d'écho.

A quoi bon des efforts artificiels, des masques à porte-voix, dit-on, pour faire entendre une déclamation plus ample, plus sonore, lorsque ce n'est pas nécessaire?

Nous commençons à respirer un peu ; nous pouvons comprendre toute la portée de l'art de la déclamation chez les anciens ; nous pouvons juger du goût des deux peuples, qui rentre dans les exigences de la nature. Nous sommes désormais sur un terrain plus solide, où nous ne craignons plus de trébucher.

Mais que devient tout cet attirail de masques, de cothurnes, de robes traînantes, etc.?

Les Grecs avaient des spectacles pour tout le monde, pour toutes les classes de citoyens, comme nous avons des spectacles de funambules, de pantomimes, de mélodrame, de grand opéra, de comédie française, etc.

Jamais les chefs, devant Thèbes, n'ont été représentés avec des robes traînantes et des cothurnes élevés, pas plus qu'avec des masques. Avant tout, il faut être fidèle au costume; quand on représente des Grecs, on ne peut les couvrir d'un costume de fantaisie. Les Français, sous le grand roi, ont pu représenter les Grecs et les Romains en perruque, et les Grecques et les Romaines en robe à paniers, mais le Misanthrope et le Tartuffe avaient leur costume national ou officiel.

Notre opinion est que dans un grand jour d'une solennité, de la fête d'un dieu, on élevait des théâtres provisoires d'une grande dimension pour recevoir une nombreuse population, et qu'alors on ne devait pas se piquer de trop suivre les règles, et qu'on cherchait à frapper plutôt fort que juste l'esprit d'un auditoire fort mélangé; que pour cela on avait recours à des moyens extraordinaires; tout ce qui peut frapper les imaginations était mis en usage : la fantasmagorie, les robes, les masques, les cothurnes; et quand la solennité était passée, tout l'attirail, toute cette défroque rentrait dans le vestiaire, dans le garde-meuble de l'État, d'où il ne sortait que pour une autre occasion.

A quoi bon des théâtres permanents pour recevoir quatre-vingt mille spectateurs? C'est à peine si la population d'Athènes atteignait à ce chiffre, tandis qu'aux Panathénées, aux Dyonisiaques, toutes les populations environnantes affluaient à Athènes, comme nous voyons à Paris, pour les grands jours de fête, accourir les habitants des environs.

On nous a tant bourré l'esprit et frappé l'imagination de l'histoire des Grecs et des Romains, de leurs hauts faits, des fables de la mythologie, d'Hercule, des Titans, que nous avons fini par penser d'eux, en réalité, ce que pensait Girodet, et qu'il exprimait en figuré en disant que, lorsqu'il lisait Homère, ses héros lui paraissaient avoir dix pieds de haut. Mon Dieu, ces pauvres Grecs n'étaient ni plus ni moins grands et extraordinaires, et ne mangeaient pas plus les petites filles, malgré le minotaure, que les pauvres Français, qui font les choses en se conformant aux règles du bon sens; il en est de même pour les pauvres Romains.

Le fameux Achille, ce héros de la race des dieux, était une poupée, puisqu'on ne le distinguait pas au milieu des filles du roi Lycomède, à la cour duquel il s'était caché pour ne pas aller se faire tuer au siége de Troie.

Alexandre le Grand était petit, chétif, mal bâti, portant sa tête de travers; son père Philippe était borgne et laid.

Les Miltiade, les Épaminodas n'étaient pas d'une stature plus élevée que les intrépides Botzaris et Canaris.

Il s'est accompli de nos jours des actions héroïques que nos neveux, dans cinquante ans, auront de la peine à croire. Il ne nous manque qu'un Homère pour les chanter.

Et les hommes ont dégénéré! C'est Sancho Pança qui dit cela, mais le bon sens dit tout le contraire.

On peut se coiffer la tête d'un masque ; nous admettons assurément que les Euménides arrivassent des enfers avec des masques effroyables, des serpents s'enlaçant dans leurs cheveux, et courant, les mains armées de torches, après le parricide Oreste. Nous concevons l'effet que ce spectacle dut produire. Mais que des enfants y soient morts de frayeur et que des femmes y aient accouché sur l'heure même, c'est encore du merveilleux, c'est une licence poétique un peu exagérée. Nous avons des pièces, *Robert le*

Diable notamment, où les démons arrivent des enfers, agitant des torches, avec des masques hideux, de toutes couleurs, avec des cheveux rouges, des cornes dorées, aussi effroyables qu'on peut se l'imaginer; le spectacle ne manque pas d'être terrible, et tout se passe sans qu'on ait à déplorer aucun accident. Ces scènes mêmes ne se passent pas sans provoquer quelquefois le rire. Il en devait être de même chez les Grecs, croyez-le bien; les deux peuples se ressemblent trop pour qu'il n'en soit pas ainsi.

La déclamation, chez les Grecs, était une sorte de mélopée qui avait toutes les règles d'un chant. Il faut que cette forme ait un attrait mystérieux, car tous les peuples l'ont adoptée, soit au théâtre, soit au barreau.

Chez les Grecs, cette déclamation chantante était accompagnée et soutenue par quelque instrument, soit la lyre, soit la flûte. On a cru reconnaître dans les récitatifs de nos opéras et des opéras italiens une imitation de la déclamation grecque. Voltaire en a beaucoup parlé; mais nous ne concevons pas qu'il puisse être fait de comparaison entre la douceur d'une flûte ou d'une lyre et les grosses caisses, les timbales et toute l'orchestration infernale qui étouffferait le bruit même du canon.

Mais aussi il pourrait se faire que cette déclamation fût un effet naturel de la langue même, dont chaque lettre, chaque syllabe, chaque mot a, par ses accents, par ses brèves et ses longues, une cadence marquée. Ce qui nous confirme dans cette opinion, c'est ce qu'en dit Quintilien, à propos de Démosthène et d'Eschine; en rapportant une citation, il dit : « Elle (la phrase) invite à prendre un ton qui » tient un peu du chant et s'y abandonne insensi-» blement. Ce sont ces diverses inflexions de voix » que Démosthène et Eschine se reprochaient mu-» tuellement, et qu'il ne faut pas pour cela condam-» ner, car en se le reprochant ils nous apprennent » par là qu'ils en faisaient usage l'un et l'autre (1). »

Ce reproche mutuel paraît assez bizarre. La bonne déclamation ne l'admettait donc pas? Et qui donc déclamait bien, grand Dieu! à Athènes, si Démosthène et Eschine s'écartaient de la bonne voie?

Au siècle d'Auguste, époque à laquelle la Grèce se confond entièrement dans l'empire latin, les Romains virent s'accroître leurs diverses connaissances par la présence des rhéteurs grecs, qui vinrent s'établir à Rome. Pendant plus de cent ans les pièces des poètes latins avaient été représentées, sur leurs théâtres, sans masques. Il est bon de rapporter à quelle occasion ils furent adoptés par certains comédiens. Ce fut Roscius qui le premier parut sur le théâtre avec un masque; il s'en couvrit la figure pour dérober aux regards du public le défaut de ses yeux : il louchait (*cum esset perversis oculis*). Tous les comédiens n'adoptèrent pas cet usage, de sorte que sou-

vent les pièces étaient représentées sans masques; d'autres fois, les uns en avaient et d'autres n'en portaient pas, ce qui est confirmé par des fresques découvertes à Pompéi. Ce qui est à remarquer, c'est que dans la collection des masques romains parvenus jusqu'à nous, on ne trouve pas de masque pour la tragédie; et effectivement, Œsopus jouait sans masque.

Ces masques n'étaient d'aucune utilité et n'avaient pas le but que l'on donne aux masques grecs. Les théâtres latins étaient d'une dimension proportionnée à la voix, avec les urnes acoustiques, comme on peut s'en convaincre par le théâtre d'Orange, ainsi que nous l'avons dit. Nous supposons que le théâtre d'Arles possédait les mêmes conditions; les pourtours étant beaucoup plus détruits que ceux d'Orange, l'expérience de la voix n'a pu se faire. Ainsi donc, on n'avait nul besoin de donner à la voix plus d'étendue. Sur la figure de Roscius, le masque n'avait aucun inconvénient, car l'art dans lequel il excellait était la pantomime, quoiqu'il fût un excellent comique. A ce sujet, on rapporte que Cicéron prenait des leçons de mimique de Roscius, et l'on ajoute qu'ils luttaient quelquefois ensemble à qui des deux réussirait le mieux pour rendre la même pensée, Roscius par le geste et la pantomime, et Cicéron par la déclamation. Nous n'hésitons pas à donner la préférence à Cicéron, malgré tout le talent de Roscius. A cette occasion, nous dirons qu'on donne fort mal à propos indistinctement le nom de Roscius à tout acteur qui se distingue dans son état. On dit de Talma, par exemple, que c'était le Roscius français. Roscius était un comique et un mimique. C'est Œsopus, son contemporain, qui excellait dans le tragique, qu'il faudrait dire. On a dit de Baron, avec plus de raison, qu'il était le Roscius français.

Ce qui n'est pas douteux, c'est que la déclamation, chez les Romains, était accompagnée, comme chez les Grecs, par un instrument. Voici, à ce sujet, ce que dit Horace dans son *Art poétique* :

« La flûte, autrefois, n'était pas, comme aujour-» d'hui, tout entourée de brillant orichalque, et l'é-» mule de la trompette; tendre et simple, et percée » de peu de trous, elle suffisait pour accompagner » les chœurs et pour remplir de ses sons l'enceinte » d'un théâtre que la foule n'envahissait pas encore » entièrement, et *qui contenait un peuple grec nom-*» *breux*, mais frugal, chaste et honnête. Depuis, » quand ce peuple vainqueur étendit son territoire » et qu'un mur plus vaste embrassa la ville, et que » le vin ne cessa de couler les jours de fête en l'hon-» neur du dieu de la joie et des plaisirs, alors passa » dans les vers et dans le chant la licence la plus » effrénée. Quel goût peut avoir ce paysan grossier, » libre de travail, ce rustre qui vient s'asseoir au-» près du citadin honnête? Ainsi, à l'art ancien le » joueur de flûte ajouta d'indécentes pantomimes, et » de sa robe ample et traînante il balaya le théâtre. » Ainsi la lyre, jusque-là douce et sévère, s'accrut » d'accords nouveaux, tout à coup la déclamation » tragique s'enfla d'une manière inouïe, pareille à un

---

(1) Tales dunt illa inclinationes vocis, quas invicem Demosthenes atque Æschines exprobant, non ideo improbandæ ; quum enim uterque alteri objiciat, palam est utrumque fecisse. (QUINT. *De Or.*, liv. XI, 3.)

» torrent, et le chœur, soit qu'il expliquât les se-
» crets de la sagesse, soit qu'il prédît l'avenir, le
» prit sur le ton des oracles de Delphes (1). »

Voilà avec quelle amertume Horace se plaint qu'on
se soit écarté de la tradition pour ce qui concerne
l'accompagnement de la voix, et que cet oubli a entraîné hors de la bonne voie la déclamation tragique,
pour prendre le ton prophétique et emphatique des
oracles de Delphes. Mais il omet de nous dire quel
était le vice dans lequel les uns et les autres étaient
tombés pour encourir sa disgrâce et les reproches
qu'il faisait aux joueurs de flûte et aux comédiens.
Il y avait autre chose que le ton emphatique. Il paraîtrait qu'Horace prêcha dans le désert, et que du
temps de Quintilien, cent ans après, les coupables
ne s'étaient pas amendés. Une fois sur la pente du
mal, il est difficile de revenir sur ses pas. Les mauvais exemples rencontrent toujours des esprits assez
aveugles pour les suivre et s'en parer.

O imitatores, servum pecus!

Le barreau était en deuil de Cicéron ; sa voix ne se
faisait plus entendre, et ses derniers échos avaient
cessé depuis longtemps de résonner aux oreilles des
Romains. La tribune voulut opérer sa réforme
comme la scène et se jeta dans la déclamation emphatique. Peut-être y fut-elle entraînée par les rhéteurs grecs, entre les mains desquels l'éducation romaine était presque toute passée, du moins parmi
les patriciens. Ils introduisirent leurs mœurs, leurs
usages, jusqu'au goût de leurs vêtements ; toutes ces
coutumes leur rappelaient la patrie absente. Quintilien nous apprendra ce qu'Horace n'a fait qu'ef-
fleurer.

« Mais de tous ces défauts, dit-il, il n'en est aucun
» que je ne supporte plus patiemment que celui qui
» règne aujourd'hui au barreau et dans les écoles :
» je veux dire la manie de chanter. Je ne sais ce
» qu'on doit y blâmer le plus, de son mauvais effet
» ou de son inconvenance. Car, quoi de plus indigne
» d'un orateur que cette *modulation théâtrale*, et
» quelquefois semblable au chant folâtre des ivro-
» gnes ou de convives en débauche? Quoi de plus
» contraire au but qu'on se propose, lorsqu'il s'agit

(1) Tibia non, ut nunc, orichalco vincta, tubæque
Æmula ; sed tenuis simplexque foramine pauco,
Adspirare et adesse choris erat utilis, atque
Nondum spissa nimis complere sedilia flatu ;
Quo sane populus numerabilis, ut pote parvus,
Et frugi, castusque, verecundusque cohibat.
Postquam cœpit agros extendere victor, et urbem
Latior amplecti murus, vinoque diurno
Placari genius festis impune diebus,
Accessit numerisque, modisque licentia major.
Indoctus quid enim saperet, liberque laborum,
Rusticus urbano confusus, turpis honesto?
Sic priscæ motumque et luxuriem addidit arti
Tibicen, traxitque vagus per pulpita vestem.
Sic etiam fidibus voces crevere severis,
Et tulit eloquium insolitum facundia præceps :
Utiliumque sagax rerum, et divina futuri,
Sortilegis non discrepuit sententia Delphis.

» d'exciter la douleur, la colère, l'indignation, la
» pitié, non-seulement que de s'éloigner de ces
» sentiments, auxquels il faut amener les juges,
» mais que de braver la sainteté du barreau jusqu'à
» y jouer aux dés ! Car Cicéron dit que les rhéteurs
» de Lycie et de Carie allaient presque jusqu'à chan-
» ter dans les épilogues. Pour nous, nous ne nous
» en tenons pas même à un chant un peu sévère.
» Qui a jamais chanté, je le demande, en se défen-
» dant, je ne dis pas contre une accusation d'homi-
» cide, de sacrilége, de parricide, mais contre une
» simple demande en reddition de comptes? S'il faut
» absolument passer condamnation sur cet usage,
» rien ne s'oppose à ce qu'on s'accompagne avec la
» lyre et la flûte, ou plutôt avec des cymbales, dont
» le bruit a encore plus de conformité avec ce ridi-
» cule abus... Mais, va-t-on m'objecter, est-ce que
» Cicéron lui-même ne dit pas qu'il y a dans la
» prononciation une sorte de chant obscur? »

Tout le monde comprendra ce que peut être ce
chant obscur. C'est la modulation toute naturelle de
la prononciation, plus marquée dans les langues ca-
dencées ou qui possèdent une mesure harmonique
qui naît de l'accord des brèves et des longues, ce que
la langue française ne possède qu'à un degré peu
sensible.

Voilà donc le Grec qui chante en déclamant ; voilà
le Romain qui chante. Nous allons voir le Français
qui chante aussi, mais sans rime ni raison, sans
instrument, c'est-à-dire sans goût. Nous allons le
voir parler comme les oracles de Delphes, se démé-
ner comme le diable dans un bénitier, et, de plus,
pleurnicher.

Après les frères de la Passion, qui jouaient leurs
drames comme des enfants peuvent faire dans un
collège, sans règle, sans méthode, qui imitaient le
diable en hurlant et les anges en fausset, suivirent
les comédiens qui interprétaient les tragédies de Jodelle et s'exprimaient, comme nous allons le voir, en
accompagnant leur déclamation, plus furibonde que
chantante, de gestes quelque peu significatifs, de
coups de pied, de coups de poing, à la manière des
forts de la halle. Écoutons Cléopâtre, dans la tragédie de ce nom :

CLÉOPATRE, *donnant des soufflets et des coups de pied* (sic)
à Seleuque, confident d'Octavien, s'écrie :

Ah ! faux meurdrier ! ah ! faux traitre, arraché
Sera le poil de ta teste cruelle !
Que plût aux dieux que ce fût ta cervelle !

SELEUQUE, *effrayé.*

Puissant César, retiens-la donc.

CLÉOPATRE.

Voilà
Tous mes bienfaits. Hors ! le deuil qui m'efforce
Donne à mon cœur langoureux cette force,
Que je pourrais, ce me semble froisser
Du poing tes os et tes flancs crevasser
A coups de pied.

OCTAVIEN.

O quel grinsant courage !
Mais rien n'est plus furieux que la rage

D'un cœur de femme. Eh bien! quoi, Cléopâtre,
Êtes-vous point jà saoule de le battre?
(A *Seleuque*.)
Fuis-t'en, amy, fuis-t'en.

Laissons là tout ce fatras, et arrivons d'un bond à l'hôtel de Bourgogne, où l'on jouait, à ce qu'il paraît, des pièces sérieuses, à bâiller et à dormir debout.

Bellerose était le meilleur acteur tragique qui eût paru jusqu'alors. Quelles étaient ses qualités, on l'ignore. Il paraîtrait que le rôle de Cinna lui aurait été confié. Scarron, dans son *Roman comique*, n'en fait pas un grand cas; il fait dire à la Rancun que ce comédien était trop affecté. Ailleurs, il est dit qu'il était d'une fadeur insupportable. Sa diction devait être prétentieuse et par conséquent chantante, défaut que ses camarades et ceux qu'il avait formés possédaient à un degré éminent. Toutefois, faute de mieux, cette déclamation, qui arrivait aux oreilles avec des sons modulés, fut accueillie favorablement, mais elle n'eut qu'un temps; le moment approchait qu'elle devait s'évanouir. Un homme parut, un comédien intelligent, qui avait de son art une idée tout autre que celle qu'en avaient eu jusqu'ici ses prédécesseurs; enthousiaste, passionné, dans son imagination ardente il faisait descendre son art du ciel, et pensait, avec raison, qu'il était susceptible d'amélioration. Il conçut le projet de le réformer et de le faire rentrer dans les bornes naturelles dont il s'était écarté depuis sa naissance. Il ne fallait rien moins qu'une ferme résolution secondée par un trait de génie, pour s'attaquer aux Grecs, aux Romains et à l'usage déjà reçu et applaudi. Il fallait s'en affranchir et entraîner toute une société façonnée au mauvais goût. Cet homme, ce réformateur téméraire, c'est l'acteur Baron. Baron se présente avec assurance; sa belle physionomie, pleine de dignité et de douceur, ses manières nobles et souples, son regard fier, sans morgue, son geste sobre, majestueux, son jeu animé, sans prétention, tout lui gagne la bienveillance d'un public qui l'admire en silence. Il parle. Sa voix porte l'étonnement dans toute l'assemblée attentive. Ce n'est plus le son de voix qu'elle a l'habitude d'entendre, c'est une conversation, c'est une récitation; c'est un timbre clair, sonore, qui arrive avec un charme indicible jusqu'au fond des cœurs. Ce n'est plus de la musique, ce n'est plus un chant; ce n'est plus l'art, avec ses mensonges séduisants, avec ses faux ornements, c'est la nature elle-même; c'est l'émotion, le sentiment, la sensibilité, toujours simple et naïve, avec dignité, sans hurlements; en un mot, c'est toute une science, une science nouvelle, reçue avec ravissement, adoptée avec enthousiasme. Une ère nouvelle pour la déclamation s'ouvre avec éclat. Il fallut se conformer à ces nouvelles règles. Baron fut proposé pour modèle à tous ceux désormais qui devaient porter la parole en public. Orateurs, avocats, prédicateurs, accouraient; comme tout le monde, voir Baron et profiter de ses leçons.

Baron, dans son enthousiasme pour son art, disait qu'un comédien devrait être élevé sur les genoux des reines.

Baron ne voulait pas qu'on se servit à son égard du mot déclamation. — Il parlait, il récitait, disait-il. Baron avait tort, assurément. Sans épithète, le mot déclamateur est souvent pris en mauvaise part. Mais baron pouvait être très-flatté qu'on l'appelât un beau déclamateur, un grand déclamateur, le modèle des déclamateurs.

Depuis Baron, ses successeurs ont plus ou moins marché sur ses traces; ils s'en sont plutôt écartés, par un sot calcul de vanité, un ridicule amour-propre, pour ne vouloir ressembler qu'à eux-mêmes ni pour ne pas passer pour copistes. Sottise et fatuité. Beaubourg ne se conforma pas absolument aux nouvelles règles. Il suivit son instinct et ne voulut pas corriger sa nature abrupte. Toutefois il plut à côté de Baron dans certains rôles... Il affectionnait plus particulièrement les rôles dans les tragédies de Corneille, et Baron de Racine.

Lekain débuta vingt ans après la mort de Baron. Déjà la belle déclamation de celui-ci, à peine à son aurore, perdait de son éclat, tant le mauvais goût a des racines difficiles à détruire. Dédaignant l'exemple de Baron et pensant produire plus d'effet, s'imaginant sans doute qu'un comédien doit être élevé plutôt dans les coulisses que dans les palais, il adopta, dès son début, le chant cadencé, qui avait repris faveur. Ce qui étonne, c'est que Voltaire, qui avait sur Lekain l'empire de maître et de professeur, n'ait pas songé à le faire rentrer dans la bonne voie. Néanmoins, dans ces conditions, il s'acquit une grande célébrité et fut regardé comme un grand tragique, malgré ses défauts. Lekain avait une figure sans agréments, le nez épaté, les lèvres épaisses; sa voix était un peu cadavéreuse, sa taille médiocre et lourde; mais sa démarche était fière, mais il avait une âme ardente, un cœur sensible; sa parole foudroyante exprimait bien les fortes passions; il avait l'esprit des personnages qu'il représentait; avec une connaissance profonde de son art il parvint à faire oublier ses imperfections et ce qu'il y avait de défectueux en lui.

Après la mort de Lekain, Molé, déjà connu dans la comédie, voulut le remplacer dans la tragédie, mais ses succès ne répondirent pas à son attente; il continua de jouer la comédie, où il excellait.

Larive, acteur brillant et beau comme Achille vainqueur, était néanmoins privé de beaucoup de qualités qui font le bon comédien; si sa voix était riche et vibrante, sa déclamation était monotone, sans inflections, et manquait de nuances. Il aurait bien voulu chanter, mais il n'avait point de gamme. C'était une statue de Phidias; il eût pu servir de modèle pour faire Apollon, moins la lyre. Comme il était beaucoup au-dessus des acteurs de son temps, il jouit d'une grande réputation et on courait le voir avec plaisir.

Enfin Talma parut. Acteur sérieux, qui déjà avait médité sur son art et avait pu apprécier la différence de la déclamation de Baron avec celle de ses successeurs, il ne balança pas à la faire renaître dans toute sa simplicité. Talma rejeta tout ce qui était faux, prétentieux, artificiel; il s'appliqua à suivre la nature dans toutes les sensations qui peuvent agiter l'âme d'un héros au milieu de toutes les situations de la vie. Son action était noble, sans emphase; sa déclamation était pure, coulante, naturellement accentuée. Partout, dans tous ses rôles, il était sublime, et toujours d'une manière différente, tant il avait des ressources imprévues qu'il puisait dans les profondeurs d'un art qu'il agrandissait tous les jours. Dans Oreste il faisait frémir.

Au 5ᵉ acte, scène 4ᵉ, dans le monologue,

Que vois-je? est-ce Hermione? et que viens-je d'entendre?

il est impossible de peindre les agitations dans lesquelles son âme était plongée; les intonations variées qu'il employait pour exprimer l'état dans lequel Hermione vient le jeter, le commencement de ses fureurs et les gradations qu'il nuançait jusqu'au moment où il arrive à ce dernier effort d'un cœur qui se brise :

Quoi! Pyrrhus, je te rencontre encore!... etc.

Un frisson parcourait toute l'assemblée; la terreur était sur tous les visages; il avait fini qu'on l'écoutait encore. On se retirait profondément ému, le cœur serré, oppressé d'un poids énorme. On avait besoin de respirer.

Dans Néron, dans Macbeth, dans Hamlet, dans Mahomet, dans Joad, il était magnifique.

À côté de Talma parut, comme un météore, un acteur qui réunissait de belles qualités, Lafont, qui avait les formes physiques les plus belles et qui pouvait rivaliser de ce côté avec Baron et Larive. Il était beau dans Achille, mais son jeu était emphatique. Il avait conquis le suffrage des femmes. Malgré cet appui, écrasé par un voisinage si formidable, il sentait son infériorité; il ne paraissait plus qu'à de longs intervalles; il s'essaya dans la comédie, dans le rôle d'Alceste, dans lequel il eut peu de succès; peu à peu il cessa de paraître sur la scène française.

Après la mort de Talma, parurent deux acteurs qui, sans avoir les prétentions de se disputer son héritage, firent tous leurs efforts pour le remplacer; mais la monnaie était à un titre trop faible, et avec un talent estimable, ils ne purent se soutenir. Nous voulons parler de Joanny et de Ligier. La place est donc vacante, et il y a trente ans que Talma est mort.

Nous n'avons point parlé des femmes. Il ne faut cependant pas les oublier et les passer sous silence, non par déférence, par galanterie, mais parce que nous avons une grande justice à leur rendre. Si elles n'ont pas imité la Lecouvreur, qu'avait formée Baron, elles ont cru sans doute que leur âme délicate et sensible s'accommoderait mieux du ton lamentable et cadencé; comme des enfants terribles, elles n'ont écouté aucun conseil et n'ont suivi aucun guide. Il faut les plaindre dans leur aveuglement; elles ont chanté et pleuré. Néanmoins, dans la sphère où elles s'étaient placées, elles ont compté des admirateurs. La brillante Duménil, la superbe Clairon, la belle Raucourt, la sensible Duchesnois, la terrible Georges ont, tour à tour, avec des talents divers et

supérieurs, secondé avec éclat les Baron, les Brisard, les Lekain, les Monvel, les Talma. Quelques-unes, dans le nombre, ont bien un peu pleurniché, mais ce défaut n'ôte rien à leur talent d'une haute portée.

Nous arrivons à Rachel, à l'incomparable Rachel. Que dirons-nous de son talent que tout le monde ne sache? Dans cet art si difficile de comédien, que Talma étudia pendant trente ans, et qu'il ne connut profondément que vers la fin de sa carrière, où il était arrivé en luttant avec des efforts inouïs pour se corriger, pour se perfectionner, Rachel, à dix-sept ans, monte sur le théâtre, paraît, parle, triomphe, non par des moyens empruntés à la tradition, mais par la seule puissance qu'elle puise dans son âme, dans son génie, son démon familier, par les seules inspirations de la nature. C'était son élève; c'est ainsi qu'elle s'annonça. On peut lui dire :

L'art n'est pas fait pour toi, tu n'en a pas besoin.

Les actrices jusqu'ici ne connaissaient nullement depuis longtemps les avantages d'une diction pure, simple et naturelle. Elles ne connaissaient de l'art que ce qu'il a de défectueux; et se jetant dans la déclamation composée, elles semblaient se dire qu'une princesse, une reine, dont le front est ceint du diadème, ne devait pas parler comme une suivante et ressembler ainsi au commun des martyrs. Au lieu de parler, se disaient-elles, chantons, ayons l'air de pleurer; marchons la tête haute; la grandeur est l'insolence.

Rachel apparaît donc comme un astre radieux; tout ce qui l'entoure n'est qu'une suite de satellites.

Et vera incessu patuit Dea.

Sa beauté antique, son peplum artistique, sa tunique aux plis onduleux, fidèle comme les draperies de Phidias, son attitude pleine de dignité, son regard où brille le feu du génie, sa démarche imposante, héroïque et simple en même temps, sa diction magnifiquement cadencée, pure, harmonieuse, et dont elle seule a le secret, son jeu de physionomie extraordinaire, tout dans sa personne produisit un effet indicible, une illusion à laquelle on n'était point habitué, et qu'aucune actrice encore n'avait faite sur la scène française. Elle enleva tous les suffrages. Par toutes ces qualités, c'est une révolution complète que Rachel a faite dans l'art théâtral.

Parlerons-nous de la déclamation dans la comédie? Bien qu'en général elle soit assujettie à des règles comme dans la tragédie, cependant elles sont moins étendues. Si dans la tragédie la voix demande plus d'élévation, dans la comédie elle veut du naturel, plus de simplicité; elle doit représenter le ton habituel de la conversation, en être l'image, et comme un miroir qui réfléchit les objets avec fidélité. Le comédien doit toujours se souvenir qu'il est dans le domaine riant de Thalie, et non dans le palais somptueux de Melpomène. Plusieurs comédiens se sont distingués dans ce genre; nous ne les nommerons pas, la liste en serait trop longue; il en est de même du côté des actrices, mais nous ne pouvons passer sous silence celle qui possédait au suprême degré toutes les finesses de l'art, qui avait dans le son enchanteur de sa voix harmonieuse tous les charmes de séduction impossibles à décrire, qui fascinait, entraînait par une puissance irrésistible ; chaque mot qui sortait de sa bouche retentissait au fond du cœur, c'était comme autant de perles qui tombent en retentissant dans un écrin. On l'appelait l'inimitable, le diamant, la perle du Théâtre Français. Qui ne la reconnaît à ce portrait? C'était la divine Mars.

En tout temps, l'homme dont la profession est de pérorer en public, l'avocat, par exemple, a cru devoir se distinguer par une manière particulière de parler. Dédaignant le ton ordinaire de la conversation, il a affecté un langage accentué, plus élevé, plus emphatique, qui a dégénéré bientôt en un langage cadencé, et enfin en une imitation de chant. Heureux encore si l'effet harmonique n'est pas tombé dans un excès tel qu'au lieu d'entendre une voix humaine, on n'ait entendu un certain glapissement aigu, criard, à fendre la tête, ou un aboiement à faire fuir de frayeur. C'est ce que Cicéron appelle : *latrare, non agere*, aboyer et non plaider.

A ce défaut ajoutez celui de vouloir faire de l'érudition à propos des sujets les plus simples, de se jeter dans des digressions à perte de vue, de citer des autorités étrangères à la cause, fouiller dans l'histoire, remuer les cendres des morts, mêler ensemble le profane et le sacré, parler des gouvernements, des peuples, de leurs usages, de leurs mœurs, d'Homère, de Platon, d'Aristote, des prophètes, d'Alexandre, de César, des Grecs, des Romains, faire intervenir la physique, la métaphysique avec la rhétorique, mêler les conciles, la théologie, la médecine, l'astrologie, l'influence de la lune ; enfin parler de tout, excepté du fond de l'affaire à débrouiller.

Quand on lit les *Plaideurs*, de Racine, on s'imagine que le poète s'est complu à faire un tableau de pure invention. Qu'il fasse parler l'Intimé ou Petit-Jean, qu'il leur fasse débiter tant d'impertinences, de fadaises, et un tas de coqs-à-l'âne, on ne croirait jamais voir dans ces plaidoyers comiques, burlesques, une peinture véritable du barreau à cette époque, et pourtant rien n'est plus exact. A quel degré d'abaissement l'absence du bon goût peut descendre ! On ne peut voir dans ces extravagances l'art oratoire ; c'en était la parodie. Racine n'a rien exagéré.

On pourrait penser que ce goût dépravé était le partage de la classe infime de la gent avocassière ; qu'on se détrompe, l'exemple était donné par les plus fameux du barreau, par les têtes de colonne, qui, à cette époque, étaient Lemaistre et Patru.

On a de la peine à croire que cette infirmité d'esprit régnât au temps des Racine, des Molière et des Boileau. Comment concilier ce genre burlesque, cette éloquence barbare, à force d'être variée et profonde, avec le goût qui à cette époque présidait à tout? Le goût dépravé dans les arts est d'aimer et de rechercher une nature hideuse et repoussante, de se plaire, dit Voltaire, à des sujets qui révoltent les esprits bien faits, de préférer le burlesque au noble, le précieux et l'affecté au beau simple et naturel; c'est une maladie de l'esprit. Mais comment pouvait-on être attaqué de cette maladie quand on avait pour entourage les grands hommes du siècle? Comment Boileau, l'arbitre du goût, lui qui avait, comme un régent de collège, toujours la baguette levée sur chaque vers de Racine, supportait cette faconde ridicule chez son ami Patru? Était-il entraîné par l'ascendant de l'exemple, par l'usage reçu, la mode du jour! Le Parnasse, au sommet duquel il était monté, ne lui permettait pas sans doute de jeter les yeux sur ce qui se passait dans les basses régions; et cependant on citait les Grecs et les Romains, et on n'étudiait pas ceux qui auraient pu les éclairer : Démosthène, Eschine, Cicéron, Hortensius. Quel aveuglement régnait alors !

Cochin sut éviter cet écueil; génie supérieur, il jugea tout l'avantage que l'art oratoire pouvait retirer de la nouvelle déclamation, introduite par Baron. Il profita de la leçon que ses prédécesseurs avaient négligée; purgé de ce qui faisait sa honte, le barreau français aujourd'hui est fier des flambeaux qui en font et l'éclat et la gloire.

L'éloquence, dans les différents genres, ne peut se passer de la déclamation; elles se prêtent un mutuel secours, elles sont sœurs. Mais, suivant le genre d'éloquence que traite l'orateur, la déclamation doit se prêter à ses formes et prendre le ton qui lui convient. Elle se modifie dans sa diction ; elle se modère dans ses gestes, elle prête à la voix des accents plus ou moins élevés, plus ou moins passionnés, plus ou moins pathétiques.

Lors même qu'il semble que deux orateurs sont entrés dans la même carrière, suivant la circonstance, suivant l'intérêt qui les fait mouvoir, suivant l'esprit de l'auditoire, la déclamation prend un caractère différent. Ainsi la déclamation de Démosthène devait être différente de la déclamation de Cicéron.

Démosthène s'adressait à un auditoire composé de citoyens à qui l'éloquence n'était pas étrangère, qui étaient parvenus à un grand degré de civilisation, peuple spirituel, de mœurs douces et d'un caractère porté à la satire, il fallait parler à leur raison et les convaincre par des arguments irrésistibles. Il fallait donner à la voix l'accent de la persuasion.

Cicéron n'était pas dans les mêmes conditions avec son auditoire. Il avait devant lui des citoyens à qui les occupations de la guerre avaient fait négliger les sciences; mais si le peuple était ignorant, il était brave, droit, avec plus de bon sens que d'esprit, dont il n'avait que faire lorsqu'il était tout occupé de sa liberté et de l'asservissement des autres peuples; Cicéron n'avait pas besoin d'autres figures oratoires que d'être touchant et pathétique.

Si la tribune fut instituée pour défendre les intérêts des peuples et la gloire de la patrie, si le barreau dut servir d'égide aux citoyens et protéger le faible contre le fort, la chaire fut créée pour les besoins de l'homme, pour élever son âme vers le

Créateur de toutes choses, pour lui tracer enfin le chemin de son salut.

Pour remplir une tâche si noble, une mission si belle, que d'inspirations ne faut-il pas que le prédicateur puise dans son âme, foyer de sainteté, et habituée à se tourner sans cesse vers Dieu! Combien sa voix doit être persuasive pour annoncer aux hommes les décrets de la Providence et leur montrer le sentier des vertus! Quelle onction! quels accents touchants pour peindre l'amour que l'on doit avoir pour le prochain! Combien aussi il doit être mesuré dans son geste et dans sa diction!

Et, cependant, s'imaginerait-on jamais, à la honte du sacerdoce, qu'il y ait eu, dans le saint ministère, des interprètes sacrés qui, oubliant leur évangélique devoir, ont prêché, dans le style le plus burlesque et dans un langage barbare, moitié français, moitié latin, et parlé des mystères avec irrévérence, en mêlant les bouffonneries aux scènes les plus touchantes de la Passion? La chaire a retenti des quolibets les plus grossiers; il y a été fait assaut de jeux de mots; on est descendu jusqu'à la farce, à la parade, et, durant la Ligue, on n'a pas craint aux infâmes obscénités d'ajouter les imprécations et même les atrocités; et le sanctuaire était le chaos. C'étaient des cris, des hurlements à jeter l'épouvante parmi les auditeurs. Un jour, en sortant d'un sermon où le prédicateur, à force de s'agiter, était devenu tout rouge, un prélat disait aux paroissiens: Vous possédez un pasteur des plus saints; il est semblable à un œuf de Pâques, qui est rouge et bénit, mais un peu dur.

Les frères de la Passion, on le voit, avaient déteint sur tous les ordres. Le mauvais goût, les farces grotesques, les allusions indécentes avaient envahi la sacristie. Nous n'ignorons pas que Démosthène et Cicéron leur étaient inconnus, mais la Bible, qui constamment était sous leurs yeux, qu'ils lisaient et commentaient! Les modèles dont elle est remplie ne disaient donc rien à leur esprit? Quelle était donc leur nature? de quel vertige étaient-ils frappés? Le Cantique de Moïse, les Psaumes de David, Tobie, Esther, Job, Jérémie, les Évangélistes, les Épîtres de saint Paul, ne leur inspiraient donc rien? Leur imagination ne pouvait s'affranchir de la chaîne qui les attachait à tant d'ignominies! tant de trésors restaient ainsi ensevelis et perdus pour eux! Enfin il se présenta un homme de génie qui sut exploiter cette mine si féconde, et qui en fit sortir les beautés qui y abondent et tout l'esprit saint qui partout y projette sa lumière.

Cet homme est Bourdaloue, qui fit entendre enfin dans la chaire une raison toujours éloquente. Ses prédécesseurs furent totalement éclipsés et réduits au silence; ils disparurent dans les ténèbres que l'ignorance avait formées autour d'eux. Il traça la route, et ses successeurs n'eurent qu'à la suivre. Bossuet, Fléchier, Massillon y entrèrent avec honneur.

Si celui-ci peut être considéré comme le modèle des prédicateurs dans le sermon, Bossuet est le modèle dans l'oraison funèbre.

La déclamation, qui auparavant avait tous les défauts de l'exagération, soit dans la voix qui se prêtait à des facéties irrévérentieuses, soit dans son auxiliaire, le geste, qui accompagnait des tableaux grossiers, devint, sous ces réformateurs, sobre, imposante, sans affectation, telle que le demande la source divine d'où sont tirés tous les sujets sacrés qui font la matière des sermons.

Cependant il est une nuance peut-être plus tranchée en faveur de l'oraison funèbre dont les parties oratoires exigent plus d'imagination, plus de recherche, plus d'art, parce que, bien que l'esprit religieux y domine au fond, le sujet n'est point puisé dans les interprétations des révélations divines, et que l'orateur peut l'embellir de tous les ornements de l'éloquence, en se donnant pleine carrière sur le terrain non évangélique.

Pour un peuple comme le Français, communicatif, spirituel, puisque c'est convenu, mais surtout grand discoureur, comme dit César, c'était une grande privation que de ne pas avoir son agora, comme l'Athénien, ou son forum, comme le Romain, pour se pavaner et débiter au peuple assemblé des phrases le plus souvent creuses, mais sonores; car la première chose, pour un Français, c'est de faire de l'esprit, même aux dépens du bon sens, et dans les choses qui en demandent le moins. S'il a le bonheur de faire rire son auditoire, il se regarde comme le plus heureux mortel, et la marotte pour lui est plus précieuse que la palme conquise sur Philippe de Macédoine.

A certaines époques des états généraux, il avait eu certaines velléités d'imiter non-seulement l'orateur Cicéron, mais il avait eu des démangeaisons d'empiéter sur les droits du tribun Gracchus; sa plus grande victoire était lorsqu'il pouvait faire une remontrance, et dans les villes la prévôté n'était pas éloignée de s'ériger en mairie du palais. De tout temps, le Français, dans une certaine classe, a compté comme une de ses prérogatives celle de pouvoir donner des leçons à la royauté. Tels furent les Seize sous Henri III et Henri IV.

C'était le temps des exploits de la Ligue. La chaire et chaque borne s'étaient changées en tribunes populaires. Il y eut des discours ébouriffants et des orateurs énergumènes, dignes précurseurs du *Père Duchêne*, et la licence la plus effrénée, que l'on prend toujours en France pour la liberté, se donna ample carrière.

A la révolution, cet esprit se réveilla. Les Bussy Leclerc, les Seize reparurent sur une scène beaucoup plus dramatique. On avait conquis la tribune. La tribune devint une arène où chaque jour se livraient des combats à mort, et les discours ne respiraient que le sang et le carnage. La déclamation était furibonde et résonnait en éclats de tonnerre.

Enfin, échappée aux mains des Vandales, la nation put respirer.

Le gouvernement parlementaire, après de longues oscillations, put trouver son centre de gravité. Ce fut alors le beau temps des avocats. Ce sont les avocats qui ont trouvé la belle maxime :

« Le roi règne et ne gouverne pas. »

Ce qui vient à dire : Les Seize gouvernent.

Qu'on nous permette une réflexion.

Nous avons jugé la tribune de Démosthène, la tribune de Cicéron ; nous avons jugé les tréteaux, qui sont la tribune du comédien ; nous avons jugé la chaire évangélique ; nous pouvons juger la tribune de l'avocat.

L'avocat, au prétoire, est pour nous un objet de respect ; nous honorons sa mission, qu'il remplit avec noblesse et souvent avec désintéressement. Ainsi, nous ne voulons nullement porter atteinte à sa considération.

A la tribune, l'avocat n'a plus pour nous le même caractère ; il tombe sous la loi commune, et il n'est point exempt de censure. Nous avons le droit de lui demander compte du mandat dont il a été investi, non dans l'intérêt de son ambition, mais dans l'intérêt général.

Nous ne mettons point en doute ni sa rhétorique, ni son éloquence au barreau, mais nous lui contestons son aptitude à juger dans les combats où les plus grands intérêts viennent s'entre-choquer sur un champ de bataille aussi vaste que le monde. Ces discussions de géant ne sont pas faites pour sa taille, et ne rentrent point dans ses attributions. Ses études ne l'ont jamais initié dans la partie si délicate de la haute politique, dans ses formes et dans ses secrets. Il n'a point acquis les connaissances nécessaires pour aborder les questions si difficiles de la politique entre les États. Cujas et Barthole enseignent les diverses coutumes des petites provinces, et le droit privé toujours restreint. Ils peuvent faire d'excellents jurisconsultes, et non des politiques. Nous ne les enveloppons pas tous dans le même anathème, mais le plus grand nombre n'entend rien au droit public en ce qui concerne l'intérêt des peuples considérés comme corps politiques, encore moins le droit des gens, ou le droit naturel, appliqué aux peuples, aux nations, aux États ou à leurs chefs, dans les relations qu'ils ont ensemble et les intérêts qu'ils ont à ménager entre eux.

Le mur mitoyen n'a rien de commun avec la frontière qui sépare deux grands États.

L'histoire à la main, nous oserons dire la vérité. Dans les grandes crises, jamais l'avocat n'a été à la hauteur du rôle qu'il a voulu jouer. Tout s'est passé par-dessus sa tête.

Il n'a rien su prévenir ni arrêter ; le mouvement l'a toujours emporté ; il n'a pas su le maîtriser.

Ramassons, réunissons, par la pensée, tous les faits, et les acteurs : qui s'élève, surgit, apparaît, brille, comme un météore, au front des nuages?

Qui?... Il est une remarque à faire. Nos plus grands orateurs, dans les temps les plus orageux, ne furent point des avocats. Mânes de nos célèbres orateurs, vous que l'on vit briller dans les moments suprêmes, quand la France était au bord de l'abîme, levez-vous, redressez-vous pour venir déposer et nous donner raison !

Celui qui fit reculer les baïonnettes de la monarchie, celui qui a vu naguère s'incliner, à sa parole, cent mille baïonnettes anarchiques, n'étaient ni l'un ni l'autre avocats, et tous les deux ont sauvé la patrie.

Aujourd'hui l'avocat est réduit à l'intrigue. O Démosthène ! ô Cicéron ! voilez-vous ! La tribune un jour s'écroula sous vos pieds. Dites, que fîtes-vous alors? des chefs-d'œuvre pour la postérité.

Les états généraux furent réduits au silence par la puissance absolue de Louis XIV; les cahiers fermés, la parole coupée, le discours s'éteint, la déclamation expire.

Si la tribune française a cessé de s'agiter, de résonner et de porter ses accents turbulents à l'oreille des Seize, c'est par une autre cause. On feint de l'ignorer. Là où tout le monde est d'accord, où tout le monde n'a qu'une même pensée, une opposition n'a plus de raison d'être, et ne peut se dresser et apparaître en forme visible.

La dignité et le calme deviennent l'essence des délibérations. Ces deux qualités ont manqué jusqu'ici.

Ainsi désormais le sort de la déclamation est fixé : au théâtre, elle est noble, simple et naturelle; dans la chaire, elle est touchante, évangélique et pleine d'onction; à la tribune, calme et digne.

Nous nous sommes abstenu d'entrer dans de trop grands détails sur les règles de la déclamation; elles seront toujours insuffisantes pour indiquer et saisir toutes les inflexions de voix, les nuances délicates, insaisissables, dont elle est susceptible. Que l'on parvienne à la noter au théâtre, comme cela a eu lieu pour certains rôles anciens, vous n'aurez rien fait. Et d'abord c'est rendre un mauvais service à l'art. Le même rôle toujours joué sur le même ton ! Vous tuez un talent qui veut se produire ; vous empêchez tout progrès. Vous enrayez l'art à tout jamais. La notation est chose ridicule, sinon funeste.

Une crainte encore nous a retenu d'entrer dans cette voie; celle de ressembler au philosophe donnant des leçons à M. Jourdain, et lui expliquant la nature des lettres et la formation des cinq voix : A, E, I, O, U.　　　RÉDAREZ SAINT-REMY.

DÉCOCTION (pharmacologie) [du latin *decoquere*, faire bouillir]. — Opération qui consiste à faire bouillir des substances médicamenteuses dans l'eau. Quelques pharmacologistes, dit Beaude, ont signalé, dans ces derniers temps, les inconvénients que présente ce mode de préparation, et ils ont démontré que les infusions, et même les macérations, donnaient un résultat plus avantageux que les décoctions; cependant, pour les tisanes faites avec des substances qui n'agissent que par la fécule qu'elles contiennent, telles que l'orge, le gruau, etc., la décoction doit être préférée.

DÉFRICHEMENT (agriculture). — Ce mot désigne, à proprement parler, les travaux au moyen desquels on met en culture soit une terre inculte ou en *friche*, soit un marais ou marécage après dessèchement.

La France voit encore aujourd'hui (qui le croirait?) un huitième de son territoire en friche. Il est certain que la plus grande partie de cette immense étendue de terres est susceptible d'une fertilité qui compenserait en peu de temps les frais de défrichement. On ne saurait donc trop ardemment réclamer une telle amélioration. Mais les défrichements exigent, pour être opérés avec succès, des conditions de savoir, d'expérience et de fortune que peu de propriétaires réunissent. Aussi, tout en faisant des vœux sincères pour que le sol entier de notre pays soit mis en valeur, nous devons recommander à nos petits propriétaires de ne pas s'engager témérairement dans des entreprises de ce genre. Un propriétaire intelligent doit s'attacher avant tout à tirer le meilleur parti des terres qu'il fait valoir; ce n'est qu'ensuite qu'il peut entreprendre de mettre en valeur ses friches et ses landes. Pour cela, il doit calculer 1° les frais du défrichement; 2° la valeur des récoltes qui le suivront; 3° les moyens de rendre indéfiniment fertile la terre défrichée.

Si votre friche est éloignée de votre habitation, il faut considérer la perte de temps qu'entraîneront les allées et venues et les charrois.

Si vous avez des flaques d'eau ou des terrains humides et marécageux autour de votre maison, rien de mieux que de commencer par vos défrichements; vous en tirerez deux avantages: 1° de conquérir un sol fertile; 2° d'assainir l'air que vous respirez. Pour cette opération-là, n'épargnez ni efforts ni sacrifices.

Si le terrain à défricher est un sol léger, formé par de la roche friable, c'est-à-dire qui se désunisse et se réduise aisément en terre, et qui soit exposé au soleil, défrichez et plantez de la vigne, après un bon défoncement.

Si le terrain est maigre et élevé, il faut se contenter de le couvrir de bois; s'il est bas et en plaine, il faut se préoccuper avant tout de l'écoulement des eaux et le convertir en prairie.

Les opérations de défrichement varient suivant la nature et la configuration du sol. Nous allons les diviser, en conséquence, en cinq espèces:

1° *Sols montagneux.* Les pentes montagneuses sont ordinairement composées de terrains schisteux, volcaniques et calcaires. La terre végétale y est très-peu profonde et produit quelques herbes courtes et maigres, mêlées à des bruyères. En général, ces sommets doivent être affectés aux plantations d'arbres. — A mi-côte et à la base des pentes, lorsque le sol commence à être humide et produit des herbages abondants, mais de médiocre qualité, on peut y faire pacager les races bovines. Mais, règle générale, les bois taillis et les futaies sont le genre de végétation le plus convenable aux terrains escarpés.

2° *Sols marécageux.* Lorsque ces terrains sont couverts de plantes et que le sous-sol peut être desséché à peu de frais, c'est une opération avantageuse de les mettre en valeur. Le *desséchement* et le *drainage* sont les deux opérations essentielles de cette entreprise, pour laquelle nous renvoyons à ces deux articles.

3° *Sols tourbeux.* Ce n'est que depuis quelques années qu'on parvient à tirer un bon parti de ces terrains; on réussit maintenant à faire une terre végétale douce et très-fertile. On peut les convertir en pâturages après les avoir profondément saignés et desséchés et les avoir garnis d'engrais putrescents et de chaux, de craie ou de marne.

4° *Sols d'alluvion.* Les sols sujets aux inondations peuvent être enrichis par les limons qu'elles y déposent. C'est un moyen de changer en bienfaits les ruines qu'occasionnent souvent ces désastres. Pour cela, il faut avant tout dessécher son terrain et procurer un écoulement naturel aux eaux stagnantes. Ensuite il faut que les crues qui peuvent l'inonder soient, non pas arrêtées au moyen de digues, mais modérées dans leur violence par des obstacles nombreux, tels que des plantations d'arbres, vergers, pépinières, haies vives, etc., qui forment une sorte de crible naturel, afin que l'eau, en se retirant, y laisse de riches dépôts d'alluvion.

5° *Bois et forêts.* Le défrichement de ce genre de terrains est le plus commun. Nous en avons signalé les graves inconvénients au mot *Forêt*. Nous répétons ici qu'il vaut mieux, en général, cultiver avec soin nos essences de bois forestiers partout où elles peuvent réussir, surtout sur les hauteurs et les pentes. Lorsqu'on tient à les convertir en pâturages ou en terres arables, on fouille le plus profondément qu'on peut le sol pour en extraire les racines, qu'on dispose en tas; on met le feu à ces tas, puis on en disperse la cendre, qu'on mêle aux engrais destinés à féconder le sol arable.

Un autre procédé consiste à couper les arbres par le pied et à laisser pourrir les racines. On coupe de temps à autre avec la faux les jeunes pousses. Au bout de deux ans, les racines perdent leur vigueur et se dessèchent. Alors leur extirpation s'opère sans difficulté.

6° *Landes.* Ces vastes étendues de terres incultes sont ordinairement couvertes de broussailles, bruyères, ajoncs, genêts, etc., chétive pâture que viennent brouter les maigres troupeaux. — Tel est l'aspect d'une partie de la Bretagne et des landes qui s'étendent le long de la mer entre Bordeaux et Bayonne. Le défrichement de ces terrains offre beaucoup de difficulté; néanmoins c'est une entreprise digne d'encouragement. Essayons d'indiquer les moyens les plus efficaces et les moins coûteux de mettre ces terres en valeur.

1° On rompt le gazon en automne, après que la terre a été humectée par les pluies. Ce défonçage doit être aussi profond que le permettent les racines des plantes et arbustes qu'on arrache. La charrue qu'on y emploie doit être armée d'un coutre très-acéré et sans versoir, ou mieux de deux ou trois coutres distants de 7 à 8 centimètres l'un de l'autre. Cette charrue, après avoir coupé en long la surface de la lande, doit la sillonner en large et la diviser en raies de 8 à 10 centimètres de large. Ensuite la charrue ordinaire, puis la herse complètent le défoncement, qu'on fait suivre de l'*écobuage*.

Lorsque la croûte gazonnée, ainsi rompue et renversée, tend à se reformer au printemps, on donne un second labour, aussi profond qu'on peut; un hersage énergique, exécuté quelque temps après, réussit à nettoyer et ameublir le sol.

Un autre procédé consiste à écrouter le terrain avec la charrue appelée *tranche-gazon*. On place les morceaux de gazon en tas, en y mêlant de la chaux et du fumier d'étable, et on les laisse achever leur décomposition en cet état; ensuite on donne plusieurs labours au terrain écroûté, on le fume avec le compost provenant des tas de gazon, et on sème après un fort hersage. Cette méthode est très-convenable pour la petite culture, en ce qu'elle demande plus de peine que de dépense, et elle place la terre dans d'excellentes conditions de fertilité.

2° *Écobuage*. Cette opération ne convient que dans les terres fortes et compactes; elle est, au contraire, moins utile dans les terres légères, parce que les racines, en se décomposant, se convertissent en humus et en terre végétale très-précieuse. Ainsi il est important de distinguer pour cette opération entre les landes grasses et les landes maigres.

Si le terrain défriché est très-accidenté, il est fort utile de l'aplanir autant que possible. On emploie pour cela l'instrument appelé *ravale*; mais dans une lande de peu d'étendue la brouette suffit. Ce qu'il importe d'observer dans cette opération, c'est de répartir également la terre végétale et de ne pas l'accumuler dans les dépressions de terrain après en avoir dépouillé les éminences.

Si le terrain est pierreux, il est utile de l'épierrer. Le produit de ce travail peut être utilisé sur les chemins, sans compter le béton employé dans les fondations et pour le macadam dans les chaussées de nos villes, qui donnent maintenant un prix suffisant aux pierres de nos champs. Si les blocs pierreux sont trop gros pour les enlever, on les fait sauter avec de la poudre. Ceux qui ne sont pas au courant de cette opération, qui demande de l'expérience, opéreront de la manière qui suit : on allume autour du bloc un feu aussi ardent qu'on peut; à mesure que la chaleur se développe, on l'arrose d'eau froide.

Lorsque la surface du champ défriché contient beaucoup de végétaux d'une décomposition difficile, on y répand de la chaux calcinée. C'est le meilleur amendement qu'on puisse donner à la terre en pareil cas. On complète le mélange par un labour. La décomposition qui s'ensuit enrichit le sol d'un humus très-fécondant et le débarrasse d'une multitude de larves et d'insectes nuisibles aux premières récoltes. Cet amendement, du reste, n'est utile que lorsqu'il y a une forte dose de substances végétales à dissoudre.

Dans les *landes couvertes de bruyères* on s'y prend autrement. L'année qui précède le défrichement, on met le feu aux bruyères par un temps sec. Au printemps suivant on les voit repousser de plus belle. Ces jeunes pousses sont très-goûtées des moutons; on les leur donne à brouter jusqu'à épuisement complet. L'hiver suivant on défonce le terrain, et l'été

suivant on donne quelques labours, puis on y envoie parquer, si on peut, les bêtes à laine. Il est à remarquer que le fumier de bergerie convient beaucoup mieux que la chaux à la décomposition de l'humus de bruyère, à raison de l'ammoniaque qu'il contient en quantité. A défaut de cet engrais, on peut y employer la cendre de bois et même de tourbe, préférablement à la chaux. La marne argileuse combinée avec les engrais est aussi d'un très-bon effet.

Le sarrasin est la semence qui convient le mieux à la terre de bruyère fraîchement défrichée. Après le blé noir vient le seigle, qui y réussit également. Mais, après une ou deux récoltes, il est bon de laisser le terrain en pâturage pendant deux ans au moins, pour qu'il gagne en fertilité et le préserver de l'épuisement. A cet effet, on sème du trèfle avec le seigle.

Un préjugé désastreux, dont il faut se défaire en matière de défrichement, c'est l'utilité de la culture du froment dans un sol nouvellement mis en valeur. Il est d'expérience, au contraire, qu'une terre nouvellement défrichée doit être cultivée en plantes *améliorantes*, c'est-à-dire celles qui prennent à l'*air* plus qu'à la terre leurs éléments nutritifs, telles que la pomme de terre. Le mieux est d'en tirer des fourrages substantiels propres à nourrir le bétail. Ce n'est qu'après une dizaine d'années de culture améliorante que ces terres se trouvent suffisamment amendées pour entrer dans l'assolement ordinaire. Il faut toujours, jusque-là, que chaque récolte de céréales soit suivie de deux années de trèfle ou de fourrage. L'élève du bétail, d'ailleurs, n'est-elle pas une opération aussi fructueuse que la culture des céréales ?

C'est une règle sans exception que l'on ne doit défricher que l'étendue de terrain que l'on peut cultiver avec tous les soins convenables : les amendements, les engrais, les labours nécessaires à sa fertilité. Avant tout on s'attache, dans les premiers temps, à tirer du sol défriché de quoi nourrir des bêtes à laine. On sème d'abord, à cet effet, du sarrasin, de la spergule, des raves, plantes qui poussent vite et n'épuisent pas le sol. Au fur et à mesure que la nourriture du bétail est assurée, on continue le défrichement, dont l'engrais assure toujours en plus ou moins de temps la réussite. Lorsqu'on rompra le terrain laissé en pâturage quelques années, on aura de quoi alimenter les bêtes à cornes, et partant un engrais suffisant pour la culture des céréales. Donc, dans les commencements, il faut borner ses vues aux moyens de se procurer des fumiers et des engrais; là est la clef et la mesure du succès. Règle générale : cultiver sans fumier, c'est se ruiner.

On le voit, les défrichements sont des entreprises qui exigent beaucoup de zèle, de patience, d'intelligence, et des capitaux qui puissent attendre leur remboursement. Partout où ces conditions ne sont pas réunies, nous n'oserions les conseiller. C'est assez dire que la grande propriété seule est en mesure, sauf de rares exceptions, d'entreprendre avec fruit les défrichements.

Par exemple : lorsqu'on trouve sous sa main des substances propres à amender le sol défriché, telles que la marne, le terreau, la tourbe, etc., le défrichement peut s'opérer avec succès en peu d'années. Il en est de même lorsqu'on peut arrêter le cours des ruisseaux ou menus cours d'eau et arroser régulièrement un terrain converti en prairies. C'est toujours par là qu'il faut commencer.

En général, en France, l'insuccès des défrichements est dû au défaut d'amendement. Les Anglais agissent tout autrement ; ils prodiguent la chaux, la marne, le plâtre, les os calcinés, le guano, etc., sur leurs terrains défrichés. Chez eux, les défrichements sont exécutés par des sociétés de capitalistes, qui achètent de vastes étendues de terres pour les revendre, après qu'elles ont été mises en valeur, divisées en exploitations pourvues des bâtiments et du matériel nécessaires. Il est bien désirable que cet exemple soit suivi en France. La Sologne, la Bretagne, les landes de Gascogne, offrent à la spéculation et à l'activité de nos agronomes un champ magnifique d'activité. La petite propriété ne peut entrer dans cette voie que sur les pas de ces grandes entreprises, et après s'être instruite de leurs expériences et de leurs succès. Espérons que les encouragements prodigués par le gouvernement aux tentatives de ce genre ne seront pas perdus.   Hervé.

DÉGLUTITION (physiologie) [du latin *deglutire,* avaler]. — Passage des aliments de la bouche jusqu'à l'estomac. Dans ce passage, le bol alimentaire soulève la *luette,* pénètre dans l'*isthme du gosier,* ouverture qui occupe le fond de la bouche, descend dans le *pharynx* ou *arrière-bouche,* abaisse l'épiglotte et tombe dans le conduit de l'œsophage, d'où il pénètre dans l'estomac par une ouverture appelée *cardia.* — Voy. *Digestion.*

DÉGRADATION (droit pénal). — Punition militaire qui consiste dans la perte du grade. Cette peine a été en usage chez tous les peuples qui ont joué un rôle important dans les annales de la guerre. On l'infligeait non-seulement à des individus, mais à des corps entiers. En France, où le point d'honneur n'a jamais fait défaut dans l'armée, cette punition a toujours été d'un puissant effet moral. D'après la législation actuelle, la dégradation est prononcée par simple mesure disciplinaire contre les sous-officiers et soldats, c'est-à-dire qu'un adjudant peut être diminué d'un grade, ou même cassé tout à fait pour retomber simple soldat, suivant la gravité des cas ; alors cette peine n'a rien d'infamant, et le délinquant peut reconquérir la position qui lui est enlevée. Mais si la dégradation est encourue par sentence d'un conseil de guerre, alors elle imprime une flétrissure immédiate. Le militaire qui la subit est incapable à jamais de servir sous le drapeau ; on le soumet à une cérémonie ignominieuse : on lui arrache, en présence de la garnison, les insignes de son grade, et jusqu'aux épaulettes et aux boutons, symbole de l'expulsion du corps qui le renie. Les officiers, en France, ne peuvent être dégradés que par sentence du conseil de guerre ; alors ils perdent leur grade,

mais ils ne peuvent être condamnés à un grade inférieur. En Russie, au contraire, un officier dégradé peut être condamné à servir comme simple soldat, le tout par mesure disciplinaire et sans jugement.

Au civil, la dégradation était accompagnée autrefois de formes ignominieuses qui frappaient les imaginations. Les ecclésiastiques condamnés à mort ne pouvaient être exécutés qu'après avoir subi la dégradation des mains de l'évêque. Aujourd'hui, la dégradation ne donne lieu à aucune formalité ; elle résulte purement et simplement de la loi appliquée par la sentence judiciaire. Cependant, lorsqu'un membre de la Légion d'honneur encourt une peine infamante, le président du tribunal ou de la cour d'assises ajoute immédiatement à l'arrêt ou à la sentence de condamnation cette formule : *Vous avez manqué à l'honneur,* je déclare, *au nom de la Légion, que vous avez cessé de lui appartenir.*

La dégradation civile accompagne toutes les condamnations dites infamantes, c'est-à-dire celles qui punissent tous les actes qualifiés crimes par la loi. Ajoutons que la conscience publique supplée souvent et heureusement à l'indulgence du code, et que beaucoup d'actes qualifiés simplement délit par la loi, et qui, partant, n'entraînent que des peines correctionnelles, impriment au front de leurs auteurs une flétrissure dont l'effet moral équivaut à une véritable *dégradation.* C'est une bonne disposition, et la conscience publique a ici un rôle d'autant plus puissant qu'elle seule peut donner une sanction utile aux peines morales prononcées par la justice.   Hervé.

DEGRÉ (géométrie) [du latin *degressus,* formé de *degredior,* descendre]. — 360° partie d'une circonférence du cercle. — Voy. *Cercle.*

Il y a apparence qu'on a pris 360 pour le nombre des *degrés* du cercle parce que ce nombre, quoiqu'il ne soit pas fort considérable, a cependant beaucoup de diviseurs.

Degré s'emploie aussi en parlant de la mesure des angles ; et la raison pourquoi on mesure un angle quelconque par les *degrés* ou parties d'un cercle, c'est que la courbure du cercle est uniforme et parfaitement la même dans toutes ses parties, en sorte que des angles égaux dont le sommet est au centre d'un cercle renferment toujours des arcs parfaitement égaux de ce cercle.

Degré de la terre. — Un *degré* de la terre serait la 360° partie de la circonférence si elle était parfaitement sphérique, et dans ce cas-là tous les *degrés* seraient égaux ; car les deux rayons tirés des deux extrémités de chacune de ces 360 parties au centre de la terre y feraient un angle d'un *degré.* Mais la terre étant un sphéroïde aplati vers les pôles, on n'a aucun moyen de mesurer, par observation sur la surface de la terre, l'étendue d'un arc compris entre ces deux rayons, qui font un angle d'un *degré* ; c'est pourquoi l'on regarde comme un *degré* de la terre la portion de sa circonférence qui répond à un *degré* du ciel. Or, un *degré,* ainsi mesuré, est un angle qui n'a point son sommet au centre de la terre, mais au point de concours des verticales tirées des deux extrémités du *degré* perpendiculairement à la terre. Le *degré* du sphéroïde terrestre est donc l'espace qu'il faut parcourir sur la terre pour que la ligne verticale ait changé d'un *degré*.

Mais cet espace, dans le sphéroïde aplati, doit être plus ou moins grand, suivant les différents *degrés* de latitude : il doit être d'autant plus court que la convexité ou la courbure de la terre est plus grande; et dans les endroits les plus aplatis de la terre, cet espace doit être plus long. En effet, les *degrés*, que l'on a mesurés à différentes latitudes, se sont trouvés d'autant plus courts qu'ils étaient plus près de l'équateur, et d'autant plus longs qu'ils étaient plus près des pôles, ce qui a prouvé démonstrativement l'aplatissement de la terre vers ses pôles. Le *degré* de la terre auprès de l'équateur a été trouvé de 110,577 mètres un quart; celui qui a été mesuré entre Paris et Amiens, à 49 *degrés* 23 min. de latit. moyenne, a été trouvé de 111,198 mètres un quart; celui qui a été mesuré sous le cercle polaire, à 66 *degrés* 20 min. de latit., a été trouvé de 111,880 mètres trois quarts.

Système métrique.—C'est par la valeur d'un *degré* du méridien qu'a été fixée la nouvelle mesure française qui sert de base à tout le système métrique. Toutes les mesures du système métrique sont rapportées à une base unique prise dans la nature, le quart du méridien terrestre, et les divisions de ces mesures sont toutes assujetties à l'ordre décimal employé dans notre arithmétique.

Le *degré* géographique est divisé en dix myriamètres. Le cercle s'y divise en 400 *degrés*, et le *degré* en 100 minutes. Le *degré* métrique vaut, en ancienne division, 54 minutes; le *degré* terrestre, ou *degré* décimal, est une nouvelle mesure linéaire égale à la centième partie de la distance de l'équateur au pôle, ou du quart du méridien terrestre. Ce *degré* a pour longueur 100,000 mètres, et contient 307,945 pieds 8 dixièmes de pied. Cette mesure est destinée à mesurer les très-grandes distances itinéraires.

DÉLAYANTS (matière médicale) [du latin *diluens*, même signification]. — Médicaments qui ont pour but d'augmenter la proportion du fluide aqueux dans l'économie. Ils sont constitués par des boissons dont l'eau fait toujours la base, et à laquelle on associe des fleurs adoucissantes, de la gomme, un acide faible (citron, vinaigre, groseilles). L'action de ces médicaments consiste à calmer la soif, faciliter la transpiration et la sécrétion urinaire, favoriser les évacuations alvines ; c'est principalement dans les affections inflammatoires aiguës que l'on fait usage des délayants.

DÉLIRE (pathologie générale) [du latin *delirium*, même sens]. — Désordre profond de l'intelligence qui accompagne souvent les maladies graves du cerveau (aliénation mentale, méningites, fièvres typhoïdes, etc.), ou qui peut être purement nerveux. Le délire n'étant, le plus souvent, qu'un symptôme,

son traitement consiste dans celui de la maladie qui le produit.

On a donné le nom de *delirium tremens* (folie des ivrognes) à un état de délire, d'agitation, de tremblement des muscles, particulier aux individus adonnés à l'ivrognerie. Il paraît avoir beaucoup d'analogie avec le *délire nerveux*, qui s'observe particulièrement chez les sujets très-nerveux, pusillanimes, chez les blessés, les sujets qui viennent de subir des opérations chirurgicales, etc. On combat ce délire des ivrognes par l'opium, les bains, la limonade tartrique, et enfin par un vomitif, s'il y a embarras gastrite. B. L.

DÉLITESCENCE (pathologie générale) [du latin *delitescencia*, formé de *delitescere*, disparaître, se cacher]. — Disparition subite d'une tumeur, d'une maladie éruptive, sans accident, et sans que la maladie se reproduise dans quelque autre partie du corps : ce qui distingue la *délitescence* de la *métastase.*

En chimie, on appelle *délitescence* le phénomène par lequel un corps cristallisé perd son eau de cristallisation, et se détache en menues parcelles, ou par lequel un corps solide se désagrége et tombe en poudre, en absorbant de l'eau.

DELTOÏDE (anatomie) [de *delta*, lettre majuscule des Grecs, et *eidos*, forme].—Nom donné à un muscle triangulaire qui se rapproche de la forme de la lettre grecque *delta* (Δ); il est situé à la partie supérieure et extérieure de l'épaule ; sa base est en haut et se fixe à la clavicule et à l'omoplate, et sa pointe vient s'attacher à la partie moyenne et externe de l'humérus, ou os du bras. Le deltoïde est épais, formé de fibres nombreuses, il recouvre le moignon de l'épaule et contribue à lui donner sa forme ; il constitue aussi cette forte saillie qui s'aperçoit à la partie externe et supérieure du bras : ce muscle élève le bras et le porte en avant et en arrière; lorsqu'il est fixé, il déprime l'épaule.

DÉLUGE ou **CATACLYSME** (géologie). —Inondation subite d'une vaste contrée. Si l'on consulte les livres sacrés des peuples dont la civilisation est la plus ancienne, on remarque entre eux un singulier accord, en ce qu'ils admettent tous un déluge, une irruption subite des eaux qui aurait eu lieu entre quatre et cinq mille ans avant l'époque présente, et qui aurait opéré un renouvellement presque entier de l'espèce humaine. Les premiers poëtes et les historiens se sont tous exercés sur ce sujet, et le récit de ces grands événements leur a fourni les plus brillantes images.

Sans parler des déluges d'Ogygès, de Deucalion, d'Inachus, d'Acheloüs, etc., dont les époques ont été rapportées par les Grecs, à des temps si éloignés qu'il y a lieu de croire que ce sont des faits purement fabuleux, examinons rapidement, avec un des plus habiles naturalistes de notre temps (Cuvier), les preuves que nous offrent les diverses traditions connues pour faire remonter à une grande catastrophe le renouvellement de la société.

« Lorsque Moïse et son peuple sortaient d'Égypte,

il y a lieu de croire, dit-il, que l'on avait alors, dans ce pays, d'autres idées sur l'antiquité des peuples existants que celles de la Genèse présente. Or, Moïse fait remonter l'époque du déluge à quinze ou seize siècles seulement avant lui, par conséquent à moins de cinq mille ans avant nous. Les mêmes idées paraissent avoir régné en Chaldée, puisque Bérose, qui écrivait à Babylone au temps d'Alexandre, parlait du déluge à peu près comme Moïse, et qu'il le plaçait immédiatement avant Bélus, père de Ninus. La mythologie égyptienne, au défaut de l'histoire, semble encore rappeler ces grands événements, dans les aventures de Typhon et d'Osiris. Les prêtres de Saïs même, s'il faut en croire Critias, avaient conservé des notions plus précises d'une grande révolution, quoiqu'ils en fissent remonter l'époque plus haut que Moïse. D'un autre côté, les livres sacrés des Indiens, dont la civilisation est très-ancienne, remontent au plus au temps de Moïse; ils consacrent les destructions successives que la surface du globe a déjà essuyées et doit essuyer encore, et ce n'est qu'à un peu moins de cinq mille ans qu'ils font remonter la dernière. L'une de ces révolutions est même décrite dans des termes presque correspondants à ceux de la Genèse. Les Guèbres, aujourd'hui seuls dépositaires de la doctrine de Zoroastre et des anciens Perses, placent aussi un déluge universel, avant Cayou Marats dont ils font leur premier roi... Le *Chouking*, le plus ancien livre des Chinois, rédigé, dit-on, par Confucius, avec des lambeaux d'ouvrages antérieurs, il y a environ deux mille deux cent cinquante ans, commence l'histoire de la Chine par un empereur nommé *Yao*, qu'il nous représente occupé à faire écouler les *eaux qui, s'étant élevées jusqu'au ciel, baignaient encore le pied des plus hautes montagnes, couvraient les collines moins élevées, et rendaient les plaines impraticables.* Ce Yao date, selon les uns, de quatre mille cent cinquante, selon les autres de trois mille neuf cent trente ans, avant le temps actuel; mais selon d'autres historiens plus modernes, cet empereur aurait été précédé de quelques autres. Les Américains, dont les traditions ne remontaient qu'à quelques siècles avant l'arrivée des Espagnols, présentaient cependant les traces d'un déluge dans leurs grossiers hiéroglyphes. La plus dégradée des races humaines, celle des nègres... n'a conservé nulle part d'annales ni de tradition : elle ne peut donc nous instruire sur ce que nous cherchons, quoique tous ses caractères nous montrent clairement qu'elle a échappé à la grande catastrophe sur un autre point que les races caucasiques et altaïques dont elle était peut-être séparée depuis longtemps quand le cataclysme arriva. Ainsi, toutes les nations qui peuvent nous parler attestent qu'elles ont été récemment renouvelées après une grande révolution de la nature.» (Cuvier, *Recherches sur les ossements fossiles.*)

Quant aux changements partiels qui ont eu lieu ou qui se manifestent encore sur divers points du globe, avec une exrême lenteur, on ne saurait les révoquer en doute dans beaucoup de cas.

On a souvent répété aussi qu'autrefois l'Océan avait fait des irruptions sur les continents; aucun fait connu ni même aucune analogie ne viennent à l'appui de cette supposition.

On prétend bien en trouver la preuve dans les détroits qui existent aujourd'hui, et qui sont, de part et d'autre, bordés de terrains dont les couches, parfaitement correspondantes, attestent qu'autrefois elles furent contiguës; et l'on en conclut que les deux continents ont été séparés par une crise violente de l'Océan qui a brisé cette barrière.

Je ne doute point qu'en effet les couches de ces continents opposés n'aient formé jadis une suite non interrompue, et que la solution de continuité n'ait été, dans la suite, opérée par la mer; mais que ce soit d'une manière subite et par une catastrophe extraordinaire, c'est ce qui ne me paraît nullement vraisemblable.

Lorsqu'une partie avancée d'un continent s'est trouvée placée entre deux mers, comme par exemple l'Angleterre, quand elle était encore jointe à la France, il s'est d'abord formé des golfes à droite et à gauche, sur les côtes où les vents, les courants et les marées poussaient habituellement les flots : ces érosions n'ont commencé d'avoir lieu que lorsque l'Océan, par sa diminution graduelle, s'est trouvé abaissé presque au niveau des terrains actuels qu'il couvrait anciennement jusqu'à une hauteur prodigieuse. Peu à peu ces golfes se sont agrandis : tous les jours l'isthme qui les séparait devenait plus étroit, et enfin la communication s'est établie d'une mer à l'autre. Il existait encore des bas-fonds à la place de l'isthme ; mais à la longue, tout a été déblayé, le canal a été complétement creusé par les courants; et les deux continents se sont trouvés bien nettement séparés, quoiqu'il ne soit rien arrivé d'extraordinaire.

C'est ainsi que se sont formés les détroits du Pas-de-Calais, de Gibraltar, et autres semblables. Et la même chose arrivera peut-être un jour à l'isthme de Suez, à l'isthme de Panama, à moins que la diminution de l'Océan, qui ne cesse pas un instant d'avoir lieu, ne mette obstacle, à son action sur ces terrains; car ce n'est qu'à une élévation donnée qu'il peut agir d'une manière efficace. Quand il est très-élevé, le mouvement des flots est faible ou nul dans les profondeurs. Quand il est trop bas, bien loin d'entamer les terres, il rejette sur leurs rivages ses sables et ses galets.

On a prétendu que les déluges ou inondations dont parlent les auteurs grecs avaient été occasionnés par une irruption du Pont-Euxin dans l'Archipel; mais ce fait est dépourvu de vraisemblance.

Il se jette encore aujourd'hui de très-grands fleuves et beaucoup de rivières dans la mer Noire; et malgré l'énorme diminution que ces rivières ont éprouvée, la quantité d'eau qu'elles y apportent est encore tellement supérieure à celle qui est enlevée par l'évaporation, qu'il existe un écoulement continuel et rapide dans la Méditerranée par les détroits de Constantinople et des Dardanelles; à plus forte

IV.   24

raison cet écoulement habituel avait-il lieu dans les temps anciens où l'affluence des eaux dans le Pont-Euxin était beaucoup plus considérable qu'à présent. Il n'y a donc nulle raison de penser qu'il se soit fait là une irruption.

On suppose encore, pour expliquer les cataclysmes partiels, que de grands lacs qui se trouvaient sur les montagnes, ainsi qu'on en voit encore aujourd'hui, ont tout à coup rompu leurs digues et inondé le plat pays.

Cette hypothèse pourrait sans doute convenir à des étangs, mais elle ne s'applique nullement à des lacs. Les travaux de la nature ne sont pas faits sur le modèle de ceux des hommes : elle travaille plus solidement. Les lacs qu'elle forme n'ont point une frêle chaussée comme les étangs. Ce sont des bassins dont la plus grande profondeur est communément vers le milieu de leur étendue ou plus près de l'embouchure de la principale rivière qui s'y jette, et jamais du côté de leur dégorgeoir.

Ce qui aurait pu faire penser à quelques observateurs qu'il s'était formé des ouvertures subites par où l'eau de ces lacs se serait échappée en masse, c'est qu'il arrive souvent de voir dans les rochers des coupures quelquefois très-profondes, où coulent aujourd'hui les rivières qui sortent de ces lacs, ou d'un bassin vide qui paraît avoir dû former autrefois un lac; et l'on ne manque pas de dire que cette fissure a été formée par un tremblement de terre, attendu que cette explication est infiniment commode. Mais, comme le dit très-bien Saussure, c'est *Deus in machinâ*. Et lorsqu'on observe avec soin ces coupures ou ces canaux, on ne tarde pas à découvrir qu'ils ne sont pas l'effet d'une catastrophe, mais le travail du temps; on voit, sur les parois de la roche, les érosions à peu près horizontales, ou du moins parallèles à la surface du torrent, qu'il a formées à vingt, trente et cent pieds au-dessus de son niveau actuel. Il est facile de sentir que ce lac a dû éprouver une diminution graduelle, proportionnée à l'abaissement de son dégorgeoir.

C'est ce que Saussure a vu clairement sur le mont Cenis, où se trouve un lac qui est encore de plus d'un quart de lieue de longueur, et d'une profondeur considérable, mais qui s'élevait autrefois beaucoup plus haut qu'aujourd'hui, ainsi qu'on en peut juger par les traces horizontales qu'il a laissées sur les rochers environnants. Et l'une des principales causes de sa diminution, est l'approfondissement de son dégorgeoir. La *Cenise*, qui en sort, a laissé sur les parois de son canal des traces incontestables, à plus de trente pieds au-dessus de sa surface actuelle.

Cet illustre observateur a fait des remarques encore plus importantes sur l'ancien dégorgeoir du lac de Genève, qui fut autrefois à l'endroit où l'on a construit le fort de *l'Écluse*.

Ce lac avait nécessairement alors une élévation et une étendue beaucoup plus considérables qu'aujourd'hui, ainsi que Saussure le démontre parfaitement bien lui-même.

Diverses considérations, dit-il, et surtout celle de l'issue par laquelle le Rhône sort du bassin de nos montagnes, concourent à prouver cette vérité.

Cette issue est une échancrure profonde et étroite, creusée par la nature, entre la montagne de Vouache et l'extrémité du mont Jura. Ce passage se nomme *l'Écluse*, dénomination qui représente très-bien une issue ouverte aux eaux entre de hautes montagnes...

Cette issue est la seule par laquelle le Rhône puisse sortir du sein de nos montagnes; si elle se fermait, nos plus hautes collines seraient submergées... *Il paraît cependant probable que ce passage était originairement fermé...*

La montagne de Vouache paraît être une continuation de la première ligne du Jura... Le Vouache et le Jura était anciennement unis, et ne laissaient, par conséquent, aucun passage aux eaux renfermées dans notre bassin.

Mais comment cette ouverture s'est-elle formée?... Il suffit que le haut de la montagne ait été un peu plus abaissé dans cet endroit, qu'elle ait formé là une espèce de gorge; les eaux auront pris cette route, *et auront peu à peu rongé et excavé leur lit jusqu'au point où nous le voyons.*

J'ai cherché les traces de ces érosions; j'ai côtoyé le lit du Rhône... j'ai vu avec plaisir les larges et profonds sillons qu'il a tracés sur ces rochers calcaires... La plus remarquable de ces traces est un sillon creusé dans le roc à peu près horizontalement... *Il est situé à plus de 7 mètres au-dessus du point où s'élève aujourd'hui le Rhône dans le temps de ses plus hautes eaux.*

J'ai moi-même observé dans beaucoup d'endroits de semblables érosions, qui attestent que partout les courants ont avec le temps prodigieusement excavé les rochers pour arriver à leur niveau actuel.

L'une des plus hardies hypothèses qu'on ait imaginées pour expliquer les prétendus cataclysmes, c'est celle du célèbre Pallas, à l'occasion des restes d'éléphants et de rhinocéros qu'on trouve en Sibérie. Ce savant a supposé que tout l'Archipel indien avait été, dans un même instant, soulevé du fond des abîmes par la puissance des feux souterrains, et que l'Océan s'était répandu sur l'Asie comme un immense torrent; qu'il avait balayé les plaines de l'Indostan, en entraînant avec lui les rhinocéros, les éléphants, les buffles, etc., jusque dans l'Asie boréale. Cette hypothèse est ingénieuse sans doute, mais elle présente de grandes difficultés; et il m'a paru qu'on pouvait expliquer le fait dont il s'agit sans rien déranger aux opérations habituelles de la nature.

La science géologique, confirmant la tradition universelle du déluge, *a mis hors de doute que le globe a subi plusieurs grands cataclysmes, et que pendant les périodes primitives, le niveau des océans a dépassé la hauteur des montagnes secondaires.* Partout, en effet, on retrouve les sédiments des eaux. Les terrains formés par ces sédiments ont reçu le nom de *terrains diluviens*.

PATRIN, *associé de l'Institut.*

DÉMENCE (pathologie, médecine légale).—Oblitération plus ou moins complète de l'intelligence, qui succède quelquefois à la manie ou à la monomanie, et qui est alors presque toujours incurable ou qui débute d'emblée, et peut alors être susceptible de guérison.

L'article 64 du *Code pénal* dit:

« Il n'y a ni crime, ni délit, lorsque le prévenu était en état de démence *au temps de l'action*, ou lorsqu'il y a été contraint par *une force* à laquelle il n'a pu résister. »

On voit que, sous la dénomination de *démence*, le législateur a compris toute espèce de lésion des facultés intellectuelles ou morales, c'est-à-dire toutes les formes de l'aliénation mentale. Ce n'est pas ainsi que les médecins définissent la démence. Voici ce qu'entend Esquirol par ce mot.

La démence est un désordre des idées, des affections, des déterminations, caractérisé par l'absorption plus ou moins prononcée de toutes les facultés sensitives, intellectuelles et volontaires. Elle ne doit pas être confondue avec l'imbécillité ou l'idiotisme. L'imbécile n'a jamais eu ni l'entendement ni la sensibilité assez développés. Celui qui est en démence a perdu une grande partie de ces facultés. Le premier ne vit ni dans le passé ni dans l'avenir ; le second a des souvenirs et des réminiscences. Les imbéciles se font remarquer par des propos et des actions qui tiennent de l'enfance. Les propos, les manières des insensés portent l'empreinte de leur état antérieur. Les idiots, les crétins, n'ont jamais eu ni mémoire ni jugement ; à peine offrent-ils quelques traits de l'instinct animal ; leur conformation extérieure indique assez qu'ils ne sont pas organisés pour penser.

L'article 64 du Code pénal exige donc que, dans certains cas, le médecin se prononce sur ces deux questions :

1° *Le prévenu était-il en démence au temps de l'action?* 2° *Peut-il être contraint par une force irrésistible?*

A la première question, l'embarras du médecin est grand, bien qu'il sache qu'il est des circonstances où l'homme sain d'esprit toute sa vie peut, sans cause connue et bien appréciable, être affecté subitement de démence, de monomanie variable comme l'idée qui la caractérise, et par cela même capable de conduire à une action criminelle.

Pour résoudre la seconde question, le médecin se rappellera qu'il n'y a guère que la *monomanie* dans laquelle l'homme se trouve contraint, comme par une force irrésistible, à commettre une action criminelle. (Voy. *Monomanie.*) On sait, d'ailleurs, que certains manomaniaques, après avoir satisfait la volonté qui les dominait, rentrent dans leur état habituel de santé pendant plusieurs années ; toutefois, il ne faut pas les croire à l'abri de nouveaux accès de monomanie.   B. LUNEL.

DÉNOUMENT. — Le dénoûment, dans une action dramatique, défait le nœud ; c'est-à-dire qu'il éclaire et démêle l'intrigue, et prépare ainsi la catastrophe dans la tragédie et l'achèvement dans la comédie.

Cette distinction est rarement observée par les jeunes littérateurs qui rendent compte des pièces de théâtre. En faisant une analyse, la critique emploie ordinairement le mot dénoûment pour signifier que la pièce se termine bien ou mal.

Cependant, dans une œuvre dramatique, il peut arriver que l'intrigue soit conduite avec beaucoup d'art jusqu'au dénoûment et que la catastrophe dans la tragédie, et l'achèvement dans la comédie, soit médiocre.

L'art est dans le dénoûment, l'effet dans la catastrophe ou dans l'achèvement.

Certainement le *Tartufe* est une admirable comédie. Lorsque le Tartufe dit à Orgon, à la fin du quatrième acte:

C'est à vous d'en sortir (*de la maison*), vous, qui parlez en
[maître,

ce dénoûment imprévu, qui, tout à coup, change la situation des deux principaux personnages d'une manière si vive et pourtant si naturelle, est amené avec toutes les conditions exigées ; c'est-à-dire qu'il arrive par des moyens cachés jusqu'ici aux spectateurs ; il peut être considéré comme parfait. Mais en est-il de même de l'achèvement, et l'exempt qui arrive, porteur d'une mission secrète, avec son panégyrique du grand roi, ne fait-il pas ici l'effet du *Deux ex machinâ* des anciens?

Le dénoûment doit naître de l'intrigue, l'achèvement doit sortir comme de lui-même de la situation des personnages dans laquelle le dénoûment vient de les plonger.

Or, cette règle rigoureuse est-elle ici bien observée?

On a dit que Molière avait trop négligé ses dénoûments. Ce reproche n'est pas exactement fondé ; il faut dire les achèvements de quelques comédies. Nous venons d'en donner la preuve par l'exemple que nous avons cité plus haut.

On a fait à Racine un autre reproche, mais avec plus de raison ; c'est celui d'avoir, dans plusieurs de ses tragédies, affaibli l'effet de la catastrophe en la plaçant dans un récit, et en la transportant hors de la scène pour ne pas l'ensanglanter.

D'autres tragiques ne sont pas exempts de ce reproche. C'est par respect pour le précepte d'Horace :

> Non tamen intus
> Digna geri, promes in scenam, multaque tolles
> Ex oculis quæ mox narret facundia præsens.
> (N'allez pas cependant nous montrer tout sur la scène,
> éloignez des yeux ce qu'un récit va nous rendre sensible).

Cependant ce précepte n'a pas toujours été scrupuleusement suivi.

Nous accordons sans doute à Horace qu'il faut éloigner des yeux des spectateurs certains tableaux épouvantables,

> Ne pueros coram populo Medea trucidet,
> Aut humana palam coquat exta nefarius Atreus.

(Que Médée n'égorge pas ses enfants aux yeux du peuple, et que le cruel Atrée ne fasse pas bouillir les entrailles du fils de Thyesse.)

Mais assurément on ne blâmera pas Racine de faire mourir Mithridate sur la scène, et Corneille de faire boire le poison à Cléopâtre, et tant d'autres catastrophes qui, pour ne pas ressembler à l'action de Médée et à celle d'Atrée, n'en inspirent pas moins l'effroi et la terreur.

Cette délicatesse dans Horace fait honneur à ses sentiments; mais comment expliquer cette aversion pour le sang à répandre sur le théâtre avec la passion bien caractéristique qu'avait le peuple romain pour les spectacles sanglants du cirque, où l'on représentait les combats des gladiateurs et les combats des bestiaires avec les animaux les plus féroces, les lions, les tigres, les panthères ? Ce spectacle n'offrait aucun intérêt à leurs yeux, si, dans les uns et dans les autres, le sang ne coulait avec abondance, si les hommes ne s'entr'égorgeaient, si les bêtes ne dévoraient leurs adversaires. Ce sentiment d'humanité était partagé sans doute par Virgile, Ovide, par Mécène et la cour d'Auguste.

Dans le sein de la société d'un peuple les mœurs souvent diffèrent.

Cet exemple, après tant de siècles, ne s'offre-t-il pas même chez le peuple le plus policé, le plus civilisé, le plus humain, chez le peuple français?

Dans certaines localités du Midi, il y a des fêtes votives où l'on ne peut se passer du spectacle qu'on appelle la course des taureaux. Dans ces fêtes, le spectateur ne se croirait pas amusé si quelque taureau n'enlevait pas un combattant avec ses cornes, et ne lui déchirait pas les entrailles. Il faut au moins, pour être intéressant, que ce spectacle finisse par deux ou trois côtes enfoncées; alors la journée n'a pas été perdue, et chacun se retire content et satisfait comme Titus.

Ces spectacles ont été repoussés avec horreur, à Paris, toutes les fois qu'on a tenté de les y introduire.

Ce genre de spectacles, avec leurs catastrophes, ne sera jamais du goût des honnêtes gens.

Le vœu que nous pouvons former, c'est de les voir disparaître du sol de la France, où ils sont une véritable honte.

A tout prendre, quoique de voir souffrir n'importe quel animal soit un plaisir barbare, nous leur préférons les combats de coqs des Anglais; leurs catastrophes en sont moins terribles et moins regrettables.

Nous avons donné l'explication des deux mots catastrophe et dénoûment, et nous en avons démontré la différence. L'un ne peut, par conséquent, se dire pour l'autre.

Cependant l'usage a forcé ici la main à la règle, et, malgré tout, il faut que la règle cède lorsqu'elle ne peut pas se faire entendre de tous. Il est donc nécessaire de subir cette exigence. Ce n'est pas la première fois qu'en fait de littérature, en fait de grammaire, l'usage a imposé ses lois.

Le mot achèvement est prosaïque et trivial, et c'est sans doute cette origine qui lui a porté malheur; il n'est bien connu que des hommes de l'art, ou plutôt des pédagogues.

Les Dictionnaires même ne donnent pas à ce mot l'acception qu'on lui donne en littérature; mais ils vous diront que les teinturiers nomment achèvement l'action de finir une étoffe en noir, ainsi que d'autres acceptions de cette force.

Nous dirons plus, il n'est pas même généralement usité dans le didactique.

Ainsi en le sacrifiant, il n'y a point péril en la demeure pour l'art, et la cause de sa décadence ne sera point attribuée à cette suppression.

Nous avons posé, dans le mot Catastrophe (voy. ce mot), les règles constitutives de la tragédie. La tragédie n'est pas la comédie, rien alors n'est plus simple et naturel que les règles diffèrent.

Nous proposons celles-ci : La comédie doit présenter les divisions suivantes : l'exposition, l'intrigue, la péripétie qui démêle l'intrigue, et le dénoûment qui termine l'action.

Cette définition, à la rigueur, pourrait plutôt convenir à la tragédie que celle de la tragédie à la comédie. Ainsi l'une et l'autre seraient assujetties aux mêmes règles ; ce que nous adopterions si notre autorité avait quelque force.

Nous employons le mot péripétie pour remplacer celui de dénoûment, afin de faire disparaître celui d'achèvement, qui nulle part n'a pris droit de cité.

Dans la plupart des auteurs qui traitent de la matière, et plutôt encore dans la conversation parmi les gens du monde, dénoûment signifie le dernier événement, la fin de l'action, le moment enfin où le rideau se baisse.

Dans le poëme épique, il a un tout autre caractère. Ce genre est semé d'épisodes. Plusieurs personnages importants paraissent sur la scène, et disparaissent à la suite de catastrophes, suivant le besoin de l'auteur; l'action est multiple et l'intérêt se trouve souvent divisé sur plusieurs personnages. L'Iliade, l'Énéide, la Pharsale, Roland furieux, la Jérusalem délivrée, etc., en offrent des exemples sans nombre. Les uns et les autres fournissent leur carrière, et vont s'éteignant au milieu de la principale action. Ces épisodes donnent lieu à diverses péripéties, après lesquelles arrive la péripétie finale qui termine le poëme.

Le roman est formé d'incidents qui, en se délayant, se débrouillent le moins mal possible et constituent la fin.

Le mot péripétie n'est point arbitraire; c'est le mot propre, car péripétie vient du grec peripeteia, qui veut dire changement de fortune, d'état, de position, situation exigée pour arriver au dénoûment.

Encore une observation nécessitée, non par la nouvelle acception que nous donnons à ce mot, mais par l'erreur où sont tombés la plupart des Dictionnaires dans la définition des deux mots catastrophe et dénoûment. On fait signifier au mot péripétie indistinctement les deux actions. C'est aux lexicographes, tant grecs que français, à faire cesser cette confusion.

C'est à l'Académie surtout à donner les définitions exactes de tous ces mots, qui ne peuvent être les mêmes, et ne peuvent s'appliquer indifféremment à la tragédie, à la comédie, au poëme épique et au roman.

La raison veut que chaque œuvre, dans sa qualification, ait aussi ses distinctions, si l'on veut être logique.

On dira donc la catastrophe d'une tragédie, le dénoûment d'une comédie, la péripétie finale d'un poëme épique, la fin d'un roman.

Il s'en faut encore que tous les mots soient bien définis dans la langue française, et à ce sujet le Dictionnaire de l'Académie, qui devrait faire loi, offre beaucoup à désirer.

Quand on fait des reproches à Corneille, à Racine, à Molière, à Voltaire et à tous les auteurs dramatiques, en général, de n'avoir pas toujours réussi dans leurs dénoûments ou catastrophes, il nous semble que nous aurions mauvaise grâce de venir nous poser en rhéteur, ou en successeur de Platon, de Socrate et d'Aristote, pour donner des préceptes à ce sujet. Nous pensons que ce serait du temps perdu.

Nous ferons une simple observation pour les auteurs qui commencent à se lancer dans la carrière.

Faites choix d'un sujet intéressant; ne commencez jamais une œuvre sans bien envisager le but, sans être certain de la fin, sans avoir bien combiné tous les éléments qui doivent concourir au dénoûment ou à la catastrophe. Charpentez votre intrigue, et votre pièce est faite. Vous n'avez plus qu'à la remplir par le dialogue.

C'est l'architecte qui veut construire une maison; si préalablement il ne fait pas son plan, il est capable d'oublier l'escalier qui conduit à tous les appartements.

Si le dénoûment n'est pas bien arrêté, et même tout fait, l'esprit préoccupé de la fin est arrêté à chaque pas, et sans cesse il est paralysé.

Ce que nous disons ici pour la tragédie et la comédie, nous l'appliquons à toute espèce de poëme, même à la chanson, et à un article d'encyclopédie.

Nous avons connu un auteur, d'un certain talent, qui aurait pu produire des ouvrages remarquables; mais il avait le malheur de ne jamais les achever. Petit-Jean, ce qu'il savait le mieux, c'était le commencement; notre auteur, ce qu'il faisait le mieux, c'était le commencement. Arrivé vers la fin, il se perdait, comme le Rhin qui coule si majestueusement non loin de sa source et se perd dans les sables en se jetant dans la mer. La ressource de notre auteur était de tout finir par des points éloquents... D'autres vont intrépidement jusqu'à la fin, sans que pour cela elle vaille davantage, témoin notre article, suivant qu'il sera goûté.   RÉDAREZ SAINT-REMY.

DENSITÉ (physique) [du latin *densitas*, formé de *denso*, épaissir, serrer, condenser]. — Rapport de la masse d'un corps à son volume, ou, ce qui est la même chose, la quantité de matière que contient un corps, dans un volume déterminé; par exemple, la quantité de matière que contient un pouce cube de verre, un pouce cube de chêne, un pouce cube d'or, un pouce cube d'étain, un pouce cube d'eau, etc.

Un corps a d'autant plus de densité, que sa masse ou son poids est plus considérable, et son volume plus petit.

La *densité* des corps est ce qui détermine leur pesanteur spécifique.

Densité des gaz. — S'il était possible de faire le vide parfait, et d'effectuer toutes les pesées exactement à la même température et à la même pression, il serait facile de déterminer les densités des gaz en prenant un ballon de 6 à 7 litres de capacité, que l'on pèse d'abord après y avoir fait le vide, et que l'on pèse ensuite après l'avoir rempli successivement d'air sec, et du gaz dont on veut savoir la densité. La détermination des densités des gaz exige donc des précautions délicates : il faut employer des gaz très-purs et bien desséchés, observer avec soin les températures et les pressions, et opérer dans un air assez sec pour n'avoir rien à craindre de la couche d'humidité qui s'attache aux parois du ballon. La densité de l'air a été prise pour unité dans l'indication des densités des gaz. Le poids du centimètre cube d'air sec à 0° et 0 m. 76 de pression, a été trouvé, en 1805, par MM. Biot et Arago, 0 gr. 00129954. Un litre d'air pèse donc 1 gr. 29954. La densité d'un gaz, par rapport à l'air, étant connue, il est facile de trouver son poids spécifique, ou le poids de 1 litre, à 0° et 0 m. 76 de pression. Ainsi, un litre d'air pesant 1 gr. 29954, 1 litre de gaz de densité d pèsera $d \times 1,29954$.

Densité des liquides. — Le principe d'Archimède, suivant lequel la perte de poids qu'un corps éprouve dans un liquide est égale au poids du liquide qu'il déplace, trouve ici son application. Quant aux différentes méthodes employées pour déterminer la densité des liquides, voyez *Aréomètre*. L'eau présente une singulière exception à la loi d'après laquelle tous les liquides augmentent de densité à mesure qu'ils se rapprochent de leur point de congélation. En effet, l'eau présente son maximum de contraction ou de densité à la température de 4°, 1; à partir de 4°,1, l'eau se dilate à mesure que sa température se rapproche de celle de 0°. Cette exception, en apparence étrange, exerce une grande influence sur la distribution de la chaleur et la conservation des êtres qui peuplent les eaux dans les latitudes les plus élevées. Par suite de l'exception que nous venons de signaler, la glace occupe en général la surface des eaux, et les couches des eaux les plus basses sont à la température de 4°, 1, et propres à servir de milieu vivifiant aux êtres qui habitent les régions glacées des pôles. Despretz et Hallstroem ont fait une série de recherches intéressantes sur la densité des eaux salées à diverses températures.

Densité des corps solides. — La densité des corps solides se détermine, comme celle des liquides, par le moyen de l'aréomètre, du flacon bouché ou de la balance hydrostatique. (*Hœfer.*) — Voy. *Aréomètre*.

Densité (astronomie). — La *densité* des planètes se trouve, d'après la loi de l'attraction, en comparant le volume ou la grosseur d'une planète avec sa masse, ou sa quantité de matière, indiquée par la force attractive.

La découverte des densités est une suite naturelle de la loi de l'attraction, la force attractive étant un indice certain de la quantité de matière. Voici l'esprit de la méthode par laquelle Newton a calculé les masses et les densités des planètes.

On prendra pour terme de comparaison la masse ou la force attractive de la terre, dont les effets sont connus et familiers, et l'on cherchera la masse de Jupiter, par rapport à celle de la terre. Le premier satellite de Jupiter fait sa révolution à une distance de Jupiter qui est la même que celle de la lune à la terre (à un douzième près); si ce satellite tournait autour de Jupiter dans le même espace de temps que la lune tourne autour de la terre, il s'ensuivrait évidemment que la force de Jupiter pour retenir ce satellite dans son orbite serait égale à celle de la terre pour retenir la lune, et que la quantité de matière dans Jupiter, ou sa masse, serait la même que celle de la terre; dans ce cas-là, il faudrait que la densité de la terre fût 1281 fois plus grande que celle de Jupiter; car la grosseur ou le volume de Jupiter contient 1281 fois la grosseur de la terre; or, si le poids est le même, la densité est d'autant plus grande que le volume est plus petit. Ainsi la densité de Jupiter serait 1281 fois moindre que celle de la terre. Mais si ce satellite tourne 16 fois plus vite que la lune, il faut pour le retenir 256 fois plus de force (16 fois 16 = 256), car la force centrale égale le carré de la vitesse. Une vitesse double exige et suppose une force centrale quadruple à distances égales; et la vitesse du satellite 16 fois plus grande que celle de la lune, quoique dans une orbite égale, suppose dans Jupiter une énergie ou une masse 256 fois plus grande que celle de la terre. D'un autre côté, l'on trouve un volume 1281 fois plus grand que celui de la terre; donc le volume de Jupiter, considéré par rapport à celui de la terre, est cinq fois plus grand que la quantité de matière réelle et effective, par rapport à celle de la terre; donc la densité de la terre est cinq fois plus grande que celle de Jupiter. En calculant plus exactement, on trouve un peu moins, mais cela est plus que suffisant pour faire connaître l'esprit de la méthode de Newton.   Lunier.

DENTITION. — Nom donné à tous les phénomènes de la formation, de l'accroissement et de la sortie naturelle des dents.

Le nombre des dents chez l'homme adulte est de 32, savoir : 8 incisives sur le devant, dont 4 à chaque mâchoire; 4 canines, une à chaque coin (celles de la mâchoire supérieure prennent le nom d'*œillères* ou *dents de l'œil*); 8 fausses molaires, dites aussi petites molaires, dont 2 à chacun des côtés des mâchoires, et 12 molaires, dont 3 à chaque extrémité des mâchoires : les 4 dernières molaires, qui ne viennent que très-tard, sont appelées *dents de sagesse*. On distingue deux dentitions : la première est appelée *dentition de lait* (20 dents seulement); la seconde, *dentition permanente.*

Nous allons présenter ici quelques fragments d'une excellent article publié par le savant docteur Toirac[1].

Voici dans quel ordre et à quelle époque se fait le plus ordinairement l'*évolution des dents de la première dentition* :

Du quatrième au dixième mois, les quatre incisives centrales, celles du bas d'abord;

Du sixième au douzième mois, les quatre incisives latérales;

Du dixième au quatorzième mois, les quatre canines;

Du douzième au vingtième mois, les quatre premières molaires;

Du dix-huitième au trente-sixième mois, les quatre dernières molaires.

Ordre que suit le plus ordinairement la sortie des dents permanentes ou de remplacement :

De cinq à six ans, les premières grosses molaires;

De six à huit ans, les incisives moyennes du bas, ensuite celles du haut;

De sept à neuf ans, les incisives latérales;

De neuf à onze ans, les premières et les deuxièmes petites molaires;

De dix à douze ans, les canines ou conoïdes;

De douze à dix-sept ans, la seconde grosse molaire.

De vingt à vingt-quatre ans, la dernière molaire ou dent de sagesse : cette dent se montre quelquefois beaucoup plus tôt, et je puis même rapporter, comme chose fort extraordinaire, à cet égard, l'observation d'une demoiselle dont la denture se trouvait complète à quatorze ans : d'une autre part, elle ne peut pousser qu'à un âge beaucoup plus avancé.

Accidents de la dentition. — On attribue dans le monde la plupart des maladies de l'enfance au travail de la dentition, et l'on accuse souvent cette période de l'existence d'être la cause de la mort de plusieurs enfants dont on n'avait point reconnu les maladies pendant la vie. Bien que cette opinion soit exagérée, on doit cependant reconnaître que la dentition est une époque qui expose à un assez grand nombre d'accidents morbides. Chez les sujets bien portants et entourés de soins éclairés, ces accidents sont assez rares, et s'il en survient, ils sont surtout favorisés par la susceptibilité générale plus grande et la congestion locale qui accompagnent cette phase de l'existence des jeunes enfants. La dentition n'est donc pas plus une maladie que la puberté; mais néanmoins cette époque très-remarquable de l'ossification est souvent critique pour l'enfant, comme le sont, dans un âge plus avancé, les époques de la menstruation, de l'accouchement, de la cessation des règles, qui prédisposent à beaucoup de maladies, sans être des maladies elles-mêmes.

Lors de la première dentition, on observe, comme accidents locaux, un gonflement inflammatoire et

[1] Art. Dent, du *Dict. de Méd.* publié sous la direction du docteur Beaude.

douloureux des gencives, des aphthes, des plaques couenneuses des lèvres et des parois des joues, l'engorgement des glandes sous-maxillaires. Le tissu de la gencive est très-tendu, d'un rouge vif et presque violet, sec et luisant, et si douloureux, que l'enfant pousse des cris continuels, surtout lorsqu'on introduit le doigt dans sa bouche. Ce gonflement s'accompagne de rougeur des pommettes, de tuméfaction de la face, d'une chaleur brûlante de la bouche, d'une soif ardente. Il existe un état d'accablement et de somnolence, interrompu par des sursauts, des mouvements d'agitation et des cris. La fièvre est continue ou intermittente, très-irrégulière : on lui donne alors le nom de fièvre de dentition. Elle paraît ici symptomatique du gonflement douloureux des gencives.

Ces accidents exigent des boissons adoucissantes et relâchantes. Si ces moyens ne suffisent pas pour entretenir la liberté du ventre, il faut avoir recours aux boissons laxatives et aux lavements légèrement purgatifs. On insistera sur les dérivatifs qui peuvent diminuer la congestion cérébrale et prévenir l'assoupissement et les convulsions; les pédiluves simples ou composés, les cataplasmes émollients ou très-légèrement sinapisés, appliqués sur les extrémités inférieures, et enfin les sangsues derrière les oreilles, sont les moyens les plus convenables dans ce cas. Lorsqu'ils ont été inutiles, que le gonflement rouge et douloureux de la gencive ne diminue pas, et qu'elle paraît comme soulevée par la couronne de la dent, il est alors souvent utile de recourir à son incision pour faire cesser par ce débridement l'engorgement local, et prévenir les convulsions qui pourraient être provoquées par la douleur. Mais ce moyen ne doit être employé que lorsque les relâchants et les calmants ont été inutiles. En pratiquant trop tôt cette opération, on peut retarder la sortie des dents, loin de l'accélérer, parce qu'on peut ouvrir la capsule dentaire avant que la dent soit arrivée à son degré d'ossification parfaite.

Les principaux accidents sympathiques ou généraux qui dépendent du travail de la dentition sont les convulsions, les ophthalmies, plusieurs inflammations ou irritations des membranes muqueuses des organes de la respiration et de la digestion, enfin plusieurs éruptions cutanées.

Les convulsions s'observent ordinairement chez les enfants d'un tempérament nerveux. Elles surviennent quelquefois brusquement, sans être précédées par des signes qui annoncent le travail de la dentition. Le plus souvent, cependant, on observe dans les convulsions tous les symptômes d'un semblable travail, et plus ou moins d'agitation et de soubresauts la nuit. Pendant l'accès on combattra ces accidents au moyen d'une prompte dérivation. On emploiera les pédiluves et les manuluves chauds, les cataplasmes irritants sur les extrémités, on fera des applications froides sur la figure et le front. On ne négligera pas les antispasmodiques, et enfin on aura recours aux sangsues sur les parties latérales du cou ou derrière les oreilles chez les enfants forts et vigoureusement constitués.

Les inflammations des membranes muqueuses, surtout celles de la conjonctive, du larynx, de la trachée-artère ou du gros intestin, surviennent au moment du travail de la dentition et cessent dès que les dents se sont manifestées au dehors. Ces affections morbides sont légères, et cèdent assez bien à un traitement antiphlogistique et adoucissant. Si elles prennent un caractère plus grave, on a recours alors aux différents moyens qui conviennent spécialement dans ces maladies.

Les éruptions cutanées, que l'on désigne souvent, parmi les gens du monde, sous le nom de feux de dents, n'exigent ordinairement que des soins de propreté et des lotions émollientes.

Quant aux accidents causés par l'éruption des dents permanentes, ils tiennent le plus souvent à une irrégularité et à des anomalies de la dentition. Ce sont des otites, des inflammations de la cavité buccale, des fluxions, des ulcérations de la langue et des joues produites par la mauvaise direction des dents, des abcès, des fistules, des caries et des nécroses des os maxillaires. Le traitement de ces affections ne peut être exposé ici, devant être décrit lorsqu'il sera question de chacune d'elles en particulier.

Prophylaxie. — Les meilleurs moyens à employer pour prévenir les accidents de la dentition chez les enfants consistent dans l'emploi des bains tièdes, des boissons adoucissantes, l'usage de vêtements chauds afin de préserver les sujets du froid et de l'humidité, un régime sobre et rafraîchissant, l'abstinence des aliments aussitôt qu'il se manifeste quelque symptôme morbide, l'éloignement de toutes les causes nuisibles, telles que les veilles, les écarts de régime, etc. Quant aux recettes propres à favoriser la sortie des dents, on ne doit y ajouter aucune confiance. Les hochets destinés à cet effet agissent comme moyen mécanique en activant la salivation et le ramollisement des gencives. Un médecin de Limoges, M. Daudy aîné, a inventé un hochet hygiénique qui paraît destiné à rendre de véritables services. Il est formé de deux parties, l'une en composition plastique, douce et flexible, l'autre en ivoire, ayant la forme d'un bout de sein. Cet ingénieux petit instrument remplit parfaitement le but que son auteur s'est proposé.

Maladies des dents. (Considérations générales.)— Les maladies des dents, examinées sous le rapport de la santé générale, forment une branche de la médecine que l'on a peut-être jusqu'ici trop négligée. Combien d'affections dont on cherche en vain la cause, et qui n'en ont pas d'autre que la carie ou la pousse d'une dent! Tous les jours on rencontre des migraines rebelles, des maux d'oreilles, des névralgies qui, après avoir épuisé le formulaire du médecin, guérissent parce qu'on s'est avisé de faire ouvrir la bouche, où se trouvaient une ou plusieurs dents gâtées ou quelques vieilles racines oubliées depuis longtemps; des érysipèles, des abcès n'ont souvent pas d'autres causes. Les dents cassées inégalement excorient quelquefois la langue et peuvent occasionner des glossites et y déterminer des ulcères qu'on a plus d'une fois confondus avec les maladies cancéreuses de cet organe. L'accumulation du tartre a non-seulement l'inconvénient de donner un aspect hideux aux dents, mais encore d'entretenir un gonflement douloureux des gencives : ce corps étranger finit par s'interposer entre les dents et l'alvéole ; les gencives se boursouflent, deviennent fongueuses, saignantes et très-humides; arrivées à ce degré, les dents deviennent vacillantes et produisent dans toute la bouche des sensations fort douloureuses. Les fonctions de l'estomac ne sont pas à l'abri de l'action malfaisante de ces causes; la carie, réunie à ces corps étrangers, active continuellement plus ou moins la sécrétion et l'excrétion des humeurs de la bouche, et ordinairement d'une manière remarquable. Il est à présumer que cette grande quantité de salive, mal élaborée, très-putrescible, mêlée à la matière ichoreuse qui s'échappe des cavités que présentent les dents cariées, acquiert des propriétés irritantes qui ne peuvent manquer de s'exercer sur l'estomac et les autres organes que parcourent les aliments; l'altération de ces liquides et le défaut d'une mastication convenable donnent lieu à de mauvaises digestions, et prédisposent nécessairement à toutes les maladies qui se rattachent au trouble des fonctions de ce viscère régénérateur.

C'est à l'époque où les dents viennent à manquer ou sont affectées de maladie qu'on a l'occasion de remarquer les altérations dont je viens de donner un simple aperçu. On sent aisément combien leur étude est précieuse; quelle sollicitude ne doivent-elles pas donner aux mères de famille et aux médecins qui en connaissent encore mieux toute l'importance? C'est pour cette raison que nous croyons indispensable de présenter ici quelques conseils sur les soins qu'il est essentiel de donner à la bouche.

Hygiène de la bouche. — Les dents de lait des enfants réclament, en général, peu de frais de propreté. Il ne faudrait recourir aux soins mécaniques que pour enlever le tartre dont elles se recouvrent quelquefois et qui engorge les gencives.

C'est particulièrement à l'époque de la deuxième dentition qu'on doit commencer à habituer les enfants à porter eux-mêmes des soins à cet organe précieux, dont la destruction sans retour tient si souvent à la négligence. A cet âge, il suffit d'y passer de l'eau pure avec une brosse douce deux ou trois fois par semaine. Je dois faire remarquer que les simples frottements qu'on exerce avec le doigt, une serviette ou une éponge ne suffisent pas, et peuvent même devenir nuisibles, en refoulant sous la gencive les corps étrangers qui pourraient se trouver sur les dents. A cet âge et plus tard, lorsque le tartre se présente en abondance, on devra réclamer les soins de l'homme de l'art; mais l'usage journalier que l'on fait de la brosse à laquelle on ajoute de temps en temps une poudre dentifrice s'oppose jusqu'à un certain point à l'accumulation du tartre.

Les lotions d'eau froide sur la tête, l'habitation des pays marécageux, des appartements humides, sont nuisibles aux dents; leurs maladies et leur perte n'ont souvent reconnu que ces causes; il faut éviter également des boissons froides après des aliments chauds, *et vice versâ.*

On doit avoir soin de tenir un mouchoir sur la bouche, en sortant, en hiver, d'un salon dont la température est très-élevée. Cette recommandation s'adresse particulièrement aux personnes qui ont la lèvre supérieure un peu courte. J'ai été à même de remarquer que ce vice de conformation contribuait souvent à la carie des dents chez l'homme, et j'ai fait la même remarque sur les chiens à deux nez, lorsque la division était très-prononcée.

Ne pas casser des corps trop durs, éviter les chocs et les percussions; ne pas faire de ses mâchoires un tire-bouchons ni un étau.

Des dames, quand elles brodent, ont assez souvent la mauvaise habitude de couper leur fil avec les dents; il en résulte à la longue une difformité très-apparente; il en est de même des fumeurs qui se servent des pipes de terre; il suffit d'en entourer l'extrémité avec un peu de soie ou un tuyau de plume pour éviter cet inconvénient.

Ne pas laisser séjourner d'aliments entre les dents et dans les cavités qu'elles pourraient présenter; la putréfaction qui en résulte donne une mauvaise odeur à l'haleine et vicie la salive; il est donc essentiel de se passer de l'eau dans la bouche après les repas, et de faire quelquefois usage de la brosse ou même d'un cure-dent.

Se garder de faire abus des poudres dentifrices, surtout de celles qui sont rudes et acides; elles ont la funeste propriété d'user et de détruire l'émail.

Enfin, se faire visiter de temps en temps la bouche par un dentiste instruit, expérimenté.

Les personnes dont l'haleine est désagréable doivent, plus que toutes les autres, se donner les soins que nous avons indiqués; elles doivent se passer souvent de l'eau dans la bouche; elles peuvent y ajouter quelques gouttes de vinaigre ou de chlorure d'oxyde de calcium.

Que dire de ces amulettes que les bonnes femmes portent sur elles pour se préserver du mal de dents? leurs bouches dégarnies annoncent assez l'inefficacité du moyen de ces colliers, de ces sachets, de différentes substances inertes que l'on met autour du cou des enfants pour éviter les accidents de la dentition. Que l'ignorance crédule accueille ces prétendus préservatifs, on le conçoit aisément, mais on a le droit de s'étonner de rencontrer dans le monde des personnes instruites, des mères de famille bien élevées, qui se reposent sur des choses semblables : sécurité vraiment dangereuse, qui peut porter à négliger des moyens salutaires. Le médecin doit donc chercher à combattre les préjugés en faveur de ces espèces de préservatifs, à moins que, dans certains cas particuliers, il ne trouve convenable de faire quelque concession à la faiblesse du malade, et de lui laisser son erreur pour ménager sa raison. (Dr *Toirac.*)

DENTIROSTRES (zoologie) [du latin *dens*, dent, et *rostrum*, bec]. — Famille d'oiseaux de l'ordre des pas-

sereaux qui, ayant les doigts extérieur et médius séparés ou très-légèrement réunis à leur base, présentent à l'extrémité de leur bec une échancrure
plus ou moins marquée.

La grandeur de cette échancrure terminale est un
moyen aussi sûr que facile d'apprécier le naturel et
le régime de ces oiseaux. Ceux qui l'ont profonde se
rapprochent des rapaces par la violence et par la férocité de leur caractère, et si la force répond à leur
courage, ils attaquent les petits animaux et en font
leur proie. Les genres plus faibles cherchent les insectes, dont ils détruisent une immense quantité;
sous ce rapport, les *dentirostres* nous rendent un service réel; et comme, d'ailleurs, ils sont pour la plupart bons à manger, et qu'ils attaquent peu les fruits
et les graines, ils sont beaucoup plus utiles que nuisibles.

La nature de leurs aliments oblige ces oiseaux à de
continuels déplacements. A mesure que les insectes
viennent à disparaître d'un canton, soit par suite des
froids, de la sécheresse ou de la pluie, soit par la destruction qu'ils en ont faite, ils sont forcés de le quitter et de se transporter dans un autre, où ces petits
animaux soient plus abondants. Telle est la cause des
migrations auxquelles ils sont presque tous sujets; il
n'y a que les espèces qui peuvent remplacer ce genre
de nourriture par une autre plus facile à se procurer qui demeurent sédentaires dans la même contrée : tels sont les pies grièches et les merles, qui
suppléent au défaut d'insectes, les premiers par l'u-
sage des petits animaux qu'ils peuvent attraper, et
les seconds par celui des baies qui restent tout l'hiver
sur les arbres. Les *dentirostres* qui habitent les contrées méridionales, où l'hiver se fait à peine sentir,
sont aussi exempts de ces déplacements; tous les
autres sont voyageurs. Quelques-uns volent par
troupes, mais la plupart vont isolés ou par petites
familles.

Un grand nombre des oiseaux de cette famille se
font remarquer par la beauté et la flexibilité de leur
chant. C'est surtout au printemps, à l'époque de la
ponte et de l'incubation, qu'ils enchantent l'oreille
par la variété de leurs modulations. C'est alors que
nous admirons la voix forte et sonore du rossignol,
le sifflement varié du merle, les accents cadencés de
la fauvette, etc. Le but principal de ces chants, que
le mâle seul fait entendre, est de charmer les ennuis
de la femelle, pendant qu'elle réchauffe ses œufs pour
les faire éclore; aussi, dès que les petits sont nés, les
chants cessent pour faire place aux soins qu'exige
l'éducation de ces derniers; car dans cette famille le
mâle et la femelle participent également à la construction du nid, à l'éducation de la jeune famille et
même souvent à l'incubation. (D^r. *Salacroux*.)

DENTS (anatomie, physiologie).—Organes osseux
en apparence, qui garnissent le bord de chaque
mâchoire, et forment deux lignes paraboliques appelées *arcades dentaires*. — Chaque dent se compose
« d'une *couronne* qui fait saillie en dehors, d'une *racine* implantée dans une cavité appelée *alvéole*, et
d'un *collet* ou *col*, qui sépare la racine de la cou-

ronne. Quant à la matière elle-même de la dent, on
y distingue : 1° une partie intérieure (*pulpe* ou *noyau*),
molle, gélatineuse, pourvue de vaisseaux et de nerfs,
qui est l'organe sécréteur de la dent et le siége des

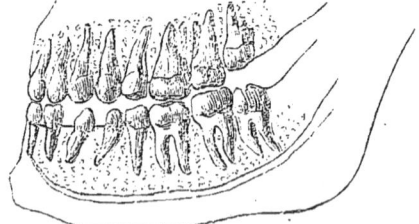

Fig. 97. — Dents incisives, canines et molaires.

douleurs si vives qu'on y éprouve; 2° une partie intermédiaire, dite *ivoire*, dont la texture est très-dense,
sans aréoles, ni cellules; elle présente une disposition
lamelleuse et une cavité qu'occupe le centre de la

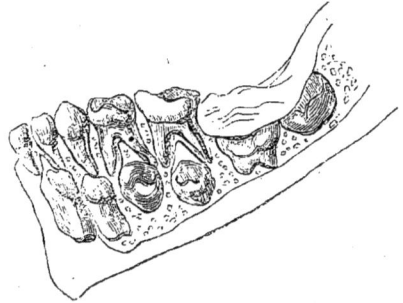

Fig. 98. — Évolution des dents.

couronne, et qui va en se rétrécissant jusqu'au sommet ouvert de la racine; l'analyse chimique montre
cette partie composée de phosphate et de fluate
de chaux, de carbonate de magnésie, de soude

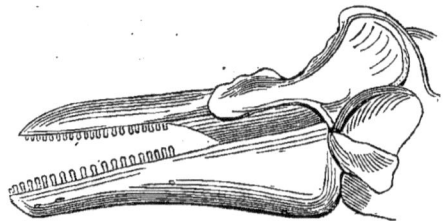

Fig. 99. — Mâchoire de dauphin.

et de chlorure de sodium, indépendamment des
cartilages et des vaisseaux; 3° l'*émail*, qui recouvre l'ivoire, de consistance cartilagineuse,
d'un blanc mat; il est peu adhérent à l'ivoire,

tant que la dent n'a point percé la gencive; il acquiert, au contraire, une très-grande dureté et adhère intimement à l'ivoire dès qu'il a éprouvé l'action de l'air et de la salive. » — Pour les maladies des dents, voyez le mot *Dentition*.

En *zoologie*, le nom de dents ne s'applique pas seulement aux ostéides des alvéoles maxillaires, mais

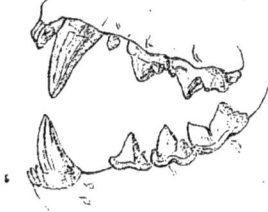

Fig. 100. — Mâchoires du chat domestique.

encore à tous les organes *calcaires* ou *cornés*, quelle que soit leur situation, servant à diviser, à broyer les substances alimentaires. Ainsi, dans les *rayonnés*, les dents sont disposées circulairement à l'entrée des voies digestives; dans les *articulés* et dans les *mollusques*, c'est à l'entrée du canal alimentaire, quel-

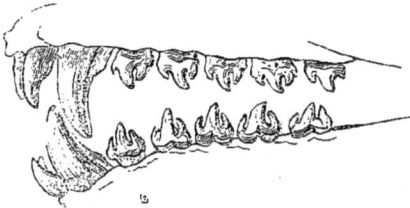

Fig. 101. — Mâchoires de phoque (carnassier).

quefois dans son intérieur, ou même dans l'estomac, qu'elles se trouvent placées.

Dans les *vertébrés*, les dents sont généralement placées à l'entrée des voies digestives. Elles présentent de grandes différences selon les classes d'animaux !

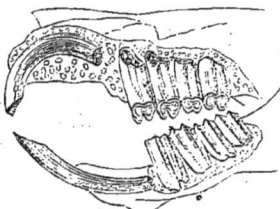

Fig. 102. — Mâchoires de cochon d'Inde (rongeur).

1° Chez les *poissons*, certaines espèces manquent de dents; mais la plupart en ont aux deux mâchoires et souvent sur la langue, l'arrière-bouche et les arcs branchiaux. Dans les poissons *cartilagineux*, ces organes ne tiennent qu'à la peau; mais dans les poissons *osseux*, ils sont enclavés dans les os.

2° Chez les *reptiles*, à l'exception des tortues qui manquent de dents et ont les maxillaires recouverts d'enveloppes cornées, le système dentaire présente de nombreuses différences. Par exemple, chez les *crocodiliens*, les mâchoires s'engrènent l'une dans l'autre, et des dents nombreuses, plus ou moins droites, sont en quelque sorte soudées aux os; cependant ces animaux changent plusieurs fois de dents jusqu'à l'âge adulte. Les dents de la *couleuvre à collier* sont soudées aux os; celles du *lézard vert* juxtaposées au bord interne du maxillaire; celles de la *vipère* situées à la mâchoire inférieure et aux bran-

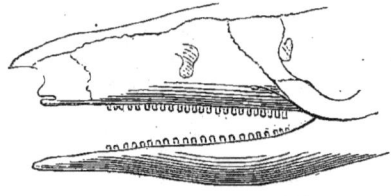

Fig. 103. — Mâchoires d'édenté.

ches palatines sont sans venin, mais celui-ci est fourni par les dents du maxillaire supérieur, appelées *crochets*. — Voy. *Vipère*.

3° Chez les *oiseaux*, le bec corné est dans le même rapport avec les os et avec la peau que les dents ostéides des autres ordres.

4° Chez les *mammifères*, à l'exception de quelques genres, tous ont des dents ostéiformes ou calcaires, dont le nombre, la forme et la disposition fournissent souvent de bons caractères zoologiques : ainsi, chez la plupart des *quadrumanes* (singes), les dents sont en même nombre que chez l'homme (voy. plus bas);

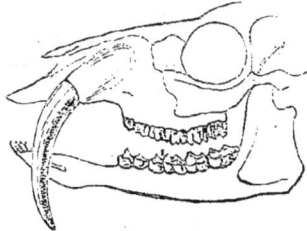

Fig. 104. — Mâchoires de ruminants (chevrotain.)

quelques espèces cependant (alouate, sajou, etc.) ont trente-six dents; — chez les *carnassiers* (lion, tigre, chat, etc.), les dents incisives, canines et molaires existent; — chez les *rongeurs* (rat, castor, etc.), un espace vide sépare les dents canines des molaires: ils n'ont donc point d'incisives. — Les *édentés* (fourmilier, kanguroo) n'ont point de dents sur le devant de la bouche : ils n'ont que des canines et des molaires. — Les *pachydermes* (rhinocéros, babiroussa, sanglier) n'ont pas tous des canines, qui, chez quelques espèces, sont remplacées par des défenses. L'éléphant ne possède, avec les molaires, que les défenses de l'os maxillaire supérieur. — Les *solipèdes* (cheval, âne, zèbre, etc.) ont les trois espèces de dents. Le cheval adulte en a quarante, vingt à chaque mâchoire (voy. *Cheval*). — Les *ruminants* (bœuf, girafe, chameau, etc.) manquent d'incisives à la mâchoire supérieure; ceux qui ont des cornes n'ont pas de canines. — Les *cétacés* (baleines, cachalots) ont des dents molaires à couronne plate, des os maxillaires garnis de *fanons*; enfin quelques espèces (cétacés souffleurs) ont la bouche armée de dents aiguës.   B. LUNEL.

DÉPENS [du latin *dispendium*, fait de *dispensare*, ou *dispendere*, donner, dépenser.] — Frais qui se font dans la poursuite d'une affaire. Anciennement en France, dit l'auteur de *l'Esprit des lois*, il n'y avait point de condamnation de *dépens* en cour laïe. La partie qui succombait était assez punie par des condamnations d'amende envers le seigneur et ses pairs : la manière de procéder par le combat judiciaire faisait que, dans les crimes, la partie qui succombait et qui perdait la vie et les biens était punie autant qu'elle pouvait l'être; et dans les autres cas du combat judiciaire, il y avait des amendes quelquefois fixes, quelquefois dépendantes de la volonté du seigneur, qui faisaient assez craindre les événements des procès. Il en était de même dans les affaires qui ne se décidaient que par le combat. Comme c'était le seigneur qui avait les profits principaux, c'était lui aussi qui faisait les principales dépenses, soit pour assembler ses pairs, soit pour les mettre en état de procéder au jugement.

C'est l'usage des appels qui a dû naturellement introduire celui de donner les *dépens*; et lorsque, par le fréquent usage de ces appels d'un tribunal à un autre, les parties furent sans cesse transportées hors du lieu de leur séjour; quand l'art nouveau de la procédure multiplia et éternisa les procès; lorsque la science d'éluder les demandes les plus justes se fut raffinée, il fallut bien arrêter les plaideurs par la crainte des *dépens*. C'est pourquoi Charles le Bel fit, en 1324, une ordonnance par laquelle il est enjoint aux séculiers de condamner aux *dépens* la partie qui succombera.

DÉPORTATION. — Peine afflictive et infamante; consiste dans le transport du condamné en un pays éloigné et hors du territoire continental de la France : elle peut être *temporaire* ou *perpétuelle*. « La déportation a été surtout employée jusqu'à présent à punir certains délits politiques; elle remplaçait presque toujours la peine de mort encourue pour crimes contre la sûreté de l'État. Depuis 1832, on a substitué la déportation dans des colonies pénitentiaires à la peine des travaux forcés, afin d'arriver à la suppression des bagnes. Introduite dans notre législation criminelle, le 23 septembre 1791, la déportation a été conservée dans le Code pénal qui nous régit aujourd'hui; mais, pendant longtemps, la loi n'ayant pas déterminé un lieu de déportation, elle était remplacée par la détention perpétuelle dans une prison du territoire. La loi du 8 juin 1850, et les décrets du 8 décembre 1851 et du 16 février 1852, ont comblé cette lacune en désignant les îles Marquises (vallée de Waithau), la Guyane et le territoire de Lambessa, en Algérie, comme lieux de déportation. — La déportation était usitée chez les Romains : c'était le bannissement perpétuel dans un lieu déterminé. Elle est depuis longtemps en usage chez les Anglais : dès 1619, ils déportaient les *convicts* en Amérique; depuis l'émancipation des États-Unis, ils les dirigèrent sur Botany-Bay (Nouvelle-Galle du Sud), et plus tard sur la terre de Diémen. En Russie, elle a été généralement substituée à la peine de mort : les condamnés la subissent en Sibérie. La Hollande a longtemps déporté ses criminels dans ses possessions d'Asie; l'Espagne les envoie dans les *présides* d'Afrique, ou aux Philippines (à Mindanao), etc.; le Portugal, à Mozambique, etc. »

DÉPURATIFS (matière médicale) [de *depurare*, purifier]. — Médicaments regardés comme propres à enlever à la masse des humeurs les principes qui en altèrent la pureté; tels sont les amers, les diurétiques, les sudorifiques, les purgatifs même, etc.

DÉRIVATIFS (matière médicale) [de *derivare*, détourner un cours d'eau]. — Remèdes qui attirent une irritation dans un lieu de l'économie où elle paraissait s'être fixée d'abord; tels sont les sinapismes, vésicatoires, moxas, cautères, purgatifs, vomitifs, etc. La saignée du pied, les sangsues à l'anus, dans les congestions cérébrales, sont encore des moyens dérivatifs.

DERME (anatomie) [du grec *derma*, peau]. — Tissu qui constitue le corps de la peau, qui en forme la partie vivante, organisée. — Voy. *Peau*.

DERMESTE (zoologie) [du grec *derma*, peau, et *esthô*, manger]. — Genre d'insectes coléoptères pentamères de la famille des clavicornes qui vivent aux dépens des dépouilles des animaux conservés dans les magasins, les cabinets, etc. « Les dermestes sont surtout célèbres par les dégâts que font leurs larves dans les collections d'histoire naturelle et dans les magasins de pelleteries; ils rongent tellement le poil ou les plumes de toutes les peaux des quadrupèdes et des oiseaux, qu'il n'en reste bientôt plus que le cuir tout nu. Ils s'introduisent pareillement dans les garde-manger, les offices, et y dévorent toutes les matières animales qu'on y conserve. C'est à peine si la surveillance la plus active peut mettre à l'abri de leur voracité. La petitesse de leur taille, jointe à la rapidité avec laquelle ils se reproduisent, fait qu'ils ont détruit la plupart des substances qu'on aurait voulu préserver de leurs atteintes avant de s'être aperçu des premiers dégâts qu'ils y ont faits. Mais ce n'est qu'à l'état de larves qu'ils sont aussi nuisibles; devenus insectes parfaits, ils vivent trop peu pour causer des ravages; ils passent tout le temps que dure leur dernier état à chercher un endroit convenable pour déposer leurs œufs. »

On reconnaît ces insectes à leur petite taille, à la massue qui termine leurs antennes et qui n'est composée que de trois articles, à la contractilité de leurs pattes et de leurs antennes, à la brièveté de leurs mandibules et aux écailles ou aux poils qui garnissent leur corps. Les espèces les plus connues sont le *dermeste du lard*, le *dermeste souris*, le *dermeste pelletier* et le *dermeste destructeur*.

DÉSINFECTION. — Opération par laquelle on essaye de purifier les habitations, les vêtements, enfin un objet ou un milieu quelconque des miasmes malsains qui les infectent. Les agents les plus ordinaires de désinfection sont les chlorures et les hypochlorites. On sait que l'hypochlorite de chaux neutralise les gaz méphitiques que dégagent les matières animales en décomposition, telles que les cadavres humains dans les amphithéâtres de dissection ou dans les fabriques de noir animal, etc. Au reste, chaque genre d'infection doit être combattu par les désinfectants qui lui sont contraires. La ventilation, c'est-à-dire l'exposition à un vif courant d'air, est toujours le premier moyen d'assainir une habitation. Les fumigations de plantes aromatiques et de chlore sont aussi un bon moyen de purifier l'air d'un appartement infecté. Les fosses d'aisance se désinfectent par le sulfate de zinc et le charbon. Enfin les émanations des marécages ne peuvent être combattues dans les campagnes, où elles occasionnent des fièvres endémiques, que par le desséchement et le drainage. La stagnation des jus de fumiers, si nuisible d'ailleurs aux intérêts des cultivateurs, est encore une cause d'insalubrité de leurs habitations, et au nom de leur santé comme dans l'intérêt de leur prospérité, les propriétaires et les médecins devraient insister énergiquement pour qu'ils tinssent leur maison et les cours et jardins qui l'entourent dans un état de propreté inconnu chez la plupart d'entre eux.

Quant aux vêtements, au linge, à la literie, le lessivage et le dégraissage sont les désinfectants suffisants dans la plupart des cas; néanmoins, lorsqu'ils ont été portés par des personnes mortes récemment de maladies contagieuses, il faut, outre le lessivage, les exposer à l'air et consulter le médecin sur les moyens de les purifier de tout miasme insalubre.

HERVÉ.

DESMAN (zoologie) (*mygale*). — Genre de mammifères carnassiers, de la famille des insectivores, voisin des musaraignes, dont les caractères principaux sont : tête conique, terminée par un museau avancé en forme de petite trompe aplatie, mobile; queue longue et comprimée, pattes garnies de cinq doigts palmés en arrière, pelage variant du brun clair au brun foncé, blanchâtre en dessous. Les desmans sont des animaux aquatiques qui nagent avec facilité et se nourrissent d'insectes aquatiques. Ils se construisent des galeries souterraines au bord des étangs. On n'en connaît que deux espèces : le *desman de Russie*, ou *rat musqué de Sibérie*, qui répand une odeur très-forte de musc, et dont la taille est le double de celle du rat d'eau; et le *desman des Pyrénées*, qui n'a que 25 à 28 centimètres, y compris la queue. Elle est organisée de telle façon que le séjour des eaux ne lui est pas indispensable.

DESSÉCHEMENT (agriculture). — Opération qui consiste à débarrasser les terrains des eaux stagnantes qui les couvrent, soit constamment, soit par intervalles, afin de les rendre à la culture et d'assainir la contrée. Il existe en France un million d'hectares que le séjour de l'eau rend improductifs et malsains; la plupart de ces marais peuvent devenir, par des desséchements convenablement exécutés, d'excellentes terres à blé. Les desséchements sont donc une opération des plus importantes au point de vue agricole, comme sous le rapport de l'hygiène. Mais dans les marais d'une grande étendue, cette opération exige des frais et des travaux presque toujours supérieurs aux ressources des propriétaires. Les grandes compagnies seules peuvent aborder ces opérations, avec l'appui du gouvernement. Nous nous bornerons à traiter ici des desséchements que les propriétaires peuvent exécuter par eux-mêmes.

D'abord, dans la plupart des terrains humides et marécageux, l'opération dite *drainage* est suffisante, et nous renvoyons à ce mot, où nous traiterons en détail d'une des améliorations les plus précieuses de l'agronomie de ce temps. On réserve les travaux de desséchement proprement dit pour les terrains sujets

Fig. 105. — Desman.

aux inondations, soit par les pluies, soit par les neiges fondantes, et que leur sous-sol imperméable ou l'absence de pente ont convertis en marais une partie de l'année. Dans les lieux ainsi constitués, on a recours à différents moyens, dont les principaux sont :

1º Le labourage en billons, c'est-à-dire en divisant le champ en planches bombées au milieu et tracées dans le sens de la déclivité ; les eaux coulent le long des sillons principaux ou rigoles, ou si elles y séjournent, elles laissent intacte la crête du billon. On creuse un fossé ou réservoir au bout de ces raies pour qu'elles y déversent l'eau qui s'y amasse.

2º Lorsque le moyen des billons est insuffisant, par exemple lorsque le terrain ne peut donner d'issue aux eaux dans une rivière, on pratique une ou plusieurs tranchées qu'on prolonge jusqu'à ce qu'elles trouvent une pente qui emmène les eaux au fond de la vallée. On couvre ces tranchées aux endroits nécessaires pour le passage des voitures et des bestiaux. Quelquefois même on les couvre dans tout leur parcours, et alors elles se nomment *coulisses*. Dans ce cas, il est bon de les garnir de grosses pierres, ou au moins de gros morceaux de bois croisés en forme de croix de Saint-André. Bien que ces bois soient sujets à se pourrir, on voit des coulisses de ce genre qui se maintiennent jusqu'à un demi-siècle.

3º Quand les coulisses ne sont pas praticables, on fait aboutir les raies à des *puits perdus*. Ce sont des excavations qu'on creuse jusqu'au delà du sous-sol, et qui, atteignant des couches de terre perméables, absorbent successivement les eaux qu'elles reçoivent. On peut combler ces puits de gros blocs de pierre, étagés avec des vides pour en rendre l'abord sans danger.

4º Enfin, pour les marais d'une certaine étendue, les travaux varient suivant la pente du terrain et les causes de sa formation.

Si le marais est causé par l'exhaussement du niveau d'une rivière, on établit son cours naturel par des endiguements et par quelques saignées qui évacuent l'eau du marais.

Si le marais est produit par des sources sans écoulement, on se contente de leur creuser un lit qui les emmène à la rivière la plus prochaine. Si cet écoulement est impossible, on aura recours, non plus aux puits perdus, que ne comportent pas les terrains tourbeux et marécageux, mais à des *trous de sonde*, qu'on poussera jusqu'aux couches de terre perméables ; ce moyen réussit presque toujours, parce que les terrains perméables ne manquent jamais sous les sols argileux et compactes. On choisit donc le point le plus bas du marais, et on s'y établit sur des fascines et des planches. On creuse aussi profondément qu'on peut un puits ou puisard, en soutenant les terres avec des pieux, des branches d'arbres ou des planches. On place au milieu un coffre ou tube en bois qu'on entoure de pierres amoncelées, pour l'étayer solidement ; on y descend avec la sonde, et on perce le terrain jusqu'à ce que la sonde atteigne les couches de terre perméables.

On perce autant de puisards qu'il en faut pour absorber l'eau du marais, et selon que la configuration du terrain le demande, en y faisant aboutir tous les sillons conducteurs.

Les fossés creusés au bas des terrains desséchés doivent être curés à mesure qu'ils s'encombrent. Les terres qu'on retire de ces curages sont rejetées et dispersées dans le champ, dont elles contribuent à relever le sol. La pratique des dessèchements demande beaucoup de soins de ce genre dont le détail est trop long pour trouver place ici, mais que l'expérience indique d'elle-même aux cultivateurs actifs et soigneux.

Ces moyens, tout modestes qu'ils soient en apparence, sont suffisants pour rendre la fertilité et la salubrité à d'immenses étendues de terrains aujourd'hui improductifs. On ne saurait donc trop encourager les dessèchements. Indépendamment des travaux fructueux qu'ils procurent aux ouvriers, ils sont une source nouvelle de richesse pour le sol, et, de plus, ils assainissent le climat des contrées où on les pratique. La santé publique comme les fortunes privées y sont intéressées. Mais comme cet heureux résultat est aujourd'hui obtenu presque partout par le *drainage*, c'est à ce mot que nous renvoyons pour les conseils vraiment précieux que nous avons à offrir aux cultivateurs.   Hervé.

DESSICCATION. — Opération dont le but est d'enlever aux corps l'humidité superflue qu'ils renferment. « On dessèche les plantes pour faire les herbiers en les pressant et en enlevant les parties aqueuses qu'elles renferment. Pour les matières végétales succulentes, destinées à être employées en pharmacie ou à être conservées, on les soumet à une température de 30 à 35 degrés. D'autres fois on expose les substances que l'on veut dessécher à un courant d'air sec qui s'empare de l'humidité. On dessèche l'air et les gaz en les mettant en contact avec du chlorure de calcium ou de la potasse caustique. »

DESSIN [de l'italien *disegno*, dérivé du latin *designare*, tracer, marquer, faire un modèle, former un plan]. — L'art du *dessin* consiste à imiter, par des traits avec la plume, le crayon ou le pinceau, la forme des objets que la nature offre à nos yeux.

Les parties de l'art du dessin étant moitié théoriques et moitié pratiques, il est nécessaire que le raisonnement et la réflexion contribuent à faire acquérir les premières, et qu'une habitude constante et soutenue aide à renouveler continuellement les autres.

Lorsque l'on est au fait de copier fidèlement et avec intelligence les dessins tracés sur une surface plane, on doit essayer de dessiner d'après la nature, dont toutes les productions sont de relief ; mais comme ce travail est beaucoup plus difficile, on a trouvé un milieu qui aide à passer de l'un à l'autre. C'est ce qu'on appelle dessiner d'après la *bosse*. La bosse n'est autre chose qu'un objet modelé en terre, ou jeté en moule, ou taillé en plâtre d'après nature. Ces objets ont la même rondeur que ceux que la nature nous offre; mais comme ils sont privés de mouvement, et qu'on peut les tenir parfaitement immobiles sous le même point de vue, l'artiste voit toujours sa figure sous le même aspect, au lieu que lorsqu'il travaille d'après nature, le moindre mouvement dans le modèle vivant embarrasse le dessinateur encore novice, en lui présentant des effets de lumière différents, et des surfaces nouvelles.

Tous les moyens qu'on emploie pour dessiner sont bons lorsqu'on parvient à bien remplir l'objet qu'on s'est proposé; mais les crayons les plus usités sont : la *sanguine*, ou crayon rouge, la *pierre noire*, la *mine de plomb*, l'*encre de la Chine*, qui s'emploie avec la plume pour dessiner et avec le pinceau pour ombrer. Les *pastels*, par leurs différentes couleurs, servent à indiquer les tons qu'on a remarqués dans la nature. On fait aussi des dessins plus ou moins rendus, plus ou moins agréables, sur des papiers ou des toiles colorés : on choisit pour cela les fonds qu'on croit les plus propres à l'objet qu'on veut représenter.

Tous les dessins prennent des dénominations particulières, suivant qu'ils sont différemment tracés.

*Dessin au trait; c'*est celui qui, sans avoir aucune ombre, est fait au crayon ou à l'encre.

*Dessin haché; c'*est celui dont les ombres tracées avec la plume, le crayon ou le burin, sont exprimées par des lignes sensibles, et le plus souvent croisées.

Dessin estompé (voy. *Estompe*); celui dont on frotte le crayon qui a tracé les ombres, afin qu'il n'y paraisse aucune ligne.

Dessin grené; celui où l'on voit les grains du crayon, et où l'on ne frotte point les lignes qu'il a formées.

Dessin lavé; celui dont les ombres ont été faites au pinceau avec de l'encre de la Chine, ou quelque autre liqueur.

Dessin colorié; celui qui est fait avec des couleurs à peu près semblables à celles qui sont dans l'original.

Pour que tous ces dessins soient estimés, il faut qu'ils réunissent la correction, le bon goût, l'élégance, le caractère, la diversité, l'expression et la perspective.

La *correction* dépend de la justesse des proportions et de la connaissance de l'anatomie.

Le *bon goût* est une idée ou manière de dessin qui a sa source dans l'inclination et les dispositions naturelles du dessinateur, et de l'éducation qu'il a reçue sous d'habiles maîtres.

L'*élégance* donne aux figures quelque chose de délicat qui frappe les gens d'esprit, et un certain agrément qui plaît à tout le monde.

Le *caractère* est ce qui est propre à chaque chose.

La *diversité* est ce qui distingue chaque espèce de chose par un caractère particulier; la nature seule, qui est une source inépuisable de variété, peut donner des leçons sur cette partie de l'art du dessin.

L'*expression* est la représentation d'un objet, selon son caractère, et selon le tour que le dessinateur

a voulu lui donner dans les circonstances où il le suppose.

La *perspective* est la représentation des parties d'un tableau ou d'une figure, selon la disposition où elles sont entre elles par rapport au point de vue.

Il serait aussi difficile qu'inutile de chercher dans l'obscurité des temps l'origine précise du dessin. On attribue à l'amour le premier essai que la Grèce ait vu de l'art de dessiner et de mouler en terre les objets. Une jeune fille vivement éprise d'un amant, dont elle devait être séparée pour quelque temps, cherchait les moyens d'adoucir les rigueurs de l'absence; occupée de ce soin, elle remarqua sur une muraille l'ombre de son amant, dessinée par la lumière d'une lampe. L'amour rend ingénieux; il inspira à cette jeune personne l'idée de se ménager cette image chérie, en traçant sur l'ombre une ligne qui en suivît et marquât exactement le contour. L'histoire ajoute que notre amante avait pour père un potier, nommé Tibutade; cet homme ayant considéré l'ouvrage de sa fille, imagina d'appliquer de l'argile sur ces traits, en observant les contours tels qu'il les voyait dessinés; il fit par ce moyen un profil de terre qu'il fit cuire dans son fourneau. Tel fut, suivant l'ancienne tradition, l'origine du dessin et des figures en relief, dans la Grèce. Mais cet art ne commença à y faire des progrès suivis que depuis l'arrivée des colonies conduites par Cécrops, Cadmus, etc.; ces princes sortaient de l'Égypte et de la Phénicie, pays où les arts du dessin étaient connus de temps immémorial.

Ardicès, natif de Corinthe, qui florissait en Grèce, avant la guerre de Perse, fut, dit-on, le premier qui inventa le dessin ou la manière de profiler, et de contretirer avec le crayon et le simple trait, sans mélange de couleurs; ce qui n'était, à la vérité, qu'un ouvrage fort imparfait.

Les Grecs avaient établi des écoles de dessin dans la plupart de leurs villes, où les enfants de condition libre, qui avaient des dispositions pour la peinture, la sculpture et les autres arts du dessin étaient instruits. C'était sur des planches de bois que ces élèves s'exerçaient à dessiner des objets, le plus souvent de grandeur naturelle, et dont les traits irréguliers pouvaient aisément s'effacer avec une éponge. Ces écoles, au rapport de Pline, étaient conduites par les plus habiles maîtres.

Peinture. — Il s'est élevé dans plusieurs temps des disputes assez vives sur la question de savoir lequel est plus essentiel à la peinture, du *dessin* ou du *coloris*. Pour réduire cette question à sa juste valeur, il suffit d'envisager que l'imitation de la nature visible, qui est le but de la peinture, unit indissolublement l'imitation des formes des objets et l'imitation de leur couleur, et vouloir décider d'une manière abstraite quelle est de ces deux parties la plus essentielle à l'art, est la même chose que de vouloir décider si c'est l'âme ou le corps de l'homme qui est le plus essentiel à son existence.

C'est par le dessin qu'on commence à s'initier dans les mystères de la peinture; et ceux qui s'y destinent ou qu'on y dévoue doivent commencer à dessiner dès leur première jeunesse, parce qu'alors la main docile acquiert plus aisément la souplesse et les différents mouvements qu'exige ce genre de travail.

C'est pour acquérir cette souplesse, et la justesse du coup d'œil qui conduit à dessiner correctement, que Gérard Lairesse et Raphaël Mengs voulurent que les maîtres commençassent par faire dessiner aux élèves des figures géométriques, sans le secours de la règle et du compas.

On ne pourrait assurer que les maîtres de Raphaël aient commencé, suivant cette méthode, son éducation pittoresque; mais il est certain du moins qu'ils lui apprirent à dessiner avec une correction si précise qu'on peut même l'appeler servile. Elle lui donna d'abord un goût sec; mais comme elle lui avait fait acquérir la justesse du coup d'œil et l'habitude d'une imitation sévère, elle lui procura la facilité de prendre une belle manière de dessin, lorsqu'il eut vu les ouvrages de Michel-Ange et les chefs-d'œuvre de l'antiquité.

Quand le dessin se créa, il dut exister longtemps à l'état de simple trait; son histoire doit être analogue aux principes gradués que l'on enseigne dans nos écoles; la silhouette trouvée, soit par l'ombre d'une figure projetée sur un mur, ainsi qu'on le raconte, ou tout autrement, ne fut pas longtemps sans recevoir ses ombres qui donnèrent le modelé, et enfin la couleur; peut-être mit-on la couleur avant les ombres? L'enfant qui dessine agit ainsi, et nous penchons vers cette dernière supposition, car les ombres exigent une science tellement intelligente et profonde qu'elle dut, à notre avis, se manifester plutôt par la couleur que par le crayon.

Le dessin, dès son principe, fut pris dans tout ce qui entoure l'homme : les formes simples d'abord, les feuilles d'arbre, quelques fleurs, les coquilles, furent les principaux éléments de l'architecture et de l'ornementation générale; les premiers temples ou monuments qui reçurent quelque dessin furent, ainsi qu'on le remarque en Egypte, le bouton du *lotus* au fût de la colonne; puis la fleur épanouie de cette plante, qui était vénérée dans toute l'antiquité; plus tard la feuille d'acanthe vient l'enrichir de nouveau, puis celles composées de feuilles et d'ornements, et enfin des bordures, des frises, sujets et frontons ou la statuaire annonça au monde le commencement de sa civilisation. Aujourd'hui la nature ne suffit plus, l'imagination crée et se livre aux choses les plus fantastiques et originales; ce désir inassouvissable du nouveau fait souvent tomber dans le ridicule et l'imparfait.

Le dessin, cette tendance de reproduction, est inné dans l'espèce humaine, la faculté d'imitation la pousse sans cesse vers cet art qui fait maintenant la base fondamentale de toute industrie quelle qu'elle soit. L'homme, sitôt qu'il vint au monde, soit qu'il songeât à se vêtir ou à élever une cabane, faire un esquif ou des armes, eut le goût du dessin. Les peuplades sauvages se tatouent le visage et le corps avec un luxe et une exagération indescriptibles, souvent même les chefs possèdent leurs portraits; ils sont grotesques et barbouillés des couleurs primitives; mais ils peuvent avoir encore une teinte de ressemblance dont nos bons dessins manquent parfois; et ici, nous devons le dire, le dessin, en effet, n'est pas tant l'art d'imiter servilement que celui d'être harmonieux, expressif et parfait. Quelques rares artistes cependant possèdent ces dernières qualités avec celle d'être vrai, mais ce sont des exceptions; en général, le réel est sacrifié à l'idéal, au dessin. Le vrai et le sentiment réunis forment des chefs-d'œuvre; séparés, ils ne donnent plus que des choses bien faites, bien dessinées, mais où la vérité a fait place à la fantaisie et la convention.

La nature est trop admirable dans son état pittoresque et quelquefois grossier pour que l'on doive l'éliminer d'une œuvre d'art; ce n'est pas non plus dans un fait qu'on peut la considérer, mais bien dans un ensemble duquel doit résulter pour l'artiste, habile observateur, le juste, le beau! Mais cette science, toute d'observation et d'imitation, n'est pas à qui la veut! Heureux l'artiste qui possède ces facultés, car si elles sont conduites par l'intelligence, les siècles à venir admireront, ainsi que les pages des Van-Dyck, Léonard de Vinci, Raphaël, Michel-Ange, Rubens, leurs conceptions gravées par le génie!

Malheureusement il en est rarement ainsi, les organisations ne sont presque jamais complètes pour l'art et l'industrie qu'elles sont appelées à représenter. Le cerveau, ce siège de l'intelligence et des passions, est organisé d'une manière différente dans chaque être; tel individu ayant les facultés intellectuelles dominantes sur les sentiments et les passions, commencera de grandes choses, mais dénuées d'amour et de tout ce qui fait vibrer les cordes humaines; son œuvre, dont on pourrait dire, ainsi que dans la fable de la Fontaine :

> Belle tête, mais de cervelle point,

ressemblerait encore à une lanterne non allumée. D'autres, au contraire, sont passionnés à l'excès, le sentiment chez eux est une cause de souffrance; ils devraient faire de grandes choses! Eh bien, non, cette partie intellectuelle, c'est-à-dire l'observation, le raisonnement, sans lesquels aucune combinaison n'est juste, sera absorbée dans un cas en faveur des passions et des sentiments, dont la production sera exagérée, même violente; alors ici la chose change d'aspect et se transpose : l'œuvre est resplendissante, elle fait frémir et rêver, aimer ou pleurer, mais à côté du sens dans l'ensemble il peut y avoir absurdité, non-sens; cet artiste exprime ses sensations, mais ne sait point les accoutrer; et entre les deux termes, que de nuances! Quoi de plus incohérent! De là vient enfin cette énorme quantité d'œuvres dont la manière, le dessin, le genre, les sujets sont si peu semblables, dont les défauts et les qualités sont si différents! Ce qu'on regrette dans celle-ci est surabondant dans celle-là; rien n'est complet, c'est le reflet, en un mot, du caractère humain.

Le dessin est maintenant partout, et s'est implanté, plus capricieux que jamais, dans toutes les branches du commerce en général; point de maisons, de monuments, de vaisseaux qui sillonnent les mers, de véhicules, de machines, de promenades, de jardins même, où l'art du dessinateur ne soit venu apporter ses lignes symétriques, ses dessins, ses contours si divers; le luxe surtout y a la plus large part ; point d'appartements, depuis la salle à manger jusqu'au boudoir, qui ne soit brodé de dessins spéciaux; les meubles, les tentures, la toilette s'enrichissent et se couvrent de dessins dont l'envahissement n'a pas de bornes; à chaque pas, chaque regard, le dessin près de nous, jusqu'à nos mets qui forment des édifices, des fleurs et des ornements!

On pourrait croire, en face de cette généralisation du dessin, que cet art est facile, et que sans peine on dût se procurer des choses au moins bonnes, si ce n'est parfaites: il n'en est rien; une masse innombrable d'objets médiocres et le plus souvent mauvais s'étalent dans nos plus somptueux magasins; la concurrence, cette effrayante rivalité, constamment aux prises dans l'art et l'industrie, fait naître toutes ces monstruosités dont nos corps de métiers anciens n'auraient pas permis la confection.

Des écoles gratuites de dessin se créent chaque jour, et nous voudrions voir toute la jeunesse y dépenser quelques années pour y puiser au moins les principes indispensables capables d'amener, dans un temps proche, les réformes de ces aberrations qui corrompent et faussent le goût du public. Nous ne nous élevons point contre ce regrettable état sans raison; nous sommes, par notre position artistique et industrielle, à même de constater cette incurie dans les familles à l'égard de l'apprentissage de leurs enfants. La plupart s'exagèrent la somme de connaissances en dessin qu'ils pourraient leur faire apprendre, et craignent que la profession du sculpteur ou du peintre devienne un attrait et un but que l'enfant ne pourrait atteindre qu'au prix des plus grands sacrifices. Cette idée n'est pas toujours fondée, car, d'après nos observations personnelles, nous avons pu remarquer que presque toujours ce sont les parents qui imposent à l'enfant le métier d'artiste; l'enfant, peu ambitieux à cet âge, accepte forcément, se dégoûte plus tard, fait un mauvais dessinateur, et concourt à produire dans les beaux-arts ces fâcheuses productions sans nom dont nous avons parlé plus haut.

Nous le répétons, le dessin, et nous le comprenons aussi bien avec le crayon que l'ébauchoir, est, comme toute espèce d'art ou de profession, une chose d'intuition pour l'élève; nous ne croyons donc pas possible qu'il ait un attrait soutenu pour les beaux-arts s'il est né et conformé pour être homme de science, mécanicien ou soldat; ôtez les lisières, et alors vous verrez le véritable penchant se produire : de cette façon, vous aurez dans l'industrie et les arts des chefs-d'œuvre sublimes! Nous terminons en disant avec Bossuet : « Le dessin est un des plus excellents ouvrages de l'esprit... Il n'y a donc rien que l'homme doive plus cultiver. »   E. Paul.

DESSIN (École de). — L'École spéciale et gratuite de dessin pour les jeunes gens qui se destinent aux arts industriels fut établie, à Paris, d'après les sollicitations de Bachelier, peintre du roi, qui en fut le premier directeur. Elle fut ouverte au mois de septembre 1766, avec beaucoup de solennité, en présence du lieutenant général de police, qui s'en était déclaré le protecteur. Des lettres patentes du mois d'octobre de l'année suivante en assurèrent la durée. Depuis cette époque, de nombreuses améliorations ont été apportées au régime de cette école, d'où sont sortis des dessinateurs et des artistes distingués. Les bâtiments de l'ancienne Académie de chirurgie, où elle fut installée, ont été restaurés et agrandis, et une nouvelle façade a été ajoutée à l'édifice du côté de la rue Neuve-Racine.

Une école également gratuite de dessin pour les jeunes filles a été fondée, au commencement de ce siècle, par M. et Mme Frère-Montizon. Elle a aussi pour but, comme son aînée, d'offrir aux filles d'ouvriers, d'artisans et de manufacturiers les moyens d'étudier et d'apprendre les éléments du dessin, si nécessaires dans le plus grand nombre des arts industriels. En 1813, la préfecture de la Seine, qui avait pris sous sa protection cette institution, la plaça dans une maison de la rue de Touraine-Saint-Germain, aujourd'hui rue Dupuytren. Le prix de location de cet immeuble, qui est la propriété de l'administration de l'assistance publique, est aujourd'hui payé par le ministère d'État, dans les attributions duquel l'école de dessin pour les jeunes personnes est placée.

Le régime intérieur de l'école a changé plusieurs fois. En 1828, une commission de surveillance, composée de membres de l'Académie des beaux-arts, eut pour mission principale de se réorganiser et de régler son administration. Une nouvelle commission, instituée en 1843, fut chargée de la rédaction du règlement imprimé en 1844, et qui ne diffère que peu de celui de l'école des garçons. Elle n'a pas pour objet, cependant, de former des artistes proprement dits, mais bien de procurer aux jeunes personnes qui suivent ses cours une éducation élémentaire et des connaissances qui peuvent recevoir d'assez nombreuses applications dans différentes branches de l'industrie.

Après la mort de M. et de Mme Frère-Montizon, leur fille fut chargée de la direction de l'école qu'ils avaient fondée. En 1848, M. Recurt, alors ministre de l'intérieur, nomma à cet emploi M. Bonheur, dont la direction fut courte, puisqu'il décéda l'année suivante. Sa fille, artiste célèbre, Mlle R. Bonheur, fut nommée directrice-professeur par une décision ministérielle du 27 mars 1849. Aujourd'hui, cette institution compte parmi les établissements utiles de la capitale, et ses cours sont suivis par de nombreuses élèves. Chaque année, il se fait au siège de l'école une exposition des concours pour les prix qui y ont été fondés.

DESSIN LINÉAIRE. — Art de représenter par de simples traits le contour des objets et de leurs parties. L'utilité du dessin linéaire est incontestable.

En effet, le chef d'atelier, pour se faire comprendre des ouvriers, est obligé d'avoir recours à des ébauches plus ou moins exactes, et les ouvriers, pour saisir l'idée de leur maître, doivent lire, d'après ce tracé, quel sera le travail qu'ils auront à exécuter.

Le dessin linéaire trouve son application partout. Car, non-seulement il est utile à tous les corps d'état, mais encore l'homme le plus élevé dans la position sociale peut éprouver la nécessité de transmettre clairement sa pensée, par un dessin rapide, à l'ouvrier qu'il emploie.

Il y a deux espèces de dessin linéaire : le *dessin linéaire à main levée* ou sans instrument, et le *dessin linéaire graphique* ou avec instrument.

Une question souvent agitée est celle-ci : *Le dessin à main levée doit-il précéder le dessin graphique?* Cette question, soumise à l'Académie de l'enseignement primaire (séance du 16 septembre 1846) a été résolue ainsi : « Le dessin sans instrument paraît d'abord plus difficile ; mais l'expérience ne tarde pas à prouver le contraire. Commencer par le dessin *graphique*, c'est empêcher l'élève d'observer, et c'est lui interdire l'adresse des doigts, si précieuse même pour le dessin graphique. Du reste, on peut concilier les deux méthodes; faire tracer d'abord à main levée, et corriger ensuite à l'aide des instruments. »

Quel que soit le dessin dont on fasse d'abord usage, il ne doit s'appliquer qu'aux figures qui se réduisent en dernière analyse à deux éléments, *la ligne droite et la ligne courbe*, soit isolées, soit combinées.

Voici les seuls instruments qui doivent servir à l'étude du dessin linéaire :

1° Un mètre avec ses divisions.
2° Un demi-mètre id.
3° Une grande équerre.
4° Une petite équerre.
5° Un grand compas en bois pour la vérification des courbes.
6° Un petit compas pour le même usage.
7° Un rapporteur pour mesurer les angles.
8° Un fil à plomb.

Application de la ligne droite. — La verticale est une droite dirigée dans le sens du fil à plomb. L'*horizontale* est une droite dans le sens de l'horizon, ou du niveau de l'eau tranquille.

Nous allons voir maintenant le tracé et la vérification de ces lignes.

Pour tracer la verticale, il suffit d'appliquer verticalement une règle sur un tableau noir, et de faire passer un trait avec le blanc, de la longueur de la ligne désirée. On vérifie la verticale avec le fil à plomb qui doit la cacher dans toute sa longueur, si elle a été bien tracée.

Pour tracer l'horizontale, il suffit d'appliquer horizontalement une règle sur un tableau noir, et de faire passer un trait avec le blanc de la longeur de la ligne désirée. On vérifie l'horizontale avec une règle sur laquelle on place le niveau à perpendicule, semblable à celui dont se servent les maçons. Elle est bien tracée si le fil à plomb du niveau recouvre parfaitement la ligne creusée au centre de l'instru-

ment, et nommée *ligne de foi*. Le tracé de l'horizontale et celui de la verticale appartiennent aux éléments géométriques du dessin linéaire relatifs à la ligne droite.

Les applications de la ligne droite sont si nombreuses qu'on ne peut les mentionner ici. En effet, les feuilles de parquet, les carrelages des chambres, les cheminées, etc., offrent des modèles uniquement composés de lignes droites qui se coupent en divers sens. Ces modèles ont l'avantage d'initier les élèves à des connaissances pratiques on ne peut plus utiles.

Application de la ligne courbe. — Par un exercice soutenu, on parvient à tracer un cercle à main levée, et à en marquer le centre avec une exactitude presque égale à celle qu'on obtient à l'aide du compas. On vérifie le cercle avec le compas.

De l'ellipse. — L'ellipse (fig 117.) est une courbe résultant de la section faite obliquement, par rapport à l'axe, dans un cône droit. On appelle grand axe de l'ellipse la ligne A B, et petit axe la ligne E D.

Plus le petit axe diminue par rapport au grand, plus l'ellipse s'allonge en s'aplatissant; et c'est lui augmente, plus la courbe se rapproche du cercle. Il y a donc une infinité d'ellipses, selon l'inégalité plus ou moins grande des deux axes.

Les applications de la ligne courbe sont des plus nombreuses. C'est à la combinaison de cette ligne avec la ligne droite que sont dus la plupart des dessins employés dans les arts (cylindres, leviers, poulies, etc.).

DES MOULURES. — Les moulures sont des parties saillantes qui servent d'ornement à l'architecture. Il y a deux sortes de moulures, les droites et les circulaires.

Les principales moulures droites sont le *filet* (fig. 106,) le *larmier* (fig. 107,), et la *plate-bande* (fig. 108).

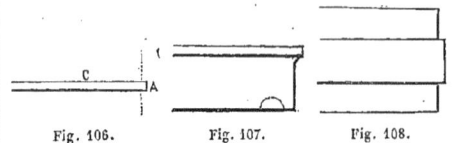

Fig. 106.   Fig. 107.   Fig. 108.

Le *filet* (appelé aussi réglet) est une moulure carrée, étroite, dont la saillie A C égale la hauteur. (Fig. 106.)

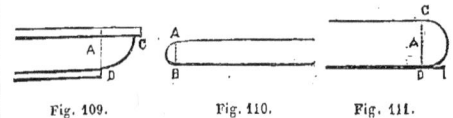

Fig. 109.   Fig. 110.   Fig. 111.

Le *larmier* est une moulure large et saillante, creusée souvent en dessous, et placée dans les corniches, pour préserver l'édifice des eaux du ciel. (Fig. 107.)

La *plate-bande* est une moulure large et peu saillante. (Fig. 109.)

Les principales moulures circulaires sont le *quart de rond* (fig. 109), la *baguette* (fig. 110), le *tore* (fig. 111), la *gorge* (fig. 112), le *talon* (fig. 113), et la *doucine*.

Le *quart* de rond est une moulure formée d'un quart de cercle.

La *baguette*, moulure étroite, est formée par un demi-cercle.

Le *tore* n'est qu'une *baguette* plus large qui se place à la base des colonnes.

La *gorge*, moulure creuse, est composée d'une courbe.

Le *talon*, qui est droit ou renversé, est composé d'une courbe.

Fig. 112. Fig. 113.

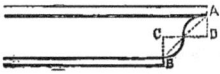

Fig. 114.

Enfin la *doucine* est composée des mêmes parties que le talon, mais disposée en sens contraire.

Les moulures s'appliquent non-seulement à l'architecture, mais encore elles servent à orner les meubles, les vases, etc.

DESSIN GRAPHIQUE. — Nous avons vu quels sont les instruments employés pour le dessin linéaire graphique, nous allons maintenant nous occuper du tracé de quelques figures.

L'*ovale* est une figure curviligne, oblongue, ainsi nommée de sa ressemblance avec l'œuf.

Plusieurs personnes donnent indifféremment le nom d'ovale et d'ellipse à la même figure; il y a cependant une différence. L'ovale est une figure irrégulière, plus étroite par un bout que par l'autre, tandis que l'ellipse est une figure régulière.

Il y a deux manières de tracer l'ellipse. La première manière, quoique imparfaite, est la suivante: (Fig. 115.)

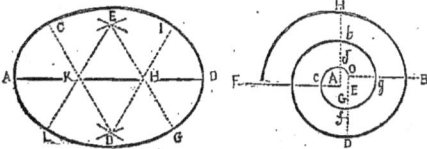

Fig. 115. Fig. 116.

1° On tire une droite A B, de la longueur de l'ellipse que l'on veut avoir; on partage cette ligne en trois parties égales A K, B K, H B; sur la partie H K on fait les triangles équilatéraux H E K, H D K; ensuite des points H et K comme centre, on décrit les arcs L A C, I B G jusqu'aux côtés des triangles prolongés, enfin des points E et D, et d'un rayon égal à E L, on décrit les arcs L G et C I.

Observation. Si le petit axe seul était donné, on le prolongerait d'un quart, et l'on aurait le grand axe, sur lequel on opérerait comme il vient d'être dit.

Voici la seconde manière de tracer l'ellipse. (Fig. 117.)

2° De l'extrémité D du petit axe, prise pour centre, et avec le demi-grand axe A C pour rayon, on trace F G, qui coupera le grand axe en F G, points appelés foyers de l'ellipse. Prenant ensuite un fil, dont la longueur soit A B, on en fixe les deux bouts, l'un en F, l'autre en G. En tendant ce fil avec une pointe, pour lui faire prendre la figure d'une ligne brisée G M F, le point M sera sur l'ellipse; faisant ensuite glisser cette pointe le long du fil toujours tendu, la courbe obtenue par ce tracé sera l'ellipse.

Tracé des principales moulures. — Pour tracer une spirale, on tire les quatre lignes A B, C D, E F, G H

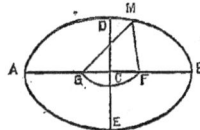

Fig. 117.

(fig. 116). A sera le centre de l'arc *c d*, G de l'arc *d e*, E de l'arc *e f*, et C de l'arc *f g*; si l'on fait une seconde révolution, A sera encore le centre de l'arc *g h*, et ainsi de suite.

Tracé des principales moulures. — Le *filet.* Il suffit d'en voir la figure pour savoir le tracer. (Fig. 106.)

Le *larmier* (fig. 107), même observation.

La *plate-bande* (fig. 108), *idem.*

Le *quart de rond.* Pour le tracer, on prend la hauteur A D (fig. 109), de la saillie de la moulure, et du point A on décrit C D.

Baguette. Il suffit de décrire une demi-circonférence dont le centre soit au milieu de la perpendiculaire A B, qui représente la hauteur de la moulure. (Fig. 110.)

Tore. Il suffit de décrire une demi-circonférence dont le centre A soit au milieu de la perpendiculaire C D, représentant la hauteur de la moulure. (Fig. 111.)

Gorge. Il faut décrire une demi-circonférence ayant pour centre le milieu A de là perpendiculaire C B, et pour rayon la moitié C A de la hauteur de la moulure. (Fig. 112.)

Talon. Après avoir tiré la ligne A B, on partage la hauteur de la moulure par la perpendiculaire C D, et l'on prolonge la ligne B; le point D sera le centre du quart de rond, et le point C celui du *cavet* (espèce de quart de rond) qui forme le talon. (Fig. 113.)

Doucine. La construction de la doucine est assez compliquée. Après avoir joint le point A au point B, on mène C D par le milieu de cette droite parallèle aux filets A et B, et les intersections C et D qu'elle fait avec les perpendiculaires B C, A D, menées aux extrémités des filets, sont les centres des courbes qui forment la moulure. (Fig 114.) LARIVIÈRE.

DETTE (droit) [du latin *debitum*]. — Tout engagement pris par un débiteur à l'égard d'un créancier. On appelle 1° *dettes passives* ce que l'on doit, ce sont les dettes proprement dites; 2° *dettes actives*, ce que l'on vous doit; 3° *dette mobilière*, celle qui a pour objet quelque chose de mobilier; 4° *dette immobilière*, celle qui porte sur un immeuble; 5° *dette personnelle*, celle à laquelle se joint une action contre la personne du débiteur; 6° *dette réelle*, celle qui n'est fondée que sur un fait de possession, et qui peut être libérée par le délaissement; 7° *dette chirographaire*, celle qui résulte d'une obligation ordinaire; 8° *dette privilégiée*, celle qui doit être payée avant toute autre; 9° *dette hypothécaire*, celle qui a pour garantie des immeubles hypothéqués; 10° *dette liquide*, celle dont l'objet est une chose déterminée; 11° *dette commerciale* ou *consulaire*, celle qui se rapporte à un fait de commerce, par opposition à la *dette civile*; 12° *dette d'honneur*, celle qui ne repose sur aucun titre et n'a d'autre garantie que l'*honneur* du débiteur : cette espèce de dette ne peut donner lieu à aucune action en justice; toutefois le créancier a la ressource de déférer le *serment décisoire*; 13° *dette de jeu*, celle qui est contractée au jeu : cette espèce de dette ne peut, non plus, donner lieu à une action judiciaire, à moins qu'il ne s'agisse de jeux qui tiennent à l'adresse et à l'exercice du corps.

Les héritiers restent chargés des dettes de leurs testateurs; les dettes de la communauté sont pour moitié à la charge de chacun des époux (art. 724, 1482, etc., du Code civil).

« Pour les dettes qui reposent sur des titres, le créancier peut, selon les cas, saisir et faire vendre les effets mobiliers appartenant à son débiteur, mettre opposition au payement des sommes qui lui seraient dues, ou poursuivre l'expropriation de ses biens immobiliers (art. 557 du Code de procédure). — Dans les cas où la loi autorise la *contrainte par corps*, on a recours à l'incarcération du débiteur comme moyen d'arriver au payement; les prisons où l'on retient les débiteurs se nomment aussi *dettes*. A Paris, les détenus pour dettes étaient, avant 1789, enfermés au For-l'Évêque. Lorsque le couvent de Sainte-Pélagie devint une prison, une partie séparée de ce couvent, dite dès lors bâtiment de *la Dette*, leur en fut réservée. Sainte-Pélagie ayant été depuis exclusivement destinée aux détenus politiques, les prisonniers pour dettes allèrent occuper une prison construite exprès pour eux; elle est située rue de Clichy. »

DETTE PUBLIQUE. — Sommes que doivent les gouvernements, par suite des emprunts qu'ils ont contractés pour se créer des ressources promptes; les intérêts en sont acquittés sur des fonds spéciaux votés, chaque année, avec le budget. « La dette publique de l'Angleterre s'élève à plus de 20 milliards; celle de la France à 5 milliards. Ces deux dettes sont les plus fortes de l'Europe. La dette de la France se compose de sommes empruntées à différentes époques et inscrites au *grand-livre de la dette publique*; l'intérêt stipulé a varié selon l'état du crédit public à chaque époque : il a été de 5, de 4 1/2, de 4 et de 3 p. 0/0. » La *dette flottante* est la partie de la dette publique qui n'est pas consolidée, et qui se compose d'engagements à terme, de créances non réglées entièrement, etc.; elle est ainsi nommée parce qu'elle varie sans cesse et est susceptible de diminution et d'augmentation. En France, elle est réglée par le Trésor, en effets dits *bons du Trésor*, remboursables sur des rentrées prochaines. En Angleterre, ces bons s'appellent *billets de l'Échiquier*. La dette flottante de la France résulte, en grande partie, de fonds dont le dépôt est obligatoire et des versements des caisses d'épargne.

DEUIL [du latin *dolere*, pleurer; d'où *dolor*, douleur]. — Manifestation extérieure de la douleur qu'on éprouve dans certaines circonstances malheureuses, et surtout des regrets que laisse dans notre cœur la perte d'une personne aimée. Rien n'est moins uniforme que les modes et les couleurs du deuil, si ce n'est la tristesse dont elles sont l'image. Les Chinois portent le deuil en blanc, les Turcs en bleu ou en violet, les Égyptiens en jaune, les Éthiopiens en gris. A Lacédémone et à Rome, les dames le portaient en blanc. En Orient, c'était donner une grande marque d'affliction que de se couper les cheveux; à Rome, on faisait le contraire. Les Grecs avaient adopté l'usage des Orientaux; non-seulement ils se coupaient les cheveux sur la tombe de leurs parents et de leurs amis, mais encore ils coupaient les crins à leurs chevaux, et ils en usaient de même dans toutes les calamités publiques. Les Juifs étaient et sont encore dans l'usage de se raser dans le deuil, et de déchirer leurs vêtements.

Au commencement du deuxième siècle, l'empereur Adrien fut neuf jours habillé de noir pour la mort de l'impératrice Plotine; et dans le quatrième, les habits de deuil étaient noirs. Il paraît cependant que la couleur et les ajustements du deuil ont varié selon les temps et selon les nations. On voit par une lettre de Pierre le Vénérable, qu'on regardait comme une singularité que l'Espagne portât le deuil en noir. En Castille, à la mort des princes, on se vêtait de serge blanche pour porter le deuil.

Les reines de France, jusqu'à la reine Anne, avaient toujours porté le deuil en blanc. Anne de Bretagne porta le deuil de Charles VIII en noir; de son côté, Louis XII porta aussi le deuil en noir, contre l'usage des rois, qui portent le violet. Le noir est aujourd'hui dans toute l'Europe la couleur du deuil.

DEUTO (chimie) [du grec *deuteros*, second]. — Particule empruntée du grec et qui se joint à différents mots pour indiquer les diverses proportions dans lesquelles une substance est combinée avec une autre substance. Il indique une proportion plus grande que *proto*, et moindre que *trito*.

DEUTOXYDE (chimie). — Second degré d'oxydation d'un corps qui est susceptible de se combiner en plusieurs proportions diverses avec l'oxygène.

DÉVOIEMENT. — Voy. *Diarrhée*.

DEVOIR (philosophie, morale). — Accomplissement régulier des lois qui président au développement ou à l'action de l'être intelligent et qui le conduisent à sa fin propre. Nous les ramenons à ces quatre chefs : Sois homme de devoir, de principes, de travail et d'instruction.

1° Sois *homme de devoir*. — En n'agissant que d'après la concordance de réponse de ta conscience et de ta raison, cette concordance de réponse est un guide infaillible; Dieu a voulu que tout homme pût se bien conduire par lui-même; puis, pense que toute faute a sa punition même sur la terre; on ne pourrait citer un cœur coupable qui ait été calme, un criminel qui ait été heureux. Remplis donc tes devoirs envers Dieu, envers ta patrie, envers ta famille, envers tes semblables et envers toi-même. — Ton devoir envers Dieu, en lui offrant pour culte une journée remplie par le travail et par le devoir. — Ton devoir envers ta patrie, en ayant les vertus civiques : la dignité, le désintéressement, la justice, le respect des droits, et ne te dégrade jamais en appuyant ou en acceptant le mal. — Ton devoir envers ta famille, en ne séparant pas d'elle ta vie, en l'honorant par tes vertus, en l'aidant par ton travail et par ton dévouement, en ne demandant point de comptes à tes parents, car quoi que tu fasses, tu seras toujours leur débiteur; en maintenant l'union de ta famille par tes bons exemples et par tes concessions. — Ton devoir envers tes semblables, en faisant pour eux ce que tu voudrais pour toi-même; ne sois ni égoïste, ni déloyal, et ne fais tort à personne de son temps et de ses produits par des dettes volontaires. — Ton devoir envers toi-même, en cultivant ton esprit et en formant ton cœur aux principes et aux habitudes dignes et austères, en repoussant tout mensonge et toute composition de conscience; bannis le luxe et l'oisiveté, ils engendrent la corruption et les besoins factices; aie une vie simple et travailleuse. Prends le soir du plaisir, mais prends-le sans remords, sans corrompre les autres et toi-même, et ne te souille ni par l'ivresse, ni par les habitudes d'estaminet, ni par la passion du jeu et des spéculations de bourse. — Propage autour de toi l'idée du devoir par l'exemple, par la diffusion des écrits utiles et par l'attrait des arts. — Souviens-toi de tes morts et accorde-leur un culte de reconnaissance; que ceux qui t'ont aimé et protégé pendant la vie soient encore avec toi après leur mort; consacre un musée de famille à ce qui te reste d'eux, et vis avec les souvenirs qui peuvent te donner le sentiment et l'exemple du devoir.

2° Sois *homme de principes*. — En ayant un principe unité dans les trois sphères; un principe ne se scinde pas, c'est une unité ou ce n'est rien. Prends le principe qui est la source et le terrain logique des sentiments élevés, féconds et indépendants, et mets ton principe au-dessus des hommes, des circonstances et de l'intérêt personnel.

3° Sois *homme de travail*. — En ne vivant jamais en oisif et en n'étant pas un seul jour sans travailler. Aime le travail en le proclamant le plus grand bienfait de la Providence et en adoptant cette maxime : L'homme n'a droit de prendre du repos et du plaisir que le soir, après avoir travaillé le jour. — Travaille

avec zèle, intelligence et probité, n'accepte qu'un avancement, des bénéfices et des récompenses légitimes. Refuse toute aumône, toute gratuité froissante et toute spoliation; ne dois rien qu'au travail et à toi-même, et aide de tout ton concours les idées et existences utiles méconnues ou en souffrance.

4° Sois *homme d'instruction*. — En consacran chaque jour quelques moments à étudier, à éclairer et à cultiver ton esprit; sors ton âme de l'état brut; grandis-la et ennoblis-la par la lumière et par la science. L'ignorance est un sacrilége et l'ignorant un exploité; la science est le plus beau flambeau du monde; l'étude, le plus doux consolateur du cœur. — Élève tes enfants par une éducation qui fasse d'eux des citoyens, des cœurs honnêtes et des esprits éclairés. — Aime l'instruction en la propageant en toi et dans les autres et en aidant les hommes et les moyens qui peuvent la répandre.

Termine ta journée par ce simple examen de conscience : Quel bien ai-je fait aujourd'hui? quel mal ancien n'ai-je plus fait? ai-je été un homme du devoir, de principes, de travail et d'instruction? Au lieu de dire : Je ferai comme les autres et je vivrai avec mon siècle même dans ce qu'il a de mauvais, fais le contraire, réforme-toi. Que dans chaque groupe naturel s'établissent cette réforme individuelle, cet air de principes homogènes et austères, et cette propagande des principes par les habitudes de la règle de conduite, par l'enseignement et par les soirées philodéoniques de famille; il se formera une majorité d'honnêtes gens, une génération nouvelle avec un sang nouveau, et le corps social, qui n'est autre chose que le composé des individus, se trouvera naturellement réformé. — Sois donc en tout temps et par toi-même, en adoptant la règle de conduite philodémique, un honnête homme et un homme utile.   PAUL BUESSARD.

DEXTRINE (chimie). — Substance dont la composition est identique à celle de l'amidon ($C^{12}H^9O^9,HO$) et qui peut être considérée comme de la fécule soluble. C'est une substance solide, jaunâtre, friable, ressemblant par ses propriétés physiques à la gomme arabique; mais elle s'en distingue en ce que, traitée par l'acide azotique ordinaire, elle se transforme en acide oxalique, et non en acide mucique, comme le font les gommes.

La dextrine, qui doit son nom à la propriété qu'elle possède de dévier à droite le plan de la lumière polarisée, est la première transformation de la fécule ou amidon. L'iode sert, comme on le sait, à distinguer l'amidon de tous ses composés ou de ses transformations. C'est ainsi qu'une dissolution d'iode n'a aucune action sur la dextrine et colore l'amidon en bleu d'autant moins rouge que ses transformations sont moins avancées. De là un moyen de suivre la marche de la préparation de la dextrine. L'ancien procédé de préparation de cette substance consiste à désagréger la fécule à l'aide d'une température de 210° environ, et pour cela on fait circuler continûment de l'air chaud dans un four de boulanger autour de tiroirs renfermant la fécule. On obtient ainsi un amidon grillé appelé *leiocome*. La transformation est plus rapide, la dextrine obtenue est plus soluble, plus blanche, pulvérulente, et la température nécessaire à cette transformation doit être moins élevée, si, avant de placer la fécule dans les tiroirs du four, on l'a mélangée avec 300 kilog. d'eau et 2 kilog. d'acide azotique pour 1,000 kilog. de fécule sèche, et si on a laissé sécher ce mélange à l'air libre jusqu'à ce que les pains de fécule se brisent d'eux-mêmes. On prépare encore la dextrine plus ou moins sucrée, plus ou moins mêlée de glucose dans un bain-marie maintenu par un jet de vapeur à la température constante de 75 ou 80°. L'action est due ici à la diastase que l'on introduit dans l'eau sous la forme d'orge germée moulue. Lorsque ce mélange est fait, on verse lentement la fécule dans l'eau en agitant à mesure; on suit la marche de l'opération en essayant, de temps en temps, la liqueur avec l'iode, qui lui fait prendre toutes les nuances intermédiaires entre le bleu et le rouge. Aussitôt que le contact de l'iode produit le rouge vineux, on doit arrêter la projection de fécule et faire cesser l'action de la diastase en élevant brusquement la température par un jet plus vif de vapeur dans le liquide. La liqueur, après avoir été filtrée, arrive dans un vase évaporatoire où sa surface est constamment agitée par un serpentin horizontal, traversé lui-même par un courant de vapeur. On laisse évaporer jusqu'à consistance sirupeuse. La dextrine peut alors servir à plusieurs usages, dont les principaux sont : l'impression sur les tissus de coton, l'application des mordants sur les tissus de laine, et le gommage des couleurs pour les papiers peints ou les estampes; mais la plus utile et la plus belle application de la dextrine a été faite à la chirurgie par M. Velpeau pour la confection rapide des bandes agglutinatives employées dans les fractures. A un mélange de 100 grammes de dextrine et de 60 centimètres cubes d'alcool camphré, on ajoute 40 grammes d'eau. La dextrine, qui ne s'est pas dissoute dans l'alcool, se gonfle, se désagrége et se dissout alors; en sorte qu'en deux minutes on a un liquide mucilagineux dont on enduit les bandes. Ces bandes adhèrent à la partie sur laquelle on les applique, et, se moulant sur le membre malade, lui forment une enveloppe très-résistante qui empêche toute déviation. Survient-il un accident ou veut-on simplement examiner l'état de la partie malade? il est très-facile, avec de l'eau tiède, de dissoudre en un point quelconque la dextrine, et de pratiquer, avec des ciseaux, une sorte de fenêtre jusqu'à la peau. Le patient peut donc, au moyen de ce procédé, changer de position sans crainte de dérangement de son appareil, et même se mouvoir au bout de trois jours, au lieu de passer, comme auparavant, au moins un mois dans une immobilité aussi fatigante que dangereuse.

SIMVEN (de Toulouse).

DIABÈTE ou **DIABÈTES** (pathologie) [de *diabaino*, passer à travers]. — Maladie caractérisée par l'abondance, le changement de composition des urines, et un trouble progressif des fonctions qui

finit par amener une fièvre hectique souvent funeste.

Le diabète, dont Arétée de Cappadoce nous a laissé une description admirable, il y a près de dix-huit cents ans, débute ordinairement d'une manière lente et insidieuse : Le diabétique s'aperçoit bien que l'émission de ses urines est plus fréquente, plus abondante ; que ce liquide est plus décoloré, en même temps plus visqueux et plus inodore; qu'il boit aussi plus souvent; que sa bouche est moins humide et sa salive plus épaisse ; que ses forces se soutiennent mal ou déclinent; mais il est encore sans fièvre ; l'appétit et le sommeil sont bons, il vaque à ses affaires : comment ne serait-il pas distrait d'une maladie grave qui se développe si perfidement, et qui peut, d'ailleurs, rester ainsi stationnaire des mois et des années? Cependant il est rare qu'elle soit progressive, et plus encore qu'elle rétrograde et qu'elle cesse spontanément. Poursuivons son cours : la quantité des urines devient effrayante, on l'a vue s'élever, en un jour, à plus de cent livres, et il est fort ordinaire qu'elle excède le poids des boissons et des aliments ingérés. Sa composition n'est pas moins changée que sa mesure journalière : au lieu des acides, des alcalis et des sels qui la distinguent communément, elle abonde en une espèce particulière de miel ou de sucre, non moins caractéristique de la maladie que l'abondance du liquide urinaire. D'où le nom de *diabète sucré* qu'on donne souvent à l'affection qui nous occupe. La soif augmente progressivement, elle devient démesurée, inextinguible. Après s'être soutenu et même accru, l'appétit s'affaiblit et se perd. Les digestions sont laborieuses, il y a constipation ou diarrhée. Les principes réparateurs de l'alimentation, le chyle, la gélatine et la fibrine du sang étant rapidement entraînés par les urines, la nutrition est bientôt ruinée. La fièvre hectique survient avec son effrayant cortége de symptômes sinistres, et le diabétique succombe assiégé par le double tourment d'une soif insatiable et du besoin continuel d'uriner. Ce drame pathologique, communément lent, est quelquefois très-rapide.

Le pronostic du diabète est aussi grave que cette affection est peu commune. Il est probable cependant que, s'il était reconnu de bonne heure, on obtiendrait un bien plus grand nombre de guérisons, soit parce qu'on pourrait éloigner les causes occasionnelles, soit parce que le trouble produit dans l'organisation serait encore remédiable. « Jusqu'au moment où les signes d'une consomption avancée se manifestent, il est permis d'espérer la guérison, surtout si la soif et les urines diminuent, si celles-ci redeviennent colorées, salines, ammoniacales, au lieu d'être incolores et sucrées. Mais lorsque le marasme fait des progrès, quand la soif et le besoin d'uriner sont inextinguibles, il n'y a plus un moment à perdre, si même il n'est déjà trop tard pour apporter du secours. »

Les causes de cette affection ne sont pas bien connues. On a regardé l'alimentation exclusivement végétale ou de mauvaise qualité, le séjour des contrées froides et humides, les veilles prolongées, les affections tristes, comme susceptibles d'en favoriser le développement. Longtemps on l'a attribué à une surexcitation des reins. M. Cl. Bernard a récemment établi un rapport entre les fonctions du foie, qui, même dans l'état normal, sécrète et élabore une certaine proportion de sucre, et celles du poumon, qui consomme par l'acte de la respiration le sucre ainsi produit : lorsqu'un état maladif vient surexciter l'activité du foie ou déprimer celle du poumon, la production du sucre devient plus considérable, et, ne pouvant plus être consommée par le travail de la respiration, cette substance apparaît dans les urines : il est d'ailleurs à remarquer que le diabète se complique souvent de phthisie pulmonaire.

Le diabète est une affection chronique qui résiste le plus souvent à tous les moyens employés pour la combattre. Elle affecte de préférence les sujets faibles, lymphatiques, de trente-cinq à quarante-cinq ans. Elle dure quelquefois plusieurs années, bien qu'on l'ait vue se terminer après plusieurs mois. « Dans le *diabète sucré*, l'urine ne contenant plus d'acide urique et d'urée, en même temps que le sucre y surabonde, il convient de mettre le malade à l'usage d'aliments azotés, de le nourrir presque exclusivement de viande, de bouillon, de lui faire boire du bon vin, de proscrire toute matière sucrée et féculente, telles que le sucre, le pain, les pommes de terre [1]. On a conseillé en outre les médicaments diaphorétiques, l'usage des vêtements de flanelle, les frictions sur les lombes, les bains chauds à 30 degrés, les voyages dans les pays chauds, l'application de vésicatoires sur les reins; l'emploi des astringents, tels que l'alun, le cachou, les acides sulfurique et nitrique, les toniques, notamment diverses préparations de quinquina et de fer. On a vanté comme une sorte de spécifique les eaux minérales de Bristol, bues sur les lieux. On peut y substituer l'eau de chaux coupée avec moitié de lait, la gomme arabique dissoute dans le lait. » L'opium à haute dose a souvent réussi. On a encore préconisé le chlorure de sodium, le carbonate de soude et la magnésie calcinée; les bains de vapeur, les bains sulfurés, etc.

En 1855, M. Andral a exposé à l'Académie des sciences (séance du 23 juillet) des faits pathologiques propres à éclairer la question de la production du sucre dans l'économie. Il a parlé d'abord de l'influence exercée par la privation des aliments sur la quantité de sucre contenue dans l'urine des malades. A cet égard, il a observé ce qui suit :

« Lorsqu'un malade dont l'urine contient du sucre cesse, par une cause quelconque, de prendre des aliments, j'ai vu, sans prétendre qu'il en soit ainsi dans tous les cas, le sucre de son urine diminuer ou disparaître. A l'appui de cette assertion, je citerai quelques chiffres, en rappelant, comme garantie de leur exactitude, que dans tous les cas dont il va être question l'extraction et le dosage du sucre ont été faits sur mon invitation, par M. Favre, dont l'Académie connaît depuis longtemps le nom et les travaux.

» Ainsi, une femme dont l'urine était analysée chaque jour rendait chaque vingt-quatre heures, avec ce liquide, de 40 à 70 grammes de sucre par litre. Le régime à la fois abondant et excitant auquel elle était soumise amena chez elle une affection gastro-intestinale caractérisée par une perte complète d'appétit et la diarrhée; on diminua d'abord les aliments, puis on les supprima entièrement. L'urine, la veille du jour où le régime alimentaire fut rendu plus ténu, avait donné 54 grammes de

[1] Dans le but de seconder le traitement du diabète, M. Ambroise Bonvoisin, de Paris, s'est appliqué à confectionner un *pain de gluten pur*.

L'insolubilité du gluten, dans la plupart des acides, contribue, en effet, à en faire un aliment indispensable dans la thérapeutique du diabète, et nous ne doutons pas que son usage ne soit des plus efficaces dans plusieurs autres maladies.

Dans sa séance du 18 décembre 1857, la Société des sciences industrielles, arts et belles-lettres de Paris, présidée par M. le docteur Bossu, médecin de l'hospice Marie-Thérèse, a reçu de M. B. Lunel une communication sur le pain de gluten de M. Bonvoisin. M. B. Lunel s'est livré à des expériences chimiques sur ce pain, dont voici l'exposé :

1° *Soumis à une douce chaleur, ce pain de gluten a diminué en perdant l'eau qu'il contenait.*

2° *Exposé à l'action d'une chaleur plus forte, il s'est comporté comme les matières animales.*

3° *L'eau, les huiles, l'éther, n'ont pu le rendre soluble, et il ne s'est dissous qu'en partie dans l'alcool.*

4° *Mis en contact avec l'alcool chaud, une partie s'est dissoute et une autre est restée insoluble.*

La partie soluble est la GLUTINE, *ou* GLIADINE *de Taddée ; l'autre est le* ZYMONE (ferment), *susceptible de fermentation, et répandant une odeur ammoniacale.*

Les conclusions de M. Lunel sont :

1° *Que le pain soumis à son examen est presque du gluten pur ;*

2° *Qu'il peut être très-propre à seconder la thérapeutique du diabète ;*

3° *Qu'il pourra convenir également dans la convalescence des maladies graves* (choléra, fièvre typhoïde); *dans l'anémie, la chlorose, certaines gastralgies, etc.*

Ce n'est point d'aujourd'hui, d'ailleurs, que le gluten a pris rang dans la thérapeutique; ce principe immédiat des végétaux, composé de gélatine et d'albumine végétale, a été regardé, depuis longtemps, comme un analeptique émollient souvent conseillé chez les estomacs débilités. Taddée le regarde comme antidote de l'empoisonnement par le deuto-chlorure de mercure. En 1856, M. Gagnage a adressé à l'Académie des sciences (séance du 4 juin) un Mémoire sur les effets du gluten ioduré sur l'organisme : la plus importante des propriétés de ce gluten serait de faciliter l'assimilation du fer contenu dans les aliments, assimilation qui, dans certains états maladifs (chlorose), devient nulle ou incomplète.

Le pain de gluten pur de M. Bonvoisin aura donc l'avantage de rappeler l'attention des médecins sur les propriétés de cette précieuse substance alimentaire; et, pour notre part, nous faisons des vœux pour que nos savants confrères des hôpitaux se livrent, au plus tôt, à des expériences sur la valeur médicamenteuse de ce pain.

Dr HEINRIECH.

sucre par litre : quarante-huit heures après, elle n'en donnait plus que 34 grammes ; puis, après vingt-quatre autres heures écoulées, 28 grammes. La malade fut soumise à ce moment à une diète absolue ; au bout de quarante-huit heures d'abstinence complète, il n'y avait plus dans l'urine un atome de sucre. L'amélioration des fonctions digestives permit alors de prendre quelques aliments ; cependant le sucre ne reparut pas sur-le-champ. Ce ne fut que trois jours après la rupture de la diète absolue que l'on commença à en retrouver dans l'urine. La première fois il n'y en avait que 20 grammes par litre ; puis, très-rapidement, sa dose revint à ce qu'elle avait été avant la suspension de l'alimentation.

» Ainsi, tandis que M. Bernard montre dans ses expériences que le foie et les veines sushépatiques contiennent beaucoup moins de sucre lorsque les animaux ne prennent plus d'aliments, les faits donnés par la pathologie marchent dans le même sens, et en montrant que la soustraction des aliments fait disparaître le sucre de l'urine, ils autorisent à admettre que si alors il n'y a plus de sucre dans ce liquide, c'est qu'il s'en forme au moins une quantité plus faible dans l'économie.

» Mais ici une autre question se présente : c'est celle de savoir si, en l'absence des substances alimentaires susceptibles pour la science du chimiste de se transformer en matière sucrée, celle-ci n'en peut pas moins se produire dans l'organisme aux dépens des matières albuminoïdes prises exclusivement pour aliments. On sait que les expériences de M. Cl. Bernard l'ont conduit à une solution affirmative de cette question ; on sait qu'il trouve dans le foie et dans les veines sushépatiques une quantité considérable de sucre chez des chiens qui depuis longtemps n'ont pris que de la viande pour nourriture. Or les faits pathologiques vont nous conduire à une conclusion analogue : ils nous apprennent, en effet, qu'en soustrayant de la nourriture des malades atteints de glucoscurie toute espèce de matière sucrée ou amylacée, on peut bien, à la vérité, diminuer, momentanément du moins, la quantité de sucre que contient leur urine, mais dans l'immense majorité des cas on ne la réduit pas à zéro, ou du moins on ne l'y réduit que d'une manière passagère, et on peut même voir avec un régime animal exclusif la proportion de sucre dans l'urine aller croissant. Un des faits de ce genre les plus remarquables et en même temps les plus probants, en raison de la rigueur absolue avec laquelle le régime fut suivi, est celui d'une femme qui, dans la persuasion intime où elle était qu'un régime exclusivement animal pourrait seul la guérir, eut le courage de s'y soumettre pendant près de deux mois sans en dévier un seul jour ; pendant ce temps, elle ne prit d'autre nourriture que de la viande bouillie ou rôtie, et elle ne but que de l'eau à laquelle on ajoutait une petite quantité d'alcool. Au bout de ce temps, elle dut abandonner ce régime, qui lui était devenu insupportable, et, d'ailleurs, elle n'était pas mieux. Au moment où elle commença à y être soumise, l'urine donnait 27 grammes de sucre pour un litre ; pendant les premiers temps, la proportion de sucre diminua à ce point qu'on n'en trouva plus successivement par litre que 20, 15, 12 et enfin 10 grammes seulement ; puis tout à coup, et sans qu'à coup sûr aucune infraction au régime eût eu lieu, la proportion de sucre s'éleva de nouveau. Nous la vîmes progressivement monter de 10 grammes à 15, 20, 30, 44, 49 grammes par litre ; il n'y eut pas, d'ailleurs, un seul jour où ce principe disparût complétement. En outre, ce qui est fort digne d'attention, c'est que pendant les premiers temps où l'on commença à mêler à la viande des œufs, du lait, un peu de pain ordinaire et de légumes, et qu'on remplaça l'eau alcoolisée par de l'eau vineuse, la quantité de sucre, contre toute prévision, se mit à diminuer de nouveau ; on n'en trouva plus que 30, 26, 15 grammes par litre ; puis au bout de quelques jours, le régime restant le même, elle augmenta, et, trois semaines après l'institution de ce régime mêlé, on trouvait dans l'urine 54 grammes de sucre par litre. De tout cela ressort un fait remarquable, c'est que toutes les fois que chez cette diabétique le régime est brusquement changé, soit qu'on lui enlève les féculents pour ne lui donner que de la viande, soit qu'on mêle de nouveau des féculents à sa nourriture, la quantité de sucre commence par diminuer momentanément, puis de nouveau elle s'accroît.

» Il résulte de ce qui précède, et c'est là la conclusion principale sur laquelle je veux appeler l'attention, qu'une nourriture exclusivement composée de matières albuminoïdes n'empêche pas chez l'homme le sucre de se produire, comme cela a eu également lieu chez les animaux soumis aux expériences de M. Bernard. J'ajouterai que le fait dont je viens de soumettre quelques détails à l'Académie n'est pas pour moi un fait isolé et comme solitaire ; j'en ai vu plusieurs autres semblables, et il n'y a pas encore longtemps que j'ai trouvé chez un diabétique, qui se nourrissait exclusivement de viande, jusqu'à 82 grammes de sucre par litre d'urine, et, comme il rendait 8 litres d'urine en vingt-quatre heures, il s'ensuit que dans cet espace de temps il expulsait de son économie et par conséquent il produisait 636 grammes de sucre.

» Si, comme il est permis de le déduire des expériences de M. Cl. Bernard, le sucre se forme dans le foie, et si le sang qui sort du foie chargé de sucre n'en contient plus lorsqu'il a traversé le poumon, on peut se demander si le sucre que l'on trouve dans l'urine et dans d'autres liquides des diabétiques provient ou de ce que le foie malade en forme une quantité surabondante qui échappe à l'action du poumon, ou de ce que ce dernier organe, altéré lui-même, laisse passer intact le sucre qui y arrive avec le sang hépatique ; mais on ne trouve dans le poumon des diabétiques aucune altération spéciale : seulement on y rencontre presque toujours des tubercules. A coup sûr, ce ne sont pas ceux-ci qui produisent diabète, car l'urine des phthisiques ne contien pas ordinairement du sucre; et quant à la question de savoir si, dans les cas où la respiration est gênée, l'urine renferme du sucre, ainsi que l'a établi M. Alvarez Reynoso, c'est encore là un sujet à l'étude. On ne trouve pas non plus habituellement de sucre dans l'urine des individus atteints de différentes affections du foie décrites jusqu'à ce jour. Mais tandis que le poumon ne présente rien de spécial chez les diabétiques, il m'a paru ne pas en être de même du foie. En effet, depuis la publication des travaux de M. Bernard, j'ai fait cinq ouvertures de corps de diabétiques; dans ces cinq cas, le foie ne présentait pas évidemment ses conditions anatomiques normales, et l'altération qu'on y reconnaissait était toujours la même : c'était une coloration d'un rouge brun tellement prononcée, que le foie, au lieu de présenter cette apparence de deux substances qu'on y retrouve toujours, l'une jaune et l'autre rouge, n'offrait plus dans toute son étendue qu'une teinte rouge parfaitement uniforme. Il y avait là évidemment tous les caractères anatomiques d'une hypérémie fort intense et d'un autre aspect que les hypérémies ordinaires du foie, hypérémies qui, sous l'influence de causes très-diverses, se produisent si facilement et si fréquemment dans cet organe. Ainsi, chez les diabétiques, le foie se fait remarquer par la très-grande quantité de sang qui partout gorge son tissu. La constance de ce fait est une preuve de son importance, et si le foie sécrète du sucre, il est logique d'admettre que l'hypérémie du foie des diabétiques est le signe anatomique d'une suractivité survenue dans sa fonction glucogénique, et ici encore nous voyons la physiologie et la pathologie se contrôler et s'éclairer l'une par l'autre. Et qu'on ne dise pas que la nourriture substantielle et fortement azotée qu'on donne aux diabétiques est la cause de cette hypérémie; car parmi les cinq cas dont il vient d'être question, il y en a deux relatifs à des malades chez lesquels l'alimentation resta à peu près l'alimentation ordinaire, et chez ces deux malades, cependant, le foie présentait un aspect analogue. Que si toute congestion hépatique n'est pas suivie d'une augmentation dans la production du sucre; si, par exemple, elle a pour effet plus fréquent de répandre dans toutes les parties de l'organisme les matériaux de la bile, on trouvera peut-être la raison de ce que ces faits paraissent avoir d'étrange dans la différence du siége de la congestion. N'est-il pas possible, en effet, que, suivant que tel ou tel élément anatomique du foie, que tel ou tel ordre de vaisseaux capillaires de cet organe se sera plus spécialement congestionné, il survienne tantôt une altération de la sécrétion de la bile, tantôt une altération de la sécrétion du sucre, tantôt une modification de telle autre action organique dont le foie peut encore être l'instrument?

» Ce sont là des questions d'avenir dont il faudra demander la solution soit aux injections anatomiques, soit aux recherches microscopiques. Aujourd'hui, tout ce que je prétends établir, c'est que chez les diabétiques le foie ne présente pas anatomiquement son état normal, que l'altération qu'on y con-

state est toujours identique, et que ce fait, trouvé depuis la découverte de la fonction glucogénique du foie, peut à son tour en devenir une des preuves. »

Du diabète dans ses rapports avec les maladies cérébrales. — Il résulte d'un travail de M. Richard Goolden sur ce sujet : 1° que dans la plupart des maladies encéphaliques et nerveuses on trouve du sucre dans les urines, sans que pour cela il y ait augmentation dans la diurèse. La présence du sucre est surtout remarquable chez les enfants qui présentent des symptômes cérébraux par suite de la dentition, ainsi que dans la chorée, l'épilepsie, les névralgies de la face et du nerf sciatique, les affections paralytiques. Lorsque ces manifestations morbides cessent, le sucre cesse également de se montrer dans l'urine. 2° Dans un cas de commotion cérébrale occasionnée par un coup donné sur un côté de la tête, il survint un diabète sucré très-prononcé; des purgatifs et un vésicatoire sur la tête ayant fait cesser le trouble fonctionnel, le sucre disparut également de l'urine. 3° Dans d'autres cas même très-anciens de diabète, les évacuants, les révulsifs ont mis fin à la sécrétion saccharine, ou, s'ils ne sont pas parvenus à amener la guérison, ils ont du moins notablement amendé la maladie.

S'appuyant sur ces faits, l'auteur se croit autorisé à conclure que le diabète prend sa source dans une altération quelconque dans la matière cérébrale, primitivement dans des lésions externes, et secondairement dans des altérations organiques. Ces conclusions, on le voit, justifient de tout point la théorie pathologique de M. Cl. Bernard.   B. LUNEL.

DIACONAT [composé de la préposition grecque *dia*, et de *koneô*, servir]. — Le second des ordres sacrés dans l'Église. — Voy. *Diacre*.

DIACONESSE [du grec *diaconissa*]. — Le nom de *diaconesse* était affecté à quelques femmes veuves qui étaient consacrées au service de l'Église, et qui rendaient aux femmes les services que les diacres ne pouvaient pas leur rendre sans blesser la pudeur, et particulièrement le baptême qui se conférait par immersion aux femmes, aussi bien qu'aux hommes. Elles avaient soin des pauvres, des malades, des prisonniers. Saint Paul avait prescrit qu'elles ne seraient ordonnées qu'à soixante ans, mais le concile de Chalcédoine régla qu'elles pourraient l'être à quarante. On ne peut dire quand les diaconesses ont cessé, parce qu'elles n'ont pas cessé partout en même temps.

On a aussi appelé *diaconesses* les femmes que les diacres avaient épousées avant leur ordination.

DIACRE [du grec *diakonos*, ministre]. — Celui qui est promu au second des ordres sacrés.

Les *diacres* furent institués au nombre de sept par les apôtres. Leur fonction était de servir dans les agapes, et de distribuer le pain et le vin aux communiants.

Par d'anciens canons, le mariage n'était point incompatible avec l'état de diacre; mais depuis, le mariage leur a été interdit. Dans les mystères, les diacres récitaient certaines prières qu'on nommait, à cause de cela, *prières diaconiques.*

Les premiers cardinaux ont été les diacres de Rome, institués au nombre de sept, pour les quatorze quartiers de la ville; ces cardinaux ou principaux diacres chantaient l'Évangile devant le pape, quand il venait célébrer dans une église de leur religion. Les *cardinaux-diacres* sont aujourd'hui au nombre de quatorze, un pour chaque quartier, et forment le troisième ordre du sacré collège, composé de six évêques, cinquante prêtres et quatorze diacres; en tout soixante et dix. — Voy. *Cardinal.*

DIACHYLON ou DIACHYLUM (pharmacie) [du grec *dia,* avec, et *chylos,* suc]. — Nom donné autrefois à un emplâtre que l'on appliquait sur les plaies, et qui se préparait avec le suc de diverses plantes, de l'huile et de la litharge. Aujourd'hui, on prépare le diachylon, suivant le Codex, avec parties égales en poids d'huile d'olive, d'axonge et de litharge : cet emplâtre est nommé diachylon *simple.* Le diachylon *gommé* est fait avec diachylon simple, 4 kilogrammes; poix blanche, 180 grammes; cire jaune et térébenthine, de chaque 90 grammes; on fait dissoudre à un feu doux, et l'on ajoute ensuite : gomme ammoniaque, bdellium sagapénum, galbanum, 30 grammes de chaque. Ces deux emplâtres sont résolutifs et agglutinatifs. On les étend souvent en couche mince sur de la toile; c'est ce qui constitue le *sparadrap* de diachylon.

DIAGNOSTIC (pathologie générale) [du grec *diagnosis,* discernement]. — Partie de la médecine qui a pour objet la distinction des maladies, par la connaissance des signes pathognomoniques propres à chacune d'elles.

Caractériser une maladie, c'est d'abord, comme s'il s'agissait de l'espèce d'un végétal, rappeler le nom qu'elle porte, et ce nom représente tantôt un groupe de symptômes, d'autres fois le siége ou la nature d'une affection : en disant fièvre, gastrite, syphilis, nous donnons un exemple des trois genres. Il est plus d'une source pour le diagnostic; indiquons rapidement les principales : les symptômes sont à la maladie ce que l'ombre est au corps; mais il faut que l'intelligence ait appris à les transformer en signes; tout le monde peut constater les symptômes, tandis qu'il n'y a que le médecin qui connaisse leur signification et leur valeur. Les symptômes ne se produisent pas ordinairement d'une manière incohérente, mobile, capricieuse; ils affectent plutôt un ensemble ou groupe déterminé, qui rend la maladie comparable, et lui donne un air de famille. Sans cela, il n'y aurait pas de diagnostic possible, et la pathologie serait l'image du chaos. Plus la maladie est simple, plus les symptômes sont bornés et caractéristiques, et l'affection facile à discerner. Il est nécessaire que le médecin ait très-présents à sa mémoire les groupes de symptômes qui se développent communément ensemble et qui portent un nom convenu. Cette seule notion lui retrace sur-le-champ l'expérience des autres et sa propre observation. Toutefois, la connaissance de l'état physiologique, ou

de l'ordre régulier des fonctions, peut suppléer, jusqu'à un certain point, à ces tableaux symptomatiques; ajoutons même que cette manière de procéder au diagnostic a quelque chose de plus scientifique et de plus rationnel. On juge en premier lieu de la présence des signes de la maladie par l'absence et l'opposition des signes de la santé; ensuite, comme en santé chaque organe et chaque fonction ont leurs apparences propres, le contraire de ces apparences dénote leur dérangement particulier. Cette méthode physiologique de parvenir au diagnostic, qui, sans être ignorée des anciens, a été surtout préconisée par les modernes, rencontre une foule d'écueils dans l'application : d'abord elle distrait trop l'attention des causes déterminantes et prochaines pour la concentrer sur le siége de la lésion, et ce défaut est très-grave; ensuite quel siége assigner aux désordres qui éclatent simultanément dans tous les organes, dans toutes les fonctions, comme dans la peste, la fièvre jaune, le choléra, le typhus, et toutes les fièvres graves? Il faudra donc toujours conserver des tableaux ou groupes symptomatiques pour servir de base au diagnostic.

Les précédentes réflexions s'appliquent aux lumières que l'ouverture des cadavres a répandues sur l'histoire des maladies. Il est incontestable que le diagnostic a été beaucoup perfectionné par ce genre de recherches, et l'on peut dire que dans les maladies de la poitrine il a acquis une admirable précision (voy. *Auscultation*). Mais en fouillant dans les entrailles des morts, que de fois la cause spéciale ou spécifique a disparu! que de fois l'effet a été pris pour la cause!

L'examen et l'interrogatoire des malades sont des objets bien essentiels pour parvenir au diagnostic des maladies; il importe surtout d'y procéder avec ordre. Il convient que le médecin y apporte toutes les forces de son attention, toute la présence de ses notions acquises, et quelquefois la pénétration du génie. La première impression qu'il consulte est celle de la physionomie et de l'attitude du malade, qu'il est souvent utile de découvrir en entier. Il n'est pas rare que ce premier coup d'œil suffise au praticien pour juger la date, l'issue probable, le siége et la nature de la maladie. Après l'examen du corps, auquel il peut être convenable de revenir ultérieurement, en y appliquant le toucher, la vue, l'ouïe, l'odorat et même le goût, on procède à l'interrogatoire du malade; on s'adresserait aux assistants s'il était dans le délire, ou qu'on dût craindre de le fatiguer. On s'enquiert de la date, du mode d'invasion, de la marche de la maladie, en un mot, de son histoire. Très-souvent le seul rapport du malade qu'on a laissé parler est suffisant pour établir le diagnostic; mais alors même qu'il serait fixé, on trouverait fort extraordinaire que le médecin formulât sans avoir, pour ainsi dire, adressé la parole : il est donc d'usage, sinon de rigueur, qu'après avoir exploré le pouls, examiné la langue et toutes les apparences extérieures, il s'informe de l'état des fonctions. Communément ses premières questions doivent être dirigées vers l'organe, le système ou l'appareil organique, que le siége de la douleur, ou d'autres symptômes prédominants, font présumer avoir été les premiers et les plus fortement atteints. Suivant donc ces présomptions, l'interrogatoire commencera, ou par les fonctions digestives ou respiratoires, ou circulatoires, ou sécrétoires et excrétoires, ou génitales, ou musculaires, ou nerveuses, sensoriales, intellectuelles, etc. Après l'inspection et l'interrogatoire, le médecin groupe les symptômes, distinguant ceux qui sont primitifs, essentiels, caractéristiques, de ceux qui ne sont que secondaires, accessoires, équivoques, et il porte un diagnostic ou jugement. Mais la maladie déterminée, il est précieux d'en découvrir la cause, qu'il faut chercher tour à tour dans le sexe, l'âge, le tempérament, la profession, le genre de vie, les climats, les saisons, et une foule d'incidents auxquels chacun est plus ou moins exposé. C'est surtout dans les maladies chroniques que les questions ont besoin d'embrasser non-seulement l'état actuel du sujet souffrant, mais encore une infinité de notions commémoratives tirées de ses parents, du lieu qu'on habite, de la manière dont on a vécu et dont on vit, etc. Ces notions peuvent être de la plus haute utilité pour baser le diagnostic et le traitement.

Si le diagnostic est toujours important, il n'est malheureusement pas toujours facile : quelquefois les symptômes se combinent de telle façon, les complications sont si nombreuses, que le praticien le plus exercé, la méthode analytique la plus parfaite viennent échouer devant la confusion et l'obscurité du tableau. Tantôt les symptômes sont rares, quoique le danger soit imminent, tantôt tous les organes semblent témoigner simultanément de la souffrance, et pourtant le point de départ reste caché; cet état maladif n'a pas même de nom. Il n'est pas rare qu'à leur début les maladies offrent des caractères équivoques, et qu'il faille parvenir au deuxième ou troisième jour pour les caractériser. Cette incertitude est presque constante dans les maladies éruptives, la rougeole, la scarlatine, la variole, etc. Le siége et la nature des affections chroniques ne se dessinent quelquefois qu'après plusieurs semaines ou quelques mois; tels sont les cancers, les phthisies, par exemple. Enfin, dans quelques occasions, c'est le traitement qui dévoile leur nature. (Dr Lagasquie.)

DIAGOMÈTRE (physique) [du grec *diagô*, traverser, et *métron*, mesure]. — Espèce d'électroscope, inventé par M. Rousseau, et propre à mesurer les électricités les plus faibles. « Il se compose d'une pile sèche et à très-faible tension, qui agit sur une aiguille aimantée, libre sur son pivot. En passant à travers différents corps que l'on interpose dans le circuit, l'aiguille se meut plus ou moins, suivant que la substance interposée est plus ou moins conductrice. Cet instrument peut servir à mesurer exactement la pureté de l'huile : car on a observé qu'à travers l'huile d'olive pure, l'électricité agissait 675 fois moins sur l'aiguille qu'en traversant les autres huiles fixes. »

DIALECTE (grammaire) [du grec *dialektos*, langage particulier, de *dialegô*, je sépare]. — Ce mot, que nous avons emprunté au grec, était féminin en cette langue ainsi qu'en latin, et on lui donnait autrefois le même genre en français; c'est celui qu'ont employé Danet, Richelet, Novitius, le prote de Poitiers, Port-Royal, dans la première édition, etc. L'Académie a fait ce mot masculin, et c'est le genre qu'on lui donne unanimement aujourd'hui. Mais avant que l'opinion se fût prononcée en ce sens, les écrivains le faisaient tantôt masculin, tantôt féminin, suivant qu'ils étaient partisans de l'innovation ou qu'ils restaient fidèles à l'étymologie; ce qui a fait dire à quelques grammairiens que le genre de ce mot était douteux. Dumarsais, après avoir constaté l'usage nouveau qui tendait à se généraliser, regrette qu'on n'ait pas continué à faire féminin ce mot, purement grec, qui n'est en usage que parmi les gens de lettres, et seulement quand il s'agit du grec. Cette dernière assertion n'est pas exacte, ainsi qu'on le verra plus loin.

Le dialecte est le langage particulier d'une province qui se sert de l'idiome dominant dans toute la contrée, mais en le modifiant par des inflexions, des désinences, des contractions de mots, des emplois de termes tombés ailleurs en désuétude, par des altérations de toutes sortes propres à ce dialecte et qui le constituent.

Dumarsais dit que le *dialecte* n'est pas la même chose que l'*idiotisme*, car l'idiotisme est un tour de phrase particulier et tombe sur la phrase entière, au lieu que le dialecte consiste en l'emploi de mots qui ne sont pas tout à fait les mêmes que dans la langue commune, ou qui s'y prononcent autrement.

Le *dialecte* paraît avoir plus de ressemblance avec le *patois*; cependant, on emploie plutôt le premier pour désigner une modification de langage qui a acquis de l'importance, de l'extension, du crédit, et qui a été illustrée par des œuvres littéraires importantes. La peuplade qui parle un dialecte est considérée et traitée sur un pied d'égalité intellectuelle par les autres peuplades parlant divers dialectes dérivés d'une langue commune. Le patois, au contraire, est un langage abandonné par la nation qui le parlait et devenu le partage des classes ignorantes de la société. Il a pu avoir autrefois une littérature; mais dès qu'un langage est réduit à l'état de patois, il cesse généralement d'être écrit, il n'est plus que parlé.

Malte-Brun dit qu'en théorie les dialectes ne sont que des manières différentes de prononcer une même langue; cependant, dans l'application, il reconnaît qu'à côté d'une prononciation dont le caractère se modifie ou s'efface, on trouve aussi dans les dialectes des constructions tout à fait différentes de celles de la langue type de l'espèce, et parfois même des types inconnus dans celle-ci. Mais on doit admettre, dit M. Vaïsse, que quand des différences de cette nature viennent à dominer, ce ne sont plus des dialectes qu'elles constituent, mais des langues distinctes. Il serait toutefois fort difficile de déterminer d'une manière bien précise le point où un idiome cesse d'être dialecte et commence à être langue.

Le philosophe allemand Wachter a, selon le président de Brosses, marqué d'une manière ingénieuse le caractère de la distinction qu'on doit établir entre les langues et les dialectes, en disant que les langues diffèrent entre elles par les consonnes, et que les dialectes diffèrent par les voyelles. Ce principe, séduisant par sa simplicité, est, avec raison, regardé par M. Vaïsse comme peu rigoureux, car les dialectes éprouvent des altérations dans leurs voyelles ainsi que dans leurs consonnes.

Comment se forment les dialectes ? Plusieurs causes contribuent à leur formation. Les premières tribus, ayant une origine commune, séparées par de vastes espaces, soumises à des climats opposés, influencées par des habitudes différentes, ont dû se former autant de langues spéciales qu'elles présentaient de groupes isolés; mais lorsque ces tribus, augmentant en nombre et étendant leurs ramifications, se répandirent sur tout le pays qui entourait leur siége principal et se constituèrent en peuplades distinctes, mais jamais complétement séparées, alors la langue, se modifiant de nouveau, sans perdre cependant son caractère d'unité, adopta dans chaque province une prononciation particulière, une forme locale désignée sous le nom de dialecte.

D'autres fois, une nation, en augmentant en nombre, s'étendit, soit par la conquête, soit par l'émigration, sur des pays où des nations étrangères avaient des ramifications; chaque langue, en s'éloignant de son centre primitif et en s'approchant d'une autre langue, mêla ensemble des formes de chacune d'elles, ainsi qu'on le remarque dans nos provinces limitrophes de l'Allemagne, de l'Espagne ou de l'Italie.

Quelquefois aussi la propagande religieuse a produit ce résultat; c'est ce qui a eu lieu, par exemple, pour l'arabe, implanté dans diverses contrées par le mahométisme.

Dans l'origine, on ne donnait le nom de dialectes qu'aux formes différentes du grec usitées dans la Grèce, l'Asie Mineure, la Sicile, etc. On en comptait quatre principaux : le *dorien*, l'*éolien*, l'*ionien* et l'*attique*. Outre ces dialectes principaux, il y avait des dialectes secondaires, dont il ne reste que de faibles traces dans les auteurs, tels que le *béotien*, le *laconien*, le *thessalien*, etc. On peut admettre, suivant l'*Encyclopédie catholique*, comme mère de tous les dialectes grecs, une ancienne langue grecque primitive dont on ne peut découvrir ou même conjecturer certaines formes qu'à l'aide de la critique philosophique du langage. Chaque dialecte resta plus ou moins fidèle à cette langue primitive, en sorte qu'il ne put manquer d'arriver qu'un dialecte conservât de cette ancienne langue quelque chose qui se perdit peu à peu dans les autres, ce qui explique déjà suffisamment comment les grammairiens peuvent trouver des dorismes, des éolismes et même des atticismes dans Homère. Du reste, on appelait, en général, du nom d'un dialecte quelconque toutes les

formes qui lui étaient très-familières, quand même elles se rencontraient dans la langue commune. Voilà pourquoi on admet que les écrivains grecs employaient indistinctement dans leurs écrits les différents dialectes avec la langue commune.

Ronsard et son école, qui imitaient servilement les Grecs, mêlaient dans leurs écrits le bourguignon, le picard, le normand, etc., avec la langue française; cette tentative n'eut aucun succès.

Aujourd'hui, on applique le nom de dialectes à tous les genres de langages qui présentent de l'analogie avec les dialectes grecs. C'est ainsi que, dans l'ancienne France, il y avait deux dialectes principaux : la *langue d'oil* et la *langue d'oc*, qui se subdivisaient en des dialectes secondaires. L'Allemagne a également plusieurs dialectes, de même que l'Italie, et, en général, les pays qui ne forment pas un tout homogène.

C'est le degré d'importance politique et de culture des idiomes qui les classe dans des catégories diverses. Tel idiome que l'on considère comme langue n'aurait droit qu'au titre de dialecte si le peuple qui le parle n'avait pas une nationalité indépendante, ou si quelque littérateur d'élite n'avait pas perfectionné ses formes. Le portugais et le flamand de Belgique, par exemple, sont aujourd'hui, chacun à un de ces titres, une langue, tandis que le flamand de France et l'idiome de la Galice ne sont plus que des patois. Les dialectes grecs, malgré leur perfection, n'ont pas cessé d'être des dialectes, parce qu'ils ont été parlés par des peuplades peu nombreuses ou qui n'ont jamais formé un corps de nation indépendant.

Quand une langue parlée a plusieurs dialectes, celui qui est usité dans la capitale, épuré par le goût, finit par devenir la langue littéraire; les autres, confinés dans les provinces, tendent successivement à disparaître ou descendent au rang de patois.

Bien que le mot *dialecte* ait l'acception que je viens d'indiquer, on lui donne quelquefois un sens plus étendu. On a coutume de dire, par exemple, de deux langues parlées chez deux peuples divers et dérivées d'une même souche, qu'elles sont deux dialectes de la langue mère. Ainsi l'italien et l'espagnol, dans une large acception, ne sont que des dialectes du latin corrompu; le hollandais est un dialecte de l'allemand, etc.   J. B. PRODHOMME,

Correcteur à l'Imprimerie Impériale.

DIAMANT (lithologie). — Parmi les plus belles productions du genre minéral on a, dès les temps les plus reculés, placé le diamant au premier rang.

Nous allons décrire succinctement une faible partie de ses qualités, lesquelles justifieront, aux yeux des lecteurs les plus prévenus, la haute estime dont il jouit à si juste titre.

Nous citerons d'abord son éclat, qui n'est égalé par celui d'aucune autre pierre précieuse, et tellement distinct, qu'il a fallu créer un mot pour le désigner; celui d'*éclat adamantin*. Rien dans toutes les productions de la terre, naturelles ou artificielles, ne peut rendre cette espèce de sens intime du diamant, si ce n'est, cependant, l'aspect adouci de l'acier poli. Cet éclat, tout naturel, est très-facilement appréciable; car si l'on incline peu à peu vers la lumière un diamant taillé, en regardant une de ses facettes, jusqu'à ce qu'elle ait atteint, à l'égard de l'œil, le terme de la plus grande réflexion, elle prend un éclat qui a bien certainement une grande analogie avec celui que nous venons de citer.

Vient ensuite sa grande rareté, bien constatée, puisqu'il ne se trouve qu'en quelques endroits privilégiés de la terre, mais toujours associé aux métaux les plus précieux, aux minéraux les plus estimés, et le plus souvent dans des conditions très-défavorables sous le rapport de la blancheur et de la pureté de la cristallisation, ce qui contribue à rehausser extraordinairement le prix de ceux qui possèdent ces avantages.

Si l'on considère maintenant la petitesse ordinaire de ses cristaux, il semble que la nature, avare de sa précieuse matière, ou fatiguée de sa laborieuse formation, s'épuise en vain à en produire de volumineux.

Mais ce qui lui assurera toujours le rang suprême, c'est son excessive dureté, qui lui permet de dompter tous les autres cristaux et de ne pouvoir être usé que par lui-même. Ainsi, les corps les plus durs, les minéraux les plus denses, les rocs les plus réfractaires, l'acier le mieux trempé, tout subit la puissance du diamant.

On comprendra alors que toutes ces

Fig. 118. — Diverses formes de diamants bruts.

qualités réunies sur cette éminente production du règne minéral, déjà si riche, en aient fait la splendide personnification, et qu'en tous temps, en tous lieux, sur la surface du monde ancien et moderne, il ait constamment trouvé place dans les parures des humains, comme le type et l'apanage des plus hautes fortunes; qu'on s'en soit servi comme le plus bel ornement des emblèmes du pouvoir, et que sa place soit marquée, entre toutes, dans les musées et cabinets de minéralogie, comme susceptible, plus qu'aucune autre variété des trois règnes, de fixer l'attention et les études des artistes, des savants et des industriels.

Le diamant, du mot *adamas*, indomptable, est une substance minérale cristallisée en octaèdre et dodécaèdre et en presque tout les dérivés de ces deux formes. On en trouve même d'entièrement sphériques, mais cette dernière forme, non susceptible de clivage, ne peut jamais se ramener au cristal primitif.

Le diamant, ainsi que nous l'avons dit, est le plus dur de tous les corps connus; il raye et sillonne pro-

fondément tous les autres minéraux; un seul l'égale pour cette qualité physique, c'est le *carbonado* des Brésiliens[1]. La surface du diamant brut est souvent inégale et parfois raboteuse; ses faces naturelles, couvertes de stries bien accusées, ont leurs plans un peu convexes. et elles sont généralement voilées d'un espèce de dépoli qui semble indiquer l'action chimique et ignée de sa formation.

La cassure du diamant est régulière, et s'obtient par quatre clivages principaux; elle ne peut avoir lieu que dans le sens de ses lames, qui, séparées, ont toutes la forme octaédrique; ses fragments, obtenus par des clivages secondaires, sont le plus souvent tétraédriques; ils conservent leur prodigieuse dureté, même étant réduits en poussière.

Il peut paraître extraordinaire qu'on puisse pulvériser ainsi le diamant, mais on sait que la dureté dans un corps n'exige pas que ses fragments soient aussi bien unis que ses dernières molécules.

Ce minéral est électrique et phosphorescent. Il acquiert la première propriété par le frottement, mais il ne la conserve que quinze à vingt minutes. Elle se développe principalement par les faces parallèles aux lames qui forment ses cristaux, tandis que la phosphorescence, au contraire, ne se produit que par les faces naturelles ou factices qui sont formées par les bords réunis de ces lames. Cela explique la grande différence de *jeu* ou de réfraction de lumière entre les diamants bruts et ceux taillés, abstraction faite de la propriété de cette opération; car il est facile pour l'observateur de remarquer dans le parallélisme des facettes d'une pierre taillée, qu'il est merveilleusement combiné avec les rayons lumineux, et cela, joint à la puissante réfraction naturelle du diamant, produit cet éclat extraordinaire et unique connu sous le nom d'éclat *adamantin*.

La propriété phosphorescente du diamant est telle, qu'elle se produit non-seulement quand il est frappé par la lumière directement, mais encore quand il ne la reçoit qu'à travers des vitres, des rideaux et diverses enveloppes. Ce minéral s'*imbibe* tellement de la lumière, qu'il devient lumineux par insolation à travers une peau de mouton chamoisée et même une planche de tilleul de plus de 0,200^{mm} d'épaisseur.

La pesanteur spécifique du diamant varie entre 3,52 et 3,55. Ainsi pesé hydrostatiquement, il perd les 2/5 de son poids: c'est son seul point de res-

_____

[1] Voyez le mot *Carbone*.

semblance avec la topaze blanche du Brésil. Cette différence dans son poids spécifique sous une même forme est causée par ses divers degrés de coloration.

Une de ses plus précieuses qualités est l'énergie de son pouvoir réfringent ; comparé à celui de l'eau pris pour 0,785, il est égal à 1,396, tandis que celui du rubis n'arrive qu'à 0,739 et celui du cristal de roche à 0,654. Et comme puissance réfractive, celle du diamant comparée avec des substances la possédant à un très-haut degré, présente des différences énormes. Car, mesurée avec des prismes dont l'angle était de 20°, celles du diamant noir et blanc arrivèrent à 32 et à 30, tandis que celle du saphir d'Orient ne fut que de 14 1/2 et un morceau de superbe flint-glass ne présenta que 11 1/4 !

La réfraction du diamant est simple dans les cristaux entiers, mais arrivés à un grand état de division, ils présentent, dans les lames minces, la double réfraction, quoique imparfaite ; il semble que les particules des diamants ont été agrégées les unes aux autres par l'action de forces irrégulières.

De plus, le diamant a encore un caractère très-bien défini : c'est la manière dont la lumière est polarisée à sa surface. L'angle de polarisation, extrêmement faible relativement aux substances minérales qui lui présentent quelques points de ressemblance, n'est que de 22°, tandis qu'il est de 31° dans la topaze et de 35° dans le strass.

Les diamants les plus purs sont entièrement blancs, mais dans la plupart des mines de l'Inde, et plus particulièrement au Brésil, ils ne se trouvent guère ainsi que dans la proportion d'un quart ; un autre quart arrive avec une certaine teinte qui constitue ce que l'on appelle la seconde eau, et qui est déjà bien moins estimée, et le reste a souvent les couleurs les plus diverses, les plus mélangées et les plus foncées. Toutefois, ces couleurs, quoique affectant celles des pierres gemmes, ne risquent jamais de le faire confondre avec celles-ci, grâce à l'éclat qui lui est particulier et que nous avons décrit.

Ces nuances ou couleurs sont généralement réparties dans toutes les molécules de la cristallisation, et parfois elles n'en prennent qu'une partie ; plus rarement encore elles n'occupent que l'intervalle des lames qui forment la structure du diamant, et enfin il arrive aussi que cette coloration n'est qu'à l'enveloppe ou croûte spatheuse des diamants roulés. Cependant la majorité de ces principes colorants sont dus à des oxydes ou des vapeurs plus ou moins métalliques qui, lors de la formation du diamant, se sont interposés entre les molécules de ses lames. Dans la plupart, les particules métalliques sont appréciables au microscope, et dans certains, visibles à l'œil nu, quelques-uns même contiennent des paillettes d'or.

On peut, au moyen d'ingrédients particuliers et très-énergiques, aidés d'un calorique approprié, enlever au diamant brut ces diverses couleurs lorsqu'elles ne sont qu'extérieures, et les diminuer d'une manière très-sensible au cas où elles n'atteignent que les premières couches. Les verts de toutes nuances, les rouges limpides, les jaunes paille et ceux colorés par l'oxyde d'or reviennent parfaitement blancs. Les jaunes foncés, les bruns et noirâtres n'éprouvent que très-peu d'amélioration, malgré la puissance des agents chimiques employés, et la dilatation extrême qu'éprouve le diamant par l'ardeur du feu auquel il est exposé.

Les diamants colorés conservent néanmoins le plus souvent leur transparence et leur limpidité ; certains, ceux d'un beau jaune, ont quelquefois plus d'éclat que les blancs parfaits, surtout à la lumière ; mais il en est aussi dont la trop grande quantité de parties colorantes obscurcit la diaphanéité ; et, dans ce cas, ils sont ternes, louches, et parfois atteignent à l'opacité. Au reste, la coloration du diamant, dans certains cas, peut dépendre aussi de la qualité du terroir où ils ont pris naissance, car on remarque une grande similitude entre leurs deux aspects.

Indépendamment des couleurs, les diamants ont

Fig 119.—Le Régent (face et profil).

encore trop souvent d'autres défauts qu'on nomme : crapauds, glaces, givres, etc., provenant, les premiers, de particules métalliques parfois assez fortes, disséminées ou isolées dans la cristallisation ; les autres, d'une solution de continuité d'une ou plusieurs des lames qui les forment, ou encore de fentes survenues pendant l'extraction. On remédie autant que possible à ces défauts par le clivage, qui permet d'éliminer les parties trop défectueuses d'un diamant brut ; mais il est aussi une sorte de diamant qui ne peut se prêter à cette opération ni à celle de la taille, on le nomme boort. Nous en dirons ici quelques mots seulement, renvoyant pour les détails à son article spécial dans cet ouvrage[1]. Le boort, appelé aussi diamant de nature, ne possédant qu'une cristallisation confuse et à lames curvilignes, ou plutôt nouées, ne peut être ni clivé, ni taillé, ni poli.

[1] Voir le mot Boort.

Le diamant a seul la propriété de couper le verre, même assez épais ; il la doit à ses arêtes courbes et à ses faces bombées. On choisit toujours pour cet usage des pierres brutes où cette forme est nettement prononcée, et ce sont le plus souvent de petits octaèdres purs. Les arêtes courbes et les faces bombées qui, s'y réunissent, pénètrent comme un coin et font éclater le verre, tandis que les autres corps les plus durs *rayent* bien le verre, mais ne le coupent pas. Cette propriété est toute naturelle, car tout l'art du diamantaire n'arriverait pas à lui donner ce pouvoir qu'il ne possède que dans son état primitif, et encore dans de certaines conditions de forme, de structure et de cristallisation. Bornéo en fournit beaucoup, la forme exigée s'y rencontrant souvent jointe à l'extrême dureté de la pâte.

Tous les savants qui se sont occupés du diamant s'accordent à reconnaître qu'il est formé de carbone pur ; il faut cependant ajouter qu'il contient une certaine portion d'oxygène en rapport avec l'intensité de sa coloration; sans cela il serait impossible d'expliquer sa combustion en vaisseaux clos, et pourquoi les diamants colorés sont plus combustibles que les blancs parfaits. D'ailleurs, il laisse dans la plupart des cas un résidu spongieux d'une teinte jaune rougeâtre, incombustible, due aux oxydes colorants, s'élevant à une partie sur 2,000 et même sur 500. Ce résidu s'est aussi trouvé être tantôt en parcelles jaune paille cristallines, et tantôt en fragments incolores également cristallins.

Ces faits et nombre d'autres que nous exposerons à leur place ont été constatés par nous dans une série d'expériences faites, pendant douze années, sur plus de 8,000 carats de diamants bruts, représentés par environ 18,000 cristaux lors de nos travaux de décoloration des diamants bruts.

Les anciens et les modernes ont cru jusqu'à nos jours, les premiers, que le diamant n'était pas même attaqué par le feu ; les autres qu'il fallait une énorme puissance de calorique pour le faire brûler, et de nos jours on croit encore qu'aucun agent chimique n'a de pouvoir sur le diamant. Il appartenait à notre époque de réfuter ces erreurs. Le diamant est très-facilement attaquable et réductible par certains ingrédients, et, pour le reste, nos expériences si décisives et si souvent répétées nous ont convaincus que l'inflammation du diamant a lieu spontanément entre 2,750 et 2,800° centig., et qu'une fois allumé, sa destruction est très-prompte, et que sa vive combustion, qui en raison de sa colorationet, dure dans la proportion de sa grosseur.

Le diamant, quand il est près de brûler, n'est aucunement fluide ; il est plein, solide, toujours dense; ses molécules constituantes sont seulement dilatées par la force du calorique. Dans cet état, il est comme boursouflé et paraît beaucoup plus gros qu'il n'est réellement ; soudain il s'enflamme partout à la fois ; la flamme l'enveloppe en entier d'une auréole vive et blanche ; il brûle à la manière du liége, la flamme n'est qu'extérieure, mais embrassant toute son étendue, de sorte qu'on pourrait le réduire à sa plus

simple expression sans qu'il perde rien de sa forme primitive.

Les moindres accidents de cristallisation, les cavités, les déviations de forme, les striées, etc., tout est scrupuleusement conservé.

Nous avons souvent constaté, en brûlant le diamant à l'air libre, que sa flamme prenait plus de vivacité et d'extension en de certains moments, sans que rien parût devoir produire cet effet, notre calorique restant stationnaire pendant cette opération.

Nous avons donc dû considérer cet effet comme produit par l'oxygène que renferme, à notre sens, le diamant, et dont la brusque sortie augmente l'intensité de la flamme. Aussi sommes-nous convaincus bien fermement que le diamant devrait être considéré et nommé chimiquement *protoxyde de carbone*.

La première patrie du diamant fut, sans contredit, les provinces de Visapour et de Golconde, aux grandes Indes. On découvrit les premières mines à Visapour, en 1430, et celles de Golconde en 1662. Mais la première extraction de ces mines doit remonter beaucoup plus haut, puisque le diamant était connu des Grecs et des Romains. Quoi qu'il en soit, c'est de là que nous sont venus les plus beaux diamants connus; mais, soit épuisement, soit plutôt cessation d'exploitation, c'est du Brésil qu'arrive maintenant tout ce qui entre dans le domaine public. Ajoutons, cependant, qu'indépendamment de ces deux contrées, il existe d'autres lieux qui en recèlent; ainsi : Bornéo en fournit environ 2,000 carats par an; on en trouve à Sumatra, à l'île de Célèbes, aux mines d'or d'Antioquia, dans la Colombie, à Carthagène, en Sibérie, dans les sables aurifères de la mine d'Adolph; à Constantine, dans la rivière du Goumel, et dans les lavages d'or de la Californie.

Les terrains aurifères sont ceux où l'on trouve plus particulièrement le diamant, mêlé avec des cristaux de topazes, de péridots, de chrysolithes, etc. On en rencontre encore dans des terres d'alluvion, renfermant des débris d'oxyde de fer et de jaspe; dans la roche quartzo-ferrugineuse, nommée sidérocriste; cependant, la véritable gangue du diamant, quoique encore peu connue, paraît être le grès rouge solide (itacolumite et grès psammite).

Il est à remarquer que tous les terrains de transport et d'alluvion contenant des diamants aux Indes, au Brésil, en Océanie et en Sibérie, bien que situés sous des latitudes différentes et parfois bien opposées, présentent, dans l'agglomération de leurs masses, les mêmes caractères physiques et la réunion des mêmes constituants.

Ces terrains sont composés de quartz amorphes, brisés en fragments, et mêlés de beaucoup de sable; il s'y rencontre de l'or en grains, en paillettes, parfois du platine, du fer oligiste ou oxydulé. Dans ces dépôts, les diamants paraissent toujours recouverts d'une croûte; leurs arêtes et leurs angles sont moins émargines que chez ceux qu'on trouve dans les terrains mouvants des rivières, lesquels sortent généralement arrondis et polis.

Ce fut vers l'an 1729 que Bernard de Fonséca-

Lobo découvrit au Brésil, dans la province de Mi-nars-Géraès (mines générales), district de la Serra-do-Frio (la montagne froide), d'assez riches terrains diamantifères, ayant une étendue de seize lieues de longeur du nord au sud, et douze lieues en largeur de l'est à l'ouest.

La Serra-do-Frio consiste en montagnes âpres, dont l'élévation est considérable et qui présentent l'aspect le plus sinistre. Le pays est découvert, sa surface, composée de gravier et de galets de quartz, est partout entièrement dépourvue de bois et même d'herbe. Le point central des mines est la petite ville de Tejuco (Diamantina), située à cent trente-quatre lieues de Rio-de-Janeiro et à deux cent quarante lieues de Bahia. Elle est la résidence de l'intendant général des mines de diamants, et contient plus de six mille habitants, tous employés à la dure exploitation des mines. Cette seule industrie entretient dans Téjuco un mouvement considérable. On en jugera en songeant que la mine la plus estimée des environs, et qu'on appelle la Mandanga, occupe à elle seule mille deux cents esclaves nègres, sans compter les employés et une multitude de colons libres. Parmi cette dernière fraction de la population, les diamants circulent comme numéraire.

L'extraction du diamant dans les parties rocheuses présente de certaines difficultés; se trouvant dans les fissures de rochers, on est obligé de faire éclater ceux-ci en y introduisant de forts leviers en fer, qui souvent *étonnent* le diamant et le font fendre intérieurement. Dans d'autres endroits on concasse la roche pour y rechercher et en extraire les diamants.

Pour retirer ceux des terrains d'alluvion et ceux du sable des rivières, on a recours aux lavages réitérés.

L'exploitation des mines et des lavages est faite tantôt par de grandes compagnies soutenues par d'énormes capitaux et possédant de nombreux esclaves, et aussi par des colons libres isolés. Ces derniers, presque toujours d'une indolence proverbiale, énervés qu'ils sont encore par les influences et les chaudes ardeurs du climat, ne vont à la recherche du diamant que lorsque les besoins de leurs familles les y forcent.

Quand la faim fait sentir son aiguillon irrésistible, le colon libre se décide à se lever de sa natte ou de son hamac; il prend sa sébile, va à la rivière, et après quelques lavages, rapporte trois à quatre diamants, vendus de suite à des commerçants nomades à l'affût, puis il va de nouveau jouir de son *far niente* jusqu'à de nouveaux besoins.

Aux premiers temps de la découverte des mines et gîtes de diamants, la production fut extrême. Les voyageurs rapportent que la quantité de diamants envoyés du Brésil en Europe pendant les vingt premières années d'exploitation, excéda 145,000 carats par année !

En effet, cette quantité est énorme, mais elle fut possible, car alors les mines étaient dans toute leur riche abondance ; le temps, cet inépuisable producteur, avait répandu sur ces dépôts sa fécondité de

plusieurs milliers de siècles, et venait enfin seulement d'ouvrir ses trésors aux humains, à peine revenus du rêve de la découverte de Christophe Colomb, ce sublime inventeur !

Les produits de ces dépôts, d'abord si abondants, diminuèrent sensiblement ; car de 1801 à 1806, en cinq ans, le poids des diamants bruts envoyés à Rio-de-Janeiro pour être versés au trésor ne fut que de 115,675 carats, en moyenne 23,135 carats par année ; disons aussi qu'on ne compte pas dans ce faible rendement presque la même quantité détournée par les esclaves ou trouvée par les colons libres. De 1807 à 1817 le produit en moyenne ne dépassa pas 18,000 carats dans cette période d'années. Tous ces diamants bruts étaient alors envoyés à la maison Hopp et compagnie d'Amsterdam, qui les payait en moyenne 45 fr. le carat et les revendait taillés 159 à 197 fr. L'exploitation alla ainsi jusqu'en 1839, que l'on découvrit les diamants en place sur le territoire de Minas-Géraès, et dans le littoral des environs de Bahia, d'où nous sont venues depuis presque toutes les parties de bruts.

Le volume de ces diamants varie à l'infini; il y en a de si petits que 300 de la même pesée atteignent à peine au carat ! les plus ordinaires sont ceux de 1 grain à 3 carats, puis de 4 à 10 carats ils deviennent plus rares, ainsi de suite et toujours en raison de la progression du poids. Il est rare même que, dans le courant d'une année, on en trouve plus de 2 ou 3 de 17 à 20 carats, et il faut parfois deux ans avant que tous les lavages réunis en présentent un de 30 carats.

Les parties de diamants recueillies au Brésil et autres lieux étant composées par des cristaux de diverses provenances, ne peuvent être et ne sont jamais uniformes ; elles présentent toujours l'aspect le plus hétérogène sous les rapports de couleur, de grosseur, de forme et de limpidité. D'ailleurs, quand il n'en est pas ainsi, les détenteurs les arrangent de manière à pouvoir tout écouler, les bons, mais surtout ceux qu'ils présument mauvais. Il en résulte une certaine incertitude pour la sûreté de ce commerce, et dont nous parlerons plus loin.

La majeure partie des diamants extraits des dépôts ou trouvés dans les rivières du Brésil est envoyée à Paris et à Londres. Le produit moyen actuel, tant officiel que par la contrebande, qui est très-active, peut-être évalué de 100 à 120,000 carats, et représente une valeur de 10 à 12,000,000 de francs, qui, exploités, c'est-à-dire taillés, suivant leur qualité, arrivent à produire 20 à 25 millions. On voit qu'une large part est laissée aux éventualités de l'exploitation.

Le chiffre annuel des envois de diamants du Brésil est un peu augmenté en ce moment (1858), les mineurs ayant déjà depuis quelques années, des gisements assez abondants. La découverte des *laves* du Serras de Bahia date de 1844. Ces terrains présentent une analogie frappante avec ceux de la province de Téjuco. Quelques fouilles que l'on fit donnèrent du diamant tellement en abondance, que vingt mille âmes vinrent bientôt s'établir sur ces terrains qui s'étendaient sur une longueur de trente lieues. Les villes improvisées où s'en fait le commerce sont : Sainte-Isabelle (le Commerce), Andrai, à sept lieues de celle-ci, Linsol, quinze lieues plus loin, et Pedra Cravade, située situé à neuf lieues de Linsol. Toute cette étendue est désignée sous le nom de la Chapade. Ces nouveaux gîtes présentent des diamants semblables en qualité à ceux dits de Bahia (Sincura), mais sont inférieurs à ceux dits de Rio (Serras). La connaissance des lieux divers de gisement a une assez grande importance, car, sous un même aspect, les exploiteurs ont déjà pu s'apercevoir, par les rendements, que le diamant de Sainte-Isabellle est inférieur à celui d'Andrai, tandis que celui de Linsol est de la plus belle eau. A Pedra Cravade, il est petit, mais blanc. Le prix du diamant brut acheté sur place varie suivant l'éloignement des localités ; ainsi à Pedra Cravade il est 25 pour 0/0 moins cher qu'à Bahia ; les difficultés de voyages et de transport font ainsi augmenter cette valeur, même d'un endroit à un autre, quoique dans le même pays.

Une des singularités du commerce de diamants est de n'avoir pu être soumis au régime décimal pour l'appréciation de son poids. On le pèse au moyen du carat, poids conventionnel, tout à fait arbitraire, ne se ressemblant en valeur presque nulle part et cependant, il faut bien le dire, presque le seul possible, tant il est inféodé dans les habitudes de ce commerce[1]. Ce n'est pas, au reste, le seul fait étrange que nous aurons à signaler dans le cours de cet article.

Les plus gros diamants à l'état brut se nommaient autrefois parangons, et prennent, ainsi que les autres, suivant leur degré de blancheur et d'éclat, les titres de première eau, seconde eau, etc., etc. Les diamants octaèdres naturels sont appelés pointes naïves et plus souvent quatre pointes. Ceux cristallisés en dodécaèdres à faces convexes : diamants bruts ou ingénus ou 48 faces. Ceux à lames curvilignes et de forme presque toujours sphérique, diamants de nature ou Boort, et enfin les très petits : diamants grains de sel ou menus. Tout ces diamants, de quelques contrées qu'ils viennent, se ressemblent tous ; leurs caractères physiques sont les mêmes, et cependant il existe pour chaque gisement un aspect particulier et propre à chaque sorte, qui permet de dire à certains négociants, grands connaisseurs: Cette partie vient des Indes, celle-ci de Rio, celle-là de Bahia, cette autre de Bornéo, etc., etc. Mais rien ne peut faire comprendre ni définir ce fait produit par un sens tout à fait intime. Nous devons cependant dire qu'on reconnaît facilement l'ancien diamant de l'Inde, désigné sous le nom de vieille roche ; il possède un éclat et une pureté d'eau auxquels atteignent rarement les diamants du Brésil.

L'appréciation du diamant brut demande beaucoup de connaissances théoriques, mais encore plus de pratiques. On doit surtout s'attacher à vérifier la netteté des pierres, car le moindre défaut dans un cristal, même très-blanc, lui ôte considérablement de valeur, et souvent encore des défauts imperceptibles dans un diamant à l'état brut prennent des proportions colossales quand ils sont répercutés par les 64 facettes de la taille. Il faut aussi examiner les formes avec soin pour en supputer le déchet à la taille, et déterminer, en quelque sorte par intuition, le diamant qui sera sans couleur, sous quelque aspect qu'il se présente. Puis bien vérifier tous les cristaux, car souvent on y glisse, surtout dans le menu, des jargons, des chrysolithes et des spinelles octaèdres blancs jaunâtres et verdâtres.

Pour l'appréciation des gros diamants bruts, il faut agir de précaution et faire une large part aux éventualités, au cas où la pierre n'atteindrait pas le degré de beauté présumé ; car nous avons vu des diamants bruts, présentant l'aspect le plus blanc et le plus cristallin, sortir jaunes à la taille pourtant bien surveillée ; et s'il s'agit d'une pierre d'un fort poids et par conséquent de haut prix, considérer qu'un léger défaut, inappréciable dans un petit diamant, peut lui ôter beaucoup de valeur, surtout si le travail de la taille ne peut le faire disparaître ou au moins le dissimuler ; et pour les diamants hors ligne, c'est-à-dire atteignant ou dépassant cent carats, bien songer que le placement en étant difficile et limité aux maisons princières, l'intérêt des capitaux longtemps engagés peut rendre l'opération onéreuse au lieu de fructueuse. Quant aux pierres, depuis le menu, comprenant quelquefois trois cents cristaux au carat, jusqu'aux deux carats, la tâche n'est pas plus difficile, mais elle est plus fatigante et plus ennuyeuse par la quantité de cristaux à examiner. S'il s'agit d'en fixer la valeur au point de vue du produit, on doit d'abord, au moyen de passoires ad hoc, les partager par grosseurs, ensuite défalquer tous les cristaux trop défectueux, tels que ceux en morceaux, éclatés, fortement colorés, tachés, givreux, glaceux, le boort, ceux qui ne peuvent s'employer qu'en lames minces et qui forcent au clivage, etc., etc.; en un mot, en faire une classification soignée et raisonnée, et après les avoir partagés par parties, assigner à chacune sa valeur à produire, prendre la moyenne et établir un prix du tout, en diminuant de 10 à 15 p. 0/0 pour parer aux pertes d'appréciation résultant principalement de la couleur du diamant après la taille. On comprend ce que cet important commerce offre de périlleux, surtout si l'on songe que, parmi tous ceux qui s'occupent du diamant, même avec une expérience de quarante ans d'exercice, aucun ne peut assurer positivement que tel cristal brut, ayant telle apparence, deviendra ou non un beau diamant ; ils ne possèdent à cet égard que des données superficielles et excessivement variables qui les trompent parfois cruellement. Ceci explique le haut prix du beau diamant.

Heureusement que, de nos jours, la chimie, qui a déjà rendu tant de services aux arts, au commerce et à l'industrie, s'est occupée avec ardeur et persévérance de cette question, et l'a résolue avec bonheur.

(1) Voir le mot Carat.

L'auteur de cet article, par un procédé qui lui est particulier, mais qu'il ne peut encore rendre public, est parvenu, au moyen d'agents chimiques d'une immense énergie, aidés d'un calorique approprié, à donner au diamant brut, dans quelque catégorie qu'il se trouve, absolument l'aspect qu'il aura après la taille, ce qui évite tous les mécomptes que nous avons signalés, lesquels, s'ils ne sont pas toujours une cause de pertes, diminuent au moins singulièrement les bénéfices attendus. Disons que les frais de cette opération s'élèvent à 4 p. 0/0, y compris le déchet forcé de la diminution du poids. Mais malgré ce léger inconvénient, largement compensé par ses résultats, il est facile de se rendre compte du mérite et de l'utilité de cette découverte, puisque, grâce à elle, l'exploitateur ne livre à l'ouvrier que les diamants dont il est alors *sûr* de tirer un bon parti, tandis que ceux déclarés, par cette opération préalable, totalement et *sûrement* défectueux, sont livrés au cliveur pour être fendus et former des roses, l'expérience ayant constaté que la coloration était bien atténuée, et même disparaissait au moyen de la division. Les agents chimiques, dont la puissance applicative est démontrée chaque jour par de nouveaux progrès, ont donc enfin fait subir aussi leur influence au diamant, réputé inattaquable depuis sa découverte.

Il est difficile, pour ne pas dire impossible, de fixer la valeur constante, même approximative, du diamant brut, son prix variant excessivement suivant sa grosseur, sa qualité et aussi son abondance ou sa rareté. Ainsi, le prix du diamant brut est augmenté depuis dix ans dans une proportion de 40 à 50 p. 0/0, et les raisons en sont faciles à déduire. Malgré que la découverte de nouveaux gîtes ait ravivé la production, la diminution des esclaves au Brésil a doublé le prix d'exploitation, et l'emploi du diamant en parure étant devenu presque général par suite de l'aisance relative d'un plus grand nombre de consommateurs, il est à présumer que, loin de diminuer de valeur, le diamant tendra sans cesse à augmenter, quand même on découvrirait de nouvelles mines abondantes, lesquelles seront toujours peu exploitées, faute de bras, surtout à bon marché.

Cependant, au moment où nous écrivons (1858), les parties de bruts dans des conditions ordinaires, soutiennent les prix de 100 à 130 francs le carat, ce qui est assurément fort cher et laisse peu d'espoir, quant à présent, à la spéculation, le diamant taillé ne suivant pas tout à fait la même proportion, eu égard aux chances de l'exploitation.

Le commerce du diamant, abstraction faite des usages commerciaux qui tolèrent que l'on vende le plus cher possible, se fait avec probité, mais aussi avec toute la rigidité possible. Lorsqu'il s'agit d'une partie quelconque, faible ou très-considérable même, les propositions sont généralement faites par des courtiers et le plus souvent par des courtières, les femmes, on ne pourrait dire pourquoi, paraissant avoir plus d'aptitude ou plutôt plus de réussite pour ce commerce, car, en définitive, elles ne sont qu'in-termédiaires. L'acheteur ayant soigneusement examiné les pierres, en fait ce que l'on appelle une *offre*, après quoi il cachète le papier qui les contient; et si l'on accepte le prix qu'il a offert, il ne les prend qu'après s'être assuré que son cachet est intact. De cette manière, l'on est certain que la partie n'a pu être montrée à d'autres et que les pierres qui la composent n'ont pu être changées. Ces précautions sont prises d'abord pour la fidélité de la transaction, ensuite parce qu'une partie de diamants ou même une seule pierre de grande valeur perd beaucoup de son prix si elle était *promenée*, c'est-à-dire présentée partout.

Les parties de deux, trois ou quatre mille carats envoyées du Brésil ou autres lieux, contenant parfois quelques pierres des poids exceptionnels de douze à vingt carats, il arrive que ces fortes pierres, si elles sont belles, procurent un bénéfice énorme au détenteur; aussi les parties qu'on nomme vierges, c'est-à-dire n'ayant pas été fouillées ni triées, sont-elles fort recherchées. Il arrive même souvent qu'un acheteur prévenu en temps utile de l'arrivée d'une forte partie, va trouver le négociant à qui elle est adressée, et lui offre 5 ou 10 p. 0/0 de bénéfice sur la partie qu'il va recevoir, à condition qu'elle lui sera livrée avant son ouverture. On le voit, les commerçants en diamants laissent beaucoup au hasard dans leurs transactions, et cependant cette manière d'opérer peut quelquefois servir l'acheteur, car une partie de bruts peut offrir le même aspect et présenter presque la même valeur, bien qu'on en aurait retiré une pierre de vingt carats, qui, à elle seule, peut donner un bénéfice de plusieurs milliers de francs.

Les mêmes précautions ont lieu indistinctement, soit qu'il s'agisse du diamant brut ou taillé. Seulement pour ce dernier, on ne l'achète jamais sans l'avoir au contraire bien examiné en dessus et en dessous. Pour en déterminer la valeur, on doit tenir compte d'abord si la pierre est bien proportionnée sous le rapport de son épaisseur, c'est-à-dire si son poids ne dépasse pas son apparence. Ainsi, la pierre est *avantageuse* lorsqu'elle n'atteint point le poids que son aspect annonce, pourvu toutefois que ses parties soient bien en harmonie, car si elle est trop plate et trop étendue pour son poids, l'effet contraire se produit, elle diminue de valeur. Il reste ensuite à déterminer son degré de blancheur et surtout d'éclat, qualités qui ne sont pas toujours réunies; ainsi il y a beaucoup de brillants d'une très-grande blancheur, mais qui ont fort peu d'éclat.

On doit ensuite examiner s'il ne s'y trouve pas des points, glaces ou givres; si la taille est correcte, si le diamant est atteint partout, si le feuilletis (bord de la pierre) est bien tranchant, si la culasse est parallèle au milieu de la table, si la forme est parfaite, etc., etc., etc.; pour les brillants, cette dernière est généralement carrée arrondie. Nous avons cependant vu de très-beaux brillants taillés nouvellement, entièrement ronds, mais cette forme, quoique faisant bien jouer le diamant, lui donne un miroitement moins préférable, à notre sens, que la gravité sévère de la forme carrée arrondie. Quant aux roses, les plus belles, au contraire, sont parfaitement rondes, les poires, quoique moins estimées, font parfois très-bien, et pour les petites c'est généralement la forme triangle émoussé, qu'on appelle chapeau, qui domine.

En résumé, un beau diamant doit ressembler à une goutte d'eau de roche parfaitement claire et limpide, être de forme régulière, quelle qu'elle soit, et n'avoir aucun défaut ni intérieur ni extérieur. Les diamants d'une couleur quelconque bien accusée étant considérés comme pierres extraordinaires, sont très-recherchés des amateurs et arrivent à dépasser le prix du diamant blanc parfait; mais une fois la couleur admise dans le diamant à l'état de pureté absolue, il est constant que son prix décroîtra en raison de son peu d'intensité. Quant à ceux qui sont bruns ou sombres, leur valeur est nulle, ils ne sont bons qu'à fendre ou à piler.

Il résulte de tout ce que nous venons de dire que le prix du diamant est en raison de sa perfection absolue; qu'il est impossible, ainsi que nos prédécesseurs ont voulu le faire, de le fixer même approximativement, car, entre une pierre parfaite du poids de quinze carats et une du même poids, mais avec des défauts, il peut y avoir jusqu'à 25,000 francs de différence.

Il est aussi difficile d'établir le prix constant du diamant taillé que du diamant brut et par les mêmes considérations; seulement nous pouvons dire qu'en ce moment (1858) le beau diamant taillé d'un carat est au cours de 300 à 320 francs, mais on ne doit pas perdre de vue que la valeur augmente considérablement en raison du poids : ainsi quinze carats de diamants au carat chaque arriveraient à environ 4,500 francs, et un seul diamant de quinze carats, dans de bonnes conditions, vaudrait de 50 à 60,000 francs.

Les différentes formes que l'on a données et que l'on donne au diamant ont dû nécessairement varier avec le temps et le progrès. Aux Indes, berceau du diamant, on commença à le tailler à quatre biseaux en dessus avec une large table, et comme on tenait déjà à conserver le poids, et que ces premiers essais de taille furent faits sur de gros octaèdres presque purs, il dut leur rester une forte culasse; aussi tous les anciens diamants des Indes, dont Tavernier, Bérnier et autres ont rapporté les modèles, sont-ils ainsi. C'est ce que l'on appelle taille des Indes. Plus tard, lorsqu'ils connurent la division du diamant pour en élaguer les défauts ou corriger la forme, ils employèrent la taille dite table, qui représente en tout celle dont nous venons de parler, excepté que la pierre est plate en dessous. Puis ils se prirent d'un goût particulier pour les diamants tout à fait plats; ils les taillèrent en conséquence, et de nos jours encore, en Perse, à Bagdad, en Arabie, etc., etc., les diamants les plus estimés sont ceux formés d'une lame assez mince et étendue, taillée seulement à biseaux sur les bords comme les anciennes glaces de Venise. On ne peut se faire une idée de la limpidité du diamant ainsi taillé. Malgré tout, nous devons dire que la majeure partie des diamants taillés en Orient ont une mauvaise forme; le feuilletis est ordinairement trop épais, ils donnent souvent trop à la table et pas assez à la culasse, à moins que la pierre ne s'y prête, et l'une et l'autre sont rarement au centre; enfin, les facettes sont inégales et mal polies. Cependant, malgré tous ces défauts, les vieux diamants des Indes sont toujours très-estimés à cause de la pureté de leur matière.

L'introduction du diamant en Europe devait amener des modifications dans l'art de l'employer. Aussi ne tarda-t-on pas à régulariser ses formes. Nous citerons les principales : La taille en brillant. Celle-ci est la plus précieuse et fait le mieux ressortir les admirables reflets de lumière du diamant. On appelle brillant recoupé celui sur lequel la meule a détaché trente-deux facettes en dessus et autant en dessous. C'est maintenant la plus usitée, surtout pour les pierres pures et bien proportionnées. Il y a des diamants qui sont recoupés en dessus sans l'être en dessous; cette imperfection ou omission volontaire diminue la valeur de la pierre, quelque belle qu'elle soit, avec d'autant plus de raison que la multiplication des facettes entraînant la coloration de la pierre, on ne peut juger sainement un diamant ainsi taillé.

La taille en brillant non recoupé se fait à 8 facettes en dessus et en dessous, non compris la table et la culasse; on la nomme taille en table lorsque, la pierre étant mince, la culasse est à peine indiquée, ou même que le dessous est tout à fait uni. Parfois aussi certains brillants présentent 16 facettes, mais cette taille, peu appréciée et peu avantageuse, ne se fait qu'aux mauvaises pierres.

La taille en rose est à 24 facettes en dessus, disposées de manière à ce que le sommet de la pierre se termine en pointe, le dessous est plat. On nomme, dans le commerce, ces pierres roses de Hollande. Cette taille, bien exécutée, fait merveilleusement ressortir les pierres d'une bonne épaisseur, et, dans ce cas, on dit d'une rose réunissant ces conditions, qu'elle est bien couronnée. Les roses tout à fait plates ou provenant du clivage des diamants défectueux n'ont que 6, 8 ou 12 facettes. On les désigne sous le nom de roses d'Anvers.

Il y a aussi des diamants très-étendus que l'on taille en dessus à 32 facettes et dont le dessous est plat comme aux roses; on les nomme alors demi-brillants; et souvent des diamantaires habiles y rapportent en dessous un cristal taillé à culasse, et joignant le feuilletis du demi-brillant auquel il paraît donner l'épaisseur qui lui manque; alors il prend le nom de brillant doublé.

Il existe encore une taille pour le diamant et qu'on a employée pour le Sancy; mais elle est peu usitée, on ne sait pourquoi, car elle économise la perte du diamant à la taille et lui donne beaucoup d'éclat par la multiplicité des facettes qui couronnent le sommet. On peut encore citer une taille inventée par

Caire; elle représente une figure étoilée offrant un assemblage rayonnant assez agréable à l'œil. Cette taille produit, du reste, des jeux de lumière différents du brillant recoupé et de la rose ; ils ont quelques désavantages très-grands, c'est de ressembler à ceux de certains cristaux et de n'être pas assez sévères pour le diamant à cause du miroitage qu'ils présentent.

Lorsqu'un diamant brut offre une forme poire un peu accusée, on le couvre de facettes partout, et dans cet état il se nomme brillolette. Cette façon, peu avantageuse pour la réflexion du diamant, ne se fait que pour ménager le poids. Ce sont, du reste, des tailles d'amateurs.

Nous allons maintenant présenter à nos lecteurs l'historique des diamants célèbres ; nous ne sommes malheureusement pas aussi sûr d'être dans le vrai constamment, comme dans tout ce qu'on vient de lire, mais, au moins, avons-nous puisé aux sources les plus pures.

Le plus beau diamant du monde est, sans contredit, le Régent; aussi commencerons-nous par lui. Cette magnifique pierre a été trouvée dans les dépôts de Partéal, à quarante-cinq lieues au Sud de Golconde. Du poids énorme de 410 carats, ce diamant a été réduit par la taille, qu'on mit alors deux ans à accomplir, à 136 carats 14/16. Il est de forme presque carrée arrondie, taillé, recoupé en dessus et en dessous; sa forme est donc la plus belle possible. Quant à son eau, elle est d'une bonne pureté, son éclat est vraiment adamantin, et c'est, sinon le plus gros, du moins le plus parfait du monde, par la réunion de toutes ces qualités.

Ce diamant fut acheté par le grand-père de sir Williams Pitt, lors de son séjour à Madrass comme gouverneur du Fort Saint-Georges. Il le paya brut 312,500 fr, On dépensa pour le tailler 125,000 fr.; les morceaux élagués par le clivage furent encore estimés 75 à 100,000 fr. Le duc d'Orléans, régent de France pendant la minorité de Louis XV, en fit l'acquisition en 1717 pour la somme de 3,375,000 fr., dont la dernière fraction pour frais de négociations. La commission de Joailliers experts, assemblée en 1791, et composée de MM. Thierry, Crécy, Christin, Bion, Louy, Ménière, Landgraff et Delattre, ce dernier rapporteur, en fixa la valeur à 12 millions, estimation aujourd'hui contestée ; mais nous reviendrons sur ce sujet. Tout le monde a pu admirer cette magnifique pierre parmi les parures de la couronne de l'exposition universelle de 1855 et contempler sa rare et unique beauté. Nous en donnons un dessin d'une exactitude parfaite.

On a prétendu que son premier acquéreur l'avait fait violemment extraire de la jambe d'un esclave qui l'y avait caché dans une plaie profonde faite exprès ; mais la grosseur de cette pierre étant brute exclut cette donnée et doit la faire considérer comme apocryphe. Il paraît plus certain que M. Pitt l'acheta en 1701 du fameux Iamchund, le plus fort marchand de diamants de l'Inde.

Le second diamant célèbre de France fut le Sancy.

Cette pierre, remarquable par une taille spéciale imaginée par Louis de Berqueen pour conserver le poids, tient son nom de Nicolas Harlay de Sancy, un de ses possesseurs. Il pèse 33 carats 12/16, est d'une très-belle eau, d'une forme un peu poire épaisse surchargée de facettes avec deux tables peu étendues. Il a été estimé un million dans l'inventaire de 1791.

Les pérégrinations de ce diamant sont des plus étonnantes; on le voit d'abord briller au casque de Charles le Téméraire, dernier duc de Bourgogne, qui le perdit à la fatale bataille de Granson. Trouvé par un Suisse, il est vendu deux francs à un prêtre, qui le revend lui-même trois francs; alors on le perd de vue, mais on le retrouve, en 1589, au nombre des pierreries d'Antoine, roi de Portugal, qui le donna en gage à de Sancy, trésorier du roi de France, lequel finit par l'acquérir pour la somme de cent mille livres tournois. Ce diamant resta longtemps dans cette famille, à qui Henri III l'emprunta afin qu'il servît de gage aux Suisses, dont il voulait lever un corps. Mais ce roi ne put profiter de ce service, car le domestique qui fut chargé de lui porter le diamant disparut, et un long temps s'écoula avant

Fig. 120. — Le Sancy.

qu'on pût savoir ce qui lui était arrivé. Enfin, on apprit qu'il avait été assassiné par des voleurs. Il paraît que ce fidèle et courageux domestique, se voyant sur le point de périr, avait avalé le diamant dont il était porteur, avant de rendre le dernier soupir, sans doute pour le soustraire à la cupidité des assassins; car l'autorité, ayant fini par découvrir le lieu où il avait été enterré, on l'exhuma, et, l'ayant ouvert, on trouva le diamant dans son estomac. Plus tard, le baron de Sancy en disposa en faveur de Jacques II lorsqu'il était à Saint-Germain ; ce roi déchu le vendit à Louis XIV pour 625,000 francs, et il fit, depuis, partie des diamants de la couronne de France. Ce diamant fut un de ceux qui disparurent lors du vol des diamants en 1792, et qu'on ne put retrouver, ainsi que le beau diamant bleu de 67 carats, car on ne les voit plus figurer dans les inventaires suivants; seulement on assure qu'il fut vendu, en 1835, par un agent de la famille aînée de Bourbon, au grand veneur de l'empereur de Russie, pour la somme de 500,000 roubles argent. Depuis ce temps il est aux mains de la princesse Paul Demidoff.

Sous la dénomination de *Diamants de la Couronne,*

la France a toujours possédé et possède encore, malgré les changements de règne et les variations du goût et de la mode, un trésor évalué près de 21 mil-

QUANTITÉS.	Poids TOTAL en carats.	ÉVALUATION en francs.	OBSERVATIONS
1	136 15/15	12,000,000	Régent.
1	67 2/16	3,000,000	Diamant bleu.
1	33 12/16	1,000,000	Sancy.
1	31 12/16	300,000	A la Toison.
1	28 6/16	250,000	A la Couronne.
1	26 12/16	150,000	idem.
1	24 13/16	200,000	Forme poire.
1	21 2/16	250,000	Miroir de Portugal.
1	20 14/16	65,000	
1	20 12/16	48,000	
3	55 12/16	180,000	18 carats env. chaque
3	51 3/16	118,000	17 —
1	16	50,000	Dixième Mazarin.
3	43 14/16	205,000	14 carats env. chaque
2	27 2/16	95,000	13 1/2 —
4	45 12/16	50,000	11 —
4	41 4/16	94,000	10 —
6	56 1/16	130,000	9 —
35	269 3/16	472,000	7 —
17	90 1/16	164,000	5 —
21	92 6/16	113,400	4 1/2 —
29	98 14/16	92,500	3 1/2 —
99	207 14/16	98,050	2 1/8 —
94	149 0/16	60,800	1 1/2 —
13	13 8/16	9,160	1 —
37	27 12/16	5,027	8 grains env. chaque
433	229	39,737	2 —
679	79 14/16	13,277	1/2 —
229	16 14/16	2,560	1/16 —
Demi-Brillants.			
2	14 2/16	14,000	7 carats env. chaque
1	6 12/16	8,000	
2	8 5/16	10,000	4 carats env. chaque
4	13 3/16	14,500	3 1/4 —
1	2 6/16	1,200	
Roses.			
2	42 14/16	50,000	21 carats env. chaque
1	4 4/16	1,200	
5	17 14/16	14,400	3 1/2 —
1	2 14/16	2,000	
5	11 7/16	4,900	2 —
2	1 14/16	400	15/16 —
95	33 12/16	3,375	3 au carat.
340	67 4/16	6,725	5 —
»	50 10/16	8,100	Lot non compté.
Brillolettes.			
2	42 10/16	300,000	
Brillants, demi-brillants et roses sans poids.			
4		40,000	
10		394,000	
478		12,000	
473		25,000	
		1,064,000	Dans les parures.

lions, le Régent compris, il est vrai. D'après le remarquable travail fait par M. Delattre, en 1791, à l'Assemblée nationale, la quantité de diamants constatée par l'inventaire de 1774 montait à 7482; il

en fut vendu à diverses fois, depuis, la quantité de 1471, mais les achats faits pour compléter la garniture de boutons et l'épée du roi Louis XVI en portèrent le nombre à 9547. Ajoutons toutefois que, malgré ce nombre supérieur, la valeur n'en fut pas moins diminuée de près de 128,000 francs, tant par les épurations de pierres mauvaises et mal évaluées que par le retrait de tout l'article 24, estimé 45,000 francs et employé pour une parure particulière de la reine. Mais disons aussi que les tailles nouvelles données à la majeure partie des diamants compensa en quelque sorte ce déficit plutôt apparent que réel. Il existait, en outre, 506 perles, 230 rubis, 134 saphirs, 150 émeraudes, 71 topazes, 3 améthystes orientales, 8 grenats syriens et 8 pierres de différentes qualités, sans autre désignation.

La valeur des pierreries et bijoux fut ainsi fixée dans l'inventaire de 1791 :

Diamants	16,730,303 l.	11 s.	1 d.
Perles	996,700	»	»
Pierres de couleur	360,604	»	»
Parures montées	5,834,490	»	»
Bijoux	5,144,390	»	»
Au total	29,066,487 l.	11 s.	1 d.

Dont nous donnons un tableau approximatif de répartition, mais très-réduit, ce que l'on comprendra facilement si l'on songe que l'inventaire détaillé des diamants de la couronne, fait en 1791, comprend et forme deux volumes in-8°.

Notre but, en donnant ce tableau, où nous avons relaté les quantités, les poids et l'estimation des pierres, est de familiariser le lecteur avec les prix comparés aux poids respectifs, ce qui pourra, jusqu'à un certain point le guider un peu mieux que les tables anciennes, inintelligibles, même pour nous.

Cette magnifique collection, que nous n'avons pu que grouper ainsi, fut malheureusement volée en 1792. Nous laisserons ici parler M. Breton, le spirituel rédacteur de la *Gazette des Tribunaux* :

L'inventaire des diamants de la couronne, fait en 1791, aux termes d'un décret de l'Assemblée constituante, venait à peine d'être terminé, au mois d'août 1792, lors de la dernière exposition publique qui avait lieu régulièrement le premier mardi de chaque mois, depuis la Quasimodo jusqu'à la Saint-Martin. Après les journées sanglantes du 10 août et du 2 septembre, ce riche dépôt fut naturellement fermé au public, et la Commune de Paris, comme représentant le domaine de l'État, mit les scellés sur les armoires dans lesquelles étaient déposés la couronne, le sceptre, la main de justice et les autres ornements du sacre, la chapelle d'or, léguée à Louis XIII par le cardinal de Richelieu, avec toutes ses pièces enrichies de diamants et de rubis, et la fameuse nef d'or pesant cent six marcs, plus une quantité prodigieuse de vases d'agate, d'améthyste, de cristal de roche, etc. Dans la matinée du 17 septembre, Sergent et les deux autres commissaires de la Commune s'aperçurent que, pendant la nuit, des voleurs s'étaient introduits en escaladant la colonnade du côté de la place Louis XV et l'une des fenêtres donnant sur cette place. Ayant ainsi pénétré dans les vastes salles du Garde

Meubles, ils avaient brisé les scellés sans forcer les serrures, enlevé les trésors inestimables que contenaient les armoires, et disparu sans laisser d'autres traces de leur passage. Plusieurs individus furent arrêtés, mais relâchés après de longues procédures. Une lettre anonyme adressée à la Commune annonça qu'une partie des objets volés était enfouie dans un fossé de l'allée des Veuves, aux Champs-Élysées; Sergent se transporta aussitôt avec ses collègues à l'endroit qui avait été fort exactement indiqué. On y trouva, entre autres objets, le fameux diamant le *Régent*, et la fameuse coupe d'agate-onyx connue sous le nom de *Calice de l'abbé Suger*, et qui fut placée ensuite dans le cabinet des antiques de la Bibliothèque nationale.

Toutes les recherches faites à cette époque ou postérieurement n'ont pu faire juger si ce vol eut un but politique ou bien s'il faut l'attribuer tout simplement à une spéculation faite par des malfaiteurs vulgaires dans un moment où la police de sûreté se trouvait entièrement désorganisée. Les uns disaient que le produit de ces richesses était destiné à stipendier l'armée des émigrés; d'autres, au contraire, prétendaient que Péthion et Manuel s'en étaient servis pour obtenir l'évacuation de la Champagne, en livrant le tout au roi de Prusse. Enfin, on alla jusqu'à prétendre que les gardiens du dépôt l'avaient violé eux-mêmes, et Sergent, dont nous venons de parler, fut surnommé *agate*, à cause de la manière mystérieuse dont il avait retrouvé la coupe d'agate-onyx. Aucune de ces conjectures plus ou moins absurdes n'a jamais reçu la moindre sanction juridique. Voici toutefois un fait dont j'ai été témoin, avec toutes les personnes qui assistaient à la séance de la Cour criminelle spéciale de Paris lors de la mise en jugement, dans le courant de l'année 1804, du nommé Bourgeois et d'autres individus accusés d'avoir fabriqué de faux billets de la Banque de France. Un des accusés, qui avait servi autrefois dans les pandours, et qui déguisait son véritable nom sous le sobriquet de *Baba*, avait d'abord nié tous les faits mis à sa charge. Il fit aux débats des aveux complets, et expliqua les procédés ingénieux employés par les faussaires. Sur la promesse que l'on me fit de ma grâce, promesse qui fut exactement tenue, je révélai la cachette. Le *Régent* en fut tiré, et vous n'ignorez pas, messieurs de la Cour, que ce magnifique diamant fut engagé par le premier consul entre les mains du gouvernement batave pour se procurer les fonds dont il avait le besoin le plus urgent après le 18 brumaire.» Les coupables furent condamnés aux fers. Bourgeois et *Baba*, au lieu d'être conduits au bagne, furent retenus à Bicêtre, où ils moururent. J'ignore si *Baba* donna d'autres renseignements à la suite de l'anecdote que je viens de rapporter, et qu'on peut lire aussi dans le *Journal de Paris* de l'époque.

Nous dirons seulement, pour compléter cette curieuse narration, que l'empereur Napoléon Ier fit rechercher et racheter par toute l'Europe tout ce que l'on put retrouver des diamants et objets d'art disparus, et qu'on y réussit tellement, qu'en 1810, un nouvel inventaire présentait le tableau suivant :

DÉSIGNATION DES OBJETS	DÉSIGNATION DES PIERRES.	NOMBRE DE PIERRES.	POIDS.	ÉVALUATION.	TOTAUX.
			car.	fr. c.	fr. c.
Couronne	brillants	5.206	1872 4/32 ½	14.686.504.85	
	roses	146	» 28/32	219.00	14.702.788.85
	saphirs	59	120 »	16.065.00	
Glaive	roses	1.569	308 8/32		261.365.99
Autre Glaive	brillants	410	135 24/32		71.559.30
Epée	brillants	1.576	330 24/32		241.874.73
Aigrette et bandeau	brillants	217	341 25/32		273.119.37
Contre-épaulette	brillants	127	102 28/32		191.834.06
Agrafe de manteau	brillants	197	61 6/32	30.605.00	68.105.00
	opale	1	»	37.500.00	
Boucles de souliers et jarretières	brillants	120	103 12/32		56.877.50
Bouton de chapeau	brillants	21	29 22/32		240.700.00
Rosettes de chapeau et de souliers	brillants	27	83 10/32		89.100.00
Plaque du Saint-Esprit	brillants	443	194 10/32		325.956.25
Plaque de la Légion d'honneur	brillants	393	82 6/32	34.525.95	
	roses	20	» 4/32	40.00	44.678.75
Croix de la Légion d'honneur	brillants	305	43 8/32	10.082.00	
	roses	15	» 2/32	30.00	
	rubis	399	410 17/32	211.336.68	
Parure, rubis et brillants	brillants	6.042	793 14/32	181.925.41	393.758.59
	roses	327	»	496.50	
Parure, brillants et saphirs	brillants	3.837	558 6/32	129.951.00	283.816.09
	saphirs	67	768 8/32	153.865.00	
Parure, turquoises et brillants	brillants	3.302	434 4/32	87.920.63	130.820.63
	turquoises	215	»	42.900.00	
Parure de perles	perles	2.101	5912 27/32	1.164.123.00	1.165.163.00
	roses	320	»	640.00	
Collier	brillants	26	106 12/32		153.900.00
Épis	brillants	9.175	1033 4/32		191.475.62
Peigne	brillants	250	92 9/32		47.451.87
Bouts de ceinture	brillants	480	49 8/32		8.352.50
		37.393	13968 11/32 ½		18.922.477.83

Le recolement qui eut lieu en 1815, après les Cent Jours, constata que rien n'avait été dérangé, mais il paraît que de nouveaux achats furent faits ou de nouvelles additions eurent lieu sous les règnes de Louis XVIII et de Charles X, car l'inventaire fait en 1832, par MM. Bapst et Lazard, assistés de MM. Jamet et Maréchal, présente un effectif de 64,812 pierres de toutes natures, pesant 18,750 carats 23/32, évaluée 20,900,260 fr. 01 c. Il faut alors admettre une augmentation assez forte, car nous tenons de source certaine que le roi Louis XVIII fit présent à lord Wellington d'un ordre du Saint-Esprit fabriqué avec des diamants de la couronne d'une valeur totale de 750,000 fr.; il est probable alors qu'ils furent remplacés. Le Sancy, ainsi que nous l'avons dit, était disparu, ce qui diminuait encore d'un million le trésor de la couronne. Depuis, d'autres pertes ont été faites; ainsi, les anciens se rappellent la magnifique opale connue sous le nom de *l'Incendie de Troie*, et qui a appartenu à l'impératrice Joséphine; eh bien, on ignore ce qu'elle est devenue, ainsi qu'un très-beau brillant de 34 carats, fourni par M. Élias à l'empereur Napoléon Ier lors de son mariage. On croit cependant que c'est cette pierre qu'il perdit à Waterloo et qu'il portait toujours comme un *en cas*. En 1848, lors du transport des diamants au Trésor, il fut volé, dans ce court trajet, un écrin contenant deux pendeloques en roses et un bouton de chapeau d'une valeur totale de 250,000 fr.

Il était réservé à l'exposition universelle de 1855 de présenter la première exhibition publique de ces précieux joyaux, qui furent alors presque tous remontés dans de nouvelles parures dont le bon goût et l'ornementation ne le cédait pas à la richesse des matériaux employés. Cette exposition, autorisée par l'Empereur, et due à l'heureuse initiative de M. Devin, conservateur des diamants de la couronne, fit une grande sensation dans tout le public, et frappa particulièrement les visiteurs étrangers. Malheureusement l'emplacement un peu sombre, choisi par les commissaires, nuisit beaucoup à l'appréciation qu'on aurait pu en faire, et nous avons remarqué telle vitrine de joaillier français ou étranger parfaitement mieux éclairée. Malgré cela, il fut facile de se rendre compte que depuis 1832, de nouvelles additions de diamants avaient été faites, nécessitées par le changement des parures et le nouvel emploi des pierres provenant des anciens objets détruits. La couronne actuelle, bien moins riche que les précédentes, contient cependant huit gros diamants du poids de dix-neuf à vingt-huit carats. On sait que le Régent s'y adapte à volonté, ce qui en fait tout simplement la plus riche couronne du globe.

En somme, les diamants de la couronne de France forment par leur ensemble, leur beauté hors ligne et le bon goût de leur monture, une des plus belles collections du monde entier. On y admire surtout soixante très-beaux diamants pesant de vingt-cinq à vingt-huit carats chaque.

Nous allons maintenant passer aux diamants extraordinaires étrangers.

Le plus volumineux est sans contredit celui dit du roi de Portugal. Nous ne pouvons en donner la figure, personne de nos connaissances ne l'ayant vu. Voici cependant ce que l'on en dit : Il fut trouvé au Brésil, dans l'endroit appelé Cay-de-Mérin, auprès de la petite rivière de Malhoverde. Il pèse, suivant M. Ferry, dix-sept cent trente carats, et suivant M. Mawe, seize cent quatre-vingts carats. Nous conserverons ce dernier poids, qui paraît le plus probable en ce sens que M. Ferry aurait compté le poids du carat brésilien, qui vaut 0,006 milligrammes de moins que le poids européen; or ces six milligrammes produisent juste cinquante carats, différence qui existe entre les deux allégations. Ce diamant, d'une valeur fabuleuse, valut à l'esclave qui le découvrit, sa liberté et une pension viagère pour lui et sa famille. On peut bien dire en ce cas que la liberté est sans prix! Ce diamant est d'une couleur jaune foncé, sa forme est celle d'un pois qui serait gros comme un œuf de poule. Il est cependant un peu oblong et concave d'un côté. Les diamantaires du Brésil l'estiment, malgré ces défauts, 7 milliards 500 millions!..... Malheureusement on prétend que c'est une topaze!... ne l'ayant pas vu, nous devons nous abstenir, tout en déplorant que, dans l'état actuel de la science minéralogique, il puisse régner une incertitude qu'un seul coup d'œil exercé, ou même diverses appréciations au besoin, suffiraient à trancher la question.

Outre ce diamant douteux, que l'on conserve brut probablement pour de bonnes raisons, le même souverain en possède deux autres moins équivoques, mais aussi moins volumineux et cependant d'une beauté rare. Un des deux pèse 215 carats, et l'autre un peu moins, étant plus plat. Ils furent trouvés dans l'Abayté, rivière qui coule à l'est de la province de Minas-Geraës, par trois hommes bannis dans l'intérieur pour quelques méfaits.

M. Mawe les vit pendant son séjour au Brésil. Ils sont bruts et ont 28 mill. de superficie et 9 mill. d'épaisseur. Il remarqua aussi deux octaèdres presque purs de forme, l'un de 134 et l'autre de 120 carats.

Au reste, les pierreries de toute nature abondent au Brésil, et surtout les diamants. Au cercle aristocratique où se rendent souvent les dames de la famille Carnéiro Leão, on compte avec admiration, et parfois avec envie, qu'elles portent en parure pour plus de six millions de diamants des plus remarquables par leur beauté. Quant au trésor du Brésil, il abonde réellement en pierres plutôt fortes que parfaites; on l'estime, malgré cela, à plus de 100 millions; une certaine partie est composée de gros diamants assez beaux, mais il en contient aussi beaucoup de l'eau dite Céleste, la pire de toutes, car elle rend le diamant louche et sans éclat, et d'ailleurs la majeure partie de ces diamants, teintés bleu, présentent des pailles dans leur intérieur.

On y remarque aussi un magnifique brillant taillé

en pyramide, estimé 872,000 francs; il orne la poignée d'or de la canne de Jean VI. Le pourpoint de cérémonie de Joseph Ier, roi de Portugal, porte vingt boutons d'un seul gros brillant estimé 125,000 francs chaque, ce qui porte la garniture à 2 millions et demi !

Puisque nous sommes au Brésil, parlons de la merveille bien avérée, cette fois, qu'on y a découverte tout récemment. Vers la fin de juillet 1853, une négresse, employée aux mines de Bogagem, eut le

Fig. 121. — L'Étoile du Sud brut.

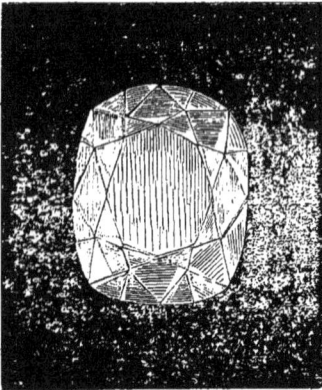

Fig. 122. — L'Étoile du Sud.

rare bonheur de trouver un diamant brut du poids de 254 carats 1/2. Cette pierre extraordinaire, achetée depuis par MM. Halphen, qui l'ont nommée l'Étoile du Sud, était un dodécaèdre rhomboïdal portant sur chacune de ses faces un biseau très-obtus et passant à un solide de 24 faces. Les faces naturelles étaient mates et striées. D'une pesanteur spécifique de 3,529, ce diamant hors ligne présentait sur une de ses faces une cavité assez profonde que quelques-uns ont crue être due à l'implantation d'un cristal octaèdre

de même nature; nous sommes certains, après mûr examen, que ce creux produit était seulement une solution de continuité d'une des couches lapidifiques. Les autres creux, moins profonds, étaient certainement dus à la même cause. La partie plate paraissant clivée et l'étant réellement par une cause accidentelle, provenait du point d'attache à la gangue.

Le savant rapporteur à l'Académie, feu M. Dufrénoy, pensait que ce diamant avait dû faire partie d'un groupe de cristaux diamantifères; en cela, il se trompait, le diamant croît isolément dans les diverses parties de sa matrice, et jamais aggloméré ni superposé, ni enté l'un sur l'autre comme les pyrites et les cristaux de spath et de quartz. Cette pierre taillée est, somme totale, arrivée à bonne fin. Sa forme ronde ovale est assez gracieuse, et lui permet de bien réfracter la lumière. C'est, du reste, une pierre très-étendue, car elle a 35 mill. de longueur sur 29 mill. de largeur, mais seulement 19 mill. d'épaisseur. Ces mesures sembleraient impliquer un poids supérieur au Régent, et cependant ce diamant ne pèse plus que 124 carats 1/4; mais la parfaite harmonie de forme que possède le Régent, et qui manque à l'Étoile du Sud, explique le fait. L'Étoile du Sud est, du reste, d'une pureté sans reproche, fort bien taillée, quoique, comme nous l'avons dit, on n'ait pas tiré le meilleur parti du brut. Blanche par réflexion, elle prend par réfraction une teinte rose assez prononcée, mais qui n'est pas sans agrément, quoique le blanc pur eût été préférable. Mais malgré ces légères imperfections, l'Étoile du Sud est un beau diamant, bien digne de figurer dans une collection princière.

Nous ne voulons certes pas établir de parallèle entre les pierres hors ligne, mais, si nous avons été bien compris dans nos appréciations des diverses beautés du diamant, il est facile de se rendre compte déjà, par les quelques mots que nous avons dits du Ko-hi-noor et par l'historique de l'Étoile du Sud, que ces pierres, quelque belles qu'elles soient, s'éloignent encore beaucoup du Régent; la raison en est que ces pierres ne sont pas proportionnées : elles ont de l'étendue; ainsi le Ko-hi-noor présente une apparence double de son poids; l'Étoile du Sud, quoique étendue, a, il est vrai, bien plus de culasse et brille plus; aussi le jeu de ces trois pierres est-il parfaitement caractérisé et vient-il à l'appui de notre insistance sur la parfaite harmonie de la taille et de la forme des diamants.

Reprenant notre historique des diamants célèbres, nous citerons comme un des plus extraordinaires celui du radjah de Matun, à Bornéo; il pèse brut 368 carats, et est, dit-on, de la plus belle eau. Il a été trouvé aux environs de Landack, en 1787. Le gouverneur qui résidait à Batavia, en 1820, députa M. Stewart au radjah, et lui fit offrir en échange de ce diamant : deux bricks de guerre avec leurs canons, leurs munitions et une grande quantité de poudre, de mitraille et de boulets, en outre d'une somme de 150,000 dollars; mais le radjah refusa de s'en défaire, même à ce haut prix ; car à ce diamant paraissent attachées les hautes influences et les destinées des siens, les Malais, ses sujets, croyant que cette curieuse pierre possède le pouvoir miraculeux de guérir toutes les maladies, au moyen de l'eau dans laquelle on l'a trempé !

Le roi de Golconde en possède un magnifique brut, et dont nous donnons la figure ; il est connu sous le nom du Nizam. Il pèse 340 carats, et est évalué 5 millions. Ces diamants sont certes très-volumineux, mais ils sont éclipsés par celui dit du Grand-Mogol, qui fut découvert à la mine de Gani. Mirghimola, fameux capitaine indien, en fit présent au

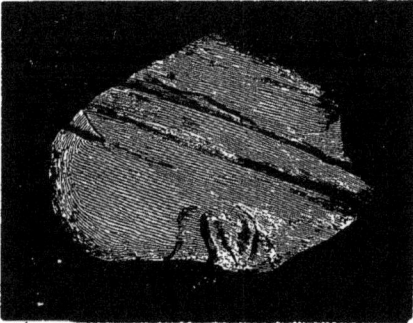

Fig. 123. — Le Nizam brut.

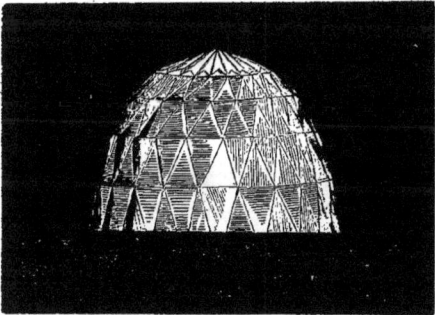

Fig. 124. — Le Grand-Mogol.

Grand-Mogol, Aureng-Zeb ; il pesait brut 780 carats 1/2, mais la taille l'a réduit à 279 9/16. Cette pierre, très-défectueuse sous le rapport de la forme, eût de nos jours conservé au moins moitié de plus en poids, et eût été plus gracieuse ; mais ce travail fut fait par un Italien nommé Hortensio Borgis, mauvais lapidaire, ignorant cliveur, qui gâta ce magnifique morceau. Malgré que quelques-uns croient que ce n'est qu'un saphir blanc, nous en donnons la figure, cette pierre étant passée à l'état historique. Elle a la forme d'un œuf coupé transversalement et est taillée en rose ; son eau est parfaite et d'une douce teinte rosée ; on l'estime 12,000,000 de francs.

Il paraît que Thamas Koulikan, si célèbre sous le nom de Nadir-Schah, s'est emparé de ce diamant ; il serait alors aujourd'hui en Perse, et désigné sous le nom de Déryaï-Noor (Océan de Lumière). On cite encore le beau diamant connu sous le nom d'Agrah ; il pesait brut 645 carats 5/8, et Tavernier l'estimait 25 millions ! Nous ne savons d'après quelle règle, car, nous le répétons, on ne peut assigner une valeur positive au diamant que lorsqu'il est taillé.

De tous temps, les Indes, la Perse, l'Orient tout entier enfin, se firent remarquer par leur goût pour les pierres précieuses ; mais, quoique ces contrées parussent préférer les gemmes colorées, de nombreux et célèbres voyageurs attestent que le diamant y était aussi estimé. Rundjeet-Singh, le fastueux despote, outre le Ko-hi-noor qui brillait au pommeau de sa selle, en avait fait mettre pour 75 millions aux harnais de son cheval ! Bernier estimait le trésor persan, enrichi par la conquête des Indes, à 13 milliards et demi.

Tavernier, Chardin, Méthold, etc., ne tarissent pas en éloges sur les richesses lapidaires de ces contrées, qui, au reste, en sont le berceau. De nos jours, M. Jaubert, lors de son ambassade en Perse, revenait tout ébloui des feux du soleil en diamants de la salle du trône, et qu'accompagnaient si glorieusement les deux splendides bracelets du roi de Perse.

Maintenant, si nous considérons les principales cours de l'Europe, nous serons fondés à croire que, pour le diamant, l'Europe aura bientôt débordé l'Asie. En effet, qui n'a admiré la beauté et la richesse des diamants de la couronne d'Angleterre ! Si beaux, hélas ! que le Hanôvre en revendique la propriété, un peu tard, peut-être, car, en diamant, souvent possession vaut titre. Ils sont déposés à la Tour de Londres, dans la salle des joyaux, ouverte journellement au public et aux étrangers moyennant un shilling. On y remarque d'abord, parmi une foule de bijoux d'un aspect assez lourd, la couronne de la reine Victoria ; elle est enrichie de 497 diamants et de perles fines. Les diamants, assez généralement beaux, sont ainsi répartis :

20 autour du cercle principal.....	750,000 fr.
2 gros au centre..................	100,000
54 petits à l'angle des premiers......	25,000
60 dans les 4 croix de la couronne...	245,000
4 gros en haut des croix...........	1,000,000
12 à la fleur de lis	250,000
18 . —	50,000
Le reste en diamants et perles estimés	450,000

La valeur totale arrive à près de 3 millions. Mais la pièce principale est le fameux Ko-hi-noor, dont, il faut bien le dire, la réputation dépasse le mérite, comme tant de choses en ce monde.

Le Ko-hi-noor (Montagne de Lumière) est le plus ancien diamant connu, s'il est vrai, comme on le prétend, qu'il aurait été porté par Karna, roi d'Anga, lequel régnait 3,001 ans avant notre ère ! Il paraît que le temps ne fit rien à sa longue existence, car on le retrouve dans les trésors de Rundjett-Singh, qui l'avait lui-même pris au schah Shouja, ex-roi de Caboul. Quoique d'une eau ordinaire et d'un ton gris, comme son poids s'élevait alors à 186 carats 2/4, on l'estimait 3,500,000 francs, et maintenant qu'il est retaillé, il est loin de valoir ce prix. C'est

Fig. 125. — Le Ko-hi-noor indien.

cependant une pierre extraordinaire, mais plus par son étendue que par son *jeu* presque nul à cause de son peu d'épaisseur. On dit que la Compagnie des Indes l'avait acquis au prix de 6 millions; ce ne peut être, les Anglais connaissent trop bien la valeur du diamant.

Fig. 126. — Le Ko-hi-noor anglais.

Quant à la Russie, malgré sa récente origine, c'est peut-être la puissance actuelle la plus riche en beaux diamants. Elle possède, en outre d'une splendide collection de joyaux, trois couronnes littéralement construites en diamants : la première, celle d'Ivane Alexiowitch, en contient 881 ; celle de Pierre

le Grand, 847; et celle de la grande Catherine, 2,536! Et tous les témoignages attestent qu'au couronnement de l'empereur actuel de Russie, il fut déployé d'incroyables quantités de diamants. Le trésor de la couronne des czars en renferme quelques-uns d'une valeur considérable. Le plus saillant est désigné sous le nom d'Orlow; il pèse 193 carats. Nous en donnons la figure; il a la grosseur d'un demi-œuf de pigeon et est taillé à facettes. Il sert généralement d'ornement au sceptre. Ce diamant formait l'un des yeux de la fameuse idole de Scheringam, dans le temple de Bramah.

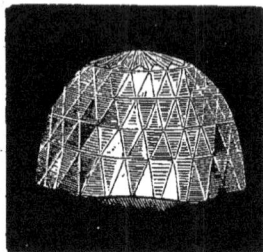

Fig. 127. — L'Orlow.

Dans les premières années du dix-huitième siècle, un soldat français en garnison dans nos possessions des Indes eut occasion de constater que les deux yeux de l'idole étaient de magnifiques diamants. Il résolut de s'en emparer, et feignit alors un tel zèle pour la religion hindoue, qu'il gagna la confiance des prêtres, et eut enfin la garde du temple. C'était tout ce qu'il lui fallait ; une nuit d'orage, il tenta son larcin, mais il ne réussit qu'à moitié ; l'un des deux diamants seulement sortit de son orbite. Il s'enfuit

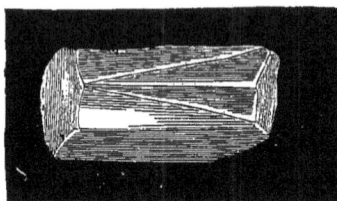

Fig. 128. — Le Shah.

alors à Madras, où il vendit son diamant 50,000 fr. à un capitaine de navire anglais, qui, arrivé lui-même en Angleterre, le revendit à un Juif pour la somme de 300,000 fr. Enfin, un marchand grec qui l'avait eu de ce Juif, le céda à Catherine II, impératrice de Russie, pour 2,250,000 fr., plus une pension viagère de 100,000 fr.

Un des plus curieux de la Russie est celui connu sous le nom de Schah; il a la forme d'un prisme irrégulier; il est d'une bonne eau et pèse 95 carats. Anciennement possédé par les sophis de Perse, et en dernier lieu par Nadir-Schah, il vint aux mains des

Russes après le pillage des diamants de ce conquérant par ses soldats révoltés. Quant au superbe diamant appelé la Lune des Montagnes, il tomba au pouvoir d'un chef afghan, qui le vendit à un Arménien, négociant à Bassora, nommé Schaffrass, pour 50,000 piastres. Celui-ci le garda douze ans, et envoya alors un de ses frères à Amsterdam pour en négocier la vente avec l'Angleterre ou la Russie.

Après des pourparlers qui durèrent fort longtemps, cette dernière puissance en fit l'acquisition

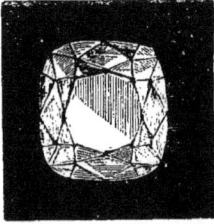

Fig. 129. — L'Étoile polaire.

pour la somme de 450,000 roubles argent et des lettres de noblesse au vendeur. On cite encore en Russie un magnifique diamant connu sous le nom d'Étoile polaire, princesse Youssoupoff; il est taillé en brillant et pèse 40 carats; et enfin le beau brillant rouge rubis parfait, pesant 10 carats, et qui fut acheté 100,000 roubles par l'empereur Paul Ier.

Pour la maison d'Autriche, elle montre avec orgueil le beau diamant jaune nommé autrefois le Grand-Duc de Toscane; il pèse 139 carats 1/2, est

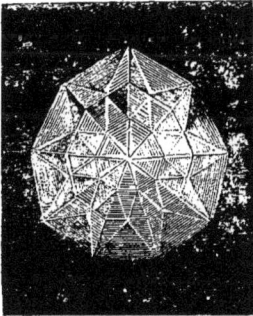

Fig. 130. — Le Grand-Duc de Toscane.

d'une assez belle forme, taillé à 9 pans, et couvert de facettes qui forment une étoile à 9 rayons. C'était ce gros diamant qu'affectionnait le dernier duc de Bourgogne, Charles. Il le perdit à la bataille de Morat avec un autre beaucoup moins gros qu'il portait au cou, et qui orne maintenant la tiare du pape. Le prince Esterhazy, colonel du beau régiment de Hongrois au service de l'Autriche, en porte pour 12 millions quand il revêt son grand uniforme.

Nous terminerons cette nomenclature par le diamant dit du Pacha d'Égypte. C'est une pierre épaisse, taillée à pans, ainsi que nous la représentons; elle pèse 49 carats, et a coûté 760,000 francs. Puis le Piggott, apporté en Angleterre par le comte de ce nom, alors qu'il revint de son gouvernement des Indes. Nous croyons que c'est le même dit de la Loterie d'Angleterre, et dont nous donnons la figure; la seule différence serait dans le poids, mais on peut s'être trompé. Ce diamant, qui pèse 82 carats 1/4, n'est pas très-beau. Il fut mis en loterie, en 1801, pour le prix de 750,000 francs. En 1818, il

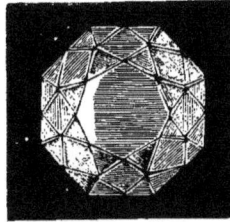

Fig. 131. — Le Pacha d'Égypte.

était la propriété de MM. Rundell et Bridge. Disons aussi quelques mots du Nassack; il appartenait jadis à la Compagnie des Indes, et avait été pris sur le territoire de Mahratta, pendant la dernière guerre. Il était alors d'une forme très-disgracieuse et pesait 89 carats 3/4. Depuis, il a été retaillé, et quoique non encore parfait, il est plus agréable. Cette opération, exécutée par les ordres du marquis de Westminster, a diminué son poids, qui n'est plus que de 78 carats 5/8. Nous le reproduisons. Sa valeur serait de 7 à 800,000 francs. La Hollande possède un diamant de 36 carats, du prix de 260,000 francs.

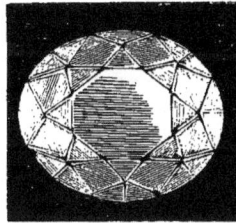

Fig. 132. — La Loterie d'Angleterre ou le Piggott.

Et pour en finir de cette interminable liste de richesses, nous citerons encore:

Le diamant bleu de Hope, pesant 44 carats 1/3. Il joint la plus belle nuance du saphir au plus vif éclat adamantin; nous le soupçonnons fort, vu sa rare perfection, d'être la réduction du diamant bleu de France de 67 carats, et volé en 1792. Quoi qu'il en soit, il est unique dans son genre de beauté, et a été payé 450,000 francs.

Le trésor de Dresde, qui renferme un diamant vert émeraude, de 31 carats 1/4. Le marquis de Drée en possédait un gros et d'une belle couleur rose. M. Bapst en vendit un, tout noir, 24,000 francs au roi Louis XVIII. Ce diamant avait la teinte bistrée foncée du jus de tabac; il était taillé fort mince, et pourtant son éclat superficiel était très-vif. Ce diamant venait de la collection Dogny. On ignore ce qu'il est devenu.

En 1830, le prince de la Riccia possédait, dans son cabinet, à Naples, un diamant d'une belle couleur rose et pesant 15 carats. Enfin, nous en avons vu un magnifique et d'une eau rare pesant 22 carats 1/2, chez M. S. Halphen, en 1838.

Tels sont à peu près les diamants les plus rares connus, quoique, cependant, certaines collections particulières en contiennent encore beaucoup méritant d'être cités.

Fig. 133. — Le Diamant bleu de Hope.

Malgré la longueur de cet article, nous n'avons pu, retenu que nous sommes par les bornes de toute encyclopédie, entrer dans une foule de détails nécessaires à la saine pratique du commerce et de l'emploi du diamant.

Nous nous proposons de le compléter dans notre nouveau *Traité des Pierres précieuses.* Mais ce large aperçu aura suffi, nous l'espérons, pour initier nos lecteurs à la connaissance du diamant, et les convaincre qu'il faut une longue pratique et une grande sûreté d'appréciation pour faire avantageusement ce commerce, plus scabreux que le vulgaire ne le pense. De hautes relations sont ensuite nécessaires pour le placement des diamants hors ligne; car, pour ceux-ci, ce

ne sont guère que les maisons princières ou de riches amateurs qui peuvent s'en rendre acquéreurs. Indépendamment des arts et des jouissances du luxe, il ne faut pas oublier, au point de vue de la société tout entière, que l'importance de ce commerce (en y comprenant les autres pierres précieuses) est incalculable, et qu'il a trop fait faire de faux rêves à certains écrivains économistes. Certes, nul plus que nous ne rend justice à leurs bonnes intentions, mais nous croyons, de notre côté, que l'usage des diamants et l'emploi des pierres fines en objets de luxe et de parures, occupant plus de deux millions d'ouvriers répartis dans toutes les capitales, indépendamment des mineurs qui les découvrent et dés nombreux marchands qui spéculent dessus, ne saurait être restreint sans causer une immense perturbation

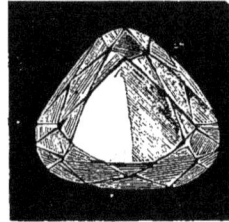

Fig. 134. — Le Nassack.

dans les affaires, et que ces jouissances de la richesse et de l'aisance, eu égard aux immenses capitaux qu'elles font circuler, et aux mains-d'œuvre qu'elles payent à des prix très-élevés relativement aux autres industries, ne méritent pas le dédain ou le mépris avec lequel ceux qui ne peuvent en avoir les traitent. Nous pourrons encore parler des travaux d'art auxquels elles ont toujours concouru et concourent plus que jamais, et faire remarquer les précieux progrès que leur emploi a fait faire dans tout ce qui tient à l'ornementation, et que l'esprit humain, si ingénieux dans toutes ses combinaisons quand il s'agit de goût, tend sans cesse à augmenter.   CH. BARBOT.

FIN DU TOME QUATRIÈME.

TABLE DES MATIÈRES DU TOME IV

Les chiffres romains indiquent le Tome; les chiffres arabes, la Pagination. Ainsi au mot **CHASSE** on trouve : **IV, 1,** c'est-à-dire que la description du mot *Châsse* se trouve tome IV, page 1. Le signe * indique les planches gravées.

C

D

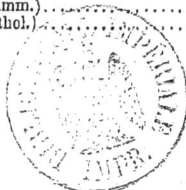

FIN DE LA TABLE DU TOME IV.

Paris. — Typ. Morris et Cie, rue Amot, 64.

www.ingramcontent.com/pod-product-compliance
Lightning Source LLC
Chambersburg PA
CBHW071959270326
41928CB00009B/1488